DROIT DES BIENS

Cyril Grimaldi
Professeur à l'Université Paris 13

DROIT DES BIENS

LGDJ
lextenso éditions

70, rue du Gouverneur Général Éboué
92131 Issy-les-Moulineaux Cedex
ISBN 978-2-275-03602-1
ISSN 0990-3909

Sommaire

DEUXIÈME PARTIE
LES POUVOIRS SUR LES BIENS

Liste des abréviations

AJ fam.	*Actualité juridique Famille*
APRDB	Avant-projet de réforme du droit des biens (Association Henri Capitant, ss. dir. Hugues Périnet-Marquet)
Aut. conc.	Autorité de la concurrence
BICC	Bulletin d'information de la Cour de cassation
C. civ.	Code civil
C. com.	Code de commerce
C. dom. pub. fluv. et nav. int.	Code du domaine public fluvial et de la navigation intérieure
C. énerg.	Code de l'énergie
C. envir.	Code de l'environnement
C. expr.	Code de l'expropriation pour cause d'utilité publique
C. just. milit.	Code de justice militaire
C. patr.	Code du patrimoine
C. pén.	Code pénal
C. post. et comm. électr.	Code des postes et des communications électroniques
C. rur. et pêch. mar.	Code rural et de la pêche maritime
C. transp.	Code des transports
C. trav.	Code du travail
C. urb.	Code de l'urbanisme
CPC	Code de procédure civile
C. proc. civ. exé.	Code des procédures civiles d'exécution
CMF	Conseil des marchés financiers
Conv. EDH	Convention européenne des droits de l'homme
Cons. conc.	Conseil de la concurrence
Cons. const.	Conseil constitutionnel
Cour EDH	Cour européenne des droits de l'homme
CSP	Code de la santé publique
D.	*Dalloz* (Recueil)
Décr.	Décret
Déc.	Décision
GAJC	Grands arrêts de la jurisprudence civile
JCP	*Juris-Classeur périodique*
JCP A	*Juris-Classeur périodique* – Édition Administratif
Jur.-cl. civ.	*Juris-Classeur de droit civil*
L.	Loi
LPA	Les Petites Affiches

Rép. civ.	*Dalloz* (Encyclopédie)
Rép. Defr.	Répertoire *Defrénois*
RDC	*Revue des contrats*
RDI	*Revue de droit immobilier*
Req.	Requête
Rev. dr. pub.	*Revue de droit public*
Rev. dr. rur.	*Revue de droit rural*
RTD civ.	*Revue trimestrielle de droit civil*

Bibliographie

Ouvrages cités du seul nom des auteurs

Ch. Atias, *Droit civil : Les biens*, LexisNexis, Manuels, 11e éd., 2011.

J.-L. Bergel, M. Bruschi, et G. Cimamonti, *Les biens,* LGDJ, Traité de droit civil, 2e éd., 2010.

P. Berlioz, *Droit des biens*, Ellipses, 2014.

H. Capitant, F. Terré, Y. Lequette, *Les grands arrêts de la jurisprudence civile*, Dalloz, t. I (2015) et t. II (13e éd., 2008).

J. Carbonnier, *Droit civil*, vol. II, *Les biens, les obligations*, PUF, 2004.

Ch. Caron et H. Lécuyer, *Le droit des biens,* Dalloz, Connaissance du droit, 2002.

A. Colin, H. Capitant, *Cours élémentaire de droit civil français*, avec le concours de M. Julliot de la Morandière, t. I, Dalloz, 8e éd., 1934.

G. Cornu, *Droit civil, Les biens,* Montchrestien, Précis Domat, 13e éd., 2007.

Y. Gaudemet, *Traité de droit administratif*, t. II, *Droit administratif des biens*, LGDJ, 15e éd., 2014.

P. F. Girard, *Manuel élémentaire de droit romain*, 8e éd. par F. Senn, 1929, rééd. Dalloz, 2003.

Ch. Larroumet, *Droit civil,* tome II, *Les biens : Droits réels principaux*, Economica, 5e éd., 2006.

J.-Ph. Lévy et A. Castaldo, *Histoire du droit civil*, Dalloz, 2002.

Ph. Malaurie, L. Aynes, *Les biens*, LGDJ, Droit civil, 6e éd., 2015.

G. Marty et P. Raynaud, *Droit civil, Les biens*, par P. Jourdain, Dalloz, 1995.

M.-L. Mathieu, *Droit civil, Les biens*, Sirey, Sirey université, 3e éd., 2013.

H., L. et J. Mazeaud, F. Chabas, *Leçons de droit civil.* t. II, vol. 2, *Biens : droit de propriété et ses démembrements,* Montchrestien, 8e éd., 1994.

G. Memeteau, *Droit des biens,* Larcier, Paradigme, 6e éd., 2013.

R. Monier, *Manuel élémentaire de droit romain*, t. I, Montchrestien, Domat, 6e éd., 1947.

M. Planiol, G. Ripert, *Traité pratique de droit civil français*, t. III, *Les biens*, par M. Picard, LGDJ, 2e éd., 1952.

N. Reboul-Maupin, *Droit des biens*, Dalloz, Hypercours, 5e éd., 2014.

Th. Revet, F. Zenati-Castaing, *Les biens*, PUF, 3e éd., 2008.

S. Schiller, *Droit des biens,* Dalloz, Cours, 6e éd., 2013.

J.-B. Seube, *Droit des biens*, Litec, Éditions du JurisClasseur, 4e éd., 2007.

Y. Strickler, *Les biens*, PUF, Thémis, 1re éd., 2006.

F. Terre et Ph. Simler, *Droit civil : Les biens*, Précis Dalloz, 9e éd., 2014.

Introduction

1. Objet du droit des biens. À première vue, le droit des biens a pour objet l'étude des règles gouvernant les relations entre les personnes et les choses qui les entourent. Plus précisément, l'objet du droit des biens doit être doublement circonscrit.

En premier lieu, toutes les choses ne sont pas des biens. Seules le sont les **choses utiles** et **appropriées**[1] ; les choses qui ne le sont pas ne sont pas des biens et leur étude ne ressortit donc pas au droit des biens[2].

En second lieu, le droit des biens a précisément pour objet l'étude des pouvoirs directs que les personnes exercent sur les biens (les droits réels), des rapports entre les biens (les servitudes), et des relations entre les personnes prises en leur qualité de titulaire d'un droit réel (les obligations réelles ou mixtes)[3]. La matière s'intéresse d'abord aux pouvoirs directs que les personnes exercent sur les biens, suivant la technique des **droits réels**[4], à l'exclusion des pouvoirs qu'ils n'exercent qu'indirectement, suivant la technique des *droits personnels*[5]. Tout au plus faut-il relever que l'*exercice* des droits réels (indépendamment de leur *titularité*), la **possession**, fait également partie du domaine du droit des biens[6]. La matière s'intéresse ensuite aux **servitudes**, qui désignent les rapports entre des fonds immobiliers lorsque l'un rend un service à l'autre[7]. La matière s'intéresse enfin aux obligations qui lient les personnes prises en leur qualité de titulaire d'un droit réel, les **obligations réelles ou mixtes**[8], mais pas à celles qui les lient à titre personnel, indépendamment de cette qualité, les *obligations personnelles*, dont l'étude ressortit au droit des obligations.

---

1. Ch. Demolombe, *Cours de Code Napoléon*, vol. IX, 1861, n° 9 : « la chose est le genre ; le bien est une espèce ».
2. Les choses non appropriées sont cependant susceptibles d'intéresser le droit des biens, dans la mesure où certaines choses non appropriées peuvent le devenir et, partant, se muer en biens. V. *infra*, n° 20 et s.
3. Il reste que certains biens, spécialement les biens incorporels, relèvent de disciplines spéciales. Ainsi l'étude des créations et inventions (v. *infra*, n° 63) ressortit au droit de la propriété intellectuelle et celle du « fonds de commerce » (v. *infra*, n° 67), à diverses branches du droit commercial.
Il en va de même de certains droits réels : les droits réels accessoires (v. *infra*, n° 426 et s.) sont envisagés par le droit des sûretés réelles et les droits réels conférés par certains baux spéciaux (v. *infra*, n° 111), tels les baux à construction, à réhabilitation, emphytéotiques, le bail réel immobilier, le sont par le droit commercial, le droit rural, le droit de la construction et de l'habitation.
4. V. *infra*, n° 229 et s.
5. V. *infra*, n° 696 et s.
6. V. *infra*, n° 700 et s.
7. V. *infra*, n° 177 et s.
8. V. *infra*, n° 751 et s.

2. Personnes, biens, droits réels, patrimoine. Depuis la publication par Ginossar d'un ouvrage fameux en 1960, *Droit réel, propriété et créance : Élaboration d'un système rationnel des droits patrimoniaux*[9], de multiples théories ont émergé en doctrine, en vue de définir et d'expliquer des notions de propriété, droit réel, de bien, de patrimoine, etc.[10]

Afin que notre propos soit bien entendu dans cet ouvrage, il convient dès à présent de préciser le sens que nous donnerons à certaines notions fondamentales. La conception que nous retenons est fort simple : **les *personnes* exercent sur les *biens* des *droits réels* qui composent leur *patrimoine* et sont liées, en raison desdits droits, par des *obligations réelles* ou *mixtes*.**

Les **personnes**, physiques ou morales, désignent les sujets de droit. Relèvent du droit des personnes, et non du droit des biens, leur statut, mais aussi les droits qui sont attachés à leur personnalité : droit au respect de la vie privée, droit à l'honneur, droit à l'intégrité corporelle, etc.

Les **biens** sont les habits juridiques des choses : « le droit a recouvert le monde bariolé des choses d'un uniforme capuchon gris, la notion de bien »[11]. Ainsi, à la question de savoir si le bien est « la chose objet du droit [réel] *ou* le droit [réel] sur la chose »[12], nous retiendrons la première branche de l'alternative. Il reste que toutes les choses ne sont pas des biens : le droit n'élève au rang de « biens » que les choses utiles et appropriées qui forment ainsi l'assiette d'un droit réel.

Les **droits réels** consistent en des pouvoirs exercés directement sur les biens ; ils sont l'outil juridique permettant, sans l'intermédiation de quiconque, de tirer profit des choses en les utilisant ou en en disposant. La **propriété** (art. 544 C. civ.[13]), malgré son indéniable particularisme, répond à cette définition[14], en sorte que l'on y verra un droit réel[15], le plus puissant, en ce qu'il permet d'appréhender *toutes les utilités disponibles* d'un bien, là où les autres droits réels ne permettent que d'en capter certaines, et en ce qu'il est *perpétuel*, là où les autres droits réels ne sont que temporaires. On trouve également dans la catégorie des droits réels, aux côtés de la propriété classique de l'article 544 du Code civil, d'une part, les **droits réels sur la chose d'autrui** – *dont la propriété appartient à autrui* –, expression qui

9. S. Ginossar, *Droit réel, propriété et créance : Élaboration d'un système rationnel des droits patrimoniaux*, Paris, LGDJ, 1960.

10. L'émergence de ces multiples théories est sans grandes conséquences pratiques. Comme on l'a relevé, « la persistance des querelles doctrinales sur la nature du droit de propriété n'empêche nullement la conclusion de contrats de vente, alors que l'on ne sait pas vraiment ce qui est cédé (la chose ? le droit ?) » (J.-P. Chazal, « La propriété : dogme ou instrument politique ? (Ou comment la doctrine s'interdit de penser le réel) », *RTD civ.* 2014, p. 763 s., spéc. p. 768).

11. J. Carbonnier, n° 707. Il ne faudrait pas en déduire que tous les biens obéissent au même régime. L'unité de la notion n'appelle l'application que de peu de règles communes. Il existe une diversité des biens à laquelle répond une diversité de régimes.

12. M. Mignot, « La notion de bien, contribution à l'étude du rapport entre droit et économie », *RRJ* 2006, p. 1805 s., spéc. n° 52.

13. « *La propriété est le droit de jouir et disposer des choses de la manière la plus absolue, pourvu qu'on n'en fasse pas un usage prohibé par les lois ou par les règlements.* »

14. L. Josserand, « Configuration de droit de propriété dans l'ordre juridique nouveau », *Mélanges juridiques dédiés à M. le Professeur Sugiyama*, Association japonaise des juristes de langue française, 1940, p. 95 s., n° 6 : « [l]e droit-souche n'est pas d'une autre essence que les démembrements qui en dérivent ; comme eux, il exerce son emprise sur son objet sans s'identifier avec lui ».

15. *Contra*, F. Zenati, *La nature juridique de la propriété*, th. Lyon III, 1981 ; F. Zenati-Castaing et Th. Revet, n° 164 : suivant ces auteurs, la propriété est un droit subjectif qui permet l'appropriation des biens, parmi lesquels on trouve les droits réels.

recouvre les **droits réels principaux** (art. 578 s. C. civ.[16]) et **accessoires** (art. 2323 s. C. civ.[17]), ainsi que, d'autre part, la **propriété fiduciaire** (art. 2011 s. C. civ.[18]).

L'**obligation réelle** et l'**obligation mixte** sont des obligations qui lient des personnes prises en leur qualité de titulaires d'un droit réel, à titre réel, sur un bien (en cas de démembrement) ou plusieurs biens (en présence d'une servitude) – ce sont les *obligations réelles* – ou lient une personne à titre réel, en tant que créancière (créance réelle) ou débitrice (dette réelle), envers une autre qui l'est à titre personnel – ce sont les *obligations mixtes*[19].

Quant au **patrimoine**[20], il est acquis depuis Aubry et Rau que le patrimoine est une « émanation de la personnalité » en sorte que *seules* les personnes mais *toutes* les personnes ont un[21] patrimoine[22]. Le patrimoine est une universalité de droit qui comprend, à ce titre, un actif qui répond d'un passif[23] : il est l'enveloppe qui regroupe les richesses d'une personne et qui, à ce titre, constitue la mesure de son

16. Le Code civil en prévoit et réglemente certains : le droit d'usufruit (art. 578 à 624 C. civ.) et les droits d'usage et d'habitation (art. 625 à 636 C. civ.). V. *infra*, n° 240 et s.

17. Le Code civil les régit en les désignant comme les sûretés réelles V. *infra*, n° 426 et s.

18. D'après l'article 2011 C. civ., « *[l]a fiducie est l'opération par laquelle un ou plusieurs constituants transfèrent des biens, des droits ou des sûretés, ou un ensemble de biens, de droits ou de sûretés, présents ou futurs, à un ou plusieurs fiduciaires qui, les tenant séparés de leur patrimoine propre, agissent dans un but déterminé au profit d'un ou plusieurs bénéficiaires* ». V. *infra*, n° 384 et s.

19. V. *infra*, n° 751 et s.

20. Pour une vue générale de la pensée juridique française relative à la notion de « patrimoine », v. « Le fabuleux destin de la théorie de l'unicité du patrimoine », *Revue de droit Henri Capitant / Henri Capitant Law Review*, Lextenso éditions, Dalloz, n° 1-2/2011 (disponible sur http://www.henricapitantlawreview.fr/edito_revue.php?id=35&lateral=35).

Pour un approfondissement et un renouvellement de la notion de patrimoine, v. J. Rochfeld, *Les grandes notions du droit privé*, PUF, 2011, p. 351 s. L'auteur perçoit deux tendances en droit contemporain : d'une part, l'émergence de *patrimoines d'affectation* tels que les fiducies ou le patrimoine de l'entrepreneur individuel, qui permettent aux personnes de cantonner l'étendue de leur responsabilité (p. 367 s.) et, d'autre part, le développement des *patrimoines communs* tels que patrimoine commun de l'Humanité, de la nation, de l'Union européenne, qui agrègent des « ressources » en vue de les soustraire aux appropriations personnelles et d'assurer leur maintien (p. 389). Les patrimoines communs ont cependant peu à voir avec le patrimoine au sens où on l'entend traditionnellement et techniquement : composés de ressources extrapatrimoniales, ce ne sont en réalité pas des patrimoines.

21. Voire plusieurs. Si on laisse de côté la fiducie (v. *infra*, n° 384 et s.), « *[t]out entrepreneur individuel peut affecter à son activité professionnelle un patrimoine séparé de son patrimoine personnel, sans création d'une personne morale* » (art. L. 526-6 al. 1 C. com.) : c'est l'institution de l'entrepreneur individuel à responsabilité limitée, l'EIRL (art. L. 526-6 s. C. com.).

22. « Le patrimoine étant une émanation de la personnalité, et l'expression de la puissance juridique dont une personne se trouve investie comme telle, il en résulte : que les personnes physiques ou morales peuvent seules avoir un patrimoine ; que toute personne a nécessairement un patrimoine, alors même qu'elle ne posséderait actuellement aucun bien » (Ch. Aubry et Ch. Rau, *Cours de droit civil français*, 5e éd., par E. Bartin, § 573, t. 9, 1917). Les auteurs ajoutaient immédiatement « [q]ue la même personne ne peut avoir qu'un seul patrimoine, dans le sens propre du mot ». Ce propos est aujourd'hui à tempérer, spécialement depuis que la fiducie a été introduite en droit français (v. *infra*, n° 383 et s.).

23. C'est le propre d'une universalité de droit, par rapport à une universalité de fait, que l'actif réponde d'un passif. Et v. Ch. Aubry et Ch. Rau, *Cours de droit civil français*, 6e éd., par P. Esmein, § 573, t. 9, 1953 : « c'est bien un des traits caractéristiques d'une universalité de droit qu'elle comprend un passif en même temps qu'un actif, par opposition à une universalité de fait, telle qu'un troupeau où une bibliothèque ».

crédit, les créanciers étant titulaires sur le patrimoine d'un droit de gage général[24]. Du point de vue de l'*actif*, le patrimoine ne se compose pas tant des biens que des droits réels qui portent sur eux[25]. De fait, ce dont sont riches les personnes, ce sont des droits réels qu'elles détiennent sur des biens davantage que des biens eux-mêmes[26]. Le *passif* comprend corrélativement les dettes dont est tenu le titulaire du patrimoine à l'égard d'autrui ; leur étude ressortit en général au droit des obligations, encore que l'on doive réserver au droit des biens l'étude des obligations réelles ou mixtes.

3. Mise en perspective : le droit du patrimoine. Le droit des biens forme avec le droit des obligations le **droit fondamental du patrimoine**. Alors que le droit des biens s'intéresse à la manière dont les personnes *s'approprient* les biens et en *tirent profit*, le droit des obligations explique comment ceux-ci *circulent*[27]. Mais le droit du patrimoine ne se limite pas à l'étude des mécanismes fondamentaux des biens et des obligations. Il existe également un **droit appliqué du patrimoine** qui s'intéresse aux situations dans lesquelles se trouve le titulaire d'un patrimoine qui s'endette (droit du crédit), se marie (droit des régimes matrimoniaux), ou encore disparaît (droit des successions pour les personnes physiques ; droits des sociétés et procédures collectives en ce qui concerne les personnes morales).

4. Siège du droit des biens : droit commun et droit spécial des biens. Le droit des biens, matière de droit civil, se trouve naturellement réglementé par le Code civil. Il apparaît même comme un paradigme dans le Code civil, par le biais notamment de la notion de propriété. Le Livre II et le Livre III du Code civil sont ainsi respectivement intitulés « Des biens et des différentes modifications de la propriété » et « Des différentes manières dont on acquiert la propriété »[28], encore que ce dernier livre, très hétérogène, ne traite pas véritablement du droit des biens mais d'autres branches du droit civil : le droit des successions et des libéralités, le droit des obligations, le droit des contrats spéciaux, etc. De fait, au sein de ce Livre, il n'y

24. Art. 2092 C. civ. : « *[q]uiconque s'est obligé personnellement, est tenu de remplir son engagement sur tous ses biens mobiliers et immobiliers, présents et à venir* ».

25. M. Mignot, « La notion de bien, contribution à l'étude du rapport entre droit et économie », *RRJ* 2006, p. 1805 s., spéc. n° 58 : « les choses ne sont pas dans le patrimoine ; ce sont les droits sur les choses qui sont dans le patrimoine ». Comp. la conception retenue par Aubry et Rau : « [l]e patrimoine étant de nature purement intellectuelle, les éléments dont il se compose doivent revêtir le même caractère. Les objets extérieurs sur lesquels portent les droits d'une personne, ne forment point des parties intégrantes de son patrimoine, en eux-mêmes et sous le rapport de leur nature constitutive, mais à titre de biens, et sous le rapport de l'utilité qu'ils sont susceptibles de procurer. En cette qualité, ces objets se ramènent tous à l'idée commune d'une valeur pécuniaire » (*Cours de droit civil français*, 5e éd., par E. Bartin, § 573, t. 9, 1917).

26. Cela apparaît avec évidence lorsque l'on est en présence d'un droit réel sur la chose d'autrui : on ne peut être riche d'un bien qui n'est pas le sien (sauf à considérer que les droits réels sont des biens). Cela reste vrai lorsque l'on envisage le droit de propriété : le propriétaire est d'autant plus riche que son droit n'est pas ou peu réglementé, que la loi ne l'assortit pas ou peu de restrictions ou d'obligations.

27. Comme le relève Alain Sériaux, « le droit des biens traite des choses “au repos”, dans leurs rapports avec leur titulaire actuel. Le droit des obligations les envisage au contraire “en mouvement”, lorsqu'elles sont appelées à devenir la propriété d'un autre, leur titulaire potentiel » (*Manuel de droit des obligations*, PUF, 2006, n° 1).

28. En 1804, le Code civil comportait deux autres Livres, l'un consacré aux personnes, l'autre à la procédure. Aujourd'hui, le Livre consacré aux personnes subsiste (Livre Ier : « Des personnes »), ainsi que les Livres II et III ; il comprend également un Livre IV : « Des sûretés » et un Livre V : « Dispositions applicables à Mayotte ».

a guère que le Titre XXI et dernier, « De la possession et de la prescription acquisitive », qui concerne le droit des biens.

Au-delà, aujourd'hui, tout le droit des biens n'est pas dans le Code civil. Compte tenu de la très grande diversité des biens et du pullulement des lois spéciales, le droit des biens est réglementé, suivant la *nature* et la *destination*[29] des biens, par des textes relevant de codes spéciaux : le Code de la propriété intellectuelle (propriétés intellectuelles), le Code de commerce (fonds de commerce), le Code général de la propriété des personnes publiques (propriétés publiques), le Code de la construction et de l'habitation (immeuble à usage d'habitation), etc.

En définitive, aux côtés d'un **droit commun des biens** – qui fait l'objet de cet ouvrage –, il existe un **droit spécial des biens** – dont l'étude est renvoyée aux ouvrages spécialisés.

5. Approfondissement – Plan. Les deux notions fondamentales du droit des biens étant celles de « biens » (Section 1) et de « pouvoirs » (Section 2) – les obligations réelles et mixtes occupant une place (encore) marginale –, il importe de mieux les introduire avant de les étudier dans le cadre de l'ouvrage.

Section 1
Les biens

6. Plan. Le Code civil, dans son Livre II intitulé « Des biens et des différentes modifications de la propriété », ne définit pas les biens. La doctrine s'est intéressée à la question, en vue de délimiter les contours de la matière. Il est possible de définir les biens suivant deux points de vue. Classiquement, en définissant les biens comme les choses utiles et appropriées, on les envisage du point de vue de leur propriétaire (§ 1). Mais on peut également définir les biens par leur aptitude à circuler, que ce soit à l'initiative du propriétaire qui en dispose ou du créancier qui les saisit ; c'est envisager les biens du point de vue des tiers (§ 2).

§ 1. Les biens envisagés du point de vue de leur propriétaire

7. Plan. Les biens sont les **choses** (A) **qui confèrent des utilités** (B) **et sont appropriées** (C).

8. Observation liminaire : notion autonome de biens dans la Conv. EDH. L'article 1 al. 1 du Protocole additionnel à la Conv. EDH se réfère à la notion de « biens », en disposant que « *[t]oute personne physique ou morale a le droit au respect de ses biens. Nul ne peut être privé de sa propriété que pour cause d'utilité publique et dans les conditions prévues par la loi et les principes généraux du droit international* »[30]. La notion de « biens » est interprétée comme

29. Sur cette notion, v. R. Boffa, *La destination de la chose*, th., préf. M.-L. Mathieu-Izorche, Defrénois, 2008.

30. En son entier, l'article prévoit : « *[t]oute personne physique ou morale a droit au respect de ses biens. Nul ne peut être privé de sa propriété que pour cause d'utilité publique et dans les conditions*

toute notion de la Conv. EDH, de façon autonome par la Cour EDH[31], qui ne s'estime pas liée par les positions des États membres. À cet égard, la Cour EDH en retient une acception très large : sont ainsi considérés comme des biens les clientèles[32], les créances[33], les droits sociaux[34], les autorisations administratives[35], les prestations sociales[36]. Au final, la Cour EDH recherche au cas par cas si « le requérant [est] titulaire d'un **intérêt substantiel** protégé par l'article 1 du Protocole nº 1 »[37]. Elle est à cet égard allée très loin en considérant qu'une habitation construite de façon illicite sur le domaine public – un taudis édifié sur une décharge – pouvait constituer un « intérêt substantiel » déclenchant la protection offerte par la Conv. EDH[38], dans une décision qui n'est pas restée sans descendance[39].

prévues par la loi et les principes généraux du droit international. (al. 1) *Les dispositions précédentes ne portent pas atteinte au droit que possèdent les États de mettre en vigueur les lois qu'ils jugent nécessaires pour réglementer l'usage des biens conformément à l'intérêt général ou pour assurer le paiement des impôts ou d'autres contributions ou des amendes.* (al. 2) ».

31. Il s'agit d'une notion autonome en ce que la Cour EDH ne s'estime pas liée par la qualification donnée par les États membres (Cour EDH, 16 septembre 1996, *Matos e Silva c/ Portugal*, Req. nº 15777/89, § 75). Pouvait-il en aller autrement ?

32. Cour EDH, 26 juin 1986, *Van Marle c/ Belgique*, Req. nº 8543/79, 8674/79, 8675/79, 8685/79.

33. Cour EDH, 9 décembre 1994, *Les Saints Monastères c/ Grèce*, Req. nº 13092/87, 13984/88.

34. Cour EDH, 8 juillet 1986, *Lithgow et a. c/ Royaume-Uni*, Req. nº 9006/80, 9262/81, 9263/81, 9265/81 ; 9266/81, 9313/81, 9405/81.

35. Cour EDH, 27 mai 2010, *Saghinadze et a. c/ Géorgie*, Req. nº 18768/05.

36. Cour EDH, 16 septembre 1996, *Gaygusuz c/ Autriche*, Req. nº 17371/90.

37. Cour EDH, 19 juin 2001, *Zwierzyński c/ Pologne*, Req. nº 34049/96, § 63. V. déjà Cour EDH, 5 janvier 2000, *Beyeler c/ Italie*, Req. nº 33202/96, § 100, nous soulignons.

38. Cour EDH, 30 novembre 2004, *Oneryildiz c/ Turquie*, Req. nº 48939/99, *RTD civ.* 2005, p. 422, obs. Th. Revet. Des circonstances tout à fait particulières expliquent cette solution. En l'espèce, la Cour EDH relève « l'existence d'une tolérance des autorités de l'État face aux actions du requérant » pendant presque cinq ans, lesquelles « permettent de juger que lesdites autorités ont *de facto* reconnu que l'intéressé et ses proches avaient un intérêt patrimonial tenant à leur habitation et à leurs biens meubles » (§ 127). Et si la Cour « admet que l'exercice d'un pouvoir discrétionnaire portant sur une multitude de facteurs locaux est inhérent au choix et à l'application de politiques d'aménagement urbain et rural, et de mesures qui s'imposent », « face à un problème tel que celui soulevé en l'espèce, les autorités ne peuvent légitimement invoquer leur marge d'appréciation, celle-ci ne les dispensant aucunement de leur devoir de réagir en temps utile, de façon correcte et, surtout, cohérente » (§ 128). La Cour estime que « l'incertitude créée (...) quant à l'application des lois réprimant les agglomérations illégales n'était pas un élément susceptible d'amener le requérant à penser que la situation concernant [l']habitation [du requérant] risquait de basculer d'un jour à l'autre » (§ 128). Finalement, « de l'avis de la Cour, l'intérêt patrimonial du requérant relatif à son habitation était suffisamment important et reconnu pour constituer un intérêt substantiel, donc un "bien" au sens de la norme exprimée dans la première phrase de l'article 1 du Protocole nº 1 » (§ 129). En définitive, la reconnaissance en l'espèce d'un bien paraît découler de deux séries de considérations : l'importance primordiale de l'habitation et la tolérance de l'État à l'égard de la construction illicite. Par où l'on voit que la tolérance d'un État peut se retourner contre lui ; d'un État, la Cour EDH attend de la cohérence.

39. Cour EDH, 27 novembre 2007, *Hamer c/ Belgique*, Req. nº 21861/03 : « [e]n l'espèce, la construction litigieuse a existé pendant vingt-sept ans avant que l'infraction ne soit constatée par les autorités internes. Or, le constat des manquements à la législation urbanistique relève incontestablement de la responsabilité des autorités, de même que l'affectation des moyens qui sont nécessaires pour ce faire. On pourrait même considérer que les autorités avaient connaissance de l'existence de la construction litigieuse puisque la requérante a notamment payé des impôts relatifs à cette construction, comme son père l'avait d'ailleurs fait avant elle. À cet égard, l'État belge ne peut à bon droit se prévaloir de son organisation interne et d'une distinction entre les autorités de l'aménagement du territoire et de l'urbanisme et les autorités fiscales. Il faut donc considérer que les autorités ont toléré la situation pendant vingt-sept ans (1967-1994) et que celle-ci a perduré encore dix ans après que l'infraction eut été constatée (1994-2004, date de démolition de la maison). Après l'écoulement d'une telle période, l'intérêt

A Des choses...

9. Choses v. personnes. Dans une acception très large, les choses désignent ce qui existe indépendamment de l'esprit qui les appréhende, à l'exception des personnes : les choses sont tout ce qui n'est pas une personne[40]. Le périmètre des choses peut toutefois être resserré autour de ce qui est « susceptible d'un rapport à la personne », d'être « objectivé [...] »[41], sans comprendre tout ce qui peut être nommé ou décrit, tels les sentiments, les croyances, mais aussi les écosystèmes, les biotopes, les espèces protégées, etc.[42] Ceci réservé, la distinction des choses et des personnes – si on laisse de côté les personnes morales –, exprime un fondement de l'humanisme : « sur terre, il y a les êtres humains... et le reste »[43] : « le reste », les choses, sont au service de l'homme, aucune d'entre elles ne pouvant l'égaler[44].

10. Corporéité et incorporéité. La très large définition que l'on retient des choses permet d'y inclure, au-delà des choses corporelles, les choses incorporelles.

Les **choses corporelles** recouvrent toutes les choses dotées d'une corporalité qui les rendent perceptibles par les *sens* de l'homme, fût-ce de façon médiate[45] : ressources naturelles, constructions, objets, radiations, etc.

Les **choses incorporelles** sont, en contrepoint, celles qui ne sont pas dotées d'une corporalité et qui ne sont perceptibles à ce titre que par la *pensée* de l'homme : idées, savoir-faire, créations, inventions, recettes, informations, fonds de commerce, droits sociaux, créances, etc.[46] La catégorie est très hétérogène, encore qu'une distinction émerge entre les ***choses nées de l'esprit ou du travail***, qui relèvent du réel, et celles des choses qui sont des ***droits*** qui permettent d'exiger une prestation d'autrui – des *droits personnels* – ou d'exercer une activité – des *autorisations de production* ou des *licences d'exploitation* –, qui sont de pures

---

patrimonial de la requérante à jouir de sa maison de vacances était suffisamment important et reconnu pour constituer un intérêt substantiel et donc un « bien » au sens de la norme exprimée dans l'article 1 du Protocole n° 1. Par ailleurs, la requérante avait une « espérance légitime » de pouvoir continuer à jouir de ce bien. » (§ 76).

40. P. Berlioz, *La notion de bien*, th., préf. L. Aynès, LGDJ, 2006, n° 894. Dans cette perspective, la distinction des personnes et des choses exprime un tout en ce qu'elle couvre tout ce qui *existe* (R. Libchaber, « La recodification du droit des biens », *Le Code civil, 1804-2004, Livre du bicentenaire*, Dalloz-Litec, 2005, p. 297 s., n° 22). Sur la *summa divisio* de la personne et des choses, v. notamment J. Rochfeld, « La distinction de la personne et des choses, une *summa divisio* brouillée par la personnification des biens », in *Le patrimoine de la personne protégée*, (ss. dir. J.-M. Plazy et G. Raoul-Cormeil), 2015, p. 277.

41. M.-A. Chardeaux, *Les choses communes*, th., préf. G. Loiseau, LGDJ, 2008, n° 87.

42. V. sur ce sujet M.-J. del Rey-Bouchentouf, « Les biens naturels (un nouveau droit objectif : le droit des biens spéciaux) », *D.* 2004, p. 615.

43. Y. Strickler, « Droit des biens : évitons la dispersion », *D.* 2007, p. 1149.

44. Il est à cet égard frappant de remarquer que certaines sociétés punissent de la peine de mort le braconnage (hier, la France, pour le paysan qui chassait le cerf royal et, jusqu'à une époque récente, la Chine, pour celui qui chassait le panda).

45. Certaines choses, tels les objets, sont perceptibles sans la médiation de quelque instrument, cependant que d'autres choses, telles les ondes, en nécessitent un.

46. Certaines sont mentionnées à l'article 529 C. civ. : « *[s]ont meubles par la détermination de la loi les obligations et actions qui ont pour objet des sommes exigibles ou des effets mobiliers, les actions ou intérêts dans les compagnies de finance, de commerce ou d'industrie, encore que des immeubles dépendant de ces entreprises appartiennent aux compagnies. Ces actions ou intérêts sont réputés meubles à l'égard de chaque associé seulement, tant que dure la société. Sont aussi meubles par la détermination de la loi les rentes perpétuelles ou viagères, soit sur l'État, soit sur des particuliers* ».

abstractions[47]. Tout ou presque oppose ces deux sortes de biens, que ce soit dans les conditions de leur appropriation que dans celles de leur circulation[48].

11. Les animaux. Les animaux forment-ils une catégorie intermédiaire entre les personnes et les choses[49] ? Il est une certitude : l'animal ne peut être envisagé comme une chose comme les autres car il est ***vivant***[50] et est doté, à la différence des végétaux, au moins pour certains d'entre eux, de ***sensibilité***[51].

Traditionnellement, le Code civil voyait dans l'animal une chose susceptible d'être appropriée[52], et plus précisément un meuble par nature (anc. art. 528 C. civ.[53]) susceptible d'ailleurs d'être immobilisé par destination (anc. art. 524 al. 1 C. civ.[54]). Depuis une loi du 16 février 2015[55], un nouvel article 515-14 C. civ. fait une place à part aux animaux en énonçant que « *[l]es animaux sont des êtres vivants doués de*

47. Comp. J. Rochfeld, *Les grandes notions du droit privé*, PUF, 2011, p. 248 : l'auteur distingue notamment, dans la catégorie des « biens incorporels purs », les biens qui « émanent du jeu d'autorisations de la loi » et ceux qui « résultent de l'activité productive des personnes ». Sur la reconnaissance de biens qui résultent de la seule activité de l'homme et non de la transformation de la matière, v. P. Catala, « La transformation du patrimoine dans le droit civil moderne », *RTD civ.* 1966, p. 185. Et sur la réification de la force de travail, v. Th. Revet, *La force de travail*, th., préf. F. Zenati, Litec, 1992.
Suivant une autre conception, les droits ne sont pas des choses, car ils sont, à la différence de ces dernières, « établis » et non « saisis » par le système juridique (J. François, « Les créances sont-elles des biens ? », *Liber amicorum Christian Larroumet*, Economica, 2010, p. 149 s., n° 12). Suivant cette conception, si les créances ne sont pas appropriées, elles sont des instruments d'appropriation de l'utilité de la chose mise à disposition, des fruits du travail du cocontractant, des unités monétaires dues par le débiteur, etc. (n° 16 s.), de sorte qu'en général, seul « l'objet approprié par le droit de créance est un bien » (n° 29).

48. V. *infra*, n° 59 et s. Le bien qui résulte de l'esprit ou du travail d'une personne entretient un lien particulier avec celle-ci, ce qui justifie qu'il soit soumis à des règles particulières (J. Rochfeld, *Les grandes notions du droit privé*, PUF, 2011, p. 249 : l'auteur propose ainsi de reconnaître la catégorie des « biens d'activité »).

49. R. Libchaber, « La souffrance et les droits », *D.* 2014, p. 380 et, du même auteur, « Perspectives sur la situation juridique de l'animal », *RTD civ.* 2001, p. 239 ; J.-P. Marguénaud, « Droits des animaux : on en fait trop ou trop peu ? », *D.* 2010, p. 816, et, du même auteur, « La protection juridique du lien d'affection envers un animal », *D.* 2004, p. 3009 et « La personnalité juridique des animaux », *D.* 1998, p. 205.

50. G. Loiseau, *J.-Cl. civ.*, art. 527 à 532, Fasc. 10 : « Biens meubles par nature ou meubles corporels », n° 22 : l'animal est un « bien vivant ».

51. L'article L. 214-1 C. rur. et pêch. mar. (issu de la loi n° 76-629 du 10 juillet 1976 relative à la protection de la nature) comporte une disposition ambiguë, aux termes de laquelle « *[t]out animal étant un être sensible doit être placé par son propriétaire dans des conditions compatibles avec les impératifs biologiques de son espèce* ». Elle reconnaît implicitement que certains animaux, mais seulement certains, sont des « *êtres sensibles* » – lesquels ? Au-delà, la qualification d'« *êtres* » reconnue à des animaux vient bousculer les frontières de l'être et de l'avoir.

52. Ce que laisse d'ailleurs entendre l'article L. 214-2 C. rur. et pêch. mar. qui prévoit que « *[t]out homme a le droit de* ***détenir*** *des animaux (...) et de les* ***utiliser*** *(...)* » (nous soulignons).

53. La loi n° 99-5 du 6 janvier 1999 *relative aux animaux dangereux et errants et à la protection des animaux* avait confirmé que l'animal était un meuble, en l'isolant néanmoins : « *[s]ont meubles par leur nature les animaux et les corps qui peuvent se transporter d'un lieu à un autre, soit qu'ils se meuvent par eux-mêmes, soit qu'ils ne puissent changer de place que par l'effet d'une force étrangère* ».

54. « *Les animaux et les objets que le propriétaire d'un fonds y a placés pour le service et l'exploitation de ce fonds sont immeubles par destination (...).* »

55. Loi n° 2015-177 du 16 février 2015 *relative à la modernisation et à la simplification du droit et des procédures dans les domaines de la justice et des affaires intérieures.*

sensibilité » même si, « *[s]ous réserve des lois qui les protègent, les animaux sont soumis au régime des biens* »[56].

Pas plus qu'hier l'animal n'est un sujet de droit (objectif) titulaire de droits (subjectifs)[57]. Mais aujourd'hui, il n'est plus un bien. Indépendamment de son statut, l'animal est depuis un certain temps déjà protégé par des règles spéciales. Il existe un droit des animaux, essentiellement composé de *règles destinées à les protéger*[58] – il est à ce titre piquant de relever que plus proche est l'animal de l'homme, plus sa protection est importante[59] –, encore que *d'autres aient pour objet d'en*

---

56. Les articles 524 al. 1 et 528 C. civ. ont donc été réécrits. L'alinéa 1 de l'ancien article 524 C. civ. a été divisé en deux alinéas : « *[l]es objets que le propriétaire d'un fonds y a placés pour le service et l'exploitation de ce fonds sont immeubles par destination.* (al. 1) *Les animaux que le propriétaire d'un fonds y a placés aux mêmes fins sont soumis au régime des immeubles par destination.* (al. 2) ». Quant à l'article 528, il prévoit désormais seulement que « *[s]ont meubles par leur nature les biens qui peuvent se transporter d'un lieu à un autre* ».
On s'étonne ainsi que l'article 1385 C. civ. fasse encore référence au « *propriétaire d'un animal* », dès lors que seules les choses sont susceptibles d'appropriation.
57. L'UNESCO n'a pourtant pas hésité à établir une *Déclaration universelle des droits de l'animal* sur un modèle qui ressemble dangereusement à une déclaration des droits de l'homme. V. notamment l'article 9 : « *[l]a personnalité juridique de l'animal et ses droits doivent être reconnus par la loi* » et l'article 8, § 1 : « *[t]out acte compromettant la survie d'une espèce sauvage, et toute décision conduisant à un tel acte constituent un génocide, c'est-à-dire un crime contre l'espèce* ».
58. Ainsi l'usage des animaux n'est pas aussi libre que pour les autres choses (pour un échantillon des interdictions, v. art. L. 214-3 C. rur. et pêch. mar. : « *[i]l est interdit d'exercer des mauvais traitements envers les animaux domestiques ainsi qu'envers les animaux sauvages apprivoisés ou tenus en captivité.* (al. 1) *Des décrets en Conseil d'État déterminent les mesures propres à assurer la protection de ces animaux contre les mauvais traitements ou les utilisations abusives et à leur éviter des souffrances lors des manipulations inhérentes aux diverses techniques d'élevage, de parcage, de transport et d'abattage des animaux.* (al. 2) *Il en est de même pour ce qui concerne les expériences biologiques médicales et scientifiques qui doivent être limitées aux cas de stricte nécessité* (al. 3) »), de même que les voies d'appropriation (v. par exemple l'article L. 214-4 C. rur. et pêch. mar. : « *[l]'attribution en lot ou prime de tout animal vivant, à l'exception des animaux d'élevage dans le cadre de fêtes, foires, manifestations sportives, folkloriques et locales traditionnelles, concours et manifestations à caractère agricole, est interdite. Le représentant de l'État dans le département concerné établit la liste des manifestations sportives, folkloriques et locales traditionnelles pour lesquelles cette interdiction ne s'applique pas* »).
Au-delà, le droit pénal protège les animaux en incriminant les « *sévices* » et « *actes de cruauté* » faits aux animaux domestiques, apprivoisés ou tenus en captivité, ainsi que leur « *abandon* » (art. L. 521-1 C. pén.), ou encore « *le fait par maladresse, imprudence, inattention, négligence ou manquement à une obligation de sécurité ou de prudence imposée par la loi ou les règlements, d'occasionner [leur] mort ou [leur] blessure* » (art. R. 653-1 C. pén.), le fait, sans nécessité, publiquement ou non, d'exercer sur eux « *volontairement des mauvais traitements* » (art. R. 654-1 C. pén.) ou de leur donner « *volontairement la mort* » (art. R. 655-1 C. pén.).
59. Art. L. 214-6 à L. 214-8 C. rur. et pêch. mar. relatifs aux « animaux de compagnie ». S'agissant des animaux accompagnant les personnes handicapées, il est plusieurs règles (V. loi n° 2005-102 du 11 février 2005 pour l'égalité des droits et des chances, la participation et la citoyenneté des personnes handicapées) dont l'objet n'est d'ailleurs pas de protéger l'animal, mais la relation entre l'animal et son maître (révélateur, l'article 88 L. n° 87-588 du 30 juillet 1987 portant diverses mesures d'ordre social : « *[l]'accès aux transports, aux lieux ouverts au public, ainsi qu'à ceux permettant une activité professionnelle, formatrice ou éducative est autorisé aux chiens guides d'aveugle ou d'assistance accompagnant les personnes titulaires de la carte d'invalidité prévue à l'article L. 241-3 du Code de l'action sociale et des familles.*
La présence du chien guide d'aveugle ou d'assistance aux côtés de la personne handicapée ne doit pas entraîner de facturation supplémentaire dans l'accès aux services et prestations auxquels celle-ci peut prétendre »).

protéger les hommes[60]. Aller plus loin et reconnaître aux animaux la personnalité juridique serait une erreur[61] : ce serait dévaluer celle des hommes[62] et conduirait à de redoutables difficultés dans le prolongement, notamment quant à l'existence d'un patrimoine. Que les animaux aient des intérêts, c'est un fait. Mais, comme on l'a relevé avec justesse, « ce qui préside à l'octroi d'une personnalité, c'est bien moins la constatation d'un intérêt que celle d'une volonté propre, autonome, qui est le moyen de satisfaire cet intérêt », et qui fait défaut à l'animal[63].

12. Le corps humain, ses éléments et produits. Le corps humain, ses éléments et ses produits, soulèvent des questions plus complexes encore, tant ils participent de l'être et de l'avoir[64]. Fondamentalement, la question est envisagée par le Code civil sous l'angle des droits de la personnalité, ce qui ne veut pas dire que le droit des biens ne soit pas intéressé, en creux.

Négativement déjà, le **principe d'inviolabilité du corps humain** proclamé à l'article 16-1 C. civ. al. 2 (« *[l]e corps humain est inviolable* »[65]) se fait l'écho de l'inviolabilité de la propriété gravée à l'article 17 de la Déclaration des droits de l'homme et du citoyen (« *[l]a propriété étant un droit inviolable et sacré, nul ne peut en être privé, si ce n'est lorsque la nécessité publique, légalement constatée, l'exige évidemment, et sous la condition d'une juste et préalable indemnité* »).

Positivement, il existe un véritable « **principe d'autodisposition** » de la personne sur son corps[66], un principe « d'autonomie personnelle »[67] qui rappelle

60. V. art. L. 211-11 à L. 211-28 C. rur. et pêch. mar. relatifs aux « *animaux dangereux et errants* ».
61. V. toutefois l'article 9 préc. de la *Déclaration universelle des droits de l'animal*.
62. V. toutefois, avec talent et mesure, J.-P. MARGUÉNAUD, « La personnalité juridique des animaux », *D.* 1998, p. 205 : l'auteur relève qu'il faut « rejeter la personnification anthropomorphique des animaux qui conduit à des solutions ridicules et qui menace les valeurs humanistes et démocratiques » et se borner à envisager la personnification des animaux comme une technique juridique, dans le sillage de DEMOGUE (*in* « La notion de sujet de droit », *RTD civ.* 1909, p. 630).
63. R. LIBCHABER, « La souffrance et les droits (À propos d'un statut de l'animal) », *D.* 2014, p. 380 s., spéc. n° 10. L'auteur poursuit : « [t]el est le constat à l'origine de la personnalité des groupements : la volonté collective y est distincte de celle des individus, de sorte que l'octroi d'une personnalité permette la poursuite de l'intérêt social. Or un animal n'a pas de volonté particulière, au sens délibératif ; partant la reconnaissance de ses intérêts semble dépourvue d'effet ». Une piste est lancée, celle de la protection de l'animal par les droits fondamentaux (spéc. n° 13 s.).
64. Pour certains, la réponse est claire : « le corps humain n'est pas une chose ; c'est la personne même » (G. CORNU, *Droit civil, Les personnes*, Montchrestien, 13e éd., 2007, n° 15, en gras dans le texte).
65. Duquel sont tirées plusieurs conséquences. L'article 16-1 C. civ. prévoit que « *[c]hacun a droit au respect de son corps* » (al. 1) et l'article 16-3 précise, d'une part, qu'« *[i]l ne peut être porté atteinte à l'intégrité du corps humain qu'en cas de nécessité médicale pour la personne ou à titre exceptionnel dans l'intérêt thérapeutique d'autrui* » (al. 1) et, d'autre part, que « *[l]e consentement de l'intéressé doit être recueilli préalablement hors le cas où son état rend nécessaire une intervention thérapeutique à laquelle il n'est pas à même de consentir* » (al. 2). *Adde* Civ. 2e, 19 mars 1997, *Bull. civ.* III, n° 96, *RTD civ.* 1997, p. 632, obs. J. HAUSER : « il résulte de l'article 16-3 C. civ. que nul ne peut être contraint hors les cas prévues par la loi, de subir une intervention chirurgicale » (V. toutefois, l'article D. 364 al. 1 CPP qui prévoit que « *[s]i un détenu se livre à une grève de la faim prolongée, il ne peut être traité sans son consentement, sauf lorsque son état de santé s'altère gravement et seulement sur décision et sous surveillance médicales* »). Par ailleurs, il existe un ensemble d'infractions relatives à « *la protection du corps humain* » fulminées aux articles 511-2 s. C. pén. Il convient d'ajouter d'autres infractions relatives au « sang » qui sont sanctionnées aux articles L. 1271-1 s. CSP.
66. G. CORNU, *Droit civil, Les personnes*, Montchrestien, 13e éd., 2007, n° 20, en gras dans le texte.
67. Cour EDH, 29 avril 2002, *Pretty c/ Royaume-Uni*, Req. n° 2346/02 : « [b]ien qu'il n'ait été établi dans aucune affaire antérieure que l'article 8 de la Convention comporte un droit à l'autodétermination

« le droit de (...) disposer (...) de la manière la plus absolue » du propriétaire (art. 544 C. civ.). C'est ainsi que l'on peut se livrer à des activités dangereuses, se tatouer, se « prêter » à des recherches biomédicales moyennant « indemnité »[68], changer de sexe[69], peut-être se mutiler[70] et, à l'extrémité, se suicider. **Les limites posées concernent pour l'essentiel les atteintes à l'intégrité physique qui sont portées *par autrui*, même avec le « consentement » de la victime[71], et non celles qui le sont *par la « victime »* elle-même[72].** Ainsi la Cour EDH autorise-t-elle les États à sanctionner les pratiques sadomasochistes[73] – encore qu'elle exige aujourd'hui des circonstances particulièrement graves[74] – ou

---

en tant que tel, la Cour considère que la notion d'autonomie personnelle reflète un principe important qui sous-tend l'interprétation des garanties de l'article 8 » (§ 61).

68. Aux termes de l'article L. 1121-11 al. 1 CSP, « *[l]a recherche biomédicale ne donne lieu à aucune contrepartie financière directe ou indirecte pour les personnes qui s'y prêtent, hormis le remboursement des frais exposés et, le cas échéant, l'indemnité en compensation des contraintes subies versée par le promoteur (...)* ». Comme on l'a relevé, « le contrat à titre onéreux d'expérimentation crée un bénévolat rémunéré » (G. Cornu, *Droit civil, Les personnes*, Montchrestien, 13ᵉ éd., 2007, nº 20).

69. L'intervention chirurgicale constitue un préalable à la modification de l'état civil (Cass. Ass. plén., 11 décembre 1992, *Bull. civ.* nº 13 : « lorsque, à la suite d'un traitement médico-chirurgical subi dans un but thérapeutique, une personne présentant le syndrome du transsexualisme ne possède plus tous les caractères de son sexe d'origine et a pris une apparence physique la rapprochant de l'autre sexe, auquel correspond son comportement social, le principe du respect dû à la vie privée justifie que son état civil indique désormais le sexe dont elle a l'apparence ; (...) le principe de l'indisponibilité de l'état des personnes ne fait pas obstacle à une telle modification ».

70. Il existe certes un délit de mutilation volontaire, mais qui ne sanctionne que « *le fait pour tout militaire de s'être rendu volontairement impropre au service, soit d'une manière temporaire, soit d'une manière permanente, dans le but de se soustraire à ses obligations militaires* » (art. L. 321-22 C. just. milit.).

71. Explorant cet aspect du problème, M. Fabre-Magnan, « Le domaine de l'autonomie personnelle », *D.* 2008, p. 31.

72. M. Fabre-Magnan, « Le domaine de l'autonomie personnelle », préc. : « [s]ur soi-même et par soi-même, il n'y a alors aucune limite juridique à la possibilité de porter atteinte à son intégrité physique : on peut "librement" (les philosophes auraient beaucoup à dire sur cette liberté, de même que les psychanalystes) cesser de se laver, de manger ou de boire, se mutiler, devenir alcoolique, se torturer, se tuer, et pourquoi pas, puisque l'imagination humaine est vaste, se découper en morceaux, ou encore se manger. Mais il ne s'agit là que d'un pouvoir de fait, sur lequel le droit n'a d'ailleurs pas réellement prise. Il ne tiendrait ainsi qu'à la personne, si elle voulait vraiment être certaine de pouvoir se faire du mal ou se détruire, de le faire le plus discrètement possible et dans un lieu privé ».

73. Cour EDH, 19 février 1997, *Laskey, Jaggard et Brown c/ Royaume-Uni*, Req. nº 21627/93, 21628/93, 21974/93 : « [l]a Cour estime que l'un des rôles incontestablement dévolu à l'État est la régulation, par le jeu du droit pénal, des pratiques qui entraînent des dommages corporels. Que ces actes soient commis dans un cadre sexuel ou autre n'y change rien. Le choix du niveau de dommage que la loi doit tolérer lorsque la victime est consentante revient en premier lieu à l'État concerné car l'enjeu est lié, d'une part, à des considérations de santé publique et à l'effet dissuasif du droit pénal en général et, d'autre part, au libre arbitre de l'individu » (§ 43 et 44).

74. De fait, dans une décision postérieure (Cour EDH, 6 juin 2005, *KA. et AD. c/ Belgique*, Req. nº 42758/98 et 45558/99, *RTD civ.* 2005, p. 341, obs. J.-P. Marguénaud), la Cour a changé de cap en considérant que « le droit d'entretenir des relations sexuelles découle du droit de disposer de son corps, partie intégrante de la notion d'autonomie personnelle » et que « la faculté pour chacun de mener sa vie comme il l'entend peut également inclure la possibilité de s'adonner à des activités perçues comme étant d'une nature physiquement ou moralement dommageables ou dangereuses pour sa personne » (§ 83) ; elle en déduit « que le droit pénal ne peut, en principe, intervenir dans le domaine des pratiques sexuelles consenties qui relèvent du libre arbitre des individus » et qu'il faut « des raisons particulièrement graves pour que soit justifiée, aux fins de l'article 8 § 2 de la Convention, une ingérence des pouvoirs publics dans le domaine de la sexualité » (§ 84). En l'espèce, les juges européens ont retenu des « raisons particulièrement graves » de nature à justifier, au regard de l'article 8 § 2, les

l'euthanasie[75] –, ce que fait, dans ce dernier cas, la France[76]. En somme, et sous ces réserves, la personne, sur son corps, serait souveraine comme un propriétaire, s'en réservant librement les utilités et en excluant les tiers. C'est cependant compter sans le **principe de non-patrimonialité,** qui s'évince de l'article 16-1 C. civ. al. 3 (« *[l]e corps humain, ses éléments et ses produits ne peuvent faire l'objet d'un droit patrimonial* »[77]). Certes, certains voient dans la patrimonialité un simple caractère du bien intéressant la circulation des biens et non un élément participant de sa définition. Mais ici, la non-patrimonialité a une portée plus importante : **elle interdit *par principe* à une personne de procéder à des détachements en tout ou partie de son enveloppe corporelle, car un tel détachement réaliserait un transfuge de la partie détachée de la catégorie « personne » vers celle de « chose ».** Tant que ce détachement n'est pas réalisé, toute atteinte au corps est une atteinte à la personne ; dès lors qu'il l'est, l'atteinte devient une atteinte aux biens de la personne[78]. Il reste que le transfuge n'est pas absolument interdit ; il est simplement très encadré[79]. Par ailleurs, **le transfuge**

condamnations belges des requérants. Pour l'essentiel, la Cour EDH estime que « si une personne peut revendiquer le droit d'exercer des pratiques sexuelles le plus librement possible, une limite qui doit trouver application est celle du respect de la volonté de la "victime" de ces pratiques, dont le propre droit au libre choix quant aux modalités d'exercice de sa sexualité doit aussi être garanti » (§ 85) ; de fait, en l'espèce, la victime avait demandé à ce que les agissements de requérants prennent fin.

75. Cour EDH, 29 avril 2002, *Pretty c/ Royaume-Uni*, Req. n° 2346/02 : « la Cour considère (...) que la nature générale de l'interdiction du suicide assisté n'est pas disproportionnée. (...) Il ne paraît pas arbitraire à la Cour que la législation reflète l'importance du droit à la vie en interdisant le suicide assisté tout en prévoyant un régime d'application et d'appréciation par la justice qui permet de prendre en compte dans chaque cas concret tant l'intérêt public à entamer des poursuites que les exigences justes et adéquates de la rétribution et de la dissuasion » (§ 76). Par ailleurs, la Cour EDH note qu'« il y a (...) une justification objective et raisonnable à l'absence de distinction juridique entre les personnes qui sont physiquement capables de se suicider et celles qui ne le sont pas. (...) Il existe sous l'angle de l'article 14 des raisons (...) convaincantes de ne pas chercher à distinguer entre les personnes qui sont en mesure de se suicider sans aide et celles qui en sont incapables. La frontière entre les deux catégories est souvent très étroite, et tenter d'inscrire dans la loi une exception pour les personnes jugées ne pas être à même de se suicider ébranlerait sérieusement la protection de la vie que la loi de 1961 a entendu consacrer et augmenterait de manière significative le risque d'abus » (§ 89).

76. Tout au plus l'article L. 1110-5 CSP prévoit-il que les actes de prévention, d'investigation ou de soins ne doivent pas « *être poursuivis par une obstination déraisonnable. Lorsqu'ils apparaissent inutiles, disproportionnés ou n'ayant d'autre effet que le seul maintien artificiel de la vie, ils peuvent être suspendus ou ne pas être entrepris* ». Par ailleurs, la même disposition prévoit que « *si le médecin constate qu'il ne peut soulager la souffrance d'une personne, en phase avancée ou terminale d'une affection grave et incurable, quelle qu'en soit la cause, qu'en lui appliquant un traitement qui peut avoir pour effet secondaire d'abréger sa vie, il doit en informer le malade, (...) la personne de confiance visée à l'article L. 1111-6, la famille ou, à défaut, un des proches* ».

77. L'article 16-5 C. civ. énonce que « *[l]es conventions ayant pour effet de conférer une valeur patrimoniale au corps humain, à ses éléments ou à ses produits sont nulles* ». Ainsi, « *[a]ucune rémunération ne peut être allouée à celui qui se prête à une expérimentation sur sa personne, au prélèvement d'éléments de son corps ou à la collecte de produits de celui-ci* » (art. 16-6 C. civ.).

78. On ne peut soutenir qu'un cheveu ou un rein prélevé soit une personne, de même qu'on ne peut concevoir l'infraction de coups et blessures sur des éléments du corps humain détachés. Une fois détachés, les éléments et produits du corps humain sont des choses, encore que leur patrimonialité soit réduite au minimum.

79. La question de savoir dans quelles conditions une personne peut porter atteinte à son intégrité physique, notamment en détachant certains éléments et produits de son corps, connaît des réponses qui évoluent avec les données de la science et les mœurs. Un Comité consultatif national d'éthique a été créé par un décret n° 83-132 du 23 février 1983 avec pour mission de « donner son avis sur les problèmes moraux qui sont soulevés par la recherche dans les domaines de la biologie, de la médecine et

peut également se réaliser en sens inverse : la prothèse posée ou l'organe artificiel implanté dans le corps d'une personne doivent être considérés comme des éléments de celui-ci. En ce sens, la loi n° 85-677 du 5 juillet 1985 *tendant à l'amélioration de la situation des victimes d'accidents de la circulation et à l'accélération des procédures d'indemnisation* dispose que « *les fournitures et appareils délivrés sur prescription médicale donnent lieu à indemnisation selon les règles applicables à la réparation des atteintes à la personne* » (art. 5 al. 1).

Au final, la question est de savoir ce à quoi la personne est irréductible, question soulevée par le mouvement transhumaniste. La réponse est-elle si difficile à apporter ? L'homme peut perdre ses membres ou ses organes, tant qu'il conserve son âme, il demeure un homme, une personne. Là gît donc, et là seulement, la personne.

13. Cas particulier de l'embryon et du fœtus. L'embryon et le fœtus[80] ne sont *pas encore* des personnes[81] ; ce sont des personnes *potentielles*[82]. Parce qu'ils ne sont pas encore des personnes, ils peuvent être victimes d'un homicide[83]. Mais parce qu'ils sont des personnes potentielles, ils ne peuvent constituer l'assiette d'un droit réel. Dans un souci de pragmatisme, le législateur en a détaillé le statut juridique. Pour l'essentiel, l'article L. 2141-4 CSP, dans un titre consacré à l'assistance médicale à la procréation, prévoit que « (...) *[s]'ils n'ont plus de projet parental ou en cas de décès de l'un d'entre eux, les deux membres d'un couple, ou le membre survivant, peuvent consentir à ce que leurs embryons soient accueillis par un autre couple (...), ou à ce qu'ils fassent l'objet d'une recherche (...)* ». Cette disposition est cruciale, car elle laisse entendre que l'embryon, soit deviendra effectivement une personne – s'il est accueilli par un autre couple –, soit conservera son statut de chose, s'il fait l'objet d'une recherche[84].

14. Cas particulier des cadavres. Les cadavres ne sont *plus* des personnes[85] ; ce sont *des restes* de personnes. Parce qu'ils ne sont plus des personnes, ils ne sont plus des sujets de droits. Mais parce qu'ils sont des restes de personnes, respect leur est dû, ainsi qu'en témoignent l'article 16-1-1 C. civ., qui dispose que « *[l]e respect*

---

de la santé, que ces problèmes concernent l'homme, des groupes sociaux ou la société tout entière » (art. premier). Aujourd'hui, l'article 23 de la loi n° 94-654 du 29 juillet 1994 *relative au don et à l'utilisation des éléments et produits du corps humain, à l'assistance médicale à la procréation et au diagnostic prénatal*, prévoit que « *le Comité consultatif national d'éthique pour les sciences de la vie et de la santé a pour mission de donner des avis sur les problèmes éthiques soulevés par les progrès de la connaissance dans les domaines de la biologie, de la médecine et de la santé et de publier des recommandations sur ces sujets (...)* ».

80. La période embryonnaire couvre les soixante premiers jours de la vie intra-utérine et la période fœtale, les jours qui suivent jusqu'à la naissance.

81. P. Berlioz, n° 32 : « puisque l'embryon n'est pas doté de la personnalité, qu'il n'est pas, juridiquement, une personne, c'est donc nécessairement qu'il est une chose ».

82. P. Berlioz, n° 135.

83. Cass. Ass. plén., 29 juin 2001, *Bull. AP* n° 8 : « le principe de la légalité des délits et des peines, qui impose une interprétation stricte de la loi pénale, s'oppose à ce que l'incrimination prévue par l'article 221-6 du Code pénal, réprimant l'homicide involontaire d'autrui, soit étendue au cas de l'enfant à naître dont le régime juridique relève de textes particuliers sur l'embryon ou le fœtus » ; Crim. 25 juin 2002, *Bull. crim.* n° 144 : « le principe de la légalité des délits et des peines, qui impose une interprétation stricte de la loi pénale, s'oppose à ce que l'incrimination d'homicide involontaire s'applique au cas de l'enfant qui n'est pas né vivant ».

84. D'après l'article 2151-5, IV CSP, « *[l]es embryons sur lesquels une recherche a été conduite ne peuvent être transférés à des fins de gestation* ».

85. P. Berlioz, n° 33 : le cadavre « est par conséquent une chose ».

dû au corps humain ne cesse pas avec la mort. (al. 1) *Les restes des personnes décédées, y compris les cendres de celles dont le corps a donné lieu à crémation, doivent être traités avec respect, dignité et décence* (al. 2) »[86] et l'article 225-17 al. 1 C. pén., qui prévoit que « *[t]oute atteinte à l'intégrité du cadavre, par quelque moyen que ce soit, est punie d'un an d'emprisonnement et de 15 000 euros d'amende* ». Il est néanmoins possible, en vertu du principe d'autodisposition dont jouissent les personnes, qu'une personne ait déclaré, de son vivant, faire « don de son corps » à un établissement de santé, de formation ou de recherche[87] ou ne se soit pas opposée, de son vivant, à un prélèvement d'organes à des fins thérapeutiques ou scientifiques[88].

B ... Qui confèrent des utilités...

15. Utilité et valeur. Seules les choses utiles, aptes à rendre des services aux personnes, sont des biens. Comme le résumait Cornu, « [l]es biens, c'est bon »[89] ; le droit des biens est le droit des richesses[90].

L'**utilité** doit être distinguée de la **valeur**. L'*utilité* est une caractéristique de la chose, et son aptitude à rendre des services : les choses présentent des utilités. La *valeur* est une caractéristique du droit réel qui porte sur la chose : les droits ont une valeur. Évidemment la *valeur du droit* est tributaire des *utilités de la* chose. Les expressions de « valeur d'usage » et de « valeur d'échange » permettent au juriste d'exprimer respectivement quel usage un droit réel permet de faire de la chose et quelle valeur sur le marché représente le droit lui-même[91].

86. C'est ce qui explique que la Cour de cassation a approuvé l'interdiction de la poursuite d'une exposition exhibant des cadavres (Civ. 1re, 16 septembre 2010, *Bull. civ.* I, n° 174 : « aux termes de l'article 16-1-1, alinéa 2, du Code civil, les restes des personnes décédées doivent être traités avec respect, dignité et décence ; (...) l'exposition de cadavres à des fins commerciales méconnaît cette exigence »). C'est également ce qui peut expliquer que des juges du fond aient retenu la responsabilité d'une clinique dans la dégradation prématurée du corps d'une défunte, à la suite d'une panne du système de climatisation de la morgue non détectée pendant tout le week-end suivant le décès, ayant mis des parents dans l'impossibilité de le revoir une dernière fois préalablement aux obsèques (CA Bourges, 20 mars 2008, RG n° 07/00994 ; le texte de l'article 16-1-1, issu de la loi n° 2008-1350 du 19 décembre 2008, ne pouvait donc être appliqué en l'espèce).

87. Art R. 2213-13 CGCT : « *[u]n établissement de santé, de formation ou de recherche ne peut accepter de don de corps que si l'intéressé en a fait la déclaration écrite en entier, datée et signée de sa main (...)* ».

88. Art. L. 1232-1 CSP : « *[l]e prélèvement d'organes sur une personne dont la mort a été dûment constatée ne peut être effectué qu'à des fins thérapeutiques ou scientifiques.* (al. 1) *Ce prélèvement peut être pratiqué dès lors que la personne n'a pas fait connaître, de son vivant, son refus d'un tel prélèvement. Ce refus peut être exprimé par tout moyen, notamment par l'inscription sur un registre national automatisé prévu à cet effet. Il est révocable à tout moment.* (al. 2) (...) ».

89. G. Cornu, n° 1.

90. Ph. Malaurie et L. Aynès, n° 5 : « [d]ans une première approximation, le droit des biens est celui des richesses servant à l'usage des hommes ».

91. Les deux types de valeurs ont été dégagés par Socrate dans *L'Économique* de Xénophon (« [l]a même chose, pour qui sait en user, est donc une valeur, et une non-valeur pour qui ne le sait pas. Ainsi une flûte pour un homme qui sait bien jouer de la flûte est une valeur, tandis que pour celui qui ne sait pas, elle ne lui sert pas plus que de vils cailloux, à moins qu'il ne la vende » (Xénophon, *L'Économique*, ch. 1, § 10)) et systématisés par Adam Smith dans ses *Recherches sur la nature et les causes de la richesse des nations* (A. Smith, *Recherches sur la nature et les causes de la richesse des nations*, L. I, ch. IV, « De l'origine et de l'usage de la monnaie » : « [i]l faut observer que le mot valeur a deux significations différentes ; quelquefois il signifie l'utilité d'un objet particulier, et quelquefois il signifie

16. Utilité objective et utilité subjective. Parce que, d'un point de vue objectif, les *utilités de la chose* sont indépendantes de la personne de son propriétaire, la *valeur de la propriété* – ou de tout autre droit – de la chose l'est également. Il reste que, d'un point de vue subjectif, les *utilités de la chose* ne sont *pas perçues comme identiques* par tous : cette perception dépend des *besoins* et les *aptitudes* de chacun. C'est ce qui explique notamment que les choses, ou plus précisément les droits dont elles forment l'assiette, circulent. Ainsi, l'utilité qu'offre un piano ne sera pas perçue de manière identique par le pianiste, celui qui n'en a jamais joué, et le marchand ; l'utilité de correspondances de famille, qui peut être importante pour un de ses membres, peut être dérisoire pour un tiers ; l'utilité d'un animal domestique est également différente pour celui qui l'a élevé et pour le passant. Par où l'on voit qu'au-delà des utilités objectives qu'elles peuvent présenter, les choses présentent en fonction de chacun une utilité subjective différente[92].

17. Créance, dette et contrat. Une place particulière doit être réservée aux **créances**. On considère en général[93] que les ***créances de somme d'argent*** sont des biens[94] : elles ont une utilité propre, indépendante de leur fait générateur, et peuvent

la faculté que donne la possession de cet objet d'en acheter d'autres marchandises. On peut appeler l'une, Valeur en usage, et l'autre, Valeur en échange. – Des choses qui ont la plus grande valeur en usage n'ont souvent que peu ou point de valeur en échange ; et, au contraire, celles qui ont la plus grande valeur en échange n'ont souvent que peu ou point de valeur en usage. Il n'y a rien de plus utile que l'eau, mais elle ne peut presque rien acheter ; à peine y a-t-il moyen de rien avoir en échange. Un diamant, au contraire, n'a presque aucune valeur quant à l'usage, mais on trouvera fréquemment à l'échanger contre une très grande quantité d'autres marchandises »).

En cas de concours de droits réels sur un même bien, la valeur d'usage de certains d'entre eux peut être neutralisée. C'est le cas notamment lorsqu'un bien fait l'objet d'une sûreté avec dépossession (Com. 12 juillet 2005, *Bull. civ.* IV, n° 175, *JCP* 2005, I, 185, obs. Ph. Delebecque, *RDC* 2006, p. 464, obs. M. Grimaldi : « la dépossession, qui fait perdre au constituant une partie de ses prérogatives sur la chose donnée en gage, ne les confère pas pour autant au créancier nanti, qui dispose, en sa qualité de dépositaire de cette chose jusqu'à sa restitution, du seul pouvoir de la garder et conserver sans acquérir celui d'en user ni de l'administrer »), ce qui explique la raréfaction de telles sûretés.

92. Au point qu'un auteur a envisagé de distinguer les « biens objectifs » des « biens subjectifs » (R. Libchaber, « La recodification du droit des biens », *Le Code civil, 1804-2004, Livre du bicentenaire*, Dalloz-Litec, 2005, p. 297 s., n° 35).

93. V. toutefois, J. François, « Les créances sont-elles des biens ? », *Liber amicorum Christian Larroumet*, Economica, 2010, p. 149 s.

94. **Jurisprudence européenne** : Cour EDH, 9 décembre 1994, *Raffineries grecques Stran et Stratis Andreadis c/ Grèce*, Req. n° 13427/87 : « [p]our déterminer si les requérants disposaient d'un "bien" aux fins de l'article 1 du Protocole n° 1 (...), la Cour doit rechercher si le jugement (...) du tribunal de grande instance d'Athènes et la sentence arbitrale avaient fait naître dans le chef de ceux-ci une créance suffisamment établie pour être exigible » (§ 59) ; Cour EDH, 20 novembre 1995, *Pressos Compania Naviera SA et a. c/ Belgique,* Req. n° 17849/91 : « [p]our juger en l'espèce de l'existence d'un "bien", la Cour peut avoir égard au droit interne en vigueur lors de l'ingérence alléguée, rien ne lui permettant de penser que celui-ci contrevenait à l'objet ou au but de l'article 1 du Protocole n° 1 (...). Il s'agissait d'un régime aquilien, faisant naître les créances en réparation dès la survenance du dommage. Une créance de ce genre "s'analysait en une valeur patrimoniale" et avait donc le caractère d'"un bien au sens de la première phrase de l'article 1 (...), lequel s'appliquait dès lors en l'espèce" (voir, *mutatis mutandis*, l'arrêt *Van Marle et autres c/ Pays-Bas* du 26 juin 1986, série A n° 101, p. 13, par. 41). Compte tenu des arrêts de la Cour de cassation du 5 novembre 1920, du 15 décembre 1983 et du 17 mai 1985 (...), les requérants pouvaient prétendre avoir une "espérance légitime" de voir concrétiser leurs créances quant aux accidents en cause conformément au droit commun de la responsabilité (...) » (§ 31).

Jurisprudence nationale : Civ. 2e, 3 mai 2007, *Bull. civ.* II, n° 121, *RTD civ.* 2007, p. 643, obs. R. Perrot : « l'arrêt énonce exactement que l'article L. 30 du Code des pensions de retraite des d'ailleurs être cédées[95] ou saisies[96]. Il reste que les créances de somme d'argent ne sont pas des biens comme les autres. De fait, leur utilité est tributaire, en partie au moins, des qualités du débiteur, ce qui rejaillit mécaniquement sur leur valeur. Ainsi une créance de tant détenue contre un riche « vaut » davantage que la même créance détenue contre un pauvre. Quant aux ***créances ayant pour objet une prestation en nature***, elles ne peuvent être détachées de leur fait générateur, du contrat en pratique, être cédées[97] ou saisies[98], en sorte qu'elles n'ont pas d'utilité propre. Ainsi

---

marins dispose que ces pensions ne sont saisissables que par certains créanciers et qu'à concurrence d'un montant qui diffère selon la nature des créances ; qu'il constate que les deux principales créances de Mme X... n'entrent pas dans les prévisions de ce texte et que leur recouvrement se heurte à une insaisissabilité totale ; qu'il retient que M. Y... fait systématiquement obstacle à l'exécution par Mme X... de toute décision de justice et a organisé son insolvabilité, faisant ainsi ressortir que Mme X... ne dispose pas d'autres voies d'exécution ; qu'il en déduit à bon droit, que l'article L. 30 précité constitue, en l'espèce, une mesure discriminatoire, portant une atteinte non justifiée par un but légitime au droit de propriété de Mme X... et que son application contrevient ainsi aux dispositions combinées des articles 14 de la Convention et 1er du protocole additionnel n° 1 à cette Convention ».

95. La cession ne requiert pas même le consentement du cédé, car la personne du créancier est en principe indifférente au débiteur de somme d'argent. En revanche, une formalité d'information du cédé, relativement lourde, est requise à l'article 1690 C. civ. afin de l'avertir du changement de créancier : « *[l]e cessionnaire n'est saisi à l'égard des tiers que par la signification du transport faite au débiteur.* (al. 1) *Néanmoins, le cessionnaire peut être également saisi par l'acceptation du transport faite par le débiteur dans un acte authentique* (al. 2) ». Et v. Civ. 3e, 12 juin 1985, *Bull. civ.* III, n° 95, *RTD civ.* 1986, p. 350, obs. J. Mestre : « que jusqu'à sa signification au débiteur cédé ou son acceptation par celui-ci, la cession de créance n'a d'effet qu'entre les parties, et que les tiers et notamment le débiteur cédé ne peuvent ni se la voir opposer, ni s'en prévaloir » ; *adde* Civ. 20 juin 1938, *GAJC*, t. 2, n° 255, *DP* 1939, 1, p. 26, note A. Weill) ; la simple connaissance de la cession de créance par le débiteur cédé ne suffit pas à la lui rendre opposable, de sorte que le cédé se libère en payant le cédant (Civ. 1re, 22 mars 2012, *Bull. civ.* I, n° 60, *RTD civ.* 2012, p. 315, obs. B. Fages, *Rép. Defr.* 2012, p. 555, note M. Julienne, *RDC* 2012, p. 835, obs. D. Mazeaud : « à défaut de respect des formalités exigées par l'article 1690 du Code civil, la simple connaissance de la cession de créance par le débiteur cédé ne suffit pas à la lui rendre opposable ») ou celui des cessionnaires qui lui a respecté les formalités, ne fût-il celui de premier rang, sauf collusion frauduleuse avec le cédant (Com. 19 mars 1980, *Bull. civ.* IV, n° 137).

Les formalités de l'article 1690 C. civ. étant peu compatibles avec les nécessités des affaires, des modes simplifiés de cession de créances ont été instaurés par la loi : c'est le cas notamment de la cession Dailly (art. L. 313-23 s. CMF ; v. spéc. art. L. 313-28 CMF : « *[l]'établissement de crédit ou la société de financement peut, à tout moment, interdire au débiteur de la créance cédée ou nantie de payer entre les mains du signataire du bordereau. À compter de cette notification, (...) le débiteur ne se libère valablement qu'auprès de l'établissement de crédit ou de la société de financement.* »).

96. C'est l'objet de l'entier Titre Ier (« La saisie des créances de somme d'argent ») du Livre II (« Les procédures d'exécution mobilières ») du Code des procédures civiles d'exécution.

97. *Adde* J. François, « Les créances sont-elles des biens ? », préc., n° 34 s. Et v. déjà L. Aynès, *La cession de contrat et les opérations juridiques à trois personnes*, th., préf. Ph. Malaurie, Economica, 1984, n° 29 : « si l'objet de la créance est une prestation en nature – créance de jouissance des lieux loués, par exemple – sa transmission entre vifs est une cession de contrat ».

98. Les voies d'exécution ne permettent de saisir que les créances ayant pour objet une somme d'argent. L'article L. 231-1 C. proc. civ. exé., en indiquant que « *tout créancier muni d'un titre exécutoire constatant une créance liquide et exigible peut faire procéder à la saisie et à la vente des droits incorporels, autres que les créances de sommes d'argent, dont son débiteur est titulaire* », vise en réalité principalement les valeurs mobilières et droits d'associés dont le débiteur est titulaire, mais aussi certaines choses incorporelles, comme un brevet (CA Paris, 8 mars 2001, *BICC* 2002, n° 347) ou une licence d'exploitation d'un débit de boissons (Cass. avis, 8 février 1999, *Bull. avis*, n° 1, *D.* 1999, p. 287, note Cl. Brenner : « *[l]a licence d'exploitation d'un débit de boissons de 4e catégorie constitue un droit incorporel saisissable. En l'absence de texte réglementaire de portée générale applicable à la saisie des droits de cette nature, ou de dispositions spécifiques à la saisie de cette licence qui n'est pas une valeur mobilière, il est possible, sous réserve des adaptations nécessaires contrôlées par le juge de*

le locataire ne saurait céder sa créance de jouissance sans le contrat de bail – là où le bailleur peut très bien céder sa créance de loyer, créance de somme d'argent ? Faute d'autonomie, il est difficile de considérer que les créances ayant pour objet une prestation en nature soient des biens. Il est au demeurant possible de se partager les utilités d'une créance de somme d'argent par l'effet d'un démembrement[99], alors que cela ne paraît guère envisageable pour les créances ayant pour objet une prestation en nature.

Par principe, la **dette** qui, en elle-même, n'a pas d'utilité, même si elle se prête à la spéculation, n'est pas un bien. Il en va de même du **contrat**, qui est un fait générateur de droits et obligations et qui tient lieu de loi aux parties (art. 1134 al. 1 C. civ.[100]). Or une loi n'a en elle-même aucune valeur[101]. Aussi bien, ni les dettes, ni le contrat ne peuvent être « cédés » en ce sens qu'ils ne peuvent faire l'objet d'une transmission d'auteur à ayant cause[102]. Pour autant, rien dans l'absolu n'interdit – la question est discutée en droit positif – qu'une dette ou un contrat donnent lieu à une « substitution » de parties, dès lors que tous les intéressés y ont consenti. On comprend l'intérêt s'agissant du *contrat* : se substituer à un contractant peut présenter un intérêt, spécialement en raison du jeu de l'offre et de la demande, tant et si bien que la position contractuelle peut être assimilée à un bien[103]. Mais cela est également vrai en ce qui concerne la *dette*[104] : se substituer à

l'exécution de transposer pour les opérations de saisie, la procédure définie aux articles 182 à 184 du décret du 31 juillet 1992, et, pour la vente, les dispositions des articles 189 à 192 du même texte »).

99. Sur l'usufruit des créances, v. *infra*, n° 369.

100. « *Les conventions légalement formées tiennent lieu de loi à ceux qui les ont faites.* »

101. *Adde* P. Berlioz, n° 47 : « l'essence du contrat est d'orienter, de régler le comportement des personnes qui l'ont conclu, ce qui est tout à fait antinomique avec la notion de chose ».

102. P. Berlioz, *La notion de bien*, th., préf. L. Aynès, LGDJ, 2006, n° 1054 : « la position de contractant n'est pas quelque chose que l'on a, mais une situation juridique dans laquelle on se trouve, parce qu'on a contracté. C'est une conséquence de l'exercice par la personne de sa liberté contractuelle, qui se traduit par sa soumission aux règles prévues par le contrat ».

103. Que l'on songe à l'obtention d'un marché ou d'une place pour un spectacle qui se joue à guichet fermé : à l'évidence, la qualité de partie au contrat est doté d'une valeur particulière. Cette valorisation explique que le VRP et l'agent commercial peuvent céder, moyennant finance, leur position contractuelle à un successeur, auquel cas, d'ailleurs, ils ne peuvent plus prétendre à une indemnisation de la part du donneur d'ordres (pour le VRP, v. Soc. 28 octobre 1992, *Bull. civ.* V, n° 527 : « la cour d'appel (...) a relevé qu'à trois reprises, lors de l'abandon de trois départements de son secteur, le représentant avait vendu à son successeur les clientèles correspondantes et qu'il avait fait de même lors de la rupture du contrat pour son dernier secteur du Morbihan ; (...) ayant ainsi constaté que le représentant avait, de son propre chef et sans opposition de son employeur, vendu sa clientèle à son successeur, la cour d'appel a pu décider qu'il ne pouvait réclamer à son employeur la réparation du préjudice résultant de la perte d'une clientèle dont il avait négocié la valeur avec un tiers qui lui en avait versé la contrepartie » ; Soc., 17 décembre 2002, *Bull. civ.* V, n° 397 : « un VRP peut être autorisé à céder la valeur de la clientèle qu'il a apportée, créée ou développée pour son entreprise, sous réserve qu'il renonce au bénéfice de l'indemnité de clientèle à laquelle il peut prétendre et que l'employeur ait donné son accord à ladite cession »).
Le Conseil constitutionnel a d'ailleurs reconnu que « les finalités et les conditions d'exercice du droit de propriété ont connu depuis 1789 une évolution caractérisée par une extension de son champ d'application à des domaines nouveaux [et que] que les portefeuilles de contrats ou de bulletins d'adhésion constitués par une personne dans l'exercice de l'activité d'assurance relèvent de sa protection » Cons. const., 6 février 2015, déc n° 2014-449 QPC, *JCP* 2015, I, 546, obs. H. Périnet-Marquet, *D.* 2015, p. 1863, obs. N. Reboul-Maupin.

104. Sur la question, v. L. Andreu, *Du changement de débiteur*, th. préf. D. R. Martin, Dalloz, 2010, spéc. n° 55 s. En faveur de la reconnaissance par le législateur de la cession de dette, v. le vœu émis par la Première Commission lors du 77e Congrès des notaires de France (« La vente volontaire de l'immeuble, à la recherche d'un équilibre »). Sur celui-ci, V. *Rép. Defr.* 1981, *Act. Not.*, p. 149.

un débiteur peut être un moyen de le gratifier, de lui faire crédit, ou d'effectuer un règlement simplifié de plusieurs créances[105]. En raison de l'importance de la personne du cocontractant d'une part et du débiteur d'autre part, la « substitution » – ou « cession », entendue alors largement – ne devrait être possible qu'avec l'autorisation du créancier cédé[106] agréant le nouveau débiteur[107]. En définitive, alors que la cession de créance réalise le passage d'un bien d'un patrimoine à un autre[108], les « cessions » de dette et de contrat opèrent une substitution de personnes.

18. Biens à valeur négative. Le cas des biens dits « à valeur négative » pose certaines difficultés[109]. Parmi ces biens, on trouve le terrain dont le coût de dépollution excède la valeur ou encore les titres d'une société dont l'actif est insuffisant pour répondre du passif. Le fait que de telles choses soient cédées pour un euro symbolique et que l'acquéreur puisse même être indemnisé pour les charges qui les grèvent pourrait, à première vue, conduire à y voir des choses sans valeur. Ce sont pourtant des biens en raison de l'utilité qu'ils sont susceptibles de procurer : une fois les charges acquittées (le terrain dépollué et le passif de la société apuré), les biens seront mis en valeur et leur appropriation sera valorisée[110].

19. Monnaie. La monnaie[111] est un outil destiné à faciliter les échanges économiques[112]. De fait, elle permet de tout *acquérir* – c'est sa fonction de paiement – et de *mesurer la valeur* de toute chose – c'est sa fonction de compte –, en sorte que

La jurisprudence n'a pas pour l'heure clairement admis ou condamné le mécanisme de la cession de dette : pour une étude des décisions, L. Andreu, *op. cit.*, n° 70 s.

105. Et sur les utilités du mécanisme, v. L. Andreu, *op. cit.*, n° 77 s.

106. V. notamment Com. 6 mai 1997, *D.* 1998, p. 25, obs. L. Aynès, *Bull. civ.* IV, n° 118 : « se référant à la stipulation contractuelle de substitution, qui ne prévoyait ni l'information de la société Gobet ni un agrément par elle, le Tribunal a, justement, retenu que cette société ne pouvait s'opposer à son application ».

107. Pour d'autres pistes, v. notre thèse, *Quasi-engagement et engagement en droit privé (Recherches sur les sources de l'obligation)*, th., préf. Y. Lequette, *Defrénois*, 2007.

108. Comp. L. Andreu, *op. cit.*, n° 66 : « la créance est cessible et constitue, sans doute, compte tenu de sa valeur, un bien ; mais elle n'est pas cessible parce qu'elle est un bien (...) Il faut donc, semble-t-il, se décider à rejeter, une fois pour toutes, l'appréhension du mécanisme translatif d'obligation par le prisme déformant du droit des biens, pour l'envisager sous l'angle plus adapté du droit des obligations : la cession de créance ou de dette n'est qu'une simple modification de l'obligation par changement d'un de ses sujets ; le législateur en a seulement, pour la première, assoupli les conditions en posant une présomption d'indifférence de la personne du créancier et en dispensant celui-ci d'obtenir l'accord de son partenaire obligationnel (article 1690 C. civ.) ».

109. D. Chilstein, « Les biens à valeur vénale négative », *RTD civ.* 2006, p. 663. Et v. déjà R. Libchaber, « La recodification du droit des biens », *Le Code civil, 1804-2004, Livre du bicentenaire*, Dalloz-Litec, 2005, p. 297 s., n° 57.

110. Cette projection ressort de l'économie du contrat. Soit un terrain pollué dont on estime le coût de la dépollution à 1 000 euros et sa valeur, une fois dépollué, à 800 euros. On ne voit pas que le « vendeur » cède le terrain et offre au surplus les 1 000 euros correspondant au coût de la dépollution, car cela reviendrait, *in fine* et en simplifiant, à « donner » 800 euros à l'acquéreur. Aussi, le vendeur ne devrait verser que 200 euros à l'acquéreur en complément du transfert du terrain, l'acquéreur acquittant 1 000 euros pour effectuer les travaux. Une fois les travaux réalisés, le terrain lui aura finalement coûté 800 euros, ce qu'il vaut désormais.

111. Sur la question, V. R. Libchaber, *Recherches sur la monnaie en droit privé*, préf. P. Mayer, LGDJ, 1992 ; Th. Le Gueut, *Le paiement de l'obligation monétaire en droit privé interne*, th. Panthéon-Assas (Paris II), 2012. On lira également la « Théorie de la monnaie » réalisée par Carbonnier dans son ouvrage consacré aux biens (J. Carbonnier, *Droit civil*, vol. II, n° 671 s.). *Adde* F. Grua, « Monnaie – Nature de la monnaie », *J-Cl. civ.*, App. Art. 1235 à 1270, Fasc. 14, 2011, actualisé par N. Cayrol.

112. Pour un aperçu historique, v. notamment P. F. Girard, p. 265 s.

toute personne accepte de fournir un travail ou d'aliéner un bien en échange de monnaie. La monnaie « a le pouvoir unique de doubler toutes choses, comme l'ombre double les corps »[113].

Il est classique à cet égard de distinguer la monnaie fiduciaire[114] – pièces et billets – d'une part, de la monnaie scripturale – écritures en compte – d'autre part. La monnaie fiduciaire désigne un instrument de paiement qui incorpore l'unité de paiement et qui, s'il a cours légal, ne peut être refusé par le créancier en paiement de sa créance[115]. En contrepoint, la monnaie scripturale désigne la créance[116] que détient une personne contre son teneur de compte et que des instruments *ad hoc* (virement, chèque, etc.) permettent de faire circuler.

Du point de vue du droit des biens, la monnaie confère des utilités qui reviennent à celui qui a la mainmise sur l'instrument qui l'incorpore (monnaie fiduciaire) ou qui est titulaire d'un compte présentant un solde créditeur (monnaie scripturale). Il est au demeurant possible de se partager les utilités de la monnaie par l'effet d'un démembrement : c'est le cas de l'usufruit qui porte sur une somme d'argent, variété de quasi-usufruit[117].

---

113. J. CARBONNIER, n° 671. Comme l'auteur le précise plus loin, « ce qui confère à une chose (pièce métallique ou billet) le caractère juridique de monnaie, c'est qu'elle est reçue dans les paiements non pas pour ce qu'elle représente matériellement, mais en tant qu'équivalent, fraction ou multiple d'une unité idéale » (n° 676).

114. L'apparition de la monnaie fiduciaire est le résultat d'une longue évolution. Dans un premier temps, la monnaie tirait sa valeur du métal précieux qui la composait – pièces en or, en argent –, c'est-à-dire de l'instrument lui-même (battre monnaie permettait de dispenser les personnes de peser le métal offert en contrepartie du bien ou du service convoité, le poids étant garanti par l'État). Dans un deuxième temps, la monnaie, qui n'était plus composée de métal précieux – elle l'était soit de métal non précieux, soit de papier – ne tirait plus sa valeur de l'instrument mais de sa convertibilité auprès de l'État en matériaux précieux, par exemple en or. Puis, dans un troisième et dernier temps, tout en conservant ce même support non précieux, la monnaie ne put plus être convertie en matériaux précieux auprès de l'État ; en tirant désormais sa valeur de la confiance dans l'État qui la bat, la monnaie devint fiduciaire : elle est alors une « monnaie absolue, détachée de toute contre-valeur dont elle serait la représentation : elle n'a de valeur que celle qui lui a été assignée par un acte de volonté de l'autorité publique » (J. CARBONNIER, n° 676).

115. Ainsi le créancier ne pourra refuser d'être payé de sa créance de 100 euros par un billet de 100 euros en arguant qu'au moment du paiement, du fait de l'inflation, le billet de 100 euros a perdu une partie du pouvoir d'achat qu'il renferme. En ce sens, le cours légal met en œuvre le principe nominaliste : « le créancier ne peut prétendre recevoir plus d'unités monétaires sous prétexte que l'unité monétaire s'est dépréciée depuis la naissance de l'obligation » (J. CARBONNIER, n° 688).

116. Le solde créditeur s'analyse en une créance de restitution (art. L. 312-2 CMF : « *[s]ont considérés comme fonds reçus du public les fonds qu'une personne recueille d'un tiers, notamment sous forme de dépôts, avec le droit d'en disposer pour son propre compte, mais à charge pour elle de les restituer* »). Et v. Civ. 1re, 20 avril 1983, *Bull. civ.* I, n° 127, *Rép. Defr.* 1983, p. 1141, note Ch. LARROUMET : « les sommes inscrites à un compte de chèques postaux constituent, dès leur versement, quelle que soit l'origine des fonds versés, une créance du titulaire du compte contre le centre de chèques postaux » (*adde* Com. 13 janvier 1987, *Bull. civ.* IV, n° 15 : « le solde créditeur d'un compte bancaire constitue une créance du même montant contre la banque »).

117. V. *infra*, n° 372 et s.

C ... Et sont appropriées

20. Contenu du critère. Pour accéder au statut de bien, la chose doit être appropriée[118]. Il suffit que le droit interdise l'appropriation de telle ou telle chose pour que celle-ci cesse d'être un bien, et inversement, il suffit également qu'une chose appartienne à tous ou à personne pour qu'elle ne puisse être qualifiée de bien.

La condition d'appropriation s'articule autour de deux propositions : seules les choses appropriables sont des biens, mais toutes les choses appropriables ne le sont pas, car elles doivent encore être appropriées.

21. Choses non appropriables : les choses communes. Un prérequis de la qualification de biens tient à ce que la chose soit appropriable, peu important qu'elle soit corporelle[119] ou incorporelle[120]. En contrepoint, les choses non appropriables, dont les utilités sont en libre accès, sont dites « choses communes »[121]. Mentionnées dans les *Institutes* de Justinien[122], elles n'ont été véritablement consacrées en droit français qu'en 1804 dans le Code civil (art. 714 al. 1 C. civ.[123]).

Il est traditionnel d'y ranger les *choses naturelles* telles que l'eau ou l'atmosphère et les *choses intellectuelles insusceptibles de protection* telles que les informations ou les idées – qui sont, dit-on, « de libre parcours »[124]. C'est pourtant trop embrasser : l'atmosphère, l'eau de pluie ou de source[125], le lit des

118. À titre principal, le droit romain sépare déjà les choses *in nostro patrimonio* des choses *extra nostrum patrimonium*, les choses susceptibles d'être appropriées par les hommes de celles qui ne le sont pas et qui appartiennent aux dieux ou à tous.

119. Il en va ainsi même des choses corporelles les plus difficiles à appréhender comme l'électricité, qui est d'ailleurs susceptible d'être volée (Crim. 3 août 1912, *D.* 1913, 1, p. 439 ; Crim. 8 janvier 1958, *Bull. crim.* n° 33 ; V. toutefois, aujourd'hui, qui suscite le doute, l'article L. 311-2 C. pén. qui prévoit que « *[l]a soustraction frauduleuse d'énergie au préjudice d'autrui est* ***assimilée*** *au vol* », nous soulignons) ou au moins d'être vendue (Com. 12 mai 1998, *Bull. civ.* IV, n° 155 : « il résulte en effet de l'article 8 de la loi du 8 avril 1946 (...) que les producteurs autonomes d'électricité (...) sont en droit de vendre à des tiers l'énergie produite » ; aujourd'hui, le Code de l'énergie s'ouvre sur une disposition, l'article L. 111-1, qui ne laisse place au doute : « *[l]es secteurs de l'électricité et du gaz distinguent, notamment, quatre activités obéissant à des règles d'organisation et soumises à des obligations différentes. Les activités d'exploitation des réseaux publics de transport et de distribution d'électricité ainsi que d'exploitation des réseaux de transport et des réseaux publics de distribution de gaz naturel sont régulées conformément aux dispositions du présent livre. Les activités de* ***production*** *et de* ***vente*** *aux consommateurs finals ou de fourniture s'exercent au sein de marchés concurrentiels sous réserve des obligations de service public énoncées au présent livre et des dispositions des livres III et IV* », nous soulignons). Sur l'analyse de l'énergie en un bien, v. M. Lamoureux, « Le bien énergie », *RTD com.* 2009, p. 239.

120. Même si le régime de cette appropriation varie sensiblement suivant les choses incorporelles : les conditions et la protection de l'appropriation sont très différentes suivant que l'on envisage l'appropriation d'une œuvre de l'esprit ou d'un savoir-faire.

121. M.-A. Chardeaux, *Les choses communes*, th., préf. G. Loiseau, LGDJ, 2006.

122. Justinien, Inst., L. 2, T. 1, 6 : « [l]es choses qui appartiennent à un corps, sont celles qui n'appartiennent pas à chaque membre en particulier, tels sont dans les villes, les théâtres, les chemins et les autres choses communes ».

123. D'après cette disposition, « *[i]l est des choses qui n'appartiennent à personne et dont l'usage est commun à tous.* (al. 1) *Des lois de police règlent la manière d'en jouir.* (al. 2) ». Avec plus de solennité, l'article L. 110-1 C. envir. proclame : « *Les espaces, ressources et milieux naturels, les sites et paysages, la qualité de l'air, les espèces animales et végétales, la diversité et les équilibres biologiques auxquels ils participent font partie du patrimoine commun de la nation* ».

124. H. Desbois, *Le droit d'auteur en France*, Dalloz, 3e éd., 1978, p. 22.

125. D'après l'article 641 al. 1 C. civ., « *[t]out propriétaire a le droit d'user et de disposer des eaux pluviales qui tombent sur son fonds* » ; de même, l'article 642 al. 1 indique que « *[c]elui qui a une*

cours ou pièces d'eau[126], et parfois les eaux[127], font l'objet d'une propriété

---

source dans son fonds peut toujours user des eaux à sa volonté dans les limites et pour les besoins de son héritage ».

126. S'agissant de l'*appropriation publique*, l'article L. 2111-12 al. 1 CGPPP prévoit que « *[l]e classement dans le domaine public fluvial d'une personne publique mentionnée à l'article L. 2111-7, d'un cours d'eau, d'une section de cours d'eau, d'un canal, lac ou plan d'eau est prononcé pour un motif d'intérêt général relatif à la navigation, à l'alimentation en eau des voies navigables, aux besoins en eau de l'agriculture et de l'industrie, à l'alimentation des populations ou à la protection contre les inondations* » mais l'article poursuit : « *tous les droits des riverains, des propriétaires et des tiers demeurant réservés* ».

S'agissant de l'*appropriation privée*, l'article L. 215-2 C. envir. mentionne que « *[l]e lit des cours d'eau non domaniaux appartient aux propriétaires des deux rives (al. 1). Si les deux rives appartiennent à des propriétaires différents, chacun d'eux a la propriété de la moitié du lit, suivant une ligne que l'on suppose tracée au milieu du cours d'eau, sauf titre ou prescription contraire (al. 2) (...) Sont et demeurent réservés les droits acquis par les riverains ou autres intéressés sur les parties des cours d'eau qui servent de voie d'exploitation pour la desserte de leurs fonds (al. 4)* ». Il reste que le droit sur le cours d'eau non domanial est limité « *[c]haque riverain a le droit de prendre, dans la partie du lit qui lui appartient, tous les produits naturels et d'en extraire de la vase, du sable et des pierres, à la condition de ne pas modifier le régime des eaux et d'en exécuter l'entretien conformément à l'article L. 215-14* » (art. L. 215-2 al. 3 C. envir.).

127. Si l'on considère en général que l'appropriation publique des cours d'eau vaut tant pour le lit que pour les eaux, on estime que l'appropriation privée des cours d'eaux ne vaut que pour le lit sans s'étendre aux eaux qui sont des choses communes (W. Dross, n° 318-6). *Adde* CA Bordeaux, 8 mars 2000, *Jurisdata* n° 2000-112377 : l'eau d'un cours d'eau non domanial est une « chose commune et son usage est au bénéfice de tous » (exercice d'activités nautiques sur des canoës-kayaks ; et v. à ce sujet, art. L. 214-12 al. 1 C. envir. : « *[e]n l'absence de schéma d'aménagement et de gestion des eaux approuvé, la circulation sur les cours d'eau des engins nautiques de loisir non motorisés s'effectue librement dans le respect des lois et règlements de police et des droits des riverains* »).

En premier lieu, l'extension de l'appropriation publique des cours aux eaux qu'ils véhiculent explique, d'une part, que les usagers ne bénéficient sur elles que des prérogatives d'un usager du domaine public, l'administration pouvant reconnaître à certaines conditions un usage privatif au bénéfice de certains et, d'autre part, que des contraventions de grande voirie, qui protège le domaine public (art. L. 2132-2 al. 1 CGPPP : « *[l]es contraventions de grande voirie sont instituées (...) en vue de la répression des manquements aux textes qui ont pour objet, pour les dépendances du domaine public n'appartenant pas à la voirie routière, la protection soit de l'intégrité ou de l'utilisation de ce domaine public, soit d'une servitude administrative mentionnée à l'article L. 2131-1* »), soient instituées en vue de protéger les eaux fluviales aux articles L. 2132-7 s. CGPPP. En contrepoint, la pollution des eaux territoriales, qui sont des choses communes et non publiques, n'est pas sanctionnée par des contraventions de grande voirie (CE, 24 mai 1935, *Sieur Thireaut*, pub. *Rec. Lebon*, p. 597 : un radeau mouillé dans les eaux territoriales ne peut faire l'objet d'une contravention de grande voirie).

En second lieu, l'absence d'extension de l'appropriation privée des cours aux eaux qu'ils véhiculent n'empêche pas celui dont le fonds est bordé par un cours d'eau non domanial de pouvoir s'en servir. D'après l'article L. 215-1 C. envir. : « *[l]es riverains n'ont le droit d'user de l'eau courante qui borde ou qui traverse leurs héritages que dans les limites déterminées par la loi. Ils sont tenus de se conformer, dans l'exercice de ce droit, aux dispositions des règlements et des autorisations émanant de l'administration* ». Ainsi le riverain peut « *s'en servir à son passage pour l'irrigation de ses propriétés* » (art. 644 al. 1 C. civ.) et celui dont les fonds sont *traversés* par un même cours d'eau d'« *en user dans l'intervalle qu'elle y parcourt, mais à la charge de la rendre, à la sortie de ses fonds, à son cours ordinaire* » (art. 644 al. 2 C. civ.). L'exercice de ce droit ne doit pas être abusif, notamment en ce qu'il rendrait impossible l'irrigation des terres agricoles des propriétaires riverains situés en aval (Civ. 3e, 21 février 2001, pourvoi n° 98-21352 : construction d'un canal puis d'un étang puisant les eaux dans le cours d'eau non domanial qui borde sa propriété ; Civ. 3e, 4 février 1975, *Bull. civ.* III, n° 40 : « [l]es juges d'appel (...) n'ont fait qu'user de leur pouvoir souverain d'appréciation des faits de la cause et des éléments de preuve du préjudice allégué, en estimant que les ouvrages minimes et d'apparence relativement ancienne édifiés par les riverains supérieurs permettaient uniquement un captage intermittent et certainement pas total des eaux de surface destiné à l'exploitation d'importantes publique[128] ou privée suivant la nature publique ou privée de la propriété du volume qu'elles occupent – ainsi le propriétaire privé d'un terrain l'est de l'étang qui s'y trouve et de la partie de l'atmosphère enfermée dans le volume de sa propriété[129]. Par ailleurs, l'eau de pluie peut être recueillie dans un réservoir, l'oxygène comprimé dans une bouteille et la lumière captée par un panneau solaire. De même, les informations ou les idées gardées secrètes, desquelles on peut rapprocher le savoir-faire, constituent des biens tant qu'elles ne sont pas rendues publiques[130]. Certes, la portée de l'appropriation de ces choses, spécialement des choses naturelles, est parfois considérablement réduite tant l'usage en est important pour les autres : c'est notamment le cas de l'atmosphère qui, appropriée ou non, doit laisser circuler les ondes et les aéronefs[131], de l'eau de la source[132] qui, même si elle est appropriée privativement, interdit au propriétaire d'« *enlever aux habitants d'une commune, village ou hameau, l'eau qui leur est nécessaire* » (art. 642 al. 3 C. civ.)[133]. Il reste que c'est là une question qui intéresse l'étendue des pouvoirs d'un propriétaire, variables suivant la nature du bien qui forme

propriétés rurales, et que, les riverains inférieurs ne justifiant d'aucun préjudice a eux causés par ces ouvrages, il n'y avait pas lieu d'en ordonner la démolition ») ou en ce que l'eau rendue serait polluée (Civ. 3e, 12 février 1974, *Bull. civ.* III, n° 72 : déversement des eaux usées provenant des installations industrielles).

On relèvera enfin que dans les départements de la Guadeloupe, de la Guyane, de la Martinique et de La Réunion, sous réserve des droits régulièrement acquis par les usagers et propriétaires riverains à la date du 6 avril 1948 et validés avant le 6 avril 1953, non seulement les sources et, par dérogation à l'article 552 C. civ., les eaux souterraines font partie du domaine public de l'État et les cours d'eau et lacs naturels, sous réserve de leur déclassement, font partie du domaine public fluvial défini à l'article L. 2111-7 CGPPP (art. L. 5121-1 CGPPP).

128. Une chose commune, inappropriable, se distingue d'une chose publique, appropriée.

129. Est donc *a priori* trompeur, l'article L. 210-1 C. envir. qui prévoit que « *[l]'eau fait partie du patrimoine commun de la nation. Sa protection, sa mise en valeur et le développement de la ressource utilisable, dans le respect des équilibres naturels, sont d'intérêt général* (al. 1) ». En réalité, le texte insiste sur l'accès à l'eau potable, dans des conditions économiquement acceptables par tous, ce qui ne signifie pas pour autant qu'il existe un droit à l'eau potable gratuite : « *[d]ans le cadre des lois et règlements ainsi que des droits antérieurement établis, l'usage de l'eau appartient à tous et chaque personne physique, pour son alimentation et son hygiène, a le droit d'accéder à l'eau potable dans des conditions économiquement acceptables par tous* (al. 2). *Les coûts liés à l'utilisation de l'eau, y compris les coûts pour l'environnement et les ressources elles-mêmes, sont supportés par les utilisateurs en tenant compte des conséquences sociales, environnementales et économiques ainsi que des conditions géographiques et climatiques* (al. 3) ».

130. M.-A. Chardeaux, *Les choses communes*, th., préf. G. Loiseau, LGDJ, 2006, n° 124 s. *Adde* P. Catala, « Le marché de l'information », *LPA* 1995, n° 124, p. 5.

131. Il existe d'ailleurs une propriété publique de l'« espace » hertzien (art. L. 2111-17 CGPPP : « *[l]es fréquences radioélectriques disponibles sur le territoire de la République relèvent du domaine public de l'État* »). De quoi le Conseil constitutionnel a tiré que « l'utilisation des fréquences radioélectriques sur le territoire de la République constitue un mode d'occupation privatif du domaine public de l'État » (Cons. const., 28 décembre 2000, déc. n° 2000-442 DC, considérant n° 14).

132. Il s'agit d'eaux vives (Civ. 3e, 25 novembre 2009, *Bull. civ.* III, n° 265 : « la cour d'appel, qui a exactement retenu que l'article 642, alinéa 2, du Code civil ne s'appliquait qu'aux eaux vives et non aux étangs, en a déduit à bon droit que cet article n'était pas applicable).

133. La condition de « nécessité » est souverainement appréciée par les juges du fond : Civ. 3e, 14 décembre 2005, *Bull. civ.* III, n° 247 : « ayant relevé (...) qu'en dépit de l'installation d'un système public de distribution d'eau, l'eau de la source demeurait toujours une nécessité pour l'arrosage des jardins, la satisfaction des besoins quotidiens des habitants du hameau et l'abreuvage des animaux et que la source jouait un rôle essentiel dans l'équilibre de l'écosystème et dans la satisfaction des besoins humains en eau, la cour d'appel a souverainement apprécié le caractère de nécessité qu'exige l'article 642, alinéa 3, C. civ. ».

l'assiette de son droit[134], et non l'existence même d'un droit de propriété, d'une appropriation. Il est donc probablement plus exact de limiter les choses communes à celles-là seules qui sont insusceptibles d'appropriation par ordre de la loi[135]. Elles sont de deux ordres. En premier lieu, on trouve des **choses naturelles**. C'est le cas de la *haute mer*[136], « *ouverte à tous les États* » en application du principe de liberté de la haute mer[137] et qu'« *aucun État ne peut légitimement prétendre soumettre (...) à sa souveraineté* »[138]. Par ailleurs, si le sol et le sous-sol des mers territoriales – ou des étangs salés en communication avec la mer – font partie du domaine public maritime[139], il en va différemment de l'eau[140] qui est elle-même une véritable chose commune. On peut également mentionner l'Antarctique[141] ou l'espace[142]. En second lieu, on trouve, au sein des choses communes, des ***choses***

Le droit d'usage des habitants donne lieu en principe à une indemnisation du propriétaire, ainsi que le prévoit l'article 642 alinéa 3 C. civ. (« *si les habitants n'en ont pas acquis ou prescrit l'usage, le propriétaire peut réclamer une indemnité, laquelle est réglée par experts* »).
En tout état de cause, « le droit d'usage reconnu aux habitants d'une commune, d'un village ou d'un hameau ne comporte pas celui de pénétrer sur le fonds où jaillit la source dont les eaux leur sont nécessaires » (Civ. 3e, 14 décembre 2005, *Bull. civ.* III, n° 247).

134. V. *infra*, n° 243 et s.

135. Dans cette perspective, V. M.-A. Chardeaux, *Les choses communes*, th., préf. G. Loiseau, LGDJ, 2006, n° 108 s.

136. Qui désigne, aux termes de la Convention des Nations unies *sur le droit de la mer* du 10 décembre 1982, dite Convention de Montego Bay, les « *parties de la mer qui ne sont comprises ni dans la zone économique exclusive, la mer territoriale ou les eaux intérieures d'un État, ni dans les eaux archipélagiques d'un État archipel* » (art. 86).

137. Art. 87 Conv. Nations unies *sur le droit de la mer.*

138. Art. 89 Conv. Nations unies *sur le droit de la mer.* Le terme de souveraineté renvoie à la propriété. De l'absence de souveraineté, on tire la qualification de chose commune (V. CA Bastia, 22 septembre 1931, *JDI* 1933, p. 402 : la haute mer « n'appartient à personne et est commune à toutes les nations »).
Par ailleurs, les fonds marins et leur sous-sol au-delà des limites de la juridiction nationale, visés par la Convention comme étant la « Zone », ainsi que les ressources minérales solides, liquides ou gazeuses *in situ* qui, dans la « Zone », se trouvent sur les fonds marins ou dans leur sous-sol, y compris les nodules polymétalliques sont, d'après l'article 136, « *le patrimoine commun de l'humanité* ». L'article 137 poursuit : « *1. Aucun État ne peut revendiquer ou exercer de souveraineté ou de droits souverains sur une partie quelconque de la Zone ou de ses ressources ; aucun État ni aucune personne physique ou morale ne peut s'approprier une partie quelconque de la Zone ou de ses ressources. Aucune revendication, aucun exercice de souveraineté ou de droits souverains ni aucun acte d'appropriation n'est reconnu. 2. L'humanité tout entière, pour le compte de laquelle agit l'Autorité, est investie de tous les droits sur les ressources de la Zone. Ces ressources sont inaliénables. Les minéraux extraits de la Zone ne peuvent, quant à eux, être aliénés que conformément à la présente partie et aux règles, règlements et procédures de l'Autorité. 3. Un État ou une personne physique ou morale ne revendique, n'acquiert ou n'exerce de droits sur les minéraux extraits de la Zone que conformément à la présente partie. Les droits autrement revendiqués, acquis ou exercés ne sont pas reconnus* ».

139. Art. L. 2111-4 CGPPP : « *[l]e domaine public maritime naturel de l'État comprend : (...) Le sol et le sous-sol de la mer entre la limite extérieure de la mer territoriale et, côté terre, le rivage de la mer. Le rivage de la mer est constitué par tout ce qu'elle couvre et découvre jusqu'où les plus hautes mers peuvent s'étendre en l'absence de perturbations météorologiques exceptionnelles (...) ; Le sol et le sous-sol des étangs salés en communication directe, naturelle et permanente avec la mer* (...) ».

140. CE, 27 juillet 1984, *Dame Galli*, n° 45338 : « [c]onsidérant que les eaux de la mer ne faisant pas partie de ce domaine [le domaine public maritime] ». Et v. déjà CE, 24 mai 1935, *Sieur Thireaut*, pub. *Rec. Lebon*, p. 597, préc.

141. *Traité de l'Antarctique*, signé le 1er décembre 1959 et entré en vigueur le 23 juin 1961. Il y est prévu en substance que l'Antarctique ne peut abriter que des activités pacifiques et non militaires.

142. Art. II du *Traité sur les principes régissant les activités des États en matière d'exploration et d'utilisation de l'espace extra-atmosphérique, y compris la lune et les autres corps célestes*, dit *Traité*

produites par l'homme. C'est le cas des informations mises à disposition du public, des idées, mais aussi des droits de propriété intellectuelle, une fois que leur protection a cessé[143]. En somme, la qualification de chose commune est contingente, en ce qu'elle dépend des prescriptions de la loi ; il se peut donc ainsi qu'une chose commune vienne à être appropriable en raison de la modification de la loi et perde ainsi cette qualité.

Si les choses communes sont inappropriables, c'est parce que « ***l'usage est commun à tous*** »[144] (art. 714 al. 1 *in fine* C. civ.), encore que leur gestion rationnelle suppose que « ***des lois de police règlent la manière d'en jouir*** » (art. 714 al. 2 C. civ.). En premier lieu, l'**usage** des choses communes est **en principe *commun à tous*** : il en va ainsi de la circulation sur les cours d'eau des engins nautiques de loisir non motorisés[145]. Exceptionnellement, la chose commune peut, à certains égards, ***n'être qu'à l'usage de certains***. Ainsi, sur la « zone économique exclusive », qui est une zone située au-delà de la mer territoriale d'un État, adjacente à celle-ci et qui ne s'étend pas au-delà de 200 milles marins des lignes de base à partir desquelles est mesurée la largeur de la mer territoriale[146], cet État a des droits souverains aux fins d'exploration et d'exploitation, de conservation, etc.[147] En second lieu, les lois de police dont l'objet est d'assurer au mieux la

de l'espace, signé le 27 janvier 1967 et entré en vigueur le 10 octobre 1967 : « *[l]'espace extra-atmosphérique, y compris la lune et les autres corps célestes, ne peut faire l'objet d'appropriation nationale par proclamation de souveraineté, ni par voie d'utilisation ou d'occupation, ni par aucun autre moyen* ». *Adde* l'*Accord régissant les activités des États sur la Lune et les autres corps célestes*, Traité signé le 5 décembre 1979 et entré en vigueur le 11 juillet 1984, mais qui ne compte que neuf États parties. L'article 11 § 1 prévoit que « *la Lune et ses ressources naturelles constituent le patrimoine commun de l'humanité* ».

143. V. toutefois, en ce qui concerne la seule œuvre d'art, M.-A. CHARDEAUX, *Les choses communes*, th., préf. G. LOISEAU, LGDJ, 2006, n° 222 : « l'œuvre d'art qui tombe dans le domaine commun n'est pas une chose commune puisque le propriétaire du support matériel peut la soustraire à l'usage commun. Il en va néanmoins autrement dans l'hypothèse où l'œuvre est exposée à la vue du public (œuvre architecturale), le propriétaire ne pouvant pas, sauf trouble anormal, s'opposer à ce que l'œuvre soit reproduite par des tiers ».

144. Sur ce lien, v. M.-A. CHARDEAUX, *Les choses communes*, th., préf. G. LOISEAU, LGDJ, 2006, n° 137 : « la norme d'inappropriabilité a donc pour but de les destiner à l'usage commun. De là il faut déduire que toutes les choses dont l'inappropriabilité n'a pas pour effet de les destiner à l'usage commun ne sont pas des choses communes. Par exemple, les animaux dont la chasse est interdite ne sont pas des choses communes car la norme d'inappropriabilité, loin de les destiner à l'usage commun, a pour finalité d'interdire leur usage ».

145. Art. L. 214-12 C. envir. « *[e]n l'absence de schéma d'aménagement et de gestion des eaux approuvé, la circulation sur les cours d'eau des engins nautiques de loisir non motorisés s'effectue librement dans le respect des lois et règlements de police et des droits des riverains.* (al. 1) *Le préfet peut, après concertation avec les parties concernées, réglementer sur des cours d'eau ou parties de cours d'eau non domaniaux la circulation des engins nautiques de loisir non motorisés ou la pratique du tourisme, des loisirs et des sports nautiques afin d'assurer la protection des principes mentionnés à l'article L. 211-1 (al. 2) (...)* ».

146. Art. 57 Conv. Nations unies *sur le droit de la mer* du 10 décembre 1982 : « *[l]a zone économique exclusive ne s'étend pas au-delà de 200 milles marins des lignes de base à partir desquelles est mesurée la largeur de la mer territoriale* ».

147. Art. 58, § 1 Conv. Nations unies *sur le droit de la mer* du 10 décembre 1982 : « *1. Dans la zone économique exclusive, tous les États, qu'ils soient côtiers ou sans littoral, jouissent, dans les conditions prévues par les dispositions pertinentes de la Convention, des libertés de navigation et de survol et de la liberté de poser des câbles et pipelines sous-marins visées à l'article 87, ainsi que de la liberté d'utiliser la mer à d'autres fins internationalement licites liées à l'exercice de ces libertés et compatibles avec les autres dispositions de la Convention, notamment dans le cadre de l'exploitation des navires, d'aéronefs et de câbles et pipelines sous-marins* ».

réglementation de l'usage en commun des choses communes sont ainsi qualifiées en ce qu'elles participent d'une **police administrative**. Elles sont véhiculées par des instruments très divers : instruments internationaux[148], codes[149], règlements pris par l'administration[150], voire même, mais c'est exceptionnel, décisions de justice[151].

22. Choses appropriables et non appropriées : les choses sans maître. Pour accéder au statut de bien, la chose appropriable doit encore être appropriée, c'est-à-dire faire l'objet d'un droit de propriété. Presque toutes les choses appropriables sont appropriées, que ce soit par des personnes privées ou des personnes publiques. Celles qui ne le sont pas sont des choses sans maître[152]. On y trouve des **choses** qui n'ont **jamais** été **appropriées**, **– res nullius** –, tels les animaux non appropriés[153], les **choses** qui, ayant déjà été appropriées, ont été **abandonnées – res derelictae –** et il faudrait y ajouter les **choses dont on ne sait pas si elles appartiennent à quelqu'un**. Comme c'est le cas pour les choses communes, le statut des choses sans maître peut n'être que temporaire, dès lors que la chose peut un jour venir à être appropriée et devenir un bien. Aujourd'hui[154], il convient, en raison des dispositions

148. Comme la Convention des Nations unies *sur le droit de la mer*.

149. Tels le Code civil, le Code de l'environnement et le Code général de la propriété des personnes publiques.

150. S'agissant des cours d'eau non domaniaux, l'article L. 215-7 al. 1 C. envir. prévoit que l'autorité administrative est « *chargée de la conservation et de la police des cours d'eau non domaniaux* ».

151. L'article 645 C. civ. prévoit que « *[s]'il s'élève une contestation entre les propriétaires auxquels [les eaux d'un cours d'eau non domanial] peuvent être utiles, les tribunaux, en prononçant, doivent concilier l'intérêt de l'agriculture avec le respect dû à la propriété ; et, dans tous les cas, les règlements particuliers et locaux sur le cours et l'usage des eaux doivent être observés* ».

Le pouvoir du juge d'établir un « règlement » lui permet de déterminer les droits des riverains, de régler le mode de jouissance des eaux et d'ordonner les ouvrages destinés à garantir aux intéressés le libre exercice de leur droit (Civ. 1re, 29 janvier 1958, *D.* 1958, p. 187). Ce pouvoir est discrétionnaire (Civ. 3e, 6 janvier 1972, *Bull. civ.* III, n° 9 : les juges du fond sont investis « en vertu de l'article 645 du Code civil d'un pouvoir discrétionnaire en matière de contestations relatives à l'usage des eaux »). Le règlement établi est susceptible d'être modifié plus tard, au gré des circonstances (Req. 11 mars 1867, *DP* 1867, 1, p. 352 : « le règlement actuel ne saurait être opposé comme une fin de non-recevoir à la demande que pourrait former plus tard le sieur Lemaire, pour obtenir une nouvelle attribution d'eau pour l'irrigation de ses propriétés nouvelles ; (...) en effet, les décisions qui interviennent en cette matière n'ont jamais un caractère irrévocable, lorsqu'elles règlent, conformément à l'art. 645 C. nap., le droit d'usage de l'eau conféré aux riverains par l'art. 644 du même code ; (...) elles ne font nul obstacle à une réglementation ultérieure, si des besoins nouveaux, nés d'une situation nouvelle, la rendaient nécessaires » ; Req. 16 juin 1884, *DP* 1885, 1, p. 151 : « en autorisant Chavaroche à user ainsi de la prise d'eau qu'elle lui avait attribuée par son arrêt du 18 août 1875, la cour d'appel de Riom a voulu simplement appliquer le règlement contenu dans ledit arrêt, et qu'en admettant qu'elle l'ait modifié dans une certaine mesure, ce règlement, émanant du pouvoir discrétionnaire conféré aux juges par l'art. 645 C. civ., était susceptible de recevoir ultérieurement des modifications suivant les circonstances ».).

152. Elles ne sont pas, à la différence des choses communes, d'un usage commun à tous.

153. Mais pas tous... Ainsi, d'après l'article L. 211-9 C. rur. et pêch. mar., « *[l]e propriétaire d'un essaim a le droit de le réclamer et de s'en ressaisir, tant qu'il n'a pas cessé de le suivre ; autrement l'essaim appartient au propriétaire du terrain sur lequel il s'est fixé* ». De même, d'après l'article 564 C. civ. (reproduit à l'article L. 211-4, II C. rur. et pêch. mar.), « *[l]es pigeons, lapins, poissons, qui passent dans un autre colombier, garenne ou plan d'eau visé aux articles L. 431-6 et L. 431-7 du Code de l'environnement appartiennent au propriétaire de ces derniers, pourvu qu'ils n'y aient point été attirés par fraude et artifice* ».

154. L'état du droit a été profondément modifié par la loi n° 2004-809 du 13 août 2004 *relative aux libertés et responsabilités locales*. Désormais, les communes ont à titre principal la faculté d'acquérir les biens sans maître, l'État ne le pouvant que subsidiairement, si la commune a renoncé à sa faculté.

du Code civil et du Code général de la propriété des personnes publiques, de bien **distinguer** le régime des **« biens » sans maître** de celui des **biens faisant partie d'une succession en déshérence**.

En premier lieu, sont des **biens sans maître**, aux termes de l'article L. 1123-1 CGPPP[155], les *biens qui font partie d'une succession ouverte depuis plus de trente ans et pour laquelle aucun successible ne s'est présenté* (1°), les *immeubles qui n'ont pas de propriétaire connu*[156] *et pour lesquels depuis plus de trois ans la taxe foncière sur les propriétés bâties ou non bâties n'a pas été acquittée ou a été acquittée par un tiers* (2°), et les *immeubles qui n'ont pas de propriétaire connu, qui ne sont pas assujettis à la taxe foncière sur les propriétés bâties et pour lesquels, depuis plus de trois ans, la taxe foncière sur les propriétés non bâties n'a pas été acquittée ou a été acquittée par un tiers* (3°). La propriété de ces biens est destinée à revenir à la commune et, si elle y renonce, à l'État. Au-delà de leur qualification commune de biens sans maître, ces biens font l'objet de procédures d'appropriation distinctes : alors que les biens qui font partie d'une succession ouverte depuis plus de trente ans sont appropriés *de plein droit* à l'expiration du délai trentenaire[157], il n'en va pas de même des autres qui obéissent à une *procédure particulière*

L'expérience montre que les communes ont utilisé cette faculté plus activement que l'État (R. Noguellou, « L'insatisfaisant régime des biens sans maître », *LPA* 6 juin 2013, n° 113, p. 35).

V. auparavant : Civ. 3e, 18 juin 2003, *Bull. civ.* III, n° 129 : « ayant relevé qu'il n'existait pas, dans les statuts de l'ASL, de disposition sur la dévolution de ses biens en cas de dissolution et que celle-ci avait, lors de sa dissolution, décidé d'abandonner purement et simplement la parcelle lui appartenant, la cour d'appel a retenu à bon droit que la propriété de ce bien sans maître était dévolue à l'État par application des articles 539 et 713 C. civ. ». Aujourd'hui, la question se pose de savoir si la situation relèverait de l'un ou de l'autre de ces articles en vue de déterminer qui de la commune ou de l'État peut s'approprier les dits biens.

155. « *Sont considérés comme n'ayant pas de maître les biens autres que ceux relevant de l'article L. 1122-1 et qui : 1° Soit font partie d'une succession ouverte depuis plus de trente ans et pour laquelle aucun successible ne s'est présenté ; 2° Soit sont des immeubles qui n'ont pas de propriétaire connu et pour lesquels depuis plus de trois ans la taxe foncière sur les propriétés bâties n'a pas été acquittée ou a été acquittée par un tiers. Ces dispositions ne font pas obstacle à l'application des règles de droit civil relatives à la prescription ; 3° Soit sont des immeubles qui n'ont pas de propriétaire connu, qui ne sont pas assujettis à la taxe foncière sur les propriétés bâties et pour lesquels, depuis plus de trois ans, la taxe foncière sur les propriétés non bâties n'a pas été acquittée ou a été acquittée par un tiers. Le présent 3° ne fait pas obstacle à l'application des règles de droit civil relatives à la prescription.* »

156. Civ. 3e, 23 mars 2005, *Bull. civ.* III, n° 74 : « ayant relevé (...) que l'examen du procès-verbal de remembrement des communes de Longeville-La Tranche-sur-Mer, datant de 1975, faisait apparaître les parcelles en cause sur le compte "les propriétaires de la Crevasse du Rocher", sans aucune précision sur l'identité des personnes constituant cette entité, ce qui rendait cette mention radicalement inexploitable, et que ce compte regroupait des rues et des terrains dont le propriétaire n'avait pas été identifié lors des opérations de remembrement, la cour d'appel (...) en a déduit, à bon droit, que les parcelles étaient vacantes et sans maître ».

157. Art. L. 1123-2 CGPPP : « *[l]es règles relatives à la propriété des biens mentionnés au 1° de l'article L. 1123-1 sont fixées par l'article 713 du Code civil* ». Or suivant cette dernière disposition, « *[l]es biens qui n'ont pas de maître appartiennent à la commune sur le territoire de laquelle ils sont situés. Par délibération du conseil municipal, la commune peut renoncer à exercer ses droits, sur tout ou partie de son territoire, au profit de l'établissement public de coopération intercommunale à fiscalité propre dont elle est membre. Les biens sans maître sont alors réputés appartenir à l'établissement public de coopération intercommunale à fiscalité propre.* (al. 1) *Toutefois, la propriété est transférée de plein droit à l'État si la commune renonce à exercer ses droits en l'absence de délibération telle que définie au premier alinéa ou si l'établissement public de coopération intercommunale à fiscalité propre renonce à exercer ses droits.* (al. 2) ».

d'appropriation[158]. En tout état de cause, une procédure des restitutions de ces biens est organisée[159].

En second lieu, les **biens d'une succession en déshérence**, qui sont les biens des personnes qui décèdent sans héritiers ou dont les successions sont abandonnées

---

Saisi d'une question prioritaire de constitutionnalité, le Conseil d'État a jugé que le traitement des biens sans maître faisant partie d'une succession ouverte depuis plus de trente ans ne violait pas le droit de propriété constitutionnellement garanti, nonobstant l'absence de formalités d'acquisition comparables à celles requises pour les immeubles relevant de l'article L. 1123-3 CGPPP (CE, 21 mars 2011, *Bianco*, Req. n° 345979 : « en ne prévoyant pas d'autres modalités, notamment d'enquête et de publicité préalables, que celles énoncées à l'article 713 C. civ. pour l'acquisition par les communes de ces biens, qui ne peuvent plus, compte tenu de leur situation juridique, être revendiqués par un héritier, le législateur n'a pas méconnu le droit de propriété garanti par l'article 17 de la Déclaration des droits de l'homme et du citoyen »).

Une difficulté vient de ce que les héritiers n'ont désormais qu'un délai de dix ans pour opter, à l'issue duquel ils sont tenus pour renonçants s'ils ne l'ont pas fait. À suivre à la lettre les textes, à l'expiration du délai, les biens de la succession ne pourront être revendiqués ni par les héritiers, ni par la commune ou l'État qui devront attendre trente ans (v. R. Noguellou, « L'insatisfaisant régime des biens sans maître », *LPA* 6 juin 2013, n° 113, p. 35 s.).

158. Pour les *immeubles visés à l'article L. 1123-1, 2° CGPPP*, l'article L. 1123-3 CGPPP prévoit qu'un arrêté du maire, qui constate que l'immeuble satisfait aux conditions mentionnées au 2° de l'article L. 1123-1, est publié et affiché, notifié au représentant de l'État dans le département et, s'il y a lieu, notifié aux derniers domicile et résidence du dernier propriétaire connu et, si l'immeuble est habité ou exploité, à l'habitant ou à l'exploitant ainsi qu'au tiers qui aurait acquitté les taxes foncières. Si un propriétaire ne se fait pas connaître dans un délai de six mois à dater de l'accomplissement de la dernière des mesures de publicité, l'immeuble est *présumé sans maître*. La commune dans laquelle est situé ce bien peut, par délibération du conseil municipal, l'*incorporer dans le domaine communal*, l'incorporation étant constatée par arrêté du maire. À défaut de délibération prise dans un délai de six mois à compter de la vacance présumée du bien, la propriété de celui-ci est *attribuée à l'État*. Le transfert du bien dans le domaine de l'État est constaté par un acte administratif.

Pour les *immeubles visés à l'article L. 1123-1, 3° CGPPP*, l'article L. 1123-4 CGPPP prévoit que, chaque année, les centres des impôts fonciers en signalent la présence au représentant de l'État dans le département, en vue de lui permettre d'en arrêter la liste par commune et de la transmettre au maire de chaque commune concernée. Le représentant de l'État dans le département et les maires des communes concernées publient et affichent cet arrêté et procèdent, s'il y a lieu, à une notification aux derniers domicile et résidence du dernier propriétaire connu et, si l'immeuble est habité ou exploité, à l'habitant ou à l'exploitant ainsi qu'au tiers qui a acquitté les taxes foncières. Dans le cas où un propriétaire ne s'est pas fait connaître dans un délai de six mois à compter de l'accomplissement de la dernière des mesures de publicité, l'immeuble est *présumé sans maître*. Le représentant de l'État dans le département notifie cette présomption au maire de la commune dans laquelle est situé le bien. La commune dans laquelle est situé ce bien peut, par délibération du conseil municipal, l'*incorporer dans le domaine communal*, par arrêté du maire. À défaut de délibération prise dans un délai de six mois à compter de la notification de la vacance présumée du bien, la propriété de celui-ci est *attribuée à l'État*. Le transfert du bien dans le domaine de l'État est constaté par arrêté du représentant de l'État dans le département.

159. V. art. L. 2222-20 CGPPP. Lorsque la propriété d'un immeuble a été attribuée à une commune ou à l'État, le propriétaire ou ses ayants droit sont en droit d'en exiger la restitution ou, s'il ne peut être fait droit à cette demande, car le bien a été aliéné ou utilisé d'une manière s'opposant à cette restitution, le paiement d'une indemnité représentant la valeur de l'immeuble au jour de l'acte d'aliénation ou, le cas échéant, du procès-verbal constatant la remise effective de l'immeuble au service ou à l'établissement public utilisateur. À défaut d'accord amiable, l'indemnité est fixée par le juge compétent en matière d'expropriation pour cause d'utilité publique. La restitution de l'immeuble, ou à défaut, le paiement de l'indemnité, est subordonné au paiement par le propriétaire ou ses ayants droit du montant des charges qu'ils ont éludées depuis le point de départ du délai de trois ans mentionné au deuxième alinéa de l'article L. 1123-3, ainsi que du montant des dépenses nécessaires à la conservation du bien engagées par la commune ou par l'État.

(art. 539 C. civ.[160]), sont expressément exclus de la catégorie des biens sans maître par l'article L. 1123-1 CGPPP : leur propriété est attribuée à l'État[161] de plein droit[162], avant même qu'il ait fait valoir ses droits[163], ce qui ne le dispense pas de se faire envoyer en possession[164]. On s'aperçoit ainsi qu'à la différence des biens sans maître

160. « *Les biens des personnes qui décèdent sans héritiers ou dont les successions sont abandonnées appartiennent à l'État.* »

161. En raison d'un droit de souveraineté et non en qualité d'héritier, de quoi l'on tire deux conséquences :
1°/ Dans les successions internationales, appelé en raison de son droit de souveraineté, l'État ne recueille que les seuls biens qui se trouvent sur son territoire alors que s'il était appelé en tant qu'héritier, l'État dont la loi régit la succession recueillerait tous les biens de la succession (Civ. 28 juin 1852, *DP* 1852, 1, p. 283 : « les oppositions aux levées des scellés, émanés tout à la fois du vice-consul anglais et du directeur des domaines français, engageaient entre les deux gouvernements, français et anglais, la question du droit le plus fondé, ou au moins le plus apparent à la succession de White (...) ; l'art. 86, tit. 2, de l'ordonn. du 3 mars 1781, qui règle l'exercice de la juridiction de nos consuls, est inapplicable aux États de la chrétienté, et (...) il est d'ailleurs complètement étranger au débat qui n'avait pas pour objet la réclamation d'un droit de juridiction par le vice-consul anglais, mais bien sa prétention d'être admis à requérir la levée des scellés au nom de son gouvernement, qu'il disait appelé à recueillir la succession de White par préférence à l'Administration du domaine de France ; (...) l'arrêt attaqué, en reconnaissant que l'avantage du droit apparent appartenait à l'administration française, s'est appuyé sur la disposition formelle de l'art. 768 Cod. Nap., auquel le vice-consul anglais n'a pu opposer aucun texte précis ; (...) il n'a donc violé aucune loi ; (...) il n'en a pas davantage violé, en décidant que la nationalité anglaise de White, en la supposant certaine, ne pouvait prévaloir à elle seule sur les dispositions dudit art. 768 »).
2°/ Une clause d'exhérédation générale n'affecte pas la vocation d'un État qui n'est pas un héritier (Civ. 1re, 3 mars 1965, *Bull. civ.* I, n° 165, *D.* 1965, p. 428, note J. Mazeaud, *GAJC*, t. 1, n° 101 : « la clause d'exhérédation, valable dans la mesure ou elle concernait les parents de X..., était nulle a l'égard de l'État, le testateur ne pouvant, par une exhérédation pure et simple, et sans désigner de légataires, faire échec aux droits de l'État » ; *adde* Civ. 1re, 11 mars 1968, *Bull. civ.* I, n° 92, *D.* 1968, p. 541, note P. Voirin : « la clause d'exhérédation valable à l'égard des parents de Le Becq ne pouvait, à défaut de désignation des légataires faire échec au droit de l'État de recueillir les successions, à défaut d'héritiers, par droit de déshérence »).

162. Civ. 1re, 14 novembre 2006, *Bull. civ.* I, n° 491 : « l'acquisition par l'État des biens visés aux articles 539 et 713 C. civ. se produit de plein droit » ; la Cour de cassation approuve la cour d'appel d'avoir décidé à bon droit qu'en raison de la renonciation d'héritiers à une succession, l'État « était devenu titulaire du droit de propriété sur l'immeuble litigieux dès le jour de l'ouverture de ladite succession, alors même qu'il n'en aurait pas demandé l'envoi en possession ou que les formalités nécessaires à la déclaration de vacance n'auraient pas été accomplies ».

163. Art. L. 1122-1 al. 1 CGPPP : « *[p]ar application des dispositions des articles 539 [« Les biens des personnes qui décèdent sans héritiers ou dont les successions sont abandonnées appartiennent à l'État »] et 768 du Code civil [« L'héritier peut accepter la succession purement et simplement ou y renoncer. Il peut également accepter la succession à concurrence de l'actif net lorsqu'il a une vocation universelle ou à titre universel. Est nulle l'option conditionnelle ou à terme »], l'État peut prétendre aux successions des personnes qui décèdent sans héritiers ou aux successions qui sont abandonnées, à moins qu'il ne soit disposé autrement des biens successoraux par des lois particulières.* (al. 1) ».

164. V. art. L. 1122-1 al. 2 CGPPP : « (...) *l'État doit demander l'envoi en possession* (...) (al. 2) ». *Adde* art. 811 C. civ. : « *[l]orsque l'État prétend à la succession d'une personne qui décède sans héritier ou à une succession abandonnée, il doit en demander l'envoi en possession au tribunal* ». Et v. Civ. 1re, 6 avril 1994, *Bull. civ.* I, n° 146 : « c'est en vertu de sa souveraineté que l'État recueille les biens d'une succession en déshérence, l'envoi en possession qu'il est tenu de demander ayant pour effet de lui conférer la saisine, mais non la qualité d'héritier ». Aujourd'hui, l'envoi en possession de l'État empêche d'ailleurs un héritier de révoquer sa renonciation (art. 807 al. 1 C. civ. : « *[t]ant que la prescription du droit d'accepter n'est pas acquise contre lui, l'héritier peut révoquer sa renonciation en acceptant la succession purement et simplement, si elle n'a pas été déjà acceptée par un autre héritier ou si l'État n'a pas déjà été envoyé en possession.* »). La solution était différente sous l'empire de l'ancien article 790 C. civ., seule l'acceptation de la succession « par d'autres héritiers » empêchait

dont la propriété revient en première ligne à la commune, les biens d'une succession en déshérence reviennent à l'État.

S'agissant des seuls biens successoraux, il y a en apparence quelque paradoxe à en reconnaître, d'un côté, à l'État une propriété de plein droit (régime des biens d'une succession en déshérence) et, d'un autre, une propriété à la commune, voire à l'État, au bout de trente ans (régime des biens sans maître). En réalité, il faut certainement comprendre que le régime des biens sans maître ne trouve à s'appliquer que subsidiairement, si l'État ne s'est pas fait envoyer en possession dans le délai de trente ans.

§ 2. Les biens envisagés du point de vue des tiers

23. Distinction. Les biens, qui figurent à l'actif du patrimoine des personnes, sont en principe *aptes à être cédés* et à *être saisis*. Mais il ne s'agit que d'un principe qui comporte des exceptions, en sorte qu'« un bien est susceptible de degrés »[165] ou, si l'on préfère, que la patrimonialité d'un bien est susceptible de degrés.

24. Aptitude des biens à être cédés. Seuls les biens qui sont dans le commerce sont aptes à être cédés[166]. La tautologie est exprimée à l'article 1128 C. civ. : « *[i]l n'y a que les choses qui sont dans le commerce qui puissent être l'objet des conventions* ».

Cela étant, même dans le commerce, les biens n'ont pas une égale aptitude à la cession. Certains biens ne peuvent être cédés qu'*à titre gratuit* : c'est le cas, à de strictes conditions prévues par le Livre II du Code de la santé publique (« Don et utilisation des éléments et produits du corps humain ») des éléments ou produits du corps humain[167] ; de même, sauf manifestation de volonté contraire, il peut être

---

un héritier de révoquer sa renonciation (Civ. 1re, 6 avril 1994, *Bull. civ.* I, n° 146, *D.* 1994, p. 505, obs. J. Boulanger, *D.* 1995, p. 45, obs. M. Grimaldi, *JCP* 1995, I, 3876, obs. R. Le Guidec, *RTD civ.* 1994, p. 652, obs. J. Patarin : « c'est en vertu de sa souveraineté que l'État recueille les biens d'une succession en déshérence, l'envoi en possession qu'il est tenu de demander [a] pour effet de lui conférer la saisine, mais non la qualité d'héritier ; (...) il s'ensuit que cet envoi en possession ne met pas obstacle à la rétractation d'une renonciation à succession effectuée antérieurement par un héritier »). Désormais donc, sur ce point, la situation de l'État qui s'est fait envoyer en possession est semblable à celle d'un héritier ayant accepté la succession.

165. M. Mignot, « La notion de bien, contribution à l'étude du rapport entre droit et économie », *RRJ* 2006, p. 1805 s., spéc. n° 14.

166. En réalité, ce ne sont pas véritablement les *biens* mais les *droits* dont ils forment l'assiette, qui circulent.

167. Bien entendu, le consentement du « donneur » est requis, et peut être révoqué à tout moment : « *[l]e prélèvement d'éléments du corps humain et la collecte de ses produits ne peuvent être pratiqués sans le consentement préalable du donneur. Ce consentement est révocable à tout moment* » (art. L. 1211-2 CSP). Par ailleurs, l'opération est soumise à un **principe de gratuité**, gravé à l'article L. 1211-4 al. 1 CSP (« *Aucun paiement, quelle qu'en soit la forme, ne peut être alloué à celui qui se prête au prélèvement d'éléments de son corps ou à la collecte de ses produits.* »), et à un **principe d'anonymat**, inscrit à l'article L. 1211-5 al. 1 CSP (« *Le donneur ne peut connaître l'identité du receveur, ni le receveur celle du donneur.* »).

prélevé des organes[168], des tissus, cellules et produits du corps humain[169] sur une personne décédée. Par exception, certains éléments et produits énumérés par la loi échappent à ces restrictions de cessibilité : cheveux, ongles, poils et dents[170]. D'autres biens ne peuvent circuler que suivant *certains canaux et modalités* : c'est le cas du tabac, des médicaments, etc. D'autres biens encore ne peuvent être cédés, encore que leur usage puisse être concédé à un tiers : les biens du domaine public, qui peuvent faire l'objet d'une convention de jouissance, ne peuvent être aliénés[171].

25. Aptitude des biens à être saisis. La saisie « dessaisit » le propriétaire d'un bien au profit du saisissant, le dessaisissement étant plus ou moins important suivant le type de saisie. Les biens sont en principe saisissables, mais il existe des biens insaisissables. Certains biens sont insaisissables par *tout créancier*[172] alors que d'autres ne le sont qu'à l'égard de *certains créanciers* – ce qui est le cas chaque fois que le débiteur est à la tête d'un patrimoine affecté en plus de son patrimoine civil[173].

168. Art. L. 1232-1 CSP : « *[l]e prélèvement d'organes sur une personne dont la mort a été dûment constatée ne peut être effectué qu'à des fins thérapeutiques ou scientifiques.* (al. 1) *Ce prélèvement peut être pratiqué dès lors que la personne n'a pas fait connaître, de son vivant, son refus d'un tel prélèvement. Ce refus peut être exprimé par tout moyen, notamment par l'inscription sur un registre national automatisé prévu à cet effet. Il est révocable à tout moment.* (al. 2) *Si le médecin n'a pas directement connaissance de la volonté du défunt, il doit s'efforcer de recueillir auprès des proches l'opposition au don d'organes éventuellement exprimée de son vivant par le défunt, par tout moyen, et il les informe de la finalité des prélèvements envisagés.* (al. 3) *Les proches sont informés de leur droit à connaître les prélèvements effectués.* (al. 4) *L'Agence de la biomédecine est avisée, préalablement à sa réalisation, de tout prélèvement à fins thérapeutiques ou à fins scientifiques.* (al. 5) ». *Adde* art. R. 1232-1 s. CSP.

169. Art. R. 1241-1 s. CSP.

170. D'après l'article R. 1211-49 CSP, « *[n]e sont pas soumis aux dispositions du présent titre [« Principes généraux » du Livre II « Don et utilisation des éléments et produits du corps humain »] les produits du corps humain désignés ci-après : 1° Les cheveux ; 2° Les ongles ; 3° Les poils ; 4° Les dents* »).

171. Art. L. 3111-1 CGPPP : « *[l]es biens des personnes publiques mentionnées à l'article L. 1, qui relèvent du domaine public, sont inaliénables et imprescriptibles* ».

172. La plupart de ces biens sont énoncés à l'article L. 112-2 C. proc. civ. exé. : « *[n]e peuvent être saisis : 1° Les biens que la loi déclare insaisissables ; 2° Les biens que la loi rend incessibles à moins qu'il n'en soit disposé autrement ; 3° Les provisions, sommes et pensions à caractère alimentaire, sauf pour le paiement des aliments déjà fournis par le saisissant à la partie saisie ; 4° Les biens disponibles déclarés insaisissables par le testateur ou le donateur, sauf autorisation du juge, et, pour la portion qu'il détermine, par les créanciers postérieurs à l'acte de donation ou à l'ouverture du legs ; 5° Les biens mobiliers nécessaires à la vie et au travail du saisi et de sa famille, si ce n'est pour paiement de leur prix, dans les limites fixées par décret en Conseil d'État et sous réserve des dispositions du 6°* (il est précisé qu'« *[i]ls deviennent cependant saisissables s'ils se trouvent dans un lieu autre que celui où le saisi demeure ou travaille habituellement, s'ils sont des biens de valeur, en raison notamment de leur importance, de leur matière, de leur rareté, de leur ancienneté ou de leur caractère luxueux, s'ils perdent leur caractère de nécessité en raison de leur quantité ou s'ils constituent des éléments corporels d'un fonds de commerce* ») ; *6° Les biens mobiliers mentionnés au 5°, même pour paiement de leur prix, lorsqu'ils sont la propriété des bénéficiaires de prestations d'aide sociale à l'enfance prévues aux articles L. 222-1 à L. 222-7 du Code de l'action sociale et des familles ; 7° Les objets indispensables aux personnes handicapées ou destinés aux soins des personnes malades* ». Nombre de ces biens sont nécessaires à préserver la dignité de leur propriétaire, ce qui peut justifier l'expression de « biens de dignité » (J. Rochfeld, « La distinction de la personne et des choses, une *summa divisio* brouillée par la personnification des biens », in *Le patrimoine de la personne protégée*, (ss. dir. J.-M. Plazy et G. Raoul-Cormeil), 2015, p. 277 s., spéc. n° 6.

173. Ainsi, aux termes de l'article L. 526-1 C. com., « [p]ar dérogation aux articles 2284 et 2285 du Code civil, les droits d'une personne physique immatriculée à un registre de publicité légale à caractère professionnel ou exerçant une activité professionnelle agricole ou indépendante sur l'immeuble où est

Le caractère saisissable d'un bien est essentiel en vue de déterminer s'il peut former l'assiette d'une sûreté réelle[174]. En effet, bien que l'article 2397 C. civ. laisse entendre que tout bien dans le commerce peut être hypothéqué, seuls les biens qui sont encore saisissables[175] peuvent l'être[176]. C'est ce qui explique notamment que

---

fixée sa résidence principale sont *de droit insaisissables* par les créanciers dont les droits naissent à l'occasion de l'activité professionnelle de la personne », de même que toute « personne physique immatriculée à un registre de publicité légale à caractère professionnel ou exerçant une activité professionnelle agricole ou indépendante *peut déclarer insaisissables* ses droits sur tout bien foncier, bâti ou non bâti, qu'elle n'a pas affecté à son usage professionnel. » (nous soulignons). Par ailleurs, les biens qui sont compris dans le patrimoine de l'entrepreneur individuel à responsabilité limitée affecté à son activité professionnelle (art. L. 526-6 C. com. : « *[t]out entrepreneur individuel peut affecter à son activité professionnelle un patrimoine séparé de son patrimoine personnel, sans création d'une personne morale* ») ne répondent que des dettes professionnelles, cependant que ceux du patrimoine non affecté ne répondent que des dettes non professionnelles (art. L. 526-12 C. com. : « (...) *[p]ar dérogation aux articles 2284 et 2285 C. civ. : 1° Les créanciers auxquels la déclaration d'affectation est opposable et dont les droits sont nés à l'occasion de l'exercice de l'activité professionnelle à laquelle le patrimoine est affecté ont pour seul gage général le patrimoine affecté ; 2° Les autres créanciers auxquels la déclaration est opposable ont pour seul gage général le patrimoine non affecté* »). Et lorsqu'une fiducie est constituée, les biens logés dans le patrimoine fiduciaire répondent des dettes fiduciaires (v. *infra*, n° 411).

174. En réalité, ce sont les *droits réels* qui font l'objet de sûretés réelles et *non les biens* eux-mêmes. Alors que certains droits réels ne peuvent faire l'objet d'une sûreté réelle en raison *du bien particulier sur lequel ils portent*, d'autres ne le peuvent en raison *de leur nature*. Ainsi, les droits réels incessibles et insaisissables, comme les droits réels d'usage et d'habitation, ne peuvent faire l'objet d'une telle sûreté. En contrepoint, les droits réels cessibles et saisissables peuvent faire l'objet d'une sûreté réelle : la loi le prévoit pour l'usufruit d'un immeuble (art. 2397, 2° C. civ.), le droit réel issu d'un bail emphytéotique (art. L. 451-1 C. rur. et pêch. mar.), d'un bail à construction (art. L. 251-3 CCH), d'un bail à réhabilitation (art. L. 252-2 CCH). De manière générale, tout droit réel cessible et saisissable devrait pouvoir faire l'objet d'une sûreté réelle (J.-P. CHAZAL, « L'usufruit d'un fonds de commerce », *Rép. Defr.* 2001, p. 167, au sujet du nantissement de l'usufruit d'un fonds de commerce). Il reste que les sûretés sur un droit réel démembré sont peu fréquentes en raison de leur caractère temporaire ; de fait, la valeur de l'assiette diminue avec le temps pour finalement disparaître (Civ. 3e, 7 octobre 2009, *Bull. civ.* III, n° 218, *D.* 2009, p. 2491, *JCP* 2009, p. 492, obs. Ph. DELEBECQUE : « l'hypothèque inscrite sur un bail emphytéotique disparaît à l'expiration de ce bail »). Inversement, le créancier titulaire d'une sûreté réelle ayant pour assiette la nue-propriété profitera de la reconstitution de la pleine propriété lors du remembrement (Com. 13 mars 2012, *Bull. civ.* IV, n° 55, *RTD civ.* 2012, p. 556, obs. P. CROCQ : « l'affectation hypothécaire de la nue-propriété d'un bien grevé d'usufruit a nécessairement pour objet en cas d'extinction de l'usufruit la pleine propriété de ce bien »).

175. Un auteur a fait de la saisissabilité, non une qualité, mais un critère de la notion de « bien » (P. BERLIOZ, *La notion de bien*, th., préf. L. AYNÈS, LGDJ, 2006) : « le bien, élément du patrimoine, gage commun des créanciers, est une chose appropriée et saisissable » (n° 838). Suivant l'auteur, la propriété joue le double rôle : « de soumettre la chose qui en est l'objet à la maîtrise entière et exclusive de son propriétaire, et de fonder la possibilité pour des tiers de saisir celle-là en exécution des obligations de celui-ci » (n° 837). Cette opinion, minoritaire, peut néanmoins se recommander des articles 2284 (« *Quiconque s'est obligé personnellement, est tenu de remplir son engagement sur tous ses biens mobiliers et immobiliers, présents et à venir* ») et 2285 C. civ. (« *Les biens du débiteur sont le gage commun de ses créanciers* »).

176. La règle est expressément retenue en droit québécois : « *[l]'hypothèque ne peut grever des biens insaisissables* » (art. 2668 al. 1 C. civ. Québec.). Sur la question, V. Ch. GIJSBERS, *Sûretés réelles et droit des biens*, th. Panthéon-Assas (Paris II), 2012, n° 396.

Les *parts de sociétés de personnes*, saisissables, peuvent par là même être nanties (pour les parts de sociétés civiles, v. les articles 1866 s. C. civ. ; pour les parts de SARL, v. l'article L. 223-15 C. com.). À cet égard, l'article 1867 C. civ. permet à tout associé de demander aux autres associés leur consentement à un projet de nantissement dans les mêmes conditions que leur agrément à une cession de parts, consentement qui emporte, à certaines conditions, agrément du cessionnaire en cas de réalisation forcée des parts sociales. Le cas des parts de sociétés d'exercice libéral ou de sociétés civiles professionnelles a été envisagé par plusieurs décrets, prévoyant que les parts ne peuvent être ni données en les biens du domaine public et ceux du domaine privé ne peuvent former l'assiette d'une telle sûreté réelle[177]. On peut en revanche exprimer des doutes sur le bien-fondé de la jurisprudence qui estime que les biens temporairement

nantissement ni vendues aux enchères publiques (Décr. n° 92-680 du 20 juillet 1992 (art. 13) pour les avocats, Décr. n° 92-1448 du 30 décembre 1992 (art. 19) et Décr. n° 69-1274 du 31 décembre 1969 (art. 14) pour les huissiers de justices, Décr. n° 93-78 du 13 janvier 1993 (art. 19) et Décr. n° 67-868 du 2 octobre 1967 (art. 14) pour les notaires. Cela ne veut pas dire pour autant que les parts sont insaisissables : Civ. 1re, 4 novembre 2003, *Bull. civ.* I, n° 222, *Rép. Defr.* 2004, p. 727, obs. Ph. Théry : « l'interdiction de donner en nantissement les parts d'une société civile professionnelle de notaire ou de les vendre aux enchères publiques n'emporte pas, par principe, leur insaisissabilité qui ne pourrait résulter que d'une disposition législative ». Toutefois, dans ce cas précis, la Cour a précisé qu'« une saisie-vente de parts d'une société civile professionnelle de notaire réalise une cession forcée et que l'exigence de l'agrément préalable du cessionnaire par le garde des Sceaux est incompatible avec une telle cession ». L'opération présente néanmoins un intérêt pour le créancier saisissant : en rendant « indisponibles les droits pécuniaires du débiteur, ce qui s'entend non seulement de la valeur des parts – étant rappelé que cette valeur n'apparaîtra que si le débiteur les cède volontairement –, mais aussi des revenus que procure la qualité d'associé, revenus qui, dans les SCP, prennent le plus souvent la forme d'une avance sur les dividendes de l'exercice (...). Libre alors à l'associé débiteur de supporter la situation ou, s'il n'entend pas qu'elle se prolonge, de vendre ses parts à l'amiable, comme les textes le lui permettent » (Ph. Théry, obs. ss. l'arrêt ; *adde* Civ. 2e, 28 janvier 1998, *Bull. civ.* II, n° 36).
Certaines *licences ou autorisations*, librement cessibles (comme les quotas d'émission de gaz à effet de serre) ou cessibles moyennant information de l'administration (comme les licences de taxis ou de débits de boissons) sont saisissables (Cass. avis, 8 février 1999, *Bull. avis*, n° 1 : une licence IV est un « droit incorporel saisissable ») et, à ce titre, doivent pourvoir également faire l'objet d'une sûreté réelle.
D'autres *biens, qui ne peuvent être aliénés sans autorisation*, bien que saisissables, ne peuvent faire l'objet d'une sûreté réelle d'après la jurisprudence : c'est le cas notamment du logement de la famille (interprétation jurisprudentielle de l'article 215 alinéa 3 C. civ., aux termes duquel « *[l]es époux ne peuvent l'un sans l'autre disposer des droits par lesquels est assuré le logement de la famille, ni des meubles meublants dont il est garni* » (Civ. 1re, 17 décembre 1991, *Bull. civ.* I, n° 357, *Rép. Defr.* 1992, p. 396, obs. G. Champenois). En revanche, une promesse d'hypothèque du logement de la famille, qui n'est pas un acte de disposition, est valable (Civ. 3e, 29 mai 2002, *Bull. civ.* III, n° 118, *Rép. Defr.* 2002, p. 1317, obs. G. Champenois : la Cour de cassation approuve une cour d'appel d'avoir exactement retenu que « les dispositions de l'article 215, alinéa 3, du Code civil ne sont applicables qu'aux actes de disposition portant sur le domicile conjugal et que la promesse d'affectation hypothécaire ne constitue pas un acte de disposition »). L'inexécution de la promesse engagerait la responsabilité de son auteur et devrait engager le patrimoine commun si les époux sont mariés sous la communauté (art. 1413 C. civ. : « *[l]e paiement des dettes dont chaque époux est tenu, pour quelque cause que ce soit, pendant la communauté, peut toujours être poursuivi sur les biens communs, à moins qu'il n'y ait eu fraude de l'époux débiteur et mauvaise foi du créancier, sauf la récompense due à la communauté s'il y a lieu* »).

177. En effet, tant les biens du domaine public que du domaine privé sont insaisissables (art. L. 2311-1 CGPPP). L'interdiction faite aux personnes publiques, en particulier aux EPIC, d'hypothéquer les biens faisant partie du domaine privé, est critiquée en doctrine, dans la mesure où leur crédit se trouve diminué. V. notamment Ph. Yolka, « L'insaisissabilité des biens publics (regards sur un mouvement immobile) », *JCP* A, n° 48, 2007, 2307, Y. Gaudemet, « L'entreprise publique à l'épreuve du droit public (domanialité publique, insaisissabilité, inarbitrabilité) », *Mélanges en hommage à Roland Drago, L'unité du droit,* Economica, 1996, p. 258).
En revanche, le droit de l'occupant sur une propriété publique peut faire l'objet d'une sûreté réelle. C'est le cas, en premier lieu, du droit d'un preneur à bail emphytéotique administratif, en vue de garantir des emprunts contractés par le preneur pour financer la réalisation des obligations qu'il tient du bail (art. 2341-1, II, 2° CGPPP : « *[l]e droit réel conféré au preneur et les ouvrages dont il est propriétaire ne peuvent être hypothéqués qu'en vue de garantir des emprunts contractés par le preneur pour financer la réalisation des obligations qu'il tient du bail ; le contrat constituant l'hypothèque doit, à peine de nullité, être approuvé par la personne publique propriétaire* »). C'est le cas, en second lieu, du « droit réel sur les ouvrages, constructions et installations de caractère immobilier » (art. 2122-6 CGPPP) du titulaire d'une autorisation d'occupation temporaire du domaine public de l'État, lequel est susceptible d'hypothèque « *pour garantir les emprunts contractés par le titulaire de l'autorisation*

insaisissables – parce que temporairement inaliénables[178] – ne peuvent faire l'objet d'une telle sûreté[179] : de fait, la sûreté ne rendrait pas saisissable un bien qui ne l'est pas et elle pourrait en contrepoint s'avérer fort utile au jour où le bien le deviendrait.

Section 2
Les pouvoirs sur les biens

26. Plan. Sur les biens, les personnes exercent des pouvoirs que l'on envisagera dans leur nature (§ 1) et dans leur étendue (§ 2).

§ 1. Nature des pouvoirs

27. Pouvoirs. Les pouvoirs traduisent la relation entre une personne et un bien. Cette relation peut être la résultante, soit de droits dont la personne est titulaire sur le bien, soit d'une emprise de fait qu'elle exerce sur celui-ci. On distingue ainsi les pouvoirs de droit des pouvoirs de fait.

28. Pouvoirs de droit. Tant les droits réels que les droits personnels offrent, en droit, des pouvoirs à leur titulaire, suivant une technique distincte : alors que le titulaire de droits réels a un pouvoir direct sur le bien, le titulaire de droits personnels n'a sur lui qu'un pouvoir indirect.

Le titulaire de **droits réels** dispose de *pouvoirs directs* sur le bien, qui lui permettent de recueillir *toutes* les utilités disponibles du bien s'il en est le propriétaire ou bien seulement *certaines* de ces utilités s'il n'est que titulaire d'un droit

---

en vue de financer la réalisation, la modification ou l'extension des ouvrages, constructions et installations de caractère immobilier situés sur la dépendance domaniale occupée » (art. 2122-7 CGPPP).

178. Civ. 1re, 15 juin 1994, *Bull. civ.* III, n° 211 : « tant qu'elle était en vigueur, cette clause d'inaliénabilité de la donation qui, ayant été publiée, était opposable à la société Sofal, créancier de l'un des donateurs et du donataire, interdisait à cette société de procéder à la saisie du bien objet de la donation » ; Civ. 1re, 8 février 2000, *Bull. civ.* I, n° 43 : « la cour d'appel a, à bon droit, retenu d'une part, que la validité de la saisie doit s'apprécier au moment où elle est pratiquée, à savoir la publication du commandement, d'autre part, que dès lors que la clause qui rend l'immeuble inaliénable est publiée, elle ne permet pas la saisie tant qu'elle est en vigueur ».

179. Civ. 1re, 23 février 2012, *Bull. civ.* I, n° 39, *CCC* 2012, comm. n° 116, note L. Leveneur, *JCP* 2012, p. 626, obs. Ph. Delebecque, *RTD civ.* 2012, p. 346, obs. P. Crocq, *LPA* 2012, n° 134, p. 15, obs. S. Milleville : « les biens frappés d'inaliénabilité ne sont pas susceptibles d'hypothèque conventionnelle, comme ne se trouvant pas dans le commerce au sens de l'article 2397 du Code civil ». La solution ne convainc pas car, comme on l'a relevé, « cette hypothèque verra, naturellement, son efficacité paralysée tant que l'inaliénabilité durera mais une fois que celle-ci aura cessé, la sûreté pourra alors être réalisée et sa constitution antérieure aura eu l'avantage de permettre au créancier de prendre rang en temps utile » (P. Crocq, obs. préc.) La solution est d'ailleurs différente pour l'inscription d'une hypothèque judiciaire (Civ. 1re, 9 octobre 1985, *Bull. civ.* I, n° 252) ou légale (Civ. 1re, 20 octobre 1982, *Bull. civ.* I, n° 297 : droits indivis). Il n'est donc pas surprenant que la Chambre commerciale retienne une solution différente de celle adoptée par la Première Chambre civile : « l'indisponibilité d'une valeur mobilière, quand elle est simplement temporaire, ne fait pas obstacle à son affectation en nantissement » (Com. 30 septembre 2008, *Bull. civ.* IV, n° 765, *JCP* G 2008, I, 211, obs. Ph. Delebecque, *D.* 2008, p. 2596, obs. P. Crocq, *RTD civ.* 2008, p. 706, obs. P. Crocq, *RTD com.* 2009, p. 202, obs. B. Bouloc).

démembré sur un bien appartenant à autrui. Ainsi, l'usufruitier et le titulaire d'un droit d'usage ou d'habitation jouissent du bien sans l'entremise de son propriétaire. En contrepoint, le titulaire de **droits personnels** relatifs à une chose[180], le « détenteur précaire », ne dispose que de pouvoirs indirects sur le bien, puisque c'est autrui qui l'en fait jouir. Ainsi, c'est le propriétaire ou l'usufruitier[181] qui font jouir le locataire et l'emprunteur du bien ; on ne dit pas que le locataire et l'emprunteur ont un droit sur le bien – un droit réel –, mais qu'ils ont un droit contre le propriétaire – un droit personnel – qui doit les en faire jouir. À cet égard, l'article 1708 C. civ. est très explicite, lorsqu'il indique que le bail est « *un contrat par lequel l'une des parties s'oblige* ***à faire jouir*** *l'autre d'une chose* (...) »[182].

Techniquement, la différence essentielle entre les droits réels et personnels tient à l'impossibilité de circonscrire l'objet et d'en limiter les attributs – notamment la libre cessibilité[183] – des premiers, même s'il est aujourd'hui admis que l'on puisse créer de nouveaux droits réels, en dehors des patrons qu'offre la loi[184].

Économiquement, toutefois, les droits personnels sont comparables aux droits réels en ce qu'ils permettent, comme eux, de profiter des utilités de la chose. Ainsi le droit de l'emprunteur et celui du locataire ressemblent économiquement respectivement à celui du titulaire d'un droit d'usage et à celui d'un usufruitier.

29. Pouvoirs de fait. Alors que l'on est, sur les biens, *titulaire* de pouvoirs de droits, on *exerce* sur eux des pouvoirs de fait.

Lorsque l'on dispose sur une chose d'un pouvoir d'usage, de contrôle et de direction, on est gardien de la chose[185] et, à ce titre, responsable du fait de celle-ci (art. 1384 al. 1 C. civ.[186]). Cette question n'intéresse pas le droit des biens, mais celui de la responsabilité civile extracontractuelle.

Lorsque l'on profite des utilités d'une chose comme le titulaire d'un droit réel sur celle-ci, qu'on le soit ou non, on en est « possesseur ». Ainsi, si le propriétaire qui exerce son droit « possède le bien »[187] dont il est propriétaire, il en va de même du voleur ou de l'inventeur d'un bien volé ou perdu alors pourtant qu'ils sont sans droits sur celui-ci. Le rôle de la possession est très important en droit des biens : le droit y attache de très nombreuses conséquences, qui vont, pour celui qui possède sans droit, jusqu'à l'acquisition du droit lui-même[188].

---

180. Tel n'est pas toujours le cas : n'a pas de pouvoir sur une chose le titulaire d'une créance ayant pour objet la réalisation de travaux, une interdiction de concurrence, etc.

181. Ou tout titulaire d'un autre droit réel qui confère le pouvoir d'octroyer des droits personnels de jouissance.

182. Nous soulignons.

183. Sous réserve des cas exceptionnels d'incessibilité légale. V., au sujet des droits d'usage et d'habitation, l'article 631 C. civ. : « *[l]'usager ne peut céder ni louer son droit à un autre* ».

184. V. *infra*, n° 234 et s.

185. Cass. Ch. réunies, 2 décembre 1941 : « Y..., privé de l'usage, de la direction et du contrôle de sa voiture, n'en avait plus la garde et n'était plus dès lors soumis à la présomption de responsabilité édictée par l'article 1384, alinéa 1er, du Code civil. »

186. « *On est responsable non seulement du dommage que l'on cause par son propre fait, mais encore de celui qui est causé par le fait des personnes dont on doit répondre, ou des choses que l'on a sous sa garde.* »

187. Si, par raccourci, on dit de lui qu'il possède le bien, il est plus exact de dire qu'il possède un droit réel sur celui-ci. Ainsi peut-on posséder, et c'est de loin le cas le plus fréquent, la propriété d'un bien, mais aussi un droit réel moindre, tel un usufruit.

188. V. *infra*, n° 731 et s., 743 et s.

§2. Étendue des pouvoirs

30. Plan. Les droits réels confèrent des pouvoirs plus ou moins étendus, la propriété étant celui qui en procure le plus. Dans une perspective analytique et pédagogique, les romanistes de l'Ancien Droit ont dégagé trois types de pouvoirs qui peuvent être exercés sur un bien : l'*usus*, qui permet d'user du bien, le *fructus*, qui permet d'en faire siens les fruits, et l'*abusus*, qui permet d'en disposer. L'*usus* et le *fructus* méritent d'être envisagés ensemble (A) et l'*abusus*, à part (B).

31. Observation liminaire. Cette division tripartite n'est pas à l'abri de toutes critiques : elle laisse accroire, d'une part, que les pouvoirs exercés sur les biens puissent être nettement compartimentés alors qu'ils se recoupent[189] et que, d'autre part, ils coexistent toujours, concentrés entre les mains d'une même personne ou réparties entre plusieurs, alors qu'un démembrement peut aboutir à une stérilisation de certains d'entre eux[190].

A L'usus et le fructus

32. Plan. L'*usus* (1) et le *fructus* (2) désignent les pouvoirs qui permettent tous deux, et c'est en cela qu'ils présentent des liens, de tirer profit de la valeur d'usage des biens (3).

1. L'usus

33. Objet du droit d'user. L'*usus* désigne le pouvoir d'user du bien. Un tel pouvoir est notamment reconnu au propriétaire, à l'usufruitier, au titulaire d'un droit d'usage et au titulaire d'un droit d'habitation, etc. Tantôt, le pouvoir d'user du bien est *libre*[191] : le propriétaire ou l'usufruitier d'un immeuble peuvent l'habiter ou y exercer une activité commerciale, le mettre à disposition d'autrui, etc. Tantôt, le pouvoir d'en user est *limité aux besoins personnels* de son titulaire : le titulaire d'un droit d'usage sur un immeuble ne peut en user ou en retirer les fruits[192] que pour subvenir à ses besoins ou à ceux de ses proches, et le titulaire d'un droit d'habitation ne peut en user qu'en y habitant ou en y faisant habiter sa famille[193].

Hors-série, l'article 764 C. civ.[194] reconnaît, à certaines conditions, au conjoint survivant, *sur le logement appartenant aux époux ou dépendant totalement de la*

---

189. Ainsi louer un bien pour en tirer des loyers, c'est en tirer les fruits, mais c'est aussi une manière d'en user. V. *infra*, n° 41 et s.

190. Ainsi, si un droit d'usage et d'habitation est constitué sur un bien, celui-ci ne pourra être loué par personne : ni par le propriétaire, ni par le titulaire du droit réel démembré. De même, lorsqu'un usufruit est concédé, ni l'usufruitier ni le nu-propriétaire ne peuvent détruire le bien.

191. Encore que le titulaire d'un droit réel sur la chose d'autrui doive en conserver la substance. V., pour l'usufruit, l'article 578 C. civ. : « *[l]'usufruit est le droit de jouir des choses dont un autre a la propriété, comme le propriétaire lui-même, mais à la charge d'en conserver la substance* ».

192. Art. 630 al. 1 C. civ. : « *[c]elui qui a l'usage des fruits d'un fonds ne peut en exiger qu'autant qu'il lui en faut pour ses besoins et ceux de sa famille* ».

193. Art. 632 C. civ. : « *[c]elui qui a un droit d'habitation dans une maison peut y demeurer avec sa famille, quand même il n'aurait pas été marié à l'époque où ce droit lui a été donné* ».

194. « *Sauf volonté contraire du défunt exprimée dans les conditions de l'article 971, le conjoint successible qui occupait effectivement, à l'époque du décès, à titre d'habitation principale, un logement appartenant aux époux ou dépendant totalement de la succession, a sur ce logement, jusqu'à son*

succession et qu'*il occupait effectivement à titre d'habitation principale lors du décès du défunt*, un droit d'habitation, ainsi qu'un droit d'usage sur le mobilier le garnissant, étant précisé que lorsque la situation du conjoint est telle que le logement grevé du droit d'habitation n'est plus adapté à ses besoins, il peut le louer à usage autre que commercial ou agricole afin de dégager les ressources nécessaires à de nouvelles conditions d'hébergement.

34. Absence d'obligation d'user. En tout état de cause, le droit d'user d'une chose emporte celui de ne pas en user : on peut cultiver sa terre ou la laisser en jachère, habiter sa maison ou la laisser gagner par la poussière. Mais, au-delà du risque de voir son bien dépérir, ne pas en user permet à un tiers qui viendrait à en prendre possession d'acquérir sur le bien un droit par le jeu de la prescription acquisitive[195]. Au-delà, aujourd'hui, le législateur n'hésite pas à sanctionner le « mésusage » des richesses. En témoigne les très sensibles hausses récentes de la taxe foncière sur les terrains non bâtis dans les zones tendues.

2. Le fructus

35. Les fruits, non les produits. Le *fructus* désigne le pouvoir de faire siens les fruits du bien. Les fruits sont les richesses dégagées par la chose et dont la perception n'altère pas la substance, car, par principe, ils se renouvellent : par exemple, les pommes du pommier ou les loyers de la maison. Les fruits doivent être distingués des produits, richesses dégagées par la chose et dont la perception altère la substance, car, par principe, ils ne se renouvellent pas : par exemple des matériaux extraits des mines et carrières. C'est pourquoi les fruits, qui sont un prolongement de la chose, sont perçus au titre du *fructus* alors que les produits, qui font partie de la chose, le sont au titre de l'*abusus*. C'est pourquoi aussi les produits échoient au propriétaire alors que les fruits reviennent à celui qui, propriétaire ou non, en a la jouissance. Par ailleurs, les fruits, non les produits, peuvent être conservés par le possesseur de bonne foi alors même qu'il ne serait pas titulaire du droit qui a été exercé (art. 549 C. civ.[196]).

---

décès, un droit d'habitation et un droit d'usage sur le mobilier, compris dans la succession, le garnissant. (al. 1) *La privation de ces droits d'habitation et d'usage exprimée par le défunt dans les conditions mentionnées au premier alinéa est sans incidence sur les droits d'usufruit que le conjoint recueille en vertu de la loi ou d'une libéralité, qui continuent à obéir à leurs règles propres.* (al. 2) *Ces droits d'habitation et d'usage s'exercent dans les conditions prévues aux articles 627, 631, 634 et 635.* (al. 3) *Le conjoint, les autres héritiers ou l'un d'eux peuvent exiger qu'il soit dressé un inventaire des meubles et un état de l'immeuble soumis aux droits d'usage et d'habitation.* (al. 4) *Par dérogation aux articles 631 et 634, lorsque la situation du conjoint fait que le logement grevé du droit d'habitation n'est plus adapté à ses besoins, le conjoint ou son représentant peut le louer à usage autre que commercial ou agricole afin de dégager les ressources nécessaires à de nouvelles conditions d'hébergement.* (al. 5) ».

195. V. *infra*, n° 731 et s. Et sur la dimension sociale de la propriété, v. *infra*, n° 257 et s.

196. « *Le simple possesseur ne fait les fruits siens que dans le cas où il possède de bonne foi* [l'article 550 C. civ. précise que : « *[l]e possesseur est de bonne foi quand il possède comme propriétaire, en vertu d'un titre translatif de propriété dont il ignore les vices.* (al. 1) *Il cesse d'être de bonne foi du moment où ces vices lui sont connus.* (al. 2) »]. *Dans le cas contraire, il est tenu de restituer les produits avec la chose au propriétaire qui la revendique ; si lesdits produits ne se retrouvent pas en nature, leur valeur est estimée à la date du remboursement* ». La lettre du texte est ambiguë dans la mesure où le terme de « produits » est employé pour désigner les « fruits ».

Les fruits ne sont dus par le possesseur qu'à compter du jour de la revendication du véritable titulaire du droit (Civ. 3e, 28 juin 1983, *Bull. civ.* III, n° 148 : « le possesseur de bonne foi doit restituer les fruits au propriétaire qui revendique la chose à compter de la demande »). La jurisprudence fait application

La distinction des fruits et produits est parfois *délicate*, lorsque la richesse dégagée par la chose est susceptible de *renouvellement*, mais *au bout d'un certain temps* : il en va ainsi des arbres de haute futaie[197]. La distinction est également, dans une certaine mesure, *relative* : celui dont le droit de jouissance a pour assiette des arbres de haute futaie, une mine ou une carrière qui sont exploités, fera siens les profits de l'exploitation au titre de fruits et non de produits (art. 591[198] et 598[199] C. civ.).

36. Typologie des fruits. Les **fruits naturels** sont ceux que la terre fait naître spontanément (art. 583 al. 1 *in limine* C. civ.[200]), auxquels on assimile le produit et le croît des animaux (art. 583 al. 1 *in fine* C. civ.[201]). Il s'agit, comme leur nom l'indique, des fruits de la *nature seule* ; ils sont très rares, car la plupart des fruits n'existent que grâce à l'intervention de l'homme. C'est le cas des fruits industriels et des fruits civils qui viennent à exister en raison d'un certain usage qui est fait de la chose. Les **fruits industriels** sont ceux qui résultent d'un *travail* : la culture d'une terre, par exemple (art. 583 al. 2 C. civ.[202]). Les **fruits civils** sont ceux qui résultent en général de l'octroi à un tiers d'un droit de jouissance : les loyers, les intérêts des sommes exigibles, par exemple (art. 584 C. civ.[203]).

Si seuls certains biens font naître des fruits naturels et sont susceptibles de faire naître des fruits industriels, tous les biens sont en principe susceptibles de produire des fruits civils, car il suffit d'octroyer sur le bien un droit de jouissance, réel ou personnel, moyennant rémunération.

---

de ces principes aux fruits dégagés par des biens meubles incorporels, notamment des brevets (Com. 15 avril 1972, *Bull. civ.* IV, n° 98 : saisie d'une action en revendication de la copropriété d'un brevet, une cour d'appel peut refuser d'ordonner la restitution des fruits perçus par une société ayant bénéficié de l'apport du brevet litigieux par un seul des copropriétaires, en faisant application du principe suivant lequel le possesseur est de bonne foi quand il possède en qualité de propriétaire, en vertu d'un titre de propriété dont il ignore les vices).

197. Le Code civil aborde implicitement la question en envisageant les pouvoirs de l'usufruitier. Si, d'après l'article 591 C. civ., « *[l]'usufruitier profite encore, toujours en se conformant aux époques et à l'usage des anciens propriétaires, des parties de bois de haute futaie qui ont été mises en coupes réglées, soit que ces coupes se fassent périodiquement sur une certaine étendue de terrain, soit qu'elles se fassent d'une certaine quantité d'arbres pris indistinctement sur toute la surface du domaine* », l'article 592 C. civ. énonce que « *[d]ans tous les autres cas, l'usufruitier ne peut toucher aux arbres de haute futaie : il peut seulement employer, pour faire les réparations dont il est tenu, les arbres arrachés ou brisés par accident ; il peut même, pour cet objet, en faire abattre s'il est nécessaire, mais à la charge d'en faire constater la nécessité avec le propriétaire* ».

198. « *L'usufruitier profite encore, toujours en se conformant aux époques et à l'usage des anciens propriétaires, des parties de bois de haute futaie qui ont été mises en coupes réglées, soit que ces coupes se fassent périodiquement sur une certaine étendue de terrain, soit qu'elles se fassent d'une certaine quantité d'arbres pris indistinctement sur toute la surface du domaine.* »

199. L'usufruitier « *jouit aussi, de la même manière que le propriétaire, des mines et carrières qui sont en exploitation à l'ouverture de l'usufruit ; et néanmoins, s'il s'agit d'une exploitation qui ne puisse être faite sans une concession, l'usufruitier ne pourra en jouir qu'après en avoir obtenu la permission du président de la République.* (al. 1) *Il n'a aucun droit aux mines et carrières non encore ouvertes, ni aux tourbières dont l'exploitation n'est point encore commencée, ni au trésor qui pourrait être découvert pendant la durée de l'usufruit.* (al. 2) ».

200. « *Les fruits naturels sont ceux qui sont le produit spontané de la terre.* »

201. « *Le produit et le croît des animaux sont aussi des fruits naturels.* »

202. « *Les fruits industriels d'un fonds sont ceux qu'on obtient par la culture.* »

203. « *Les fruits civils sont les loyers des maisons, les intérêts des sommes exigibles, les arrérages des rentes. Les prix des baux à ferme sont aussi rangés dans la classe des fruits civils.* »

Au-delà du triptyque des fruits naturels, civils et industriels, la Cour de cassation considère que les dividendes « participent de la nature des fruits »[204], ce qui souligne leur irréductibilité aux catégories de fruits répertoriées par le Code civil[205].

37. Altérité entre le bien et les fruits. Les fruits et le bien dont ils sont issus constituent deux biens distincts, dès leur détachement. C'est pourquoi, par principe, une sûreté réelle ne grève pas les fruits du bien qui en forme l'assiette ; ainsi les loyers d'un immeuble loué et hypothéqué ne font pas partie de l'assiette de la sûreté[206]. Il reste qu'à certains égards, le créancier muni d'une sûreté réelle peut profiter d'un des fruits du bien formant l'assiette de la sûreté : d'abord, les fruits accroissent exceptionnellement l'assiette de la sûreté (c'est le cas, par exemple, pour le nantissement de créance[207] et pour le nantissement d'instruments financiers[208]), ensuite, lorsqu'ils sont perçus par le créancier, ils s'imputent sur le montant de sa créance[209], enfin, et exceptionnellement, ils peuvent l'enrichir[210].

38. Appropriation des fruits. ***Principe***. C'est au propriétaire d'une chose qu'appartiennent les fruits de celle-ci, quels qu'ils soient[211], même si ceux-ci sont dus au travail d'un autre[212]. Le fondement retenu par le Code civil, l'*accession* (art. 547 C. civ.[213]), n'est pas convaincant, car l'accession est fondamentalement un mécanisme d'attribution de la propriété d'un bien résultant de l'union et non de la séparation de plusieurs biens[214].

---

204. Com. 23 octobre 1984, *Bull. civ.* IV, n° 281 : « seules les sommes qui, faisant partie du bénéfice distribuable devaient, en vertu des statuts, être réparties entre les ayants droit, et celles ayant fait l'objet d'une décision de distribution par l'assemblée des actionnaires ou associés, participaient de la nature des fruits ».
205. L'intérêt d'une telle qualification est notamment d'en déterminer l'attribution en cas de décès de l'associé ou en cas de démembrement de parts sociales. V. *infra*, n° 370.
206. L'assiette de l'hypothèque immobilière ne comprend les fruits qu'à compter de l'acte de saisie (art. L. 321-3 CPE : « *[l]'acte de saisie d'un immeuble emporte saisie de ses fruits, sauf l'effet d'une saisie antérieure* »).
207. Art. 2363 al. 2 C. civ. : « *[a]près notification, seul le créancier nanti reçoit valablement paiement de la créance donnée en nantissement tant en capital qu'en intérêts* ».
208. Art. L. 211-20, I CMF : « (...) *Les titres financiers figurant initialement dans le compte nanti, ceux qui leur sont substitués ou les complètent en garantie de la créance initiale du créancier nanti, de quelque manière que ce soit, ainsi que leurs fruits et produits en toute monnaie, sont compris dans l'assiette du nantissement (...)* ».
209. Pour le gage mobilier, v. art. 2345 C. civ. : « *[s]auf convention contraire, lorsque le détenteur du bien gagé est le créancier de la dette garantie, il perçoit les fruits de ce bien et les impute sur les intérêts ou, à défaut, sur le capital de la dette* » ; pour le gage immobilier, v. art. 2389 al. 1 C. civ. : « *[l]e créancier perçoit les fruits de l'immeuble affecté en garantie à charge de les imputer sur les intérêts, s'il en est dû, et subsidiairement sur le capital de la dette* ». Toutefois, seul le titulaire d'un gage immobilier, à la différence du titulaire d'un gage mobilier, peut exploiter le bien en vue de lui faire produire des fruits (Ch. Gijsbers, *Sûretés réelles et droit des biens*, th. Panthéon-Assas (Paris II), 2012, n°s 29 et 30).
210. C'est le cas des garanties financières avec droit de réutilisation. Sur celles-ci, v. Ch. Gijsbers, *Sûretés réelles et droit des biens*, th. Panthéon-Assas (Paris II), 2012, n°s 37 et 420. *Adde* S. Grillet-Brossier, « Les contrats de garantie financière avec droit de réutilisation ont un régime comptable », Revue *Banque*, septembre 2006, p. 103.
211. Art. 547 C. civ. : « *[l]es fruits naturels ou industriels de la terre, Les fruits civils, Le croît des animaux, appartiennent au propriétaire par droit d'accession.* »
212. Art. 548 C. civ. : « *[l]es fruits produits par la chose n'appartiennent au propriétaire qu'à la charge de rembourser les frais des labours, travaux et semences faits par des tiers et dont la valeur est estimée à la date du remboursement* ». Et v. *infra*, n° 39.
213. « *Les fruits (...) appartiennent au propriétaire par droit d'accession.* »
214. Ph. Malaurie et L. Aynès, n° 440.

En réalité, c'est la qualité de propriétaire, laquelle confère une vocation à l'ensemble des utilités de la chose, qui fonde le droit aux fruits du bien frugifère[215]. Quelques précisions sont à cet égard nécessaires. En premier lieu, le propriétaire ne peut pas toujours prétendre aux fruits de la chose. Ainsi, en présence d'un usufruit, les fruits appartiennent à l'usufruitier[216], sachant que l'on distingue les fruits naturels et industriels d'un côté et les fruits civils d'un autre : les fruits naturels et industriels s'acquièrent par leur perception[217] alors que les fruits civils sont réputés s'acquérir jour par jour, en sorte qu'ils appartiennent à l'usufruitier à proportion de la durée de son usufruit[218]. Cette règle particulière aux fruits civils s'explique par le fait qu'ils représentent la totalité de la jouissance de la chose qui revient à l'usufruitier pour le temps où il est titulaire de son droit. Ainsi l'usufruitier aura droit à la fraction des loyers dus par le locataire qui n'aurait pas été perçue à la fin de l'usufruit, notamment parce que le terme pour leur paiement n'était pas échu[219]. Bien qu'elle ait initialement assimilé les dividendes aux fruits civils[220], la jurisprudence décide aujourd'hui que ceux-ci s'acquièrent par la décision de les distribuer et non jour par jour au cours de l'exercice[221]. En deuxième lieu, en cas de dissociation de la

215. Sous réserve des droits reconnus au possesseur de bonne foi (art. 549 C. civ. : « *[l]e simple possesseur ne fait les fruits siens que dans le cas où il possède de bonne foi. (...)* »).
216. Art. 582 C. civ. : « *[l]'usufruitier a le droit de jouir de toute espèce de fruits, soit naturels, soit industriels, soit civils, que peut produire l'objet dont il a l'usufruit* ».
217. Art. 585 C. civ. : « *[l]es fruits naturels et industriels, pendants par branches ou par racines au moment où l'usufruit est ouvert, appartiennent à l'usufruitier. Ceux qui sont dans le même état au moment où finit l'usufruit appartiennent au propriétaire, sans récompense de part ni d'autre des labours et des semences, mais aussi sans préjudice de la portion des fruits qui pourrait être acquise au métayer, s'il en existait un au commencement ou à la cessation de l'usufruit* ».
218. Art. 586 C. civ. : « *[l]es fruits civils sont réputés s'acquérir jour par jour et appartiennent à l'usufruitier à proportion de la durée de son usufruit. Cette règle s'applique aux prix des baux à ferme comme aux loyers des maisons et autres fruits civils* ».
219. De même, la Cour de cassation a fort logiquement décidé que l'usufruitier avait droit à la fraction des loyers versés d'avance par le locataire au propriétaire et correspondant au temps de jouissance du locataire couru depuis la naissance de l'usufruit (Civ. 20 juillet 1897, *DP* 1899, 1, p. 17 : « aux termes de l'art. 586 C. civ., les fruits civils sont réputés s'acquérir jour par jour, et appartiennent à l'usufruitier à proportion de la durée de son usufruit ; (...) ce texte ne fait aucune distinction entre le cas où les sommes représentant lesdits fruits sont payables par le preneur seulement à l'expiration de chaque période de jouissance et celui où elles doivent, au contraire, être versées d'avance »).
220. Civ. 21 octobre 1931, *S.* 1933, p. 137, note H. Batiffol : « les bénéfices des sociétés commerciales, dans la mesure où, d'après les statuts, ils doivent être répartis périodiquement entre les ayants droit, participent de la nature des fruits civils, auxquels il y a lieu de les assimiler ».
Et sur le cas particulier des dividendes prélevés sur les réserves, v. *infra*, n° 370.
221. C'est la raison pour laquelle la fraction des dividendes courus depuis le début de l'exercice mais non distribués au jour du décès de l'associé n'est pas intégrée dans l'actif successoral (Com. 23 octobre 1990, *Bull. civ.*, n° 247, *RTD civ.* 1991, p. 361, obs. F. Zenati : « le jugement retient exactement que c'est la décision de l'assemblée générale de distribuer tout ou partie des bénéfices réalisés au cours de l'exercice sous forme de dividendes qui confère à ceux-ci l'existence juridique, d'où il suit que la créance de dividendes n'existait pas à la date du décès et ne pouvait donc faire partie de l'actif successoral »). Suivant la jurisprudence, les dividendes n'accèdent à la qualification de fruits qu'au jour de la décision de leur mise en distribution, ce qui explique qu'ils ne peuvent être ainsi qualifiés lorsqu'ils sont mis en réserve. Ainsi, la décision par laquelle un usufruitier décide d'affecter les bénéfices d'une société à un compte de réserve ne saurait constituer une donation faite aux nus-propriétaires (Com. 10 février 2009, *Bull. civ.* IV, n° 19, *JCP* 2009, I, 127, obs. H. Périnet-Marquet, *RTD civ.* 2009, p. 348, obs. Th. Revet : « les bénéfices réalisés par une société ne participent de la nature des fruits que lors de leur attribution sous forme de dividendes, lesquels n'ont pas d'existence juridique avant l'approbation des comptes de l'exercice par l'assemblée générale, la constatation par celle-ci de l'existence de sommes distribuables et la détermination de la part qui est attribuée à chaque associé ; (...) il

propriété du sol d'une part et des constructions ou plantations d'autre part, le propriétaire de ces dernières – ce peut être un simple locataire qui aura construit ou planté sur le sol loué, le propriétaire du sol voyant son droit d'accession sur les constructions ou plantations différé[222] –, a vocation aux fruits, car ils sont tirés de la propriété de ses constructions ou plantations et non de celle du sol. En troisième lieu, celui qui voit sur sa propriété tomber naturellement les fruits des branches des arbres, arbustes et arbrisseaux du voisin, les fait siens (art. 673 C. civ.[223]).

39. Appropriation des fruits. ***Cas particulier des fruits industriels (art. 548 C. civ.).*** D'après l'article 548 C. civ. : « *[l]es fruits produits par la chose n'appartiennent au propriétaire qu'à la charge de rembourser les frais des labours, travaux et semences faits par des tiers et dont la valeur est estimée à la date du remboursement* ». L'exploitant qui a permis, par sa force de travail, la production de fruits industriels, ne peut prétendre à l'attribution de ceux-ci, qui échoient au propriétaire (ou au titulaire du droit de jouissance en cas de démembrement) : ce sont, estime-t-on, les fruits *de la chose* avant d'être ceux *du travail*. Cependant, l'exploitant a droit à une **indemnisation** dans les conditions posées par l'article 548 C. civ. Malgré l'étroitesse de la formule et le parfum des champs qui s'en dégage, la règle qui s'y trouve exprimée est de portée générale : toute personne qui par sa force de travail a fait produire à la chose des fruits doit, sauf exception[224], être indemnisée. La jurisprudence a par ailleurs précisé, d'une part, que l'indemnisation des frais ne se limitait pas à ceux-là seuls qui étaient absolument nécessaires[225] et que, d'autre part, tout exploitant, même possesseur de mauvaise foi, pouvait y prétendre[226].

---

s'ensuit qu'avant cette attribution, l'usufruitier des parts sociales n'a pas de droit sur les bénéfices et qu'en participant à l'assemblée générale qui décide de les affecter à un compte de réserve, il ne consent aucune donation au nu-propriétaire »).

222. V. *infra*, n° 743.

223. « *Celui sur la propriété duquel avancent les branches des arbres, arbustes et arbrisseaux du voisin peut contraindre celui-ci à les couper. Les fruits tombés naturellement de ces branches lui appartiennent. Si ce sont les racines, ronces ou brindilles qui avancent sur son héritage, il a le droit de les couper lui-même à la limite de la ligne séparative. Le droit de couper les racines, ronces et brindilles ou de faire couper les branches des arbres, arbustes ou arbrisseaux est imprescriptible.* »

224. On en trouve une, lorsqu'un usufruit a été constitué, à l'article 585 C. civ. : « *[l]es fruits naturels et industriels, pendants par branches ou par racines au moment où l'usufruit est ouvert, appartiennent à l'usufruitier. Ceux qui sont dans le même état au moment où finit l'usufruit appartiennent au propriétaire, sans récompense de part ni d'autre des labours et des semences, mais aussi sans préjudice de la portion des fruits qui pourrait être acquise au métayer, s'il en existait un au commencement ou à la cessation de l'usufruit* ». Comme l'observait DEMOLOMBE, « [l]e droit d'usufruit est (...) ainsi fait, qu'il comporte inévitablement certaines chances, dont l'événement est subordonné à la durée de l'usufruit et aux différentes espèces de fruits, que la chose est susceptible de produire » : « [e]st-ce que l'article 585 ne dispose pas formellement que l'usufruitier, qui meurt la veille de la récolte, n'a droit à aucune partie de cette récolte, et qu'il l'acquiert, au contraire, en totalité, s'il meurt le lendemain » ? (Ch. DEMOLOMBE, *Cours de Code Napoléon*, vol. X, n° 281)

225. Civ. 3ᵉ, 12 février 2003, *Bull. civ.* III, n° 36, *D.* 2003, p. 2040, obs. B. MALLET-BRICOUT : pour rejeter une demande sur le fondement de l'article 548 C. civ., le jugement retient que le demandeur ne rapporte nullement la preuve de la nécessité d'engager des travaux de pré-taillage sur ces 80 ares de vignes sans attendre ; en statuant ainsi, alors que le tiers a droit au remboursement des frais qu'il a exposés pour parvenir à la perception des fruits, le tribunal a violé le texte.

226. Civ. 3ᵉ, 5 juillet 1978, *Bull. civ.* III, n° 281 : « le propriétaire d'une chose étant en règle générale, aux termes des articles 547 et 548 du Code civil, propriétaire, par voie d'accession, des fruits naturels et civils, à charge de rembourser les frais des labours, travaux et semences faits par des tiers, l'article 549 édicte une exception à cette règle en disposant que le simple possesseur fait les fruits siens dans le cas où il possède de bonne foi ; (...) dès lors, en décidant que, bien que X eût été possesseur de mauvaise foi, Y

S'agissant des modalités de l'indemnisation, l'article 548 consacre, depuis la loi n° 60-464 du 17 mai 1960 *modifiant divers articles du Code civil en tant qu'ils prévoient des indemnités dues à la suite de certaines acquisitions ou restitutions de biens faisant l'objet de droits réels mobiliers ou immobiliers*, le mécanisme de la **dette de valeur** : le montant des frais sera évalué à la date de remboursement afin que celui qui les a exposés ne subisse pas les effets de la dépréciation monétaire. D'après la Cour de cassation, les juges du fond apprécient souverainement le montant des frais et s'ils ne peuvent les évaluer autrement que de façon forfaitaire, de les fixer à un pourcentage de la valeur de la récolte[227].

40. Appropriation des fruits. ***Restitutions (art. 549 C. civ.).*** Aux termes de l'article 549 C. civ., « *[l]e simple possesseur ne fait les fruits siens que dans le cas où il possède de bonne foi. Dans le cas contraire, il est tenu de restituer les produits avec la chose au propriétaire qui la revendique ; si lesdits produits ne se retrouvent pas en nature, leur valeur est estimée à la date du remboursement* ». La règle est justifiée[228] par le souci d'éviter la ruine du possesseur qui serait obligé de restituer tous les fruits qu'il aurait perçus[229], encore qu'elle autorise le possesseur de bonne foi à conserver les fruits, même s'il ne les a pas consommés et qu'il les a économisés.

Le bénéfice de l'article 549 C. civ. peut être invoqué par le *possesseur* de *bonne foi*, ce qui fait deux conditions. En premier lieu, c'est le **possesseur** qui peut s'opposer à la restitution des fruits. Peut revendiquer une telle qualité l'acquéreur *a non domino* de la chose ou encore celui qui l'a acquise du véritable propriétaire, mais dont le titre a par la suite été annulé[230]. En second lieu, le possesseur doit être **de bonne foi**[231], étant entendu qu'aux termes de l'article 550, « *[l]e possesseur est de*

---

ne pouvait exiger la restitution des fruits qu'à la charge de rembourser les frais faits par ce tiers pour parvenir à leur perception, la cour d'appel a exactement appliqué les [articles 547 s. C. civ.] ».

227. Civ. 1re, 8 mai 1973, *Bull. civ.* I, n° 152, *RTD civ.* 1974, p. 171, obs. J.-D. Bredin : « les fruits devant, en application de l'article 548 du Code civil, n'être restitués que sous déduction des frais de culture et de main-d'œuvre, et André X... demandant la confirmation du jugement qui, conformément aux propositions de l'expert, avait estimé ces frais aux deux tiers de la valeur de la récolte, la cour d'appel après avoir constaté l'impossibilité d'évaluer ces frais autrement que de façon forfaitaire, a discuté l'opinion de l'expert en tenant compte des circonstances de la cause et souverainement apprécié qu'elle ne pouvait être retenue et que les frais devaient être fixés à la moitié de la valeur de la récolte ».

228. On ne saurait y voir une application du rôle acquisitif de la possession de bonne foi prévu à l'article 2276 C. civ. dans la mesure où l'article 549 confère à la possession une fonction acquisitive dans des relations bilatérales et non triangulaires. V. *infra*, n° 743 et s.

229. À Rome, un adage exprime l'idée que le possesseur, s'il a bien vécu, ne s'est pas enrichi (*Lautius vixit non est locupletior*), ce qui explique que seuls les fruits consommés n'aient pas à être restitués. Sous l'Ancien Droit, en raison de la difficulté à distinguer suivant que les fruits ont été ou non consommés, tous les fruits échappent à la demande en restitution.

230. V. not. Civ. 1re, 9 novembre 2004, *Bull. civ.* I, n° 264 : « la conservation des fruits et revenus, en dépit de l'effet rétroactif de l'annulation de la vente, constitue un avantage au profit des possesseurs de bonne foi ». Et v. Civ. 3e, 12 mai 2013, pourvoi n° 11-27030 : « à compter de la demande en justice tendant à l'annulation de la vente, le possesseur ne peut invoquer la bonne foi ». En revanche, la Cour de cassation n'applique pas l'article 549 C. civ. en présence d'une résolution : « la restitution des fruits effectivement perçus ne constituait que la conséquence légale de l'anéantissement du contrat de vente » (Civ. 3e, 29 juin 2005, *Bull. civ.* III, n° 148) et « la remise des choses dans le même état qu'avant la vente étant une conséquence légale de la résolution la cour d'appel a légalement justifié sa décision de ce chef en retenant exactement que les fermages encaissés par l'acquéreur devaient être restitués au vendeur » (Civ. 3e, 22 juillet 1992, *Bull. civ.* I, n° 263).

231. Ce qui est essentiel dans l'attribution des fruits au possesseur est sa bonne foi, le fait qu'il ait cru avoir un titre lui permettant de conserver les fruits (W. Dross, *J.-Cl. civ.* Art. 547 à 550 : « Propriété – droit d'accession de ce qui est produit par la chose », 2012, n° 46).

bonne foi quand il possède comme propriétaire, en vertu d'un titre translatif de propriété dont il ignore les vices » (al. 1) et qu'il « *cesse d'être de bonne foi du moment où ces vices lui sont connus* » (al. 2). En l'absence même de titre vicié, la jurisprudence admet qu'un *titre putatif*, qui n'existe que dans l'imagination de celui qui s'en prévaut, puisse également conférer au possesseur le bénéfice du droit de conserver les fruits[232]. De bonne foi, le possesseur devient de mauvaise foi au sens de l'article 550 C. civ. à compter de l'instant où les vices de son titre lui sont connus[233] : il devient alors redevable des fruits.

3. Les liens entre l'usus et le fructus

41. Valeur d'usage. L'*usus* et le *fructus* permettent tous deux d'accaparer la valeur d'usage du bien. C'est ce qui explique que l'*usus* entretient des liens avec le *fructus*, et ce, d'un double point de vue.

En premier lieu, si on laisse de côté les rares fruits naturels, c'est un ***certain usage* du bien qui permet la production des fruits** : c'est en *plantant* et en *cultivant* la terre que les agriculteurs lui font produire des fruits – fruits industriels – et c'est en *louant* un bâtiment que le bailleur en tire des loyers – fruits civils.

En second lieu, **le titulaire du droit réel d'usage a droit à certains fruits**, « *autant qu'il lui en faut pour ses besoins et ceux de sa famille* », les autres revenant au propriétaire (art. 630 C. civ.[234]). La question se pose en des termes différents lorsque celui qui peut utiliser la chose le fait en raison, non d'un droit réel d'usage, mais d'un **droit personnel d'usage**, en qualité de locataire ou d'emprunteur par exemple. D'une part, est-ce que leur droit leur permet, *par principe*, de *faire leurs fruits* ? On ne voit pas ce qui s'y oppose, pourvu que leur droit d'user de la chose n'ait pas été limité conventionnellement : percevoir et faire siens les fruits, ce n'est jamais qu'user d'une certaine manière du bien sans porter atteinte à sa substance[235].

---

232. Civ. 1re, 5 décembre 1960, *Bull. civ.* I, n° 527 : « le simple possesseur ne fait les fruits siens que s'il possède comme propriétaire, soit en vertu d'un titre translatif de propriété dont il ignore les vices, soit en vertu d'un titre putatif », en conséquence de quoi les juges du fond auraient dû recherché si, « à défaut de titre de propriété, [les] occupants ont planté avec la croyance qu'il en existait un en leur faveur ». C'est pourquoi peuvent conserver les fruits, l'héritier apparent (Civ. 17 août 1830, *S.* 1830, 1, p. 574 : le principe suivant lequel le possesseur de bonne foi fait siens les fruits « est applicable à l'héritier apparent qui, de bonne foi, a recueilli une succession à laquelle il se croyait appelé, et qu'il est ensuite obligé de rendre au véritable héritier ») et le légataire dont le titre est vicié (Civ. 8 janvier 1872, *DP* 1873, 1, p. 57 : viole les articles 549 et 550 C. civ. la cour d'appel qui condamne un légataire à titre particulier à restituer les fruits, sans constater qu'il « fût de mauvaise foi et connût le vice du titre en vertu duquel elle a pris possession des biens revendiqués »).

233. La jurisprudence considère que le défendeur est tenu de restituer les fruits de la chose dès la demande en justice (Civ. 3e, 28 juin 1983, *Bull. civ.* III, n° 148 : « le possesseur de bonne foi doit restituer les fruits au propriétaire qui revendique la chose à compter de la demande » ; Civ. 3e, 27 novembre 2002, *Bull. civ.* III, n° 244 : « à compter de la demande en justice tendant à la résolution de la vente, le possesseur ne peut invoquer la bonne foi »).

234. « *Celui qui a l'usage des fruits d'un fonds ne peut en exiger qu'autant qu'il lui en faut pour ses besoins et ceux de sa famille.* (al. 1) *Il peut en exiger pour les besoins même des enfants qui lui sont survenus depuis la concession de l'usage.* (al. 2) ». V. *infra*, n° 376.

235. C'est ce qui explique que la jurisprudence considère que l'héritier qui se voit prêter un immeuble pour son usage personnel bénéficie d'une donation de fruits et revenus, même si le détour par la notion de donation n'est pas nécessaire, le prêt pouvant à lui seul fonder le droit aux fruits.

La qualification de donation de fruits et revenus permet aux cohéritiers d'exiger le rapport des avantages qui ont été reçus par l'héritier gratifié (Civ. 1re, 14 janvier 1997, *Bull. civ.* I, n° 22, *Rép. Defr.* 1997, p. 113, note Ph. Malaurie, *RTD civ.* 1997, p. 480, obs. J. Patarin, *ibid.* 1998, p. 414, obs. F. Zenati,

D'autre part, est-ce que leur droit leur permet par principe d'en tirer des *fruits civils* en faisant jouir un autre du bien ? Il faut ici probablement distinguer. Si le locataire et l'emprunteur peuvent tous deux *user* de la chose, l'emprunteur doit en principe en user personnellement[236], alors que le locataire peut en faire user un autre, notamment en le sous-louant[237], sauf à ce que cette faculté lui ait été interdite[238]. Que l'usage doive en principe être personnel dans le prêt, cela s'explique par son caractère gratuit : le prêteur a entendu gratifier l'emprunteur et non autrui. Il reste qu'on ne voit pas quel principe impératif empêcherait le prêteur d'autoriser l'emprunteur à en faire jouir un autre, le cas échéant à titre onéreux[239]. Qu'on use de la chose en l'utilisant soi-même

---

GAJC, t. 1, nº 113 : « [v]u l'article 843 du Code civil ; (...) ce texte n'opère aucune distinction selon que le défunt a donné un bien ou seulement les fruits de celui-ci ; (...) pour décider que ne devait pas être rapporté à la succession de Saül Y..., au titre de libéralité, l'avantage, dont avaient bénéficié certains héritiers, tiré de l'occupation gratuite d'immeubles pendant une période pouvant atteindre une quinzaine d'années avant le décès du père de famille, l'arrêt attaqué énonce que Saül Y... était libre de disposer à son gré de fruits qu'il avait la liberté de percevoir ou de ne pas percevoir ; (...) en statuant ainsi la cour d'appel, qui s'est fondée uniquement sur la circonstance inopérante que le défunt avait disposé de fruits en abandonnant gratuitement l'usage d'immeubles à certains de ses enfants, a violé le texte susvisé »). Si, pendant un temps, la Cour de cassation a par principe considéré que tout « avantage indirect » était en principe rapportable (Civ. 1re, 8 novembre 2005, *Bull. civ. I*, nº 409, *JCP* 2008, I, p. 1, obs. R. Le Guidec : « même en l'absence d'intention libérale établie, le bénéficiaire d'un avantage indirect en doit compte à ses cohéritiers », au sujet de l'occupation gratuite d'un pavillon), elle est revenue sur cette solution (Civ. 3e, 18 janvier 2012, *Bull. civ. I*, nº 8, *RTD civ.* 2012, p. 307, obs. J. Hauser, *ibid.*, p. 353, obs. M. Grimaldi : « seule une libéralité, qui suppose un appauvrissement du disposant dans l'intention de gratifier son héritier, est rapportable à la succession » ; *adde* Civ. 3e, 18 janvier 2012, *Bull. civ. I*, nº 9). Autrement dit, le rapport de l'avantage conféré par la mise à disposition gratuite d'un bien dépendrait de l'existence ou non d'une intention libérale – la libéralité n'étant établie que dans le premier cas –, ce qui revient à introduire une distinction étonnante dans la mesure où normalement une mise à disposition, pourvu qu'elle soit réellement gratuite, procède d'une intention libérale, sauf à se jouer des mots. En tout état de cause, il faut réserver, en application de l'article 852 C. civ., « *[l]es frais de nourriture, d'entretien, d'éducation, d'apprentissage, les frais ordinaires d'équipement, ceux de noces et les présents d'usage ne doivent pas être rapportés, sauf volonté contraire du disposant* » ; or les frais hébergement d'un héritier peuvent, dans certaines circonstances, rentrer dans ces « *frais* » (et v. Civ. 1re, 3 mars 2010, *Bull. civ.* I, nº 58, *AJ fam.* 2010, p. 236, obs. F. Bicheron, *Rép. Defr.* 2011, p. 721, obs. B. Vareille, *RTD civ.* 2010, p. 604, obs. M. Grimaldi).

236. De l'article 1875 C. civ. qui dispose que « *[l]e prêt à usage est un contrat par lequel l'une des parties livre une chose à l'autre pour s'en servir, à la charge par le preneur de la rendre après s'en être servi* », la Cour de cassation tire que l'usage doit être « personnel » (Civ. 1re, 3 novembre 1988, *Bull. civ.* I, nº 300, *RTD civ.* 1989, p. 570, obs. Ph. Rémy, *ibid.* 1990, p. 700, obs. J. Patarin : « en statuant ainsi, alors que le prêt à usage ou commodat suppose que l'emprunteur doit se servir personnellement de la chose (...) ».

237. Art. 1717 al. 1 C. civ. : « *[l]e preneur a le droit de sous-louer, et même de céder son bail à un autre, si cette faculté ne lui a pas été interdite* ».

238. Art. 1717 al. 2 et 3 C. civ. : « *[e]lle peut être interdite pour le tout ou partie* (al. 2). *Cette clause est toujours de rigueur* (al. 3) ».

239. Pourquoi interdire à un père qui a prêté un bien à sa fille de l'autoriser à le prêter à son tour, voire à le louer à son frère ou à toute autre personne ? V. toutefois, Civ. 1re, 3 novembre 1988, *Bull. civ.* I, nº 300, *RTD civ.* 1989, p. 570, obs. Ph. Rémy, *ibid.* 1990, p. 700, obs. J. Patarin : « le prêt à usage ou commodat suppose que l'emprunteur doit se servir personnellement de la chose, et (...) la possibilité de "sous-louer" et de percevoir les loyers stipulés à cette occasion constituait au profit de M. X... une donation éventuelle des fruits qu'il était susceptible de percevoir », en sorte qu'en ne recherchant pas « dans quelle mesure la faculté ainsi ouverte au mari avait conféré à l'acte complexe passé entre les époux le caractère de donation, ni si cette faculté présentait dans l'intention des parties un caractère essentiel de nature à entraîner la nullité de l'acte dans son ensemble, la cour d'appel n'a pas donné de base légale à sa décision ».

ou en la faisant utiliser par un autre, à titre gratuit ou à titre onéreux, il ne s'agit jamais que de tirer profit de la même valeur d'usage de la chose.

En définitive, le locataire et l'emprunteur devraient pouvoir accéder à l'entière valeur d'usage de la chose même si la loi prévoit, à titre supplétif, un moindre accès à celle-ci au profit de l'emprunteur, en raison de la gratuité de sa jouissance.

42. Question finale – Le droit sur l'image de son bien : du *droit de propriété* aux *droits de la personnalité*. La Cour de cassation considéra un temps que le droit sur l'image d'un bien était un attribut du droit de propriété ou, plus exactement, du droit de jouissance, en posant que « *l'exploitation [d'un] bien sous la forme de photographie porte atteinte [au] droit de jouissance* » du propriétaire[240]. En rattachant précisément le droit sur l'image de son bien au *fructus* et non à l'*usus*, la Cour de cassation laissait à chacun le droit de reproduire le bien de son propriétaire[241], pourvu que ce fût pour une utilisation non commerciale[242]. La position de la Cour de cassation évolua cependant quelques années plus tard et, au visa de l'article 544 C. civ., elle reprocha à une cour d'appel d'avoir, en raison de l'opposition du propriétaire, interdit l'exploitation à des fins publicitaires de la photographie d'un paysage comportant un îlot pour ne pas avoir précisé « *en quoi l'exploitation de la photographie par le titulaire du droit incorporel de son auteur portait un trouble certain au droit d'usage ou de jouissance du propriétaire* »[243]. L'évolution, notable, est double : d'un côté, le droit du propriétaire d'un bien sur son image n'est pas seulement rattaché au *fructus* mais également à l'*usus*, mais, d'un autre côté, le

Comp. Pour des fruits naturels ou industriels, Civ. 1re, 18 février 2009, pourvoi n° 08-11234, *RDC* 2009, p. 1142, obs. P. Puig : « le prêt à usage devant permettre à l'emprunteur de se servir personnellement de la chose, c'est sans encourir le grief de violation de l'article 1875 C. civ. que l'arrêt attaqué retient, pour répondre à l'argumentation selon laquelle l'emprunteur ne perçoit pas les fruits, que le prêt en cause ayant été conclu pour un usage agricole des terres prêtées, devait permettre [à l'emprunteur] de faire consommer l'herbe par ses animaux ou de la récolter ». En l'espèce, l'emprunteur du terrain agricole a bien fait siens les fruits – la solution contraire aurait-elle été raisonnable ? –, mais l'usage était personnel.

240. Civ. 1re, 10 mars 1999, *Bull. civ.* I, n° 87, *D.* 1999, p. 319, concl. J. Sainte-Rose et note E. Agostini, *D.* 2000, p. 282, obs. O. Tournafond, *JCP* 1999, II, 10078, note P.-Y. Gautier, I. 175, obs. H. Périnet-Marquet, *Rép. Defr.* 1999, p. 897, note Ch. Caron, *RTD civ.* 1999, p. 819, obs. F. Zenati, *GAJC*, t. 1, n° 70.

241. La solution pouvait cependant être critiquée chaque fois que le bien constituait le support d'une œuvre protégée par un droit de propriété intellectuelle (ce qui suppose que le bien soit une « œuvre » et que le droit d'exploitation de l'auteur ne soit pas éteint ; v. art. L. 123-1 CPI : « *[l]'auteur jouit, sa vie durant, du droit exclusif d'exploiter son œuvre sous quelque forme que ce soit et d'en tirer un profit pécuniaire.* (al. 1) *Au décès de l'auteur, ce droit persiste au bénéfice de ses ayants droit pendant l'année civile en cours et les soixante-dix années qui suivent.* (al. 2) »), le droit d'exploitation dont jouit l'auteur emportant à son profit exclusif le droit de reproduction (art. L. 122-1 CPI : « *[l]e droit d'exploitation appartenant à l'auteur comprend le droit de représentation et le droit de reproduction* »).

242. Ainsi qu'il ressort des conclusions de l'avocat général, « le propriétaire ne peut s'opposer à l'utilisation de l'image de son immeuble à des fins privées sans méconnaître la liberté des passants ou des visiteurs : il ne faut pas décourager le tourisme et pas plus que le photographe amateur, le peintre du dimanche ou la personne qui dessine pour son plaisir ne doivent être inquiétés dès lors qu'il n'y a pas violation de domicile ni atteinte à la vie privée » (J. Sainte-Rose, concl. préc.).

243. Civ. 1re, 2 mai 2001, *Bull. civ.* I, n° 114, *D.* 2001, p. 1973, note J.-P. Gridel, *JCP* 2001, II, 10553, note Ch. Caron, *RTD civ.* 2001, p. 618, obs. Th. Revet : est dépourvue de base légale au regard de l'article 544 C. civ. la décision de la cour d'appel qui interdit la diffusion d'une photographie représentant un paysage avec au premier plan un îlot, propriété d'un particulier, malgré l'opposition de celui-ci, « sans préciser en quoi l'exploitation de la photographie par les titulaires du droit incorporel de son auteur portait un trouble certain au droit d'usage ou de jouissance du propriétaire ».

droit du propriétaire n'est protégé qu'en cas de *trouble certain* alors que toute atteinte au droit de propriété est en principe sanctionnée *per se*. Quelques années plus tard, la Cour de cassation détacha le droit sur l'image d'un bien du droit de propriété en considérant comme erroné le motif d'une juridiction du fond suivant lequel « *le droit à l'image serait un attribut du droit de propriété* », estimant en revanche que l'exploitation de l'image d'un bien, accompagné du nom de son propriétaire et de sa localisation précise, était susceptible de porter atteinte au droit au respect de sa vie privée[244]. Ce glissement de l'avoir à l'être trouvera son épilogue dans un arrêt rendu en Assemblée plénière le 7 mai 2004 : si « *le propriétaire d'une chose ne dispose pas d'un droit exclusif sur l'image de celle-ci* », « *il peut toutefois s'opposer à l'utilisation de cette image par un tiers lorsqu'elle lui cause un trouble anormal* »[245]. Le droit sur l'image de son bien est plus considéré comme un attribut du droit de propriété[246] ; les seules atteintes dont peut se plaindre un propriétaire sont celles portées aux droits de la personnalité, d'une atteinte à sa « tranquillité » ou à son « intimité »[247], voire d'un droit patrimonial, essentiellement[248] par la voie de la contrefaçon ou du parasitisme[249].

---

244. Civ. 2e, 5 juin 2003, *Bull. civ.* II, n° 175, *D.* 2003, p. 2461, note E. Dreyer, CCE oct. 2003, n° 91, p. 25, obs. Ch. Caron : « la cour d'appel a justement retenu que la publication dans la presse de la photographie de la résidence de M. X..., accompagnée du nom du propriétaire et de sa localisation précise, portait atteinte au droit de M. X... au respect de sa vie privée ; qu'ainsi, abstraction faite du motif, erroné mais surabondant, selon lequel le "droit à l'image" serait un attribut du droit de propriété, la cour d'appel a légalement justifié sa décision ».

245. Cass. Ass. plén., 7 mai 2004, *Bull. Ass. plén.*, n° 10, *D.* 2004, p. 1545, note J.-L. Bruguière, 1547, note E. Dreyer, *JCP* 2004, II, 10085, note Ch. Caron, *RTD civ.* 2004, p. 528, obs. Th. Revet, *GAJC*, t. 1, n° 71 : « le propriétaire d'une chose ne dispose pas d'un droit exclusif sur l'image de celle-ci ; (...) il peut toutefois s'opposer à l'utilisation de cette image par un tiers lorsqu'elle lui cause un trouble anormal ».

246. Comp. J.-F. Hamelin, « L'image des biens, pour un changement de perspective », *LPA* 2013, n° 15, p. 5. L'auteur s'intéresse au « fonds regardant », d'où l'image est saisie, en insistant sur le droit de regard du propriétaire de ce fonds sous réserve du respect de certaines règles, notamment celles relatives aux vues et aux jours. Suivant cet auteur, « l'existence du droit de regard que confère la propriété du fonds regardant implique l'absence d'un droit exclusif à l'image des biens » (n° 25).

247. Civ. 1re, 5 juillet 2005, *Bull. civ.* I, n° 297 : « le propriétaire d'une chose, qui ne dispose pas d'un droit exclusif sur l'image de celle-ci, ne peut s'opposer à l'utilisation du cliché par un tiers que si elle lui cause un trouble anormal ; que la cour d'appel, qui a relevé que les sœurs X... ne versaient pas aux débats le moindre élément propre à établir que la reproduction litigieuse perturbait leur tranquillité et intimité ou que les indications de situation géographique, non critiquées par le moyen sous l'angle de la vie privée, permettaient de redouter en l'espèce un trouble quelconque, a ainsi légalement justifié sa décision ».

248. Mais peut-être pas seulement. V. Com. 31 mars 2015, *JCP* 2015, I, 546, obs. H. Périnet-Marquet, *D.* 2015, p. 1867, obs. L. Neyret. En l'espèce, il était reproché aux juges du fond d'avoir rejeté la demande en réparation du trouble anormal porté au propriétaire de l'établissement du « Moulin rouge » en raison de reproductions par un tiers de la façade du Moulin rouge sur des supports divers (trousse d'écolier, tapis de souris et dessous de verre) jugées médiocres, alors que le propriétaire d'une chose, s'il ne dispose pas d'un droit exclusif sur l'image de celle-ci, peut toutefois s'opposer à l'utilisation de cette image par un tiers lorsqu'elle lui cause un trouble anormal. Réponse lapidaire de la Cour de cassation : « en relevant qu'aucun préjudice n'était résulté de la reproduction du Moulin rouge parmi les principaux monuments et lieux touristiques de Paris, la cour d'appel a fait ressortir que n'était pas caractérisé un trouble anormal au droit de propriété de la société Bal du Moulin rouge ».

249. V. *infra*, n° 63 et s.

B L'abusus

43. Double dimension de l'abusus. L'*abusus* possède une double dimension *matérielle* et *juridique*. Dans le premier cas, il exprime le pouvoir de disposer du bien, dans le second, celui de disposer du droit.

44. Dimension matérielle. Dans sa dimension matérielle, l'*abusus* permet de modifier la substance du bien en le **transformant** ou en le **détruisant**. Soit un véhicule : on peut le transformer en le peignant d'une autre couleur ou le détruire en l'apportant à la « casse » ; soit une forêt : on peut en déraciner les arbres ou les élaguer.

Seul le propriétaire peut modifier ainsi la substance du bien, alors que les titulaires d'un droit réel ou d'un droit personnel concernant le bien d'autrui doivent au contraire en conserver la substance en vue de leur restitution.

45. Dimension juridique. Dans sa dimension juridique, l'*abusus* exprime l'idée très différente suivant laquelle le titulaire d'un droit réel peut renoncer à tout ou partie des prérogatives que lui offre son droit au profit d'un tiers. Ainsi le propriétaire ou le titulaire d'un autre droit réel peut **octroyer à autrui des prérogatives sur sa chose** – droits réels ou personnels –, le **grever d'une sûreté réelle**[250], voire, plus radicalement, **disposer de son droit**[251] ou l'**abandonner**[252].

46. Valeur de l'abusus. L'*abusus*, en quelque dimension qu'on le prenne, confère à son titulaire une utilité qui par là même est dotée d'une valeur.

En premier lieu, le pouvoir de disposer de ses biens est un des aspects du droit de propriété et se trouve en cela protégé par la Constitution[253].

250. C'est, en toute rigueur, le droit réel et non le bien qui est grevé d'une sûreté réelle ; PLANIOL parlait à cet égard de « droit réel au second degré » (PLANIOL, *Traité élémentaire de droit civil*, t. II, F. Pichon, Paris, 1902, n° 2429).

251. Il le peut à titre onéreux, mais également à titre gratuit, par voie de testament ou de donation, dans le respect des règles du droit des successions et des libéralités. Il se peut néanmoins qu'un bien soit grevé d'une clause d'inaliénabilité, que l'on trouve le plus souvent dans des actes de transfert à titre gratuit. La validité d'une telle clause est reconnue à certaines conditions par l'article 900-1 al. 1 C. civ. : *« [l]es clauses d'inaliénabilité affectant un bien donné ou légué ne sont valables que si elles sont temporaires et justifiées par un intérêt sérieux et légitime (...) »*. La règle s'applique également dans les actes conclus à titre onéreux (Civ. 1re, 31 octobre 2007, *Bull. civ.* I, n° 337, *RDC* 2008, p. 248, obs. Y.-M. LAITHIER, *RTD civ.* 2008, p. 126, obs. Th. REVET : « dès lors qu'elle est limitée dans le temps et qu'elle est justifiée par un intérêt sérieux et légitime, une clause d'inaliénabilité peut être stipulée dans un acte à titre onéreux »).
La jurisprudence assortit l'inaliénabilité de deux corollaires : un corollaire traditionnel, l'*insaisissabilité du bien* (Req. 27 juillet 1863, *DP* 1864, 1, p. 494 : « l'insaisissabilité des biens donnés est une conséquence naturelle, logique et légale de leur inaliénabilité »), le créancier ne pouvant, dit-on, avoir plus de droits sur le bien que son débiteur, et un corollaire récent, l'*impossibilité de constituer une sûreté réelle sur le bien* (Civ. 1re, 23 février 2012, *Bull. civ.* I, n° 39, *CCC* 2012, comm. n° 116, note L. LEVENEUR, *JCP* 2012, p. 626, obs. Ph. DELEBECQUE, *RTD civ.* 2012, p. 346, obs. P. CROCQ, *LPA* 2012, n° 134, p. 15, obs. S. MILLEVILLE : « les biens frappés d'inaliénabilité ne sont pas susceptibles d'hypothèque conventionnelle, comme ne se trouvant pas dans le commerce au sens de l'article 2397 C. civ. » ; v. toutefois Com. 30 septembre 2008, *Bull. civ.* IV, n° 765, *JCP* G 2008, I, 211, obs. Ph. DELEBECQUE, *D.* 2008, p. 2596, obs. P. CROCQ, *RTD civ.* 2008, p. 706, obs. P. CROCQ, *RTD com.* 2009, p. 202, obs. B. BOULOC : « l'indisponibilité d'une valeur mobilière, quand elle est simplement temporaire, ne fait pas obstacle à son affectation en nantissement ». Et v. *supra*, n° 25.

252. V. *infra*, n° 638.

253. Cons. const., 27 novembre 1959, déc. n° 59-1, *FNR*, qui reconnaît comme principe fondamental du régime de la propriété celui de la « libre disposition de son bien par tout propriétaire » ; Cons.

En second lieu, le bien dont on peut disposer a plus de valeur que celui dont on ne peut disposer. C'est pourquoi est ambiguë la solution de la Cour de cassation suivant laquelle une limite apportée *« à la liberté d'aliéner un immeuble (...) n'affecte pas sa valeur vénale »*[254]. L'idée qui sous-tend une telle décision est sans doute que la valeur vénale est simplement gelée le temps de l'inaliénabilité ; elle n'en demeure pas moins, quoi qu'en dise la Cour de cassation, « affectée ».

47. Plan de l'ouvrage. Cet ouvrage est divisé en trois parties :
— Les biens (Première partie)
— Les pouvoirs sur les biens (Deuxième partie)
— Les obligations relatives aux biens (Troisième partie)

---

const., 20 juillet 1983, déc n° 83-162 DC, *Loi relative à la démocratisation du secteur public* : « [c] onsidérant que les actionnaires des sociétés commerciales entrant dans le champ d'application de la loi présentement examinée conservent la propriété de leurs actions, qui ne sont frappées d'aucune indisponibilité, ainsi que le droit au partage des bénéfices sociaux et, éventuellement, les droits qui naîtraient pour eux de la liquidation de la société dont ils sont actionnaires ; que la restriction apportée à leur droit de vote ne concerne que la désignation de certains des dirigeants sociaux (...) qu'ainsi les dispositions des articles 5 et 6 de la loi présentement examinée relatives à la représentation des salariés dans les conseils d'administration ou de surveillance n'opèrent aucune privation de propriété qui tomberait sous le coup de l'article 17 de la Déclaration des droits de l'homme et du citoyen, qui n'implique nullement que les lois ne puissent restreindre l'exercice du droit de propriété sans une indemnisation corrélative » (§ 22) ; Cons. const., 4 juillet 1989, déc. n° 89-254 DC, *Loi modifiant la loi n° 86-912 du 6 août 1986 relative aux modalités d'application des privatisations*, *RTD civ.* 1990, p. 519, obs. F. ZENATI : « le droit de disposer [est un] élément fondamental du droit de propriété » ; déc. n° 98-403 DC du 29 juillet 1998, Loi d'orientation relative à la lutte contre les exclusions, *JCP* 1998, I, 171, obs. H. PÉRINET-MARQUET, *RTD civ.* 1998, p. 799, obs. N. MOLFESSIS et p. 136, obs. F. ZENATI : Le Conseil censure le dispositif qui, dans le cadre de saisies immobilières, imposait au créancier poursuivant d'être déclaré adjudicataire du bien en l'absence d'enchère, sans qu'il ait entendu acquérir le bien : « un tel transfert de propriété est contraire au principe du libre consentement qui doit présider à l'acquisition de la propriété, indissociable de l'exercice du droit de disposer librement de son patrimoine ; que ce dernier est lui-même un attribut essentiel du droit de propriété » (§ 40, nous soulignons).

254. Com. 11 septembre 2012, pourvoi n° 11-21234, *RTD civ.* 2013, p. 144, obs. W. DROSS : « la limite apportée par le donateur à la liberté d'aliéner un immeuble dont il se réserve l'usufruit n'affecte pas sa valeur vénale ». La Cour de cassation censure en conséquence une décision ayant appliqué un abattement de 10 % sur la valeur de l'immeuble en raison de la clause d'inaliénabilité figurant dans la donation ayant transmis le bien.

Première partie
Les biens

48. Question liminaire : la délimitation des biens. Une difficulté liminaire tient à la délimitation des biens. Regardant un pommier, je peux voir un seul bien ou autant de biens qu'il y porte de pommes ; regardant un terrain, je peux voir un bien ou autant de biens que je peux isoler de volumes, c'est-à-dire une infinité.

La volonté exerce donc un pouvoir évident dans la détermination physico-juridique des biens en même temps, nous y reviendrons, qu'elle exerce un pouvoir dans la qualification de ceux-ci[1]. Si la *notion* de biens est donc objective, la *délimitation* d'un bien, en vue de la réalisation d'opérations juridiques, est éminemment subjective.

49. Plan. Après avoir identifié les biens (Sous-partie I), on envisagera les rapports réels qui peuvent se créer entre eux, grâce aux servitudes (Sous-partie II).

1. En s'en tenant à la distinction des meubles et des immeubles, on peut mentionner les catégories des *immeubles par destination* et des *meubles par anticipation*, qui dépendent en partie de la volonté des sujets de droit. V. *infra*, n° 116 et s., 128.

Sous-partie I
L'identification des biens

50. Plan. Les biens sont extrêmement divers, ce qui explique qu'ils n'obéissent pas en tout point aux mêmes règles. Aussi les regroupe-t-on en espèces fédérées par des caractères communs, en vue de les soumettre à un même régime. C'est la question des classifications des biens (Titre I).

Les biens ne sont pas figés. Ils s'abîment, s'assemblent, se remplacent, disparaissent, etc. Bref, sous l'influence de l'homme ou de la nature, ils connaissent des modifications. C'est la question de l'évolution des biens (Titre II).

Titre I
Les classifications des biens

51. Plan. Les classifications des biens sont nombreuses. Il en existe autant qu'il y a de règles spéciales à certains biens. Ces classifications témoignent de l'existence d'un droit spécial des biens, mais aussi d'un droit très spécial, et plus encore : il existe des règles relatives aux *immeubles*, aux immeubles *bâtis*, aux immeubles bâtis *à usage d'habitation*, etc.

S'agissant de présenter le droit commun et non le droit spécial des biens[1], on se limitera à présenter les classifications les plus importantes[2]. À cet égard, certaines s'articulent autour d'un *critère naturel* (Sous-titre I), d'autres autour d'un *critère juridique* (Sous-titre II), encore que la plus importante, qui oppose les meubles aux immeubles (Sous-titre III), repose sur un *critère mixte*.

1. Sur la question, v. notamment Ch. Atias, « La chose dans le contrat : un bien en général ou des biens spéciaux », in *La relativité dans le contrat*, Travaux de l'Association Capitant, Nantes, t. IV, LGDJ, 2000, p. 67.

2. Il en existe d'autres. Pour un échantillon, v. notamment J. Rochfeld, *Les grandes notions du droit privé*, 2011, PUF, p. 242 s. L'auteur observe ainsi « l'émergence des catégories de biens destinés » qui comprennent « les biens d'intérêt général » (n° 24), les « biens personnels » (n° 25), les « biens de dignité » (n° 26). *Adde* N. Reboul-Maupin, qui propose, entre autres distinctions, d'opposer les biens durables aux biens précaires (n° 152).

Sous-titre I
Les classifications naturelles

52. Plan. Certaines qualités naturelles sont jugées suffisamment discriminantes pour que le droit distingue ceux des biens qui les présentent de ceux qui ne les présentent pas, et leur applique un régime différent. Ainsi les biens sont ou non dotés d'une corporalité, sont ou non altérables, sont ou non substituables, sont identifiés par leur genre ou en eux-mêmes. Il en ressort plusieurs classifications : des biens corporels et des biens incorporels (Chapitre 1), des biens consomptibles et des biens non consomptibles (Chapitre 2), des biens fongibles et des biens non fongibles (Chapitre 3), des choses de genre et des corps certains (Chapitre 4).

Chapitre 1
Les biens corporels et incorporels

53. Plan. On ne trouve pas de traces de la distinction des biens corporels et incorporels dans le Code civil. Toutefois, elle est à l'esprit des juristes depuis un certain temps déjà. En témoignent les travaux de la Commission de réforme du Code civil qui proposèrent d'en faire la *summa divisio* du droit des biens[1].

Après avoir présenté la distinction des biens corporels et incorporels (Section 1), on mentionnera certains biens incorporels particulièrement importants (Section 2).

Section 1
Présentation de la distinction

54. Critère de la distinction. Les biens corporels sont dotés d'une corporalité en ce qu'ils ont une existence physico-chimique. Ils sont donc perceptibles par les sens : ils peuvent se toucher (une table, un rocher), se sentir (le gaz), se voir (le rayonnement), se mesurer (les ondes), etc.[2] En contrepoint, les biens incorporels ne sont pas dotés d'une corporalité et n'ont d'existence que dans l'esprit des hommes[3]. C'est le droit qui les élève au rang de biens : « leur existence vient du droit »[4]. On y trouve les créances de somme d'argent[5], les œuvres de l'esprit, les collections de biens, etc.[6] Certains biens incorporels, comme les œuvres de l'esprit, ont souvent un support corporel – c'est le cas, par exemple, d'un tableau –, ce qui conduit à distinguer l'œuvre, bien incorporel, de son support, bien corporel.

---

1. *Travaux de la Commission de réforme du Code civil* 1946-1947, Sirey, 1948, p. 998 : « [t]ous les biens sont corporels ou incorporels » (art. 1er), seuls les biens corporels étant susceptibles d'être qualifiés de meubles ou d'immeubles (« [t]ous les biens corporels sont meubles ou immeubles. (...) », art. 2), sachant toutefois que « [l]es biens corporels sont assimilés aux biens immeubles, à moins de disposition contraire de la loi les assimilant aux immeubles ou en leur donnant un régime particulier. » (art. 8). C'est J.-P. Niboyet qui fut à l'initiative de la proposition.

Et v. R. Savatier, « Vers de nouveaux aspects de la conception et de la classification juridique des biens incorporels », *RTD civ.* 1958, p. 1 ; R. Savatier, « Essai d'une présentation nouvelle des biens incorporels », *RTD civ.* 1958, p. 331.

2. Sur l'énergie en général, V. M. Lamoureux, « Le bien énergie », *RTD com.* 2009, p. 239.
3. J. Carbonnier relevait qu'ils « ne tombent pas sous les sens » (n° 712).
4. J. Carbonnier, n° 712.
5. Encore que cela soit débattu. V. notamment J. François, « Les créances sont-elles des biens ? », *Liber amicorum Christian Larroumet*, Economica, 2010, p. 149 s.
6. La possibilité qu'un bien incorporel puisse avoir une valeur ne fait pas de doute et est attestée par le Code des procédures civiles d'exécution qui prévoit la saisie des créances de sommes d'argent (art. L. 211-1 s. C. proc. civ. exé.) et des autres droits incorporels (L. 231-1 s. C. proc. civ. exé.).

55. Apparition de la distinction. La distinction entre les *res corporales* et les *res incorporales* est exposée dans les *Institutes* de Gaius[7] et de Justinien[8], encore qu'elle ait à cette époque une portée particulière puisqu'il est seulement question de distinguer les *choses*, qui sont susceptibles d'être touchées (*res corporales*), et les *droits*, personnels ou réels, à l'exception du droit de propriété (le *dominium*) identifié à la chose elle-même[9]. Les choses incorporelles autres que les droits ne furent reconnues que plus tard. Ainsi les productions de l'esprit ne seront considérées comme des biens qu'au XVIIIe siècle[10] et les fonds d'exploitation, comme le fonds de commerce, au XXe siècle. Le Code civil, qui ne s'intéresse pas aux choses incorporelles autres que les droits (v. notamment les articles 1240[11] et 1689 s.[12] C. civ.), ne les mentionne même pas. Les choses incorporelles ne seront saisies par le droit que par des législations spéciales postérieures, comme en témoigne au mieux l'existence d'un Code de la propriété intellectuelle. Par ailleurs, le droit pénal considère parfois comme un bien le produit d'un travail intellectuel, susceptible en conséquence de faire l'objet d'un abus de confiance[13]. De manière générale, la Conv. EDH protège dans l'article 1er du premier Protocole additionnel à la Convention (« *[t]oute personne physique ou morale a droit au respect de ses biens* ») tous les biens, en ce compris les biens incorporels[14].

7. GAÏUS, Inst., Commentaire deuxième : « les choses se divisent (...) en choses corporelles et incorporelles » (§ 12) ; « [l]es choses corporelles sont celles qui peuvent être touchées, comme un fonds, un homme, un habit, l'or, l'argent, et enfin d'autres choses sans nombre » (§ 13) ; « [s]ont incorporelles les choses qui ne peuvent être touchées, comme celles qui consistent dans un droit, telles qu'une hérédité, un usufruit, des obligations de toute sorte : peu importe que l'hérédité comprenne des choses corporelles, car les fruits qu'on perçoit sur un fonds sont aussi des corps, et ce qui nous est dû en vertu d'une obligation est le plus souvent corporel, comme un fonds, un esclave, de l'argent ; cependant le droit de succession en lui-même, comme le droit d'usufruit et celui d'obligation, est une chose incorporelle ; les droits d'héritage urbains et ruraux, qu'on appelle aussi servitudes, sont de la même nature. » (§ 14).

8. JUSTINIEN, Inst., L. 2, T. 2, 1 : « [l]es choses corporelles sont celles qui sont de nature à pouvoir être touchées, comme un fonds, un esclave, un habit, l'or, l'argent, et un nombre infini d'autres choses » (trad. H. HULOT) ; JUSTINIEN, Inst., L. 2, T. 2, 2 : « [l]es choses incorporelles sont celles qui ne sont point de nature à pouvoir être touchées : telles sont les choses qui consistent dans un droit, par exemple une succession, un usufruit, un droit d'usage et les obligations, de quelque manière qu'elles soient contractées. Il ne faut pas qu'on nous objecte ici qu'une succession est composée de choses corporelles : car les fruits qu'on perçoit d'un fonds sont corporels ; ce qui nous est dû en vertu d'une obligation est le plus souvent corporel, c'est par exemple un fonds, un esclave, de l'argent ; mais le droit en lui-même de succession, d'usufruit, d'obligation, est une chose incorporelle » (trad. H. HULOT) ; JUSTINIEN, Inst., L. 2, T. 2, 3 : « [i]l faut ranger dans la même classe les droits qu'on a sur des fonds urbains ou rustiques, qu'on appelle autrement servitudes » (trad. H. HULOT).

9. P.-F. GIRARD, p. 273. *Adde* R. MONIER, n° 244. Le terme « revendication » vient d'ailleurs du latin *rei vindicatio* : c'est la chose qui est revendiquée, c'est-à-dire sa propriété. Avec l'apparition des droits réels sur la chose d'autrui, il est devenu nécessaire de mieux distinguer le droit réel de son assiette, la revendication ne portant jamais que sur le seul droit réel.

10. J.-Ph. LÉVY et A. CASTALDO, n° 220 s.

11. « *Le paiement fait de bonne foi à celui qui est en possession de la créance est valable, encore que le possesseur en soit par la suite évincé* ».

12. Ces dispositions forment le corps du chapitre VIII intitulé « Du transport des créances et autres droits incorporels », au sein du titre consacré à la vente.

13. Crim. 22 septembre 2004, *Bull. crim.* n° 218, *RTD civ.* 2005, p. 164, obs. Th. REVET : le fait pour un salarié chargé de mettre au point un projet de borne informatique et d'en disposer au profit d'un tiers, alors que, dès sa réalisation, le projet était propriété de l'employeur, est constitutif d'un abus de confiance.

14. V. notamment, au sujet de l'analyse d'une *créance* en un bien : Cour EDH, 9 décembre 1994, *Raffineries grecques et Stratis Andreadis c/ Grèce*, Req. 22/1993/147/496, *RTD civ.* 1995, p. 652, obs. F. ZENATI ; Cour EDH, 20 novembre 1995, *Pressos Compania Naviera SA et autres c/ Belgique*, Req. 38/1994/485/567, *JCP* G 1996, I, 3910, obs. F. SUDRE, *RTD civ.* 1996, p. 1019,

56. Intérêts de la distinction. Tantôt les règles du droit commun des biens ne s'appliquent pas aux biens incorporels, tantôt des règles spéciales leur sont applicables.

En premier lieu, certaines règles du droit commun des biens ne s'appliquent pas aux biens incorporels. Ainsi, si le Code civil prévoit que les droits sont susceptibles de possession[15] et de tradition[16], la Cour de cassation refuse d'appliquer aux biens incorporels en général la règle suivant laquelle « *en fait de meuble, la possession vaut titre* » (art. 2276 al. 1 C. civ.)[17] ; il est renvoyé aux droits spéciaux[18].

En second lieu, il existe de nombreuses règles dérogatoires au droit commun, propres à chaque type de biens incorporels. Ainsi le droit de la propriété intellectuelle prévoit-il des dispositions propres aux œuvres de l'esprit, aux brevets, aux marques, aux dessins et modèles, etc. Dans un autre domaine, depuis l'ordonnance n° 2006-346 du 23 mars 2006 *relative aux sûretés*, les sûretés réelles portant sur des meubles corporels, appelées « gages »[19], sont nettement distinguées de celles qui ont pour assiette des meubles incorporels, appelées « nantissements »[20], même si la portée de cette distinction est relativement faible[21].

---

obs. J.-P. Marguénaud ; Cour EDH, 16 avril 2002, *SA Dangeville c/ France,* Req. 36677/97 ; Cour EDH, 6 octobre 2005, *Maurice c/ France*, Req. 11810/03, et *Draon c/ France*, Req. 1513/03, *RTD civ.* 2005, p. 743, obs. J.-P. Marguénaud et p. 798, obs. Th. Revet ; Cour EDH, 14 février 2006, *Le Carpentier et autre c/ France*, Req. 67847/01, *RDC* 2006, p. 879, obs. A. Debet.

15. Art. 2255 C. civ. : « *[l]a possession est la détention ou la jouissance d'une chose ou d'un droit que nous tenons ou que nous exerçons par nous-mêmes, ou par un autre qui la tient ou qui l'exerce en notre nom* ». Cela se comprend aisément : « la possession n'est pas l'appréhension des choses *quae tangit possunt*, elle est l'exercice des prérogatives de propriétaire, considéré du seul point de vue factuel ; elle est le fait de se comporter comme propriétaire » (Th. Revet, obs. ss. Com. 7 mars 2006, *RTD civ.* 2006, p. 348 s., spéc. p. 350).

16. Art. 1607 C. civ. : « *[l]a tradition des droits incorporels se fait, ou par la remise des titres, ou par l'usage que l'acquéreur en fait du consentement du vendeur* ». C'est pourquoi la jurisprudence admet qu'un don manuel puisse porter sur un bien incorporel : Civ. 1re, 12 juillet 1966, *Bull. civ.* I, n° 424 (virement de fonds) ; Civ. 1re, 4 novembre 1981, *Bull. civ.* I, n° 328, *RTD civ.* 1982, p. 783, obs. J. Patarin (virement de fonds) ; Civ. 1re, 10 mai 1993, *Bull. civ.* I, n° 65 (remise d'un chèque) ; Civ. 1re, 14 mai 1996, *Bull. civ.* I, n° 203 (remise devant témoins d'une procuration sur des livrets dans une intention libérale).

17. Civ. 1re, 2 mars 1960, *Bull. civ.* I, n° 141 (fonds de commerce) ; Civ. 1re, 6 mai 1997, *Bull. civ.* I, n° 144 (sommes virées sur un compte) ; Com. 7 mars 2006, *Bull. civ.* IV, n° 62, *RTD civ.* 2006, p. 348, obs. Th. Revet : « l'article [2276] C. civ. ne s'applique qu'aux seuls meubles corporels individualisés ; (...) la licence d'exploitation d'un débit de boissons ayant la même nature de meuble incorporel que le fonds de commerce dont elle est l'un des éléments et ne se transmettant pas par simple tradition manuelle, c'est à bon droit que la cour d'appel a écarté pour ladite licence d'exploitation la présomption prévue par ce texte ».

18. V., en droit de la propriété intellectuelle, faisant application de l'article L. 113-5 CPI (« *[l]'œuvre collective est, sauf preuve contraire, la propriété de la personne physique ou morale sous le nom de laquelle elle est divulguée.* (al. 1) *Cette personne est investie des droits de l'auteur.* (al. 2)) : Civ. 1re, 9 janvier 1996, *Bull. civ.* I, n° 28 (« en l'absence de toute revendication de la part de la ou des personnes physiques ayant réalisé l'œuvre les actes de possession de la personne morale qui l'exploite sous son nom font présumer, à l'égard des tiers contrefacteurs, que cette personne est titulaire sur l'œuvre, quelle que soit sa qualification, du droit de propriété incorporelle de l'auteur ») ; Civ. 1re, 3 juillet 1996, *Bull. civ.* I, n° 293 : « la personne morale qui divulgue et exploite sous son nom une œuvre est présumée, à l'égard des tiers contrefacteurs, être titulaire sur cette œuvre du droit de propriété incorporelle de l'auteur ».

19. Art. 2333 s. C. civ.

20. Art. 2355 s. C. civ.

21. En effet, d'une part, il n'existe pas de droit commun du nantissement mais seulement un droit du nantissement de créance et, d'autre part, pour les nantissements portant sur les autres meubles incorporels, il est fait renvoi aux différents régimes spéciaux et au droit commun du gage

57. APRDB. L'APRDB énonce que les choses incorporelles sont des biens : « [s]ont des biens, au sens de l'article précédent, les choses corporelles ou incorporelles faisant l'objet d'une appropriation, ainsi que les droits réels et personnels tels que définis aux articles 522 et 523 » (art. 520). Par ailleurs, l'article 530 précise que ce sont des meubles[22]. Partant, le Livre II du projet s'applique par principe aux choses incorporelles[23] et c'est donc fort logiquement qu'elles peuvent faire l'objet de droits réels, notamment d'un usufruit[24]. Cela étant, l'APRDB ne comporte pas de régime commun à l'ensemble des choses incorporelles : la tâche eût été vaine, tant la catégorie est hétérogène[25]. Quoi de commun, en effet, entre une créance de somme d'argent, un fonds de commerce et un brevet ?

58. Synthèse – utilité de la distinction ? Au final, ainsi qu'il ressort du droit positif et de l'APRDB, les biens incorporels sont des biens, ce qui explique qu'on leur applique les *institutions* du droit des biens corporels (les droits réels, la possession, par exemple), mais des biens si particuliers que le *régime* des biens corporels ne leur est pas toujours appliqué, le plus souvent en raison de l'existence de règles spéciales[26]. L'intérêt n'est donc pas tant de savoir si tel ou tel bien est corporel ou incorporel que de déterminer la nature précise du bien en question : œuvre de l'esprit, invention, fonds de commerce, etc.

Section 2
Diversité des biens incorporels

59. Inventaire à la Prévert. Les biens incorporels sont extrêmement divers, encore que nous avons vu qu'une distinction émerge entre les *choses nées de*

(art. 2355 al. 5 C. civ. : « *[c]elui qui porte sur d'autres meubles incorporels est soumis, à défaut de dispositions spéciales, aux règles prévues pour le gage de meubles corporels* »).

22. Art. 530 : « [t]outes les choses corporelles, autres que celles visées aux articles 527 et 528, ainsi que toutes les choses incorporelles, sont meubles ».

23. H. Périnet-Marquet, « La place de l'incorporel dans l'avant-projet de droit des biens », *Rev. Lamy dr. civ.* 2009, suppl. n° 65, p. 19 s., spéc. p. 21. L'auteur relève que sont notamment susceptibles de s'appliquer aux biens incorporels les dispositions relatives à l'intention de nuire (art. 534), à l'expropriation (art. 537), à l'appartenance des fruits à l'usufruitier (art. 584) ou à l'obligation qui repose sur ce dernier de respecter la substance du bien (art. 586).

24. Art. 575 al. 2 : l'usufruit *« peut être établi sur toute espèce de biens ou tout ensemble de biens, meubles ou immeubles, corporels ou incorporels ».*

25. H. Périnet-Marquet, « La place de l'incorporel dans l'avant-projet de droit des biens », *Rev. Lamy dr. civ.* 2009, suppl. n° 65, p. 19 s.

26. Les règles relatives à la possession dans l'APRDB sont symptomatiques : l'article 558, en prévoyant que « la possession des biens incorporels obéit aux lois spéciales qui les régissent », d'une part, reconnaît qu'un bien incorporel puisse faire l'objet d'une possession, mais, d'autre part, que les règles qui la gouvernent ne sont pas celles du droit commun des biens (H. Périnet-Marquet, « La place de l'incorporel dans l'avant-projet de droit des biens », *Rev. Lamy dr. civ.* 2009, suppl. n° 65, p. 19 s., spéc. p. 21 ; *adde* B. Parance, *La possession des biens incorporels*, th., préf. L. Aynès, LGDJ, 2008, n° 617 : « il n'existe pas de théorie générale de la possession des biens incorporels mais seulement des applications particulières de la notion de "possession" à des variétés de biens incorporels »). Ainsi restreint-il ici l'effet acquisitif de la possession aux seuls meubles corporels : « le possesseur de bonne foi d'un meuble corporel qui l'a acquis d'un non-propriétaire en devient propriétaire dès son entrée en possession » (art. 556 al. 1).

l'esprit ou du travail et les choses qui sont des *droits* qui permettent d'exiger une prestation d'autrui ou d'exercer une activité[27]. Si on laisse de côté les créances qui ont déjà été envisagées[28], certains biens incorporels méritent quelques observations, leur étude relevant en général d'un droit spécial.

60. Valeurs mobilières. Les valeurs mobilières[29] sont des « ***titres financiers** au sens de l'article L. 211-1 du Code monétaire et financier,* ***qui confèrent des droits identiques par catégorie*** » (art. L. 228-1 al. 2 C. com.). Sont ainsi visés les *titres de capital émis par les sociétés par actions*[30], les *titres de créance*[31], à l'exclusion des effets de commerce et des bons de caisse, et les *parts ou actions d'organismes de placement collectif.* Les valeurs mobilières octroient à leur titulaire la qualité d'associé (titre octroyant une part dans le capital) ou de créancier (titre conférant une créance). Les titres financiers étant aujourd'hui[32] dématérialisés et représentés par une inscription en compte[33] – laquelle réalise le transfert de propriété[34] et confère un titre d'acquisition à l'acquéreur *a non domino* de bonne foi[35] –, il s'agit de biens incorporels[36] appropriés[37].

61. Créations intellectuelles. Les créations intellectuelles sont de divers ordres. On distingue celles qui sont spécialement protégées par un « droit de propriété », les « biens intellectuels », de celles qui ne le sont pas[38].

---

27. V. *supra*, n° 10.
28. V. *supra*, n° 17.
29. V. notamment A.-V. Le Fur, « L'exemple des valeurs mobilières », *Lamy dr. civ.* 2009, supplément au n° 65, 2009, p. 25 s.
30. Ceux « donnant ou pouvant donner accès au capital ou aux droits de vote » (art. L. 212-1 A CMF).
31. Ceux qui représentent « chacun un droit de créance sur la personne morale ou le fonds commun de titrisation qui les émet » (art. L. 213-1 A CMF).
32. Depuis la loi n° 81-1160 du 30 décembre 1981 de finances pour 1982.
33. Art. L. 228-1 al. 6 C. com. : « *[l]es valeurs mobilières, quelle que soit leur forme, doivent être inscrites en compte au nom de leur propriétaire, dans les conditions prévues aux articles L. 211-3 et L. 211-4 du Code monétaire et financier* » ; art. L. 211-3 CMF : « *[l]es titres financiers, émis en territoire français et soumis à la législation française, sont inscrits dans un compte-titres (...)* ».
34. Art. L. 211-17 al. 1 CMF : « *[l]e transfert de propriété de titres financiers résulte de l'inscription de ces titres au compte-titres de l'acquéreur* ».
35. Art. L. 211-16 CMF : « *[n]ul ne peut revendiquer pour quelque cause que ce soit un titre financier dont la propriété a été acquise de bonne foi par le titulaire d'un compte-titres dans lequel ces titres sont inscrits* ». Par où l'on voit que l'inscription remplit la fonction d'une mise en possession de l'acquéreur (A.-V. Le Fur, « L'exemple des valeurs mobilières », *Lamy dr. civ.* 2009, supplément au n° 65, 2009, p. 25 s., spéc. p. 30).
36. *Contra*, spéc. D.-R. Martin, « De la nature corporelle des valeurs mobilières (et autres droits scripturaux) », *D.* 1996, p. 47 ; « De l'inscription en compte d'actifs scripturaux », *D.* 1998, p. 16 ; « Valeurs mobilières : défense d'une théorie », *D.* 2001, p. 1228. Suivant l'auteur, l'inscription matérialiserait la valeur mobilière en lui donnant corps.
37. Crim. 30 mai 1996, *Bull. crim.*, n° 224, *Bull. Joly Bourse* 1996, p. 597, note P. Le Cannu : « le titulaire du titre conserve un droit réel de propriété sur la valeur matérielle du titre faisant l'objet de l'inscription en compte » (à propos de la pratique du tirage sur masse, par laquelle un intermédiaire prélevait sur le compte de clients des titres dont il avait momentanément besoin).
38. V. Th. Revet, « L'incorporalité en droit des biens », *Lamy dr. civ.* 2009, supplément au n° 65, p. 9 s., n° 30, proposant d'inscrire dans la loi la « création » comme mode d'acquisition de la propriété, tout en procédant aux adaptations nécessaires aux productions industrielles.

62. Créations intellectuelles. ***Généralités sur les biens intellectuels.*** Parce que les idées sont de « libre parcours »[39], seules certaines d'entre elles accèdent au statut de « biens intellectuels ». Les biens intellectuels[40] désignent les créations intellectuelles protégées par un « droit de propriété », précisément un droit de propriété intellectuelle. L'épithète n'est pas neutre dans la mesure où un droit de propriété intellectuelle présente de très notables singularités. En premier lieu, il confère seulement **certaines prérogatives définies**[41] et non une liberté comparable à celle d'un propriétaire sur son bien[42]. En second lieu, il n'existe pas une, mais **plusieurs propriétés intellectuelles** organisées par la loi : un brevet n'est pas un titre de propriété identique à la marque, par exemple. En troisième lieu, la protection des biens intellectuels relève d'un **principe de territorialité** suivant lequel le titre de propriété intellectuelle reconnu par un État n'est protégé, en raison de ce titre, qu'à l'intérieur des frontières de cet État[43].

63. Créations intellectuelles. ***De quelques biens intellectuels.*** Il existe plusieurs types de biens intellectuels. En premier lieu, l'**œuvre de l'esprit** est une « création de l'esprit empreinte d'originalité »[44] dont la protection résulte de la seule création[45] : elle n'est pas subordonnée à l'accomplissement d'une formalité

39. H. Desbois, *Le droit d'auteur en France*, Dalloz, 3e éd., 1978, n° 2.

40. L'étude relève de matières spécialisées. Pour une approche globale des propriétés intellectuelles, V. Ch. Alleaume, *Propriété intellectuelle*, Lextenso, 2008 ; J.-M. Bruguière, *Droit de la propriété intellectuelle*, Ellipses, 2e éd., 2011 ; N. Binctin, *Droit de la propriété intellectuelle, Droit d'auteur, Brevet, Droits voisins, Marque, Dessins et modèles*, LGDJ, 3e éd., 2014.

41. Pour ne prendre que l'exemple des *œuvres de l'esprit*, l'auteur se voit reconnaître certes un « *droit de propriété incorporelle exclusif et opposable à tous* » (art L. 111-1 al. 1 CPI) mais qui n'est jamais que l'addition d'« *attributs d'ordre intellectuel et moral ainsi que des attributs d'ordre patrimonial* » (art L. 111-1 al. 2 CPI), bref, de plusieurs droits. C'est ce que laisse entendre l'intitulé du Titre II : « *Droits des auteurs* », qui distingue le droit moral – droit extrapatrimonial qui s'apparente davantage à un droit de la personnalité – (art. L. 121-1 s. CPI) des droits patrimoniaux d'exploitation de l'œuvre, lesquels consistent en un droit de représentation et de reproduction (art. L. 122-1 s. CPI). Ce que protège la loi, ce sont « ***les droits*** *des auteurs sur toutes les œuvres de l'esprit, quels qu'en soient le genre, la forme d'expression, le mérite ou la destination* » (art. L. 112-1 CPI, nous soulignons).

42. V. *infra*, n° 240, 249 et s. L'analyse est toutefois sensiblement différente si l'on voit dans ces prérogatives et non dans le bien intellectuel lui-même – l'œuvre, l'invention, le dessin, etc. – l'assiette de droits réels classiques, au premier rang desquels le droit de propriété.

43. Civ. 1re, 10 avril 2013, *Bull. civ.* I, n° 68, et pourvois n° 11-12509 et 11-12510, *D.* 2013, p. 2004, note T. Azzi (aux termes de l'arrêt publié, « [v]u l'article 5-2 de la Convention de Berne du 9 septembre 1886 pour la protection des œuvres littéraires et artistiques ; (...) selon ce texte, que la jouissance et l'exercice des droits d'auteur, qui ne sont subordonnés à aucune formalité, sont indépendants de l'existence de la protection dans le pays d'origine de l'œuvre ; que, par suite, en dehors des stipulations de la Convention, l'étendue de la protection ainsi que les moyens de recours garantis à l'auteur pour sauvegarder ses droits se règlent exclusivement d'après la législation du pays où la protection est réclamée »). Et pour les droits voisins du droit d'auteur, v. Civ. 1re, 19 juin 2013, *Bull. civ.* I, n° 128, *D.* 2013, p. 2004, note T. Azzi : « la règle de conflit de lois applicable à la détermination du titulaire initial des droits d'artiste-interprète désigne la loi du pays où la protection est réclamée ; (...) la cour d'appel a relevé qu'elle était saisie des atteintes qui auraient été portées à compter de 1996 aux droits de MM. Y... et Z... des suites de la fabrication et/ ou de la commercialisation en France des enregistrements litigieux ; qu'il en résulte que, suivant la règle de conflit applicable, le litige est soumis à la loi française ». Sur la question, v. M. Vivant, « Droit d'auteur : déroutante territorialité », *D.* 2013, p. 1973 ; N. Bouche, *Le principe de territorialité de la propriété intellectuelle*, L'Harmattan, 2002 ; B. Haftel, *Droit international privé et immatériel*, Travaux de l'Association Henri Capitant, Journées internationales espagnoles.

44. Vocabulaire juridique de l'Association Henri Capitant, ss. dir. G. Cornu, *V° Œuvre – de l'esprit.*

45. Art. L. 111-1 al. 1 CPI : « *[l]'auteur d'une œuvre de l'esprit jouit sur cette œuvre,* ***du seul fait de sa création****, d'un droit de propriété incorporelle exclusif et opposable à tous* » et L. 111-2 CPI :

de dépôt et à l'octroi d'un titre. L'œuvre de l'esprit est susceptible de manifestations sur des supports très divers : livre, tableau, disque, etc. Quel qu'il soit, il n'est que « l'empreinte d'une *œuvre de l'esprit*, qui en est intellectuellement la *matrice* »[46], et qui constitue le bien incorporel. En deuxième lieu, les **inventions** nouvelles impliquant une activité inventive et susceptibles d'application industrielle[47] sont protégées après obtention d'un titre de propriété industrielle[48] – un brevet[49] ou un certificat d'utilité[50] notamment – à la suite de l'accomplissement d'une formalité de dépôt. Tant les inventions que les œuvres de l'esprit sont protégées par une action en contrefaçon[51]. En troisième lieu, les *connaissances techniques* que sont les **secrets de fabrique**, les **semi-conducteurs** et les **obtentions végétales** sont également protégées en tant que biens intellectuels. Mais alors que les premiers le sont, sans formalité particulière, par une infraction *sui generis*[52], les autres le sont, après leur dépôt, par une action en contrefaçon[53]. En quatrième lieu, les **dessins et modèles**[54] désignent l'apparence des produits industriels ou artisanaux, caractérisée en particulier par leurs lignes, contours, couleurs, formes, textures ou matériaux[55]. En droit français[56], les dessins et modèles font l'objet d'une protection propre[57], accordée à

« *[l]'œuvre est réputée créée, indépendamment de toute divulgation publique,* ***du seul fait de la réalisation****, même inachevée, de la conception de l'auteur* » (nous soulignons).

46. R. Savatier, « Essai d'une présentation nouvelle des biens incorporels », *RTD civ.* 1958, p. 331 s., spéc. n° 43.

47. Art. L. 611-10, 1 CPI : « *[s]ont brevetables, dans tous les domaines technologiques, les inventions nouvelles impliquant une activité inventive et susceptibles d'application industrielle* ».

48. Le Code de la propriété intellectuelle prévoit des règles relatives aux brevets nationaux (art. L. 611-1 s.), aux brevets européens (art. L. 614-1 s.) et aux brevets internationaux (art. 614-7 s.).

49. Le brevet confère à son titulaire un « *droit exclusif d'exploitation* » (art. L. 611-1 al. 1 CPI : « *[t]oute invention peut faire l'objet d'un titre de propriété industrielle délivré par le directeur de l'Institut national de la propriété industrielle qui confère à son titulaire ou à ses ayants cause un droit exclusif d'exploitation.* »).

50. Le certificat d'utilité est, comme le brevet, un titre de propriété industrielle qui confère, aux mêmes conditions, un monopole d'exploitation d'une invention. Il s'en distingue quant à la durée de protection, qui est au maximum de six ans au lieu de vingt ans pour le brevet. C'est ce qui explique qu'on y recourt pour protéger des inventions dont la durée de vie est courte.

51. Art. L. 335-1 s. CPI pour l'œuvre et art. L. 615-1 CPI pour l'invention.

52. Art. L. 1227-1 C. trav. reproduit *in* art. L. 621-1 CPI (« *[l]e fait pour un directeur ou un salarié de révéler ou de tenter de révéler un secret de fabrication est puni d'un emprisonnement de deux ans et d'une amende de 30 000 euros.* (al. 1) *La juridiction peut également prononcer, à titre de peine complémentaire, pour une durée de cinq ans au plus, l'interdiction des droits civiques, civils et de famille prévue par l'article 131-26 du Code pénal.* (al. 2) »).

53. Art. L. 622-1 s. CPI pour les semi-conducteurs et L. 623-1 s. CPI pour les obtentions végétales.

54. Comme on l'a relevé, « le régime des dessins et modèles s'offre à ces créations en quête d'identité entre beaux-arts et industrie » (N. Binctin, *Droit de la propriété intellectuelle, Droit d'auteur, Brevet, Droits voisins, Marque, Dessins et modèles*, préc., n° 285).

55. Art. L. 511-1 CPI : « *[p]eut être protégée à titre de dessin ou modèle l'apparence d'un produit, ou d'une partie de produit, caractérisée en particulier par ses lignes, ses contours, ses couleurs, sa forme, sa texture ou ses matériaux. Ces caractéristiques peuvent être celles du produit lui-même ou de son ornementation. Est regardé comme un produit tout objet industriel ou artisanal, notamment les pièces conçues pour être assemblées en un produit complexe, les emballages, les présentations, les symboles graphiques et les caractères typographiques, à l'exclusion toutefois des programmes d'ordinateur* ».

56. Qui se trouve aujourd'hui avoir été refondu en raison de la transposition de la directive 98/71/CE du Parlement européen et du Conseil du 13 octobre 1998 *sur la protection juridique des dessins ou modèles*.

57. Art. L. 511-1 s. CPI.

la suite du dépôt d'une demande d'enregistrement[58]. Mais, si le dessin ou le modèle constitue par ailleurs une œuvre de l'esprit, il sera protégé sans dépôt préalable, en tant que tel[59]. En tout état de cause, l'atteinte portée aux droits d'un propriétaire d'un dessin ou d'un modèle est sanctionnée par une action en contrefaçon[60]. En cinquième lieu, on peut mentionner le cas particulier des **signes distinctifs** qui occupent une place importante en matière commerciale. Les signes distinctifs permettent d'identifier des produits ou des services (les **marques**), des exploitations ou des commerces (les **noms commerciaux** et les **enseignes**)[61], des sites internet (les **noms de domaine**)[62], des indications de provenance ou de qualité (les **appellations**

58. Art. L. 511-9 CPI : « *[l]a protection du dessin ou modèle conférée par les dispositions du présent livre s'acquiert par l'enregistrement. Elle est accordée au créateur ou à son ayant cause. L'auteur de la demande d'enregistrement est, sauf preuve contraire, regardé comme le bénéficiaire de cette protection* ».

59. Art. L. 513-2 CPI « ***[s]ans préjudice des droits résultant de l'application d'autres dispositions législatives, notamment des livres Ier et III du présent code***, *l'enregistrement d'un dessin ou modèle confère à son titulaire un droit de propriété qu'il peut céder ou concéder* » (nous soulignons). De plus, les dessins, s'ils sont utilisés comme logos, peuvent être protégés en tant que marque figurative ou semi-figurative.

60. Art. L. 521-1 al. 1 CPI « *[t]oute atteinte portée aux droits du propriétaire d'un dessin ou modèle, tels qu'ils sont définis aux articles L. 513-4 à L. 513-8, constitue une contrefaçon engageant la responsabilité civile de son auteur* ».

61. Le nom commercial désigne une exploitation commerciale et l'enseigne, un commerce. Il s'agit de deux éléments du fonds de commerce, en ce qu'ils permettent de rallier la clientèle (sur le fonds de commerce, v. *infra*, n° 67). Ces deux signes ne sont pas protégés par le droit de la propriété intellectuelle : ils s'acquièrent par l'usage qui en est fait et leur protection est assurée par le droit commun de la responsabilité civile ; tout conflit est réglé suivant le principe de l'antériorité d'usage, en ayant bien à l'esprit que le périmètre géographique de l'appropriation n'est pas illimité. V. très clairement en ce sens, Req. 21 février 1888, *DP* 1888, 1, p. 315 : « la propriété d'une enseigne n'est qu'une propriété relative, (...) elle n'est protégée que par le principe général écrit dans l'art. 1832, (...) elle est, en tout cas, limitée à la localité où est située la maison de commerce qui l'a prise la première » (1re espèce) ; « la propriété d'une enseigne est une propriété relative, limitée par l'intérêt sérieux et réel du négociant qui se l'est appropriée ; (...) la propriété de l'enseigne n'est garantie par aucune loi spéciale, mais (...) elle trouve sa protection dans le principe général inscrit en l'art. 1382 C. civ., aux termes duquel tout fait quelconque de l'homme qui cause à autrui un dommage oblige celui par la faute duquel il est arrivé à le réparer ; (...) dès lors, le premier créateur de l'enseigne ne peut utilement se plaindre qu'autant qu'il résulte pour lui de cette nouvelle appropriation un dommage quelconque » (3e espèce).

62. Le nom de domaine identifie un site internet et, à ce titre, est doté d'une valeur certaine qui en fait un bien (Cour EDH, 18 septembre 2007, *Paeffgen GmbH c/Allemagne*, Req. n° 25379/04, 21688/05, 21722/05 et 21770/05, *JCP* G 2008, I, 158, obs. Ch. Caron ; *RTD civ.* 2008, p. 503, obs. Th. Revet : la Cour considère que le droit d'utiliser et de céder librement les noms de domaine a une valeur économique constitutive d'un bien au sens de l'article 1er du premier protocole additionnel à la Conv. EDH).

À l'échelon mondial, l'attribution des noms de domaine est organisée par l'ICANN (Internet Corporation for Assigned Names and Numbers). Cet organisme privé dispose du pouvoir d'attribuer les suffixes des noms de domaines (les fameux. fr, . com, etc.), encore qu'il délègue sa mission aux différents pays pour attribuer les noms de domaine rattachés à leur suffixe (ainsi la France attribue notamment les noms de domaines rattachés au suffixe « . fr »). C'est l'AFNIC, en France, qui attribue et gère les noms de domaine rattachés à la plupart des suffixes français (le « . fr », le « . re » pour l'Île de la Réunion, le « . yt » pour Mayotte ; les autres sont confiés à l'Office des postes et télécommunications, par exemple pour le « . nc » désignant la Nouvelle-Calédonie ou à d'autres prestataires, comme c'est le cas pour les « . gp » et « . mq » désignant la Guadeloupe et la Martinique). Quant au « . eu », il est attribué par l'EURID – European Registry for Internet Domains – (Règlement CE n° 733/2002 du Parlement européen et du Conseil du 22 avril 2002 *concernant la mise en œuvre du domaine de premier niveau. eu* et Règlement CE n° 874/2004 du 28 avril 2004).

Le législateur français avait prévu une réglementation sommaire pour l'attribution et la gestion des noms de domaines rattachés à l'article L. 45 C. post. et comm. électr., renvoyant pour le reste au

d'origine et les autres signes d'identification de l'origine et de la qualité)[63]. La **marque** est un signe susceptible de représentation graphique désignant un produit

---

pouvoir réglementaire. Dans une décision du 6 octobre 2010, le Conseil constitutionnel, considérant que le législateur avait méconnu sa compétence, a déclaré l'article L. 45 C. post. et comm. électr. contraire à la Constitution (Cons. const., 6 octobre 2010, déc. n° 2010-45 QPC, *D.* 2010, p. 2285, obs. C. Manara : « [e]n l'état actuel des moyens de communication et eu égard au développement généralisé des services de communication au public en ligne ainsi qu'à l'importance prise par ces services dans la vie économique et sociale, notamment pour ceux qui exercent leur activité en ligne, l'encadrement, tant pour les particuliers que pour les entreprises, du choix et de l'usage des noms de domaine sur internet affecte les droits de la propriété intellectuelle, la liberté de communication et la liberté d'entreprendre... »). Le Conseil constitutionnel avait accordé un délai au législateur jusqu'au 1er juillet 2011 pour exercer pleinement sa compétence. Ce qu'il a fait par une loi du 22 mars 2011 (loi n° 2011-302 du 22 mars 2011 *portant diverses dispositions d'adaptation de la législation au droit de l'Union européenne en matière de santé, de travail et de communications électroniques. Adde* le décret d'application n° 2011-926 du 1er août 2011 *relatif à la gestion des domaines de premier niveau de l'internet correspondant aux codes pays du territoire national.* Par ailleurs, l'AFNIC élabore une Charte de nommage dont la dernière version date du 15 mars 2013 (disponible à l'adresse http://www.afnic.fr/medias/documents/Cadre_legal/charte-de-nommage_03-2013.pdf)). Il est aujourd'hui prévu que « *[l]es noms de domaine sont attribués et gérés dans l'intérêt général selon des règles non discriminatoires et transparentes, garantissant le respect de la liberté de communication, de la liberté d'entreprendre et des droits de propriété intellectuelle* » (art. L. 45-1). Un nom de domaine est attribué « *pour une durée limitée et renouvelable* » (art. L. 45-1 al. 2), et au premier qui en fait la demande (art. L. 45-1 al. 3). Toutefois, l'enregistrement ou le renouvellement des noms de domaine peut être refusé ou le nom de domaine peut même être supprimé dans trois séries de circonstances : 1°/ lorsqu'il est susceptible de porter atteinte à l'ordre public ou aux bonnes mœurs ou à des droits garantis par la Constitution ou par la loi, 2°/ à des droits de propriété intellectuelle ou de la personnalité – sauf si le demandeur justifie d'un intérêt légitime et agit de bonne foi – ou 3°/ lorsque le nom de domaine est identique ou apparenté à celui de la République française, d'une collectivité territoriale ou d'un groupement de collectivités territoriales ou d'une institution ou service public national ou local – sauf encore si le demandeur justifie d'un intérêt légitime et agit de bonne foi – (art. L. 45-2 al. 1). L'article R. 20-44-46 fournit des illustrations de ce que peut être :

– un « intérêt légitime » : utiliser le nom de domaine, ou un nom identique ou apparenté, dans le cadre d'une offre de biens ou de services, ou pouvoir démontrer qu'il s'y est préparé, être connu sous un nom identique ou apparenté à ce nom de domaine, même en l'absence de droits reconnus sur ce nom ou encore faire un usage non commercial du nom de domaine ou d'un nom apparenté sans intention de tromper le consommateur ou de nuire à la réputation d'un nom sur lequel est reconnu ou établi un droit.

– la « mauvaise foi » : avoir obtenu ou demandé l'enregistrement de ce nom principalement en vue de le vendre, de le louer ou de le transférer de quelque manière que ce soit à un organisme public, à une collectivité locale ou au titulaire d'un nom identique ou apparenté sur lequel un droit est reconnu et non pour l'exploiter effectivement, avoir obtenu ou demandé l'enregistrement d'un nom de domaine principalement dans le but de nuire à la réputation du titulaire d'un intérêt légitime ou d'un droit reconnu sur ce nom ou sur un nom apparenté, ou à celle d'un produit ou service assimilé à ce nom dans l'esprit du consommateur, avoir obtenu ou demandé l'enregistrement d'un nom de domaine principalement dans le but de profiter de la renommée du titulaire d'un intérêt légitime ou d'un droit reconnu sur ce nom ou sur un nom apparenté, ou de celle d'un produit ou service assimilé à ce nom, en créant une confusion dans l'esprit du consommateur.

63. Sur celles-ci, v. C. Le Goffic, *La protection des indications géographiques (France – Union européenne – États-Unis)*, préf. G. Bonnet, th., LGDJ, 2011. Depuis la loi n° 2014-344 du 17 mars 2014 *relative à la consommation*, toutes les atteintes portées, d'une part, aux appellations d'origine (art. L. 115-1 C. conso. reproduit à l'art. L. 721-1 CPI : « *[c]onstitue une appellation d'origine la dénomination d'un pays, d'une région ou d'une localité servant à désigner un produit qui en est originaire et dont la qualité ou les caractères sont dus au milieu géographique, comprenant des facteurs naturels et des facteurs humains* ») et aux indications géographiques des produits industriels et artisanaux (art. L. 721-2 CPI : « *[c]onstitue une indication géographique la dénomination d'une zone géographique ou d'un lieu déterminé servant à désigner un produit, autre qu'agricole, forestier, alimentaire ou de la*

ou un service, qui confère un droit de propriété industrielle à son titulaire[64] après enregistrement[65] – encore que la marque notoire soit protégée *per se*[66] – sanctionné par une action en contrefaçon[67].

Parce que, en application du principe de territorialité, l'octroi d'un titre de propriété intellectuelle par un État n'a d'effets que sur son territoire, dans le contexte de la mondialisation, trois voies ont été explorées afin d'accroître le champ géographique de la protection des biens intellectuels. La **première voie** consiste à ***permettre à un créateur de se voir octroyer un droit de propriété dans un État dont il n'est pas un ressortissant***. La Convention de Paris *pour la protection de la propriété industrielle* du 20 mars 1883, modifiée à plusieurs reprises, a créé une Union de Paris et prévu que les « *ressortissants de chacun des pays de l'Union jouiront dans tous les autres pays de l'Union, en ce qui concerne la protection de la propriété industrielle, des avantages que les lois respectives accordent actuellement*

---

mer, qui en est originaire et qui possède une qualité déterminée, une réputation ou d'autres caractéristiques qui peuvent être attribuées essentiellement à cette origine géographique (....) ») protégées en vertu du droit français et, d'autre part, aux appellations d'origine protégée et aux indications géographiques protégées en vertu du droit de l'Union européenne constituent une contrefaçon engageant la responsabilité de son auteur (art. L. 722-1 CPI).

On observera que les produits agricoles, forestiers, alimentaires ou de la mer, qui sont exclus de la protection par l'article L. 721-2 CPI sont néanmoins protégés en vertu du droit européen, l'article L. 614-11 C. rur. et pêch. mar. prévoyant que « *[d]oivent solliciter le bénéfice d'une indication géographique protégée les produits agricoles ou alimentaires qui satisfont aux conditions posées* » par le droit européen.

64. La directive 89/104 du 21 décembre 2008 *rapprochant des législations sur les marques*, puis la directive 2008/95 du 22 octobre 2008 *rapprochant les législations des États membres sur les marques* qui l'a remplacée ont harmonisé le droit des marques des États membres de l'Union. L'harmonisation est d'autant plus efficiente qu'elle est « complète » pour les articles 5 à 7 qui concernent les droits conférés par la marque, la limitation des effets de la marque et l'épuisement du droit conféré par la marque (v. notamment, CJUE, 3 juin 2010, Req. C-127/09, *Coty Prestige Lancaster Group GmBH c/ Simex Trading AG*, pt 27 : « [s]elon une jurisprudence bien établie, les articles 5 à 7 de la directive 89/104 procèdent à une harmonisation complète des règles relatives aux droits conférés par la marque et définissent ainsi les droits dont jouissent les titulaires de marques dans l'Union (...) »).

65. Art. L. 712-1 CPI : « *[l]a propriété de la marque s'acquiert par l'enregistrement (...)* ». La demande d'enregistrement est déposée à l'INPI ou au greffe du tribunal de commerce dans le ressort duquel le demandeur est établi ou domicilié. Elle est examinée par le directeur de l'INPI, qui ne pourra la rejeter que si les conditions de fond et de forme prévues par la loi ne sont pas remplies.

66. D'après l'article 6 *bis* (1) de la *Convention de Paris pour la protection de la propriété industrielle*, « *[l]es pays de l'Union s'engagent, soit d'office si la législation du pays le permet, soit à la requête de l'intéressé, à refuser ou à invalider l'enregistrement et à interdire l'usage d'une marque de fabrique ou de commerce qui constitue la reproduction, l'imitation ou la traduction, susceptibles de créer une confusion, d'une marque que l'autorité compétente du pays de l'enregistrement ou de l'usage estimera y être notoirement connue comme étant déjà la marque d'une personne admise à bénéficier de la présente Convention et utilisée pour des produits identiques ou similaires. Il en sera de même lorsque la partie essentielle de la marque constitue la reproduction d'une telle marque notoirement connue ou une imitation susceptible de créer une confusion avec celle-ci* ».

En droit français, le Code de la propriété intellectuelle comporte deux dispositions importantes. En premier lieu, l'article L. 711-4 CPI prévoit que ne peut être adopté comme marque un signe portant atteinte à « *une marque antérieure enregistrée ou notoirement connue au sens de l'article 6 bis de la Convention de Paris* ». En second lieu, l'article L. 713-5 al. 2 CPI prévoit que « *la reproduction ou l'imitation d'une marque notoirement connue au sens de l'article 6 bis de la Convention de Paris* » engage la responsabilité civile de son auteur si elle est de nature à porter préjudice au propriétaire de la marque ou si cette elle constitue une exploitation injustifiée de cette dernière.

67. Art. L. 716-1 CPI : « *[l]'atteinte portée au droit du propriétaire de la marque constitue une contrefaçon engageant la responsabilité civile de son auteur (...)* ».

ou accorderont par la suite aux nationaux » (...) et qu'« *en conséquence, ils auront la même protection que ceux-ci et le même recours légal contre toute atteinte portée à leurs droits, sous réserve de l'accomplissement des conditions et formalités imposées aux nationaux* » (art. 2, 1)). Afin de faciliter les formalités, la Convention de Paris instaure un droit de priorité : celui qui a fait le dépôt d'une demande jouit, pour effectuer des dépôts dans les autres pays, d'un droit de priorité pendant un délai de douze mois pour les brevets, six mois pour les marques ainsi que pour les dessins et modèles industriels (art. 4)[68]. Parallèlement, en ce qui concerne le droit d'auteur, la Convention de Berne *pour la protection des œuvres littéraires et artistiques* du 9 septembre 1886, également modifiée à plusieurs reprises, a créé une Union de Berne et prévu que les « *auteurs jouissent, en ce qui concerne les œuvres pour lesquelles ils sont protégés en vertu de la présente Convention, dans les pays de l'Union autres que le pays d'origine de l'œuvre, des droits que les lois respectives accordent actuellement ou accorderont par la suite aux nationaux, ainsi que des droits spécialement accordés par la présente Convention* » (art. 5, 1))[69]. Ces deux traités, administrés par l'OMPI (l'Organisation mondiale de la propriété intellectuelle[70]), établissent ainsi un *principe de traitement national*, c'est-à-dire un principe suivant lequel les étrangers sont traités comme les nationaux. La **deuxième voie**, plus ambitieuse, consiste à ***faciliter l'obtention d'un titre dans les autres États que celui dont le créateur est ressortissant, en ne procédant qu'à un dépôt unique***. C'est l'objet de différents systèmes internationaux, également administrés par l'OMPI : c'est le cas notamment du système international des marques (système de Madrid)[71], des dessins ou modèles industriels (système de La Haye)[72] et des brevets (système PCT)[73]. Le but de tels systèmes est de faciliter l'obtention de titres de propriétés dans plusieurs États en ne procédant qu'à un dépôt unique[74]. Il n'est pas

68. D'après l'article 4, B : « *(...) le dépôt ultérieurement opéré dans l'un des autres pays de l'Union, avant l'expiration de ces délais, ne pourra être invalidé par des faits accomplis dans l'intervalle, soit, notamment, par un autre dépôt, par la publication de l'invention ou son exploitation, par la mise en vente d'exemplaires du dessin ou du modèle, par l'emploi de la marque, et ces faits ne pourront faire naître aucun droit de tiers ni aucune possession personnelle (...)* ».
69. La protection de l'œuvre n'est subordonnée à aucune formalité de dépôt : c'est le principe de la protection automatique (art. 5, 2)).
70. L'OMPI est rattachée aux Nations unies et regroupe aujourd'hui 185 États membres.
71. Le système repose sur deux traités : l'Arrangement de Madrid concernant l'enregistrement international des marques (1891) et le Protocole relatif à l'Arrangement de Madrid (1989). Un Règlement d'exécution commun à l'Arrangement et au Protocole a également été adopté.
72. Le système repose sur trois traités : l'Acte signé à Londres de l'Arrangement de La Haye concernant le dépôt international des dessins et modèles industriels (1934) désormais intitulé Arrangement de La Haye concernant l'enregistrement international des dessins et modèles industriels, l'Acte signé à La Haye de l'Arrangement de La Haye concernant le dépôt international des dessins et modèles industriels (1960) et l'Acte de Genève de l'Arrangement de La Haye concernant l'enregistrement international des dessins et modèles industriels (1999).
Deux observations :
1°/ l'application de l'Acte de 1934 est gelée depuis le 1er janvier 2010, en sorte qu'aucune désignation en vertu de cet Acte ne peut être inscrite au registre international (ce gel est sans incidence sur les désignations en vertu de cet Acte faites antérieurement au 1er janvier 2010)
2°/ les Actes de 1960 et de 1999 sont autonomes, en sorte qu'un État peut adhérer à l'un des deux actes ou aux deux.
73. Le système repose sur le Traité de coopération en matière de brevets (ou PCT) conclu en 1970 à Washington et entré en vigueur en 1978.
74. Auprès du bureau de l'OMPI, voire, pour les brevets, auprès de l'Office national des brevets de l'État contactant dont le déposant a la nationalité ou d'un office régional des brevets compétent.

question pour le requérant d'obtenir un titre unique de propriété qui serait reconnu dans tous les États parties, mais d'obtenir autant de titres nationaux qu'il est d'États membres[75]. C'est la raison pour laquelle chaque État peut, au cours de la procédure, s'opposer à la délivrance d'un titre en ce qui le concerne. La **troisième voie**, plus ambitieuse encore, consiste à ***créer un véritable titre de propriété international valable dans plusieurs États***. S'il n'en existe pas à ce jour à l'échelle mondiale[76], tel est plus ou moins le cas à l'échelle européenne, encore qu'il convienne de distinguer. Depuis un Règlement nº 40/94 du 20 décembre 1993 *sur la marque communautaire*, plusieurs fois modifié, et aujourd'hui remplacé par le Règlement nº 207/2009 du 26 février 2009 portant également *sur la marque communautaire*, il existe une « ***marque de l'Union*** » et, depuis un Règlement nº 6/2002 du 12 décembre 2001 *sur les dessins ou modèles communautaires*, il existe également un « ***dessin ou modèle de l'Union*** »[77]. Il appartient à l'Office de l'harmonisation dans le marché intérieur (OHMI) de gérer le système d'enregistrement des marques, dessins ou modèle de l'Union[78]. S'agissant des ***appellations d'origine et indications***

75. Le système est plus ou moins intégré. S'agissant des **marques** d'une part ou des **dessins et modèles industriels** d'autre part, après un examen formel de la demande d'enregistrement international, l'OMPI inscrit la marque dans un registre et la publie respectivement dans la *Gazette OMPI des marques internationales* ou dans le *Bulletin des dessins et modèles industriels*. Il appartient aux offices nationaux et régionaux des marques désignés dans la demande internationale de procéder, dans un certain délai, à l'examen au fond de la demande par rapport à leur propre législation et, le cas échéant, de refuser la protection requise par le déposant sur leur territoire. L'enregistrement international produit sur le territoire de l'État désigné, les mêmes effets que l'octroi de la protection par cet État, selon sa propre législation. Un enregistrement international équivaut donc toujours à une somme d'enregistrements nationaux. En ce qui concerne les **appellations d'origine**, le système est un peu différent. Une fois l'appellation protégée dans l'État d'origine, le gouvernement de cet État peut déposer une demande d'enregistrement international en vertu de l'Arrangement de Lisbonne. L'OMPI notifie ensuite aux offices compétents des autres États parties tout nouvel enregistrement international d'une appellation d'origine. Ces autres États peuvent refuser la protection, au motif notamment que, sur leur territoire, l'appellation d'origine correspond à une marque protégée ou à l'indication générique d'un produit donné. En contrepoint, s'agissant des **brevets**, le système est moins intégré, dans la mesure où l'OMPI ne délivre pas de brevet, l'octroi de ceux-ci étant réservé aux offices nationaux ou régionaux. De fait, à la suite de la demande internationale et d'une phase internationale au cours de laquelle, notamment, un *rapport de recherche international* est établi, le requérant doit former, auprès des offices concernés, autant de demandes qu'il veut obtenir de titres. À cette fin, il est possible, afin de simplifier les démarches, que l'Office européen des brevets soit désigné dans le cadre de cette procédure en vue de l'obtention d'un brevet européen (art. 150 s. CBE). L'intégration de la procédure internationale du système PCT a été réalisée dans le Code de la propriété intellectuelle (art. L. 614-17 s. CPI).

76. Le traité de Singapour sur le droit des marques, adopté sous l'égide de l'OMPI, révisé le 27 mars 2006 et accompagné d'un règlement d'exécution, a pour objectif l'harmonisation des procédures d'enregistrement et de renouvellement des marques.

77. Une distinction importante est établie entre le dessin ou modèle enregistré et celui qui, ne l'étant pas, est divulgué au public. Alors que les premiers le sont pour une durée de cinq années à compter de la date de dépôt de la demande d'enregistrement (art. 12), les seconds ne le sont que pour trois années à compter de la première divulgation (art. 11). Par ailleurs, alors que les premiers confèrent à leur titulaire le droit exclusif de l'utiliser et d'interdire aux tiers de les utiliser sans leur consentement (art. 19 § 1), les seconds ne confèrent le droit d'interdire aux tiers de les utiliser sans leur consentement que si cette utilisation résulte d'une copie (art. 19 § 2 ; l'article précise que l'utilisation n'est pas considérée comme résultant d'une copie du dessin ou modèle protégé si elle résulte d'un travail de création indépendant réalisé par un créateur dont on peut raisonnablement penser qu'il ne connaissait pas le dessin ou modèle divulgué par le titulaire).

78. La demande d'enregistrement est déposée auprès de l'Office de l'harmonisation dans le marché intérieur (OHMI, Alicante), auprès du service central de la propriété industrielle d'un État membre ou auprès de l'Office Benelux de la propriété intellectuelle.

d'origine, le Règlement (UE) n° 1151/2012 du Parlement européen et du Conseil du 21 novembre 2012 *relatif aux systèmes de qualité applicables aux produits agricoles et aux denrées alimentaires*[79] assure une protection sur l'ensemble du territoire des États membres. En revanche, s'agissant des brevets, depuis la Convention sur la délivrance de brevets européens (CBE, 1973), dite Convention de Munich, l'Office européen des brevets[80] **peut délivrer un « *brevet européen* »** sans pour autant qu'il s'agisse véritablement d'un « titre européen », car il est délivré pour les *seuls États* désignés dans la demande de brevet[81] et protégés dans ces États conformément *au droit de ceux-ci*[82]. Un pas de plus en direction d'un « titre européen » a été effectué avec l'avènement du « ***brevet européen à effet unitaire*** ». Dans le cadre de la mise en œuvre la coopération renforcée entre 25 États membres de l'Union européenne[83], le Règlement n° 1257/2012 du 17 décembre 2012 *mettant en œuvre la coopération renforcée dans le domaine de la création d'une protection unitaire conférée par un brevet*, pour l'essentiel[84], a créé un « *brevet européen à effet unitaire* » délivré par l'Office européen des brevets[85]. Un brevet européen se voit conférer un effet unitaire dans les États membres participants « *s'il est délivré avec le même jeu de revendications pour tous les États membres participants (...) à la condition que son effet unitaire ait été enregistré dans le registre de la protection unitaire conférée par un brevet* » (art. 3.1 Règl. n° 1257/2012). Son caractère unitaire résulte de ce qu'il « *assure une protection uniforme*[86] *et produit des effets identiques dans tous*

79. Il a remplacé le Règlement (CE) n° 510/2006 du 20 mars 2006 *relatif à la protection des indications géographiques et des appellations d'origine des produits agricoles et des denrées alimentaires* et le Règlement (CE) n° 509/2006 du Conseil du 20 mars 2006 *relatif aux spécialités traditionnelles garanties des produits agricoles et des denrées alimentaires.*

80. L'Organisation européenne des brevets comprend deux organes : l'Office européen des brevets et le Conseil d'administration, qui exerce un contrôle sur les activités de l'Office.

81. Art. 3 CBE : « *[l]a délivrance d'un brevet européen peut être demandée pour un ou plusieurs des États contractants* ».

82. Art. 64 § 1 CBE : « *(...) le brevet européen confère à son titulaire, à compter de la date à laquelle la mention de sa délivrance est publiée au Bulletin européen des brevets et dans chacun des États contractants pour lesquels il a été délivré, les mêmes droits que lui conférerait un brevet national délivré dans cet État* ».

L'intégration de la procédure de délivrance d'un brevet européen a été réalisée dans le Code de la propriété intellectuelle (art. L. 614-1 s. CPI).

83. Tous les États membres de l'UE, à l'exception de l'Espagne et de l'Italie.

84. Il faut ajouter, s'agissant des considérations linguistiques, du Règlement n° 1260/2012 du 17 décembre 2012 *mettant en œuvre la coopération renforcée dans le domaine de la création d'une protection unitaire conférée par un brevet, en ce qui concerne les modalités applicables en matière de traduction.*

85. Le Règlement constitue un accord particulier au sens de l'article 142 de la Convention sur la délivrance de brevets européens et intitulé « Brevet unitaire » (d'après le paragraphe premier de cet article, « *[t]out groupe d'États contractants qui, dans un accord particulier, a disposé que les brevets européens délivrés pour ces États auront un caractère unitaire sur l'ensemble de leurs territoires, peut prévoir que les brevets européens ne pourront être délivrés que conjointement pour tous ces États* »).

86. D'après l'article 5 du Règlement n° 1257/2012, intitulé « Protection uniforme », « *1. Le brevet européen à effet unitaire confère à son titulaire le droit d'empêcher tout tiers de commettre des actes contre lesquels ce brevet assure une protection sur l'ensemble du territoire des États membres participants dans lesquels il a un effet unitaire, sous réserve des limitations applicables. 2. La portée de ce droit et ses limitations sont uniformes dans tous les États membres participants dans lesquels le brevet a un effet unitaire. 3. Les actes contre lesquels le brevet assure une protection visés au paragraphe 1 et les limitations applicables sont ceux définis dans la loi applicable aux brevets européens à effet unitaire dans l'État membre participant dont le droit national s'applique au brevet européen à effet unitaire en tant qu'objet de propriété conformément à l'article 7. 4. Dans son rapport visé à*

les États membres participants», «*ne peut être limité, transféré, ou révoqué ou s'éteindre qu'à l'égard de tous les États membres participants*» et «*peut faire l'objet d'un contrat de licence pour tout ou partie des territoires des États membres participants*» (art. 3.2 Règl. n° 1257/2012). Pour le reste, le brevet, «*en tant qu'objet de propriété*» (ch. III, Règl. n° 1257/2012) est «*assimilé*» à un brevet national, ce qui impose de le rattacher à une loi nationale (art. 7 Règl. n° 1257/2012). Or c'est cette loi nationale qui va notamment définir les prérogatives conférées par un brevet, ainsi que leurs limites (art. 5.3 Règl. n° 1257/2012 notamment). C'est la raison qui conduit à nier au brevet européen à effet unitaire la qualité de véritable «titre européen», car il ne s'agit jamais que d'une «propriété nationale opposable internationalement»[87]. On mentionnera cependant qu'un *Accord relatif à une juridiction unifiée du brevet*, dont l'objet principal est d'établir une Cour unifiée des brevets, seule compétente pour les contentieux de l'annulation et de la contrefaçon des brevets européens et des brevets européens à effet unitaire[88], a défini – et donc uniformisé – certains aspects de la protection (art. 25[89] et 26[90]) et des limites (art. 27[91]) offerte par le brevet européen et le brevet européen à effet unitaire.

64. Créations intellectuelles. ***Autres créations intellectuelles***. Les autres créations intellectuelles ne constituent pas des biens intellectuels en ce qu'elles ne font pas l'objet d'une propriété intellectuelle. Sont concernés le concept publicitaire, le

---

l'article 16, paragraphe 1, la Commission évalue le fonctionnement des limitations applicables et soumet, le cas échéant, des propositions appropriées.»

87. N. Binctin, *Droit de la propriété intellectuelle, Droit d'auteur, Brevet, Droits voisins, Marque, Dessins et modèles*, préc., n° 570. *Adde*, du même auteur, «Le projet de brevet européen à effet unitaire : en attendant un brevet de l'Union ?», *Prop. intell.* 2011, p. 270.

88. L'Accord a été signé le 19 février 2013 par 25 États membres de l'Union européenne. Il doit être ratifié par au moins treize États, dont l'Allemagne, la France et le Royaume-Uni, pour entrer en vigueur.

89. Art. 25 «*Droit d'empêcher l'exploitation directe de l'invention*» : «*Un brevet confère à son titulaire le droit d'empêcher, en l'absence de son consentement, tout tiers : a) de fabriquer, d'offrir, de mettre sur le marché ou d'utiliser un produit qui fait l'objet du brevet, ou bien d'importer ou de détenir ce produit à ces fins ; b) d'utiliser le procédé qui fait l'objet du brevet ou, lorsque le tiers sait ou aurait dû savoir que l'utilisation du procédé est interdite sans le consentement du titulaire du brevet, d'en offrir l'utilisation sur le territoire des États membres contractants dans lesquels le brevet produit ses effets ; c) d'offrir, de mettre sur le marché, d'utiliser ou bien d'importer ou de détenir à ces fins un produit obtenu directement par un procédé qui fait l'objet du brevet.*»

90. Art. 26 «*Droit d'empêcher l'exploitation indirecte de l'invention*» : «*1. Un brevet confère à son titulaire le droit d'empêcher, en l'absence de son consentement, tout tiers, de fournir ou d'offrir de fournir, sur le territoire des États membres contractants dans lesquels le brevet produit ses effets, à une personne autre que celle habilitée à exploiter l'invention brevetée, des moyens de mise en œuvre, sur ce territoire, de cette invention se rapportant à un élément essentiel de celle-ci, lorsque le tiers sait, ou aurait dû savoir, que ces moyens sont aptes et destinés à cette mise en œuvre. 2. Le paragraphe 1 ne s'applique pas lorsque les moyens sont des produits de consommation courants, sauf si le tiers incite la personne à qui ils sont fournis à commettre tout acte interdit par l'article 25. 3. Ne sont pas considérées comme des personnes habilitées à exploiter l'invention au sens du paragraphe 1 celles qui accomplissent les actes visés à l'article 27, points a) à e).*»

91. L'article 27, intitulé «Limitations des effets d'un brevet», indique que les droits conférés par un brevet ne s'étendent à certains actes énumérés, notamment aux actes accomplis dans un cadre privé et à des fins non commerciales, aux actes accomplis à titre expérimental qui portent sur l'objet de l'invention brevetée, etc.

savoir-faire, la recette de cuisine[92], la fragrance d'un parfum[93], etc. Plus généralement, cette catégorie résiduelle regroupe toutes les **idées** qui ne sont pas protégées en tant que telles[94], mais qui sont susceptibles de l'être par le droit commun, suivant plusieurs techniques.

En premier lieu, l'idée peut être protégée par le **secret** (qui stoppe le « libre parcours »). Le secret crée une réservation de l'idée qui lui confère un statut de « bien relatif » : si l'idée venait à être rendue publique, elle pourrait être librement exploitée par tous. L'exemple du savoir-faire est éloquent qui, tant qu'il est gardé secret, est susceptible de constituer un bien[95] transmis par des accords de transfert de savoir-faire – souvent intégrés dans des contrats de franchise, dans le secteur de la distribution – qui donnent lieu au versement d'une contrepartie. De règle générale, le caractère secret de l'idée peut être assuré *conventionnellement*, par une clause de confidentialité ou de non-exploitation, ou *légalement*, ce qui est le cas notamment avec les secrets de fabrique[96].

---

92. TGI Paris, 30 septembre 1997, *JCP* E 2000, p. 1376, obs. D. Bougerol : « [s]i les recettes de cuisine peuvent être protégées dans leur expression littéraire, elles ne constituent pas en elles-mêmes une œuvre de l'esprit ; elles s'analysent en effet en une succession d'instructions, une méthode ; il s'agit d'un savoir-faire, lequel n'est pas protégeable ».

93. Civ. 1re, 13 juin 2006, *Bull. civ.* I, n° 307 : « la fragrance d'un parfum, qui procède de la simple mise en œuvre d'un savoir-faire, ne constitue pas (...) la création d'une forme d'expression pouvant bénéficier de la protection des œuvres de l'esprit par le droit d'auteur ».

94. Une proposition de loi Godfrain du 30 juin 1992 (*JOAN* n° 2858), qui n'a pas eu de suites, avait prévu d'instituer un droit d'exploitation exclusif, temporaire, opposable et pouvant être cédé sur « toute création exploitable à des fins lucratives, qui résulte d'un travail intellectuel accompli avec ou sans l'aide d'un matériel ou d'un logiciel » en ce qu'elle constitue « un intérêt patrimonial susceptible de protection juridique » (art. 1). La protection était résiduelle puisqu'elle s'appliquait aux créations qui n'étaient pas protégées par un des droits d'auteur, sur les dessins et modèles et sur les brevets d'invention du Code de la propriété intellectuelle (art. 2). L'article 3 du projet donnait une liste indicative des créations susceptibles d'être ainsi protégées : bases de données (celles-ci, que l'article L. 112-3 al. 2 CPI définit aujourd'hui comme les *« recueil[s] d'œuvres, de données ou d'autres éléments indépendants, disposés de manière systématique ou méthodique, et individuellement accessibles par des moyens électroniques ou par tout autre moyen »* ont été protégées à la suite de la transposition de la directive 96/9/CE du Parlement européen et du Conseil, du 11 mars 1996, *concernant la protection juridique des bases de données*, par un droit d'auteur – art. L. 112-3 CPI – et un droit *sui generis* – art. L. 341-1 à L. 341-7 CPI – au profit du producteur), les photographies (celles qui ne seraient pas considérées comme des œuvres originales au sens de l'article L. 112-2 CPI), le savoir-faire, etc. Non mentionnées, les recettes de cuisine auraient probablement été éligibles à la protection. Ce droit était taillé sur le patron du droit d'auteur et garanti par des sanctions pénales.

95. C'est manifestement la perspective retenue par le Règlement (CE) n° 772/2004 de la Commission du 27 avril 2004 *concernant l'application de l'article 81, paragraphe 3, du traité à des catégories d'accords de transfert de technologie*, qui définit dans son article premier le savoir-faire comme « *un ensemble d'informations pratiques non brevetées, résultant de l'expérience et testées, qui est : i) secret, c'est-à-dire qu'il n'est pas généralement connu ou facilement accessible ; ii) substantiel, c'est-à-dire important et utile pour la production des produits contractuels ; et iii) identifié, c'est-à-dire décrit d'une façon suffisamment complète pour permettre de vérifier qu'il remplit les conditions de secret et de substantialité* » (V. notamment N. Binctin, *Droit de la propriété intellectuelle, Droit d'auteur, Brevet, Droits voisins, Marque, Dessins et modèles*, préc., n° 618 : « si une information est un bien, alors une information secrète, substantielle et identifiée – le savoir-faire – l'est aussi »).

96. Art. L. 1227-1 C. trav. « *[l]e fait pour un directeur ou un salarié de révéler ou de tenter de révéler un secret de fabrication est puni d'un emprisonnement de deux ans et d'une amende de 30 000 euros. La juridiction peut également prononcer, à titre de peine complémentaire, pour une durée de cinq ans au plus, l'interdiction des droits civiques, civils et de famille prévue par l'article 131-26 du Code pénal* ». Le texte est reproduit à l'article L. 621-1 CPI.

En second lieu, lorsque l'idée n'est pas protégée par le secret, elle peut encore l'être par l'exigence de **loyauté** qui pèse sur chacun conformément à la clause générale de responsabilité pour faute prévue à l'article 1382 C. civ. : on en trouve des illustrations en jurisprudence au sujet d'une méthode d'enseignement[97], d'un format d'émission télévisuelle[98] ou encore d'un slogan publicitaire[99]. C'est sur cette base qu'ont prospéré les actions en responsabilité pour ***concurrence déloyale*** ou pour ***parasitisme***[100]. Ces actions sanctionnent la faute de déloyauté commise envers un concurrent (concurrence déloyale) ou la faute consistant à profiter des investissements de toute nature réalisés par autrui[101] en vue de réaliser des économies[102]

97. Com. 29 novembre 1960, *Bull. civ.* IV, n° 389, *RTD com.* 1961, p. 607, obs. H. Desbois : « si une idée ou une méthode d'enseignement n'est pas susceptible en elle-même d'une appropriation privative, son auteur, lorsqu'il en a fait application dans une œuvre radiophonique ou littéraire, est en droit d'exiger que des concurrents n'en fassent pas application sous une forme générale identique de nature à créer une confusion entre les deux ouvrages ».

98. Com. 7 février 1995, pourvoi n° 93-14569, *JCP* 1995, II, 22411, note Ph. Le Tourneau : « l'arrêt relève que les deux séries télévisées "La Nuit des Héros" et "Les Marches de la Gloire" sont fondées sur un concept identique, ont une construction similaire mettant en parallèle les valeurs de la vie quotidienne et le sport, que le découpage a sensiblement la même structure avec la même durée des séquences, que les genres musicaux sont proches, et que la partie dite "plateau" est comparable pour la présentation, bien que la personnalité de chaque présentateur impose une tonalité différente ; qu'en l'état de ces constatations et, abstraction faite de motifs surabondants concernant les économies qui avaient pu être faites par la société TF1, la cour d'appel a pu décider, sans inverser la charge de la preuve, que les agissements de la société TF1 étaient constitutifs d'activité parasitaire à l'égard de la société Antenne 2 ».

99. Com. 3 décembre 1956, *Bull. civ.* III, n° 320 : vignette publicitaire concernant un produit pharmaceutique et représentant « une colombe accompagnée de la formule "La paix du Cœur" ». Encore qu'il arrive que certains slogans publicitaires soient protégés en tant que biens intellectuels (Com. 3 mai 1994, pourvoi n° 91-21003), des brèves journalistiques (CA Paris, 9 novembre 2012, RG n° 11/23316).

100. D. Mainguy, J.-L. Respaud, M. Depincé, *Droit de la concurrence*, Litec, 2010, n° 67 s.

101. Peu importe que le parasite et le parasité soient concurrents.

102. Il s'agit, suivant la célèbre définition de Saint-Gal, de « *vivre dans le sillage d'un autre en profitant des efforts qu'il a réalisés et de la réputation de son nom et de ses produits* » (Y. Saint-Gal, « Concurrence parasitaire ou agissements parasitaires », *RIPIA* 1956, p. 19). V. depuis, Ph. Le Tourneau, *Le parasitisme*, Litec, 1999, selon lequel « [q]uiconque, à titre lucratif et de façon injustifiée, s'inspire sensiblement ou copie sans nécessité absolue une valeur économique d'autrui, individualisée et procurant un avantage concurrentiel, fruit d'un effort intellectuel et d'investissements, commet un agissement parasitaire fautif ».

En jurisprudence, c'est l'arrêt *Ungaro* qui a donné ses lettres de noblesse au parasitisme (CA Paris, 18 mai 1989, *D.* 1990, p. 75, obs. Y. Serra et p. 340, obs. L. Cadiet : la société Ungaro reprochait à un concurrent d'avoir commercialisé un parfum en s'inspirant exagérément de l'emballage et de la présentation d'un des parfums. D'après la cour d'appel, les premiers juges, en refusant de reconnaître la responsabilité du concurrent, ont « consacré une conception restrictive de la concurrence déloyale dans laquelle le comportement de l'opérateur économique ne devient répréhensible que s'il provoque la confusion entre son produit et celui du concurrent ». La cour d'appel retient au contraire la responsabilité du concurrent en raison de son « comportement parasitaire contraire aux usages honnêtes du commerce et constitutif de concurrence déloyale ». Précisément, elle relève qu'« il y a faute engageant la responsabilité dans les termes de l'art. 1382 C. civ. à s'appuyer sur les tentatives et les efforts d'un concurrent pour entamer ses positions commerciales ; qu'il en va ainsi lorsque, dans la réalisation d'un objet, l'auteur, au lieu de donner libre cours à ses facultés créatrices, les met en sommeil et conduit un processus d'élaboration asservi à l'imitation de l'œuvre d'autrui, cette démarche intellectuelle fournissant l'impulsion au travail créateur et lui servant de guide ; qu'une telle manière d'opérer n'appelle pas seulement un blâme d'ordre moral car elle vise à profiter des frais d'études et de mise au point assumés par le concurrent et à s'en faire une arme contre lui en même temps qu'elle évite le risque d'un échec de la commercialisation dans la mesure où celle-ci porte sur un produit proche d'un autre dont on sait qu'il a les faveurs du public ; qu'en fait il s'agit d'un parasitisme économique qui, à l'instar du (parasitisme). En général, le demandeur qui exerce ces actions n'est pas titulaire d'un droit privatif, celles-ci ayant naturellement « pour objet d'assurer la protection de celui qui ne peut se prévaloir d'un droit privatif »[103]. Toutefois, elles profitent également au titulaire d'un droit privatif qui peut les exercer en sus de son action en contrefaçon, les intérêts protégés n'étant pas les mêmes : alors que l'action en contrefaçon protège le droit de propriété du titulaire du droit privatif, les actions pour concurrence déloyale ou parasitisme protègent l'entreprise[104]. Il reste que ces actions ne se confondent pas et reposent en cela sur des *faits distincts* ; s'il en allait autrement, une personne non titulaire d'un droit privatif pourrait reprocher à autrui les mêmes agissements que pourrait lui reprocher celui qui en est titulaire[105]. L'expression de « faits *distincts* » doit cependant être bien entendue : il ne s'agit pas de caractériser des *agissements distincts* mais des *conséquences distinctes d'un agissement*[106] : ainsi un acte de reproduction servile qui établira toujours une contrefaçon en présence d'un droit privatif n'établira un acte de concurrence déloyale ou de parasitisme que s'il crée une confusion auprès du public[107] ou assure une production

---

parasitisme observé dans le règne végétal ou animal, s'analyse en une prise de la substance de l'autre ainsi appauvrie et parfois même conduite au dépérissement ».

Il ressort de la jurisprudence que le parasite, pour éviter d'avoir à réaliser lui-même des investissements, s'approprie les résultats du travail, matériel ou intellectuel, d'autrui (Civ. 1re, 13 décembre 2005, *Bull. civ.* I, n° 499, *Propr. industr.* 2006, comm. 27, obs. J. Schmidt-Swalewski, *Propr. intell.* 2006, p. 226, obs. J. Passa) ou encore sa réputation (V. notamment CA Paris, 15 décembre 1993, *Jurisdata* n° 1993-024271, au sujet de l'utilisation de l'appellation « Champagne » par un parfumeur : « le fabricant de parfum a voulu créer un effet attractif emprunté au prestige de l'appellation litigieuse et a, par un procédé constitutif d'agissements parasitaires, détourné la notoriété dont seuls les producteurs et négociants en champagne peuvent se prévaloir pour commercialiser le vin ayant droit à cette appellation »). Pour une synthèse des définitions retenues par la jurisprudence, v. Ch. Caron, « Variations sur quelques définitions jurisprudentielles du parasitisme », *CCE* 2008, comm. 110.

103. Com. 15 juin 1983, *Bull. civ.* IV, n° 174 (reproduction servile d'extraits d'un catalogue). *Adde* Com. 22 octobre 2002, *Bull. civ.* IV, n° 149, *JCP* E 2003, p. 563, note D. Mainguy et 1863, note Ch. Caron, *D.* 2003, p. 1031, obs. Y. Serra, *Propr. intell.* 2003, p. 85, obs. J. Passa : « l'action en concurrence déloyale peut être intentée même par celui qui ne peut se prévaloir d'un droit privatif » (apposition d'une enseigne évoquant celle d'un concurrent).

104. Comp. Ph. Le Tourneau, *J.-Cl. Concurrence-consommation*, Fasc. 228 : « Parasitisme – Régime juridique », 2013, n° 25 : « (...) la jurisprudence distingue l'action en concurrence déloyale de l'action en contrefaçon. Elles procèdent de causes différentes. Tandis que la seconde est la sanction de la violation d'un droit (de propriété), la première est la sanction de la violation d'un devoir (de ne pas abuser de la liberté du commerce) ».

105. Ainsi, « en l'absence de tout droit privatif, le seul fait de commercialiser des produits identiques à ceux distribués par un concurrent n'est pas fautif » (Com. 9 juin 2004, pourvoi n° 03-10136).

106. Com. 3 juin 2008, pourvoi n° 07-15050 : « l'action en concurrence déloyale peut être intentée par celui qui ne peut se prévaloir d'un droit privatif, et (...) il n'importe pas que les faits incriminés soient *matériellement* les mêmes que ceux allégués au soutien d'une action en contrefaçon rejetée pour défaut de constitution de droit privatif, s'il en résulte une faute » (nous soulignons).

107. Com. 15 juin 1983, *Bull. civ.* IV, n° 174 : « ayant retenu, dans l'exercice de son pouvoir souverain, que le catalogue de la société Sapim reproduisait servilement certains extraits du catalogue de la société Cellier et qu'en dépit de différences, il en résultait pour la clientèle une confusion, la cour d'appel en a déduit à juste titre que la société Sapim avait commis une faute constitutive de concurrence déloyale » ; Com. 12 juin 2007, *Bull. civ.* IV, n° 159, *JCP* G 2007, II, 10181, note M. Malaurie-Vignal, *CCE* 2007, comm. 107, obs. Ch. Caron ; *Propr. intell.* 2007, p. 496, obs. J. Passa : « il n'importe pas que les faits incriminés soient matériellement les mêmes que ceux allégués au soutien d'une action en contrefaçon rejetée pour défaut de constitution de droit privatif, et que l'originalité d'un produit n'est pas une condition de l'action en concurrence déloyale à raison de sa copie, cette circonstance n'étant que l'un des facteurs possibles d'appréciation de l'existence d'une faute par création d'un risque de confusion » ; Com. 2 décembre 2008, pourvoi n° 08-11699, *Propr. intell.* 2009, p. 439,

pour un prix de revient inférieur[108]. Autrement dit, un même agissement est susceptible de constituer *et* l'atteinte à un droit privatif (s'il existe) *et* un acte de concurrence déloyale ou de parasitisme[109]. Chaque fois que la contrefaçon d'une part et la concurrence déloyale ou le parasitisme d'autre part sont établis, il en découle une double indemnisation, même s'il n'est pas toujours évident d'établir des préjudices distincts[110].

---

obs. J. Passa : « après avoir relevé qu'en commercialisant un sac reproduisant le modèle créé par M. Philippe X... et exploité par la société Jean X..., cessionnaire des droits patrimoniaux de l'auteur, la société Norma avait commis des actes de contrefaçon, l'arrêt, qui n'a pas dénié à la société Longchamp la faculté d'agir en concurrence déloyale en invoquant des faits identiques à ceux invoqués par les titulaires de droits à l'appui de leur demande en contrefaçon, retient que ces faits ne caractérisent pas, en l'espèce, une faute constitutive de concurrence déloyale, en l'absence de risque de confusion et de preuve de la volonté de la société Norma de tirer profit de la notoriété de la marque "Longchamp" pour écouler ses stocks ».

108. Com. 18 janvier 1982, *Bull. civ.* IV, n° 19 : « le procédé de la copie servile dans le cas où il permet d'obtenir des prix de revient inférieurs à ceux des produits copies constitue un acte de concurrence déloyale ».

109. C'est ce qui explique que les faits qui pourraient être allégués en vue d'établir une contrefaçon – laquelle ne pouvant toutefois l'être, faute pour le demandeur d'être titulaire du droit privatif – peuvent l'être en vue d'établir la concurrence déloyale ou le parasitisme (Com. 17 mars 2004, pourvoi n° 02-13242 : « l'adoption par un opérateur économique, pour la mise sur le marché de son produit, d'un conditionnement reprenant l'ensemble des éléments caractéristiques du conditionnement d'un produit concurrent fortement évocateurs de ce produit et non nécessaires constitue une faute, même si ce conditionnement n'est pas couvert par un droit privatif » ; Com. 22 mars 2005, pourvoi n° 02-21105 : « le licencié d'une marque, qui ne dispose pas personnellement d'un droit privatif sur le titre de propriété industrielle, est recevable à agir en concurrence déloyale et parasitaire, peu important que les éléments sur lesquels il fonde la demande soient les mêmes que ceux que le titulaire de la marque aurait pu opposer » ; Com. 10 février 2009, *Bull. civ.* IV, n° 18 : « l'action en concurrence déloyale peut être intentée par celui qui ne peut se prévaloir d'un droit privatif, (...) il n'importe pas que les faits incriminés soient matériellement les mêmes que ceux allégués au soutien d'une action en contrefaçon rejetée pour défaut de constitution de droit privatif » ; Com. 12 juin 2012, pourvoi n° 11-21723 : « l'action en responsabilité pour parasitisme peut être fondée sur les mêmes faits que ceux allégués au soutien d'une action en contrefaçon de marque rejetée pour défaut de droit privatif, dès lors qu'il est justifié d'un comportement fautif »).

110. Com. 21 avril 1992, pourvoi n° 90-15113 : « la société Cofrein fait grief à l'arrêt de l'avoir condamnée au paiement de dommages et intérêts pour concurrence déloyale, alors que la cour d'appel ne pouvait ainsi statuer sans énoncer aucun motif caractérisant le préjudice qu'elle entendait réparer ni constater l'existence d'un préjudice résultant de la concurrence déloyale retenue par elle et distinct de celui dont elle a, d'un autre côté, ordonné la réparation au titre de la contrefaçon ; qu'ainsi la cour d'appel a privé son arrêt de base légale au regard de l'article 1382 du Code civil ; Mais (...) la cour d'appel a retenu que les produits imités dans le but d'entretenir dans l'esprit de la clientèle une confusion totale avec les produits originaux étaient vendus à un prix beaucoup plus faible que ceux-ci et que l'offre à la vente dans de telles conditions était constitutive de concurrence déloyale ; (...) la cour d'appel a ainsi fait apparaitre que la société Moulinex subissait, par suite des actes de concurrence déloyale commis par la société Cofrein, un préjudice distinct de celui résultant de la contrefaçon de ses modèles ». *Adde*, illustrant les confusions pouvant naître entre la « faute » et le « préjudice », Civ. 1re, 31 mars 1992, pourvoi n° 90-17013 : « la société Ouest-France fait (...) grief à l'arrêt d'avoir accueilli l'action en concurrence déloyale exercée par la "Casa Bonechi", sans avoir relevé à la charge de la partie condamnée des fautes distinctes de la seule contrefaçon ; Mais (...) la cour d'appel a retenu qu'ayant créé dans l'esprit du public une confusion entre les deux œuvres, le comportement fautif de la société Ouest-France a eu pour but et pour effet de détourner à son profit une partie de la clientèle de la société Y... ; (...) elle a ainsi constaté que cette société avait subi, outre la violation de son droit de propriété intellectuelle, un préjudice commercial distinct constituant le fondement de son action en concurrence déloyale ».

65. Universalités de fait[111]**.** ***Notion***. Déjà connue en droit romain[112], l'universalité de fait désigne un *ensemble* de biens qui, en raison de sa cohérence[113], est traité fictivement comme *un seul bien*[114]. Cette cohérence peut résulter soit d'une *affectation des biens à l'exercice d'une même activité*, ce qui est le cas pour les fonds d'exploitation – fonds de commerce, artisanal, libéral, agricole – soit de ce que les biens *forment une collection*, au sens large – bêtes formant un troupeau (art. 616 C. civ., implic.[115]), valeurs mobilières formant un portefeuille[116], biens culturels formant une collection[117], bases de données[118], etc. Si, économiquement, la valeur d'une universalité est souvent supérieure à la somme de celle des éléments qui la composent – fonds d'exploitation et collections[119] –, tel n'est pas toujours le cas – portefeuilles de titres.

La reconnaissance d'une universalité en tant que « bien » ne signifie pas que les éléments qui la composent perdent leur qualité de biens[120] : les livres d'une bibliothèque, les marchandises d'un fonds de commerce ou les titres d'un portefeuille restent des biens et peuvent faire l'objet d'actes juridiques. Il reste que cette superposition de l'universalité et des biens qui la composent est de nature à générer des conflits, spécialement entre les créanciers : le créancier titulaire d'une sûreté sur une

111. R. GARY, *Les notions d'universalité de fait et d'universalité de droit, contribution à l'étude de la science du droit civil dans son état actuel*, préf. J. BONNECASE, Sirey, 1932 ; A. DENIZOT, *L'universalité de fait*, préf. R. LIBCHABER, LGDJ, Fondation Varenne, 2008.

112. ULPIEN, Dig., L. 6, T. 1, 1, 3 : « [n]on seulement on revendique par [l'action en revendication] des choses particulières, mais même Pomponius écrit, au livre vingt-cinq des leçons, qu'on peut revendiquer un troupeau de moutons (...) » (trad. H. HULOT).

113. Insistant sur cet aspect, R. LIBCHABER, *Rép. civ.*, *V° Biens*, 2009, n° 65 : « n'est qu'un agrégat de choses, corporelles ou incorporelles, dont une certaine cohérence d'ensemble justifie l'émergence en totalité ». Il reste que la détermination exacte du contenu de l'universalité suscite des questions, notamment quant au pouvoir de la volonté (A. DENIZOT, *L'universalité de fait*, préf. R. LIBCHABER, LGDJ, Fondation Varenne, 2008, n° 220 s.).

114. En contrepoint, l'universalité de droit désigne un ensemble de biens qui répond d'un ensemble de dettes : c'est notamment le cas du patrimoine classique, du patrimoine fiduciaire, des masses de bien communes et propres des époux communs en biens.

115. C'est là le seul exemple d'universalité que l'on trouve dans le Code civil.

116. Civ. 1re, 12 novembre 1998, *Bull. civ.* I, n° 315 ; *JCP* G 1999, II, 10027, note S. PIÉDELIÈVRE ; *JCP* N 1999, I, p. 351, note H. HOVASSE ; *D.* 1999, p. 167, note L. AYNÈS, et p. 633, note D. FIORINA ; *RTD civ.* 1999, p. 423, obs. F. ZENATI : « si l'usufruitier d'un portefeuille de valeurs mobilières, lesquelles ne sont pas consomptibles par le premier usage, est autorisé à gérer cette universalité en cédant des titres dans la mesure où ils sont remplacés, il n'en a pas moins la charge d'en conserver la substance et de le rendre (...) ».

117. Dans le domaine des biens culturels, et en vue de préciser les règles relatives à leur circulation, le Code du patrimoine comporte une définition de la collection en annexe : « *[p]our l'application de l'annexe 1 du présent code, constitue une collection, un ensemble d'objets, d'œuvres et de documents dont les différents éléments ne peuvent être dissociés sans porter atteinte à sa cohérence et dont la valeur est supérieure à la somme des valeurs individuelles des éléments qui le composent. La valeur et la cohérence de la collection s'apprécient en fonction de son intérêt pour l'histoire ou pour l'histoire de l'art, des civilisations, des sciences et des techniques* ».

118. V. *supra*, n° 64.

119. C'est d'ailleurs ce que prévoit expressément le Code du patrimoine dans la définition précitée qu'il donne de la collection : « *[p]our l'application de l'annexe 1 du présent code, constitue une collection, un ensemble (...) dont la valeur est supérieure à la somme des valeurs individuelles des éléments qui le composent (...)* ».

120. V. déjà en droit romain : PAUL, Dig. L. 6, T. 1, 23, 5 : « lorsqu'un corps est composé de parties séparées l'une de l'autre, chacune conserve sa nature première, comme sont des esclaves, des brebis ; ainsi je puis revendiquer un troupeau, quoique votre bélier se trouve mêlé parmi mes moutons, et vous pouvez vous-même, revendiquer votre bélier (...) » (trad. H. HULOT).

universalité aura ainsi intérêt à ce que celle-ci comprenne le plus de biens possibles en vue de lui assurer l'assiette la plus large, à la différence du créancier chirographaire qui se verrait primer sur autant de biens par le premier[121].

L'universalité, autonome des biens qui la composent, n'est en principe[122] pas affectée par les mouvements internes qu'elle subit[123]. Elle se régénère constamment en raison du renouvellement des biens qu'elle comprend : une bibliothèque s'enrichit de nouveaux livres en même temps que d'autres disparaissent, les titres d'un portefeuille donnent lieu à des arbitrages et les biens qui constituent le stock d'un fonds de commerce sont écoulés cependant que d'autres le rejoignent[124].

66. Universalités de fait. *Intérêts*. Il arrive qu'une universalité relève d'un régime spécial plus ou moins détaillé : si la circulation des collections de biens culturels est réglementé[125] ou encore si certaines collections de tableaux sont exclues de la catégorie des meubles meublants et donc du forfait mobilier en droit fiscal successoral[126], le fonds de commerce fait l'objet d'une

121. Mais d'autres conflits peuvent également s'élever. On en trouve une bonne illustration dans le conflit opposant le créancier hypothécaire dont la sûreté porte sur un immeuble abritant un fonds de commerce et le créancier nanti sur le fonds de commerce abrité. De fait, il convient de composer entre les forces attractives contraires qu'exercent sur les meubles, d'une part, l'immeuble (qui voudrait les immobiliser par destination) et, d'autre part, le fonds de commerce (qui voudrait les voir rejoindre l'universalité de fait). En général, l'immeuble l'emporte. V. à ce sujet Com. 31 mars 2009, *Bull. civ.* IV, n° 47 : « après avoir constaté que par le seul effet de l'adjudication, la société Jesta était devenue propriétaire de l'ensemble immobilier édifié en exécution du bail à construire, précédemment détenu par la société Noga, et relevé que les meubles affectés à l'exploitation commerciale de l'hôtel et placés dans cet immeuble par cette dernière lorsqu'elle en était propriétaire pour le service du fonds de commerce, l'arrêt retient exactement qu'ils constituaient des immeubles par destination en application de l'article 524 du Code civil dont les conditions se trouvaient ainsi réunies et que la société Noga qui n'était pas locataire mais propriétaire de l'immeuble où était implanté le fonds de commerce, était dépourvue de titre lui permettant de poursuivre son exploitation et de justifier de son maintien dans les locaux acquis par la société Jesta qui n'était pas tenue de lui consentir un bail commercial ».

122. Il faut réserver le cas très spécifique des collections complètes : ainsi telle collection regroupant tous les timbres de tel type sera nécessairement affectée par des mouvements de sortie.

123. Le renouvellement des biens se distingue *a priori* de la subrogation réelle dans la mesure où les biens qui entrent dans l'universalité ne sont pas forcément acquis grâce à l'emploi de fonds qui en proviennent.

124. Point de formalités nécessaires pour qu'un bien rejoigne l'universalité : celle-ci est un « mécanisme attrape-tout qui digère de nouvelles composantes, pourvu que l'ensemble conserve son orientation » (R. Libchaber, *in* préf. A. Denizot, *L'universalité de fait*, LGDJ, Fondation Varenne, 2008, p. XIII).

125. D'après l'article L. 111-2 C. patr., « *[l]'exportation temporaire ou définitive hors du territoire douanier des biens culturels, autres que les trésors nationaux, qui présentent un intérêt historique, artistique ou archéologique et entrent dans l'une des catégories définies par décret en Conseil d'État est subordonnée à l'obtention d'un certificat délivré par l'autorité administrative* ». Les biens culturels dont l'exportation est subordonnée à la délivrance du certificat sont ceux qui entrent, à la date de la demande de certificat, dans l'une des catégories qui figurent dans une annexe au code, laquelle mentionne à plusieurs reprises des collections ou des biens appartenant à une collection.

126. D'après l'article 534 C. civ., « *(...) les tableaux et les statues qui font partie du meuble d'un appartement y sont aussi compris [dans la catégorie des meubles meublants], mais non les **collections** de tableaux qui peuvent être dans les galeries ou pièces particulières. (...)* ». Or, d'après l'article 764 CGI, « I. *Pour la liquidation des droits de mutation par décès, la valeur de la propriété des biens meubles est déterminée, sauf preuve contraire : (...) 2° À défaut d'actes de vente, par l'estimation contenue dans les inventaires, s'il en est dressé dans les formes prescrites par l'article 789 C. civ., et dans les cinq années du décès, pour les **meubles meublants**, et par l'estimation contenue dans les inventaires et autres actes, s'il en est passé, dans le même délai, pour les autres biens meubles, sauf les dispositions du II ; 3° À défaut des bases d'évaluation établies aux 1° et 2°, par la déclaration*

réglementation plus minutieuse, s'agissant notamment de sa vente ou de son nantissement[127].

Mais, de règle générale, la reconnaissance d'une universalité offre deux intérêts principaux. En premier lieu, l'universalité, en tant que *bien*, est susceptible de former l'assiette de droits réels, notamment de sûretés réelles. La réforme des sûretés opérée en 2006 a d'ailleurs indirectement promu la notion d'universalité en autorisant le gage[128], le nantissement[129] et la fiducie-sûreté[130] sur un « *ensemble de biens présents ou futurs* »[131]. À cet égard, en raison de l'incertitude récurrente qui concerne le contenu exact des universalités, il convient, lorsque la loi ne le fait pas, de déterminer le contenu exact des biens qui composent l'ensemble.

En second lieu, l'universalité, en tant qu'*ensemble de biens*, crée une certaine indivisibilité entre ceux-ci[132] : « *la superposition d'un tout freine l'autonomie des composants* »[133]. Ainsi, à l'occasion d'un partage « *[d]ans la formation et la composition des lots, on s'efforce d'éviter de diviser les unités économiques et autres ensembles de biens dont le fractionnement entraînerait la dépréciation* » (art. 830 C. civ.). Dans le prolongement, le mécanisme de l'attribution préférentielle permet que soit attribuée une entreprise[134] au conjoint ou à un héritier y ayant participé effectivement (art. 831 C. civ.[135]). Le fonds de commerce ne faisant pas l'objet

---

détaillée et estimative des parties ; toutefois, pour les meubles meublants, et sans que l'administration ait à en justifier l'existence, la valeur imposable ne peut être inférieure à 5 % de l'ensemble des autres valeurs mobilières et immobilières de la succession, la preuve contraire étant aussi réservée (...) ». Et v. Com. 17 octobre 1995, *Bull. civ.* I, n° 240, *affaire Poliakoff*, *RTD civ.* 1996, p. 650, obs. F. Zenati : « ayant rappelé qu'aux termes de l'article 534 du Code civil les meubles meublants sont ceux destinés à l'usage et à l'ornement des appartements, et comprennent les tableaux qui "font partie du meuble" d'un appartement mais non les collections de tableaux qui peuvent être dans des galeries ou dans des pièces particulières, le jugement constate qu'il n'est pas prétendu que M. X... ait possédé une collection de tableaux ou que le tableau litigieux n'ait pas orné son appartement et retient que le tableau litigieux est un meuble meublant ; (...) en appliquant ainsi, pour qualifier un "meuble meublant", le droit commun, auquel l'article 764-I.3° du Code général des impôts renvoie en citant cette catégorie de biens sans en donner une définition spéciale, le Tribunal a fait une exacte application de la loi ».

127. V. *infra*, n° 67.

128. Art. 2333 al. 1 C. civ. : « *[l]e gage est une convention par laquelle le constituant accorde à un créancier le droit de se faire payer par préférence à ses autres créanciers sur un bien mobilier ou un ensemble de biens mobiliers corporels, présents ou futurs* ».

129. Art. 2355 al. 1 C. civ. : « *[l]e nantissement est l'affectation, en garantie d'une obligation, d'un bien meuble incorporel ou d'un ensemble de biens meubles incorporels, présents ou futurs* ».

130. Art. 2011 C. civ. : « *[l]a fiducie est l'opération par laquelle un ou plusieurs constituants transfèrent des biens, des droits ou des sûretés, ou un ensemble de biens, de droits ou de sûretés, présents ou futurs, à un ou plusieurs fiduciaires qui, les tenant séparés de leur patrimoine propre, agissent dans un but déterminé au profit d'un ou plusieurs bénéficiaires* ».

131. Ce qui contraste avec la jurisprudence antérieure. Ainsi n'avait-il pas été admis, pour indétermination de leur assiette, le gage d'une bibliothèque (Civ., 4 mars 1811, *Journal du barreau et des écoles de droit*, 1811, t. 6, p. 494).

132. Elle est un « outil d'indivisibilité » (A. Denizot, *L'universalité de fait*, préf. R. Libchaber, th., LGDJ, Fondation Varenne, 2008, n° 240).

133. A. Denizot, *L'universalité de fait*, préf. R. Libchaber, LGDJ, Fondation Varenne, 2008, n° 312.

134. L'expression, plus large que celle de fonds, permet d'y inclure immeuble et contrats.

135. « *Le conjoint survivant ou tout héritier copropriétaire peut demander l'attribution préférentielle par voie de partage, à charge de soulte s'il y a lieu, de toute entreprise, ou partie d'entreprise agricole, commerciale, industrielle, artisanale ou libérale ou quote-part indivise d'une telle entreprise, même formée pour une part de biens dont il était déjà propriétaire ou copropriétaire avant le décès, à l'exploitation de laquelle il participe ou a participé effectivement. Dans le cas de l'héritier, la condition de participation peut être ou avoir été remplie par son conjoint ou ses descendants.* (al. 1) *S'il y a*

d'une procédure de saisie réglementée, son intégrité est garantie par la faculté de convertir la saisie de certains de leurs éléments en vente globale[136]. Dans un domaine voisin, il est possible de voir dans l'ensemble formé par un immeuble et un meuble immobilisé par destination une universalité de fait, dont la cohésion est garantie par la règle suivant laquelle « *[l]es immeubles par destination ne peuvent être saisis indépendamment de l'immeuble, sauf pour paiement de leur prix* » (art. L. 112-3 C. proc. civ. exé.).

67. Universalités de fait. ***Illustrations.*** Deux universalités de fait retiennent particulièrement l'attention : les *portefeuilles de valeurs mobilières* et les *fonds d'exploitation*.

C'est depuis l'arrêt *Baylet* rendu par la Cour de cassation le 12 novembre 1998 que le **portefeuille de valeurs mobilières**[137] est considéré comme une universalité de fait regroupant des valeurs mobilières[138]. La qualification d'universalité permet à celui qui jouit du portefeuille appartenant à autrui, et qui est à ce titre tenu d'une obligation de conservation, de procéder à des arbitrages des titres, lesquels n'altèrent pas le portefeuille lui-même au-delà des changements de son contenu.

Les **fonds d'exploitation** appellent davantage d'observations, en ce qu'ils sont, pour la plupart, réglementés par la loi. Ce sont tous des universalités qui regroupent différents biens utiles à l'exploitation en ce qu'ils sont attractifs de la clientèle[139].

---

lieu, la demande d'attribution préférentielle peut porter sur des droits sociaux, sans préjudice de l'application des dispositions légales ou des clauses statutaires sur la continuation d'une société avec le conjoint survivant ou un ou plusieurs héritiers (al. 2) ».

136. Ainsi, une saisie-exécution effectuée par tout créancier peut être convertie en vente globale du fonds à la requête du poursuivant ou du débiteur (art. L. 143-3 C. com. : « *[t]out créancier qui exerce des poursuites de saisie-exécution et le débiteur contre lequel elles sont exercées peuvent demander, devant le tribunal de commerce dans le ressort duquel s'exploite le fonds, la vente du fonds de commerce du saisi avec le matériel et les marchandises qui en dépendent (...)* ») ou à la requête d'un créancier inscrit (art. L. 143-10 C. com. : « *[i]l n'est procédé à la vente séparée d'un ou plusieurs éléments d'un fonds de commerce grevé d'inscriptions, poursuivie soit sur saisie-exécution, soit en vertu des dispositions du présent chapitre, que dix jours au plus tôt après la notification de la poursuite aux créanciers qui se sont inscrits quinze jours au moins avant ladite notification, au domicile élu par eux dans leurs inscriptions. Pendant ce délai de dix jours, tout créancier inscrit, que sa créance soit ou non échue, peut assigner les intéressés devant le tribunal de commerce dans le ressort duquel s'exploite le fonds, pour demander qu'il soit procédé à la vente de tous les éléments du fonds, à la requête du poursuivant ou à sa propre requête, dans les termes et conformément aux dispositions des articles L. 143-3 à L. 143-7.* »).

137. Autrefois les valeurs mobilières étaient incorporées dans des supports en papier, lesquels étaient regroupés dans des portefeuilles (R. Libchaber, « Le portefeuille de valeurs mobilières : bien unique ou pluralité de biens », *Rép. Defr.* 1997, p. 65, spéc. n° 1).

138. Civ. 1re, 12 novembre 1998, *Bull. civ.* I, n° 315, *JCP* G 1999, II, 10027, note S. Piédelièvre ; *JCP* N 1999, I, p. 351, note H. Hovasse ; *D.* 1999, p. 167, note L. Aynès, et p. 633, note D. Fiorina ; *RTD civ.* 1999, p. 423, obs. F. Zenati : le portefeuille de valeurs mobilières « *constitue une universalité (distincte de ses éléments constitutifs) qui est fongible et appartient à celui qui le détient* » de sorte que « *si l'usufruitier d'un portefeuille de valeurs mobilières, lesquelles ne sont pas consomptibles par le premier usage, est autorisé à gérer cette universalité en cédant des titres dans la mesure où ils sont remplacés, il n'en a pas moins la charge d'en conserver la substance et de la rendre* ». Dès avant cet arrêt, la loi n° 96-597 du 2 juillet 1996 avait consacré le « gage de compte d'instruments financiers », renommé « nantissement de compte titres » par l'ordonnance n° 2009-15 du 8 janvier 2009.

139. Comme tous biens, ils sont protégés par la Conv. EDH, la Cour EDH analysant la clientèle comme « une valeur patrimoniale, donc en un bien » (Cour EDH, 26 juin 1986, *Van Marle c/ Belgique*, req. n° 8543/79, 8674/79, 8675/79, 8685/79).

Le plus ancien et le plus connu est le ***fonds de commerce***, qui est un bien pouvant, à ce titre être cédé[140], nanti[141], et faire l'objet d'une attribution préférentielle[142]. Le fonds de commerce comprend des biens *corporels* (marchandises, matériels, par exemple) et *incorporels* (signes de ralliement de la clientèle, droit au bail, etc.) utiles à l'exploitation commerciale. Les biens qui font partie du fonds de commerce ne sont pas définis par la loi[143], ce qui explique que sa composition soit à géométrie variable, étroitement liée à la volonté des parties. Toutefois, sont exclus du fond, sauf exceptions[144], les *contrats conclus par l'exploitant*, notamment les contrats de distribution, mais aussi les *immeubles*, en ce compris les meubles immobilisés par destination[145]. De même, sont exclus du fond, mais dans la seule perspective de son nantissement, les marchandises[146]. Bien que l'on dise parfois que la clientèle constitue l'élément essentiel du fonds de commerce[147], c'est un abus de langage manifeste, tant il est vrai qu'on ne peut s'approprier des clients, des personnes[148]. En revanche, il est vrai que les *éléments attractifs de la clientèle*, à l'exception des

140. Art. L. 141-1 s. C. com.
141. Art. L. 142-1 s. C. com.
142. Art. 831 C. civ., préc.
143. Sauf lorsqu'il s'agit de son nantissement : d'après l'article L. 142-2 al. 1 C. com., « *[s]ont seuls susceptibles d'être compris dans le nantissement soumis aux dispositions du présent chapitre comme faisant partie d'un fonds de commerce : l'enseigne et le nom commercial, le droit au bail, la clientèle et l'achalandage, le mobilier commercial, le matériel ou l'outillage servant à l'exploitation du fonds, les brevets d'invention, les licences, les marques, les dessins et modèles industriels, et généralement les droits de propriété intellectuelle qui y sont attachés* ».
Par ailleurs, d'après l'article L. 141-5 C. com., « *[le privilège du vendeur] ne porte que sur les éléments du fonds énumérés dans la vente et dans l'inscription, et à défaut de désignation précise, que sur l'enseigne et le nom commercial, le droit au bail, la clientèle et l'achalandage* ». Toutefois, le privilège du vendeur « *qui garantit chacun de ces prix, ou ce qui en reste dû, s'exerce distinctement sur les prix respectifs de la revente afférents aux marchandises, au matériel et aux éléments incorporels du fonds* », qui forment autant de « sous-universalités » (art. L. 141-5 al. 4 C. com.).
144. Les contrats de travail (art. L. 1224-1 C. trav. : « *[l]orsque survient une modification dans la situation juridique de l'employeur, notamment par succession, vente, fusion, transformation du fonds, mise en société de l'entreprise, tous les contrats de travail en cours au jour de la modification subsistent entre le nouvel employeur et le personnel de l'entreprise* »), les contrats d'assurance (art. L. 121-10 al. 1 C. ass. : « *[e]n cas de décès de l'assuré ou d'aliénation de la chose assurée, l'assurance continue de plein droit au profit de l'héritier ou de l'acquéreur, à charge par celui-ci d'exécuter toutes les obligations dont l'assuré était tenu vis-à-vis de l'assureur en vertu du contrat* »), et le bail commercial (il ne peut être exclu du fonds que s'il n'est pas nécessaire à celui-ci, v. Com. 9 mai 2007, pourvoi n° 05-20057 : « la cession d'un fonds de commerce n'inclut pas nécessairement celle du bail des locaux d'exploitation de ce fonds »).
145. La valeur du fonds est donc paradoxalement plus importante si l'exploitant est locataire, le bail faisant partie du fonds, que propriétaire des murs, l'immeuble en étant exclu.
146. Art. L. 142-2 C. com. « *[s]ont seuls susceptibles d'être compris dans le nantissement soumis aux dispositions du présent chapitre comme faisant partie d'un fonds de commerce : l'enseigne et le nom commercial, le droit au bail, la clientèle et l'achalandage, le mobilier commercial, le matériel ou l'outillage servant à l'exploitation du fonds, les brevets d'invention, les licences, les marques, les dessins et modèles industriels, et généralement les droits de propriété intellectuelle qui y sont attachés* » (al. 1) et encore, « *[à] défaut de désignation expresse et précise dans l'acte qui le constitue, le nantissement ne comprend que l'enseigne et le nom commercial, le droit au bail, la clientèle et l'achalandage* » (al. 3).
147. Req. 15 février 1937, *D.* 1938, 1, p. 13, obs. P. Cordonnier : la clientèle est l'élément « le plus essentiel, celui sans lequel un fonds ne saurait exister ».
148. R. Savatier, « L'introduction et l'évolution du bien-clientèle dans la construction du droit positif français », *Mélanges offerts à Jacques Maury*, t. II, Dalloz-Sirey, 1960, p. 559.

éléments ci-dessus évoqués, font partie du fonds de commerce[149]. Par où l'on comprend que sans clientèle, il n'y a pas de fonds : la clientèle est un *révélateur* du fonds. Le ***fonds artisanal*** a été consacré par la loi n° 96-603 du 5 juillet 1996 *relative au développement et à la promotion du commerce et de l'artisanat*[150]. Comme celui-ci, il peut faire l'objet d'une attribution préférentielle[151], d'une cession et d'un nantissement[152] et sa composition[153] appelle les mêmes observations que pour le fonds de commerce. La reconnaissance du ***fonds libéral*** est l'œuvre récente de la jurisprudence. À l'origine, celle-ci s'était montrée réticente à reconnaître un fonds libéral en raison de la spécificité de la clientèle, attachée davantage à la personne du professionnel qu'à ses outils d'exploitation. Aussi bien admettait-elle seulement que l'on puisse *présenter* sa clientèle au successeur, même moyennant finance, mais non la lui « *céder* »[154]. La solution était hypocrite dans la mesure où la présentation avait bien pour *effet* de « céder » la clientèle[155]. Cette subtilité a cessé depuis un arrêt retenant que « si la cession de clientèle médicale (...) n'est pas illicite, c'est à la condition que soit sauvegardée la liberté de choix du patient »[156]. Cessible, le

149. Il n'existe pas de véritable obstacle à la reconnaissance d'un « fonds de commerce électronique » (v., s'agissant du Minitel, CA Paris, 28 janvier 2005, *RTD com.* 2005, p. 250). Il s'agit d'un fonds de commerce comme un autre, avec des marchandises, du matériel, des signes distinctifs, la seule particularité, non des moindres, tenant à ce que l'exploitant n'est en principe pas titulaire d'un bail commercial.

150. Néanmoins, l'attribution préférentielle de l'« entreprise artisanale » était déjà prévue par le Code civil (v. aujourd'hui, l'article 831 C. civ. préc.).

151. Art. 831 C. civ., préc.

152. Art. 22 al. 1 : « *[l]e fonds exploité dans l'exercice de l'une des activités professionnelles visées au I de l'article 19, par une personne physique ou morale qui n'a pas la qualité de commerçant, peut faire l'objet de nantissement dans les conditions et sous les formalités prévues par la loi du 17 mars 1909 relative à la vente et au nantissement des fonds de commerce* » ; art. 22 al. 3 : « *[s]ont seuls susceptibles d'être compris dans le nantissement du fonds artisanal : l'enseigne et le nom professionnel, le droit au bail, la clientèle et l'achalandage, le mobilier professionnel, le matériel ou l'outillage servant à l'exploitation du fonds, les dessins et modèles ainsi que les autres droits de propriété industrielle, littéraire ou artistique qui y sont attachés* ».

153. Celle-ci n'est envisagée que dans la perspective de son nantissement (art. 22 al. 3, préc.).

154. Civ. 1re, 7 juin 1995, *Bull. civ.* I, n° 43, *D.* 1995, p. 560, note B. Beigner : « si la clientèle d'un médecin n'est pas dans le commerce, le droit de ce médecin de présenter un confrère à sa clientèle constitue un droit patrimonial qui peut faire l'objet d'une convention régie par le droit privé ».

155. Les mots avaient donc une importance excessive : si la « cession de clientèle » était nulle, la « présentation de clientèle » était valable.

156. Civ. 1re, 7 novembre 2000, *Bull. civ.* I, n° 283, *D.* 2001, p. 400, note Y. Auguet, *JCP* G 2001, II, 10452, note Vialla, *Rép. Defr.* 2001, p. 431, note R. Libchaber, *RTD civ.* 2001, p. 167, note Th. Revet (*Adde* Civ. 1re, 2 mai 2001, *Bull. civ.* I, n° 110, *JCP* G 2002, I, 103, n° 11, obs. Ph. Simler, *JCP* G, II, 10062, note O. Barret). L'arrêt énonce une limite qui tient à la préservation de la « liberté de choix du patient » et qui vaut plus généralement pour tout client. Cette limite doit être entendue comme faisant obstacle notamment à l'interdiction qu'aurait le cédant de recevoir son ancien patient, par la rétention du dossier médical par le cessionnaire. Le patient doit être libre d'aller voir le médecin de son choix, y compris le cédant s'il exerce encore. La Cour de cassation a eu à connaître d'une clause interdisant à un notaire ayant cédé son office, non seulement de se réinstaller sur le territoire de certaines communes, mais aussi de reverser les sommes qu'il pourrait recevoir des clients de l'office cédé qui l'auraient suivi dans les communes où il avait le droit de se réinstaller, pendant une période de dix ans. La Cour de cassation a considéré que la clause, par la sanction de la privation de toute rémunération du travail accompli, soumettait le cédant à une pression sévère de nature, sinon à refuser de prêter son ministère, du moins à tenter de convaincre le client de choisir un autre notaire, de sorte que la liberté de choix de cette clientèle n'était pas respectée : la clause est donc nulle (Civ. 1re, 14 novembre 2012, *Bull. civ.* I, n° 240). En contrepoint, la Cour de cassation a considéré que ne pouvait être annulée une clause de garantie de clientèle contenue dans un acte de vente d'un fonds d'un expert-comptable par laquelle le

fonds libéral est assurément un bien. La reconnaissance de ce statut s'est encore accrue depuis qu'il peut faire l'objet d'une attribution préférentielle[157] et son nantissement devrait être possible[158]. Le ***fonds agricole***, exploité dans le cadre d'une activité agricole, a été créé par une loi n° 2006-11 du 5 janvier 2006 *d'orientation agricole*[159]. Il est singulier en ce que sa création fait l'objet d'une décision de l'exploitant et d'une déclaration au centre de formalités des entreprises de la chambre d'agriculture compétente[160]. Le fonds agricole peut faire l'objet d'une attribution préférentielle[161], d'une cession et d'un nantissement[162]. C'est d'ailleurs, encore une fois, dans la perspective de son nantissement que sa composition est envisagée[163].

68. Les autorisations administratives d'exercer une activité de distribution ou de prestation de service : licences et offices. En raison de la liberté du commerce et de l'industrie[164], l'exercice d'une activité économique est en principe libre.

---

cédant devait indemniser le cessionnaire si la clientèle ne s'adressait pas à lui pour une autre raison que sa faute lourde, dès lors que la cour d'appel n'avait pas « constaté que ladite clause portait atteinte à la liberté de choix des clients » (Civ. 1re, 10 avril 2013, pourvoi n° 12-15168).

157. Art. 831 C. civ., préc.

158. Il relèverait, faute d'un texte lui étant propre, des dispositions relatives au gage de meubles corporels. V. Art. 2355 al. 5 C. civ. : le nantissement « *qui porte sur d'autres meubles incorporels est soumis, à défaut de dispositions spéciales, aux règles prévues pour le gage de meubles corporels* ». *Adde* Ph. Dupichot, « Le nantissement, un an après », *LPA* 2008, n° 63, p. 27 s., spéc. n° 29.

159. Codifiée aux articles. L. 311-1 s. C. rur. et pêch. mar. Auparavant déjà, l'universalité était bien là, come en témoignait la possibilité d'obtenir l'attribution préférentielle de l'« exploitation agricole ». Aujourd'hui, l'article 831 C. civ. vise l'attribution préférentielle de l'« entreprise agricole ».

160. Art. L. 311-3 al. 1 C. rur. et pêch. mar. : « *[l]e fonds exploité dans l'exercice de l'activité agricole définie à l'article, dénommé "fonds agricole", peut être créé par l'exploitant. Cette décision fait l'objet d'une déclaration au centre de formalités des entreprises de la chambre d'agriculture compétente* ».

161. Art. 831 C. civ., préc.

162. Art. L. 311-3 al. 2 C. rur. et pêch. mar. : « *[c]e fonds, qui présente un caractère civil, peut faire l'objet d'un nantissement dans les conditions et selon les formalités prévues par les chapitres II et III du titre IV du livre Ier du Code de commerce* ».

163. Sont « *seuls susceptibles d'être compris dans le nantissement du fonds agricole le cheptel mort et vif, les stocks et, s'ils sont cessibles, les contrats et les droits incorporels servant à l'exploitation du fonds, ainsi que l'enseigne, le nom d'exploitation, les dénominations, la clientèle, les brevets et autres droits de propriété industrielle qui y sont attachés* » (art. L. 311-3 al. 3 C. rur. et pêch. mar.). La Cour de cassation a cependant décidé (Civ. 1re, 19 décembre 2012, *Bull. civ.* I, n° 270, *RTD civ.* 2013, p. 404, obs. W. Dross et p. 428, obs. B. Vareille) qu'une exploitation vinicole propre à un mari commun en biens ne se compose pas des stocks d'eau-de-vie et de pineau, lesquels constituent « le produit de l'industrie personnelle du mari » et sont donc communs en application de l'article 1401 C. civ. (« *[l]a communauté se compose activement des acquêts faits par les époux ensemble ou séparément durant le mariage, et provenant tant de leur industrie personnelle que des économies faites sur les fruits et revenus de leurs biens propres* »).

164. La liberté du commerce et de l'industrie a valeur constitutionnelle. V. Cons. const., 16 janvier 1982, déc. n° 81-132 DC, *Loi de nationalisation* : « *[c]onsidérant que, si postérieurement à 1789 et jusqu'à nos jours, les finalités et les conditions d'exercice du droit de propriété ont subi une évolution caractérisée à la fois par une notable extension de son champ d'application à des domaines individuels nouveaux et par des limitations exigées par l'intérêt général, les principes mêmes énoncés par la Déclaration des droits de l'homme ont pleine valeur constitutionnelle tant en ce qui concerne le caractère fondamental du droit de propriété dont la conservation constitue l'un des buts de la société politique et qui est mis au même rang que la liberté, la sûreté et la résistance à l'oppression, qu'en ce qui concerne les garanties données aux titulaires de ce droit et les prérogatives de la puissance publique ; que la liberté qui, aux termes de l'article 4 de la Déclaration, consiste à pouvoir faire tout ce qui ne nuit pas à autrui, ne saurait elle-même être préservée si des restrictions arbitraires ou abusives étaient apportées à la liberté d'entreprendre.* » (cons. n° 16)

Pourtant, certaines activités de distribution (de tabac[165], de boissons alcoolisées à consommer sur place[166], de médicaments[167]) ou de service (de taxis[168]) supposent l'octroi d'une **licence**. La protection de la propriété de ces autorisations en tant que biens est habituellement retenue[169], encore que certaines décisions du Conseil constitutionnel sèment le doute[170].

Dans ce même ordre d'idées, certaines activités, liées à l'administration de la justice, ne peuvent être exercées que par des officiers ministériels titulaires d'un **office** : c'est le cas des *notaires*, qui rédigent des actes dans divers domaines[171], des *huissiers*, qui font exécuter les décisions de justice[172], des *commissaires-priseurs judiciaires*, qui procèdent aux enchères publiques prescrites par la loi ou par

---

165. Art. 568 CGI : « *[l]e monopole de vente au détail est confié à l'administration qui l'exerce, dans des conditions et selon des modalités fixées par décret, par l'intermédiaire de débitants désignés comme ses préposés et tenus à droit de licence au-delà d'un seuil de chiffre d'affaires (...)* ».
166. Art. L. 3331-1 CSP : « *[l]es débits de boissons à consommer sur place sont répartis en trois catégories selon l'étendue de la licence dont ils sont assortis (...)* ».
167. Art. L. 4211-1 CSP : « *[s]ont réservées aux pharmaciens, sauf les dérogations prévues aux articles du présent code : (...) La vente en gros, la vente au détail, y compris par internet, et toute dispensation au public des médicaments (...)* ».
168. Art. L. 3121-1 C. transp. : « *[l]es taxis sont des véhicules automobiles comportant, outre le siège du conducteur, huit places assises au maximum, munis d'équipements spéciaux et d'un terminal de paiement électronique, et dont le propriétaire ou l'exploitant est titulaire d'une autorisation de stationnement sur la voie publique, en attente de la clientèle, afin d'effectuer, à la demande de celle-ci et à titre onéreux, le transport particulier des personnes et de leurs bagages* ».
169. V. notamment F. Terré et Ph. Simler, n° 62.
170. Cons. const., 11 octobre 2013, déc. n° 2013-346 QPC, *D.* 2014, p. 104, obs. F.-G. Trebulle, *ibid.*, p. 1846, obs. B. Mallet-Bricout, *JCP* 2014, I, 751, obs. H. Périnet-Marquet : « [c]onsidérant (...) que les autorisations de recherche minière accordées dans des périmètres définis et pour une durée limitée par l'autorité administrative ne sauraient être assimilées à des biens objets pour leurs titulaires d'un droit de propriété ; que, par suite, les dispositions contestées n'entraînent ni une privation de propriété au sens de l'article 17 de la Déclaration de 1789 ni une atteinte contraire à l'article 2 de la Déclaration de 1789 » (cons. n° 17, au sujet de la loi n° 2011-835 du 13 juillet 2011 visant à interdire l'exploration et l'exploitation des mines d'hydrocarbures liquides ou gazeux par fracturation hydraulique et à abroger les permis exclusifs de recherches comportant des projets ayant recours à cette technique). La décision est critiquable : une autorisation administrative, même conclue pour une durée limitée, constitue un bien. Cela ne signifie pas qu'il ne soit pas possible de porter atteinte à la propriété de celui-ci : cela l'est, pourvu que l'atteinte soit légitime et proportionnée. Comme on l'a relevé, il semble « sévère que la loi puisse désormais, sans aucun risque constitutionnel, mettre en cause une autorisation délivrée par l'autorité administrative pour une durée déterminée sans que le titulaire n'ait aucun moyen de recours » (H. Périnet-Marquet, obs. préc. sous la décision). Et v. déjà Cons. const., 30 décembre 1982, déc. n° 82-150 DC, LOTI : « [c]onsidérant que les autorisations d'exploiter des services de transports publics réguliers de personnes accordées à des fins d'intérêt général par l'autorité administrative à des entreprises de transports ne sauraient être assimilées à des biens objets pour leurs titulaires d'un droit de propriété et comme tels garantis, en cas d'expropriation pour utilité publique, par l'article 17 de la Déclaration des droits de l'homme » (cons. n° 3).
171. Ord. n° 45-2590 du 2 novembre 1945 *relative au statut du notariat* : « *[l]es notaires sont les officiers publics, établis pour recevoir tous les actes et contrats auxquels les parties doivent ou veulent faire donner le caractère d'authenticité attaché aux actes de l'autorité publique, et pour en assurer la date, en conserver le dépôt, en délivrer des grosses et expéditions* » (art. 1). Sa qualité d'officier ministériel ressort d'autres dispositions de l'ordonnance.
172. Ord. n° 45-2592 du 2 novembre 1945 *relative au statut des huissiers* : « *[l]es huissiers de justice sont les officiers ministériels qui ont seuls qualité pour signifier les actes et les exploits, faire les notifications prescrites par les lois et règlements lorsque le mode de notification n'a pas été précisé et ramener à exécution les décisions de justice, ainsi que les actes ou titres en forme exécutoire (...)* » (art. 1).

décision de justice et aux prisées correspondantes[173], des *avocats au Conseil d'État et à la Cour de cassation*, qui assistent les plaideurs devant les juridictions suprêmes[174], et des *greffiers des tribunaux de commerce*, qui assurent la gestion des affaires portées au tribunal[175]. Les notaires et les huissiers sont, en plus d'être des officiers ministériels, des officiers publics, car ils ont le pouvoir de dresser des actes authentiques. Les offices sont des biens cessibles, encore que le successeur doive être agréé par le garde des Sceaux[176] : la cession, souvent faite à titre onéreux, est passée sous la condition suspensive de l'agrément du cessionnaire et, s'il y a lieu, de l'approbation du retrait du cédant[177].

---

173. Ord. n° 45-2593 du 2 novembre 1945 *relative au statut des commissaires-priseurs* : « *[l]e commissaire-priseur judiciaire est l'officier ministériel chargé de procéder, dans les conditions fixées par les lois et règlements en vigueur, à l'estimation et à la vente publique aux enchères des meubles et effets mobiliers corporels (...)* » (art. 1).

174. Ord. 10 septembre 1817 qui réunit, sous la dénomination d'Ordre des avocats au Conseil d'État et à la Cour de cassation, l'Ordre des avocats aux conseils et le Collège des avocats à la Cour de cassation, fixe irrévocablement le nombre des titulaires et contient des dispositions pour la discipline intérieure de l'Ordre.

175. Art. R. 741-1 s. C. com. et spéc. art. R. 742-18 s.

176. Pour les avocats au Conseil d'État et à la Cour de cassation, v. Décret n° 91-1125 du 28 octobre 1991 *relatif aux conditions d'accès à la profession d'avocat au Conseil d'État et à la Cour de cassation* ; pour les huissiers, v. Décret n° 69-1274 du 31 décembre 1969 *pris pour l'application à la profession d'huissier de justice de la loi n° 66-879 du 29 novembre 1966 sur les sociétés civiles professionnelles* ; pour les greffiers des tribunaux de commerce, v. art. R. 743-44 C. com. ; pour les notaires, v. Décret n° 67-868 du 2 octobre 1967 *pris pour l'application à la profession de notaire de la loi n° 66-879 du 29 novembre 1966 relative aux sociétés civiles professionnelles* ; pour les commissaires-priseurs, v. Décret n° 69-763 du 24 juillet 1969 *pris pour l'application à la profession de commissaire-priseur judiciaire de la loi n° 66-879 du 29 novembre 1966 relative aux sociétés civiles professionnelles.*

177. Observations :

1°/ Le titulaire d'un office notarial est libre d'exercer son droit de présentation jusqu'à la nomination de son successeur, mais la faculté de retirer une présentation pour la remplacer par une autre n'exclut pas l'obligation de réparer le dommage résultant de l'inexécution d'un engagement (Civ. 1re, 16 juillet 1985, *Bull. civ.* I, n° 224, *Rép. Defr.* 1986, p. 785, obs. J.-L. Aubert, *RTD civ.* 1987, p. 88, obs. J. Mestre ; *Contra* CA Bordeaux, 9 mai 1995, *Jurisdata* n° 046210 : « [l]e refus du notaire "cédant" d'adresser à l'autorité compétente la lettre de démission et de présentation d'usage n'est pas susceptible d'altérer la perfection juridique de la promesse ainsi acceptée manifestant, par la rencontre des volontés réciproques, la volonté du promettant de désigner son successeur et, par voie de conséquence nécessaire, d'abandonner la place de titulaire de l'office, et la volonté du bénéficiaire d'accepter d'être désigné comme successeur et de faire acte de candidature à la titularisation auprès de l'autorité publique. Ce refus n'est qu'un moyen de contrarier l'exécution de la promesse. L'obligation de remplir et signer la lettre de démission et de présentation n'est que l'instrument de l'engagement pris en faveur [du cessionnaire] dans le cadre de cette promesse définitive et irrévocable, librement faite et acceptée. Cette obligation est susceptible d'exécution en nature (...). Par suite, la résistance du débiteur de cette obligation autorise le successeur bénéficiaire de la promesse d'usage du droit de présentation à en réclamer l'exécution forcée : la liberté individuelle du notaire cédant n'est pas atteinte par ce mode d'exécution puisqu'il a, par le libre usage de sa volonté, décidé d'utiliser son droit légal de présentation en faveur du bénéficiaire de la promesse ; que son refus n'a pas pour objet en l'espèce d'exercer son droit au profit d'une autre personne que le bénéficiaire de la promesse, et qu'en cette occurrence, primauté doit être donnée à la force obligatoire de la convention. L'exécution forcée de cette obligation n'est pas non plus susceptible de porter atteinte aux prérogatives de la puissance publique qui nomme aux offices de notaire : le Ministre de la justice, investi du pouvoir légal de nomination, reste entièrement libre d'apprécier à l'issue de l'instruction du dossier de candidature selon la procédure spéciale prévue aux articles 45 à 48 du décret du 5 juillet 1973, sous le titre "nomination sur présentation" et les qualités personnelles du candidat déclaré et présenté, et la valeur patrimoniale conventionnelle du prix de cession, et la validité et l'opportunité de la démission corrélative du notaire titulaire et "présentateur", celle-ci eût elle été offerte au prix de l'exécution forcée préalable de cette obligation

69. Les limitations administratives à l'activité de production : les quotas et droits à paiement unique. Dans le secteur de la production, l'administration intervient différemment, non pas en limitant l'accès à une profession, mais en limitant la production par l'imposition de **quotas** en vue de réguler la ***quantité de production***. Dans le secteur agricole, des quotas viennent limiter l'*accès à la production* (droits de planter un nouveau vignoble et de replanter des vignes arrachées[178]), la *production* (betteraves sucrières[179]) ou l'*écoulement de la production* (ce fut le cas de la production de lait avec l'instauration de quotas laitiers, disparus en 2015). Les quotas, apparus dans l'entre-deux-guerres, ont été adoptés en vue de maintenir un certain niveau des prix de certaines denrées. Mais d'autres quotas, institués plus récemment, poursuivent une autre finalité ; c'est le cas des quotas de pêche[180], qui ont pour but la préservation des ressources halieutiques menacées par la pêche intensive. Si les quotas agricoles, « droits de production »[181], sont des biens, ils sont souvent attachés à l'exploitation à laquelle ils sont incorporés et dont il partage le sort. D'un côté, « le transfert en propriété ou en jouissance de tout ou partie d'une exploitation [entraîne] corrélativement le transfert en propriété ou en jouissance du quota (...) attaché, au prorata des surfaces labourables transférées »[182]. D'un autre, nombre d'entre eux sont considérés comme des autorisations administratives non négociables[183]. Ainsi la loi affirme l'« *incessibilité* » des droits de plantation en ce qu'ils

---

contractuelle, pour donner son agrément au candidat à la succession (article 45) et pour le nommer titulaire, ou pour s'y refuser. L'exécution forcée sous la forme d'une condamnation à l'exécution sous astreinte (...) est donc parfaitement licite ».).

2°/ La destitution d'un notaire a pour effet de faire perdre à celui-ci son droit de présenter un successeur sans le priver de son droit sur la valeur de l'office. Représente la valeur de cet office et fait partie du patrimoine du notaire destitué l'indemnité mise par le garde des Sceaux à la charge du successeur de ce notaire et consignée au profit des créanciers de ce dernier (Civ. 1re, 22 mars 1983, *Bull. civ.* I, n° 105, *Rép. Defr.* 1983, p. 1405, obs. M. Jegu).

178. La question fait l'objet du Règlement (CE) n° 479/2 008 du Conseil du 29 avril 2008 *portant organisation commune du marché vitivinicole*, modifiant les règlements (CE) n° 1493/1999, (CE) n° 1782/2003, (CE) n° 1290/2005 et (CE) n° 3/2008, et abrogeant les règlements (CEE) n° 2392/86 et (CE) n° 1493/1999 et des articles R. 665-1 s. C. rur. et pêch. mar. Les droits de plantation, qui augmentent la capacité productive, sont très différents des droits de replantation, qui ne font que la maintenir (d'après l'article R. 665-16 al. 3 C. rur. et pêch. mar., « *[e]n contrepartie de l'arrachage, l'exploitant se voit octroyer un droit de replantation pour une superficie équivalente à la superficie de vigne arrachée, sauf lorsqu'il est fait application de l'article R. 665-13. La durée de validité de ce droit de replantation est de huit campagnes après celle pendant laquelle a été effectué l'arrachage* »). Sur cette différence essentielle, V. E. Agostini et F. Roussel, « Les droits de replantation (à propos de l'arrêt Mazoyer) », *D.* 2001, p. 1813. Et sur ces droits en général, V. F. Barthe, « De la terre à l'exploitation de la vigne », *RD rur.* 2012, dossier 24.

179. Règlement (CE) n° 318/2006 du Conseil du 20 février 2006 *portant organisation commune des marchés dans le secteur du sucre*.

180. En réalité, l'activité de pêche connaît une double limite : d'une part, de l'effort de pêche par des restrictions de tonnage de la flotte autorisée à naviguer et de temps passé à pêcher et, d'autre part, de capture, par la fixation de la quantité de poisson au-delà de laquelle les pêcheurs doivent arrêter de pêcher.

181. J.-F. Weber, concl. ss. Civ. 3e, 17 avril 1996, pourvoi n° 94-17891, *RD rural* 1996, p. 225.

182. Civ. 3e, 19 juin 2002, pourvoi n° 0103160, au sujet des quotas betteraviers (*adde* Civ. 3e, 27 mars 2002, *Bull. civ.* III, n° 73 ; Civ. 3e, 10 avril 2002, *Bull. civ.* III, n° 83 Civ. 3e, 7 mai 1971, *Bull. civ.* III, n° 287 et Civ. 3e, 3 avril 1996, *Bull. civ.* III, n° 98). La même solution est retenue au sujet des droits de plantation et de replantation : Civ. 3e, 18 novembre 1998, *Bull. civ.* III, n° 217 et 218, *RTD civ.* 1999, p. 649, obs. F. Zenati (*adde* Civ. 3e, 17 avril 1996, *Bull. civ.* III, n° 105 ; Civ. 3e, 7 janvier 1998, *Bull. civ.* III, n° 2 ; Civ. 3e, 10 novembre 1999, *Bull. civ.* III, n° 212).

183. V. au sujet des anciens quotas laitiers, Civ. 3e, 31 octobre 2012, *Bull. civ.* III, n° 156, *D.* 2013, p. 2124, obs. B. Mallet-Bricout, *RTD civ.* 2013, p. 157, obs. W. Dross : « ayant relevé que, selon

sont attachés à une parcelle, même s'il existe certaines exceptions[184]. S'agissant en particulier des droits de plantation qui ont été obtenus par le preneur, la jurisprudence estime qu'incorporés au fond ils profiteront au bailleur par voie d'accession[185] ne constituant pas, à la différence des plantations elles-mêmes[186], une

l'arrêt de la CJCE *Queen c/ Ministry of agriculture* du 24 mars 1994, le droit de propriété garanti dans l'ordre juridique communautaire ne comportait pas le droit à la commercialisation d'un avantage tel que les quantités de référence allouées dans le cadre d'une organisation commune de marché, et exactement retenu que les quantités de référence laitière qui avaient été attribuées à M. X... en sa qualité de producteur ne constituaient qu'une autorisation administrative non négociable ». Par la suite, un décret n° 2012-258 du 22 février 2012 *relatif au transfert de quotas laitiers*, a prévu qu'« un arrêté (...) peut déterminer pour chaque campagne les modalités d'application d'un dispositif de transfert de quantités de référence laitière sans terre entre producteurs. Ces transferts de quantités de référence sont effectués par FranceAgriMer contre le paiement par les producteurs attributaires des références libérées (...). Une indemnité est versée aux producteurs cédant la quantité de référence dont ils disposent » (art. *D.* 654-112-1 C. rur. et pêch. mar.).

184. Art. L. 124-2 alinéa 2 C. rur. et pêch. mar. Sont cessibles les « droits à la culture de la vigne » au sein d'un même périmètre d'aménagement foncier agricole (art. L. 123-32 C. rur. et pêch. mar. : « *[l]es droits à la culture de la vigne sont cessibles à l'intérieur d'un même périmètre d'aménagement foncier agricole et forestier en vue de permettre, compte tenu des dispositions de l'article L. 123-4, une nouvelle distribution des vignes et des droits de replantation considérés dans leur ensemble comme étant une même nature de culture. Cette redistribution est effectuée par la commission communale d'aménagement foncier sur la base des droits antérieurs* »), le droit de planter lors d'un échange d'immeuble rural (art. L. 124-2 al. 1 C. rur. et pêch. mar. : « *[l]orsqu'un transfert de propriété résulte d'un échange d'immeubles ruraux, un droit de plantation de vigne d'une surface au plus égale à celle du fonds transféré est également cessible, même si le fonds transféré n'est pas planté en vigne au jour de l'échange* ») et le droit de replantation entre exploitations viticoles (art. R. 665-9 C. rur. et pêch. mar. : « *[l]es transferts de droits de replantation entre exploitations viticoles sont soumis aux dispositions de l'article R. 665-6. Toutefois, lors d'une cession partielle d'exploitation entraînant le transfert de parcelles non replantées en vignes d'une exploitation viticole à une autre, les droits de replantation résultant de l'arrachage des vignes de ces parcelles peuvent être transférés à l'exploitation cessionnaire. Les parcelles considérées doivent être situées dans les limites géographiques fixées à l'article R. 665-14 pour l'exploitation d'accueil. Ces transferts de droits de replantation, concomitants à une cession de parcelles, doivent être déclarés et enregistrés auprès du service local de la direction des douanes et droits indirects dont dépend la commune sur laquelle est situé le siège de l'exploitation d'origine* »).

185. Les vignes plantées par le preneur deviennent en fin de bail la propriété du bailleur par accession (Civ. 3e, 18 novembre 1998, *Bull. civ.* III, n° 217 et 218 : « les droits de plantation et de replantation sont attachés à l'exploitation viticole et que le preneur sortant ne peut à l'expiration du bail imposer au bailleur l'arrachage de plants de vigne devenus la propriété de ce dernier par voie d'accession »). Toutefois, le bailleur peut renoncer à l'accession et permettre ainsi au preneur d'arracher les vignes en vue de conserver ses droits de replanter (Civ. 3e, 24 mars 1999, *Bull. civ.* III, n° 77. *Adde* F. Barthe, art. préc., n° 54 s.) Aujourd'hui, l'article R. 665-10 C. rur. et pêch. mar. prévoit, en cas de fermage ou de convention de mise à disposition que « l'autorisation de plantation peut être délivrée à la condition que le bail ou la convention considérés comportent une clause de dévolution des droits en fin de bail ou de mise à disposition ».

186. À l'expiration du bail, le preneur a droit à une indemnité pour améliorations apportées au fonds en raison de son travail ou de ses investissements (art. L. 411-69 al. 1 C. rur. et pêch. mar.). Les vignes elles-mêmes, plantées en vertu d'un droit de plantation, constituent une amélioration culturale donnant lieu à indemnisation du preneur sortant (Civ. 3e, 7 janvier 1998, *Bull. civ.* III, n° 2 : « les droits de plantation et de replantation étant attachés à l'exploitation, la cour d'appel, qui a alloué à Mme A... sur le fondement des articles L. 411-69 et L. 411-71 du Code rural une indemnité de plantation, en sa qualité de preneur sortant, a retenu exactement qu'elle n'avait pas qualité pour solliciter postérieurement à l'expiration du bail, la condamnation de Mme X... à arracher des pieds de vigne devenus la propriété de celle-ci en application de l'article 551 du Code civil »). En matière de plantations, l'indemnité due est « égale à l'ensemble des dépenses, y compris la valeur de la main-d'œuvre, évaluées à la date de l'expiration du bail, qui auront été engagées par le preneur avant l'entrée en production des plantations, déduction faite

amélioration culturale[187] pouvant donner lieu à indemnisation du preneur[188]. C'est ce qui explique que le locataire qui cède son bail ne peut exiger du cessionnaire qu'il l'indemnise pour les droits de plantation cédés[189].

Depuis la réforme de la politique agricole commune intervenue en juin 2003, les aides liées à la production, dont les quotas, sont progressivement supprimées[190]. Les quotas, qui freinent la liberté d'entreprendre, ont vocation à disparaître au profit de « **droits à paiement unique** » (DPU), subventions découplées de la quantité de production et accordées sur la base de plusieurs critères qui tiennent en particulier à la ***qualité de la production***[191]. Les agriculteurs reçoivent désormais le même montant d'aide quelle que soit leur production, ce qui leur permet de produire en répondant à la demande du marché : l'aide est « découplée » de la production. L'autonomie des DPU en tant que « biens » est plus évidente que ne l'était celle des quotas, notamment du point de vue de leur circulation : alors que les quotas ne sont traditionnellement et en principe cessibles qu'avec la terre, les DPU pourront être cédés avec ou sans les terres correspondantes et aussi être loués ou prêtés en même temps que celles-ci[192].

---

d'un amortissement calculé à partir de cette dernière date, sans qu'elle puisse excéder le montant de la plus-value apportée au fonds par ces plantations » (art. L. 411-71, 2° C. rur. et pêch. mar.).

187. Réciproquement, la perte des droits de plantation ne saurait constituer une dégradation du fonds loué au sens de l'article L. 411-72 C. rur. et pêch. mar. : Civ. 3e, 12 juillet 2000, *Bull. civ.* III, n° 142, *D.* 2001, p. 1826, concl. J.-F. WEBER. Aux termes de l'article L. 411-72, « s'il apparaît une dégradation du bien loué, le bailleur a droit, à l'expiration du bail, à une indemnité égale au montant du préjudice subi ». Pour les quotas betteraviers, V. Civ. 3e, 14 novembre 1996, *Bull. civ.* III, n° 217 : « le preneur dirigeant librement son exploitation, l'abandon par celui-ci pendant la durée du bail, de la culture betteravière, ne pouvait constituer ni un manquement aux obligations nées de ce bail, ni une dégradation du fonds loué ». *Adde* Civ. 3e, 27 novembre 1996, *Bull. civ.* III, n° 226.

Au sujet des anciens quotas laitiers, v. Civ. 3e, 20 mars 1996, *Bull. civ.* III, n° 79 : « la cessation de l'activité laitière par le preneur ne [peut] constituer une dégradation du fonds loué au sens de l'article L. 411-72 du Code rural ». *Adde* Civ. 3e, 18 novembre 1998, pourvoi n° 96-18216 : « la cessation de l'activité laitière par le preneur, pendant la durée du bail, ne pouvait constituer, ni un manquement aux obligations nées de ce bail, ni une dégradation du fonds loué ».

188. Pour les droits de plantation et de replantation, v. Civ. 3e, 29 mars 2000, *Bull. civ.* III, n° 71 : ceux-ci « sont exclusivement attachés au fonds supportant l'exploitation viticole donnée à bail, et ne constituent pas, en eux-mêmes, une amélioration culturale pouvant donner lieu à indemnité ». La solution du droit français est conforme à la jurisprudence de la Cour de Luxembourg : les règles communautaires « n'imposent pas à un État membre une obligation d'instituer un régime d'indemnisation du preneur sortant par le bailleur ni ne confèrent directement au preneur un droit à une telle indemnisation, au titre de la quantité de référence transférée au bailleur à l'expiration du contrat de bail » (CJCE, 24 mars 1994, *The Queen c/ Ministry of Agriculture, Fisheries and Food, ex parte Dennis Clifford Bostock*, aff. C-2/92).

189. Civ. 3e, 31 octobre 2012, *Bull. civ.* III, n° 156, *RTD civ.* 2013, p. 157, obs. W. DROSS : les quantités de référence laitière attribuées à un exploitant producteur de lait ne constituent qu'une autorisation administrative non négociable et doivent, lorsqu'elles ont été cédées à titre onéreux à l'occasion de la cession d'un bail, donner lieu à répétition conformément à l'article L. 411-74 C. rur. et pêch. mar.

190. V. aujourd'hui, le Règlement (CE) n° 73/2009 du Conseil du 19 janvier 2009 *établissant des règles communes pour les régimes de soutien direct en faveur des agriculteurs dans le cadre de la politique agricole commune et établissant certains régimes de soutien en faveur des agriculteurs, modifiant les règlements* (CE) n° 1290/2005, (CE) n° 247/2006 et (CE) n° 378/2007, et abrogeant le règlement (CE) n° 1782/2003.

191. F. COLLART-DUTILLEUL, « La nature juridique des droits à paiement unique », *RD rur.* 2005, Colloque 11 ; J.-J. BARBIÉRI, « Vente et droits à paiement unique (visite d'un Huron au royaume des imprimés) », *RD rur.* 2006, Étude 34.

192. Art. 43 Règl. n° 73/2009 du 19 janvier 2009 : « *les droits au paiement, avec ou sans terres, peuvent être transférés par vente ou toute autre cession définitive* », encore que « le *bail ou toute*

70. Les limitations administratives aux activités nuisibles : quotas d'émission de gaz à effet de serre et certificats d'économie d'énergie. Aujourd'hui, on recourt principalement aux **quotas** en vue de limiter des activités nuisibles, spécialement l'émission de **gaz à effet de serre**[193]. À la suite de la ratification du Protocole de Kyoto signé le 11 décembre 1997 dans le cadre des Nations unies et entré en vigueur le 16 février 2005, l'Union européenne a mis en place des quotas d'émission de gaz à effet de serre accordés à chaque État[194]. Ainsi que le prévoit le Code de l'environnement, certaines entreprises (en particulier, les installations classées, les installations nécessaires à l'exploitation d'une installation nucléaire et les exploitations d'aéronefs) doivent être autorisées à émettre des gaz à effet de serre[195]. Chaque exploitant bénéficie, pour une période déterminée, de quotas d'émission[196] octroyés gratuitement[197]. À l'issue de chaque année civile, l'entreprise doit restituer – le terme est obscur – à l'État un nombre de quotas égal au total des émissions de gaz à effet de serre de ses installations[198] : si l'entreprise a émis le volume de gaz à effet de serre *égal* à son quota, l'opération est neutre, si elle a émis un volume de gaz à effet de serre *inférieur* à son quota, elle peut céder le volume non utilisé à d'autres entreprises qui en auraient besoin, et si elle a émis un volume de gaz à effet de serre *supérieur* à son quota, elle a l'obligation d'acquérir les quotas nécessaires. Par où l'on voit que les quotas sont considérés comme des biens, ce que confirme l'article L. 229-15, I al. 1 C. envir., qui qualifie les quotas de « *biens meubles exclusivement matérialisés par une inscription au compte de leur détenteur* » et qui prévoit qu'ils sont « *négociables, transmissibles par virement de compte à compte* »[199].

Les **certificats d'économie d'énergie (CEE)** ont été mis en place par la loi du 13 juillet 2005 d'*orientation sur l'énergie* dont les dispositions sont aujourd'hui

---

transaction similaire est autorisé à condition que le transfert des droits au paiement s'accompagne du transfert d'un nombre équivalent d'hectares admissibles au bénéfice de l'aide » (§ 2). En cas de vente, l'article 43 prévoit la possibilité d'un droit de prélèvement : « *[e]n cas de vente de droits au paiement, avec ou sans terres, les États membres, agissant conformément aux principes généraux du droit communautaire, peuvent décider qu'une partie des droits au paiement vendus est reversée dans la réserve nationale ou que leur valeur unitaire est réduite en faveur de la réserve nationale* » (§ 3).

193. Th. Revet, « Les quotas d'émission de gaz à effet de serre (ou l'atmosphère à la corbeille) », *D.* 2005, p. 2632

194. Directive 2003/87/CE du Parlement européen et du Conseil, du 13 octobre 2003, *établissant un système d'échange de quotas d'émission de gaz à effet de serre dans la Communauté et modifiant la directive 96/61/CE du Conseil.*

195. Art. L. 229-5 s. C. envir.

196. Un quota d'émission de gaz à effet de serre est une unité de compte représentative de l'émission de l'équivalent d'une tonne de dioxyde de carbone (art. L. 229-7 al. 1 C. envir.).

197. Art. L. 229-7 al. 2 C. envir. : « *[p]our chaque installation bénéficiant de l'autorisation d'émettre des gaz à effet de serre, ou pour les émissions de gaz à effet de serre résultant d'activités aériennes, l'État affecte à l'exploitant, pour une période déterminée, des quotas d'émission et lui délivre chaque année, au cours de cette période, une part des quotas qui lui ont été ainsi affectés.* »

198. Art. L. 229-7 al. 4 C. envir. : « *[à] l'issue de chacune des années civiles de la période d'affectation, l'exploitant restitue à l'État (...) un nombre de quotas égal au total des émissions de gaz à effet de serre de ses installations ou résultant de ses activités aériennes (...)* ».

199. Il est d'ailleurs précisé que les quotas d'émission peuvent être acquis, détenus et cédés, non seulement par toute entreprise tenue par ces quotas, mais aussi par toute personne physique et par toute personne morale (art. L. 229-15, II C. envir. : « *[l]es quotas d'émission peuvent être acquis, détenus et cédés par tout exploitant d'une installation au titre de laquelle a été délivrée par un État membre de la Communauté européenne une autorisation d'émettre des gaz à effet de serre, par tout exploitant d'aéronef mentionné à l'article L. 229-5, par toute personne physique et par toute personne morale, conformément aux dispositions du règlement pris en application de l'article 19 de la directive du 13 octobre 2003 régissant l'ouverture de comptes dans le registre de l'Union* »).

codifiées aux articles L. 221-1 s. C. énerg. L'économie d'énergie est à son tour réifiée : elle donne lieu à l'obtention de CEE[200] qui « *sont des biens meubles négociables* »[201], « *matérialisés par leur inscription au registre national des certificats d'économies d'énergie* »[202] qui « *peuvent être détenus, acquis ou cédés* »[203]. L'idée générale sur laquelle repose ce mécanisme est simple : certaines personnes étant soumises à une obligation d'économie d'énergie, elles exécutent leur obligation soit en réalisant ces économies, lesquelles donnent lieu à la délivrance de CEE, soit en en acquérant auprès d'autrui[204] ; en cas d'inexécution de leurs obligations, les débiteurs sont redevables d'une somme d'argent au Trésor public[205].

71. Titres sociaux[206]. Les titres sociaux[207] confèrent à leur titulaire la qualité d'associé dans la société. Parce qu'ils offrent, au-delà des prérogatives politiques (droit de participer aux décisions collectives, droit d'être informé, etc.), des prérogatives patrimoniales (droit aux dividendes et droit au boni de liquidation après reprise des apports, essentiellement), on peut les qualifier de biens. Certes, la qualité d'associé emporte des obligations – réaliser un apport, contribuer aux pertes, voire

200. Art. L. 221-7 al. 1 C. énerg. : « *[t]oute personne visée à l'article L. 221-1 ou toute autre collectivité publique, l'Agence nationale de l'habitat, les sociétés d'économie mixte dont l'objet est l'efficacité énergétique et proposant le tiers-financement et tout organisme visé à l'article L. 411-2 du Code de la construction et de l'habitation ou toute société d'économie mixte exerçant une activité de construction ou de gestion de logements sociaux, si leur action, additionnelle par rapport à leur activité habituelle, permet la réalisation d'économies d'énergie d'un volume supérieur à un seuil fixé par arrêté du ministre chargé de l'Énergie obtiennent, sur leur demande, en contrepartie, des certificats d'économies d'énergie délivrés par l'État ou, en son nom, par un organisme habilité à cet effet par le ministre chargé de l'Énergie (...)* ».

201. Art. L. 221-8 C. énerg. : « *[l]es certificats d'économies d'énergie sont des biens meubles négociables, dont l'unité de compte est le kilowattheure d'énergie finale économisé (...)* ».

202. Art. L. 221-10 C. énerg. : « *[l]es certificats d'économies d'énergie sont exclusivement matérialisés par leur inscription au Registre national des certificats d'économies d'énergie, accessible au public et destiné à tenir la comptabilité des certificats obtenus, acquis ou restitués à l'État (...)* ».

203. Art. L. 221-8 C. énerg. : « *(...) Ils peuvent être détenus, acquis ou cédés par toute personne visée à l'article L. 221-1 ou par toute autre personne morale (...)* ».

204. Art. L. 221-1 C. énerg. : « *[s]ont soumises à des obligations d'économies d'énergie :*
1° Les personnes morales qui mettent à la consommation des carburants automobiles et dont les ventes annuelles sont supérieures à un seuil défini par décret en Conseil d'État.
2° Les personnes qui vendent de l'électricité, du gaz, du fioul domestique, de la chaleur ou du froid aux consommateurs finals et dont les ventes annuelles sont supérieures à un seuil défini par décret en Conseil d'État.
Les ventes annuelles de fioul domestique des personnes morales exclues par le seuil fixé en application du 2° doivent représenter moins de 5 % du marché. Les obligations des personnes morales dont les ventes annuelles de fioul domestique dépassent le seuil fixé en application du 2° ne portent que sur les ventes supérieures à ce seuil.
Les personnes mentionnées aux 1° et 2° peuvent se libérer de ces obligations soit en réalisant, directement ou indirectement, des économies d'énergie, soit en acquérant des certificats d'économies d'énergie (...) ».

205. Art. L. 221-4 C. énerg. : « [l]es personnes qui ne respectent pas les prescriptions de la mise en demeure dans le délai imparti sont tenues de se libérer par un versement au Trésor public. Ce versement est calculé sur la base d'une pénalité maximale de 0,02 euro par kilowattheure. (al. 1) Les titres de recettes sont émis par l'autorité administrative et sont recouvrés comme en matière de créances étrangères à l'impôt et au domaine. Une pénalité de 10 % du montant dû est infligée pour chaque semestre de retard. (al. 2) ».

206. A. Tadros, *La jouissance des titres sociaux d'autrui*, préf. Th. Revet, th., Dalloz, 2013.

207. Les titres sociaux doivent être distingués des statuts, qui « constituent le contrat accepté par les parties et fixant leurs droits et obligations » (Com. 8 mars 2005, *Bull. civ.* IV, n° 47).

être obligé aux dettes sociales, etc.[208] Mais la qualité de propriétaire, et plus généralement la titularité d'un droit réel, n'est pas incompatible avec l'existence d'obligations[209]. C'est pourquoi le droit des sociétés analyse les droits sociaux comme des biens formant l'assiette de droits réels, comme en témoignent de nombreuses dispositions : outre l'article 529 C. civ. qui y voit des meubles[210], l'article 1844 C. civ., texte commun des sociétés, fait référence aux « *copropriétaires d'une part sociale indivise* » ou à la « *part (...) grevée d'un usufruit* », l'article L. 228-1 C. com. mentionne le « *propriétaire* » de « *titres* » et « *valeurs mobilières* », l'article L. 225-140 C. com., texte propre à la société anonyme, fait état des « *titres de capital (...) grevés d'un usufruit* », les articles L. 211-21 et L. 211-22 C. com., les « *prêts de titres financiers* ». Telle est également l'analyse retenue par le Conseil constitutionnel, en vue de faire bénéficier le titulaire de droits sociaux de la protection du droit de propriété[211]. L'appropriation des droits sociaux suscite un certain nombre de difficultés lorsqu'ils font l'assiette de droits réels concurrents, qui tiennent pour l'essentiel à la détermination de la qualité d'associé, au partage des richesses et des pouvoirs[212].

208. En sorte que la qualité d'associé est dans une certaine mesure comparable à celle d'un cocontractant. V., développant cette idée, R. Libchaber, « Pour un renouvellement de l'analyse des droits sociaux », *Mélanges en l'honneur de Yves Guyon*, Dalloz, 2003, p. 717. Or on sait qu'un contrat n'est pas un bien. V. *supra*, n° 17.

209. V. *infra*, n° 751 et s.

210. Aux termes du premier alinéa, « *[s]ont meubles par la détermination de la loi les obligations et actions qui ont pour objet des sommes exigibles ou des effets mobiliers, les actions ou intérêts dans les compagnies de finance, de commerce ou d'industrie, encore que des immeubles dépendant de ces entreprises appartiennent aux compagnies. Ces actions ou intérêts sont réputés meubles à l'égard de chaque associé seulement, tant que dure la société* ».

211. Cons. const., 16 janvier 1982, *Loi de nationalisation*, déc. n° 81-132 DC : « [c]onsidérant que, si postérieurement à 1789 et jusqu'à nos jours, les finalités et les conditions d'exercice du droit de propriété ont subi une évolution caractérisée à la fois par une notable extension de son champ d'application à des domaines individuels nouveaux et par des limitations exigées par l'intérêt général, les principes mêmes énoncés par la Déclaration des droits de l'homme ont pleine valeur constitutionnelle tant en ce qui concerne le caractère fondamental du droit de propriété dont la conservation constitue l'un des buts de la société politique et qui est mis au même rang que la liberté, la sûreté et la résistance à l'oppression, qu'en ce qui concerne les garanties données aux titulaires de ce droit et les prérogatives de la puissance publique » (cons. n° 16).

212. V. *infra*, n° 370, en cas de démembrement, et *infra*, n° 475, en cas d'indivision.

Chapitre 2
Les choses consomptibles et non consomptibles

72. Critère de la distinction. Les choses consomptibles[1] sont évoquées à l'article 1874 C. civ., relatif au contrat de prêt, qui les définit comme « *les choses dont on ne peut faire usage sans les consommer* », c'est-à-dire sans les détruire. Cette définition appelle une triple mise au point.

En premier lieu, les choses consomptibles sont celles qui se détruisent par le *premier* usage : l'usage d'une chose consomptible en emporte immédiatement la perte, alors que la plupart des choses périssent par un usage prolongé et par l'usure en général[2].

En deuxième lieu, il arrive parfois qu'une chose se détruise par un *type d'usage* et non par un autre : c'est le cas de l'usage d'un mouton pour sa viande (usage qui emporte la perte de la bête), mais non pour sa laine (usage qui n'emporte pas la perte de la bête). Par où l'on voit que la consomptibilité est une notion relative. Au-delà, on peut toujours tirer profit de la valeur d'usage d'un bien consomptible sans le détruire, en le faisant fructifier : ainsi les fondations et fonds de dotation peuvent, sans la consommer, jouir de leur dotation en les faisant fructifier[3].

En troisième lieu, et bien que cela ne ressorte pas de l'article 1874 C. civ., sont également consomptibles les choses dont on ne peut faire usage non pas *sans les détruire* (*consomption matérielle*), mais *sans en disposer* (*consomption juridique*). C'est, dit-on parfois, le cas de l'argent, encore qu'on puisse en jouir en le faisant fructifier, par exemple en le plaçant sur un compte rémunéré. L'article 525 de l'APRDB rend compte de cette double acception matérielle et juridique de la

---

1. P. Jaubert, « Deux notions du droit des biens : la consomptibilité et la fongibilité », *RTD civ.* 1945, p. 75.

2. Il n'y a guère que les choses incorporelles et les volumes (immeubles par nature) qui ne s'usent pas. Il y aurait peut-être un intérêt, à l'heure du « développement durable » et de la lutte contre l'« obsolescence programmée », à distinguer les biens durables des biens précaires (R. Libchaber, « La recodification du droit des biens », *Le Code civil, 1804-2004, Livre du bicentenaire*, Dalloz-Litec, 2005, p. 297 s., n° 36).

3. S'agissant des fondations, l'article 18 de la loi n° 87-571 du 23 juillet 1987 *sur le développement du mécénat* prévoit que « *[l]a fondation est l'acte par lequel une ou plusieurs personnes physiques ou morales décident l'affectation irrévocable de biens, droits ou ressources à la réalisation d'une œuvre d'intérêt général et à but non lucratif* ». Quant à l'article 19-8 de ladite loi, il précise que « *[l]es ressources de la fondation d'entreprise comprennent : 1° Les versements des fondateurs à l'exception de la dotation (...) 4° Les* ***revenus de la dotation initiale*** *(...)* » (nous soulignons).

S'agissant des fonds de dotation, d'après l'article 140, I de la loi n° 2008-776 du 4 août 2008 *de modernisation de l'économie*, « *[l]e fonds de dotation est une personne morale de droit privé à but non lucratif qui reçoit et gère, en les capitalisant, des biens et droits de toute nature qui lui sont apportés à titre gratuit et irrévocable et* ***utilise les revenus de la capitalisation*** *en vue de la réalisation d'une œuvre ou d'une mission d'intérêt général ou les redistribue pour assister une personne morale à but non lucratif dans l'accomplissement de ses œuvres et de ses missions d'intérêt général (...)* » (nous soulignons).

consomption en énonçant que « *sont consomptibles les choses dont on ne peut user sans les consommer ou les aliéner* ».

73. Apparition de la distinction. La distinction entre les choses consomptibles et celles qui ne le sont pas est connue du droit romain, ainsi que le montrent les *Institutes* de Justinien, qui distinguent les choses *quae usu consumuntur* et les choses *quae in abusu continentur*. La distinction a permis d'établir des règles particulières pour l'usufruit qui porte sur une chose consomptible[4]. Entre ces deux catégories, le droit romain en avait par ailleurs intercalé une troisième qui est celle des choses qui ne se consomment pas par le premier usage que l'on en fait, mais qui se détériorent par leur usage répété – ce sont les choses *quae utendo paulatim deteriores fiunt*[5]. Si l'on retrouve les traces de cette dernière catégorie dans le Code civil (art. 599 C. civ.[6]), elle ne présente guère d'intérêt dans la mesure où c'est le lot de nombreux biens et qu'il est simplement prévu à leur égard que l'usufruitier est tenu de les restituer dans l'état dans lequel elles se trouvent à la date prévue, pourvu qu'elles n'aient pas été détériorées par sa faute, sans que le nu-propriétaire ne puisse exiger une indemnité de vétusté.

74. Intérêts de la distinction. L'intérêt qu'il y a à distinguer les choses consomptibles des choses qui ne le sont pas apparaît lorsque l'on envisage la **situation du titulaire d'un droit de jouissance** (personnel ou réel). Le droit de jouissance étant temporaire, et les choses consomptibles se détruisant par l'usage que l'on en fait, celui qui en a reçu la jouissance aura sur la chose les pouvoirs d'un propriétaire et sera tenu de restituer une chose équivalente – ce qui suppose qu'elle soit par ailleurs fongible[7] –, par un phénomène de réincarnation[8]. Ces considérations techniques ont conduit le législateur et la jurisprudence à bâtir un régime juridique différent pour le prêt à usage et le prêt de consommation et pour l'usufruit et le

4. JUSTINIEN, Inst., L. 2, T. 4, 2 : « [o]n peut établir un droit d'usufruit non seulement sur un terrain ou sur une maison, mais encore sur des esclaves, sur des bêtes de somme et sur d'autres choses, excepté cependant celles qui se consomment par le premier usage. À l'égard de ces dernières, la raison naturelle et la raison civile s'opposent également à ce qu'on puisse établir sur elles un droit d'usufruit. On met au nombre de ces choses le vin, l'huile, le blé, les habits ; on peut y ajouter l'argent monnayé qui est à-peu-près de même nature : car l'argent périt en quelque façon pour celui qui en fait usage et qui l'échange contre d'autres choses. Néanmoins le Sénat ayant cru qu'il serait avantageux d'établir un usufruit sur ces sortes de choses, a permis de le faire : de manière cependant qu'en ce cas l'usufruitier donnerait caution à l'héritier. Ainsi supposons qu'un testateur ait légué à quelqu'un l'usufruit d'une somme d'argent, on la donnera au légataire de manière à lui transférer la propriété de cette somme ; et le légataire donnera caution à l'héritier par répondans, pour lui assurer la restitution de cette somme dans le cas où il viendrait à mourir ou à souffrir un changement d'état. Les autres choses de même nature sont aussi livrées au légataire de manière qu'il en acquiert la propriété ; mais on en fait faire l'estimation, et le légataire donne caution par répondans que s'il vient à mourir ou à souffrir un changement d'état, il sera rendu une somme égale à la valeur de la chose, telle qu'elle aura été fixée. Ainsi le Sénat n'a pas rendu ces choses de nature à pouvoir souffrir un usufruit ; car le Sénat n'a pas pu changer la nature des choses, mais il a voulu qu'on pût établir sur ces choses une espèce d'usufruit moyennant caution » (trad. H. HULOT). Et sur le quasi-usufruit, V. *infra*, n° 372 et s.

5. J.-Ph. LÉVY et A. CASTALDO, n° 212.

6. « *Si l'usufruit comprend des choses qui, sans se consommer de suite, se détériorent peu à peu par l'usage, comme du linge, des meubles meublants, l'usufruitier a le droit de s'en servir pour l'usage auquel elles sont destinées, et n'est obligé de les rendre à la fin de l'usufruit que dans l'état où elles se trouvent, non détériorées par son dol ou par sa faute.* »

7. Sur celles-ci, v. *infra*, n° 75 et s.

8. F. ZENATI-CASTAING et Th. REVET, n° 103.

quasi-usufruit[9], suivant que le prêt ou l'usufruit portent sur une chose qui n'est pas consomptible ou qui l'est.

9. Ce qui n'empêche pas le quasi-usufruit de rester, fondamentalement, un usufruit. V. à cet égard, F. Zenati, « La nature juridique du quasi-usufruit (ou la métempsycose de la valeur) », *Études offertes à Pierre Catala (Le droit privé à la fin du xxe siècle)*, 2001, p. 605 s.

S'agissant du prêt de consommation, les choses sont plus complexes : il se rapproche du prêt à usage ou du bail suivant qu'il est conclu à titre gratuit ou onéreux (on parle parfois d'ailleurs dans ce dernier cas de « bailleurs de fonds »).

Chapitre 3
Les choses fongibles et non fongibles

75. Critère de la distinction. La fongibilité[1] désigne un rapport entre plusieurs choses : des choses sont fongibles lorsqu'elles sont *interchangeables*. La fongibilité est le plus souvent envisagée dans la perspective d'un paiement : deux choses sont alors dites fongibles « quand l'une d'elles peut être remplacée par l'autre dans un paiement » ou qu'elles « ont *même valeur libératoire*, parce qu'il est indifférent au créancier de recevoir l'une plutôt que l'autre »[2].

On peut avoir, de la fongibilité, deux conceptions distinctes : la fongibilité peut désigner deux choses *identiques* (conception objective) ou deux choses *tenues pour identiques* (conception subjective). La conception objective est trop stricte, dans la mesure où il n'existe que très rarement, sinon jamais, deux choses pareilles : ainsi les chaises d'une salle de classe, d'un même modèle, ne sont jamais parfaitement identiques. Aussi est-ce la conception subjective qui doit être retenue, encore qu'elle doive être précisée. En effet, lorsque l'on dit que des choses fongibles sont des choses *tenues pour identiques*, il convient encore de se demander *par qui* elles doivent l'être : par une ou plusieurs personnes en particulier – par exemple, des contractants – (conception purement subjective), ou par les personnes en général (conception subjective modérée) ? Ainsi, si les poussins sont considérés comme interchangeables et donc fongibles par les personnes en général, il n'en va pas de même de chevaux[3] ; or il se peut très bien qu'une personne en particulier tienne tels chevaux pour équivalents. La conception purement subjective paraît être retenue par la jurisprudence[4], spécialement[5] lorsqu'il s'agit de mettre en œuvre le mécanisme de la compensation[6].

L'APRDB ignore la distinction des choses fongibles et de celles qui ne le sont pas, ce qui peut s'expliquer par le subjectivisme qui sous-tend la fongibilité et qui est étranger au droit des biens.

---

1. P. Jaubert, « Deux notions du droit des biens : la consomptibilité et la fongibilité », *RTD civ.* 1945, p. 75 ; A. Laude, « La fongibilité : diversité des critères et unité des effets », *RTD com.* 1995, p. 307 ; P.-G. Marly, *Fongibilité et volonté individuelle (Étude sur la qualification juridique des biens)*, préf. Ph. Delebecque, LGDJ, 2004.
2. M. Planiol et G. Ripert, M. Picard, n° 58.
3. Et v. A. Bénabent, *Droit des contrats spéciaux civils et commerciaux*, LGDJ, 2013, n° 670.
4. Civ. 1re, 10 juin 1987, *Bull. civ.* I, n° 187 : le jugement qui retient la compensation entre une créance de somme d'argent et une créance de restitution de choses prêtées au titre d'un prêt à usage viole l'article 1291, *dès lors que la convention passée entre les parties n'avait pas transformé la créance de restitution en créance de somme d'argent.*
5. Mais pas seulement. V. Req. 30 mars 1926, *DP* 1926, 1, p. 217 : « les choses qui ne sont pas fongibles par leur nature peuvent devenir telles par la convention des parties ». Il s'agissait en l'espèce de la question de savoir si l'on pouvait retenir un quasi-usufruit alors que la chose qui formait l'assiette de l'usufruit n'était pas fongible par sa nature.
6. V. *infra*, n° 77.

76. Apparition de la distinction. La distinction entre les choses fongibles et les choses qui ne le sont pas ne remonte pas comme les autres grandes distinctions au droit romain. Tout au plus étaient mentionnées les *res quae pondere numero mensurave constant*, c'est-à-dire les choses qui se comptent, se pèsent et se mesurent au sujet de l'étude du *mutuum*[7].

77. Intérêts de la distinction. ***Compensation***. L'article 1291 C. civ. prévoit que la compensation légale ne joue qu'entre « *deux dettes qui ont également pour objet une somme d'argent, ou une certaine quantité de choses fongibles de la même espèce et qui sont également liquides et exigibles* ». Si deux choses réciproquement dues sont tenues pour équivalentes, nul besoin de se les échanger. De fait, si un individu doit dix euros à un autre qui lui doit la même somme, ou si un individu doit trois poules à un autre qui lui en doit autant, on comprend aisément que la compensation puisse jouer sans que chaque partie n'ait à payer à l'autre ce qu'elle lui doit.

78. Intérêts de la distinction. ***Contrats conférant un titre précaire***. Alors que le prêt de consommation[8], le dépôt irrégulier et même le quasi-usufruit portent sur une chose fongible, le prêt à usage, le dépôt régulier et l'usufruit ont pour assiette une chose qui ne l'est pas. L'intérêt qu'il y a à distinguer tient à ce que la restitution de la chose empruntée se fait par équivalent dans le prêt de consommation, le dépôt irrégulier et le quasi-usufruit alors qu'elle se fait en nature dans le prêt à usage, le dépôt régulier et l'usufruit[9]. Faut-il en déduire pour autant que le prêteur, le déposant ou le nu-propriétaire perdent leur droit de propriété en concluant un prêt de consommation, un dépôt irrégulier ou un quasi-usufruit ? Deux considérations, l'une technique, l'autre de fond, permettent de répondre.

Techniquement, la fongibilité ne devrait pas constituer un obstacle à la revendication pour la seule raison qu'il est impossible de déterminer les choses mêmes qui appartiennent au revendiquant : pour lui, c'est du pareil au même qu'on lui restitue

---

7. Gaïus, Inst., Commentaire troisième, § 90 : « [l]'obligation se contracte *re*, par une dation en *mutuum* ; le *mutuum* est presque restreint, dans son objet, aux choses qui consistent dans le poids, le nombre et la mesure : tels que la monnaie, le vin, l'huile, le blé, l'airain, l'argent, l'or ; lorsque nous donnons ces choses en les comptant, les mesurant ou les pesant, c'est pour qu'elles deviennent la propriété de celui qui les reçoit, et qu'on nous rende, non pas identiquement les mêmes choses, mais d'autres choses de même nature ; on appelle ce contrat *mutuum* parce que ce que je vous livre devient vôtre, de mien qu'il était ».

8. D'après l'article 1892 C. civ., le prêt de consommation porterait sur une chose consomptible, le prêt à usage, sur une chose non consomptible (« *[l]e prêt de consommation est un contrat par lequel l'une des parties livre à l'autre une certaine quantité de choses qui se consomment par l'usage, à la charge par cette dernière de lui en rendre autant de même espèce et qualité* ». Si le prêt de consommation transfère la propriété du bien vendu, c'est parce que la restitution en nature est impossible. C'est pourquoi le Code civil estime que le prêt de consommation porte sur une chose consomptible, dont la restitution en nature est impossible après qu'on en a usé. Mais cette qualification devrait également être retenue toutes les fois que la restitution de la chose en nature est, pour une autre raison, impossible : c'est le cas des choses fongibles, qu'il n'est pas possible de distinguer dans le patrimoine de l'emprunteur.

D'ailleurs, l'article 1894 C. civ. accrédite cette thèse, en énonçant : « *[o]n ne peut pas donner à titre de prêt de consommation des choses qui, quoique de même espèce, sont différentes, comme les animaux : alors c'est un prêt à usage* ».

9. Art. 1902 C. civ. : « *[l]'emprunteur est tenu de rendre les choses prêtées, en même quantité et qualité, et au terme convenu* » ; art. 1932 al. 2 C. civ. : « *(...) le dépôt des sommes monnayées doit être rendu dans les mêmes espèces qu'il a été fait, soit dans le cas d'augmentation, soit dans le cas de diminution de leur valeur* ».

la chose dont il est propriétaire ou une chose équivalente[10]. Aussi peut-on regretter que la Cour de cassation considère que « la revendication est en principe impossible, à moins d'une individualisation matérielle et de la parfaite identification des objets réclamés avec ceux que le détenteur a reçus »[11] ou encore que « si le caractère fongible d'un bien ne fait pas par lui-même obstacle à sa revendication, celle-ci ne peut aboutir que dans la mesure où le bien en cause n'a pas été confondu avec d'autres de même espèce »[12]. Il convient toutefois de réserver deux règles importantes. En premier lieu, en présence d'une clause de réserve de propriété portant sur un bien fongible, l'article 2369 C. civ.[13] prévoit que la propriété peut s'exercer, à concurrence de la créance restant due, sur des biens de même nature et de même qualité détenus par le débiteur ou pour son compte. En second lieu, en cas de procédure collective, l'article L. 624-16 al. 3 C. com.[14] prévoit la possibilité de revendiquer

---

10. V. R. Libchaber, *Rép. civ.*, *V° Biens*, 2009, n° 34 : « puisque les choses déposées sont indistinctes de celles du dépositaire, pourquoi le droit de propriété ne porterait-il pas sur n'importe lesquelles des choses identiques, qui toutes peuvent être revendiquées dans la mesure des droits détenus ? ». *Adde* S. Torck, *Essai d'une théorie générale des droits réels sur choses fongibles*, th. Panthéon-Assas, 2001.

11. Civ. 17 juillet 1929, *DH* 1929, p. 540. L'« individualisation matérielle » et la « parfaite identification » de la chose faisant de la chose de genre un corps certain, la revendication des choses de genre apparaît impossible. *Adde* Com. 4 mai 1970, *Bull. civ.* IV, n° 140 : « après avoir justement énoncé d'abord que seul le propriétaire d'un corps certain se trouvant entre les mains d'un commerçant, au moment du jugement prononçant la faillite de celui-ci, peut le revendiquer à l'encontre de la masse des créanciers, puisque les espèces, qui sont choses fongibles, ne peuvent faire l'objet d'une telle revendication lorsque, remises au commerçant, elles se sont confondues avec les espèces qu'il possédait déjà, la cour d'appel relève que Cardot ne saurait invoquer à l'égard de la société qu'un simple droit de créance qui a pris naissance, par la remise des fonds, au jour de la convention annulée soit à une date antérieure au jugement prononçant la faillite ; qu'elle en déduit, à bon droit, que Cardot est créancier dans la masse et ne peut, dès lors, obtenir de celle-ci la restitution de la somme versée à titre d'acompte ».

12. Com. 25 mars 1997, *Bull. civ.* IV, n° 84, *D.* 1997, p. 481, note D. R. Martin, et 2000, p. 70, obs. D. Mainguy, *JCP* E 1997, II, 991, note Ph. Pétel, *RTD com.* 1998, p. 423, obs. A. Martin-Serf : somme d'argent non isolée. *Adde* Civ. 17 juillet 1929, *DH* 1929, p. 540, préc. ; Civ. 3e, 7 février 1989, *Bull. civ.* III, n° 57, *RTD civ.* 1990, p. 109, obs. F. Zenati : « l'action peut s'exercer sur toutes les catégories de choses, notamment sur les choses fongibles » ; Civ. 3e, 23 septembre 2009, *Bull. civ.* III, n° 198, *Banque et droit* 2009, n° 128, p. 136, obs. Th. Bonneau : un sous-compte ouvert au nom d'une copropriété par un administrateur de biens constitue une entité qui ne peut être confondue avec les autres comptes ouverts dans la même banque par cet administrateur. Dès lors, les fonds déposés sur ce sous-compte appartiennent au syndicat qui peut en obtenir en référé restitution auprès de la banque, dont l'obligation n'est pas sérieusement contestable.

13. « *La propriété réservée d'un bien fongible peut s'exercer, à concurrence de la créance restant due, sur des biens de même nature et de même qualité détenus par le débiteur ou pour son compte.* »

14. « *(...) La revendication en nature peut également s'exercer sur des biens fongibles lorsque des biens de même nature et de même qualité se trouvent entre les mains du débiteur ou de toute personne les détenant pour son compte* ».

En cas d'impossibilité d'identifier le propriétaire des choses revendiquées, lesquelles se seraient confondues avec d'autres en raison de l'absence d'un inventaire dressé par l'acheteur, la Cour de cassation considère que la preuve de la vente suffit pour pouvoir exercer la revendication (Com. 11 juin 2014, *Bull. civ.* IV, n° 104 : l'arrêt « relève (...) que [le revendiquant] justifie de huit factures afférentes aux alevins revendiqués, cependant qu'il est établi que des stocks de bars et de daurades vivants se trouvaient dans les locaux de [l'acheteur] au 31 décembre 2009 et au 31 janvier 2010 sans possibilité d'identifier les propriétaires des poissons à défaut d'inventaire ; que, de ces constatations et énonciations, la cour d'appel, qui n'a ni inversé la charge de la preuve, ni statué par des motifs contradictoires, n'a fait qu'user de son pouvoir souverain d'appréciation en retenant que [le revendiquant] établissait que les alevins revendiqués, livrés moins de dix-huit mois avant l'ouverture de la procédure, existaient en nature au jour de cette ouverture » ; *adde* Com. 1er décembre 2009, *Bull. civ.* IV, n° 156, *RTD civ.* 2010, p. 361, obs. P. Crocq : « la charge de prouver que les biens revendiqués, restés en la possession des biens fongibles lorsque des biens de même nature et de même qualité se trouvent entre les mains du débiteur ou de toute personne les détenant pour son compte.

Au fond, la revendication devrait être possible chaque fois que celui à qui les choses ont été remises n'en a pas acquis la propriété et qu'il ne pouvait par conséquent en disposer, peu important qu'il y ait eu ou non individualisation[15]. Lorsque celui qui a reçu la chose pouvait en disposer, il en est devenu propriétaire, ce qui fait obstacle à toute possibilité de les revendiquer : l'action réelle en revendication laisse place à une action personnelle en restitution[16]. C'est ce qui explique que le prêteur ne puisse agir en revendication contre l'emprunteur à qui les fonds ont été remis en vue d'en disposer (art. 1893 C. civ.[17])[18]. En contrepoint, si celui qui a reçu la chose ne pouvait en disposer, il n'en est pas devenu propriétaire, et la revendication devrait être admise, peu important qu'elle aboutisse à la restitution de la chose même ou d'une chose équivalente. Telle n'est pourtant pas, la position de la Cour de cassation, pour laquelle seules les choses fongibles identifiées[19] peuvent en principe être revendiquées, et encore, semble-t-il, à l'exception de l'argent, au moins lorsque l'on est en présence d'une procédure collective[20].

79. Intérêts de la distinction. ***Sûretés réelles***. Il est nécessaire de combiner l'exigence de spécialité de l'assiette de la sûreté réelle – destinée à circonscrire le droit de préférence ou le droit exclusif du bénéficiaire – avec la nature particulière des choses fongibles. D'une part, les **sûretés réelles traditionnelles** peuvent avoir pour assiette des choses fongibles : c'est le cas du gage sans dépossession de choses

---

du débiteur lors du redressement judiciaire et de l'exécution du plan de continuation, n'existaient plus en nature au jour du prononcé de la liquidation judiciaire, incombait au liquidateur, représentant la société débitrice, en l'absence de réalisation de la formalité obligatoire de l'inventaire ».

En tout état de cause, la revendication est encore admise alors même qu'en raison de la rapidité de la rotation des stocks, les marchandises revendiquées ne pouvaient être celles ayant appartenu au revendiquant (Com. 5 mars 2002, *Bull. civ.* IV, n° 48, *RTD civ.* 2002, p. 327, obs. Th. Revet et p. 339, obs. P. Crocq, *RTD com.* 2002, p. 544, obs. A. Martin-Serf).

15. Depuis la réforme des sûretés opérée en 2006, il est prévu que lorsque le gage avec dépossession a pour objet des choses fongibles, le créancier dispensé de tenir séparées des choses de même nature qui lui appartiennent acquiert la propriété des choses gagées à charge de restituer la même quantité de choses équivalentes (art. 2341 C. civ.).

16. Et v. J. François, « Retour sur la revendication des sommes d'argent », *D.* 2012, p. 1493.

17. « Par l'effet de ce prêt, l'emprunteur devient le propriétaire de la chose prêtée ; et c'est pour lui qu'elle périt, de quelque manière que cette perte arrive ».

18. J. François, « Retour sur la revendication des sommes d'argent », *D.* 2012, p. 1493 s., spéc., n° 21.

19. V. les décisions citées *supra*.

20. Com. 22 mai 2013, *Bull. civ.* IV, n° 87, *D.* 2013, p. 1594, note F. Danos, *JCP* E 25 juillet 2013, 25, obs. Ph. Pétel, *Bull. Joly entr. Diff.* 2013, p. 226, obs. M. Laroche, *RTD civ.* 2013, p. 649, obs. W. Dross : « une demande de restitution de fonds ne peut être formée par voie de revendication, la seule voie ouverte au créancier d'une somme d'argent étant de déclarer sa créance à la procédure collective de son débiteur ». En l'espèce, une société à la tête d'un réseau d'agences de voyage faisait l'objet d'une procédure collective. Des compagnies aériennes pour le compte desquelles des sommes avaient été perçues auprès de clients étaient revendiquées par lesdites compagnies. Peu importe, d'ailleurs, que les sommes soient demeurées identifiables ainsi que le mettait en exergue le pourvoi. Et V. déjà Com. 4 février 2003, pourvoi n° 00-13356, *RTD com.* 2003, p. 572, obs. A. Martin-Serf, *Rép. Defr.* 2003, p. 1163, obs. R. Libchaber. Il reste qu'au cas où un mandataire aurait reçu de la monnaie fiduciaire – par exemple des espèces détenues dans un coffre sans pouvoir d'en disposer –, celle-ci devrait pouvoir être revendiquée.

fongibles[21] et des différentes warrants[22] (agricole[23], industriel[24], pétrolier[25], de stocks de guerre[26]), ainsi que du gage sur stock sans dépossession[27]. Le constituant n'a pas à tenir séparées les choses fongibles grevées de ses autres choses et il peut même en disposer, ce qui en fait une sûreté particulièrement intéressante pour lui[28]. D'autre part, les **sûretés-propriétés** peuvent également porter sur des choses fongibles, sans pour autant que leur efficacité ne soit altérée : ainsi le Code civil prévoit-il aujourd'hui que « *[l]a propriété réservée d'un bien fongible peut s'exercer, à concurrence de la créance restant due, sur des biens de même nature et de même qualité détenus par le débiteur ou pour son compte* » (art. 2369 C. civ.).

S'il est donc acquis qu'une sûreté réelle puisse porter sur des choses fongibles et que son assiette ne soit pas affectée par le roulement de celles-ci, c'est que les choses fongibles ne sont en principe pas appréhendées dans leur *identité*, mais dans leur *qualité*, qu'elles le sont comme des choses de genre et non comme des corps certains[29]. S'agissant du cas particulier des warrants et du gage sur stock, l'assiette n'est pas tant constituée des choses qui forment le stock que du stock lui-même, érigé en bien indépendamment des biens qui le composent, bref, considéré comme une universalité de fait[30].

21. Art. 2342 C. civ. : « *[l]orsque le gage sans dépossession a pour objet des choses fongibles, le constituant peut les aliéner si la convention le prévoit à charge de les remplacer par la même quantité de choses équivalentes* ».
22. Les warrants permettent à un exploitant de tirer crédit de son stock qu'il affecte en tout ou partie en garantie, sans pour autant que son activité soit entravée dès lors qu'il n'est pas dépossédé de son stock grevé.
23. Art. L. 342-1 s. C. rur. et pêch. mar.
24. Art. 2 L. 12 septembre 1940 *sur le financement des fabrications de démarrage faisant l'objet de lettres d'agrément*.
25. Art. L. 524-1 s. C. com.
26. Art. L. 342-1 s. C. rur. et pêch. mar.
27. Art. L. 527-1 s. C. com.
28. Afin de protéger le créancier, la loi instaure, suivant les cas, des seuils à compter desquels les choses grevées aliénées doivent être remplacées (V. par ex. art. L. 524-16 C. com. au sujet du warrant pétrolier), des délais de remplacement (V. par ex. art. L. 524-15 C. com. au sujet du warrant pétrolier) et une procédure de contrôle de l'état des choses qui forment l'assiette de la sûreté.
29. Sur cette distinction, v. *infra*, n° 80 et s. Comp. Req. 10 mars 1915, *RTD civ.* 1916, p. 163, obs. R. Demogue : « lorsque les marchandises (en l'espèce du blé) sortent du gage, elles y sont, en vertu d'une subrogation réelle, qui trouve son fondement dans leur fongibilité, remplacées par des marchandises acquises qui rentrent, et restent, comme celles auxquelles elles sont substituées dans la possession du créancier ». Sur la subrogation réelle, v. *infra*, n° 172 et s.
30. Sur celle-ci, v. *supra*, n° 65.

Chapitre 4
Les choses de genre et les corps certains

80. Critère de distinction. La distinction entre les choses de genre et les corps certains doit n'être mentionnée qu'**hors-série**. En effet, une chose de genre n'est pas une chose[1], mais un « genre de chose »[2] ou, si l'on préfère, une chose envisagée du point de vue du groupe auquel elle appartient. Dit autrement, « les choses de genre n'existent pas ; elles sont de purs concepts »[3]. Précisément, et en reprenant les termes du Code civil, on dira de la chose de genre qu'elle est « *une chose qui n'[est] déterminée que par son espèce* » (art. 1246 C. civ.). En contrepoint, les corps certains désignent les choses individualisées. Tant et si bien que « passant de la chose à son appellation (...), on passe aussi des corps certains aux choses de genre »[4]. Par exemple, Pollux (corps certain) est un berger allemand (chose de genre). Toute chose individualisée, c'est-à-dire tout *corps certain*, peut être déterminée par le *genre*, abstrait, auquel elle appartient[5]. L'inverse n'est pas forcément vrai, puisqu'il y a des choses de genre, c'est-à-dire des « *genres de chose* », qui n'existent pas : les poules avec des dents, par exemple...

81. Apparition de la distinction. La distinction traditionnelle entre les choses de genre (*res in genere*) et les corps certain (*res in specie*) est issue du droit romain[6]. Si le droit romain désignait en particulier les *choses quae pondere numero mensurave constant*, c'est-à-dire les choses qui se pèsent, se mesurent ou se comptent, il ne s'agissait pas forcément de choses de genre[7]. Ainsi, si, abstraitement, la farine est une chose de genre, une fois conditionnée et individualisée, elle est devenue un corps certain ; pour autant, la farine reste toujours une chose qui se pèse... De même, il est des choses qui ne se pèsent, se comptent ou se mesurent, et qui sont pour autant des choses de genre. Ainsi une voiture de tel modèle et de telle marque peut être envisagée comme une chose de genre – notamment au moment de la commande – sans pour autant qu'on puisse y voir une chose qui se pèse, se mesure ou se compte[8].

---

1. En ce sens, R. Libchaber, *Rép. civ., V° Biens*, 2009, n° 29.
2. R. Libchaber, *Rép. civ., V° Biens*, 2009, n° 29.
3. F. Zenati-Castaing et Th. Revet, n° 152.
4. R. Libchaber, *Rép. civ., V° Biens*, 2009, n° 29.
5. Partant, les expressions de « choses de genre » et de « choses fongibles » ne sont pas synonymes. Les choses de genre n'étant pas des choses, à la différence des choses fongibles, seuls les corps certains sont susceptibles d'être des choses fongibles. Par ailleurs les choses de genre ne sont pas nécessairement fongibles entre elles : deux chevaux, par exemple.
6. P. F. Girard, p. 265.
7. P. F. Girard, p. 265.
8. P. F. Girard, p. 265.

82. Intérêts de la distinction. La distinction intéresse essentiellement la **théorie des risques** et le **transfert de propriété**. L'article 1585 C. civ. prévoit au sujet des choses qui se pèsent, se comptent ou se mesurent, et qui ne sont pas encore individualisées – lesquelles sont donc encore des choses de genre – que « *[l]orsque des marchandises ne sont pas vendues en bloc, mais au poids, au compte ou à la mesure, la vente n'est point parfaite, en ce sens que les choses vendues sont aux risques du vendeur jusqu'à ce qu'elles soient pesées, comptées ou mesurées* ». Cette disposition signifie seulement que tant que de telles choses ne sont pas isolées, les risques continuent à peser sur le vendeur : seul un corps certain peut périr, non une chose de genre : « *genera non pereunt* ». Pourtant, la jurisprudence en a tiré plus, en en déduisant un report du transfert de propriété à l'individualisation des choses vendues[9]. Ainsi, alors que le transfert de propriété s'opère en présence d'un corps certain dès la conclusion de la vente, il ne s'opère, au sujet des choses de genre, qu'au moment de l'individualisation, c'est-à-dire au moment où la chose de genre est identifiée en un corps certain[10].

9. Civ. 30 juin 1925, *DP* 1927, 1, p. 29 : « la propriété de la chose vendue n'est transmise à l'acquéreur que quand cette chose est déterminée dans son individualité ; (...) lorsque la vente a pour objet une certaine quantité de marchandises à prendre dans un lieu désigné, qui en renferme une quantité qui n'a pas encore été mesurée, c'est seulement l'opération de mesurage qui en individualise la chose et entraîne en conséquence la translation de la propriété ». Ainsi, lorsque des parties contractent à propos d'une chose, il convient de se demander si elles visent un corps certain ou une chose de genre. Prenons pour exemple deux ventes : dans la première, le concessionnaire vend un modèle de voiture, une chose de genre, alors que dans la seconde, un individu vend sa voiture à un autre, un corps certain. Le régime juridique de ces deux ventes diffère sur plusieurs points, en raison de la nature de la chose.

10. Certains ont proposé de retenir une interprétation rigoureuse de l'article 1585 C. civ., en en limitant la portée au transfert des risques et en continuant à appliquer le principe du transfert *solo consensu* en reconnaissant une propriété *in genere* à l'acquéreur (M. Caffin-Moi, *Cession de droits sociaux et droit des contrats*, préf. D. Bureau, Economica, 2009, n° 688). Tout au plus conviendrait-il de réserver, pour des raisons d'opportunité principalement, le cas particulier des sommes d'argent : en effet, ce serait réduire à néant le domaine de l'obligation *personnelle* de payer une somme d'argent si le créancier devenait propriétaire de celle-ci à compter de la naissance de sa créance (v. notamment Ch. Gijsbers, *Sûretés réelles et droit des biens*, th. Panthéon-Assas (Paris II), 2012, n° 557).

Sous-titre II
Les classifications juridiques

83. Plan. Indépendamment de leurs qualités naturelles, les biens sont encore distingués en raison de certaines de leurs qualités juridiques. Ainsi aux biens qui appartiennent aux personnes privées, oppose-t-on ceux qui appartiennent aux personnes publiques (Chapitre 1) et à ceux qui sont dans le commerce, oppose-t-on ceux qui sont hors du commerce (Chapitre 2).

Chapitre 1
Les biens privés et publics

84. Critère(s) de dictinction(s). ***Une distinction qui en appelle une autre.*** La distinction des biens privés et publics en appelle immédiatement une autre, entre ceux des biens publics qui relèvent du domaine privé et ceux qui relèvent du domaine public.

85. Critère(s) de dictinction(s). ***Biens privés et biens publics.*** Alors que les biens privés sont appropriés par des personnes privées, les biens publics le sont par des personnes publiques[1]. La distinction est évoquée à l'article 537 C. civ. : « *[l]es particuliers ont la libre disposition des biens qui leur appartiennent, sous les modifications établies par les lois* » (al. 1) tandis que « *[l]es biens qui n'appartiennent pas à des particuliers sont administrés et ne peuvent être aliénés que dans les formes et suivant les règles qui leur sont particulières* » (al. 2)[2]. La disposition n'a d'autre but que de circonscrire l'application des règles du Code civil aux biens appartenant aux particuliers et plus généralement à toute personne – physique ou morale – de droit privé[3]. Quant aux biens des personnes publiques, s'il a toujours été admis que celles-ci avaient un droit de propriété sur les biens du domaine privé, cela a été discuté à l'égard des biens du domaine public. Mais aujourd'hui le Code général de la propriété des personnes publiques, adopté le 21 avril 2006, reconnaît de façon incontestable l'existence d'une propriété publique sur tous les biens publics[4].

86. Critère(s) de dictinction(s). ***Biens publics du domaine public et biens publics du domaine privé.*** On distingue, parmi les biens publics, ceux qui relèvent du domaine privé et ceux qui relèvent du domaine public.

---

1. Les biens des personnes publiques sont dans une certaine mesure affectés au bien-être commun sans pour autant être des choses communes, car ils sont appropriés (F. Zenati-Castaing et Th. Revet, n° 39). Sur la question de la propriété publique, V. Ph. Yolka, *La propriété publique, Éléments pour une théorie*, th., LGDJ, 1997.

2. L'essentiel du régime des biens publics se trouve dans le Code général de la propriété des personnes publiques, applicable « aux biens et aux droits, à caractère mobilier ou immobilier, appartenant à l'État, aux collectivités territoriales et à leurs groupements, ainsi qu'aux établissements publics » (art. L. 1) ainsi qu'« aux biens et aux droits, à caractère mobilier ou immobilier, appartenant aux autres personnes publiques dans les conditions fixées par les textes qui les régissent » (art. L. 2). Le Code général de la propriété des personnes publiques distingue l'acquisition (Première partie), la gestion (Deuxième partie) et la cession (Troisième partie) des biens par les personnes publiques.

3. Au sujet de l'article 537 C. civ., Treilhard observe que les biens appartenant aux particuliers « *sont les seuls dont le Code civil doive s'occuper ; les autres sont du ressort ou d'un code de droit public, ou de lois administratives, et l'on n'a dû en faire mention que pour annoncer qu'ils étaient soumis à des lois particulières* » (P.-A. Fenet, *Recueil complet des travaux préparatoires du Code civil*, t. 11, Videcoq, 1836, p. 40).

4. Sur l'évolution, V. *infra*, n° 87.

Relèvent du **domaine public** les biens affectés à une **utilité publique**[5] en ce qu'ils remplissent *certaines conditions* ou en ce qu'ils sont *désignés comme tels par la loi*. Le domaine public comprend des immeubles et des meubles. Le **domaine public immobilier** se compose, premièrement, des biens affectés à l'*usage direct du public*, deuxièmement, des biens affectés à un *service public* qui font l'objet d'un *aménagement indispensable* à l'exécution des missions de ce service[6], troisièmement, des biens *qui concourent à l'utilisation d'un bien appartenant au domaine public en constituant un accessoire indissociable*[7] et, quatrièmement, des biens énumérés par la *loi* et qui forment le domaine public maritime naturel[8] et artificiel[9], fluvial naturel[10] et artificiel[11],

---

5. Y. Gaudemet, n° 115 s.

6. Art. L. 2111-1 CGPPP : « *[s]ous réserve de dispositions législatives spéciales, le domaine public d'une personne publique mentionnée à l'article L. 1 est constitué des biens lui appartenant qui sont soit affectés à l'usage direct du public, soit affectés à un service public pourvu qu'en ce cas ils fassent l'objet d'un aménagement indispensable à l'exécution des missions de ce service public* ». V. déjà CE, 28 juin 1935, *Marecar*, *Rec. Lebon*, p. 734. Sur la question de savoir si le bien affecté à l'usage du public doit, au surplus, faire l'objet d'un aménagement spécial, v. Y. Gaudemet, n° 122 s.

7. Art. L. 2111-2 CGPPP : « *[f]ont également partie du domaine public les biens des personnes publiques mentionnées à l'article L. 1 qui, concourant à l'utilisation d'un bien appartenant au domaine public, en constituent un accessoire indissociable* ». Et v. Y. Gaudemet, n° 188 s. En revanche, l'existence d'un domaine public virtuel, qui comprendrait les biens destinés à être affectés à l'*usage direct du public* ou à un *service public*, semble depuis l'adoption du Code général de la propriété des personnes publiques et sous réserve de la fraude à la loi, condamnée (Y. Gaudemet, n° 208 s., spéc. n° 217). Par le passé, la jurisprudence avait admis que le domaine public puisse comprendre des biens à réaliser et destinés à être affectés au public ou au service public (V. notamment CE, 6 mai 1985, *Association Eurolat*, *Rec. Lebon* p. 141 ; Avis du Conseil d'État n° 356 960 du 31 janvier 1995 *relatif au domaine public*.

8. Art. L. 2111-4 CGPPP : « *Le domaine public maritime naturel de l'État comprend : 1° Le sol et le sous-sol de la mer entre la limite extérieure de la mer territoriale et, côté terre, le rivage de la mer. Le rivage de la mer est constitué par tout ce qu'elle couvre et découvre jusqu'où les plus hautes mers peuvent s'étendre en l'absence de perturbations météorologiques exceptionnelles ; 2° Le sol et le sous-sol des étangs salés en communication directe, naturelle et permanente avec la mer ; 3° Les lais et relais de la mer : a) Qui faisaient partie du domaine privé de l'État à la date du 1er décembre 1963, sous réserve des droits des tiers ; b) Constitués à compter du 1er décembre 1963. Pour l'application des a et b ci-dessus dans les départements de la Guadeloupe, de la Guyane, de la Martinique et de La Réunion, la date à retenir est celle du 3 janvier 1986 ; 4° La zone bordant le littoral définie à l'article L. 5111-1 dans les départements de la Guadeloupe, de la Guyane, de la Martinique et de La Réunion ; 5° Les terrains réservés en vue de la satisfaction des besoins d'intérêt public d'ordre maritime, balnéaire ou touristique et qui ont été acquis par l'État. Les terrains soustraits artificiellement à l'action du flot demeurent compris dans le domaine public maritime naturel sous réserve des dispositions contraires d'actes de concession translatifs de propriété légalement pris et régulièrement exécutés* ».

9. Art. L. 2111-6 CGPPP : « [l]e domaine public maritime artificiel est constitué : 1° Des ouvrages ou installations appartenant à une personne publique mentionnée à l'article L. 1, qui sont destinés à assurer la sécurité et la facilité de la navigation maritime ; 2° À l'intérieur des limites administratives des ports maritimes, des biens immobiliers, situés en aval de la limite transversale de la mer, appartenant à l'une des personnes publiques mentionnées à l'article L. 1 et concourant au fonctionnement d'ensemble des ports maritimes, y compris le sol et le sous-sol des plans d'eau lorsqu'ils sont individualisables ».

10. Art. L. 2111-7 CGPPP : « *[l]e domaine public fluvial naturel est constitué des cours d'eau et lacs appartenant à l'État, aux collectivités territoriales ou à leurs groupements, et classés dans leur domaine public fluvial* ».

11. Art. L. 2111-10 CGPPP : « *[l]e domaine public fluvial artificiel est constitué :*

1° Des canaux et plans d'eau appartenant à une personne publique mentionnée à l'article L. 2111-7 ou à un port autonome et classés dans son domaine public fluvial ;

2° Des ouvrages ou installations appartenant à l'une de ces personnes publiques, qui sont destinés à assurer l'alimentation en eau des canaux et plans d'eau ainsi que la sécurité et la facilité de la navigation, du halage ou de l'exploitation ;

routier[12], ferroviaire[13], aéronautique[14] et hertzien[15]. Le **domaine public mobilier** comprend des biens qui présentent « *un intérêt public du point de vue de l'histoire, de l'art, de l'archéologie, de la science ou de la technique* » et qui sont énumérés – la liste n'est pas limitative – à l'article L. 2112-1 CGPPP[16].

Les biens qui composent le **domaine privé** sont ceux qui *ne remplissent pas les conditions du domaine public* ou qui sont *désignés comme tels par la loi*[17]. En premier lieu, y figurent les biens qui ne remplissent pas les conditions de la domanialité publique, en sorte que le domaine privé apparaît comme un domaine *résiduel* : « *[f]ont partie du domaine privé les biens des personnes publiques (...) qui ne relèvent*

3° Des biens immobiliers appartenant à l'une de ces personnes publiques et concourant au fonctionnement d'ensemble des ports intérieurs, y compris le sol et le sous-sol des plans d'eau lorsqu'ils sont individualisables ;

4° À l'intérieur des limites administratives des ports maritimes, des biens immobiliers situés en amont de la limite transversale de la mer, appartenant à l'une de ces personnes publiques et concourant au fonctionnement d'ensemble de ces ports, y compris le sol et le sous-sol des plans d'eau lorsqu'ils sont individualisables ».

12. Art. L. 2111-14 CGPPP : « *[l]e domaine public routier comprend l'ensemble des biens appartenant à une personne publique mentionnée à l'article L. 1 et affectés aux besoins de la circulation terrestre, à l'exception des voies ferrées* ».

13. Art. L. 2111-15 CGPPP : « *[l]e domaine public ferroviaire est constitué des biens immobiliers appartenant à une personne publique mentionnée à l'article L. 1, non compris dans l'emprise des biens mentionnés à l'article L. 2111-14 et affectés exclusivement aux services de transports publics guidés le long de leurs parcours en site propre* ».

14. Art. L. 2111-16 CGPPP : « *[l]e domaine public aéronautique est constitué des biens immobiliers appartenant à une personne publique mentionnée à l'article L. 1 et affectés aux besoins de la circulation aérienne publique. Il comprend notamment les emprises des aérodromes et les installations nécessaires pour les besoins de la sécurité de la circulation aérienne situées en dehors de ces emprises* ». Sur la question de l'existence d'un domaine public aérien autonome qui comprendrait les routes empruntées par les aéronefs, v. Y. Gaudemet, n° 144 s. La reconnaissance d'un domaine public aérien constituerait une entorse au principe (un peu théorique) suivant lequel le propriétaire du sol est propriétaire du dessus (art. 552 C. civ.). Il convient de souligner qu'en 1804, les airs étaient moins encombrés...

15. Art. L. 2111-17 CGPPP : « *[l]es fréquences radioélectriques disponibles sur le territoire de la République relèvent du domaine public de l'État* ».

16. « *Sans préjudice des dispositions applicables en matière de protection des biens culturels, font partie du domaine public mobilier de la personne publique propriétaire les biens présentant un intérêt public du point de vue de l'histoire, de l'art, de l'archéologie, de la science ou de la technique, notamment : 1° Un exemplaire identifié de chacun des documents dont le dépôt est prescrit aux fins de constitution d'une mémoire nationale par l'article L. 131-2 du Code du patrimoine ; 2° Les archives publiques au sens de l'article L. 211-4 du Code du patrimoine ; 3° Les archives issues de fonds privés entrées dans les collections publiques par acquisition à titre onéreux, don, dation ou legs ; 4° Les découvertes de caractère mobilier devenues ou demeurées propriété publique en application du chapitre 3 du titre II et du chapitre Ier du titre III du livre V du Code du patrimoine ; 5° Les biens culturels maritimes de nature mobilière au sens du chapitre 2 du titre III du livre V du Code du patrimoine ; 6° Les objets mobiliers classés ou inscrits au titre du chapitre 2 du titre II du livre VI du Code du patrimoine ou situés dans un immeuble classé ou inscrit et concourant à la présentation au public de parties classées ou inscrites dudit immeuble ; 7° Les objets mobiliers autres que ceux mentionnés au 6° ci-dessus, présentant un intérêt historique ou artistique, devenus ou demeurés propriété publique en application de la loi du 9 décembre 1905 concernant la séparation des Églises et de l'État ; 8° Les collections des musées ; 9° Les œuvres et objets d'art contemporain acquis par le Centre national des arts plastiques ainsi que les collections d'œuvres et objets d'art inscrites sur les inventaires du Fonds national d'art contemporain dont le centre reçoit la garde ; 10° Les collections de documents anciens, rares ou précieux des bibliothèques ; 11° Les collections publiques relevant du Mobilier national et de la Manufacture nationale de Sèvres.* »

17. Y. Gaudemet, n° 630 s.

pas du domaine public par application des dispositions du titre Ier du livre Ier » (art. L. 2211-1 al. 1 CGPPP). Figurent au premier rang de cette catégorie hétéroclite les biens appartenant à des personnes publiques, mais qui ne sont pas affectés à une utilité publique. Les biens communaux (art. 542 C. civ.[18]), appartenant aux communes, et laissés à la jouissance de leurs *seuls* habitants, relève également du domaine privé. En second lieu, certains biens relèvent du domaine privé *par détermination de la loi*, sans que l'on ait à s'intéresser ou non à la réunion des conditions de la domanialité publique : il « *en va notamment ainsi des réserves foncières et des biens immobiliers à usage de bureaux, à l'exclusion de ceux formant un ensemble indivisible avec des biens immobiliers appartenant au domaine public* » (art. L. 2211-1 al. 1 CGPPP).

87. Apparition de la distinction. Le droit romain isole, au sein des *res nullius humani juris* qui échappent à l'appropriation privée, les *res publicae* et les *universitates* qui appartiennent respectivement au peuple ou à la Cité. Inaliénables et imprescriptibles[19], ces choses préfigurent les biens qui composeront le domaine public. En contrepoint, les *res in pecunia populi*, dont l'État jouit comme une personne privée sur ses propres biens, fait penser avant l'heure aux biens du domaine privé[20]. L'idée d'une distinction entre deux séries de biens publics remonte donc au droit romain.

Sous l'Ancien Droit, le domaine de la Couronne désigne l'ensemble des richesses qui appartiennent au Royaume, sans que ne soient soumis à un régime particulier ceux des biens affectés à une utilité commune[21].

En 1804, l'article 538 C. civ., aujourd'hui abrogé[22], distingue entre la propriété d'une part et la domanialité publique d'autre part en énonçant que « *[l]es chemins, routes et rues à la charge de l'État, les fleuves et rivières navigables ou flottables, les rivages, lais et relais de la mer, les ports, les havres, les rades, et généralement toutes les portions du territoire français qui ne sont pas susceptibles d'une propriété privée, sont considérés comme des dépendances du domaine public* »[23]. Parmi les « biens qui appartiennent à l'État », Demolombe distingue ceux qui sont « affectés par une destination spéciale et permanente, à un usage public » et « les autres, qui ne sont soumis à aucun service de ce genre », les premiers étant, à la différence des seconds, hors du commerce, inaliénables et imprescriptibles[24]. Tant et si bien que s'agissant des biens du domaine public de l'État, l'existence même d'un droit de propriété est niée : « l'État n'en a que la garde et la surintendance,

18. « *Les biens communaux sont ceux à la propriété ou au produit desquels les habitants d'une ou plusieurs communes ont un droit acquis.* »

19. F. Zenati-Castaing et Th. Revet, n° 42.

20. *Ibid.*

21. Si l'Ordonnance de Moulins de 1566 consacre l'inaliénabilité des biens qui font partie du domaine de la Couronne (L'inaliénablité aurait été reconnue dès le xive siècle, v. sur ce point, Y. Gaudemet, n° 289), certains biens appartenant au roi échappent à cette règle (Y. Gaudemet, n° 55). Mais on ne saurait voir ici une distinction qui rappelle celle du domaine public et du domaine privé.

22. Par l'Ordonnance n° 2006-460 du 21 avril 2006 *relative à la partie législative du Code général de la propriété des personnes publiques*.

23. Ce à quoi il faut ajouter, également abrogés aujourd'hui, les articles 540 (« *Les portes, murs, fossés, remparts des places de guerre et des forteresses font aussi partie du domaine public.* ») et 541 (« *Il en est de même des terrains, des fortifications et remparts des places qui ne sont plus places de guerre : ils appartiennent à l'État s'ils n'ont été valablement aliénés ou si la propriété n'en a pas été prescrite contre lui* »).

24. Ch. Demolombe, *Cours de Code Napoléon*, vol. IX, 1861, n° 9, n° 456.

comme représentant des intérêts généraux du corps social ; il n'en a pas la propriété (...) »[25] ; il a donc la propriété de certains biens et de simples prérogatives sur les autres, qui forment le domaine public[26]. C'est Hauriou qui incarnera la défense de la thèse d'une véritable propriété publique des personnes publiques, encore qu'il s'agisse d'une « propriété publique », distincte de la propriété privée. Selon l'auteur, « si le droit de domaine public est un droit de propriété, ce n'est pas la propriété ordinaire, c'est une propriété qui mérite le nom de publique, qui doit être rattachée à la puissance publique et qui est caractérisée dans ses effets par la destination d'utilité publique de la chose »[27], même si cette propriété publique est taillée sur le patron de la propriété privée : « la vérité est que cette propriété publique se caractérise par un ensemble de modifications apportées à la propriété ordinaire par le fait de l'affectation et détruites par le fait de la désaffectation »[28]. Si la jurisprudence, sans consacrer formellement la thèse de la propriété publique, y a à plusieurs reprises fait allusion[29], il faudra attendre l'adoption du Code général de la propriété des personnes publiques en 2006 pour qu'il soit clairement reconnu que la propriété publique se divise elle-même en une propriété d'un domaine public et celle d'un domaine privé[30].

---

25. *Ibid.*, n° 457.
26. *Adde* A. Berthélémy, *Traité élémentaire de droit administratif*, Bar-sur-Seine Paris : impr. P. Brost Rousseau et Cie, 13e éd., 1933.
27. M. Hauriou, *Précis de droit administratif et de droit public général*, Larose, Paris, 4e éd., 1900, p. 629. Quelques pages plus haut, l'auteur paraît reconnaître un concept englobant de « propriété administrative » : « les dépendances du domaine public sont d*es propriétés administratives rendues inaliénables et imprescriptibles par leur destination d'utilité publique et par leur affectation*. À côté du Domaine public il existe une autre catégorie de propriétés administratives qui constituent le domaine privé, elles ne sont ni inaliénables, ni imprescriptibles et n'ont point reçu d'affectation spéciale à l'utilité publique » (p. 608).
28. M. Hauriou, *Précis de droit administratif et de droit public général*, Larose, Paris, 4e éd., 1900, p. 631. L'auteur poursuit : « la domanialité publique entraîne deux séries de modifications à la propriété ordinaire, les unes grandissent le droit de propriété et le rendent exorbitant du droit commun, les autres diminuent au contraire ce même droit ».
29. V. par exemple, CE, 17 mai 1946, *Min. Travaux publics c/ Cne du Vieux-Boucau*, *Rec. Lebon*, p. 135 : l'État est « propriétaire du cours d'eau et de son lit » ; Civ. 1re, 28 novembre 2006, *Bull. civ.* III, n° 529 : « le libre accès à sa propriété constitue un accessoire du droit de propriété, droit fondamental à valeur constitutionnelle ; (...) ayant relevé, par motifs propres et adoptés, l'impossibilité pour le Conseil général, ou pour toute personne par lui autorisée, de pénétrer avec un véhicule à quatre roues sur son terrain, en raison du dispositif filtrant installé par la commune pour en interdire l'accès, la cour d'appel, qui a caractérisé la restriction apportée au droit de propriété du département, a légalement justifié sa décision » et « la cour d'appel qui a (...) relevé que loin de se borner à empêcher la seule installation de nouveaux occupants, les obstacles disposés par la commune devant l'entrée du terrain du Conseil général ont interdit au propriétaire et aux personnes qu'il avait autorisées, de pénétrer en véhicule dans sa propriété et d'y installer des sanitaires mobiles et des conteneurs d'ordures ménagères, a jugé à bon droit que les agissements de la commune étaient insusceptibles de se rattacher aux pouvoirs de police générale ou spéciale dévolus à la commune, de sorte qu'ils étaient constitutifs d'une voie de fait qu'il appartenait au juge judiciaire de faire cesser (...) ». *Adde* les références citées M. Hauriou, *Précis de droit administratif et de droit public général*, Larose, Paris, 4e éd., 1900, p. 624, note (2) et par Y. Gaudemet, n° 18.
30. On peut encore objecter à la reconnaissance d'une véritable propriété publique des personnes publiques le mécanisme des mutations domaniales qui permet à l'État de modifier l'affectation des biens du domaine public des autres personnes publiques. Ainsi que le prévoit aujourd'hui l'article L. 2123-4 al. 1 CGPPP, « *[l]orsqu'un motif d'intérêt général justifie de modifier l'affectation de dépendances du domaine public appartenant à une collectivité territoriale, un groupement de collectivités territoriales ou un établissement public, l'État peut, pour la durée correspondant à la nouvelle affectation, procéder à cette modification en l'absence d'accord de cette personne publique* ». Un tel

88. Intérêts de la dictinction. Tous les biens publics, à la différence des biens privés, présentent la double singularité d'être **insaisissables**[31] et **insusceptibles d'être aliénés à un prix inférieur à leur valeur**[32]. Les **biens publics** du **domaine public** présentent les particularités supplémentaires d'être **inaliénables**[33] et **imprescriptibles**[34]. L'*inaliénabilité* ne doit cependant pas être surestimée : d'une part, il est possible de constituer des droits réels sur le domaine public dès lors qu'ils ne contrarient pas l'affectation domaniale[35] et, d'autre part, un bien peut sortir du domaine public à la suite de phénomènes naturels ou d'une décision de déclassement – le bien, qui reste public, relève alors du domaine privé. Quant à l'*imprescriptibilité*, elle interdit aux tiers d'invoquer toute possession, fût-elle utile, aux fins de se prévaloir de l'usucapion.

Au-delà des règles particulières qui gouvernent les biens publics et des règles très particulières qui régissent les biens publics du domaine public, tous les biens publics font l'objet d'un droit de propriété qui n'est pas différent du droit de propriété privée. De fait, il n'existe qu'une manière de s'approprier une chose en vue d'exercer sur elle tous les pouvoirs qui se conçoivent : aussi, toute propriété, quel que soit le propriétaire, se trouve *par principe* réglementée dans le Code civil[36], sous réserve des règles incompatibles propres aux propriétés publiques[37].

---

mécanisme « *aboutit à dénier à ces collectivités et personnes publiques un véritable droit de propriété, puisqu'elle leur refuse les prérogatives d'utilisation et d'affectation de biens dont elles sont propriétaires pour les reconnaître à l'État qui n'en est pas propriétaire* » (Y. Gaudemet, n° 24).

31. Art. L. 2311-1 CGPPP : « *[l]es biens des personnes publiques mentionnées à l'article L. 1 sont insaisissables* ». D'après l'article L. 1 CGPPP, « *Le présent code s'applique aux biens et aux droits, à caractère mobilier ou immobilier, appartenant à l'État, aux collectivités territoriales et à leurs groupements, ainsi qu'aux établissements publics* ».

32. D'après le Conseil constitutionnel, « la Constitution s'oppose à ce que des biens ou des entreprises faisant partie de patrimoines publics soient cédés à des personnes poursuivant des fins d'intérêt privé pour des prix inférieurs à leur valeur » (Cons. const., 26 juin 1986, n° 86-207 DC, *Loi autorisant le Gouvernement à prendre diverses mesures d'ordre économique et social*).

33. L'inaliénabilité peut être invoquée par toute personne en vue de la défense de ses droits (Civ. 1re, 3 mai 1988, *Bull. civ.* I, n° 123 : « toute personne est fondée à invoquer la règle de l'inaliénabilité du domaine public lorsque cette règle est nécessaire à la défense de ses droits ; (...) une telle action, lorsqu'elle est engagée par un tiers, n'a pas pour effet d'entraîner la nullité de la cession entre les parties à l'acte, mais de la rendre inopposable au tiers intéressé, vis-à-vis duquel le titulaire du droit de propriété ne pourra exercer les prérogatives de son droit »).

34. Art. L. 3111-1 CGPPP : « *[l]es biens des personnes publiques mentionnés à l'article L. 1 qui relèvent du domaine public sont inaliénables et imprescriptibles* ».

35. Y. Gaudemet, n° 319.

36. Y. Gaudemet, n° 28 s. Ainsi le Conseil constitutionnel considère-t-il que la Déclaration des droits de l'homme et du citoyen de 1789 protège tant la propriété privée que la propriété publique (Cons. const., 26 juin 1986, déc. n° 86-207 DC, *Loi autorisant le Gouvernement à prendre diverses mesures d'ordre économique et social* : « cette protection ne concerne pas seulement la propriété privée des particuliers mais aussi, à un titre égal, la propriété de l'État et des autres personnes publiques », cons. n° 58).

37. Réciproquement, on observe des biens privés qui, en raison de leur affectation à l'intérêt général, font l'objet de règles dérogatoires à la propriété privée. Pour un aperçu, V. Ch. Gijsbers, « La distinction de la propriété publique et de la domanialité publique », *RDA* 2013, n° 8, p. 44 s., spéc. n° 14, qui évoque, d'une part, les biens des anciens établissements publics transformés en personnes de droit privé (France Telecom, Gaz de France, La Poste, etc.) se trouvant soumis à des règles inspirées de celles de la domanialité publique et, d'autre part, les « externalisations » réalisées par des personnes publiques de la gestion de certains biens au profit de personnes de droit privé (sur ce phénomène, v. le dossier « L'externalisation des propriétés publiques », *JCP* A 2012, n° 17).

Chapitre 2
Les biens dans le commerce et hors du commerce

89. Critère et utilité de la distinction. Les choses dans le commerce sont les choses qui peuvent faire l'objet d'actes juridiques – être vendus, donnés, prêtés, loués, etc. –, ainsi que le prévoit l'article 1128 C. civ. : « *[i]l n'y a que les choses qui sont dans le commerce qui puissent être l'objet des conventions* »[1]. Par principe, les choses sont dans le commerce : « *[l]es particuliers ont la libre disposition des biens qui leur appartiennent (...)* » (art. 537 C. civ.[2]). Néanmoins, certaines choses en sont soustraites. On trouve à cet égard les choses dangereuses, les choses contrefaisantes, les éléments et produits du corps humain, ainsi que, dans une certaine mesure et pour des raisons différentes, de nombreuses choses collectivement appropriées (si l'on réserve les biens publics, on peut mentionner les choses communes[3], les sépultures[4], les souvenirs de famille[5], etc.).

Si certaines choses sont dotées d'une extra-commercialité absolue (comme c'est le cas des biens contrefaits), la distinction entre choses dans le commerce et hors du commerce est doublement relative. En premier lieu, il est des choses hors du commerce *à l'égard de certaines personnes seulement*. Ainsi, certaines armes ne peuvent être vendues que par un vendeur autorisé aux acheteurs ayant accompli des

---

1. *Adde*, pour l'hypothèque, art. 2531 C. civ. : « *[s]ont seuls susceptibles d'hypothèques : 1° Les biens immobiliers qui sont dans le commerce et leurs accessoires réputés immeubles (...)* » ; pour la vente, art. 1598 C. civ. : « *[t]out ce qui est dans le commerce peut être vendu lorsque des lois particulières n'en ont pas prohibé l'aliénation* » ; pour le prêt à usage, art. 1878 C. civ. : « *[t]out ce qui est dans le commerce, et qui ne se consomme pas par l'usage, peut être l'objet de cette convention* » ; pour la prescription, art. 2260 C. civ. : « *[o]n ne peut prescrire les biens ou les droits qui ne sont point dans le commerce* ».

2. D'après cette disposition, « *[l]es particuliers ont la libre disposition des biens qui leur appartiennent, sous les modifications établies par les lois.* (al. 1) *Les biens qui n'appartiennent pas à des particuliers sont administrés et ne peuvent être aliénés que dans les formes et suivant les règles qui leur sont particulières* (al. 2) ».

3. Art. 714 C. civ. : « *[i]l est des choses qui n'appartiennent à personne et dont l'usage est commun à tous.* (al. 1) *Des lois de police règlent la manière d'en jouir* (al. 2) ».

4. Encore que « l'existence d'une sépulture n'a pas pour effet de rendre inaliénable et incessible la propriété dans laquelle celle-ci est située dont la vente amiable ou judiciaire est possible sous réserve qu'il en soit fait mention dans le cahier des charges et qu'un accès soit réservé à la famille » (Civ. 2e, 17 octobre 2013, *Bull. civ.* II, n° 206).

5. Civ. 1re, 21 février 1978, *Bull. civ.* I, n° 71 : « les souvenirs de famille échappent aux règles de dévolution successorale et de partage établies par le Code civil et peuvent être confiés, à titre de dépôt, à celui des membres de la famille que les tribunaux estiment le plus qualifié ». Les souvenirs de famille sont des biens qui, indépendamment de la valeur vénale, ont une importante « valeur morale ». Et v. Civ. 1re, 12 novembre 1998, *Bull. civ.* I, n° 311 : la Cour de cassation approuve une cour d'appel d'avoir « exactement retenu que pas plus le caractère historique des biens litigieux, ou la seule perpétuation de leur possession par la famille d'Orléans, que l'apposition des armes de la famille sur ces objets, ne suffisaient à établir que chacun de ces meubles ait revêtu pour celle-ci une valeur morale telle qu'ils pourraient être qualifiés de souvenirs de famille ».

formalités prévues par la loi[6]. En second lieu, il est des choses hors du commerce *au vu de certains actes seulement.* Ainsi, certains éléments et produits du corps humains (sang, sperme, etc.) peuvent être, dans les conditions prévues par la loi, donnés, mais non vendus : on dit d'eux qu'ils sont des choses extrapatrimoniales (art. 16-5 C. civ. : « *[l]es conventions ayant pour effet de conférer une valeur patrimoniale au corps humain, à ses éléments ou à ses produits sont nulles* »)[7].

90. Apparition de la distinction. Le droit romain oppose les choses patrimoniales (*res in patrimonio*) aux choses extra-patrimoniales (*res extra patrimonium*). Les ***res extra patrimonium*** désignent les choses n'appartenant à personne (*res nullius*), que ce soit pour des raisons religieuses (*res nullius divini juris*)[8] ou pour d'autres (*res nullius humani juris*). Au rang de ces dernières figurent les *res communes* qui échappent à toute appropriation et qui sont à l'usage de tous[9] – l'air que l'on respire, l'eau de pluie, etc. –, ainsi que les *res publicae* et les *universitates* qui appartiennent respectivement au peuple ou à la Cité[10]. Au sein des ***res in patrimonio***, on distingue au départ les *res mancipi* des *res nec mancipi*[11]. Les *res mancipi*,

---

6. Décret n° 95-589 du 6 mai 1995 *relatif à l'application du décret du 18 avril 1939 fixant le régime des matériels de guerre, armes et munitions.*

7. En revanche, une personne ne peut, de son vivant, aliéner son corps, à quelque titre que ce soit, au profit d'une autre, car ce serait faire de sa personne une chose. L'histoire a néanmoins connu l'hypothèse d'être humains assimilés à des choses avec les esclaves et, dans une moindre mesure, avec ceux qui étaient frappés de mort civile (abolie par la loi du 31 mai 1854).

8. On distingue à ce titre trois types de *res nullius divini juris* (Justinien, Inst., L. 2, 7, trad. H. Hulot : « [l]es choses qui n'appartiennent à personne, sont les choses sacrées, religieuses et saintes ; parce que ce qui est de droit divin n'est à personne ») :

– « Les **choses sacrées** sont celles qui sont solennellement consacrées à Dieu par les pontifes, tels sont les temples, les meubles solennellement consacrés au culte divin. Nous avons défendu par notre ordonnance de les aliéner ou de les engager, si ce n'est pour la rédemption des captifs. Si quelqu'un, de sa propre autorité, se fait à lui-même un devoir de regarder une chose comme sacrée, elle ne sera pas pour cela sacrée, mais profane. Le lieu lui-même sur lequel est bâti un temple reste sacré même après la destruction de l'édifice, comme l'a fort bien écrit Papinien » (Justinien, Inst., L. 2, 8, trad. H. Hulot, nous soulignons).

– « Chacun peut de son autorité privée rendre un **lieu religieux**, en donnant la sépulture à un mort sur son terrain. On ne peut pas, sans le consentement de son copropriétaire, enterrer un mort dans un lieu commun qui n'a pas encore été consacré à la religion ; mais on peut enterrer un mort dans un sépulcre commun, même malgré les autres copropriétaires. Si l'usufruit est séparé de la propriété, le propriétaire ne peut enterrer un mort dans le terrain sujet à l'usufruit que du consentement de l'usufruitier. On peut enterrer sur l'héritage d'autrui du consentement du maître, et le lieu devient religieux, quand même le maître changerait de sentiment après la sépulture » (Justinien, Inst., L. 2, 9, trad. H. Hulot, nous soulignons)

– « Les **choses saintes**, comme les murs et les portes des villes, sont en quelque façon de droit divin, et par cette raison n'appartiennent à personne. Ce qui fait que nous appelons saints les murs d'une ville, c'est qu'il y a une peine capitale établie par les lois contre ceux qui les violeraient. C'est delà qu'on appelle sanction la partie des lois qui portent des peines contre les contrevenans » (Justinien, Inst., L. 2, 10, trad. H. Hulot, nous soulignons).

9. Justinien, Inst., L. 2, 1 : « [v]oici les choses qui sont communes à tout le monde de droit naturel : l'air, l'eau qui coule, la mer, et par une suite les rivages de la mer. Ainsi on n'empêche personne de s'arrêter sur le rivage de la mer, pourvu qu'il ne s'empare pas des métairies, monumens ou des édifices qui y sont déjà bâtis ; parce que ces choses ne sont pas du droit des gens comme la mer » (trad. H. Hulot).

10. Justinien, Inst., L. 2, 6 : « [l]es choses qui appartiennent à un corps, sont celles qui n'appartiennent pas à chaque membre en particulier, tels sont dans les villes, les théâtres, les chemins et les autres choses communes » (trad. H. Hulot).

11. Sur la distinction, v. P. F. Girard, p. 271.

qui se composent pour l'essentiel des terres italiques, des esclaves et des bêtes de somme et de trait, s'aliènent par la procédure de mancipation[12]. Ce n'est qu'incidemment, au sujet des choses qui peuvent ou non être vendues, que le Digeste mentionne les choses qui ne sont pas dans le commerce[13].

Sous l'Ancien Droit, ces subtiles distinctions disparaissent, dans la mesure où s'opère une certaine confusion entre le droit privé et le droit public[14]. En revanche, au Moyen-Âge, on distingue, au sein des immeubles, les tenures nobles que sont les fiefs, des tenures roturières que sont les censives : les premières sont concédées moyennant fidélité et services nobles alors que les secondes le sont moyennant soumission et redevances économiques[15].

91. Illustrations. Certaines choses hors du commerce suscitent un intérêt particulier en droit civil en raison de leur affectation familiale : les *sépultures* et les *souvenirs de famille*.

Si les communes sont tenues de réserver à l'inhumation des morts un ou plusieurs terrains spécialement aménagés comme cimetières sur le domaine public[16], il peut être concédé des terrains aux personnes qui désirent y fonder leur **sépulture** et celle de leurs enfants ou successeurs[17]. À cet effet, les communes peuvent accorder dans leurs cimetières des concessions temporaires de durée variable et même des concessions perpétuelles. Les cimetières, comme les sépultures, sont hors du

---

12. Sur la mancipation, v. P. F. Girard, p. 308.

13. Pomponius, Dig. L. 18, T. 1, 1, 6 : « Celse le fils pense qu'on ne peut point acheter valablement un homme libre qu'on connaît tel, ni toute autre chose dont on sait que l'aliénation est défendue, comme les choses sacrées ou religieuses ; ni les choses qui ne sont point dans le commerce, comme les choses publiques, qui, sans appartenir à personne en particulier, sont à l'usage de tout le monde, comme est le champ de Mars. » (trad. H. Hulot) ; Paul, Dig. L. 18, T. 1, 34, 1 : « [o]n peut vendre toutes les choses dont on a la propriété ou la possession, ou sur lesquelles on a un droit de poursuite ; mais, lorsque le droit naturel, le droit des gens ou le droit civil ont mis une chose hors du commerce, la vente qu'on en serait est nulle. » (trad. H. Hulot) ; Ulpien, Dig. L. 18, T. 4, 2, 17 : « [o]n est dans l'usage de vendre et d'acheter des créances qui ne sont exigibles que dans un certain terme ou sous une certaine condition ; parce que ces créances sont des choses dans le commerce » (trad. H. Hulot).

14. J.-Ph. Lévy et A. Castaldo, § 212.

15. A.-M. Patault, § 27. Et v. *infra*, n° 95.

16. D'après l'article L. 2223-1 CGCT, « *[c]haque commune ou chaque établissement public de coopération intercommunale compétent en matière de cimetières dispose d'au moins un cimetière comprenant un terrain consacré à l'inhumation des morts et, dans les communes de 2 000 habitants et plus ou les établissements publics de coopération intercommunale de 2 000 habitants et plus compétents en matière de cimetières, d'au moins un site cinéraire destiné à l'accueil des cendres des personnes décédées dont le corps a donné lieu à crémation.* (al. 1) *La création, l'agrandissement et la translation d'un cimetière sont décidés par le conseil municipal. Toutefois, dans les communes urbaines et à l'intérieur des périmètres d'agglomération, la création, l'agrandissement et la translation d'un cimetière à moins de 35 mètres des habitations sont autorisés par arrêté du représentant de l'État dans le département, pris après une enquête publique réalisée conformément au chapitre III du titre II du livre Ier du Code de l'environnement et avis de la commission départementale compétente en matière d'environnement, de risques sanitaires et technologiques.* (al. 2) *Un décret en Conseil d'État fixe les conditions d'application du présent article* (al. 3) ».

17. Art. L. 2223-13 CGCT : « *[l]orsque l'étendue des cimetières le permet, il peut être concédé des terrains aux personnes qui désirent y fonder leur sépulture et celle de leurs enfants ou successeurs. Les bénéficiaires de la concession peuvent construire sur ces terrains des caveaux, monuments et tombeaux.* (al. 1) *Il peut être également concédé des espaces pour le dépôt ou l'inhumation des urnes dans le cimetière.* (al. 2) *Le terrain nécessaire aux séparations et passages établis autour des concessions de terrains mentionnées ci-dessus est fourni par la commune* (al. 3) ».

commerce[18] : les cimetières, en raison de leur affectation au domaine public[19] et les sépultures, en raison de leur affectation familiale. En revanche, il est possible de vendre un terrain sur lequel se trouve une sépulture, pourvu qu'un accès soit réservé à la famille[20].

Les **souvenirs de famille** sont des biens qui ont une signification familiale particulière, spécialement en raison de leur ancienneté dans la famille. Il peut s'agir de biens sans véritable valeur marchande, comme des lettres missives, mais aussi de biens de grande valeur, tels des bijoux[21]. Sorte de copropriété familiale inaliénable, impartageable et insaisissable[22], les souvenirs de famille n'ont pas vocation à circuler hors de la famille. Leur garde est confiée à une personne désignée par les membres de la famille et, à défaut, par le juge, à qui il appartient de déterminer celui d'entre eux qui est le plus qualifié pour se les voir confier[23].

---

18. Civ. 1re, 22 février 1972, *Bull. civ.* I, n° 56, *D.* 1972, p. 513, note R. Lindon : « si la propriété des sépultures est hors du commerce celles-ci peuvent néanmoins faire l'objet de conventions par lesquelles le titulaire d'une concession accorde à une ou plusieurs personnes le droit de s'y faire inhumer » ; Civ. 1re, 17 mai 1993, *Bull. civ.* I, n° 183, *Rép. Defr.* 1993, p. 1086, obs. G. Champenois : « si le droit à la sépulture est hors du commerce, aucune disposition légale n'interdit au bénéficiaire de ce droit d'y renoncer au profit d'autres membres de la famille » ; Civ. 1re, 2 mars 1999, pourvoi n° 97-13910 : « si le droit à la sépulture est hors du commerce, aucune disposition légale n'interdit au bénéficiaire de ce droit de le transmettre à d'autres membres de la famille ».
19. CE, 28 juin 1935, *Marecar*, *Rec.* p. 734, *Rev. dr. pub.* 1935, p. 590 : le cimetière « est affecté à l'usage du public » et doit « dès lors être compris parmi les dépendances du domaine public ».
20. Civ. 2e, 17 octobre 2013, *Bull. civ.* II, n° 206 : « l'existence d'une sépulture n'a pas pour effet de rendre inaliénable et incessible la propriété dans laquelle celle-ci est située dont la vente amiable ou judiciaire est possible sous réserve qu'il en soit fait mention dans le cahier des charges et qu'un accès soit réservé à la famille ».
21. Les souvenirs de famille sont des biens qui, indépendamment de la valeur vénale, ont une importante « valeur morale ». V. Civ. 1re, 12 novembre 1998, *Bull. civ.* I, n° 311 : la Cour de cassation approuve une cour d'appel d'avoir « exactement retenu que pas plus le caractère historique des biens litigieux, ou la seule perpétuation de leur possession par la famille d'Orléans, que l'apposition des armes de la famille sur ces objets, ne suffisaient à établir que chacun de ces meubles ait revêtu pour celle-ci une valeur morale telle qu'ils pourraient être qualifiés de souvenirs de famille ». *Adde* Civ. 2e, 29 mars 1995, *Bull. civ.* II, n° 115 : « l'arrêt constate, par motifs propres et adoptés, que certains des objets proposés à la vente présentent un rapport direct avec divers membres de la famille d'Orléans, descendants ou alliés du roi Louis-Philippe et sont revêtus d'une grande valeur affective ; (...) la cour d'appel a pu en déduire, sans inverser la charge de la preuve, qu'attribués au comte de Paris, ces biens constituent apparemment, quelle que soit leur nature, des souvenirs de famille indisponibles entre ses mains et auxquels leur valeur vénale ne peut, ainsi que le retient justement l'arrêt, faire perdre cette qualité ».
22. Civ. 1re, 21 février 1978, *Bull. civ.* I, n° 71 : « les souvenirs de famille échappent aux règles de dévolution successorale et de partage établies par le Code civil et peuvent être confiés, à titre de dépôt, à celui des membres de la famille que les tribunaux estiment le plus qualifié ». *Adde* Civ. 2e, 29 mars 1995, *Bull. civ.* II, n° 115 : « après avoir relevé la présence de souvenirs de famille parmi les biens proposés à la vente publique par le comte et la comtesse de Paris, c'est à bon droit que la cour d'appel décide que les autres membres de la famille, apparemment titulaires d'un droit à la conservation des souvenirs de famille dans l'intérêt de celle-ci, étaient fondés à s'opposer à l'aliénation de ces biens (...) ».
23. Civ. 1re, 29 novembre 1994, *Bull. civ.* I, n° 354 : « en l'absence d'accord de tous les membres de la famille sur le sort des souvenirs de famille, lesquels échappent aux règles de la dévolution successorale et du partage établies par le Code civil, comme à celle de l'article 2279 du même code [devenu l'article 2276 C. civ.], il appartient au juge de déterminer celui d'entre eux qui est le plus qualifié pour se les voir confier (...) ».

Sous-titre III
La classification mixte : les meubles et les immeubles

92. Architecture de la distinction. La distinction des meubles et immeubles est tenue pour fondamentale par le Code civil. C'est d'ailleurs la seule qui soit opérée par le Titre premier (« *De la distinction des biens* ») du Livre deuxième (« *Des biens et des différentes modifications de la propriété* »). D'après l'article 516 C. civ., « *[t] ous les biens sont meubles ou immeubles* ». S'ensuivent deux chapitres, l'un consacré aux immeubles, l'autre aux meubles[1]. Les immeubles sont de trois sortes : « *par leur nature, ou par leur destination, ou par l'objet auquel ils s'appliquent* » (art. 517 C. civ.), alors que les meubles sont de deux sortes : « *par leur nature ou par la détermination de la loi* » (art. 527 C. civ.). Si le Code civil se contente le plus souvent d'énoncer à quelle catégorie d'immeubles ou de meubles appartient tel bien[2], de véritables critères permettant de faire entrer tel bien dans telle catégorie sont parfois énoncés[3].

La technique retenue par le Code civil n'est pas pleinement satisfaisante : en définissant le contenu des deux catégories sans faire de l'une d'entre elles une catégorie résiduelle, tout en considérant que tous les biens relèvent de l'une et de l'autre de la catégorie, le Code repose sur une architecture *a priori* bancale. Tous les biens

---

1. Un troisième chapitre, intitulé « Des biens dans leurs rapports avec ceux qui les possèdent » envisage, hors-série, et pêle-mêle, les biens communaux, certaines règles relatives au domaine public, des règles sur la libre disposition des biens, etc.

2. Exemples :

1°/ pour les immeubles : « *[l]es fonds de terre et les bâtiments sont immeubles par leur nature* » (art. 518 C. civ.), « *[l]es moulins à vent ou à eau, fixés sur piliers et faisant partie du bâtiment, sont aussi immeubles par leur nature* » (art. 519 C. civ.), « *[s]ont immeubles, par l'objet auquel ils s'appliquent : L'usufruit des choses immobilières ; Les servitudes ou services fonciers ; Les actions qui tendent à revendiquer un immeuble* » (art. 526 C. civ.).

2°/ pour les meubles : « *[s]ont meubles par la détermination de la loi les obligations et actions qui ont pour objet des sommes exigibles ou des effets mobiliers, les actions ou intérêts dans les compagnies de finance, de commerce ou d'industrie, encore que des immeubles dépendant de ces entreprises appartiennent aux compagnies. Ces actions ou intérêts sont réputés meubles à l'égard de chaque associé seulement, tant que dure la société. Sont aussi meubles par la détermination de la loi les rentes perpétuelles ou viagères, soit sur l'État, soit sur des particuliers* » (art. 529 C. civ.) ; « *[l]es matériaux provenant de la démolition d'un édifice, ceux assemblés pour en construire un nouveau, sont meubles jusqu'à ce qu'ils soient employés par l'ouvrier dans une construction* » (art. 532 C. civ.).

3. Illustrations :

1°/ pour les immeubles : « *[l]es objets que le propriétaire d'un fonds y a placés pour le service et l'exploitation de ce fonds sont immeubles par destination.* (al. 1) *Les animaux que le propriétaire d'un fonds y a placés aux mêmes fins sont soumis au régime des immeubles par destination.* (al. 2) (...) » (art. 524 C. civ.).

2°/ pour les meubles : « *[s]ont meubles par leur nature les animaux et les corps qui peuvent se transporter d'un lieu à un autre, soit qu'ils se meuvent par eux-mêmes, soit qu'ils ne puissent changer de place que par l'effet d'une force étrangère* » (art. 528 C. civ.).

étant meubles ou immeubles, une seule des catégories aurait dû être définie[4], l'autre accueillant ce qui n'en fait pas partie. Afin de rétablir une cohérence à la distinction des meubles et immeubles, on considère aujourd'hui que l'une des catégorie est bien résiduelle : celle des meubles[5] ; tout ce qui n'est pas immeuble est meuble. Aussi, au final, on peut distinguer trois ensembles : les biens qui sont immeubles en application des articles 517 à 526 C. civ., les biens qui sont meubles en application des articles 527 à 536 C. civ., et ceux qui sont meubles parce qu'ils ne relèvent pas des deux séries de dispositions précédentes[6].

93. Esprit de la distinction : désintérêt pour les meubles. En distinguant les meubles des immeubles, le Code civil a soigneusement réglementé les immeubles et abandonné les meubles « aux hasards de la fortune »[7]. Cela s'explique par l'importance de la propriété immobilière en 1804, élément de richesse et outil de liberté[8], alors qu'en contrepoint, celle des meubles apparaît vile (*vili mobilium vilis est & abjecta possessio possessio*)[9], même s'il s'agit là d'une vision probablement caricaturale[10].

En tout état de cause, aujourd'hui, si l'immeuble reste un élément de richesse important, il n'apparaît plus comme l'outil de liberté nécessaire qu'il était jadis, en raison notamment de la grande stabilité dont bénéficient aujourd'hui les bénéficiaires d'un titre locatif (locataires ayant conclu un bail d'habitation, un bail commercial ou un bail rural[11]). Par ailleurs, les meubles constituent de nos jours l'essentiel des richesses : il n'est que d'envisager la valeur de certains meubles incorporels

---

4. Que celle-ci soit ouverte – les biens relevant de la catégorie en raison d'un critère de rattachement, par exemple la fixité ou la mobilité – ou fermée – les biens de la catégorie étant énumérés.
5. R. Libchaber, Rép. civ., *V° Biens*, 2009, n° 158.
6. Hors-série, on peut mentionner que certains biens, quoique relevant de la catégorie des « meubles », n'en suivent pas nécessairement le régime. Ainsi l'article 532 C. civ. prévoit-il, dans un inventaire à la Prévert, que « *le mot "meuble", employé seul dans les dispositions de la loi ou de l'homme, sans autre addition ni désignation, ne comprend pas l'argent comptant, les pierreries, les dettes actives, les livres, les médailles, les instruments des sciences, des arts et métiers, le linge de corps, les chevaux, équipages, armes, grains, vins, foins et autres denrées ; il ne comprend pas aussi ce qui fait l'objet d'un commerce* ». Il s'agit de retenir une acception du terme qui corresponde à son sens usuel dans le langage courant (P.-A. Fenet, *Recueil complet des travaux préparatoires du Code civil*, t. 11, Videcoq, 1836, p. 47, par le Tribun Goupil-Préfeln) ; il ne s'agit donc que d'une présomption.
7. R. Libchaber, « La recodification du droit des biens », *Le Code civil, 1804-2004, Livre du bicentenaire*, Dalloz-Litec, 2005, p. 297 s., n° 27. L'auteur poursuit : « il y a un secteur immobilier fermé, répondant d'une conception stricte et protégé par des dispositions de faveur ; et un domaine mobilier ouvert, apte à recevoir la diversité du monde car aucun statut déterminé n'y est associé » (*ibid.*).
8. Même si sa signification change profondément : alors qu'elle était, avant la Révolution française, un instrument de domination du propriétaire sur lequel reposait la féodalité, elle devient, après la Révolution, un outil de liberté pour le propriétaire.
9. V. R. Libchaber, « La recodification du droit des biens », *Le Code civil, 1804-2004, Livre du bicentenaire*, Dalloz-Litec, 2005, p. 297 s., n° 27.
10. Treilhard relevait-il ainsi déjà : « [i]l fut un temps où les immeubles formaient la portion la plus précieuse du patrimoine des citoyens (...). Mais depuis que les communications, devenues plus faciles, plus actives, plus étendues, ont rapproché entre eux les hommes de toutes les nations ; depuis que le commerce en rendant, pour ainsi dire, les productions de tous les pays communes à tous les peuples, à donner de si puissants ressorts à l'industrie, et a créé de nouvelles jouissances, c'est-à-dire de nouveaux besoins (...), la fortune mobilière des citoyens s'est considérablement accrue, et cette révolution n'a pu n'être ni étrangère aux mœurs ni à la législation » (P.-A. Fenet, *Recueil complet des travaux préparatoires du Code civil*, t. 11, Videcoq, 1836, p. 34).
11. Stabilité en général garantie par un droit au renouvellement (suivant des modalités diverses) et un contrôle des loyers (également suivant des modalités distinctes).

(droits sociaux, inventions, marques et œuvres protégées, etc.), voire de certains meubles corporels (engins de transport, matières premières, etc.).

94. Critères de distinction : nature et artifice. La distinction des immeubles et meubles *par nature* s'opère principalement à l'aune d'un **critère naturel** : comme leur nom l'indique, les immeubles par nature sont « immobiles »[12] alors que les meubles par nature sont « mobiles ». Si les « *fonds de terre* », les « *bâtiments* » (art. 518 C. civ.), les « *moulins à vent ou à eau,* fixés *sur piliers et faisant partie du bâtiment* » (art. 519 C. civ.) sont des immeubles par nature, c'est parce qu'ils sont fixes ; réciproquement, sont meubles par nature « *les biens qui peuvent se transporter d'un lieu à un autre* » (art. 528 C. civ.)[13]. Accessoirement, d'autres **critères, artificiels** car intellectuels, sont retenus : c'est le cas en vue de déterminer la catégorie des immeubles par destination, celle des meubles par anticipation ainsi que celle des meubles et immeubles par leur objet.

On observera que considérer, comme le fait le Code civil, que les droits réels et actions relèvent tantôt de la catégorie des meubles et tantôt de celle des immeubles (v. notamment art. 526 C. civ.[14]) est critiquable car, à la racine, ce ne sont pas des biens ; cela revient à confondre, d'une part, les *droits* – et leur prolongement, l'*action* – et, d'autre part, l'*assiette de ces droits*, c'est-à-dire les biens eux-mêmes.

95. Apparition de la distinction. La distinction des immeubles et des meubles est seulement à l'état d'ébauche en droit romain, qui n'y voyait qu'une distinction parmi d'autres des choses *in nostro patrimonio*. Ce n'est qu'au Bas-Empire que l'on commence à opposer les *res immobiles* au *res mobiles* ou *per se moventes*[15]. Le Digeste tient pour immeubles la terre et ses dépendances bref, les constructions[16] et les plantations[17] ; les meubles constituent déjà une catégorie résiduelle. L'intérêt de la distinction est cependant limité[18] : l'usucapion est plus courte pour les meubles que pour les immeubles[19], les formes de la mancipation sont différentes, et Ulpien

---

12. Autant qu'une chose peut être immobile sur une planète en rotation...

13. Quelques dispositions illustrent cette distinction : « *[l]es récoltes pendantes par les racines et les fruits des arbres non encore recueillis sont pareillement immeubles. Dès que les grains sont coupés et les fruits détachés, quoique non enlevés, ils sont meubles. Si une partie seulement de la récolte est coupée, cette partie seule est meuble* » (art. 520 C. civ.) ; « *[l]es coupes ordinaires des bois taillis ou de futaies mises en coupes réglées ne deviennent meubles qu'au fur et à mesure que les arbres sont abattus* » (art. 521 C. civ.).

14. « *Sont immeubles, par l'objet auquel ils s'appliquent :*
L'usufruit des choses immobilières ;
Les servitudes ou services fonciers ;
Les actions qui tendent à revendiquer un immeuble ».

15. Les *res per se moventes* ont la faculté de se mouvoir : les animaux ou les esclaves par exemple.

16. Gaïus, Dig. L. 41, T. 1, 7, 10 : « [s]i quelqu'un bâtit sur son terrain avec les matériaux d'autrui, il est censé maître du bâtiment, parce que tout ce qui est bâti est l'accessoire du sol (...) » (trad. H. Hulot).

17. Gaïus, Dig. L. 41, T. 1, 7, 13 : « [s]i je plante dans mon terrain un arbrisseau appartenant à autrui, l'arbre est à moi. Et par la raison contraire, si je plante dans le terrain d'autrui un arbrisseau qui m'appartient, l'arbre sera à lui. (...) » (trad. H. Hulot).

18. Ce qui explique que ni Gaïus ni Justinien ne l'évoque (J.-Ph. Lévy et A. Castaldo, n° 213).

19. D'après la loi des XII Tables déjà, elle était d'un an pour les meubles et de deux pour les immeubles ; sous Justinien, elle est de trois ans pour les meubles, et de 10, 20 ou 30 ans suivant les circonstances pour les immeubles (et v. P. F. Girard, p. 333). *Adde* Javolenus, Dig. L. 41, T. 3, 23 : « Je pense que celui qui a acheté un édifice ne possède autre chose que l'édifice entier. En effet, si on dit qu'il possède en particulier chacune des choses qui compose l'édifice, il ne possédera pas l'édifice lui-même ; car si on sépare les différentes pièces qui composent l'édifice, on ne conçoit plus de corps d'édifice. Ajoutez à cela que si nous disons qu'il possède séparément ce qui compose l'édifice, il faudra dire

fait état d'un rescrit de l'empereur Antonin enjoignant de saisir d'abord les meubles avant les immeubles[20].

Sous l'Ancien Droit, tous les biens, même incorporels, sont meubles ou immeubles, la catégorie des meubles demeurant une catégorie résiduelle[21]. La distinction est approfondie, en particulier à compter du XIIIe siècle, en raison de la dimension collective de l'immeuble et personnelle du meuble. L'immeuble dans la société féodale est un instrument de domination et de transmission doté d'une dimension familiale : on parle d'ailleurs d'*héritage*. En comparaison, les meubles n'ont que peu de valeur et sont davantage rattachés à l'individu. Si la fixité[22] apparaît au départ comme le critère principal de la distinction des meubles et immeubles, la catégorie des immeubles s'étend à des meubles corporels immobilisés par destination – mais la catégorie est limitée à certains animaux[23] –, aux droits immobiliers et même aux offices vénaux et aux meubles précieux, en raison de leur valeur. Au XVIIIe siècle, c'est le critère de la fixité qui l'emporte, et de nombreux meubles que l'on tenait pour immeubles sont désormais considérés comme des meubles. Les conséquences de la distinction entre meubles et immeubles sous l'Ancien Droit sont plus importantes qu'en droit romain. En raison de la dimension familiale des immeubles et personnelle des meubles, les immeubles circulent difficilement en dehors du cercle familial[24], et seuls les meubles, au départ, répondent des dettes personnelles du débiteur (« meubles sont siège de dettes »), non les immeubles (« les fiefs ne portent aucune dette »)[25]. Par ailleurs, en raison de la fixité de l'immeuble et de la mobilité

aussi qu'il prescrira les choses mobiliaires dont l'édifice est composé dans le temps fixé pour la prescription des choses mobiliaires, et qu'il lui faudra un plus long temps pour prescrire le sol sur lequel l'édifice est assis, ce qui est absurde, parce qu'il est contre le droit civil qu'une même chose ne puisse être prescrite que dans des temps différents : par exemple dans le cas où un édifice est composé de deux choses, du sol et de ce qui est élevé dessus ; car il serait ridicule que la réunion de ces deux choses, et leur totalité changeât le temps fixé pour prescrire toute espèce de choses immobiliaires ».

20. Ulpien, Dig. L.42, T. 1, 15, 2 : « (...) lorsqu'il s'agit, pour l'exécution d'une sentence, de vendre les biens du débiteur, on ordonne de saisir d'abord les choses mobiliaires qui ont vie et de les vendre. Si le prix suffit pour payer, à la bonne heure ; s'il ne suffit pas, on ordonne la saisie et la vente des immeubles ; s'il n'y a point de mobilier, on ordonne d'abord la saisie des immeubles » (trad. H. Hulot).

21. Certaines coutumes retiennent une classification tripartite en introduisant la catégorie intermédiaire des *cateux*, qui regroupent notamment des bâtiments sans fondations, des matériaux destinés à participer à la construction d'un immeuble ou encore des arbres fruitiers non greffés et donc improductifs ; ils sont tenus en principe pour immeubles, et exceptionnellement comme meubles, notamment en matière matrimoniale et successorale.

22. Alors que sont meubles « toutes choses qui ne peuvent être mutées de lieu en autre », les « héritages sont choses qui ne peuvent être mues » (Ph. De Beaumanoir, *Coutumes de Beauvaisis*, A. Picard et Fils, 1899, t. 1, n° 671 et 672).

23. A.-M. Patault, n° 83.

24. L'immeuble transmis à cause de mort est considéré comme un « propre », ce qui a pour effet de limiter les pouvoirs de son propriétaire, compte tenu de sa dimension familiale. Ainsi, le retrait lignager permet aux parents d'évincer l'acquéreur en lui remboursant le prix de la vente, la réserve héréditaire reconnue aux lignagers les protège contre l'aliénation de propres à des étrangers et un droit de retour est reconnu aux familles d'origine sur les immeubles propres lorsque le défunt était mort sans descendance. En définitive, comme on l'a écrit, « les propres appartiennent, en définitive, moins à l'individu qu'à la famille. L'individu est considéré comme un simple maillon dans la chaîne qui joint les ancêtres aux descendants : une idée de copropriété familiale latente fonde le statut des propres, et les biens doivent être conservés dans les lignages » (J.-Ph. Lévy et A. Castaldo, n° 219).

25. Néanmoins, avec le temps, sous l'Ancien Régime, les immeubles deviennent peu à peu saisissables ; ainsi que l'écrivit Basnage, « c'est un usage général et certain que toute obligation reconnue emporte hypothèque sans autre stipulation suivant cet ancien proverbe "qui s'oblige oblige le sien" » (H. Basnage, *Traité des hypothèques*, Rouen, 1724, p. 35). Mais c'est véritablement en 1804, avec la

des meubles, la loi et la juridiction compétentes sont, pour les immeubles, la loi de leur situation, et pour les meubles, la loi du domicile de leur propriétaire[26].

Le Code civil rend cardinale[27] la distinction des meubles et immeubles : « *[t]ous les biens sont meubles ou immeubles* » (art. 516 C. civ.). Désireux d'éviter les débats passés, les codificateurs ont consacré à la distinction pas moins d'une vingtaine d'articles, en privilégiant la technique de l'énumération à celle du critère. À cet égard, on s'aperçoit que les codificateurs ont encore quelque peine à faire entrer les choses de valeur parfaitement dans la catégorie des meubles. Révélateur, l'article 533 C. civ. dispose que « *[l]e mot "meuble", employé seul dans les dispositions de la loi ou de l'homme, sans autre addition ni désignation, ne comprend pas l'argent comptant, les pierreries, les dettes actives, les livres, les médailles, les instruments des sciences, des arts et métiers, le linge de corps, les chevaux, équipages, armes, grains, vins, foins et autres denrées ; il ne comprend pas aussi ce qui fait l'objet d'un commerce* »[28]. Au-delà, les meubles ont suscité bien moins d'intérêt chez les rédacteurs du Code civil que les immeubles, ce qui explique que la grande majorité des dispositions du Code soient consacrées aux immeubles : le droit des biens dans le Code civil est avant tout un droit de l'immeuble.

96. Force de la distinction. La question s'est toujours posée de la valeur de la répartition légale des biens entre meubles et immeubles. Alors que plusieurs décisions rendues au XIXe siècle avaient estimé que la **volonté des parties** pouvait avoir une incidence sur la qualification d'un bien[29], la Cour de cassation considère aujourd'hui que « la nature, immobilière ou mobilière, d'un bien est définie par la loi (et) la convention des parties ne peut avoir d'incidence à cet égard »[30]. La solution doit

---

reconnaissance d'un droit de gage général au profit des créanciers (anc. art. 2092 C. civ. devenu art. 2284 C. civ.) que meubles et immeubles répondent de toutes dettes de leur propriétaire.

26. Quant aux régions qui connaissent les cateux, on applique, suivant la question de droit posée, les règles applicables aux meubles ou aux immeubles.

27. C'est, selon Portalis dans son *Discours préliminaire sur le projet de Code civil*, la « division la plus générale et la plus naturelle ».

28. Ce qui conduisit Accolas à dénoncer le « vice qui atteint le Code Napoléon dans ses bases et le suit à travers le dédale de tous les articles : l'omission ou tout au moins la subalternisation de la fortune mobilière » (E. ACOLLAS, *Nécessité de refondre l'ensemble de nos codes et notamment le Code Napoléon au point de vue de l'idée démocratique*, Guillaumin, 2e éd., Paris, 1866, p. 53).

29. Ainsi la jurisprudence avait reconnu qu'un immeuble pouvait, de façon anticipée, être regardé comme meuble, au moins *inter partes*, lorsqu'il était destiné à le devenir. La « mobilisation par anticipation » avait pour effet de tenir compte, non pas de l'état actuel du bien, mais de celui qui devait être le sien à l'avenir, en considération de la convention des parties : vente d'arbres à abattre, de récoltes sur pied, de matériaux à extraire d'une carrière... Les premiers arrêts en ce sens avaient d'ailleurs affirmé que « le caractère des biens se détermine, avant tout, par le point de vue auquel les ont considérés les parties contractantes et par la destination qu'elles leur ont attribuée » (Civ. 25 janvier 1886, *DP* 1886, 5, p. 39 ; *adde* Req. 14 février 1899, *DP* 1899, 1, p. 246, *S.* 1900, 1, p. 398 : « le caractère mobilier ou immobilier des biens se détermine avant tout par le point de vue auquel les ont considérés les parties contractantes, et par la destination qu'elles leur ont attribuée ; (...) ainsi, des récoltes encore pendantes et des arbres non abattus deviennent meubles par cela même que, dans le contrat dont ils font l'objet, ils sont envisagés comme déjà détachés du sol »).

L'Ancien Droit admettait déjà les clauses d'ameublissement (que l'on retrouva un temps dans le Code civil aux articles 1505 et suivants, en vue de faire entrer dans la communauté les immeubles en les traitant comme des meubles) et clauses d'immobilisation ou de réalisation (qui poursuivaient l'objectif inverse de soumettre des meubles au statut de l'immeuble en vue de les exclure de la communauté).

30. Civ. 3e, 26 juin 1991, *Bull. civ.* III, n° 197, *D.* 1993, p. 93, note I. FREIJ-DALLOZ et p. 291, obs. F. PÉROCHON, *RTD civ.* 1992, p. 144, obs. F. ZENATI, *JCP* 1992, II, 21825, note J.-F. BARBIÈRI : absence d'efficacité de la qualification mobilière d'une véranda retenue par la convention des parties.

cependant être doublement nuancée. En premier lieu, la volonté continue à jouer un rôle essentiel dans la détermination des **immeubles par destination** et des **meubles par anticipation**[31], car elle est une condition même de la qualification[32] : l'intention d'immobiliser un meuble ou de mobiliser un immeuble joue un rôle décisif. Reste que le changement de catégorie d'un bien ne saurait être opposé aux tiers qui auraient acquis préalablement des droits sur le bien. Ainsi, celui qui se voit consentir un droit réel sur un immeuble ne peut se voir opposer la diminution de l'assiette de son droit en raison de la mobilisation par anticipation[33] de certaines de ses parties[34] et peut prétendre, s'il est acquéreur, à obtenir l'immeuble entier[35]. En second lieu, à l'égard des **autres meubles** et **immeubles**, il est possible d'opérer des transfuges, spécialement de la catégorie des immeubles vers celle des meubles, en sollicitant l'*abusus* d'un propriétaire. D'une part, il suffit de *détruire* des bâtiments[36] et

31. V. *infra*, n° 128 et s. C'est d'ailleurs essentiellement à l'égard des meubles par anticipation que la jurisprudence du XIXe siècle considérait que « le caractère des biens se détermine, avant tout, par le point de vue auquel les ont considérés les parties contractantes et par la destination qu'elles leur ont attribuée » (v. jurisprudence citée *supra*).

32. V., par exemple, Com. 24 novembre 1981, *Bull. civ.* IV, n° 408 : un tribunal ayant retenu qu'un exploitant forestier « n'avait eu, dès l'acquisition d'un bois, en vue, que l'exploitation de sa superficie, a pu en déduire que les arbres à abattre avaient été mobilisés par anticipation peu important que certains de ces arbres fussent de haute futaie ».

33. Civ. 3e, 30 mai 1969, *Bull. civ.* III, n° 437 : une convention, qualifiée de bail par les parties, en vue de l'extraction de sables et de pierres, moyennant une redevance calculée d'après la quantité de produits extraits, constitue une vente de matériaux à extraire, envisagés dans leur état futur de meubles, comme meubles par anticipation. La Cour de cassation s'est prononcée au sujet de contrats fortage qui confèrent à l'exploitant le droit d'extraire des matériaux d'une carrière (sur lesquels, v. Ch. LARROUMET, « La publicité des contrats de fortage et la mobilisation par anticipation », *Mélanges offerts à André COLOMER*, Litec, 1993, p. 209 s.). Elle décide qu'entre les parties le contrat réalise une vente de meubles par anticipation, mais qu'à l'égard des tiers ayant acquis un droit réel sur l'immeuble, elle est une vente d'immeuble (Civ. 28 novembre 1949, *D.* 1950, p. 5 : « une telle mobilisation, anticipée et fictive, ne saurait prévaloir, au regard des tiers, contre la nature réelle, immobilière, de la cession, laquelle comporte une aliénation partielle de sol, désormais diminué dans sa masse et dépouillé irrévocablement de ce que lui donnait tout ou partie de sa valeur »). En réalité, plutôt que de considérer que le contrat emporte aliénation de matériaux à extraire, il eut été plus simple et plus juste de considérer qu'il confère le droit d'extraire, droit réel immobilier.

34. Civ. 2 juin 1934, *DP* 1935, 1, p. 65, note M. FRÉJAVILLE : « si un propriétaire peut, nonobstant l'hypothèque, et jusqu'à la transcription de la saisie, vendre, même sur pied, des arbres de haute futaie à couper à intervalles réguliers, zone par zone, selon un aménagement qui assure la conservation, par renouvellement incessant, de la forêt hypothéquée, le créancier hypothécaire est fondé à s'opposer à l'exécution du contrat par lequel ledit propriétaire conférerait à l'acheteur, le droit d'abattre, en une fois, ou dans des conditions de temps non réglées, soit la totalité des arbres de la forêt, soit une quantité d'arbres telle que l'opération, non assimilable à une récolte de fruits, aurait pour conséquence forcée la diminution de la valeur de l'immeuble hypothéqué ». Autrement dit, « les ventes d'arbres qui peuvent être considérés comme des fruits sont opposables au créancier hypothécaire ; les ventes qui portent sur des arbres ayant le caractère de produits non réguliers du sol ne lui sont pas opposables » (M. FRÉJAVILLE, note ss. l'arrêt) car le propriétaire n'a pas le droit de porter atteinte à la substance du bien qu'il a hypothéqué.

35. Civ. 28 novembre 1949, *D.* 1950, p. 5, préc.

36. Art. 532 C. civ. : « *[l]es matériaux provenant de la démolition d'un édifice, ceux assemblés pour en construire un nouveau, sont meubles jusqu'à ce qu'ils soient employés par l'ouvrier dans une construction* ». Le fait que le bâtiment doive être détruit ne suffit pas, il doit l'être effectivement (Civ. 3e, 10 juin 1981, *Bull. civ.* III, n° 119, *RTD civ.* 1982, p. 164, obs. Cl. GIVERDON : le bâtiment que le constructeur sur le terrain d'autrui a été condamné à enlever par une décision devenue irrévocable ne prend pas juridiquement le caractère de meubles et ne peut donc, dans les rapports entre le propriétaire du sol et le constructeur, faire l'objet d'une saisie mobilière).

d'*arracher* des plantations[37] pour rendre meubles ce qui était auparavant des immeubles. D'autre part, le recours à la personnalité morale permet de *mobiliser* un immeuble[38]. Ainsi une personne qui apporte un immeuble dont elle est propriétaire à une société recevra en contrepartie des parts sociales, lesquelles ont une nature mobilière (art. 529 al. 1 C. civ.[39]) ; il en va de même lorsqu'une personne fait acquérir un immeuble par une société civile immobilière qu'il crée à cette fin.

97. Intérêts de la distinction. Les intérêts qu'il y a à distinguer les meubles des immeubles sont aujourd'hui multiples. Ils concernent la répartition des pouvoirs dans la communauté conjugale[40], la prise en considération ou non de la lésion[41], les conditions d'opposabilité de la transmission[42], les effets de la possession[43], les règles de la prescription, l'identification des sûretés réelles pouvant être conclues sur le bien[44], les voies d'exécution possibles[45], la compétence juridictionnelle[46], la loi applicable[47], etc.

---

37. V. par ex., l'art. 520 C. civ. : « *[l]es récoltes pendantes par les racines et les fruits des arbres non encore recueillis sont pareillement immeubles. Dès que les grains sont coupés et les fruits détachés, quoique non enlevés, ils sont meubles* » et l'art. 521 C. civ. : « *[l]es coupes ordinaires des bois taillis ou de futaies mises en coupes réglées ne deviennent meubles qu'au fur et à mesure que les arbres sont abattus* ».

38. Sur la question, v. A. Couret, « Les frontières entre meubles et immeubles à l'épreuve des sociétés immobilières », *Rép. Defr.* 2009, p. 265.

39. « *Sont meubles par la détermination de la loi les obligations et actions qui ont pour objet des sommes exigibles ou des effets mobiliers, les actions ou intérêts dans les compagnies de finance, de commerce ou d'industrie, encore que des immeubles dépendant de ces entreprises appartiennent aux compagnies. Ces actions ou intérêts sont réputés meubles à l'égard de chaque associé seulement, tant que dure la société.* »

40. L'aliénation d'immeubles communs relève de la cogestion (art. 1424 C. civ. : « *[l]es époux ne peuvent, l'un sans l'autre, aliéner ou grever de droits réels les immeubles, (...). Ils ne peuvent, sans leur conjoint, percevoir les capitaux provenant de telles opérations.* (al. 1) *De même, ils ne peuvent, l'un sans l'autre, transférer un bien de la communauté dans un patrimoine fiduciaire.* (al. 2) ».

41. Art. 1674 C. civ. : « *[s]i le vendeur a été lésé de plus de sept douzièmes dans le prix d'un immeuble, il a le droit de demander la rescision de la vente, quand même il aurait expressément renoncé dans le contrat à la faculté de demander cette rescision, et qu'il aurait déclaré donner la plus-value* ».

42. Sur les formalités de publicité foncière, propres aux immeubles, v. *infra*, n° 651 et s.

43. V. *infra*, n° 722 et s.

44. D'après l'article 2329 C. civ., « *[l]es sûretés sur les meubles sont : 1° Les privilèges mobiliers ; 2° Le gage de meubles corporels ; 3° Le nantissement de meubles incorporels ; 4° La propriété retenue ou cédée à titre de garantie* » ; d'après l'article 2373, « *Les sûretés sur les immeubles sont les privilèges, le gage immobilier et les hypothèques. La propriété de l'immeuble peut également être retenue ou cédée en garantie* ». Les privilèges généraux portent néanmoins indistinctement sur les meubles et immeubles (art. 2376 C. civ. : « *Lorsqu'à défaut de mobilier les créanciers privilégiés énoncés en l'article précédent se présentent pour être payés sur le prix d'un immeuble en concurrence avec les autres créanciers privilégiés sur l'immeuble, ils priment ces derniers et exercent leurs droits dans l'ordre indiqué audit article.* »).

45. Le Code des procédures civiles d'exécution distingue « *les procédures d'exécution mobilière* » (Livre II) de la « *saisie immobilière* » (Livre III) et de « *l'expulsion* » (Livre IV), qui intéresse les immeubles (art. L. 411-1 C. proc. civ. exé. : « *[s]auf disposition spéciale, l'expulsion ou l'évacuation d'un immeuble ou d'un lieu habité ne peut être poursuivie qu'en vertu d'une décision de justice ou d'un procès-verbal de conciliation exécutoire et après signification d'un commandement d'avoir à libérer les locaux* »).

46. S'agissant de la *compétence territoriale*, pour les actions réelles immobilières, la « *seule* » juridiction compétente est celle « *du lieu où est situé l'immeuble* » (art. 44 CPC) et pour les actions mobilières, faute de disposition particulière du Code de procédure civile, « *[l]a juridiction territorialement compétente est (...) celle du lieu où demeure le défendeur* » (art. 42 CPC). Et pour les actions mixtes, le demandeur peut saisir à son choix la juridiction du domicile du défendeur ou celle du lieu de situation de l'immeuble (art. 46 CPC). S'agissant de la *compétence matérielle*, le tribunal de grande instance a une compétence exclusive pour les actions immobilières possessoires et pétitoires (art. R. 211-4 CPC), indépendamment donc du montant du litige.

47. S'agissant de la loi applicable : si l'article 3 al. 2 C. civ., énonçant que « *[l]es immeubles, même ceux possédés par des étrangers, sont régis par la loi française* », retient la *lex rei sitae*, la Cour de

Il reste que certains meubles, en raison de la *possibilité de les identifier* (par leur immatriculation notamment)[48] ou de leur *valeur importante*, ont un régime proche de celui des immeubles : l'aliénation, pourvu qu'ils soient communs, d'un fonds de commerce, de droits sociaux non négociables et de meubles donnant lieu à des mesures de publicité obéit, comme celle de l'immeuble, aux règles de la cogestion sous la communauté[49]. Par ailleurs, la transformation d'un immeuble en un meuble par le recours à la technique sociétaire étant davantage juridique qu'économique, le législateur procède parfois[50], mais parfois seulement[51], à un alignement du régime de la cession des parts sociales d'une société civile immobilière sur celui applicable à la cession d'un immeuble et la jurisprudence, quant à elle, tente de déjouer les fraudes[52].

---

cassation retient la même solution à l'égard des meubles. Il reste que la *lex rei sitae* ne couvre pas toutes les questions se posant au sujet des meubles et immeubles (par exemple, celle de la validité du titre d'acquisition) et qu'elle ne couvre pas nécessairement les mêmes pour les meubles et immeubles (ainsi, la loi successorale, qui est celle du dernier domicile du défunt, régit la succession des meubles et non celle des immeubles qui restent soumises à la *lex rei sitae*).

48. La distinction des biens enregistrés et des biens non enregistrés devrait même constituer selon un auteur la *summa divisio* des biens (Ch. Gijsbers, *Sûretés réelles et droit des biens*, th. Panthéon-Assas (Paris II), 2012, n° 634 s. : « la distinction des biens enregistrés et non enregistrés pourrait alors s'affirmer comme la *summa divisio* du xxie siècle » (n° 651)).

49. Art. 1424 C. civ. : « *[l]es époux ne peuvent, l'un sans l'autre, aliéner ou grever de droits réels les (...) fonds de commerce et exploitations dépendant de la communauté, non plus que les droits sociaux non négociables et les meubles corporels dont l'aliénation est soumise à publicité. Ils ne peuvent, sans leur conjoint, percevoir les capitaux provenant de telles opérations. De même, ils ne peuvent, l'un sans l'autre, transférer un bien de la communauté dans un patrimoine fiduciaire* ».

50. Ainsi, aujourd'hui, le droit de préemption urbain et le droit de préemption dans les zones d'aménagement différé et périmètres provisoires jouent pour « *[t]out immeuble ou ensemble de droits sociaux donnant vocation à l'attribution en propriété ou en jouissance d'un immeuble ou d'une partie d'immeuble, bâti ou non bâti, lorsqu'ils sont aliénés, à titre onéreux, sous quelque forme que ce soit (...)* » (art. L. 213-1 C. urb.).

51. Illustrations :

1°/ La lésion en matière de vente immobilière (art. 1674 s. C. civ.) n'est pas prise en compte en cas de cession de parts d'une société civile immobilière (Civ. 3e, 9 avril 1970, *Bull. civ.* III, n° 234 : « la nature mobilière [des parts d'un associé dans une société civile qui n'est pas dissoute] rend (...) irrecevable l'action en rescision pour cause de lésion »).

2°/ Le vendeur n'est tenu de garantir que les vices cachés affectant les parts, non l'immeuble lui-même (Civ. 3e, 12 janvier 2000, *Bull. civ.* III, n° 7 : les juges du fond avaient condamné les cédants de parts de SCI à indemniser les acquéreurs pour les travaux de remise en état du plancher du premier étage de l'immeuble, constatant que « l'immeuble constitue l'élément principal de l'actif social de la SCI et que les époux X..., vendeurs de la totalité des parts sociales de cette société doivent garantir les [acquéreurs] des vices cachés affectant l'immeuble » ; cassation : « en statuant ainsi, sans constater que le vice affectant l'immeuble était de nature à rendre les parts sociales cédées impropres à leur destination, la cour d'appel n'a pas donné de base légale à sa décision »).

3°/ Le propriétaire de parts d'une société détenant sa résidence principale ne peut pas les déclarer insaisissables comme s'il la détenait directement (art. L. 526-1 C. com., « *[p]ar dérogation aux articles 2284 et 2285 C. civ., une personne physique immatriculée à un registre de publicité légale à caractère professionnel ou exerçant une activité professionnelle agricole ou indépendante peut déclarer insaisissables ses droits sur l'immeuble où est fixée sa résidence principale ainsi que sur tout bien foncier bâti ou non bâti qu'elle n'a pas affecté à son usage professionnel (...)* »).

52. V. à cet égard la célèbre affaire *Caron* ayant donné lieu à un arrêt rendu par la première chambre civile de la Cour de cassation le 20 mars 1985 (*Bull. civ.* I, n° 103, *Rev. crit. DIP* 1986, p. 66, note Y. Lequette, *JDI* 1987, p. 80, note M.-L. Niboyet-Hoegy). En l'espèce, une société avait été créée par un résident américain dans le but de priver de la réserve héréditaire ses enfants sur ses immeubles sis en France. La Cour de cassation considère qu'« en l'espèce, la juridiction du second degré, qui a retenu la manipulation d'une règle de conflits comportant deux éléments de rattachement, manipulation

Plus généralement, on observe aujourd'hui un mouvement qui tend à aligner le régime des deux catégories de biens. En témoignent notamment le passage de la communauté de meubles et acquêts à la communauté réduite aux acquêts (art. 1401 s. C. civ.), l'exigence de l'autorisation par le conseil de famille des actes de disposition qu'entend réaliser le tuteur, peu important qu'ils portent sur un immeuble ou un meuble (art. 505 al. 1 C. civ.[53]), la simplification des voies d'exécution sur les immeubles (la vente amiable est autorisée et la distribution du prix est déjudiciarisée), le rapport des donations en moins-prenant, alors que le rapport des donations immobilières se faisait autrefois en nature.

98. Définitions légales. Dans trois dispositions qui remontent à 1804, le Code civil précise ce qu'il faut entendre par les mots et expressions « *meuble* » (art. 533 C. civ.[54]), « *meubles meublants* » (art. 534 C. civ.[55]), « *biens meubles* » et « *mobilier ou (...) effets mobiliers* » (art. 535 al. 1 C. civ.[56])[57], lorsqu'ils sont employés par la loi ou par des actes juridiques. Mais ces définitions reposent sur une présomption de volonté de l'auteur de la règle ou des parties à l'acte, qui peut toujours être renversée[58]. Ainsi, chaque fois qu'il est question d'interpréter une convention ou un legs, il convient de rechercher si les termes définis par la loi ont été entendus de la sorte par leurs auteurs[59].

99. APRDB. Dans l'APRDB, la distinction des meubles et immeubles occupe un titre entier du Livre II consacré aux « biens ». Un premier chapitre est consacré

---

consistant, par une série d'opération harmonisées, à modifier l'élément de rattachement constitué à l'origine par la nature immobilière du bien situé en France, devenu ensuite bien meuble, afin d'écarter l'application de la loi successorale française prévoyant une réserve, a ainsi caractérisé l'existence de la fraude, qui tient en échec le principe de l'autonomie de la volonté ».

53. L'alinéa 3 de cette disposition ajoute que « *[l]'autorisation de vendre ou d'apporter en société un immeuble, un fonds de commerce ou des instruments financiers non admis à la négociation sur un marché réglementé ne peut être donnée qu'après la réalisation d'une mesure d'instruction exécutée par un technicien ou le recueil de l'avis d'au moins deux professionnels qualifiés* ».

54. « *Le mot "meuble", employé seul dans les dispositions de la loi ou de l'homme, sans autre addition ni désignation, ne comprend pas l'argent comptant, les pierreries, les dettes actives, les livres, les médailles, les instruments des sciences, des arts et métiers, le linge de corps, les équipages, armes, grains, vins, foins et autres denrées ; il ne comprend pas aussi ce qui fait l'objet d'un commerce.* »

55. « *Les mots "meubles meublants" ne comprennent que les meubles destinés à l'usage et à l'ornement des appartements, comme tapisseries, lits, sièges, glaces, pendules, tables, porcelaines et autres objets de cette nature.* (al. 1) *Les tableaux et les statues qui font partie du meuble d'un appartement y sont aussi compris, mais non les collections de tableaux qui peuvent être dans les galeries ou pièces particulières.* (al. 2) *Il en est de même des porcelaines : celles seulement qui font partie de la décoration d'un appartement sont comprises sous la dénomination de "meubles meublants".* (al. 3) ».

56. « *L'expression "biens meubles", celle de "mobilier ou d'effets mobiliers", comprennent généralement tout ce qui est censé meuble d'après les règles ci-dessus établies.* »

57. Il est par ailleurs précisé à l'article 535 al. 2 C. civ. que « *[l]a vente ou le don d'une maison meublée ne comprend que les meubles meublants* » et à l'article 536 C. civ. que « *[l]a vente ou le don d'une maison, avec tout ce qui s'y trouve, ne comprend pas l'argent comptant, ni les dettes actives et autres droits dont les titres peuvent être déposés dans la maison ; tous les autres effets mobiliers y sont compris* ».

58. Ch. Demolombe, *Cours de Code Napoléon*, vol. IX, 1861, n° 442 : « il appartient aux magistrats de faire prévaloir sur la simple présomption de volonté écrite d'avance dans ces articles purement interprétatifs, la preuve acquise, en fait, de la volonté contraire ou différente des parties contractantes ou du disposant ».

59. Pour une illustration, v. CA Poitiers, 2 novembre 1988, *Jurisdata* n° 051823 : legs au conjoint survivant de « tout le mobilier » de la succession.

aux immeubles, un second aux meubles. Trois séries d'immeubles sont distinguées : les *immeubles par nature*, qui désignent des « parties déterminées de l'espace terrestre » et ce qui y est incorporé (art. 527[60]), les *immeubles par destination*, qui regroupent « les meubles attachés ou affectés à un immeuble par leur propriétaire commun » (art. 528[61]) et les *immeubles par l'objet*, définis comme « les droits réels sur les immeubles et les actions qui s'y rapportent » (art. 529[62]). Les meubles sont expressément envisagés comme une catégorie résiduelle : sont meubles les choses corporelles qui ne sont pas des immeubles, les choses incorporelles (art. 530[63]), ainsi que tous les droits qui ne sont pas immeubles (art. 533[64]). Les meubles meublants sont précisément définis comme « les choses mobilières servant à l'usage et à l'ornementation des habitations » (art. 531). Par ailleurs, la catégorie des meubles par anticipation est consacrée, sous réserve des droits des tiers (art. 532[65]).

60. « *Par leur nature, sont immeubles les parties déterminées de l'espace terrestre. Sont ainsi immeubles : les fonds, les volumes, les constructions et végétaux qui s'y trouvent, ainsi que toutes les autres choses qui s'y incorporent. (al. 1) Sont aussi immeubles les lots de copropriété. (al. 2)* ».

61. « *Par leur destination, sont immeubles les meubles attachés ou affectés à un immeuble par leur propriétaire commun. (al. 1) Est présumé attaché à un immeuble, sauf preuve contraire, tout meuble qui ne peut en être détaché sans détérioration ou qui a été conçu ou adapté pour y être intégré. (al. 2) Est présumé affecté à un immeuble, sauf preuve contraire, tout meuble nécessaire à son exploitation. (al. 3) L'immobilisation d'un meuble cesse par la volonté de son propriétaire, sous réserve des droits des tiers. (al. 4)* »

62. « *Par leur objet sont immeubles les droits réels sur les immeubles et les actions qui s'y rapportent* ».

63. « *Toutes les choses corporelles, autres que celles visées aux articles 527 et 528, ainsi que toutes les choses incorporelles, sont meubles.* »

64. « *Tous les droits, autres que ceux visés à l'article 529, sont meubles.* »

65. « *Sous réserve des droits des tiers, le propriétaire de choses susceptibles d'être détachées d'un immeuble et son cocontractant peuvent, par anticipation, les considérer comme meubles : ainsi les récoltes sur pied, les matériaux à extraire d'une mine ou d'une carrière, les produits devant provenir d'une démolition.* »

Chapitre 1
Les immeubles

100. Trois catégories. L'article 517 C. civ.[1] dispose qu'il est trois sortes d'immeubles : « *par nature* » (Section 1), « par *destination* » (Section 2) ou « *par l'objet auquel ils s'appliquent* » (Section 3).

Section 1
Les immeubles par nature

101. Plan. On envisagera la notion d'immeubles par nature (§ 1), leur délimitation, par le bornage (§ 2) ainsi que leur division, en superficies ou en volumes (§ 3).

§ 1. Notion

102. Un cône. Lorsqu'il s'intéresse aux immeubles par nature, le Code civil évoque les « *fonds de terre* » et les « *bâtiments* »[2] – en ce compris les « *moulins* »[3] –, ainsi que les végétaux[4]. Une telle énumération rend cependant mal compte de ce qu'est fondamentalement un immeuble par nature.

La notion d'immeuble par nature désigne au premier chef le **cône qui part du centre de la terre, traverse l'écorce terrestre en délimitant un fond de terre, et se projette dans l'espace**. Autrement dit, tant le **sol**[5] que le

---

1. « *Les biens sont immeubles, ou par leur nature, ou par leur destination, ou par l'objet auquel ils s'appliquent.* »
2. Art. 518 C. civ. : « *[l]es fonds de terre et les bâtiments sont immeubles par leur nature* ».
3. Art. 519 C. civ. : « *[l]es moulins à vent ou à eau, fixés sur piliers et faisant partie du bâtiment, sont aussi immeubles par leur nature* ».
4. Art. 520 C. civ. : « *[l]es récoltes pendantes par les racines et les fruits des arbres non encore recueillis sont pareillement immeubles.* (al. 1) *Dès que les grains sont coupés et les fruits détachés, quoique non enlevés, ils sont meubles.* (al. 2) *Si une partie seulement de la récolte est coupée, cette partie seule est meuble.* (al. 3) » ; art. 521 C. civ. : « *[l]es coupes ordinaires des bois taillis ou de futaies mises en coupes réglées ne deviennent meubles qu'au fur et à mesure que les arbres sont abattus* ».
5. Et les améliorations apportées au sol, notamment par les pratiques culturales (Com. 24 mars 1981, *Bull. civ.* IV, n° 159 : « les améliorations apportées à un fonds de terre par les pratiques culturales, qui ne peuvent être matériellement dissociés du fonds de terre auquel elles ont profité, sont des immeubles par nature »).

sous-sol[6] et l'espace qui se trouve **au-dessus du sol** forment l'immeuble par nature. C'est ce qui ressort de l'article 552 al. 1 C. civ. qui dispose : « *[l]a propriété du sol emporte la propriété du dessus et du dessous* »[7]. Autrement dit, l'immeuble par nature se caractérise essentiellement par un espace, plutôt que par sa corporalité[8].

Par ailleurs, ainsi que le suggère le Code civil, le sol exerce une force attractive sur ce qui s'y trouve incorporé : il s'agit essentiellement des **végétaux**, s'ils ne sont pas détachés du sol[9] et s'ils ne sont pas mobilisés par anticipation[10], du **sous-sol**[11], et

---

6. Ce qui comprend notamment les mines. D'après l'article L. 131-4 du nouveau Code minier, « *[l]es mines sont immeubles. Sont aussi immeubles, outre les bâtiments des exploitations des mines, les machines, puits, galeries et autres travaux établis à demeure* ».

7. La règle vaut également pour le domaine public (Civ. 3e, 3 juillet 2013, *Bull. civ.* III, n° 94, *JCP* 2013, I, 1060, obs. H. Périnet-Marquet : si une personne privée ne s'est pas vue conférer par une personne publique un titre de propriété, notamment de superficie, au sujet d'un ouvrage édifié au-dessus du sol appartenant à une commune, celui-ci est présumé lui appartenir en vertu des règles de l'accession).

8. C'est ce qui explique qu'un lot de copropriété non bâti, conférant le droit exclusif d'utiliser une surface déterminée du sol pour y édifier des constructions, soit considéré comme un immeuble par nature (Civ. 3e, 15 novembre 1989, *Bull. civ.* III, n° 213, *RTD civ.* 1990, p. 304, obs. F. Zenati : application des règles de la saisie-immobilière).

9. Art. 520 C. civ. : « *[l]es récoltes pendantes par les racines et les fruits des arbres non encore recueillis sont pareillement immeubles.* (al. 1) *Dès que les grains sont coupés et les fruits détachés, quoique non enlevés, ils sont meubles.* (al. 2) *Si une partie seulement de la récolte est coupée, cette partie seule est meuble.* (al. 3) » ; art. 521 C. civ. : « *[l]es coupes ordinaires des bois taillis ou de futaies mises en coupes réglées ne deviennent meubles qu'au fur et à mesure que les arbres sont abattus* ».

10. Les ventes de récoltes sur pied ou de coupes de bois à abattre sont mobilières, la récolte à venir étant traitée comme un meuble par anticipation (Com. 21 décembre 1971, *Bull. civ.* IV, n° 308 : « une vente est mobilière lorsqu'elle a pour objet des arbres à abattre »). Et v. *infra*, n° 128 et s.

11. Il reste que le droit minier apporte d'importantes restrictions au droit du propriétaire de faire siennes les richesses du sous-sol.

En premier lieu, le droit d'exploiter une mine appartient à l'État et résulte en principe d'une concession qu'il octroie (art. L. 131-1 nouv. C. min. : « *[s]ous réserve des dispositions de l'article L. 131-2, les mines ne peuvent être exploitées qu'en vertu d'une concession ou par l'État.* »). Le propriétaire de la surface ne peut prétendre qu'à une redevance et non aux produits des mines (art. L. 132-15 nouv. C. min. : « *[l]'acte de concession fixe le montant de la redevance tréfoncière due par le titulaire aux propriétaires de la surface.* »).

En second lieu, le droit de mener des fouilles archéologiques doit être autorisé par l'État (art. L. 531-1 C. patr. : « *[n]ul ne peut effectuer sur un terrain lui appartenant ou appartenant à autrui des fouilles ou des sondages à l'effet de recherches de monuments ou d'objets pouvant intéresser la préhistoire, l'histoire, l'art ou l'archéologie, sans en avoir au préalable obtenu l'autorisation* ») s'il ne les effectue pas lui-même (art. L. 531-9 C. patr. : « *[l]'État est autorisé à procéder d'office à l'exécution de fouilles ou de sondages pouvant intéresser la préhistoire, l'histoire, l'art ou l'archéologie sur les terrains ne lui appartenant pas, à l'exception toutefois des terrains attenant à des immeubles bâtis et clos de murs ou de clôtures équivalentes.* (al. 1) *À défaut d'accord amiable avec le propriétaire, l'exécution des fouilles ou sondages est déclarée d'utilité publique par décision de l'autorité administrative, qui autorise l'occupation temporaire des terrains.* (al. 2) *Cette occupation est ordonnée par une décision de l'autorité administrative qui détermine l'étendue des terrains à occuper ainsi que la date et la durée probable de l'occupation. La durée peut être prolongée, en cas de nécessité, par de nouveaux arrêtés sans pouvoir en aucun cas excéder cinq années.* (al. 3) »). L'appropriation des choses découvertes varie suivant leur nature. S'agissant des « vestiges archéologiques immobiliers », « *[l]es dispositions de l'article 552 du Code civil relatives aux droits du propriétaire du sol ne sont pas applicables* » (art. L. 541-1 al. 1 C. patr.) : le propriétaire du fonds doit établir qu'il en est propriétaire, à défaut de quoi il est considéré comme un bien sans maître appartenant à la commune et subsidiairement à l'État et donne lieu à une indemnisation du propriétaire du fonds (art. R. 541-1 al. 1 C. patr.). S'agissant des « vestiges mobiliers », on applique par principe les règles relatives aux trésors (v. *infra*, n° 640 et s.). Toutefois, l'État peut revendiquer les pièces provenant de fouilles ou de découvertes fortuites, moyennant le versement d'une indemnité (art. L. 531-5, -11 et -16 C. patr.).

des **bâtiments**, c'est-à-dire de toutes édifications[12] ancrées dans le sol[13], peu important leur solidité[14].

Au sujet des bâtiments en particulier, une question délicate concerne les éléments qui s'y trouvent incorporés : s'agit-il d'immeubles par nature ou d'immeubles par destination en raison de leur attache à perpétuelle demeure[15] ? L'idée générale est qu'un meuble est immobilisé par nature lorsqu'il perd son identité propre pour se fondre dans l'immeuble dans lequel il est incorporé (les pierres qui font le bâtiment) alors qu'il n'est qu'immobilisé par destination, lorsqu'une fois fixé au bâtiment, il conserve son identité (la statue placée dans une niche de la façade d'un bâtiment)[16]. Dit

---

12. Des poteaux électriques, par exemple (Civ. 4 mai 1937, *DH* 1937, p. 471 : « les poteaux destinés à supporter les câbles de transmission d'énergie électrique, même ceux qui ne seraient pas implantés sur un socle en maçonnerie, sont incorporés au sol avec lequel ils adhèrent profondément, et (...) les consoles adhèrent aux murs de soutien dans lesquels elles sont scellées ; d'où il suit [que ces poteaux et consoles] présentent tous les caractères d'immeubles par nature »).

13. D'après la Cour de cassation, « un bien est un immeuble par nature dès lors que le dispositif de liaison, d'ancrage ou de fondation révèle qu'il ne repose pas simplement sur le sol et n'y est pas maintenu par son seul poids » (Com. 10 juin 1974, *Bull. civ.* IV, n° 183, au sujet de baraquements de chantier). Et v., au sujet d'un mobil-home, Civ. 3e, 28 avril 1993, *Bull. civ.* III, n° 56, *JCP* 1993, II, 22103, obs. H. Périnet-Marquet : une « "maison mobile", livrée par camion, (...) simplement posée sans travaux ni fondations » ne procède pas d'une « construction d'un ouvrage immobilier au sens des articles 1792 et suivants du Code civil ») et au sujet de serres, Com. 9 juin 2004, *Bull. civ.* IV, n° 119, *D.* 2004, p. 2405, obs. N. Reboul-Maupin : « la cour d'appel, qui a relevé que la fixation au sol des serres était réalisée par des dés de béton, assurant leur immobilité, et assimilables à des fondations, a, à bon droit, décidé que ces serres constituaient des immeubles par nature » (enjeu fiscal) ; comp. Com. 1er février 1984, *Bull. civ.* IV, n° 53 : cassation pour violation de l'article 518 C. civ. l'arrêt qui après avoir relevé que les parties métalliques qui constituent les charpentes de serres ne sont pas prises dans le sol, mais fixées au moyen d'un système permettant un démontage sans détérioration, énonce qu'il ne peut être affirmé que les serres sont incorporées au sol et en déduit qu'il ne s'agit pas d'immeubles par nature (enjeu fiscal).

14. Contrairement à la solution retenue sous l'Ancien Droit. V. *supra*, n° 95.

15. Sur ceux-ci, v. *infra*, n° 119.

16. Les discussions portent souvent sur des éléments fonctionnels voire ornementaux.
La qualification d'immeuble par nature a été retenue au sujet :
– de boiseries, si et seulement si elles ne peuvent être enlevées sans qu'on leur ait porté atteinte (Civ. 1re, 19 mars 1963, *Bull. civ.* I, n° 171, *JCP* 1963, II, 13190, note P. Esmein. Les boiseries ayant « été dès l'origine intimement et spécialement incorporées » à l'immeuble avec lequel elles formaient « un tout indivisible » et ne pouvaient « être séparées du bâtiment dont s'agit sans porter atteinte a l'intégralité de celui-ci », elles avaient la nature d'un immeuble par nature et non par destination ; Civ. 1re, 5 avril 1965, *Bull. civ.* I, n° 246 : le locataire peut récupérer les boiseries qu'il a installées et qui ont une nature mobilière).
– du mécanisme d'un moulin, si et seulement s'il est incorporé au moulin (Civ. 19 juillet 1893, *DP* 1893, 1, p. 603 : les « moulants, mouvants, virants et ustensiles » composant le mécanisme, ou machine à moudre du moulin étant incorporés au bâtiment de celui-ci, « ce mécanisme fait donc partie du bâtiment et est immeuble par sa nature ») et non simplement posé et facile à enlever (Req. 27 octobre 1931, *DH* 1931, p. 537 : un moteur non fixé sur piliers et ne faisant pas partie d'un bâtiment, simplement posé sur des dalles avec des attaches et facile à enlever n'est pas un immeuble par nature).
– de tuyaux de conduit des eaux, malgré l'ambiguïté de la lettre du Code civil (art. 523 C. civ. : « *[l]es tuyaux servant à la conduite des eaux dans une maison ou autre héritage sont immeubles et font partie du fonds auquel ils sont attachés* »).
– des bas-reliefs. L'affaire des bas-reliefs a été tranchée par le Conseil d'État le 24 février 1999 (CE, 24 février 1999, n° 191317, pub. *Rec. Lebon*, *JCP* G 1999, I, 175, obs. H. Périnet-Marquet, *JCP* 2000, II, 10232, note P. Deumier). Au sujet de bas-reliefs – placés au-dessus des portes d'un salon du château de la Roche-Guyon –, le Conseil d'État approuva la Cour administrative d'appel d'y avoir vu des immeubles par nature en considérant que les bas-reliefs avaient été réalisés pour être intégrés au décor du château lui-même conçu pour les recevoir, de sorte que « ces bas-reliefs formaient avec l'ensemble du grand salon, auquel ils ont été, dès l'origine, intimement et spécialement incorporés, un tout indivisible ». Autrement dit, ces deux là étaient, dès l'origine, faits l'un pour l'autre ! (comme le relève le Conseil d'État : « la Cour

autrement, l'immobilisation par nature se fait par « absorption » d'un meuble à un immeuble lors de son édification, de manière à lui faire perdre son autonomie, là où l'immobilisation par destination se réalise seulement par l'« attachement »[17].

§ 2. Délimitation spatiale : le bornage

103. Définition. Si le Code civil prévoit que « *[t]out propriétaire peut obliger son voisin au bornage de leurs propriétés contiguës* » (art. 646 C. civ.), il ne définit pas ce qu'est le bornage. Il s'agit de « l'opération qui consiste à déterminer les limites d'une propriété et à les marquer par des signes matériels durables »[18]. Le bornage présente donc un aspect *intellectuel* (détermination des limites d'une propriété) et un aspect *matériel* (marquage des limites par des signes).

104. Conditions. Si le bornage n'est pas, en principe, obligatoire[19], un propriétaire peut obliger son voisin à y procéder, lorsque plusieurs conditions sont réunies :

---

administrative d'appel de Paris a estimé que, d'une part, les bas-reliefs en cause, œuvre du sculpteur Lecomte, ayant été réalisés en 1769 pour être intégrés dans le décor du grand salon du château de la Roche-Guyon dont l'aménagement a été terminé à cette date, et, d'autre part, la partie des murs située au-dessus des portes d'accès à ce grand salon ayant été spécialement aménagée pour que les deux bas-reliefs y soient encastrés, ces bas-reliefs formaient avec l'ensemble du grand salon, auquel ils ont été, dès l'origine, intimement et spécialement incorporés, un tout indivisible ; qu'ils avaient, dès lors, le caractère d'immeubles par nature et bénéficiaient en conséquence du classement comme monument historique du château de la Roche-Guyon, opéré par un arrêté du 6 janvier 1943 ; qu'après avoir souverainement apprécié les faits de la cause et en l'absence de toute dénaturation, la Cour administrative d'appel de Paris a pu légalement estimer que les bas-reliefs, objets du litige, avaient le caractère d'immeubles par nature et non d'immeubles par destination au sens des dispositions (...) C. civ. et de la loi du 31 décembre 1913 »).
– de fresques. L'affaire des *fresques* a été tranchée par la Cour de cassation dans un arrêt d'Assemblée Plénière rendu le 15 avril 1988 (Cass. Ass. plén. 15 avril 1988, *Bull. Ass. plén.*., n° 4, *RTD civ.* 1989, p. 345, note F. Zenati). La Cour a considéré que des fresques – qui décoraient l'église de Casenoves – immeubles par nature, étaient devenues des meubles à la suite de leur arrachement, attendu que « seuls sont immeubles par destination les objets mobiliers que le propriétaire d'un fonds y a placés pour le service et l'exploitation de ce fonds ou y a attachés à perpétuelle demeure ». Ainsi, un élément incorporé peut se voir qualifié d'immeuble par nature alors même que son détachement en vue de le rendre meuble ne porterait atteinte, ni à l'immeuble, ni au meuble détaché. Le critère de distinction entre l'immeuble par nature et l'immeuble par destination en ce qu'il est attaché à perpétuelle demeure ne réside donc pas dans la détérioration ou non qui résulterait du détachement. Tout au plus observera-t-on qu'en l'espèce les fresques avaient été réalisées pour l'immeuble et, qu'à l'origine, compte tenu des techniques en vigueur, elles n'en étaient pas détachables.
En contrepoint, la qualification d'immeubles par destination est plus rarement retenue. Elle l'a été au sujet d'une bibliothèque construite aux dimensions exactes de la pièce et fixée à l'immeuble dans lequel elle a été placée (Civ. 1re, 5 mars 1991, *Bull. civ.* I, n° 81 : « ayant relevé, tant par motifs propres qu'adoptés, que la bibliothèque litigieuse était un important meuble en L masquant entièrement les murs sur lesquels il était appuyé, et que ce meuble a été construit aux dimensions exactes de la pièce dont il épouse les particularités, et (...) ayant souverainement estimé que les propriétaires ont ainsi manifesté leur volonté de faire de l'agencement de cette bibliothèque un accessoire de l'immeuble auquel elle était fixée, et dont elle ne pouvait être détachée sans en altérer la substance, la cour d'appel (...) en a exactement déduit que ladite bibliothèque constituait un immeuble par destination attaché au fonds à perpétuelle demeure »).

17. Et v. H. Périnet-Marquet, « Évolution de la distinction des meubles et des immeubles depuis le Code civil », *Études offertes à Jacques Béguin*, p. 643 s., spéc. p. 652.

18. F. Danger, *Le bornage*, Eyrolles, 8e éd., 1954, n° 60 ; le bornage « englobe ainsi l'étude du titre, le mesurage, les reprises ou restitutions de terrain, l'implantation des bornes » (*ibid.*).

19. V. toutefois, dans le cas particulier de la vente d'un terrain à bâtir, l'art. L. 111-5-3 C. urb. : « *[t] oute promesse unilatérale de vente ou d'achat, tout contrat réalisant ou constatant la vente d'un*

l'existence de parcelles privées[20], contiguës[21], non séparées par une frontière naturelle[22], et qui appartiennent à des propriétaires[23] distincts[24].

---

terrain indiquant l'intention de l'acquéreur de construire un immeuble à usage d'habitation ou à usage mixte d'habitation et professionnel sur ce terrain mentionne si le descriptif dudit terrain résulte d'un bornage. Lorsque le terrain est un lot de lotissement, est issu d'une division effectuée à l'intérieur d'une zone d'aménagement concerté par la personne publique ou privée chargée de l'aménagement ou est issu d'un remembrement réalisé par une association foncière urbaine, la mention du descriptif du terrain résultant du bornage est inscrite dans la promesse ou le contrat. (al. 1) *Le bénéficiaire en cas de promesse de vente, le promettant en cas de promesse d'achat ou l'acquéreur du terrain peut intenter l'action en nullité sur le fondement de l'absence de l'une ou l'autre mention visée au premier alinéa selon le cas, avant l'expiration du délai d'un mois à compter de l'acte authentique constatant la réalisation de la vente. La signature de cet acte authentique comportant ladite mention entraîne la déchéance du droit à engager ou à poursuivre l'action en nullité de la promesse ou du contrat qui l'a précédé, fondée sur l'absence de cette mention.* (al. 2) ».

20. Civ. 7 mars 1934, *Gaz. Pal.* 1934, 1, p. 895 : « les tribunaux judiciaires ne sauraient sans excès de pouvoir ordonner un bornage entre un héritage privé et le domaine public ». De fait, seul le juge administratif est compétent pour délimiter le domaine public.

21. V. notamment Civ. 3e, 16 janvier 2002, *Bull. civ.* III, n° 8, *Rép. Defr.* 2002, p. 393, obs. Ch. Atias : « l'action en bornage implique l'existence de deux fonds contigus », mais « [l]'action en bornage cesse de pouvoir s'exercer lorsqu'il s'agit de bâtiments qui se touchent » (Civ. 3e, 25 juin 1970, *Bull. civ.* III, n° 443).

Des difficultés se présentent lorsqu'il existe un chemin d'exploitation entre les fonds (Civ. 3e, 8 décembre 2010, *Bull. civ.* III, n° 217 : « la cour d'appel a retenu, à bon droit, que le chemin d'exploitation séparant les fonds en cause créait la contiguïté entre ces fonds et que cette contiguïté constituait la condition nécessaire et suffisante à l'accueil d'une demande en bornage » ; comp. Civ. 3e, 20 juin 1972, *Bull. civ.* III, n° 407 : la Cour de cassation approuve les juges du fond d'avoir considéré « qu'il n'y avait pas lieu à borner, à moins que les parties décident d'un commun accord la suppression du sentier commun, et que, dans ce cas, "la ligne séparative des fonds serait l'axe médian de ce dernier" »).

22. Le bornage serait alors dépourvu d'intérêt. V. Civ. 3e, 11 décembre 1901, *DP* 1902, 1, p. 353 : « l'action en bornage prévue par [l'article 646 C. civ.] a pour objet de fixer définitivement la ligne séparative de deux héritages contigus, et d'assurer, par la plantation de pierres-bornes, le maintien de la limite ainsi déterminée ; (...) cette action est, par sa nature même, inapplicable à des fonds séparés par un ruisseau formant entre eux une limite naturelle ».

23. La question de savoir qui peut s'accorder sur le bornage ou le demander en justice donne lieu à certaines hésitations.

En premier lieu, si l'article 646 C. civ. n'en reconnaît expressément la faculté qu'aux propriétaires, une partie de la doctrine estime qu'en cas de démembrement, elle doit être reconnue aux titulaires d'un autre droit réel, notamment à l'usufruitier (F. Terré et Ph. Simler, n° 279).

En second lieu, en présence d'une indivision, la question se pose de savoir à quelle majorité doit être prise la décision ou la demande de bornage. Aujourd'hui, le décret n° 2008-1484 du 22 décembre 2008 *relatif aux actes de gestion du patrimoine des personnes placées en curatelle ou en tutelle, et pris en application des articles 452, 496 et 502 du Code civil* prévoit que le bornage amiable est un acte d'administration : la majorité des deux tiers des droits indivis pourrait ne pas suffire, dès lors que « *le consentement de tous les indivisaires est requis pour effectuer tout acte qui ne ressortit pas à l'exploitation normale des biens indivis* » (art. 815-3, al. 3 C. civ). En contrepoint, l'article 655 de l'APRDB prévoit que « le bornage requiert le consentement de tous les indivisaires ». Sous l'empire du droit antérieur à la loi n° 2006-728 du 23 juin 2006, la Cour de cassation avait décidé qu'« une action en bornage entre dans la catégorie des actes d'administration et de disposition » (Civ. 3e, 9 juillet 2003, *Bull. civ.* III, n° 155, *JCP* 2004, I, 125, obs. H. Périnet-Marquet, *RDI* 2003, p. 569, obs. J.-L. Bergel) ; une décision ambiguë, se prononçant encore sous l'empire du droit ancien, a néanmoins approuvé une cour d'appel d'avoir retenu à bon droit qu'en l'absence d'opposition de ses enfants, la propriétaire pour moitié et usufruitière du fonds objet de la délimitation avait signé un procès-verbal qui valait bornage amiable (Civ. 3e, 31 octobre 2012, *Bull. civ.* III, n° 157, *JCP* 2013, I, 429, obs. H. Périnet-Marquet, *RTD civ.* 2013, p. 155, obs. W. Dross).

24. À cet égard, « est recevable l'action en bornage de deux fonds contigus dont l'un appartient privativement au demandeur et l'autre est indivis entre lui et d'autres personnes » (Civ. 3e, 19 décembre 1978, *Bull. civ.* III, n° 374). En revanche, elle est irrecevable lorsqu'elle est exercée entre

Le bornage se matérialise physiquement par un fossé, une palissade ou des bornes. Il se fait « *à frais communs* » (art. 646 *in fine* C. civ.).

Lorsque les parties sont d'accord sur le tracé de la ligne divisoire, le bornage est amiable et est constaté par un procès-verbal établi par un géomètre-expert et qui n'obéit à aucune forme particulière[25]. *En cas de contestation sur le tracé d'une telle ligne*, le bornage est judiciaire[26], tout propriétaire pouvant obliger son voisin au bornage de leurs propriétés. Les juges du fond, souverains dans la détermination de la ligne divisoire[27], peuvent notamment procéder à une analyse des titres et des éléments du cadastre[28] et ordonner, le cas échéant, un arpentage[29].

105. Effets. Un bornage, qu'il découle d'un procès-verbal ou d'une décision de justice, n'emporte ni reconnaissance[30], ni transfert[31] d'un droit de propriété. Son objet est seulement de **fixer une limite matérielle** entre deux parcelles[32], cette

copropriétaires (Civ. 3e, 27 avril 2000, *Bull. civ.* III, n° 89, *JCP* G 2000, I, 265, obs. H. Périnet-Marquet, *Rép. Defr.* 2000, p. 1171, obs. Ch. Atias, *RDI* 2000, p. 315, obs. J.-L. Bergel : « ayant relevé que l'article 646 du Code civil exigeait que les fonds à délimiter appartiennent à des propriétaires différents, la cour d'appel, qui a retenu que les consorts Y..., comme les consorts C... étaient tous deux copropriétaires de l'immeuble dont faisait partie le jardin, en a exactement déduit que l'action en bornage était irrecevable »).

25. Civ. 3e, 16 février 1968, *Bull. civ.* III, n° 64 : « [l]e bornage peut être effectué du commun accord des propriétaires intéressés et résulte alors d'une convention que la loi n'a soumis à aucune forme particulière ».

26. Le litige relève de la compétence exclusive du juge d'instance (art. R. 221-12 COJ).

27. Civ. 1re, 3 janvier 1963, *Bull. civ.* I, n° 5 : « les juges du fond ont apprécié souverainement la valeur probante des titres et autres éléments de décision soumis à leur examen ».

28. Encore qu'ils puissent être écartés (Civ. 3e, 7 novembre 1972, *Bull. civ.* III, n° 579 : « en fixant la ligne divisoire compte tenu des seules énonciations de l'acte notarié du 11 novembre 1962, les juges du fond, souverains pour apprécier la valeur probante des titres et autres documents soumis à leur examen, ont nécessairement écarté les indications cadastrales qui, ne constituant que de simples présomptions, ne sauraient prévaloir à l'encontre d'un titre de propriété ».

29. L'arpentage permet d'établir la contenance d'une parcelle. Toutefois, les opérations de bornage ne comprennent pas nécessairement l'arpentage (Civ. 3e, 5 octobre 1994, *Bull. civ.* III, n° 162).

30. Civ. 3e, 27 novembre 2002, *Bull. civ.* III, n° 242, *D.* 2003, p. 2045, obs. N. Reboul-Maupin : « l'accord des parties sur la délimitation des fonds, n'implique pas, à lui seul, leur accord sur la propriété des parcelles litigieuses » (*adde*, retenant la même formule, Civ. 3e, 23 mai 2013, *Bull. civ.* III, n° 62, *D.* 2013, p. 2127, obs. B. Mallet-Bricout, *Rép. Defr.* 2013, p. 847, obs. L. Tranchant).

31. Civ. 3e, 10 novembre 2009, deux arrêts, *Bull. civ.* III, n° 247 (bornage amiable) : « un procès-verbal de bornage (...) ne constitue pas un acte translatif de propriété » et *Bull. civ.* III, n° 249 (bornage judiciaire) : « la décision ayant statué sur une demande en bornage tendant exclusivement à la fixation de la ligne divisoire entre les fonds, [n'a pas] à trancher la question de propriété de la parcelle et ne [fait] pas obstacle à l'action en revendication ». Et sur ces arrêts, v. H. Périnet-Marquet, obs. in *JCP* G 2010, I, 336, n° 6. *Adde* Civ. 3e, 8 décembre 2004, *Bull. civ.* III, n° 227, *Rép. Defr.* 2005, p. 1177, obs. Ch. Atias, *RDI* p. 333, obs. J.-L. Bergel : une cour d'appel ne peut se fonder exclusivement sur un procès-verbal de bornage, qui ne constitue pas un acte translatif de propriété, pour attribuer la propriété d'un chemin (il est en revanche implicitement admis qu'un procès-verbal puisse constituer un élément parmi d'autres à prendre en considération dans la détermination de la propriété) ; Civ. 3e, 10 juin 2015, pourvois nos 14-14311 et 14-20428, à paraître au *Bulletin* : « l'arrêt retient qu'en signant le procès-verbal de bornage du 24 juin 1927, l'auteur des époux X... a entendu accepter d'abandonner une portion de la propriété qui restait lui appartenir ; (...) en statuant ainsi, alors qu'un procès-verbal de bornage ne constitue pas un acte translatif de propriété, la cour d'appel a violé [l'article 544 C. civ.] ».

32. Civ. 3e, 27 novembre 2002, *Bull. civ.* III, n° 242, *D.* 2003, p. 2045, obs. N. Reboul-Maupin : « l'accord des parties sur la délimitation des fonds, n'implique pas, à lui seul, leur accord sur la propriété des parcelles litigieuses ».

limite étant souverainement appréciée par les juges du fond[33]. C'est pourquoi l'action en bornage, action pétitoire[34], n'est pas une action en revendication de la propriété[35]. La Cour de cassation prend soin de redonner aux actions intentées leur exacte qualification[36].

---

33. Civ. 1re, 3 janvier 1963, *Bull. civ.* I, n° 5 : les juges apprécient souverainement la valeur probante des titres et autres éléments de décision qui sont soumis à son examen et ils peuvent à ce titre écarter un titre commun aux parties, s'ils ne l'estiment pas déterminants, et préférent retenir des actes émanant des auteurs de l'une d'elles ; Civ. 3e, 26 février 1970, *Bull. civ.* IIII, n° 150 : les juges du fond apprécient souverainement la valeur des titres et autres documents soumis à leur examen et peuvent écarter un titre qu'ils n'estiment pas déterminant pour ne retenir qu'un rapport d'expertise ; Civ. 3e, 18 février 1987, *Bull. civ.* III, n° 29 : la cour d'appel, constatant la discordance des titres des parties, s'est « justement fondée pour en rechercher la portée sur les présomptions qui lui sont apparues les meilleures ». La Cour de cassation considère à ce titre que « le cadastre n'a, en la matière, pour le juge, qu'une valeur indicative » (Civ. 1re, 10 octobre 1962, *Bull. civ.* I, n° 411).

34. Civ. 3e, 2 mai 1978, *Bull. civ.* III, n° 166, *RTD civ.* 1979, p. 154, obs. Cl. Giverdon : « l'instance en bornage [est] de nature pétitoire ».

35. On en déduit que celui qui intente une action en bornage ne peut se prévaloir de sa demande pour interrompre le cours de la prescription acquisitive de l'autre partie (Civ. 3e, 10 octobre 1978, *Bull. civ.* III, n° 308 : « la cour d'appel relève que l'action intentée par [X] devant le tribunal d'instance tendait à faire procéder au bornage de sa propriété d'après l'application des titres des parties et des documents de la cause ; (...) à bon droit elle a décidé que cette citation ne peut être considérée comme la citation en justice prévue par l'[ancien] article 2246 du Code civil, pour interrompre la prescription ») et que le juge saisi d'une action en bornage ne saurait prescrire l'enlèvement d'un ouvrage (Civ. 3e, 10 juillet 2013, *Bull. civ.* III, n° 97, *JCP* 2013, I, 1060, obs. H. Périnet-Marquet : une cour d'appel saisie d'une action en bornage retient que cet ouvrage empiète, après délimitation des parcelles, sur le fonds voisin et accueille la demande en enlèvement dudit ouvrage ; « en statuant ainsi, alors que l'action en bornage dont elle était saisie a seulement eu pour effet de fixer les limites des fonds contigus sans attribuer aux consorts [X] la propriété de la portion de terrain sur laquelle se trouvait l'ouvrage en métal édifié par [Y], la cour d'appel a violé les textes susvisés »).
Le hiatus qui peut exister entre le « bornage » et la « propriété » a conduit la Cour EDH à examiner la distinction entre ces deux notions (Cour EDH, 4 janvier 2012, *SCI La Roseraie c/ France*, Req. n° 14819/08). En l'espèce, à la suite d'un empiètement, deux voisins concluent une transaction renfermant un procès-verbal de bornage et devant être réitérée devant notaire. La victime de l'empiétement refuse de réitérer la transaction et intente une action en revendication de propriété et en démolition des constructions érigées sur sa parcelle. La victime de l'empiétement, d'un côté, est condamnée à réitérer la transaction comprenant l'accord de bornage mais, d'un autre, se voit reconnaître la propriété du terrain, l'auteur de l'empiétement étant donc contraint de démolir les constructions. Ce dernier saisit la Cour EDH en alléguant une violation de l'article 1 du Premier Protocole additionnel à la Conv. EDH. Il fait en premier lieu valoir qu'il a subi une privation de propriété dans la mesure où le procès-verbal de bornage portait sur la propriété : l'argumentation est balayée par la Cour EDH qui estime que le bornage n'a pas d'incidence sur l'attribution de la propriété et n'a pu faire naître d'espérance légitime d'accéder à la propriété. Le requérant fait en second lieu valoir une privation de son droit de propriété des matériaux qui avaient servi à la construction démolie : la Cour EDH lui répond qu'il ne pouvait faire valoir aucune prétention sur ces matériaux alors qu'il n'avait aucun droit ni aucune tolérance ou espérance sur le sol.

36. Civ. 3e, 8 juillet 2009, *Bull. civ.* III, n° 175, *JCP*, I, 337, obs. H. Périnet-Marquet, *D.* 2010, p. 2188, obs. N. Reboul-Maupin : « la demande en bornage de la société était en réalité une action en revendication de propriété ». *Adde* Civ. 3e, 6 mars 1974, *Bull. civ.* III, n° 104 : « saisi d'une action en bornage le tribunal d'instance est compétent pour statuer à charge d'appel sur une exception ou un moyen de défense impliquant l'examen d'une question de nature immobilière pétitoire, une telle action n'étant susceptible de se transformer en revendication qu'en cas de contestation réelle et sérieuse sur les titres ou la propriété ».

Le bornage est **définitif**[37], ce qui suppose semble-t-il qu'il ait été matérialisé par l'apposition de bornes[38]. En revanche, un bornage n'empêche pas l'exercice ultérieur d'une action en revendication, dont l'objet est distinct[39] ; or, si les limites de la propriété reconnue ne correspondent pas au bornage préétabli, l'établissement d'un nouveau bornage sera nécessaire.

§ 3. Division en superficies et en volumes

106. Plan. L'immeuble par nature est appréhendé comme un cône occupant une portion de l'espace[40]. Or ce cône est susceptible d'être découpé et divisé en plusieurs parties, formant autant d'immeubles.

En premier lieu, l'immeuble peut être divisé au niveau de l'écorce terrestre, en sorte qu'apparaissent deux immeubles : celui formé par le sous-sol (on parle de *propriété tréfoncière*) et celui formé par le sol et ce qui se trouve au-dessus (on parle de *propriété superficiaire*) (A). En second lieu, l'immeuble peut être divisé en plusieurs volumes, quelle que soit la forme tridimensionnelle de ces volumes (parallélépipède, tétraèdre, etc.), l'espace qu'ils occupent (espace en sous-sol ou au-dessus du sol) et leur nombre (deux, trois, quatre, etc.) : on parle de *propriétés en volumes*[41] (B).

A Les propriétés tréfoncière et superficiaire

107. Reconnaissance. Lorsque sur un terrain, l'un est propriétaire du sol et de ce qui se trouve au-dessus et l'autre, du sous-sol, on est en présence de deux droits de propriété ayant pour assiette deux immeubles distincts : le superficiaire est propriétaire

37. V. notamment Civ. 3e, 16 novembre 1971, *Bull. civ.* III, n° 557 : il n'y a pas lieu d'accueillir une demande en bornage en raison d'un accord antérieur des parties sur l'implantation de bornes marquant déjà les propriétés (dans le même sens, v. Civ. 3e, 17 juillet 1972, *Bull. civ.* III, n° 460).

38. Civ. 3e, 19 janvier 2011, *Bull. civ.* III, n° 9, *Dr. & patr.* 2011, p. 84, obs. J.-B. Seube : « une demande en bornage judiciaire n'est irrecevable que si la limite divisoire fixée entre les fonds a été matérialisée par des bornes ». Une telle solution peut étonner puisqu'il suffirait de ne pas exécuter la convention de bornage pour pouvoir exercer une action en justice aux fins de bornage. Comp. Civ. 3e, 9 juin 2015, pourvoi n° 14-11125 : « ayant relevé, par motifs adoptés, qu'à la suite d'un projet d'échange de certaines parcelles entre les parties, un géomètre avait procédé à la détermination de la future limite séparative, à l'établissement d'un document d'arpentage et à la pose de deux bornes dont l'une avait disparu et constaté que ce projet d'échange avait été abandonné, la cour d'appel a souverainement déduit de ces constatations, dont il résultait qu'aucun bornage amiable antérieur n'avait été définitivement établi, que la demande de bornage judiciaire était recevable ». En tout état de cause, il appartient aux juges du fond d'établir souverainement si un bornage a été effectué (v. décisions préc.).

39. Civ. 3e, 18 octobre 2006, *Bull. civ.* III, n° 202, *JCP* 2007, I, 117, obs. H. Périnet-Marquet : « une action en bornage n'a pas le même objet qu'une action en revendication de propriété » ; Civ. 3e, 10 novembre 2009, *Bull. civ.* III, n° 249, *JCP* 2010, I, 336, obs. H. Périnet-Marquet, *Dr. & patr.* juin 2010, p. 90, obs. J.-B. Seube, *D.* 2010, p. 21888, obs. N. Reboul-Maupin : « la décision passée en force de chose jugée qui avait statué sur une demande en bornage tendant exclusivement à la fixation de la ligne divisoire entre les fonds, n'avait pas eu à trancher la question de propriété de la parcelle et ne faisait pas obstacle à l'action en revendication ».

40. V. *supra*, n° 102.

41. Le vocabulaire est trompeur, car la superficie, dans la mesure où elle scinde le cône horizontalement, est génératrice elle aussi de – deux – volumes.

du dessus et le tréfoncier, du dessous[42]. La superficie a été ignorée par les rédacteurs du Code civil, impressionnés par l'exclusivisme et le caractère absolu du droit de propriété[43]. Pour autant, la possibilité de diviser la propriété ressort implicitement de certaines dispositions du Code civil. Ainsi, par dérogation à l'article 552 al. 1 C. civ. qui prévoit que « *[l]a propriété du sol emporte la propriété du dessus et du dessous* », l'article 553 C. civ. indique que « *[t]outes constructions, plantations et ouvrages sur un terrain ou dans l'intérieur sont présumés faits par le propriétaire à ses frais et lui appartenir, si le contraire n'est prouvé* », « *sans préjudice de la propriété qu'un tiers pourrait avoir acquise ou pourrait acquérir par prescription soit d'un souterrain sous le bâtiment d'autrui, soit de toute autre partie du bâtiment* ». C'est pourquoi la jurisprudence a reconnu sans difficulté l'existence des superficies[44].

Aujourd'hui, certaines dispositions du Livre V du Code civil relatif aux dispositions applicables à Mayotte ont expressément consacré l'existence du droit réel de superficie : l'article 2521 C. civ. reconnaît expressément la superficie comme droit réel immobilier[45] et l'article 2531 en déduit qu'il est possible de l'hypothéquer[46].

108. Délimitation de l'immeuble et non-démembrement de la propriété. La superficie n'est pas tant un droit réel particulier que la propriété d'un immeuble par nature dont l'assiette est circonscrite. Autrement dit, la superficie n'opère pas un démembrement de la propriété mais une scission de son assiette en sorte que coexistent deux droits de propriété[47] sur deux assiettes distinctes[48]. C'est ce qui explique d'ailleurs que la propriété superficiaire puisse être perpétuelle[49].

---

42. V. notamment Civ. 16 décembre 1873, *DP* 1874, 1, p. 249 : « le droit de superficie forme un droit de propriété distincte et séparée de celle du fonds ; [...] il porte exclusivement sur les constructions, bois et arbres, et autres produits du sol qui fait l'objet du contrat par lequel il a été stipulé » (absence d'indivision entre le tréfoncier et le superficiaire).

43. J.-Ph. Lévy et A. Castaldo, n° 273 ; P. F. Girard, p. 411 s.

44. Req. 27 avril 1891, *DP* 1892, 1, p. 219 : « en droit, il résulte des dispositions du Code civil, que le superficiaire a, non pas un simple droit d'usufruit, mais un véritable droit de propriété », perpétuel ; Civ. 3e, 7 octobre 1998, *Bull. civ.* n° 200, *RTD civ.* 1999, p. 142, obs. F. Zenati : « ayant constaté que l'acte d'acquisition des époux Y... décrivait leur bien avec indication d'une terrasse, qu'ils démontraient qu'eux-mêmes et leurs auteurs possédaient cette terrasse sans interruption depuis 1924, la cour d'appel en a déduit, sans violer les textes visés au moyen, que les époux Y... étaient propriétaires de la terrasse et de la rambarde ».

45. « *Sans préjudice d'autres droits dont l'inscription est prévue par les dispositions du présent code, d'autres codes ou de la législation civile applicables à Mayotte, sont inscrits sur le livre foncier, aux fins d'opposabilité aux tiers : 1° Les droits réels immobiliers suivants : a) La propriété immobilière ; b) L'usufruit de la même propriété établi par la volonté de l'homme ; c) L'usage et l'habitation ; d) L'emphytéose, régie par les dispositions des articles L. 451-1 à L. 451-12 du Code rural et de la pêche maritime ; e) La superficie (...)* ».

46. « *Sont seuls susceptibles d'hypothèques : 1° Les biens immobiliers qui sont dans le commerce et leurs accessoires réputés immeubles ; 2° L'usufruit des mêmes biens et accessoires, pendant le temps de sa durée ; 3° L'emphytéose, pendant le temps de sa durée ; 4° Le droit de superficie* ».

47. En ce sens, notamment, R. Savatier, « La propriété des volumes dans l'espace et la technique juridique des grands ensembles immobiliers », *D.* 1976, p. 103. ; Ph. Simler, « Création de l'ouvrage immobilier complexe et droit de propriété », *RDI* 1999, p. 489 ; Y. Strickler, n° 278. *Contra*, F. Zenati-Castaing et Th. Revet, n° 146.

48. Ce qui explique qu'il n'y ait pas de propriété collective. Ainsi le superficiaire et le tréfoncier ne sont pas en situation d'indivision (Civ. 16 décembre 1873, *DP* 1874, 1, p. 249 : « le droit de superficie forme un droit de propriété distincte et séparée de celle du fonds ; [...] il porte exclusivement sur les constructions, bois et arbres, et autres produits du sol qui fait l'objet du contrat par lequel il a été stipulé »).

49. La Cour de cassation l'a indiqué dans un arrêt rendu en Chambre des requêtes le 27 avril 1891 (*DP* 1892, 1, p. 219) : « en droit, il résulte des dispositions du Code civil, que le superficiaire a, non pas

Le **droit de « crû et à croître »**, qui confère à son titulaire le droit d'exploiter un bois appartenant à un autre, ce dernier profitant du sous-sol et le cas échéant d'autres utilités, telles un droit de pâture, pourrait répondre d'une même logique. Perpétuel d'après la Cour de cassation[50], le droit de « crû et à croître » serait un droit de propriété dont l'assiette est composée des seuls bois, crûs et à croître[51]. Pourtant, le titulaire du droit ne peut faire des bois ce qu'il veut puisqu'il ne peut que l'exploiter : il n'a pas la liberté d'un propriétaire.

109. Établissement. Le découpage de l'immeuble en deux immeubles distincts faisant l'objet de deux droits de propriétés distincts résulte d'une usucapion ou d'un acte juridique, car c'est ainsi que la présomption de l'article 552 al. 1 C. civ. suivant laquelle « *[l]a propriété du sol emporte la propriété du dessus et du dessous* » peut être renversée[52]. L'*usucapion*[53] d'une superficie n'est pas fréquente, car on possède en général le terrain en entier et pas seulement la superficie, en sorte que c'est la propriété de l'entier terrain qui sera le plus souvent acquise. Aussi c'est par des *actes juridiques* que la superficie voit le plus souvent jour[54]. À cet égard, lorsque

un simple droit d'usufruit, mais un véritable droit de propriété », perpétuel. *Adde* Civ. 3e, 6 mars 1991, *Bull. civ.* III, n° 84, *D.* 1991, p. 308, obs. A. Robert, *RTD civ.* 1992, p. 793 et p. 553, obs. F. ZENATI : constitue un droit de superficie au profit d'une commune, tant en vertu des principes de l'ancien droit qu'en application du Code civil, le fait pour une famille d'avoir octroyé sur son héritage un droit perpétuel d'usage alors accordé au bureau de bienfaisance sur une parcelle de terre. Au demeurant, la loi du 21 avril 1810 concernant les mines, les minières et les carrières reconnaissait au concessionnaire un droit de propriété perpétuel ; aujourd'hui, le nouveau Code minier fixe la durée maximale de la concession à cinquante années (art. L. 132-11 al. 1 nouv. C. min.), sous réserve de prolongations (art. L. 142-7 nouv. C. min.).

Il reste que si la propriété superficiaire et la propriété tréfoncière étaient deux véritables propriétés, celles-ci devraient être toujours perpétuelles, ce qui n'est pas le cas (v. *infra*, n° 111). Et sur la perpétuité de la propriété, v. *infra*, n° 252 et s.

50. Civ. 3e, 23 mai 2012, *Bull. civ.* III, n° 84, *JCP* 2012, 930, note W. DROSS et 1186, obs. H. PÉRINET-MARQUET, *D.* 2012, p. 1934, note L. D'AVOUT et p. 2128, obs. MALLET-BRICOUT, *RTD civ.* 2012, p. 553, obs. Th. REVET. En l'espèce, au début du XIXe siècle, un copartageant s'était vu attribuer un lot comprenant deux cantons de bois « crû et à croître, à perpétuité, mort et vivant ». Un siècle et demi plus tard, les deux cantons de bois n'étant plus exploités, le « propriétaire du sol » en revendique la propriété arguant de l'extinction du droit de « crû et à croître », simple droit réel de jouissance, en raison de son non-usage trentenaire. La Cour de cassation lui oppose que « la prérogative ainsi concédée était perpétuelle et ne pouvait s'éteindre par non-usage trentenaire ».

51. Il s'agit d'« une sorte de droit de superficie de nature rurale offrant à son bénéficiaire l'usus, le fructus et l'abusus des bois mais se limitant à cet objet, à l'exclusion des autres éléments du sol et du tréfonds », H. PÉRINET-MARQUET, obs. préc. ss. Civ. 3e, 23 mai 2012, *Bull. civ.* III, n° 84.

52. Civ. 3e, 12 juillet 2000, *Bull. civ.* III, n° 144, *JCP* 2001, I, 305, obs. H. PÉRINET-MARQUET : « la présomption de propriété du dessous au profit de M. X..., propriétaire du sol, n'était susceptible d'être combattue que par la preuve contraire résultant d'un titre ou de la prescription acquisitive » ; Civ. 3e, 13 mai 2015, pourvoi nos 13-27342 et 14-15678, à paraître au *Bulletin* : « la présomption de propriété du dessous au profit des consorts X..., propriétaires du sol n'est susceptible d'être combattue que par la preuve contraire résultant d'un titre, quel qu'en soit le titulaire, ou de la prescription acquisitive ».

53. V. Req. 23 décembre 1861, *D.* 1862, 1, p. 129, *S.* 1862, 1, p. 181 : « les arbres considérés isolément sont susceptibles d'une appropriation particulière et indépendante du sol sur lequel ils sont plantés ; (...) si la propriété des arbres qui existent sur un chemin public peut être valablement acquise par titre ou par convention, elle peut résulter de la prescription qui, dans les hypothèses où elle est admise, supplée au titre et en a toute la puissance » ; Civ. 3e, 7 octobre 1998, *Bull. civ.* n° 200, *RTD civ.* 1999, p. 142, obs. F. ZENATI : terrasse sur le toit d'un autre immeuble juxtaposé.

54. Civ. 3e, 15 novembre 1977, *Bull. civ.* III, n° 388, *RTD civ.* 1978, p. 674, obs. Cl. GIVERDON : en l'état de la vente d'un terrain sur lequel étaient édifiés des boxes pour automobiles dont l'existence

le découpage d'une superficie et d'un tréfonds n'est que temporaire, celui qui était propriétaire du tout et qui a vocation à le redevenir perçoit une rémunération sous forme d'un capital ou d'une redevance.

110. Coexistence de plusieurs droits. Le *tréfoncier* exerce les prérogatives d'un propriétaire sur le sous-sol : il est le titulaire des droits sur les mines et carrières, ainsi que sur les trésors qui pourraient s'y trouver. Il est en revanche sans droit sur le sol qu'il ne peut exploiter, sauf à ce que l'assiette du droit de superficie soit limitée à la surface plantée et édifiée, auquel cas il pourrait exploiter la surface non couverte. Le *superficiaire* exerce les prérogatives d'un propriétaire sur le sol et ce qui s'y trouve : il peut construire, planter, etc. Réciproquement, il est sans droit sur le sous-sol qu'il ne peut exploiter.

111. Durée. Le découpage de l'immeuble suivant la technique de la superficie peut être **perpétuel** ou **temporaire**. Lorsqu'il est perpétuel, l'on est en présence de deux véritables droits de propriété qui ne présentent pas de particularités. En revanche, lorsqu'il n'est que temporaire, un des deux droits de propriété a vocation à s'éteindre, celui-ci apparaissant donc comme une propriété singulière, ce qui se vérifie lorsque l'on envisage les mécanismes qui ont recours à cette technique. La création d'une superficie est temporaire lorsqu'une personne ne se voit reconnaître que pour un temps la propriété de constructions et plantations existantes ou à réaliser. Ainsi, dans un **bail ordinaire**, chaque fois que le locataire s'est vu octroyer le droit d'édifier ou de planter, le bailleur accède à ces constructions et plantations à la fin du bail[55]. Quant aux « **baux réels** », ils confèrent au « locataire », d'une part, un

n'a pas été mentionnée à l'acte de vente, la Cour d'appel qui relève que le vendeur est demeuré après la vente du terrain le paisible possesseur des boxes qu'il a donnés en location à son seul profit, a souverainement apprécié que la présomption instituée par l'article 553 C. civ. en faveur du propriétaire relativement aux constructions qui se trouvent incorporées audit terrain par voie d'accession était inversée au profit du vendeur quoique l'acquéreur ait la propriété du terrain. C'est implicitement reconnaître un droit de superficie au profit du vendeur.

55. Civ. 1re, 1er décembre 1964, *Bull. civ.* I, n° 592, *D.* 1965, p. 473, *JCP* 1965, II, 14213, note P. Esmein, *RTD civ.* 1965, p. 373, obs. J.-D. Bredin, *GAJC*, t. 1, n° 74 : « si, en l'absence d'accord des parties, le sort des constructions élevées par le preneur est réglé à l'expiration du bail par l'article 555, alinéas 1er et 2, C. civ., le preneur reste propriétaire, pendant la durée de la location, des constructions qu'il a édifiées sur le terrain du bailleur ». Il revient donc aux parties, si elle le désire, de prévoir que l'accession joue immédiatement au profit du bailleur.

La solution remonte au droit romain ; elle est « *le droit, transmissible par succession et entre vifs, d'user et de jouir d'une construction élevée sur le terrain d'autrui, à la condition de payer une redevance au propriétaire du sol* » (R. Monnier, n° 319). Elle est envisagée à travers le louage, en vue de reconnaître au locataire la propriété temporaire des constructions par lui réalisées tant sur les terrains appartenant à l'État ou aux cités (c'est le cas des boutiques du *forum*, et v. Ulpien, Dig. L. 18, T. 1, 32 : « [l]orsqu'on vend les boutiques où on exerce la banque, et les autres qui sont bâties sur un terrain public, on ne vend pas le terrain, mais seulement le droit d'y tenir boutique ; parce que ces boutiques étant au public, les particuliers n'en peuvent avoir que l'usage », trad. H. Hulot) qu'aux personnes privées (Julien, Dig. L. 30, 86, 4 : « [s]i on lègue la superficie au propriétaire du sol, le legs est valable, encore bien qu'il soit propriétaire du sol : car ce legs lui est utile, en ce qu'il le libère d'une servitude et lui fait gagner la superficie » et Ulpien, Dig. L. 39, T. 2, 9, 4 : « [o]n a demandé si, dans le cas où le terrain serait à un propriétaire et la superficie à un autre, celui à qui appartiendrait la superficie devait donner la caution du dommage prochain par simple promesse ou par répondant ? Julien a répondu que quand une maison bâtie sur le terrain d'autrui était vicieuse, le maître du terrain devait donner caution par simple promesse, tant sur le vice du fonds que sur celui de la superficie, ou que le maître de la superficie devait donner caution de l'un et l'autre vices par répondant ; et qu'enfin si tous les deux refusaient de donner caution le voisin devait être envoyé en possession », trad. H. Hulot).

droit réel *sui generis* susceptible d'hypothèque[56], qui varie suivant le « bail » en cause, et qui lui *permet* d'exploiter ou l'y oblige, librement ou d'une certaine manière, la superficie ou le tréfonds de l'immeuble pendant une longue durée, et, d'autre part, un droit de superficie sur les plantations et constructions réalisées[57]. Parmi ces baux, le ***bail emphytéotique***[58] confère à l'emphytéote le droit[59] d'exploiter le terrain en le cultivant ou en construisant, tout en profitant de l'accession[60]. Le ***bail à construction***[61] oblige le preneur à édifier et conserver des constructions sur le

56. Le preneur pourra ainsi garantir les crédits nécessaires à la réalisation des opérations qu'il a en vue.

57. La troisième chambre civile de la Cour de cassation, le 17 juillet 1997 (*Bull. civ.* III, n° 169), a, au sujet d'un bail à construction et d'une procédure d'expropriation, cassé une décision qui avait estimé que la valeur du droit réel immobilier conféré au preneur par ce bail correspondait à la valeur de l'utilisation du terrain faisant l'objet du bail, c'est-à-dire à la valeur des constructions édifiées sur ce terrain, sans rechercher si ce droit n'avait pas une valeur propre distincte de la seule valeur des constructions édifiées sur le terrain en vertu de ce bail. Autrement dit, la valeur du droit de construire n'est *a priori* pas réductible à celle des constructions.

58. Art. L. 451-1 s. C. rur. et pêch. marit. D'après l'article L. 451-1 C. rur. et pêch. mar., « *[l]e bail emphytéotique de biens immeubles confère au preneur un droit réel susceptible d'hypothèque ; ce droit peut être cédé et saisi dans les formes prescrites pour la saisie immobilière* ». Bien que le bail emphytéotique soit réglementé par le Code rural et de la pêche maritime, son champ d'application n'est pas limité aux immeubles ruraux (et v. Y. Gaudemet, « Les baux emphytéotiques des personnes publiques, une longue histoire », *Mélanges en l'honneur du doyen Jean-Pierre Machelon*, LexisNexis, 2015, p. 391 s., spéc. p. 393). Par ailleurs, les personnes publiques ont eu recours au bail emphytéotique depuis fort longtemps, notamment en vue de la réalisation de programmes culturels et cultuels (Y. Gaudemet, art. préc., p. 394 ; J.-J. Bienvenu, « L'esprit et les formes. Sur le bail emphytéotique », *Mélanges en l'honneur du professeur Laurent Richer*, LGDJ, 2013, p. 493). Quant à la loi du 5 janvier 1988 *d'amélioration et de décentralisation*, elle a créé la figure du bail emphytéotique administratif, bail emphytéotique spécial, qui peut être conclu même sur les dépendances du domaine public (v. aujourd'hui art. L. 1311-2 al. 2 CGCT : « *[u]n tel bail peut être conclu même si le bien sur lequel il porte, en raison notamment de l'affectation du bien résultant soit du bail ou d'une convention non détachable de ce bail, soit des conditions de la gestion du bien ou du contrôle par la personne publique de cette gestion, constitue une dépendance du domaine public, sous réserve que cette dépendance demeure hors du champ d'application de la contravention de voirie* » ; sur d'autres baux emphytéotiques spéciaux, v. Y. Gaudemet, art. préc., p. 395). *Adde* sur les spécificités du bail emphytéotique administratif par rapport au bail emphytéotique de « droit commun » du Code rural et de la pêche maritime et sur la faculté pour les personnes publiques de conclure un bail emphytéotique de droit commun sur le domaine privé, dans certains cas au moins v. G. Eckert, *J.-Cl. Propriétés publiques*, Fasc. 79-40 : « Bail emphytéotique administratif », 2011, n°s 9 et 38.

59. Le droit d'exploitation est qualifiant (Civ. 3e, 7 octobre 1992, *Bull. civ.* III, n° 264 : « ayant souverainement retenu, par une interprétation nécessaire, exclusive de dénaturation, des clauses imprécises de la convention, que celle-ci interdisait au preneur tous travaux de construction, démolition, percement de murs ou cloisons, sans le consentement de la bailleresse, qu'elle mentionnait que le preneur s'engageait à souffrir que la bailleresse fasse exécuter les réparations lui incombant, qui deviendraient nécessaires au bâtiment loué et que les améliorations à apporter restaient à la charge de la bailleresse, la cour d'appel, qui en a exactement déduit que, malgré la longue durée du bail, son loyer modique et la dénomination donnée à l'acte par les parties, le bail ne pouvait être qualifié d'emphytéose conférant par essence un droit réel à l'emphytéote, a, (...) légalement justifié sa décision »).
On estime en général qu'il s'agit d'un droit et non d'une obligation pour le preneur. S'il s'agissait d'une obligation ? Le bail serait requalifié en bail à construction (Civ. 3e, 11 juin 1986, *Bull. civ.* III, n° 93 : constitue un bail emphytéotique et non un bail à construction, le bail d'un terrain nu consenti pour vingt ans au profit d'une société commerciale qui pouvait mais n'avait pas à édifier toute construction à usage commercial ou industriel ; CA Paris 24 février 2005, *RG* n° 04/09190 : « le bail (...) consenti constitue un bail à construction en raison de l'obligation pesant sur les preneurs de construire »).

60. Art. L. 451-10 C. rur. et pêch. marit. : « *[l]'emphytéote profite du droit d'accession pendant la durée de l'emphytéose* ».

61. Art. L. 251-1 s. CCH.

terrain du bailleur[62], en lui conférant un droit de propriété sur les constructions existantes et à édifier en cours de bail[63]. Le ***bail à réhabilitation***[64] oblige le preneur à réaliser des travaux d'amélioration sur l'immeuble du bailleur et à le conserver en bon état d'entretien et de réparations[65], en lui conférant un droit de propriété sur l'immeuble en cours de bail[66]. Le ***bail réel immobilier***[67] oblige le preneur à construire ou à réhabiliter des constructions existantes et à les conserver, en lui conférant des droits réels lui permettant de les *louer* à des personnes physiques dont les ressources n'excèdent pas un certain montant ou de *faire accéder* celles-ci *temporairement à la propriété*, pourvu qu'il s'agisse de logements destinés à l'habitation principale et que le loyer ou le prix d'acquisition n'excède pas un certain plafond[68]. Ainsi, le bail réel immobilier confère au preneur, non seulement un droit réel immobilier original, mais aussi une propriété temporaire des constructions[69]. Le ***bail à domaine congéable***[70] confère au domanier un droit sur les édifices

62. D'après l'article L. 251-1 CCH, « *[c]onstitue un bail à construction le bail par lequel le preneur s'engage, à titre principal, à édifier des constructions sur le terrain du bailleur et à les conserver en bon état d'entretien pendant toute la durée du bail* ». Néanmoins, le bail peut obliger le locataire à remettre le terrain en l'état à la fin du bail en détruisant les constructions édifiées (Civ. 3e, 30 janvier 2008, *Bull. civ.* III, n° 14 : « pour exclure la qualification de bail à construction, l'arrêt retient qu'il apparaît aux termes de l'article 12 du contrat signé entre les parties que le preneur s'engage à l'expiration du bail à remettre les lieux dans l'état dans lequel ils se trouvaient lors de sa prise de possession et qu'en présence de l'obligation de débarrasser le terrain du poste transformateur, ce contrat n'a pas la nature juridique d'un bail à construction ; (...) en statuant ainsi, la cour d'appel a violé [l'article L. 251-1 CCH] ».

63. Si l'article L. 251-3 al. 1 CCH prévoit que « *[l]e bail à construction confère au preneur un droit réel immobilier* », l'article L. 251-2 indique que « *[l]es parties conviennent de leurs droits respectifs de propriété sur les constructions existantes et sur les constructions édifiées. À défaut d'une telle convention, le bailleur en devient propriétaire en fin de bail et profite des améliorations* ».

64. Art. L. 252-1 s. CCH.

65. Art. L. 252-1 C. com. : « *[e]st qualifié de bail à réhabilitation et soumis aux dispositions du présent chapitre le contrat par lequel soit un organisme d'habitations à loyer modéré, soit une société d'économie mixte dont l'objet est de construire ou de donner à bail des logements, soit une collectivité territoriale, soit un organisme bénéficiant de l'agrément relatif à la maîtrise d'ouvrage prévu à l'article L. 365-2 s'engage à réaliser dans un délai déterminé des travaux d'amélioration sur l'immeuble du bailleur et à le conserver en bon état d'entretien et de réparations de toute nature en vue de louer cet immeuble à usage d'habitation pendant la durée du bail* ».

66. Art. L. 252-2 C. com. : « *le preneur est titulaire d'un droit réel immobilier* ».

67. Art. L. 254-1 s. CCH. D'après l'article L. 254-1 CCH, « *[c]onstitue un contrat dénommé "bail réel immobilier" le bail par lequel un propriétaire personne physique ou personne morale de droit privé, dans le périmètre mentionné à l'article L. 302-16, consent, pour une longue durée, à un preneur, avec obligation de construire ou de réhabiliter des constructions existantes, des droits réels en vue de la location ou de l'accession temporaire à la propriété de logements* ».

68. Instauré par l'ordonnance n° 2014-159 du 20 février 2014 *relative au logement intermédiaire*, le bail réel immobilier est destiné à favoriser l'apparition de logements intermédiaires dans les zones « tendues ». V. B. Mallet-Bricout, « Le bail réel immobilier, une nouvelle propriété temporaire ? », *RTDI* 2014/2, p. 31.

69. Art. L. 254-2 CCH : « *(...) Le preneur peut jouir librement des constructions de l'immeuble et des installations ou constructions qu'il a édifiées ou rénovées, dès lors qu'il n'est pas porté atteinte à la destination de l'immeuble telle qu'elle est mentionnée à l'article L. 254-1, ou à l'état dans lequel il a été convenu que ces constructions seraient remises en fin de bail (al. 2) Le preneur peut céder son propre droit au bail, céder son droit de propriété temporaire sur les constructions édifiées et librement consentir des baux sur l'immeuble, dans les conditions prévues aux articles L. 254-4 à L. 254-6. Les baux s'éteignent à l'expiration du bail réel immobilier, sauf si le contrat de bail réel immobilier en prévoit la continuation par le bailleur, et sous réserve des dispositions prévues au troisième alinéa de l'article L. 254-4. Le droit de propriété temporaire constitué s'éteint à l'expiration du bail réel immobilier (al. 3)* ».

70. Art. L. 431-1 s. C. rur. et pêch. marit. D'après l'article L. 431-1 al. 1 C. rur. et pêch. mar. : « *[l]es exploitations agricoles affermées sous la forme dite à domaine congéable sont soumises aux*

et superficies, le propriétaire du terrain ne pouvant le « congédier » que moyennant indemnisation des édifices et superficies par lui élevés. Le ***bail à complant***[71] confère au complanteur la propriété des vignes à charge de remettre au bailleur une certaine quantité de fruits[72]. Par ailleurs, la ***concession immobilière***[73] confère au concessionnaire un droit de jouissance publié au fichier immobilier[74] ainsi qu'un droit de construire, le cas échéant[75]. En droit public, le titulaire d'une ***autorisation d'occupation temporaire du domaine public de l'État*** a en principe un droit réel sur les ouvrages, constructions et installations de caractère immobilier qu'il réalise pour l'exercice d'une activité qu'il a été autorisé à mener[76]. On mentionnera enfin la ***concession d'exploitation de mines***, dont l'objet est d'octroyer « *un droit immobilier distinct de la propriété de la surface* »[77], l'étendue de la concession étant « *limitée par la surface engendrée par les verticales indéfiniment prolongées en profondeur et s'appuyant sur un périmètre défini en surface* »[78].

112. APRDB. La superficie est clairement distinguée par l'APRDB des droits réels conférés par certains baux immobiliers.

S'agissant de la **superficie**, en premier lieu, dans le chapitre intitulé « De l'objet de la propriété immobilière », après que l'article 561 a indiqué que « [l]a propriété du sol emporte, dans les limites posées par les lois et conventions, la propriété du dessus et du dessous », l'article 562 alinéa 1 prévoit qu'« [u]n fonds peut faire l'objet d'une division visant à conférer à un tiers la propriété d'une partie de ce fonds situé au-dessus ou au-dessous d'une limite conventionnellement fixée. La propriété du dessus est appelée propriété superficiaire, celle du dessous propriété tréfoncière ». Il s'agit *a priori* d'une propriété ordinaire, puisqu'il est renvoyé pour leur régime aux articles 534 et suivants relatifs à la propriété, mais ce ne peut être au

---

dispositions du titre Ier du présent livre, sous réserve des droits particuliers des exploitants sur les édifices et superficies appelés droits réparatoires ».

71. Art. L. 441-1 s. C. rur. et pêch. marit.

72. Art. L. 441-8 al. 2 C. rur. et pêch. mar. : « *[d]ans les communes où le bail à complant est translatif de propriété au profit des complanteurs, les privilèges et hypothèques pouvant grever le fonds du chef des complanteurs ou de leurs auteurs sont cantonnés de la même façon sur la parcelle attribuée en toute propriété auxdits complanteurs* ».

73. L. n° 67-1253 du 30 décembre 1967.

74. Art. 48 L. 1967 : « *[l]a concession immobilière est le contrat par lequel le propriétaire d'un immeuble ou partie d'immeuble, bâti ou non bâti, en confère la jouissance à une personne dénommée concessionnaire, pour une durée de vingt années au minimum et moyennant le paiement d'une redevance annuelle.*
La concession immobilière est consentie par ceux qui ont la capacité de disposer ; elle fait l'objet d'un acte authentique, publié au fichier immobilier et qui doit comporter une référence expresse aux dispositions du présent chapitre (...) ».

75. Art. 50 : le concessionnaire « *peut faire toute construction qu'il estime nécessaire sous réserve des dispositions incluses au contrat* ».

76. Art. L. 2122-6 CGPPP : « *[l]e titulaire d'une autorisation d'occupation temporaire du domaine public de l'État a, sauf prescription contraire de son titre, un droit réel sur les ouvrages, constructions et installations de caractère immobilier qu'il réalise pour l'exercice d'une activité autorisée par ce titre.* (al. 1) *Ce droit réel confère à son titulaire, pour la durée de l'autorisation et dans les conditions et les limites précisées dans le présent paragraphe, les prérogatives et obligations du propriétaire.* (al. 2) *Le titre fixe la durée de l'autorisation, en fonction de la nature de l'activité et de celle des ouvrages autorisés, et compte tenu de l'importance de ces derniers, sans pouvoir excéder soixante-dix ans.* (al. 3) ».

77. Art. L. 132-8 nouveau C. min.

78. Art. L. 132-10 nouveau C. min.

final le cas que si le découpage est perpétuel[79]. À juste titre, il est indiqué que la limite fixée n'est pas forcément celle du sol – même si c'est le plus souvent le cas en pratique, ce qui conduit à parler de la superficie et du tréfonds –, puisqu'elle peut être conventionnellement fixée.

S'agissant des **baux réels**, en second lieu, dans le chapitre intitulé « Des droits réels conférés par des baux », l'article 607 prévoit que « [d]es droits réels sur le sol peuvent être conférés par certains contrats, tels les baux emphytéotiques ou à construction » (al. 1), droits qui sont « cessibles et susceptibles d'hypothèque » et qui « confèrent à leurs titulaires, pendant la durée du contrat, la propriété des constructions ou plantations ou installations dont ils autorisent la réalisation » (al. 2). En raison de leur spécificité, il est prévu que ces droits « sont régis par les lois qui les instituent » (al. 3).

B La propriété en volumes

113. Idée générale[80]. Il est possible de scinder le cône constituant l'immeuble par nature non pas en deux parties séparées par une ligne horizontale – ce que crée une superficie – mais en plusieurs volumes. Ainsi est-il possible d'isoler au-dessus ou au-dessous[81] du sol plusieurs volumes appropriés par différents propriétaires[82]. La propriété en volumes, qui a la nature d'une propriété superficiaire, se présente comme une technique de division d'un immeuble par nature[83] alternative à la

79. V. *supra*, n° 111.

80. Sur cette notion, v., précurseur, R. Savatier, « Vers de nouveaux aspects de la conception et de la classification juridiques des biens corporels », *RTD civ.* 1958, p. 1, et, du même auteur, « La propriété de l'espace », *D.* 1965, p. 213 et « La propriété en volume dans l'espace et la technique des grands ensembles immobiliers », *D.* 1976, p. 103. *Adde* D. Sizaire, « Division en volumes », *JCP* N 1998, p. 388 ; N. Le Rudulier, *La division en volumes*, th. Nantes, 2010, et, du même auteur, *J.-Cl. Constr.-urb.*, Fasc. 107-10 : « Division en volumes – Nature et principes », 2013 ; Ph. Simler, « Copropriété et propriété en volumes : antinomie ou symbiose ? », *Études offertes à Pierre Catala*, Litec, 2001, p. 679.

81. V. notamment Civ. 3e, 20 novembre 1996, pourvoi n° 95-70092 : expropriation au profit de la SNCF d'une partie du tréfonds.

82. L'identification des volumes est réalisée au moyen du calcul de nivellement : on recourt aux côtes NGF (Nivellement général de France).

83. La division d'un immeuble en volumes est notamment utilisée pour diviser un immeuble dont certaines parties sont soumises aux règles de la domanialité publique et d'autres, aux règles du droit privé (v. notamment Civ. 3e, 20 novembre 1996, pourvoi n° 95-70092 : expropriation portant sur un volume du tréfonds pour réaliser un ouvrage reconnu d'utilité publique ; certes, en l'espèce, l'immeuble était soumis à la loi de 1965, mais cela était sans incidence sur l'utilisation du tréfonds), les règles de la loi du 10 juillet 1985 étant « incompatibles tant avec le régime de la domanialité publique qu'avec les caractères des ouvrages publics » (CE, 11 février 1994, n° 109564, inédit au *Recueil Lebon* : « les règles essentielles du régime de la copropriété telles qu'elles sont fixées par la loi du 10 juillet 1965, et notamment la propriété indivise des parties communes, – au nombre desquelles figurent, en particulier, outre le gros œuvre de l'immeuble, les voies d'accès, passages et corridors –, la mitoyenneté présumée des cloisons et des murs séparant les parties privatives, l'interdiction faite aux copropriétaires de s'opposer à l'exécution, même à l'intérieur de leurs parties privatives, de certains travaux décidés par l'assemblée générale des copropriétaires se prononçant à la majorité, la garantie des créances du syndicat des copropriétaires à l'encontre d'un copropriétaire par une hypothèque légale sur son lot, sont incompatibles tant avec le régime de la domanialité publique qu'avec les caractères des ouvrages publics ; (...) par suite, des locaux acquis par l'État, fût-ce pour les besoins d'un service public, dans un immeuble soumis au régime de la copropriété n'appartiennent pas au domaine public et ne peuvent être regardés comme constituant un ouvrage public ; (...) par conséquent, les dommages qui trouveraient leur source dans l'aménagement ou l'entretien de ces locaux ne sont pas des dommages de

technique de la copropriété définie par la loi n° 65-557 du 10 juillet 1965 *fixant le statut de la copropriété des immeubles bâtis*[84].

114. Reconnaissance. La possibilité de diviser en volumes un immeuble[85], à l'origine reconnue par la jurisprudence[86], l'est aujourd'hui par la loi, depuis la loi

---

travaux publics » ; Civ. 1re, 25 février 2009, *Bull. civ.* I, n° 39 : un règlement de copropriété ne peut soustraire au domaine public d'une commune un ouvrage public préexistant à une copropriété).

84. Un lot de copropriété, même non encore bâti, constitue un immeuble par nature : Civ. 3e, 15 novembre 1989, *Bull. civ.* III, n° 213, *RTD civ.* 1990, p. 304, obs. F. Zenati : peuvent faire l'objet d'une saisie immobilière, en tant qu'immeubles par nature, des lots placés sous le régime de la copropriété comprenant, d'une part, le droit exclusif d'utiliser une surface déterminée du sol pour y édifier des constructions, conformément à un permis de construire et, d'autre part, une quote-part de la propriété du sol et des parties communes.
Sur la copropriété, V. *infra*, n° 553 et s. L'APRDB prévoit d'ailleurs que « [s]ont aussi immeubles les lots de copropriété » (art. 527 al. 2).

85. Avant qu'elle ne soit supprimée par le décret n° 2014-132 du 17 février 2014 *portant suppression de commissions administratives à caractère consultatif*, la Commission *relative à la copropriété* instituée par arrêté du 4 août 1987 avait émis des recommandations *relatives à la publicité foncière des états descriptifs de division* (Recommandation n° 5) dans lesquelles elle évoquait la propriété en volumes. Les recommandations portaient précisément sur la division en volume « 1) **Recommandation relative au numérotage des lots**
La division est constatée par un état descriptif de division qui définit chacun des volumes issus de la division, pour le constituer en entité foncière indépendante. Pour les besoins de la publicité foncière, chaque volume est constitutif d'un lot auquel est affecté un numéro.
Par ailleurs, les bâtiments édifiés au sein de chacun des volumes, ou de certains d'entre eux, sont parfois des immeubles collectifs immédiatement ou ultérieurement soumis au régime de la copropriété ; ces bâtiments font donc l'objet d'un règlement de copropriété lequel comporte un état descriptif de division.
Il est dès lors impératif d'éviter des confusions de numérotage entre les lots issus de la division de l'ensemble immobilier en volumes et les lots issus de la division de certains immeubles collectifs soumis au régime de la copropriété.
La Commission recommande donc aux praticiens de décaler le numérotage des lots au sein de l'état descriptif de division en volumes, par dizaines, centaines ou même milliers d'unités, puis d'utiliser les numéros ainsi rendus disponibles dans les états descriptifs de division des immeubles soumis au régime de la copropriété.
L'application de cette recommandation aura ainsi pour résultat :
1. que les lots constitués par les volumes porteraient par exemple les numéros 100, 200. 300, 400, 500, etc. ;
2. que les lots du bâtiment édifié dans le volume 100 et soumis au régime de la copropriété porteraient les numéros 101, 102, 103, 104, 105, etc. ;
3. que les lots créés par l'état descriptif de division de l'immeuble collectif soumis au régime de la copropriété et édifiés dans le volume 400 porteraient les numéros 401, 402, 403, 404, 405, etc.
2) **Recommandation relative à l'inscription de l'hypothèque sur le sol**.
L'hypothèque inscrite sur le sol, avant élaboration et publication d'un état descriptif de division en volumes, grève non seulement le lot dans lequel sera intégré le sol, mais aussi tous les autres lots créés par l'état descriptif de division en volumes, que ceux-ci soient situés en tréfonds ou en superficie.
À l'inverse, si l'hypothèque conférée est inscrite sur un seul des lots de l'état descriptif de division en volumes, postérieurement à la publication de cet état, elle ne grève pas les autres lots créés par l'état descriptif de division en volumes et, notamment celui comprenant le sol naturel s'il n'est pas celui hypothéqué.
La Commission recommande par suite aux promoteurs d'une opération qui entraîne une division en volumes, de décrire cette division avant toute hypothèque, de publier l'état descriptif de division et de n'hypothéquer, ensuite de cette publicité, que ceux des lots qu'il est prévu de grever d'une hypothèque. »

86. Civ. 3e, 17 février 1999, *Bull. civ.* III, n° 42, A*JDI* 1999, p. 801, obs. Cl. Giverdon, *JCP* N 1999, p. 1639, obs. D. Sizaire, *Rép. Defr.* 1999, p. 796, obs. Ch. Atias : « ayant relevé que les modifications

ALUR n° 2014-366 du 24 mars 2014, qui l'envisage au sujet de la scission d'une copropriété[87]. En pratique, cela fait un certain nombre d'années que l'on recourt à la technique de la volumétrie en vue de l'appropriation collective d'une parcelle. À cet égard, il convient néanmoins de considérer la loi n° 65-557 du 10 juillet 1965 *fixant le statut de la copropriété des immeubles bâtis*, dont le champ d'application est partiellement d'ordre public[88] : la création de volumes ne devrait être possible que lorsque cette loi n'est pas applicable – lorsque la parcelle est indivise, mais aucune partie commune n'a été créée[89] – ou que, applicable, son application peut être écartée – lorsque coexistent des parcelles indivises et privatives donnant naissance à un ensemble immobilier régi par une organisation différente[90].

---

apportées (...) à l'état descriptif de division initial avaient entraîné la création de nouveaux lots individualisant *en superficie comme en hauteur* des fractions d'immeubles autonomes les uns par rapport aux autres (...), la cour d'appel, qui en a déduit (...) qu'il découlait de ce nouvel état descriptif une hétérogénéité du régime juridique des fractions de l'immeuble, a exactement retenu (...) que se trouvait ainsi constitué un ensemble immobilier pour lequel il était possible d'instituer une organisation différente de celle de l'article 1 de la loi du 10 juillet 1965 (...) » (nous soulignons). *Adde*, notamment, Civ. 3e, 8 septembre 2010, *Bull. civ.* III, n° 152, *JCP* N 2010, p. 1378, obs. H. Périnet-Marquet : ne donne pas de base légale à sa décision la cour d'appel qui dit que sont soumises au régime de la copropriété des constructions divisées en lots attribués à plusieurs copropriétaires et constituant une « copropriété en *volume* » (nous soulignons), sans caractériser l'existence de parties communes ; Civ. 3e, 18 janvier 2012, *Bull. civ.* III, n° 14, *JCP* 2012, I, 465, obs. H. Périnet-Marquet, A*JDI* 2012, p. 237, obs. N. Le Rudulier et p. 276, obs. Ch. Atias : « ayant retenu à bon droit, d'une part, que l'état descriptif proposé par M. B..., en ce qu'il divisait l'immeuble en considération de deux régimes de propriété qui s'y appliquent, se bornait à constater une situation juridique existante pour la transposer, avec exactitude, sur un support juridique publiable à la conservation des hypothèques en application de l'article 71 *D.* n° 55-1350 du 14 octobre 1955 et, d'autre part, que la destination de la fraction indivise de l'immeuble, qualifiée de passage commun, impliquait nécessairement, au profit de chacun des propriétaires indivis, un droit de passage, la cour d'appel (...) en a exactement déduit que l'état descriptif de division en *volumes* ne restreignait ni ne modifiait la consistance des droits réels des consorts Z...–A..., et n'avait pas pour effet de modifier le régime juridique de la fraction indivise de l'immeuble » (nous soulignons) ; Civ. 3e, 19 septembre 2012, *Bull. civ.* II, n° 126, *RDI* 2013, p. 87, obs. J.-Ch. Chaput, *Rép. Defr.* 2013, p. 16, obs. L. Tranchant : « pour débouter la SCI et le syndicat de leur demande, l'arrêt, qui constate que le lot n° 4 ne fait pas partie des lots de volumes soumis au règlement de copropriété du 3 juillet 1990, relève que l'état descriptif de division stipule que l'ensemble immobilier ne sera pas régi par la loi du 10 juillet 1965 et qu'à cette fin, l'acte identifie des *volumes immobiliers* de pleine propriété dans le cadre du régime du droit de superficie, et énonce l'ensemble des servitudes issues de l'imbrication de ces volumes qui permettent leur coexistence ainsi que l'attribution [de] 3026/10 000e des charges générales au lot n° 4, retient que l'état descriptif de division constitue, relativement à ce lot, la convention contraire visée à l'article 1er al. 2 L. 10 juillet 1965 ; (...) en statuant ainsi, sans constater la création d'une organisation différente, au sens de la loi, pour la gestion des éléments communs de l'ensemble immobilier, la cour d'appel a violé le texte susvisé » (nous soulignons).

87. Désormais, l'article 28 L. 10 juillet 1965 permet d'appliquer, après avis du maire et autorisation du représentant de l'État dans le département, la procédure prévue pour les scissions de copropriété aux divisions en volumes d'un ensemble immobilier complexe comportant soit plusieurs bâtiments distincts sur dalle – et non un bâtiment unique –, soit plusieurs entités homogènes affectées à des usages différents pour autant que chacune de ces entités permette une gestion autonome. Il est ainsi possible de diviser en volumes des ensembles immobiliers comportant des bâtiments qui ne peuvent bénéficier de la scission de la copropriété.

88. V. *infra*, n° 555.

89. Un ensemble de servitudes, notamment de passage, permettra l'utilisation de l'immeuble par tous, notamment en vue de permettre à chacun d'accéder au volume qui lui appartient.

90. Sur cette condition, v. *infra*, n° 555.

115. APRDB. L'APRDB prévoit expressément la possibilité de créer des volumes. Dans le chapitre intitulé « De l'objet de la propriété immobilière », après que l'article 561 a indiqué que « [l]a propriété du sol emporte, dans les limites posées par les lois et conventions, la propriété du dessus et du dessous » et qu'une première limite consistant à distinguer la propriété superficiaire de la propriété tréfoncière a été mentionnée par l'article 562[91], une seconde limite consistant à diviser un fonds en volumes est prévue à l'article 562[92]. Dans tous les cas, il ne s'agit que de délimiter l'assiette de la propriété, ce qui explique que les règles applicables à la propriété le soient également à la propriété en volumes comme elles le sont à la propriété superficiaire[93]. C'est pourquoi, plus haut, l'article 527 prévoyait que « [p]ar leur nature, sont immeubles les parties déterminées de l'espace terrestre » et que « [s] ont ainsi immeubles : les fonds, les volumes (...) ».

Section 2
Les immeubles par destination

116. Catégorie des immeubles par destination. Un immeuble par destination est un meuble qui, par l'effet d'une fiction, est considéré comme un immeuble en raison de son *affectation, soit intellectuelle, soit matérielle,* à un véritable immeuble. Il y a là une manifestation de la force attractive de l'immeuble dont sont dépourvus les meubles à l'égard des immeubles ; il n'existe pas de « meubles par destination »[94]. Le Code civil ne donne pas de définition des immeubles par destination, se contentant d'énonciations (art. 524 C. civ.[95]) non limitatives[96], encore qu'il s'en évince deux catégories : les meubles affectés au service d'une exploitation (affectation intellectuelle) et les meubles attachés à perpétuelle demeure (affectation matérielle).

117. Conditions de l'immobilisation par destination. ***Trois conditions***. Un meuble est immobilisé par destination lorsque trois conditions sont remplies :

91. V. *supra*, n° 112.
92. « Un fonds peut également, moyennant établissement d'un état descriptif de division, faire l'objet d'une division spatiale portant création de volumes. »
93. Art. 562 al. 3 : « *[l]es articles 534 et suivants s'appliquent aux fonds issus des divisions mentionnées aux alinéas précédents* ».
94. Le fonds de commerce, par exemple, ne comprend jamais d'immeubles. V. *supra*, n° 67.
95. « *Les objets que le propriétaire d'un fonds y a placés pour le service et l'exploitation de ce fonds sont immeubles par destination. Les animaux que le propriétaire d'un fonds y a placés aux mêmes fins sont soumis au régime des immeubles par destination. Ainsi, sont immeubles par destination, quand ils ont été placés par le propriétaire pour le service et l'exploitation du fonds : Les ustensiles aratoires ; Les semences données aux fermiers ou métayers ; Les ruches à miel ; Les pressoirs, chaudières, alambics, cuves et tonnes ; Les ustensiles nécessaires à l'exploitation des forges, papeteries et autres usines ; Les pailles et engrais. Sont aussi immeubles par destination tous effets mobiliers que le propriétaire a attachés au fonds à perpétuelle demeure.* »
96. Civ. 24 janvier 1912, *DP* 1913, 1, p. 337 : reconnaissance du caractère immobilier au matériel industriel d'une brasserie mais aussi aux « agents nécessaires de la production » au sens de l'article 524 C. civ. tels que voitures, chevaux, harnais, qui servent aussi bien à l'entrée des matières premières qu'à la sortie des produits fabriqués, et les tonneaux, qui reçoivent les produits de la fabrication et permettent de les transporter et de les livrer à la consommation ; Civ. 3e, 5 mai 1981, *Bull. civ.* III, n° 89 : reconnaissance du caractère immobilier à des terres de bruyère.

l'*identité de propriétaire du meuble et de l'immeuble auquel il est destiné*, l'*existence d'un rapport de destination*, et la *volonté d'établir ce rapport de destination*.

118. Conditions de l'immobilisation par destination. *Identité de propriétaire du* meuble et de l'immeuble auquel il est destiné (première condition). Un meuble ne peut être immobilisé par destination que s'il appartient au propriétaire de l'immeuble auquel il est destiné[97]. De fait, on ne saurait rendre solidaires deux biens qui appartiennent à des personnes distinctes, en faisant perdre à l'un d'entre eux son identité. Ainsi la cession d'une exploitation ne comprendra pas le matériel n'appartenant pas à l'exploitant.

119. Conditions de l'immobilisation par destination. *Existence d'un rapport de destination* (deuxième condition). Un rapport de destination entre le meuble et l'immeuble est nécessaire. À cet égard, la loi exige que le meuble soit affecté au « *service* » ou à « *l'exploitation* » de l'immeuble[98], ou qu'il soit attaché « *à perpétuelle demeure* » à l'immeuble[99]. Dans le premier cas, le rapport de destination est *intellectuel*, dans le second, il est *matériel*.

Dans le premier cas, **le rapport de destination est établi par l'*affectation du meuble à l'exploitation ou au service de l'immeuble***. À cet égard, la Cour de cassation considère que ne sont immeubles par destination que les objets **indispensables** à l'immeuble et non tous ceux qui lui sont simplement utiles[100]. Le Code civil énonce des objets susceptibles d'immobilisation, dans le cadre d'*exploitations industrielles* et *agricoles* : ustensiles nécessaires à l'exploitation des forges, papeteries et autres usines, ustensiles aratoires, pressoirs, alambics, semences, pailles et engrais. Il ne s'agit toutefois que d'exemples[101], et l'on trouve d'autres illustrations

97. Civ. 3e, 5 mars 1980, *Bull. civ.* III, n° 51 : « peut seul conférer à des objets mobiliers le caractère d'immeubles par destination celui qui est propriétaire à la fois des objets mobiliers et de l'immeuble au service duquel il les a placés ». C'est la raison pour laquelle l'immobilisation par destination d'un meuble prend fin par la vente dudit meuble par son propriétaire (Req. 20 décembre 1875, *DP* 1876, 1, p. 343 : « aux termes de l'art. 524 C. civ., les immeubles par destination ne gardent ce caractère qu'aussi longtemps qu'ils continuent de rester attachés au fonds dont ils forment une dépendance, et (...) ils recouvrent leur qualité naturelle d'effets mobiliers dès l'instant où ils en sont distraits par une vente particulière et séparée »).

Les choses se présentent sous un jour différent à l'égard des meubles devenus immeubles par nature à la suite de leur incorporation. Dans ce cas, le meuble, à la suite de son incorporation, deviendra la propriété du propriétaire de l'immeuble dans lequel il a été incorporé, s'il ne l'était pas auparavant, par application de la *règle de l'accession* (art. 554 C. civ. : « *[l]e propriétaire du sol qui a fait des constructions, plantations et ouvrages avec des matériaux qui ne lui appartenaient pas doit en payer la valeur estimée à la date du paiement ; il peut aussi être condamné à des dommages-intérêts, s'il y a lieu : mais le propriétaire des matériaux n'a pas le droit de les enlever* »).

98. Art. 524 C. civ. : « *[l]es objets que le propriétaire d'un fonds y a placés pour le service et l'exploitation de ce fonds sont immeubles par destination.* (al. 1) *Les animaux que le propriétaire d'un fonds y a placés aux mêmes fins sont soumis au régime des immeubles par destination.* (al. 2) (...) ».

99. Art. 524 C. civ. : « (...) *Sont aussi immeubles par destination tous effets mobiliers que le propriétaire a attachés au fonds à perpétuelle demeure* ».

100. Req. 23 mars 1926, *DP* 1928, 1, p. 22 : « on ne peut considérer comme immeubles par destination, dans le sens des art. 524 et 525 C. civ., d'autres objets mobiliers que ceux qui ont été placés par le propriétaire sur le fonds comme étant absolument indispensables et affectés directement à l'exploitation du fonds ».

101. V. notamment CA Lyon, 29 juillet 1848, *D.* 1849, 2, p. 163 : « l'art. 524 C. civ. établit, comme principe général, que tous les objets que le propriétaire d'un fonds y a placés pour le service et l'exploitation de ce fonds sont immeubles par destination ; (...) si, dans le même article, le législateur ajoute : "Ainsi sont immeubles par destination, les animaux attachés à la culture, etc.," il ne procède

en jurisprudence : matières premières et matériel[102], moyens de transport[103], mais non la production destinée à être vendue[104]. Des meubles pourraient être également affectés à une *exploitation commerciale*[105] ou *civile*[106] et, partant, immobilisés par destination. Par ailleurs, l'immobilisation d'un meuble affecté à un immeuble ne servant pas à l'exercice d'une activité marchande n'est pas inconcevable[107] ; elle donne d'ailleurs lieu à un certain contentieux lors de la vente d'un immeuble à usage d'habitation, lorsqu'il s'agit de déterminer ce qui fait l'assiette de la vente (les radiateurs, les éléments de la cuisine, etc.[108]).

---

là que par voie d'exemple et non par voie de limitation : ce qui n'ôte, même pour les cas non donnés en exemple, aucune partie de sa force au principe général, lorsque, d'ailleurs, ce principe y sera évidemment applicable ».

102. Req. 23 février 1914, *S.* 1914, 1, p. 447 : le matériel (wagonnets, rails, croisements et autres) acheté par le propriétaire d'une briqueterie pour le service de cette briqueterie, à l'effet de conduire à l'usine la terre extraite d'une carrière doit être considéré comme un « instrument servant à la fabrication et à la production de ladite usine », cette affectation en faisant un accessoire et partant, un immeuble par destination.

103. Civ. 24 janvier 1912, *DP* 1913, 1, p. 337 : reconnaissance du caractère immobilier au matériel industriel d'une brasserie, mais aussi aux « agents nécessaires de la production » au sens de l'article 524 C. civ. tels que voitures, chevaux, harnais, qui servent aussi bien à l'entrée des matières premières qu'à la sortie des produits fabriqués, et les tonneaux, qui reçoivent les produits de la fabrication et permettent de les transporter et de les livrer à la consommation.

104. Civ. 1re, 1er décembre 1976, *Bull. civ.* I, no 382 : « les juges du fond, statuant sur les seuls moyens sur lesquels les parties avaient fait porter la discussion, ont constaté que le cognac produit par le domaine, destiné à être vendu, ne pouvait être considéré comme affecté spécialement à l'exploitation du domaine, cette exploitation pouvant s'exercer sans l'existence d'un stock ; que, de ces constatations, ils ont déduit à bon droit que le stock d'eau-de-vie produit par le domaine n'était pas immobilisé par destination ».

105. Civ. 3e, 29 octobre 1984, *Bull. civ.* III, no 177 : « l'arrêt, qui constate que Mme X..., propriétaire de l'immeuble, exploitait l'hôtel, retient exactement que si l'énumération des meubles que l'article 524 du Code civil considère comme immeubles par destination ne comprend que des objets affectés à une exploitation agricole ou industrielle, l'immobilisation s'étend aux meubles affectés à une exploitation commerciale lorsque les objets ont été placés dans l'immeuble par le propriétaire pour le service de son fonds » ; Com. 31 mars 2009, *Bull. civ.* IV, no 47 : « après avoir constaté que (...) la société Jesta était devenue propriétaire de l'ensemble immobilier (...) et relevé que les meubles affectés à l'exploitation commerciale de l'hôtel et placés dans cet immeuble par cette dernière lorsqu'elle en était propriétaire pour le service du fonds de commerce, l'arrêt retient exactement qu'ils constituaient des immeubles par destination en application de l'article 524 C. civ. dont les conditions se trouvaient ainsi réunies (...) ». Il en va revanche différemment des meubles d'un établissement thermal : Req. 9 décembre 1885, *DP* 1886, 1, p. 125 (« on ne peut étendre les dispositions de l'art. 524 C. civ. à d'autres objets mobiliers qu'à ceux qui ont été placés par le propriétaire sur son fonds comme étant absolument indispensables et affectés directement au service et à l'exploitation du fonds ; (...) d'après les constatations mêmes de l'arrêt attaqué, on ne saurait reconnaître un tel caractère, dans l'espèce, à des meubles placés dans les bâtiments appartenant à la Société pour un service d'hôtellerie et de restaurant, puisque ce genre d'exploitation ne tenait pas essentiellement à l'exploitation et au service du fonds, qui consistait dans une source d'eaux thermales et minérales ; (...) il importe peu que les différents services de l'établissement balnéaire et de l'hôtellerie aient été, soit dans leur installation matérielle, soit dans leur fonctionnement, enchevêtrés et confondus, ces conditions ne pouvant suffire pour faire de la partie de l'exploitation concernant le logement, la nourriture et le service des voyageurs un accessoire *nécessaire* de l'établissement thermal ».

106. En vue de l'exercice d'une activité libérale notamment. En matière médicale, ainsi, le matériel du praticien pourrait être immobilisé par destination.

107. Civ. 4 mai 1926, *DP* 1927, 1, p. 125 : « l'orgue (...) a été incorporé à l'église et (...) cette incorporation, jointe à son affectation à l'exercice du culte, lui a imprimé le caractère d'immeuble par destination ».

108. S'agissant des radiateurs, un arrêt rendu par la Cour de cassation, après avoir écarté l'attache à perpétuelle demeure (étant acquis que ceux-ci étaient « simplement vissés et reliés a l'installation par

Dans le second cas, **le rapport de destination, matériel, se réalise par une attache du meuble à perpétuelle demeure**. D'après le dernier alinéa de l'article 524 C. civ., « *[s]ont (...) immeubles par destination tous effets mobiliers que le propriétaire a attachés au fonds à perpétuelle demeure* ». En vue de caractériser l'« attache à perpétuelle demeure », l'article 525 C. civ. énonce une *présomption générale* et des *présomptions spéciales*. Au titre de la **présomption générale**, sont présumés immobilisés les meubles « *scellés en plâtre ou à chaux ou à ciment, ou lorsqu'ils ne peuvent être détachés sans être fracturés ou détériorés, ou sans briser ou détériorer la partie du fonds à laquelle ils sont attachés* ». C'est soit la consistance de l'attache[109], soit les conséquences du détachement[110] qui fonde la présomption. Au titre des **présomptions spéciales**, sont également présumés immobilisés les « *glaces d'un appartement (...) lorsque le parquet sur lequel elles sont attachées fait corps avec la boiserie* », les « *tableaux et autres ornements* » et les statues, « *lorsqu'elles sont placées dans une niche pratiquée exprès pour les recevoir, encore qu'elles puissent être enlevées sans fracture ou détérioration* ». C'est donc ici l'adéquation entre le meuble et l'immeuble qui justifie l'immobilisation du premier.

120. Conditions de l'immobilisation par destination. ***Volonté d'établir un rapport de destination*** **(troisième condition)**. La volonté du propriétaire d'immobiliser le meuble à l'immeuble auquel il est destiné doit être caractérisée[111] quel que

des dominos, et que leur enlèvement a seulement laissé sur le mur quelques traces faciles à cacher, sans fracture ni détérioration »), a refusé d'examiner l'argument suivant lequel ces appareils, quoiqu'ayant conservé leur mobilité, auraient été affectés au service et à l'exploitation du fonds, comme étant nouveau et mélangé de fait et de droit (Civ. 3e, 7 juillet 1981, pourvoi n° 80-12516).

109. La seule constatation que le meuble soit scellé dispense de la vérification qu'il ne puisse être détaché sans détérioration (Civ. 3e, 26 février 1913, pourvoi n° 11-27307), l'attache à perpétuelle demeure se manifestant par « des faits matériels d'adhérence apparente et durable » (Civ. 18 octobre 1950, *D.* 1950, p. 773).

110. Il importe alors de vérifier la réalité de la fracture ou détérioration. Ainsi, ne constitue pas un immeuble par destination le radiateur vissé et relié à l'installation électrique par de simples dominos dont l'enlèvement « a seulement laissé sur le mur quelques traces faciles à cacher, sans fracture ni détérioration » (Civ. 3e, 7 juillet 1981, pourvoi n° 80-12516). Mais il en va différemment d'une « rampe d'escalier » et « d'éléments de cuisine » qui « ne pouvaient être démontés sans dommage » (Civ. 3e, 9 avril 2013, pourvoi n° 11-22132).

111. Civ. 1re, 3 juin 1958, *Bull. civ.* I, n° 283 : « c'est dans l'exercice de leur pouvoir souverain d'appréciation que les juges d'appel, après avoir relevé à la fois l'absence des éléments matériels de scellement et d'intégration de la grille et la déclaration faite par Marcoux à Pichard, avant la signature de la vente, de sa volonté d'emporter la grille en quittant la maison, ont déduit de ces constatations, qui suffisent à justifier leur décision au regard des exigences des articles 524 et 525 du Code civil, que les demandeurs au pourvoi n'avaient pas apporté la preuve qui leur incombait de ce "que le propriétaire de la grille" eût "jamais eu l'intention de l'immobiliser" » ; Civ. 1re, 5 mars 1991, *Bull. civ.* III, n° 81 : « ayant relevé (...) que la bibliothèque litigieuse était un important meuble en L masquant entièrement les murs sur lesquels il était appuyé, et que ce meuble a été construit aux dimensions exactes de la pièce dont il épouse les particularités, et qu'ayant souverainement estimé que les propriétaires ont ainsi manifesté leur volonté de faire de l'agencement de cette bibliothèque un accessoire de l'immeuble auquel elle était fixée, et dont elle ne pouvait être détachée sans en altérer la substance, la cour d'appel (...) en a exactement déduit que ladite bibliothèque constituait un immeuble par destination attaché au fonds à perpétuelle demeure » ; Civ. 3e, 3 juillet 1968, *Bull. civ.* III, n° 316, *JCP* 1968, II, 15685, note G. Goubeaux : les juges du fond peuvent souverainement décider que le simple dépôt d'une statue sur une pierre plate n'établit pas suffisamment la volonté du propriétaire d'affecter l'objet définitivement à l'immeuble ; CA Poitiers, 23 octobre 1968, *JCP* 1969, II, 15857 : vases non scellés.

soit le rapport de destination, intellectuel ou matériel[112]. La volonté retrouve un rôle également lors de la « re-mobilisation » de l'immeuble par destination. L'immobilisation cesse par la volonté du propriétaire de ne plus immobiliser le meuble, laquelle *doit* se traduire par un acte de séparation matériel (détachement) ou juridique (aliénation)[113]. La question se pose néanmoins du maintien du bien « re-mobilisé » dans l'assiette de la sûreté d'un créancier hypothécaire : à ce sujet, la jurisprudence considère que le droit de préférence se maintient sur les immeubles par destination re-mobilisés[114].

121. Effets de l'immobilisation par destination. ***Généralités***. Les meubles immobilisés par destination sont solidaires de l'immeuble auxquels ils sont destinés : ils sont compris dans l'assiette de la cession, de la saisie[115] ou de la sûreté réelle[116] qui porte sur l'immeuble.

---

112. H. Périnet-Marquet, « Évolution de la distinction des meubles et des immeubles depuis le Code civil », *Études offertes à Jacques Béguin*, p. 643 s., spéc. p. 651 : alors que « l'article 524 envisageait (...) une destination économique par intention alors que l'article 525 régissait plutôt une destination domestique par incorporation », « désormais, la destination domestique a rejoint la destination économique » : « tout objet que le juge peut considérer comme ayant été placé par le propriétaire sur son fonds pour l'usage et l'agrément de ce fonds, quel que soit ce type d'usage, est un immeuble par destination et cela même si les signes extérieurs de destination sont manifestement insuffisants ».

113. Civ. 27 juin 1944, *DC* 1944, 1, p. 93, *RTD civ.* 1945, p. 127, obs. H. Solus : « la qualité d'immeuble par destination dépend de conditions fixées par la loi et (...) la seule volonté du propriétaire, impuissante à créer arbitrairement des immeubles par destination, ne saurait non plus suffire à leur faire perdre cette qualité s'il n'y a pas eu soit séparation effective entre l'immeuble par nature et l'immeuble par destination, soit aliénation de l'un ou de l'autre ; (...) lorsqu'un matériel est immeuble par destination son affectation à une exploitation commerciale ne saurait lui faire perdre ce caractère » ; Civ. 1re, 7 avril 1998, *Bull. civ.* I, n° 143, *D.* 1998, p. 344, obs. Robert, *JCP* 1998, I, 171, obs. H. Périnet-Marquet, *Rép. Defr.* 1998, p. 1173, obs. Ch. Atias, *CCC* 1998, n° 99, obs. L. Leveneur : « la seule volonté du propriétaire ne pouvait faire perdre aux machines affectées au service et à l'exploitation d'une usine leur qualité d'immeubles par destination, laquelle, en l'absence d'enlèvement effectivement réalisé, ne disparaissait qu'après la vente ». *Adde* Civ. 1re, 11 janvier 2005, *Bull. civ.* I, n° 25 : vente d'une exploitation piscicole comprenant des bâtiments et des terres et vente le même jour à un autre acheteur du matériel nécessaire à l'exploitation et les bassins piscicoles ; cette dernière vente est qualifiée par la Cour de cassation de vente de meubles, par conséquent non soumise à l'article 1622 C. civ.

114. Com. 18 mai 1978, *Bull. civ.* IV, n° 138 : pour décider du contraire, une cour d'appel devrait « rechercher si les créanciers hypothécaires avaient, en laissant procéder à la vente séparée des immeubles par nature, renoncé sans équivoque, à se prévaloir de leur droit de préférence sur les immeubles par destination vendus séparément ».

115. Com. 31 mars 2009, *Bull. civ.* IV, n° 47 : « attendu (...) qu'après avoir constaté que (...) la société Jesta était devenue propriétaire de l'ensemble immobilier édifié en exécution du bail à construire, précédemment détenu par la société Noga, et relevé que les meubles affectés à l'exploitation commerciale de l'hôtel et placés dans cet immeuble par cette dernière lorsqu'elle en était propriétaire pour le service du fonds de commerce, l'arrêt retient exactement qu'ils constituaient des immeubles par destination en application de l'article 524 C. civ. dont les conditions se trouvaient ainsi réunies (...) ».

116. L'assiette de l'hypothèque comprenant le terrain de l'exploitant s'étend ainsi au matériel immobilisé, même postérieurement à sa constitution (Civ. 1re, 19 mai 1906, *DP* 1909, 1, p. 345 : objets mobiliers placés pour le service et l'exploitation d'un immeuble à l'état d'usine), sauf renonciation des créanciers hypothécaires à ce bénéfice si les immeubles par destination ont été vendus séparément (Com. 18 mai 1978, *Bull. civ.* IV, n° 138 : la cour d'appel privé de base légale sa décision déboutant des créanciers hypothécaires demandant que leur soit alloué le montant de la vente de biens meubles immobilisés par destination, énumérés dans les constitutions d'hypothèques et vendus séparément du fonds immobilier auquel ils étaient affectés sans avoir recherché si les créanciers hypothécaires avaient, en laissant procéder à la vente séparée des immeubles par nature, renoncé sans équivoque à se prévaloir de leur droit de préférence sur les immeubles par destination).

Par ailleurs, à certains égards, ils perdent leur identité : sauf le cas particulier du nantissement sur l'outillage et le matériel d'équipement[117], ils disparaissent de l'assiette d'une sûreté mobilière[118] et ils ne peuvent plus être saisis indépendamment de l'immeuble auquel ils sont destinés, sauf par le vendeur pour le paiement de son prix[119]. À d'autres égards, il la conserve : le législateur prévoit parfois qu'une sûreté mobilière peut porter sur un immeuble par destination[120].

122. Effets de l'immobilisation par destination. ***Conflit avec la force attractive des fonds d'exploitation.*** Lorsqu'un commerçant exploite son fonds au sein d'un immeuble dont il est propriétaire, tant l'immeuble, en raison du mécanisme de l'immobilisation par destination, que le fonds, en raison de sa nature d'universalité de fait, exercent une force attractive sur le matériel d'exploitation. C'est la force attractive de l'immeuble qui l'emporte, quitte à vider le fonds d'exploitation de sa substance : la saisie immobilière s'étend ainsi au mobilier[121] qui ne fait pas partie de l'assiette du nantissement du fonds[122]. Cet éclatement de l'entreprise entre les

---

117. Art. L. 525-8 al. 1 C. com. : « *[l]e privilège du créancier nanti en application des dispositions du présent chapitre subsiste si le bien qui est grevé devient immeuble par destination* ». Le texte, d'exception, doit être interprété strictement : d'une part, le privilège ne prend pas sur un meuble déjà immobilisé par destination et, d'autre part, le bénéfice de cet article ne profite qu'au créancier bénéficiant d'un nantissement sur l'outillage et le matériel d'équipement, non aux créanciers titulaires d'autres sûretés mobilières ou aux créanciers chirographaires.

118. Civ. 27 juin 1944, *DC* 1944, p. 93, *RTD civ.* 1945, p. 127, obs. H. Solus : le nantissement d'un fonds de commerce de brasserie ne peut avoir pour assiette l'outillage qui a été immobilisé par destination, peu important que la convention des parties indique que le nantissement portait sur le matériel d'exploitation.

119. Art. L. 112-3 C. proc. civ. exé. : « *[l]es immeubles par destination ne peuvent être saisis indépendamment de l'immeuble, sauf pour paiement de leur prix* ».

120. V., par exemple, les cas des warrants agricole (art. L. 342-1 al. 2 C. rur. et pêch. mar. : « *[l]'emprunt peut porter sur les objets ayant, en vertu des articles 520 et 524 C. civ., le caractère d'immeubles, par nature ou par destination, à l'exception de ceux qui sont scellés au mur* ») et hôtelier (art. L. 523-1 C. com. : « *[t]out exploitant d'hôtel peut emprunter sur le mobilier commercial, le matériel et l'outillage servant à son exploitation, même devenus immeubles par destination, tout en conservant la garde dans les locaux de l'hôtel* »).

121. Com. 31 mars 2009, *Bull. civ.* IV, n° 47, préc. : « après avoir constaté que (...) la société Jesta était devenue propriétaire de l'ensemble immobilier (...) et relevé que les meubles affectés à l'exploitation commerciale de l'hôtel et placés dans cet immeuble par cette dernière lorsqu'elle en était propriétaire pour le service du fonds de commerce, l'arrêt retient exactement qu'ils constituaient des immeubles par destination en application de l'article 524 C. civ. dont les conditions se trouvaient ainsi réunies (...) ».

122. Req. 20 janvier 1913, S. 1920, 1, p. 33, note A. Wahl : « les articles 8 et 9 de la loi du 17 mars 1909, en disposant que les fonds de commerce peuvent faire l'objet de nantissements, et que le matériel et l'outillage servant à l'exploitation du fonds sont susceptibles d'être compris dans le nantissement, n'ont pas modifié le caractère du contrat de gage en ce que le contrat ne peut avoir pour objet que des choses mobilières ; (...) il suit de là que le propriétaire d'un fonds de commerce, lorsqu'il est, en même temps, propriétaire de l'immeuble dans lequel il exploite le fonds, ne peut comprendre dans le contrat de nantissement le matériel qui est attaché à l'immeuble à perpétuelle demeure, et qui est ainsi devenu immeuble par destination ». *Adde*, dans un autre domaine, Civ. 3e, 26 juin 1991, *Bull. civ.* III, n° 197, préc. : « la nature, immobilière ou mobilière, d'un bien est définie par la loi, et que la convention des parties ne peut avoir d'incidence à cet égard », au sujet d'une clause de réserve de propriété ».
Il reste que l'immobilisation cesse par une séparation matérielle. V. Civ., 27 juin 1944, *DC* 1944, p. 93, *RTD civ.* 1945, p. 127, obs. H. Solus : « la qualité d'immeuble par destination dépend de conditions fixées par la loi et (...) la seule volonté du propriétaire, impuissante à créer arbitrairement des immeubles par destination, ne saurait non plus suffire à leur faire perdre cette qualité s'il n'y a pas eu soit séparation effective entre l'immeuble par nature et l'immeuble par destination, soit aliénation de l'un ou de l'autre ; (...) lorsqu'un matériel est immeuble par destination son affectation à une exploitation

meubles et les immeubles n'est pas réaliste et l'on peut regretter que les immeubles ne soient pas eux-mêmes susceptibles d'intégrer les fonds d'exploitation. À tout le moins, il conviendrait d'estimer, à rebours du droit positif, que la force attractive du fonds l'emporte sur celle de l'immeuble[123].

Section 3
Les immeubles par leur objet

123. Droits immobiliers. La catégorie des immeubles par leur objet comprend, d'après l'article 526 C. civ., « *l'usufruit des choses immobilières* », « *les servitudes ou services fonciers* » ainsi que les « *actions qui tendent à revendiquer un immeuble* ». En réalité, ce sont ***tous* les droits réels portant sur un immeuble** qui sont immeubles par leur objet[124], ainsi que ***toutes* les actions** qui en constituent le prolongement[125]. Par où l'on voit la confusion opérée par le Code civil entre le droit et son assiette, puisque dans ce système, tant les choses que les droits – et les actions – constituent des biens.

Au-delà, la question se pose de savoir si les droits personnels portant sur un immeuble, tels le droit du locataire ou de l'emprunteur d'un immeuble, peuvent être qualifiés d'immeubles. L'article 526 C. civ. n'en fait pas mention et l'article 529 C. civ., relatif aux meubles par détermination de la loi, considère comme

commerciale ne saurait lui faire perdre ce caractère » ; Civ. 1re, 7 avril 1998, *Bull. civ.* I, n° 143 ; *D.* 1998, p. 344, obs. A. Robert, *Rép. Defr.* 1998, p. 1173, obs. Ch. Atias, *JCP* 1998, I, 171, obs. H. Périnet-Marquet : « la seule volonté du propriétaire ne pouvait faire perdre aux machines en cause leur qualité d'immeubles par destination, laquelle, en l'absence d'enlèvement effectivement réalisé, ne disparaissait qu'après la vente ».

123. V. déjà en ce sens, R. Savatier, *La théorie des obligations en droit privé économique*, 4e éd., Dalloz, 1979, n° 27. V. également, 105e Congrès des notaires de Lille, 2009, Propriétés incorporelles, 2e Commission, 2e proposition : « Considérant : – Que la notion d'immeuble par destination n'est plus adaptée à l'agriculture du XXIe siècle, car elle nuit à l'unité du fonds agricole, – Que l'article 524 C. civ. empêche l'affectation de certains biens au fonds agricole tels le cheptel mort ou vif et vide celui-ci de sa substance pour les exploitations en faire valoir direct, – Qu'il est nécessaire que le fonds agricole puisse inclure tous les éléments affectés à l'exploitation, y compris le cheptel mort ou vif, – Que cette difficulté plus particulièrement présente dans le fonds agricole concerne aussi tous les autres fonds d'entreprise en général. Le 105e Congrès des notaires propose : – Que l'immobilisation par destination soit légalement écartée en présence d'un fonds agricole en particulier et de tout fonds d'entreprise en général, à l'exception de celle des meubles attachés à perpétuelle demeure ».

124. Civ. 3e, 6 février 1985, *Bull. civ.* III n° 24, *RDI* 1986, p. 54, obs. J.-L. Bergel : « les droits à l'usage de l'eau attachés à une usine hydroélectrique autorisée ou fondée en titre sont des droits réels immobiliers » ; Civ. 3e, 15 novembre 1989, *Bull. civ.* III, n° 213, *RTD civ.* 1990, p. 304, obs. F. Zenati : lot transitoire de copropriété comprenant le droit exclusif d'utiliser une surface déterminée du sol pour y édifier des constructions ainsi qu'une quote-part de la propriété du sol et des parties communes. *Adde* art. L. 451-1 al. 1 C. rur. et pêch. mar. : « *[l]e bail emphytéotique de biens immeubles confère au preneur un droit réel susceptible d'hypothèque* » ; art. L. 251-3 al. 1 CCH : « *[l]e bail à construction confère au preneur un droit réel immobilier* » ; art. L. 252-2 al. 1 CCH, au sujet du bail à réhabilitation : « *[l]e preneur est titulaire d'un droit réel immobilier* » ; L. 132-8 du nouveau Code minier : « *[l]'institution d'une concession, même au profit du propriétaire de la surface, crée un droit immobilier distinct de la propriété de la surface. Ce droit n'est pas susceptible d'hypothèque* », etc.

125. Si l'article 526 C. civ. ne vise que l'action en revendication, il faut également mentionner les actions qui tendent à assurer la protection de tous droits réels (action confessoire, action négatoire) ou de la possession immobilière (action en réintégration, complainte, dénonciation de nouvel œuvre).

meubles les créances – droits personnels – ayant pour objet des sommes d'argent ou des effets mobiliers, sans mentionner les immeubles. Reste qu'en raison du caractère résiduel de la catégorie des meubles, les droits personnels portant sur des immeubles sont en général[126] considérés comme des meubles[127].

126. Au rang des exceptions, on cite l'article 3 de la loi n° 462389 du 28 octobre 1946 : « *le droit à indemnité a le même caractère mobilier ou immobilier que le bien sinistré* ».
127. W. Dross, n° 341-2.

Chapitre 2
Les meubles

124. Plan. L'article 527 C. civ. énonce que les biens sont meubles « *par leur nature, ou par la détermination de la loi* ». Cette distinction ne couvre cependant pas tous les types de meubles : aux côtés de la catégorie des meubles par nature (Section 1) ou des meubles par détermination de loi (Section 2), on trouve en effet les meubles par anticipation (Section 3).

Section 1
Les meubles par nature

125. Mobilité des meubles par nature. D'après l'article 528 C. civ., « *[s]ont meubles par leur nature les biens qui peuvent se transporter d'un lieu à un autre* ». Le critère de détermination des meubles par nature réside donc dans la mobilité. Par où l'on voit que les meubles par nature sont nécessairement corporels, ce qui est incorporel n'étant pas mobile.

126. Hétérogénéité des meubles par nature. Les meubles par nature forment une catégorie hétérogène : on y trouve les « *meubles meublants* » (art. 534 C. civ.[1]), « *les bateaux, bacs, navires, moulins et bains sur bateaux, et généralement toutes usines non fixées par des piliers, et ne faisant point partie de la maison* » (art. 531 C. civ.), mais aussi « *les matériaux provenant de la démolition d'un édifice, ceux assemblés pour en construire un nouveau (...) jusqu'à ce qu'ils soient employés par l'ouvrier dans une construction* » (art. 532 C. civ.).

Les meubles meublants obéissent sur certains points à un régime particulier. En droit civil, l'aliénation gratuite ou onéreuse d'une maison meublée ne comprend en principe[2] que les meubles meublants[3]. En droit fiscal, les plus-values réalisées lors de la cession de meubles meublants ne sont pas des revenus imposables[4]

---

1. « *Les mots "meubles meublants" ne comprennent que les meubles destinés à l'usage et à l'ornement des appartements, comme tapisseries, lits, sièges, glaces, pendules, tables, porcelaines et autres objets de cette nature. Les tableaux et les statues qui font partie du meuble d'un appartement y sont aussi compris, mais non les collections de tableaux qui peuvent être dans les galeries ou pièces particulières. Il en est de même des porcelaines : celles seulement qui font partie de la décoration d'un appartement sont comprises sous la dénomination de "meubles meublants"* ».
2. Il ne s'agit que d'une présomption. V. *supra*, n° 98.
3. Art. 535 al. 2 C. civ. : « *[l]a vente ou le don d'une maison meublée ne comprend que les meubles meublants* ».
4. Art. 150 UA CGI : « *I.-Sous réserve des dispositions de l'article 150 VI et de celles qui sont propres aux bénéfices industriels et commerciaux, aux bénéfices agricoles et aux bénéfices non*

et la liquidation des droits de mutation par décès obéit à des règles particulières[5].

127. Cas particulier des meubles immatriculés. Certains meubles corporels[6], en raison de leur importance, sont immatriculés : c'est le cas notamment des navires[7], de bateaux importants[8], et des aéronefs[9]. L'immatriculation rend plus facile l'identification de leur propriétaire, permettant ainsi de vérifier que celui avec qui

commerciaux, les plus-values réalisées lors de la cession à titre onéreux de biens meubles ou de droits relatifs à ces biens, par des personnes physiques, domiciliées en France au sens de l'article 4 B, ou des sociétés ou groupements qui relèvent des articles 8 à 8 quinquies dont le siège est situé en France, sont passibles de l'impôt sur le revenu dans les conditions prévues aux articles 150 V à 150 VH.
II.-Les dispositions du I ne s'appliquent pas : 1° Aux meubles meublants, aux appareils ménagers et aux voitures automobiles. Toutefois, cette disposition n'est pas applicable à ces biens lorsqu'ils constituent des objets d'art, de collection ou d'antiquité pour lesquels l'option prévue à l'article 150 VL a été exercée ; 2° Aux meubles, autres que les métaux précieux mentionnés au 1° du I de l'article 150 VI, dont le prix de cession est inférieur ou égal à 5 000 €. »

5. Art. 764 CGI : « I. Pour la liquidation des droits de mutation par décès, la valeur de la propriété des biens meubles est déterminée, sauf preuve contraire : 1° Par le prix exprimé dans les actes de vente, lorsque cette vente a lieu publiquement dans les deux années du décès ; 2° À défaut d'actes de vente, par l'estimation contenue dans les inventaires, s'il en est dressé dans les formes prescrites par l'article 789 du Code civil, et dans les cinq années du décès, pour les meubles meublants, et par l'estimation contenue dans les inventaires et autres actes, s'il en est passé, dans le même délai, pour les autres biens meubles, sauf les dispositions du II ; 3° À défaut des bases d'évaluation établies aux 1° et 2°, par la déclaration détaillée et estimative des parties ; toutefois, pour les meubles meublants, et sans que l'administration ait à en justifier l'existence, la valeur imposable ne peut être inférieure à 5 % de l'ensemble des autres valeurs mobilières et immobilières de la succession, la preuve contraire étant aussi réservée.
II. En ce qui concerne les bijoux, pierreries, objets d'art ou de collection, la valeur imposable ne peut, sous réserve de ce qui est dit au I, être inférieure à l'évaluation faite dans les contrats ou conventions d'assurances contre le vol ou contre l'incendie en cours au jour du décès et conclus par le défunt, son conjoint ou ses auteurs, moins de dix ans avant l'ouverture de la succession, sauf preuve contraire.
S'il existe plusieurs polices susceptibles d'être retenues, la valeur imposable est égale à la moyenne des évaluations figurant dans ces polices.
III. Les dispositions du présent article ne sont applicables ni aux créances, ni aux rentes, actions, obligations, effets publics et autres biens meubles dont la valeur et le mode d'évaluation sont déterminés par des dispositions spéciales. »

6. Certains meubles incorporels, sans être « immatriculés », font néanmoins l'objet d'une publicité : les brevets (art. L. 613-9 CPI : « *[t]ous les actes transmettant ou modifiant les droits attachés à une demande de brevet ou à un brevet doivent, pour être opposables aux tiers, être inscrits sur un registre, dit Registre national des brevets, tenu par l'Institut national de la propriété industrielle.* (al. 1) *Toutefois, avant son inscription, un acte est opposable aux tiers qui ont acquis des droits après la date de cet acte, mais qui avaient connaissance de celui-ci lors de l'acquisition de ces droits.* (al. 2) ») et les marques (art. L. 714-7 CPI : « *[t]oute transmission ou modification des droits attachés à une marque enregistrée doit, pour être opposable aux tiers, être inscrite au Registre national des marques* »).

7. Art. 93 D. n° 67-967 du 27 octobre 1967 *relatif au statut des navires et autres bâtiments de mer* : « *[l]es bureaux des douanes tiennent des fichiers d'inscription des navires* » (*adde* art. 98).

8. Art. L. 4121-2 C. transp. : « *[t]out acte ou jugement translatif, constitutif ou déclaratif de propriété ou de droits réels sur un bateau mentionné à l'article L. 4111-1 est rendu public par une inscription faite à la requête de l'acquéreur ou du créancier, sur un registre tenu au greffe du tribunal de commerce du lieu de l'immatriculation. Il n'a d'effet à l'égard des tiers qu'à compter de cette inscription* » (d'après l'art. L. 4111-1 C. transp., « *[t]out bateau de marchandises dont le port en lourd est égal ou supérieur à vingt tonnes ou tout autre bateau dont le déplacement est égal ou supérieur à dix mètres cubes, circulant en France, doit être immatriculé par son propriétaire* »).

9. Art. L. 6111-1 C. transp. : « *[u]n aéronef ne peut circuler que s'il est immatriculé* ». *Adde* art. L. 6121-2 C. transp. : « *la cession de propriété est constatée par écrit et ne produit d'effet à l'égard des tiers que par son inscription au Registre français d'immatriculation* ».

l'on contracte au sujet d'un de ces biens en est le propriétaire, ce qui conduit à écarter le jeu de l'application de l'article 2276 C. civ.[10].

Section 2
Les meubles par anticipation

128. Création jurisprudentielle et doctrinale. La catégorie des meubles par anticipation n'est pas prévue par la loi mais a été dégagée par la doctrine[11] à partir de la jurisprudence[12]. On vise là des immeubles par nature destinés à être mobilisés. Ainsi les fruits des arbres, immeubles tant qu'ils n'ont pas été cueillis, deviendront meubles après l'avoir été (art. 520 C. civ.[13]). La théorie des meubles par anticipation permet d'appréhender ces biens en tant que meubles alors même qu'ils sont toujours immobilisés[14]. On fait application de cette théorie lorsque l'immeuble est destiné *prochainement* à devenir un meuble et que les parties ont l'*intention* d'anticiper ce transfuge.

Section 3
Les meubles par détermination de la loi

129. Inventaire. L'article 529 C. civ.[15] énumère des biens qu'il considère comme « *meubles par la détermination de la loi* » : les « *obligations et actions* » qui ont pour objet des sommes exigibles ou des effets mobiliers, les parts sociales (« *actions ou intérêts dans les compagnies* ») et les rentes perpétuelles ou viagères, soit sur l'État, soit sur des particuliers. On voit ainsi que les meubles par détermination de la loi sont des meubles incorporels. La liste de l'article 529 C. civ. n'est évidemment pas limitative, dans la mesure où il est toujours loisible à la loi de

---

10. Sur la fonction acquisitive de l'article 2276 C. civ., v. *infra*, n° 743 et s.
11. M. Fréjaville, *Des meubles par anticipation*, th., Paris, 1927.
12. Req. 14 février 1899, *S*. 1900, 1, 398 : « le caractère mobilier ou immobilier des biens se détermine avant tout par le point de vue auquel les ont considérés les parties contractantes, et par la destination qu'elles leur ont attribuée ; (...) ainsi, des récoltes encore pendantes et des arbres non abattus deviennent meubles par cela même que, dans le contrat dont ils font l'objet, ils sont envisagés comme déjà détachés du sol ».
13. « *Les récoltes pendantes par les racines et les fruits des arbres non encore recueillis sont pareillement immeubles.* (al. 1) *Dès que les grains sont coupés et les fruits détachés, quoique non enlevés, ils sont meubles.* (al. 2) *Si une partie seulement de la récolte est coupée, cette partie seule est meuble.* »
14. Pour une application concernant la vente de coupes de bois, v. Com. 21 décembre 1971, *Bull. civ.* IV, n° 308 : la Cour de cassation approuve la cour d'appel d'avoir « relevé à bon droit qu'une vente est mobilière lorsqu'elle a pour objet des arbres à abattre ».
15. « *Sont meubles par la détermination de la loi les obligations et actions qui ont pour objet des sommes exigibles ou des effets mobiliers, les actions ou intérêts dans les compagnies de finance, de commerce ou d'industrie, encore que des immeubles dépendant de ces entreprises appartiennent aux compagnies. Ces actions ou intérêts sont réputés meubles à l'égard de chaque associé seulement, tant que dure la société. Sont aussi meubles par la détermination de la loi les rentes perpétuelles ou viagères, soit sur l'État, soit sur des particuliers* ».

désigner tel bien comme meuble. Ainsi les quotas d'émission de gaz à effet de serre sont des meubles[16], de même que le fonds de commerce.

130. Droits personnels et actions. Il se déduit de l'article 529 C. civ. que tous les droits personnels – et les actions attachées – ayant pour objet un meuble sont eux-mêmes, meubles. Peu importe la nature de la contrepartie : la créance de somme d'argent, même due en raison de l'octroi d'un droit immobilier, est mobilière[17] ; de même, la promesse unilatérale de vente confère un droit d'option qui, quelle que soit la nature du bien sur lequel elle porte, est un meuble[18].

Sont également meubles les droits réels – et les actions correspondantes – portant sur des meubles.

Sont enfin meubles tous les droits personnels – et les actions correspondantes – portant sur un immeuble, pour la double raison que l'article 526 C. civ. qui définit les immeubles par leur objet ne les mentionne pas et que la catégorie des meubles a un caractère résiduel[19].

131. Titres sociaux[20]. Les « *actions ou intérêts* » dans les sociétés visent tous les titres conférant la qualité d'associé ainsi que les droits afférents à cette qualité. Les droits sociaux conservent leur nature mobilière, alors même que la société détiendrait des immeubles, celle-là faisant écran[21]. Il reste que le régime de l'acquisition de parts sociales donnant vocation à l'attribution en jouissance ou en propriété d'immeubles d'habitation est parfois aligné sur celui de l'acquisition d'un même immeuble : c'est ce que prévoit la loi au sujet du droit de rétractation au profit de l'acquéreur reconnu par l'article L. 271-1 al. 1 CCH[22]. En revanche, la fourniture

---

16. Art. L. 229-15, I C. envir. : « *[l]es quotas d'émission de gaz à effet de serre délivrés aux exploitants d'installations autorisées à émettre ces gaz ou aux exploitants d'aéronef sont des biens meubles exclusivement matérialisés par une inscription au compte de leur détenteur dans le registre national mentionné à l'article L. 229-16. (...)* ». Et sur ceux-ci, v. *supra*, n° 70.

17. Si l'article 529 al. 2 C. civ. prend la peine de préciser que les rentes perpétuelles ou viagères sont mobilières, c'est parce que, sous l'Ancien Droit, elles avaient une nature immobilière.

18. Req. 26 novembre 1935, *DH* 1936, p. 1 : « la promesse unilatérale de vente n'a pour effet de transmettre à celui qui en est bénéficiaire, ni la propriété, ni aucun droit immobilier sur le bien qui en est l'objet ; (...) l'obligation du promettant, quoique relative à un immeuble, constitue, tant que le bénéficiaire n'a pas déclaré acquérir, non pas une obligation de donner, mais une obligation de faire ; (...) par suite, elle ne peut engendrer, pour celui au profit de qui elle existe, qu'une créance mobilière ».

19. V. *supra*, n° 123.

20. Sur ceux-ci, v. *supra*, n° 71.

21. C'est ainsi qu'est irrecevable l'action en rescision pour lésion intentée par l'associé ayant cédé ses parts d'une société civile immobilière non dissoute (Civ. 3e, 9 avril 1970, *Bull. civ.* III, n° 234 : « pour reconnaître au droit ainsi cédé un caractère mobilier, la cour d'appel relève justement qu'il s'agit des parts d'un associé dans une société civile qui n'est pas dissoute »). Néanmoins, de manière réaliste, la jurisprudence décide que la cession de parts d'une société civile d'attribution (qui sont, au terme de l'article L. 211-1 CCH, des sociétés « *dont l'objet est de construire un ou plusieurs immeubles en vue de leur vente en totalité ou par fractions* ») est requalifiée en vente immobilière lorsque la cession entraîne « immédiatement partage et attribution à l'acquéreur d'un lot privatif et de tantièmes de parties communes, et que par le biais d'une société civile d'attribution et sous la forme d'une cession de parts », « les cessionnaires n'ayant jamais été effectivement associés » (Civ. 3e, 5 mai 1981, *Bull. civ.* III, n° 90).

22. Art. L. 271-1 al. 1 CCH : « *[p]our tout acte ayant pour objet la construction ou l'acquisition d'un immeuble à usage d'habitation, la souscription de parts donnant vocation à l'attribution en jouissance ou en propriété d'immeubles d'habitation ou la vente d'immeubles à construire ou de location-accession à la propriété immobilière, l'acquéreur non professionnel peut se rétracter dans un délai de sept jours à compter du lendemain de la première présentation de la lettre lui notifiant l'acte* ».

d'un dossier de diagnostic technique prévue à l'article L. 271-4 CCH n'est mentionnée qu'à l'égard de la vente d'un immeuble bâti, non la vente de parts sociales donnant vocation à l'attribution en jouissance ou en propriété d'immeubles d'habitation[23].

132. Rentes. L'article 529 al. 2 C. civ. distingue les *rentes viagères* des *rentes perpétuelles*[24]. Toute rente oblige un débirentier à verser périodiquement une somme déterminée, appelée arrérage, au crédirentier.

Lorsque la **rente** est **viagère**, le débirentier est tenu pendant la durée du crédirentier ou d'un tiers[25], sans pouvoir procéder au « rachat » de sa rente[26], sauf clause contraire[27].

Lorsque la **rente** est **perpétuelle**, le débirentier est tenu perpétuellement de servir la rente, tant qu'il ne la rachète pas. Parmi les rentes perpétuelles, on peut distinguer les rentes *constituées* des rentes *foncières*. La ***rente constituée*** (art 1909 à 1914 C. civ.) est *due indéfiniment par celui à qui a été remis un capital ou une autre chose mobilière*. La chose remise consiste en général en une somme d'argent – mais il peut s'agir de toute autre chose mobilière, tel un droit de créance ou encore un capital –, versée par le crédirentier moyennant le versement d'une somme périodique sans terme. La rente constituée se rapproche du prêt à intérêt : les arrérages représentent les intérêts de la somme remise au débirentier[28]. Cependant, elle présente la particularité d'interdire au crédirentier, à la différence du prêteur, d'exiger le remboursement du capital versé[29]. En pratique, ces rentes ne sont plus utilisées actuellement que par l'État ou les collectivités publiques. La rente constituée est « *essentiellement rachetable*[30] », c'est-à-dire que le débirentier peut toujours se libérer du service des arrérages en remboursant le crédirentier de la somme qu'il lui a versée. Le rachat, constituant un acte de pure faculté, est imprescriptible. Les

23. Art. L. 271-4 CCH : « *I.-En cas de vente de tout ou partie d'un immeuble bâti, un dossier de diagnostic technique, fourni par le vendeur, est annexé à la promesse de vente ou, à défaut de promesse, à l'acte authentique de vente (...)* ».

24. « *Sont aussi meubles par la détermination de la loi les rentes perpétuelles ou viagères, soit sur l'État, soit sur des particuliers.* »

25. Lorsque la rente viagère est constituée à titre gratuit, il s'agit d'une libéralité dont seul le montant est inconnu ; lorsqu'elle est constituée à titre onéreux, la rente est versée en contrepartie d'un capital, d'un service ou d'un bien et présente alors un contrat aléatoire. Lorsque la rente viagère est constituée en contrepartie de l'aliénation d'un bien, des arrérages sont versés par l'acheteur-débirentier au vendeur-crédirentier pour la vie de ce dernier (art. 1968 C. civ.).

26. Art. 1979 C. civ. : « *[l]e constituant ne peut se libérer du paiement de la rente, en offrant de rembourser le capital, et en renonçant à la répétition des arrérages payés ; il est tenu de servir la rente pendant toute la vie de la personne ou des personnes sur la tête desquelles la rente a été constituée, quelle que soit la durée de la vie de ces personnes, et quelque onéreux qu'ait pu devenir le service de la rente* ». Lorsqu'un bien ou un capital est versé moyennant le versement d'une rente viagère, le rachat permettrait au débirentier de se libérer du paiement de la rente en remboursement le capital ou en renonçant à son droit sur le bien acquis en viager, et en s'interdisant de demander la répétition des arrérages déjà versés.

27. L'article 1979 C. civ. n'est pas d'ordre public (Civ. 1re, 21 mai 1958, *Bull. civ.* I, n° 264 : les parties peuvent ainsi prévoir contractuellement que l'acquéreur d'un immeuble moyennant rente viagère aura la possibilité de racheter la rente).

28. En tant qu'intérêts d'un prêt, les arrérages, quant à leur montant, sont soumis aux règles limitatives des intérêts.

29. Art. 1909 al. 1 C. civ. : « *[o]n peut stipuler un intérêt moyennant un capital que le prêteur s'interdit d'exiger* ».

30. Art. 1911 al. 1 C. civ. : « *[l]a rente constituée en perpétuel est essentiellement rachetable* ».

clauses prohibitives de rachat sont nulles, non les clauses restrictives : les cocontractants peuvent néanmoins stipuler qu'un avertissement préalable devra être donné au crédirentier ou que le rachat ne sera possible qu'à l'expiration d'un délai qui ne peut dépasser dix ans[31]. Les articles 1912[32] et 1913[33] C. civ. prévoient quant à eux des causes anticipées de rachat dont la résolution. La ***rente foncière*** (art. 530 C. civ.[34]) est *due indéfiniment à la suite de la remise d'un immeuble*. Cette rente ne se rapproche pas du prêt à intérêt comme la rente constituée, mais de la vente. En effet, même en cas de rachat, l'immeuble n'est pas restitué : le rachat est sans incidence sur l'aliénation du bien puisqu'il s'effectue par la remise d'une somme d'argent. Par suite, le crédirentier bénéficie du privilège du vendeur et la rente n'est pas soumise aux règles relatives à l'usure. La rente foncière a, du fait du développement du crédit, pratiquement disparu aujourd'hui. La rente foncière est essentiellement rachetable et si les clauses prohibitives de rachat sont encore nulles, tel n'est pas le cas des clauses restrictives.

* *
*

133. Les classifications des biens, révélateurs des techniques d'acquisition. Les classifications qui ont été ci-dessus évoquées ne sont pas les seules qui existent entre les biens. Mais ce sont les plus courantes. Au vrai, il y aurait autant de distinctions à opérer qu'il existe de règles applicables à telle catégorie de biens et non à telle autre. Les classifications les plus courantes ont ceci en commun qu'elles mettent en exergue des moyens distincts d'appropriation des choses[35] : on n'acquiert pas un meuble comme un immeuble, un navire comme un ordinateur, un élément du corps humain comme une armoire, un brevet comme une voiture, une information comme un chien... Les différences qui existent dans les techniques d'acquisition de biens qui révèlent les singularités des biens eux-mêmes renseignent par là même les distinctions qui méritent d'être faites entre les différents types de biens.

134. Une *summa divisio* pour le droit des biens ? Dans la tradition romano-germanique, il est courant de chercher à classer les institutions en vue de les présenter. En droit des biens, la recherche d'une *summa divisio* est classique. À cet égard, celle des meubles et des immeubles est présentée comme telle. Il est certain qu'il existe une profonde altérité entre les meubles et immeubles. De fait, l'immeuble par nature, qui n'est jamais qu'une partie de l'espace, est dotée d'une singulière et irréductible originalité : il est fixe et inaltérable. Certes les bâtiments sont appelés à

31. Art. 1911 al. 2 C. civ. : « *[l]es parties peuvent seulement convenir que le rachat ne sera pas fait avant un délai qui ne pourra excéder dix ans, ou sans avoir averti le créancier au terme d'avance qu'elles auront déterminé* ».

32. « *Le débiteur d'une rente constituée en perpétuel peut être contraint au rachat : 1° S'il cesse de remplir ses obligations pendant deux années ; 2° S'il manque à fournir au prêteur les sûretés promises par le contrat.* »

33. « *Le capital de la rente constituée en perpétuel devient aussi exigible en cas de faillite ou de déconfiture du débiteur.* »

34. « *Toute rente établie à perpétuité pour le prix de la vente d'un immeuble, ou comme condition de la cession à titre onéreux ou gratuit d'un fonds immobilier, est essentiellement rachetable.* (al. 1) *Il est néanmoins permis au créancier de régler les clauses et conditions du rachat.* (al. 2) *Il lui est aussi permis de stipuler que la rente ne pourra lui être remboursée qu'après un certain terme, lequel ne peut jamais excéder trente ans ; toute stipulation contraire est nulle* (al. 3) ».

35. Insistant sur cet aspect, R. Libchaber, « La recodification du droit des biens », *Le Code civil, 1804-2004, Livre du bicentenaire*, Dalloz-Litec, 2005, p. 297 s., n°s 28 à 32.

devenir ruines un jour, mais l'espace qu'ils occupent ne disparaîtra jamais. Cette fixité et cette inaltérabilité de l'immeuble rendent son identification aisée, grâce aux indications cadastrales. En contrepoint, les meubles sont mobiles et, en général, s'altèrent avec le temps. C'est pourquoi leur identification est rendue plus difficile, difficulté renforcée par l'ubiquité des meubles fabriqués en série. C'est aussi la raison pour laquelle la possession joue un rôle essentiel en matière mobilière[36].

Il reste que les différences relevées entre les meubles et les immeubles s'estompent considérablement lorsque l'on envisage les meubles incorporels. La diversité de ces derniers est certes grande, mais parler de mobilité à leur égard ne fait pas sens (ne se meut que ce qui occupe une partie de l'espace), pas plus que de parler d'altérabilité (n'est altérable qu'un corps) ; quant à la possession des meubles incorporels, concevable, ne produit pas les mêmes effets que celle d'un meuble corporel[37]. Il apparaît ainsi que la distinction des meubles et des immeubles peut être dépassée par celle des biens corporels et incorporels[38].

Il reste qu'il est vain de chercher une *summa divisio* des biens, car au fond, tout dépend au fond de la question posée. Telle distinction pourra paraître essentielle ici et telle autre, là : est-il question de possession que la distinction des choses corporelles passera avant celle des meubles et immeubles ; est-il question de savoir si tel bien peut être aliéné que celle des biens privés et biens publics passera avant toutes autres.

36. D'après l'article 2276 C. civ., « *[e]n fait de meubles, la possession vaut titre* ». À ce sujet, V. *infra*, n° 726 et s., 743 et s.

37. V. *infra*, n° 745.

38. On a par ailleurs fait observer « le non-sens qu'il y a à inclure parmi les meubles l'essentiel des droits et la totalité des créations immatérielles (...) ce rattachement est-il fondé alors que les valeurs mobilières considérées ne sont pas plus mobilières qu'immobilières, si bien qu'il n'est pas plus évident de leur appliquer le régime général des meubles qu'il le serait de les soumettre à celui des immeubles ? » (Th. Revet, « Le Code civil et le régime des biens : questions pour un bicentenaire », *Dr. & patr.* mars 2004, p. 20 s., spéc. p. 22.).

Titre II
L'évolution des biens

135. Plan. Si l'on réserve les biens incorporels, la plupart des biens évoluent car les corps connaissent des changements. Quid alors des droits réels dont ces biens formaient l'assiette avant cette évolution ? La question ne se pose certes pas en présence d'une *simple* **altération** du bien, en principe sans conséquence sur le maintien du droit réel : « c'est la disparition matérielle des choses qui nous frappe, non celle des biens ; un vase brisé n'en continue pas moins d'exister comme bien, puisque la propriété s'est alors reportée sur les morceaux »[1]. Elle ne se pose pas davantage, à l'autre extrémité, en cas de **disparition** du bien, laquelle emporte en principe dans son sillage celle du droit réel[2]. La question ne se pose véritablement qu'en cas d'**union** de biens – c'est la question de l'accession – (Chapitre 1) ou de **substitution** de biens – c'est la question de la subrogation réelle – (Chapitre 2), deux situations génératrices d'un ***conflit de propriétés***.

136. Question liminaire : seuil de transformation d'un bien en un autre. La plupart des choses sont issues de l'industrie humaine ou des forces de la nature ; il n'y a guère que les choses incorporelles et, au sein des choses corporelles, les fruits et le croît des animaux, qui soient des choses nouvelles[3]. Si rares sont les choses totalement nouvelles, c'est en raison de la persistance de la matière qui les compose : « rien ne se perd, rien ne se crée, tout se transforme », soufflerait Lavoisier[4].

Quel est le seuil à partir duquel la modification d'une chose emporte, en droit, disparition d'un bien et apparition corrélative d'un nouveau bien ? Dans un célèbre passage de *La vie des hommes illustres*, Plutarque évoque le bateau de Thésée, conservé par les Athéniens « en ôtant toujours les vieilles pièces de bois à mesure qu'elles pourrissaient, et y en remettant de neuves à leur place »[5], et fait part de l'interrogation des philosophes sur la question de savoir s'il s'agissait du même bateau. Des siècles plus tard, Demolombe s'interroge encore et, distinguant la substance physique de la substance juridique, conclut à la persistance du bien pourvu

---

1. R. Libchaber, « La recodification du droit des biens », *Le Code civil, 1804-2004, Livre du bicentenaire*, Dalloz-Litec, 2005, p. 297 s., n° 23.

2. L'article 617 alinéa 5 C. civ. prévoit ainsi que « *[l]'usufruit s'éteint (...) par la perte totale de la chose sur laquelle l'usufruit est établi* ».

3. R. Libchaber, « La recodification du droit des biens », *Le Code civil, 1804-2004, Livre du bicentenaire*, Dalloz-Litec, 2005, p. 297 s., n° 23.

4. Et, bien avant, Anaxagore de Clazomènes : « Les Hellènes parlent mal quand ils disent : naître et mourir. Car rien ne naît ni ne périt, mais des choses déjà existantes se combinent, puis se séparent de nouveau. Pour parler juste, il faudrait donc appeler le commencement des choses une composition et leur fin une désagrégation » (Anaxagore de Clazomènes, *Fragments*, *Les homéoméries et le Noüs*, Proposition 17).

5. Plutarque, *Les vies des hommes illustres*, Paris de Cussac, 1801, t. 1, Thésée, p. 37.

qu'il y ait persistance de la forme et de la destination[6]. C'est là faire peu de cas de la matière. Comme on l'a justement relevé, « la chose corporelle est une combinaison de matière et de forme et la détermination de sa persistance comme de sa disparition juridiques dépendent de la teneur concrète, pour chaque espèce de chose, de l'alliage entre matière et forme »[7]. Il importe donc de rechercher au cas par cas ce qui fait l'essence d'un bien, sa spécificité[8].

La question est envisagée par les textes relatifs à la clause de réserve de propriété, aux procédures collectives et à la vente, le plus souvent à l'occasion d'une action en revendication exercée par le propriétaire d'un bien, souvent une matière première, auprès d'une personne l'ayant transformée. En premier lieu, en présence d'une clause de réserve de propriété, il est prévu que « *[l]'incorporation d'un meuble faisant l'objet d'une réserve de propriété à un autre bien ne fait pas obstacle aux droits du créancier lorsque ces biens peuvent être séparés sans subir de dommage* » (art. 2370 C. civ.). En deuxième lieu, et en présence d'une procédure collective, la revendication est permise à la condition que les biens « *se retrouvent en nature à la date de l'ouverture de la procédure* »[9]. Et, en troisième lieu, s'agissant du mal

---

6. Ch. Demolombe, *Cours de Code Napoléon*, vol. IX, 1861, n° 21-22 : « [s]upposez qu'un navire, un moulin ou toute autre construction ait été l'objet de tant de réparations successives, qu'il n'y reste plus rien des anciens éléments dont il avait été d'abord composé. La substance physique a péri sans doute ; elle a été complètement changée, renouvelée, mais la substance juridique est au contraire toujours restée la même ; c'est toujours le même être, le même navire, le même moulin, la même construction ; c'est toujours enfin le même bien ; et il aura pu conserver son nom, comme il a conservé sa forme et sa destination. Mais voici que ce moulin, ou ce navire, ou cette maison sont détruits, désassemblés, démolis. Physiquement, la substance est toujours là, et les éléments naturels n'ont pas changé. Civilement, la substance a cessé d'être ; elle a été détruite avec la forme caractéristique et distinctive qui la constituait essentiellement. Il est vrai qu'il y a encore là une espèce de biens : des pierres, du bois, du fer, des matériaux enfin, propres à un grand nombre d'usages ; mais, plus de moulin, plus de navire, plus de maison ; ce bien-là, il a péri ! ».

7. Th. Revet, obs. ss. Com. 11 juillet 2006, *Bull. civ.* IV, n° 181, *RTD civ.* 2006, p. 794. Dans l'arrêt commenté par l'auteur, la Cour de cassation avait rejeté le pourvoi formé contre une décision ayant admis la revendication par les adhérents d'une société coopérative de viticulteurs des stocks de vin issus des raisins apportés à ladite société, à l'occasion de la procédure collective de celle-ci.

8. Ce qui donne inévitablement lieu à des discussions. Ainsi, à la Cour de cassation ayant approuvé une cour d'appel d'avoir constaté que « l'incorporation des moûts les uns aux autres et le processus d'évolution et de vinification des récoltes apportées n'avaient pas transformé leur substance », on a rétorqué : « certes, le rôle des caractères propres du raisin est crucial pour l'existence du vin, moyennant quoi, à cet égard, l'intervention humaine n'est pas "dénaturante" (...). Pourtant, la part du travail de l'homme dans la transformation du raisin en vin dépasse nettement celle d'un simple accompagnement : cette mutation ne se produirait jamais sans une action de l'homme qui n'est pas unique, simple ou finale (battre le grain ; presser les olives), mais consiste en un complexe d'évaluations, de décisions, de séparations, de contrôles, de transfèrements, etc. La vinification est donc de ces processus qui emportent "rupture" dans la substance de la chose (...) car l'intervention humaine est une condition *sine qua non* de la transformation du raisin en vin. Comment ne pas en déduire qu'en droit, cette aimable boisson est une chose d'une autre espèce que le raisin ? » (Th. Revet, obs. ss. Com. 11 juillet 2006, *Bull. civ.* IV, n° 181, *RTD civ.* 2006, p. 794).

9. Art. L. 624-16 al. 2 C. com. : « *[p]euvent également être revendiqués, s'ils se retrouvent en nature au moment de l'ouverture de la procédure, les biens vendus avec une clause de réserve de propriété. (...)* ». Il est précisé que l'action ne peut s'exercer sur les « *biens mobiliers incorporés dans un autre bien lorsque la séparation de ces biens peut être effectuée sans qu'ils en subissent un dommage* » (art. L. 624-16, al. 3 C. com.). Cette disposition est d'ailleurs applicable en présence d'une clause de réserve de propriété (Com. 10 mars 2015, pourvoi n° 13-23424, *D.* 2015, p. 677, obs. A. Lienhard, *RTD civ.* 2015, p. 443, obs. P. Crocq et p. 648, obs. W. Dross : « la société Sadec a revendiqué des éléments de cuisine professionnelle qu'elle lui avait vendus, avec réserve de propriété, pour l'exploitation de son restaurant et dont le prix était demeuré partiellement impayé (...) ; la

nommé « droit de revendication » du vendeur de meuble au comptant qui aurait livré le bien sans se le faire payer – la vente étant en elle-même translative, il s'agit davantage d'un droit de reprise –, la loi prévoit qu'il ne peut s'exercer que si le meuble est « *dans le même état dans lequel cette livraison a été faite* » (art. 2332, 4° C. civ.). À chaque fois, en vue d'apprécier l'existence d'une transformation[10] ou d'une

---

débitrice fait grief à l'arrêt d'autoriser la société Sadec à récupérer certains biens alors (...) que l'immobilisation par destination du mobilier affecté au service et à l'exploitation du fonds s'oppose à l'exercice de l'action en revendication du vendeur dudit mobilier bénéficiaire d'une clause de réserve de propriété », ce à quoi la Cour de cassation répond d'une part « que le champ d'application de la revendication en cas de procédure collective est défini par l'article L. 624-16 du Code de commerce, qui ne se réfère pas à la notion d'immobilisation par destination » mais d'autre part « qu'il appartient au revendiquant d'établir l'existence en nature des biens revendiqués dans le patrimoine du débiteur au jour de l'ouverture de la procédure collective et, par conséquent, que la séparation des biens mobiliers incorporés dans un autre bien peut s'effectuer sans dommage ».
La vente d'animaux donne régulièrement lieu à des difficultés. Un bovin abattu et découpé est-il de même nature qu'un bovin vendu vivant ? Et quid de l'alevin devenu daurade ? Selon la jurisprudence, le bien se retrouve en nature lorsqu'il a été conservé « dans son état initial », ce qu'il appartient au juge du fond d'établir souverainement (Com. 11 juin 2014, *Bull. civ.* IV, n° 104 : « la condition d'existence en nature s'entend de la conservation de la marchandise dans son état initial ») : ainsi des alevins perdraient leur état initial pour devenir des daurades au terme d'un délai de dix-huit à vingt-quatre mois (même arrêt) et des bovins abattus et découpés ont évidemment été transformés (Com. 11 octobre 2014, pourvoi n° 92-17865 : « l'opération d'abattage et de découpe des animaux en vue de la commercialisation de produits de boucherie constituait une opération de transformation »). *Adde* Com. 22 mars 1994, *Bull. civ.* IV, n° 121 : « la cour d'appel, après avoir relevé que les animaux livrés par le GPBO avaient été abattus et découpés par la société Boeuf mode entre le 11 et le 14 septembre 1990, a retenu que ces opérations de transformation, effectuées en vue de la commercialisation de produits de boucherie, "étaient incompatibles avec l'exigence légale de l'existence en nature des biens revendiqués au jour de l'ouverture du redressement judiciaire" de la société Boeuf mode, prononcé le 10 octobre 1990 ; (...) en l'état de ces constatations et énonciations, la cour d'appel a établi que les animaux revendiqués ne se retrouvaient pas en nature, au sens de l'article 121, alinéa 2, de la loi du 25 janvier 1985, et a ainsi légalement justifié sa décision de rejeter la demande en revendication, peu important l'identification des marchandises » ; Com. 11 octobre 1994, pourvoi n° 92-17865 : « après avoir retenu que l'opération d'abattage et de découpe des animaux en vue de la commercialisation de produits de boucherie constituait une opération de transformation, l'arrêt a constaté que tous les animaux livrés par la société coopérative avaient été abattus par la société Guerin avant son redressement judiciaire ; (...) en l'état de ces constatations et énonciations, la cour d'appel a établi que les animaux revendiqués ne se retrouvaient pas en nature, au sens de l'article 121, alinéa 2, de la loi du 25 janvier 1985 et a ainsi légalement justifié sa décision ».

10. Com. 17 mai 1988, *Bull. civ.* IV, n° 166 : « après avoir constaté que les plots de bois revendiqués s'identifiaient aux fournitures de la société Robert avant étuvage et tronçonnage, l'arrêt relève que ces opérations, qui constituent le premier stade de la mise en œuvre d'un bois de menuiserie, n'ont pas transformé la substance de celui-ci ; (...) en l'état de ces constatations et tout en accueillant l'offre d'indemnisation faite par l'auteur de la revendication, la cour d'appel, sans se contredire, n'a fait qu'user de son pouvoir souverain d'appréciation en retenant que les marchandises litigieuses n'avaient pas cessé d'exister en nature » ; Com. 6 mars 1990, *Bull. civ.* IV, n° 73 : « l'opération de teinture n'a pas transformé le fil qui est tout à fait identifiable, et ne nécessite qu'une opération de rebobinage des écheveaux » ; Com. 11 juillet 2006, *Bull. civ.* IV, n° 181 : « après avoir énoncé qu'il appartient au propriétaire revendiquant de rapporter la preuve que la marchandise revendiquée se retrouve, à l'ouverture de la procédure collective, en nature entre les mains du débiteur et qu'il doit y avoir identité entre la chose livrée et la chose revendiquée, sous réserve de transformation ou d'incorporation éventuelles n'en modifiant ni les caractères, ni la propriété, l'arrêt relève que chacun des coopérateurs justifie de ses déclarations de récoltes annuelles qui mentionnent de façon distincte et individualisée les différentes productions apportées qui sont ainsi identifiables et que le stock de la cave de la coopérative est constitué d'hectolitres provenant des récoltes 1999, 2000 et 2001 répartis en diverses appellations distinctes ; (...) en l'état de ces constatations et appréciations, la cour d'appel, répondant en les écartant aux conclusions prétendument délaissées, n'a fait qu'user de son pouvoir souverain d'appréciation en

incorporation[11], la Cour de cassation se retranche derrière l'appréciation souveraine des juges du fond[12].

retenant que les marchandises revendiquées se trouvaient encore en nature dans les caves de la coopérative dès lors que l'incorporation des moûts les uns aux autres et le processus d'évolution et de vinification des récoltes apportées n'avaient pas transformé leur substance ».

11. Com. 8 décembre 1987, *Bull. civ.* IV, n° 208 : « le matériel livré, bien qu'incorporé dans un ensemble fonctionnel, était demeuré à l'état neuf, ne nécessitant pour sa reprise qu'un simple démontage, de sorte qu'il existait en nature au moment de l'ouverture de la procédure collective » ; Com. 15 mars 1994, *RTD civ.* 1995, p. 149, obs. F. Zenati : « un moteur de navire, dont la vente a été assortie d'une clause de réserve de propriété, peut, dès lors qu'il se retrouve en nature sur le navire et qu'il demeure identifiable et dissociable, être revendiqué par le vendeur impayé, malgré la constitution régulière d'une hypothèque maritime sur le navire ». V. en contrepoint, Com. 24 mars 2004, pourvoi n° 01-10180 : « ayant relevé que les opérations de démontage des commandes numériques qui impliquaient le débranchement des câbles, l'extraction des cartes informatiques, le démontage du tableau de commande, le débranchement et le démontage des moteurs électriques et la sauvegarde des programmes, étaient complexes et que l'installation de ces commandes ne s'analysait pas en une simple opération de pose d'un accessoire mais en l'intégration d'un élément constitutif qui avait pour conséquence la création d'un ensemble nouveau, la cour d'appel a pu en déduire que les commandes numériques ne se retrouvaient pas en nature au moment de l'ouverture du redressement judiciaire ».

12. Com. 11 juillet 2006, *Bull. civ.* IV, n° 181, préc. ; Com. 11 juin 2014, *Bull. civ.* IV, n° 104.

Chapitre 1
L'union de biens : l'accession

137. Union de biens – conflit de propriétés. Lorsqu'un bien s'unit à un autre pour en former un nouveau, les difficultés surgissent lorsque ces biens étaient appropriés par des personnes différentes : un conflit de propriétés voit le jour. *Qui* est propriétaire de *quoi* ?

138. Attribution du bien issu de l'union – solutions concevables. Deux solutions principales sont concevables. La première est celle d'une **remise en état** des biens dans celui qui était le leur avant l'union ; la seconde est celle du **maintien en état** du nouveau bien qui sera attribué soit de manière **indivise**, aux propriétaires des biens unis, soit de manière **divise**, à l'un d'entre eux.

139. Attribution du bien issu de l'union – solutions du Code civil : l'accession. Les différentes solutions concevables sont toutes retenues par le Code civil suivant les situations. Le Code civil envisage la difficulté à travers la notion d'accession. Prévue à l'article 546 C. civ., l'accession permet au propriétaire d'un bien de devenir propriétaire de ce qu'elle *produit* ou de ce qui s'y *unit* : « *[l]a propriété d'une chose soit mobilière, soit immobilière, donne droit sur tout ce qu'elle produit, et sur ce qui s'y unit accessoirement soit naturellement, soit artificiellement. Ce droit s'appelle "droit d'accession"* »[1].

1. Texte d'annonce, l'article 546 C. civ. a servi de fondement à la Cour de cassation pour asseoir certaines **présomptions de propriété**, spécialement celle suivant laquelle le propriétaire d'un moulin est réputé être le propriétaire du bief qui y amène l'eau et du canal de fuite par lequel elle s'écoule (Civ. 3e, 3 octobre 1969, *Bull. civ.* III, nº 621 : « si en vertu de l'article 546 C. civ., le propriétaire d'un moulin est réputé être le propriétaire du bief qui y amène l'eau et du canal de fuite par lequel elle s'écoule, cette présomption légale ne joue que lorsque le bras d'eau a été crée dans l'intérêt exclusif de l'usinier et qu'il est seul a en tirer profit, la cour d'appel énonce "que le canal constitue un lit artificiel, crée à une rivière non navigable, ni flottable, à une date très ancienne, dans l'intérêt commun des habitants et non au profit exclusif d'un usinier" ». *Adde* Civ. 3e, 28 novembre 2012, *Bull. civ.* III, nº 226 : ne donne pas de base légale à sa décision la cour d'appel qui retient qu'un canal d'irrigation revendiqué par le propriétaire du terrain qu'il traverse, fait partie du domaine public de l'État, sans caractériser la propriété de l'État sur le canal ; Civ. 3e, 12 juillet 2006, *Bull. civ.* III, nº 172 : la présomption de propriété, au profit du propriétaire du moulin, du bief artificiel qui écoule l'eau en ses parties supérieure d'amenée et inférieure d'évacuation, ainsi que de la bande de terrain longeant chaque rive, est écartée lorsque le bief n'est que l'aménagement direct ou la transformation rudimentaire d'un cours d'eau dont il recueille toutes les eaux ; Civ. 3e, 28 novembre 2012, *Bull. civ.* III, nº 178, *RTD civ.* 2013, p. 400, obs. W. Dross : une renonciation à un droit d'eau fondé en titre peut se déduire de l'acte par lequel le propriétaire d'un moulin s'engage à cesser son activité de minoterie moyennant la perception d'une indemnité et du démontage effectif du matériel du moulin, en cessation totale et volontaire d'activité). Une telle présomption repose sur des considérations économiques qui l'emportent sur des considérations juridiques ; il y a là une forme d'accession économique dans la mesure où le propriétaire du moulin devient propriétaire du bief qui y est accessoire alors même que le propriétaire du sol sur lequel est situé le bief devrait par application de l'article 553 C. civ. en être propriétaire. Ce qui

Cette disposition assigne à l'accession un domaine à certains égards, *trop large*, et à d'autres, *trop étroit*.

Trop large : si le Code civil distingue l'accession par *production* de l'accession par *union*, l'accession par *production* n'est pas véritablement un cas d'accession car il ne s'agit jamais que de reconnaître au propriétaire d'un bien la propriété de ses prolongements, tels ses fruits. L'accession résulte donc toujours d'une *union* et son objet est de trancher un *conflit de droits*[2].

Trop étroit : toute union de biens pose une difficulté d'accession, peu important que l'un des biens soit accessoire par rapport à un autre. Par ailleurs, il faut observer qu'en la matière, la force de travail de celui qui a modifié la chose appartenant à autrui est assimilée à un bien, elle est réifiée ; cette hypothèse que le Code civil nomme « spécification »[3] est en effet envisagée avec les autres cas d'accession.

140. Plan. Comme le fait le Code civil, on distinguera l'accession mobilière (Section 1) de l'accession immobilière (Section 2).

Section 1
L'accession mobilière

141. Droit v. Équité. Dans le prolongement du droit romain, le Code civil, qui en a plus ou moins fidèlement repris les solutions[4], a envisagé trois types de transformations des meubles : la **spécification**, qui consiste en la modification d'un bien par le travail[5] (§ 1), l'**adjonction**, qui tient en l'union de deux choses dont l'une est principale et l'autre accessoire, en vue de former un tout (§ 2) et le **mélange**, qui tient encore en l'union de deux choses, mais dont l'une n'est pas principale par rapport à l'autre (§ 3).

Pourvu que les parties n'aient pas retenu une autre solution[6], les règles prévues par le Code civil doivent être suivies par le juge ; en dehors de ces cas, elles peuvent servir d'exemple. C'est ce que signifie l'article 565 C. civ. qui énonce dans des

---

explique que le moulin doive être en activité (Civ. 3e, 22 mars 2011, pourvoi n° 10-14465 : « ayant constaté qu'antérieurement à son acquisition par les époux X..., le moulin était privé de toute fonction utilitaire autre que celle d'habitation et que leur acte de propriété du 24 septembre 1988 ne contenait aucune référence au canal, la cour d'appel en a exactement déduit, sans inverser la charge de la preuve, ni violer les articles 546, 2262 du Code civil et L. 215-2 du Code de l'environnement, que le bief appartenait pour moitié à chacune des parties ») et que le canal soit exclusivement affecté à l'usage du moulin et non à l'usage de tous (Civ. 3e, 5 janvier 1978, *Bull. civ.* III, n° 13 : « la cour d'appel énonce que le bief en cause est "un ouvrage artificiel et différent du lit de la rivière" et qu'il a été, dès l'origine, crée "à usage exclusif du moulin" ; qu'elle en déduit justement que ledit bief est réputé appartenir en entier au propriétaire du moulin »).

2. L'article 551 C. civ., qui inaugure le chapitre relatif à l'accession par union est révélateur, lorsqu'il dispose que : « *[t]out ce qui s'unit et s'incorpore à la chose appartient au propriétaire, suivant les règles qui seront ci-après établies* ».

3. V. *infra*, n° 148 et s.

4. Ch. Demolombe, *Cours de Code Napoléon*, vol. X, 1861, n° 181 s.

5. Dans l'hypothèse de la spécification, la force de travail de celui qui a réalisé la modification de la chose est érigée en bien. V. *supra*, n° 139 et *infra*, n° 148 et s.

6. Ch. Demolombe, *Cours de Code Napoléon*, vol. X, 1861, n° 184 : « [l]orsqu'ils y ont consenti, il est clair que c'est d'après la volonté commune des parties, *ex voluntate dominorum*, que doivent être réglées les conséquences de l'union ou du mélange des matières mobilières appartenant à des maîtres

termes qui auraient pu être plus clairs : « *[l]e droit d'accession, quand il a pour objet deux choses mobilières appartenant à deux maîtres différents, est entièrement subordonné aux principes de l'équité naturelle. Les règles suivantes serviront d'exemple au juge pour se déterminer, dans les cas non prévus, suivant les circonstances particulières* ». Si l'on pensait au XIXe siècle que tous les cas étaient prévus par le Code, ce qui rendait sans portée le ministère d'équité du juge[7], on s'est aperçu par la suite qu'il existait des transformations de meubles ne relevant pas du Code civil, notamment en ce qui concerne les meubles incorporels[8] – lorsqu'ils ne font pas l'objet de règles spéciales, comme c'est le cas par exemple des œuvres composites[9].

Hors-série, car il n'y a pas d'union de biens pour en former un nouveau et pourtant, conflit de propriétés, on peut évoquer le cas des biens intégrant une universalité de fait. D'une part, celui qui a vendu sous réserve de propriété un meuble, par exemple une marchandise, au propriétaire d'un fonds de commerce, en reste propriétaire et peut le revendiquer. D'autre part, un bien acquis par le propriétaire en vue d'intégrer un fonds de commerce partage sa nature quel que soit le régime matrimonial de son propriétaire[10].

---

différents, ou de la formation d'une espèce nouvelle par le travail de l'un avec la matière mobilière de l'autre ».

7. Demolombe observait que, d'un côté, « ce n'est (...) que dans les cas non prévus, que les juges peuvent se déterminer d'après les principes de l'équité naturelle » mais que, d'un autre, « après avoir posé cette règle générale, le législateur s'est trouvé entraîné, dans les articles suivants (566-575), à prévoir tous les cas d'accession mobilière, dont la science s'est jusqu'à ce jour occupée ; et l'on se demande, dès lors, dans quels cas l'article 565 pourra recevoir application » (Ch. DEMOLOMBE, *Cours de Code Napoléon*, vol. X, 1861, n° 181). (*Adde* Th. REVET, obs. in *RTD civ.* 2012, p. 131 ss. Civ. 1re, 1er décembre 2011, *Bull. civ.* I, n° 108 : « *le ministère d'équité qui est ici ouvert aux juges concerne les seuls cas non prévus par la loi* »).

8. CA Paris, 13 janvier 1993, *D.* 1993, IR, p. 90 : les règles de l'accession mobilière ne s'appliquent qu'aux choses corporelles et ne peuvent être invoquées lorsque deux droits de propriété incorporelle sont en cause. Et v. Civ. 1re, 1er décembre 2011, *Bull. civ.* I, n° 108, *RTD civ.* 2012, p. 131, obs. Th. REVET, *RTD com.* 2012, p. 110, obs. F. POLLAUD-DULIAN : le moyen invoquant les règles de l'accession mobilière pour déterminer la propriété de plaques de zinc sur lesquelles avaient été transférées le dessin d'un artiste par lithographie est jugé inopérant, en raison d'un usage attribuant la propriété des plaques à l'imprimeur.

9. L'article L. 113-2 al. 2 CPI définit la notion d'œuvre composite comme « *l'œuvre nouvelle à laquelle est* ***incorporée*** *une œuvre préexistante sans la collaboration de l'auteur de cette dernière* » (nous soulignons). C'est le cas par exemple de l'insertion de photographies dans un catalogue publicitaire (CA Versailles, 28 avril 1988, *D.* 1988. IR 165). Il y a union de deux biens, dont l'attribution de la propriété est tranchée par l'article L. 113-4 du CPI : « *[l]'œuvre composite est la propriété de l'auteur qui l'a réalisée, sous réserve des droits de l'auteur de l'œuvre préexistante* » (celui qui entend élaborer l'œuvre composite doit donc respecter les droits de l'auteur de l'œuvre première et notamment obtenir son autorisation et en le rémunérant en vue d'exploiter l'œuvre dérivée. Et v. P.-Y. GAUTIER, « L'accession mobilière en matière d'œuvres de l'esprit : vers une nouvelle querelle des Proculiens et des Sabiniens », *D.* 1988, p. 152 s.).

10. Ainsi la Cour de cassation a-t-elle considéré qu'« avant la loi du 13 juillet 1965 comme sous l'empire de cette loi, sous le régime de la séparation de biens avec société d'acquêts comme sous celui de la communauté, les marchandises, comme les autres éléments composant un fonds de commerce, prennent en principe le caractère propre ou commun de ce fonds » (Civ. 1re, 23 janvier 1979, *Bull. civ.* I, n° 32, *Rép. Defr.* 1979, p. 624, obs. A. COLOMER ; l'arrêt poursuit : « qu'il en est ainsi même si ces marchandises, dépendant d'un fonds de commerce qui échappe à la société d'acquêts, ont été acquises au cours du mariage en remplacement d'autres marchandises ; que c'est dès lors sans inverser la charge de la preuve et sans dénaturer la clause précitée du contrat de mariage que l'arrêt attaqué a décidé que ne s'appliquait pas à ces marchandises la présomption d'acquêts établie par ce contrat »). Par ailleurs, la jurisprudence avait décidé que le fonds de commerce acquis par un époux marié sous le régime de la communauté en vue de son « incorporation » à un autre fonds dont il était propriétaire en

142. Plan. On distinguera les règles propres (§ 1) des règles communes (§ 2) aux différents cas d'accession mobilière.

§ 1. Les règles propres aux différents cas d'accession mobilière

143. Plan. On évoquera les trois situations mentionnées par le Code civil : l'adjonction (A), le mélange (B) et la spécification (C).

A L'adjonction

144. Cas visé. Il y a adjonction lorsqu'un bien accessoire est uni à un bien principal en vue de former un tout : « *[j]'avais un diamant ; Paul l'a attaché au pommeau de son épée ; Une broderie ; Paul l'a attachée à son manteau ; Un cadre, Paul y a placé un tableau* »[11]. Une question se pose d'emblée : comment distinguer le bien principal du bien accessoire ? L'article 567 C. civ. y répond, disposant qu'« *[e]st réputée partie principale celle à laquelle l'autre n'a été unie que pour l'usage, l'ornement ou le complément de la première* »[12]. Et lorsqu'il n'est pas possible de regarder une partie comme l'accessoire de l'autre, l'article 569 C. civ. répute principale celle « *qui est la plus considérable en valeur, ou en volume, si les valeurs sont à peu près égales* »[13].

145. Solutions retenues. Le droit romain, en même temps qu'il attribuait la propriété du nouveau bien au propriétaire du bien principal, reconnaissait en principe au propriétaire du bien accessoire une action *ad exhibendum* lui permettant d'exiger de celui-là qu'il détache le bien accessoire, dès lors que la séparation était possible, en vue de lui permettre de le revendiquer[14].

---

propre était propre (Civ. 1re, 2 mai 1990, pourvoi n° 87-18040, *JCP* N 1991, II, p. 61, obs. Ph. Simler ; aujourd'hui, l'article 1406 alinéa 1 C. civ. prévoit que forment des propres les biens acquis à titre d'accessoires d'un bien propre).

11. Ch. Demolombe, *Cours de Code Napoléon*, vol. X, 1861, n° 186.

12. Demolombe illustre : « *[p]our l'usage* : c'est ainsi, par exemple, que la poignée est l'accessoire de l'épée ; *Pour l'ornement* : c'est ainsi que le velours est l'accessoire du manteau ; *Pour le complément*, enfin : comme le cadre est l'accessoire du tableau » (Ch. Demolombe, *Cours de Code Napoléon*, vol. X, 1861, n° 192).

13. « *Si de deux choses unies pour former un seul tout, l'une ne peut point être regardée comme l'accessoire de l'autre, celle-là est réputée principale qui est la plus considérable en valeur, ou en volume, si les valeurs sont à peu près égales.* » En cas d'égalité de volume, Demolombe préconise d'appliquer l'article 573 C. civ. : « *[l]orsqu'une chose a été formée par le mélange de plusieurs matières appartenant à différents propriétaires, mais dont aucune ne peut être regardée comme la matière principale, si les matières peuvent être séparées, celui à l'insu duquel les matières ont été mélangées peut en demander la division.* (al. 1) *Si les matières ne peuvent plus être séparées sans inconvénient, ils en acquièrent en commun la propriété dans la proportion de la quantité, de la qualité et de la valeur des matières appartenant à chacun d'eux.* (al. 2) ». Sur cette disposition, v. *infra*, n° 147.

14. Paul, Dig., L. 6, T. 1, 23, 5 : « (...) tout ce qui est ajouté à une chose est acquis à son maître comme accessoire ; l'ancien propriétaire ne peut le revendiquer tant qu'il est joint à la chose, mais il a une action pour se le faire représenter à l'effet de séparer les deux choses, et de pouvoir ensuite revendiquer la sienne ; excepté cependant le cas que Cassius rapporte de la soudure. Il dit que si un bras a été joint à ma statue par soudure, il se trouve comme absorbé par la plus grande partie ; en sorte qu'étant une fois acquis au maître de la statue, quand même il viendrait à en être arraché, il ne retournerait point à son ancien maître. Il n'en est pas de même de deux choses qui ne sont soudées qu'avec

Telle n'est pas la solution de **principe** retenue par l'article 566 C. civ. : « *[l]orsque deux choses appartenant à différents maîtres, qui ont été unies de manière à former un tout, sont néanmoins séparables, en sorte que l'une puisse subsister sans l'autre, le tout appartient au maître de la chose qui forme la partie principale, à la charge de payer à l'autre la valeur, estimée à la date du paiement, de la chose qui a été unie* ». Ainsi, le propriétaire du bien principal devient propriétaire du nouveau bien qui résulte de l'union avec le bien accessoire, le propriétaire du bien accessoire ne pouvant obtenir que la valeur de son bien et non le bien lui-même[15]. C'est donc la solution du **maintien en l'état avec attribution divise du bien** qui est consacrée. L'article 566 C. civ., s'il ne vise, de façon singulière, que le cas où les biens unis sont séparables, s'applique *a fortiori* lorsqu'ils ne le sont pas[16].

Par **exception**, le propriétaire du bien accessoire est admis à le revendiquer : quand le bien accessoire a été, à l'insu de son propriétaire, uni au bien principal, le propriétaire du bien accessoire peut demander à ce que celui-ci soit séparé pour lui être rendu, même quand il pourrait en résulter quelque dégradation du bien principal auquel il a été uni[17]. C'est la solution de la **remise en l'état** qui est alors retenue.

B Le mélange

146. Cas visé. Il y a mélange lorsqu'un bien est uni à un autre sans qu'il soit possible de dire que l'un est accessoire à l'autre qui serait principal : « [l]e blé, qui m'appartenait, a été, sans mon consentement, confondu avec le blé de Paul, soit fortuitement, soit par le fait de Paul lui-même ou d'un tiers ; Ou bien c'est mon vin qui a été mêlé avec son vin ; Ou encore, un lingot, qui était à moi, a été fondu avec le lingot qui appartenait à Paul »[18].

147. Solutions retenues. La solution de **principe** est énoncée à l'article 573 C. civ. : « *[l]orsqu'une chose a été formée par le mélange de plusieurs matières appartenant à différents propriétaires, mais dont aucune ne peut être regardée comme la matière principale, si les matières peuvent être séparées, celui à l'insu duquel les matières ont été mélangées peut en demander la division.* (al. 1) *Si les matières ne peuvent plus être séparées sans inconvénient, ils en acquièrent en*

---

du plomb, parce que, dans le premier cas, les deux choses sont soudées avec la matière elle-même, et par conséquent confondues ; ce qui n'arrive pas dans le second. Ainsi, dans tous ces cas où l'action en représentation et l'action en revendication ne peuvent avoir lieu, il faut nécessairement donner à celui qui a perdu sa chose une action expositive du fait. Mais lorsqu'un corps est composé de parties séparées l'une de l'autre, chacune conserve sa nature première, comme sont des esclaves, des brebis ; ainsi je puis revendiquer un troupeau, quoique votre bélier se trouve mêlé parmi mes moutons, et vous pouvez vous-même revendiquer votre bélier. Il n'en est pas de même d'un corps dont les parties sont cohérentes ; car si vous joignez à ma statue le bras d'une autre statue, vous ne pouvez plus dire que ce bras vous appartienne, parce qu'une statue ne peut se concevoir sans toutes ses parties » (trad. H. Hulot).

15. La solution est étonnante, car, comme le faisait observer Demolombe, « mon diamant, ma broderie, mon cadre (...), ils sont toujours là ! Je les vois, je les montre ! » (vol. X, n° 188).

16. Ch. Demolombe, *Cours de Code Napoléon*, vol. X, 1861, n° 191.

17. Art. 568 C. civ. : « *[n]éanmoins, quand la chose unie est beaucoup plus précieuse que la chose principale, et quand elle a été employée à l'insu du propriétaire, celui-ci peut demander que la chose unie soit séparée pour lui être rendue, même quand il pourrait en résulter quelque dégradation de la chose à laquelle elle a été jointe* ».

18. Ch. Demolombe, *Cours de Code Napoléon*, vol. X, 1861, n° 202.

commun la propriété dans la proportion de la quantité, de la qualité et de la valeur des matières appartenant à chacun d'eux (al. 2) ». Il convient donc de distinguer suivant que le mélange est ou non irréversible, si les matières sont ou non séparables. Si tel est le cas, le bien issu du mélange sera **maintenu en l'état et attribué indivisément** aux propriétaires des matières mélangées à proportion de la part contributive de la matière fournie dans le bien issu du mélange (al. 2). Si tel n'est pas le cas, si les matières sont séparables, celui à l'insu duquel le mélange a été fait pourra obtenir la **remise en état** en demandant la **division du nouveau bien** (al. 1).

Par **exception**, l'article 574 C. civ. prévoit que « *[s]i la matière appartenant à l'un des propriétaires était de beaucoup supérieure à l'autre par la quantité et le prix, en ce cas le propriétaire de la matière supérieure en valeur pourrait réclamer la chose provenue du mélange en remboursant à l'autre la valeur de sa matière, estimée à la date du remboursement* ». Autrement dit, en tout état de cause, le propriétaire de la matière « *de beaucoup supérieure* » à l'autre « *par la quantité et le prix* » peut réclamer le bien issu du mélange, en remboursant à l'autre la valeur de sa matière, estimée à la date du remboursement. C'est la règle du **maintien en l'état avec attribution divise du bien** qui s'applique alors.

C La spécification

148. Cas visé. Il y a spécification lorsqu'une personne a travaillé le bien d'une autre en le modifiant : « *[j]'avais un lingot d'or ; un orfèvre en a fait un flambeau ; Une pièce de bois ; un menuisier en a fait une table ; un bloc de marbre ; un statuaire en a fait un Apollon* »[19]. À la différence des autres hypothèses, celle-ci suppose non pas, *stricto sensu*, un conflit entre deux propriétaires, mais un conflit entre le propriétaire d'une matière et celui qui a apporté sa force de travail[20].

La plupart du temps, c'est en vertu d'un contrat que ce travail est effectué, lequel règle la question de l'appropriation du bien travaillé. Or les règles du Code civil ne s'appliquent, comme il a été vu plus haut[21], qu'en l'absence d'accord des parties sur ce point ; elles ne jouent donc qu'exceptionnellement.

149. Solutions retenues. L'hypothèse de la spécification présente une irréductible originalité en ce qu'elle n'oppose pas deux propriétaires mais un propriétaire et un travailleur. En vue d'attribuer le nouveau bien, qui privilégier entre celui qui a fourni la matière et celui qui a fourni le travail ?

En droit romain, la question donna lieu à une célèbre controverse entre les proculéiens, qui étaient particulièrement attachés à la forme des choses et attribuaient ainsi la propriété au travailleur, et les sabiniens, qui privilégiaient la substance des choses et en attribuaient la propriété au propriétaire de la matière. Une opinion intermédiaire fut adoptée par Justinien dans ses *Institutes* : la chose continuait à appartenir au propriétaire de la matière, si et seulement si la matière travaillée était susceptible de revenir à sa forme d'origine[22].

19. Ch. Demolombe, *Cours de Code Napoléon*, vol. X, 1861, n° 196.
20. Th. Revet, *La force de travail* (Étude juridique), préf. Zenati, Litec, 1992.
21. V. *supra*, n° 141.
22. Justinien, Inst. L. 2, T. 1, 25 : « [l]orsque quelqu'un fait un ouvrage avec la matière d'autrui, on demande à qui l'ouvrage doit appartenir suivant le droit naturel. Appartient-il à celui qui l'a fait, ou au maître de la matière ? Par exemple, on a fait du vin, de l'huile ou du blé avec les raisins, les olives ou les épis d'autrui ; ou on a fait un vase avec uns matière d'or, d'argent ou de cuivre qui appartenoit à

Le Code civil reprend le principe sabinien, mais en l'assortissant d'exceptions.

Le **principe** est exprimé à l'article 570 C. civ. : « *[s]i un artisan ou une personne quelconque a employé une matière qui ne lui appartenait pas à former une chose d'une nouvelle espèce, soit que la matière puisse ou non reprendre sa première forme*[23], *celui qui en était le propriétaire a le droit de réclamer la chose qui en a été formée en remboursant le prix de la main-d'œuvre estimée à la date du remboursement* ». Le Code civil privilégie le propriétaire de la matière : le bien travaillé appartient au propriétaire de la matière, et le travailleur sera indemnisé pour la force de travail qu'il a fournie. Ainsi le diamant poli restera la propriété du propriétaire du diamant sans devenir celle de celui qui l'a poli. La solution retenue est donc celle du **maintien du bien en l'état** avec **attribution divise au propriétaire de la matière**.

La **première exception**, d'inspiration proculéienne, est prévue à l'article 571 C. civ. : « *[s]i, cependant, la main-d'œuvre était tellement importante qu'elle surpassât de beaucoup la valeur de la matière employée, l'industrie serait alors réputée la partie principale, et l'ouvrier aurait le droit de retenir la chose travaillée, en remboursant au propriétaire le prix de la matière, estimée à la date du remboursement* ». Autrement dit, le bien travaillé appartient au travailleur si la part contributive de sa force de travail est de beaucoup plus importante[24] que ne l'est celle de la matière dans le bien nouveau, à charge pour lui de rembourser au maître de la matière, la valeur de celle-ci. Il est ainsi certain que la sculpture, réalisée avec le bois d'autrui, appartiendra au sculpteur. La solution retenue est donc celle du **maintien du bien en l'état** avec **attribution divise, cette fois au profit du travailleur**.

La **seconde exception** est mentionnée à l'article 572 C. civ. : « *[l]orsqu'une personne a employé en partie la matière qui lui appartenait et en partie celle qui ne lui appartenait pas à former une chose d'une espèce nouvelle, sans que ni l'une ni l'autre des deux matières soit entièrement détruite, mais de manière qu'elles ne puissent pas se séparer sans inconvénient, la chose est commune aux deux propriétaires, en raison, quant à l'un, de la matière qui lui appartenait, quant à l'autre, en raison à la fois et de la matière qui lui appartenait et du prix de sa main-d'œuvre. Le prix de la main-d'œuvre est estimé à la date de la licitation prévue à l'article 575* ». À la différence de l'hypothèse réglée à l'article 571 C. civ., le travailleur a ici fourni, en plus de sa force de travail, de la matière lui appartenant. Le champ d'application de cette exception est néanmoins plus étroit qu'il n'y paraît, l'article 572 C. civ. devant être mis en perspective avec les autres dispositions du

autrui ; ou on a composé une liqueur avec le vin et le miel d'autrui ; ou on a fait un emplâtre avec les onguens d'autrui, ou un habit avec la laine d'autrui ; ou on s'est servi des planches d'autrui pour fabriquer un vaisseau, faire une armoire ou des bancs. Les Sabiniens et les Proculéiens ont été fort divisés sur cette question ; enfin on a adopté un sentiment mitoyen, c'est celui de ceux qui pensent que si l'ouvrage peut retourner à ses premiers principes et revenir dans son premier état de matière brute, il appartient au maître de la matière, autrement il doit appartenir au maître de l'ouvrage. Par exemple un vase travaillé peut être réduit à la matière de cuivre, d'argent ou d'or qu'on a employée pour le faire ; mais le vin, l'huile ou le blé ne peut plus revenir en raisins, en olives ou en épis. Lorsqu'on a fait un ouvrage, partie avec sa matière, partie avec celle d'autrui ; par exemple si on compose une liqueur avec son vin et le miel d'un autre, un emplâtre avec ses onguens et ceux d'un autre, un habit avec sa laine et celle d'un autre, il est hors de doute que celui qui a fait l'ouvrage en est entièrement le maître, parce qu'il a fourni non seulement sa façon, mais encore partie de la matière. » (trad. H. HULOT).

23. On retrouve la référence à l'opinion exprimée dans les *Institutes* de JUSTINIEN.

24. Aux juges de faire leur miel de cette approximation...

Code civil. À cet égard, Demolombe invitait à distinguer, avec raison, trois hypothèses[25]. Premièrement, si la valeur de la force de travail surpasse de beaucoup celle de la matière fournie par le travailleur, il convient d'appliquer l'article 571 C. civ. et non l'article 572 C. civ., en vue d'une **attribution divise de la propriété au travailleur**, tant on ne comprendrait que celui-ci ait seul la propriété du bien alors qu'il n'a fourni que son travail – comme le prévoit l'article 571 – et qu'il n'ait qu'une propriété indivise alors qu'il aurait, *en sus*, fourni de la matière... Deuxièmement, si la valeur de la matière fournie par autrui surpasse de beaucoup la force de travail et la matière fournie par le travailleur, il convient d'appliquer par analogie l'article 574 C. civ. et non l'article 572 C. civ., en vue d'une **attribution divise de la propriété à autrui**. Troisièmement, si la valeur de la matière fournie par autrui d'une part et la force de travail et la matière fournie par le travailleur d'autre part sont regardées comme équivalentes, il convient de distinguer à nouveau. Si les matières ne peuvent « *se séparer sans inconvénient* », l'article 572 C. civ. trouve enfin à s'appliquer : c'est la solution du **maintien en l'état** avec **attribution indivise au propriétaire et au travailleur**, dans les proportions de la valeur de ce que chacun à apporter. Mais si les matières peuvent « *se séparer sans inconvénient* », celui à l'insu duquel les matières ont été unies et travaillées peut demander à ce qu'elles soient séparées en vue de revendiquer la sienne. C'est la solution de la **remise en l'état** qui prévaut cette fois.

§ 2. Les règles communes aux différents cas d'accession mobilière

150. Trois règles. Trois dispositions paraissent devoir s'appliquer à toutes les hypothèses d'accession mobilière. On précisera à titre liminaire que chaque fois qu'il est prévu que celui qui profite de l'accession indemnise celui qui la subit, depuis la loi n° 60-464 du 17 mai 1960[26], l'indemnité est appréciée d'après la valeur du bien accessoire ou de la force de travail réévaluée au jour où elle est due (art. 566, 570, 571 C. civ.).

En premier lieu, l'article 575 C. civ. prévoit fort naturellement que « *[l]orsque la chose reste en commun entre les propriétaires des matières dont elle a été formée, elle doit être licitée au profit commun* ». Lorsque l'accession mobilière débouche sur une attribution indivise du bien nouveau, **on peut en disposer par licitation**, encore que l'on pourrait la vendre de gré à gré, ce qui conduit à interpréter le terme de « licitation » de la manière la plus large comme la vente d'un bien indivis et non pas comme la seule vente d'un tel bien aux enchères publiques. En revanche, lorsque le **partage** est concevable – c'est le cas en présence d'un liquide –, aucun obstacle ne se dresse à ce qu'il y soit procédé.

En deuxième lieu, l'article 576 C. civ. indique que « *[d]ans tous les cas où le propriétaire dont la matière a été employée, à son insu, à former une chose d'une autre espèce peut réclamer la propriété de cette chose, il a le choix de demander la restitution de sa matière en même nature, quantité, poids, mesure et bonté, ou sa*

25. Ch. Demolombe, *Cours de Code Napoléon, vol.* X, 1861, n° 201.

26. Loi n° 60-464 du 17 mai 1960, *modifiant divers articles du Code civil en tant qu'ils prévoient des indemnités dues à la suite de certaines acquisitions ou restitutions de biens faisant l'objet de droits réels mobiliers ou immobiliers.*

valeur estimée à la date de la restitution ». Comme l'a bien montré Demolombe, ce texte n'est pas propre à la spécification, ne serait-ce que parce qu'il est utile de l'appliquer à toutes hypothèses d'accession mobilière[27]. Il signifie que **l'accession est toujours volontaire**. Aussi bien celui qui peut se prévaloir de la propriété du nouveau bien peut préférer obtenir la restitution de sa matière ou de sa valeur. Certes, ce texte trouvera naturellement à s'appliquer en cas de spécification : j'exige une pièce de bois – ou sa valeur – car je n'ai que faire d'une table ! Mais son application reste concevable en présence d'une adjonction ou d'un mélange : « il se peut assurément aussi que je ne veuille ni de vos broderies, ni de votre vin, et que j'aime mieux renoncer à ce *tout*, que la loi m'offre, que d'avoir à vous payer le prix de votre chose »[28].

En troisième lieu, d'après l'article 577 C. civ., « *[c]eux qui auront employé des matières appartenant à d'autres, et à leur insu, pourront aussi être condamnés à des dommages et intérêts, s'il y a lieu, sans préjudice des poursuites par voie extraordinaire, si le cas y échet* ». La disposition invite à faire le départ entre **celui qui a employé la matière d'autrui de bonne foi et celui qui l'a fait de mauvaise foi**. Ce n'est que dans ce second cas que se conçoit une condamnation à des dommages-intérêts pour obtenir réparation du préjudice qui subsisterait[29].

Section 2
L'accession immobilière

151. Plan. Le Code civil (art. 546 al. 1 C. civ.[30]) invite à distinguer l'accession naturelle (Sous-section 1) de l'accession artificielle (Sous-section 2).

Sous-section 1
L'accession naturelle

152. Plan. Le Code civil envisage l'accession due à la force des cours d'eau (§ 1) et celle due au déplacement des animaux (§ 2).

§ 1. L'accession due à la force des cours d'eau

153. Observation liminaire sur la délimitation spatiale de l'appropriation du lit des cours d'eau, des lacs et étangs. La délimitation spatiale du lit des

27. Ch. Demolombe, *Cours de Code Napoléon*, vol. X, 1861, n° 207.
28. Ch. Demolombe, *Cours de Code Napoléon*, vol. X, 1861, n° 207.
29. L'expression « *poursuites par voie extraordinaire* » renverrait à une procédure pénale particulière abrogée par le Code d'instruction criminelle de 1808.
30. Si l'article 546 al. 1 C. civ. prévoit que « *[l]a propriété d'une chose soit mobilière, soit immobilière, donne droit sur tout ce qu'elle produit, et sur ce qui s'y unit accessoirement soit naturellement, soit artificiellement.* », les cas d'accession naturelle mentionnés par le code sont des cas d'accession immobilière.

cours d'eaux, des lacs et étangs se pose en raison des mouvements de l'eau qui en font des biens susceptibles d'évoluer. Il n'est pas question, malgré la lettre des textes, d'accession, faute de conflit de propriété à trancher.

S'agissant du **lit des cours d'eau**[31], il faut distinguer. Le lit des cours d'eau faisant partie du domaine public, des cours d'eau *domaniaux*, appartient au domaine public. Quant au lit des cours d'eau *non domaniaux*, il appartient au(x) propriétaire (s) des rives, le milieu du cours d'eau constituant la ligne divisoire des deux propriétés, encore qu'il ne s'agisse d'après la loi que d'une présomption.

S'agissant des **lacs** et **étangs**, le propriétaire du lac[32] ou de l'étang a la propriété du terrain que l'eau couvre quand elle est à la hauteur de la décharge[33], peu importrant les variations du niveau d'eau[34]. En revanche, sa propriété ne s'étend pas aux terres recouvertes par des crues exceptionnelles[35].

154. L'alluvion et le relais. L'**alluvion**[36], qui consiste en un dépôt de sédiments (comme du sable, du gravier ou des pierres) charriés par l'eau qui coule, appartient au propriétaire riverain du terrain sur lequel elle a lieu. Précisément, les apports d'alluvions doivent avoir le caractère d'un atterrissement, ce qui suppose que ces apports doivent dépasser le plus haut niveau qu'atteignent sans débordement les eaux de la rivière[37]. Chaque riverain a le droit de prendre, dans la partie du lit qui lui appartient, l'alluvion, à la condition de ne pas modifier le régime des eaux et

31. Art. L. 215-2 al. 1 C. envir. : « *[l]e lit des cours d'eau non domaniaux appartient aux propriétaires des deux rives. (al. 1) Si les deux rives appartiennent à des propriétaires différents, chacun d'eux a la propriété de la moitié du lit, suivant une ligne que l'on suppose tracée au milieu du cours d'eau, sauf titre ou prescription contraire. (al. 2) (...)* ». Les limites des cours d'eau sont fixées d'après la hauteur des plus hautes eaux avant débordement. S'agissant des cours d'eau domaniaux, la règle figure à l'article L. 2111-9 CGPPP : « *[l]es limites des cours d'eau domaniaux sont déterminées par la hauteur des eaux coulant à pleins bords avant de déborder* ».

32. Il existe une controverse sur le point de savoir si le propriétaire du lac l'est des terres recouvertes lors des crues récurrentes et non exceptionnelles (W. Dross, n° 357-2).

33. Il ne s'agit encore que d'une présomption pouvant être combattue par la preuve contraire, notamment par un titre (Req. 29 décembre 1924, *DP* 1925, 1, 173 : « si, aux termes de l'article 558 C. civ., l'alluvion n'a pas lieu à l'égard des lacs et étangs, dont le propriétaire conserve toujours le terrain que l'eau couvre quand elle est à la hauteur de la décharge de l'étang, encore que le volume d'eau vienne à diminuer, la présomption ainsi édictée, qui n'a pas le caractère d'une présomption légale, peut être combattue par la preuve contraire et notamment par un titre »).

34. Art. 558 al. 1 C. civ. : « *[l]'alluvion n'a pas lieu à l'égard des lacs et étangs, dont le propriétaire conserve toujours le terrain que l'eau couvre quand elle est à la hauteur de la décharge de l'étang, encore que le volume de l'eau vienne à diminuer* ».

35. Art. 558 al. 2 C. civ. : « *[r]éciproquement, le propriétaire de l'étang n'acquiert aucun droit sur les terres riveraines que son eau vient à couvrir dans des crues extraordinaires* ».

36. Art. 556 C. civ. : « *[l]es atterrissements et accroissements qui se forment successivement et imperceptiblement aux fonds riverains d'un cours d'eau s'appellent "alluvion"*. (al. 1) *L'alluvion profite au propriétaire riverain, qu'il s'agisse d'un cours d'eau domanial ou non ; à la charge, dans le premier cas, de laisser le marchepied ou chemin de halage, conformément aux règlements* (al. 2) ».

37. Civ. 3e, 9 mars 1976, *Bull. civ.* III, n° 104, *RTD civ.* 1978, p. 159, obs. Cl. Giverdon : « en application de l'article 556 du Code civil, il incombe au propriétaire du terrain riverain d'un cours d'eau d'établir, en cas de contestation, que les apports d'alluvions dont il se prétend propriétaire par voie d'accession ont le caractère d'un atterrissement ; (...) pour constituer un atterrissement ces apports doivent dépasser le plus haut niveau qu'atteignent sans débordement les eaux de la rivière, compte tenu du reflux périodique des marées ordinaires ; (...) lorsqu'ils ne dépassent pas ce niveau les apports alluviaux d'une rivière domaniale, qu'ils se déposent dans la partie du cours d'eau appartenant au domaine public fluvial ou au domaine public maritime ne profitent pas par voie d'accession au particulier propriétaire du terrain riverain ».

d'en exécuter l'entretien conformément[38]. *Tous les cours d'eaux*[39] sont concernés, y compris ceux qui appartiennent au domaine public[40]. En revanche, *seules certaines alluvions* sont visées, celles-là seules qui se sont formées « *successivement et imperceptiblement* »[41] et non soudainement, à la suite d'un phénomène extraordinaire tel un orage violent[42]. En revanche, la jurisprudence a décidé à plusieurs reprises, au sujet des cours d'eaux domaniaux, que l'alluvion ne se produit que si elle a, au moins à titre principal, une cause naturelle[43].

Le **relais**[44] est la portion de terrain de laquelle l'eau courante s'est retirée insensiblement en se portant sur une autre, le **lais** : il s'agit d'un déplacement latéral du cours d'eau au profit d'une rive (où se situe le relais) au détriment de l'autre (le lais). Le propriétaire de la rive découverte profite de l'alluvion et ainsi d'un

---

38. Art. L. 215-2 al. 3 C. envir. : « *[c]haque riverain a le droit de prendre, dans la partie du lit qui lui appartient, tous les produits naturels et d'en extraire de la vase, du sable et des pierres, à la condition de ne pas modifier le régime des eaux et d'en exécuter l'entretien conformément à l'article L. 215-14* ».
39. Mais l'alluvion n'a jamais lieu à l'égard des lacs et étangs, dont le propriétaire conserve toujours le terrain que l'eau couvre quand elle est à la hauteur de la décharge de l'étang, encore que le volume de l'eau vienne à diminuer (v. *supra*, n° 153).
40. Art. 556 al. 2 C. civ. : « *[l]'alluvion profite au propriétaire riverain, qu'il s'agisse d'un cours d'eau domanial ou non ; à la charge, dans le premier cas, de laisser le marchepied ou chemin de halage, conformément aux règlements.* (al. 2) » ; art. L. 2111-13 CGPPP : « *[l]a propriété des alluvions, relais, atterrissements, îles et îlots qui se forment naturellement dans les cours d'eau domaniaux est soumise aux dispositions des articles 556, 557, 560 et 562 du Code civil* (al. 1). *En ce qui concerne les lacs domaniaux, les dispositions de l'article 558 du même code sont applicables* (al. 2) ».
41. Art. 556 al. 1 C. civ. : « *[l]es atterrissements et accroissements qui se forment successivement et imperceptiblement aux fonds riverains d'un cours d'eau s'appellent "alluvion"* ».
42. Civ. 3e, 31 mai 2006, pourvoi n° 05-12967 : « ayant retenu que la partie du lit du cours d'eau riveraine du fonds de Mme X... n'était pas concernée par le curage initialement estimé nécessaire par la commune pour enlever des îlots de graviers déposés par des orages et qu'il ne résultait d'aucun élément du dossier que les matériaux enlevés par la société Georges Y... étaient le fruit d'un orage récent, la cour d'appel a pu retenir, sans inverser la charge de la preuve, que ces matériaux n'étaient pas le fruit d'un atterrissement soudain et en a déduit exactement qu'ils avaient le caractère d'alluvions ».
43. Civ. 3e, 20 janvier 1988, *Bull. civ.* III, n° 18 : « abstraction faite du motif erroné énonçant que l'application de l'article 556 du Code civil n'est pas exclue en cas d'alluvions formées consécutivement à des travaux, l'arrêt (...) retient souverainement qu'il n'est nullement établi que les alluvions aient été causées par des travaux » ; Civ. 3e, 30 juin 1999, *Bull. civ.* III, n° 160, *JCP* 2000, I, 211, obs. H. Périnet-Marquet, *Rép. Defr.* 1999, p. 1056, obs. Ch. Atias : « ayant souverainement retenu que la bande active du lit de la Durance avait notablement diminué entre le XIXe siècle et l'année 1944, preuve d'une submersion régulière et d'un rétrécissement du lit, que les terres revendiquées s'étaient formées successivement et imperceptiblement dans l'ancien lit, que *la cause essentielle était imputable à des phénomènes naturels*, que *les travaux hydrauliques postérieurs n'ont pas été déterminants dans cette création d'atterrissements*, que le barrage avait seulement eu pour conséquence, à cet endroit, de rendre cultivables des terres déjà hors d'eau, mais qu'en 1958, l'essentiel des terres revendiquées étaient déjà boisées, ce qui démontrait que leur émergence n'était plus dépendante de la hauteur des eaux, la cour d'appel, (...) en a exactement déduit, (...) que les atterrissements ainsi réalisés avaient le caractère d'alluvions qui devaient profiter aux propriétaires des fonds auxquels ils adhèrent » (nous soulignons) ; CE, 11 avril 1986, Req. n° 60872, 60873, 60874, 60875, *Min. transports c/ Daney*, : des atterrissements s'étaient formés dans l'estuaire de la Gironde sur le territoire de la commune de Verdon-du-Mer, dans l'anse de la Chambrette, en raison de la présence de digues de protection des rives édifiées au moins depuis 1845 par les soins de l'administration. L'article 556 ne joue pas mais s'agissant d'atterrissements provoqués par des travaux légalement entrepris, les terrains alluvionnaires passent dans le domaine privé).
44. Art. 557 C. civ. : « *[i]l en est de même des relais que forme l'eau courante qui se retire insensiblement de l'une de ses rives en se portant sur l'autre : le propriétaire de la rive découverte profite de l'alluvion, sans que le riverain du côté opposé y puisse venir réclamer le terrain qu'il a perdu.* (al. 1) *Ce droit n'a pas lieu à l'égard des relais de la mer.* (al. 2) ».

accroissement de sa propriété, alors que le riverain du côté opposé subit corrélativement une réduction de la sienne, puisqu'il ne peut venir réclamer le terrain qu'il a perdu. En revanche, le relais de la mer profite au domaine public[45].

155. L'eau[46]. Celui dont le fonds est *bordé* par un cours d'eau non domanial peut s'en servir à son passage pour l'irrigation de ses propriétés et celui dont les fonds est *traversé* par un même cours d'eau peut en user dans l'intervalle qu'elle y parcourt, mais à la charge de la rendre, à la sortie de ses fonds, à son cours ordinaire : l'exercice de ce droit ne doit pas rendre impossible l'irrigation des terres agricoles des propriétaires riverains situés en aval[47].

156. L'avulsion[48]. Chaque fois qu'un cours d'eau, domanial ou non, enlève par une *force subite* et non *successive et imperceptible* – comme c'est le cas pour les alluvions – une partie *considérable et reconnaissable* d'un champ riverain qu'elle porte vers un champ inférieur ou sur la rive opposée, le propriétaire de la partie enlevée peut revendiquer sa propriété. L'idée est que si chaque propriétaire doit subir l'œuvre normale de la nature, il n'a pas à subir les coups du sort : à situation exceptionnelle, règle exceptionnelle. L'action en revendication est cependant enfermée dans le délai très court d'un an, à moins que le propriétaire du champ auquel la partie enlevée a été unie n'ait pas encore pris possession de celle-ci.

157. Les îles, îlots et atterrissements formés dans un cours d'eau. Lorsque dans un cours d'eau émergent des portions de terre, la propriété de celles-ci dépend du statut du cours d'eau. En présence d'un cours d'eau domanial, la portion émergée appartient à la personne publique propriétaire du lit[49] ; en présence d'un cours

45. Art. L. 2111-4 CGPPP : « *[l]e domaine public maritime naturel de l'État comprend : 1º Le sol et le sous-sol de la mer entre la limite extérieure de la mer territoriale et, côté terre, le rivage de la mer. Le rivage de la mer est constitué par tout ce qu'elle couvre et découvre jusqu'où les plus hautes mers peuvent s'étendre en l'absence de perturbations météorologiques exceptionnelles ; 2º Le sol et le sous-sol des étangs salés en communication directe, naturelle et permanente avec la mer ; 3º Les lais et relais de la mer : a) Qui faisaient partie du domaine privé de l'État à la date du 1er décembre 1963, sous réserve des droits des tiers ; b) Constitués à compter du 1er décembre 1963* ».

46. Art. 644 C. civ. : « *[c]elui dont la propriété borde une eau courante, autre que celle qui est déclarée dépendance du domaine public par l'article 538 au titre "De la distinction des biens", peut s'en servir à son passage pour l'irrigation de ses propriétés.* (al. 1) *Celui dont cette eau traverse l'héritage peut même en user dans l'intervalle qu'elle y parcourt, mais à la charge de la rendre, à la sortie de ses fonds, à son cours ordinaire.* (al. 2) ».

47. V. Civ. 3e, 21 février 2001, pourvoi nº 98-21352 : construction d'un canal puis d'un étang puisant les eaux dans le cours d'eau non domanial qui borde sa propriété ; Civ. 3e, 12 février 1974, *Bull. civ.* III, nº 72 : déversement des eaux usées provenant des installations industrielles. Et v. Civ. 3e, 4 février 1975, *Bull. civ.* III, nº 40 : « Les juges d'appel, qui n'étaient pas liés par les conclusions des experts, n'ont fait qu'user de leur pouvoir souverain d'appréciation (...) en estimant que les ouvrages minimes et d'apparence relativement ancienne édifiés par les riverains supérieurs permettaient uniquement un captage intermittent et certainement pas total des eaux de surface destiné à l'exploitation d'importantes propriétés rurales, et que, les riverains inférieurs ne justifiant d'aucun préjudice à eux causés par ces ouvrages, il n'y avait pas lieu d'en ordonner la démolition ».

48. Art. 559 C. civ. : « *[s]i un cours d'eau, domanial ou non, enlève par une force subite une partie considérable et reconnaissable d'un champ riverain, et la porte vers un champ inférieur ou sur la rive opposée, le propriétaire de la partie enlevée peut réclamer sa propriété ; mais il est tenu de former sa demande dans l'année : après ce délai, il n'y sera plus recevable, à moins que le propriétaire du champ auquel la partie enlevée a été unie, n'eût pas encore pris possession de celle-ci* ».

49. Art. 560 C. civ. : « *[l]es îles, îlots, atterrissements, qui se forment dans le lit des cours d'eau domaniaux, appartiennent à la personne publique propriétaire du domaine concerné, en l'absence de titre ou de prescription contraire* ».

d'eau non domanial, la portion émergée appartient aux propriétaires riverains des deux côtés à partir de la ligne qu'on suppose tracée au milieu du cours d'eau[50] ou au seul propriétaire riverain s'il n'y en a qu'un. En somme, dans tous les cas, la portion émergée appartient au(x) propriétaire(s) du lit.

Dans le cas très particulier où un bras nouveau d'un cours d'eau coupe et embrasse le champ d'un propriétaire riverain en en faisant une île, ce dernier conserve la propriété de son champ, alors même que l'île se serait formée dans un cours d'eau domanial[51].

158. Le déplacement de lit. La situation dans laquelle un cours d'eau domanial abandonne son ancien lit au profit d'un nouveau est envisagée par le Code civil et le Code de l'environnement.

Le Code civil[52] règle la question de l'abandon de son lit par un *cours d'eau domanial* : les propriétaires riverains de l'ancien lit peuvent en acquérir la propriété jusqu'à une ligne tracée au milieu du cours d'eau, moyennant un prix fixé par expertise. À défaut d'acquisition par les propriétaires riverains de l'ancien lit, il est procédé à son aliénation selon les règles applicables aux aliénations du domaine des personnes publiques. En tout état de cause, le prix provenant de la vente est distribué aux propriétaires des fonds occupés par le nouveau cours, à titre d'indemnité, à proportion de la valeur du terrain enlevé à chacun d'eux.

Le Code de l'environnement[53] règle la question de l'abandon de son lit par un *cours d'eau non domanial* : les propriétaires riverains en acquièrent la propriété

50. Art. 561 C. civ. : « *[l]es îles et atterrissements qui se forment dans les cours d'eau non domaniaux, appartiennent aux propriétaires riverains du côté où l'île s'est formée : si l'île n'est pas formée d'un seul côté, elle appartient aux propriétaires riverains des deux côtés, à partir de la ligne qu'on suppose tracée au milieu du cours d'eau* ». Et v. Req. 25 février 1907, *DP* 1908, 1, p. 281 : l'article 561 C. civ. ne concerne que les îles de formation récente, dont la propriété demeure encore incertaine, et non des îles de formation ancienne figurant déjà au cadastre sous un numéro déterminé (dans le même sens, v. Civ. 1re, 10 mars 1953, *JCP* 1953, II, 7842, note A. Weill).

51. Art. 562 C. civ. : « *[s]i un cours d'eau, en se formant un bras nouveau, coupe et embrasse le champ d'un propriétaire riverain, et en fait une île, ce propriétaire conserve la propriété de son champ, encore que l'île se soit formée dans un cours d'eau domanial* ».

52. Art. 563 C. civ. : « *[s]i un cours d'eau domanial forme un nouveau cours en abandonnant son ancien lit, les propriétaires riverains peuvent acquérir la propriété de cet ancien lit, chacun en droit soi, jusqu'à une ligne qu'on suppose tracée au milieu du cours d'eau. Le prix de l'ancien lit est fixé par des experts nommés par le président du tribunal de la situation des lieux, à la requête de l'autorité compétente.* (al. 1) *À défaut par les propriétaires riverains de déclarer, dans les trois mois de la notification qui leur sera faite par l'autorité compétente, l'intention de faire l'acquisition aux prix fixés par les experts, il est procédé à l'aliénation de l'ancien lit selon les règles qui président aux aliénations du domaine des personnes publiques.* (al. 2) *Le prix provenant de la vente est distribué aux propriétaires des fonds occupés par le nouveau cours à titre d'indemnité, dans la proportion de la valeur du terrain enlevé à chacun d'eux.* (al. 3) »

53. Art. L. 215-3 C. envir. : « *[l]orsque le lit d'un cours d'eau est abandonné, soit naturellement soit par suite de travaux légalement exécutés, chaque riverain en reprend la libre disposition suivant les limites déterminées par l'article précédent* ». (d'après l'article L. 215-2 C. envir., « *[l]e lit des cours d'eau non domaniaux appartient aux propriétaires des deux rives.* (al. 1) *Si les deux rives appartiennent à des propriétaires différents, chacun d'eux a la propriété de la moitié du lit, suivant une ligne que l'on suppose tracée au milieu du cours d'eau, sauf titre ou prescription contraire.* (al. 2) *Chaque riverain a le droit de prendre, dans la partie du lit qui lui appartient, tous les produits naturels et d'en extraire de la vase, du sable et des pierres, à la condition de ne pas modifier le régime des eaux et d'en exécuter l'entretien conformément à l'article L. 215-14.* (al. 3) *Sont et demeurent réservés les droits acquis par les riverains ou autres intéressés sur les parties des cours d'eau qui servent de voie d'exploitation pour la desserte de leurs fonds.* (al. 4) ») ; art. L. 215-4 C. envir. : « *[l]orsqu'un cours d'eau*

jusqu'à une ligne tracée au milieu du cours d'eau. Quant aux propriétaires des fonds sur lesquels le nouveau lit s'est établi, ils souffrent le passage des eaux sans indemnité. Néanmoins, tant les propriétaires riverains du lit abandonné que ceux du nouveau lit peuvent, dans l'année qui suit le changement de lit, prendre les mesures nécessaires pour rétablir l'ancien cours des eaux, sous réserve que ces mesures ne fassent pas obstacle à la réalisation d'une opération entreprise pour la gestion de ce cours d'eau par l'autorité administrative dans sa mission de conservation de police des cours d'eau non domaniaux[54].

§ 2. L'accession due au déplacement des animaux

159. Combinaison de l'accession et de l'immobilisation par destination. L'article 564 C. civ.[55] indique que les pigeons, lapins, poissons, qui passent dans un autre colombier, garenne ou plan d'eau de pisciculture appartiennent au propriétaire de ceux-ci, pourvu qu'ils n'y aient point été attirés par fraude et artifice. On justifiait traditionnellement cette règle par l'immobilisation par destination des animaux en raison du lien les unissant au fonds sur lequel ils sont situés. Il était donc normal que le changement de fonds emportât changement de maître. Ainsi, si l'accession, dans un premier temps, justifiait leur appropriation, c'était l'immobilisation par destination qui, dans un second temps, justifiait leur immobilisation. Certes, depuis 2015, « *[l]es animaux sont des êtres vivants doués de sensibilité* » (art. 515-14 C. civ.) et ne sont pas des biens susceptibles d'être immobilisés par destination[56]. Mais il reste que « *[s]ous réserve des lois qui les protègent, les animaux sont soumis au régime des biens* » (même article), ce qui permet de conserver la justification traditionnelle.

Sous-section 2
L'accession artificielle

160. Idée générale – conflit de propriétés. Lorsque des constructions ou plantations s'unissent au sol, un conflit de propriétés voit le jour chaque fois que le propriétaire du sol n'était pas le propriétaire des matériaux. À cet égard, l'idée générale est qu'en matière immobilière, tout ce qui s'élève sur le sol appartient au propriétaire de celui-ci par la technique de l'accession artificielle : les bâtiments et les

non domanial abandonne naturellement son lit, les propriétaires des fonds sur lesquels le nouveau lit s'établit sont tenus de souffrir le passage des eaux sans indemnité ; mais ils peuvent, dans l'année qui suit le changement de lit, prendre les mesures nécessaires pour rétablir l'ancien cours des eaux, sous réserve que ces mesures ne fassent pas obstacle à la réalisation d'une opération entreprise pour la gestion de ce cours d'eau en application de l'article L. 211-7. (al. 1) *Les propriétaires riverains du lit abandonné jouissent de la même faculté et peuvent, dans l'année et dans les mêmes conditions poursuivre l'exécution des travaux nécessaires au rétablissement du cours primitif.* (al. 2) ».

54. Art. L. 215-7 al. 1 C. envir. : « *[l]'autorité administrative est chargée de la conservation et de la police des cours d'eau non domaniaux. Elle prend toutes dispositions pour assurer le libre cours des eaux* ».

55. « *Les pigeons, lapins, poissons, qui passent dans un autre colombier, garenne ou plan d'eau visé aux articles L. 431-6 et L. 431-7 du Code de l'environnement appartiennent au propriétaire de ces derniers, pourvu qu'ils n'y aient point été attirés par fraude et artifice.* »

56. V. *supra*, n° 11.

plantations édifiées sur le sol appartiennent en principe au propriétaire de celui-ci. Ainsi que l'énonce le Code civil, « *[l]a propriété du sol emporte la propriété du dessus et du dessous* » (art. 552 al. 1 C. civ. ; *superficies solo cedit*). La force attractive du sol sur ce qui s'y trouve s'explique en raison de sa supériorité, que l'on attribue à sa fixité ou à sa valeur.

Les modalités de l'accession peuvent évidemment être déterminées contractuellement, lorsqu'un contrat a été conclu avant qu'un sol soit planté et construit. À défaut, le Code civil les précise en envisageant les cas généraux d'accession (§ 1). Il conviendra à cet égard d'envisager le cas particulier de l'empiétement (§ 2).

161. Observation liminaire d'ordre probatoire. L'article 553 C. civ. énonce que ce qui se trouve sur le sol est présumé avoir été fait par le propriétaire à ses frais et lui appartenir[57]. Il s'agit d'une présomption simple[58] qui cède devant la preuve d'un titre ou d'une usucapion conférant la propriété de ce qui se trouve sur le sol à un autre qu'au propriétaire de celui-ci[59].

§ 1. Les cas généraux d'accession

162. Plan. Le Code civil distingue deux cas :

— celui où le constructeur construit sur **sa propriété** avec les **matériaux d'autrui**, prévu à l'article 554 C. civ. (A) ;

— celui où le constructeur construit sur **la propriété d'autrui** avec **ses matériaux**, prévu à l'article 555 C. civ. (B).

Deux autres cas peuvent être envisagés. Si la situation du constructeur qui construit sur **sa propriété** avec **ses matériaux** ne pose pas de difficultés, il en va différemment de celle du constructeur qui construit sur **la propriété d'autrui** avec **les matériaux d'autrui**. Il convient semble-t-il d'appliquer de façon distributive, d'une part, l'article 554 C. civ. dans les rapports entre le propriétaire du sol et le propriétaire des matériaux et, d'autre part, l'article 555 C. civ. dans les rapports entre le propriétaire du sol et le constructeur[60].

---

57. « *Toutes constructions, plantations et ouvrages sur un terrain ou dans l'intérieur sont présumés faits par le propriétaire à ses frais et lui appartenir, si le contraire n'est prouvé ; sans préjudice de la propriété qu'un tiers pourrait avoir acquise ou pourrait acquérir par prescription soit d'un souterrain sous le bâtiment d'autrui, soit de toute autre partie du bâtiment* ».

58. Pour une application, v. Com. 28 juin 1983, *Bull. civ.* IV, n° 193 : une construction élevée sur un terrain avant sa vente est réputée, sauf preuve contraire, avoir été faite par le propriétaire du terrain.

59. La présomption de l'article 553 C. civ. est détruite s'il est établi que le propriétaire du sol s'est engagé à reprendre à la fin du contrat les constructions qui y ont été élevées par l'occupant (Civ. 1re, 1er juillet 1963, *Bull. civ.* I, n° 356), s'il est établi que c'est pour son propre compte, sur ses plans, sur ses fonds et par son travail qu'un père a édifié une maison sur un terrain appartenant à sa fille, du consentement de celle-ci (Civ. 3e, 7 novembre 1978, *Bull. civ.* III, n° 335) ou encore si le vendeur d'un terrain sur lequel étaient édifiés des boxes pour automobiles, dont l'existence n'a pas été mentionnée au contrat de vente, est demeuré après la vente du terrain, le paisible possesseur des boxes (Civ. 3e, 15 novembre 1977, *Bull. civ.* III, n° 388, *RTD civ.* 1978, p. 674, obs. Cl. GIVERDON).

60. M. PLANIOL et G. RIPERT, M. PICARD, n° 263.

A Le cas où le constructeur construit sur sa propriété avec les matériaux d'autrui (art. 554 C. civ.)

163. Indemnisation du propriétaire des matériaux. L'article 554 C. civ.[61] envisage le cas du constructeur – ou du planteur – qui, propriétaire du sol, a employé les matériaux d'autrui. En application de l'article 552 al. 1 C. civ.[62], le constructeur ou planteur, propriétaire du sol, devient propriétaire par accession des constructions ou plantations. Quant au propriétaire des matériaux, il a droit à indemnisation, pour la valeur de ces matériaux, de la part du constructeur. Cette solution paraît bien être la seule envisageable, la revendication du propriétaire des matériaux s'avérant impossible du fait de leur incorporation à l'immeuble[63]. Tenant compte de l'érosion monétaire, l'article 554 C. civ. prévoit que la valeur des matériaux est évaluée au jour du paiement de l'indemnisation.

L'article 554 C. civ. prévoit également que le propriétaire du sol pourrait, « *s'il y a lieu* », être condamné à des dommages-intérêts. Cela ne pourrait l'être que sur le fondement des règles de la responsabilité civile, ce qui supposerait que le propriétaire ait commis une faute – il était de mauvaise foi – et qu'un préjudice qui ne soit pas réparé par le paiement de la valeur des matériaux soit caractérisé – par exemple, l'impossibilité d'avoir pu en user avant paiement de leur valeur.

L'article 554 C. civ. n'est pas d'application fréquente, pour la raison simple que celui qui utilise des matériaux utilise le plus souvent les siens, en serait-il devenu propriétaire par l'effet de la possession de bonne foi (art. 2276 C. civ.[64]).

B Le cas où le constructeur construit sur la propriété d'autrui avec ses matériaux (art. 555 C. civ.)

164. Économie générale. L'article 555 C. civ.[65] envisage le cas dans lequel une personne[66] a construit – ou planté – avec ses propres matériaux sur le terrain d'autrui.

---

61. « *Le propriétaire du sol qui a fait des constructions, plantations et ouvrages avec des matériaux qui ne lui appartenaient pas, doit en payer la valeur estimée à la date du paiement ; il peut aussi être condamné à des dommages-intérêts, s'il y a lieu : mais le propriétaire des matériaux n'a pas le droit de les enlever.* »

62. « *La propriété du sol emporte la propriété du dessus et du dessous.* »

63. C'est pourquoi certains auteurs admettent la revendication au cas où par l'effet de la destruction de l'ouvrage, les matériaux pourraient être isolés et donc revendiqués (F. Zenati-Castaing et Th. Revet, nº 143). *Contra*, M. Planiol et G. Ripert, M. Picard, nº 267, qui observent que l'accession dépouille de sa propriété l'ancien propriétaire des matériaux.

64. V. *infra*, nº 743 et s.

65. « *Lorsque les plantations, constructions et ouvrages ont été faits par un tiers et avec des matériaux appartenant à ce dernier, le propriétaire du fonds a le droit, sous réserve des dispositions de l'alinéa 4, soit d'en conserver la propriété, soit d'obliger le tiers à les enlever.* (al. 1) *Si le propriétaire du fonds exige la suppression des constructions, plantations et ouvrages, elle est exécutée aux frais du tiers, sans aucune indemnité pour lui ; le tiers peut, en outre, être condamné à des dommages-intérêts pour le préjudice éventuellement subi par le propriétaire du fonds.* (al. 2) *Si le propriétaire du fonds préfère conserver la propriété des constructions, plantations et ouvrages, il doit, à son choix, rembourser au tiers, soit une somme égale à celle dont le fonds a augmenté de valeur, soit le coût des matériaux et le prix de la main-d'œuvre estimés à la date du remboursement, compte tenu de l'état dans lequel se trouvent lesdites constructions, plantations et ouvrages.* (al. 3) *Si les plantations, constructions et ouvrages ont été faits par un tiers évincé qui n'aurait pas été condamné, en raison de sa bonne foi, à la restitution des fruits, le propriétaire ne pourra exiger la suppression desdits ouvrages, constructions et plantations, mais il aura le choix de rembourser au tiers l'une ou l'autre des sommes visées à l'alinéa précédent* (al. 4) ».

66. Il peut s'agir d'un vrai tiers, un *penitus extranei*, ou d'un ayant cause dont le titre translatif aurait été par la suite annulé. V. Civ. 3e, 13 janvier 1999, pourvoi nº 96-12077 : application de l'article 555 C. civ. aux ouvrages édifiés par l'acquéreur avant que la vente ne soit annulée.

En application de l'article 552 al. 1 C. civ.[67], le propriétaire du sol devient propriétaire des constructions, plantations ou autres ouvrages. Pour le reste, tout dépend du *choix* opéré par le *propriétaire* : s'il préfère conserver les constructions, il devra indemniser le tiers, à son choix, soit de la dépense faite, soit de la plus-value apportée au terrain, alors que s'il exige au contraire leur destruction, le tiers devra y procéder sans indemnisation et à ses frais, à moins qu'il ne soit de bonne foi, auquel cas il pourra prétendre à être indemnisé, au choix du propriétaire, soit de la dépense faite, soit de la plus-value apportée au terrain. Ainsi, si dans un premier temps, l'incorporation réalisée par le tiers donne lieu à l'accession au profit du propriétaire du sol qui est devenu propriétaire des constructions ou plantations, dans un second temps, le propriétaire du terrain doit opter[68] entre le maintien ou la remise en l'état.

165. Indemnisation du tiers. L'indemnisation est due aux tiers constructeurs ou planteurs[69] dans deux hypothèses : en cas de *remise en état* des lieux, si et seulement s'il était de bonne foi (art. 555 al. 4 C. civ.) et en cas de *maintien en l'état* des lieux, qu'il soit ou non de bonne foi (art. 555 al. 3 C. civ.).

Est de bonne foi celui qui construit ou plante sur le terrain qu'il croit être le sien, en raison d'un *titre translatif de propriété dont il ignore les vices* (art. 550 C. civ.[70]) voire d'un *simple titre putatif*[71]. Est en revanche de mauvaise foi celui qui empiète[72]

67. « *La propriété du sol emporte la propriété du dessus et du dessous.* »

68. L'option peut être tacite. V. Civ. 3e, 29 janvier 1980, *Bull. civ.* III, n° 26 : de l'acte de vente d'un terrain sur lequel des constructions ont été édifiées par un tiers qui précise expressément que la cession porte sur les constructions effectuées, un arrêt peut déduire que le vendeur avait définitivement choisi de conserver la propriété des constructions édifiées sur son terrain et pris définitivement possession desdites constructions lors de l'exercice de son option, de sorte qu'est recevable l'action exercée contre lui, en sa qualité d'acquéreur par accession, sur le fondement de l'article 555 C. civ.

69. Il s'agit d'une créance personnelle et non d'une créance réelle. En conséquence, seul le tiers qui aurait planté et non son ayant cause à qui il aurait vendu son terrain jouxtant celui sur lequel il a planté peut agir en indemnisation. V. Civ. 3e, 13 mai 2015, pourvoi n° 13-26680, à paraître au *Bulletin*, *D.* 2015, p. 1867, obs. N. Reboul-Maupin : « le droit à indemnisation du tiers évincé n'est pas attaché à la propriété d'un fonds mais à la personne qui a accompli l'acte de planter ».

70. « *Le possesseur est de bonne foi quand il possède comme propriétaire, en vertu d'un titre translatif de propriété dont il ignore les vices. Il cesse d'être de bonne foi du moment où ces vices lui sont connus.* »

71. Civ. 3e, 3 mai 1983, *Bull. civ.* III, n° 102, *RTD civ.* 1984, p. 333, obs. Cl. Giverdon : l'autorisation de demander un permis de construire, donnée par le propriétaire d'un terrain à une personne désirant l'acquérir peut constituer un titre putatif conférant au bénéficiaire qui a cru de bonne foi qu'en lui remettant cette autorisation, le propriétaire du terrain lui conférait un titre l'autorisant à bâtir en qualité de propriétaire, avant même que l'acte de vente soit signé, la qualité de constructeur de bonne foi au sens de l'article 555 C. civ. V. déjà Civ. 1re, 10 avril 1967, *Bull. civ.* I, n° 118 (titre putatif d'échange), et, depuis, Civ. 3e, 29 novembre 2006, pourvoi n° 05-19875 : « pour débouter M. X... de sa demande en restitution des loyers perçus par la SCI, l'arrêt retient que la question de la propriété était donc loin d'être aussi évidente que le prétendait M. X... et que la bonne foi de la SCI était confortée par le fait qu'elle n'avait *a priori* aucun intérêt à engager des travaux importants dans un immeuble qui n'aurait pas été le sien ; (...) en se déterminant ainsi, sans rechercher si la SCI disposait d'un titre translatif de propriété dont elle ignorait les vices ou d'un titre putatif, la cour d'appel n'a pas donné de base légale à sa décision. »

72. Civ. 3e, 8 décembre 1971, *Bull. civ.* III, n° 619 : « il est constaté par l'arrêt attaqué que, dans la construction de sa maison, Manuel a empiété sur le terrain de Vivancos, son voisin ; (...) pour débouter celui-ci de sa demande tendant à la suppression des constructions élevées sur son sol, la cour d'appel énonce que Vivancos n'établit pas que ces empiétements aient été exécutés de mauvaise foi ; (...) en statuant de la sorte, alors que Manuel n'invoquait aucun titre de propriété sur le terrain qu'il a indûment occupé, la cour d'appel a violé les [articles 545 et 555 du Code civil] ».

et, plus généralement, est[73] ou devient[74] de mauvaise foi, toute personne qui construit sciemment sur un terrain qui ne lui appartient pas[75].

Lorsqu'une indemnisation est due aux tiers, elle est versée par le propriétaire – actuel[76]. L'indemnité est égale à la valeur de l'édifice, appréciée au jour du paiement. En raison des difficultés particulières qu'il y a à évaluer un édifice en faisant abstraction du sol sur lequel il repose, les articles 555 al. 3 et 4 C. civ. offre au propriétaire le choix de rembourser la *plus-value* ou la *dépense faite*[77]. Ce choix appartient au propriétaire, et à lui seul[78]. Néanmoins, le constructeur peut le mettre en demeure d'effectuer son choix et, s'il demeure taisant, choisir à sa place[79]. Les

73. Civ. 3e, 1er mars 1995, *Bull. civ.* III, n° 68, *D.* 1996, p. 57, obs. J. Robert, *Rép. Defr.* 1995, p. 1120, obs. Ch. Atias, *RTD civ.* 1996, p. 363, obs. J. Hauser, *ibid.*, p. 658, obs. F. Zenati : est de mauvaise foi père ayant construit sur des terrains acquis par lui-même au nom de sa fille mineure ; Civ. 3e, 12 mai 1976, *Bull. civ.* III, n° 205 : est de mauvaise foi celui qui, connaissant le caractère litigieux de son titre, construit sur un terrain dont il avait été reconnu propriétaire par une décision judiciaire, dès lors que celle-ci était frappée de pourvoi en cassation ; Civ. 3e, 12 juin 1991, *Bull. civ.* III, n° 174 : « le titre de l'attributaire initial, maintenu en possession, après l'annulation par la juridiction administrative, jusqu'à la publication d'une nouvelle attribution par la commission de remembrement, a un caractère litigieux ».

74. Civ. 3e, 30 novembre 1988, *Bull. civ.* III, n° 172, *D.* 1990, p. 85, obs. J. Robert, *Rép. Defr.* 1989, p. 771, obs. H. Souleau : devient de mauvaise foi celui qui a reçu sommation du propriétaire d'avoir à supprimer l'ouvrage édifié et communication des documents établissant la preuve du droit de propriété.

75. Pour le locataire, la jurisprudence a semble-t-il évolué. V. *infra*, n° 166.

76. Ainsi l'action du constructeur sera exercée contre l'ayant cause de celui qui était propriétaire au moment de la construction (Civ. 3e, 30 octobre 1968, *Bull. civ.* III, n° 437 : l'action devait « être dirigée contre le propriétaire, détenteur de l'immeuble et bénéficiaire de l'accession, qualifié par la loi pour exercer l'option prévue et tenu aux conséquences pécuniaires susceptibles d'en résulter »).

77. Par conséquent, en cas de moins-value, aucune indemnité n'est due au constructeur, sans que celui-ci toutefois ne puisse être tenu de verser une indemnité au propriétaire (Civ. 3e, 12 octobre 2011, *Bull. civ.* III, n° 169 : « pour débouter M. X... de sa demande et le condamner à payer une certaine somme aux consorts Y... correspondant à la moins-value apportée à leur fonds par la construction y édifiée, l'arrêt retient que cette construction entraîne une moins-value d'encombrement ; (...) en statuant ainsi, alors que, lorsque le constructeur est de bonne foi, l'article 555 C. civ. ne prévoit de remboursement qu'à la charge du propriétaire du fonds, la cour d'appel a violé le texte susvisé »). Il conviendrait néanmoins de réserver le cas où le constructeur ou le planteur a commis une faute, puisqu'il devrait alors être tenu de réparer le préjudice causé, lequel peut avoir consisté en une moins-value subie par le fonds.

78. Non au juge (V. notamment Civ. 3e, 24 octobre 1990, *Bull. civ.* III, n° 204, *D.* 1991, p. 307, obs. J. Robert : « pour condamner Mme Y... à payer à Mme X..., déclarée occupante de bonne foi, le coût des fournitures et le prix de la main-d'œuvre pour les travaux d'amélioration du fonds, l'arrêt retient que Mme Y..., qui n'a pas comparu devant le premier juge ni devant la cour d'appel, n'a exercé, ni à l'amiable, ni devant la justice, le choix qui lui était offert et qu'il appartient au juge de trancher en choisissant la solution la plus équitable ; (...) en statuant ainsi, la cour d'appel, qui a privé la propriétaire de sa liberté de choix, a violé [l'article 555 al. 4 C. civ.] »), lequel ne peut d'ailleurs pas trancher s'en être enquis de ce choix (Civ. 3e, 13 octobre 1999, *Bull. civ.* III, n° 207, *RDI* 2000, p. 20, obs. M. Bruschi : « l'arrêt retient qu'une décision irrévocable a reconnu la bonne foi de Mme X..., qu'il convient donc de condamner la propriétaire à rembourser à sa locataire une somme égale à celle dont le fonds a augmenté de valeur ; (...) en statuant ainsi, sans rechercher quel avait été le choix fait par Mme Y... pour l'indemnisation de Mme X..., la cour d'appel n'a pas donné de base légale à sa décision »).

79. Civ. 3e, 17 juillet 1996, *Bull. civ.* III, n° 196, *JCP* 1997, I, 4010, obs. H. Périnet-Marquet, *RDI* 1997, p. 207, obs. J.-L. Bergel, *RTD civ.* 1997, p. 407, obs. F. Zenati : « ayant relevé que les époux Y... avaient droit au remboursement, soit d'une somme égale à celle dont le fonds avait augmenté de valeur, soit du coût des matériaux et du prix de la main-d'œuvre estimés à la date de remboursement compte tenu de l'état dans lequel se trouvaient lesdites constructions, plantations et ouvrages, la cour d'appel, qui a retenu que s'il ne lui appartenait pas d'exercer d'office le choix offert au

règles d'évaluation retenues par le Code civil ne sont pas applicables si un texte spécial en prévoit des différentes, ce qui est le cas dans les relations entre époux, qu'ils soient communs en biens[80] ou séparés de biens[81], mais ce qui ne l'est pas pour les relations entre concubins[82]. La jurisprudence offre par ailleurs au constructeur un droit de rétention, en lui reconnaissant la faculté de rester en possession tant qu'il n'est pas indemnisé, peu important sa bonne ou mauvaise foi au sens de l'article 555 C. civ.[83].

166. Domaine et valeur des règles. Les règles contenues à l'article 555 C. civ. sont supplétives. À cet égard, on peut distinguer trois séries de conventions qui dérogent à cette disposition.

En premier lieu, lorsque le propriétaire du sol a conclu un contrat avec une personne afin qu'elle construise ou plante sur son sol, les dispositions de l'article 555 C. civ. sont écartées[84]. Ainsi, aucune destruction n'est envisageable et c'est le prix convenu, non une indemnité, qui sera due au constructeur ou au

propriétaire, celui-ci, mis en demeure d'exercer ce choix, était demeuré taisant, en a justement déduit que la demande des époux Y... tendant à l'application d'un des deux critères d'évaluation prévus par la loi, était juridiquement fondée » ; Civ. 3e, 10 novembre 1999, *Bull. civ.* III, n° 211, *Rép. Defr.* 2000, p. 312, obs. Ch. Atias, *RDI* 2000, p. 20, obs. M. Bruschi : « ayant retenu exactement qu'elle ne pouvait pas se substituer au propriétaire dans l'exercice du choix des modalités de calcul de l'indemnité due au constructeur et relevé que les époux X... réclamaient une somme égale à la valeur du coût des matériaux et de la main-d'œuvre et que les consorts Y... n'avaient pas levé l'option accordée au propriétaire, la cour d'appel a pu en déduire que le constructeur était fondé en sa demande ».

80. Civ. 1re, 19 juillet 1966, *Bull. civ.* I, n° 444 : « *le règlement des récompenses (...) ne peut être opéré par référence à l'article 555 C. civ.* ».

81. Civ. 1re, 25 avril 2006, *Bull. civ.* I, n° 204, *D.* 2006, p. 2366, obs. B. Mallet-Bricout, *JCP* 2006, I, 193, obs. M. Storck : « pour décider que Mme Y... pouvait, par application de l'article 555, alinéas 2 et 3, du Code civil, choisir entre le remboursement d'une somme égale à celle dont le fonds a augmenté de valeur et le coût des matériaux et de la main d'œuvre estimés à la date du remboursement compte tenu de l'état des biens, l'arrêt retient que les dispositions de ce texte avaient vocation à régir les rapports entre époux séparés de biens ; (...) en statuant ainsi, la cour d'appel a violé [les articles 1469, alinéa 3, du Code civil, ensemble les articles 1479, alinéa 2, 1543 et 555, alinéas 2 et 3, du même code] ».

82. Civ. 3e, 2 octobre 2002, pourvoi n° 01-00002, *Rép. Defr.* 2003, p. 116, obs. J. Massip « la cour d'appel a retenu, à bon droit, que l'article 555 C. civ. avait vocation à régir les rapports entre concubins sauf le cas où il existait entre eux une convention réglant le sort de la construction et que l'existence d'une telle convention ne pouvait se déduire de la seule situation de concubinage ou de l'installation dans l'immeuble litigieux dans le seul intérêt de M. Y... ».

83. Civ. 3e, 23 avril 1974, *Bull. civ.* III, n° 164, *JCP* 1975, II, 18170, note B. Thuillier : « les principes régissant le droit de rétention ne font pas obstacle à ce qu'une décision de justice confère ce droit au titulaire d'une créance certaine, qu'elle rend liquide et exigible, dès lors que ladite créance a pris naissance à l'occasion de la chose retenue ; (...) en l'état de cette connexité entre l'indemnité allouée à Gabriel X... et les constructions et plantations sur lesquelles portaient la rétention, la cour d'appel a légalement justifié sa décision sur ce point » ; Civ. 3e, 12 mars 1985, *Bull. civ.* III, n° 50, *RTD civ.* 1986, p. 377, obs. Cl. Giverdon et P. Salvage-Gerest : « ayant relevé le droit de M. Van Den Berg à une indemnité pour les améliorations qu'il avait apportées au fonds de M. Y..., la cour d'appel a pu décider que le possesseur pourrait exercer son droit de rétention sur ce fonds jusqu'à la fixation du montant de l'indemnité ».

84. Civ. 3e, 19 février 1975, *Bull. civ.* III, n° 71 : « la cour d'appel, en énonçant que les dispositions de l'article 555 du Code civil sont seulement applicables aux constructions élevées sans droit par un tiers sur le fonds d'autrui et que tel n'était pas le cas en l'espèce puisque Joseph et Manuel Y... avaient participé à la construction avec l'accord de leur oncle, a par là même implicitement admis l'existence d'une convention entre les parties relativement à la construction litigieuse ; (...) elle a donc, à juste titre, écarté l'application [de l'article 555 du Code civil] ».

planteur. Lorsque de tels contrats sont conclus puis annulés, l'article 555 C. civ. n'est pas davantage applicable, et l'on procède aux restitutions conformément aux règles qui les gouvernent[85]. Au cas où le contrat aurait été conclu par un locataire, l'article 555 C. civ. n'est pas plus applicable à l'action de l'entrepreneur – qui n'aurait pas été payé par le locataire – contre le propriétaire, laquelle ne peut être fondée que sur l'enrichissement sans cause[86].

En deuxième lieu, les règles de l'article 555 C. civ. sont encore écartées lorsqu'une convention a pour objet de conférer, à titre onéreux ou gratuit, un droit de superficie[87] au profit du constructeur ou du planteur, le rendant propriétaire des ouvrages et des plantations, tout en laissant la propriété du sol au propriétaire[88].

En troisième lieu, lorsqu'une convention a pour objet de conférer un droit de jouissance à une personne, tel un locataire, à qui il a été permis de construire ou de planter[89], l'accession au profit du propriétaire du sol est différée à l'expiration du bail[90] : l'application de l'article 555 C. civ. est simplement gelée et trouvera à

85. Civ. 3e, 24 avril 2013, *Bull. civ.* III, nº 56, *RTD civ.* 2013, p. 638, obs. W. Dross : « ayant retenu à bon droit que la nullité du contrat de construction n'avait pas pour effet de permettre au maître de l'ouvrage d'invoquer contre le constructeur les dispositions de l'article 555 C. civ., la cour d'appel a exactement déduit de ces seuls motifs, sans violer le principe de la contradiction, que la demande de démolition formée par M. X... devait être rejetée ».

86. Ce qui suppose que l'enrichissement du propriétaire ne soit pas « causé », ce qui sera pourtant le cas chaque fois que le bail stipulait que toutes les constructions édifiées par le locataire sur le terrain loué resteraient en fin de contrat la propriété du bailleur sans indemnité. Et v. Civ. 3e, 28 mai 1986, *Bull. civ.* III, nº 83, *RTD civ.* 1987, p. 366, obs. Ph. Rémy : « l'enrichissement a une cause légitime quand il trouve sa source dans un acte juridique, même passé entre l'enrichi et un tiers ».

87. V. *supra*, nº 107 et s.

88. Civ. 3e, 6 novembre 1970, *Bull. civ.* III, nº 592, *RTD civ.* 1971, p. 674, obs. J.-D. Bredin : il appartenait aux juges du fond « de rechercher, par une interprétation de la convention litigieuse, si, dans la commune intention des parties, le propriétaire n'avait pas renoncé au bénéfice de l'accession pour l'ensemble des constructions qui étaient immeubles, rendant, dans ce cas, inapplicables, pour leur sort, les dispositions de l'article 555 du Code civil ».

89. S'il ne l'a pas été, la solution est discutée. D'après l'article 1729 C. civ., « *[s]i le preneur n'use pas de la chose louée raisonnablement ou emploie la chose louée à un autre usage que celui auquel elle a été destinée, ou dont il puisse résulter un dommage pour le bailleur, celui-ci peut, suivant les circonstances, faire résilier le bail* ». Quant à l'article 1730, il prévoit que « *[s]'il a été fait un état des lieux entre le bailleur et le preneur, celui-ci doit rendre la chose telle qu'il l'a reçue, suivant cet état, excepté ce qui a péri ou a été dégradé par vétusté ou force majeure* ». Est-ce qu'effectuer des constructions ou plantations nouvelles revient à agir de façon déraisonnable (art. 1729 C. civ.) ou constitue un manquement à l'obligation de conservation (art. 1730 C. civ.) ? En droit spécial, les textes sont plus précis : en matière de baux d'habitation, le bailleur est obligé « *[d]e ne pas s'opposer aux aménagements réalisés par le locataire, dès lors que ceux-ci ne constituent pas une transformation de la chose louée* » (art. 6, d) de la loi du 6 juillet 1989) ; en matière de baux ruraux, l'article L. 411-73 C. rur. et pêch. mar. comporte des dispositions très précises.

90. Le bailleur ne devient propriétaire des plantations ou constructions édifiées par accession qu'au terme du bail, et non au fur et à mesure de la construction ou de la plantation. V. Civ. 1re, 1er décembre 1964, *Bull. civ.* I, nº 535, *GAJC*, t. 1, nº 74, *RTD civ.* 1965, p. 373, obs. J.-D. Bredin : « si, en l'absence d'accord des parties, le sort des constructions élevées par le preneur est réglé à l'expiration du bail par l'article 555, alinéas 1 et 2 du Code civil, le preneur reste propriétaire, pendant la durée de la location, des constructions qu'il a édifiées sur le terrain du bailleur » ; Civ. 1re, 23 octobre 1990, *Bull. civ.* I, nº 217 : « si, en l'absence d'accord des parties, le sort des constructions élevées par le preneur est réglé à l'expiration du bail par le second de ces textes, le preneur reste propriétaire, pendant la durée de la location, des constructions qu'il a édifiées sur le terrain du bailleur ». Mais la résiliation amiable du bail avant le terme initialement prévu entraîne l'accession au bailleur des aménagements réalisés par les preneurs successifs (Civ. 3e, 19 mars 2008, *Bull. civ.* III, nº 49, *JCP* N 2008, p. 1328, obs. H. Périnet-Marquet : « la résiliation amiable du bail du 4 novembre 1988 avait entraîné

s'appliquer à la fin du bail, sauf à avoir été écartée par les parties[91], ce qui devra être prouvé par le locataire[92]. Parce que l'accession est différée, en cours de bail, le preneur, propriétaire des constructions et plantations, peut les modifier, voire les détruire[93], et c'est à lui que reviennent les indemnités d'assurance en cas de

---

l'accession au bailleur des aménagements réalisés par les preneurs successifs dans les lieux loués et (...) la valeur locative des locaux devait être appréciée en fonction de l'état des locaux à la date du nouveau bail).

91. La règle de l'accession est toutefois écartée dans le cas particulier des plantations de vigne : « les plants de vigne, dès leur plantation, deviennent la propriété du bailleur », en conséquence de quoi les preneurs ayant procédé à l'arrachage des vignes avant leur départ engagent leur responsabilité envers le bailleur (Civ. 3e, 10 novembre 2004, pourvoi n° 03-14592, *JCP* 2004, II, 10119, note F. Roussel). Aujourd'hui, le nouvel article R. 665-10 du C. rur. et pêch. mar. prévoit qu'« *[e]n cas de fermage ou de convention de mise à disposition, l'autorisation de plantation peut être délivrée à la condition que le bail ou la convention considérés comportent une clause de dévolution des droits en fin de bail ou de mise à disposition* » ; les parties auront donc dû s'entendre sur la question.

Il est fréquent que le contrat de bail comporte une clause prévoyant que le propriétaire fera siennes les améliorations sans avoir à indemniser le locataire ; ce n'est qu'à défaut d'une telle clause que le locataire pourra être indemnisé sur le fondement de l'article 555 C. civ. V. notamment Civ. 3e, 10 novembre 1999, *Bull. civ.* III, n° 211, *Rép. Defr.* 2000, p. 312, obs. Ch. Atias, *RDI* 2000, p. 20, obs. M. Bruschi : « (...) l'autorisation du bailleur d'effectuer des travaux n'étant pas de nature à écarter l'application de l'article 555 C. civ., à défaut d'une convention réglant le sort des constructions réalisées par le locataire (...) » ; Civ. 3e, 17 décembre 2013, *Bull. civ.* III, n° 167, *D.* 2014, p. 1850, obs. N. Reboul-Maupin : « ayant relevé que les constructions en cause avaient été édifiées, avec l'assentiment des propriétaires, sur des terrains donnés à bail et en l'absence de toute convention réglant le sort de ces constructions, la cour d'appel en a exactement déduit que l'article 555 C. civ. devait régir les rapports des parties en fin de bail ».

En revanche, l'article 555 C. civ. ne s'applique pas lorsque le locataire a été autorisé par le propriétaire à faire de simples travaux d'amélioration : (Civ. 3e, 8 janvier 1997, *Bull. civ.* III, n° 8 : « ayant relevé que la locataire avait été autorisée à faire des travaux d'amélioration, la cour d'appel en a exactement déduit, abstraction faite d'un motif erroné mais surabondant, que l'article 555 C. civ. relatif aux constructions faites sur un fonds ne pouvait s'appliquer »).

92. La Cour de cassation juge en effet que « c'est au tiers constructeur d'un immeuble sur le terrain d'autrui qu'il appartient, pour écarter l'application des dispositions de l'article 555 C. civ., de rapporter la preuve d'une convention réglant le sort du bien litigieux » (Civ. 3 e, 15 janvier 1971, *Bull. civ.* III, n° 40).

93. Civ. 3e, 16 décembre 2014, pourvoi n° 13-25214, *RTD civ.* 2015, p. 428, obs. W. Dross : « la société civile immobilière A... B... (la SCI) a acquis un groupe d'immeubles dont l'une des maisons était louée aux consorts X... ; (...) après avoir dénoncé le bail, la SCI, se plaignant de ce que les consorts X... s'étaient appropriés les plantations lui appartenant, les a assignés en indemnisation de ses préjudices matériel et de jouissance (...) la SCI fait grief à l'arrêt de rejeter ses demandes (...) ayant (...) constaté que la SCI n'était devenue propriétaire qu'à l'issue du bail consenti aux consorts X..., (...), et que ceux-ci avaient enlevé les plantations *avant cette date*, la cour d'appel a, par ces seuls motifs (...) légalement justifié sa décision » (nous soulignons). V. déjà Req. 22 novembre 1864, *S.* 1865, 1, p. 41, qui relève notamment que jusqu'au jour où cesse le bail, la jouissance que le propriétaire a transmis au locataire « ne serait ni libre, ni complète, si, en invoquant un droit immédiatement acquis par lui sur les changements et les constructions qu'il a pu faire dans le but d'approprier les lieux à la destination pour laquelle ils lui ont été loués, il pouvait l'empêcher d'en disposer à son gré au cours du bail, et d'y apporter des modifications que lui paraîtraient exiger ses convenances et ses intérêts ». Comp. Req. 8 mai 1877, *DP* 1877, 1, p. 308 : « d'après les règles du bail et, à moins de stipulations contraires, le preneur n'est tenu, en quittant les lieux, que de les rendre dans l'état où ils étaient à son entrée en jouissance ; (...) à la vérité, lorsqu'il a fait des constructions ou des plantations, le propriétaire peut, au moment où le contrat de louage touche à sa fin, s'opposer à leur enlèvement par application de l'art. 555 C. civ., en offrant de payer la valeur des travaux et le prix de la main d'œuvre ; mais (...) si le propriétaire veut retenir les additions qui ont augmenté sa chose, il doit le déclarer avant l'expiration du bail ; sans quoi, le preneur, qui n'est obligé par la convention qu'à rétablir l'immeuble tel qu'il l'a reçu, reste libre de disposer des ouvrages qu'il y a créés, et que le bailleur, soit à dessein, soit par incurie, ne demande point à conserver ».

destruction[94] ou d'expropriation[95]. La détermination du terme (extinctif) du bail est donc importante et il convient de bien distinguer la prorogation du bail qui vaut report de terme et donc n'emporte pas accession au profit du propriétaire[96], de la reconduction ou du renouvellement du bail, qui met un terme au premier bail pour en voir naître un second, emportant ainsi accession au profit du propriétaire[97]. S'agissant de la mise en œuvre de l'article 555 C. civ., la Cour de cassation

94. Civ. 3e, 2 avril 2003, *Bull. civ.* III, n° 76 : « ayant retenu que le bailleur n'accédait à la propriété des améliorations réalisées dans les lieux loués par le locataire qu'à la fin du bail et qu'avant cette issue, il n'avait vocation à aucune prétention à ce titre, et ayant constaté qu'en l'espèce les aménagements et les améliorations avaient été détruits avant même la fin du bail, la cour d'appel en a justement déduit que [le bailleur] était mal fondé à prétendre au paiement de leur contre valeur ». En revanche, à la fin du bail, le bailleur devenu propriétaire a qualité pour recevoir l'indemnité d'assurance (Civ. 3e, 4 avril 2007, *Bull. civ.* III, n° 54 : « ayant relevé que le bail, résilié amiablement le 12 octobre 2001, comportait une clause d'accession selon laquelle les travaux de transformation ou d'amélioration faits par le preneur ne donneront lieu de la part du bailleur à une quelconque indemnité et que le preneur ne pourra en fin de jouissance reprendre aucun élément ou matériel qu'il aura incorporé au bien loué à l'occasion d'une amélioration ou d'un embellissement si ces éléments ou matériaux ne peuvent être détachés sans être fracturés, détériorés, ou sans briser ou détériorer la partie du fonds à laquelle ils sont rattachés, la cour d'appel en a exactement déduit que M. X..., devenu en application de cette clause propriétaire des constructions et ouvrages réalisés par la société Servu, était titulaire d'une action directe contre l'assureur et qu'il avait qualité pour recevoir l'indemnité correspondant aux désordres affectant l'ouvrage réalisé par la société SOBETRA »).

95. Civ. 3e, 16 janvier 1980, *Bull. civ.* III, n° 16 : en présence d'un bail imposant au locataire la construction de bâtiments dont le bailleur ne deviendrait propriétaire qu'en fin de bail, une cour d'appel ne peut refuser au preneur une indemnité à la suite d'une expropriation dès lors que le bail ne visait pas le cas de l'expropriation et que celle-ci avait eu pour effet, en mettant fin au bail, de transférer directement du locataire à l'autorité expropriante la propriété des constructions. *Adde* Civ. 3e, 4 avril 2002, *Bull. civ.* III, n° 82, *D.* 2002, p. 2508, obs. B. Mallet-Bricout, *RTD civ.* 2003, p. 114, obs. Th. Revet : « ayant relevé, à bon droit, qu'en application de l'article 555 C. civ., le preneur restait propriétaire, pendant la durée de la location, des constructions qu'il avait régulièrement édifiées sur le terrain loué et que la clause d'accession insérée au bail prévoyant que le bailleur deviendrait propriétaire desdites constructions ne pouvait jouer qu'à la fin du bail et à défaut de renouvellement, la cour d'appel, qui a retenu que la résiliation anticipée du bail du fait de l'expropriation ne pouvait priver le locataire de son droit à indemnité pour ces constructions, a légalement justifié sa décision ».

96. Civ. 3e, 4 octobre 1972, *Bull. civ.* III, n° 493 : il s'agissait certes de tacite reconduction, mais en matière commerciale, la tacite reconduction n'emporte pas formation d'un nouveau bail (v. auj. art. L. 145-9 al. 2 C. com. : « *[à] défaut de congé ou de demande de renouvellement, le bail fait par écrit se prolonge tacitement au-delà du terme fixé par le contrat (...)* »).

97. En cas de renouvellement du bail, qui emporte la formation d'un nouveau bail, les améliorations apportées par le locataire sont prises en compte pour évaluer le loyer du bail renouvelé (Civ. 3e, 27 septembre 2006, *Bull. civ.* III, n° 183, *JCP* 2007, I, 117, obs. H. Périnet-Marquet, *RDC* 2007, p. 371, obs. G. Lardeux). La situation est particulièrement inique lorsque le juge, prenant acte de ce que loyer avait tenu compte des améliorations, applique une clause du bail refusant toute indemnisation du locataire pour les constructions réalisées lorsque le bailleur n'est pas à l'origine de la rupture (Civ. 3e, 14 novembre 2012, pourvoi n° 11-22982, *RTD civ.* 2013, p. 149, obs. W. Dross : « ayant relevé que les contrats stipulaient qu'en cas de refus du bailleur de renouveler le bail, il devrait indemniser le preneur pour les constructions et aménagements édifiés sur la parcelle louée, la cour d'appel, qui a constaté que les baux étaient toujours en cours puisque leur renouvellement avait été accepté le 18 octobre 2010, en a exactement déduit, sans dénaturation, que M. Z... ne pouvait prétendre à être indemnisé pour les constructions qu'il avait réalisées »). Certes en présence d'un renouvellement, il y a bien rupture du contrat, et ce n'est pas le bailleur qui en est à l'origine, mais refuser l'application de la clause est faire preuve de « juridisme », ce qui explique peut-être que l'arrêt soit inédit.

En tout état de cause, et de règle générale, la Cour de cassation serait mieux inspirée de différer le jeu de l'accession au jour où le locataire a perdu définitivement – et non pas un instant de raison lors du renouvellement – la jouissance du sol (W. Dross, obs. préc. Civ. 3e, 14 novembre 2012, pourvoi n° 11-22982).

considérait traditionnellement le locataire comme étant de *mauvaise foi*, pour avoir construit ou planté, même autorisé, sur un terrain qu'il savait ne pas lui appartenir[98] : il était donc tenu de la remise en état. Ce n'est que dans des circonstances particulières que le locataire pouvait être considéré comme étant de bonne foi[99]. La jurisprudence paraît cependant avoir évolué et le locataire autorisé à accomplir des travaux est désormais considéré de bonne foi au vu de l'application de 555 C. civ.[100].

§ 2. Le cas particulier de l'empiétement

167. Idée générale. Il y a empiètement chaque fois qu'une construction ou une plantation **déborde**, sur le sol, en sous-sol[101], ou au-dessus du sol[102], sur le terrain du

98. Civ. 3e, 29 mars 2000, *Bull. civ.* III, n° 75, *JCP* 2000, I, 265, n° 3, obs. H. Périnet-Marquet, *RDI* 2000, p. 317, obs. M. Bruschi : « le terme de bonne foi, employé par [l'article 555 du Code civil], s'entend par référence à l'article 550 du Code civil et ne vise que celui qui possède comme propriétaire en vertu d'un titre translatif de propriété dont il ignore le vice » ; Civ. 3e, 12 juillet 2000, *Bull. civ.* III, n° 143, *JCP* I, 305, obs. H. Périnet-Marquet, *JCP* N 2001, 1587, note V. Lasserre-Kiesow, *RDI* 2000, p. 530, obs. M. Bruschi : « le terme de bonne foi, employé par l'article 555 du Code civil, s'entend par référence à l'article 550 de ce code et ne vise que celui qui possède comme propriétaire en vertu d'un titre translatif de propriété dont il ignore le vice et (...) le bailleur était en droit de réclamer la restitution de la chose louée en son état primitif ». *Adde* Civ. 3e, 1er et 15 juin 2010, pourvois n° 8-21254 et 09-67178, *RTD civ.* 2010, p. 590, obs. Th. Revet.

99. Civ. 3e, 3 mai 1983, *Bull. civ.* III, n° 102, *RTD civ.* 1984, p. 332, obs. Cl. Giverdon : « la cour d'appel a pu déduire que l'autorisation de demander le permis de construire, quoique n'étant pas de nature à rendre vraisemblable le fait allègue d'une vente d'ores et déjà parfaite, constituait un titre putatif conférant à Mme X... la qualité de constructeur de bonne foi au sens de l'article 555 C. civ. ».

100. Civ. 3e, 17 décembre 2013, *Bull. civ.* III, n° 167, *D.* 2014, p. 1850, obs. N. Reboul-Maupin : « ayant relevé que les constructions en cause avaient été édifiées, avec l'assentiment des propriétaires, sur des terrains donnés à bail et en l'absence de toute convention réglant le sort de ces constructions, la cour d'appel en a exactement déduit que l'article 555 du Code civil devait régir les rapports des parties en fin de bail et que les consorts Y... ne pouvaient réclamer aux consorts A..., tiers de bonne foi, sur le fondement de la transaction des 20 et 25 avril 2006, la suppression de celles-ci ». V., déjà en ce sens, Civ. 3e, 3 octobre 1990, *Bull. civ.* III, n° 180, *RTD civ.* 1993, p. 164, obs. F. Zenati : « l'article 555, réglant les rapports entre bailleur et preneur, relativement aux constructions édifiées sur le fonds loué à défaut, comme en l'espèce, de convention fixant le sort de celles-ci, la cour d'appel, qui a constaté l'existence d'une plus-value, a pu décider que, puisqu'il avait construit avec l'autorisation du propriétaire, M. X... était de bonne foi et qu'il pouvait exercer le droit de rétention sur le fonds jusqu'à la fixation de l'indemnité à lui revenir » (en l'espèce, le locataire bénéficiait d'une promesse de vente, même nulle). *Adde* Req. 15 juillet 1912, *S.* 1915, 1, p. 105, note E. Naquet : lorsque le bail consenti par un propriétaire n'a pas expressément réglé les conditions de reprise par le bailleur des ouvrages réalisés par le locataire, conformément à l'autorisation donnée par le contrat, il appartient aux juges du fond de décider souverainement, compte tenu des circonstances (durée du bail, montant du loyer, objet et but de la location, etc.), que dans l'intention des parties, le locataire se trouvait dans les conditions d'un constructeur de bonne foi au regard du propriétaire qui, tenu de conserver les ouvrages à l'expiration du bail, a le choix de rembourser une somme égale à la plus-value apportée au fonds ou à la valeur des matériaux et le prix de la main d'œuvre. Comme on l'a relevé, « la bonne foi n'est plus alors le fait de croire que l'on est propriétaire du terrain sur lequel on construit ; elle s'apparente plutôt à la bonne foi requise dans l'exécution des contrats par l'article 1134, alinéa 3 C. civ. » (F. Terré et Y. Lequette, *GAJC*, t. 1, n° 74, obs. ss. Civ. 1re, 1er décembre 1964, citant Weill et Becqué, note *JCP* 1956, II, 9053).

101. Civ. 3e, 8 novembre 1978, *Bull. civ.* III, n° 340 (fondations) ; Civ. 3e, 10 novembre 2009, *Bull. civ.* III, n° 248, *D.* 2010, p. 2183, obs. B. Mallet-Bricout et N. Reboul-Maupin, *RDI* 2010, p. 96, obs. B. Boubli, *ibid.*, p. 204, obs. J.-L. Bergel (fondations).

102. Civ. 1re, 24 mai 1965, *Bull. civ.* I, n° 335 (toiture) ; Civ. 3e, 22 mars 1972, *Bull. civ.* III, n° 207 (balcon) ; Civ. 3e, 15 juin 2011, pourvoi n° 10-20337 (balcon).

propriétaire voisin[103]. Lorsqu'un propriétaire construit ou plante sur son terrain et que la construction ou la plantation empiète sur le terrain voisin, la jurisprudence considère que l'article 555 C. civ.[104] n'est pas applicable ; elle rejette le mécanisme de l'accession au profit du propriétaire victime de l'empiétement[105]. Précisément, elle estime en effet que les dispositions de l'article 555 C. civ. « ne concernent que les ouvrages intégralement édifiés sur le terrain d'autrui »[106]. Aussi, au final, la victime de l'empiétement ne devient pas propriétaire par accession de la partie qui empiète sur son terrain, qui reste la propriété de l'auteur de l'empiétement, mais peut évidemment, s'il n'y a pas renoncé[107], le faire cesser sans indemnité en vue de faire respecter son droit[108].

---

103. Ainsi qu'on l'a relevé, l'empiétement sauvegarde « les autres dimensions du terrain, que ce soit le sous-sol ou le surplomb du bâtiment ; aussi bien les droits du propriétaire ne seraient-ils pas totalement supprimés, mais entravés, puisqu'il pourrait encore construire sur le fonds acquis en englobant l'avancée dans sa construction, ce qui en renchérirait le coût sans la rendre impossible » (R. Libchaber, note ss. Civ. 3e, 24 mai 2000, *Bull. civ.* III, nº 113, in *D.* 2001, p. 151).

104. Civ. 3e, 19 décembre 1983, *Bull. civ.* III, nº 269 : « l'article 555 du Code civil ne trouvant pas application lorsqu'un propriétaire étend une construction au-delà des limites de son héritage et empiète ainsi sur la parcelle voisine » ; Civ. 3e, 26 juin 1979, *Bull. civ.* III, nº 142 : « l'article 555 du Code civil ne trouve pas son application lorsqu'un constructeur étend ses ouvrages au-delà des limites de son héritage » ; Civ. 3e, 5 décembre 2001, *Bull. civ.* III, nº 147 : « l'article 555 du Code civil ne trouvant pas application lorsqu'un propriétaire empiète sur la parcelle voisine (...) ».
De même, la Cour de cassation considère que « les dispositions [de l'article 555], qui règle les effets de l'accession lorsqu'un tiers a construit, avec des matériaux lui appartenant, sur le fonds d'un autre, avec lequel il n'est lié par aucune convention ou autrement, quant au sort de sa construction, sont étrangères aux rapports nés entre voisins de la mitoyenneté, laquelle est soumise au régime qui lui est propre » (Civ. 3e, 8 mars 1972, *Bull. civ.* III, nº 169).

105. Elle refuse d'appliquer l'article 552 al. 1 C. civ. (« *La propriété du sol emporte la propriété du dessus et du dessous* »).

106. Civ. 3e, 30 octobre 2013, pourvoi nº 12-22169, *RTD civ.* 2013, p. 147, obs. W. Dross : « ayant exactement retenu, d'une part, que la demande de M. X... qui s'inscrivait dans la défense de son droit de propriété contre un empiétement, ne pouvait dégénérer en abus et, d'autre part, que la bonne foi des constructeurs au moment de la construction était indifférente, les dispositions de l'article 555 C. civ. qui ne concernent que les ouvrages intégralement édifiés sur le terrain d'autrui, ne pouvant recevoir application en l'espèce, la cour d'appel a légalement justifié sa décision ».

107. Toutefois, lorsque le fonds qui a subi un empiètement est cédé, l'acquéreur peut encore agir en vue de le faire cesser, malgré l'accord verbal de son auteur avec l'auteur de l'empiétement, faute d'opposabilité d'un tel accord. V. Civ. 3e, 1er juillet 2014, pourvoi nº 13-18506, *RTD civ.* 2014, p. 917, obs. W. Dross : l'auteur de l'empiétement avait réalisé des travaux d'isolation extérieurs avec l'accord de M. X, auteur des consorts Y., M. X attestant avoir autorisé les empiétements réalisés par ses voisins lors des travaux réalisés sur leur maison. Les juges du fond refusent de faire droit à l'action en démolition intentée par les acquéreurs, en relevant que si l'acte de vente ne faisait pas mention de ces empiétements, ils avaient pu s'en convaincre lorsqu'ils avaient acquis leur immeuble puisqu'ils étaient apparents. Cassation : « en statuant ainsi par des motifs impropres à caractériser l'opposabilité à l'acquéreur d'un bien immobilier l'accord verbal consenti par son auteur à un empiétement, cet accord ne pouvant être opposable que s'il a été publié ou mentionné dans l'acte de vente, la cour d'appel a violé [l'article 545 C. civ.] ». L'arrêt interroge sur la portée de l'accord : s'il semble exclu d'y voir une *cession* du volume d'air occupé par l'empiétement, on peut y voir une simple *autorisation d'occuper* ce volume d'air aussi longtemps que durera la construction qui empiète. La situation est très proche de celle d'une servitude, la Cour de cassation paraissant admettre que l'empiétement sur le fonds voisin, dès lors qu'il est *aérien*, puisse relever de la qualification de servitude (possibilité évoquée par W. Dross, obs. ss. l'arrêt préc.).

108. En application de l'article 545 C. civ., « *[n]ul ne peut être contraint de céder sa propriété, si ce n'est pour cause d'utilité publique, et moyennant une juste et préalable indemnité* ». Il reste que le fondement de l'article 545 peut être discuté : il n'y a tant privation de la propriété que de sa jouissance ; il serait donc plus convaincant de fonder la solutions sur les articles 544 et 552 al. 2 C. civ. (W. Dross, nº 404-1).

168. Empiètement des constructions. En cas d'empiètement, la victime a le *droit de demander la démolition de ce qui empiète* et celui *d'obtenir des dommages-intérêts pour le préjudice subi.*

Le **droit de demander la démolition** de ce qui empiète n'est assorti de presque aucune limite : le propriétaire n'a pas à justifier d'un préjudice[109] et peu importe la mesure de l'empiétement[110], la bonne foi du propriétaire de la construction qui empiète[111], le préjudice que peut lui causer la démolition de la construction[112], ainsi que l'antériorité de l'empiétement à l'acquisition[113]. Comme toute action en revendication, l'action en vue de faire cesser l'empiétement est imprescriptible[114]. Il reste qu'une usucapion de la partie qui empiète, ce qui suppose une possession

109. Civ. 20 novembre 1912, S. 1913, 1, p. 198 : « l'anticipation, quelque minime qu'elle pût être, constituait une atteinte au droit de propriété » ; Civ. 1re, 24 mai 1965, *Bull. civ.* I, n° 335 : la seule preuve de l'atteinte à son droit de propriété subit. En revanche, le propriétaire victime ne saurait demander la destruction de l'entière construction, mais de la seule partie qui empiète sur son terrain, même si, dans les faits, l'entière construction devra bien souvent être détruite : v. notamment Civ. 3e, 10 novembre 2009, *Bull. civ.* III, n° 248 : viole l'article 545 C. civ. la cour d'appel qui, pour débouter le propriétaire d'un fonds de sa demande de suppression des tirants d'ancrages situés dans le tréfonds de sa propriété ainsi que des maçonneries construites en sous-sol, fondée sur un empiétement du propriétaire voisin, retient que le retrait des tirants est irréalisable et risque de créer de graves désordres).

110. Civ. 3e, 29 février 1984, *Bull. civ.* III, n° 57 : « l'article 545 (...) doit être appliqué dans toute sa rigueur, même si l'empiétement est (...) minime ». *Adde* Civ. 3e, 20 mars 2002, *Bull. civ.* III, n° 71, *D.* 2002, p. 2075, note Ch. Caron, *ibid.*, p. 2507, obs. B. Mallet-Bricout, *JCP* 2002, I, 176, obs. H. Périnet-Marquet, *RTD civ.* 2002, p. 333, obs. Th. Revet (empiètement d'un demi-centimètre). *Adde* Civ. 3e, 30 janvier 2001, pourvoi n° 99-11423 : « ayant relevé que M. Christian X... invoquait une erreur d'implantation commise pendant les travaux, son locateur d'ouvrage n'ayant pas suivi le piquetage, et ayant constaté qu'il résultait du rapport du géomètre-expert que le chai construit par M. Patrick X... empiétait sur la propriété de M. Christian X... de 19 à 23 centimètres sur une longueur de 8 mètres 84, la cour d'appel, répondant aux conclusions, a retenu à bon droit que la démolition sollicitée par M. Christian X... devait être ordonnée, malgré l'importance relativement minime de l'empiétement, par application de l'article 545 du Code civil » ; Civ. 3e, 20 janvier 2009, pourvoi n° 07-21758 : « la faiblesse de l'empiétement, la connaissance qu'en avaient les époux X... lorsqu'il ont acheté leur bien, et les raisons pour lesquelles ils ont décidé de ne plus le tolérer, ne sont pas de nature à les priver du droit d'obtenir la démolition du mur empiétant sur leur propriété dès lors que l'empiétement était constaté ».

111. Civ. 3e, 21 novembre 1969, *Bull. civ.* III, n° 763, *D.* 1970, p. 426, note R. Lindon, *GAJC*, t. 1, n° 73 : « ayant retenu, pour accueillir la demande de Monlon, qu'il s'agissait d'un empiétement réalisé sans droit sur le terrain voisin, et non d'une construction édifiée sur le terrain d'autrui dans les circonstances prévues à l'article 555 du Code civil, a, par ce seul motif, et sans avoir à rechercher si le constructeur était ou non de bonne foi, légalement justifié sa décision [ordonnant la destruction] » ; Civ. 3e, 19 décembre 1983, *Bull. civ.* IIII, n° 269 : « l'article 555 du Code civil ne trouvant pas application lorsqu'un propriétaire étend une construction au-delà des limites de son héritage et empiète ainsi sur la parcelle voisine, la bonne foi de M. Z... ne pouvait justifier le rejet de la demande de démolition ».

112. Pour une hypothèse où le coût de la destruction excéderait celui de la parcelle, V. Civ. 3e, 4 mai 1994, pourvoi n° 91-22020 : « pour débouter Mme X... de sa demande en rétablissement de la limite des deux fonds par cessation de l'emprise irrégulière sur sa propriété, l'arrêt retient, par motifs adoptés, qu'il n'était pas possible de remédier à cette emprise imputable à M. Prévoteau Z... du Y..., sauf à engager des frais supérieurs à la valeur de la parcelle, que la cessation de l'emprise ne sera donc pas ordonnée, sauf la possibilité pour Mme X... de faire arbitrer ultérieurement le montant de la somme susceptible de lui être allouée ; (...) en statuant ainsi, tout en constatant l'empiétement sur le fonds de Mme X..., la cour d'appel a violé [l'article 545 du Code civil] ».

113. Civ. 3e, 7 novembre 1978, *Bull. civ.* III, n° 336 : le fait que le propriétaire ait acquis l'immeuble postérieurement à l'empiétement, en connaissance de l'état des lieux, n'est pas, à elle seule, de nature à le priver du droit d'exercer l'action qu'il a reçue de son vendeur, comme ayant cause de celui-ci.

114. Civ. 3e, 5 juin 2002, *Bull. civ.* III, n° 129, *JCP* 2003, I, 117, obs. H. Périnet-Marquet, *D.* 2003, p. 1461, note G. Pillet, *ibid.*, p. 2044, obs. N. Reboul-Maupin, *RTD civ.* 2003, p. 316, obs. Th. Revet :

utile[115] qui ne soit fondée sur une tolérance du voisin, permettrait toutefois de faire obstacle à l'action en revendication destinée à faire cesser l'empiètement.

Malgré l'attrait des sanctions en nature[116], la jurisprudence de la Cour de cassation apparaît excessive. Prononcer la démolition d'un ouvrage pour un empiètement d'un demi-centimètre[117] n'a pas de sens. Aussi serait-il opportun que la Cour de cassation, en cas d'empiétement minime et réalisé de bonne foi, rejette les demandes abusives[118] ou, à tout le moins, ne répare les conséquences d'empiètement minimes que par équivalent, par l'allocation de dommages-intérêts[119].

Le **droit de demander des dommages-intérêts** réparant le préjudice causé par la faute que constitue l'empiétement[120] est une action personnelle qui se prescrit, en tant que telle, par cinq années[121].

169. Empiètement des végétaux. Le Code civil comporte une règle particulière[122] qui concerne l'empiétement causé par des végétaux à l'article 673 : « *[c]elui sur la propriété duquel avancent les branches des arbres, arbustes et arbrisseaux du voisin peut contraindre celui-ci à les couper. Les fruits tombés naturellement de ces branches lui appartiennent.* (al. 1) *Si ce sont les racines, ronces ou brindilles qui avancent sur son héritage, il a le droit de les couper lui-même à la*

« la propriété ne se perdant pas par le non-usage, l'action en revendication n'est pas susceptible de prescription extinctive ».

115. Art. 2261 C. civ. : « *[p]our pouvoir prescrire, il faut une possession continue et non interrompue, paisible, publique, non équivoque, et à titre de propriétaire* ». Et v. Civ. 3e, 17 février 2015, pourvoi no 13-26678, *D.* 2015, p. 1869, obs. N. Reboul-Maupin : « ayant constaté que les empiétements des fondations, intervenus depuis les années 1930, étaient apparents et leur présence manifeste pour les auteurs de M. et Mme X... au vu notamment des techniques de construction de l'époque, la cour d'appel, qui en a exactement déduit que les consorts Y...-Z... avaient prescrit l'assiette de ces empiétements, a ainsi légalement justifié sa décision » de refuser d'ordonner la destruction des constructions. *Adde* Civ. 3e, 11 février 2015, pourvoi no 14-11400, *D.* 2015, p. 1869, obs. N. Reboul-Maupin : une personne est propriétaire d'un immeuble comportant, selon le titre, une cave dont l'accès est situé sur la parcelle voisine appartenant à un tiers ; ce dernier, contestant tout droit de propriété sur la cave, demande à ce que l'accès soit fermé. La Cour de cassation approuve la cour d'appel d'avoir caractérisé des actes matériels de possession ininterrompus accomplis à titre de propriétaires, pendant plus de trente ans, après avoir relevé qu'on ne pouvait accéder à la cave que depuis l'immeuble de celui qui prétendait en être propriétaire, que ce dernier et ses parents auparavant utilisaient cette cave depuis plus de trente ans, y entreposant différents objets ainsi que du vin, s'y rendaient régulièrement et y avaient effectué des travaux d'électricité.

116. V. notamment le numéro 3 de la *Revue de droit Henri Capitant / Henri Capitant Law Review* consacré à « La primauté de l'exécution en nature » (2011).

117. Civ. 3e, 20 mars 2002, *Bull. civ.* III, no 71, préc.

118. La Cour de cassation y est cependant par principe *opposée :* « la défense du droit de propriété contre un empiétement ne saurait dégénérer en abus » (Civ. 3e, 7 juin 1990, *Bull. civ.* III, no 140, *Rép. Defr.* 1991, p. 359, obs. J.-L. Aubert, *RTD civ.* 1991, p. 562, obs. F. Zenati). La solution est différente en Belgique : C. Cass. belge, 10 septembre 1971, *RTD civ.* 1975, p. 833, obs. Vieujean.

119. Et v. W. Dross, no 405-3.

120. Civ. 3e, 10 novembre 1992, *Bull. civ.* III, no 292, *D.* 1993, p. 305, obs. J. Robert, *Rép. Defr.* 1993, p. 349, obs. I. Defrénois-Souleau, *RTD civ.* 1993, p. 360, obs. P. Jourdain, *ibid.*, p. 850, obs. F. Zenati : « l'empiétement sur la propriété de l'association était suffisant à caractériser la faute de la société Établissements Ballande » qui oblige son auteur à réparer le dommage subi.

121. Art. 2224 C. civ. : « *[l]es actions personnelles ou mobilières se prescrivent par cinq ans à compter du jour où le titulaire d'un droit a connu ou aurait dû connaître les faits lui permettant de l'exercer* ».

122. La règle n'est pas d'ordre public. V. Civ. 3e, 13 juin 2012, *Bull. civ.* III, no 96 : le cahier des charges d'un lotissement peut prévoir le maintien et la protection des plantations quelles que soient leurs distances aux limites séparatives.

limite de la ligne séparative (al. 2) ». L'article 673 C. civ. crée au profit de la victime de l'empiétement, propriétaire ou titulaire d'un autre droit réel[123], un droit à l'élagage, lequel sera réalisé par l'auteur de l'empiétement (al. 1) si la victime n'y procède pas elle-même (al. 2). L'article prévoit dans son troisième alinéa, fort logiquement, que ce droit est imprescriptible[124].

170. Cas particulier de l'empiétement souterrain par excavation (empiètement en creux). Lorsqu'un propriétaire qui exerce une activité d'extraction sur son fonds extrait, en débordant, des matériaux du sous-sol d'un fonds voisin, il commet un empiètement, alors même qu'il ne s'approprierait pas l'espace laissé vacant par les matériaux extraits[125]. De fait, il s'est bien approprié, en dépassant la limite séparative de son fonds, certaines des utilités offertes par la chose de son voisin : non pas en utilisant un volume d'air du fonds voisin, mais en utilisant un volume de matériaux. À l'originalité de cette forme d'empiètement répond une mesure de cessation également originale : non pas la destruction d'ouvrages ou de plantations, mais la reconstitution du sous-sol.

171. APRDB. L'APRDB comporte une disposition novatrice à l'article 539 qui prévoit que « (...) le propriétaire victime d'un empiètement non intentionnel sur son fonds, ne peut, si celui-ci est inférieur à 0,30 mètre, en exiger la suppression que dans le délai de deux ans de la connaissance de celui-ci sans pouvoir agir plus de dix ans après l'achèvement des travaux » (al. 1). À l'expiration de l'action en démolition, il est prévu que « [d]ans le délai de l'article 2224 [Les actions personnelles ou mobilières se prescrivent par cinq ans à compter du jour où le titulaire d'un droit a connu ou aurait dû connaître les faits lui permettant de l'exercer], commençant à courir à l'expiration de l'action en démolition, le juge peut, à la demande de l'un des propriétaires, transférer la partie du fonds objet de l'empiétement à son bénéficiaire, moyennant une indemnité tenant compte de la valeur du fonds occupé, de la plus-value réalisée grâce à l'empiétement et du préjudice qu'il a causé ».

123. Civ. 3e, 5 juin 2013, *Bull. civ.* III, nº 75, *Rép. Defr.* 2013, p. 844, obs. L. Tranchant : « l'article 673 C. civ. ouvre l'exercice de l'action en élagage quelle que soit la nature du droit réel à protéger ». En l'espèce, le bénéfice de l'action a été reconnu au titulaire d'une servitude.

124. « *Le droit de couper les racines, ronces et brindilles ou de faire couper les branches des arbres, arbustes ou arbrisseaux est imprescriptible.* » Et v. Civ. 3e, 30 juin 2010, *Bull. civ.* III, nº 137 : viole cette disposition la cour d'appel qui rejette une demande d'élagage d'un arbre en retenant que les demandeurs ne peuvent, sans faire dégénérer en abus leur action en justice, demander la réduction de la ramure de l'arbre en limite de propriété.

125. Civ. 3e, 11 février 2015, pourvoi nº 13-26023, à paraître au *Bulletin*, *D.* 2015, p. 1866, obs. L. Neyret : « ayant constaté (...) que le front de la carrière exploitée par la société Cemex débordait sur la propriété de M. et Mme X... Y..., la cour d'appel, qui a justement énoncé qu'une activité d'extraction industrielle au-delà de la limite séparative d'une propriété constituait un empiètement par appropriation du sous-sol, en a déduit à bon droit que l'action tendant à la remise en état des lieux par la suppression de l'empiètement était une action immobilière non soumise à la prescription de dix ans ».

Chapitre 2
La substitution de biens : la subrogation réelle

172. Esprit général. Par principe, lorsqu'une personne substitue un bien à un autre dans son patrimoine, par exemple, à la suite d'un échange ou d'une vente suivie d'une acquisition à l'aide des deniers perçus, le droit réel qui portait sur le premier bien ne s'est pas reporté sur le second : le remplacement est *économique*, et non *juridique*. Ce n'est qu'exceptionnellement, par le jeu de la « subrogation réelle », que le remplacement d'un bien par un autre emporte le report sur le nouveau bien, du droit réel qui portait sur l'ancien : le remplacement *économique* se double alors d'un remplacement *juridique*. Précisément, la subrogation réelle peut être définie comme « une technique permettant la conservation d'un droit dont l'existence est menacée par la disparition du bien sur lequel il porte (directement ou indirectement) par le report de ce droit sur un nouveau bien »[1]. Son objet est donc d'assurer, pour des raisons diverses, la pérennité d'un droit réel portant sur un bien nonobstant le remplacement de celui-ci par un autre.

En l'absence de théorie générale de la subrogation réelle dans le Code civil[2] et de son caractère exceptionnel, on envisagera essentiellement ses sources, ce qui permettra d'en délimiter le domaine et ses raisons d'être.

173. Sources de la subrogation réelle. *Loi*. La loi prévoit plusieurs cas de subrogation réelle dans l'objectif de préserver l'assiette de droits réels accessoires à une créance – de sûretés réelles – ou de droits réels principaux.

---

1. E. Savaux, Rép. civ., *V° Subrogation réelle*, 1998, n° 1.
2. La subrogation remonterait au Moyen Âge : l'institution a alors pour objectif de préserver certains patrimoines familiaux propres. Ainsi l'article 94 de la Coutume de Paris subroge au bien propre du mineur aliéné, l'immeuble acquis à l'aide des deniers perçus et l'article 143 subroge à l'héritage propre échangé l'héritage obtenu en contrepartie. Et v. Ph. de Renusson, *Traité des propres*, ch. 1, sect. 10, n° 1 s., in *Œuvres de Ph. de Renusson*, Paris, nvlle. éd. par J.A. Serieux, 1740.
Le Code civil de 1804 comportait certaines illustrations de la subrogation réelle : report du droit de retour légal de l'ascendant donateur (art. 747 al. 2 C. civ. réd. 1804) ou des frères et sœurs légitimes de l'enfant naturel sur le prix de vente du bien donné, report du droit de l'époux sur le bien propre échangé (art. 1407 C. civ. et 1559 C. civ. pour l'immeuble dotal, réd. 1804) ou acheté (art 1434 C. civ. et 1558 C. civ. pour l'immeuble dotal, réd. 1804), notamment. Quant au Code de commerce de 1807, il prévoyait que pouvait être revendiqué le prix des marchandises déposées auprès d'un commerçant tombé en faillite lorsqu'elles étaient destinées à être vendues pour le compte de l'envoyeur dès lors que le prix n'avait pas été payé ou passé en compte courant entre le failli et l'acheteur (art. 581 C. com., réd. 1807).

En premier lieu, plusieurs dispositions prévoient le report d'une **sûreté réelle**[3] sur l'indemnité d'assurance ayant remplacé le bien disparu[4], sur d'autres

3. *Adde*, pour le droit de rétention, l'article L. 642-20-1 C. com. qui prévoit qu'en cas de vente par le liquidateur des actifs du débiteur, le droit de rétention est de plein droit reporté sur le prix (« *À défaut de retrait du gage ou de la chose légitimement retenue dans les conditions prévues par le deuxième alinéa de l'article L. 641-3, le liquidateur doit, dans les six mois du jugement de liquidation judiciaire, demander au juge-commissaire l'autorisation de procéder à la réalisation. Le liquidateur notifie l'autorisation au créancier quinze jours avant la réalisation.* (al. 1) *Le créancier gagiste, même s'il n'est pas encore admis, peut demander au juge-commissaire, avant la réalisation, l'attribution judiciaire. Si la créance est rejetée en tout ou en partie, il restitue au liquidateur le bien ou sa valeur, sous réserve du montant admis de sa créance.* (al. 2) *En cas de vente par le liquidateur, le droit de rétention est de plein droit reporté sur le prix. L'inscription éventuellement prise pour la conservation du gage est radiée à la diligence du liquidateur.* (al. 3) »).

4. À l'origine, pourtant, la Cour de cassation avait estimé que l'indemnité d'assurance d'un immeuble hypothéqué détruit par un incendie devait être répartie entre les créanciers sans que le créancier hypothécaire puisse leur opposer son droit de préférence qui se serait reporté sur l'indemnité (Civ. 18 juin 1831, S. 1831, 1, p. 290). Une telle solution, qui sacrifiait injustement la situation du créancier hypothécaire au profit des créanciers chirographaires, sera pourtant étendue aux autres sûretés réelles (pour le privilège du bailleur : Req. 20 décembre 1859, S. 1860, 1, p. 24 ; privilège du vendeur de meubles : Civ. 24 janvier 1905, S. 1905, 1, p. 113).
Par touches successives, plusieurs lois spécifiques viendront améliorer la situation des créanciers munis d'une sûreté réelle. La loi du 25 avril 1825 avait déjà admis le report du droit des créanciers privilégiés et hypothécaires sur les indemnités dues par l'État aux propriétaires d'immeubles confisqués en application des lois révolutionnaires sur les émigrés, les déportés et condamnés. La loi du 3 mai 1841 admet le report du droit desdits créanciers sur l'indemnité d'expropriation (v. auj. l'art. L. 12-3 al. 1 C. expr. : « *[l]es droits des créanciers régulièrement inscrits sur les immeubles expropriés, soit avant la publication au fichier immobilier de l'ordonnance d'expropriation, de l'ordonnance de donné acte ou de l'acte de cession consentie après la déclaration d'utilité publique, soit postérieurement à ladite publication en ce qui concerne les privilèges conservés suivant les prescriptions des articles 2379 et 2380 C. civ., sont reportés sur l'indemnité compte tenu du rang de préférence qui leur est reconnu par les textes qui les régissent* »). Quant à la loi du 28 mai 1858, elle prévoira le report du droit du créancier porteur d'un warrant ayant pour objet des marchandises déposées dans les magasins généraux sur l'indemnité d'assurance (v. auj. l'art. L. 522-34 C. com. : « *[l]e porteur du récépissé et du warrant a, sur les indemnités d'assurance dues en cas de sinistre, les mêmes droits et privilèges que sur la marchandise assurée* »), avant que la loi du 19 février 1889, à laquelle succédera la loi du 13 juillet 1930, n'énonce en substance la règle générale aujourd'hui codifiée à l'article L. 121-13 al. 1 C. ass. : « ***[l]es indemnités dues par suite d'assurance contre l'incendie, contre la grêle, contre la mortalité du bétail, ou les autres risques, sont attribuées sans qu'il y ait besoin de délégation expresse, aux créanciers privilégiés ou hypothécaires, suivant leur rang*** » (l'alinéa 3 ajoutant qu'il en va de même « *des indemnités dues en cas de sinistre par le locataire ou par le voisin, par application des articles 1733 et 1382 C. civ.* »).
Par la suite, plusieurs règles vont organiser un report de la sûreté mobilière sans dépossession sur l'indemnité d'assurance. S'agissant des warrants, plusieurs textes indiquent aujourd'hui que « *[l]es porteurs de warrants ont, sur les indemnités d'assurance dues en cas de sinistre, les mêmes droits et privilèges que sur les objets assurés* » (art. L. 342-5 al. 3 C. rur et pêch. mar. pour les warrants agricoles, art. L. 523-10 C. com. pour les warrants hôteliers, art. L. 524-13 C. com. pour les warrants pétroliers, art. L. 522-34 C. com. préc. pour les warrants portant sur des marchandises déposées dans les magasins généraux). La solution est identique pour certaines hypothèques mobilières : sur des aéronefs (art. L. 6122-9 C. transp. : « *[e]n cas de perte ou d'avarie d'un aéronef, le créancier hypothécaire est, pour le montant de sa créance, subrogé, sauf convention contraire, à l'assuré dans le droit à l'indemnité due par l'assureur (...)* »), sur des navires (art. 47 L. n° 67-5 du 3 janvier 1967 *relative au statut des navires et autres bâtiments de mer, sur des bateaux* (art. 4122-9 C. transp. : « *[l]es dispositions de la loi du 19 février 1889 sur la subrogation légale des créanciers hypothécaires dans le bénéfice de l'indemnité d'assurance sont applicables en cas d'assurance sur un bateau* »), etc. Depuis la réforme des sûretés du 23 mars 2006, il est désormais prévu en législation que le droit de propriété du vendeur qui a retenu la propriété à titre de garantie se reporte sur la créance du débiteur à l'égard du sous-

indemnités[5], voire sur d'autres biens[6]. C'est le résultat d'une prise de conscience progressive du législateur, qui s'est aperçu qu'il n'y avait aucune raison de sacrifier les titulaires d'une sûreté réelle dès lors que le débiteur avait reçu la contre-valeur

---

acquéreur ou sur l'indemnité d'assurance subrogée au bien (art. 2372 C. civ. : « *[l]e droit de propriété se reporte sur la créance du débiteur à l'égard du sous-acquéreur ou sur l'indemnité d'assurance subrogée au bien* »).

5. Des textes ont institué un report de la sûreté réelle sur les sommes allouées par l'État en remplacement d'un bien détruit ou confisqué pendant une guerre (V. par exemple, les lois du 17 avril 1919 – Première Guerre mondiale –, 28 octobre 1946 – Seconde Guerre mondiale – et 15 juillet 1970 – guerre d'Algérie).

L'article 55 de la loi n° 67-1253 du 30 décembre 1967 *d'orientation foncière* prévoit quant à lui que si les privilèges nés du chef du concessionnaire immobilier s'éteignent avec la concession immobilière, ils se reportent sur l'indemnité éventuellement due par le propriétaire au concessionnaire (art. 55).

Depuis la réforme des sûretés du 23 mars 2006, les hypothèses de subrogation réelle sont devenues nombreuses dans le Code civil : si la créance garantie par un nantissement de créances n'est pas échue, le nantissement se reporte sur les sommes payées que le créancier nanti conserve sur un compte ouvert auprès d'un établissement habilité à les recevoir à charge pour lui de les restituer si l'obligation garantie est exécutée (art. 2364 al. 2 : « *[d]ans le cas contraire, le créancier nanti les conserve à titre de garantie sur un compte ouvert auprès d'un établissement habilité à les recevoir à charge pour lui de les restituer si l'obligation garantie est exécutée. En cas de défaillance du débiteur de la créance garantie et huit jours après une mise en demeure restée sans effet, le créancier affecte les fonds au remboursement de sa créance dans la limite des sommes impayées* ») ; l'hypothèque d'un immeuble indivis consenti par un indivisaire se reporte sur le prix de la licitation si l'indivisaire en est alloti (art. 2414 al. 2 : « *[l]'hypothèque d'un immeuble indivis conserve son effet quel que soit le résultat du partage si elle a été consentie par tous les indivisaires. Dans le cas contraire, elle ne conserve son effet que dans la mesure où l'indivisaire qui l'a consentie est, lors du partage, alloti du ou de ces immeubles indivis ou, lorsque l'immeuble est licité à un tiers, si cet indivisaire est alloti du prix de la licitation* ») et l'hypothèque d'une quote-part d'un indivisaire dans un ou plusieurs immeubles indivis se reporte sur tout l'immeuble ou tous les immeubles ou sur le prix de la licitation si ledit indivisaire en est alloti (art. 2414 al. 3 : « *[l]'hypothèque d'une quote-part dans un ou plusieurs immeubles indivis ne conserve son effet que dans la mesure où l'indivisaire qui l'a consentie est, lors du partage, alloti du ou de ces immeubles indivis ; elle le conserve alors dans toute la mesure de cet allotissement sans être limitée à la quote-part qui appartenait à l'indivisaire qui l'a consentie ; lorsque l'immeuble est licité à un tiers, elle le conserve également si cet indivisaire est alloti du prix de la licitation* ») ; le créancier muni d'une sûreté réelle peut reporter son droit sur la soulte due par le créancier attributaire d'un bien (art. 2347 al. 2 : « *[l]orsque la valeur du bien excède le montant de la dette garantie, la somme égale à la différence est versée au débiteur ou, s'il existe d'autres créanciers gagistes, est consignée* » et 2348 al. 3 : « *[l]orsque [la valeur du bien] excède le montant de la dette garantie, la somme égale à la différence est versée au débiteur ou, s'il existe d'autres créanciers gagistes, est consignée* »).

6. Dans le cadre de la politique de l'aménagement foncier rural, l'article L. 123-13 al. 1 C. rur. et pêch. mar. prévoit que « *[l]es droits réels, autres que les servitudes, grevant les immeubles aménagés s'exercent sur les immeubles attribués par l'aménagement foncier agricole et forestier* » ; dans le cadre de la politique de l'aménagement urbain foncier, la loi prévoit que les droits des créanciers régulièrement inscrits sur un immeuble délaissé sont reportés sur l'indemnité de délaissement, compte tenu du rang de préférence qui leur est reconnu (art. L. 322-5 al. 3 C. urb. : « *[l]es droits des créanciers régulièrement inscrits sur l'immeuble délaissé, soit avant la publication au fichier immobilier de l'acte de délaissement, soit postérieurement à ladite publication en ce qui concerne les privilèges conservés suivant les prescriptions des articles 2379 et 2380 du Code civil, sont reportés sur l'indemnité de délaissement, compte tenu du rang de préférence qui leur est reconnu* ») et l'acte amiable portant cession d'un bâtiment ou d'un ouvrage à l'association foncière urbaine produit les mêmes effets que l'acte de cession amiable en matière d'expropriation en ce qui concerne l'extinction des droits réels et personnels (art. L. 322-6, a) C. urb. : « *(...) [l]'acte amiable portant cession d'un bâtiment ou d'un ouvrage à l'association produit les mêmes effets que l'acte de cession amiable en matière d'expropriation en ce qui concerne l'extinction des droits réels et personnels ; à défaut d'accord amiable des propriétaires sur leur cession, ces bâtiments ou ouvrages font l'objet d'une expropriation dans les conditions fixées par le Code de l'expropriation pour cause d'utilité publique* »).

du bien grevé de la sûreté. En revanche, en principe, lorsque la sûreté comporte un droit de suite, il n'y a pas subrogation réelle du prix de vente d'un bien audit bien[7].

En second lieu, d'autres dispositions prévoient le report de **droits réels principaux** sur un bien en remplacement d'un autre. La subrogation permet alors de préserver la consistance d'une masse autonome de biens qui, autrement, viendrait à se vider progressivement au profit d'une autre masse. On en trouve deux manifestations avec les *masses de biens propres d'époux communs en biens* et les *masses de biens indivis*[8]. S'agissant des masses de biens propres d'époux communs en biens, la subrogation réelle[9] permet d'éviter que les créances et indemnités qui les remplacent ou que les biens acquis en emploi ou remploi soient happés par la masse de biens communs, qui a une vocation générale à appréhender les richesses des époux. S'agissant des masses de biens indivis, la subrogation réelle[10] permet aujourd'hui d'éviter que les créances et indemnités qui remplacent des biens indivis, ainsi que les biens acquis, avec le consentement de l'ensemble des indivisaires, en emploi ou remploi des biens indivis, ne se divisent entre les coïndivisaires. Plus rares en revanche sont les hypothèses de subrogation réelle lorsqu'il est question de maintenir, non pas l'appartenance d'un bien à une masse, mais un droit réel démembré sur la chose d'autrui. Ainsi le principe est que le titulaire d'un droit réel démembré perd son droit lorsque le bien disparaît[11] et ce n'est qu'exceptionnellement que le titulaire d'un droit réel démembré[12] peut invoquer à son profit le bénéfice de la subrogation[13].

174. Sources de la subrogation réelle. ***En dehors de la loi***. Au XIXe siècle, la Cour de cassation avait posé que « la subrogation réelle ne s'opère que dans les cas

7. Ce n'est pas parce qu'une sûreté réelle peut, à certaines conditions, se réaliser sur le prix de vente qu'il y a subrogation réelle. Comme l'a relevé la Cour de cassation, « l'hypothèque est éteinte lorsqu'elle a produit son effet légal, et (...) d'un droit sur la chose, elle a été transformée en un droit sur le prix » (Civ. 3e, 23 janvier 1973, *Bull. civ.* III, n° 69).

8. En revanche, la technique de la subrogation ne paraît pas devoir être sollicitée pour expliquer la nature commune des créances et indemnités qui remplacent des biens communs, ou encore des biens acquis en emploi ou en remploi de biens communs : la nature commune de tels biens s'explique par la vocation générale de la communauté à appréhender toutes les richesses des époux communs en biens. De même, et de façon plus générale, le remplacement des biens dans le patrimoine d'une personne ne s'explique pas par la subrogation réelle mais par la théorie du patrimoine.

9. Art. 1406 al. 2 C. civ. : « *[f]orment aussi des propres, par l'effet de la subrogation réelle, les créances et indemnités qui remplacent des propres, ainsi que les biens acquis en emploi ou remploi (...)* ». On notera que le terme de « subrogation réelle » est expressément visé par la loi, ce qui est rare... On peut également ajouter que l'article 1407 al. 1 C. civ. qui prévoit que « *[l]e bien acquis en échange d'un bien qui appartenait en propre à l'un des époux est lui-même propre, sauf la récompense due à la communauté ou par elle, s'il y a soulte* » est une illustration du mécanisme de la subrogation réelle.

10. Art. 815-10 al. 1 C. civ. : « *[s]ont de plein droit indivis, par l'effet d'une subrogation réelle, les créances et indemnités qui remplacent des biens indivis, ainsi que les biens acquis, avec le consentement de l'ensemble des indivisaires, en emploi ou remploi des biens indivis* ».

11. Pour l'usufruit, par exemple, v. art. 617 C. civ. : « *[l]'usufruit s'éteint : (...) par la perte totale de la chose sur laquelle l'usufruit est établi* ».

12. Et très exceptionnellement, un droit qui n'est pas réel : l'article L. 123-15 C. rur. et pêch. mar. prévoit que le locataire d'une parcelle atteinte par l'aménagement foncier agricole et forestier a la faculté, entre autres, d'obtenir « *le report des effets du bail sur les parcelles acquises en échange par le bailleur* ». Le dispositif est étendu aux échanges d'immeubles ruraux qui sont assimilés aux échanges réalisés par voie d'aménagement foncier agricole et forestier.

13. L'article L. 123-13, al. 1 C. rur. et pêch. mar. prévoit, dans le cadre de la politique de l'aménagement foncier rural que « *[l]es droits réels, autres que les servitudes, grevant les immeubles aménagés s'exercent sur les immeubles attribués par l'aménagement foncier agricole et forestier* ».

spécialement déterminés par la loi »[14]. La subrogation réelle était alors analysée par la doctrine classique comme une *fiction* ; or, il est vrai, les fictions sont de droit strict[15]. Pourtant, abandonnant peu à peu l'idée de fiction, la jurisprudence va progressivement reconnaître des hypothèses de subrogation réelle en dehors des textes.

Ainsi a-t-elle admis le report des **sûretés réelles** dépourvues de droit de suite sur le prix de vente du *bien* qui en forme l'assiette – privilèges mobiliers[16] – ou d'un *élément de ce bien* – élément du fonds de commerce nanti[17], produits détachés d'un immeuble hypothéqué[18/19]. De même, la jurisprudence a consacré, sur le fondement de l'article L. 121-13 al. 1 C. ass.[20], le report de certaines sûretés sur les indemnités d'assurance compensant la perte du bien, alors même que ce texte ne vise que les hypothèques et privilèges : tel est le cas en matière de gage automobile[21] ou de nantissement de matériel[22]. Il reste que la subrogation ne peut être

14. V. notamment Req. 28 avril 1899, S. 1901, 1, p. 31, *DP* 1905, 1, p. 28 : actions acquises avec le prix de valeurs successorales indivises. Pour d'autres illustrations, v. E. Savaux, Rép. civ., *V° Subrogation réelle*, 1998, n° 30.

15. Ph. de Renusson, *Traité des propres*, ch. 1, sect. 10, n° 2, in *Œuvres de Ph. de Renusson*, Paris, nvlle. éd. par J.A. Serieux, 1740 : « toute subrogation est une fiction (...) or toute fiction est de droit strict ». *Adde* A. Magnillat, *De la subrogation réelle*, th. Lyon, impr. de P. Legendre, 1912. *Adde*, aujourd'hui, V. Ranouil, *La subrogation réelle en droit civil français*, préf. Ph. Malaurie, th., LGDJ, 1985.

16. Civ. 19 février 1894, *DP* 1894, 1, p. 413, *S.* 1895, 1, p. 457 : « le privilège conféré (...) au vendeur d'effets mobiliers non payés lui donne le droit de se faire payer par préférence sur le prix en provenant (...) mais ne l'autorise pas à poursuivre le paiement de sa créance contre les tiers acquéreurs de ces effets ».

17. Com. 28 juin 1982, *Bull. civ.* IV, n° 255 : « le créancier nanti sur le matériel et l'outillage d'un fonds de commerce dispose, en cas d'aliénation séparée de ces éléments, d'un droit de préférence sur le prix dans la mesure où celui-ci n'a pas été versé entre les mains du débiteur et ne se trouve pas confondu dans le patrimoine de ce dernier ».

18. Civ. 31 janvier 1870, *DP* 1870, 1, p. 117 : le droit de préférence des créanciers hypothécaires sur les prix des immeubles par destination n'est pas anéanti par ce seul fait que les objets attachés au fond comme immeubles par destination ont été vendus après une saisie-exécution, alors qu'il a été déclaré par l'ordonnance de référé qui l'a prescrite, que le procès-verbal de la vente serait transcrit et que le droit des créanciers hypothécaires était réservé, le prix devant être distribué à qui de droit.

19. Elle n'a pourtant pas admis un tel report en présence d'un warrant agricole. V. Civ. 1re, 18 janvier 2000, *Bull. civ.* I, n° 17 : lorsque la récolte warrantée a été vendue à l'amiable et livrée à un tiers au mépris des droits du créancier warrantiste, « ce dernier ayant perdu par l'effet d'une telle vente, le gage sur le produit de la récolte que lui conférait le warrant régulièrement publié, ne pouvait reporter son droit de préférence sur le prix de vente amiable dû par l'acquéreur » ; Civ. 1re, 18 décembre 2001, *Bull. civ.* I, n° 326 : « la cour d'appel, ayant constaté que la récolte warrantée avait été vendue à l'amiable, payée en application d'une convention non contestée de compensation de sommes et livrée à un tiers au mépris des droits du créancier bénéficiaire du warrant agricole, a à bon droit décidé que ce dernier avait perdu par l'effet d'une telle vente le gage sur le produit de la récolte que lui conférait le warrant régulièrement publié ; qu'ayant souverainement estimé que cet acquéreur était détenteur non équivoque et de bonne foi des biens warrantés, elle a, tout aussi exactement, décidé que la CMDP ne pouvait reporter son droit de préférence sur le prix de vente du bien warranté ».

20. « *Les indemnités dues par suite d'assurance contre l'incendie, contre la grêle, contre la mortalité du bétail, ou les autres risques, sont attribuées sans qu'il y ait besoin de délégation expresse, aux créanciers privilégiés ou hypothécaires, suivant leur rang.* »

21. Com. 18 février 1992, *Bull. civ.* IV, n° 81 : « dès la destruction du gage, M. X... bénéficiait, en vertu de l'article L. 121-13 du Code des assurances, d'une attribution de l'indemnité d'assurance en sorte que celle-ci n'était pas entrée dans le patrimoine de la Société Brouchy transports mise ultérieurement en règlement judiciaire, ce dont il résultait que M. X... n'avait pas à produire au passif de la procédure collective (...) ».

22. Com. 4 février 1986, *Bull. civ.* IV, n° 2 : « dès la destruction du gage, la société Foncia Crédit bénéficiait, en vertu de l'article L. 121-13 du Code des assurances, d'une attribution de l'indemnité

admise au profit du créancier titulaire d'une sûreté dépourvue de droit de suite que si l'indemnité perçue compense la valeur du bien ; tel n'est pas le cas d'une prime perçue en raison de la modification du bien[23]. Et s'agissant enfin des propriétés-sûretés, la subrogation a été reconnue, avant que tout texte ne la prévoie[24], sur une indemnité d'assurance[25] ou sur le prix de revente[26].

La jurisprudence a également retenu des hypothèses de subrogation réelle sans texte en vue d'assurer la pérennité de **droits réels principaux**. Elle a ainsi admis de manière générale la subrogation en matière d'indivision : subrogation du prix au bien, du bien acquis en remploi de ce prix, du prix de vente de ce bien acquis en remploi[27], avant que la loi n'en consacre le principe[28].

En somme, si le législateur a aujourd'hui consacré la plupart des hypothèses de subrogation réelle dégagées par la jurisprudence, il convient de retenir que la jurisprudence se reconnaît le pouvoir de dégager des hypothèses de subrogation en dehors des textes. C'est alors la question d'un principe général de subrogation qui se trouve posée.

175. Sources de la subrogation réelle. ***Principe général de subrogation* ?** Existe-t-il un principe général de subrogation réelle, jouant en dehors de tout texte, dès lors que certaines conditions préétablies sont remplies[29] ? La question se

d'assurance en sorte que celle-ci n'était pas tombée dans le patrimoine de M. X..., mis ultérieurement en liquidation des biens, ce dont il résultait que la société Foncia Crédit n'avait pas à produire au passif de la procédure collective (...) ».

23. Civ. 3e, 12 octobre 1994, *Bull. civ.* III, n° 180, *RTD civ.* 1995, p. 651, obs. F. Zenati : « ayant retenu, à bon droit, que l'opération d'arrachage ne s'analysait pas en une vente puisqu'elle ne transférait pas la propriété des ceps enlevés et que la prime allouée pour inciter à l'arrachage n'était pas la représentation de la valeur de la vigne détruite et ne constituait pas le prix des produits, la cour d'appel en a justement déduit que le CRCAM du Gard n'avait pas de droit de préférence sur cette prime en sa qualité de créancier hypothécaire ».

24. V. auj. l'art. 2372 C. civ. : « *[l]e droit de propriété se reporte sur la créance du débiteur à l'égard du sous-acquéreur ou sur l'indemnité d'assurance subrogée au bien* ».

25. Com. 1er octobre 1985, *Bull. civ.* IV, n° 222 : « en retenant que la disparition des biens vendus avec réserve de propriété ne pouvait préjudicier à la S.P.S., dès lors que les risques avaient été, de convention expresse, transférés au club, de sorte que les marchandises vendues et sinistrées n'ayant jamais appartenu à ce dernier, l'indemnité d'assurance consécutive à leur disparition n'était pas entrée dans son patrimoine et se trouvait subrogée aux biens dont la S.P.S. était demeurée propriétaire, la cour d'appel, a fait une exacte application des articles 65 et 66 de la loi du 13 juillet 1967 » ; Com. 6 juillet 1993, *Bull. civ.* IV, n° 282 : « (...) le versement de l'indemnité d'assurance, subrogée aux marchandises détruites, n'était pas soumis aux nullités de la période suspecte (...) » ; Com. 22 avril 1997, *Bull. civ.* IV, n° 103 : « (...) en cas de perte des biens livrés sous le bénéfice d'une clause de réserve de propriété, l'indemnité d'assurance, subrogée aux biens dont le vendeur était demeuré propriétaire, n'entre pas dans le patrimoine de l'acheteur (...) ».

26. Com. 29 mai 2001, pourvoi n° 98-21126 : « l'action en paiement du solde du prix des matériels remis par la société Bio-alternative à la société Bail équipement en violation de la propriété réservée de la société Ateliers de Nissan n'est pas soumise aux dispositions de la loi du 25 janvier 1985, même si la société Bail équipement a, elle-même, remis ces biens à une société en procédure collective »

27. Cass. Ch. réunies, 5 décembre 1907, *Chollet c/ Dumoulin*, *DP* 1908, 1, p. 113, note A. Colin : en cas d'adjudication sur licitation d'un bien successoral à un tiers, la créance est subrogée à l'immeuble vendu. *Adde* Civ. 1re, 9 janvier 1979, *Bull. civ.* I, n° 13, *RTD civ.* 1982, p. 178, obs. J. Patarin, *Rép. Defr.* 1979, p. 1245, obs. G. Champenois : acquisition d'un immeuble en remploi d'un bien indivis ; Civ. 1re, 6 novembre 1967, *Bull. civ.* I, n° 322, *RTD civ.* 1968, p. 399, obs. R. Savatier : prix de vente d'un immeuble acquis en remploi d'un bien indivis.

28. V. *infra*, n° 454.

29. Pour une piste, v. Renusson, qui, dans son *Traité de la subrogation*, estimait que les lois « ont voulu que la subrogation eût lieu seulement pour des causes justes, et qu'on ne pût pas

pose essentiellement à l'égard du titulaire d'un droit réel démembré ou d'une sûreté réelle portant sur un bien ayant disparu[30] et qui entendrait reporter son droit sur le bien de substitution[31] : ainsi l'usufruitier et le créancier hypothécaire peuvent avoir des prétentions sur l'indemnité d'assurance d'un immeuble détruit. La question est discutée, mais s'il existait un principe général de subrogation, les conditions suivantes devraient au moins être remplies.

En premier lieu, et en principe, celui qui invoque la subrogation **doit être titulaire d'un droit réel**, car la subrogation est un *mécanisme de substitution des biens*. Ainsi le locataire ne saurait faire valoir un quelconque droit sur l'indemnité d'assurance venue remplacer l'immeuble dans le patrimoine du propriétaire. En deuxième lieu, la **disparition du bien ne doit pas être imputable au titulaire du droit réel**, car la subrogation est un *mécanisme de préservation de droits menacés d'une disparition fortuite*. Les règles relatives à l'usufruit le montrent bien. D'un côté, lorsque le bien a fait l'objet d'une expropriation, le droit de l'usufruitier est reporté sur l'entière indemnité d'expropriation[32] : la subrogation joue, car l'expropriation s'est faite contre la volonté de l'usufruitier – elle ne lui est donc pas imputable – dont il convient de préserver les droits. Mais, d'un autre côté, lorsque le bien a fait l'objet d'une vente en pleine propriété, ce qui suppose un accord du nu-propriétaire et de l'usufruitier – elle lui est cette fois imputable –, le prix de vente est réparti en fonction de la valeur des droits de chacun, sauf volonté des parties de subroger le prix de vente au bien vendu[33]. Il serait par ailleurs légitime d'admettre que le propriétaire dont le meuble a été vendu par autrui à un tiers de bonne foi à l'abri de toute revendication[34] puisse invoquer la subrogation aux fins de revendiquer le prix

raisonnablement s'en plaindre » (Ph. de Renusson, *Traité de la subrogation*, ch. 1, n° 13, in *Œuvres de Ph. de Renusson*, Paris, nvlle. éd. par J.-A. Serieux, 1740).

30. En l'absence d'un concours de droits réels sur le même bien, le remplacement du bien ne s'explique pas par la subrogation mais par la vocation du patrimoine – universalité – du titulaire du droit à appréhender tout ce qui lui revient.

31. Encore faut-il qu'il y ait véritablement « remplacement » d'un bien par un autre. V., par exemple, Com. 19 mai 2004, pourvoi n° 00-12497 : absence de report d'une hypothèque sur l'indemnité d'assurances compensant la perte des loyers de l'immeuble détruit au motif que « les loyers de l'immeuble n'étant pas compris dans la garantie hypothécaire, le créancier ne pouvait être attributaire, en vertu d'une subrogation réelle, du solde de l'indemnité dû par l'assureur au titre des pertes de loyers. *Adde* Civ. 3e, 12 octobre 1994, *Bull. civ.* III, n° 180, *Rép. Defr.* 1995, art. 36040, n° 39, obs. L. Aynès, *RTD civ.* 1995, p. 651, obs. F. Zenati : absence de report d'une hypothèque sur les primes d'arrachage de vignes attachées à la parcelle au motif que « la prime allouée pour inciter à l'arrachage n'était pas la représentation de la valeur de la vigne détruite ».

32. Art. L. 13-7 C. expr. pub. : « *[l]e juge prononce des indemnités distinctes en faveur des parties qui les demandent à des titres différents.* (al. 1) *Toutefois, dans le cas d'usufruit, une seule indemnité est fixée, le nu-propriétaire et l'usufruitier exercent leurs droits sur le montant de l'indemnité au lieu de les exercer sur la chose.* (al. 2) *L'usufruitier, autre que le père ou la mère ayant l'usufruit légal, est tenu de donner caution. Si le propriétaire d'un bien exproprié n'a pu être identifié, le juge fixe l'indemnité pour le compte de qui il appartiendra.* (al. 3) »

33. Art. 621 al. 1 C. civ. : « *[e]n cas de vente simultanée de l'usufruit et de la nue-propriété d'un bien, le prix se répartit entre l'usufruit et la nue-propriété selon la valeur respective de chacun de ces droits, sauf accord des parties pour reporter l'usufruit sur le prix* ». Et sous l'empire du texte, dans sa rédaction antérieure, qui était muet sur le sort des sommes issues de la vente de l'usufruit et de la nue-propriété, v. Civ. 1re, 5 novembre 2014, pourvoi n° 13-23636 : « les juges d'appel ont [souverainement] estimé que le dépôt des deniers provenant de la vente de l'immeuble sur des comptes ouverts au nom des deux époux [l'un étant usufruitier et l'autre, nu-propriétaire] était insuffisant à établir que ceux-ci avaient entendu reporter l'usufruit sur le prix de cession ».

34. Art. 2276 al. 1 C. civ. : « *[e]n fait de meubles, la possession vaut titre* ». Et sur ce texte, v. *infra*, n° 743 et s.

du bien entre les mains du vendeur[35]. En troisième lieu, la subrogation est une **technique subsidiaire**, car elle est un *mécanisme fondé sur l'équité*. Elle ne doit jouer que s'il n'existe aucune autre technique de préservation des droits menacés. C'est ce qui explique que les titulaires de sûretés pourvues d'un droit de suite ne puissent[36], au moins en principe[37], bénéficier de la subrogation en vue de reporter leur préférence sur le prix de vente et, qu'inversement, ceux qui sont munis d'une sûreté dépourvue de droit de suite le puissent.

Lorsque ces trois conditions sont remplies, la subrogation réelle devrait jouer ; c'est semble-t-il ainsi que s'expliquent les différentes solutions retenues par la jurisprudence et fondées sur la subrogation, en dehors des cas prévus par la loi. Cela justifierait que l'usufruitier puisse exercer son droit sur l'indemnité d'assurance compensant la perte d'un bien assuré[38] et que le jeu de la subrogation réelle soit généralisé en matière de sûreté réelle[39].

176. Sources de la subrogation réelle. ***Pouvoir de la volonté***. Alors même qu'il existerait un principe général de subrogation, la question se pose de savoir si la volonté des parties pourrait suppléer l'absence de subrogation réelle « légale » lorsque les conditions n'en sont pas remplies. À ce sujet, il a été toujours admis que la subrogation puisse être conventionnelle[40]. Ainsi, avant que la loi ne le

---

35. En ce sens, v. H. Capitant, « Essai sur la subrogation réelle », *RTD civ.* 1919, p. 385 s., spéc. p. 411 : « la raison d'équité qui justifie la subrogation du prix à la chose grevée d'un privilège ou d'une hypothèque, disait-il, milite, avec plus de force encore, en faveur de celui qui avait sur la chose aliénée un droit de propriété dont il a été privé par le fait de cette aliénation ».

36. Et v. Ch. Gijsbers, *Sûretés réelles et droit des biens*, th. Panthéon-Assas (Paris II), 2012, n° 529. L'auteur prend notamment l'exemple de l'hypothèque immobilière : « [l]e droit de suite qu'elle offre au créancier rend, par principe, inutile la subrogation du prix de vente à l'immeuble.

37. Sauf, justement, lorsque le droit de suite ne peut être exercé. En ce sens, H. Capitant, *in* « Essai sur la subrogation réelle », *RTD civ.* 1919, p. 385 s., spéc. p. 409. *Adde* Ch. Gijsbers, *Sûretés réelles et droit des biens*, th. Panthéon-Assas (Paris II), 2012, n° 529 : « (...) supposons qu'un produit soit détaché de l'immeuble et vendu comme meuble à un tiers acquéreur de bonne foi (pierres d'une carrière, bois d'une forêt, etc.) : la paralysie inévitable du droit de suite par l'article 2276 C. civ. rendra alors de nouveau possible la subrogation. Ce caractère subsidiaire relativise grandement le risque d'une propagation inconsidérée de la subrogation réelle en droit des biens tant sont nombreux les procédés qui la rendent inutile ».

38. De fait, certaines décisions ont admis un report de l'usufruit sur une indemnité venue remplacer la chose : indemnité d'assurance (TGI Paris, 27 janvier 1973, *Journ. not. et av.* 1973, art. 51320, note J. Viatte), indemnité d'éviction due au titre du statut des baux commerciaux (Civ. 3e, 6 janvier 1982, *Bull. civ.* III, n° 1 : « dès lors que l'usufruit pouvait etre reporté sur l'indemnité, l'arrêt a pu déduire qu'une indemnité d'éviction était due à défaut de renouvellement du bail et en reconnaître le bénéfice aux consorts X ».
S'agissant de l'usufruit toujours, la doctrine (F. Zenati, *Rep. soc. Dalloz*, V°Usufruit de droits sociaux, n° 527 s. ; H. Hovasse, « Le démembrement de droits sociaux », *Dr. sociétés* 1994, n° 15) souligne également l'intérêt de reporter le droit de l'usufruitier de droits sociaux sur la part du boni de liquidation en cas de liquidation de la société (Civ. 1re, 8 mars 1988, *Bull. civ.* I, n° 67 : « l'usufruit de M. Siro X... portait sur des parts, puis sur des actions, d'une société qui devait prendre fin le 31 décembre 1985, d'où il suivait qu'à partir de cette date, l'usufruit ne pourrait s'exercer que selon des modes différents » ; l'arrêt ne dit cependant pas comment...).

39. Ainsi est-il envisageable et souhaitable, dans le silence de la loi, que le bénéficiaire d'une fiducie-sûreté puisse reporter son droit de propriété fiduciaire sur l'indemnité d'assurance reçue en cas de destruction du bien.

40. Ph. de Renusson, *Traité de la subrogation*, ch. 1, n° 13, in *Œuvres de Ph. de Renusson*, Paris, nvlle. éd. par J.-A. Serieux, 1740 : « on dit vulgairement que toute subrogation vient de la Loi ou de la convention » ; Ph. de Renusson, *Traité des propres*, ch. 1, sect. 10, n° 2, in *Œuvres de Ph.*

prévoit, les parties inséraient fréquemment dans les actes constitutifs d'une sûreté réelle une clause prévoyant le report du droit de préférence sur l'indemnité d'assurance[41].

de Renusson, Paris, nvlle. éd. par J.-A. SERIEUX, 1740 : « toute subrogation est une fiction qui vient de la loi ou de la convention ».

41. Pour d'autres illustrations, v. E. SAVAUX, Rép. civ., *V° Subrogation réelle*, 1998, n° 13. *Adde* Civ. 1re, 5 novembre 2014, pourvoi n° 13-23636, préc. : « les juges d'appel ont [souverainement] estimé que le dépôt des deniers provenant de la vente de l'immeuble sur des comptes ouverts au nom des deux époux [l'un étant usufruitier et l'autre, nu-propriétaire] était insuffisant à établir que ceux-ci avaient entendu reporter l'usufruit sur le prix de cession ».

Sous-partie II
Les rapports entre les biens : les servitudes

177. Premières vues. L'article 637 C. civ. définit la servitude comme la « *charge imposée sur un héritage pour l'usage et l'utilité d'un héritage appartenant à un autre propriétaire* »[1]. Il s'agit d'un **rapport réel** entre des biens différemment appropriés, l'un supportant une charge au profit de l'autre, et non d'un droit de jouissance accordé à une personne sur le bien d'autrui, à la manière d'un démembrement[2], ce qui explique que la servitude puisse être perpétuelle alors que les démembrements sont nécessairement temporaires[3]. Si la servitude constitue un rapport réel entre deux biens, ce sont en réalité les propriétaires qui, pour l'un, supporte, et pour l'autre, bénéficie, de celle-ci : derrière les choses, il y a des personnes. Ainsi, c'est bien le propriétaire d'un fonds enclavé – sans accès direct à la voir publique – qui profitera d'un droit de passage sur le fonds qui le sépare de la voie publique (servitude de passage). Précisément, la servitude ne crée d'obligations et de droits au profit de personnes qu'*en leur qualité de propriétaire* (art. 686 C. civ.[4]), ce qui explique que les servitudes demeurent attachées aux fonds pour lesquels elles sont été constituées, indépendamment du changement de leur propriétaire : la servitude est si liée au fonds qu'elle grève (fonds servant) ou qu'elle sert (fonds dominant) qu'elle ne se « transmet » qu'avec le fonds avec lequel elle fait corps.

Les servitudes remplissent une **fonction *économique* et *sociale***. En premier lieu, elles contribuent à la rationalisation de l'utilisation des sols, en accroissant l'utilité que procure un fonds grâce à une charge raisonnable imposée à un autre fonds. En second lieu, elles imposent une certaine solidarité entre propriétaires, notamment dans les relations de voisinage, en permettant à un propriétaire de tirer profit des utilités du fonds d'un autre, en vue de jouir au mieux de son propre fonds.

178. APRDB. L'APRDB reprend peu ou prou la définition retenue par le Code civil, en énonçant que « [l]a servitude est une charge réelle grevant un fonds pour

---

1. « Héritage » doit être pris comme synonyme d'immeuble.
2. Comme on l'a justement observé, « dès lors que, dans le système du Code civil, la servitude ne peut profiter à une personne mais seulement à un fond, elle ne saurait être un droit, par cela qu'une chose n'est jamais titulaire d'un droit » (W. Dross, n° 381 ; par ailleurs, suivant l'auteur, « la servitude constitue en réalité en partie l'objet du droit de propriété du maître du fonds dominant », n° 382 s. et n° 381-3).
3. V. *infra*, n° 296. *Adde* R. Libchaber, « La recodification du droit des biens », *Le Code civil, 1804-2004, Livre du bicentenaire*, Dalloz-Litec, 2005, p. 297 s., n° 54 : « parce qu'elle est un service foncier et garantit l'exercice de la propriété du fonds dominant, elle est aussi perpétuelle que la propriété ».
4. « *Il est permis aux propriétaires d'établir sur leurs propriétés, ou en faveur de leurs propriétés, telles servitudes que bon leur semble, pourvu néanmoins que les services établis ne soient imposés ni à la personne, ni en faveur de la personne, mais seulement à un fonds et pour un fonds, et pourvu que ces services n'aient d'ailleurs rien de contraire à l'ordre public (...)* ».

l'usage et l'utilité d'un fonds appartenant à un autre propriétaire » (art. 612 al. 1), et en précisant qu'« [e]lle n'établit ni prééminence d'une propriété sur l'autre, ni obligations personnelles au profit ou à la charge des propriétaires, mais seulement des rapports entre fonds servant et fonds dominant et des services qui leur sont attachés » (art. 612 al. 2). Il demeure que les servitudes sont réglementées (art. 612 s.) dans un chapitre figurant dans le titre IV relatif aux « démembrements de propriété », ce qui opère une certaine confusion des genres[5].

179. Plan. On envisagera la notion de servitude (Titre I) ses caractères (Titre II) et ses sources (Titre III) et les règles communes qui les régissent (Titre IV).

5. V. *supra*, nº 177.

Titre I
La notion de servitude

180. Plan. Une servitude est un rapport entre fonds (Chapitre 1) appartenant à des propriétaires distincts (Chapitre 2).

Chapitre 1
Un rapport entre fonds

181. Services fonciers. Ainsi que le montre l'article 637 C. civ., une servitude est un rapport entre « héritages », c'est-à-dire entre des immeubles. Le rapport établi entre fonds consiste en un service rendu par un fonds servant au profit d'un fonds dominant.

182. Services. Tout service procuré entre fonds peut faire l'objet d'une servitude. On peut à cet égard distinguer deux situations : tantôt, la servitude *paralyse une utilité du fonds servant* au profit du fonds dominant – on parle parfois alors de servitude négative –, tantôt la servitude *confère une utilité du fonds servant* au profit du fonds – on parle alors de servitude positive.

Il ne peut cependant s'agir que de services limités. C'est ainsi que la Cour de cassation décide qu'« une servitude ne peut conférer le droit d'empiéter sur la propriété d'autrui »[1] car, plus généralement, « une servitude ne peut être constituée par un droit exclusif interdisant au propriétaire du fonds servant toute jouissance de sa propriété »[2]. Au soutien de cette solution, on avance en général que s'il en allait autrement, la servitude priverait en réalité le propriétaire du fonds de sa propriété. Certains dénoncent là quelque excès[3]. *Primo*, l'empiètement ne s'étend ici jamais au

---

1. Civ. 3e, 27 juin 2001, *Bull. civ.* III, n° 87, *JCP* 2002, I, 126, obs. H. Périnet-Marquet, *RDI* 2002, p. 141, obs. J.-L. Bergel : une véranda ne peut donc être édifiée en surplomb d'un autre fonds ; Civ. 3e, 12 juin 2003, pourvoi n° 01-14371, *D.* 2003, p. 2111, note R. Desgorces : une toiture ne peut donc dépasser sur le fonds voisin ; Civ. 3e, 1er avril 2009, *Bull. civ.* III, n° 77 ; *D.* 2009, p. 2300, obs. B. Mallet-Bricout, *JCP* 2009, I, 337, obs. H. Périnet-Marquet : les marches d'un escalier ne peuvent empiéter sur le fonds servant, même en vue de permettre l'exercice d'une servitude de passage.
2. Civ. 3e, 24 mai 2000, *Bull. civ.* III, n° 113, *D.* 2001, p. 151, note R. Libchaber, *JCP* 2000, I, 265, obs. H. Périnet-Marquet, *Rép. Defr.* 2000, p. 1170, obs. Ch. Atias, *RDI* 2000, p. 316, obs. J.-L. Bergel : « une servitude ne peut être constituée par un droit exclusif interdisant au propriétaire du fonds servant toute jouissance de sa propriété » (fosse d'aisance établie sur le fonds servant) ; Civ. 3e, 12 décembre 2007, pourvoi n° 06-18288 : « pour rejeter la demande d'annulation de la servitude, l'arrêt relève que la convention avait pour but de permettre au propriétaire du lot 2 d'utiliser à son profit la chaufferie implantée sur le lot 3 et les appareils s'y trouvant et retient que M. Y... ne peut soutenir qu'il y a empiétement sur son fonds dés lors que le droit de jouissance sur la bande de terrain en limite de sa parcelle résulte d'une convention de servitude ; (...) en statuant ainsi, sans rechercher, comme il le lui était demandé, si la convention n'interdisait pas à M. Y... toute jouissance d'une partie de sa propriété, la cour d'appel n'a pas donné de base légale à sa décision ». Rappr. Civ. 3e, 19 juin 2002, *Bull. civ.* III, n° 147, *Rép. Defr.* 2003, p. 36, obs. Ch. Atias, *RDI* 2002, p. 383, obs. J.-L. Bergel : au sujet d'une servitude reconnue au profit d'EDF pour l'implantation des poteaux électriques, la Cour de cassation retient que « le droit conféré au concessionnaire bénéficiaire de la déclaration d'utilité publique ne peut faire obstacle au droit du propriétaire d'opérer des modifications de sa propriété conformes à son utilisation normale ».
3. R. Libchaber, note préc. ss. Civ. 3e, 24 mai 2000, *Bull. civ.* III, n° 113.

volume pris à l'autre que pour le temps qu'il dure (703 C. civ.[4])[5]. *Deuxio*, la Cour de cassation admet qu'une servitude puisse conférer un *droit exclusif*, notamment de passage, au profit du fonds dominant[6]. *Tertio*, elle paraît même reconnaître qu'une servitude[7] réalisant un empiètement aérien puisse s'acquérir par prescription[8].

183. Entre fonds. Une servitude ne peut jamais être établie qu'à la *charge* et *au profit* d'un fonds, non de personnes : « *[i]l est permis aux propriétaires d'établir sur leurs propriétés, ou en faveur de leurs propriétés, telles servitudes que bon leur semble, pourvu néanmoins que les services établis ne soient imposés ni à la*

4. « *Les servitudes cessent lorsque les choses se trouvent en tel état qu'on ne peut plus en user.* »

5. Il est d'ailleurs intéressant de noter que le droit suisse reconnaît la servitude d'empiétement (art. 674 C. civ. suisse : « *[l]es constructions et autres ouvrages qui empiètent sur le fonds voisin restent partie intégrante de l'autre fonds, lorsque le propriétaire de celui-ci est au bénéfice d'un droit réel* (al. 1). *Ces empiétements peuvent être inscrits comme servitudes au registre foncier* (al. 2) *(...)* »).

6. Req. 25 juin 1834, *D.* 1834, 1, p. 329 : « l'arrêt attaqué a reconnu que, si le sol de la cour sur laquelle s'exerce le passage dû à la maison Dejean appartenait au demandeur en cassation, les titres constitutifs de servitude ont établi sur ce sol un passage exclusif en faveur de la maison Dejean, avec la seule réserve, pour le propriétaire de la cour et des maisons qui l'environnent, de prendre des vues sur le passage ; qu'en décidant, dans ces circonstances, que le demandeur ne pouvait ouvrir de porte dans le mur de clôture de ce passage, la Cour royale de Paris n'a fait qu'une juste application de la loi ». On soulignera néanmoins que la Cour – dans un *obiter dicta* probablement – relève la possibilité demeurée au fonds servant de « prendre des vues sur le passage »... V. depuis Civ. 3e, 20 décembre 1971, *Bull. civ.* III, n° 651 : « les juges du second degré n'ont fait qu'appliquer les textes qui règlent le sort des travaux nécessaires à l'usage et à la conservation d'une servitude (...) en énonçant, justement, que "pour faire respecter le droit exclusif des consorts Y..., les parties avaient stipulé qu'une murette en briques serait établie en ceinture suivant... délimitation, à frais communs et à la première réquisition de l'un des copartageants'' » ; Civ. 3e, 11 mars 1975, *Bull. civ.* III, n° 96, *a contrario* : « les juges du second degré par une interprétation nécessaire, exclusive de dénaturation, des termes de l'accord de 1910, qui constitue le titre de la servitude de passage de Nogue sur le chemin appartenant à la commune, relèvent que cette servitude n'a aucun caractère exclusif au profit du fonds de Nogue ».

7. Si c'est une servitude qui est acquise par prescription et non la propriété, en cas de cessation de l'empiétement, notamment en raison de la réfection d'une toiture surplombant le fonds voisin, la toiture ne saurait être reconstruite sans que les voisins ne puissent se plaindre de l'empiétement (W. Dross, obs. ss. Civ. 3e, 5 mars 2013, pourvoi n° 12-12377, *RTD civ.* 2013, p. 414).

8. Civ. 3e, 12 mars 2008, *Bull. civ.* III, n° 47, *D.* 2008, p. 2462, obs. B. Mallet-Bricout et p. 2464, N. Reboul-Maupin : « ayant relevé que la corniche avait été édifiée il y a plus de trente ans avec l'immeuble, lequel, de type "chartreuse", ancien et de caractère, formait un tout sur le plan architectural dans lequel elle s'intégrait pour être surmontée d'une balustrade en pierre dans laquelle était intégré un fronton et souverainement retenu qu'elle présentait un avantage pour l'usage et l'utilité du fonds des époux X..., en ce qu'elle faisait partie de l'architecture même de leur immeuble, la cour d'appel (...) en a exactement déduit que le fonds des époux X..., qui pouvaient se prévaloir d'une possession utile, bénéficiait d'une servitude de surplomb sur le fonds voisin acquise par prescription ». *Adde* Civ. 3e, 5 mars 2013, pourvoi n° 12-12377, *RTD civ.* 2013, p. 414, obs. W. Dross : « ayant constaté que la toiture, édifiée il y a plus de trente ans avec l'immeuble dépassait de toutes parts sur le fonds X... et souverainement retenu que, la servitude étant continue, M. Y... pouvait se prévaloir d'une possession utile pour l'acquisition d'une servitude de surplomb sur le fonds voisin, la cour d'appel, qui a relevé que le débord actuel n'étant pas plus important que l'ancien débord sur la même façade Est, aucune preuve d'une aggravation de la servitude de surplomb acquise par prescription n'était rapportée, a exactement déduit de ces seuls motifs qu'il n'y avait pas lieu de condamner M. Y... à mettre un terme à l'empiétement allégué ». *Contra* : Civ. 3e, 12 juin 2003, pourvoi n° 01-14371 : « pour débouter M. X... de sa demande de démolition d'une partie de la toiture de l'immeuble voisin appartenant à M. Y..., l'arrêt attaqué (Grenoble, 23 avril 2001), retient que plusieurs témoins attestent de l'existence d'un dépassement de la toiture antérieurement à la réfection du toit de la grange par M. Y..., que ce dépassement existait depuis plus de trente ans et que la preuve d'une acquisition de la servitude par prescription trentenaire est rapportée ; (...) en statuant ainsi, alors qu'une servitude ne peut conférer le droit d'empiéter sur la propriété d'autrui, la cour d'appel a violé les textes susvisés ».

personne, ni en faveur de la personne » (art. 686 al. 1 C. civ.)[9]. Une servitude ne permet pas *d'assujettir une personne à un fonds* et si elle peut créer des obligations à la charge d'une personne, c'est en sa qualité de propriétaire du fonds servant[10]. Réciproquement, une servitude ne permet pas *d'assujettir un fonds à une personne* et si elle peut créer des droits au profit d'une personne, c'est encore en sa qualité de propriétaire d'un fonds, cette fois le fonds dominant. Lorsque tel n'est pas le cas, on est en présence d'un droit, le cas échéant réel, sur la chose d'autrui. Autrement dit, la qualification de servitude doit être retenue chaque fois que le service ne profite à un individu *que parce qu'il est propriétaire d'un fonds* ; si le service procuré lui avait également profité indépendamment de cette qualité, la qualification de servitude devrait être écartée[11]. C'est la raison pour laquelle le mécanisme par lequel le propriétaire d'un fonds autorise une compagnie d'électricité à installer un réseau de distribution sur son terrain[12] ou encore autorise autrui à faire paître des animaux sur son fonds[13] ne peut s'expliquer par l'institution d'une servitude, faute d'existence

---

9. C'est encore pour cette raison qu'il apparaît délicat, en droit français, d'instaurer une servitude environnementale qui permettrait de geler perpétuellement certaines utilités du fond en vue de protéger l'environnement. V. sur la question, M. Boutonnet et M. Mekki, « Environnement et *conservation easements*. Pour une transposition en droit français ? » : *JCP* G 2012, n° 39, doctr. 1023 ; G. J. Martin, « Pour l'introduction en droit français d'une servitude conventionnelle ou d'une obligation *propter rem* de protection de l'environnement », *RJE* 2008, n° spécial, p. 123 et s. *Adde* la proposition audacieuse in P. Raoult, C. Barthod et V. Graffin, « Trame verte et bleue », rapp. remis au ministre de l'Écologie dans le cadre du Comité opérationnel n° 11 du Grenelle de l'environnement, le 14 mars 2008, spéc. p. 21 et s. : « [i]l est permis aux propriétaires de contracter en vue de faire naître à leur charge ainsi qu'à la charge des propriétaires successifs du bien, les obligations réelles que bon leur semble, dès lors que de telles obligations sont acceptées au bénéfice d'une collectivité ou d'un établissement public ou d'une personne morale de droit privé agréée pour la protection de l'environnement, en vue du maintien, de la conservation, de la gestion ou de la restauration d'un espace naturel ou d'éléments de la biodiversité (...) ».

10. Comme on l'a souligné, « [l]es seules obligations que saurait imposer le mécanisme de la servitude sont réelles : si, comme *obligations*, elles contraignent la personne, comme obligations *réelles* elles ne l'assujettissent qu'en considération d'une ou de plusieurs utilités de la chose ; c'est seulement dans la mesure où l'engagement de la personne du propriétaire du fonds servant est nécessaire à la jouissance, par le propriétaire du fonds dominant, des avantages recelés par le fonds servant, qu'est concevable et admissible le lien d'obligation » (Th. Revet, obs. ss. Civ. 3e, 4 juillet 2001, *Bull. civ.* III, n° 94, *RTD civ.* 2002, p. 125).

11. Ch. Demolombe, *Cours de Code Napoléon, vol.* XII, 1863, n° 679 : « l'existence de deux héritages appartenant à des maîtres différents est une condition indispensable de la servitude réelle, et (...) il faut que la charge imposée à l'un d'eux en faveur de l'autre soit telle, passivement et activement, qu'elle suppose nécessairement une relation entre deux héritages, et qu'elle ne puisse pas, en quelque sorte, se concevoir indépendamment de ces héritages ».

12. Civ. 3e, 13 juin 2012, *Bull. civ.* III, n° 95 : « le réseau de distribution électrique ne peut constituer un fonds dominant ».

13. Civ. 3e, 25 mars 1992, *Bull. civ.* III, n° 106, *D.* 1993, p. 306, obs. A. Robert : « ayant relevé que, si le droit de seconde herbe revendiqué représentait bien une charge pour le fonds des consorts Z..., il ne bénéficiait pas à un fonds dominant, mais profitait seulement aux habitants d'une entité territoriale et que l'exercice de ce droit n'impliquait pas d'être propriétaire foncier à l'endroit considéré, la cour d'appel, qui a, ainsi, retenu que la charge imposée au fonds des consorts Z... n'était pas établie pour l'usage et l'utilité d'un autre fonds ». *Adde* Civ. 3e, 13 mai 2009, *Environnement* 2009, comm. n° 94, obs. N. Reboul-Maupin : « ayant relevé, par motifs propres et adoptés, sans dénaturer le dispositif de l'arrêt du 7 février 1905, que le "droit au bois bourgeois" était attribué à des personnes physiques remplissant diverses conditions relatives à leur personne (âge, nationalité, descendance) et qu'il était subordonné à la condition pour ces personnes d'habiter et non de résider à titre permanent dans un immeuble sis à Engenthal, la cour d'appel, qui a retenu, à bon droit, que ce droit constituait un droit personnel et exclusivement individuel, inaliénable, incessible et non transmissible par voie de succession, en a

d'un fonds dominant. Cette directive de principe, qui invite à distinguer la servitude du droit réel sur la chose d'autrui, se vérifie plus ou moins lorsque l'on envisage les ***services de chasse*** et les ***services de non-concurrence***. S'agissant des premiers, qui consistent à octroyer au propriétaire d'un terrain le droit de chasser sur les terres voisines, la jurisprudence refuse la qualification de servitude[14]. Cela s'explique car le droit de chasser sur des terres offre potentiellement un intérêt à toute personne, peu important qu'elle soit propriétaire d'un fonds[15]. Accorder un tel service participe donc de la logique d'une servitude personnelle, qui pourrait emprunter aujourd'hui le moule d'un droit de jouissance spéciale[16]. S'agissant des seconds, qui consistent à interdire dans l'immeuble servant la création d'un fonds de commerce concurrençant un fonds abrité par l'immeuble dominant, la jurisprudence retient au contraire la qualification de servitude[17]. La question se pose le plus souvent lorsque

---

exactement déduit qu'il n'était pas attaché à l'immeuble et ne pouvait, en application des dispositions de l'article 2226 C. civ., se prescrire quand bien même les bénéficiaires n'en auraient pas fait usage pendant plus de 30 ans ».

14. Crim. 9 janvier 1891, *DP* 1891, 1, p. 89, *S.* 1891, 1, p. 489 : « la concession d'un droit de chasse ne saurait avoir le caractère d'une servitude réelle (...) le fonds en faveur duquel il est accordé n'en recueille aucune utilité et (...) le profit ou l'agrément que ce droit peut amener ne concernent que la personne du propriétaire du fonds et non le fonds lui-même », en conséquence de quoi est nul, en tant que servitude personnelle, l'acte qui établit à perpétuité sur un fonds un droit de chasse au profit des propriétaires successifs d'un autre fonds ; Civ. 3e, 22 juin 1976, *Bull. civ.* III, n° 280, *RTD civ.* 1977, p. 156, obs. Cl. Giverdon : « la concession du droit de chasse ne saurait avoir le caractère d'une servitude réelle, le fonds en faveur duquel il est accordé n'en recueillant aucune utilité et le profit ou l'agrément que ce droit peut amener ne concernant que la personne du propriétaire du fonds et non le fonds lui-même » ; Civ. 3e, 19 février 1980, *Bull. civ.* III, n° 44 : la Cour de cassation approuve la Cour d'appel d'avoir considéré « justement que le droit de chasse prétendu ne peut présenter le caractère d'une serviture grevant un fonds au profit d'un autre, puisque les bénéficiaires de ce droit seraient tous les habitants, et ne constitue qu'un attribut du droit de propriété allégué ». Comp. auparavant, Req. 4 janvier 1860, *DP* 1860, 1, p. 16 : « à la différence du droit de chasse détaché de la propriété et concédé à perpétuité à une ou plusieurs personnes déterminées et à leurs successeurs ou ayants cause, le droit de chasse, concédé à tous les habitants d'une commune, ne présente aucun des caractères de la servitude personnelle ».

La Cour de cassation a en revanche qualifié un droit de chasse de droit d'usage viager. V. Civ. 3e, 2 octobre 2002, pourvoi n° 00-14029, *RDI* 2003, p. 317, obs. Y. Jégouzo et F.-G. Trébulle. Si l'arrêt est inédit, il reprend l'opinion de maints auteurs, dont celle de Demolombe : « les droits de chasse et de pêche peuvent bien être établis à titre d'usage irrégulier, de manière à grever, au profit d'une personne déterminée et pendant sa vie, le fonds servant d'une charge réelle qui le suivra entre les mains de tout tiers détenteur, mais qu'ils ne sauraient constituer une servitude prédiale, établie à perpétuité en faveur d'un fonds, car la vérité est que ces sortes de droits ont pour objet direct et principal, non pas l'utilité, ni l'agrément du fonds lui-même, considéré en soi et comme fonds, mais avant tout l'agrément des personnes » (Ch. Demolombe, *Cours de Code Napoléon, vol.* X, 1863, n° 686).

15. On pourrait certes soutenir qu'un droit de chasse sert un fonds dont la valeur serait augmentée. Mais comme l'a observé Demolombe, « [d]éfions-nous de cet argument-là ; car il pourrait nous mener fort loin ; si j'achetais une maison située à Paris, en stipulant, pour tous les propriétaires futurs de cette maison, le droit de chasser dans un bois, que mon vendeur posséderait dans les Vosges, je crois bien aussi que la valeur vénale ou locative de la maison en serait augmentée. Mais pourquoi ? C'est parce que la vente ou le bail comprendrait deux droits : d'abord, la maison, puis un droit de chasse ou de pêche qui serait vendu ou loué en même temps ; mais apparemment nul ne prétendrait qu'un pareil droit constituerait, dans ce cas, une servitude » (Ch. Demolombe, *Cours de Code Napoléon, vol.* XII, 1863, n° 686).

16. V. *infra*, n° 234.

17. La Chambre commerciale de la Cour de cassation décide que « l'interdiction faite à l'acquéreur d'un fonds de l'affecter à un usage déterminé peut revêtir le caractère d'une servitude établie par le fait de l'homme, attachée au fonds dans l'intérêt d'un autre fonds ». Com. 15 juillet 1987, *Bull. civ.* IV, n° 184, *D.* 1988, p. 360, note Ch. Atias, *RTD civ.* 1989, p. 351, obs. F. Zenati. Le grief de perpétuité

le propriétaire de deux immeubles en vend un, en interdisant à l'acquéreur d'y créer un fonds de commerce concurrençant celui abrité par l'immeuble dont il est resté propriétaire. Il reste que la servitude de non-concurrence profitera également aux autres commerçants de la zone de chalandise (en s'estompant au fur et à mesure que l'on s'éloigne de l'immeuble servant) et que la servitude de non-concurrence rend *a priori* davantage service au fonds de commerce abrité par l'immeuble dominant qu'à l'immeuble lui-même (encore qu'un local qui permet une activité sans concurrence immédiate a plus de valeur qu'un local à proximité de concurrents)[18]. Il reste que la Cour de cassation a reconnu d'autres espèces de servitudes qui intéressent également la manière dont peut être utilisé un immeuble : la servitude consistant à octroyer une utilité du fonds dominant au profit de l'immeuble dans lequel est exercée une activité économique[19] et la servitude d'habitation bourgeoise, qui interdit qu'un immeuble puisse être affecté à autre chose qu'à l'habitation[20].

184. Fausses servitudes, faute de services entre fonds. ***Les servitudes de marchepied et de halage (art. L. 2131-2 CGPPP).*** Plusieurs « servitudes » sont établies par la loi en présence d'un cours d'eau ou d'un lac domanial mais, faute de services

de la non-concurrence est balayé par la Cour de cassation qui considère qu'« une convention restreignant sans limitation de temps l'exercice d'une activité commerciale définie est licite si elle est restreinte à un lieu déterminé ».
La troisième chambre civile s'est ralliée à l'opinion de la Chambre commerciale dans un arrêt rendu le 24 mars 1993 (Civ. 3e, 24 mars 1993, *Bull. civ.* III, n° 45, *RTD civ.* 1993, p. 853, obs. F. Zenati. *Adde* la même Chambre, mais ambiguë, Civ. 3e, 4 juillet 2001, *Bull. civ.* III, n° 94 : après avoir considéré, au visa des articles 686 et 1134 C. civ., « *qu'il est permis aux propriétaires d'établir sur leurs propriétés, ou en faveur de leurs propriétés, telles servitudes que bon leur semble, pourvu néanmoins que les services établis ne soient imposés ni à la personne, ni en faveur de la* personne, mais seulement à un fonds et pour un fonds, et pourvu que ces services n'aient d'ailleurs rien de contraire à l'ordre public », la Cour de cassation estime que « l'interdiction faite à l'acquéreur d'un fonds immobilier de l'affecter à un usage déterminé peut revêtir le caractère d'une obligation personnelle »).

18. C'est ce que font valoir certaines auteurs : « l'arrangement de fonds à fonds érigé en servitude de non-concurrence bénéficie en priorité au commerce lorsque ce dernier est exercé dans un immeuble quelconque » (H.-J. Lucas et Y. Trémorin, *J-Cl. civ.* Fasc. Servitudes – Servitudes du fait de l'homme – Notion, fonction, classification, n° 55). Pour un argumentaire en faveur des servitudes de non-concurrence, v. F. Zenati, obs. ss. Com. 1er avril 1997, *Bull. civ.* IV, n° 89, *RTD civ.* 1999, p. 659 s. : « qu'est ce qu'une utilité profitant à un fonds si ce n'est une utilité profitant à la personne qui en est propriétaire ? Le fonds n'est pas susceptible d'être partie à un rapport juridique ; les parties au service foncier sont forcément des personnes, leur particularité étant d'être abstraitement définies : toute personne à qui adviendrait la propriété du fonds ». Et l'auteur de poursuivre : « un local commercial qui jouit d'une servitude de non-concurrence est un local protégé qui, en tant que tel, sera recherché par un commerçant voulant se prémunir avant même la création de tout fonds de commerce contre la création d'une activité concurrente dans le voisinage, événement qui peut être fatal ».

19. Civ. 9 janvier 1901, *DP* 1901, 1, p. 450 : octroi du droit d'utiliser le charbon dans l'immeuble servant au profit de l'immeuble abritant une verrerie. Là encore, cependant, il est davantage question de profit à un fonds d'exploitation qu'à un fonds de terre, qu'à un immeuble... *Adde*, en ce qui concerne le droit d'exploiter sur le fonds voisin : un moulin (Req. 6 juillet 1874, *DP* 1875, 1, p. 372), un four (Civ. 15 février 1926, GP 1926, 1, p. 639), un banc de scie (Req. 18 avril 1921, S. 1922, 1, p. 76), un pressoir (Req. 23 mars 1908, *DP* 1908, 1, p. 279).

20. Civ. 1re, 30 juin 1964, *Bull. civ.* I, n° 353, *RTD civ.* 1965, p. 353, obs. J.-D. Bredin : au sujet d'une clause d'un acte constitutif d'un lotissement stipulant que les maisons, qui ne seront que maisons de campagne et d'agrément, ne pourront jamais être occupées que par des propriétaires, artistes, gens de bureau, commis, employés, rentiers ou autres gens tranquilles, les juges du fond, ont eu « à se prononcer sur le caractère et l'étendue de la servitude » et à apprécier souverainement, en dégageant l'intention des parties d'après les termes des actes et les circonstances de la cause, si un immeuble de neuf étages en copropriété peut correspondre au genre de maisons prévu par la convention.

rendus par un fonds au profit d'un autre, on ne saurait parler véritablement de servitude.

La **servitude de marchepied** interdit en principe[21] aux propriétaires riverains, dans l'intérêt des piétons, pêcheurs et services d'entretien et de surveillance des cours et lacs domaniaux[22], de planter des arbres ou de se clore autrement qu'à une distance de 3,25 mètres des rives[23]. La **servitude de halage** interdit en principe[24] les propriétaires riverains, dans l'intérêt du service de la navigation et partout où il existe un chemin de halage ou d'exploitation, mais aussi, subsidiairement, des piétons et pêcheurs[25], de planter des arbres ou de se clore par haies ou autrement qu'à une distance de 9,75 mètres sur les bords[26] et les oblige à laisser le long des bords desdits cours d'eau domaniaux, ainsi que sur les îles où il en est besoin, un espace de 7,80 mètres de largeur[27]. Ces servitudes ont notamment pour effet de permettre à toute personne, quelle que soit sa qualité, de circuler le long des cours d'eau domaniaux, sans pouvoir se voir opposer l'interdiction de pénétrer sur une propriété privée.

185. Fausses servitudes, faute de services entre fonds. ***La servitude du chemin de douanier (art. L. 160-6 C. urb.[28]).*** Toute propriété privée riveraine du

21. D'après l'article L. 2131-3 al. 1 CGPPP, « *[l]orsque l'exercice de la pêche, le passage des piétons et les nécessités d'entretien et de surveillance du cours d'eau ou du lac le permettent, la distance de 3,25 mètres mentionnée à l'article L. 2131-2 pour la servitude de marchepied peut être exceptionnellement réduite, sur décision de l'autorité gestionnaire, jusqu'à 1,50 mètre* ».

22. Tout riverain est « *tenu de laisser les terrains grevés de [la] servitude de marchepied à l'usage du gestionnaire de ce cours d'eau ou de ce lac, des pêcheurs et des piétons* » (art. 2132-2 al. 2 CGPPP).

23. Art. 2131-2 al. 1 CGPPP : « *[l]es propriétaires riverains d'un cours d'eau ou d'un lac domanial ne peuvent planter d'arbres ni se clore par haies ou autrement qu'à une distance de 3,25 mètres. Leurs propriétés sont grevées sur chaque rive de cette dernière servitude de 3,25 mètres, dite servitude de marchepied* ».

24. D'après l'article L. 2131-3 al. 2 CGPPP, « *[l]orsque l'intérêt du service de la navigation le permet, les distances de 7,80 mètres et de 9,75 mètres mentionnées à l'article L. 2131-2, pour la servitude de halage, peuvent être réduites sur décision de l'autorité gestionnaire* ».

25. Art. 2132-2 al. 6 CGPPP : « *[l]e long des canaux de navigation, les pêcheurs et les piétons peuvent user du chemin de halage et de la portion de berge faisant partie du domaine public, dans la mesure où le permet l'exploitation de la navigation* ».

26. Art. 2132-2 al. 5 CGPPP : « *[i]ls ne peuvent planter d'arbres ni se clore par haies ou autrement qu'à une distance de 9,75 mètres sur les bords où il existe un chemin de halage ou d'exploitation* ».

27. Art. 2131-2 al. 4 CGPPP : « *[l]es propriétaires riverains des cours d'eau domaniaux sont tenus, dans l'intérêt du service de la navigation et partout où il existe un chemin de halage ou d'exploitation, de laisser le long des bords desdits cours d'eau domaniaux, ainsi que sur les îles où il en est besoin, un espace de 7,80 mètres de largeur. La servitude dont est ainsi grevée leur propriété est dite servitude de halage* ».

28. « *Les propriétés privées riveraines du domaine public maritime sont grevées sur une bande de trois mètres de largeur d'une servitude destinée à assurer exclusivement le passage des piétons.*
L'autorité administrative peut, par décision motivée prise après avis du ou des conseils municipaux intéressés et au vu du résultat d'une enquête publique effectuée comme en matière d'expropriation :
a) Modifier le tracé ou les caractéristiques de la servitude, afin, d'une part, d'assurer, compte tenu notamment de la présence d'obstacles de toute nature, la continuité du cheminement des piétons ou leur libre accès au rivage de la mer, d'autre part, de tenir compte des chemins ou règles locales préexistants ; le tracé modifié peut grever exceptionnellement des propriétés non riveraines du domaine public maritime ;
b) À titre exceptionnel, la suspendre.
Sauf dans le cas où l'institution de la servitude est le seul moyen d'assurer la continuité du cheminement des piétons ou leur libre accès au rivage de la mer, la servitude instituée aux alinéas 1 et 2 ci-

domaine public maritime est grevée de plein droit sur une bande de trois mètres de largeur, calculée à compter de la limite du domaine public maritime[29], d'une servitude destinée à assurer le passage des piétons[30]. Le tracé ou les caractéristiques de la servitude peut, par décision prise par l'autorité administrative être modifiée, afin, d'une part, d'assurer la continuité du cheminement des piétons ou leur libre accès au rivage de la mer compte tenu notamment de la présence d'obstacles de toute nature et, d'autre part, de tenir compte des chemins ou règles locales préexistants – le tracé modifié peut grever exceptionnellement des propriétés non riveraines du domaine public maritime. Par ailleurs, dans des cas exceptionnels, la servitude peut être suspendue[31]. Ici encore, faute de services rendus au profit d'un autre fonds, on ne saurait reconnaître une véritable servitude.

dessus ne peut grever les terrains situés à moins de quinze mètres des bâtiments à usage d'habitation édifiés avant le 1er janvier 1976, ni grever des terrains attenants à des maisons d'habitation et clos de murs au 1er janvier 1976. »

29. La limite à partir de laquelle est mesurée l'assiette de la servitude est définie à l'article R. 160-9 C. urb. : « I. — *La limite à partir de laquelle est mesurée l'assiette de la servitude instituée par l'article L. 160-6 est, selon le cas :*

a) La limite haute du rivage de la mer, tel qu'il est défini par le 1° de l'article L. 2111-4 du Code général de la propriété des personnes publiques ;

b) La limite, du côté de la terre, des lais et relais de la mer compris dans le domaine public maritime naturel par application du 3° du même article ;

c) La limite des terrains soustraits artificiellement à l'action du flot compris dans le domaine public maritime naturel en application des dispositions du dernier alinéa du même article ;

d) La limite des terrains qui font partie du domaine public maritime artificiel tel qu'il est défini par l'article L. 2111-6 du Code général de la propriété des personnes publiques.

II. — Toutefois, en Guadeloupe, en Guyane, en Martinique, à La Réunion et à Mayotte, l'assiette de la servitude de passage est, sur les propriétés privées situées pour tout ou partie dans la zone comprise entre la limite du rivage de la mer et la limite supérieure de la zone dite des cinquante pas géométriques définie par l'article L. 5111-2 du Code général de la propriété des personnes publiques et, à Mayotte, par l'article L. 5331-4 de ce code, calculée à partir de la limite haute du rivage, sous réserve de l'application des articles R. 160-11 à R. 160-13.

La limite haute du rivage s'entend de celle des plus hautes mers hors les marées cycloniques. »

L'article R. 160-10 al. 1 C. urb. prévoit qu'en « *l'absence d'acte administratif de délimitation, tout propriétaire riverain peut demander au préfet qu'il soit procédé à la délimitation du domaine public maritime au droit de sa propriété* ».

30. D'après l'article R. 160-25 C. urb., la servitude entraîne pour les propriétaires des terrains et leurs ayants-droits : l'obligation de laisser aux piétons le droit de passage, l'obligation de n'apporter à l'état des lieux aucune modification de nature à faire, même provisoirement, obstacle au libre passage des piétons, sauf autorisation préalable accordée par le préfet, pour une durée de six mois au maximum, ainsi que l'obligation de laisser l'administration compétente établir la signalisation nécessaire en vue de préciser l'emplacement de la servitude de passage et effectuer les travaux nécessaires pour assurer le libre passage et la sécurité des piétons, sous réserve d'un préavis de quinze jours sauf cas d'urgence.

31. L'article R. 160-12 C. urb. énonce certaines hypothèses de suspension : les piétons peuvent circuler le long du rivage de la mer grâce à des voies ou passages ouverts au public, le maintien de la servitude de passage fait obstacle au fonctionnement soit d'un service public, soit d'un établissement de pêche bénéficiaire d'une concession, soit d'une entreprise de construction ou de réparation navale, on se trouve en présence d'installations utilisées pour les besoins de la défense nationale, l'évolution prévisible du rivage est susceptible d'entraîner un recul des terres émergées, etc.

Chapitre 2
Des fonds appropriés par des propriétaires distincts

186. ***Neminis res sua servit* (on ne peut avoir de servitude sur sa chose).** Une servitude ne peut être établie qu'entre deux fonds appartenant à deux propriétaires distincts. Il s'agit là d'une condition de bon sens : il n'y aurait aucun intérêt à reconnaître une servitude entre deux fonds appartenant à un même propriétaire, car aucune difficulté n'est susceptible de naître (il faut au moins être deux pour qu'un différend puisse s'installer).

Cette condition est strictement appliquée par la jurisprudence qui estime qu'une servitude ne saurait être constituée entre un fonds appartenant exclusivement à une personne, d'une part, et un fonds appartenant à plusieurs personnes dont celle-là, d'autre part. Ainsi, lorsqu'un immeuble est placé sous le régime de la copropriété, si une servitude peut être constituée entre parties privatives[1], elle ne peut l'être entre une partie commune et une partie privative[2], pas plus qu'elle ne le peut entre un fonds privatif et un fonds indivis, dès lors que le propriétaire du fonds privatif est également propriétaire du fonds indivis[3]. Certains estiment que cette jurisprudence est difficilement justifiable dès lors que l'instauration d'une servitude peut présenter

---

1. Depuis Civ. 3e, 30 juin 2004, *Bull. civ.* III, n° 140, *D.* 2005, p. 2352, obs. B. Mallet-Bricout, *JCP* 2004, I, 171, obs. H. Périnet-Marquet, *RDI* 2004, p. 440, obs. J.-L. Bergel, *RTD civ.* 2004, p. 753, obs. Th. Revet : « la division d'un immeuble en lots de copropriété n'est pas incompatible avec l'établissement de servitudes entre les parties privatives de deux lots, ces héritages appartenant à des propriétaires distincts ». *Adde* Civ. 3e, 13 septembre 2005, pourvoi n° 04-15742 : servitude de passage de canalisation ; Civ. 3e, 1er juillet 2009, *Bull. civ.* III, n° 164 : servitudes de passage réciproques. *Contra*, auparavant : Civ. 3e, 10 janvier 1984, *Bull. civ.* III, n° 6, *D.* 1985, p. 335, note J.-L. Aubert ; Civ. 3e, 6 mars 1991, *Bull. civ.* III, n° 75, *D.* 1991, p. 355, note H. Souleau, *RTD civ.* 1991, p. 565, obs. F. Zenati.

2. Civ. 3e, 11 janvier 1989, *Bull. civ.* III, n° 11, *RTD civ.* 1990, p. 310, obs. F. Zenati : « la cour d'appel a exactement décidé qu'il y avait incompatibilité entre la division de l'immeuble en lots de copropriété et la création d'une servitude sur une partie commune au profit d'un lot privatif » ; Civ. 3e, 11 mars 2014, pourvoi n° 12-29734, *RTD civ.* 2014, p. 907 : « la cour d'appel a retenu, à bon droit, que dans un immeuble en copropriété, des servitudes ne sont susceptibles de s'établir qu'entre des parties privatives ».

3. Civ. 3e, 27 mai 2009, *Bull. civ.* III, n° 125, *D.* 2009, p. 2307, obs. B. Mallet-Bricout : « ayant constaté que les parties à l'instance étaient propriétaires indivis de la parcelle B 1125 et exactement retenu qu'une servitude étant une charge imposée sur un héritage pour l'usage et l'utilité d'un héritage appartenant à un autre propriétaire, il n'était pas possible de reconnaître à des propriétaires indivis d'un fonds un droit de passage sur ce même fonds, la cour d'appel, qui en a déduit, sans être tenue de procéder à une recherche que ses constatations rendaient inopérante, que M. François X... ne pouvait se prévaloir d'une servitude de passage sur le fonds indivis, a légalement justifié sa décision de ce chef ». Et v. déjà Civ. 3e, 24 octobre 1990, *Bull. civ.* III, n° 20 : une cour d'appel justifie légalement sa décision en décidant que des ouvertures qui ne donnent pas sur une propriété privative appartenant à un voisin, mais sur une parcelle de terrain indivise, ne constituent pas des servitudes de vue.

un intérêt[4] . D'ailleurs, si l'indivision s'était vue reconnaître la personnalité morale, elle n'aurait pas fait difficulté[5]. En tout état de cause, il paraît difficile de refuser le bénéfice d'une servitude à celui qui n'aurait pas la jouissance du bien dont il est un des propriétaires (partie commune ou bien indivis), parce qu'un autre en aurait la jouissance exclusive.

187. Séparation et réunion de deux fonds. Parce que la servitude peut exister en germe entre deux fonds appartenant à un même propriétaire, lorsque l'un rend effectivement un service à l'autre, la cession de l'un des fonds à autrui a pour conséquence d'établir une servitude : c'est l'hypothèse de la « servitude par destination du père de famille » (art. 692 C. civ.[6]). Inversement, une servitude existant entre deux fonds appartenant à deux propriétaires distincts disparaît en cas de réunion des deux fonds dans les mains d'un seul (art. 705 C. civ.[7]).

4. Ainsi qu'on l'a relevé, « un fils peut être investi d'une servitude de passage sur le terrain de son père avant d'en hériter avec ses frères et sœurs : devra-t-on alors estimer que la servitude disparaît du fait du décès ? » (W. Dross, obs. ss. Civ. 1re, 17 décembre 2013, in *RTD civ.* 2014, p. 402).

5. Dans la copropriété, la question est encore rendue plus complexe dans la mesure où le droit de propriété de chaque copropriétaire a pour assiette le lot, davantage que la partie privative et la quote-part de partie commune qui le compose. V. *infra*, n° 557.

6. « *La destination du père de famille vaut titre à l'égard des servitudes continues et apparentes.* » Sur cette disposition, v. *infra*, n° 212 et s.

7. « *Toute servitude est éteinte lorsque le fonds à qui elle est due, et celui qui la doit, sont réunis dans la même main* ».

Titre II
Les caractères des servitudes

188. Double distinction. Les servitudes sont susceptibles, d'une part, d'être continues ou discontinues et, d'autre part, apparentes ou non apparentes.

189. Continuité et discontinuité. Sont **continues** les servitudes « *dont l'usage est ou peut être continuel sans avoir besoin du fait actuel de l'homme* » (art. 688 al. 2 C. civ.[1]) : les servitudes continues sont celles qui ne s'exercent pas par un fait de l'homme. Par exemple, une servitude de vue est continue en ce qu'elle s'exerce par la création d'une ouverture donnant sur le fonds voisin. En contrepoint, sont **discontinues** les servitudes « *qui ont besoin du fait actuel de l'homme pour être exercées* » (art. 688 al. 3 C. civ.[2]) : les servitudes discontinues sont celles qui s'exercent par un fait de l'homme. Par exemple, une servitude de passage est discontinue en ce qu'elle s'exerce par le passage, qui est un fait de l'homme[3]. Par où l'on s'aperçoit qu'une servitude est continue en ce que son exercice est permanent alors qu'une servitude est discontinue en ce qu'il est intermittent.

190. Apparence et non apparence. Sont **apparentes** les servitudes « *qui s'annoncent par des ouvrages extérieurs* » (art. 689 al. 2 C. civ.[4]) : les servitudes apparentes sont celles qui se manifestent par un ouvrage extérieur qui les rend visibles. Par exemple, une servitude d'aqueduc est apparente en ce qu'elle se manifeste par un aqueduc. En contrepoint, sont **non apparentes** les servitudes « *qui n'ont pas de signe extérieur de leur existence* » (art. 689 al. 3 C. civ.[5]) : les servitudes non apparentes sont celles qui ne se manifestent pas par un ouvrage extérieur et sont donc invisibles. Par exemple, les servitudes *non aedificandi* (de non-construction) et *non altius tollendi* (de non-construction au-delà d'une certaine hauteur) sont non apparentes en ce qu'elles ne se manifestent pas par un ouvrage et une servitude de prise d'eau qui s'exercerait au moyen d'une canalisation souterraine est non apparente même si elle se manifeste par un ouvrage, celui-ci n'étant pas extérieur[6]. En

---

1. Et l'article de préciser : « *tels sont les conduites d'eau, les égouts, les vues et autres de cette espèce* ».
2. Et l'article de préciser : « *tels sont les droits de passage, puisage, pacage, et autres semblables* ».
3. De même, la servitude d'écoulement des eaux naturelles, qui ne nécessite aucun fait de l'homme, est une servitude continue. Il en va différemment d'une servitude d'évacuation des eaux usées (Civ. 3e, 8 décembre 2004, *Bull. civ.* III, n° 234, *JCP* 2005, I, 119, obs. H. Périnet-Marquet : « une servitude d'égout d'eaux usées, dont l'exercice exige le fait de l'homme et ne peut se perpétuer sans son intervention renouvelée, a un caractère discontinu (...) ».
4. Et l'article de préciser : « *tels qu'une porte, une fenêtre, un aqueduc* ».
5. Et l'article de préciser : « *comme, par exemple, la prohibition de bâtir sur un fonds, ou de ne bâtir qu'à une hauteur déterminée* ».
6. Il appartient, au cas par cas, aux juges du fond de constater le caractère apparent ou non de la servitude. V. notamment Civ. 3e, 21 octobre 1975, *Bull. civ.* III, n° 164 : « les juges d'appel (...) ont, par une appréciation souveraine (...) retenu (...) que l'eau était captée au moyen d'un ouvrage en

tout état de cause, une servitude ne se manifestant pas par un ouvrage extérieur sera toujours considérée comme étant non apparente, peu important que le propriétaire du fonds servant en ait eu connaissance[7].

191. Quatre possibilités – intérêt des distinctions. Au vu des deux distinctions évoquées, il existe quatre types de servitudes. Constitue une servitude continue et apparente la servitude de vue ; constitue une servitude discontinue et apparente la servitude de passage au cas où un chemin spécial serait aménagé ; constitue une servitude discontinue et non apparente la servitude de passage dans le cas contraire ; constitue une servitude continue et non apparente les servitudes *non aedificandi* ou *non altius tollendi*.

L'intérêt principal qu'il y a à distinguer les servitudes suivant leurs caractères tient pour l'essentiel à ce que **seule la servitude discontinue et apparente peut s'acquérir par prescription** (art. 691 al. 1 C. civ.[8]).

---

maçonnerie visible et permanent qui, bien que la tuyauterie fut enterrée, suffisait à conférer à la servitude un caractère apparent ».

7. Civ. 3e, 18 janvier 2011, pourvoi n° 10-10488 : « ayant souverainement retenu qu'il n'existait aucun ouvrage extérieur de nature à prouver l'existence de l'installation d'un réseau électrique et de canalisations d'eau reliant les deux immeubles et que la connaissance par l'un des propriétaires successifs de la parcelle desservant l'immeuble de la SCI L'Essor (SCI) de la présence de cette installation ne pouvait substituer l'absence d'ouvrage apparent (...) ».

8. « *Les servitudes continues non apparentes, et les servitudes discontinues apparentes ou non apparentes, ne peuvent s'établir que par titres.* (al. 1) *La possession même immémoriale ne suffit pas pour les établir, sans cependant qu'on puisse attaquer aujourd'hui les servitudes de cette nature déjà acquises par la possession, dans les pays où elles pouvaient s'acquérir de cette manière.* (al. 2) ». Et v. *infra*, n° 210 et s.

Titre III
Les sources des servitudes

192. Plan. Aux termes de l'article 639 C. civ., la servitude « *dérive ou de la situation naturelle des lieux, ou des obligations imposées par la loi, ou des conventions entre les propriétaires* ». La rédaction de cette disposition est doublement imparfaite : d'une part, la servitude qui dérive « *de la situation naturelle des lieux* » est une servitude légale et, d'autre part, il existe d'autres servitudes du fait de l'homme que celles résultant des « *conventions entre les propriétaires* ».

Aussi, en définitive, peut-on distinguer les **servitudes légales** (Chapitre 1), qui prennent source dans la *loi*, des **servitudes du fait de l'homme** (Chapitre 2), qui prennent source, pour partie au moins, dans la *volonté*.

193. APRDB. Les sources des servitudes restent les mêmes dans l'APRDB : la loi (art. 614[1]), mais aussi, bien qu'il ne soit pas fait mention de cette expression, le fait de l'homme : la convention (art. 613[2]), la prescription (art. 615[3]) et la destination du père de famille (art. 616[4]). Par ailleurs, comme le Code civil, l'APRDB ne prévoit pas toutes les servitudes qui relèvent de matières et donc de codes spécifiques (*servitude d'aqueduc, servitude de cour commune,* etc.).

Toutefois, l'APRDB ne traite pas dans le Titre portant sur les démembrements de la propriété, des servitudes légales, lesquelles sont envisagées dans le Titre IV intitulé « Des relations de voisinage » qui rassemble l'ensemble des règles de voisinage, les servitudes légales n'existant qu'entre fonds voisins.

---

1. « *Les servitudes établies par la loi obéissent aux règles qui les instituent.* »
2. « *Toutes les servitudes peuvent s'établir par convention.* »
3. « *Les servitudes qui se manifestent par des ouvrages extérieurs ou par une activité humaine apparente et renouvelée peuvent s'acquérir par la possession dans les conditions des articles 549 et 554.* »
4. « *Les servitudes peuvent aussi s'établir par destination du propriétaire entre fonds issus d'une division, à défaut de stipulation contraire de l'acte de division. Elles résultent, dans ce cas, du maintien d'ouvrages ou d'aménagements extérieurs réalisés par le propriétaire avant la division du fonds.* »

Chapitre 1
Les servitudes légales

194. Pouvoir exceptionnel d'appréciation du juge. Les servitudes légales sont celles qui sont prévues par la loi, le juge ayant exceptionnellement, dans le cas de la servitude « de cour commune », un pouvoir d'appréciation.

195. La servitude de passage en cas d'enclave. ***Conditions***. Le Code civil prévoit que le propriétaire d'un fonds enclavé[1] dépourvu d'accès à la voie publique peut exiger un droit de passage sur le (ou les) fonds qui l'en sépare(nt). La reconnaissance d'une servitude de passage est subordonnée à la double condition d'un *état d'enclave d'un fonds*, d'une part, et de la *nécessité d'un passage en vue de son exploitation,* d'autre part (art. 682 C. civ.[2]).

En premier lieu, l'**état d'enclave** est caractérisé lorsque le propriétaire ne peut, sans que cela lui soit imputable[3], accéder à une voie ouverte au public[4] ou ne le pourrait qu'au prix de travaux excessivement onéreux[5]. Un cas particulier est

---

1. L'enclave suppose un accès « insuffisant » à la voie publique (Civ. 3e, 9 mars 1976, *Bull. civ.* III, n° 107). Un fonds peut être déclaré enclavé lorsque les chemins ruraux qui pourraient le desservir, bien que n'étant pas déclassés, sont impraticables et que la dépense pour leur remise en état serait hors de proportion avec l'usage qui en serait fait et la valeur du bien (Civ. 3e, 4 juin 1971, *Bull. civ.* III, n° 359). Au-delà, l'existence d'une enclave est souverainement appréciée par les juges du fond (Civ. 3e, 5 mars 1974, *Bull. civ.* III, n° 102).

2. « *Le propriétaire dont les fonds sont enclavés et qui n'a sur la voie publique aucune issue, ou qu'une issue insuffisante, soit pour l'exploitation agricole, industrielle ou commerciale de sa propriété, soit pour la réalisation d'opérations de construction ou de lotissement, est fondé à réclamer sur les fonds de ses voisins un passage suffisant pour assurer la desserte complète de ses fonds, à charge d'une indemnité proportionnée au dommage qu'il peut occasionner.* »

3. Civ. 1re, 4 mai 1964, *Bull. civ.* I, n° 230 : « X ne pouvait invoquer un état d'enclave de son immeuble dès lors qu'il avait lui même obstrué l'issue lui donnant accès à la voie publique et ouvert une porte sur la cour intérieure pour le desservir ».

4. Civ. 3e, 13 mai 2009, *Bull. civ.* III, n° 109, *JCP* 2009, I, 337, obs. H. Périnet-Marquet : ne donne pas de base légale à sa décision une cour d'appel qui reconnaît l'état d'enclave d'un fonds au motif que le chemin pouvant desservir le fonds est une voie privée, sans rechercher s'il était ouvert au public.

5. L'onérosité excessive s'apprécie notamment par rapport à la valeur de la propriété et à l'utilité des travaux (Civ. 3e, 4 juin 1971, *Bull. civ.* III, n° 359 : la Cour de cassation approuve les juges du fond d'avoir décidés que « une remise en état [d'un chemin vicinal et de chemins ruraux desservant la propriété enclavée] doit être exclue en raison de la dépense excessive qu'elle entraînerait et qui serait hors de proportion avec l'usage qui en serait fait et la valeur de la propriété » ; Civ. 3e, 8 juillet 2009, *Bull. civ.* III, n° 178, *JCP* 2009, I, 337, obs. H. Périnet-Marquet). En tout état de cause, les juges n'ont pas à rechercher d'office si le coût des travaux de désenclavement représenterait un coût excessif (Civ. 3e, 8 avril 1999, *Bull. civ.* III, n° 93, *JCP* 2000, I, 211, obs. H. Périnet-Marquet : « M. Y... n'ayant pas soutenu dans ses conclusions que le coût des ouvrages résultant des contraintes imposées par la direction départementale de l'Équipement serait disproportionné par rapport à la valeur de son fonds, la cour d'appel, qui n'était pas tenue de procéder d'office à une recherche qui ne lui était pas demandée, a légalement justifié sa décision de ce chef »).

mentionné par l'article 684 C. civ.[6] : celui où l'état d'enclave résulte non pas de la situation originelle des lieux, mais de la division d'un fonds à la suite d'une vente, d'un échange, d'un partage ou de tout autre contrat. Dans ce cas, « *le passage ne peut être demandé que sur les terrains qui ont fait l'objet de ces actes* »[7]. L'idée est que celui qui s'enclave en divisant son fonds ne peut en profiter pour revendiquer un droit de passage sur le terrain d'un tiers ; le passage sera pris sur l'un des terrains issus de l'acte ayant provoqué l'état d'enclave[8]. Toutefois, l'article 684 C. civ. précise que dans le cas où un passage suffisant ne pourrait être établi sur les fonds divisés en application de cette disposition, l'article 682 C. civ. redevient applicable : le droit de passage pourra être revendiqué contre le propriétaire du terrain d'un tiers.

En second lieu, la reconnaissance du droit de passage doit être **nécessaire à l'exploitation du fonds**[9] dans des conditions normales[10]. L'article 682 C. civ. mentionne « *l'exploitation agricole*[11], *industrielle ou commerciale de sa propriété* », ou

---

En contrepoint, l'état d'enclave n'est pas caractérisé s'il est simplement plus commode d'emprunter un passage sur le fonds voisin pour accéder à la voie publique (Civ. 3e, 24 juin 2008, pourvoi n° 07-15944 : la Cour de cassation approuve les juges du fond d'avoir décidé qu'« un simple souci de commodité et de convenance ne permettait pas de caractériser l'insuffisance de l'issue sur la voie publique au sens de l'article 682 C. civ. »).

6. « *Si l'enclave résulte de la division d'un fonds par suite d'une vente, d'un échange, d'un partage ou de tout autre contrat, le passage ne peut être demandé que sur les terrains qui ont fait l'objet de ces actes.* (al. 1) *Toutefois, dans le cas où un passage suffisant ne pourrait être établi sur les fonds divisés, l'article 682 serait applicable.* (al. 2) »

7. Il s'agit d'une servitude légale, à laquelle on ne peut donc renoncer. V. Civ. 3e, 23 janvier 2008, *Bull. civ.* III, n° 13, *D.* 2008, p. 2464, obs. N. Reboul-Maupin : en l'espèce, un terrain fut divisé lors du partage d'une succession. L'un des héritiers obtint une servitude de passage en raison de l'enclavement de la parcelle dont il avait hérité, laquelle fut aménagée conventionnellement. Par l'effet d'une première vente, l'héritier divisa son propre terrain, conservant une partie enclavée et renonçant au bénéfice de l'aménagement conventionnel de la servitude. Par l'effet d'une seconde vente, l'héritier vendit la parcelle conservée après la première vente. L'acquéreur de cette parcelle, ayant entrepris la réalisation d'un projet immobilier, réclama un droit de passage aux propriétaires des terrains limitrophes sui s'y refusèrent, faisant valoir la renonciation à la servitude de passage conventionnellement aménagée. D'après la Cour de cassation, « l'acquéreur d'un fonds ne peut se voir opposer la renonciation de l'auteur de la division au bénéfice de la servitude légale de passage conventionnellement aménagée ».

8. Le propriétaire du fonds dominant demeure tenue d'une indemnité au profit du propriétaire du fonds servant. V. Civ. 3e, 15 octobre 2013, *Bull. civ.* III, n° 126 : « pour rejeter la demande d'indemnisation formée par les propriétaires de la parcelle E 153, l'arrêt retient que l'obligation d'indemnisation n'existe que pour la servitude de passage résultant de l'état d'enclave prévue par l'article 682 C. civ. ; (...) en statuant ainsi, alors qu'elle constatait que la parcelle E 156 était enclavée et que l'acte de partage n'avait pas pour effet de modifier le fondement légal de la servitude et ne contenait aucune renonciation des propriétaires du fonds servant à la perception d'une indemnité, la cour d'appel a violé les textes susvisés ».

9. Civ. 3e, 6 juin 1969, *Bull. civ.* III, n° 462 : « la servitude de passage, que, selon l'article 682 C. civ., le propriétaire d'un fonds enclavé peut réclamer sur le fonds voisin, suppose une issue insuffisante pour l'exploitation, soit agricole, soit industrielle, de sa propriété, ce qui englobe tout ce qui est nécessaire pour assurer l'utilisation normale du fonds enclavé, le texte, qui accorde l'exercice de l'action au titulaire possédant un droit réel sur le fonds dominant, n'interdisant nullement que cette utilisation du fonds soit mise en œuvre par un autre que le propriétaire, auquel celui-ci a donné son agrément ».

10. Civ. 3e, 2 juin 1999, pourvoi n° 96-21594 : « l'article 682 C. civ. ne distinguant pas entre les divers modes d'exploitation dont peut être l'objet le fonds dominant, la cour d'appel, qui a relevé que les consorts Y... exploitaient dans les lieux un poney club et que l'ouverture d'une entrée sur le parc de stationnement communal, dont ils bénéficiaient en vertu d'une tolérance de la municipalité, ne permettait pas le passage de véhicules de plus de 3 tonnes 5 assurant la livraison du fourrage ou le transport des équidés, a ainsi caractérisé l'utilisation normale du fonds et souverainement retenu l'état d'enclave de celui-ci ».

11. Civ. 3e, 9 mars 1976, *Bull. civ.* III, n° 107 : passage d'engins agricoles lorsque le fonds est destiné à l'agriculture.

encore « *la réalisation d'opérations de construction ou de lotissement* ». Toutefois, cette liste n'est pas limitative et il n'est pas même besoin que le fonds soit affecté à une exploitation professionnelle[12] ; ainsi l'usage d'un fonds aux fins d'habitation est-il susceptible de donner naissance à une servitude légale de passage[13].

196. La servitude de passage en cas d'enclave. ***Effets***. Le propriétaire du fonds dominant doit verser une **indemnité au propriétaire du fonds servant**, évaluée à hauteur du préjudice subi par ce dernier (art. 682 *in fine* C. civ.) et non du profit réalisé par le premier[14]. Le tracé du passage, qui doit permettre un usage normal du fonds conformément à sa destination[15], doit être le moins dommageable possible, ce qui explique qu'il est en principe pris du côté où le trajet est le plus court entre le fonds enclavé et la voie publique, sauf à ce que ce ne soit pas l'endroit le moins dommageable à celui sur le fonds duquel il est accordé (art. 683 C. civ.[16]). En tout état de cause, le tracé doit être compatible avec les contraintes d'urbanisme et environnementales applicables à une parcelle située en zone de protection du patrimoine architectural, urbain et paysager[17].

---

12. Civ. 1re, 2 mai 1961, *Bull. civ.* I, n° 220 : « le droit, pour le propriétaire d'une parcelle enclavée, de réclamer un passage sur les fonds de ses voisins, conformément aux dispositions de l'article 682 C. civ., est fonction non de l'existence d'une exploitation agricole ou industrielle, au sens étroit de ces termes, mais de l'utilisation normale du fonds, quelle qu'en soit la destination ».

13. V. notamment Civ. 3e, 19 mai 1993, *Bull. civ.* III, n° 71 : « l'article 682 du Code civil reconnaissant au propriétaire d'un fonds enclavé le droit d'obtenir sur le fonds de ses voisins un passage suffisant pour assurer la desserte complète de son propre fonds, la cour d'appel, qui a relevé que l'accès, avec une voiture automobile, correspondait à l'usage normal d'un fonds destiné à l'habitation, a légalement justifié sa décision en fixant souverainement l'assiette du passage en fonction des besoins actuels de la desserte du fonds enclavé ».

14. Civ. 3e, 16 avril 1973, *Bull. civ.* III, n° 302 : « en tenant compte, pour la fixation de l'indemnité, du profit que retirerait l'héritage des consorts X..., sans s'en tenir au seul dommage occasionné au fonds servant, l'arrêt attaqué a violé le texte susvisé ».

15. Civ. 3e, 19 mai 1993, *Bull. civ.* III, n° 71 : « l'article 682 C. civ. reconnaissant au propriétaire d'un fonds enclavé le droit d'obtenir sur le fonds de ses voisins un passage suffisant pour assurer la desserte complète de son propre fonds, la cour d'appel, qui a relevé que l'accès, avec une voiture automobile, correspondait à l'usage normal d'un fonds destiné à l'habitation, a légalement justifié sa décision en fixant souverainement l'assiette du passage en fonction des besoins actuels de la desserte du fonds enclavé de M. Y... » ; Civ. 3e, 7 avril 1994, *Bull. civ.* III, n° 81, *Rép. Defr.* 1994, p. 1160, obs. I. Souleau-Defrénois : « la cour d'appel, qui (...) a relevé, par motifs propres et adoptés, que la propriété de Mme Z..., située sur un terrain en forte déclivité dans une zone à risque d'incendie, ne disposait que de deux sentiers muletiers, sinueux, glissants et abrupts ne permettant pas l'accès des engins agricoles et autres véhicules sur une parcelle supportant une construction à usage d'habitation et un terrain complanté d'arbres fruitiers, a ainsi caractérisé l'utilisation normale du fonds et souverainement retenu que le passage réclamé par Mme Z... était le seul propre à fournir à son fonds une issue suffisante ».

16. « *Le passage doit régulièrement être pris du côté où le trajet est le plus court du fonds enclavé à la voie publique.* (al. 1) *Néanmoins, il doit être fixé dans l'endroit le moins dommageable à celui sur le fonds duquel il est accordé.* (al. 2) »

17. Civ. 3e, 5 septembre 2012, *Bull. civ.* III, n° 115, *Dr. & patr.* décembre 2012, p. 99, obs. J.-B. Seube, *JCP* 2012, I, 2006, obs. H. Périnet-Marquet : « pour fixer l'assiette de la servitude dans la partie sud de la parcelle AX 110, selon la solution N° 1 figurant sur le plan annexé au rapport d'expertise, l'arrêt retient que ce tracé, bien que présentant un trajet plus long, est le moins dommageable pour le fonds servant ; Qu'en statuant ainsi, sans rechercher, comme il lui était demandé, si ce tracé était compatible avec les contraintes d'urbanisme et environnementales applicables à cette parcelle située en zone de protection du patrimoine architectural, urbain et paysager, la cour d'appel n'a pas donné de base légale à sa décision ».

D'après l'article L. 642-1 C. patr., « *[u]ne aire de mise en valeur de l'architecture et du patrimoine peut être créée à l'initiative de la ou des communes ou d'un établissement public de coopération intercommunale lorsqu'il est compétent en matière d'élaboration du plan local d'urbanisme, sur un ou des*

La servitude prend fin lorsque le fonds est désenclavé (art. 685-1 C. civ.[18]), quelle que soit la cause du désenclavement[19], pourvu que l'on soit en présence d'une servitude légale, c'est-à-dire causée par l'état d'enclave[20]. En revanche, la servitude de passage ne s'éteint pas par le non-usage : elle est, comme la propriété, imprescriptible[21]. Toutefois, l'écoulement du temps intéresse doublement la servitude de passage. En premier lieu, parce que « *[l]'assiette et le mode de servitude de passage pour cause d'enclave sont déterminés par trente ans d'usage continu* » (art. 685 al. 1 C. civ.), le propriétaire qui tire son droit de passage de la loi, suivant des modalités prévues aux articles 683 et 684 C. civ., peut encore prescrire des modalités d'usage différentes, spécialement son assiette. En second lieu, « *[l]'action en indemnité, dans le cas prévu par l'article 682, est prescriptible, et le passage peut être continué, quoique l'action en indemnité ne soit plus recevable* » (art. 685 al. 2 C. civ.) ; cette disposition peut être comprise comme illustrant l'article 685 al. 1 C. civ. et comme autorisant le propriétaire du fonds dominant à prescrire la gratuité du passage, si aucune indemnité n'est réclamée pendant trente ans[22].

197. La « servitude » de tour d'échelle ? La « servitude » de tour d'échelle permet au propriétaire du fonds dominant sur lequel est situé un bâtiment de procéder à

---

territoires présentant un intérêt culturel, architectural, urbain, paysager, historique ou archéologique (al. 1). *Elle a pour objet de promouvoir la mise en valeur du patrimoine bâti et des espaces dans le respect du développement durable. Elle est fondée sur un diagnostic architectural, patrimonial et environnemental, prenant en compte les orientations du projet d'aménagement et de développement durables du plan local d'urbanisme, afin de garantir la qualité architecturale des constructions existantes et à venir ainsi que l'aménagement des espaces* (al. 2). *L'aire de mise en valeur de l'architecture et du patrimoine a le caractère de servitude d'utilité publique* (al. 3) ».

18. « *En cas de cessation de l'enclave et quelle que soit la manière dont l'assiette et le mode de la servitude ont été déterminés, le propriétaire du fonds servant peut, à tout moment, invoquer l'extinction de la servitude si la desserte du fonds dominant est assurée dans les conditions de l'article 682. À défaut d'accord amiable, cette disparition est constatée par une décision de justice.* »

19. Le désenclavement peut résulter de travaux ou encore de l'acquisition d'une propriété contiguë non enclavée. C'est le cas alors même que la servitude de passage aurait été aménagée conventionnellement pour fixer l'assiette et l'aménagement du passage, dès lors qu'elle a un fondement légal (v. Civ. 3e, 13 décembre 1983, *Bull. civ.* III, n° 260 : « l'arrêt retient que l'enclavement a été la cause déterminante de la clause de servitude contenue dans l'acte de vente qui en a fixé l'assiette et les modalités d'exercice mais n'a pas eu pour effet d'en modifier le fondement légal et de lui conférer un caractère conventionnel ; (...) la cour d'appel en a déduit à bon droit que les dispositions de l'article 685-1 du Code civil n'étaient pas applicables »).

20. L'article 685-1 C. civ. ne s'applique pas aux servitudes conventionnelles. V. notamment Civ. 3e, 27 octobre 1993, *Bull. civ.* III, n° 134 : « ayant retenu, en donnant à la condition suspensive son exacte portée, que la stipulation de l'acte de vente accordant un droit de passage, sur le lot n° 1, à la SCI Saint-Charles ne reprenait pas une servitude légale nécessitée par l'enclave du terrain, mais créait une servitude conventionnelle, la cour d'appel en a justement déduit l'inapplicabilité de l'article 685-1 C. civ. ». *Adde* Civ. 3e, 6 février 2013, *Bull. civ.* 13, n° 19 : au moment de la création de la servitude, le fonds appartenant en propre à un époux ne pouvait être regardé comme enclavé au sens de l'article 682 C. civ. dès lors qu'il était seulement séparé de la voie publique par un fonds dépendant de la communauté constituée entre cet époux et son conjoint.

21. Civ. 3e, 11 février 1975, *Bull. civ.* III, n° 56 : « à la différence de l'assiette du passage, le droit découlant de la servitude de passage accordé par la loi en cas d'enclave ne s'éteint pas par non usage ».

22. Pour une application, v. Civ. 3e, 29 octobre 2013, pourvoi n° 12-21076, *RTD civ.* 2014, p. 144, obs. W. Dross : « ayant relevé d'une part que la demande reconventionnelle en paiement d'une indemnité était formée par les époux Y... pour la première fois en cause d'appel, et d'autre part, et surabondamment, que la desserte de la parcelle s'était effectuée de façon habituelle et ininterrompue depuis 1970 par le chemin litigieux, en sorte que la demande était en toute hypothèse prescrite, la cour d'appel l'a justement déclarée irrecevable ».

des travaux sur celui-ci en passant[23] sur le fonds voisin lorsqu'il ne peut le réparer de son propre fonds, notamment parce que le bâtiment est construit près de la limite des deux fonds. S'il existait bien une véritable « servitude de tour d'échelle » sous l'Ancien Droit, celle-ci n'a pas été consacrée par les rédacteurs du Code civil. C'est la raison pour laquelle la Cour de cassation a jugé que la servitude de tour d'échelle n'était **pas une servitude légale** et ne pouvait avoir, le cas échéant, que la nature d'une servitude conventionnelle[24]. Néanmoins, en l'absence d'une convention établissant la servitude, le refus de laisser passer un voisin pour effectuer des travaux peut constituer un abus de droit[25], les juges du fond ayant alors le pouvoir d'autoriser le propriétaire à passer, à titre temporaire, sur le fonds de son voisin afin d'effectuer des réparations indispensables[26].

198. Les servitudes relatives aux ouvertures. En vue de préserver la tranquillité et l'intimité de chacun, le Code civil, aux articles 675 et suivants[27] limite, voire interdit lorsque le mur est mitoyen[28], la possibilité de créer des ouvertures dans son

23. Il ne s'agit toutefois pas d'une servitude de passage : « l'exercice du tour d'échelle, qui n'[est] pas une servitude de passage mais une occupation très temporaire pour permettre à son bénéficiaire de procéder à des réparations sur son propre immeuble » (Civ. 3e, 28 septembre 2005, *Bull. civ.* III, n° 187, *JCP* 2006, I, 127, obs. H. Périnet-Marquet).

24. Civ. 3e, 30 octobre 1978, *Bull. civ.* III, n° 326 : « En condamnant X à rétablir à ses frais la porte du passage donnant accès sur sa propriété pour respecter le tour d'échelle de sa voisine, la cour d'appel en consacrant ainsi l'existence d'une servitude qui ne saurait avoir qu'un fondement contractuel, sans relever l'existence d'un titre l'établissant, n'a pas donné de base légale a sa décision ».

25. Civ. 3e, 10 mai 1995, pourvoi n° 93-17563 : « ayant relevé que M. X... s'était refusé, de manière injustifiée et sans motif légitime, à autoriser son voisin à installer un échafaudage volant surplombant sa propriété, pour achever les travaux de peinture du mur pignon d'un immeuble, alors qu'il avait l'assurance que les travaux auxquels il s'opposait seraient contrôlés par un expert, la cour d'appel, qui a ainsi caractérisé la faute faisant dégénérer en abus le droit du propriétaire de jouir et de disposer de sa chose, a, par ces seuls motifs qui excluaient qu'elle ait à constater l'existence d'une servitude conventionnelle de tour d'échelle, légalement justifié sa décision ». *Adde* Civ. 3e, 15 février 2012, *Bull. civ.* III, n° 32, *D.* 2012, p. 1308, note N. Thomassin : « ayant constaté la nécessité de réaliser des travaux sur la toiture du pavillon des époux Y... du côté de la propriété de Mme X..., le refus du maire de la commune de voir installer une nacelle en vue d'effectuer ces travaux à partir de la voie publique, sans passage sur le fonds de Mme X... et le coût disproportionné de toute autre solution au regard de la valeur des travaux à effectuer, la cour d'appel, qui a souverainement retenu qu'il n'existait aucun autre moyen pour réaliser ces travaux que de passer sur le terrain de Mme X... et en a déduit que celle-ci ne pouvait, sous peine de commettre un abus de droit, s'opposer à l'installation d'un échafaudage en éventail ou sur pieds dans la propriété voisine pour une durée de trois semaines, a légalement justifié sa décision ».

26. Civ. 3e, 15 avril 1982, *Bull. civ.* 1982, III, n° 93 : en vertu des obligations normales de voisinage et en cas de nécessité, le propriétaire d'un mur peut être autorisé à passer, à titre temporaire, chez son voisin afin d'effectuer des réparations indispensables, sans qu'on puisse y voir la reconnaissance d'une servitude de tour d'échelle en l'absence de tout titre conventionnel ; Civ. 3e, 8 janvier 1992, *Bull. civ.* 1992, III, n° 10, *D.* 1993, p. 32, obs. A. Robert, *RTD civ.* 1993, p. 855, obs. F. Zenati : « ayant, dans l'exercice de son pouvoir souverain d'appréciation, retenu qu'il était urgent et impératif d'appliquer sur le mur litigieux un enduit protecteur, totalement inexistant, et que le seul moyen pour y parvenir était d'installer un échafaudage en passant par le jardin des consorts Collineau-Declercq, sans qu'il en résultât pour ceux-ci une sujétion intolérable et excessive, la cour d'appel, statuant en matière de référé sur le fondement de l'article 808 du nouveau Code de procédure civile, et qui n'avait pas à se prononcer sur la contestation de fond invoquée par le moyen, a, ainsi, justifié légalement sa décision ».

27. Le Code de la construction et de l'habitation qui en reprend les dispositions aux articles L. 112-9 et suivants.

28. L'article 675 C. civ. prévoit que « *l'un des voisins ne peut, sans le consentement de l'autre, pratiquer dans le mur mitoyen aucune fenêtre ou ouverture, en quelque manière que ce soit, même à verre dormant* ». Aucune ouverture ne peut être réalisée par l'un des propriétaires mitoyens, sauf à recueillir le consentement de l'autre.

bâtiment en instaurant plusieurs servitudes relatives aux ouvertures[29]. On en distingue de deux types : les *jours* et les *vues*[30].

Les **jours** sont des ouvertures qui ne font que laisser passer la lumière sans offrir de véritable vue en raison des contraintes posées par le Code. C'est pourquoi les règles relatives aux servitudes de vue, spécialement celles relatives aux *distances de recul* à respecter, ne leur sont pas applicables[31]. Ainsi l'article 676 C. civ. énonce que « *[l]e propriétaire d'un mur non mitoyen, joignant immédiatement l'héritage d'autrui, peut pratiquer dans ce mur des jours ou fenêtres à fer maillé et verre dormant* » (al. 1)[32]. D'un côté, on a voulu reconnaître au propriétaire du mur le droit de faire venir la lumière dans son immeuble, mais d'un autre, on n'a pas voulu troubler la tranquillité et l'intimité du voisin en autorisant l'ouverture de vues. Il reste que des règles de *hauteur* très précises sont posées par l'article 677 C. civ.[33], même si elles ne sont pas appliquées avec rigueur par la Cour de cassation, qui laisse une certaine latitude aux juges du fond pour apprécier du bien-fondé de l'ouverture[34]. D'ailleurs, ainsi que le relevait Demolombe, si le

29. Au-delà des contraintes imposées par le droit des servitudes, un voisin ne saurait causer un trouble anormal de voisinage. V. notamment Civ. 3e, 7 février 2007, pourvoi n° 07-21405 : « ayant constaté que les époux Yu Y... avaient édifié une construction à étage à moins de quatre mètres de celle de M. X... qu'elle surplombait, et retenu que ce dernier faisait justement valoir que les époux Yu Y... avaient des vues directes et plongeantes chez lui, le privant de jouir pleinement de son droit de propriété dès lors qu'il était constamment exposé aux regards des époux Yu Y... qui invoquaient vainement en pareille occurrence leur respect des dispositions de l'article 678 C. civ., la cour d'appel, qui en a souverainement déduit l'existence d'un trouble anormal du voisinage, a, par ces seuls motifs, légalement justifié sa décision de ce chef ».

30. Civ. 3e, 1er juillet 1975, *Bull. civ.* III, n° 231 : « la détermination du caractère des vues et ouvertures pratiquées sur l'héritage d'autrui est une question de fait qu'il appartient aux juges du fond de trancher souverainement ».

31. D'où l'intérêt de bien distinguer les jours des vues. Et v. Civ. 3e, 7 avril 2004, *Bull. civ.* III, n° 84, *D.* 2004, p. 2466, obs. B. Mallet-Bricout : « le fait de pratiquer un jour dans un mur joignant immédiatement l'héritage d'autrui ne fait pas naître à la charge de cet héritage une servitude et n'entraîne pour son propriétaire aucune restriction à son droit de propriété ».

32. L'alinéa 2 précise que « *[c]es fenêtres doivent être garnies d'un treillis de fer, dont les mailles auront un décimètre [environ trois pouces huit lignes] d'ouverture au plus, et d'un châssis à verre dormant* ». Ainsi l'ouverture doit être à fer maillé, c'est-à-dire garnie d'un treillis de fer, et le châssis dans lequel le verre est placé doit être scellé de sorte à ce qu'il ne puisse s'ouvrir (Ch. Demolombe, *Cours de Code Napoléon, vol.* XII, 1863, n° 533).

33. « *Ces ouvertures ne peuvent être établies qu'à vingt-six décimètres au-dessus du plancher ou sol de la chambre qu'on veut éclairer, si c'est à rez-de-chaussée, et à dix-neuf décimètres au-dessus du plancher pour les étages supérieurs* ». On voit que si le code fixe une distance à partir du sol, il ne comporte pas de prescriptions relatives à la hauteur ou à la largeur des ouvertures.

D'après la Cour de cassation, une question prioritaire de constitutionnalité portant sur les articles 676 et 677 C. civ. à l'égard des articles 2 et 17 de la Déclaration des droits de l'homme et du citoyen du 26 août 1789 « ne présente pas un caractère sérieux dès lors que les dispositions législatives en cause, qui n'ont ni pour objet ni pour effet de priver le propriétaire du mur de son droit de propriété, mais seulement d'en restreindre l'exercice, tendent à assurer des relations de bon voisinage par l'édiction de règles de construction proportionnées à cet objectif d'intérêt général » (Civ. 3e, 2 novembre 2011, *Bull. civ.* III, n° 175, *D.* 2012, p. 2128, obs. B. Mallet-Bricout).

34. Civ. 3e, 31 janvier 1984, *Bull. civ.* III, n° 24 : « en retenant que l'apparence extérieure des ouvertures, leurs dimensions, leur hauteur au-dessus du sol des pièces qu'elles éclairent, leur donnent le caractère de jours de souffrance, conforme à la position du bâtiment par rapport à la limite des propriétés, la cour d'appel, hors la dénaturation prétendue, s'est bornée à déterminer souverainement le caractère des ouvertures, alors même qu'elles auraient été établies en dehors de certaines conditions prévues par les articles 676 et 677 C. civ. » ; Civ. 3e, 27 mai 2009, *Bull. civ.* III, n° 127, *JCP* 2009, I, 337, obs. H. Périnet-Marquet : « la cour d'appel, qui a souverainement constaté que les jours litigieux,

verre de l'ouverture était en plus *dépoli*, de manière à interdire absolument toute vue, on peut estimer que ces règles de hauteur n'auraient pas à être respectées.

Les **vues** sont des ouvertures qui offrent une vue et ne font donc pas que laisser passer la lumière (fenêtre, balcons, etc.[35]). Le risque d'atteinte à l'intimité du voisin étant plus grave, les règles applicables à ces ouvertures sont plus contraignantes, essentiellement en ce qu'elles instaurent cette fois une *distance légale de recul.* Les articles 678[36] et 679[37] C. civ. fixent une telle distance à 1,90 mètre pour les vues droites[38] et 60 centimètres pour les vues obliques[39], l'article 680 C. civ. précisant comment calculer ces distances[40]. La servitude de vue est écartée dans plusieurs hypothèses. En premier lieu, la jurisprudence considère en général[41] que celles-ci ne

garnis d'un treillis métallique et d'un châssis fixe sur lequel était monté un matériau translucide mais opaque, qui ne faisaient qu'éclairer l'immeuble dans lequel ils étaient pratiqués, offraient au fonds servant des garanties de discrétion suffisante, en a justement déduit qu'il n'y avait pas à s'assurer de leur hauteur par rapport au plancher ».

V. toutefois, Civ. 3e, 10 juillet 1996, *Bull. civ.* III, n° 182, *JCP* 1997, I, 4010, obs. H. Périnet-Marquet, *RTD civ.* 1998, p. 417, obs. F. Zenati : prive de base légale sa décision, la cour d'appel qui, pour débouter les propriétaires de leur demande de remise en état du barreaudage et du grillage de la fenêtre de l'immeuble voisin, jouxtant leur fonds et créant une vue sur leur héritage, retient qu'une telle ouverture donnant sur le toit du bâtiment des demandeurs, en l'absence de tout risque d'indiscrétion, échappe à la réglementation des servitudes de vue, sans rechercher si cette ouverture ne constituait pas un jour devant répondre aux exigences de l'article 676 C. civ.

35. La liste de l'article 678 C. civ. n'est pas limitative. Sont également concernées les terrasses, plates-formes ou autres exhaussements de terrain d'où l'on peut exercer une servitude de vue sur le fonds voisin (Civ. 3e, 29 novembre 1983, *Bull. civ.* III, n° 247). En revanche, d'après la Cour de cassation, ne constituent pas des vues droites les intervalles existant entre les barreaux d'une grille de clôture dès lors qu'ils rendent possible la réciprocité de la vue (Civ. 3e, 17 janvier 1973, *Bull. civ.* III, n° 59).

36. « *On ne peut avoir des vues droites ou fenêtres d'aspect, ni balcons ou autres semblables saillies sur l'héritage clos ou non clos de son voisin, s'il n'y a dix-neuf décimètres de distance entre le mur où on les pratique et ledit héritage, à moins que le fonds ou la partie du fonds sur lequel s'exerce la vue ne soit déjà grevé, au profit du fonds qui en bénéficie, d'une servitude de passage faisant obstacle à l'édification de constructions.* »

37. « *On ne peut, sous la même réserve, avoir des vues par côté ou obliques sur le même héritage, s'il n'y a six décimètres de distance.* »

38. Il s'agit des vues ouvertes dans un mur parallèle à la ligne séparative du fonds voisin.

39. Il s'agit en principe des vues ouvertes dans un mur qui n'est pas parallèle à la ligne séparative du fonds voisin.

40. L'article 680 C. civ. indique la méthode de calcul de cette distance : elle « *se compte depuis le parement extérieur du mur où l'ouverture se fait, et, s'il y a balcons ou autres semblables saillies, depuis leur ligne extérieure jusqu'à la ligne de séparation des deux propriétés* ». La Cour de cassation a précisé que « [l]orsque les fonds sont séparés par un espace, quelle que soit sa qualification : passage, ruelle, chemin d'exploitation, cour, etc., affecté à un usage commun aux deux fonds, la distance légale pour l'établissement des vues droites se compte depuis la limite du fonds voisin, située non pas au milieu de l'espace commun, mais de l'autre côté de ladite voie » (Civ. 3e, 12 avril 1972, *Bull. civ.* III, n° 217). *Adde* Civ. 3e, 12 janvier 2004, *Bull. civ.* III, n° 9, *D.* 2004, p. 2409, obs. Reboul-Maupin, *JCP* 2004, I, 171, obs. H. Périnet-Marquet : « les prescriptions de l'article 678 C. civ., relatives à la distance légale pour l'établissement de vues droites, s'appliquant lorsque le fonds dans lequel la vue a été établie est séparé du fonds sur lequel elle donne par un espace privé commun, la cour d'appel a retenu, à bon droit, que la distance légale devait alors s'apprécier non pas au milieu de la voie commune, mais de l'autre côté de celle-ci ».

41. À de rares exceptions près. V., à ce dernier titre, Civ. 3e, 10 juillet 1996, *Bull. civ.* III, n° 182, *JCP* 1997, I, 4010, obs. H. Périnet-Marquet, *RTD civ.* 1998, p. 417, obs. F. Zenati : « pour débouter les époux X... de leur demande de remise en état du barreaudage et du grillage de la fenêtre de l'immeuble voisin des époux Y..., jouxtant leur fonds et créant une vue sur celui-ci, l'arrêt attaqué (...) retient qu'une telle ouverture donnant sur le toit du bâtiment des époux Comerio, en l'absence de tout risque d'indiscrétion, échappe à la réglementation des servitudes de vue ; (...) en statuant ainsi,

s'imposent pas lorsque l'intimité des propriétaires n'est pas en cause : ainsi, les conditions de distance prescrites par les articles 678 et 679 C. civ. sont inapplicables à des vues qui s'exercent sur un toit dépourvu d'ouverture[42], sur un mur aveugle[43] ou qui, en règle générale, ne comportent aucun risque d'indiscrétion[44]. En deuxième lieu, d'après l'article 678 C. civ.[45], la servitude de vue ne s'applique pas lorsque le fonds ou la partie du fonds sur lequel s'exerce la vue est déjà grevé, au profit du fonds qui en bénéficie, d'une servitude de passage faisant obstacle à l'édification de constructions[46]. En troisième lieu, la servitude de vue ne joue pas lorsque les fonds ne sont pas contigus[47] et qu'ils sont séparés par une étroite parcelle appartenant à un tiers[48] ou lorsque le fonds contigu appartient indivisément à celui qui prétend

---

sans rechercher si cette ouverture ne constituait pas un jour devant répondre aux exigences de l'article 676 C. civ., la cour d'appel n'a pas donné de base légale à sa décision ».

42. Civ. 3ᵉ, 3 juillet 1969, *Bull. civ.* III, nº 551 : « la cour d'appel, qui ne s'est pas contredite, en a fait, au contraire, une exacte application dès lors qu'elle a énoncé que les conditions de distance prescrites par les articles 678 et 679 C. civ. étaient inapplicables à des vues qui s'exerçaient sur "un toit... affectant la forme d'une terrasse dépourvue d'ouverture" ». *Adde* Civ. 3ᵉ, 28 avril 1971, *Bull. civ.* III, nº 269 : « la cour d'appel relève que, de leur balcon, les époux y... avaient vue sur la toiture du garage du voisin et que, pour voir à l'intérieur de celui-ci, par les orifices vitrés de la toiture, il leur fallait, de leur propre aveu, accéder à ce toit ; que, par seul motif, qui exclut l'existence d'une servitude de nature à être acquise par prescription, sa décision se trouve légalement justifiée et que le moyen ne peut qu'être écarté ».

Il en va évidemment différemment lorsque le toit est pourvu d'ouvertures. V. notamment Civ. 1ʳᵉ, 6 décembre 1965, *Bull. civ.* I, nº 676 : « la cour d'appel constate que le toit de la maison (...) sur lequel s'ouvre la fenêtre, est lui-même pourvu d'ouverture, lucarne ou ciel ouvert vitre, destiné à l'éclairage ou à l'aération des pièces disposées sous les combles ; qu'appréciant souverainement que cette ouverture entraîne une incommodité et des risques d'indiscrétion (...), les juges du fond ont, à bon droit, estimé qu'il [y] avait intérêt à dénoncer, en vue de sa suppression, la contradiction ainsi apportée [aux] droits de propriétaire, qui, si elle n'était pas relevée, permettrait (...) de se prévaloir de l'acquisition d'une servitude de vue par prescription trentenaire ».

43. CA Bordeaux, 7 janvier 1966, *D.* 1966, p. 202, *JCP* 1966, II, 14648, note H.G.

44. Civ. 3ᵉ, 18 février 2014, pourvoi nº 12-29633 : « ayant relevé que les ouvertures du rez-de-chaussée étaient à une hauteur telle qu'elles ne permettaient normalement pas de voir le fonds de M. et Mᵐᵉ X..., la cour d'appel, qui a souverainement retenu (...) que ces ouvertures ne présentaient aucun risque d'indiscrétion et que la pose de fenêtres oscillos acceptée initialement par M. et Mᵐᵉ X... préservait au mieux les intérêts des deux parties, a, par ces seuls motifs, légalement justifié sa décision ».

45. Si le Code civil prévoit cette dérogation en présence d'une vue droite, la jurisprudence l'a étendue aux vues obliques (Civ. 3ᵉ, 14 mars 1973, *Bull. civ.* III, nº 208 : « vu les articles 678 et 679 C. civ., (...) les prescriptions de ces textes ne sont pas applicables au cas où le fonds ou la partie du fonds sur lequel s'exerce la vue droite ou oblique est déjà grevé, au profit du fonds qui en bénéficie, d'une servitude de passage faisant obstacle à l'édification de constructions »).

46. De fait, il ne s'agit jamais que de *voir* une portion d'un fonds sur lequel on peut passer... C'est d'ailleurs pourquoi l'exception ne joue pas lorsque la servitude de passage existe au profit d'un tiers qui n'est pas le propriétaire du fonds qui bénéficie de la vue (Civ. 3ᵉ, 23 février 2005, *Bull. civ.* III, nº 44, *JCP* 2005, I, 181, obs. H. Périnet-Marquet : « ayant retenu, à bon droit, que l'exception au principe de l'interdiction prévue par l'article 678 C. civ. ne s'applique que lorsque le fonds sur lequel s'exerce la vue est grevé d'une servitude de passage au profit du fonds qui bénéficie de cette vue et constaté qu'un chemin qui n'était pas ouvert au public, propriété de Mme Y..., longeait le fonds de M. X... et que la servitude de passage dont il était grevé ne bénéficiait pas à ce dernier, la cour d'appel en a exactement déduit que M. X... ne pouvait avoir des vues droites sur le fonds de Mme Y »).

47. Civ. 3ᵉ, 22 mars 1989, *Bull. civ.* III, nº 74, *RTD civ.* 1991, p. 147, obs. F. Zenati : « l'arrêt retient exactement que les prescriptions relatives aux distances à respecter pour ouvrir des vues droites sur l'immeuble voisin ne concernent que les propriétés contiguës ».

48. Il peut s'agir d'une voie publique. V. Civ. 3ᵉ, 28 septembre 2005, *Bull. civ.* III, nº 188, *JCP* 2006, I, 127, obs. H. Périnet-Marquet : « selon l'arrêt attaqué (...), à la suite de la création de fenêtres dans le mur pignon de l'immeuble en copropriété 25, quai Fulchiron, formant, sur la voie publique, angle droit

exercer une vue et à un autre[49]. En quatrième lieu, la servitude de vue est sans application aux vues donnant sur une voie publique[50], la possibilité d'avoir une vue étant justifiée au titre des « aisances de voirie »[51], au rang desquelles figure le droit d'avoir une vue sur la voirie à une distance inférieure à celle prévue par le Code civil.

199. Les servitudes d'écoulement des eaux et d'égout de toit[52]. Les servitudes d'écoulement des eaux et d'égout de toit intéressent toutes deux le déversement des eaux d'une propriété vers une autre.

La **servitude d'écoulement des eaux** assujettit le fonds inférieur, fonds servant, à recevoir les eaux qui coulent naturellement du fonds supérieur, fonds dominant, sans que la main de l'homme y ait contribué (art. 640 al. 1 C. civ.[53]). Il s'agit d'une *servitude*, ce qui explique que le Code civil interdise au propriétaire du fonds inférieur d'empêcher l'écoulement en élevant une digue[54], et d'une servitude *naturelle*[55], ce qui explique que le propriétaire du fonds dominant supérieur ne puisse rien faire qui aggrave la servitude au détriment du fonds servant inférieur[56] et que

---

avec le mur de l'immeuble dans lequel il occupe un appartement, M. X... a assigné le syndicat des copropriétaires (le syndicat) en vue de la suppression des ouvertures et en dommages-intérêts ; (...) pour accueillir la demande de M. X..., l'arrêt retient que la fenêtre ouverte constitue une vue droite irrégulièrement créée en raison de sa trop grande proximité, inférieure à 1,90 mètre ; (...) en statuant ainsi, sans rechercher, comme il le lui était demandé, si la vue litigieuse n'échappait pas aux dispositions relatives aux servitudes de vue, en raison de la présence d'une voie publique, la cour d'appel n'a pas donné de base légale à sa décision ».

49. Ainsi, une partie peut avoir toutes ouvertures dans un mur donnant, non sur l'héritage privatif de son voisin, mais sur une parcelle indivise entre eux (Civ. 3e, 24 octobre 1990, *Bull. civ.* III, no 207, *RTD civ.* 1992, p. 798, obs. F. Zenati : « décidant que la parcelle de terrain, sur laquelle donnent les ouvertures, est indivise entre les époux Y..., M. X... et les époux Z..., l'arrêt (...) constate que les vues ne donnent pas sur une propriété privative appartenant à des voisins (...) »).

50. Civ. 3e, 28 septembre 2005, *Bull. civ.* III, no 188, *JCP* 2006, I, 127, obs. H. Périnet-Marquet, préc.

51. C'est pourquoi il n'est pas évident que la solution puisse être en règle générale étendue à toutes vues donnant sur le domaine public. V. H. Périnet-Marquet, obs. préc. ss. Civ. 3e, 28 septembre 2005, in *JCP* 2006, I, 127.

52. En matière rurale, le Code rural et de la pêche maritime prévoit d'autres servitudes d'écoulement des eaux, qui intéressent les fonds ruraux. Il n'est plus question ni de l'écoulement des eaux naturelles ni de laisser la nature faire : il s'agit notamment d'organiser l'irrigation des terres agricoles ou l'évacuation des eaux usées (art. L. 152-1 s. C. rur et pêch. marit.).

53. « *Les fonds inférieurs sont assujettis envers ceux qui sont plus élevés à recevoir les eaux qui en découlent naturellement sans que la main de l'homme y ait contribué* ». Peu importe que les fonds soient contigus, en raison par exemple d'une voie publique les séparant (Req. 3 août 1852, *DP* 1852, 1, p. 220).

54. Art. 640 al. 2 C. civ. : « *[l]e propriétaire inférieur ne peut point élever de digue qui empêche cet écoulement* ».

55. La servitude ne concerne que les eaux naturelles, non les eaux ménagères ou résiduaires (Civ. 1re, 1er juin 1965, *Bull. civ.* I, no 362 : « la servitude imposée par l'article 640 C. civ. (...) ne concerne que les eaux dont l'écoulement est le résultat naturel de la configuration des lieux et notamment les eaux pluviales, à l'exclusion des eaux ménagères ou résiduaires » ; Comp. avant, Civ. 1re, 4 décembre 1963, *Bull. civ.* I, no 535 : « [s]i l'application des art. 640 et 681 C. civ. a été étendue aux eaux ménagères, les servitudes prévues par ces textes ne concernent pas les eaux qui ont été altérées par le fait de l'homme, telles que les eaux industrielles, usées, fétides ou insalubres »).

56. Art. 640 al. 3 C. civ. : « *[l]e propriétaire supérieur ne peut rien faire qui aggrave la servitude du fonds inférieur* ». Et v. Civ. 1re, 11 juin 1965, *Bull. civ.* I, no 379 : un propriétaire ayant aggravé la servitude légale d'écoulement des eaux frappant un fonds voisin en établissant un puisard et une buse dirigeant vers ce fonds les eaux de ruissellement provenant d'une route nationale et modifiant ainsi à

le propriétaire de ce dernier ne puisse réclamer quelque indemnité que ce soit au propriétaire du fonds dominant[57]. Une indemnité n'est due que lorsque l'usage de ces eaux ou la direction qui leur est donnée par l'homme aggrave la servitude naturelle d'écoulement[58] ou lorsque c'est par des sondages ou des travaux souterrains qu'un propriétaire fait surgir des eaux dans son fonds[59], obligeant les propriétaires des fonds inférieurs à les recevoir[60]. Cela étant, tout propriétaire a le droit d'user et de disposer des eaux pluviales qui tombent sur son fonds[61].

La **servitude d'égout des toits** est d'inspiration différente : « *[t]out propriétaire doit établir des toits de manière que les eaux pluviales s'écoulent sur son terrain ou sur la voie publique* »[62] et il « *ne peut les faire verser sur le fonds de son voisin* » (art. 681 C. civ.). Il n'est plus question de laisser faire la nature, mais de s'adapter à

son gré, la disposition naturelle des lieux au détriment du voisin qui, s'il est susceptible, en raison de sa propre situation, de recevoir sur sa propriété les eaux en provenance de la route, n'est assujetti qu'à recevoir celles en découlant naturellement, la cour d'appel ordonne justement la suppression des travaux litigieux, par application des dispositions de l'article 640 C. civ. *Adde* Civ. 2e, 6 mai 1976, *Bull. civ.* II, n° 150 : les juges du fond qui constatent que des travaux de remblai provoquant l'inondation du fonds inférieur ont entraîné une aggravation de la condition du fonds servant peuvent, par une appréciation souveraine des modalités de la réparation des dommages, ordonner au propriétaire du fonds supérieur de faire cesser le déversement des eaux provenant de son terrain sur le fonds inférieur.

57. Civ. 3e, 14 décembre 1983, *Bull. civ.* III, n° 264 : « [l]es servitudes naturelles ne donnent lieu à aucun règlement entre les propriétaires respectifs des fonds servant et dominant », en sorte que le « propriétaire du fonds inférieur, ne pouvait prétendre se faire indemniser par le propriétaire du fonds supérieur, ni en raison des dommages causés à son bâtiment par le ruissellement des eaux de pluie ni à titre de participation aux frais d'aménagement d'un caniveau destiné à limiter ces dommages ». Une indemnisation ne pourrait même pas être réclamée en cas de troubles anormaux de voisinage (Civ. 3e, 2 février 2000, *Bull. civ.* III, n° 25, *JCP* 2000, I, 265, obs. H. Périnet-Marquet : cassation de l'arrêt ayant fait droit à une action fondée sur les troubles anormaux de voisinage alors que les juges du fond avaient « constaté que la main de l'homme n'avait pas contribué à l'écoulement des eaux de pluie sur la propriété des époux X... »).

58. Art. 641 al. 2 C. civ. : « *[s]i l'usage de ces eaux ou la direction qui leur est donnée aggrave la servitude naturelle d'écoulement établie par l'article 640, une indemnité est due au propriétaire du fonds inférieur* ».

59. Civ. 3e, 26 novembre 1974, *Bull. civ.* III, n° 441 : la Cour de cassation approuve les juges du fond d'avoir retenu qu'en vertu des articles 552 et 642 C. civ., un propriétaire a le droit de capter sur son fonds non seulement les eaux d'une source qui y prend naissance, c'est-à-dire les eaux qui sortent du sol, mais aussi les eaux souterraines qui s'infiltrent ou s'écoulent dans son héritage et ce quel que soit le dommage qui en résulte pour les propriétaires des fonds inférieurs à condition toutefois qu'il n'abuse pas de ce droit et que notamment il n'agisse pas par malveillance ou sans utilité pour lui-même ; ces propriétaires subissent ainsi les inconvénients normaux auxquels toute propriété est exposée.

60. Art. 641 al. 4 C. civ. : « *[l]orsque, par des sondages ou des travaux souterrains, un propriétaire fait surgir des eaux dans son fonds, les propriétaires des fonds inférieurs doivent les recevoir ; mais ils ont droit à une indemnité en cas de dommages résultant de leur écoulement* ».

61. Art. 641 al. 1 C. civ. : « *[t]out propriétaire a le droit d'user et de disposer des eaux pluviales qui tombent sur son fonds* ».

62. Par ailleurs, au cas où le toit dépasserait sur le fonds voisin, il y aurait empiètement. Civ. 3e, 12 juin 2003, pourvoi n° 01-14371, *D.* 2003, p. 2111, note R. Desgorces : « une servitude ne peut conférer le droit d'empiéter sur la propriété d'autrui ». V. toutefois, Civ. 3e, 12 mars 2008, *Bull. civ.* III, n° 47 : « ayant relevé que la corniche avait été édifiée il y a plus de trente ans avec l'immeuble, lequel, de type "chartreuse", ancien et de caractère, formait un tout sur le plan architectural dans lequel elle s'intégrait pour être surmontée d'une balustrade en pierre dans laquelle était intégré un fronton et souverainement retenu qu'elle présentait un avantage pour l'usage et l'utilité du fonds des époux X..., en ce qu'elle faisait partie de l'architecture même de leur immeuble, la cour d'appel, abstraction faite d'un motif surabondant relatif à l'agrément, en a exactement déduit que le fonds des époux X..., qui pouvaient se prévaloir d'une possession utile, bénéficiait d'une servitude de surplomb sur le fonds voisin acquise par prescription ».

elle, pour ne pas porter préjudice au fonds voisin : le fonds d'où l'eau s'écoule est d'ailleurs ici le fonds servant et le fonds sur lequel l'eau s'écoulerait devient le fonds dominant. En somme, un propriétaire ne peut pas établir son toit de façon à ce que les eaux pluviales qui y tombent se déversent sur le fonds voisin, peu importe que les eaux, une fois déversées sur le toit correctement établi, ruissellent sur ce dernier fonds en raison de la situation naturelle des lieux[63].

200. La servitude d'aqueduc. La servitude d'aqueduc permet de répondre aux besoins en eau d'un fonds et peut à cette fin s'étendre sur plusieurs fonds qui ne sont pas nécessairement contigus, jusqu'au fonds où l'eau est captée. Ainsi que la loi le prévoit, « *[t]oute personne physique ou morale, qui veut user pour l'alimentation en eau potable, pour l'irrigation ou, plus généralement, pour les besoins de son exploitation, des eaux dont elle a le droit de disposer, peut obtenir le passage par conduite souterraine de ces eaux sur les fonds intermédiaires, dans les conditions les plus rationnelles et les moins dommageables à l'exploitation présente et future de ces fonds, à charge d'une juste et préalable indemnité* »[64]. Une servitude comparable est reconnue au profit des personnes publiques, dite « *servitude pour l'établissement de canalisations publiques d'eau ou d'assainissement* »[65].

En vue de sa mise en œuvre, la servitude d'aqueduc suppose la reconnaissance d'autres servitudes accessoires : une *servitude d'appui* afin, moyennant indemnité, de capter l'eau en appuyant sur la propriété riveraine opposée les ouvrages nécessaires[66] et une *servitude d'écoulement des eaux d'irrigation*[67] afin, toujours moyennant indemnité, de pouvoir laisser s'écouler sur les fonds inférieurs le surplus des eaux d'irrigation du fonds supérieur[68].

---

63. Civ. 3e, 7 novembre 1972, *Bull. civ.* III, n° 583 : « [v]u les articles 640 et 681 C. civ., (...) en vertu du second de ces textes, un propriétaire ne peut pas établir son toit de façon que les eaux pluviales qui y tombent se déversent sur le fonds voisin ; (...) il doit les faire écouler sur son propre terrain ; que, cependant, une fois tombées sur son terrain, les eaux peuvent s'écouler sur le fonds voisin dans les conditions fixées par l'article 640 C. civ. ».

64. Art. L. 152-14 al. 1 C. rur. et pêch. mar. L'alinéa 2 de cette disposition excepte de cette servitude « *les habitations et les cours et jardins y attenant* » et l'alinéa 3 prévoit que la servitude « *s'applique également en zone de montagne pour obtenir le passage des eaux destinées à l'irrigation par aqueduc ou à ciel ouvert dans les mêmes conditions que celles prévues au premier alinéa* ».

65. Art. L. 152-1 C. rur et pêch. mar. : « *[i]l est institué au profit des collectivités publiques, des établissements publics ou des concessionnaires de services publics qui entreprennent des travaux d'établissement de canalisations d'eau potable ou d'évacuation d'eaux usées ou pluviales une servitude leur conférant le droit d'établir à demeure des canalisations souterraines dans les terrains privés non bâtis, excepté les cours et jardins attenant aux habitations.* (al. 1) *L'établissement de cette servitude ouvre droit à indemnité.* (al. 2) (...) ».

66. Art. L. 152-17 C. rur. et pêch. mar. : « *[t]out propriétaire qui veut se servir, pour l'irrigation de ses propriétés, des eaux naturelles ou artificielles dont il a le droit de disposer, peut obtenir la faculté d'appuyer sur la propriété du riverain opposé les ouvrages d'art nécessaires à sa prise d'eau, à la charge d'une juste et préalable indemnité.* (al. 1) *Sont exceptés de cette servitude les bâtiments, cours et jardins attenant aux habitations.* (al. 2) ».

67. Une *servitude d'écoulement des eaux de drainage* est quant elle prévus aux articles L. 515-20 s. C. rur. et pêch. mar. : « *[t]out propriétaire qui veut assainir son fonds par le drainage ou un autre mode d'assèchement peut, moyennant une juste et préalable indemnité, en conduire les eaux souterrainement ou à ciel ouvert à travers les propriétés qui séparent ce fonds d'un cours d'eau ou de toute autre voie d'écoulement » (al. 1), étant entendu que « sont exceptés de cette servitude les habitations et les cours, jardins, parcs et enclos y attenant* » (al. 2).

68. Art. L. 152-15 C. rur. et pêch. mar. : « *[l]es propriétaires des fonds inférieurs doivent recevoir les eaux qui s'écoulent des terrains ainsi arrosés, sauf l'indemnité qui peut leur être due.* (al. 1) *Sont*

201. Les servitudes de distance. ***Servitudes concernant les plantations et certaines constructions*.** Le Code civil prévoit que des distances minimales doivent être respectées entre fonds voisins lorsque l'on veut planter ou construire. L'idée est d'éviter des désagréments d'ordres divers au voisin : perte de luminosité, chute de feuilles, etc. On trouve à cet égard plusieurs dispositions dans le Code civil, spécialement aux articles 671[69] (plantations en général) et 674[70] (construction d'ouvrages nuisibles, tels des « *fosses d'aisance* » ou « *amas de matières corrosives* »). Aujourd'hui, néanmoins, la plupart des servitudes de distance sont minutieusement réglementées par des règles d'urbanisme, pour des raisons qui concernent l'intérêt général, davantage que des intérêts privés.

202. Les servitudes de distance. ***La servitude de cour commune***[71]. La servitude de cour commune, dont l'origine remonte au XIXe siècle[72], et qui se trouve aujourd'hui régie par le Code de l'urbanisme impose le respect d'une distance, dite « cour commune », entre des constructions sur des propriétés voisines. Contrairement à ce que l'on pourrait penser à première vue, la servitude de cour commune ne doit pas être perçue comme *limitant* le droit de construire, mais comme, au contraire, le *facilitant*. De fait, une personne qui souhaite construire sur son terrain doit respecter les règles d'urbanisme qui imposent qu'une construction soit édifiée à une certaine distance de la *ligne séparative du terrain* (c'est la « marge de reculement » ou « servitude de prospect »), laquelle est fixée soit par le document d'urbanisme local s'il y en a un, soit, à défaut, par le Règlement national d'urbanisme[73]. L'instauration d'une servitude de cour commune permet à un propriétaire de construire dans la zone normalement interdite par les règles d'urbanisme, pourvu qu'une

---

exceptés de cette servitude les habitations et les cours, jardins, parcs et enclos y attenant. (al. 2) *Les eaux usées, provenant des habitations alimentées et des exploitations desservies en application de l'article L. 152-14, peuvent être acheminées par canalisation souterraine vers des ouvrages de collecte et d'épuration sous les mêmes conditions et réserves énoncées à l'article L. 152-14, concernant l'amenée de ces eaux* (al. 3) ».

69. « *Il n'est permis d'avoir des arbres, arbrisseaux et arbustes près de la limite de la propriété voisine qu'à la distance prescrite par les règlements particuliers actuellement existants, ou par des usages constants et reconnus et, à défaut de règlements et usages, qu'à la distance de deux mètres de la ligne séparative des deux héritages pour les plantations dont la hauteur dépasse deux mètres, et à la distance d'un demi-mètre pour les autres plantations.* (al. 1) *Les arbres, arbustes et arbrisseaux de toute espèce peuvent être plantés en espaliers, de chaque côté du mur séparatif, sans que l'on soit tenu d'observer aucune distance, mais ils ne pourront dépasser la crête du mur.* (al. 2) *Si le mur n'est pas mitoyen, le propriétaire seul a le droit d'y appuyer les espaliers.* (al. 3) ».

70. « *Celui qui fait creuser un puits ou une fosse d'aisance près d'un mur mitoyen ou non,* (al. 1) *Celui qui veut y construire cheminée ou âtre, forge, four ou fourneau,* (al. 2) *Y adosser une étable,* (al. 3) *Ou établir contre ce mur un magasin de sel ou amas de matières corrosives,* (al. 4) *Est obligé à laisser la distance prescrite par les règlements et usages particuliers sur ces objets, ou à faire les ouvrages prescrits par les mêmes règlements et usages, pour éviter de nuire au voisin.* (al. 5) ».

71. G. GODFRIN, « La servitude de cour commune : 50 ans d'incertitude », *Constr.-Urb.* 2008, Études 4 et 5.

72. Aujourd'hui, les règles qui figurent dans le Code de l'urbanisme sont issues d'un décret n° 58-1178 du 4 décembre 1958 *pris en application de la loi n° 57-908 du 7 août 1957*.

73. Art. R. 111-2 s. C. urb. D'après l'article R. 111-18 C. urb., « *[à] moins que le bâtiment à construire ne jouxte la limite parcellaire, la distance comptée horizontalement de tout point de ce bâtiment au point de la limite parcellaire qui en est le plus rapproché doit être au moins égale à la moitié de la différence d'altitude entre ces deux points, sans pouvoir être inférieure à trois mètres* ».

certaine distance soit respectée entre bâtiments, ce qui peut avoir pour effet, mais pas toujours[74], de limiter la faculté pour ce dernier de construire[75].

La servitude de cour commune sert ainsi fondamentalement l'intérêt privé de la personne qui souhaite construire – un projet de construction est une condition *sine qua non* de l'établissement d'une servitude de cour commune –, alors qu'elle ne le pourrait compte tenu des seules règles d'urbanisme, en gagnant de l'espace constructible sur son terrain par rapport à ce qu'imposent ces règles, tout en respectant l'intérêt général en limitant la densité des constructions sur le sol.

C'est dans cette perspective que l'article L. 471-1 C. urb. prévoit que « *[l]orsqu'en application des dispositions d'urbanisme la délivrance du permis de construire*[76] *est subordonnée, en ce qui concerne les distances qui doivent séparer les constructions, à la création, sur un terrain voisin, de servitudes de ne pas bâtir ou de ne pas dépasser une certaine hauteur en construisant, ces servitudes, dites "de cours communes", peuvent, à défaut d'accord amiable entre les propriétaires intéressés, être imposées par la voie judiciaire dans des conditions définies par décret* ». Autrement dit, celui qui veut construire, s'il ne parvient pas à un accord avec son voisin pour établir une servitude de cour commune – soit que le voisin s'y oppose par principe, soit qu'il réclame une contrepartie excessive –, pourra obtenir du juge qu'il l'impose. En tout état de cause, le propriétaire du fonds servant recevra une indemnité définie par la convention ou, à défaut d'accord, si la servitude est prononcée par le juge, par la décision rendue[77]. La servitude ne sera opposable aux tiers, notamment à l'acquéreur du fonds servant, que si elle a été publiée[78]. La servitude de cour commune, si et seulement si elle a été instituée par voie judiciaire, est caduque lorsque le permis de construire n'a pas été délivré dans le délai d'un an après qu'elle a été établie ou lorsque *les travaux n'ont pas commencé ou ont été*

74. Deux exemples permettront de s'en rendre compte.
Exemple n° 1 : les règles d'urbanisme interdisent de construire à moins de 10 mètres de la ligne séparative et prévoient qu'en présence d'une servitude de cour commune, la distance minimale est de 10 mètres entre les bâtiments. En ce cas, le propriétaire du fonds bénéficiant de la servitude qui construira à moins de 10 mètres de la ligne séparative ne limitera pas le droit de construire du propriétaire du fonds servant puisqu'il y aura toujours au moins 10 mètres entre les bâtiments.
Exemple n° 2 : les règles d'urbanisme interdisent de construire à moins de 10 mètres de la ligne séparative et prévoient qu'en présence d'une servitude de cour commune, la distance minimale est de 15 mètres entre les bâtiments. En ce cas, le propriétaire du fonds bénéficiant de la servitude qui construira à moins de 5 mètres de la ligne séparative, par exemple à 2 mètres, limitera le droit de construire du propriétaire du fonds servant puisque celui-ci ne pourra construire sur son terrain à moins de 13 mètres sur son terrain en vue de respecter la cour commune de 15 mètres.

75. Les contraintes pesant sur les propriétaire du fonds servant doivent être précisées. V. Civ. 3e, 5 mai 1975, *Bull. civ.* III, n° 156 : « après avoir constaté que "la convention de cour commune du 21 mai 1952 n'avait prévu, pour les interdire, ni une occupation particulière de celle-ci, ni une construction ouverte ou fermée sous le niveau du sol", la cour d'appel, par une appréciation souveraine de l'intention des parties au moment du contrat (...) a relevé "qu'en creusant sous la cour, leur appartenant exclusivement, un garage souterrain la société Voltaire-Chanzy et les consorts X... n'ont fait qu'user de leur droit" ».

76. Civ. 3e, 4 janvier 1995, *Bull. civ.* III, n° 7 : « la cour d'appel (...) a relevé, à bon droit, que [le Code de l'urbanisme] ne fait pas de distinction entre la décision initiale accordant un permis de construire et la délivrance d'un permis modificatif ».

77. Art. L. 471-3 C. urb. : « *[l]es indemnités définitives dues par les bénéficiaires des servitudes aux propriétaires des terrains grevés sont fixées, à défaut d'accord amiable, par voie judiciaire* ».

78. D'après l'article R. 471-4 C. urb., « *[l]'article 30 du décret n° 55-22 du 4 janvier 1955 portant réforme de la publicité foncière est applicable à l'ordonnance [qui institue la servitude]* ».

interrompus pendant au moins une année[79]. Dans l'hypothèse où les règles d'urbanisme viendraient à être modifiées postérieurement à la constitution de la servitude, notamment la condition imposant une distance, la servitude établie conventionnellement n'est pas caduque et le propriétaire du fonds servant doit continuer à la respecter : autrement dit, il est indifférent que la cause ayant justifié l'établissement de la servitude ait cessé[80].

203. Publicité des conventions relatives à l'exercice des servitudes légales. Les conventions relatives à l'exercice des servitudes légales peuvent être publiées (art. 37§ 1, 2° D. n° 55-22 du 4 janvier 1955 *portant réforme de la publicité foncière*[81]). Une telle publicité, si elle n'est pas exigée aux fins d'opposabilité aux tiers, a néanmoins pour mérite de révéler l'existence d'une servitude légale.

79. Art. L. 471-2 C. urb. : « *[s]i, dans un délai de un an à compter de l'institution de la servitude de cours communes, le permis de construire n'a pas été délivré ou si, dans le même délai à compter de la délivrance du permis de construire, le demandeur n'a pas commencé les travaux ou si les travaux sont interrompus pendant au moins une année, la décision judiciaire qui a institué la servitude, même passée en force de chose jugée, pourra, sans préjudice de tous dommages-intérêts, être rapportée à la demande du propriétaire du terrain grevé.* (al. 1) *Toutefois, le délai prévu à l'alinéa premier du présent article est suspendu, en cas de recours devant la juridiction administrative contre le permis de construire ou de recours devant la juridiction civile en application de l'article L. 480-13, jusqu'à l'intervention de la décision juridictionnelle irrévocable.* (al. 2) ».

80. Civ. 3e, 23 janvier 2013, pourvoi n° 11-27086, *RTD civ.* 2013, p. 408, obs. W. Dross : « ayant exactement retenu que la cause d'une servitude s'appréciait au moment où elle était consentie et ne disparaissait pas en raison d'une modification ultérieure des règles d'urbanisme et relevé que la servitude, expressément qualifiée de perpétuelle, interdisait à M. et Mme Y... de procéder à toute construction en élévation sur l'assiette de la cour commune, la cour d'appel en a déduit, à bon droit, que cette servitude, qui ne se heurtait à aucune impossibilité d'usage, n'était pas éteinte et que les constructions entreprises en violation de la convention constitutive, qui faisait toujours la loi des parties, devaient être démolies ». Il conviendrait, si l'on souhaite que la servitude cesse en ce cas, de prévoir une clause en ce sens.

81. « *Peuvent être publiées au bureau des hypothèques de la situation des immeubles qu'elles concernent, pour l'information des usagers : (...) Les conventions relatives à l'exercice des servitudes légales.* » Sur la publicité foncière, v. *infra*, n° 651 et s.

Chapitre 2
Les servitudes établies par le fait de l'homme

204. Plan. Les servitudes du fait de l'homme peuvent s'établir de trois manières : par **titre** (Section 1), par **prescription** (Section 2) ou encore par **destination du père de famille** (Section 3).

Section 1
Les servitudes établies par titre

205. Objet des servitudes établies par titre. D'après l'article 686 al. 1 C. civ., « *[i]l est permis aux propriétaires d'établir sur leurs propriétés, ou en faveur de leurs propriétés, telles servitudes que bon leur semble, pourvu néanmoins que les services établis ne soient imposés ni à la personne, ni en faveur de la personne, mais seulement à un fonds et pour un fonds, et pourvu que ces services n'aient d'ailleurs rien de contraire à l'ordre public* ». Ainsi, les parties sont libres d'établir toute servitude, pourvu qu'il s'agisse bien d'une servitude, c'est-à-dire qu'elle grève un fonds au profit d'un autre et qu'elle ne pèse pas sur une personne au bénéfice d'une autre[1]. Ainsi, les parties pourront convenir qu'aucune construction ne pourra être édifiée sur un fonds (servitude *non aedificandi*), qu'une construction ne pourra dépasser une certaine hauteur (servitude *non altius tollendi*).

206. Régime des servitudes établies par titre. Comme l'indique l'article 686 al. 2 C. civ., « *[l]'usage et l'étendue des servitudes (...) se règlent par le titre qui les constitue ; à défaut de titre, par les règles ci-après* ». Autrement dit, les parties sont libres de déterminer le régime de la servitude qu'elles ont établie[2], les règles applicables aux servitudes légales ne leur étant applicables qu'à défaut de stipulations contraires.

207. Existence d'un titre. En vue de protéger l'acquéreur d'un immeuble grevé d'une servitude, la Cour de cassation considère que le titre visé à l'article 691 C. civ. est soit le titre du fonds servant[3] – peu important l'absence de mention du titre du

---

1. V. *supra*, n° 181 et s.
2. Comme tout titre, le titre qui établit une servitude, lorsqu'il est obscur, doit être interprété. Cette interprétation est l'œuvre souveraine des juges du fond, la Cour de cassation ne sanctionnant, comme c'est le cas en droit commun, que la dénaturation de stipulations claires et précises. V. Civ. 3e, 9 novembre 1999, pourvoi n° 96-12400 : la plantation d'arbres de haute futaie ne saurait être interdite par une servitude conventionnelle *non aedificandi*, sauf à dénaturer les termes de la convention.
3. Civ. 1re, 21 décembre 1964, *Bull. civ.* I, n° 592 : « la création ou l'existence d'une servitude au profit d'un fonds dominant ne [peut] trouver son fondement que dans le titre du fonds servant ».

fonds dominant[4] –, soit un acte de partage émanant d'un auteur commun aux propriétaires des deux fonds dominant et servant[5].

208. Publicité du titre. À la différence des servitudes légales qui sont opposables *per se*[6] et de la servitude par destination du père de famille, les servitudes établies par le fait de l'homme sont opposables aux tiers au sens de la publicité foncière, au premier rang, les acquéreurs du fonds, si elles ont été publiées[7] (art. 28 et art. 29 Décr. 4 janvier 1955)[8]. Si la servitude n'a pas été publiée, la jurisprudence décide traditionnellement qu'elle peut néanmoins être opposée à l'ayant cause qui l'a accepté dans le titre la mentionnant ou qui en a eu simplement connaissance[9].

209. Preuve de la servitude. En des termes obscurs, l'article 695 énonce que « *[l]e titre constitutif de la servitude, à l'égard de celles qui ne peuvent s'acquérir par la prescription, ne peut être remplacé que par un titre récognitif de la servitude, et émané du propriétaire du fonds asservi* ». Ce texte distingue les servitudes suivant qu'elles peuvent ou non s'acquérir par la prescription, celles ne le pouvant pas, c'est-à-dire toutes les servitudes qui ne sont pas continues et apparentes, devant être prouvées par un titre *constitutif* ou *récognitif de la part du propriétaire du fonds servant*. Lorsque le titre établissant la servitude – le titre constitutif – a disparu, ce texte n'admet donc comme preuve qu'un acte récognitif, c'est-à-dire un acte

---

4. Civ. 3e, 9 juillet 2003, *Bull. civ.* III, n° 158, *JCP* 2004, I, 125, obs. H. Périnet-Marquet : prive de base légale sa décision, la cour d'appel qui, pour rejeter une demande tendant à la protection possessoire d'un passage, écarte un acte de partage au seul motif qu'il n'en est pas fait mention dans le titre d'acquisition du fonds dominant, sans rechercher si la servitude de passage ne découlait pas d'un titre relatif au fonds servant.

5. Civ. 3e, 9 avril 2013, pourvoi n° 12-15164, *D.* 2013, p. 2131, obs. B. Mallet-Bricout : « en se fondant sur le seul titre du fonds dominant, sans rechercher si le droit de passage ne résultait pas de l'acte de partage du 26 octobre 1874 ni des titres de propriété du fonds servant produits par Mme X, la cour d'appel n'a pas donné de base légale à sa décision ». *Adde* Civ. 3e, 6 mars 2012, pourvoi n° 10-10091, *D.* 2012, p. 2140, obs. B. Mallet-Bricout.

6. Et qui n'ont pas en principe à être déclarées par le vendeur car elles sont réputées connues de l'acquéreur. V. Civ. 1re, 15 octobre 1963, *Bull. civ.* III, n° 435 : « [l]es servitudes légales qui dérivent du régime ordinaire de la propriété, étant réputées connues, n'ont pas à être déclarées » (servitude de passage pour enclave).

Toutefois, les servitudes résultant de lois ou de règlements à la date de la vente ne peuvent être réputées connues de l'acquéreur et doivent être déclarées si elles ne dérivent pas du régime ordinaire de la propriété ou ne sont pas une conséquence normale de la nature ou de la situation de l'immeuble. C'est le cas des servitudes administratives (Civ. 1re, 16 mai 1961, *Bull. civ.* I, n° 251 ; au moins « s'il s'agit de charges exceptionnelles qui ne sont pas la conséquence normale de la nature ou de la situation de l'immeuble et qui ne peuvent, dès lors, être réputées connues de l'acquéreur », Civ. 3e, 26 avril 1978, *Bull. civ.* III, n° 164). Et v. *infra*, n° 215.

7. Civ. 3e, 27 octobre 1993, *Bull. civ.* III, n° 132, *RDI* 1994, p. 218, obs. J.-L. Bergel : « les servitudes établies par le fait de l'homme ne sont opposables aux acquéreurs que si elles sont mentionnées dans leur titre de propriété ou si elles font l'objet d'une publication » ; Civ. 3e, 14 décembre 2005, *Bull. civ.* III, n° 249, *RDI* 2006, p. 128, obs. J.-L. Bergel : même formule

8. M. Dagot, « Servitudes et publicité foncière », *JCP* N 1991, 1, p. 76.

9. Civ. 3e, 14 décembre 2005, *Bull. civ.* III, n° 249, *RDI* 2006, p. 128, obs. J.-L. Bergel, préc. ; Civ. 3e, 16 septembre 2009, *Bull. civ.* III, n° 195, *D.* 2010, obs. N. Reboul-Maupin, p. 2681, obs. Ph. Delebecque, *JCP* 2010, I, p. 336, obs. H. Périnet-Marquet, *Rép. Defr.* 2010, p. 979, obs. Ch. Atias, « une servitude est opposable à l'acquéreur de l'immeuble grevé si elle a été publiée, si son acte d'acquisition en fait mention, ou encore s'il en connaissait l'existence au moment de l'acquisition » ; Civ. 3e, 2 juillet 2013, pourvoi n° 12-20681, *RTD civ.* 2013, p. 865, obs. W. Dross : « une servitude est opposable à l'acquéreur si elle a été publiée, ou si son acte d'acquisition en fait mention, ou encore s'il en connaissait l'existence au moment de l'acquisition ».

« *portant reconnaissance d'une obligation déjà constatée par un titre plus ancien, le titre primordial* »[10]. En l'absence d'un tel titre, la jurisprudence considère toutefois qu'un commencement de preuve par écrit d'une servitude non susceptible d'usucapion est néanmoins admissible, comme il l'est pour tout acte juridique[11]. En revanche, elle n'admet plus comme elle le faisait auparavant qu'une servitude non susceptible d'usucapion puisse être prouvée par un aveu, la Cour de cassation estimant que l'« aveu » ne porterait pas sur le fait, mais sur le droit[12].

10. Il convient néanmoins de tenir compte de l'article 1337 C. civ., aux termes duquel « *[l]es actes récognitifs ne dispensent point de la représentation du titre primordial, à moins que sa teneur n'y soit spécialement relatée* » (al. 1) ou qu'il y ait « *plusieurs reconnaissances conformes, soutenues de la possession, et dont l'une eût trente ans de date* » (al. 3).

11. Civ. 3e, 24 novembre 2004, *Bull. civ.* III, nº 218 : « ayant relevé que les parties reconnaissaient qu'une convention verbale avait été passée entre elles à la fin de l'année 1997 et souverainement retenu que les écritures mêmes des époux X... ainsi que la demande présentée conjointement par M. Y... et M. X... à la mairie aux fins d'obtenir une autorisation de voirie commune valaient commencement de preuve par écrit de l'existence du titre établissant la servitude et que des éléments précis et concordants concourraient à confirmer la volonté des parties, la cour d'appel, qui a relevé que la voie considérée dans son ensemble répondait bien aux spécifications de la convention et ne s'est pas fondée sur un aveu des époux X..., a, par une interprétation souveraine, exclusive de dénaturation, que l'imprécision des termes des écritures des époux X... rendait nécessaire, légalement justifié sa décision de ce chef » de « constater l'existence d'une servitude conventionnelle et réciproque pour la partie commune du passage et au profit de M. et Mme Y... en ce qu'il se trouve en partie sur leur propriété, dont l'assiette est déterminée par l'emprise de la voie d'accès à la chaussée communale avant sa division entre les chemins ouvrant sur chacune des propriétés ».

12. La preuve d'une servitude de passage doit être établie en se fondant sur l'existence d'un titre récognitif et non sur un « aveu du droit » (Civ. 3e, 15 décembre 1993, *Bull. civ.* III, nº 173, *D.* 1994, p. 166, obs. A. Robert, *Rép. Defr.* 1994, p. 417, obs. I. Souleau-Defrénois, *RTD civ.* 1994, p. 647, obs. F. Zenati : « pour constater l'existence d'une servitude de passage, l'arrêt attaqué (...) retient qu'une telle servitude peut être établie par un titre récognitif émanant du propriétaire du fonds asservi et résulter, en particulier, d'un aveu non équivoque par celui-ci, de l'existence de la servitude ; qu'en l'espèce, le passage est matérialisé et qu'à son extrémité, la clôture séparant le fonds servant du fonds dominant a été ouverte avec l'accord du propriétaire du fonds servant, ce qui constitue, de sa part, un aveu non équivoque de l'existence de la servitude ; (...) en se fondant ainsi sur l'aveu d'un droit et non sur l'existence d'un titre récognitif, la cour d'appel a violé [l'article 695 C. civ.] » ; Civ. 3e avril 2004, *Bull. civ.* III, nº 83, *D.* 2004, p. 2472, obs. B. Mallet-Bricout : « pour décider que le fonds des époux X... bénéficiait d'une servitude d'écoulement des eaux pluviales et des eaux usées sur celui appartenant à Mme Y..., acquis des époux Z..., l'arrêt attaqué (Lyon, 6 septembre 2001), après avoir qualifié la servitude de discontinue, retient que le fait pour M. A..., auteur des époux Z..., d'avoir accepté des travaux sur son terrain pour y établir une canalisation en 1965 et le fait pour les époux Z... d'avoir accepté le passage de cette canalisation sur le même terrain de 1969 à 1982 constituent des aveux non équivoques de la constitution de la servitude qui suppléent la carence d'un titre écrit ; Qu'en statuant ainsi, sans se fonder sur l'existence d'un titre récognitif, la cour d'appel a violé les [articles 691 et 695 du Code civil] » ; *Contra*, auparavant, notamment Civ. 3e janvier 1980, *Bull. civ.* III, nº 8 : « l'arrêt, après avoir énoncé à bon droit que la preuve d'une servitude discontinue peut résulter de la reconnaissance de celui qui la doit, retient du litige qui a opposé en 1875 et 1876 Alzieu, auteur de Bonnet et dame X..., auteur des époux Y..., que dame X... n'a pas demandé la suppression de la canalisation et a déclaré ne pas s'opposer a ce qu'Alzieu procède au curage de l'ouvrage en exécutant les travaux indispensables sur sa propriété ; (...) en l'état de ces constatations et énonciations, la cour d'appel, sans se contredire, a pu déduire du comportement de Dame X..., l'aveu de l'existence de la servitude ».

Section 2
Les servitudes établies par prescription

210. Domaine : seules les servitudes continues et apparentes. D'après l'article 690 C. civ., « *[l]es servitudes continues et apparentes s'acquièrent par titre, ou par la possession de trente ans* », cependant que « *[l]es servitudes continues non apparentes, et les servitudes discontinues, apparentes ou non apparentes, ne peuvent s'établir que par titres* » (art. 691 al. 1 C. civ.) et que « *[l]a possession même immémoriale ne suffit pas pour les établir, sans cependant qu'on puisse attaquer aujourd'hui les servitudes de cette nature déjà acquises par la possession, dans les pays où elles pouvaient s'acquérir de cette manière* » (art. 691 al. 2 C. civ.). Autrement dit, seules les servitudes continues et apparentes peuvent s'établir par la prescription. Ainsi, une servitude de vue[13], une servitude de passage[14] ou encore une servitude d'écoulement des eaux ne peuvent s'acquérir par prescription[15].

Cette règle trouve une justification dans la psychologie probable du propriétaire dont le fonds subit la charge. Lorsque la possession n'est pas continue et apparente, il n'est pas aisé de dire si le propriétaire du fonds subissant la charge en a eu connaissance – et a donc pu manifester sa contradiction –, et, alors même que tel serait le cas, s'il n'a pas fait montre que de tolérance. Afin d'éviter toute discussion et de décourager les relations de bon voisinage, la loi interdit toute revendication d'une telle servitude fondée sur la prescription. Lorsqu'en revanche la servitude est continue et apparente et que le propriétaire du fonds subissant la charge a laissé faire, il n'est plus possible de soutenir que celui-ci n'en a pas eu connaissance – il n'avait donc qu'à manifester sa contradiction à son exercice – et si tel était bien le cas, il est probable qu'il ait fait montre de plus qu'une simple tolérance...

Au-delà, il existe des raisons propres à telle ou telle servitude non apparente et continue pour refuser le jeu de la prescription : il serait ainsi absurde de considérer que certaines servitudes continues et non apparentes, telles les servitudes *non aedificandi* et *non altius tollendi* puissent s'acquérir par prescription, au motif qu'aucune construction ou qu'aucune construction dépassant telle hauteur n'a été élevée depuis un certain temps[16].

13. Civ. 3e, 14 mars 1972, *Bull. civ.* III, n° 179 : « [l]es actes de prescription sur lesquels peut se fonder l'acquisition d'une servitude de vue par prescription doivent être de nature à éveiller l'attention du propriétaire du fonds voisin et à provoquer au besoin sa contradiction ».

14. Civ. 3e, 4 février 1998, pourvoi n° 95-17896 : ne caractérise pas l'existence d'un titre recognitif valant titre de servitude de passage, une lettre adressée par le propriétaire d'un fonds à son notaire, dans lequel il reconnaissait l'existence d'un droit de passage, sans aucune mention d'un caractère temporaire ou provisoire.

15. Civ. 3e, 15 février 1995, *Bull. civ.* III, n° 54 : la servitude d'écoulement des eaux usées, dont l'exercice exige le fait de l'homme et ne peut se perpétuer sans son intervention renouvelée, a, fûtelle apparente, un caractère discontinu ne permettant pas son acquisition par prescription.

16. Pas plus l'acquisition d'une servitude de vue par prescription n'emporterait celle d'une servitude *non aedificandi*. V. Civ. 3e, 22 mars 1983, inédit, sans numéro de pourvoi sur Legifrance : « si les servitudes continues et apparentes peuvent s'acquérir par prescription, les servitudes non apparentes ne peuvent s'acquérir que par titre, qu'ainsi, à défaut de convention expresse, l'acquisition d'une servitude de vue n'entraîne pas l'acquisition d'une servitude *non aedificandi* et laisse intact le droit du propriétaire du fonds servant d'édifier des constructions en respectant la distance légale ».

Toutefois, celui qui acquiert une vue par prescription peut par ailleurs obtenir la destruction de toutes constructions édifiées sur le fonds voisin qui ne respecteraient pas les distances exigées par le Code civil. V. Civ. 3e, 3 juillet 1973, *Bull. civ.* III, n° 458 : le propriétaire d'un fonds dominant bénéficiaire

211. Conditions de la prescription. La prescription des servitudes – apparentes et continues – suppose une possession **utile** et **trentenaire** (art. 690 C. civ.[17]). Il n'existe pas de délai de possession abrégé comme il en existe pour l'acquisition de la propriété immobilière[18].

Section 3
Les servitudes établies par destination du bon père de famille

212. Notion. Les servitudes établies par destination du bon père de famille sont le résultat d'un mécanisme qui joue en deux temps : dans un premier temps, le propriétaire de deux parcelles *destine* l'une au service de l'autre par des aménagements spécifiques – par exemple, en créant une vue de l'une vers l'autre –, puis, dans un second temps, cède l'une des deux parcelles à un tiers. La servitude, jusqu'alors en sommeil en raison de l'unicité du propriétaire, va faire surface, à moins que les parties ne l'aient écarté lors de l'établissement de l'acte de division. C'est ce qui ressort de l'article 693 C. civ., qui dispose qu'« *[i]l n'y a destination du père de famille que lorsqu'il est prouvé que les deux fonds actuellement divisés ont appartenu au même propriétaire, et que c'est par lui que les choses ont été mises dans l'état duquel résulte la servitude* ».

213. Conditions de la destination du père de famille. La constitution de la servitude par destination du père de famille suppose la réunion de **trois conditions**.

En premier lieu, il existe lors de la division, un **signe apparent** de servitude. Ceci suppose l'existence, d'une part, d'un signe d'asservissement d'un fonds à

---

d'une servitude de vue acquise par prescription est en droit d'obtenir la démolition du mur édifié en deçà de la distance légale par rapport aux fenêtres par lesquelles s'exerce la servitude, pour maintenir, en faveur de son héritage, la plénitude du droit réel qui s'y rattache. *Adde* Civ. 3e, 3 décembre 2003, *Bull. civ.* III, n° 222, *JCP* 2004, I, 171, obs. H. Périnet-Marquet : le propriétaire d'un fonds grevé d'une servitude de vue droite acquise par prescription est tenu de ne pas édifier de construction qui, en un endroit, se trouverait à moins de dix-neuf décimètres d'un point quelconque du parement extérieur du mur où l'ouverture est faite. Les juges du fond n'ont pas le pouvoir de substituer à la démolition demandée l'allocation de dommages-intérêts (Civ. 1re, 4 mai 1964, *Bull. civ.* I, n° 229 : « le propriétaire d'un fonds dominant bénéficiaire d'une servitude est en droit d'obtenir que soient mises à la charge du propriétaire du fonds servant les mesures nécessaires pour assurer l'exercice normal de la servitude et maintenir, en faveur de son héritage, la plénitude du droit réel qui s'y rattache »).

17. « *Les servitudes continues et apparentes s'acquièrent par titre, ou par la possession de trente ans.* »

18. Civ. 3e, 21 mai 1979, *Bull. civ.* III, n° 111 : « l'arrêt énonce à bon droit que la seule prescription applicable aux servitudes continues et apparentes telle une servitude de vue, est la prescription trentenaire, ainsi qu'il résulte de l'article 690 C. civ. ».

l'autre[19], et, d'autre part, d'une volonté d'établir un tel asservissement[20] (art. 694 C. civ.[21]). Si l'article 692 C. civ. prévoit que « *[l]a destination du père de famille vaut titre à l'égard des servitudes continues* ***et*** *apparentes* »[22], la jurisprudence considère que la constitution d'une servitude par destination du père de famille est subordonnée à son seul caractère apparent, qui permet à l'acquéreur d'en prendre connaissance : si la servitude est continue, elle sera *per se* établie ; si elle est discontinue, celui qui s'en prévaut devra produire l'acte de division qui ne comporte pas de mention contraire à son maintien[23]. En somme, la question est d'ordre probatoire. En présence d'une servitude apparente et continue, l'article 692 C. civ. établit une présomption de titre de servitude que l'adversaire pourra renverser en produisant un titre qui contiendrait une clause contraire ; en présence d'une servitude apparente mais discontinue, faute de présomption, celui

19. Civ. 3e, 19 novembre 1986, *Bull. civ.* III, n° 164, : « après avoir exactement relevé que la destination du père de famille ne pouvait être invoquée comme titre d'établissement d'une servitude que si l'état des lieux d'où résulterait la servitude subsistait encore lors de la division des fonds, l'arrêt constate qu'à cette date, l'ancienne ouverture, qui avait existé à l'emplacement de la fenêtre ouverte par Mme Y..., était supprimée », en sorte que la servitude n'était pas établie ; Civ. 3e, 19 février 2003, *Bull. civ.* III, n° 45 : une cour d'appel ayant admis la protection possessoire d'une servitude de passage par destination du père de famille aurait dû, pour caractériser l'existence d'un signe apparent de servitude, rechercher si le portillon existait lors de la division des fonds et ne pas se contenter de relever l'existence des « restes d'un portillon ».

20. Les juges du fond apprécient souverainement l'existence d'un signe apparent de servitude établie par destination du père de famille, et se déterminent d'après l'intention du constituant et les circonstances dans lesquelles la charge a été créée. Afin de s'éclairer sur l'intention réelle des parties, ils peuvent tenir compte des circonstances extrinsèques et de l'exécution donnée aux actes ou conventions et même prendre en considération des éléments postérieurs au partage des fonds (Civ. 3e, 25 janvier 1972, *Bull. civ.* III, n° 54 : « les juges du fait apprécient souverainement l'existence, après la division des héritages, opérée par l'auteur commun, d'un signe apparent de servitude établie par destination du père de famille, et se déterminent d'après l'intention du constituant et les circonstances dans lesquelles la charge a été créée ; qu'afin de s'éclairer sur l'intention réelle des parties, ils peuvent tenir compte de circonstances extrinsèques et de l'exécution donnée aux actes ou conventions et même prendre en considération des éléments postérieurs au partage des fonds » ; Civ. 3e, 23 janvier 1991, *Bull. civ.* III, n° 38 : « après avoir exactement rappelé que, même si l'acte de division ne contenait aucune mention contredisant la servitude par destination du père de famille, l'intention de constituer cette servitude pouvait être appréciée en tenant compte de circonstances extrinsèques et même d'éléments postérieurs au partage des fonds, la cour d'appel a légalement justifié sa décision en retenant qu'au moment de la division des fonds, les époux Z... avaient déjà envisagé de substituer au projet de groupe d'habitations un projet de lotissement, qui s'était même concrétisé par des ventes anticipées, et que, dès lors, ils n'ignoraient pas que la servitude de jumelage serait de façon inéluctable mise à exécution lorsque le lot serait vendu »).

21. « *Si le propriétaire de deux héritages entre lesquels il existe un signe apparent de servitude, dispose de l'un des héritages (...) elle continue d'exister activement ou passivement en faveur du fonds aliéné ou sur le fonds aliéné.* »

22. Nous soulignons.

23. Civ. 3e, 16 septembre 2009, *Bull. civ.* III, n° 194, *D.* 2009, p. 2193, obs. N. Reboul-Maupin, *Dr. & patr.* 2010, n° 188, p. 79, obs. J.-B. Seube : « il appartient à celui qui invoque l'existence d'une servitude discontinue constituée par destination du père de famille de produire l'acte par lequel s'est opérée la séparation des deux héritages et d'établir qu'il ne contient aucune disposition contraire à l'existence de cette servitude » (passage) ; Civ. 3e, 24 novembre 2004, *Bull. civ.* III, n° 217 : « la destination du père de famille vaut titre à l'égard des servitudes discontinues lorsqu'existent, lors de la division du fonds, des signes apparents de la servitude et que l'action de division ne contient aucune stipulation contraire à son maintien » (utilisation de l'entrée d'un immeuble et d'un escalier). *Adde* Civ. 3e, 9 mars 1977, *Bull. civ.* III, n° 135 : « l'existence d'une servitude par destination du père de famille, lorsqu'il existe des signes apparents de servitude, ne peut être écartée que par des dispositions contraires de l'acte de servitude » (passage).

qui s'en prévaut doit l'établir en montrant que le titre de division ne comporte pas de disposition contraire.

En deuxième lieu, le signe apparent de servitude a été effectué par un **unique propriétaire**[24]. La jurisprudence tire de cette règle que des propriétaires indivis ne peuvent constituer une servitude par destination du père de famille en raison de l'absence d'un unique propriétaire à l'origine[25].

En troisième lieu, lors de la division du fonds, **aucune volonté contraire** à la naissance de la servitude ne doit avoir été émise **dans l'acte de division**[26].

---

24. Art. 693 C. civ. : « *[i]l n'y a destination du père de famille que lorsqu'il est prouvé que les deux fonds actuellement divisés ont appartenu au même propriétaire, et que c'est par lui que les choses ont été mises dans l'état duquel résulte la servitude* ».

La Cour de cassation a précisé que « des propriétaires indivis ne peuvent constituer une servitude par destination du père de famille » (Civ. 3e, 6 juin 2007, *Bull. civ.* III, n° 101, *D.* 2007, p. 2851, note R. Boffa). Alors même qu'au cours de l'indivision les indivisaires auraient effectué un aménagement matériel apparent de servitude, l'effet déclaratif du partage empêche la constitution d'une servitude par destination du père de famille car il n'y a pas eu séparation d'un fonds unique mais pluralité de fonds dès l'origine. En revanche, l'effet déclaratif du partage est sans prise lorsque l'aménagement matériel a été effectué avant l'indivision par l'auteur des coïndivisaires, car il y a bien eu division d'un fonds à un moment, laquelle apparaîtra à la fin de l'indivision : l'on peut donc retenir l'existence d'une servitude par destination du père de famille (Civ. 7 avril 1863, *DP* 1863, 1, p. 413 : « si l'article 694 C. nap., par le mot dispose, semble se référer plus particulièrement à un acte de vente, d'échange ou de donation, on ne saurait en conclure que cet article cesse de recevoir son application au cas où une propriété d'origine commune a été divisée par l'effet du partage ; que la raison de décider est la même dans ces divers cas ; qu'en effet, la disposition étant fondée sur une présomption de consentement tirée du silence des parties, cette présomption s'applique aussi bien aux partages qu'aux aliénations à titre onéreux ou gratuit ; qu'elle est peut-être même plus forte en cas de partage, à cause des opérations préparatoires qui ont pour objet d'assurer une égale composition des lots ». *Adde* Civ. 27 mars 1866, *DP* 1866, 1, p. 339).

25. Civ. 3e, 6 juin 2007, *Bull. civ.* III, n° 101 : un acquéreur était devenu propriétaire d'une des parcelles issue de la division d'un bien ayant appartenu à des époux coïndivisaires. L'acquéreur assigne l'un des anciens indivisaires resté propriétaire de l'autre parcelle issue de la division, en libération du passage dont aurait bénéficié son fonds. La Cour de cassation considère que « des propriétaires indivis ne peuvent constituer une servitude par destination du père de famille ».

26. Art. 694 C. civ. : « *[s]i le propriétaire de deux héritages entre lesquels il existe un signe apparent de servitude, dispose de l'un des héritages sans que le contrat contienne aucune convention relative à la servitude, elle continue d'exister activement ou passivement en faveur du fonds aliéné ou sur le fonds aliéné* ».

L'existence d'une servitude par destination du père de famille ne peut être écartée que par des dispositions contraires de l'acte de division (Civ. 3e, 16 mars 1977, *Bull. civ.* III, n° 135 : servitude de passage (servitude discontinue). *Adde* Civ. 3e, 28 mai 2003, *Bull. civ.* III, n° 117, *JCP* 2004, I, 125, obs. H. Périnet-Marquet : viole les articles 693 et 694 C. civ. la cour d'appel qui, tout en retenant l'existence d'un signe apparent de servitude, rejette une demande tendant à la reconnaissance d'une servitude par destination du père de famille au motif que si les propriétaires originels avaient voulu consentir une servitude, « ils auraient demandé au notaire rédacteur de l'acte de division de rédiger une clause claire et précise déterminant les droits et obligations de chacun », alors qu'elle avait relevé que l'acte de division n'avait rien prévu relativement à la servitude et qu'elle n'avait pas relevé d'éléments de nature à démontrer la volonté de l'auteur d'écarter la présomption légale qui s'attachait à la situation de fait constatée ; Civ. 3e, 24 novembre 2004, *Bull. civ.* III, n° 217, *JCP* 2005, I, 119, obs. H. Périnet-Marquet, *Rép. Defr.* 2005, p. 1175, obs. Ch. Atias, *RDI* 2005, p. 209, obs. J.-L. Bergel : « la destination du père de famille vaut titre à l'égard des servitudes discontinues lorsqu'existent, lors de la division du fonds, des signes apparents de servitude et que l'acte de division ne contient aucune stipulation contraire à son maintien »).

Sur le terrain probatoire, « il appartient à celui qui invoque l'existence d'une servitude discontinue constituée par destination du père de famille de produire l'acte par lequel s'est opérée la séparation des deux héritages et d'établir qu'il ne contient aucune disposition contraire à l'existence de cette servitude » (Civ. 3e, 16 septembre 2009, *Bull. civ.* III, n° 194).

Titre IV
Les règles communes aux différentes servitudes

214. Plan. Les servitudes, qu'elle qu'en soit la source, obéissent à des règles communes qui tiennent à leur perpétuité (Chapitre 1), leur effectivité (Chapitre 2), leur indivisibilité (Chapitre 3) et leur fixité (Chapitre 4).

Chapitre 1
La perpétuité de la servitude

215. Perpétuité, caractère temporaire et perte par le non-usage. Les servitudes sont en principe perpétuelles[1] et, attachées aux biens, elles ne sont en principe pas affectées lors de la transmission de ceux-ci[2].

---

1. Civ. 5 mai 1919, *DP* 1923, 1, p. 230 : « la perpétuité [est] de l'essence des services fonciers ».

2. C'est pourquoi « le vendeur d'un fonds qui affirme faussement dans l'acte de vente qu'il n'a constitué sur ledit fonds aucune servitude et qu'il n'en existe pas à sa connaissance, commet une faute contractuelle dont il doit réparation » (Civ. 3e, 21 mars 2001, *Bull. civ.* III, n° 38). Au-delà, plusieurs textes spéciaux obligent le vendeur à informer l'acquéreur de l'existence d'une servitude (v. par ex. l'article 264-1 du nouveau Code minier, « *[l]es actes de mutation de propriété des biens fonciers et immobiliers mentionnent explicitement, le cas échéant, les servitudes instituées en application de l'article L. 111-1-5 du Code de l'urbanisme et de la présente section* »).
En application du droit commun, sur le fondement de l'article 1638 C. civ. (« [s]i l'héritage vendu se trouve grevé, sans qu'il en ait été fait de déclaration, de servitudes non apparentes, et qu'elles soient de telle importance qu'il y ait lieu de présumer que l'acquéreur n'aurait pas acheté s'il en avait été instruit, il peut demander la résiliation du contrat, si mieux il n'aime se contenter d'une indemnité »), l'acquéreur d'un fonds servant qui n'a pas été informé d'une servitude occulte peut agir contre le vendeur sur le fondement de la garantie d'éviction, ce qui suppose que la servitude n'ait pas été déclarée dans l'acte ou que l'acquéreur n'en ait pas eu connaissance par tout autre moyen (v. Civ. 3e, 1er juillet 1980, *Bull. civ.* 1980, III, n° 131 : « la garantie n'est pas due lorsque l'acquéreur a eu, au moment de la vente, connaissance des charges non déclarées » ; Civ. 3e, 26 novembre 1996, *Bull. civ.* I, n° 423, même formule). S'agissant des servitudes occultes, il convient cependant de distinguer suivant leur origine. Si la servitude est conventionnelle, la mise en œuvre de la garantie d'éviction devrait supposer en bonne logique que la servitude non déclarée soit en amont opposable, à l'acquéreur, c'est-à-dire publiée (v. *supra*, n° 208) : à défaut de publicité et d'opposabilité, quelle éviction est à craindre ? (v. toutefois CA Paris, 18 octobre 2000, RG n° 1998/13152 : *Jurisdata* n° 2000-128271 : il appartient au vendeur de porter à la connaissance de l'acquéreur l'existence de la servitude grevant la chose vendue nonobstant l'absence de publicité de l'acte constitutif). Et dans l'hypothèse inverse où la servitude aurait été publiée, ne devrait-on pas considérer que celle-ci est réputée connue de l'acquéreur, ce qui ferait obstacle au jeu de la garantie d'éviction ? Telle n'est semble-t-il pas cependant la position de la jurisprudence ((Req. 30 décembre 1940, DC 1941, p. 107, note J. Carbonnier : « il appartient au vendeur d'informer l'acheteur de l'existence des servitudes occultes, et non à l'acheteur de se renseigner à cet égard, et (...) la loi du 23 mars 1855 est faite en principe pour protéger l'acquéreur contre les actes de disposition du vendeur et non pour protéger le vendeur contre le recours en garantie de l'acquéreur » ; CA Pau, *Jurisdata* n° 1989-043413 : « il appartient au vendeur d'informer l'acheteur de l'existence des servitudes occultes et non à l'acheteur de se renseigner à cet égard, peu important que l'acheteur n'ait acquis le fonds servant qu'après transcription de l'acte constitutif de la servitude, le système de publicité étant fait en principe pour protéger l'acquéreur contre les actes de disposition du vendeur et non pour protéger le vendeur contre le recours en garantie de l'acquéreur »). Si la servitude est légale, il faut à nouveau distinguer. La jurisprudence estime que les servitudes légales sont réputées connues de l'acquéreur lorsqu'elles sont une conséquence normale de la nature et de la situation de l'immeuble (Civ. 3e, 26 avril 1978, *Bull. civ.* 1978, III, n° 164 : « en qualifiant ainsi cette impossibilité de construire de servitude non apparente au sens de l'article 1638 C. civ., sans rechercher s'il ne résultait pas de la nature et de la situation du terrain que la charge qui le grevait pouvait être connue de l'acquéreur, la cour d'appel n'a pas donné de base légale à sa décision ») ou qu'elle dérive du

Néanmoins, la durée de servitude présente d'importantes singularités. En premier lieu, les parties peuvent convenir d'une **servitude temporaire**[3]. En deuxième lieu, les servitudes s'éteignent par le **non-usage trentenaire**[4], même les servitudes légales[5]. Pour les servitudes positives, ce non-usage découle de l'absence d'actes positifs réalisés par le propriétaire du fonds dominant : pour une servitude de passage, par l'absence de passage. Pour les servitudes négatives, le non-usage s'exprime en creux : pour une servitude *non aedificandi*, par l'absence de demande de destruction d'une construction édifiée en contravention de celle-ci[6]. Le point de départ de la prescription diffère suivant le caractère de la servitude : il s'agit du jour où la jouissance a cessé pour une servitude discontinue[7] et du jour où il a été fait un acte contraire à la servitude, lorsqu'il s'agit d'une servitude continue[8] (art. 707 C. civ.[9]). En tout état de cause, conformément au droit commun de la

---

régime ordinaire de la propriété (Civ. 3e, 23 novembre 2005, pourvoi n° 04-19533 : « ayant relevé que l'acte de vente comportait un chapitre intitulé "tout-à-l'égout" ainsi rédigé "Observation est ici faite que l'immeuble présentement vendu est desservi par le réseau de tout à l'égout" et retenu que si l'obligation de raccordement résultait également de la loi, elle ne dérivait pas du régime ordinaire de la propriété et constituait une servitude non-apparente au sens de l'article 1638 C. civ., la cour d'appel en a exactement déduit (...) que les vendeurs devaient garantie à la société (...) »). Ainsi, « les servitudes dites administratives ne peuvent entrer dans l'acception de servitudes non apparentes, au sens de l'article 1638 C. civ., que s'il s'agit de charges exceptionnelles qui ne sont pas la conséquence normale de la nature ou de la situation de l'immeuble et qui ne peuvent, dès lors, être réputées connues de l'acquéreur » (Civ. 3e, 26 avril 1978, *Bull. civ.* III, n° 164 ; et pour une illustration en présence d'une servitude légale d'oléoduc en tréfonds, v. Civ. 3e, 23 février 1994, *Bull. civ.* III, n° 38 ; et v. *supra*, n° 208). Seules les servitudes légales qui ne sont pas réputées connues de l'acquéreur en raison de ces considérations devraient l'autoriser à agir en garantie d'éviction contre le vendeur qui ne les aurait pas déclarées (et v. *supra*, n° 208).

3. Civ. 3e, 23 mars 1989, *Bull. civ.* III, n° 73 : « la stipulation d'une servitude temporaire est licite » (servitude de passage).

4. Art. 706 C. civ. : « *[l]a servitude est éteinte par le non-usage pendant trente ans* ». Pour une illustration, v. Civ. 3e, 10 octobre 1984, *Bull. civ.* III, n° 168 : « l'impossibilité d'exercer une servitude n'entraîne son extinction qu'autant qu'elle s'est prolongée pendant trente ans ».

5. Civ. 1re, 2 novembre 1953, *D.* 1954, p. 39 : le propriétaire du fonds inférieur peut se libérer de la servitude légale d'écoulement des eaux créée par l'article 640 C. civ. par la prescription extinctive résultant de la construction d'un ouvrage depuis plus de trente ans.

6. Peu importe qu'une construction plus que trentenaire ait été détruite et qu'une autre plus importante ait été édifiée. V. en ce sens Civ. 3e, 27 février 2002, *Bull. civ.* III, n° 52, *JCP* 2002, I, 176, obs. H. Périnet-Marquet : « [v]u les articles 706 et 707 du Code civil ; (...) la servitude est éteinte par le non-usage pendant trente ans ; (...) pour les servitudes continues les trente ans commencent à courir du jour où il a été fait un acte contraire à la servitude ; (...) pour condamner Mme A... à supprimer la véranda Sud l'arrêt retient que cette véranda a été construite en 1988 après démolition d'un ouvrage plus petit et qu'il s'agit donc d'une construction nouvelle insusceptible de bénéficier de la prescription qui pouvait couvrir le petit ouvrage précédent édifié en 1953 ; (...) en statuant ainsi, la cour d'appel, qui n'a pas tiré les conséquences légales de ses constatations, a violé les textes susvisés ».

7. Une servitude de passage s'éteint trente ans après que la passage a cessé (Civ. 3e, 11 janvier 2006, *Bull. civ.* III, n° 14, *D.* 2006, p. 2370, obs. B. Mallet-Bricout, *JCP* 2006, I, 178, obs. H. Périnet-Marquet : « le délai de prescription extinctive d'une servitude discontinue commence à courir à compter du jour du dernier acte d'exercice de cette servitude ».

8. Une servitude *non aedificandi* s'éteint trente ans après la construction (Civ. 3e, 16 décembre 1970, *Bull. civ.* III, n° 714) . *Adde* Civ. 3e, 27 mars 2013, pourvoi n° 11-21221 : le délai de prescription de l'action en arrachage de plantations autorisée a couru à compter de la date à laquelle les dites plantations ont dépassé la hauteur maximale.

9. « *Les trente ans commencent à courir, selon les diverses espèces de servitudes, ou du jour où l'on a cessé d'en jouir, lorsqu'il s'agit de servitudes discontinues, ou du jour où il a été fait un acte contraire à la servitude, lorsqu'il s'agit de servitudes continues.* »

prescription, la jurisprudence considère que le propriétaire du fonds servant puisse renoncer à en invoquer le bénéfice[10]. En troisième lieu, le propriétaire du fonds dominant peut **renoncer à la servitude**[11], au moins s'il ne s'agit pas d'une servitude légale[12].

216. Mise en sommeil de la servitude. Une servitude est paralysée pour le temps au cours duquel elle ne peut être mise en œuvre. D'après l'article 703 C. civ., « *[l]es servitudes cessent lorsque les choses se trouvent en tel état qu'on ne peut plus en user* » et, d'après l'article 704 C. civ., « *[e]lles revivent si les choses sont rétablies de manière qu'on puisse en user ; à moins qu'il ne se soit déjà écoulé un espace de temps suffisant pour faire présumer l'extinction de la servitude, ainsi qu'il est dit à l'article 707* ». Lorsqu'il est impossible de mettre en œuvre la servitude, celle-ci est mise en sommeil, sans pour autant s'éteindre, car seul le non-usage trentenaire mettra fin à la servitude. Il doit s'agir d'une véritable **impossibilité de mise en œuvre** de la servitude et non d'une simple inutilité – telle la cessation d'un état d'enclave, au sujet d'une servitude de passage –[13], sauf

10. Civ. 1re, 7 juin 1961, *Bull. civ.* I, n° 295 : « une servitude non exercée depuis plus de trente ans demeure éteinte par la prescription, quoique l'exercice en ait été repris, après ce délai, (...) à moins que cet acte d'exercice ultérieur ne puisse s'interpréter comme valant renonciation (...) au bénéfice de la prescription ».

11. Civ. 3e, 16 juillet 1987, pourvoi n° 86-12701 : les propriétaires du fonds dominant avaient vu s'édifier une construction, dont la réalisation avait duré plusieurs mois sans élever la moindre protestation ; ils s'étaient rendus sur le chantier et avaient reçu sur leur terrain, à leur demande, 13 camions de 15 tonnes de terre végétale provenant de l'excavation destinée à l'implantation de la maison litigieuse et d'un volume tel qu'elle impliquait l'exécution d'un important immeuble : la Cour d'appel a pu déduire de ces constatations la manifestation sans équivoque de la volonté des propriétaires du fond dominant de renoncer à la servitude *non aedificandi*. *Adde* Civ. 1re, 27 février 1963, *Bull. civ.* I, n° 133 : « l'établissement de travaux contraires a une servitude continue [en l'espèce, une servitude *non altius tollendi*] n'en fait légalement présumer l'extinction qu'autant que celui à qui elle est due a cessé d'en jouir pendant trente années à partir de la confection de ces travaux ». La Cour de cassation considère « qu'avant l'expiration du délai de la prescription trentenaire, une telle renonciation ne pouvait résulter, en l'absence d'un commencement de preuve par écrit, du seul comportement du propriétaire de l'héritage dominant ».

12. Civ. 3e, 27 mars 1991, pourvoi n° 89-16443 : « la servitude pour cause d'enclave consécutive à la division d'un fonds ayant un fondement légal, la cour d'appel, qui a retenu que les époux A... ne sauraient invoquer, pour refuser à M. B... l'exercice sur leur fonds de la servitude de passage, une renonciation de leur auteur commun au bénéfice de cette servitude, a légalement justifié sa décision de ce chef ». Curieusement, la Cour de cassation considère que lorsque la servitude est réciproque, au moins lorsqu'elle est de lotissement, la renonciation n'est pas possible : « les fonds d'un lotissement étant réciproquement, les uns envers les autres, à la fois fonds dominants et fonds servants en ce qui concerne l'ensemble des règles régissant le lotissement et spécialement les servitudes prescrites par le cahier des charges, il n'appartient pas à des colotis dont les fonds sont voisins de renoncer, dans leurs rapports privés au respect de telles servitudes » (Civ. 3e, 27 septembre 1983, *Bull. civ.* III, n° 171).

13. Civ. 3e, 16 janvier 1991, *Bull. civ.* III, n° 24 : au sujet d'une servitude du passage, la Cour de cassation décide que l'absence d'état d'enclave n'est pas une cause d'extinction des servitudes conventionnelles ; Civ. 3e, 3 novembre 1981, *Bull. civ.* III, n° 178, *RTD civ.* 1982, p. 623, obs. Cl. Giverdon : l'inutilité d'une servitude n'emporte pas la cessation de la servitude (servitude de puisage) ; Civ. 3e, 28 septembre 2005, *Bull. civ.* III, n° 186, *D.* 2006, p. 2371, obs. B. Mallet-Bricout : la cour d'appel a violé l'article 703 C. civ. en constatant l'extinction d'une servitude de passage, au motif que ne serait pas démontrée la nécessité pour les propriétaires du fonds dominant, qui disposent d'autres voies d'accès, d'utiliser le passage qui n'a été créé que pour permettre la « bonne exploitation des fermes », sans constater l'impossibilité pour ces propriétaires d'user de la servitude ; Civ. 3e, 25 octobre 2011, pourvoi n° 10-25206, *JCP* N 2012, n° 1154, note J. Massip : « ayant, à bon droit, retenu que constitue une cause d'extinction l'impossibilité d'user de la servitude et non son inutilité, la cour d'appel, qui a constaté

lorsque la servitude a été conventionnellement subordonnée à une utilité[14]. Lorsque l'impossibilité de mettre en œuvre la servitude est due au fait du propriétaire du fonds servant[15], ce dernier ne peut invoquer la cessation de la servitude : le propriétaire du fonds dominant peut bien entendu obtenir la condamnation du propriétaire du fonds servant à remettre les lieux en état de manière à rétablir la servitude et, si cela est impossible, être indemnisé[16].

217. APRDB. On retrouve dans l'APRDB les causes d'extinction des servitudes connues en droit positif. Outre la réunion des deux fonds dans un même patrimoine[17], figurent la prescription extinctive par suite du non-usage de la servitude pendant trente ans[18] et l'impossibilité définitive d'exercice de la servitude[19].

---

que le passage grevé de la servitude demeurait utilisable, a, par ces seuls motifs, légalement justifié sa décision ».

14. Civ. 3e, 9 juillet 2003, *Bull. civ.* III, n° 157, *JCP* 2004, I, 125, n° 15, obs. H. Périnet-Marquet : une cour d'appel qui relève que les choses se trouvent en tel état qu'on ne peut plus en user conformément au titre, peut en déduire qu'est éteinte une servitude affectée, selon l'acte constitutif, à une destination déterminée ; Civ. 3e, 3 novembre 2005, *Bull. civ.* III, n° 211, *RDI* 2006, p. 129, obs. J.-L. Bergel : « ayant relevé, sans dénaturation, que la commune volonté des parties avait été exclusivement de permettre, sans préjudice pour le fonds servant, l'accès direct, "par chars et bœufs attelés ou non attelés" à la grange située à l'arrière de la maison, grange qui cependant était accessible par le devant, puis, mais sans ces bêtes et engins, par l'intérieur de cette maison, et que la servitude "modernisée" revendiquée par les consorts X..., qui ne tendait pas à un changement de la servitude en fonction des conditions actuelles de la vie, ne répondait pas à un besoin agricole, la cour d'appel, qui a pu en déduire qu'elle n'était pas en conformité avec le titre et qu'elle tendait à l'établissement d'une servitude autre et contraire au titre, a, par ces seuls motifs, légalement justifié sa décision de ce chef ».

15. Elle peut notamment être due aussi à un cas de force majeure (tarissement d'une source rendant impossible la mise en œuvre de la servitude de puisage) ou au fait du propriétaire du fonds dominant (Civ. 3e, 10 février 1976, *Bull. civ.* III, n° 60 : dénivellation due à des travaux effectués par le propriétaire du fonds dominant et empêchant le passage ; Civ. 3e, 3 avril 1996, *Bull. civ.* III, n° 99, *D.* 1997, p. 24, obs. A. Robert, *Rép. Defr.* 1996, p. 1069, obs. Ch. Atias : création d'un trottoir sur le fonds dominant rendant impossible l'usage d'un droit de passage).

16. CA Versailles, 13 janvier 1988, RG n° 4469/84, *Rép. Defr.* 1988, p. 1083, note G. Goubeaux, *RDI* 1988, p. 435, obs. J.-L. Bergel, *RTD civ.* 1990, p. 118, obs. F. Zenati : le propriétaire d'un fonds grevé d'une servitude de passage qui en empêche l'exercice en autorisant un tiers à exploiter une carrière s'expose à rétablir le passage sans pouvoir invoquer la cessation de la servitude qui lui est imputable.

17. Art. 625 : « *[t]oute servitude s'éteint par la réunion du fonds dominant et du fonds servant dans le même patrimoine* ».

18. Art. 623 : « *[l]a servitude s'éteint par le non-usage pendant trente ans.* (al. 1) *Le délai de trente ans commence à courir à compter du jour où l'on a cessé d'en jouir pour les servitudes qui s'exercent par une activité humaine apparente et renouvelée et du jour où il a été fait un acte contraire pour les autres servitudes* (al. 2) ».

19. Art. 624 : « *[s]i l'exercice d'une servitude est devenu définitivement impossible, le propriétaire du fonds servant peut à tout moment en faire constater l'extinction par le juge* ».

Chapitre 2
L'effectivité de la servitude

218. Étendue. Aux termes de l'article 696 al. 1 C. civ., qui concerne les servitudes établies par le fait de l'homme, « *[q]uand on établit une servitude, on est censé accorder tout ce qui est nécessaire pour en user* », c'est-à-dire les *servitudes accessoires* et les *ouvrages nécessaires*.

Au titre des **servitudes accessoires**, on trouve la servitude de passage, accordée accessoirement à la servitude principale de puisage[1] ou à la servitude de vue[2], ou encore la servitude *non aedificandi*, accessoirement à une servitude de tour d'échelle[3], etc.

Au titre des **ouvrages nécessaires**, l'article 697 C. civ. indique que « *[c]elui auquel est due une servitude, a droit de faire tous les ouvrages nécessaires pour en user et pour la conserver* »[4] : les ouvrages sont aux frais du propriétaire du fonds dominant, sauf mention contraire du titre[5] établissant la servitude[6] (art. 698 C. civ.[7])[8]. Toutefois, si le propriétaire du fonds servant profite de la servitude, notamment du passage résultant d'une servitude de passage, il devra participer aux frais[9].

---

1. C'est d'ailleurs l'exemple qui nous est donné par l'alinéa 2 de l'article 686 : « *(...) la servitude de puiser de l'eau à la fontaine d'autrui, emporte nécessairement le droit de passage* ».
2. Civ. 1re, 1er juin 1960, *Bull. civ.* I, n° 310 : les juges du fond admettent souverainement l'existence d'un droit de passage à titre d'accessoire nécessaire d'une servitude de vue.
3. Civ. 3e, 22 janvier 2003, pourvoi n° 01-11439 : cassation pour défaut de base légale d'une décision n'ayant pas recherché « comme il le lui était demandé, si l'édification de ces murets n'interdisait pas l'exercice de la servitude de tour d'échelle dont bénéficiait le fonds de Mme X ».
4. Civ. 1re, 9 avril 1959, *Bull. civ.* I, n° 175 : le propriétaire du fonds servant ne peut se voir imposer aucune obligation de faire sauf les travaux rendus nécessaires par la détérioration des ouvrages existants nécessaires à l'exercice de la servitude. *Adde* Civ. 3e, 5 décembre 1972, *Bull. civ.* III, n° 658 : « le propriétaire, dont le fonds est grevé d'une servitude de passage, n'est pas tenu d'améliorer ou d'entretenir l'assiette de la servitude mais seulement d'observer une attitude purement passive, en ne faisant rien qui tende à diminuer l'usage de la servitude ou à la rendre plus incommode ».
5. Civ. 1re, 30 novembre 1953, *Bull. civ.* I, n° 344 : un usage local est insuffisant.
6. Civ. 3e, 12 mars 2014, *Bull. civ.* III, n° 38, *JCP* 2014, I, 467, obs. H. Périnet-Marquet, *D.* 2014, p. 1855, obs. N. Reboul-Maupin : « [l]es articles 697 et 698 C. civ. s'appliquent quelle que soit la source de la servitude » ; Civ. 1re, 5 novembre 2014, pourvoi n° 13-11304, à paraître au *Bulletin*, *Rép. Defr.* 2014, p. 9, obs. L. Tranchant : « les articles 697 et 698 C. civ. qui s'appliquent quel que soit le mode d'établissement de la servitude (...) ». Il s'agissait dans les deux cas de servitudes judiciaires.
7. « *Ces ouvrages sont à ses frais, et non à ceux du propriétaire du fonds assujetti, à moins que le titre d'établissement de la servitude ne dise le contraire.* »
8. En revanche, si le propriétaire du fonds servant sollicite, pour sa seul commodité, la modification de l'assiette de la servitude de passage, les frais d'implantation afférents à la nouvelle assiette lui échoient (Civ. 3e, 20 décembre 1989, *Bull. civ.* III, n° 250).
9. Dès lors qu'il existe une communauté d'usage de l'assiette de la servitude de passage par le propriétaire du fonds dominant et celui du fonds servant, ce dernier doit contribuer aux frais d'entretien

Qu'il s'agisse de servitudes ou d'ouvrages, la Cour de cassation veille à ce que le lien de nécessité soit bien caractérisé[10].

219. APRDB. Aux termes de l'article 617, « *[l]a servitude comprend tout ce qui est nécessaire pour en user* ». Le propriétaire du fonds dominant dispose des prérogatives nécessaires au bon exercice de la servitude. Ainsi peut-il réaliser sur le fonds servant les ouvrages éventuellement nécessaires à l'exercice ou au maintien de la servitude et en supporte le coût, sauf convention particulière[11]. De fait, lorsque le propriétaire du fonds servant est tenu par la convention de faire ou de laisser faire à ses frais des ouvrages nécessaires à l'exercice et au maintien de la servitude, il peut toujours s'en affranchir en abandonnant au propriétaire du fonds dominant, à sa convenance, soit le fonds servant, soit le terrain d'assiette de la servitude[12].

et de réparation de cette servitude (Civ. 3e, 22 mars 1989, *Bull. civ.* III, n° 71, *RTD civ.* 1990, p. 526, obs. F. Zenati : le propriétaire du fonds servant utilisant le chemin par lequel s'exerçait un droit de passage au profit du propriétaire du fonds dominant, il a été condamné à participer aux travaux de réfection de ce chemin ; Civ. 3e, 14 novembre 1990, *Bull. civ.* III, n° 235 : « ayant relevé l'existence d'une communauté d'usage de l'assiette de la servitude légale par le propriétaire du fonds dominant et celui du fonds servant, la cour d'appel a exactement décidé que ce dernier devait contribuer aux frais d'aménagement et d'entretien que nécessite cette communauté d'usage »).

10. Ainsi une servitude de passage n'est pas l'accessoire nécessaire d'une servitude d'aqueduc (Civ. 3e, 8 avril 2010, *Bull. civ.* III, n° 80). En revanche, une boîte aux lettres et une sonnette sont des ouvrages nécessaires à l'exercice d'une servitude de passage sur une allée menant à la voie publique (Civ. 3e, 15 février 1972, *Bull. civ.* III, n° 104).

11. Art. 618 : « *[l]e propriétaire du fonds dominant réalise sur le fonds servant les ouvrages éventuellement nécessaires à l'exercice ou au maintien de la servitude et en supporte le coût, sauf la convention de l'article 619* ».

12. Art. 619 : « *[l]orsque le propriétaire du fonds servant est tenu par la convention de faire ou de laisser faire à ses frais des ouvrages nécessaires à l'exercice et au maintien de la servitude, il peut toujours s'en affranchir en abandonnant au propriétaire du fonds dominant, à sa convenance, soit le fonds servant soit le terrain d'assiette de la servitude* ».

Chapitre 3
L'indivisibilité de la servitude

220. Préexistence de la servitude. Au sujet de la **division du fonds dominant**, l'article 700 C. civ. indique « *[s]i l'héritage pour lequel la servitude a été établie vient à être divisé, la servitude reste due pour chaque portion, sans néanmoins que la condition du fonds assujetti soit aggravée* ». Cette disposition vise l'hypothèse dans laquelle le fonds dominant est divisé *après* la constitution de la servitude et non celle dans laquelle la servitude est constituée *lors* de la division du terrain[1]. L'idée générale est que la charge que supporte le fonds servant ne doit pas être alourdie par la division du fonds. Ainsi, en présence d'une servitude de passage, le passage concédé devra ainsi être exercé au même endroit par tous les propriétaires[2].

S'agissant de la **division du fonds servant**, on considère que les règles sont les mêmes, quoique le Code civil soit muet[3].

Dans tous les cas, la servitude ne survit évidemment à la division du fonds dominant ou du fonds servant qu'autant que la parcelle issue de la division profitait ou souffrait de la servitude auparavant.

221. APRDB. Le principe d'indivisibilité est réaffirmé : « *[l]a servitude est indivisible* », de telle sorte qu'en cas de division du fonds servant ou du fonds dominant, « *la servitude continue à être exercée activement et passivement selon les mêmes modalités sur la totalité du fonds servant et au profit de la totalité du fonds dominant* » (art. 620).

---

1. Si cette condition d'antériorité n'est pas remplie, l'article 700 C. civ. n'est pas applicable : Cass. Ass. plén. 3 mars 2001, *Bull. civ.* n° 7, *JCP* 2001, I, 358, obs. H. Périnet-Marquet, *RDI* 2001, p. 361, obs. J.-L. Bergel : servitude *non aedificandi* constituée lors de la division d'un terrain en trois parcelles en vue notamment de préserver les deux parcelles latérales conservées par le propriétaire d'origine, en raison du risque de constructions proches des lignes divisoires.

2. Civ. 3e, 11 décembre 1996, *Bull. civ.* III, n° 238, *JCP* 1997, I, 4010, obs. H. Périnet-Marquet : lorsqu'une servitude *non aedificandi* profite à un fonds dominant qui est divisé et que par la suite, une construction est édifiée et reste plus de trente ans en place, la servitude ne s'éteint pas qu'au profit du fonds dominant le plus proche : elle disparaît au profit de tous les fonds issus de la division, à défaut de quoi la division du fonds dominant aurait aggravé la servitude.

3. Civ. 13 avril 1880, *DP* 1880, 1, p. 248 : « vu les art. 700 et 701 C. civ. : (...) le droit de pacage ou de seconde herbe, anciennement concédé à la commune de Saint-Clément-des-Levées sur les prairies Demion, est une servitude réelle qui, de sa nature, est indivisible, et qui affecte, en totalité, chaque partie du fonds qui en est grevé ; (...) les partages ou les aliénations partielles de ce fonds, intervenus depuis la concession, n'ont pu porter atteinte aux droits de la commune usagère, tels qu'ils résultent de la nature de son titre ; (...) les propriétaires du fonds asservi ne peuvent user de la faculté que la loi leur accorde de s'affranchir de la servitude par la voie du cantonnement qu'autant que l'action comprendra toutes les portions des prairies assujetties, et que la commune usagère ne pourra être contrainte à recevoir un cantonnement partiel du chef de quelques-uns seulement des propriétaires entre lesquels le fonds servant est actuellement divisé ».

Chapitre 4
La fixité de la servitude

222. Principe de fixité. Par principe, sauf accord entre le propriétaire du fonds servant et le propriétaire du fonds dominant, la servitude ne saurait évoluer dans son **assiette** et ses **modalités d'exercice**. Ainsi, aux termes de l'article 701 C. civ., qui intéresse le propriétaire du fonds servant, « *[l]e propriétaire du fonds débiteur de la servitude ne peut rien faire qui tende à en diminuer l'usage ou à le rendre plus incommode* » (al. 1), comme « *changer l'état des lieux* » ou « *transporter l'exercice de la servitude dans un endroit différent de celui où elle a été primitivement assignée* » (al. 2). Quant à l'article 702 C. civ., qui intéresse le propriétaire du fonds dominant, il indique que « *(...) celui qui a un droit de servitude ne peut en user que suivant son titre, sans pouvoir faire ni dans le fonds qui doit la servitude, ni dans le fonds à qui elle est due, de changement qui aggrave la condition du premier* ». Il reste que le principe souffre d'exceptions qui concernent l'*assiette* de la servitude, qui peut être modifiée, et les *modalités d'exercice* de la servitude, qui peuvent être adaptées.

223. Modification de l'assiette du fonds servant. L'assiette du fonds servant peut être modifiée dans deux séries d'hypothèses.

En premier lieu, l'article 701 C. civ. dispose qu'au cas où « *l'assignation primitive [serait] devenue plus onéreuse au propriétaire du fonds servant ou [l'empêcherait] d'y faire des réparations avantageuses, il pourrait offrir au propriétaire du fonds dominant un endroit aussi commode pour l'exercice de ses droits sans qu'il ne puisse le refuser* » (al. 3). Autrement dit, le **propriétaire du fonds servant peut modifier l'assiette de la servitude à la double condition**[1] **que son maintien soit devenu pour lui plus préjudiciable et que le propriétaire du fonds dominant ne souffre lui-même d'aucun préjudice**[2]. Cette disposition, qui profite uniquement au propriétaire du fonds servant, n'a pas été bilatéralisée par la jurisprudence au profit du propriétaire du fonds dominant[3]. Conformément à l'esprit du texte, la modification de l'assiette se fait aux frais du propriétaire du fonds servant[4] et, en aucun cas,

---

1. L'appréciation des juges du fond est souveraine : Civ. 1re, 14 mars 1962, *Bull. civ.* I, n° 159.
2. Civ. 3e, 24 mars 1982, *Bull. civ.* III, n° 83 : l'offre d'un passage moins commode au propriétaire du fonds dominant par le propriétaire du fonds servant ne permet pas à ce dernier de se prévaloir de l'article 701 C. civ.
3. Civ. 3e, 26 avril 1979, *Bull. civ.* III, n° 89 : « le propriétaire du fonds dominant ne saurait (...) procéder (au changement d'assiette de la servitude) sans autorisation du propriétaire du fonds assujetti, ni justifier un tel changement en alléguant l'absence d'aggravation ».
4. Civ. 3e, 31 octobre 2006, *Bull. civ.* III, n° 216, *Dr. & patr.*, juillet-août 2007, p. 93, obs. J.-B. Seube : « sauf stipulation contraire, le propriétaire du fonds servant qui sollicite la modification de l'assiette de la servitude doit en supporter les frais ».

l'assiette de la servitude ne peut être portée sur un autre fonds n'appartenant pas au propriétaire du fonds servant[5].

En second lieu, le propriétaire du fonds dominant peut, en exerçant sa servitude sur une autre assiette, **prescrire une servitude sur cette nouvelle assiette**, pourvu qu'il s'agisse d'une **servitude légale**, puisqu'on ne prescrit pas contre son titre. Ainsi celui qui utilise pendant trente ans un autre passage que celui que la servitude légale de passage lui conférait acquerra une servitude sur ce dernier passage[6].

224. Adaptation des modalités d'exercice de la servitude aux besoins du fonds dominant. Parce que la servitude est destinée à procurer des utilités au fonds dominant en vue de satisfaire des besoins et que ceux-ci sont susceptibles d'évoluer[7], la question de l'adaptation de la servitude avec le temps s'est posée. La question est d'autant plus grave que les servitudes peuvent être perpétuelles.

Les difficultés concernent essentiellement les servitudes conventionnelles, lorsque le contenu de la convention devient inadapté aux circonstances. Contre une adaptation de telles servitudes, on peut faire valoir que cela revient à réviser la convention qui lui a donné naissance alors que la révision pour imprévision n'est pas de droit positif[8]. À quoi l'on peut répondre que valablement constitué, le droit réel obéit à des règles distinctes de celles qui régissent les droits et obligations personnels qui découlent du contrat[9]. La jurisprudence, pragmatique en ce qu'elle

5. Civ. 3e, 26 octobre 1983, *Bull. civ.* III, n° 204 : « l'arrêt énonce exactement que les dispositions de l'article 701 C. civ. ne permettent pas au propriétaire du fonds débiteur d'une servitude de demander que la charge de celle-ci soit imposée a un autre fonds » ; Civ. 3e, 10 novembre 1999, *Bull. civ.* III, n° 216, *JCP* 2000, I, 211, obs. H. Périnet-Marquet, *RDI* 2000, p. 19, obs. J.-L. Bergel : « en transférant l'assiette de la servitude sur des fonds n'appartenant pas au propriétaire du fonds servant, la cour d'appel a violé [l'article 701 C. civ.] ».

6. Civ. 1re, 17 juin 1964, *Bull. civ.* III, n° 326 : « si, au cas de changement dans l'assiette d'une servitude conventionnelle de passage, le propriétaire du fonds dominant doit justifier de l'autorisation du propriétaire du fonds servant et ne saurait prétendre avoir acquis le droit d'exercer le passage, sur une assiette différente de celle dont les intéressés étaient originairement convenus, par l'effet de la prescription qu'exclut le caractère de discontinuité de la servitude, il en est autrement lorsque celle-ci résulte d'un état d'enclave et que le propriétaire de l'héritage enclavé prouve que depuis plus de trente ans il a cessé d'user de l'ancienne assiette pour se servir uniquement de la nouvelle ».

7. Quelques dispositions du Code civil en témoignent. L'article 682 prévoit au sujet de la servitude légale de passage que le propriétaire d'un fonds enclavé est fondé à réclamer sur les fonds de ses voisins un passage suffisant pour assurer la desserte complète de ses fonds « *soit pour l'exploitation agricole, industrielle ou commerciale de sa propriété, soit pour la réalisation d'opérations de construction ou de lotissement* », ce qui montre bien que la servitude doit être en adéquation avec les besoins du fonds dominant ; l'article 641 C. civ. prévoit quant à lui que si l'usage des eaux pluviales qui tombent sur un fonds ou la direction qui leur est donnée aggrave la servitude naturelle d'écoulement prévue à l'article 640, une indemnité est due au propriétaire du fonds inférieur.

8. Civ. 8 mars 1876, *Canal de Craponne* : « la disposition de [l'article 1134 C. civ.] n'étant que la reproduction des anciens principes constamment suivis en matière d'obligations conventionnelles, la circonstance que les contrats dont l'exécution donne lieu au litige sont antérieurs à la promulgation du Code civil ne saurait être, dans l'espèce, un obstacle à l'application dudit article ; (...) la règle qu'il consacre est générale, absolue et régit les contrats dont l'exécution s'étend à des époques successives de même qu'à ceux de toute autre nature ; (...) dans aucun cas, il n'appartient aux tribunaux, quelque équitable que puisse apparaître leur décision, de prendre en considération le temps et les circonstances pour modifier les conventions des parties et substituer des clauses nouvelles à celles qui ont été librement acceptées par les contractants ».

9. Ainsi, sont sans application en matière de servitudes, notamment, la résolution pour inexécution (Civ. 3e, 10 mars 1999, *Bull. civ.* III, n° 64, *JCP* 2000, I, 211, obs. H. Périnet-Marquet, *RDI* 1999, p. 190, obs. J.-L. Bergel : « le non-respect de ses conditions d'exercice ne peut entraîner l'extinction d'une servitude », au visa des articles 703 et 1184 C. civ. ; *adde* Civ. 3e, 23 février 2005, *Bull. civ.* III,

ne perd pas de vue que la servitude a essentiellement pour objet de conférer une utilité à un fonds, accepte d'adapter les modalités d'exercice des servitudes en se fondant sur l'interprétation de la volonté des parties, lorsque le seul moyen de maintenir l'utilité de la servitude est de la faire évoluer. À ce titre, les juges recherchent le *genre* d'utilité dont les parties, ont voulu faire profiter le fonds dominant lors de la constitution de la servitude[10]. Il reste que le propriétaire du fonds dominant ne peut « *apporter de changement qui aggrave* » la servitude (art. 702 C. civ.)[11]. En cas d'aggravation, les juges du fond peuvent ordonner au propriétaire du fonds dominant[12] de faire cesser l'aggravation[13] ou d'indemniser le propriétaire du fonds servant[14], mais ils ne peuvent le déchoir de la servitude[15] ou imposer au propriétaire du fonds servant la réalisation de travaux sur son fonds destinés à supprimer les conséquences de l'aggravation de la servitude[16].

L'extension d'un droit de passage à d'autres modes de circulation que ceux définis par le titre constitutif de la servitude fournit de bonnes illustrations de ces difficultés. Interprétant le titre, les juges considéreront que le passage de véhicules

---

n° 42 : « le non-respect de ses conditions d'exercice ne peut entraîner l'extinction d'une servitude ») et l'exception d'inexécution (Civ. 3e, 21 janvier 1998, *Bull. civ.* III, n° 118, *JCP* 1998, I, 171, obs. H. Périnet-Marquet, *D.* 1999, p. 571, note B. Mallet-Bricout : « ayant relevé que l'existence de la servitude *non aedificandi* n'était pas contestée et retenu à bon droit que s'il existait une contrepartie à cette servitude, l'absence de cette contrepartie ne pouvait être invoquée pour décider unilatéralement de s'affranchir de la servitude conventionnelle, la cour d'appel a, par ce seul motif, légalement justifié sa décision »).

10. Civ. 3e, 3 novembre 2005, *Bull. civ.* III, n° 211, *RDI* 2006, p. 129, obs. J.-L. Bergel : est à bon droit rejetée, comme contraire au titre, la demande de modernisation d'une servitude de passage pour l'accès à une grange, dès lors qu'elle ne tend pas à une adaptation aux conditions actuelles de la vie et ne répond pas à un besoin agricole, l'exploitation agricole ayant cessé.

11. Les juges du fond apprécient souverainement s'il y a eu ou non aggravation d'une servitude (v. par ex. Civ. 3e, 8 janvier 1992, *Bull. civ.* III, n° 7 : « la cour d'appel a légalement justifié sa décision en retenant souverainement que les aménagements réalisés dans son immeuble par Mme X..., qui avait remplacé par des vitres ordinaires montées sur des châssis coulissants les panneaux fixes et opaques d'un réduit, ainsi transformé en lieu de vie d'où s'exerce, en limite de parcelle, une vue droite et plongeante, avaient aggravé la servitude de vue qui grevait le fonds des époux Y... »).

12. Réciproquement, le propriétaire du fonds servant ne peut rendre plus contraignant l'exercice de la servitude par le propriétaire du fonds dominant. V. Civ. 3e, 13 mai 1998, pourvoi n° 96-16411 : le propriétaire d'un fonds servant débiteur d'une servitude de passage avait posé une barrière sur celui-ci. La Cour de cassation, considère qu'« ayant (...) constaté que la barrière objet du litige ne pouvait s'ouvrir qu'au moyen d'un code, pour les résidents, et pour un visiteur ou un fournisseur, qu'après qu'il ait téléphoné de cette barrière au résident qui pouvait lui permettre alors l'accès, la cour d'appel, qui a souverainement retenu que les modalités d'ouverture de cette barrière, rendaient le passage plus difficile et qui en a justement déduit qu'elles constituaient un trouble possessoire, a, par ces seuls motifs, légalement justifié sa décision ».

13. Civ. 2e, 6 mai 1976, *Bull. civ.* II, n° 150 : « par une appréciation souveraine des modalités de la réparation des dommages résultant de l'aggravation de la servitude elle a ordonné que la société Plastifrance devrait faire cesser le déversement des eaux provenant de son terrain sur celui des époux A ».

14. Civ. 3e, 11 juin 1974, *Bull. civ.* III, n° 247, *JCP* 1975, II, 17902, note G. Goubeaux : les juges du fond « ont souverainement estimé que le bénéficiaire de ces servitudes devait seulement compenser les conséquences de ces aggravations moyennant une indemnité ».

15. Civ. 3e, 7 novembre 1990, *Bull. civ.* III, n° 227, *RDI* 1991, p. 321, obs. J.-L. Bergel : « l'aggravation de la condition du fonds servant n'est pas une cause d'extinction de la servitude ».

16. Civ. 3e, 29 septembre 2010, *Bull. civ.* III, n° 177, *D.* 2011, p. 2306, obs. N. Reboul-Maupin : « le propriétaire du fonds inférieur ne peut être contraint, afin de remédier à une aggravation de la servitude naturelle d'écoulement des eaux causée par le propriétaire du fonds supérieur, d'accepter la réalisation d'un ouvrage sur son propre fonds ».

automobiles aggrave[17] ou non[18] une servitude antérieurement prévue pour d'autres modes de circulation en vue de se prononcer la possibilité de son adaptation.

225. APRDB. L'APRDB réaffirme le principe de fixité : d'une part, « [l]e propriétaire du fonds dominant ne peut user de la servitude que suivant son titre et sans aggraver la situation du fonds servant » (art. 622) et, d'autre part, « [l]e propriétaire du fonds servant ne peut rien faire qui tende à diminuer l'usage de la servitude ou à le rendre plus incommode. Ainsi, il ne peut modifier l'état des lieux, ni les modalités d'exercice de la servitude » (art. 621 al. 1). Toutefois, l'APRDB prévoit que « (...) si des conditions nouvelles de fait ou de droit rendent l'exercice de la servitude plus onéreuse pour le fonds servant ou en empêchent l'usage normal, le propriétaire du fonds servant peut offrir une autre assiette au propriétaire du fonds dominant » (art. 621 al. 2) et qu'en cas de refus, « le juge détermine l'assiette la plus appropriée eu égard aux intérêts en présence » (art. 621 al. 3).

17. Civ. 1re, 3 juillet 1961, *Bull. civ.* I, n° 364 : une cour d'appel a souverainement interprété l'intention des parties en retenant que le propriétaire du fonds dominant « qui ne pouvait modifier, en l'aggravant, le mode de passage autorisé par son titre et prévu seulement pour un chariot utilisé pour les besoins d'une exploitation agricole ou artisanale, n'avait pas le droit de faire passer sur la bande de terrain litigieux des véhicules automobiles (...) ».

18. Civ. 1re, 28 juin 1967, *Bull. civ.* I, n° 243 : « la cour d'appel, appréciant souverainement le sens et la portée de la clause du testament (...) et après avoir rappelé qu'en vertu de l'article 696 C. civ., les parties doivent être considérées comme ayant stipulé tout ce qui est nécessaire pour l'usage de la servitude constituée, relève qu'en décidant qu'elle s'exercerait à pied, à cheval, charrue et charrette, le testateur a énuméré tous les modes d'exercice alors connus en vue d'une exploitation agricole ; que l'arrêt attaqué a jugé en conséquence, compte tenu de l'intention de l'auteur de l'acte et des progrès techniques réalisés depuis lors dans les modes de transport, que cette servitude s'exercera pour le passage des véhicules à moteur ou tractés, sans que cette utilisation puisse constituer une aggravation prohibée par l'article 702 C. civ. ». *Adde* Civ. 3e, 22 mars 2011, pourvoi n° 09-70533, *D.* 2011, p. 2306, obs. N. Reboul-Maupin : « en statuant ainsi, sans rechercher, comme il le lui était demandé, si l'élargissement de la servitude piétonnière de M. Y..., destiné à lui permettre d'accéder à son fonds, était compatible avec l'usage pour lequel la servitude lui avait été consentie, à une époque où l'utilisation d'un véhicule automobile était peu répandue à Basse-Terre, et si, compte tenu des nécessités de la vie moderne, le passage était suffisant pour un accès normal de M. Y... à son fonds, la cour d'appel n'a pas donné de base légale à sa décision »

Deuxième partie
Les pouvoirs sur les biens

226. Plan. Sur les biens, les personnes peuvent être *titulaires* de pouvoirs de droit. Pour autant, elles peuvent, dans les faits, *exercer* de tels pouvoirs, qu'elles en soient ou non titulaires. On distinguera à cet égard les pouvoirs de droit (Titre I) des pouvoirs de fait, c'est-à-dire de la possession (Titre II).

Sous-partie I
Les pouvoirs de droit

227. Rapports directs et indirects – droits réels et droits personnels. Quels sont les pouvoirs que le droit octroie aux personnes en vue de leur permettre de retirer les utilités d'un bien ? Le droit français en distingue de deux natures : les *droits réels* et les *droits personnels*.

Suivant la technique des **droits réels** (*droits sur les biens*), un **rapport direct** se crée entre la personne et le bien (schéma n° 1). La personne profite *directement* des utilités d'un bien, qu'il s'agisse de son bien (droit de propriété) ou du bien d'autrui (droit réel sur la chose d'autrui). Ainsi le propriétaire et l'usufruitier profitent directement des utilités du bien sur lequel ils exercent leur droit. Dans cette perspective, l'article 522 de l'APRDB prévoit que « le droit réel est celui qui confère à une personne un pouvoir direct sur un bien ».

Suivant la technique des **droits personnels** (*droits contre les personnes*), un **rapport indirect** se crée entre la personne qui en est titulaire et le bien, puisque celle-ci n'a qu'un droit contre une autre personne qui, elle, a un droit réel sur le bien, et qui peut être le sien ou celui d'autrui (schéma n° 2). Ainsi le locataire et l'emprunteur ne profitent qu'indirectement des utilités du bien, par l'intermédiaire du propriétaire ou du titulaire d'un autre droit réel contre qui ils tiennent leur droit.

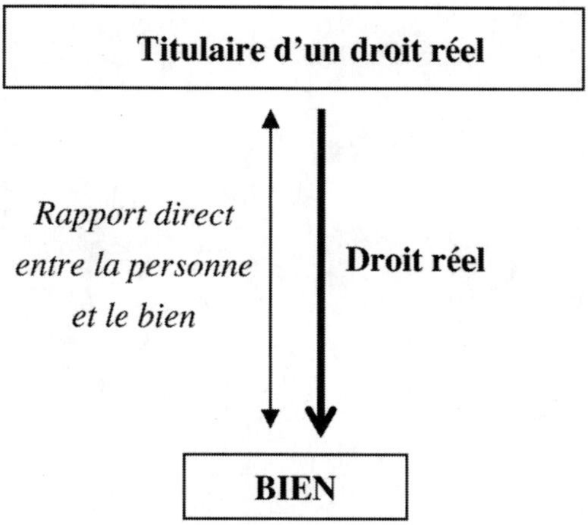

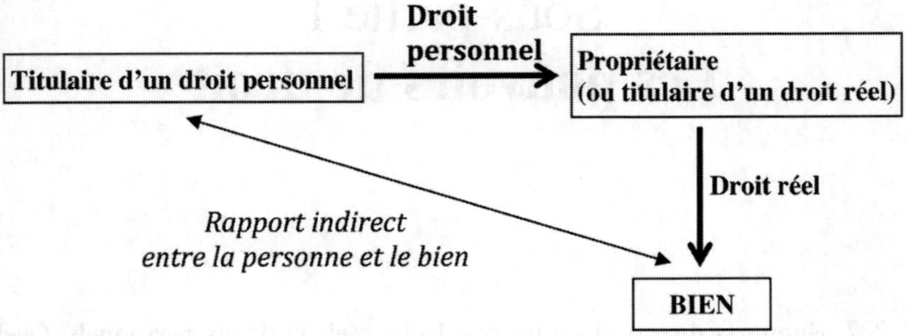

228. Plan. Seule l'étude des droits réels ressortit traditionnellement au droit des biens, l'étude des droits personnels relevant du droit des obligations et en particulier du droit des contrats. On se contentera donc seulement de brefs propos au sujet des droits personnels, qui confèrent un pouvoir indirect sur les biens (Titre II), après avoir étudié les droits réels, qui octroient un pouvoir direct sur ceux-ci (Titre I).

Titre I
Les pouvoirs directs : les droits réels

229. Notion et caractères. Les droits réels confèrent à leurs titulaires un droit *direct sur un bien*[1]. Il est classique d'affirmer que le droit réel confère à son titulaire un *droit de préférence* et un *droit de suite*, ce qui est discutable.

En premier lieu, le droit réel conférerait un **droit de préférence**, c'est-à-dire celui d'être préféré à tout créancier chirographaire en vue d'appréhender le bien (ou sa valeur) qui en forme l'assiette[2]. Mais il ne s'agit là que d'une prérogative réservée au titulaire d'une sûreté réelle (droit réel accessoire). Les droits réels principaux, quant à eux, ne confèrent pas de droits de préférence : le « droit de préférence est non seulement inutile mais contradictoire : le titulaire de droit réel, quand celui-ci est principal, ne saurait avoir ni préférence ni priorité pour cette raison qu'il n'entre et n'a à entrer en concours avec personne ; dans la mesure de son droit, il use de la chose et cela suffit »[3]. Certes, l'on conçoit un concours entre titulaires de *droits réels identiques* – concours qui se conçoit également entre titulaires de droits réels accessoires et même de droits personnels – et il conviendra bien d'en préférer un aux autres, mais celui qui sera préféré ne le sera pas en raison de sa qualité de titulaire d'un droit réel – ce qui ne ferait pas sens d'ailleurs lorsque le concours a lieu entre titulaires de droits réels –, mais en raison des règles d'opposabilité.

En second lieu, le droit réel[4] octroierait un **droit de suite**, c'est-à-dire le droit de revendiquer le bien en quelques mains qu'il se trouve. Ainsi le créancier hypothécaire et l'usufruitier peuvent respectivement réaliser la sûreté ou jouir du bien en quelques mains que se trouve le bien, s'il a été aliéné. Pourtant, dans toutes ces situations, il ne s'agit jamais encore que d'envisager l'opposabilité de ces droits en vue de les faire respecter par les propriétaires successifs ; si le créancier hypothécaire et l'usufruitier peuvent faire valoir leur droit malgré la cession du bien, c'est car leur droit est opposable, notamment parce qu'il a été publié[5/6].

---

1. Sur la particularité des droits réels accessoires, v. *infra*, n° 426 et s.
2. Le droit de préférence n'est d'ailleurs pas tant un caractère que l'objet même du droit réel accessoire.
3. J. Dabin, *Le droit subjectif*, Dalloz, 1952, p. 180.
4. On pourrait songer à voir un droit de suite chaque fois que le titulaire d'un droit personnel de jouissance peut continuer à jouir de la chose une fois que celle-ci est vendue. S'en trouverait expliquée la règle de l'article 1743 C. civ. (« *Si le bailleur vend la chose louée, l'acquéreur ne peut expulser le fermier, le métayer ou le locataire qui a un bail authentique ou dont la date est certaine.* (al. 1) *Il peut, toutefois, expulser le locataire de biens non ruraux s'il s'est réservé ce droit par le contrat de bail.* (al. 2) ») qui prévoit la transmission du bail de la chose louée à l'acquéreur de celle-ci. Il ne s'agit toutefois que d'une cession légale de contrat.
5. En définitive, l'expression « droit de suite » est « une image expressive pour traduire l'opposabilité du droit réel » (J. Derrupé, *La nature juridique du droit du preneur à bail et la distinction des droits réels et des droits de créance*, Dalloz, 1952, n° 184).
6. On peut également avancer une autre explication : ce qui circule, ce n'est jamais la chose en elle-même mais les droits sur celle-ci, et les seuls droits que le cédant détenait sur elle. Ainsi, le nu-

230. Protection des droits réels en tant que droits fondamentaux. ***Sources.*** Les droits réels sont protégés en tant que droits fondamentaux, pour l'essentiel par deux instruments : par la DDHC, qui prévoit en son article 17 que « *[l]a propriété étant un droit inviolable et sacré, nul ne peut en être privé, si ce n'est lorsque la nécessité publique, légalement constatée, l'exige évidemment, et sous la condition d'une juste et préalable indemnité* » et par la Conv. EDH, qui prévoit dans son premier protocole additionnel que « *[t]oute personne physique ou morale a droit au respect de ses biens [et que] [n]ul ne peut être privé de sa propriété que pour cause d'utilité publique et dans les conditions prévues par la loi et les principes généraux du droit international* » (al. 1) et que « *[l]es dispositions précédentes ne portent pas atteinte au droit que possèdent les États de mettre en vigueur les lois qu'ils jugent nécessaires pour réglementer l'usage des biens conformément à l'intérêt général ou pour assurer le paiement des impôts ou d'autres contributions ou des amendes* » (al. 2).

231. Protection des droits réels en tant que droits fondamentaux. ***Précisions.*** Le dispositif protecteur appelle plusieurs précisions. En premier lieu, ces instruments protègent le *droit de propriété*, et non le *droit à la propriété*[7]. Il n'existe pas de droit fondamental à devenir propriétaire, mais seulement un droit fondamental de voir son droit de propriété protégé. En deuxième lieu, si la Conv. EDH protège la privation de la propriété (art. 1 Protocole 1 al. 1) et les atteintes à l'exercice de celle-ci (art. 1 Protocole 1 al. 2[8]), la DDHC ne protège expressément que la privation de la propriété (art. 17). Toutefois, le Conseil constitutionnel a très tôt

propriétaire ou l'usufruitier ne cède jamais que leur droit de nu-propriétaire ou d'usufruitier et non la chose, l'autre droit, lui, « *ne change pas de place* » (J. Dabin, *Le droit subjectif*, Dalloz, 1952, p. 180). Mais, d'une part, cette explication rend moins bien compte de la survie des sûretés réelles, qui n'amputent jamais vraiment le droit du propriétaire (qui reste le bénéficiaire de sa valeur d'échange et de sa valeur d'usage) et, en règle générale, elle explique mal que le droits réels principaux sur la chose d'autrui et les sûretés réelles ne survivent pas à l'aliénation si les conditions de leur opposabilité ne sont pas remplies...

7. V. notamment Cour EDH, 13 juin 1979, *Marckx c/ Belgique*, Req. n° 6833/74 : « [l]'article 8 (...) n'exige pas (...) qu'un enfant ait droit à une certaine part de la succession de ses auteurs voire d'autres proches parents : en matière patrimoniale aussi, il laisse en principe aux États contractants le choix des moyens destinés à permettre à chacun de mener une vie familiale normale (paragraphe 31 ci-dessus) et pareil droit n'est pas indispensable à la poursuite de celle-ci. En conséquence, les limitations apportées par le Code civil belge à la vocation successorale d'Alexandra Marckx ne se heurtent pas à la Convention en elles-mêmes, c'est-à-dire indépendamment du motif dont elles s'inspirent » (§ 53, question examinée à l'aune du droit au respect de la vie familiale) et Cons. const., 28 septembre 2012, déc. n° 2012-274 QPC : « les héritiers ne deviennent propriétaires des biens du défunt qu'en vertu de la loi successorale ; (...) par suite, doit être rejeté comme inopérant le grief tiré de ce que la disposition contestée, qui définit les modalités selon lesquelles sont appréciés les droits respectifs des donataires ou légataires et des héritiers réservataires dans la succession, porterait atteinte au droit de propriété des héritiers » (considérant n° 12).

8. C'est du moins ainsi que la Cour EDH a interprété cette disposition. V. Cour EDH, *Chassagnou et a. c/ France*, Req. n° 25088/94, 28331/95 et 28443/95 : « le second alinéa de l'article 1 du Protocole n° 1 doit se lire à la lumière du principe consacré par la première phrase de l'article. En conséquence, une mesure d'ingérence doit ménager un « juste équilibre » entre les impératifs de l'intérêt général et ceux de la sauvegarde des droits fondamentaux de l'individu. La recherche de pareil équilibre se reflète dans la structure de l'article 1 tout entier, donc aussi dans le second alinéa ; il doit exister un rapport raisonnable de proportionnalité entre les moyens employés et le but visé. En contrôlant le respect de cette exigence, la Cour reconnaît à l'État une grande marge d'appréciation tant pour choisir les modalités de mise en œuvre que pour juger si leurs conséquences se trouvent légitimées, dans l'intérêt général, par le souci d'atteindre l'objectif de la loi en cause » (pt 75).

protégé les atteintes qui étaient portées à son exercice[9] – qu'il nomme aujourd'hui les autres « atteintes portées à ce droit »[10], après s'être référé aux « limites apportées à son exercice », probablement en raison de la mise en œuvre délicate de la distinction entre l'exercice et l'existence du droit[11] – sur le fondement de l'article 2 DDHC, aux termes duquel « *[l]e but de toute association politique est la conservation des droits naturels et imprescriptibles de l'Homme. Ces droits sont la liberté, la propriété, la sûreté, et la résistance à l'oppression* ». Cette distinction est importante dans la mesure où si la *privation de la propriété* doit reposer sur une nécessité publique légalement constatée et être compensée par une juste et préalable indemnité[12], les *limitations apportées à l'exercice de la propriété* n'ont à être justifiées

9. V. notamment Cons. const., 26 juillet 1984, n° 84-172 DC, *Loi relative au contrôle des structures des exploitations agricoles et au statut du fermage* : « si le contrôle des structures agricoles concerne, en principe, l'exploitation d'un bien, il peut, dans certains cas, entraîner indirectement des limitations à l'exercice du droit de propriété, notamment en empêchant un propriétaire d'exploiter lui-même un bien qu'il a acquis ou en faisant pratiquement obstacle à ce qu'un propriétaire puisse aliéner un bien, faute pour l'acquéreur éventuel d'avoir obtenu l'autorisation d'exploiter ce bien ; que ces limitations n'ont pas un caractère de gravité telle que l'atteinte au droit de propriété dénature le sens et la portée de celui-ci et soit, par suite, contraire à la Constitution » (considérant n° 3) ; Cons. const., 17 juillet 1985, n° 85-139 DC, *Loi relative à la définition et à la mise en œuvre des principes d'aménagement* : « la loi n'empêche nullement l'aliénation ou la location d'une propriété foncière dans sa totalité et ne limite, éventuellement, sa division que lorsqu'elle est opérée par un acte volontaire à titre onéreux ; qu'ainsi, sans remettre en cause le droit de propriété par un régime d'autorisation préalable discrétionnaire, la loi définit une limitation à certaines modalités de son exercice qui n'a pas un caractère de gravité tel que l'atteinte au droit de propriété en dénature le sens et la portée et soit, par suite, contraire à la Constitution » (considérant n° 11).

10. Cons. const., 13 janvier 2012, n° 2011-108 QPC : « [c]onsidérant que la propriété figure au nombre des droits de l'homme consacrés par les articles 2 et 17 de la Déclaration de 1789 ; qu'aux termes de son article 17 : "La propriété étant un droit inviolable et sacré, nul ne peut en être privé, si ce n'est lorsque la nécessité publique, légalement constatée, l'exige évidemment, et sous la condition d'une juste et préalable indemnité" ; qu'en l'absence de privation du droit de propriété au sens de cet article, il résulte néanmoins de l'article 2 de la Déclaration de 1789 que les **atteintes portées à ce droit** doivent être justifiées par un motif d'intérêt général et proportionnées à l'objectif poursuivi » (considérant n° 4, nous soulignons).

11. V. Mazeaud, « Droit réel, propriété et créance dans la jurisprudence du Conseil constitutionnel », *RTD civ.* 2014, p. 1. L'auteur relève que n'ont pas été analysées en des privations de propriété, mais en simples limitations la cession de mitoyenneté forcée, le transfert forcé d'un bien à titre de prestation compensatoire, ou encore la réunion à l'actif d'un bien appartenant au conjoint du débiteur faisant l'objet d'une procédure collective, en sorte que « l'extinction du droit de propriété n'emporte donc pas nécessairement « privation de propriété » » (n° 16). Il reste que la question de la distinction, au fond, demeure.

12. Si cette condition n'est pas expressément prévue par la Conv. EDH, la jurisprudence l'a reconnue. V. Cour EDH, 21 février 1986, *James et a. c/ Royaume-Uni*, Req. n° 8793/79 : « [l]a (...) question consiste à savoir si l'existence et le montant d'un dédommagement entrent en ligne de compte au regard de la deuxième phrase de l'article 1 (P1-1), silencieux en la matière. D'après la Commission (...) l'article 1 (P1-1) exige implicitement, en règle générale, le versement d'une compensation pour exproprier quiconque relève de la juridiction d'un États contractant. La Cour constate avec la Commission que, dans les systèmes juridiques respectifs des États contractants, une privation de propriété pour cause d'utilité publique ne se justifie pas sans le paiement d'une indemnité, sous réserve de circonstances exceptionnelles étrangères au présent litige. De son côté, en l'absence d'un principe analogue l'article 1 (P1-1) n'assurerait qu'une protection largement illusoire et inefficace du droit de propriété. Pour apprécier si la législation contestée ménage un juste équilibre entre les divers intérêts en cause et, entre autres, si elle n'impose pas aux requérants une charge démesurée (arrêt *Sporrong* et *Lönnroth* précité, série A no 52, p. 26 et 28, § 69 et 73), il faut à l'évidence avoir égard aux conditions de dédommagement. Quant au niveau de l'indemnisation, la Cour se range également à l'avis de la Commission : sans le versement d'une somme raisonnablement en rapport avec la valeur du bien, une privation

que par un motif d'intérêt général[13] et être proportionnées à l'objectif poursuivi[14] ; mais au fond, il n'est jamais question que d'apprécier plus strictement la finalité et la proportionnalité de l'atteinte dans le premier cas que dans le second. En troisième lieu, tous les biens sont protégés, en ce compris les créances, et même l'espérance légitime d'être créancier[15]. Il reste que le Conseil constitutionnel[16] fait montre de

---

de propriété constituerait d'ordinaire une atteinte excessive qui ne saurait se justifier sur le terrain de l'article 1 (P1-1). Ce dernier ne garantit pourtant pas dans tous les cas le droit à une compensation intégrale. Des objectifs légitimes "d'utilité publique", tels qu'en poursuivent des mesures de réforme économique ou de justice sociale, peuvent militer pour un remboursement inférieur à la pleine valeur marchande. En outre, le contrôle de la Cour se borne à rechercher si les modalités choisies excèdent la large marge d'appréciation dont l'États jouit en la matière » (pt 54).

13. Lequel est apprécié très largement. V. à ce titre, l'inventaire dressé par V. Mazeaud (*in* « Droit réel, propriété et créance ... », art. préc.), qui relève que sont « constitutifs de motifs d'intérêt général : la lutte contre la fraude fiscale et la volonté de réduire les coûts de gestion des valeurs mobilières, la volonté de faciliter l'apurement du passif afin de permettre la continuation de l'entreprise ou le désintéressement des créanciers, l'objectif de garantir le bon dénouement de la procédure de saisie immobilière, la volonté d'améliorer la sécurité routière et de faciliter les conditions de la circulation, la protection des héritiers réservataires, la sécurité des transactions immobilières, la lutte contre les incendies de forêts, la protection du conjoint dont la situation économique est la moins favorisée et la volonté de limiter les difficultés et les contentieux postérieurs au prononcé du divorce, de même que le régime de la mitoyenneté des murs et de l'accès forcé à la mitoyenneté qui constitue un élément nécessaire de ce régime, voire "la nécessité d'assurer la sécurité des enfants d'âge scolaire et de leurs accompagnateurs le mercredi" [dont] il ressort que le Conseil constitutionnel n'invalide qu'exceptionnellement une disposition en relevant qu'elle n'est pas justifiée par un tel motif » (n° 20, avec les références).

14. Cons. const., 13 juillet 2011, n° 2011-151 QPC : « la propriété figure au nombre des droits de l'homme consacrés par les articles 2 et 17 de la Déclaration de 1789 ; (...) aux termes de son article 17 : « La propriété étant un droit inviolable et sacré, nul ne peut en être privé, si ce n'est lorsque la nécessité publique, légalement constatée, l'exige évidemment, et sous la condition d'une juste et préalable indemnité » ; (...) en l'absence de privation du droit de propriété au sens de cet article, il résulte néanmoins de l'article 2 de la Déclaration de 1789 que les **limites apportées à son exercice** doivent être justifiées par un motif d'intérêt général et proportionnées à l'objectif poursuivi » (considérant n° 3, nous soulignons).

15. On retrouve un résumé de la conception très extensive de ce qu'est un bien pour la Cour EDH dans sa décision *Depalle, Brosset-Triboulet c/ France* (Cour EDH, 29 mars 2010, *Depalle, Brosset-Triboulet c/ France*, Req. n° 34078/02 : « [l]a Cour rappelle que la notion de "bien" évoquée à la première partie de l'article 1 du Protocole n° 1 a une portée autonome qui ne se limite pas à la propriété de biens corporels et qui est indépendante des qualifications formelles du droit interne : certains autres droits et intérêts constituant des actifs peuvent aussi passer pour des "droits patrimoniaux" et donc des "biens" aux fins de cette disposition. Dans chaque affaire, il importe d'examiner si les circonstances, considérées dans leur ensemble, ont rendu le requérant titulaire d'un intérêt substantiel protégé par l'article 1 du Protocole n° 1 (...). Par ailleurs, la notion de "biens" ne se limite pas aux "biens actuels" et peut également recouvrir des valeurs patrimoniales, y compris des créances, en vertu desquelles le requérant peut prétendre avoir au moins une espérance légitime et raisonnable d'obtenir la jouissance effective d'un droit de propriété (...). L'espérance légitime de pouvoir continuer à jouir du bien doit reposer sur une "base suffisante en droit interne" (...). La Cour rappelle que le fait pour les lois internes d'un État de ne pas reconnaître un intérêt particulier comme "droit", voire comme "droit de propriété", ne s'oppose pas à ce que l'intérêt en question puisse néanmoins, dans certaines circonstances, passer pour un "bien" au sens de l'article 1 du Protocole n° 1. En l'espèce, le temps écoulé a fait naître l'existence d'un intérêt patrimonial des requérantes à jouir de la maison [érigée sur le domaine public et occupée en vertu d'autorisations non renouvelées], lequel était suffisamment reconnu et important pour constituer un "bien" au sens de la norme exprimée dans la première phrase de l'article 1 du Protocole n° 1, laquelle est donc applicable quant au grief examiné » (considérants n° 55 s.).

16. Certes, le droit de propriété des créanciers a été reconnu par le Conseil constitutionnel (Cons. const., 10 juin 2010, déc. n° 2010-607 DC, *Loi relative à l'entrepreneur à responsabilité limitée*, *RTD civ.* p. 584, obs. Th. Revet : « en vertu des alinéas 6 à 8 de l'article L. 526-12 de ce code, la déclaration d'affectation du patrimoine soustrait le patrimoine affecté du gage des créanciers personnels de

davantage de réticences que la Cour EDH à appréhender les créances comme des biens[17]. En quatrième lieu, si la DDHC et la Conv. EDH mentionnent la propriété, ils ne font pas état des autres droits réels. Toutefois, c'est souvent dans les prérogatives qu'il confère que le droit de propriété est protégé[18], en sorte que ce sont ces

l'entrepreneur et le patrimoine personnel du gage de ses créanciers professionnels ; (...) s'il était loisible au législateur de rendre la déclaration d'affectation opposable aux créanciers dont les droits sont nés antérieurement à son dépôt, c'est à la condition que ces derniers soient personnellement informés de la déclaration d'affectation et de leur droit de former opposition ; (...) sous cette réserve, le deuxième alinéa de l'article L. 526-12 du Code de commerce ne porte pas atteinte aux conditions d'exercice du droit de propriété des créanciers garanti par les articles 2 et 4 de la Déclaration des droits de l'homme et du citoyen de 1789 », considérant n° 9). Mais lorsque se trouve contestée l'atteinte au droit des créanciers, c'est en général à l'aune de l'article 16 DDHC (« *[t]oute société dans laquelle la garantie des droits n'est pas assurée ni la séparation des pouvoirs déterminée, n'a point de Constitution* ») que le Conseil exerce son contrôle (v. notamment Cons. const., 11 juin 2010, déc. n° 2010-2 QPC : « [c]onsidérant en conséquence que, si le législateur peut modifier rétroactivement une règle de droit ou valider un acte administratif ou de droit privé, c'est à la condition de poursuivre un but d'intérêt général suffisant et de respecter tant les décisions de justice ayant force de chose jugée que le principe de non-rétroactivité des peines et des sanctions ; qu'en outre, l'acte modifié ou validé ne doit méconnaître aucune règle, ni aucun principe de valeur constitutionnelle, sauf à ce que le but d'intérêt général visé soit lui-même de valeur constitutionnelle ; qu'enfin, la portée de la modification ou de la validation doit être strictement définie ; (...) Considérant que le paragraphe I de l'article 1er de la loi du 4 mars 2002 susvisée est entré en vigueur le 7 mars 2002 ; que le législateur l'a rendu applicable aux instances non jugées de manière irrévocable à cette date ; que ces dispositions sont relatives au droit d'agir en justice de l'enfant né atteint d'un handicap, aux conditions d'engagement de la responsabilité des professionnels et établissements de santé à l'égard des parents, ainsi qu'aux préjudices indemnisables lorsque cette responsabilité est engagée ; que, si les motifs d'intérêt général précités pouvaient justifier que les nouvelles règles fussent rendues applicables aux instances à venir relatives aux situations juridiques nées antérieurement, ils ne pouvaient justifier des modifications aussi importantes aux droits des personnes qui avaient, antérieurement à cette date, engagé une procédure en vue d'obtenir la réparation de leur préjudice ; que, dès lors, le 2 du paragraphe II de l'article 2 de la loi du 11 février 2005 susvisée doit être déclaré contraire à la Constitution », considérants n° 22 s. *Adde*, sur cette question, V. MAZEAUD, « Droit réel, propriété et créance (...) », art. préc., n° 9). Comp., appliquant la Conv. EDH, Civ. 2e, 3 mai 2007, *Bull. civ.* II, n° 121, *RTD civ.* 2007, p. 643, obs. R. PERROT : « l'arrêt énonce exactement que l'article L. 30 du Code des pensions de retraite des marins dispose que ces pensions ne sont saisissables que par certains créanciers et qu'à concurrence d'un montant qui diffère selon la nature des créances ; qu'il constate que les deux principales créances de Mme X... n'entrent pas dans les prévisions de ce texte et que leur recouvrement se heurte à une insaisissabilité totale ; qu'il retient que M. Y... fait systématiquement obstacle à l'exécution par Mme X... de toute décision de justice et a organisé son insolvabilité, faisant ainsi ressortir que Mme X... ne dispose pas d'autres voies d'exécution ; qu'il en déduit à bon droit, que l'article L. 30 précité constitue, en l'espèce, une mesure discriminatoire, portant une atteinte non justifiée par un but légitime au droit de propriété de Mme X... et que son application contrevient ainsi aux dispositions combinées des articles 14 de la Convention et 1er du protocole additionnel n° 1 à cette Convention ».

17. Ainsi qu'un auteur l'a relevé, considérer les créances comme étant des biens emporterait l'« obligation constitutionnelle faite à l'État de garantir le recouvrement des créances et d'indemniser les créanciers en cas d'effacement des dettes » (J.-F. DE MONTGOLFIER, « Le Conseil constitutionnel et la propriété privée des personnes privées », *Nouv. Cah. Cons. const.* 2011, p. 35, spéc. p. 39). V., nuançant ce risque, V. MAZEAUD (*in* « Droit réel, propriété et créance... », art. préc.), qui relève que si l'admission d'une propriété des droits patrimoniaux était pleinement admise, elle déboucherait vraisemblablement sur un contrôle modeste, de même intensité que celui qui concerne aujourd'hui le droit de propriété » (n° 20).

18. Cons. const., 20 juillet 2000, n° 2000-434 DC, *Loi relative à la chasse* : « le droit de chasse sur un bien foncier se rattache au droit d'usage de ce bien, attribut du droit de propriété ; qu'il ne peut être apporté de limitations à l'exercice de ce droit qu'à la double condition que ces limitations obéissent à des fins d'intérêt général et n'aient pas un caractère de gravité tel que le sens et la portée du droit de propriété s'en trouveraient dénaturés » (considérant n° 24).

prérogatives en elles-mêmes, davantage que le droit de propriété dans son ensemble, qui sont protégées. Dès lors, si ces prérogatives sont offertes par d'autres droits réels, elles méritent une protection comparable. Sur la forme, l'observation des décisions montre en tout état de cause que les prérogatives et les droits réels sont protégés dans la jurisprudence constitutionnelle[19] et conventionnelle[20] à travers les notions de « propriété » ou de « biens » visés dans les instruments qu'elles appliquent.

232. Plan. Ces précisions liminaires apportées, il convient de s'interroger sur l'objet des droits réels (Chapitre 1), leur sujet (Chapitre 2), leur transmission (Chapitre 3) et leur opposabilité (Chapitre 4).

---

19. Cons. const., 29 juillet 1998, n° 98-403 DC, *Loi d'orientation relative à la lutte contre les exclusions*, *RTD civ.* 1998, p. 796, obs. N. Molfessis, *ibid.* 1999, p. 132, obs. F. Zenati, *ibid.*, p. 136, obs. F. Zenati. Le Conseil a eu à se prononcer sur une disposition prévoyant la réquisition pour une durée maximale de six ans « des locaux sur lesquels une personne morale est titulaire d'un droit réel conférant l'usage de ces locaux ». Il a envisagé la question sous l'angle du droit de propriété : « si la mise en œuvre de la procédure de réquisition prévue par la disposition contestée n'emporte pas, par elle-même, contrairement à ce que soutiennent les requérants, privation du droit de propriété au sens de l'article 17 de la Déclaration des droits de l'homme et du citoyen, elle limite néanmoins, pour une période de temps déterminée, le droit d'usage des locaux réquisitionnés ; qu'une telle limitation, alors même qu'elle répond à un objectif de valeur constitutionnelle, ne saurait revêtir un caractère de gravité tel qu'elle dénature le sens et la portée du droit de propriété » (considérant n° 31). V. également, Cons. const., 10 nov. 2011, déc. n° 2011-193 QPC, *RTD civ.* 2012, p. 342, obs. Th. Revet. Le Conseil a examiné une disposition d'une loi du 4 mars 2002 prévoyant, pour l'Alsace-Moselle, que les servitudes constituées avant 1900 conformément au système français, mais non retranscrites dans le Livre foncier introduit par le droit allemand s'éteindraient si elles ne l'étaient pas dans le délai de cinq ans à la suite de la promulgation de la loi. La question est encore envisagée sous l'angle de la propriété : « la restriction portée à l'exercice du droit de propriété par la disposition contestée n'a pas un caractère de gravité tel qu'elle dénature le sens et la portée de ce droit » (considérant n° 7).

20. Com. europ., 1er décembre 1986, *D. P c/ Royaume-Uni*, Req. n° 11949/86 : les droits de l'emphytéote en droit anglais doivent être considérés comme des biens ; Cour EDH, 23 février 1995, *Gasus Dosier und Fördertechnik Gmbh c/ Pays-Bas*, Req. n° 15375/89, § 53 : « *[l]a Cour rappelle que la notion de "biens" (en anglais : possessions) de l'article 1 du Protocole n° 1 (P1-1) a une portée autonome qui ne se limite certainement pas à la propriété de biens corporels : certains autres droits et intérêts constituant des actifs peuvent aussi passer pour des "droits de propriété" et donc pour des "biens" aux fins de cette disposition (P1-1). Dans le présent contexte, il importe dès lors peu de savoir si le droit de Gasus sur la bétonnière doit être considéré comme un droit de propriété ou comme une sûreté réelle. De toute manière, la saisie puis la vente de la machine constituaient une "atteinte" aux droits de la société requérante au "respect" d'un "bien", au sens de l'article 1 du Protocole n° 1 (P1-1)* ».

Chapitre 1
L'objet des droits réels

233. Summa divisio. Le droit français distingue deux sortes de droits réels : les **droits réels principaux** et les **droits réels accessoires,** plus communément nommés **sûretés réelles**. Seuls les premiers intéressent véritablement le droit des biens, en ce qu'ils sont les seuls à constituer des techniques permettant d'appréhender les utilités des biens. En contrepoint, les seconds intéressent le droit du crédit, en ce qu'ils constituent des techniques permettant à leur titulaire, qui sont des créanciers, d'être *préférés* à d'autres sur un ou plusieurs biens du constituant (sûretés réelles classiques), voire d'échapper à leur concours en se voyant conférer un droit *exclusif* sur les mêmes biens (sûretés-propriétés)[1].

L'altérité entre ces deux sortes de droits réels est techniquement importante dans la mesure où le **droit réel principal porte sur un bien** – on est propriétaire ou usufruitier d'un immeuble –, alors que le **droit réel accessoire porte sur un droit réel principal** – on hypothèque la propriété ou l'usufruit d'un immeuble –, en sorte qu'il est un droit réel « du second degré »[2].

Il reste que les droits réels principaux et accessoires constituent tous deux des emprises particulières d'une personne sur un bien, indépendamment de toute intermédiation personnelle – comme c'est le cas en présence d'un droit personnel –, ce qui explique que la doctrine les regroupe traditionnellement dans la même catégorie des « droits réels »[3].

234. Pouvoir de la volonté et ordre public (*numerus clausus* ?). *Données du débat*. En application du principe de la liberté contractuelle, les droits personnels sont de libre création, pourvu qu'ils ne portent pas atteinte à l'ordre public (art. 6 C. civ.[4]). En va-t-il de même s'agissant des droits réels, ou bien ceux-ci sont-ils au contraire limitativement énumérés par la loi ? C'est la question du *numerus clausus* des droits réels.

---

1. En général, le débiteur, en octroyant à son créancier un droit réel accessoire sur l'un de ses biens est également le constituant de la sûreté. Mais tel n'est pas toujours le cas, puisque un tiers au rapport d'obligation peut octroyer au créancier du débiteur un droit réel accessoire sur l'un de ses propres biens (art. 2334 C. civ. : « *[l]e gage peut être consenti par le débiteur ou par un tiers ; dans ce dernier cas, le créancier n'a d'action que sur le bien affecté en garantie.* »).

2. M. PLANIOL, *Traité élémentaire de droit civil*, t. II, F. Pichon, Paris, 1902, n° 2429 : la sûreté « n'est pas un démembrement de la propriété, donné pour la jouissance des choses, comme les droits d'usufruit, d'usage ou de servitude ; c'est un droit réel du second degré, si l'on peut ainsi parler, qui est établi sur le droit de propriété lui-même plutôt que sur la chose et qui autorise le créancier à aliéner pour son profit particulier la chose de son débiteur ».

3. L'opinion contraire a été défendue par M. GIJSBERS, dans sa thèse intitulée *Sûretés réelles et droit des biens*, th. Panthéon-Assas (Paris II), 2012. Et v. *infra*, n° 435.

4. « *On ne peut déroger, par des conventions particulières, aux lois qui intéressent l'ordre public et les bonnes mœurs.* »

En faveur du *numerus clausus*, on fait principalement valoir deux arguments. D'une part, la lettre restrictive de l'article 543 C. civ., aux termes duquel « *[o]n peut avoir sur les biens, ou un droit de propriété, ou un simple droit de jouissance, ou seulement des services fonciers à prétendre* », conduirait à penser qu'on ne peut avoir sur les biens d'autres droits[5]. Pourtant, il ne s'agit jamais que d'une énumération, et les énumérations ne sont pas toutes limitatives. D'autre part, les caractères absolu et exclusif de la propriété[6] auraient pour corollaire que seule la loi, non les volontés privées, puisse en réduire les attributs, lesquels le seraient nécessairement par la création de nouveaux droits réels. Pourtant, les droits réels dont la création est envisagée sont des diminutifs de l'usufruit, par où l'on voit que l'atteinte aux caractères de la propriété est mesurée. À l'inverse, contre le *numerus clausus*, on fait pour l'essentiel remarquer qu'il n'est nulle part proclamé expressément, pas même à l'article 543 C. civ., et que, par conséquent, la liberté, de principe, doit autoriser la création de droits réels en dehors de ceux prévus par les textes.

La question de l'existence ou non d'un *numerus clausus* des droits réels doit certainement appeler une **réponse différente suivant que l'on envisage les droits réels principaux ou les droits réels accessoires, c'est-à-dire les sûretés réelles**, dans la mesure où les intérêts légitimes en cause ne sont pas les mêmes dans l'une et l'autre des situations. D'un côté, on ne voit pas quelles raisons interdiraient à un propriétaire d'octroyer des **droits réels principaux** nouveaux sur son bien, puisque lui seul en supportera les conséquences et que ces droits seront toujours moins contraignants pour lui que ne l'est un usufruit[7]. Les seuls tiers qui pourraient être lésés sont les acquéreurs du bien, mais ils ne le seront pas, car soit ils auront été informés préalablement de l'existence de ces droits[8] et l'auront acquis en connaissance de cause, soit ils ne l'auront pas été et le droit réel ne leur sera pas opposable. En somme, la création de droits réels principaux permet de maximiser les utilités de

---

5. C'est du moins ce que Treilhard avait retenu, en relevant que le Livre II du Code civil « renferme quatre titres ; *De la distinction des biens ; De la propriété ; De l'usufruit et de l'habitation ; Des servitudes ou services fonciers.* Voilà, en effet, les seules modifications dont les propriétés soient susceptibles dans notre organisation politique et sociale ; il ne peut exister sur les biens aucune autre espèce de droits : ou l'on a une propriété pleine et entière, qui renferme également et le droit de jouir et le droit de disposer ; ou l'on n'a qu'un simple droit de jouissance, sans pouvoir disposer du fonds ; ou enfin on n'a que des services fonciers à prétendre sur la propriété d'un tiers ; services qui ne peuvent être établis que pour l'usage et l'utilité d'un héritage ; services qui n'entraînent aucun assujettissement de la personne ; services enfin qui n'ont rien de commun avec les dépendances féodales brisées pour toujours » (P.-A. FENET, *Recueil complet des travaux préparatoires du Code civil*, t. 11, Videcoq, 1836, p. 32 s., spéc. p. 33).

6. V. *infra*, n° 249 et s.

7. Les intérêts du propriétaire sont par ailleurs suffisamment protégés par le caractère temporaire des droits réels sur la chose d'autrui, en sorte qu'aucune restauration du système féodal n'est à craindre. La législation française montre bien que toute résurrection du système féodal en France relève du fantasme. D'après l'article 1er de la loi des 28 septembre et 6 octobre 1971 *concernant les biens et usages ruraux à la police rurale*, « [l]e territoire de la France, dans toute son étendue, est libre comme les personnes qui l'habitent ; ainsi, toute propriété territoriale ne peut être sujette envers les particuliers qu'aux redevances et aux charges dont la convention n'est pas défendue par la loi... ». Par ailleurs, l'article 530 al. 1 C. civ. prévoit que « *[t]oute rente établie à perpétuité pour le prix de la vente d'un immeuble ou comme condition de la cession à titre onéreux ou gratuit d'un fonds immobilier, est essentiellement rachetable* ».

8. Notamment en raison des règles de la publicité foncière, lesquelles imposent la publication de « *tous les actes portant (...) mutation ou constitution de droits réels immobiliers* » (art. 29 Décr. 4 janvier 1955). À cet égard, toutes réticences des services de la publicité foncière à publier des droits réels innommés ne sont pas légitimes et devraient être vaincues en justice. Et, sur la publicité foncière, v. *infra*, n° 651 et s.

son bien puisque le propriétaire pourra octroyer à un tiers une utilité du fond qui ne l'intéresse pas ou l'intéresse moins ; le *numerus clausus* ne serait donc pas justifié. Les choses se présentent sous un jour différent, d'un autre côté, lorsque l'on envisage le *numerus clausus* des **droits réels accessoires**. Il s'agit ici de déterminer si un propriétaire – ou le titulaire d'un autre droit réel principal susceptible de faire l'objet d'une sûreté réelle – peut créer des droits de préférence ou des droits exclusifs en dehors de ceux prévus par la loi. Par essence, la constitution d'une sûreté réelle intéresse les tiers, en particulier les créanciers du constituant. L'intérêt des *créanciers chirographaires* est en cause au premier chef, car la constitution d'une sûreté réelle porte atteinte à l'égalité des créanciers proclamée à l'article 2285 C. civ.[9] (sûreté traditionnelle), voire à la consistance du droit de gage général (propriété-sûreté). Mais, plus largement, c'est l'intérêt de *tous les créanciers* qui est concerné : la loi a minutieusement établi une hiérarchie entre les créanciers en raison de la nature de leur créance, des sûretés qui les garantissent, et de la situation du débiteur, en sorte qu'autoriser la création de nouvelles sûretés viendrait rompre l'équilibre souhaité. Derrière l'intérêt des créanciers, c'est toute la politique du crédit qui est en cause. Aussi bien, si la liberté de créer des droits réels principaux se conçoit dans la mesure où c'est le propriétaire qui les concède qui les subit, il en va différemment s'agissant des droits réels accessoires dans la mesure où c'est le propriétaire qui les concède, mais ses autres créanciers qui les subissent[10]. Comme l'avait jadis si bien relevé Flour, c'est « une évidence que toute sûreté, par cela même qu'elle améliore la situation des créanciers, empire celle des autres » en sorte qu'ils doivent « en subir les effets que dans la mesure où les dispositions légales strictement définies leur ont permis de le prévoir »[11]. En somme, c'est à la loi et non à la volonté qu'il appartient d'énumérer les sûretés réelles : à leur égard, le *numerus clausus* est justifié.

235. Pouvoir de la volonté et ordre public (*numerus clausus* ?). *Jurisprudence relative aux droits réels principaux – droit de jouissance spéciale.* Au sujet des droits réels principaux, la jurisprudence n'a jamais reconnu le principe d'un *numerus clausus* et s'est au contraire prononcé à plusieurs reprises en faveur de la libre création de droits réels. Il y a près de deux siècles, dans l'arrêt *Caquelard*, la Cour de cassation a reconnu que « *les articles 544, 546 et 552 C. civ., sont déclaratifs du droit commun relativement à la nature et aux effets de la propriété, mais ne sont pas prohibitifs* »[12]. L'affirmation implicite de la libre création de droits réels n'a pourtant eu qu'un écho doctrinal et pratique limité[13] alors qu'elle n'a jamais été démentie et que des droits réels irréductibles à des figures connues ont depuis lors

9. « *Les biens du débiteur sont le gage commun de ses créanciers ; et le prix s'en distribue entre eux par contribution, à moins qu'il n'y ait entre les créanciers des causes légitimes de préférence.* »
10. Comme l'a relevé un auteur, « consentir un droit de préférence sur ses biens, c'est finalement être généreux avec l'argent des autres plutôt qu'avec le sien propre » (Ch. Gijsbers, *Sûretés réelles et droit des biens*, th. Panthéon-Assas (Paris II), 2012, n° 264).
11. J. Flour, *Cours de droit civil, Licence 3e année*, Les cours du droit, 1962-1963, p. 37-38.
12. Req. 13 février 1834, *Caquelard*, *DP* 1834, 1, p. 218, S. 1834, 1, p. 205, *GAJC*, t. 1, n° 66.
13. F. Terré et Y. Lequette, obs. préc. in *GAJC*, n° 66 : « curieux destin que celui de l'arrêt *Caquelard* : arrêt de (grand) principe, il n'a eu sur le droit positif qu'une emprise modeste. Doctrine, pratique et jurisprudence n'ont pas, en effet, déduit de l'affirmation du caractère non limitatif des droits réels à laquelle il procède (...), toutes les virtualités qu'elle recèle (...) ».

été reconnus en jurisprudence, que ce soit au profit d'une personne déterminée[14] ou d'un ensemble de personnes[15].

Il faudra attendre le XXIe siècle pour que la Cour de cassation rende une décision de l'importance de l'arrêt *Caquelard*. Dans un attendu de principe éloquent, la Haute juridiction a énoncé dans un arrêt *Maison de Poésie* que « le propriétaire peut consentir, sous réserve des règles d'ordre public, un droit réel conférant le bénéfice d'une jouissance spéciale de son bien »[16]. En reconnaissant aux parties la

14. La jurisprudence a depuis reconnu l'efficacité de plus droits réels *sui generis* :
– un « droit de jeu » (golf), analysé comme un « démembrement du droit réel » dont était titulaire un emphytéote : Civ. 3e, 16 mai 2001, pourvoi n° 98-14062 ;
– un « droit de chasse » (Civ. 3e, 2 octobre 2002, pourvoi n° 00-14029, *RDI* 2003, p. 317, obs. F.-G. TREBULLE : la cour d'appel a « exactement relevé que le droit de chasse concédé par l'acte de partage (...) revêtait le caractère, non pas d'un droit de chasser conféré à titre personnel, mais d'un attribut de droit de propriété s'analysant en un droit réel d'usage viager attaché au fonds ») et « de pêche » (Civ. 3e, 3 décembre 2003, pourvoi n° 02-16853) ;
– le droit pour le concessionnaire d'une mine de ne pas être tenu à réparation des dommages causés au propriétaire de la surface, exprimé en négatif comme la renonciation par le propriétaire de la surface de ne pas demander réparation à l'exploitant de la mine (CA Dijon, 30 décembre 1896, *DP* 1898, 2, p. 100 et Civ. 12 décembre 1899, *S.* 1901, 1, p. 497, note N. TISSIER : la Cour de cassation vise « une restriction du droit de superficie au profit de l'exploitant »).
– un « droit perpétuel d'affichage » sur les murs d'un immeuble reconnu à un autre qu'au propriétaire et ne pouvant être assimilé à un usufruit (Civ. 3e, 18 janvier 1984, *Bull. civ.* III, n° 16). L'arrêt est laconique, mais, il serait très critiquable que le droit reconnu au non-propriétaire sur l'immeuble puisse être véritablement perpétuel.
– d'une grande importance pratique, le droit de jouissance privatif sur parties communes, qui présente la particularité très importante d'être perpétuel (V., en premier lieu, Civ. 3e, 4 mars 1992, *Bull. civ.* III, n° 73, *D.* 1992, p. 386, note Ch. ATIAS, *RTD civ.* 1993, p. 162 note F. ZENATI : « le droit de jouissance exclusif et privatif sur une fraction de la cour, partie commune (...) avait un caractère réel et perpétuel ». La solution est désormais bien assise en jurisprudence : v. notamment Civ. 3e, 24 octobre 2007, *Bull. civ.* III, n° 183, *JCP* 2008, I, 127, note H. PÉRINET-MARQUET, *RTD civ.* 2007, p. 693, obs. Th. REVET ; Civ. 3e, 2 décembre 2009, *Bull. civ.* III, n° 266, *RDI* 2010, p. 315, obs. J.-L. BERGEL).
– le « droit de crû et à croître » (Civ. 3e, 23 mai 2012, *Bull. civ.* III, n° 84, *D.* 2012, p. 1934, note L. D'AVOUT, *ibid.*, p. 2128, obs. B. MALLET-BRICOUT et N. REBOUL-MAUPIN, *JCP* 2012, p. 1557, note W. DROSS, *RTD civ.* 2012, p. 553, obs. Th. REVET, *Rép. Defr.* 2012, p. 1067, note F. DANOS), qui est le droit d'exploiter des arbres situés sur le sol d'un fonds appartenant à un tiers et qui ne peut être assimilé à un droit de superficie dans la mesure où il ne confère à son titulaire un droit que sur une des utilités économiques du fonds.
On peut également situer dans le prolongement de l'arrêt *Caquelard* la figure de la « multipropriété » (v. d'ailleurs, bien avant, Req. 25 octobre 1886, *S.* 1887, 1, p. 373 : partage de l'usage des eaux d'une source, chacun des usagers « *devant jouir desdites eaux à des jours et heures déterminés* ») encore que le recours à des personnes morales véritablement propriétaires empêche l'épanouissement de droits réels originaux (V. Loi n° 86-18 du 6 janvier 1986 *relative aux sociétés d'attribution d'immeubles en jouissance à temps partagé*).

15. Pour un droit de seconde herbe, v. Civ. 3e, 25 mars 1992, *Bull. civ.* III, n° 106, *D.* 1993, p. 65, note E.-S. DE LA MARNIÈRE : le droit de seconde herbe, qui représente une charge pour le fonds sur lequel s'exerce ce droit, ne bénéficiant pas à un fonds dominant mais profitant seulement aux habitants d'une entité territoriale et l'exercice de ce droit, n'impliquant pas d'être propriétaire foncier à l'endroit considéré, « *ne constitue pas une servitude, mais un droit réel d'une nature particulière* ». Et pour un droit de passage urbain, v. Civ. 3e, 6 mars 1993, pourvoi n° 93-17424, *RDI* 1996, p. 536, obs. J.-L. BERGEL : « le droit de passage ne bénéficiant pas à un fonds dominant mais aux habitants de la ville de Paris ainsi qu'à tous passants, devait s'analyser comme une charge grevant à perpétuité, selon l'acte qui l'a institué, le fonds des copropriétaires de l'immeuble situé 6 place Saint-Michel au profit de la collectivité ».

16. Civ. 3e, 31 octobre 2012, *Bull. civ.* III, n° 159, *Rép. Defr.* 2013, p. 13, obs. L. TRANCHANT, *D.* 2013, p. 53, note A. TADROS, *JCP* G 2012, II, 1400, note F.-X. TESTU, *RDI* 2013, p. 80, obs. J.-L. BERGEL, *RDC* 2013, p. 584, obs. R. LIBCHABER et p. 627, obs. J.-B. SEUBE, *RTD civ.* 2013,

faculté au propriétaire de créer un **droit de jouissance spéciale** sur son bien, sans que ce droit ne soit prévu par la loi, la Cour de cassation réaffirme l'absence de *numerus clausus*. Le droit de jouissance spéciale appelle trois observations.

En premier lieu, il semblerait que, conformément au caractère temporaire des droits réels sur la chose d'autrui[17], sa **durée** soit calquée sur celle de l'usufruit[18].

---

p. 141, obs. W. Dross : en l'espèce, un immeuble avait été vendu en 1932 par une fondation dont l'objet de préserver le patrimoine lié à la poésie, la vente réservant la jouissance d'une partie de l'immeuble au vendeur qui occupait les locaux. Plus de soixante-dix ans plus tard, l'acquéreur demanda l'expulsion de la fondation et l'indemnisation du préjudice résultant de l'occupation sans droit ni titre des locaux. Les juges du fond firent droit à cette demande, estimant que le droit de la fondation était un droit d'usage et d'habitation qui, s'établissant et se perdant comme l'usufruit (art. 625 C. civ.) s'était éteint au bout de trente ans (art. 619 C. civ.), de sorte qu'à l'expiration de ce délai, la fondation était devenue occupant sans titre. Aux visas des articles 544 et 1134, la Cour de cassation casse la décision des juges du fond, estimant qu'il s'agissait là d'un droit de jouissance spécial : considérant que « le propriétaire peut consentir, sous réserve des règles d'ordre public, un droit réel conférant le bénéfice d'une jouissance spéciale de son bien », il était loisible aux parties « de conférer à la Maison de Poésie, pendant toute la durée de son existence, la jouissance ou l'occupation des locaux où elle était installée ou de locaux de remplacement » en vue « de constituer un droit réel au profit de la fondation ».

17. Certes, la Cour de cassation a reconnu d'autres droits réels perpétuels : le droit réel de jouissance sur les parties communes (Civ. 3e, 4 mars 1992, *Bull. civ.* III, n° 73, *D.* 1992, p. 386, obs. Ch. Atias, *Rép. Defr.* 1992, p. 1140, obs. H. Souleau : « la cour d'appel a légalement justifié sa décision, en retenant exactement (...) que le droit de jouissance exclusif et privatif sur une fraction de la cour, partie commune, attribué par le règlement de copropriété aux lots n° 2 et 3, dont il constituait l'accessoire, avait un caractère réel et perpétuel, que l'usage effectif de ce droit était sans incidence sur sa pérennité et que ce droit ne pouvait être remis en cause sans le consentement de son bénéficiaire » ; Civ. 3e, 24 octobre 2007, *Bull. civ.* III, n° 183 : « un droit de jouissance privatif sur des parties communes est un droit réel et perpétuel qui peut s'acquérir par usucapion ») et le droit « *de crû et à croître* » qui confère le droit de prélever les arbres (Civ. 3e, 23 mai 2012, *Bull. civ.* III, n° 84, *D.* 2012, p. 1934, note d'Avout, *ibid.*, p. 2128, obs. B. Mallet-Bricout et N. Reboul-Maupin, *JCP* 2012, p. 1557, note W. Dross, *RTD civ.* 2012, p. 553, obs. Th. Revet, *Rép. Defr.* 2012, p. 1067, note F. Danos : « la cour d'appel (...) a exactement déduit que la prérogative (...) concédée sur la parcelle litigieuse était perpétuelle et ne pouvait s'éteindre par le non-usage trentenaire »).

Mais, d'une part, le droit réel de jouissance sur les parties communes n'est que partiellement le droit sur la chose d'autrui et, d'autre part, le droit de crû et à croître peut être rapproché d'un droit sur une superficie (en ce sens, F. Danos, note préc.). Reste que la Cour de cassation a parfois reconnu, dans des circonstances très particulières, le caractère perpétuel d'un « droit de jouissance » (Req. 7 mai 1930, S. 1930, 1, p. 263 : la Cour de cassation approuve la cour d'appel d'avoir décidé que « l'attribution de certaines parcelles de terrain à la Société mixte de tir [permettant d'effectuer toutes les installations nécessaires à l'établissement d'un terrain de tir], [« pendant tout le temps que cette société demeurerait constituée »]qui n'était que le moyen employé par la ville de réaliser une œuvre d'intérêt général, ne présentait pas les caractères que l'usufruit tel qu'il est défini et réglé par les art. 578 s. C. civ., et qu'elle échappait par suite à la limitation de durée fixée par l'art. 619 du même Code » ; Civ. 10 mai 1950, *D.* 1950, p. 482 : de façon assez curieuse, la Cour de cassation rejette la qualification d'usufruit des droits de pâturage et d'usage en bois en ce qu'ils auraient été concédés à perpétuité, alors que l'usufruit consenti à une personne morale ne dure que trente ans au plus, laissant accroire que la durée convenue aurait une incidence sur la qualification – en l'espèce, la cour d'appel avait retenu que le droit concédé contenait « tous les éléments constitutifs d'un droit de propriété », à l'image d'une propriété superficiaire).

18. Dans l'arrêt *Maison de la Poésie*, la Cour de cassation avait reconnu l'efficacité d'un droit réel accordé à une fondation « *pendant toute la durée de son existence* », c'est-à-dire pour une durée potentiellement illimitée (de fait, si une fondation est instituée pour une durée limitée, celle-ci peut être prolongée). La perpétuité du droit de jouissance spéciale aurait emporté un bouleversement fort critiquable du droit de propriété, renouant avec le système féodal (v. R. Libchaber, obs. préc. ss. l'arrêt, p. 585 : « si l'on admet la perpétuité des droits réels, il s'en déduit par contrecoup que la propriété ne peut plus être cette *plena in re potestas* à quoi on la reconnaît volontiers : ni aujourd'hui ni même demain, le propriétaire ne pourra reconstituer cette plénitude des attributions qui est, depuis l'abolition du régime féodal, la marque de la propriété pleine et entière. Dans la construction qui est la nôtre, le propriétaire n'est pas

En deuxième lieu, la **spécialité** du droit de jouissance peut être conçue de différentes façons : d'une part, le droit peut être spécial quant aux **prérogatives** qu'il confère à son titulaire (droit de pêcher dans un étang, droit de chasser dans une forêt, etc.), quant au fractionnement de son **assiette** (droit de jouissance d'une partie

---

celui qui dispose actuellement de toutes les utilités de la chose – car il faut bien accepter que l'on en concède certaines, pour tirer une satisfaction maximale de la chose –, mais celui à qui elles reviennent par principe, à terme, sitôt que les utilisateurs ont épuisé leurs droits. C'est donc par cette exigence forte de précarité des droits réels que l'on assure le maintien de la propriété, par impossibilité à revenir au « domaine divisé » de l'Ancien Droit, c'est-à-dire à la pluralité des saisines différentes s'exerçant concurremment sur un même bien, sans limite de temps : saisines toutes également transmissibles, qui conduisaient ces différents hommes du Moyen Âge, réunis autour d'une même terre, à pouvoir la considérer comme simultanément leur »). Par ailleurs, le Conseil constitutionnel avait indiqué que la protection de la propriété publique s'opposait à ce que soient constitués des droits réels perpétuels sur le domaine public : Cons. const., 21 juillet 1994, *Loi complétant le code du domaine de l'état et relative à la constitution de droits réels sur le domaine public*, déc. nº 94-346 DC, *RTD civ.* 1995, p. 656, obs. F. Zenati.
Dans une décision postérieure, la Cour de cassation s'est prononcée au sujet d'un droit de jouissance spéciale consenti à une société, la société ERDF. La Cour de cassation, au visa des articles 544, 619, 625 et 1134 du Code civil », estime qu'« il résulte de ces textes que le propriétaire peut consentir, sous réserve des règles d'ordre public, un droit réel conférant le bénéfice d'une jouissance spéciale de son bien ; (...) lorsque le propriétaire consent un droit réel, conférant le bénéfice d'une jouissance spéciale de son bien, ce droit, s'il n'est pas limité dans le temps par la volonté des parties, ne peut être perpétuel et s'éteint dans les conditions prévues par les articles 619 et 625 du Code civil » (Civ. 3e, 28 janvier 2015, pourvoi nº 14-10013, à paraître au *Bulletin*, *D.* 2015, p. 599, note B. Mallet-Bricout et p. 1873, obs. N. Reboul-Maupin, *JCP* 2015, I, 252, note Th. Revet et 546, obs. H. Périnet-Marquet, *RTD civ.* 2015, p. 413, obs. W. Dross), autrement dit, au bout de trente ans. La Cour de cassation énonce que le droit de jouissance spéciale *consenti pour une durée indéterminée* (non limitée dans le temps) s'éteint au bout de trente ans, du moins s'il est consenti à une personne morale. En revanche, elle ne se prononce pas sur le sort du droit de jouissance spéciale *consenti pour une durée déterminée* : est-il nécessairement viager s'il est consenti au profit d'une personne physique et sa durée est-elle limitée à trente ans s'il l'est au bénéfice d'une personne morale ? Taillé sur le patron de l'usufruit, le droit de jouissance légale devrait être soumis à toutes les règles de l'usufruit quant à sa durée (on voit mal pourquoi l'article 619 C. civ. ne s'appliquerait qu'en partie, si la durée du droit de jouissance spéciale n'est pas limitée dans le temps). Ainsi, si le droit de jouissance spéciale était conféré à une personne physique, il conviendrait de lui appliquer les règles relatives à l'usufruit consenti aux personnes physiques (art. 617 C. civ. : « *[l]'usufruit s'éteint : Par la mort de l'usufruitier ; Par l'expiration du temps pour lequel il a été accordé ; Par la consolidation ou la réunion sur la même tête, des deux qualités d'usufruitier et de propriétaire ; Par le non-usage du droit pendant trente ans ; Par la perte totale de la chose sur laquelle l'usufruit est établi* » et art. 618 C. civ. : « *[l]'usufruit peut aussi cesser par l'abus que l'usufruitier fait de sa jouissance, soit en commettant des dégradations sur le fonds, soit en le laissant dépérir faute d'entretien* (...) »). Ainsi qu'on l'a relevé, « [l]'alignement de la durée du droit d'usage sur la durée de l'usufruit (C. civ., art. 625) résulte de la valeur référentielle de l'organisation légale du rapport au temps du droit de jouissance générale » (Th. Revet, obs. préc. ; comp. W. Dross, obs. préc.). Il reste que la question est discutée, tout spécialement, lorsqu'il s'agit de se demander s'il est possible de concéder à une personne morale un droit de jouissance spéciale de plus de trente ans (v. notamment Th. Revet, obs. préc. : « [l]'arrêt du 28 janvier 2015 ne dit pas que dans tous les cas où un propriétaire consent à une personne morale un droit réel de jouissance spéciale, cette prérogative, parce qu'elle ne peut être perpétuelle, s'éteint dans les conditions prévues par les articles 619 et 625 du Code civil : il dit que "si" le droit réel de jouissance spéciale "n'est pas limité dans le temps par la volonté des parties, il ne peut être perpétuel et s'éteint dans les conditions prévues par les articles 619 et 625 du Code civil". De là s'évince l'acceptation prétorienne des durées conventionnelles plus longues que trente ans, du moment qu'elles n'équivalent pas à une stipulation directe de perpétuité, une telle équivalence ne paraissant pas devoir résulter, pour la troisième chambre civile, du seul fait qu'un droit réel de jouissance spéciale ait été consenti à une personne morale pour une durée supérieure, ou possiblement supérieure, à trente ans. »). Et sur toutes ces questions, v. L. Andreu et N. Thomassin, « Précision jurisprudentielle sur la durée du droit de jouissance spéciale (Rejet de la perpétuité !) », *Rép. Defr.* 2015, p. 419.

d'un étang ou d'une partie d'une forêt), ou bien quant aux deux (droit de pêcher dans une partie d'un étang, droit de chasser dans une partie d'une forêt)[19].

En troisième lieu, le droit de jouissance spéciale doit être **mis en perspective avec les servitudes**. Notamment, le droit de jouissance spéciale devrait permettre *d'assujettir un fonds à une personne*, ce que ne permet pas une servitude[20] : le propriétaire d'un fonds pourra ainsi autoriser une compagnie d'électricité à installer un réseau de distribution sur son terrain ou encore autoriser autrui à faire paître des animaux sur son fonds, hypothèses dans lesquelles une servitude ne peut être reconnue, faute de fonds dominant[21]. On peut voir là un argument supplémentaire en vue de limiter dans le temps la durée des droits de jouissance spéciale.

236. APRDB. La consécration d'un droit de jouissance spéciale en jurisprudence prend source dans l'APRDB. Il y est en effet prévu que « [l]e propriétaire peut consentir, sous réserve des règles d'ordre public, un ou plusieurs droits réels conférant le bénéfice d'un usage spécial ou d'une jouissance spéciale d'un ou plusieurs de ses biens » (art. 608 al. 1). Il s'agit d'un diminutif de l'usufruit quant à son objet, encore qu'il ne soit pas, comme les droits d'usage et d'habitation, limité aux besoins personnels du titulaire ou ceux de sa famille. Son régime est calqué sur celui de l'usufruit, quant à son régime[22] et sa durée[23] sachant que, dans le souci de ne pas permettre de démembrement perpétuel, l'APRDB la limite à trente ans.

237. Pouvoir de la volonté et ordre public (*numerus clausus* ?). *Jurisprudence relative aux droits réels accessoires*. En indiquant que « *[l]es biens du débiteur sont le gage commun de ses créanciers ; et le prix s'en distribue entre eux par contribution, à moins qu'il n'y ait entre les créanciers des causes* ***légitimes*** *de préférence* » (nous soulignons), l'article 2285 C. civ. laisse implicitement[24] entendre que seule la loi peut créer un droit de préférence. C'est à tout le moins l'interprétation qu'en a faite la Cour de cassation, laquelle estime qu'« aucune cause de préférence ne peut, par dérogation au principe d'égalité, exister qu'en vertu d'une disposition de la loi »[25]. La réforme opérée en 2006 du droit des sûretés conforte la règle du *numerus clausus* : lorsque l'article 2329 C. civ. énonce que « *[l]es sûretés*

19. Si, *stricto sensu*, il n'est que des démembrements économiques et non spatiaux, et que le droit de jouissance spéciale tient sa spécialité de l'éclatement des prérogatives qu'il confère, il n'en demeure pas moins que la frontière est ténue entre un droit non démembré mais limité dans son assiette et un droit démembré quoique non limité dans son assiette. C'est le cas notamment du « *droit de crû et à croître* ».
20. V. *supra*, nº 183.
21. *Ibid.*
22. Art. 609 : « *[l]e droit réel de jouissance spéciale s'établit de la même manière que l'usufruit. (al. 1) Il est exercé dans le respect de la destination normale du bien. (al. 2)* » ; art. 610 : « *[l]e titulaire d'un droit réel de jouissance spéciale bénéficie des droits mentionnés aux articles 582 à 585 et supporte les obligations mentionnées aux articles 586 à 588 et 590* ».
23. Art. 611 : « *[l]e droit réel de jouissance spéciale s'éteint* :
– par l'expiration du temps pour lequel il a été consenti, lequel ne peut excéder trente ans ;
– par la réunion dans le même patrimoine des deux qualités de bénéficiaire de la jouissance spéciale et de propriétaire ;
– par le non-usage pendant une durée déterminée, le cas échéant, par la convention ;
– par la perte totale de la chose sur laquelle il a été établi ».
24. Il appartient au législateur, non aux parties, de déterminer ce qui est ou non légitime. Il eut cependant été plus clair de remplacer le terme « légitime » par « légale ».
25. Civ. 31 mai 1880, *DP* 1880, 1, p. 271. *Adde* Civ. 12 février 1923, *DP* 1924, 1, p. 129 : « un créancier ne peut être payé par préférence aux autres que s'il existe à son profit une hypothèque ou un privilège, constitué et conservé conformément à la loi ».

sur les meubles sont : 1° Les privilèges mobiliers ; 2° Le gage de meubles corporels ; 3° Le nantissement de meubles incorporels ; 4° La propriété retenue » et l'article 2373 C. civ., que « *les sûretés sur les immeubles sont les privilèges, le gage immobilier et les hypothèques* » et que « *la propriété de l'immeuble peut également être retenue* », la liste semble limitative. Le *numerus clausus* se justifie ici[26], car la liberté de constituer des sûretés n'aggrave pas tant la situation du constituant que celle de ses autres créanciers[27]. Il reste que la diversité des sûretés réelles est telle qu'elle prive dans une large mesure la question du *numerus clausus*, les difficultés concernant pour l'essentiel l'admission de propriétés-sûretés en dehors des hypothèses prévues par la loi[28].

238. Pouvoir de la volonté et ordre public (*numerus clausus* ?). *Bilan*. Il ne faudrait pas conclure que la liberté en matière de droits réels principaux est totale, cependant que la liberté en matière de droits réels accessoires est nulle. D'une part, les droits réels principaux, hors la propriété, ne peuvent en principe qu'être constitués à titre temporaire. D'autre part, la volonté[29] permet de conférer à des créanciers des avantages comparables à ceux qu'offrent des sûretés : il est notamment possible pour le débiteur de s'engager à ne pas conclure de sûreté ou de sûreté nouvelle au profit d'un tiers ou de ne pas aliéner tel bien (on parle parfois de « sûreté négative »), les créanciers privilégiés peuvent échanger leur rang[30], un créancier chirographaire peut s'engager à se faire payer après tous les autres, et un créancier

Le juge ne peut davantage créer de droits de préférence (Req. 18 mai 1831, *GAJC*, t. 2, n° 302 : « tout privilège en général [...] doit être strictement restreint dans les cas expressément spécifiés par les actes législatifs qui l'ont établi, et il n'est pas permis de l'étendre à d'autres cas, par voie d'analogie ».

26. Le *numerus clausus* apparaît encore plus justifié en matière de propriétés-sûretés qu'à l'égard des sûretés réelles traditionnelles dans la mesure où leur effet aggrave encore plus la situation des autres créanciers (sur la question, V. Ch. Gijsbers, *Sûretés réelles et droit des biens*, th. Panthéon-Assas (Paris II), 2012, n° 361 s.).

27. V. *supra*, n° 234.

28. La propriété d'un bien, notamment d'une créance, peut-elle être cédée à titre de garantie en dehors des hypothèses prévues par la loi (cession Dailly, clause de réserve de propriété, fiducie-sûreté, etc.) ? Les intérêts tiendraient à contourner les exigences posées pour la réalisation des sûretés-propriétés nommées (formalisme, formalités, qualités du créancier pour la fiducie). Sous l'empire du droit antérieur à la réforme de 2006, la Cour de cassation avait estimé qu'« en dehors des cas prévus par la loi, l'acte par lequel un débiteur cède et transporte à son créancier, à titre de garantie, tous ses droits sur des créances, constitue un nantissement de créance » (Com. 19 décembre 2006, *Bull. civ.* IV, n° 250, *D.* 2007, p. 344, note Ch. Larroumet, *JCP* E 2007, p. 1131, obs. D. Legeais, *Rép. Defr.* 2007, p. 448, obs. E. Savaux, *RTD civ.* 2007, p. 160, obs. P. Crocq), fermant ainsi la voie, en droit commun, de la cession de créance à titre de garantie. Cette solution a été réaffirmée par la Cour de cassation, se prononçant toujours sous l'empire du droit ancien (Com. 26 mai 2010, *Bull. civ.* IV, n° 94 : la cour d'appel « avait relevé que la cession des loyers faite par la société Fideux à la société GOBTP en garantie du remboursement du prêt consenti a été signifiée au locataire conformément aux dispositions de l'article 1690 C. civ., de sorte que la société GOBTP avait la qualité de créancier nanti », *D.* 2010, p. 2201, note N. Borga ; *D.* 2011, p. 406, obs. P. Crocq, *RDC* 2010, p. 1338, obs. A. Aynès, *RTD civ.* 2010, p. 597, obs. P. Crocq, *RTD com.* 2010, p. 595, obs. D. Legeais, *ibid.*, p. 601, obs. B. Bouloc). Néanmoins, la décision semble reconnaître que le droit du créancier sur les créances nanties résisterait à la procédure collective du constituant (mais ce serait là l'effet du nantissement de créance et non celui d'une sûreté innommée).

29. Ph. Dupichot, *Le pouvoir des volontés individuelles en droit des sûretés*, préf. M. Grimaldi, éd. Panthéon-Assas, 2003 ; du même auteur, « Regards sur le pouvoir de la volonté en droit des biens et des sûretés », in *Le patrimoine au XXIe siècle. Regards croisés franco-japonais*, Société de législation comparée, t. 12, 2012, p. 367 s.

30. Civ. 3e, 23 janvier 1973, *Bull. civ.* III, n° 69, *RTD civ.* 1975, p. 478, note Cl. Giverdon : « la cession d'antériorité, convenue entre les créanciers hypothécaires, n'agit entre eux, sans pouvoir modifier

privilégié peut renoncer par avance à son droit de suite à l'encontre du tiers-acquéreur pourvu que ce dernier paye directement le prix entre les mains du notaire ou du prêteur[31].

239. Plan. La question du *numerus clausus* des droits réels a permis de mettre en lumière l'esprit différent qui anime les droits réels principaux et les droits réels accessoires. Dans le cadre d'un ouvrage consacré au droit des biens, on insistera sur les droits réels principaux (Section 1) en se contentant d'observations générales au sujet des droits réels accessoires (Section 2).

Section 1
Les droits réels principaux

240. Propriété *v.* droits réels sur la chose d'autrui. Les droits réels principaux sont ceux qui confèrent à leur titulaire un pouvoir direct sur un bien. Au sein de ces droits, il est une distinction essentielle à faire entre le droit de **propriété** d'une part, et les **droits réels sur la chose d'autrui** d'autre part. Seule la propriété confère à son titulaire le droit de profiter par principe de *toutes les utilités disponibles* de celle-ci et d'en profiter pour une *durée illimitée*[32]. Au contraire, les droits réels sur

---

les droits ou les obligations des autres créanciers, ni du débiteur ou de ses coobligés, ni des tiers ; qu'elle n'opère donc que dans la limite de la plus faible des créances ».

31. Civ. 3e, 10 novembre 1999, *Bull. civ.* III, n° 214, RDI, p. 227, obs. Ph. Théry, *JCP* E 2000, 1708, obs. Ph. Delebecque : « ayant constaté (...) que les conventions de crédit comportaient une stipulation pour autrui au profit des acquéreurs des lots, la banque Sofal s'engageant à ne pas exercer ses droits hypothécaires à l'encontre des acquéreurs justifiant avoir satisfait aux obligations leur incombant en vertu de leur acte d'acquisition et relevé que la condition mise à l'engagement de la banque avait été exprimée dans l'acte de vente du lot sous la rubrique "dispositions concernant le prix, 2° lieu de paiement" par la mention que toutes les sommes dues par les acquéreurs devraient être versées soit en la comptabilité du notaire soit par versement à l'ordre de la banque, la cour d'appel, qui a ainsi retenu l'existence d'une obligation personnelle des acquéreurs, a pu en déduire que ces derniers devaient verser à la banque la somme payée à tort directement à la SCI ». Comme le relève M. Théry, on est en présence « d'une opération dans laquelle s'entremêlent obligations personnelles et obligation *propter rem*. Au titre des obligations personnelles, le [vendeur] est débiteur [du prêteur] et créancier des acquéreurs. À titre hypothécaire, [le prêteur] dispose du droit de suite contre les acquéreurs (...) à la condition que l'acquéreur paye le prix selon les modalités imposées par [le prêteur], il ne sera pas tenu hypothécairement. La particularité de cette stipulation pour autrui, par laquelle la banque renonce à exercer ses droits hypothécaires contre les acquéreurs, est d'être assortie d'une charge pour ces derniers : l'obligation de respecter les modalités de paiement du prix. La jurisprudence admet qu'une stipulation pour autrui puisse être assortie d'une charge à la condition que cette obligation ait été acceptée par le bénéficiaire de la stipulation (...). En l'espèce, cette acceptation n'était pas douteuse, puisque la clause avait été reproduite dans les actes de vente. L'acquéreur qui y a consenti se trouve alors devant une alternative. Ou il s'acquitte de l'obligation personnelle contractée envers la banque, ce qui le prémunit contre une action hypothécaire. Ou (...) il effectue un paiement dépourvu de caractère libératoire. Il reste alors tenu à un double titre : à titre hypothécaire, parce qu'il n'a pas respecté l'engagement à l'exécution duquel était subordonnée la mainlevée ; à titre personnel, parce qu'il ne s'est pas libéré de l'obligation qu'il a accepté d'assumer envers le prêteur ».

32. Il reste que droit de propriété s'éteindra si le bien qui en forme l'assiette vient à disparaître, que cette disparition soit *matérielle* (v., par ex., pour l'usufruit, l'article 617 al. 5 C. civ. : « *[l]'usufruit s'éteint : (...) par la perte totale de la chose sur laquelle l'usufruit est établi.* »), sauf cas de subrogation réelle, ou *juridique*, si la chose est retirée du commerce.

la chose d'autrui ne confèrent, pour une *durée limitée*, que *certaines des utilités disponibles*. Par où l'on voit que le propriétaire a toujours vocation à retrouver la pleine jouissance de son bien lorsque les droits des tiers s'éteindront.

241. Plan. On envisagera successivement le droit de propriété (Sous-section 1), et, au sein des droits réels sur la chose d'autrui, ceux qui sont réglementés par le Code civil : l'usufruit (Sous-section 2) et les droits d'usage et d'habitation (Sous-section 3).

Au-delà du Code civil, le **droit commercial** reconnaît des droits réels au titulaire d'un bail à construction[33] et à réhabilitation[34], le **droit rural** en reconnaît au titulaire d'un bail emphytéotique[35] et le **droit forestier** s'intéresse à de nombreux droits réels très spéciaux tels que les droits de pâturage[36], de panage[37], de pacage[38] et de glandée[39], qui permettent de faire paître ses bestiaux, et le droit d'affouage[40], qui

33. Art. L. 251-1 s. CCH ; spéc. art. L. 251-3 al. 1 CCH : « *[l]e bail à construction confère au preneur un droit réel immobilier* ».

34. Art. L. 252-1 s. CCH ; spéc. art. L. 252-2 al. 1 CCH : « *[l]e preneur est titulaire d'un droit réel immobilier* ».

35. Art. L. 451-1 C. rur. et pêch. mar. : « *[l]e bail emphytéotique de biens immeubles confère au preneur un droit réel* ».

36. Défini par le Trésor de la langue française comme le « *droit de faire paître le bétail dans un lieu* ». S'agissant en premier lieu des bois et forêts de l'État, d'après l'article L. 213-24 nouv. C. for., « *[l]e pâturage des bovins, ovins, équidés et porcins ainsi que l'utilisation des aires apicoles peuvent être concédés s'il n'en résulte aucun inconvénient pour la gestion forestière du fonds.* (al. 1) *La concession est prononcée, après publicité, soit de gré à gré, soit, à défaut, avec appel à la concurrence dans les conditions prévues à l'article L. 213-6, après avis d'une commission composée de représentants de l'Office national des forêts et d'exploitants agricoles. La concession peut être pluriannuelle* (al. 2) (...) ».
S'agissant en second lieu des bois et forêts des collectivités territoriales et de certaines personnes morales, d'après l'article L. 214-12 nouv. C. for., « *[l]e pâturage des porcins, des bovins, des équidés ou des ovins, lorsqu'il n'est pas réservé au troupeau commun des habitants, peut être concédé après publicité, soit de gré à gré, soit, à défaut, selon les procédures prévues à l'article L. 214-6 sur décision de la collectivité ou autre personne morale propriétaire et aux conditions techniques arrêtées par une commission composée de représentants de l'Office national des forêts et d'exploitants agricoles (...)* ».

37. Défini par le *Trésor de la langue française* comme le « droit pour les habitants d'une commune propriétaire de forêts, pour les usagers ou les adjudicataires de ce droit de faire pâturer des porcs en forêt pour y consommer les fruits des arbres forestiers ». D'après l'article L. 214-9 nouv. C. for., « *[l]a durée du panage (...) ne peut excéder trois mois* ».

38. Défini par le *Trésor de la langue française* comme le « droit de mener paître des bestiaux sur certains fonds ». D'après l'article L. 214-8 nouv. C. for., « *[l]es chemins par lesquels les bestiaux doivent passer pour aller au pâturage et au panage et en revenir sont désignés par l'Office national des forêts.* (al. 1) *Si ces chemins traversent des taillis ou des recrûs de futaie justifiant une mise en défens, des fossés suffisamment larges et profonds ou toute autre clôture pour empêcher les bestiaux de s'introduire dans les bois et forêts peuvent être réalisés, selon les indications de l'Office national des forêts et à frais partagés entre les titulaires du droit d'usage et l'office* (al. 2) ».

39. Défini par le Trésor de la langue française (« *droit de glandage* ») comme le « droit de ramasser les glands ou de conduire ses porcs dans une forêt pour qu'ils se nourrissent de glands ». D'après l'article L. 214-9 nouv. C. for., « *[l]a durée (...) de la glandée ne peut excéder trois mois* ».

40. Défini par le Trésor de la langue française (« *droit d'affouage* ») comme le « droit accordé aux habitants d'une commune de pratiquer certaines coupes de bois de chauffage sur les biens communaux ». Le droit d'affouage permet aux habitant d'une commune, à certaines conditions, de se faire attribuer du bois appartenant à la commune – et non privativement aux habitants – pour leur usage domestique. Aux termes de l'article L. 243-1 C. for., « *[p]our chaque coupe des bois et forêts appartenant à des communes et sections de commune, le conseil municipal [notamment] peut décider d'affecter tout ou partie du produit de la coupe au partage en nature entre les bénéficiaires de l'affouage pour la satisfaction de leur consommation rurale et domestique. Ces bénéficiaires ne peuvent pas vendre les bois qui leur ont été délivrés en nature (...)* ». Et v. Cons. const., 8 avril 2011, déc.

permet de prélever du bois pour se chauffer. Des règles particulières existent lorsque ces droits s'exercent sur des bois et forêts appartenant à des particuliers[41]. En revanche, aucun droit d'usage ne peut plus être concédé dans les bois et forêts relevant du régime forestier[42].

242. APRDB. L'APRDB distingue, d'un côté, la propriété, la possession et la détention (Titre III) et, d'un autre, les démembrements de la propriété (Titre IV). Le titre portant sur les démembrements de la propriété contient cinq chapitres consacrés à l'usufruit, au droit d'usage et de l'habitation, aux droits réels conférés par les baux, au droit réel de jouissance spéciale et aux servitudes[43]. Structurellement, l'APRDB innove en faisant référence aux droits réels conférés par les baux[44] et surtout en consacrant un droit réel de jouissance spéciale[45].

---

n° 2011-118 QPC : le requérant faisait valoir que l'article L. 2411-12-1 CGCT qui énonce les conditions du transfert à la commune des biens, droits et obligations d'une section de communes, ne prévoit aucune indemnisation des membres de la section de commune en cas de transfert de propriété de ses biens ou droits à la commune et que, ce faisant elle porterait atteinte au droit de propriété garanti par les articles 2 et 17 de la Déclaration des droits de l'homme et du citoyen de 1789. Le Conseil répond que « selon l'article L. 2411-1 du Code général des collectivités territoriales, une section de commune est une personne morale de droit public possédant à titre permanent et exclusif des biens ou des droits distincts de ceux de la commune ; qu'en vertu de l'article L. 2411-10 du même code, les membres de la section ont, dans les conditions résultant soit des décisions des autorités municipales, soit des usages locaux, la jouissance de ceux des biens de la section dont les fruits sont perçus en nature ; qu'ainsi, ils ne sont pas titulaires d'un droit de propriété sur ces biens ou droits ; que, par suite, doit être rejeté comme inopérant le grief tiré de ce que le transfert des biens d'une section de commune porterait atteinte au droit de propriété de ses membres » (considérant n° 4). Pas plus, estime-t-il, cette disposition ne porte atteinte à l'article 16 (considérant n° 8).

41. D'après l'article L. 314-2 nouv. C. for., « *[l]es droits de pâturage, parcours, panage et glandée dans les bois et forêts des particuliers ne peuvent être exercés que dans les parcelles que l'administration chargée des forêts n'a pas considéré justifier une mise en défens et en fonction de l'état et de la possibilité des bois et forêts qu'elle a constatés.* (al. 1) *Les chemins par lesquels les bestiaux doivent passer pour aller au pâturage et pour en revenir sont désignés par le propriétaire.* (al. 2) »

42. D'après le Code forestier, relèvent principalement du régime forestier « 1° Les bois et forêts qui appartiennent à l'État, ou sur lesquels l'État a des droits de propriété indivis ; 2° Les bois et forêts susceptibles d'aménagement, d'exploitation régulière ou de reconstitution qui appartiennent aux collectivités et personnes morales suivantes, ou sur lesquels elles ont des droits de propriété indivis, et auxquels ce régime a été rendu applicable dans les conditions prévues à l'article L. 214-3 : a) Les régions, la collectivité territoriale de Corse, les départements, les communes ou leurs groupements, les sections de communes ; b) Les établissements publics ; c) Les établissements d'utilité publique ; d) Les sociétés mutualistes et les caisses d'épargne » (art. L. 211-1 nouv. C. for.).
Ainsi, « [i]l ne peut être fait dans les bois et forêts de l'État aucune concession de droit d'usage de quelque nature et sous quelque prétexte que ce soit » (art. L. 241-1 nouv. C. for. ; par ailleurs « [n]e sont admis à exercer un droit d'usage quelconque, dans les bois et forêts de l'État, que ceux dont les droits étaient le 31 juillet 1827 reconnus fondés soit par des actes du gouvernement, soit par des jugements ou arrêts définitifs ou reconnus tels par suite d'instances administratives ou judiciaires engagées devant les tribunaux dans le délai de deux ans à dater du 31 juillet 1827 par des usagers en jouissance à ce moment » (art. L. 241-2 nouv. C. for.). Cette disposition est également applicable aux bois des collectivités et autres personnes morales (art. L. 242-1 nouv. C. for.).

43. L'APRDB fait le choix de traiter les servitudes comme des démembrements, alors pourtant qu'il n'est pas tant question d'un droit d'une personne sur un bien mais d'un rapport entre deux biens.

44. Art. 607 : « *[d]es droits réels sur le sol peuvent être conférés par certains contrats, tels les baux emphytéotiques ou à construction. (al. 1) Ces droits, cessibles et susceptibles d'hypothèque, confèrent à leurs titulaires, pendant la durée du contrat, la propriété des constructions ou plantations ou installations dont ils autorisent la réalisation. (al. 2) Ils sont régis par les lois qui les instituent. (al. 3)* ».

45. Art. 608 s.

Sous-section 1
Le droit de propriété

243. Aperçu historique. ***Droit romain***. À Rome, au fil des époques, la conception de la propriété évolue considérablement.

À l'origine, à côté de la *propriété quiritaire*, véritable propriété réservée à certaines personnes et peut-être à certaines choses, vont apparaître des propriétés atténuées, comme la *propriété prétorienne*[46], la *propriété pérégrine* ou la *propriété des fonds provinciaux*[47]. La propriété quiritaire est moins envisagée comme un rapport *juridique* que comme un rapport *matériel* traduisant la mainmise des hommes sur les choses qui leur sont utiles. Cette conception matérialiste de la propriété conduit à envisager la propriété non pas tant comme un *droit* dont les contours seraient définis, et donc limités, par le droit, mais comme une *chose* dont le propriétaire fait ce qu'il veut. Le propriétaire n'est pas titulaire d'un *jus in re*, il a la *plena in re potestas*[48] : il n'est pas titulaire d'un droit, mais d'une liberté[49]. Ainsi qu'on l'a relevé, les romains « ne disent pas : *j'ai la propriété de ce fonds*, mais bien : *ce fonds est à moi* »[50].

Au Bas-Empire, Justinien soumet la propriété à des règles uniformes, consacrant un rapprochement des différentes formes de propriété qui existaient jusque-là, à la suite notamment de la disparition du droit prétorien, de la suppression de la classe des pérégrins déditices, et de l'alignement des régimes des fonds italiques et provinciaux[51]. Cet alignement vers le haut des propriétés « atténuées » va toutefois être contrebalancé par des limitations plus importantes apportées au droit de propriété en général : des moyens de lutte contre le mésusage sont adoptés (les terres laissées en friches peuvent être exploitées par d'autres), des règles d'occupation des sols sont élaborées (interdiction de construire des bâtiments au-delà d'une certaine hauteur), l'expropriation en cas de nécessité publique est possible dans certains cas (exécution de travaux de défense d'une ville), etc. Bref, on retrouve ici la préfiguration de ce que sera la propriété en 1804, après un long sommeil sous l'Ancien Droit.

244. Aperçu historique. ***Ancien Droit. Propriété immobilière.*** Sous l'Ancien Droit, surtout à l'époque féodale, la propriété immobilière est envisagée de manière très différente qu'à Rome. L'immeuble fait l'objet d'appropriations simultanées[52] ou,

46. À la fin de la République, le prêteur a néanmoins protégé certaines personnes qui n'avaient pas acquis la propriété quiritaire, mais qui méritaient de conserver leur chose. D'après R. Monier, cette propriété est reconnue à celui qui s'est vu remettre par simple tradition et non par mancipation ou *in jure cessio* une *res nec mancipi*, à celui qui a acquis un bien en vertu d'une décision du prêteur, d'un sénatus-consulte, ou d'une constitution impériale, etc. (n° 263).

47. Sur celles-ci, v. R. Monier, n° 263 s.

48. Justinien, *Institutes*, L. 2, T. 4, 4 : « [l]orsque l'usufruit est fini il retourne à la propriété, et dans ce cas celui qui n'avait que la nue-propriété de la chose acquiert une propriété pleine et entière [*plenam in re habere postetatem*] » (trad. H. Hulot). En comparaison, ceux qui n'ont sur la chose que le pouvoir de retirer certaines des utilités sont titulaires de droits (*jura*) (A.-M. Patault, n° 71).

49. On retrouve d'ailleurs dans le Code civil cette idée que la propriété renvoie tantôt au rapport entre une personne et une chose (art. 544 C. civ. : « *[l]a propriété est le droit de jouir et disposer des choses (...)* ») et tantôt à la chose elle-même (art. 545 C. civ. « *[n]ul ne peut être contraint de céder sa propriété (...)* »).

50. R. Le Barrois d'Orgeval, « Du "dominium" ou droit de propriété en droit romain », th. Paris, impr. de F. Malteste, 1868, p. 1.

51. R. Monier, n° 267.

52. V. l'exemple pris par R. Libchaber, *in* « La recodification du droit des biens », *Le Code civil, 1804-2004, Livre du bicentenaire*, Dalloz-Litec, 2005, p. 297 s., n° 51 : « une clairière forestière

plus exactement, les utilités que procure l'immeuble sont réparties entre plusieurs personnes. L'immeuble n'est pas appréhendé comme un bien approprié par une seule personne, mais comme une somme d'utilités susceptibles d'être réparties entre plusieurs personnes : l'un habite un moulin, un autre l'exploite, un autre encore perçoit des redevances. La pluralité d'emprises sur un même bien se vérifie à plusieurs égards. En premier lieu, les **seigneurs** disposent, si on laisse de côté les terres libres[53], d'importantes prérogatives sur les immeubles : ils concèdent des terres en contrepartie de fidélité et de services nobles – les *fiefs*, concédés à des vassaux – ou en contrepartie d'une soumission et de redevances économiques – les *censives*, concédées à des roturiers. D'un côté, le vassal jouit des utilités du *fief*, et pourra, avec le temps, le transmettre à cause de mort[54] puis l'aliéner entre vifs[55], en contrepartie de quoi il doit au seigneur des services et est tenu de conserver le bien dans l'état dans lequel il a été reçu. D'un autre côté, le roturier jouit lui aussi des utilités de la *censive* qu'il cultive, et gagnera également le droit de le transmettre à cause de mort[56] et de l'aliéner entre vifs[57], en contrepartie de quoi il est tenu de verser une redevance annuelle au seigneur (le cens) en même temps qu'il est tenu de lui obéir[58]. En deuxième lieu, la **famille** profite également d'importantes prérogatives sur les immeubles. Jusqu'au XIIIe siècle, l'aliénation entre vifs est soumise à l'accord des proches parents (*laudatio parentum*) ou à un droit de préemption qui leur est reconnu. Et jusqu'à la Révolution, le retrait lignager permettra aux membres de la famille de se substituer à l'acquéreur d'un immeuble dans le délai d'un an et un jour, en lui remboursant le prix de la vente[59]. En troisième lieu, les **habitants d'un même village** disposent enfin eux aussi de

nouvellement défrichée ne doit pas être considérée comme appropriée, car elle n'est à aucun titre éligible au rang de bien : au lieu que l'ensemble de ses utilités potentielles soient réunies entre les mains d'un propriétaire, elles sont concrètement dispersées aux quatre vents, appréhendées par les personnes les plus diverses. Tel aura le droit d'en cultiver une partie, et tel autre de construire une habitation sur le reste ; un troisième pourra poser des ruches à miel dont les abeilles l'enrichiront grâce à la forêt environnante, tandis qu'un quatrième installera un pigeonnier dont les oiseaux picoreront les semences, mais fertiliseront en retour les champs ; et quand le cultivateur aura moissonné, il quittera le champ en laissant le résultat d'un imparfait travail à celui qui aura reçu le droit de glaner ; quelques mois après, le regain appartiendra encore à un autre, tout aussi précisément institué que les précédents ; enfin quand le regain aura été moissonné, par l'effet de solidarités villageoises, une ou plusieurs personnes utiliseront légitimement la surface cultivable à titre de pâture. Au total, une clairière sans propriétaire exclusif, mais dont les utilités, dénommées saisines, auront été étonnamment distribuées ; et un ensemble de bénéficiaires, chacun titulaire d'une saisine qui est pour lui source d'enrichissement au quotidien, et une richesse propre en ce qu'elle se transmet à ses héritiers ».

53. Les « alleux », terres libres d'une emprise seigneuriale.
54. Le seigneur perçoit des droits en cas de transfert à cause de mort.
55. Toutefois, en raison des liens personnels entre le vassal et le seigneur, le vassal qui vend son fief doit faire agréer le cessionnaire par le seigneur. En cas d'agrément, le seigneur perçoit une somme correspondant à une fraction de la valeur du bien vendu ; en cas de refus d'agrément, le seigneur exerce le *retrait féodal* en payant au cédant le prix qui était convenu avec le cessionnaire.
56. Des droits sont au départ perçus par le seigneur, qui disparaîtront au XIIIe siècle (J.-Ph. Lévy et A. Castaldo, n° 212).
57. Le seigneur perçoit là encore une somme correspondant à une fraction de la valeur du bien vendu. Dans certaines coutumes, le seigneur dispose d'un droit de *retrait censuel* lorsque le roturier projette de vendre sa censive.
58. Cette obligation forte d'obéissance est contrebalancée par la faculté offerte au tenancier de *déguerpir* : en abandonnant sa terre, il échappera à ses obligations envers le seigneur.
59. Au-delà, et plus radicalement, le Moyen Âge voit se développer plusieurs formes de propriété collective familiale de l'immeuble : les membres de la famille, voire des étrangers – on parle alors de « fraternité artificielle » – s'associent contractuellement pour vivre ensemble au sein d'une exploitation, laquelle est dirigée par un chef désigné. Et v. A.-M. Patault, n° 50.

certaines prérogatives sur les terres : le droit de vaine pâture, par exemple, autorise les villageois, une fois les récoltes enlevées et jusqu'aux premiers labours, à faire paître leurs bêtes sur l'ensemble des terrains du terroir[60]. En somme, et essentiellement en raison de l'emprise seigneuriale sur les terres, il est difficile de parler de véritable « propriété » à cette époque. Jusqu'au XIIIe siècle, on parle d'ailleurs davantage de « saisine » que de « propriété »[61]. Toutefois, avec la redécouverte du droit romain à compter du XIe siècle, les romanistes vont tenter d'assimiler le tenancier d'une terre, qu'il soit *vassal* ou *roturier*, à un véritable propriétaire, mais dont le droit se limiterait à une *propriété utile*, par opposition à la *propriété éminente* du seigneur[62]. C'est là « reconnaître formellement l'existence de deux propriétés superposées sur le même bien, portant chacune sur une utilité différente »[63]. Au fil du temps, les qualificatifs d'« utile » et d'« éminente » vont peu à peu être supprimés, chacun étant « propriétaire » d'une série des utilités qu'offre l'immeuble. L'assiette de la propriété qui se trouve bouleversé : celle-ci ne porte non plus vraiment sur la chose, mais sur telle ou telle utilité qu'elle procure. C'est dans cette logique qu'au XIVe siècle, Bartole affirme que « quiconque a un droit est dit propriétaire de son droit »[64] : par exemple, l'emphytéote est propriétaire de son emphytéose et l'usufruitier, de son usufruit. Par le déplacement de l'assiette de la propriété, il est devenu possible de parler de propriété au sens d'une relation exclusive d'appartenance. C'est pourtant là se jouer des mots...

À compter du XVIe siècle, période au cours de laquelle se développent le commerce et l'individualisme, la faculté de disposer librement de ses biens apparaît comme aussi importante que celle d'en jouir. Peu à peu, l'emprise des seigneurs sur les tenures des vassaux et roturiers diminue et ceux-ci ne sont plus guère que des percepteurs de redevances[65] : d'une propriété simultanée, on passe progressivement à une propriété exclusive au profit du tenancier.

Il faut néanmoins attendre le XVIIIe siècle révolutionnaire pour que l'exclusivisme l'emporte : la nuit du 4 août 1789, les droits féodaux sont abolis, le décret du 15 mars 1970 supprime les *retraits féodal* et *censuel* et la loi du 19 juillet 1790, le *retrait lignager*. Mais l'on n'efface pas totalement le passé : si le droit de vaine pâture est contesté par le souffle individualiste porté par les révolutionnaires, devant les protestations villageoises, une solution de transaction est retenue, consistant à maintenir ce droit s'il résulte d'un titre ou d'un usage local immémorial et si le propriétaire n'a pas clos son terrain – à celui-ci le dernier mot...

245. Aperçu historique. ***Ancien Droit. Propriété mobilière***. Sous l'Ancien Droit encore, à la différence de la propriété immobilière, la propriété mobilière ne fait pas l'objet d'appropriations simultanées. Le meuble est lié à son propriétaire,

---

60. Ainsi se succèdent la maîtrise de l'exploitant entre le premier labour et la récolte et celle des villageois le reste du temps.

61. La saisine désigne l'envoi en possession légitime d'une personne afin qu'il tire profit des utilités de la chose (V. A.-M. PATAULT, n° 6 s.).

62. Il s'agit là « d'une construction doctrinale ingénieuse qui permet d'appliquer, "en prêt à porter", à chacune des propriétés simultanées coutumières, les mécanismes du *dominium* romain » (A.-M. PATAULT, n° 111).

63. A.-M. PATAULT, n° 73. C'est « la fameuse propriété divisée où chacun des titulaires de droits sur les différentes utilités de la chose est censé recevoir une partie de propriété » : « il n'y a plus de propriété unifiée – autrement dit, il n'y a plus de propriété » ; Th. REVET, « Le Code civil et le régime des biens : questions pour un bicentenaire », *Dr. & patr.* mars 2004, p. 20 s., spéc. p. 23.

64. BARTOLE, C. IV, 19-4.

65. A.-M. PATAULT, n° 136.

sans interférence du seigneur, de la famille et des villageois[66]. C'est ce qu'expriment certains adages du XIVe siècle : *mobilia ossibus inhaerent* – les meubles adhèrent aux os – et *mobilia sequentur personam* – les meubles suivent la personne. De cela, l'on tire plusieurs conséquences. En premier lieu, le propriétaire dispose en principe[67] librement de son meuble, sans droit de regard du seigneur ou de la famille. En deuxième lieu, seuls les meubles du débiteur répondent de ses dettes : « meubles sont sièges de dettes », en raison justement de l'absence d'intérêt familial ou seigneurial pour les meubles du débiteur[68]. Ce n'est qu'au XVe siècle que la saisie de l'immeuble sera définitivement admise par de nombreuses coutumes ; en 1539, l'Ordonnance de Villers-Cotterêts le confirme (art. 66 et 74)[69]. En troisième lieu, le meuble est soumis à la coutume du domicile de son propriétaire, et non à celle du lieu de sa situation comme c'est le cas en présence d'un immeuble[70].

246. La propriété dans le Code civil de 1804 : art. 544 C. civ. – Plan. Le Code civil de 1804 énonce à l'article 544 C. civ. que « *[l]a propriété est le droit de jouir et disposer des choses de la manière la plus absolue, pourvu qu'on n'en fasse pas un usage prohibé par les lois ou par les règlements* ». La définition retenue de la propriété révèle sa double dimension.

D'un côté, et c'est ce qu'exprime la première partie de l'article 544 C. civ. (« *[l]a propriété est le droit de jouir et disposer des choses de la manière la plus absolue (...)* »), la propriété confère à son titulaire une vocation à toutes les utilités disponibles de la chose, lesquelles sont *a priori* illimitées, et à perpétuité. Cette dimension, qui intéresse les rapports entre le propriétaire et le bien, est la **dimension individuelle** de la propriété (§ 1).

D'un autre côté, et c'est ce que révèle la seconde partie de l'article 544 C. civ. (« (...) *pourvu qu'on n'en fasse pas un usage prohibé par les lois ou par les règlements* »), la propriété, surtout la propriété immobilière, est une situation qui a de multiples incidences sur la situation d'autrui, ce qui explique qu'elle soit réglementée et donc, limitée. Comme le relevait déjà Duguit au début du XXe siècle, « la propriété (...) n'est plus dans le droit moderne le droit intangible, absolu que l'homme détenteur de la richesse a sur elle (...). Le propriétaire, c'est-à-dire le détenteur d'une richesse a, du fait qu'il détient cette richesse, une fonction sociale à remplir »[71]. Cette dimension, qui intéresse les rapports entre le propriétaire et autrui, participe d'une **dimension sociale** de la propriété (§ 2).

Même si la dimension individuelle est dotée d'une valeur principielle puisque le propriétaire est libre de faire tout (dimension individuelle) ce qu'il ne lui est pas interdit (dimension sociale), en pratique, ces deux dimensions de la propriété sont

66. A.-M. PATAULT, n° 232.

67. Il existe cependant certaines exceptions, tels certains retraits lignagers de meubles de valeur (A.-M. PATAULT, n° 236).

68. Des clauses vont cependant progressivement être stipulées et au XIVe siècle, il est fréquent de retrouver celle par laquelle le débiteur engage « tous ses biens, meubles et immeubles, présents et à venir ». Seulement, la portée d'une telle clause va susciter des hésitations : autorise-t-elle véritablement la saisie des immeubles ou ne permet-elle au créancier que d'entrer en possession et d'en faire sien les revenus ?

69. Et sur la question, v. A.-M. PATAULT, n° 235.

70. Loysel, dans ses *Institutes coutumières*, l'exprime ainsi : « le meuble suit le corps, et l'immeuble le lieu où il est assis » (A. LOYSEL, *Institutes coutumières*, L. 2, T. 1, § 221)

71. L. DUGUIT, *Les transformations générales du droit privé depuis le code Napoléon*, Felix Alcan, 1912, p. 21. L'auteur allait d'ailleurs très loin, puisqu'il considérait que « la propriété cesse d'être un droit de l'individu pour devenir une fonction sociale » (p. 148).

d'égale importance[72]. Tant et si bien que le modèle du propriétaire-souverain est aujourd'hui, s'il ne l'était auparavant déjà, un mythe[73].

§ 1. La dimension individuelle de la propriété

247. Idée générale. Les pouvoirs conférés par le droit de propriété peuvent être déterminés suivant une double approche.

Suivant une première approche, *classique* et *analytique*, forgée par les romanistes de l'Ancien Droit, le droit de propriété consiste en un faisceau d'attributs permettant de retirer les utilités de la chose : l'*usus*, le *fructus* et l'*abusus*. Cette approche du droit de propriété est cependant trompeuse en ce qu'elle laisse accroire que les pouvoirs d'un propriétaire sont limités *a priori* alors qu'ils ne le sont pas[74].

C'est pourquoi une seconde approche, *moderne* et *synthétique*, quoique traduisant un certain retour au droit romain, doit être privilégiée. Dans un célèbre article paru en 1905, le Marquis de Vareilles-Sommières, rompant avec la tradition classique régnant jusqu'alors, proposait de définir la propriété comme « le droit en vertu duquel une personne peut *en principe* tirer d'une chose tous ses services » ou encore « faire d'une chose ce qu'elle veut »[75]. Les pouvoirs d'un propriétaire sont *a priori* illimités, ce en quoi la propriété constitue l'expression la plus achevée de la domination d'une personne sur un bien.

En réalité, les deux approches ne sont nullement contradictoires. Si la seconde est scientifiquement la plus exacte en ce qu'il est vrai qu'un propriétaire ne voit pas ses pouvoirs énumérés par un catalogue, la première, pourvu qu'on lui restitue une vocation pédagogique, offre une classification des pouvoirs qui est séduisante et permet de mieux appréhender les droits réels sur la chose d'autrui à travers le prisme des démembrements[76].

248. Définition – Plan. Si l'on appréhende le droit de propriété dans sa dimension individuelle, on peut le définir comme le **droit perpétuel à toutes les utilités disponibles du bien**. On retrouve ainsi les trois arêtes de la propriété :

— l'*exclusivité* : le droit de propriété confère **toutes les utilités disponibles d'un bien** (A).

— l'*absoluité* : **toutes les utilités disponibles** du bien **ne sont pas énumérées** (B).

— la *perpétuité* : le droit de propriété n'est **pas affecté d'un terme extinctif** (C).

---

72. Il reste que cette valeur principielle n'est pas dénuée de toute portée. Il existe bien un droit de mésuser son bien, c'est-à-dire, notamment, d'en faire un usage contraire à l'intérêt particulier d'autrui ou à l'intérêt général, pourvu que l'usage ne soit pas contraire à la réglementation et qu'il ne soit pas abusif. Sur la question, v. J.-P. Chazal, « La propriété : dogme ou instrument politique ? (Ou comment la doctrine s'interdit de penser le réel) », *RTD civ.* 2014, p. 763, spéc. p. 772 s.

73. J.-P. Chazal, « La propriété : dogme ou instrument politique ? (Ou comment la doctrine s'interdit de penser le réel) », *RTD civ.* 2014, p. 763.

74. On a observé à juste titre qu'il est « difficile et inutile d'énumérer tous les services qu'il est possible de tirer des choses » (De Vareilles-Sommières, « La définition et la notion juridique de la propriété », *RTD civ.* 1905, p. 443 s., spéc. n° 10).

75. De Vareilles-Sommières, « La définition et la notion juridique de la propriété », *RTD civ.* 1905, p. 443 s., spéc. n° 1.

76. V. *infra*, n° 296 et s.

A L'exclusivité

249. Droit à toutes les utilités disponibles. L'exclusivité du droit de propriété, qui ne ressort pas expressément de la lettre de l'article 544 C. civ., est néanmoins un élément essentiel de la propriété aux yeux de la doctrine[77]. Elle signifie que le droit de propriété est le seul droit qui confère un accès à toutes les utilités qu'offre un bien, toutes les utilités disponibles : le droit de propriété est un droit à tout ce que peut offrir le bien[78]. En contrepoint, les autres droits réels, ceux qui portent sur la chose d'autrui, ne confèrent à leur titulaire que *certaines* des utilités disponibles[79]. Pour autant, il est excessif de considérer qu'« en vertu de son caractère exclusif, la propriété confère au maître de la chose un pouvoir privatif, qui l'autorise à empêcher tout autre que lui d'en retirer aucun service ni aucun avantage »[80]. De fait, tout propriétaire peut avoir à subir un droit de jouissance plus ou moins étendu à un tiers titulaire d'un droit réel (ex. : droit de l'usufruitier) voire d'un droit personnel (ex. : droit du locataire).

L'exclusivisme de la propriété doit cependant être tempéré, dans la mesure où, *indirectement*, il est possible d'éclater les utilités qu'offre la propriété par la division de son assiette. Cela se vérifie tout spécialement avec la propriété immobilière. L'accroissement de population et la recherche de la maximisation des utilités du sol ont conduit à diviser l'espace qu'occupe *un* immeuble en nature en superficies voire en volumes[81] qui confèrent des utilités qui ne sont pas toujours de même nature – en général, on n'utilise pas le sol comme le sous-sol. Il reste qu'en façade, il n'y a pas de dissociation des prérogatives sur l'immeuble – un démembrement –, mais dissociation de l'immeuble même. L'exclusivisme est sauf, puisque sur son immeuble le propriétaire bénéficie du seul droit qui permet d'en capter toutes les utilités.

250. Cas particulier des sources d'eau. Celui qui a une source dans son fonds peut toujours user des eaux à sa guise, dans les limites et pour les besoins de son héritage[82]. Néanmoins, le droit de ce dernier est assorti de plusieurs limites. *Primo*, il ne peut pas en user de manière à priver les habitants d'une commune, village ou

77. Dès le XIXe siècle, la doctrine a ajouté au caractère absolu le caractère exclusif de la propriété. V. Ch. Aubry et Ch. Rau, Cours de droit civil français d'après la méthode de Zachariae, t. II, 4e éd., 1869 § 190 : la propriété est « le droit en vertu duquel une chose se trouve soumise d'une façon absolue et exclusive à la volonté d'une personne » ; G. Baudry-Lacantinerie, *Précis de droit civil*, I, Larose et Forcel, 1884, n° 1062 : le droit de propriété est « le droit en vertu duquel une chose se trouve soumise d'une manière absolue et exclusive à la volonté et à l'action d'une personne » ; A. Colin et H. Capitant, M. Julliot de la Morandière, n° 88 : « [l]e propriétaire jouit à l'exclusion de tout autre de tous les avantages que sa chose est susceptible de procurer ; il a donc sur cette chose un pouvoir exclusif et à peu près absolu (art. 544) ».

78. *Adde* Marquis de Vareilles-Sommières, « La définition et la notion juridique de propriété », *RTD civ.* 1905, p. 443 s., spéc. p. 485 : le droit de propriété est le « droit général aux services d'une chose, c'est-à-dire le droit d'en tirer non pas certains services déterminés, non pas un groupe déterminé de services, mais tous les services sauf exceptions, la généralité des services, tous les services qui sont libres ou qui le deviendront ».

79. De Vareilles-Sommières, « La définition et la notion juridique de la propriété », *RTD civ.* 1905, p. 443 s., spéc. n° 2 : « tout autre droit réel consiste à tirer d'une chose ou bien groupe déterminé de services, ou bien un ou plusieurs services individuellement déterminés ».

80. Ch. Demolombe, *Cours de Code Napoléon*, vol. IX, 1861, n° 550.

81. V. *supra*, n° 106 et s.

82. Art. 642 al. 1 C. civ. : « *[c]elui qui a une source dans son fonds peut toujours user des eaux à sa volonté dans les limites et pour les besoins de son héritage* ».

hameau, de l'eau qui leur est nécessaire (c'est le « partage des eaux »)[83]. *Deuxio*, le propriétaire de la source ne peut pas plus en user au préjudice des propriétaires des fonds inférieurs qui, depuis plus de trente ans, ont achevé sur le fonds où jaillit la source, des ouvrages apparents et permanents destinés à utiliser les eaux ou à en faciliter le passage dans leur propriété : les propriétaires des fonds inférieurs ont prescrit un droit qui limite celui du propriétaire du fonds d'où jaillit la source[84]. *Tertio*, lorsque la source donne naissance, à sa sortie du fonds, à un cours d'eau ayant le caractère d'eaux publiques et courantes, le propriétaire ne peut les détourner de leur cours naturel au préjudice des usagers inférieurs[85].

B L'absoluité

251. Droit à tout ce qui n'est pas interdit. C'est avec emphase que l'article 544 C. civ. énonce que le droit de propriété est le droit de jouir et de disposer de la chose « *de la manière la plus absolue* ». L'emploi du superlatif accolé au terme « *absolu* » constitue une exaltation du droit de propriété que l'on retrouve chez Demolombe : « [d]roit absolu, la propriété confère au maître sur sa chose un pouvoir souverain, un despotisme complet »[86]. Si en vertu de son caractère exclusif, le droit de propriété confère *toutes* les utilités disponibles, en vertu de son caractère absolu, les utilités disponibles sont *a priori* illimitées.

Il reste, et c'est ce que révèle la dimension sociale de la propriété[87], que les prérogatives *a priori* illimitées du propriétaire peuvent être *limitées* par le droit. L'État, en légiférant, retire au propriétaire le bénéfice de certaines prérogatives, lesquelles diffèrent suivant la nature du bien approprié, l'usage de certains biens étant plus réglementé que celui d'autres. C'est ce qui fait dire à certains que la « propriété n'est pas uniforme mais multiforme, infiniment diverse et variée ; [qu'] il existe, non pas une propriété, mais des propriétés, soumises à des statuts diversifiés et spécialisés »[88].

---

83. Art. 642 al. 3 C. civ. : le propriétaire d'une source « *ne peut pas non plus en user de manière à enlever aux habitants d'une commune, village ou hameau, l'eau qui leur est nécessaire ; mais si les habitants n'en ont pas acquis ou prescrit l'usage, le propriétaire peut réclamer une indemnité, laquelle est réglée par experts* ». Et v. Civ. 3e, 14 décembre 2005, *Bull. civ.* III, n° 247 : « ayant relevé (...) qu'en dépit de l'installation d'un système public de distribution d'eau, l'eau de la source demeurait toujours une nécessité pour l'arrosage des jardins, la satisfaction des besoins quotidiens des habitants du hameau et l'abreuvage des animaux et que la source jouait un rôle essentiel dans l'équilibre de l'écosystème et dans la satisfaction des besoins humains en eau, la cour d'appel a souverainement apprécié le caractère de nécessité qu'exige l'article 642, alinéa 3, C. civ. » mais, en revanche, « le droit d'usage reconnu aux habitants d'une commune, d'un village ou d'un hameau ne comporte pas celui de pénétrer sur le fonds où jaillit la source dont les eaux leur sont nécessaires ». *Adde*, pour un partage des eaux d'une source entre différents fonds, CA Lyon, 15 novembre 1973, *D.* 1974, p. 588, note J. Prévault.

84. Art. 642 al. 2 C. civ. : « *[l]e propriétaire d'une source ne peut plus en user au préjudice des propriétaires des fonds inférieurs qui, depuis plus de trente ans, ont fait et terminé, sur le fonds où jaillit la source, des ouvrages apparents et permanents destinés à utiliser les eaux ou à en faciliter le passage dans leur propriété* ».

85. Art. 643 C. civ. : « *[s]i, dès la sortie du fonds où elles surgissent, les eaux de source forment un cours d'eau offrant le caractère d'eaux publiques et courantes, le propriétaire ne peut les détourner de leurs cours naturel au préjudice des usagers inférieurs* ».

86. Ch. Demolombe, *Cours de Code Napoléon*, vol. IX, 1861, n° 543.

87. V. *infra*, n° 257 et s.

88. L. Josserand, « Configuration de droit de propriété dans l'ordre juridique nouveau », *Mélanges juridiques dédiés à M. le professeur Sugiyama*, Association japonaise des juristes de langue française, 1940, p. 95 s., n° 10.

En définitive, en vertu de son caractère absolu, le droit de propriété permet de **faire tout ce qui n'est pas interdit par la loi** ; tout ce qui n'est pas interdit est possible, en sorte que le champ des possibilités a vocation à croître ou à décroître en fonction de l'étendue des interdictions[89].

C La perpétuité

252. Durée du droit de propriété. ***Aussi longtemps que dure le bien.*** À la différence des autres droits, réels et personnels, le droit de propriété est perpétuel en ce qu'il dure aussi longtemps que le bien qui en forme l'assiette[90]. Dans cette mesure, les *propriétés intellectuelles* ne constituent pas des exceptions à la perpétuité de la propriété. Si celles-ci disparaissent au bout d'un certain temps[91], c'est parce que les biens sur lesquels elles portent, les droits patrimoniaux, ont une durée de vie limitée : ce n'est pas la propriété, mais le bien sur lequel elle porte, qui est périssable. Autrement dit, la propriété est un **droit sans terme extinctif**[92], qui ne prend pas fin par la survenance du décès, par l'expiration de quelque durée, ou encore par le non-usage[93]. Quant à la circulation du bien, elle est en réalité une circulation du droit de propriété qui, ainsi, ne s'éteint pas. Au final, c'est essentiellement l'abandon qui met fin au droit de propriété.

253. Durée du droit de propriété. ***Cas particulier de la propriété fiduciaire.*** Les propriétés fiduciaires sont **par essence temporaires** puisque conclues pour une durée maximum de 99 ans[94]. C'est un des signes que **la propriété fiduciaire n'est pas une véritable propriété**.

---

89. Celles-ci peuvent être telles que la propriété n'ait plus de valeur : « Supposez que mon cheval soit grevé d'un usufruit au profit d'une personne jeune et bien portante : comme il est à peu près certain que l'usufruitier survivra au cheval et en épuisera toute l'utilité, la propriété, dans ce cas, est un droit moins important que l'usufruit » (De Vareilles-Sommières, « La définition et la notion juridique de la propriété », *RTD civ.* 1905, p. 443 s., spéc. n° 69). En réalité, si le propriétaire supporte, d'une part, des contraintes externes puisque son pouvoir s'exerce dans la limite de ce que les lois et règlements interdisent, il supporte également et, d'autre part, des contraintes internes, en raison des droits réels voire des droits personnels concédés sur sa chose à autrui. En cas de disparition des interdictions législatives ou réglementaires et lors de l'extinction des droits réels et personnels concédés sur la chose, le propriétaire, en raison de sa vocation à toutes les utilités sur la chose, les recouvre.

90. Marquis De Vareilles-Sommières, « La définition et la notion juridique de la propriété », *RTD civ.* 1905, p. 443 s., spéc. n° 24. Quid lorsque la chose disparaît, puis réapparaît ? La question a été posée à la Cour de cassation dans la célèbre *affaire de l'étang de Napoléon* (Cass. Ass. plén. 23 juin 1972, *Bull. Ass. plén.* n° 3, *JCP* 1973, II, 17331, note G. Goubeaux et Y. Jégouzo). En 1872, l'étang de Napoléon, propriété privée avait été réuni à la mer à la suite de la destruction du cordon littoral qui l'en séparait, par l'effet d'une tempête. Devenue baie du rivage de la Méditerranée, il avait rejoint le domaine public. En 1942, le cordon s'étant reconstitué, et l'étang s'étant retrouvé à nouveau séparé de la mer, la propriété en a été revendiquée, avec succès.

91. Les droits patrimoniaux de l'auteur ne lui survivent au profit de ses ayants droit que pour une durée de soixante-dix ans (art. L. 121-3 CPI), la protection accordée aux dessins et modèles vaut pour cinq années renouvelables dans la limite de vingt-cinq ans à compter du dépôt de la demande d'enregistrement à l'INPI (art. L. 513-1 CPI), celle des brevets d'invention, pour vint années à compter de la même date (art. L. 611-2 CPI), et celle des marques vaut pour une période de dix ans indéfiniment renouvelable (art. L. 712-1 CPI).

92. Civ. 8 juillet 1851, *DP* 1851, 1, p. 682 : « le droit de propriété ne saurait être borné par le temps ».

93. Libre d'user de son bien, le propriétaire peut *a priori* ne pas en user sans craindre de voir disparaître son droit. Il serait néanmoins concevable de reconnaître un droit d'une durée illimitée *pourvu qu*'il soit exercé.

94. Art. 2018 C. civ. : « *[l]e contrat de fiducie détermine, à peine de nullité : (...) 2° La durée du transfert, qui ne peut excéder quatre-vingt-dix-neuf ans à compter de la signature du contrat (...)* ».

254. Durée de l'action en revendication. *Imprescriptibilité*. Un corollaire de la perpétuité est l'imprescriptibilité du droit de propriété – « *le droit de propriété est imprescriptible* » (art. 2227 *in limine* C. civ.[95]) – ou plus exactement, de l'action en revendication[96]. Cette imprescriptibilité de l'action en revendication est souvent tenue pour une conséquence de ce que la propriété ne se perd pas par le non-usage : « la propriété ne se perdant pas par le non-usage, l'action en revendication, qui sanctionne et protège ce droit, peut être exercée aussi longtemps que le défendeur ne justifie pas être lui-même devenu propriétaire de l'immeuble revendiqué par le résultat d'une possession contraire, réunissant tous les caractères exigés pour la prescription acquisitive »[97].

Il reste que l'imprescriptibilité n'est que partielle : si la propriété ne se perd pas par le non-usage[98], elle s'acquiert néanmoins par l'usage qu'en ferait un tiers. Car si un tiers use pendant un temps conséquent d'un bien délaissé par son propriétaire, il y a bien là une *raison* pour le propriétaire de perdre son droit au profit d'autrui. C'est pourquoi l'article 2272 C. civ.[99] prévoit, en matière immobilière, que la possession prolongée – dix ou trente ans – d'un immeuble produit un effet acquisitif et que l'article 2276 C. civ.[100] prévoit, en matière

95. D'après l'article 2227 C. civ., « *[l]e droit de propriété est imprescriptible. Sous cette réserve, les actions réelles immobilières se prescrivent par trente ans à compter du jour où le titulaire d'un droit a connu ou aurait dû connaître les faits lui permettant de l'exercer* ». Il faut comprendre que seul le droit de propriété peut être perpétuellement revendiquer, qu'il ait pour assiette un immeuble ou un meuble (à cet égard, l'article 2224 C. civ. qui dispose que « *[l]es actions personnelles ou mobilières se prescrivent par cinq ans à compter du jour où le titulaire d'un droit a connu ou aurait dû connaître les faits lui permettant de l'exercer* » ne concerne pas l'action en revendication d'un meuble). V. notamment A.-M. Leroyer, « Réforme de la prescription civile », *RTD civ.* 2008, p. 563.

96. L'imprescriptibilité des actions en revendication avait déjà été reconnue à l'égard des immeubles (Req. 12 juillet 1905, *S.* 1907, I, p. 273, note A. Wahl, *GAJC*, t. 1, n° 68 : « la propriété ne se perdant pas par le non-usage, l'action en revendication, qui sanctionne et protège ce droit, peut être exercée aussi longtemps que le défendeur ne justifie pas être lui-même devenu propriétaire de l'immeuble revendiqué par le résultat d'une possession contraire, réunissant tous les caractères exigés pour la prescription acquisitive ») et, plus récemment, des meubles (Civ. 2e, 2 juin 1993, *Bull. civ.* I, n° 197, *RTD civ.* 1994, p. 389, obs. F. Zenati : au sujet de la revendication de tableaux, la Cour de cassation considère que « la propriété ne s'éteignant pas par le non-usage, l'action en revendication n'est pas susceptible de prescription extinctive »).

97. Req. 12 juillet 1905, *S.* 1907, I, p. 273, note A. Wahl, *GAJC*, t. 1, n° 68 : action exercée par le propriétaire sur un bien détenu par un détenteur précaire pendant plus de trente années ; Cass. Ass. plén. 23 juin 1972, *Bull. Ass. plén.*. n° 3, *D.* 1972, p. 705, concl. R. Lindon, *KCP* 1973, II, 173331, note G. Goubeaux et Y. Jegouzo, préc. ; Civ. 3e, 7 janvier 2009, *Bull. civ.* III, n° 7, *D.* 2003, p. 2304, obs. N. Reboul-Maupin, *JCP* G 2009, I, 127, obs. H. Périnet-Marquet : chemin classé en voirie communale. Et, en matière mobilière, v. Civ. 1re, 2 juin 1993, *Bull. civ.* I, n° 197, *D.* 1993, p. 306, obs. A. Robert, *D.* 1994, p. 582, obs. B. Fauvarque-Cosson, *RTD civ.* 1994, p. 389, obs. F. Zenati : collection d'objets et de tableaux de valeur.

98. Il convient de réserver encore le cas particulier des certaines propriétés incorporelles. Ainsi, le propriétaire d'une marque qui, sans justes motifs, n'en a pas un usage sérieux pendant une période ininterrompue de cinq années encourt la déchéance de son droit (art. L. 714-5 CPI).

99. « *Le délai de prescription requis pour acquérir la propriété immobilière est de trente ans.* (al. 1) *Toutefois, celui qui acquiert de bonne foi et par juste titre un immeuble en prescrit la propriété par dix ans.* (al. 2) ». Sur cette règle, v. *infra*, n° 687, 739.

100. « *En fait de meubles, la possession vaut titre.* (al. 1) *Néanmoins, celui qui a perdu ou auquel il a été volé une chose peut la revendiquer pendant trois ans à compter du jour de la perte ou du vol, contre celui dans les mains duquel il la trouve ; sauf à celui-ci son recours contre celui duquel il la tient.* (al. 2) ». Et l'article 2277 C. civ. prévoit un cas particulier : « *[s]i le possesseur actuel de la chose volée ou perdue l'a achetée dans une foire ou dans un marché, ou dans une vente publique, ou d'un marchand vendant des choses pareilles, le propriétaire originaire ne peut se la faire rendre qu'en remboursant au*

mobilière, que l'entrée en possession de bonne foi[101] produit un effet acquisitif immédiat[102].

255. Durée de l'action en revendication. ***Cas particulier des procédures collectives***. Le droit des procédures collectives, droit dérogatoire, comporte une importante exception à l'imprescriptibilité du droit de revendication aux articles L. 624-9 s. C. com.[103]. Lorsqu'un vendeur de meubles, bénéficiaire d'une clause de réserve de propriété, n'a pas été payé par l'acquéreur qui fait l'objet d'une procédure collective, la revendication doit être formée dans les **trois mois** de la publication du jugement d'ouverture[104], sauf si la clause de réserve de propriété a fait l'objet d'une publicité spéciale[105]. Cette règle s'explique par le souci des organes de la procédure collective de connaître rapidement, d'une manière ou d'une autre, le passif de l'acquéreur. Le non-respect de ces formalités est sanctionné par l'impossibilité d'opposer la clause de réserve de propriété à la procédure et d'agir en revendication. Mais le vendeur reste propriétaire[106] et pourra revendiquer le bien à la clôture de la procédure si le débiteur est remis à la tête de ses affaires et si le bien ne fait pas partie d'un éventuel plan de continuation[107].

---

possesseur le prix qu'elle lui a coûté. (al. 1) *Le bailleur qui revendique, en vertu de l'article 2332, les meubles déplacés sans son consentement et qui ont été achetés dans les mêmes conditions doit également rembourser à l'acheteur le prix qu'ils lui ont coûté* (al. 2) ». Sur ces règles, v. *infra*, n° 743 et s.

101. Lorsque le possesseur est de mauvaise foi, on considère que c'est une possession de trente ans qui est nécessaire en vue d'acquérir le meuble possédé.

102. V. *infra*, n° 732.

103. W. Dross, « La revendication dans les procédures collectives : une imposture ? », Dr. & patr. 2011, février 2011, p. 30 s.

104. Art. L. 624-9 C. com. : « *[l]a revendication des meubles ne peut être exercée que dans le délai de trois mois suivant la publication du jugement ouvrant la procédure* ». D'après l'article 114 al. 2 *D.* 28 décembre 2005, « *[à] défaut d'acquiescement dans le délai d'un mois à compter de la réception de la demande, le demandeur doit, sous peine de forclusion, saisir le juge-commissaire au plus tard dans un délai d'un mois à compter de l'expiration du délai de réponse* ».

105. Art. L. 624-10 C. com. : « *[l]e propriétaire d'un bien est dispensé de faire reconnaître son droit de propriété lorsque le contrat portant sur ce bien a fait l'objet d'une publicité. Il peut réclamer la restitution de son bien dans des conditions fixées par décret en Conseil d'État.* [v. art. R. 313-3 s. C. com.] ».

106. C'est ce qui explique que la Cour de cassation ait refusé de transmettre une question prioritaire de constitutionnalité à ce sujet (Com. 15 mars 2011, *Bull. civ.* IV, n° 44, *RTD com.* 2011, p. 642, obs. A. Martin-Serf : « les dispositions de l'article L. 624-9 du Code de commerce, dans sa rédaction issue de l'ordonnance du 18 décembre 2008, se bornent à unifier le point de départ du délai de l'action en revendication du meuble en le faisant courir, dans tous les cas, à compter de la publication au *Bulletin officiel des annonces civiles et commerciales* (*Bodacc*) du jugement d'ouverture sous peine de rendre inopposable à la procédure collective le droit de propriété du revendiquant ; (...) les restrictions aux conditions d'exercice du droit de propriété qui peuvent résulter de ce texte répondent à un motif d'intérêt général et n'ont ni pour objet, ni pour effet d'entraîner la privation du droit de propriété ou d'en dénaturer la portée »). *Adde*, au sujet de l'examen de cette disposition par rapport à l'article 1 du Protocole 1 Conv. EDH, Com. 1er avril 2014, *Bull. civ.* IV, n° 66, *RTD civ.* 2014, p. 680, obs. W. Dross : « après avoir énoncé que l'article L. 624-9 du Code de commerce dans sa rédaction issue de l'ordonnance du 18 décembre 2008 aux termes duquel la revendication des meubles ne peut être exercée que dans le délai de 3 mois suivant la publication du jugement ouvrant la procédure et que la forclusion résultant de l'inobservation de ce délai répond à un motif d'intérêt général, la cour d'appel en a exactement déduit que ne constituent pas une atteinte disproportionnée au droit de propriété les restrictions ainsi apportées à l'exercice de ce droit ».

107. Com. 30 octobre 2007, pourvoi n° 06-18328 : « le jugement arrêtant le plan de continuation ayant mis fin à la procédure collective et le débiteur ayant été remis à la tête de ses affaires, le propriétaire du matériel pouvait, sous réserve que le bien n'ait pas été inclus dans le plan, en obtenir la restitution, peu

Dans le cas particulier où le bien aurait été revendu par l'acquéreur à un sous-acquéreur, l'action en revendication sera encore exercée contre l'acquéreur, mais elle portera cette fois soit sur le prix perçu par celui-ci – subrogé au bien –, soit sur la créance de prix dont celui-ci est titulaire envers le sous-acquéreur[108]. L'action ne pourra être exercée contre le sous-acquéreur et porter sur le bien que si ce dernier a eu connaissance de l'existence de la clause de réserve de propriété et ne peut donc invoquer le bénéfice de l'article 2276 al. 1 C. civ.[109].

256. Durée de l'action. ***Cas particulier de l'incorporation d'un bien au domaine public***. Lorsqu'un bien est incorporé au domaine public, la personne qui prétend en être le propriétaire ne peut plus exercer d'action en revendication, faute pour celle-ci d'en être encore le propriétaire. Comme le décide le Conseil d'État, « si les actes qui ont conduit à l'incorporation de ces biens au domaine peuvent être discutés devant le juge de l'excès de pouvoir, toute demande de restitution par une personne se prévalant d'en avoir été le propriétaire ou de venir aux droits de celui-ci est, après expiration des délais de recours pour contester les modalités de cette incorporation, tardive et, par suite, irrecevable »[110].

---

important l'absence de revendication dans le cadre de la procédure collective ». En revanche, en cas de liquidation judiciaire, le créancier ne pourra faire valoir aucun droit de préférence (Com. 15 octobre 2013, *Bull. civ.* IV, n° 153 : « en application des dispositions combinées des articles 2329 C. civ. et L. 624-9 C. com., si la clause de réserve de propriété constitue une sûreté réelle, elle ne confère à son bénéficiaire aucun droit de préférence dans les répartitions » (indifférence de la déclaration de la créance si le bien n'est pas revendiqué dans le délai)).

108. Art. 2372 C. civ. : « *[l]e droit de propriété se reporte sur la créance du débiteur à l'égard du sous-acquéreur ou sur l'indemnité d'assurance subrogée au bien.* » ; art. L. 624-18 C. com. : « *[p]eut être revendiqué le prix ou la partie du prix des biens visés à l'article L. 624-16 qui n'a été ni payé, ni réglé en valeur, ni compensé entre le débiteur et l'acheteur à la date du jugement ouvrant la procédure. Peut être revendiquée dans les mêmes conditions l'indemnité d'assurance subrogée au bien* ». Parce que revendiquer une créance de prix ne revient pas à se faire payer, il est nécessaire d'examiner les suites d'une telle action envers le sous-acquéreur. La Cour de cassation considère que l'action en paiement exercée par le vendeur contre le sous-acquéreur est une action personnelle en paiement et non une action réelle, c'est-à-dire une action en revendication (Com. 6 octobre 2009, *Bull. civ.* IV, n° 122 : « l'action en paiement exercée par le vendeur initial à l'encontre d'un sous-acquéreur de biens vendus avec clause de réserve de propriété s'analyse en une action personnelle et non en une action réelle »). Par conséquent, une telle action se heurte aux principes de l'interdiction du paiement des créances antérieures et de la suspension des poursuites. Elle est de plus subordonnée à l'obligation de déclaration des créances alors que par principe, le bénéficiaire d'une clause de réserve de propriété n'a pas à déclarer sa créance pour pouvoir revendiquer entre les mains de l'acquéreur (Com. 20 octobre 1992, pourvoi n° 90-18867 : « la déclaration de la créance n'est pas une condition de la revendication des marchandises vendues avec clause de réserve de propriété »). En définitive, le vendeur doit d'une part exercer une action en revendication, réelle, de la créance de prix contre l'acquéreur et exercer d'autre part une action en paiement, personnelle, contre le sous-acquéreur.

109. « *En fait de meubles, la possession vaut titre.* » Et v. *infra*, n° 743 et s.

110. CE, 30 juillet 2014, n° 349789, pub. *Rec. Lebon* : absence d'incorporation dans le domaine public d'œuvres d'art remises à la France après la Seconde Guerre mondiale, dont on soupçonnait qu'elles fussent issues de spoliations des autorités allemandes d'occupation en France. De fait, « l'État n'a pas entendu s'en attribuer la propriété, ni par suite les incorporer au domaine public ; qu'il s'en est seulement institué le gardien à fin de restitution aux propriétaires spoliés par les actes de la puissance occupante, et à leurs ayants droit en mettant en place un service public de la conservation et de la restitution de ces œuvres ; que les autorités compétentes sont tenues de restituer les œuvres aux propriétaires légitimes, puis à leurs ayants droit, sur leur demande, soit qu'ils aient été victimes d'une telle spoliation, soit qu'aucune spoliation n'ayant eu lieu (...) et dans la mesure où une restitution demeure en principe envisageable et s'avère d'ailleurs effectivement possible, aucune prescription particulière ou de droit commun ne peut être opposée à cette demande ». Le Conseil d'État ajoute : « la

§ 2. La dimension sociale de la propriété

257. Vases communicants. Si l'article 544 C. civ. énonce que « *[l]a propriété est le droit de jouir et disposer des choses de la manière la plus absolue* », c'est, précise-t-il immédiatement, « *pourvu qu'on n'en fasse pas un usage prohibé par les lois ou par les règlements* ». À cet égard, il est aujourd'hui banal de relever que la dimension sociale de la propriété prend de l'importance : « la note sociale gagne en sonorité (...) : de plus en plus l'intérêt général[111] conquiert et consolide des positions nouvelles, faisant reculer devant lui l'intérêt individuel, jadis triomphant »[112]. Qu'on songe à la pression fiscale, à la théorie de l'abus de droit, au droit de l'urbanisme, au droit de la construction, au droit rural, au droit de l'environnement[113], au droit du patrimoine culturel, au droit des assurances, aux règles sanitaires et de sécurité, etc. Par principe, l'intervention de l'État est évidemment légitime : ainsi que l'avait relevé la Cour Suprême des États-Unis dans les années 1930[114], « les droits de propriété (...) ne sont absolus ; aucun gouvernement n'est possible si un citoyen peut à sa guise utiliser son droit de propriété au détriment de ses semblables »[115].

C'est pourquoi l'absoluité, si elle conserve sa valeur principielle, est aujourd'hui largement battue en brèche d'un point de vue quantitatif[116], tant les utilités disponibles des biens sont amoindries, encore qu'il faille distinguer suivant les biens en question. Le propriétaire d'un bijou en fait à peu près ce qu'il veut, à la différence

---

conservation des œuvres répertoriées MNR en vue de leur restitution à leurs légitimes propriétaires ou à leurs ayants droit s'impose dans les cas où les spoliations sont établies ; qu'elle est également légalement fondée lorsqu'un faisceau d'indices, tirés notamment de la date des transactions opérées, après le 16 juin 1940, des parties à la transaction, connues pour leur implication auprès de la puissance occupante, et des conditions, motifs et buts de la transaction, destinée aux territoires et aux intérêts de la puissance occupante, permet de présumer l'existence d'une spoliation, que celle-ci résulte d'agissements d'appropriation ou de transactions ayant les apparences de la régularité mais accomplies sous la contrainte ou l'inspiration de cette puissance ».

111. Il n'y a pas que la prise en considération de l'intérêt général qui participe de la « socialisation » de la propriété ; il faut également compter sur la prise en compte de l'intérêt des tiers, spécialement des voisins (et v. J. Rochfeld, *Les grandes notions du droit privé*, PUF, 2011, p. 291 s.).

112. L. Josserand, « Configuration de droit de propriété dans l'ordre juridique nouveau », *Mélanges juridiques dédiés à M. le professeur Sugiyama*, Association japonaise des juristes de langue française, 1940, p. 95 s., n° 12.

113. B. Gimonprez, « La fonction environnementale de la propriété », *RTD civ.* 2015, p. 539. Révélateur, Cour EDH, 27 novembre 2007, *Hamer c/ Belgique*, Req. n° 21861/03 : « si aucune disposition de la Convention n'est spécialement destinée à assurer une protection générale de l'environnement en tant que tel (*Kyrtatos c. Grèce*, n° 41666/98, § 52, 22 mai 2003), la société d'aujourd'hui se soucie sans cesse davantage de le préserver (*Fredin c. Suède (n° 1)*, 18 février 1991, § 48, série A n° 192). L'environnement constitue une valeur dont la défense suscite dans l'opinion publique, et par conséquent auprès des pouvoirs publics, un intérêt constant et soutenu. Des impératifs économiques et même certains droits fondamentaux, comme le droit de propriété, ne devraient pas se voir accorder la primauté face à des considérations relatives à la protection de l'environnement, en particulier lorsque l'État a légiféré en la matière. Les pouvoirs publics assument alors une responsabilité qui devrait se concrétiser par leur intervention au moment opportun afin de ne pas priver de tout effet utile les dispositions protectrices de l'environnement qu'ils ont décidé de mettre en œuvre » (§ 79).

114. Supr. Court., 5 mars 1934, *Nebbia v. people of State of New York*, 291 U.S. 502.

115. Trad. libre de l'opinion majoritaire de Mr. Justice Roberts « *neither property rights nor contract rights are absolute ; for government cannot exist if the citizen may at will use his property to the detriment of his fellows, or exercise his freedom of contract to work them harm* ».

116. D'un point de vue qualitatif, le droit de propriété reste absolu dans la mesure où tout ce qui n'est pas interdit est permis. V. *supra*, n° 251.

du propriétaire d'un immeuble. Face à cette hyper-réglementation législative et réglementaire, les droits fondamentaux s'érigent en autant d'obstacles à l'intervention de l'État qui sont des garanties offertes aux sujets de droit.

Au fond, en pratique, la dimension sociale de la propriété est aussi importante que la dimension individuelle, en sorte qu'il n'est pas possible d'en faire abstraction lorsque l'on définit la propriété[117]. Cela montre que la propriété, à la différence de la possession[118], est une construction juridique contingente, creuset d'intérêts divergents.

258. Mise en valeur des biens – mésusage. Mieux vaut un bien exploité qu'un bien qui ne l'est pas. Si, par principe, tout propriétaire est libre d'exploiter ou non ses biens, il existe des exceptions[119], qui consistent le plus souvent en des incombances, c'est-à-dire des devoirs sanctionnés par la déchéance d'un droit. Comme le note Duguit, « [l]e propriétaire, c'est-à-dire le détenteur d'une richesse a, du fait qu'il détient cette richesse, une fonction sociale à remplir ; tant qu'il remplit cette mission, ses actes de propriétaire sont protégés. S'il ne la remplit pas ou la remplit mal, si par exemple il ne cultive pas sa terre, laisse sa maison tomber en ruine, l'intervention des gouvernants est légitime pour le contraindre à remplir sa fonction sociale de propriétaire, qui consiste à assurer l'emploi des richesses qu'il détient conformément à leur destination »[120]. De quoi l'auteur tire que « [l]e propriétaire a le devoir et partant le pouvoir d'employer sa chose à la satisfaction de besoins communs, des besoins d'une collectivité nationale tout entière ou de collectivités secondaires »[121].

Si la conception que Duguit se fait de la propriété est certes excessive, elle explique certaines solutions du droit positif. Ainsi, s'agissant des propriétés intellectuelles, le titulaire d'un brevet qui ne l'exploite pas peut être tenu d'accorder des licences obligatoires[122], le titulaire d'une marque peut même être déchu de son

117. L. Duguit, *Les transformations générales du droit privé depuis le code Napoléon*, Felix Alcan, 1912, spéc. Sixième conférence : La propriété fonction sociale, p. 147 s. ; L. Josserand, « Configuration de droit de propriété dans l'ordre juridique nouveau », *Mélanges juridiques dédiés à M. le professeur Sugiyama*, Association japonaise des juristes de langue française, 1940, p. 95 ; J. Rochfeld, *Les grandes notions du droit privé*, PUF, 2011, p. 291 s. ; J.-P. Chazal, « La propriété : dogme ou instrument politique ? (Ou comment la doctrine s'interdit de penser le réel) », *RTD civ.* 2014, p. 763.

118. Sur celle-ci, v. *infra*, n° 700 et s.

119. Ch. Albiges, « L'obligation d'exploiter un bien », *RTD civ.* 2014, p. 795.

120. L. Duguit, *Les transformations générales du droit privé depuis le code Napoléon*, Felix Alcan, 1912, p. 21.

121. *Ibid.*, p. 165.

122. Art. L. 613-11 CPI : « *[t]oute personne de droit public ou privé peut, à l'expiration d'un délai de trois ans après la délivrance d'un brevet, ou de quatre ans à compter de la date du dépôt de la demande, obtenir une licence obligatoire de ce brevet, dans les conditions prévues aux articles suivants, si au moment de la requête, et sauf excuses légitimes le propriétaire du brevet ou son ayant cause :*

a) N'a pas commencé à exploiter ou fait des préparatifs effectifs et sérieux pour exploiter l'invention objet du brevet sur le territoire d'un État membre de la Communauté économique européenne ou d'un autre État partie à l'accord sur l'Espace économique européen.

b) N'a pas commercialisé le produit objet du brevet en quantité suffisante pour satisfaire aux besoins du marché français.

Il en est de même lorsque l'exploitation prévue au a) ci-dessus ou la commercialisation prévue au b) ci-dessus a été abandonnée depuis plus de trois ans.

Pour l'application du présent article, l'importation de produits objets de brevets fabriqués dans un État partie à l'accord instituant l'Organisation mondiale du commerce est considérée comme une exploitation de ce brevet ».

titre[123] et l'éditeur qui s'est vu céder le droit d'auteur est tenu de l'exploiter en vue de le mettre en valeur[124]. En dehors des propriétés intellectuelles, le préfet peut réquisitionner les locaux vacants en vue de loger des personnes qui en ont besoin[125] et il est même possible d'exproprier les propriétaires de fonds ruraux qui ne sont pas exploités[126]. En tout état de cause, c'est au législateur et non au juge qu'il revient au

123. S'agissant de la **marque nationale**, v. art. L. 714-5 CPI : « *[e]ncourt la déchéance de ses droits le propriétaire de la marque qui, sans justes motifs, n'en a pas fait un usage sérieux, pour les produits et services visés dans l'enregistrement, pendant une période ininterrompue de cinq ans.*
Est assimilé à un tel usage :
a) L'usage fait avec le consentement du propriétaire de la marque ou, pour les marques collectives, dans les conditions du règlement ;
b) L'usage de la marque sous une forme modifiée n'en altérant pas le caractère distinctif ;
c) L'apposition de la marque sur des produits ou leur conditionnement exclusivement en vue de l'exportation.
La déchéance peut être demandée en justice par toute personne intéressée. Si la demande ne porte que sur une partie des produits ou des services visés dans l'enregistrement, la déchéance ne s'étend qu'aux produits ou aux services concernés.
L'usage sérieux de la marque commencé ou repris postérieurement à la période de cinq ans visée au premier alinéa du présent article n'y fait pas obstacle s'il a été entrepris dans les trois mois précédant la demande de déchéance et après que le propriétaire a eu connaissance de l'éventualité de cette demande.
La preuve de l'exploitation incombe au propriétaire de la marque dont la déchéance est demandée. Elle peut être apportée par tous moyens.
La déchéance prend effet à la date d'expiration du délai de cinq ans prévu au premier alinéa du présent article. Elle a un effet absolu ». Pour une application, v. Com. 20 novembre 2012, *Bull. civ.* IV, n° 209 : « le demandeur en déchéance de droits sur une marque justifie d'un intérêt à agir lorsque sa demande tend à lever une entrave à l'utilisation du signe dans le cadre de son activité économique ».
S'agissant de la **marque communautaire**, v. Règlement du Conseil (CE) n° 40/94 du 20 décembre 1993 *sur la marque communautaire*, art. 15 :
« (...) *Si, dans un délai de cinq ans à compter de l'enregistrement, la marque communautaire n'a pas fait l'objet par le titulaire d'un usage sérieux dans la Communauté pour les produits ou les services pour lesquels elle est enregistrée, ou si un tel usage a été suspendu pendant un délai ininterrompu de cinq ans, la marque communautaire est soumise aux sanctions prévues au présent règlement, sauf juste motif pour le non-usage (...)* » et *50* : « *(...) Le titulaire de la marque communautaire est déclaré déchu de ses droits, sur demande présentée auprès de l'Office ou sur demande reconventionnelle dans une action en contrefaçon :*
a) si, pendant une période ininterrompue de cinq ans, la marque n'a pas fait l'objet d'un usage sérieux dans la Communauté pour les produits ou les services pour lesquels elle est enregistrée, et qu'il n'existe pas de justes motifs pour le non-usage ; toutefois, nul ne peut faire valoir que le titulaire est déchu de ses droits, si, entre l'expiration de cette période et la présentation de la demande ou de la demande reconventionnelle, la marque a fait l'objet d'un commencement ou d'une reprise d'usage sérieux ; cependant, le commencement ou la reprise d'usage fait dans un délai de trois mois avant la présentation de la demande ou de la demande reconventionnelle, ce délai commençant à courir au plus tôt à l'expiration de la période ininterrompue de cinq ans de non-usage, n'est pas pris en considération lorsque des préparatifs pour le commencement ou la reprise de l'usage interviennent seulement après que le titulaire a appris que la demande ou la demande reconventionnelle pourrait être présentée (...) ».
124. Art. L. 132-12 CPI : « *[l]'éditeur est tenu d'assurer à l'œuvre une exploitation permanente et suivie et une diffusion commerciale, conformément aux usages de la profession* ».
125. V. *infra*, n° 264.
126. Art. L. 125-7 C. rur. et pêch. mar. : « *[l]e préfet peut (...) provoquer l'acquisition amiable ou, à défaut et après avis de la commission départementale d'orientation de l'agriculture, l'expropriation des fonds mentionnés au premier alinéa de l'article L. 125-6, au profit de l'État, des collectivités et établissements publics, afin notamment de les mettre à la disposition des sociétés d'aménagement foncier et d'établissement rural dans le cadre des dispositions de l'article L. 142-7* ».
Et d'après l'article L. 125-6 C. rur. et pêch. mar., « *[l]orsque le propriétaire et, le cas échéant, le titulaire du droit d'exploitation ont renoncé expressément ou tacitement à exploiter le fonds, ou lorsque*

premier chef de déterminer la dimension sociale de la propriété en apportant des limites aux pouvoirs du propriétaire[127].

259. Plan. Les limites que connaît le droit de propriété sont de deux ordres. Elles concernent son *existence*, c'est-à-dire la privation de la propriété (A), ou son *exercice*, c'est-à-dire la réglementation de la propriété (B), ce dont rendent bien compte les instruments fondamentaux qui protègent la propriété[128].

Hors-série, les **voies de fait** commises par l'administration à l'encontre du droit de propriété justifient, par exception au principe de séparation des autorités administratives et judiciaires, une compétence du juge judiciaire, garant des libertés individuelles (aux termes de l'article 66 alinéa 2 de la Constitution 1958, « *[l]'autorité judiciaire, gardienne de la liberté individuelle, assure le respect de ce principe dans les conditions prévues par la loi* »), en vue d'en ordonner la cessation ou la réparation[129].

---

celui-ci n'a pas effectivement été mis en valeur dans les délais prévus à l'article L. 125-3, le préfet le constate par décision administrative dans un délai déterminé par décret (...) ».

127. W. Dross, « Que l'article 544 du Code civil nous dit-il de la propriété ? », *RTD civ.* 2015, p. 27, spéc. p. 40 s.

128. C'est manifeste pour la Conv. EDH qui, après avoir énoncé que « *[t]oute personne physique ou morale a droit au respect de ses biens. Nul ne peut être privé de sa propriété que pour cause d'utilité publique et dans les conditions prévues par la loi et les principes généraux du droit international* » (art. 1 al. 1 Protocole 1 conv. EDH ; privation de la propriété), elle ajoute que « *[l]es dispositions précédentes ne portent pas atteinte au droit que possèdent les États de mettre en vigueur les lois qu'ils jugent nécessaires pour réglementer l'usage des biens conformément à l'intérêt général ou pour assurer le paiement des impôts ou d'autres contributions ou des amendes.* » (art. 1 al. 2 Protocole 1 conv. EDH ; réglementation de la propriété).

129. À l'origine, le Tribunal des conflits estimait qu'il y avait voie de fait lorsque l'administration avait « porté une atteinte au droit de propriété ou à une liberté fondamentale soit en exécutant dans des conditions irrégulières une décision même régulière (...) soit lorsqu'une décision administrative était manifestement insusceptible d'être rattachée à un pouvoir de l'administration ou à l'exécution d'un texte législatif ou réglementaire » (Trib. confl., 8 avril 1935, *Action française*). Désormais, le Tribunal des conflits retient qu'« il n'y a voie de fait de la part de l'administration, justifiant, par exception au principe de séparation des autorités administratives et judiciaires, la compétence des juridictions de l'ordre judiciaire pour en ordonner la cessation ou la réparation, que dans la mesure où l'administration soit a procédé à l'exécution forcée, dans des conditions irrégulières, d'une décision, même régulière, portant atteinte à la liberté individuelle ou aboutissant à l'extinction d'un droit de propriété, soit a pris une décision qui a les mêmes effets d'atteinte à la liberté individuelle ou d'extinction d'un droit de propriété et qui est manifestement insusceptible d'être rattachée à un pouvoir appartenant à l'autorité administrative » (Trib. confl., 17 juin 2013, n° 3911, *Bergoend*, *RFDA* 2013, p. 1041, obs. P. Delvolvé, *JCP* 2013, I, 1060, obs. H. Périnet-Marquet, *D.* 2014, p. 1849, obs. N. Reboul-Maupin : le tribunal juge en l'espèce que « l'implantation, même sans titre, d'un ouvrage public sur le terrain d'une personne privée ne procède pas d'un acte manifestement insusceptible de se rattacher à un pouvoir dont dispose l'administration »). Ainsi, l'acte critiqué doit aboutir à « l'extinction d'un droit de propriété », une simple atteinte ne suffisant pas (v. H. Périnet-Marquet, obs. préc., qui estime que la voie de fait se réduit comme « peau de chagrin » *a priori* à « l'hypothèse de prise de possession non motivée »).
La Cour de cassation, retenant le même principe, en a tiré les conséquences : « pour retenir l'existence de voies de fait fondant la compétence du juge judiciaire, l'arrêt énonce, d'une part, que les travaux d'aménagement réalisés par la commune avec l'assentiment de Mme X... ont conduit à supprimer les signes distinctifs de la limite entre sa terrasse et le domaine public, entraînant ainsi une occupation irrégulière de sa propriété privée par les automobilistes, d'autre part, que la commune, qui ne disposait que d'un point d'ancrage permettant l'accrochage d'une lanterne sur la façade de l'immeuble appartenant à Mme X..., a, sans avoir sollicité l'accord de cette dernière, créé trois points d'ancrage supplémentaires ; (...) en statuant ainsi, alors qu'il résultait de ses propres constatations qu'aucun de ces agissements n'avait abouti à l'extinction du droit de propriété de l'intéressée, la cour d'appel a violé le texte susvisé » (Civ. 1re, 13 mai 2014, *Bull. civ.* I, n° 87) ; « l'implantation, même sans titre, d'un ouvrage public sur le terrain d'une personne privée ne procède pas d'un acte manifestement insusceptible de se rattacher à un pouvoir dont dispose l'administration ;

A La privation de la propriété

260. Privation de propriété et non diminution de la valeur. Il n'y a privation de propriété que lorsque le droit de la personne privée disparaît, en principe au profit d'une personne publique.

En revanche, lorsqu'une personne conserve son droit, quoiqu'il ait perdu de la valeur, quelle qu'en soit la raison (réglementation toujours plus contraignante, voisinage moins attractif, etc.), il ne saurait y avoir une privation de propriété. C'est là une donnée importante qui peut révéler un certain artifice qu'il y a à distinguer aussi nettement la privation de la propriété de sa réglementation.

Il convient à titre liminaire de distinguer les privations de propriété du **droit** d'un propriétaire **de délaisser** un bien en contraignant une personne publique à l'acquérir, lorsque certaines conditions sont remplies (v. notamment le Titre III « Droits de délaissement » du Livre II du Code de l'urbanisme et l'article L. 515-16 du Code de l'environnement).

261. Esprit général – Plan. Nul, pas même l'État ou toute autre collectivité publique, ne saurait priver une personne de son droit de propriété à moins que cela ne soit justifié par la « *nécessité publique* » (art. 7 DDHC) ou l'« *utilité publique* » (art. 545 C. civ. et art. 1 Protocole 1 Conv. EDH) et moyennant une « *juste et préalable indemnité* » (art. 7 DDHC et art. 545 C. civ.), « *dans les conditions prévues par la loi et les principes généraux du droit international* » (art. 1 Protocole 1 Conv. EDH).

Si, traditionnellement, les seules privations de propriété concevables l'étaient au profit de personnes publiques (1), il est aujourd'hui des hypothèses où elles le sont au profit de personnes privées (2).

1. La privation de la propriété au profit de personnes publiques

262. La nécessité ou l'utilité publique d'abord. Il est naturel que les personnes publiques puissent priver une personne privée de sa propriété en vue de mettre en œuvre des politiques de « nécessité » ou d'« utilité »[130] publique. Différentes voies leur sont offertes.

(...) ayant relevé que le principe de la construction de la ligne à très haute tension qui devait survoler les parcelles non bâties appartenant à M. X... et Mme Y... et exploitées par la société de l'Avenir avait fait l'objet d'une déclaration d'utilité publique du 25 juin 2010 et qu'un arrêté préfectoral de mise en servitude avait été pris le 27 mars 2012, la cour d'appel, qui a retenu à bon droit que les articles L. 323-3, L. 323-4 et L. 325-5 du Code de l'énergie se bornaient à organiser le réseau de transport et de distribution d'électricité et prévoyaient une juste indemnisation en contrepartie de la servitude, ce dont il résultait que l'action de l'autorité administrative, en application de ces textes, dont il n'appartient pas à la Cour de cassation d'apprécier la constitutionnalité au regard des articles 2 et 17 de la Déclaration des droits de l'homme et du citoyen de 1789 et qui ne sont pas contraires à l'article 1er du premier protocole additionnel de la Convention européenne de sauvegarde des droits de l'homme, n'emportait pas extinction du droit de propriété appartenant aux propriétaires des parcelles concernées et ne procédait pas d'un acte manifestement insusceptible de se rattacher à un pouvoir dont dispose l'administration, en a exactement déduit, répondant aux conclusions, que la société RTE n'avait pas commis de voie de fait et que les juridictions judiciaires étaient incompétentes pour connaître du litige » (Civ. 3e, 11 mars 2015, pourvoi n° 13-24133, à paraître au *Bulletin*, *JCP* 2015, I, 546, obs. H. Périnet-Marquet, *D.* 2015, p. 1865, obs. N. Reboul-Maupin).

130. Josserand avait bien relevé le glissement de la « nécessité publique » (expression retenue par la DDHC) vers la simple « utilité publique » (expression retenue par la loi) : « déjà la loi du 3 mai 1841, consacrait le principe de l'expropriation pour simple *utilité publique*, alors que la Déclaration des droits de l'homme s'en référait en pareille matière, à la *nécessité publique* » (L. Josserand, « Configuration

263. Expropriation pour cause d'utilité publique. La plus connue des voies de privation de la propriété est l'expropriation. L'expropriation permet aux collectivités publiques et à certaines personnes privées[131] d'obtenir la cession forcée à leur profit de la propriété ou de tout autre droit réel[132] sur les biens d'une personne privée, voire d'une personne publique[133], pour une « *cause d'utilité publique* »[134] et moyennant une « *juste et préalable indemnisation* »[135]. Ce sont ces exigences qui rendent conformes l'expropriation aux droits fondamentaux[136].

---

de droit de propriété dans l'ordre juridique nouveau », *Mélanges juridiques dédiés à M. le professeur Sugiyama*, Association japonaise des juristes de langue française, 1940, p. 95 s., n° 15).

131. V. *infra*, n° 268.

132. Observations :
1°/ Il n'est pas possible de créer une servitude par la voie de l'expropriation (Com. 17 mai 1960, *Bull. civ.* III, n° 182 : « vu l'article 16 du décret du 8 août 1935 qui autorise le président du tribunal à prononcer par ordonnance l'expropriation pour cause d'utilité publique des terrains ou bâtiments indiqués par l'arrêté du préfet ; (...) ce texte suppose l'acquisition en pleine propriété de terrains nécessaires à l'exécution de travaux déclarés d'utilité publique, mais (...) aucune de ses dispositions ne permet de recourir à la procédure qu'il organise pour constituer des droits de servitude sur les terrains privés »). En revanche, une expropriation pour cause d'utilité publique peut avoir pour objet la suppression des servitudes incluses dans un acte de vente à une commune de terrains appartenant précédemment à un particulier (CE, 27 mars 1987, *Mme Raphael*, n° 58085, ment. tab. *Rec. Lebon*).
2°/ C'est toujours le titulaire d'un droit réel qui est exproprié, et jamais le titulaire d'un droit personnel. C'est ce qui explique que la Cour de cassation ait refusé de transmettre au Conseil constitutionnel une QPC relative à la conformité au droit à un recours juridictionnel effectif, garanti par l'article 16 DDHC, au droit de propriété, garanti par les articles 2 et 17 DDHC et aux libertés d'entreprendre et du commerce et de l'industrie, garanties par l'article 4 DDHC, de l'article L. 12-5 C. expr. (devenu les articles L. 223-1 et 2 C. expr.), en ce qu'il interdit au preneur à bail du bien objet de l'expropriation de faire constater par le juge de l'expropriation que l'ordonnance portant transfert de propriété est dépourvue de base légale, en cas d'annulation par une décision non encore définitive du juge administratif de la déclaration d'utilité publique ou de l'arrêté de cessibilité. La Cour de cassation a notamment considéré « que la question posée ne présente pas un caractère sérieux en ce que l'ordonnance d'expropriation ayant pour objet le transfert de propriété d'un immeuble ou d'un droit réel immobilier, seuls le propriétaire et le titulaire de ce droit ont qualité pour faire constater une éventuelle perte de base légale, le preneur à bail disposant notamment d'une action pour faire fixer ou contester l'indemnité d'éviction à laquelle il a droit » (Civ. 3e, 8 juillet 2014, *Bull. civ.* III, n° 95, *RDI* 2014, p. 515, obs. R. Hostiou, *RTD civ.* 2014, p. 910, obs. W. Dross). Parce que ce n'est pas le locataire qui est exproprié, il ne peut se plaindre de l'expropriation. Certes, le bail sera anéanti, mais il sera indemnisé (v. art. L. 423-2 s. L. III C. expr.).

133. Il ne peut alors s'agir que de biens relevant du domaine privé (CE, 27 novembre 1970, *Bizière*, n° 76128, ment. tab. *Rec. Lebon* : transfert de propriétés relevant du domaine privé de l'État au profit d'une commune), l'expropriation n'étant pas possible pour les biens relevant du domaine public en raison de leur inaliénabilité (depuis CE, 21 novembre 1884, *Conseil de fabrique de l'église Saint-Nicolas-des-Champs*, pub. *Rec. Lebon* ; Civ. 20 décembre 1897, *D.* 1899, 1, p. 257). Et sur les critiques qui peuvent être apportées au refus d'admettre l'expropriation des biens du domaine public, v. Y. Gaudemet, n° 272.

134. Entendue comme un but d'« intérêt général » (V. notamment CE, 10 août 1923, *Giros*, pub. *Rec. Lebon* : agrandissement d'une colonie de vacances et les décisions citées *in* Y. Gaudemet, n° 744 s.).

135. Art. L. 1 C. expr. : « *[l]'expropriation, en tout ou partie, d'immeubles ou de droits réels immobiliers ne peut être prononcée qu'à la condition qu'elle réponde à une utilité publique préalablement et formellement constatée à la suite d'une enquête et qu'il ait été procédé, contradictoirement, à la détermination des parcelles à exproprier ainsi qu'à la recherche des propriétaires, des titulaires de droits réels et des autres personnes intéressées.* (al. 1) *Elle donne lieu à une juste et préalable indemnité.* (al. 2) ».

136. Cour EDH, 8 juillet 1986, *Lithgow et a. c/ Royaume-Uni*, Req. n° 9006/80, 9262/81, 9263/81, 9265/81, 9266/81, 9313/81, 9405/81 : « sans le versement d'une somme raisonnablement en rapport avec la valeur du bien, une privation de propriété constituerait normalement une atteinte excessive qui ne saurait se justifier sur le terrain de l'article 1 (P1-1) » (pt 121). La Cour précise toutefois que « [c]e dernier ne garantit pourtant pas dans tous les cas le droit à une compensation intégrale car des objectifs

La procédure d'expropriation, destinée à protéger la personne expropriée, est aujourd'hui réglementée par le Code de l'expropriation pour cause d'utilité publique. Elle se déroule en deux phases[137]. Au cours d'une **phase administrative**, après qu'une *enquête publique* a été menée afin de déterminer si l'expropriation est justifiée, une *déclaration d'utilité publique* est prise par un acte réglementaire[138] – lequel peut faire l'objet d'un recours pour excès de pouvoir devant le juge administratif –, avant que le préfet ne prenne un *arrêté de cessibilité* identifiant les parcelles et droits réels destinés à être compris dans l'expropriation, sauf à ce que cette identification ressorte de la déclaration d'utilité publique[139]. Puis, au cours d'une **phase judiciaire**, le juge de l'expropriation rend à l'issue d'une procédure non contradictoire[140] une ordonnance qui prononce le transfert de

---

légitimes "d'utilité publique", tels qu'en poursuivent des mesures de réforme économique ou de justice sociale, peuvent militer pour un remboursement inférieur à la pleine valeur marchande » (pt 121).

137. Elles ont été dessinées par l'ordonnance n° 58-997 du 23 octobre 1958 *portant réforme des règles relatives à l'expropriation pour cause d'utilité publique*.

138. Art. L. 11-2 C. expr. : « *[l]'utilité publique est déclarée par l'autorité compétente de l'État. (al. 1) Un décret en Conseil d'État détermine les catégories de travaux ou d'opérations qui ne peuvent, en raison de leur nature ou de leur importance, être déclarés d'utilité publique que par décret en Conseil d'État (al. 2)* ». L'acte déclarant l'utilité publique précise le délai pendant lequel l'expropriation devra être réalisée (art. L. 121-4 C. expr. : « *[l]'acte déclarant l'utilité publique précise le délai accordé pour réaliser l'expropriation. Il ne peut excéder cinq ans, si la déclaration d'utilité publique n'est pas prononcée par décret en Conseil d'État en application de l'article L. 121-1* (al. 1) *Toutefois, si les opérations déclarées d'utilité publique sont prévues par des plans d'occupation des sols, des plans locaux d'urbanisme ou des documents d'urbanisme en tenant lieu, cette durée maximale est portée à dix ans.* (al. 2) » ; art. L. 121-5 C. expr. : « *[u]n acte pris dans la même forme peut proroger une fois les effets de la déclaration d'utilité publique pour une durée au plus égale à la durée initialement fixée, lorsque celle-ci n'est pas supérieure à cinq ans. Cette prorogation peut être accordée sans nouvelle enquête préalable, en l'absence de circonstances nouvelles.* (al. 1) *Toute autre prorogation ne peut être prononcée que par décret en Conseil d'État* (al. 2) »). En tout état de cause, d'après l'article L. 241-1 C. expr., lorsqu'un délai d'un an s'est écoulé à compter de la publication de la déclaration d'utilité publique, le propriétaire du terrain peut mettre en demeure la collectivité de procéder à l'acquisition de leur terrain dans un délai de deux ans à compter du jour de la demande et, à défaut d'accord amiable à l'expiration de ce délai, le juge de l'expropriation saisi par le propriétaire, prononce le transfert de propriété et fixe le prix du terrain comme en matière d'expropriation. L'idée est de ne pas placer les personnes dans la situation pénible d'être propriétaire d'un bien en voie d'expropriation sans que celle-ci n'ait lieu.

139. Art. L. 132-1 C. expr. : « *[l]'autorité compétente déclare cessibles les parcelles ou les droits réels immobiliers dont l'expropriation est nécessaire à la réalisation de l'opération d'utilité publique. Elle en établit la liste, si celle-ci ne résulte pas de la déclaration d'utilité publique* ».

En cas d'expropriation partielle qui ne laisserait à l'exproprié une partie qui ne soit plus « utilisable dans les conditions normales », celui-ci peut requérir l'acquisition par l'administration de la partie restante : c'est la procédure de « *réquisition d'emprise totale* » (art. L. 242-1 s. C. expr.). Le principe est fixé à l'article L. 242-1 du Code de l'expropriation pour cause d'utilité publique : « *[l]orsque l'expropriation ne porte que sur une portion d'immeuble bâti et si la partie restante n'est plus utilisable dans les conditions normales, l'exproprié peut demander au juge l'emprise totale* ».

140. La Cour de cassation (Civ. 3e, 12 décembre 2001, *Bull. civ.* III, n° 152) a jugé que la protection du droit de propriété n'exigeait pas un débat contradictoire devant le juge de l'expropriation : « le juge de l'expropriation qui rend son ordonnance portant transfert de propriété d'immeubles ou de droits réels immobiliers désignés par un état parcellaire qu'il n'a pas le pouvoir de modifier, au visa d'une déclaration d'utilité publique et d'un arrêté de cessibilité qui peuvent faire l'objet de recours contradictoires devant la juridiction administrative, se borne à constater, avant de prononcer l'expropriation, que le dossier que lui a transmis le préfet est constitué conformément aux prescriptions de l'article R. 12-1 du Code de l'expropriation et que la procédure devant ce juge fait l'objet d'un contrôle ultérieur de la Cour de cassation présentant les garanties de l'article 6.1 de la Convention européenne de sauvegarde des droits de l'homme et des libertés fondamentales ainsi que de la Déclaration des droits de l'homme et du citoyen du 26 août 1789 ». Après avoir refusé de transmettre au Conseil constitutionnel la

propriété[141] et envoie l'expropriant en possession, pourvu qu'il indemnise préalablement l'exproprié[142]. Enfin, au terme d'une procédure cette fois menée de façon

question de la conformité de la procédure prévue aux articles L. 21-1 [devenu L. 411-1] et 12-2 [devenu L. 222-2] C. expr. aux articles 16 et 17 DDHC (Civ. 3e, 26 mai 2011, *Bull. civ.* III, n° 87 : « les questions posées ne présentent pas un caractère sérieux, d'une part, en ce que le juge de l'expropriation ne peut prononcer l'ordonnance portant transfert de propriété qu'au vu d'un arrêté portant déclaration d'utilité publique et d'un arrêté de cessibilité exécutoires et donc après qu'une utilité publique ait été légalement constatée et, d'autre part, en ce que le juge doit seulement constater à ce stade, par une ordonnance susceptible d'un pourvoi en cassation, la régularité formelle de la procédure administrative contradictoire qui précède son intervention »), elle a finalement décidé de renvoyer au Conseil constitutionnel « la question qui vise le caractère non contradictoire de la procédure suivie devant le juge de l'expropriation, qui pourrait être considéré comme une atteinte au principe des droits de la défense et du procès équitable en contradiction avec l'article 16 DDHC ».

Le Conseil constitutionnel n'a pas décelé d'inconstitutionnalité, constatant « que le juge de l'expropriation ne rend l'ordonnance portant transfert de propriété qu'après que l'utilité publique a été légalement constatée ; que la déclaration d'utilité publique et l'arrêté de cessibilité, par lequel est déterminée la liste des parcelles ou des droits réels immobiliers à exproprier, peuvent être contestés devant la juridiction administrative ; que le juge de l'expropriation se borne à vérifier que le dossier que lui a transmis l'autorité expropriante est constitué conformément aux prescriptions du Code de l'expropriation pour cause d'utilité publique ; que l'ordonnance d'expropriation peut être attaquée par la voie du recours en cassation ; que, par ailleurs, l'ordonnance par laquelle le juge de l'expropriation fixe les indemnités d'expropriation survient au terme d'une procédure contradictoire et peut faire l'objet de recours », (Cons. const., 16 mai 2012, déc. n° 2012-248 QPC, Considérant n° 6). Tout au plus, depuis le décret n° 2005-467 du 13 mai 2005, il est aujourd'hui prévu à l'article R. 12-2-1 C. expr. que « *[s]i l'acte déclarant l'utilité publique, l'arrêté de cessibilité ou l'acte en tenant lieu fait l'objet d'une suspension dans le cadre d'une procédure de référé, le préfet doit, dès qu'il a reçu notification de la suspension, en informer le juge de l'expropriation.* (al. 1) *Celui-ci doit surseoir au prononcé de l'ordonnance d'expropriation dans l'attente de la décision de la juridiction administrative sur le fond de la demande.* (al. 2) ».

141. Art. L. 220-1 C. expr. : « *[l]e transfert de propriété des immeubles ou de droits réels immobiliers faisant l'objet d'une procédure d'expropriation est opéré, à défaut de cession amiable, par voie d'ordonnance du juge de l'expropriation* ».

142. Cette exigence fut un temps malmenée. Le Code de l'expropriation prévoyait, s'agissant de la prise de possession du bien par l'expropriant, que dans le délai d'un mois du paiement ou de la consignation de l'indemnité d'expropriation, les détenteurs étaient tenus d'abandonner les lieux et que, passé ce délai, il pouvait être procédé à l'expulsion des occupants (anc. art. L. 15-1 C. expr. : « *[d] ans le délai d'un mois, soit du paiement ou de la consignation de l'indemnité, soit de l'acceptation ou de la validation de l'offre d'un local de remplacement, les détenteurs sont tenus d'abandonner les lieux. Passé ce délai qui ne peut, en aucun cas, être modifié, même par autorité de justice, il peut être procédé à l'expulsion des occupants* »), étant entendu que l'expropriant pouvait « *prendre possession, moyennant versement d'une indemnité au moins égale aux propositions faites par lui et consignation du surplus de l'indemnité fixée par le juge* » (anc. art. L. 15-2 C. expr.). Dans sa décision n° 2012-226 QPC du 6 avril 2012, le Conseil constitutionnel a déclaré les articles L. 15-1 et L. 15-2 C. expr. contraires à la Constitution. Il a estimé que « si le législateur peut déterminer les circonstances particulières dans lesquelles la consignation vaut paiement au regard des exigences de l'article 17 de la Déclaration de 1789, ces exigences doivent en principe conduire au versement de l'indemnité au jour de la dépossession ; qu'en cas d'appel de l'ordonnance du juge fixant l'indemnité d'expropriation, les dispositions contestées autorisent l'expropriant à prendre possession des biens expropriés, quelles que soient les circonstances, moyennant le versement d'une indemnité égale aux propositions qu'il a faites et inférieure à celle fixée par le juge de première instance et consignation du surplus ; que, par suite, les dispositions contestées des articles L. 15-1 et L. 15-2 du Code de l'expropriation pour cause d'utilité publique méconnaissent l'exigence selon laquelle nul ne peut être privé de sa propriété que sous la condition d'une juste et préalable indemnité » (Considérant n° 5).

Depuis, ces deux dispositions ont été modifiées par la loi n° 2013-431 du 28 mai 2013 *portant diverses dispositions en matières d'infrastructures et de services de transports.* L'article L. 15-1 C. expr. [devenu L. 231-1] précise que la consignation ne peut intervenir qu'« *en cas d'obstacle au paiement ou de refus de recevoir* » (nvl. art. L. 15-1 C. expr. [devenu L. 231-1] : « *[d]ans le délai d'un mois, soit du paiement de* contradictoire[143], il fixe[144] l'indemnité d'expropriation, si l'exproprié a refusé l'offre qui lui a été faite[145]. En aucun cas, en raison du principe de la séparation des

l'indemnité ou, en cas d'obstacle au paiement ou de refus de recevoir, de sa consignation, soit de l'acceptation ou de la validation de l'offre d'un local de remplacement, les détenteurs sont tenus d'abandonner les lieux. Passé ce délai qui ne peut, en aucun cas, être modifié, même par autorité de justice, il peut être procédé à l'expulsion des occupants ») et l'article L. 15-2 C. expr. [devenu L. 331-3] dispose qu'« *[e] n cas d'appel du jugement fixant l'indemnité, lorsqu'il existe des indices sérieux laissant présumer qu'en cas d'infirmation l'expropriant ne pourrait recouvrer tout ou partie des sommes qui lui seraient dues en restitution, celui-ci peut être autorisé par le premier président de la cour d'appel à consigner tout ou partie du montant de l'indemnité supérieur à ce que l'expropriant avait proposé. Cette consignation vaut paiement de ce surplus. La prise de possession intervient selon les modalités définies à l'article L. 231-1* ». Le Conseil constitutionnel a de nouveau été saisi d'une question prioritaire de constitutionnalité de l'article L. 15-2 C. expr. [devenu L. 331-3] : le requérant estimait notamment que la faculté reconnue au juge d'autoriser l'expropriant, en cas d'appel du jugement fixant le montant de l'indemnité d'expropriation, à n'en verser qu'une partie à l'exproprié et à consigner le surplus pour prendre possession du bien exproprié méconnaissait les exigences qui résultent de l'article 17 de la Déclaration des droits de l'homme et du citoyen de 1789 ; en particulier, le caractère insuffisamment précis de la condition permettant au juge d'autoriser une telle prise de possession du bien exproprié sans verser au préalable à la personne expropriée l'intégralité du montant de l'indemnité d'expropriation fixée par le juge de l'expropriation méconnaîtrait ces exigences. Le Conseil, dans sa décision n° 2014-451 QPC du 13 février 2015 (*JCP* 2015, I, 546, obs. H. Périnet-Marquet, *D.* 2015, p. 1864, obs. N. Reboul-Maupin) n'a pas déclaré la disposition légale litigieuse inconstitutionnelle, considérant « que la prise de possession du bien exproprié est subordonnée au paiement par l'expropriant de la totalité de la somme fixée par le juge de première instance, soit entre les mains de l'exproprié, soit par consignation de la fraction de l'indemnité d'expropriation qui n'est pas versée à l'exproprié ; que la mise en œuvre d'une faculté de consignation est soumise à une autorisation juridictionnelle ; qu'il incombe à la juridiction compétente pour délivrer cette autorisation de fixer le montant de la consignation sans que celui-ci puisse être supérieur à l'écart entre la proposition faite par l'expropriant et l'indemnité fixée par le juge de première instance ; que cette consignation valant paiement ne peut être autorisée que lorsque le juge constate l'existence d'indices sérieux laissant présumer qu'en cas d'infirmation l'expropriant ne pourrait recouvrer tout ou partie des sommes qui lui seraient dues en restitution » (considérant n° 7). Toutefois, il a formulé une réserve d'interprétation importante : « en tout état de cause, l'indemnisation doit couvrir l'intégralité du préjudice direct, matériel et certain, causé par l'expropriation ; que, par suite, lorsque l'indemnité définitivement fixée excède la fraction de l'indemnité fixée par le juge de première instance qui a été versée à l'exproprié lors de la prise de possession du bien, l'exproprié doit pouvoir obtenir la réparation du préjudice résultant de l'absence de perception de l'intégralité de l'indemnité d'expropriation lors de la prise de possession » (considérant n° 8). Autrement dit, l'absence de versement à l'exproprié de la totalité de l'indemnité préalablement à la prise de possession par l'expropriant donne lieu à la réparation du préjudice qui en résulte.

143. D'après l'article L. 232-1 C. expr., en cas d'urgence, le juge peut soit fixer le montant des indemnités comme il est dit à l'article L. 321-3 soit, s'il ne s'estime pas suffisamment éclairé, fixer le montant d'indemnités provisionnelles et autoriser l'expropriant à prendre possession moyennant le paiement ou, en cas d'obstacles au paiement, la consignation des indemnités fixées. La décision fixant le montant des indemnités provisionnelles ne peut être attaquée que par la voie de recours en cassation (art. L. 232-2 C. expr.). Ces dispositions ont été jugées conformes à la Constitution par le Conseil constitutionnel (Cons. const. déc. n° 2013-338/339 QPC du 13 septembre 2013, *JCP* 2013, I, 1060, obs. H. Périnet-Marquet : le Conseil estime ces dispositions conformes aux exigences suivant lesquelles « la loi ne peut autoriser l'expropriation d'immeubles ou de droits réels immobiliers que pour la réalisation d'une opération dont l'utilité publique est légalement constatée ; que la prise de possession par l'expropriant doit être subordonnée au versement préalable d'une indemnité ; que, pour être juste, l'indemnisation doit couvrir l'intégralité du préjudice direct, matériel et certain, causé par l'expropriation ; qu'en cas de désaccord sur le montant des indemnités, l'exproprié doit disposer d'une voie de recours appropriée » – § 5 – ; par ailleurs, le Conseil fait valoir que « le principe du double degré de *juridiction n'a pas, en lui-même, valeur constitutionnelle* » – § 8 –) alors pourtant que l'indemnité accordée peut n'être que provisionnelle...

144. Suivant les modalités prévues aux articles L. 321-3 s. C. expr.

145. Art. L. 311-4 C. expr. : « *[l]'expropriant notifie le montant de ses offres et invite les expropriés à faire connaître le montant de leur demande* ».

pouvoirs, le juge de l'expropriation n'apprécie la légalité de l'acte d'expropriation ni ne juge de son opportunité. Au cas où l'immeuble exproprié ne recevrait pas la destination prévue dans la déclaration d'utilité publique, l'exproprié pourrait en retrouver la propriété en invoquant son *droit de rétrocession*[146].

À tous les stades de la procédure d'expropriation, les parties peuvent s'accorder et mettre un terme à son déroulé. La cession prend alors la forme d'une vente classique, encore que si elle a lieu une fois rendue l'ordonnance d'expropriation, l'accord ne portera plus que sur l'indemnité d'expropriation (on parle alors d'« adhésion à l'expropriation »).

La procédure définie par le Code de l'expropriation constitue la seule voie menant à l'expropriation. La Cour de cassation a définitivement condamné toutes formes d'expropriation indirecte dans un arrêt rendu en Assemblée plénière le 6 janvier 1994[147], considérant que « le transfert de propriété, non demandé par le propriétaire, ne peut intervenir qu'à la suite d'une procédure régulière d'expropriation ». Elle mit ainsi un terme à la pratique consistant pour l'administration ayant pris illégalement possession d'un immeuble et ayant fait édifier sur celui-ci un ouvrage, à s'opposer à toute restitution en se réfugiant derrière le principe d'intangibilité de l'ouvrage public.

264. Réquisition. La réquisition est l'opération par laquelle l'administration exige d'une personne la fourniture d'un service ou d'un bien dans un but d'intérêt général et moyennant le paiement d'une indemnité. Il s'agit d'une procédure plus simple que celle de l'expropriation et donc moins respectueuse de la propriété. C'est la raison pour laquelle elle ne peut constituer un substitut à l'expropriation ; elle couvre des hypothèses distinctes. L'idée générale est que les meubles, qui ne sont pas susceptibles d'expropriation, peuvent être réquisitionnés en propriété ou en jouissance, alors que les immeubles, susceptibles d'expropriation, ne peuvent l'être qu'en jouissance, seule la voie de l'expropriation autorisant leur transfert en propriété.

À l'origine réservée aux temps de guerre[148], périodes de menaces pour la nation, la réquisition était destinée à fournir des biens mobiliers à l'armée[149], encore que postérieurement, un droit de réquisition civile a été créé[150]. Même en l'absence de menace pour la nation, il existe aujourd'hui des réquisitions civiles pour répondre à

146. Art. L. 421-1 s. C. expr. Le juge judiciaire est compétent (art. R. 12-9 C. expr.) et fixe le prix de rétrocession compte tenu de la valeur de l'immeuble au jour de sa décision (Civ. 3e, 26 février 1997, *Bull. civ.* III, n° 43 : « ayant retenu, à bon droit, qu'en l'absence de date de référence prévue par la loi en matière de rétrocession, la qualification de la parcelle devait être fixée à la date à laquelle le droit à rétrocession avait été reconnu et que les biens devaient être estimés à la date de la décision de première instance statuant sur le prix de l'immeuble rétrocédé, la cour d'appel a souverainement fixé ce prix compte tenu des caractéristiques du bien »).

147. Cass. Ass. plén. 6 janvier 1994, *Bull. AP.* n° 1, *D.* 1994, p. 153, concl. M. Jéol. V. depuis, Civ. 3e, 30 avril 2003, *Bull. civ.* III, n° 92 : « si les juridictions de l'ordre judiciaire ne peuvent prescrire aucune mesure de nature à porter atteinte, sous quelque forme que ce soit, à l'intégrité ou au fonctionnement d'un ouvrage public, il en va autrement dans l'hypothèse où la réalisation de l'ouvrage procède d'un acte qui est manifestement insusceptible de se rattacher à un pouvoir dont dispose l'autorité administrative et qu'aucune procédure de régularisation appropriée n'a été engagée ». *Adde* Civ. 1re, 28 juin 2005, *Bull. civ.* I, n° 287.

148. La notion de temps de guerre a été élargie avec le temps, quitte à devenir parfois fictive (Y. Gaudemet, n° 879).

149. Les principes étaient alors fixés par la loi du 3 juillet 1877 *relative aux réquisitions militaires*, aujourd'hui encore partiellement en vigueur.

150. Anc. L. 11 juillet 1938 *sur l'organisation générale de la nation pour le temps de guerre*.
Les règles relatives aux réquisitions civiles et militaires figurent aujourd'hui dans le Code de la défense, ainsi que suit : « *Réquisitions pour les besoins généraux de la nation* (art. L. 2211-1 s. C. déf.),

des besoins jugés cruciaux, et dont la plus importante est la réquisition de logements[151]. À certaines conditions, le préfet peut procéder pour une durée au maximum d'un an renouvelable à la réquisition de locaux à usage d'habitation, vacants, inoccupés ou insuffisamment occupés, en vue de les attribuer aux personnes dépourvues de logement, logées dans des conditions manifestement insuffisantes ou ayant fait l'objet d'une décision d'expulsion[152]. Les bénéficiaires de la réquisition bénéficient d'un titre d'occupation précaire et personnelle des lieux[153] pour une durée ne pouvant en principe excéder cinq ans[154]. Le montant de l'indemnité d'occupation est fixé par accord amiable entre le bénéficiaire et le prestataire, ou à défaut d'un tel accord, par le juge[155]. En cas de non-paiement du montant de l'indemnité, le préfet règle celle-ci au nom de l'État à charge pour lui de se retourner contre le bénéficiaire[156].

265. Nationalisation. La nationalisation est l'appropriation d'une entreprise privée par l'État pour des raisons d'intérêt général d'ordre politique, économique et social[157]. La France a connu trois grandes vagues de nationalisation : après la

« *Réquisitions militaires* » (art. L. 2221-1 s. C. déf.) et « *Dispositions communes à l'ensemble des réquisitions* » (art. L. 2231-1 s. C. déf.).

151. Il en existe d'autres. Ainsi, « *[e]n cas d'urgence, lorsque l'atteinte constatée ou prévisible au bon ordre, à la salubrité, à la tranquillité et à la sécurité publiques l'exige et que les moyens dont dispose le* ***préfet*** *ne permettent plus de poursuivre les objectifs pour lesquels il détient des pouvoirs de police, celui-ci peut, par arrêté motivé, pour toutes les communes du département ou plusieurs ou une seule d'entre elles, réquisitionner tout bien ou service, requérir toute personne nécessaire au fonctionnement de ce service ou à l'usage de ce bien et prescrire toute mesure utile jusqu'à ce que l'atteinte à l'ordre public ait pris fin ou que les conditions de son maintien soient assurées (...)* » (art. L. 2215-1, 4° CGCT, nous soulignons). Par ailleurs, le maire, en raison du pouvoir de police dont il dispose en vertu de l'article L. 2212-1 CGCT, a le pouvoir de prononcer, en cas d'urgence et à titre exceptionnel, la réquisition des locaux nécessaires au logement de familles sans abri dont le défaut de logement est de nature à apporter un trouble grave à l'ordre public (V. notamment CE, 7 janvier 1957, *Épx de Lagrevol,* pub. *Rec. Lebon* ; CE, 11 décembre 1991, *Sté d'HLM « Le logement familial du bassin parisien »*, req. n° 192673, pub. *Rec. Lebon*). Et v. Y. Gaudemet, n° 880.

152. Art. L. 641-1 CCH : « *[s]ur proposition du service municipal du logement et après avis du maire, le représentant de l'État dans le département peut procéder, par voie de réquisition, pour une durée maximum d'un an renouvelable, à la prise de possession partielle ou totale des locaux à usage d'habitation vacants, inoccupés ou insuffisamment occupés, en vue de les attribuer aux personnes mentionnées à l'article L. 641-2 (al. 1) Ce pouvoir s'étend à la réquisition totale ou partielle des hôtels, pensions de famille et locaux similaires, à l'exception des hôtels et pensions de famille affectés au tourisme. (al. 2) À titre transitoire, le représentant de l'État dans le département peut, après avis du maire, exercer le droit de réquisition prévu au présent article dans toutes les communes où sévit une crise du logement. (al. 3) (...)* ».

153. Art. L. 641-6 al. 1 CCH : « *[l]es attributions d'office ne créent au profit des bénéficiaires qu'un titre à une occupation précaire et personnelle des lieux* ».

154. Art. L. 641-1 al. 4 CCH : « *[l]a durée totale des attributions d'office prononcées postérieurement au 1er janvier 1959 ne peut excéder cinq ans, sauf dérogation accordée à titre exceptionnel pour une durée supplémentaire de deux ans au plus dans les conditions fixées par décret* ».

155. Art. L. 641-7 al. 1 CCH : « *[l]e montant de l'indemnité d'occupation est fixé, dans la limite du prix licite en matière de loyer, par accord amiable entre le bénéficiaire et le prestataire, ou à défaut d'un tel accord, selon la procédure prévue au chapitre V du titre Ier de la loi n° 48-1360 du 1er septembre 1948 précitée, à la requête de la partie la plus diligente* ».

156. Art. L. 641-8 al. 1 CCH : « *[e]n cas de non-paiement du montant de l'indemnité par le bénéficiaire, le représentant de l'État dans le département règle celle-ci au nom de l'État à charge par lui de se retourner contre le bénéficiaire* ».

157. Cons. const., 16 janvier 1982, n° 81-132 DC, *loi de nationalisation* : le Conseil considère qu'il peut s'agir de « faire face à la crise économique, de promouvoir la croissance et de combattre le chômage » (§ 19).

victoire du Front populaire en 1936, après la Seconde Guerre mondiale et après l'élection de François Mitterrand en 1981. Mais, lors de l'alternance politique en 1986, un important mouvement de privatisations est revenu sur les nationalisations du passé.

D'après l'article 34 de la Constitution, c'est la loi qui « *fixe les règles concernant (...) les nationalisations d'entreprises et les transferts de propriété d'entreprises du secteur public au secteur privé* ». Parce qu'une nationalisation est une atteinte portée à la propriété, le Conseil constitutionnel, dans sa décision n° 81-132 DC *Loi de nationalisation*, rendue le 16 janvier 1982, a estimé que les nationalisations doivent respecter, comme les expropriations, les dispositions de l'article 17 DDHC[158], notamment une juste et préalable indemnisation des associés privés de leur part dans le capital de la société[159].

266. Confiscation (art. 131-21 C. pén.). La confiscation est une peine complémentaire encourue par l'auteur de certaines infractions pénales dont l'objet est de le priver d'un bien au profit de l'État[160] ou de la victime[161], sans indemnité. Elle est encourue non seulement dans les cas prévus par la loi ou le règlement, mais aussi de plein droit pour les crimes et pour les délits punis d'une peine d'emprisonnement d'une durée supérieure à un an, à l'exception des délits de presse[162]. Elle concerne les biens ayant servi à commettre l'infraction ou destinés à la commettre[163] (ex. : l'arme du crime), les biens qui sont l'objet ou le produit direct ou indirect de l'infraction[164] (ex. : les stupéfiants fabriqués ou le tableau volé) à l'exception des biens

158. « *La propriété étant un droit inviolable et sacré, nul ne peut en être privé si ce n'est lorsque la nécessité publique, légalement constatée, l'exige évidemment et sous la condition d'une juste et préalable indemnité.* »

159. Le Conseil constitutionnel, dans sa décision n° 81-132 DC rendue le 16 janvier 1982, estime que l'exigence d'une juste et préalable indemnisation suppose « la compensation du préjudice subi (...), évalué au jour du transfert de propriété, abstraction faite de l'influence que la perspective de la nationalisation a pu exercer sur la valeur de leurs titres » (considérant n° 47). On peut néanmoins être réservé quand au caractère « juste » de l'indemnisation lorsque des *obligations* ont été attribuées en échange d'*actions*. En effet, des *obligations* n'équivalent ni à des actions, ni à de l'argent.

160. Art. 131-21 al. 9 C. pén. : « *[l]a chose confisquée est, sauf disposition particulière prévoyant sa destruction ou son attribution, dévolue à l'État, mais elle demeure grevée, à concurrence de sa valeur, des droits réels licitement constitués au profit de tiers* ». L'aliéna 10 poursuit : « *Lorsque la chose confisquée est un véhicule qui n'a pas été saisi ou mis en fourrière au cours de la procédure, le condamné doit, sur l'injonction qui lui en est faite par le ministère public, remettre ce véhicule au service ou à l'organisme chargé de sa destruction ou de son aliénation.* »

161. Art. 131-21 al. 3 C. pén. : la confiscation « *porte également sur tous les biens qui sont l'objet ou le produit direct ou indirect de l'infraction, à l'exception des biens susceptibles de restitution à la victime* ».

162. Art. 131-21 al. 1 C. pén. : « *[l]a peine complémentaire de confiscation est encourue dans les cas prévus par la loi ou le règlement. Elle est également encourue de plein droit pour les crimes et pour les délits punis d'une peine d'emprisonnement d'une durée supérieure à un an, à l'exception des délits de presse* ».

163. Art. 131-21 al. 2 C. pén. : « *[l]a confiscation porte sur tous les biens meubles ou immeubles, quelle qu'en soit la nature, divis ou indivis, ayant servi à commettre l'infraction ou qui étaient destinés à la commettre, et dont le condamné est propriétaire ou, sous réserve des droits du propriétaire de bonne foi, dont il a la libre disposition* ».

164. Art. 131-21 al. 3 C. pén. : « *[e]lle porte également sur tous les biens qui sont l'objet ou le produit direct ou indirect de l'infraction, à l'exception des biens susceptibles de restitution à la victime. Si le produit de l'infraction a été mêlé à des fonds d'origine licite pour l'acquisition d'un ou plusieurs biens, la confiscation peut ne porter sur ces biens qu'à concurrence de la valeur estimée de ce produit* ».

susceptibles de restitution à la victime, les biens meubles ou immeubles définis par la loi ou le règlement qui réprime l'infraction[165] parfois les biens appartenant à l'auteur de l'infraction et dont l'origine ne peut être établie[166], voire d'autres de ses biens encore[167]... La confiscation est obligatoire pour les objets qualifiés de dangereux ou nuisibles par la loi ou le règlement, ou dont la détention est illicite, que ces biens soient ou non la propriété du condamné[168]. La restitution se fait en principe en nature, encore qu'elle ne se fasse qu'en valeur lorsque la chose confisquée n'a pas été saisie ou ne peut être représentée[169].

La Cour EDH, saisie de la conformité de la confiscation prononcée comme peine complémentaire au délit de non-justification de ressources[170], notamment au regard de l'article 1er du Protocole n° 1 Conv. EDH, a décidé, d'une part, que les confiscations relevaient du second paragraphe, c'est-à-dire de la réglementation de l'usage des biens et non de la privation de propriété, et, d'autre part, que la mesure qui lui était soumise était conforme aux exigences de la Convention[171]. Cela ne

165. Art. 131-21 al. 4 C. pén. : « *[l]a confiscation peut en outre porter sur tout bien meuble ou immeuble défini par la loi ou le règlement qui réprime l'infraction* ».

166. Art. 131-21 al. 5 C. pén. : « *[s]'il s'agit d'un crime ou d'un délit puni d'au moins cinq ans d'emprisonnement et ayant procuré un profit direct ou indirect, la confiscation porte également sur les biens meubles ou immeubles, quelle qu'en soit la nature, divis ou indivis, appartenant au condamné lorsque celui-ci, mis en mesure de s'expliquer sur les biens dont la confiscation est envisagée, n'a pu en justifier l'origine* ». *Adde* art. 321-6 al. 1 C. pén. : « *[l]e fait de ne pas pouvoir justifier de ressources correspondant à son train de vie ou de ne pas pouvoir justifier de l'origine d'un bien détenu, tout en étant en relations habituelles avec une ou plusieurs personnes qui soit se livrent à la commission de crimes ou de délits punis d'au moins cinq ans d'emprisonnement et procurant à celles-ci un profit direct ou indirect, soit sont les victimes d'une de ces infractions, est puni d'une peine de trois ans d'emprisonnement et de 75 000 euros d'amende* » et 321-10-1 C. pén. : « *[l]es personnes physiques coupables des délits prévus aux articles 321-6 et 321-6-1 encourent également la peine complémentaire de confiscation de tout ou partie de leurs biens, quelle qu'en soit la nature, meuble ou immeuble, divis ou indivis, dont elles n'ont pu justifier l'origine* ».

167. Art. 131-21 al. 6 C. pén. : « *[l]orsque la loi qui réprime le crime ou le délit le prévoit, la confiscation peut aussi porter sur tout ou partie des biens appartenant au condamné, quelle qu'en soit la nature, meubles ou immeubles, divis ou indivis* ». À ce titre, la confiscation peut être spéciale, voire générale (crime contre l'humanité, art. 213-1, 4° C. pén. ; trafic de stupéfiants, art. 222-49, al. 2 C. pén. ; acte de terrorisme, art. 422-6 C. pén. ; acte de faux-monnayage, art. 442-16 C. pén., etc.).

168. Art. 131-21 al. 9 C. pén. : « *[l]a confiscation est obligatoire pour les objets qualifiés de dangereux ou nuisibles par la loi ou le règlement, ou dont la détention est illicite, que ces biens soient ou non la propriété du condamné* ».

169. Art. 131-21 al. 8 C. pén. : « *[l]orsque la chose confisquée n'a pas été saisie ou ne peut être représentée, la confiscation est ordonnée en valeur. Pour le recouvrement de la somme représentative de la valeur de la chose confisquée, les dispositions relatives à la contrainte judiciaire sont applicables* ».

170. Art. 321-6 et 321-10-1 C. pén., préc.

171. Cour EDH, 4 novembre 2014, *Aboufadda c/ France*, req. n° 28457/10, *Gaz. Pal.* 2015, n° 44-45, p. 17, note S. Almaseanu. La Cour rappelle que « même si elle implique une privation de propriété, la confiscation critiquée relève du second paragraphe de l'article 1 du Protocole n° 1 (voir, notamment, *Phillips c/ Royaume-Uni*, n° 41087/98, § 51, CEDH 2001-VII, *Grifhorst* précité, §§ 85-86, et *Silickien*⊠ *c/ Lituanie*, n° 20496/02, § 62, 10 avril 2012) » (pt 21) ». La Cour EDH constate « que cette mesure vise à lutter contre le trafic de stupéfiants et à le prévenir en dissuadant le recel et le blanchiment ; il s'agit là à n'en pas douter d'un but d'intérêt général » (pt 24) et, s'agissant de la proportionnalité de l'atteinte, la Cour EDH observe notamment qu'il y a « dans la décision des juridictions internes de confisquer la maison dans son intégralité à titre de peine, l'expression d'une volonté légitime de sanctionner sévèrement des faits graves dont les requérants s'étaient rendus coupables, qui s'apparentaient à du recel de délit, et qui, de surcroît, s'inscrivaient dans le contexte d'un trafic de stupéfiants d'une grande ampleur au niveau local. Étant donné les ravages de la drogue, elle conçoit que les autorités des États parties fassent preuve d'une grande fermeté à l'égard de ceux qui contribuent à la propagation de ce fléau »

signifie pas que toutes les confiscations soient jugées valables ; tout spécialement, la confiscation prévue à l'article 131-21 al. 6 C. pén. qui prévoit la confiscation des biens du condamné chaque fois que la loi le prévoit, sans autre condition, pourrait apparaître moins justifiée[172]...

2. La privation de la propriété au profit de personnes privées

267. Problématique. Si l'on conçoit sans peine qu'une personne publique puisse priver une personne de sa propriété dans un but d'intérêt général, il est beaucoup plus difficile d'admettre qu'une personne privée le puisse. On en trouve cependant un certain nombre d'illustrations.

268. Expropriation. La voie de l'expropriation pour cause d'utilité publique est reconnue par les textes au profit de certaines personnes privées, en raison de leur activité, qui relève de l'intérêt général. C'est le cas notamment pour de nombreux concessionnaires : de mines[173], de chutes d'eau[174], de transport ou distribution d'électricité[175], d'opérations d'urbanisme ou de rénovation urbaine[176], etc.

269. Cession forcée de mitoyenneté. *Renvoi*. Ainsi qu'on le verra[177], tout propriétaire dont le fonds joint un mur peut en obtenir la propriété mitoyenne en remboursant à son propriétaire la moitié de la dépense qu'il a coûté et la moitié de la valeur du sol sur lequel le mur est bâti[178] : le propriétaire d'un mur peut ainsi être contraint, à la demande de son voisin, de lui en céder la copropriété à sa demande.

Le Conseil constitutionnel a jugé cette disposition conforme aux articles 2 et 17 DDHC[179], en raison de trois séries de considérations. En premier lieu, l'article 661 C. civ. « n'a pour effet que de rendre indivis le droit exclusif du maître du mur qui, dans les limites de l'usage en commun fixées par les articles 653 et suivants du Code civil, continue à exercer sur son bien tous les attributs du droit de propriété »,

(pt 32). Elle en conclut que ces « éléments, ainsi que l'ampleur de la marge d'appréciation dont disposait l'État défendeur, conduisent la Cour à considérer que l'atteinte au droit des requérants au respect de leurs biens que constitue la confiscation critiquée n'est pas disproportionnée par rapport au but d'intérêt général poursuivi » (pt 34).

172. V. à ce titre l'interrogation de S. Almaseanu, note préc. ss. Cour EDH, 4 novembre 2014, *Aboufadda c/ France*, req. n° 28457/10.

173. Art. L. 153-14 s. nouveau C. min.

174. Art. L. 521-7 s. C. énerg.

175. Art. L. 323-3 s. C. énerg.

176. Art. L. 300-4 C. urb.

177. V. *infra*, n° 596 et s.

178. Art. 661 C. civ. : « *[t]out propriétaire joignant un mur a la faculté de le rendre mitoyen en tout ou en partie, en remboursant au maître du mur la moitié de la dépense qu'il a coûté, ou la moitié de la dépense qu'a coûté la portion du mur qu'il veut rendre mitoyenne et la moitié de la valeur du sol sur lequel le mur est bâti. La dépense que le mur a coûté est estimée à la date de l'acquisition de sa mitoyenneté, compte tenu de l'état dans lequel il se trouve* ».

179. Cons. const., 12 novembre 2010, déc. QPC n° 2010-60, *RDI* 2011, p. 99, obs. L. Tranchant, *RTD civ.* 2011, p. 144, obs. Th. Revet : l'article 661 ne méconnaît pas les articles 2 et 17 DDHC. L'inconstitutionnalité était alléguée en raison de l'obligation faite au propriétaire de céder son droit sans que ne soit exigée ou justifiée par une nécessité publique légalement constatée, la cession profitant à une personne privée. La Cour de cassation avait quant à elle estimé que « la question posée présente un caractère sérieux en ce que le texte contesté, qui confère à un propriétaire, moyennant le versement d'une indemnité, la faculté de rendre mitoyen un mur que joint son fonds, pourrait être considéré comme entraînant une grave dénaturation du droit de propriété du maître du mur qui perd ses droits exclusifs, sans justification évidente d'une nécessité publique ».

ce en quoi il n'y aurait pas privation du droit de propriété au sens de l'article 17 de la Déclaration de 1789[180]. En deuxième lieu, « l'accès forcé à la mitoyenneté (...) répond à un motif d'intérêt général », en ce qu'il constitue un « élément nécessaire » du régime « de clôture et de construction des immeubles ainsi que d'utilisation rationnelle de l'espace, tout en répartissant les droits des voisins sur les limites de leurs fonds »[181]. En troisième lieu, l'article 661 C. civ. « est proportionné à l'objectif visé par le législateur ; [...] il est réservé au propriétaire du fonds joignant le mur et subordonné au remboursement à son propriétaire initial de la moitié de la dépense qu'a coûté le mur ou la portion qu'il veut rendre mitoyenne et la moitié de la valeur du sol sur lequel le mur est bâti ; [...] à défaut d'accord des parties, ces conditions de fond doivent être constatées par la juridiction judiciaire qui fixe le montant du remboursement »[182].

270. Attribution de la propriété d'un bien au titre de la prestation compensatoire. Le juge du divorce peut, au titre de la prestation compensatoire, condamner un époux à attribuer la propriété de l'un de ses biens propres (sous un régime communautaire) ou personnels (sous un régime séparatiste) à l'autre[183].

À nouveau, le Conseil constitutionnel a jugé conforme cette disposition aux articles 2 et 17 DDHC[184] en raison de trois séries de considérations. En premier lieu, dans la mesure où l'attribution du bien a pour objet d'*assurer le paiement de la dette* dont l'époux propriétaire est débiteur et ne constitue qu'une *modalité de paiement d'une obligation judiciairement* constatée, elle ne constitue pas une privation de propriété[185]. En deuxième lieu, la protection du conjoint dont la situation économique est la moins favorisée et le souci d'éviter tout conflit postérieur au prononcé du divorce constituent des motifs d'intérêt général[186]. En troisième lieu, le mécanisme apparaît proportionné dans la mesure où le juge fixe le montant de la prestation compensatoire après un débat contradictoire et où l'accord de l'époux débiteur est exigé pour l'attribution en propriété de biens qu'il a reçus par succession ou donation[187]. Le Conseil a cependant apporté une réserve importante en relevant que l'atteinte au droit de propriété qui résulte de l'attribution forcée « ne peut être regardée comme une mesure proportionnée au but d'intérêt général poursuivi que si elle constitue une **modalité *subsidiaire* d'exécution** de la prestation compensatoire en capital » et que le versement d'une somme d'argent assorti de garanties

180. Considérant n° 5. Pourtant, devenir copropriétaire alors que l'on était auparavant seul propriétaire, c'est bien d'une certaine manière perdre le droit dont on était titulaire auparavant.

181. Considérant n° 6. Mais de quelle nécessité est-il question, dès lors que de nombreux murs de séparation continue d'être privatifs ?

182. Considérant n° 6.

183. Art. 274 C. civ. : « *[l]e juge décide des modalités selon lesquelles s'exécutera la prestation compensatoire en capital parmi les formes suivantes : 1° Versement d'une somme d'argent, le prononcé du divorce pouvant être subordonné à la constitution des garanties prévues à l'article 277 ; 2°* ***Attribution de biens en propriété ou d'un droit temporaire ou viager d'usage, d'habitation ou d'usufruit, le jugement opérant cession forcée en faveur du créancier. Toutefois, l'accord de l'époux débiteur est exigé pour l'attribution en propriété de biens qu'il a reçus par succession ou donation*** » (nous soulignons).

184. Cons. const., 13 juillet 2011, déc. QPC n° 2011-151 : l'article 274, 2° C. civ. ne méconnaît pas les articles 2 et 17 DDHC.

185. Considérant n° 5. Comment se laisser *a priori* convaincre ? S'endetter n'est pas se priver de la propriété de ses biens... Cette considération se comprend néanmoins au vu de la réserve formulée par le Conseil constitutionnel (v. *infra*, même numéro).

186. Considérant n° 6

187. Considérant n° 7.

suffisantes n'est pas possible[188]. La Cour de cassation a fait application de cette réserve[189] et la Cour EDH[190] s'est prononcée dans le même sens que le Conseil constitutionnel en jugeant que la cession forcée d'un bien au titre de la prestation compensatoire ne saurait constituer une atteinte légitime au droit de propriété dès lors qu'elle est subsidiaire.

271. Droit de la concurrence : injonctions structurelles. En vue de lutter contre le pouvoir de marché de certains opérateurs économiques, le droit de la concurrence a développé un outil, les injonctions structurelles, qui, en plus de porter atteinte à la liberté d'entreprendre, porte atteinte au droit de propriété.

L'injonction structurelle permet à une autorité de concurrence (autorité de la concurrence nationale ou Commission européenne) de **contraindre un opérateur économique à modifier sa structure, le cas échéant en cédant certains de ses actifs**. Ce pouvoir est reconnu *de manière générale* en droit de l'Union européenne à la Commission par le Règlement (CE) n° 1/2003 du Conseil du 16 décembre 2002 *relatif à la mise en œuvre des règles de concurrence prévues aux articles 81 [devenu 101 TFUE] et 82 [devenu 102 TFUE] du traité*[191]. En contrepoint, il ne l'est en droit français que de *façon limitée* à l'Autorité de la concurrence. En premier lieu, l'article L. 430-9 C. com.[192] permet à l'Autorité de la concurrence de

188. Considérant n° 8 (nous soulignons).

189. Civ. 1re, 28 mai 2014, *Bull. civ.* I, n° 95, *JCP* 2014, I, 1129, obs. H. Périnet-Marquet, *RTD civ.* 2014, p. 688, obs. W. Dross : « [v]u la réserve d'interprétation émise par le Conseil constitutionnel dans sa décision n° 2011-151 QPC du 13 juillet 2011, aux termes de laquelle l'atteinte au droit de propriété qui résulte de l'attribution forcée prévue par le 2° de l'article 274 C. civ. ne peut être regardée comme une mesure proportionnée au but d'intérêt général poursuivi que si elle constitue une modalité subsidiaire d'exécution de la prestation compensatoire en capital de sorte qu'elle ne saurait être ordonnée par le juge que dans le cas où, au regard des circonstances de l'espèce, les modalités prévues au 1° n'apparaissent pas suffisantes pour garantir le versement de cette prestation ; (...) pour imposer à M. X... le règlement de la prestation compensatoire par l'abandon de la part dont il était titulaire dans l'appartement commun, l'arrêt énonce que la disparité constatée dans les conditions de vie des époux au détriment de l'épouse sera compensée par l'octroi d'une prestation compensatoire évaluée à la somme de 82 500 euros sous la forme de l'attribution en pleine propriété de l'immeuble commun ; (...) en statuant ainsi, sans constater que les modalités prévues au 1° de l'article 274 C. civ. n'étaient pas suffisantes pour garantir le versement de cette prestation, la cour d'appel a privé sa décision de base légale ».

190. Cour EDH, 10 juillet 2014, *Milhau c/ France*, Req. n° 4944/11, *JCP* 2014, I, 1129, obs. H. Périnet-Marquet : « la Cour estime qu'il y a eu rupture du juste équilibre devant régner entre les exigences de l'intérêt général de la communauté et les impératifs de la sauvegarde des droits fondamentaux de l'individu. En l'espèce, le requérant a « supporté une charge spéciale et exorbitante », que seule aurait pu rendre légitime la possibilité de proposer de s'acquitter de sa dette par un autre moyen mis à sa disposition par la loi, à savoir par le versement d'une somme d'argent ou le transfert de ses droits de propriété sur un ou plusieurs autres biens » (pt 53).

191. Art. 7.1 : « *[s]i la Commission, agissant d'office ou saisie d'une plainte, constate l'existence d'une infraction aux dispositions de l'article 81 ou 82 du traité, elle peut obliger par voie de décision les entreprises et associations d'entreprises intéressées à mettre fin à l'infraction constatée. À cette fin, elle peut leur imposer toute mesure corrective de nature structurelle ou comportementale, qui soit proportionnée à l'infraction commise et nécessaire pour faire cesser effectivement l'infraction. Une mesure structurelle ne peut être imposée que s'il n'existe pas de mesure comportementale qui soit aussi efficace ou si, à efficacité égale, cette dernière s'avérait plus contraignante pour l'entreprise concernée que la mesure structurelle. Lorsque la Commission y a un intérêt légitime, elle peut également constater qu'une infraction a été commise dans le passé* ».

192. « *L'Autorité de la concurrence peut, en cas d'exploitation abusive d'une position dominante ou d'un état de dépendance économique, enjoindre, par décision motivée, à l'entreprise ou au groupe d'entreprises en cause de modifier, de compléter ou de résilier, dans un délai déterminé, tous accords*

prononcer une injonction structurelle à l'encontre d'une entreprise ou d'un groupe d'entreprise ayant, à la suite d'une concentration, exploité abusivement une position dominante ou un état de dépendance économique en lui imposant « *de modifier, de compléter ou de résilier, dans un délai déterminé, tous accords et tous actes par lesquels s'est réalisée la concentration de la puissance économique qui a permis les abus* ». L'atteinte à la propriété qui découle de l'injonction structurelle se trouve ici justifiée par l'abus commis et par l'idée que si c'est la concentration qui a permis l'abus, la « déconcentration » permettra d'y mettre fin. En second lieu, dans le secteur du commerce de détail – de la grande distribution, en pratique –, l'article L. 752-26 C. com.[193] autorise l'Autorité de la concurrence à prononcer des *injonctions comportementales* ou une sanction pécuniaire en vue de faire cesser les pratiques anticoncurrentielles commises par une entreprise ou un groupe d'entreprises exploitant des magasins de commerce de détail et ayant exploité abusivement une position dominante ou un état de dépendance économique. Ce n'est qu'en cas de persistance de la pratique que l'Autorité peut prendre une *injonction structurelle* imposant à l'auteur de l'infraction « *de modifier, de compléter ou de résilier, dans un délai déterminé, tous accords et tous actes par lesquels s'est constituée la puissance économique qui a permis ces abus* » voire « *de procéder à la cession de surfaces, si cette cession constitue le seul moyen permettant de garantir une concurrence effective dans la zone de chalandise considérée* ». L'atteinte à la propriété qui découle de l'injonction structurelle se trouve encore justifiée par l'existence d'un abus et l'échec d'une injonction comportementale ou d'une sanction pécuniaire et par l'idée que si c'est le pouvoir de marché de l'opérateur qui a permis l'abus, la diminution de celui-ci permettra d'y mettre fin.

Dans un avis n° 12-A-01 du 11 janvier 2012 *relatif à la situation concurrentielle dans le secteur de la distribution alimentaire à Paris*, l'Autorité de la concurrence, compte tenu de la position dominante occupée par un grand groupe de distribution alimentaire auquel pourtant ne pouvait être reproché aucun abus, a effectué plusieurs recommandations en vue de voir étendre considérablement son pouvoir d'injonction structurelle[194]. Précisément, elle a exprimé le souhait *de lege ferenda* se voir reconnaître, *en dehors de toute infraction constatée*, « *lorsque la situation de*

---

et tous actes par lesquels s'est réalisée la concentration de la puissance économique qui a permis les abus même si ces actes ont fait l'objet de la procédure prévue au présent titre ».

193. « *En cas d'exploitation abusive d'une position dominante ou d'un état de dépendance économique de la part d'une entreprise ou d'un groupe d'entreprises exploitant un ou plusieurs magasins de commerce de détail, l'Autorité de la concurrence peut procéder aux injonctions et aux sanctions pécuniaires prévues à l'article L. 464-2.* (al. 1) *Si les injonctions prononcées et les sanctions pécuniaires appliquées n'ont pas permis de mettre fin à l'abus de position dominante ou à l'état de dépendance économique, l'Autorité de la concurrence peut, par une décision motivée prise après réception des observations de l'entreprise ou du groupe d'entreprises en cause, lui enjoindre de modifier, de compléter ou de résilier, dans un délai déterminé, tous accords et tous actes par lesquels s'est constituée la puissance économique qui a permis ces abus. Elle peut, dans les mêmes conditions, lui enjoindre de procéder à la cession de surfaces, si cette cession constitue le seul moyen permettant de garantir une concurrence effective dans la zone de chalandise considérée* (al. 2) ».

194. Précisément, comme le relève l'Autorité, « [d]ans le cas du marché parisien, la vente de certains magasins du groupe Casino à ses concurrents serait de nature à permettre un tel renforcement de la concurrence. En privilégiant, pour ces opérations de revente, les quartiers où celui-ci détient un nombre élevé de magasins, le prononcé de telles injonctions structurelles aurait pour effet, d'une part, de favoriser l'entrée d'enseignes présentant un positionnement commercial différencié de celles du groupe Casino, offrant ainsi une réelle faculté de choix aux consommateurs, d'autre part, d'obliger ce dernier à prendre en compte cette concurrence nouvelle dans ses offres commerciales. En effet, au fur et à mesure de la diminution des parts de marché du groupe Casino, l'intérêt pour ce dernier d'une

la concurrence le rend nécessaire », le pouvoir « *d'enjoindre à des entreprises de revendre des actifs à des concurrents* »[195]. Rien de moins !

Le législateur a franchi un pas important en insérant dans le Code de commerce un nouvel article 752-27[196] concernant le commerce de détail dans des territoires ultramarins. Désormais, lorsqu'une entreprise ou un groupe d'entreprises en position dominante exploitent un ou plusieurs magasins de commerce de détail, et que des préoccupations de concurrence s'élèvent en raison de prix ou de marges élevés en comparaison des moyennes habituellement constatées dans le secteur économique concerné, l'Autorité de la concurrence peut leur faire part de ses « *préoccupations* ». Court alors un délai de deux mois pendant lequel l'acteur peut proposer à l'Autorité de prendre des engagements. En l'absence d'engagements de nature à mettre un terme aux préoccupations de concurrence, l'Autorité peut « *leur enjoindre de modifier, de compléter ou de résilier, dans un délai déterminé qui ne peut excéder deux mois, tous accords et tous actes par lesquels s'est constituée la puissance économique qui permet les pratiques constatées en matière de prix ou de marges* » et « *leur enjoindre de procéder à la cession d'actifs si cette cession constitue le seul moyen permettant de garantir une concurrence effective* ». L'ensemble du dispositif repose sur l'idée qu'il faut mettre un terme à des « *préoccupations de concurrence* » dues à des « *prix ou (...) marges élevés* ». Mais est-ce bien là l'objet du droit de la concurrence que d'intervenir en l'absence de « *restrictions* de concurrence »[197] ? En tout état de cause, le dispositif, tel qu'il a été repris et aménagé dans la *Loi du pays*

diminution des prix ou d'une meilleure qualité de l'assortiment s'accroît, car une part croissante de la clientèle risque d'effectuer ses achats auprès de groupes de distribution concurrents » (pt 193).
En droit de l'Union européenne, le Règlement n° 1/2003 prévoit bien la possibilité pour la Commission de prononcer des injonctions structurelles, mais cela suppose qu'elle « *constate l'existence d'une infraction* » (art. 7).

195. Pt. 195.

196. « *Dans les collectivités relevant de l'article 73 de la Constitution et dans les collectivités d'outre-mer de Saint-Barthélemy, de Saint-Martin et de Saint-Pierre-et-Miquelon, en cas d'existence d'une position dominante, détenue par une entreprise ou un groupe d'entreprises exploitant un ou plusieurs magasins de commerce de détail, qui soulève des préoccupations de concurrence du fait de prix ou de marges élevés, que l'entreprise ou le groupe d'entreprises pratique, en comparaison des moyennes habituellement constatées dans le secteur économique concerné, l'Autorité de la concurrence peut, eu égard aux contraintes particulières de ces territoires découlant notamment de leurs caractéristiques géographiques et économiques, faire connaître ses préoccupations de concurrence à l'entreprise ou au groupe d'entreprises en cause, qui peut dans un délai de deux mois lui proposer des engagements dans les conditions prévues pour ceux de l'article L. 464-2.* (al. 1) *Si l'entreprise ou le groupe d'entreprises ne propose pas d'engagements ou si les engagements proposés ne lui paraissent pas de nature à mettre un terme à ses préoccupations de concurrence, l'Autorité de la concurrence peut, par une décision motivée prise après réception des observations de l'entreprise ou du groupe d'entreprises concernés et à l'issue d'une séance devant le collège, leur enjoindre de modifier, de compléter ou de résilier, dans un délai déterminé qui ne peut excéder deux mois, tous accords et tous actes par lesquels s'est constituée la puissance économique qui permet les pratiques constatées en matière de prix ou de marges. Elle peut, dans les mêmes conditions, leur enjoindre de procéder à la cession d'actifs si cette cession constitue le seul moyen permettant de garantir une concurrence effective. L'Autorité de la concurrence peut sanctionner l'inexécution de ces injonctions dans les conditions prévues à l'article L. 464-2.* (al. 2) *Dans le cadre des procédures définies aux deux premiers alinéas du présent article, l'Autorité de la concurrence peut demander communication de toute information dans les conditions prévues aux articles L. 450-3, L. 450-7 et L. 450-8 et entendre tout tiers intéressé.* »

197. V., très critique, R. Saint-Esteben, « l'injonction structurelle : Rencontre du troisième type du droit de la concurrence », *Concurrences* n° 2-2013 : « il ne s'agit pas, avec les injonctions structurelles, de règles de "droit de la concurrence", mais de pure régulation confinant pour le moins à l'économie administrée » (n° 18).

relative à la concurrence en Nouvelle-Calédonie, a été jugé conforme à la liberté d'entreprendre par le Conseil constitutionnel, compte tenu notamment de la situation particulière de la concurrence dans certains secteurs économiques en Nouvelle-Calédonie[198].

D'ailleurs, dans sa décision n° 2015-715 DC du 5 août 2015, *Loi pour la croissance, l'activité et l'égalité des chances économiques*, le Conseil constitutionnel a sanctionné une disposition de la loi qui permettait à l'Autorité de la concurrence de prononcer, sous certaines conditions, en France métropolitaine, des injonctions structurelles imposant la modification des accords ou la cession d'actifs d'une entreprise ou d'un groupe d'entreprises, en cas d'existence d'une position dominante et de détention d'une part de marché supérieure à 50 % par cette entreprise ou ce groupe d'entreprises exploitant un ou plusieurs magasins de commerce de détail. Précisément, l'Autorité de la concurrence aurait pu, aux termes de la disposition litigieuse, enjoindre à l'entreprise ou au groupe d'entreprises en cause de modifier, de compléter ou de résilier, dans un délai déterminé ne pouvant excéder six mois, tous accords et tous actes par lesquels s'est constituée la puissance économique s'étant traduit par des prix ou des marges élevés et qu'elle pouvait, dans les mêmes conditions, lui enjoindre de procéder, dans un délai ne pouvant être inférieur à six mois, à la cession d'actifs, y compris de terrains, bâtis ou non. La censure a été prononcée au motif qu'il est porté « tant à la liberté d'entreprendre qu'au droit de propriété une atteinte manifestement disproportionnée au regard du but poursuivi »[199].

---

198. Cons. const. déc. n° 2013-3 LP du 1er octobre 2013, *Loi du pays relative à la concurrence en Nouvelle-Calédonie* : « [c]onsidérant que les dispositions de l'article 16 visent soit à corriger ou mettre fin aux accords et actes par lesquels s'est constituée une situation de puissance économique permettant des pratiques de prix ou de marges élevés en comparaison des moyennes habituellement constatées dans le secteur économique concerné soit à enjoindre les cessions d'actifs indispensables à la garantie d'une concurrence effective ; que le congrès de la Nouvelle-Calédonie a ainsi poursuivi un objectif d'intérêt général ; qu'en prévoyant qu'est examinée à cette fin la position des entreprises ou des groupes d'entreprises provoquant des préoccupations de concurrence et qui détiennent, dans une zone de chalandise, une part de marché dépassant 25 %, représentant un chiffre d'affaires supérieur à 600 millions de francs CFP, il a, compte tenu de la situation particulière de la concurrence dans certains secteurs économiques en Nouvelle-Calédonie, retenu des critères d'engagement de la procédure d'examen en rapport direct avec l'objet de la loi du pays ; que le fait pour une entreprise ou un groupe d'entreprises de dépasser le seuil défini par les dispositions contestées n'a pas pour effet d'inverser la charge de la preuve quant à l'existence d'une position dominante à laquelle est subordonnée la possibilité pour le gouvernement de la Nouvelle-Calédonie de faire connaître ses préoccupations de concurrence, ni d'inverser la charge de la preuve d'une concurrence ineffective qui permet au gouvernement de la Nouvelle-Calédonie d'enjoindre à l'entreprise ou au groupe d'entreprises de procéder à la cession d'actifs lorsque cette mesure est le seul moyen de remédier à cette situation ; que, dans ces conditions, il n'est pas porté une atteinte disproportionnée à la liberté d'entreprendre ; que l'article 16 est conforme à la Constitution » (considérant n° 15).

199. Considérant n° 32 : « [c]onsidérant qu'en adoptant le 2° de l'article 39, le législateur a entendu corriger ou mettre fin aux accords et actes par lesquels s'est, dans le commerce de détail, constituée une situation de puissance économique portant atteinte à une concurrence effective dans une zone considérée se traduisant par des pratiques de prix ou de marges élevés en comparaison des moyennes habituellement constatées dans le secteur économique concerné ; qu'il a ainsi poursuivi un objectif de préservation de l'ordre public économique et de protection des consommateurs ; que, toutefois, d'une part, les dispositions contestées peuvent conduire à la remise en cause des prix ou des marges pratiqués par l'entreprise ou le groupe d'entreprises et, le cas échéant, à l'obligation de modifier, compléter ou résilier des accords ou actes, ou de céder des actifs alors même que la position dominante de l'entreprise ou du groupe d'entreprises a pu être acquise par les mérites et qu'aucun abus n'a été constaté ; que, d'autre part, les dispositions contestées s'appliquent sur l'ensemble du territoire de la France

Au final, l'injonction structurelle a pour effet de remettre en cause la concurrence par les mérites et surtout de sanctionner ceux qui ont – trop bien ? – réussi : l'atteinte portée au droit de propriété paraît excessive et de nature à décourager les stratégies d'expansion des acteurs économiques[200].

B La réglementation de la propriété

272. Plan. La réglementation de la propriété a pour objet de limiter la liberté dont jouit par principe le propriétaire ; elle ne constitue donc pas une atteinte aussi grave que la privation de propriété. C'est ce qui explique qu'elle peut résulter, comme le prévoit l'article 544 C. civ., tant de la loi que du règlement[201].

La réglementation de la propriété est susceptible de diminuer le profit que le propriétaire peut tirer : elle intéresse ainsi le pouvoir de jouir (1) et de disposer (2) du bien.

1. Le pouvoir de jouir

273. Plan. Le pouvoir du propriétaire de jouir de son bien peut faire l'objet de séries de limites *externes*, lorsque l'immixtion d'un tiers est autorisée (a), et *internes*, lorsque les prérogatives du propriétaire sont diminuées (b).

274. Observation liminaire : l'abus du droit de propriété. Si la plupart des limites apportées au pouvoir du propriétaire de jouir de son bien sont prévues par la loi, il en est une, générale, qui lui interdit d'abuser de son droit. La théorie de l'abus de droit joue ainsi un rôle de filet de sécurité permettant de sanctionner des comportements qui ne le sont pas par la loi, mais qui révèlent un comportement abusif : quiconque abuse de son droit engage sa responsabilité envers la victime. La théorie a été appliquée au droit de propriété dans de célèbres affaires. Dans une décision fondatrice de la cour d'appel de Colmar rendue le 2 mai 1855, les juges ont sanctionné sur le fondement de l'abus celui qui avait édifié de fausses cheminées afin d'obscurcir la maison du voisin[202]. Puis, dans l'affaire *Clément-Bayard*, la

---

métropolitaine et à l'ensemble du secteur du commerce de détail, alors même qu'il ressort des travaux préparatoires que l'objectif du législateur était de remédier à des situations particulières dans le seul secteur du commerce de détail alimentaire ; qu'ainsi, eu égard aux contraintes que ces dispositions font peser sur les entreprises concernées et à leur champ d'application, les dispositions de l'article L. 752-26 du Code de commerce portent tant à la liberté d'entreprendre qu'au droit de propriété une atteinte manifestement disproportionnée au regard du but poursuivi ; que, par suite et sans qu'il soit besoin d'examiner les autres griefs, le 2° de l'article 39 est contraire à la Constitution ; qu'il en va de même du 1° de ce même article, qui en est inséparable ».

200. On relèvera également que l'Autorité de la concurrence passe sous silence la situation des réseaux de distribution dans lesquels opèrent des commerçants indépendants, spécialement des franchisés. Comment et pourquoi répercuter sur ceux-ci une injonction structurelle adressée au franchiseur ?

201. La disposition paraît ainsi conforme à la Constitution de la Vᵉ République dans la mesure où son article 34 indique que la loi se borne à déterminer les « principes fondamentaux (...) du régime de la propriété ». Pourtant, les rédacteurs de l'APRDB ont estimé nécessaire, à l'article 534, d'indiquer que la propriété « confère à son titulaire un pouvoir absolu sous réserve des lois qui la réglementent », retirant ainsi, au moins en théorie – de fait, on voit mal comment la propriété ne pourrait être, en aucune manière, réglementée par des actes réglementaires – son emprise sur la matière.

202. CA Colmar, 2 mai 1855, *D.* 1856, 2, p. 9 : condamnation d'un propriétaire qui avait élevé une fausse cheminée dans le seul dessein d'« enlever la presque totalité du jour qui restait à la fenêtre de

Cour de cassation a sanctionné, sur le même fondement, le propriétaire d'un terrain qui avait installé un dispositif comprenant des pieux métalliques afin de rendre plus difficile les manœuvres des dirigeables sur la propriété voisine[203]. Il s'agit là d'illustrations du principe général de responsabilité civile pour faute inscrit à l'article 1382 C. civ.[204]

S'agissant des **critères** de l'abus du droit de propriété, plusieurs propositions ont été faites, les unes insistant sur l'intention de nuire de leur auteur (critère psychologique), d'autres sur le détournement de la fonction sociale du droit (critère finaliste[205]) et d'autres encore sur le dommage excessif causé à la victime (critère matériel). C'est le premier critère qui l'a emporté en jurisprudence. Ainsi commet un abus celui qui, animé d'une intention malicieuse, plante un rideau de fougères[206], ou construit un mur[207], en vue notamment de priver le voisin de lumière. Le

---

son voisin». *Adde* Req. 10 juin 1902, *DP* 1902, 1, p. 454 : « si l'art. 544 donne à chacun le droit de jouir et disposer de sa chose de la manière la plus absolue, ce droit est tempéré par l'obligation naturelle et légale de ne causer à la propriété d'autrui aucun dommage », ce qui est bien le cas lorsque des travaux de forage étaient « des plus préjudiciables » au fonds voisin et d'« aucune utilité » pour le fonds de ses auteurs.

203. Req. 3 août 1915, *DP* 1917, 1, p. 79, *GAJC*, t. 1, n° 69 : « l'arrêt [d'appel] a pu apprécier qu'il y avait eu par Coquerel abus de son droit et, d'une part, le condamner à la réparation du dommage causé à un ballon dirigeable de Clément-Bayard, d'autre part, ordonner l'enlèvement des tiges de fer surmontant les carcasses en bois ».

204. « *Tout fait quelconque de l'homme, qui cause à autrui un dommage, oblige celui par la faute duquel il est arrivé à le réparer.* »

205. L. Josserand, *De l'esprit des droits et de leur relativité (Théorie dite de l'abus de droit)*, Dalloz, 2e éd., 1939, n° 27 s. et n° 291 s. Et v. déjà L. Duguit, *Les transformations générales du droit privé depuis le code Napoléon*, Felix Alcan, 1912, p. 166, qui proposait de sanctionner les actes accomplis par le propriétaire qui ne présentent pas d'utilité pour lui, sans passer par la théorie de l'abus de droit (mais peu importe les mots...).

206. Civ. 1re, 20 janvier 1964, *Bull. civ.* I, n° 34, *RTD civ.* 1965, p. 165, obs. R. Rodière : « l'exercice du droit de propriété, qui a pour limite la satisfaction d'un intérêt sérieux et légitime, ne saurait autoriser l'accomplissement d'actes malveillants, ne se justifiant par aucune utilité appréciable et portant préjudice à autrui ; (...) la cour d'appel a refusé d'ordonner la suppression d'un rideau de fougères de 1,70 m de Y..., planté par demoiselle Z..., à environ 0,85 m du mur de la maison de dame Blum, et empêchant le passage de la lumière par une ouverture à verre dormant dont l'aménagement avait été judiciairement autorisé pour l'éclairage d'une cuisine ; (...) pour statuer ainsi, l'arrêt infirmatif attaqué se fonde sur ce que, s'il était fait droit à la prétention de Dame X..., l'héritage voisin se trouverait grevé "d'une véritable servitude d'éclairement... contractuellement inexistante" ; mais (...) la même décision, après avoir rappelé et déclaré constantes les constatations de fait des premiers juges, a relevé "qu'il apparait bien des éléments de la cause que les parties vivent dans une mésintelligence certaine" et que "l'instance... reflète et caractérise la psychologie de Demoiselle Z..., recherchant la satisfaction d'un mobile malicieux" ; (...) en se refusant, dans de telles circonstances, à accorder à Dame Blum A... dont elle se plaignait, alors qu'ils constataient en même temps, à la charge de Demoiselle Z..., un exercice purement malicieux, partant abusif, de son droit de propriété, les juges du second degré ont violé [l'article 1382 C. civ.] ».

Comp. Civ. 3e, 15 février 2012, *Bull. civ.* III, n° 32 : « ayant constaté la nécessité de réaliser des travaux sur la toiture du pavillon des époux Y... du côté de la propriété de Mme X..., le refus du maire de la commune de voir installer une nacelle en vue d'effectuer ces travaux à partir de la voie publique, sans passage sur le fonds de Mme X... et le coût disproportionné de toute autre solution au regard de la valeur des travaux à effectuer, la cour d'appel, qui a souverainement retenu qu'il n'existait aucun autre moyen pour réaliser ces travaux que de passer sur le terrain de Mme X... et en a déduit que celle-ci ne pouvait, sous peine de commettre un abus de droit, s'opposer à l'installation d'un échafaudage en éventail ou sur pieds dans la propriété voisine pour une durée de trois semaines, a légalement justifié sa décision ».

207. Civ. 3e, 30 octobre 1972, *Bull. civ.* III, n° 576 : l'élévation d'un mur en face de la maison de voisins, sans le prolonger au-delà, et ultérieurement surmonté d'un grillage supportant des plantes

deuxième critère apparaissait trop vague pour être sûr et le troisième, s'il ne constitue pas le critère de l'abus de droit, constitue celui de la théorie voisine des troubles anormaux de voisinage[208]. En retenant un critère psychologique lié aux mobiles de l'auteur de l'acte, l'intention de nuire, la jurisprudence a fait une application de la théorie de la cause (subjective) aux actes matériels : un acte juridique, mais aussi donc, un acte matériel, doivent avoir une cause licite et morale[209].

La **preuve** de l'intention de nuire, phénomène psychologique, étant difficile à rapporter, les juges s'appuient souvent sur des indices et retiennent l'abus lorsque l'acte est *dépourvu d'intérêt pour son auteur* et *nuisible pour le tiers*. C'est ainsi que d'une manière très claire, la Cour de cassation a considéré que « l'exercice du droit de propriété, qui a pour limite la satisfaction d'un intérêt sérieux et légitime, ne saurait autoriser l'accomplissement d'actes malveillants, ne se justifiant par aucune utilité appréciable et portant préjudice à autrui »[210]. De fait, un individu rationnel qui accomplit un acte sans intérêt pour lui et source de préjudice pour autrui ne peut *a priori* le faire que dans le but de lui nuire. Il reste que l'abus peut être caractérisé alors même que l'acte n'était pas dépourvu d'intérêt pour son auteur ; dans l'affaire *Clément-Bayard* où l'abus a été retenu, l'auteur de l'acte malveillant avait bien un intérêt à l'accomplir, celui de vendre son terrain plus cher à son voisin... Par où l'on voit que l'abus réside avant tout dans l'immoralité du motif de l'acte.

S'agissant des **effets** de l'abus de droit de propriété, il convient de faire application des principes qui gouvernent la responsabilité civile. Le juge est libre des mesures destinées à faire cesser le trouble pour l'avenir et à en réparer les conséquences passées.

a) Les limites externes : l'immixtion de tiers

275. Idée générale. Le législateur, plutôt que de réserver au propriétaire toutes les utilités de la chose, y donne parfois un accès aux tiers. Le *droit de la chasse* et le *droit de la concurrence* en offrent de bonnes illustrations.

276. Droit de la chasse : l'apport des droits de chasse à une ACCA. Le propriétaire d'un terrain est en principe le titulaire des droits de chasser sur celui-ci. Toutefois, dans les départements où une ACCA (Association communale de chasse agréée) est constituée, les droits de chasse appartiennent à celle-ci. Ainsi, les propriétaires fonciers sont en principe tenus de laisser des tiers chasser sur leurs terres[211]. Ce droit d'immixtion des tiers connaît cependant des limites[212] : sont

grimpantes privant l'habitation de vue et de lumière tout en en gênant l'accès ainsi que l'apposition dans le grillage de rangées de fils de fer barbelés créant ainsi un danger certain pour les usagers du chemin et notamment pour les enfants, « ne se justifient par aucune utilité appréciable en vue de satisfaire un intérêt sérieux, ont été inspirés par une intention malveillante, qui apparaît encore dans la pose, contre le mur litigieux et face à l'entrée de la maison des demandeurs à l'action, d'une pancarte portant l'inscription, "mur du repentir et de la honte, pour ceux qui en ont obligé la construction, que les morveux se mouchent" ».

208. V. *infra*, n° 286 et s.

209. Tout au plus observera-t-on que la sanction, par la force des choses, n'est pas la même : les premiers sont nuls tandis que les seconds engagent la responsabilité de leur auteur.

210. Civ. 1re, 20 janvier 1964, *Bull. civ.* I, n° 34 : plantation d'un rideau de fougères.

211. Depuis la loi Verdeille du 10 juillet 1964, dont les dispositions sont aujourd'hui codifiées aux articles art. L. 422-1 s. C. envir.

212. Art. L. 422-10 C. envir. : « *[l]'association communale est constituée sur les terrains autres que ceux : 1° Situés dans un rayon de 150 mètres autour de toute habitation ; 2° Entourés d'une clôture telle que définie par l'article L. 424-3 ; 3° Ayant fait l'objet de l'opposition des propriétaires ou*

notamment exclus du dispositif les terrains clôturés et les terrains appartenant à des personnes opposées au nom de leurs convictions personnelles à la pratique de la chasse. Cette dernière exception trouve son origine dans une décision *Chassagnou*[213] dans laquelle la Cour EDH avait estimé que le dispositif français de l'apport forcé aux ACCA des droits de chasses des propriétaires fonciers, sans exception au profit des propriétaires opposés à la chasse, *constituait une atteinte excessive au droit de propriété de ces derniers et à leur liberté d'association.* La législation française modifiée à la suite de cette condamnation a de nouveau été soumis à l'examen de la Cour EDH qui, dans une décision *Chabauty*[214], l'a déclarée conforme, en relevant notamment, indépendamment des convictions éventuelles de chaque propriétaire, que « les propriétaires fonciers dont les terrains sont inclus dans le périmètre d'une ACCA perdent uniquement l'exclusivité de la chasse sur leurs terres : leur droit de propriété n'est pas autrement altéré »[215].

277. Droit de la concurrence : la théorie des infrastructures essentielles. Toujours en vue de lutter contre le pouvoir de marché de certains opérateurs économiques, le droit de la concurrence a développé la théorie des infrastructures essentielles, qui, en plus de porter atteinte au droit de propriété, porte atteinte à la liberté contractuelle.

---

détenteurs de droits de chasse sur des superficies d'un seul tenant supérieures aux superficies minimales mentionnées à l'article L. 422-13 ; 4° Faisant partie du domaine public de l'État, des départements et des communes, des forêts domaniales ou des emprises de Réseau ferré de France et de la Société nationale des chemins de fer français ; 5° Ayant fait l'objet de l'opposition de propriétaires, de l'unanimité des copropriétaires indivis qui, au nom de convictions personnelles opposées à la pratique de la chasse, interdisent, y compris pour eux-mêmes, l'exercice de la chasse sur leurs biens, sans préjudice des conséquences liées à la responsabilité du propriétaire, notamment pour les dégâts qui pourraient être causés par le gibier provenant de ses fonds. Lorsque le propriétaire est une personne morale, l'opposition peut être formulée par le responsable de l'organe délibérant mandaté par celui-ci. »

213. Cour EDH, 29 avril 1999, *Chassagnou et a c/ France*, Req. n° 25088/94, 28331/95 et 28443/95, *JCP* G 1999, II, 10172, note J. de Malafosse ; *RTD civ.* 1999, p. 913, obs. J.-P. Marguénaud et 2000, p. 360, obs. Th. Revet. *Adde* J. Foyer, « la condamnation de la loi Verdeille par la CEDH », in *Mélanges J.-Cl. Soyer*, LGDJ, 2000, p. 15 s.

214. Cour EDH, 4 octobre 2012, *Chabauty c/ France*, Req. n° 57412/08, *RTD civ.* 2012, p. 703, obs. J.-P. Marguénaud et 2013, p. 151, obs. W. Dross.

215. L'atteinte au droit de propriété si elle reste établie, est jugée poursuivre un but légitime et être proportionnée. En premier lieu, la Cour EDH estime, dans la lignée de la décision *Chassagnou*, que le but poursuivi relève de l'intérêt général en évitant une pratique anarchique de la chasse, en favorisant une gestion rationnelle du patrimoine cynégétique, en visant à la maîtrise de l'impact de la chasse sur les équilibres naturels et le maintien des ressources (§ 54). En second lieu, la Cour EDH relève qu'en contrepartie de l'atteinte à leur droit, d'une part, les propriétaires sont de droit membres de l'ACCA, ce qui leur donne la possibilité non seulement de chasser sur l'espace constitué par l'ensemble des terrains réunis dans ce périmètre mais aussi de participer à la gestion collective de la chasse sur cet espace et, d'autre part, ceux qui tiraient des revenus de la chasse ou qui ont procédé à des aménagements cynégétiques avant leur affiliation à une ACCA peuvent obtenir une indemnisation à ce titre (§ 55).

La Cour EDH ne retient pas davantage une discrimination entre propriétaires fonciers, alors pourtant que l'apport du droit de chasse n'est imposé qu'aux propriétaires de terres d'une superficie inférieure à 20 hectares – les petits propriétaires sont ainsi contraints de partager les utilités de leur fonds, à la différence des grands propriétaires –, et dans certains départements seulement. La distinction est justifiée en ce qu'elle permettrait de mieux maîtriser la pression de chasse, d'organiser la pratique de cette activité dans un sens favorable au maintien des ressources et de remédier au problème de la raréfaction du gibier, tout particulièrement dans les régions où la propriété est très morcelée (§ 54).

Importée des États-Unis[216], la théorie des infrastructures essentielles a été reçue dans les années 1990 par le droit européen[217] et le droit national[218] de la concurrence. L'infrastructure essentielle est celle qui est indispensable à un opérateur économique souhaitant fournir un service ou un produit sur un marché amont, aval ou complémentaire de celui sur lequel se trouvent ces infrastructures[219], en ce sens qu'il n'existe pas pour lui de « solutions alternatives économiquement raisonnables »[220] ou de « substitut réel ou potentiel »[221]. À moins qu'il puisse justifier de

216. La création de la notion de facilité ou d'infrastructure essentielle est l'œuvre des tribunaux américains en vue d'appliquer le *Sherman Act*. Elle remonte à une affaire *United States v. Terminal Railroad* ayant donné lieu à une décision de la Cour suprême en date du 22 avril 1912 (*United States v. Terminal Railroad Ass'n*, 224 U.S. 383). M. Gould avait, en formant une association, notamment avec des sociétés de transport ferroviaire, acquis le contrôle de la totalité des infrastructures nécessaires pour charger ou décharger le fret et permettre le trafic passager des deux cotés du Mississipi près de Saint Louis. Le Gouvernement fédéral attaqua l'association en raison de son effet monopolisateur. La Cour suprême, d'une part, s'est montrée sensible aux gains d'efficacité substantiels qui découlaient de la réunion des infrastructures permettant de traverser le Mississipi à Saint-Louis dans une même entité mais, d'autre part, s'est également montrée soucieuse d'assurer en aval la concurrence dans le secteur du transport ferroviaire. C'est ce qui la conduisit à obliger l'association à admettre en son sein toute compagnie ferroviaire qui en ferait la demande, aux mêmes conditions que celles qui avaient été consenties aux compagnies ferroviaires déjà membres de l'association, et à permettre aux compagnies ferroviaires qui ne souhaiteraient pas devenir membres de l'association de pouvoir accéder aux infrastructures à un coût qui assurerait qu'elles ne seraient pas désavantagées dans la concurrence par rapport aux compagnies membres de l'association.

217. V. notamment Commission, déc. 21 décembre 1993, 94/19/CE, *relative à une procédure d'application de l'article 86 du traité CE* : « Le propriétaire d'installations essentielles qui utilise son pouvoir sur un marché pour protéger ou renforcer sa position sur un autre marché apparenté, en particulier en refusant d'accorder l'accès à ces installations à un concurrent ou en lui accordant l'accès à des conditions moins favorables que celles dont bénéficient ses propres services, et donc impose un désavantage concurrentiel au concurrent, commet une infraction ». *Adde* CJCE, 6 avril 1995, *Radio Telefis Eireann (RTE) et Independent Television Publications Ltd (ITP)*, « affaire Magill », aff. C-241/91 et C-242/91.

218. V. surtout Cons. conc., avis n° 02-A-08 du 22 mai 2002 *relatif à la saisine de l'Association pour la promotion de la distribution de la presse*. V. cependant, déjà, notamment : Cons. conc., déc. n° 90-D-22 du 26 juin 1990, *relative à la situation de la concurrence dans le secteur des carburants aviation* (l'expression d'infrastructure essentielle n'est toutefois pas utilisée) ; Cons. conc., déc. n° 96-D-51 du 3 septembre 1996 *relative à des pratiques de la Sarl Héli-Inter Assistance*.

219. Com. 4 décembre 2001, *Bull. civ.* IV, n° 193 : « la cour d'appel, qui a légalement justifié sa décision, a pu considérer que la liste des abonnés au téléphone ainsi expurgée [des abonnés inscrits sur liste orange, laquelle regroupe ceux qui acceptent de diffuser leurs coordonnées téléphoniques dans les annuaires et services de renseignements, mais qui refusent que celles-ci soient utilisées dans des opérations de prospection directe] constituait une ressource essentielle pour les opérateurs intervenant sur le marché des fichiers de prospection ».

220. Com. 12 juillet 2005, *Bull. civ.* IV, n° 163 : ne justifie pas sa décision, la cour d'appel qui, pour rejeter le recours formé contre une décision du Conseil de la concurrence enjoignant à titre conservatoire à une entreprise de presse d'accorder à une entreprise concurrente un accès direct au tronc commun du logiciel qu'elle exploite, retient que le tronc commun constitue pour la distribution de la presse au numéro une infrastructure essentielle sans établir que ce concurrent ne peut mettre en œuvre des « *solutions alternatives économiquement raisonnables* ».

221. CJCE, 26 novembre 1998, *Oscar Bronner GmbH & Co. KG c/ Mediaprint Zeitungs- und Zeitschriftenverlag GmbH & Co. KG, Mediaprint Zeitungsvertriebsgesellschaft mbH & Co. KG et Mediaprint Anzeigengesellschaft mbH & Co. KG*, aff. C-7/97 : « le fait, pour une entreprise de presse, qui détient une part très importante du marché des quotidiens dans un État membre et qui exploite l'unique système de portage à domicile de journaux à l'échelle nationale existant dans cet État membre, de refuser, contre une rémunération appropriée, l'accès audit système à l'éditeur d'un quotidien concurrent qui, en raison de la faiblesse du tirage de celui-ci, ne se trouve pas en mesure de créer et d'exploiter, dans des conditions économiquement raisonnables, seul ou en collaboration avec d'autres

considérations objectives[222], l'opérateur détenant l'infrastructure essentielle a l'obligation d'en permettre l'accès aux autres opérateurs à des conditions équitables et non discriminatoires[223], dès lors qu'il est en situation de monopole ou de position dominante[224], qu'un tel accès est possible[225], et qu'un refus risquerait d'entraîner une élimination de la concurrence[226].

Les infrastructures essentielles sont des biens qui peuvent être *corporels* – équipements permettant l'acheminement et le stockage du carburéacteur dans un aéroport[227], installations portuaires pour transbordeurs de passagers et de véhicules[228], hélistation[229], accès à une boucle de télécommunication[230], etc. – ou

---

éditeurs, son propre système de portage à domicile ne constitue pas un abus de position dominante au sens de l'article 86 du traité » (pt 47), dès lors que pour caractériser un abus dans une telle situation, il faudrait « non seulement que le refus du service que constitue le portage à domicile soit de nature à éliminer toute concurrence sur le marché des quotidiens de la part du demandeur du service et ne puisse être objectivement justifié, mais également que le service en lui-même soit indispensable à l'exercice de l'activité de celui-ci, en ce sens qu'il n'existe aucun **substitut réel ou potentiel** audit système de portage à domicile » (pt 41). *Adde* TPICE, 12 juin 1997, *Tiercé Ladbroke c/ Commission,* aff. T-504/93, pt 131 ; TPICE, 15 septembre 1998, *European Night Services Ltd (ENS), Eurostar (UK) Ltd et a. c/ Commission*, aff. T-374/94, T-375/94, T-384/94 et T-388/94, pt 208 (par conséquent, relève le Tribunal, « s'agissant, comme en l'espèce, d'un accord portant création d'une entreprise commune, relevant de l'article 85, paragraphe 1, du traité, le Tribunal estime que les entreprises mères et/ou l'entreprise commune ainsi créée ne sauraient être considérées comme étant en possession d'infrastructures, de produits ou de services "indispensables" ou "essentiels" pour l'accès au marché pertinent que si ces infrastructures, produits ou services ne sont pas "interchangeables" et que, en raison de leurs caractéristiques particulières et notamment du coût prohibitif de leur reproduction et/ou du temps raisonnable requis à cette fin, il n'existe pas d'alternatives viables pour les concurrents potentiels de l'entreprise commune, qui se trouveraient, de ce fait, exclus du marché », pt 209).

222. CJCE, 6 avril 1995, *Radio Telefis Eireann (RTE) et Independent Television Publications Ltd (ITP)*, « affaire Magill », aff. C-241/91 et C-242/91 (pt 55) ; CJCE, 29 avril 2004, *IMS Health,* aff. C-418/01 pts 48 s.

223. Cons. conc., avis n° 02-A-08 du 22 mai 2002 *relatif à la saisine de l'Association pour la promotion de la distribution de la presse* ; Cons. conc., déc. n° 96-D-51 du 3 septembre 1996 *relative à des pratiques de la Sarl Héli-Inter Assistance* (et, dans la même affaire, Com. 25 janvier 2000, pourvoi n° 97-20199).

224. Com. 4 décembre 2001, *Bull. civ.* IV, n° 193 : « France Télécom, qui jouissait à l'époque considérée d'un monopole légal sur le marché des télécommunications entre points fixes, était la seule en mesure de fournir aux opérateurs la liste des abonnés au téléphone, tenue à jour et expurgée des noms des personnes figurant en liste orange ou safran ».

225. V. notamment Cons. conc., déc. n° 05-D-59 du 7 novembre 2005 *relative à des pratiques mises en œuvre par la société France Télécom dans le secteur de l'Internet haut débit* : « l'accès à la boucle locale de France Télécom et son prolongement jusqu'au Broadband Access Server exclu est techniquement possible comme l'a démontré l'existence des offres faites par France Télécom (Netissimo, « IP/ADSL », Turbo IP, « ADSL Connect ATM », ...) » (pt 84).

226. Aut. conc., déc. n° 04-D-54 du 9 novembre 2004 *relative à des pratiques mises en œuvre par la société Apple Computer, Inc. dans les secteurs du téléchargement de musique sur Internet et des baladeurs numériques*, spéc. pt 100 ; TPICE, 17 septembre 2007, *Microsoft Corp. c/ Commission*, aff. T-201/04.

227. Cons. conc., déc. n° 90-D-22 du 26 juin 1990, *relative à la situation de la concurrence dans le secteur des carburants aviation*, encore que la question n'ait pas été directement abordée sous cet angle.

228. Commission, déc. 21 décembre 1993, 94/19/CE, *relative à une procédure d'application de l'article 86 du traité CE.*

229. Cons. conc., déc. n° 96-D-51 du 3 septembre 1996 *relative à des pratiques de la Sarl Héli-Inter Assistance*. Et, dans la même affaire, Com. 25 janvier 2000, pourvoi n° 97-20199 ; Cons. conc., déc. n° 05-D-59 du 7 novembre 2005 *relative à des pratiques mises en œuvre par la société France Télécom dans le secteur de l'Internet haut débit* (pts 78 s.).

230. Cons. conc., déc. n° 05-D-59 du 7 novembre 2005 *relative à des pratiques de mise en œuvre par la société France Telecom dans le secteur de l'Internet haut débit.*

incorporels – outil statistique d'échantillonnage destiné à permettre des études de marché[231], le répertoire SIRENE[232], grille des programmes d'une chaîne de télévision[233], etc.

Lorsque le bien fait l'objet d'une propriété intellectuelle, l'accès à l'infrastructure essentielle se fait moyennant l'octroi d'une licence. Or si le principe est que le refus par un titulaire d'accorder une licence ne « saurait constituer en lui-même un abus de position dominante »[234], il en va autrement lorsqu'est en cause une infrastructure essentielle. Toutefois, le refus d'accès à l'infrastructure essentielle ne sera sanctionné que s'il fait obstacle à l'apparition d'un *produit nouveau* pour lequel il existe une demande potentielle des consommateurs[235] ou s'il constitue une entrave au développement technique au préjudice du consommateur[236].

231. CJCE, 29 avril 2004, *IMS Health,* aff. C-418/01.
232. CE, 2 avril 2003, *CEGEDIM*, n° 247769, inédit : « si l'État peut percevoir des droits privatifs à l'occasion de la communication de données publiques en vue de leur commercialisation, lorsque cette communication peut être regardée, au sens des lois sur la propriété littéraire et artistique, comme une œuvre de l'esprit, ces droits ne peuvent faire obstacle, par leur caractère excessif, à l'activité concurrentielle d'autres opérateurs économiques lorsque ces données constituent pour ces derniers une ressource essentielle pour élaborer un produit ou assurer une prestation qui diffèrent de ceux fournis par l'État ; que, dans un tel cas, la perception de droits privatifs excessifs constitue un abus de position dominante méconnaissant les dispositions législatives précitées ; Considérant qu'il ressort des pièces du dossier qu'il existe un marché des fichiers de prospection de grande taille vendus à des entreprises afin d'effectuer des opérations de démarchage direct de leurs clients ; que l'INSEE intervient directement sur ce marché en commercialisant le répertoire SIRENE ; que des concurrents de l'INSEE, comme la société CEGEDIM, interviennent également sur ce marché en commercialisant des fichiers élaborés à partir du répertoire SIRENE mais qui se distinguent de celui-ci par les opérations d'enrichissement qu'ils effectuent sur le fichier originel et constituent donc un produit différent du répertoire SIRENE vendu par l'INSEE ; que le répertoire SIRENE constitue une ressource essentielle pour les sociétés qui élaborent de tels fichiers de prospection ».
233. CJCE, 6 avril 1995, *Radio Telefis Eireann (RTE) et Independent Television Publications Ltd (ITP),* « affaire *Magill* », aff. C-241/91 et C-242/91.
234. CJCE, 5 octobre 1988, *AB Volvo c/ Erik Veng (UK) Ltd*, aff. 238/87.
235. CJCE, 6 avril 1995, *Radio Telefis Eireann (RTE) et Independent Television Publications Ltd (ITP),* « affaire *Magill* », aff. C-241/91 et C-242/91 : des sociétés de télédiffusion se trouvant dans une position dominante en raison du monopole de fait détenu sur les informations relatives à leurs grilles de programmes détiennent ainsi le pouvoir de faire obstacle à l'existence d'une concurrence effective sur le marché des hebdomadaires de télévision. Le fait que ces informations puissent être protégées dans un droit national par un droit d'auteur ne constitue pas un obstacle à la caractérisation d'un abus. La Cour relève que tel est le cas lorsque des sociétés de télédiffusion se prévalent de leur droit d'auteur pour empêcher une autre entreprise de publier des informations (la chaîne, le jour, l'heure et le titre des émissions), assorties de commentaires et d'images, obtenus indépendamment desdites sociétés, sur une base hebdomadaire, dès lors que, en premier lieu, ce comportement fait obstacle à l'apparition d'un **produit nouveau**, un guide hebdomadaire complet des programmes de télévision, que les sociétés intéressées n'offrent pas, et pour lequel existe une demande potentielle de la part des consommateurs, ce qui constitue un abus suivant l'article 86, deuxième alinéa, sous b), du traité (pt 54, nous soulignons), qu'en deuxième lieu, le refus n'est justifié ni par l'activité de radiodiffusion télévisuelle ni par celle d'édition de magazines de télévision (pt 55) et que, en troisième lieu, les sociétés intéressées se réservent, par leur comportement, un marché dérivé, celui des guides hebdomadaires de télévision, en excluant toute concurrence sur ce marché puisqu'elles dénient l'accès à l'information brute, matière première indispensable pour créer un tel guide (pt 56). *Adde* CJCE, 29 avril 2004, *IMS Health,* aff. C-418/01, pts 48 s. ; Aut. conc., déc. n° 04-D-54 du 9 novembre 2004 *relative à des pratiques mises en œuvre par la société Apple Computer, Inc. dans les secteurs du téléchargement de musique sur Internet et des baladeurs numériques*, spéc. pt 102.
236. TPICE, 17 septembre 2007, *Microsoft Corp. c/ Commission*, aff. T-201/04 : « [i]l y a lieu de relever que la circonstance relative à l'apparition d'un produit nouveau, telle qu'elle est ainsi

Si l'atteinte portée au droit de propriété et à la liberté contractuelle est manifeste, les autorités de concurrence estiment qu'elle est justifiée et, partant, non excessive en raison des conditions qui sont posées[237].

278. Droit de la concurrence : la pratique des relevés de prix. À l'occasion de la guerre des prix que se livrent les entreprises de la grande distribution, les concurrents procèdent à des relevés de prix, grâce à des lecteurs optiques. La question s'est posée de savoir si le propriétaire d'un magasin pouvait s'opposer à ce que des salariés d'une entreprise concurrente pénètrent dans celui-ci pour y pratiquer des relevés de prix. Une cour d'appel y avait répondu par l'affirmative, retenant « qu'en vertu de son droit de propriété, [une entreprise] dispose de la faculté, sauf usage abusif de ce droit, de s'opposer à l'accès de ses magasins à des tiers, autres que des clients potentiels et donc d'interdire les relevés de prix par ses concurrents au moyen de lecteurs optiques »[238]. La décision est cassée, au visa de l'article L. 410-2 C. com. (« *Sauf dans les cas où la loi en dispose autrement, les prix des biens, produits et services relevant antérieurement au 1er janvier 1987 de l'ordonnance nº 45-1483 du 30 juin 1945 sont librement déterminés par le jeu de la concurrence (...)* »), et au motif que « la fixation des prix par le libre jeu de la concurrence commande que les concurrents puissent comparer leurs prix et en conséquence en faire pratiquer des relevés par leurs salariés dans leurs magasins respectifs »[239].

---

envisagée dans les arrêts *Magill* et *IMS Health* (...) ne saurait constituer l'unique paramètre permettant de déterminer si un refus de donner en licence un droit de propriété intellectuelle est susceptible de porter préjudice aux consommateurs au sens de l'article 82, second alinéa, sous b), CE. Ainsi qu'il ressort du libellé de cette disposition, un tel préjudice peut survenir en présence d'une limitation non seulement de la production ou des débouchés, mais aussi du **développement technique** » (pt 647, nous soulignons). Pour autant, le Tribunal considère qu'il ne s'agit là que d'une manière d'apprécier la condition qui demeure posée d'un « produit nouveau », car il conclut qu'il doit « être considéré que la circonstance relative à l'apparition d'un **produit nouveau** est présente en l'espèce » (pt 665, nous soulignons).

237. Le Conseil de la concurrence a ainsi indiqué que « [l]'observation selon laquelle les conditions posées par le droit de la concurrence à la détention d'une facilité essentielle portent atteinte au droit de contracter librement et au droit de la concurrence, doit (...) être tempérée par deux considérations. En premier lieu, le droit de la concurrence est, pour l'essentiel, constitué par des contraintes limitant la liberté de contracter, justifiées par le fait que certains contrats (par exemple une entente anticoncurrentielle ou un contrat commercial constituant un abus de position dominante) peuvent avoir un effet destructeur du mécanisme de la concurrence sur un marché, c'est-à-dire un effet indésirable pour la collectivité dans son ensemble. En d'autres termes, c'est dans les cas dans lesquels l'intérêt privé des parties à une pratique diverge de l'intérêt collectif, en faussant le jeu de la concurrence sur un marché, que le droit de la concurrence intervient pour limiter la liberté contractuelle des parties. À cet égard, le principe selon lequel le détenteur d'une infrastructure essentielle voit sa liberté contractuelle encadrée pour préserver l'ordre public de la concurrence s'inscrit dans la logique du droit de la concurrence. En deuxième lieu, le droit de propriété étant l'un des fondements nécessaires au fonctionnement de l'économie de marché et au développement dynamique de nos sociétés, l'expropriation implicite (sic !) que représente pour le détenteur d'une facilité essentielle, l'obligation de permettre à ses concurrents (à l'aval ou à l'amont) d'accéder à la facilité qu'il détient, est étroitement encadrée, afin d'éviter que l'intervention de l'autorité de concurrence n'ait pour effet de décourager l'investissement dans de telles infrastructures et de nuire à l'efficacité économique » (Cons. conc., avis nº 02-A-08 du 22 mai 2002 *relatif à la saisine de l'Association pour la promotion de la distribution de la presse*). L'efficacité économique, toujours...

238. Elle avait ajouté que l'auteur des relevés de prix n'établissait « pas l'existence d'un usage commercial à ce sujet qui constituerait une restriction licite au droit de propriété ».

239. Com., 4 octobre 2011, *Bull. civ.* IV, nº 146.

b) Les limites internes : la limitation des prérogatives du propriétaire

279. Plan. Certaines limites aux prérogatives du propriétaire sont apportées en vue de protéger un intérêt jugé supérieur à celui de son propriétaire (α) ou d'assurer les relations de bon voisinage (β).

α) La protection d'un intérêt supérieur

280. Servitudes d'utilité publique. Le propriétaire foncier n'est pas un souverain sur son fonds. Sa parcelle est située sur le territoire d'un État et il se trouve par là même soumis à un certain nombre de règles, dont de nombreuses « servitudes d'utilité publique ». D'après l'article L. 126-1 C. urb, « *[l]es plans locaux d'urbanisme doivent comporter en annexe les servitudes d'utilité publique affectant l'utilisation du sol et qui figurent sur une liste dressée par décret en Conseil d'État* »[240]. Ladite liste classe les servitudes en quatre catégories : servitudes relatives à la conservation du patrimoine naturel[241], culturel[242] et sportif[243] ; servitudes relatives à l'utilisation de certaines ressources et équipements tels l'énergie[244], les mines et carrières[245], les canalisations[246] et les communications[247] et télécommunications[248] ;

240. L'article R. 126-1 al. 1 C. urb. prévoit lui aussi que « *[d]oivent figurer en annexe au plan local d'urbanisme les servitudes d'utilité publique affectant l'utilisation du sol et appartenant aux catégories figurant sur la liste annexée au présent chapitre* ».

241. Par exemple, les servitudes relatives aux forêts dites de protection instituées en application des articles L. 411-1 à L. 413-1 C. for. ; la servitude de passage sur le littoral instituée en application des articles L. 160-6 et L. 160-6-1 C. urb.

242. Il s'agit par exemple des mesures de classement et d'inscription prises en application des articles 1er à 5 de la loi du 31 décembre 1913 modifiée sur les monuments historiques avec l'indication de leur étendue ; des périmètres de protection éventuellement délimités par décrets en Conseil d'État en application de l'article 1 al. 2 et 3 de la loi du 31 décembre 1913, autour des monuments historiques classés ou inscrits.

243. Par exemple, les servitudes de protection des installations sportives privées dont le financement a été assuré par une ou des personnes morales de droit public (art. L. 311-3 C. sport).

244. Les servitudes relatives à la construction et à l'exploitation de pipe-lines d'intérêt général instituées en application de l'article 11 de la loi n° 58-336 du 29 mars 1958 et du décret n° 59-645 du 16 mai 1959 pris pour l'application dudit article 11 ; les servitudes relatives aux canalisations de transport et de distribution de chaleur instituées en application de la loi n° 80-531 du 15 juillet 1980 relative aux économies d'énergie et à l'utilisation de la chaleur.

245. Les servitudes relatives à la protection des stockages souterrains de gaz naturel, d'hydrocarbures liquides, liquéfiés ou gazeux ou de produits chimiques à destination industrielle prévues à l'article 104-3 (I et II) du Code minier.

246. Par exemple, les servitudes pour l'établissement de canalisations publiques d'eau ou d'assainissement (articles L. 152-1 à L. 152-2 C. rur.)

247. Par exemple, les servitudes grevant les terrains nécessaires aux routes nationales et aux autoroutes instituées en application de l'ordonnance n° 58-1311 du 23 décembre 1958 et du décret n° 58-1316 du 23 décembre 1958 ; les servitudes aéronautiques de dégagement et de balisage instituées en application des articles L. 281-1 et R. 241-1 à R. 243-3 du Code de l'aviation civile ; les servitudes instituées en application de l'article L. 342-20 du Code du tourisme, relative au développement et à la protection de la montagne.

248. Les servitudes de protection des centres radio-électriques, d'émission et de réception contre les obstacles institués en application des articles L. 54 à L. 56-1 et R. 21 à R. 26-1 C. post. et comm. électr. ; les servitudes de protection des centres de réception radio-électriques contre les perturbations électromagnétiques instituées en application des articles L. 57 à L. 62-1 et R. 27 à R. 39 C. post. et comm. électr. ; les servitudes attachées aux réseaux de télécommunications instituées en application des articles L. 45-1 et L. 48 C. post. et comm. électr.

servitudes relatives à la défense nationale[249] ; servitudes relatives à la salubrité[250] et à la sécurité[251] publiques. Lorsque l'établissement de la servitude cause un préjudice au propriétaire du fonds servant, une indemnité peut lui être accordée[252].

Ces servitudes d'utilité publique correspondent à celles qu'annoncent l'article 649 C. civ., qui dispose que « *[l]es servitudes établies par la loi ont pour objet l'utilité publique ou communale, ou l'utilité des particuliers* », l'article 650 C. civ. précisant que ce qui concerne les servitudes ayant pour objet l'utilité publique ou communale « *est déterminé par des lois ou des règlements particuliers* » (al. 2). Au-delà du renvoi opéré par le Code civil à des textes particuliers qui n'intéressent pas le droit privé, la qualification même de servitude est critiquable, faute de fonds dominant[253]. En réalité, ces « servitudes » constituent des charges foncières d'intérêt général, non soumises aux règles applicables aux servitudes de droit privé, spécialement quant à leur mode d'acquisition[254] mais qui, comme elles, ont vocation à la perpétuité.

β) Le maintien des relations de bon voisinage

281. Plan. En vue de maintenir de bonnes relations entre voisins, toute une série de règles limitent les prérogatives d'un propriétaire. Elles concernent pour

249. Servitudes attachées à la sécurité de la navigation et à la défense des côtes instituées en application de la loi du 11 juillet 1933 ; servitudes concernant l'établissement de terrains d'atterrissage destinés en partie ou en totalité à l'armée de l'air instituées en application du décret du 30 octobre 1935.

250. Par exemple, les servitudes relatives aux cimetières instituées par les articles L. 2223-1 et L. 2223-5 CGCT.

251. Il en va ainsi des servitudes d'utilité publique instituées en application de l'article 31 de la loi n° 2006-686 du 13 juin 2006 relative à la transparence et à la sécurité en matière nucléaire.

252. V. par exemple, au sujet des servitudes instituées en application de l'article L. 342-20 C. tour., relative au développement et à la protection de la montagne, le principe suivant lequel la servitude ouvre droit à indemnité au propriétaire du fonds servant « s'il en résulte pour le propriétaire du terrain ou l'exploitant un préjudice direct, matériel et certain » (art. L. 342-24 C. tour.), l'indemnité étant fixée, à défaut d'accord amiable, par le juge de l'expropriation (art. L. 342-25 C. tour.). Pour une illustration, V. Civ. 3e, 10 juillet 2013, pourvoi n° 12-10143, *RTD civ.* 2013, p. 859, obs. W. Dross. : « pour rejeter l'action en indemnisation de son préjudice présentée par M. X..., l'arrêt retient que sa propriété est grevée de fait, depuis de nombreuses années, d'une servitude pour le passage d'une piste de ski que les arrêtés préfectoraux litigieux n'ont fait que régulariser ; (...) il en déduit que les arrêtés n'ont pu avoir pour effet de porter atteinte à l'utilisation habituelle du bien ni entraîner un quelconque changement dans l'état de la propriété et qu'aucun préjudice matériel, direct et certain ne peut en conséquence être retenu ; (...) en statuant ainsi, tout en constatant qu'il n'existait pas de servitude conventionnelle antérieure et qu'une servitude légale avait été instituée par les arrêtés préfectoraux, la cour d'appel a violé les [articles L. 342-20 à L. 342-26 C. tour.] ».

253. V. toutefois Civ. 3e, 11 décembre 1970, *Bull. civ.* III, n° 250 : « l'existence d'un fonds dominant et d'un fonds servant n'est pas essentielle à l'existence d'une servitude lorsque celle-ci est créée par la loi ». *Adde*, reprenant la même formule, Civ. 1re, 30 avril 1963, *Bull. civ.* I, n° 239 ; Civ. 3e, 11 décembre 1970, *Bull. civ.* III, n° 699 ; Civ. 3e, 15 décembre 1999, *Bull. civ.* III, n° 250, *JCP* 2000, I, 265, n° 22, obs. H. Périnet-Marquet, *JCP* N 2000, p. 682, obs. D. Sizaire, *Rép. Defr.* 2000, p. 314, obs. Ch. Atias, *RDI* 2000, p. 147, obs. J.-L. Bergel.

254. En particulier, ne sont pas applicables les règles relatives à la prescription acquisitive (Civ. 3e, 7 mars 2007, *Bull. civ.* III, n° 35, *JCP* 2007, I, 197, obs. H. Périnet-Marquet : « les règles dérogatoires résultant de l'article 12 de la loi du 15 juin 1906 [sur les distributions d'énergie] excluent le recours à celles régissant les servitudes de droit privé instituées pour l'utilité des particuliers ») et à la prescription extinctive (Civ. 3e, 18 décembre 2002, *Bull. civ.* III, n° 272, *D.* 2003, p. 2048, obs. N. Reboul-Maupin ; *JCP* 2003, I, 172, obs. H. Périnet-Marquet, *RDI* 2003, p. 171, obs. J.-L. Bergel : « les servitudes imposées par l'autorité administrative lors de la division d'un fond, poursuivant un intérêt général ayant un caractère d'ordre public, ne sont pas éteintes par leur non-usage pendant 30 ans »).

l'essentiel la clôture, les plantations, les constructions et les troubles anormaux de voisinage.

• La clôture

282. Droit de se clore. Manifestation du droit de propriété, le droit de se clore est reconnu à l'article 647 C. civ. Aux termes de cette disposition, « *tout propriétaire peut clore son héritage, sauf l'exception portée en l'article 682* », lequel renvoie au droit de passage du propriétaire d'un fonds enclavé[255]. Cette disposition n'est pas d'ordre public[256] et elle est exceptionnellement écartée par la loi[257].

Le droit de se clore constitue une avancée considérable pour les propriétaires terriens, jadis tenus, en raison du droit de vaine pâture, d'accepter que les troupeaux des habitants de la même commune viennent paître sur leurs terres et, en raison du droit seigneurial de chasse, d'accueillir les seigneurs en chasse[258]. Si le droit seigneurial de chasse a disparu dans la nuit du 4 août 1789[259], le droit de vaine pâture subsiste en certains endroits[260]. Mais ne pouvant être exercé que dans les « propriétés qui ne seraient pas closes »[261], il est tenu en échec en présence d'une

255. De règle générale, une clôture ne peut empêcher l'exercice d'une servitude dont le fonds serait grevé au profit d'un autre : Civ. 1re, 4 juillet 1962, *Bull. civ.* I, n° 343 (servitude de passage aux poids lourds) ; Civ. 3e, 21 novembre 1969, *Bull. civ.* III, n° 764 (servitude de passage à pied et avec charrette). Par ailleurs, il convient de tenir compte de la procédure de la « déclaration préalable » exigée dans certains cas par les règles d'urbanisme ; aux termes de l'article R. 421-12 C. urb., « *[d]oit être précédée d'une déclaration préalable l'édification d'une clôture située : a) Dans un secteur sauvegardé dont le périmètre a été délimité, dans le champ de visibilité d'un monument historique défini à l'article L. 621-30-1 du Code du patrimoine ou dans une zone de protection du patrimoine architectural, urbain et paysager créée en application de l'article L. 642-1 du Code du patrimoine ; b) Dans un site inscrit ou dans un site classé en application des articles L. 341-1 et L. 341-2 du Code de l'environnement ; c) Dans un secteur délimité par le plan local d'urbanisme en application du 7° de l'article L. 123-1 ; d) Dans une commune ou partie de commune où le conseil municipal ou l'organe délibérant de l'établissement public de coopération intercommunale compétent en matière de plan local d'urbanisme a décidé de soumettre les clôtures à déclaration* ». L'administration peut s'opposer à l'édification de la clôture, dans le cadre d'une procédure décrite aux art. R. 422-1 s. C. urb.

Une difficulté récurrente est de déterminer si le propriétaire du fonds servant un droit de passage peut se clôturer en laissant un portail que le propriétaire du fonds dominant aurait le moyen d'ouvrir (clef, code du digicode, etc.). L'idée générale est que la clôture ne doit pas rendre plus incommode l'exercice du droit de passage ; la question est de fait, et donc la jurisprudence délicate à synthétiser. En se limitant aux arrêts publiés de la Cour de cassation, v. *pour* le maintien du portail : Civ. 1re, 3 décembre 1962, *Bull. civ.* I, n° 514 ; Civ. 3e, 6 juin 1969, *Bull. civ.* III, n° 461 ; Civ. 3e, 21 mars 1972, *Bull. civ.* III, n° 200. Et *contre* le maintien : Civ. 3e, 16 avril 1969, *Bull. civ.* III, n° 292 ; Civ. 3e, 20 juin 1979, *Bull. civ.* III, n° 140.

256. Civ. 3e, 7 mars 2007, *Bull. civ.* III, n° 34, *D.* 2007, p. 942, obs. Y. Rouquet : un règlement de copropriété peut interdire aux copropriétaires de clôturer leurs parties privatives.

257. Ainsi les prérogatives des propriétaires riverains d'un cours d'eau domanial sont-elles limitées par les servitudes de halage et de marchepied (v. *supra*, n° 184).

258. V. F. Terré et Ph. Simler, n° 283.

259. Sur l'apport forcé des droits de chasse aux ACCA, v. *supra*, n° 276.

260. Il doit découler d'une ancienne loi ou coutume, d'un usage immémorial ou d'un titre et avoir fait l'objet avant le 9 juillet 1890 d'une demande de maintien non rejetée par le conseil général ou par un décret en Conseil d'État (art. L. 651-1 C. rur. et pêch. mar.). D'après l'article L. 651-10 C. rur. et pêch. mar., sur la proposition du conseil municipal faite après enquête, le conseil général peut toujours supprimer le droit de vaine pâture (en cas de divergence entre le conseil municipal et le conseil général, il est statué par décret en Conseil d'État).

261. Req. 1er mars 1865, *DP* 1865, 1, p. 421 : « si la loi du 28 septembre 1791 a reconnu le droit de vaine pâture, elle en a circonscrit l'exercice aux propriétés qui ne seraient pas closes suivant le mode qu'elle détermine ; (...) la faculté de s'affranchir de la vaine pâture dérive de la liberté même des fonds

clôture[262] ; autrement dit, alors que jadis le droit de vaine pâture empêchait les propriétaires de se clore, aujourd'hui, se clore tient en échec le droit de vaine pâture. En tout état de cause, celui qui clôt sa propriété perd alors le droit de vaine pâture sur le terrain d'autrui, ainsi que le prévoit l'article 648 C. civ. : « *[l]e propriétaire qui veut se clore perd son droit au parcours et vaine pâture en proportion du terrain qu'il y soustrait* »[263]. De fait, ainsi que le faisait remarquer le Tribun Albisson à l'occasion des travaux préparatoires lors de la confection du Code civil, « comment celui qui retire sa mise dans la société de parcours et de vaine pâture oserait-il prétendre quelque part dans la mise des autres ? »[264].

283. Obligation de se clore[265]. Exceptionnellement, se clore devient une obligation. D'après l'article 663 C. civ. : « *[c]hacun peut contraindre son voisin, dans les villes et faubourgs, à contribuer aux constructions et réparations de la clôture faisant séparation de leurs maisons, cours et jardins assis ès dites villes et faubourgs (...)* »[266]. Cette disposition, qui singularise les propriétés urbaines, s'explique par le fait que « dans les agglomérations d'habitants, chacun a grand intérêt à ce que son héritage soit clos ; l'intérêt public est aussi engagé, car les vagabonds trouvent un abri commode dans les terrains vagues ou mal clos »[267]. Les qualités de la clôture sont précisément définies par l'article 663 C. civ. : « *(...) la hauteur de la clôture sera fixée suivant les règlements particuliers ou les usages constants et reconnus et, à défaut d'usages et de règlements, tout mur de séparation entre voisins, qui sera construit ou rétabli à l'avenir, doit avoir au moins trente-deux décimètres de hauteur, compris le chaperon, dans les villes de cinquante mille âmes et au-dessus, et vingt-six décimètres dans les autres* ». Le mur sera normalement édifié le long de la ligne divisoire, ce qui explique que la mise en œuvre de l'obligation de clôture constitue un prolongement naturel de l'action en bornage. L'obligation de contribuer aux frais de la clôture, qui dérive de sa nature mitoyenne, est déterminée

---

et de l'indépendance du droit de propriété ; (...) cette faculté ne doit, dès lors, subir d'autres restrictions que celles qui résultent d'une disposition formelle de la loi ».

262. Art. L. 651-4 C. rur. et pêch. mar. : « *[l]e droit de vaine pâture ne fait jamais obstacle à la faculté que conserve tout propriétaire soit d'user d'un nouveau mode d'assolement ou de culture, soit de se clore. Tout terrain clos est affranchi de la vaine pâture* ». Néanmoins, la vaine pâture fondée sur un titre et établie sur un héritage déterminé, soit au profit d'un ou plusieurs particuliers, soit au profit de la généralité des habitants d'une commune, est maintenue et continue à s'exercer conformément aux droits acquis. Le propriétaire de l'héritage grevé peut toutefois « *toujours s'affranchir soit moyennant une indemnité fixée à dire d'experts, soit par voie de cantonnement* » (art. L. 651-10 al. 2 C. rur. et pêch. mar.).

263. Le droit au parcours a le même objet que le droit de vaine pâture. Mais il s'exerce au-delà des limites de la commune, dans les communes voisines. Ce droit a été supprimé par l'article 1 de la loi du 9 juillet 1989.

264. P.-A. Fenet, *Recueil complet des travaux préparatoires du Code civil*, t. 11, Videcoq, 1836, p. 321.

265. M. Fréjaville, « La clôture forcée », *DH* 1934, chr. 77.

266. Req. 1er juillet 1857, *DP* 1857, 1, p. 400 : « l'art. 663, qui a pour but la tranquillité publique et la sûreté réciproque entre voisins dans les villes et faubourgs, ne peut recevoir d'application que dans le cas de deux propriétés contiguës » ; Req. 28 février 1905, *DP* 1905, 1, p. 303, *S.* 1905, 1, p. 388 : le propriétaire d'un terrain dans la portion non agglomérée d'une ville, ne peut, bien que son terrain soit partiellement couvert d'une construction, obliger son voisin à établir à frais communs un mur de séparation, si la propriété de celui-ci, ainsi que la sienne, en dehors de la partie bâtie, sont l'une et l'autre en état de grande culture et non en état de jardin ; pour exciper de l'article 663 C. civ., il convient d'« établir que le terrain (...) clos est en nature de maison, cour ou jardin ».

267. M. Planiol, G. Ripert, M. Picard, n° 445.

librement par les parties et, à défaut, par le juge. Par ailleurs, le propriétaire d'un mur ne peut demander au propriétaire du fonds contigu de rembourser la moitié du prix du mur déjà construit, c'est-à-dire d'en acquérir la mitoyenneté[268].

• Les plantations

284. Pas à n'importe quelle distance. Suivant l'article 671 C. civ., « *[i]l n'est permis d'avoir des arbres, arbrisseaux et arbustes près de la limite de la propriété voisine qu'à la distance prescrite par les règlements particuliers actuellement existants, ou par des usages constants et reconnus et, à défaut de règlements et usages, qu'à la distance de deux mètres de la ligne séparative des deux héritages pour les plantations dont la hauteur dépasse deux mètres, et à la distance d'un demi-mètre pour les autres plantations* »[269].

Règle élémentaire de bon voisinage, l'article 671 C. civ. exige que les plantations de deux terrains contigus[270] soient suffisamment espacées[271], encore que l'article 671 C. civ. réserve en certains lieux des usages permettant de construire ou planter sans distance, jusqu'aux limites de son terrain[272]. En tout état de

268. Req. 25 juillet 1928, *DP* 1929, 1, p. 29, note M. Fréjaville : « l'art. 663 C. civ. est un texte exceptionnel ; (...) dans le silence de cet article, un propriétaire ne saurait imposer au propriétaire d'un fond contigu l'obligation de rembourser la moitié du prix d'un mur séparatif de leurs propriétés, mais déjà construit, c'est-à-dire de le forcer à en acheter la mitoyenneté ; (...) cette interprétation restrictive de l'art. 663 C. civ. s'impose en toute hypothèse ; (...) dès lors, il n'importe qu'au moment où ils ont été édifiés leur mur, [des propriétaires] aient été dans l'impossibilité de demander à leur voisin de contribuer à sa construction ».

269. L'article poursuit : « *[l]es arbres, arbustes et arbrisseaux de toute espèce peuvent être plantés en espaliers, de chaque côté du mur séparatif, sans que l'on soit tenu d'observer aucune distance, mais ils ne pourront dépasser la crête du mur.* (al. 2) *Si le mur n'est pas mitoyen, le propriétaire seul a le droit d'y appuyer les espaliers.* (al. 3) ». Et pour les propriétaires riverains d'un cours d'eau ou d'un lac domanial, v. les règles particulières de l'art. 2131-2 CGPPP.

270. Les articles 671 s. C. civ. ne sont pas applicables « aux arbres et végétations plantés en bordure d'une voie publique » (Civ. 3e, 14 novembre 2007, pourvoi n° 06-18916).

271. Les voisins sont parfois pointilleux, ce qui a conduit la jurisprudence à apporter des précisions. Quant à la distance, la jurisprudence a précisé que « la distance existant entre les arbres et la ligne séparative des héritages doit être déterminée depuis cette ligne jusqu'à l'axe médian des troncs des arbres » (Civ. 3e, 1er avril 2009, *Bull. civ.* III, n° 78, *JCP* 2009, I, 337, obs. H. Périnet-Marquet, A*JDI* 2010, p. 69, obs. S. Prigent). Et s'agissant de la hauteur, elle a indiqué que « les articles 671 et 672 du Code civil faisant référence à la hauteur intrinsèque des arbres, indépendamment du relief des lieux, il [convient], pour calculer leur hauteur, de mesurer la distance séparant leur pied de leur sommet » (Civ. 3e, 4 novembre 1998, *Bull. civ.* III, n° 208 ; la solution contraire eut désavantagé le propriétaire dont le terrain est plus élevé que celui de son voisin). Par ailleurs, la croissance naturelle des arbres et la date habituelle de leur taille n'est pas prise en compte (Civ. 3e, 19 mai 2004, *Bull. civ.* III, n° 106, *D.* 2004, p. 2408, obs. B. Mallet-Bricout : viole les articles 671 et 672 du Code civil et ne tire pas les conséquences légales de ses propres constatations, la cour d'appel qui, pour rejeter une demande d'élagage d'une haie de thuyas située en limite séparative et excédant la hauteur de deux mètres, retient qu'à la date de l'audience de première instance, en hiver, la haie avait été mise en conformité et que ne peut être invoqué un dépassement de la hauteur réglementaire constaté au printemps puisqu'il s'agit là de la croissance naturelle de végétaux qu'il est recommandé de ne tailler qu'à l'automne).

272. Ainsi les usages parisiens admettent la plantation jusqu'à l'extrême limite des jardins, sous réserve de l'élagage (Civ. 3e, 14 février 1984, *Bull. civ.* III, n° 36 : la Cour de cassation relève que la cour d'appel a souverainement retenu un usage d'après lequel dans la banlieue parisienne, y compris à Savigny-sur-Orge, il est d'usage en raison de l'exiguïté des terrains sur lesquels sont bâties les maisons individuelles, de planter les haies à moins de cinquante centimètres de la limite des jardins). *Adde* Civ. 1re, 27 novembre 1963, *Bull. civ.* III, n° 521 : une cour d'appel interprète souverainement une attestation d'urbanisme en ce sens qu'un usage local autorise les plantations sans qu'il y ait lieu d'observer

cause, la disposition est supplétive et des voisins pourraient convenir d'autres règles[273].

En cas de non-respect des distances, la victime n'a pas à démontrer l'existence d'un préjudice particulier[274] et peut exiger l'arrachage ou la réduction des plantations[275] de la part du propriétaire[276], à moins que ce dernier ne bénéficie d'un titre, de la destination du bon père de famille[277] ou ne puisse invoquer la prescription trentenaire[278] (art. 672 C. civ.[279]).

---

aucune distance. Il reste fort délicat de connaître les usages exacts, en raison de leur diversité. En témoigne la *Codification des coutumes et usages locaux à caractère agricole en vigueur dans le département du Finistère*, Presse libérale du Finistère, 1958.

273. Civ. 3e, 27 mars 2013, pourvoi n° 11-21221, *D.* 2013, p. 2130, obs. B. Mallet-Bricout, *JCP* 2013, I, 1060, obs. H. Périnet-Marquet, *Dr. & patr.* juin 2013, p. 80 obs. J.-B. Seube : « ayant retenu à bon droit qu'en présence d'un règlement, l'article 671 du Code civil qui a un caractère supplétif n'avait pas vocation à s'appliquer, la cour d'appel qui a constaté que la hauteur maximale d'1,30 mètre fixée par le cahier des charges du lotissement avait été atteinte courant 1979, en a exactement déduit que l'action engagée le 27 janvier 2010 était prescrite ».

274. Civ. 3e, 16 mai 2000, pourvoi n° 98-22382 : « la cour d'appel a retenu, à bon droit, que Mme Louise A..., en sa qualité de propriétaire du fonds immobilier, était fondée à réclamer l'application des articles 671 et 672 du Code civil, sans avoir à justifier d'un préjudice particulier ».

275. L'option appartient au propriétaire des arbres (Civ. 3e, 14 octobre 1987, *Bull. civ.* III, n° 174 : « l'option entre l'arrachage et l'élagage des arbres situés entre cinquante centimètres et deux mètres de la limite des fonds voisins appartient au propriétaire des arbres »).

276. L'action doit être dirigée contre le propriétaire et non contre le locataire de ce dernier (Civ. 3e, 5 février 2014, *Bull. civ.* III, n° 18, *RTD civ.* 2014, p. 673, obs. W. Dross : « une servitude est une charge imposée sur un héritage pour l'usage et l'utilité d'un héritage appartenant à un autre propriétaire ; (...) ayant constaté que M. Y... occupait sans en être propriétaire le fonds sur lequel étaient plantés les arbres objet du litige, le tribunal en a exactement déduit que l'action fondée sur les articles 671 et suivants du Code civil ne pouvait pas prospérer » ; ainsi qu'on l'a fait observer, une action possessoire ou une action pétitoire – à supposer que la servitude constitue un prolongement de la propriété du fonds dominant – aurait peut-être pu être exercée contre l'auteur du trouble, fût-il non détenteur précaire, en vue de protéger la possession ou la propriété du bénéficiaire de la servitude ; v. W. Dross, obs. ss l'arrêt).

277. Il y a destination du père de famille « *lorsque les deux fonds proviennent de la division d'un immeuble ayant appartenu au même propriétaire, et que c'est par lui que les choses ont été mises dans l'état duquel résulte la servitude* » (art. 693 C. civ.). C'est le cas lorsque les plantations irrégulières sont situées sur un fonds voisin d'un autre ayant autrefois appartenu au même propriétaire. Pour une illustration, v. Civ. 3e, 29 février 1968, *Bull. civ.* III, n° 84 : plante grimpante. Et, sur la servitude par destination du père de famille en général, v. *supra*, n° 212 et s.

278. Le point de départ de la prescription trentenaire n'est pas la date à laquelle les arbres ont été plantés, mais la date à laquelle ils ont dépassé la hauteur maximum permise (Civ. 3e, 8 décembre 1981, *Bull. civ.* III, n° 207, *RTD civ.* 1982, p. 436, obs. Cl. Giverdon : « l'arrêt retient, à bon droit, tant par motifs propres qu'adoptés, que le point de départ de la prescription trentenaire pour la réduction des arbres à la hauteur déterminée par l'article 671 du Code civil, n'est pas la date à laquelle les arbres ont été plantés, mais la date à laquelle ils ont dépassé la hauteur maximum permise » ; Civ. 3e, 13 juin 2007, *Bull. civ.* III, n° 108, *JCP* 2007, I, 197, obs. H. Périnet-Marquet, *AJDI* 2007, p. 770, obs. S. Prigent : la cour d'appel « a exactement relevé que le point de départ de la prescription trentenaire pour la réduction des arbres à la hauteur déterminée à l'article 671 du Code civil se situait à la date à laquelle les arbustes avaient dépassé la hauteur maximum autorisée »). Néanmoins, fort logiquement, la Cour de cassation décide que « s'agissant de plantations situées dans la zone des cinquante centimètres de la ligne séparative, où toute plantation est illicite, le point de départ de la prescription trentenaire opposée à une action en arrachage était la date de la plantation et ne pouvait être celle à laquelle les végétaux avaient atteint la hauteur de deux mètres » (Civ. 3e, 3 avril 2012, pourvoi n° 11-12928, *D.* 2012, p. 2138, obs. B. Mallet-Bricout).

279. « *Le voisin peut exiger que les arbres, arbrisseaux et arbustes, plantés à une distance moindre que la distance légale, soient arrachés ou réduits à la hauteur déterminée dans l'article précédent, à*

Indépendamment du respect ou non des distances de plantation, si les plantations viennent à dépasser sur le terrain du voisin, il faut distinguer suivant que l'empiétement résulte d'une avancée de branches ou d'une avancée de racines, ronces ou brindilles (art. 673 C. civ.[280]). Dans le premier cas, la victime pourra contraindre son auteur à élaguer ce qui empiète sans pouvoir élaguer elle-même ; dans le second, elle pourra couper elle-même ce qui empiète, sans que ce droit ne puisse se prescrire, car l'inaction, en l'absence de convention expresse, constitue une simple tolérance[281]. Quant aux fruits, ceux-là seuls qui sont tombés naturellement sur le fonds voisin appartiennent au propriétaire dudit fonds, règle qui ne joue pas à l'égard des fruits tombés des haies et arbres mitoyens[282], lesquels sont partagés par moitié[283]. Le Conseil constitutionnel, auquel a été renvoyée une question prioritaire de constitutionnalité des articles 671 et 672 C. civ.[284] – mais non de

---

moins qu'il n'y ait titre, destination du père de famille ou prescription trentenaire. (al. 1) *Si les arbres meurent ou s'ils sont coupés ou arrachés, le voisin ne peut les remplacer qu'en observant les distances légales* (al. 2) ».

280. « *Celui sur la propriété duquel avancent les branches des arbres, arbustes et arbrisseaux du voisin peut contraindre celui-ci à les couper. Les fruits tombés naturellement de ces branches lui appartiennent.* (al. 1) *Si ce sont des racines, ronces ou brindilles qui avancent sur son héritage, il a le droit de les couper lui-même à la limite de la ligne séparative.* (al. 2) *Le droit de couper les racines, ronces et brindilles ou de faire couper les branches des arbres, arbustes et arbrisseaux est imprescriptible* (al. 3) ». Ce texte n'est pas d'ordre public et il peut y être dérogé, notamment par le règlement d'un lotissement (Civ. 3e, 13 juin 2012, *Bull. civ.* III, n° 96, *RDI* 2012, p. 498, obs. J.-L. Bergel, *RTD civ.* 2012, p. 549, obs. Th. Revet : « l'article 673 du Code civil n'est pas d'ordre public et (...) il peut y être dérogé »). Le droit tiré de l'article 673 C. civ. est imprescriptible et ne se trouve pas affecté par le fait qu'un arbre planté à une distance irrégulière puisse être maintenu du fait de la prescription de l'article 672 C. civ. (Civ. 3e, 16 janvier 1991, *Bull. civ.* III, n° 25 : « pour débouter M. Y... de sa demande tendant à la condamnation des époux X... à élaguer les branches d'un arbre surplombant sa propriété, l'arrêt attaqué (Versailles, 29 avril 1988) retient que l'article 673 du Code civil ne peut obliger le propriétaire à détruire, par mutilation irrémédiable des branches maîtresses et du houppier indispensables à la nourriture du végétal, un arbre qui a acquis par l'article 672 du même code le droit d'être maintenu en place et en vie ; (...) en instituant ainsi une restriction au droit imprescriptible du propriétaire, sur le fonds duquel s'étendent les branches des arbres du voisin, de contraindre ce dernier à couper ces branches, la cour d'appel a violé [l'article 673 C. civ.] ». ; *adde* Civ. 3e, 30 juin 2010, *Bull. civ.* III, n° 137 *D.* 2011, p. 148, note G. Mémeteau *ibid.*, p. 2298, obs. N. Reboul-Maupin, *AJDI* 2011, p. 313, obs. S. Prigent).

281. Civ. 3e, 17 juillet 1975, *Bull. civ.* III, n° 262 : « si celui sur la propriété de qui avancent les branches des arbres du voisin, tient de l'article 673 du Code civil le droit imprescriptible d'en réclamer l'élagage, le non-exercice de cette faculté, en l'absence de convention expresse, constitue une tolérance qui ne saurait caractériser une servitude dont la charge s'aggraverait avec les années ». *Adde* Civ. 3e, 18 octobre 2006, *Bull. civ.* III, n° 203, *JCP* 2007, I, 117, obs. H. Périnet-Marquet, *Dr. & patr.* juillet-août 2007, p. 92, obs. J.-B. Seube : il s'agit « d'un droit imprescriptible, insusceptible de se voir limiter par la constitution d'une servitude dans l'hypothèse d'un non-exercice ».

282. Art. 669 C. civ. : « *[t]ant que dure la mitoyenneté de la haie, les produits en appartiennent aux propriétaires par moitié* ».

283. Art. 670 al. 1 *in fine* C. civ. : « *[l]es fruits sont recueillis à frais communs et partagés aussi par moitié, soit qu'ils tombent naturellement, soit que la chute en ait été provoquée, soit qu'ils aient été cueillis* ».

284. Civ. 3e, 5 mars 2014, *Bull. civ.* III, n° 31, *JCP* 2014, I, 467, obs. H. Périnet-Marquet : « au regard du préambule de la Charte de l'environnement, la question, qui porte sur l'application d'une disposition constitutionnelle dont le Conseil constitutionnel n'a pas encore eu l'occasion de faire application, est nouvelle ; (...) au regard des articles 1 à 4 de la Charte de l'environnement [qui prévoient respectivement que "chacun a le droit de vivre dans un environnement équilibré et respectueux de la santé", que "toute personne a le devoir de prendre part à la préservation et à l'amélioration de l'environnement", que "toute personne doit, dans les conditions définies par la loi, prévenir les atteintes qu'elle est susceptible de porter à l'environnement ou, à défaut, en limiter les conséquences", et que

l'article 673 C. civ.[285] –, a décidé que ces dispositions étaient conformes à la Constitution[286].

• Les constructions

285. Pas à n'importe quelle distance, encore. D'après l'article 674 C. civ., « *[c]elui qui fait creuser un puits ou une fosse d'aisance près d'un mur mitoyen ou non, celui qui veut y construire cheminée ou âtre, forge, four ou fourneau, y*

"toute personne doit contribuer à la réparation des dommages qu'elle cause à l'environnement, dans les conditions définies par la loi"], la question, qui n'est pas nouvelle, présente un caractère sérieux en ce que les textes contestés, qui autorisent l'arrachage ou la réduction d'arbres, d'arbustes et d'arbrisseaux, plantés à une distance de la ligne séparative moindre que la distance légale, sans que le voisin ait à justifier d'un préjudice particulier, seraient susceptibles de méconnaître les droits et devoirs énoncés par la Charte de l'environnement ». En revanche, la Cour de cassation estime que le renvoi de la question prioritaire de constitutionnalité ne peut être fondé sur l'article 6 de la Charte de l'environnement (« *[l]es politiques publiques doivent promouvoir un développement durable. À cet effet, elles concilient la protection et la mise en valeur de l'environnement, le développement économique et le progrès social* ») qui « n'institue pas un droit ou une liberté que la Constitution garantit » (V. déjà Cons. const., 23 novembre 2012, déc. n° 2012-283 QPC).

285. Civ. 3ᵉ, 3 mars 2015, pourvoi n° 14-40051, à paraître au *Bulletin*, *D.* 2015, p. 1866, obs. L. NEYRET : à la question posée de savoir si l'article 673 C. civ., en ce qu'il autorise le voisin à contraindre le propriétaire à couper les branches des arbres surplombant le fonds voisin sans possibilité pour le propriétaire de l'arbre d'opposer un quelconque moyen en défense, porte atteinte aux droits et libertés garantis, d'une part, par le préambule, les articles 1 à 4 et 6 de la Charte de l'environnement et, d'autre part, par les articles 2 et 17 de la Déclaration des droits de l'homme et du citoyen de 1789, la Cour de cassation répond : 1°/ « qu'au regard du préambule et de l'article 6 de la Charte de l'environnement, la question ne présente pas un caractère sérieux en ce que ces dispositions n'instituent pas de droit ou de liberté que la Constitution garantit », 2°/« qu'au regard des articles 2 et 17 de la Déclaration des droits de l'homme et du citoyen du 26 août 1789 la question, qui n'est pas nouvelle, ne présente pas un caractère sérieux dès lors que les dispositions législatives en cause, qui n'ont ni pour objet ni pour effet de priver le propriétaire des arbres de son droit de propriété, mais seulement d'en restreindre l'exercice, tendent à assurer des relations de bon voisinage par l'édiction de règles relatives aux végétaux débordant les limites de propriété, proportionnées à cet objectif d'intérêt général », 3°/ « qu'au regard des articles 1 à 4 de la Charte de l'environnement, la question posée ne présente pas un caractère sérieux en ce que le texte contesté, qui édicte des règles relatives aux arbres, arbustes et arbrisseaux situés en limite de propriété et dont les branches surplombent le fonds voisin, a un caractère supplétif, n'autorise l'élagage des branches que sous réserve que ces plantations ne fassent pas l'objet de stipulations contractuelles ou d'une protection en application de règles particulières et qu'eu égard à l'objet et à la portée de la disposition contestée, l'élagage des branches qu'elle prévoit ne peut avoir de conséquences sur l'environnement ».

286. Cons. const., 7 mai 2014, déc. n° 2014-394 QPC. Le Conseil estime d'une part « qu'eu égard à l'objet et à la portée des dispositions contestées, l'arrachage de végétaux qu'elles prévoient est insusceptible d'avoir des conséquences sur l'environnement ; que, par suite, le grief tiré de la méconnaissance de la Charte de l'environnement est inopérant » (considérant n° 9) et, d'autre part, que « la servitude établie par les dispositions contestées n'entraîne pas une privation de propriété au sens de l'article 17 de la Déclaration de 1789 ; (...) que, d'une part, en imposant le respect de certaines distances pour les plantations en limite de la propriété voisine, le législateur a entendu assurer des relations de bon voisinage et prévenir les litiges ; que les dispositions contestées poursuivent donc un but d'intérêt général ; (...) que, d'autre part, les dispositions contestées ne s'appliquent qu'aux plantations situées en limite de la propriété voisine ; qu'en présence d'un mur séparatif, des arbres, arbrisseaux et arbustes de toute espèce peuvent être plantés en espalier "sans que l'on soit tenu d'observer aucune distance" ; que l'option entre l'arrachage et la réduction appartient au propriétaire ; que celui-ci a en outre le droit de s'y opposer en invoquant l'existence d'un titre, "la destination du père de famille" ou la prescription trentenaire ; que l'atteinte portée par les dispositions contestées à l'exercice du droit de propriété ne revêt donc pas un caractère disproportionné au regard du but poursuivi ; que, par suite, les griefs tirés de l'atteinte au droit de propriété doivent être écartés » (considérants n° 12 s.).

adosser une étable, ou établir contre ce mur un magasin de sel ou amas de matières corrosives, est obligé à laisser la distance prescrite par les règlements et usages particuliers sur ces objets, ou à faire les ouvrages prescrits par les mêmes règlements et usages, pour éviter de nuire au voisin ». Le Code civil exige ainsi d'un propriétaire qu'il tienne à distance du fonds voisin certaines constructions gênantes pour celui-ci.

Cette contrainte est cependant loin d'être la seule, car il faut aujourd'hui compter avec les règles relatives à la possibilité de construire dans le Code de l'urbanisme. En l'absence de plan local d'urbanisme[287] ou de carte communale[288] opposable aux tiers ou de tout document d'urbanisme en tenant lieu et fixant les règles d'occupation des sols, la règle est celle de la constructibilité limitée, qui interdit en principe de construire en dehors des zones actuellement urbanisées[289]. S'appliquent alors par ailleurs les « règles nationales d'urbanisme » qui concernent notamment la localisation et la desserte des constructions, aménagements, installations et travaux[290], l'implantation et le volume des constructions[291] – tout spécialement, il est prévu qu'« *une distance d'au moins trois mètres peut être imposée entre deux bâtiments non contigus situés sur un terrain appartenant au même propriétaire* »[292] –, ou encore l'aspect des constructions[293].

287. Art. L. 123-1 s. C. urb.

288. Art. L. 124-1 s. C. urb.

289. Art. L. 111-1-2 C. urb. : « I. – *En l'absence de plan local d'urbanisme ou de carte communale opposable aux tiers, ou de tout document d'urbanisme en tenant lieu, seuls sont autorisés, en dehors des parties actuellement urbanisées de la commune : 1° L'adaptation, le changement de destination, la réfection, l'extension des constructions existantes ou la construction de bâtiments nouveaux à usage d'habitation à l'intérieur du périmètre regroupant les bâtiments d'une ancienne exploitation agricole, dans le respect des traditions architecturales locales ; 2° Les constructions et installations nécessaires à l'exploitation agricole, à des équipements collectifs dès lors qu'elles ne sont pas incompatibles avec l'exercice d'une activité agricole, pastorale ou forestière sur le terrain sur lequel elles sont implantées, à la réalisation d'aires d'accueil ou de terrains de passage des gens du voyage, à la mise en valeur des ressources naturelles et à la réalisation d'opérations d'intérêt national ; 3° Les constructions et installations incompatibles avec le voisinage des zones habitées et l'extension mesurée des constructions et installations existantes ; 4° Les constructions ou installations, sur délibération motivée du conseil municipal, si celui-ci considère que l'intérêt de la commune, en particulier pour éviter une diminution de la population communale, le justifie, dès lors qu'elles ne portent pas atteinte à la sauvegarde des espaces naturels et des paysages, à la salubrité et à la sécurité publiques, qu'elles n'entraînent pas un surcroît important de dépenses publiques et que le projet n'est pas contraire aux objectifs visés à l'article L. 110 et aux dispositions des chapitres V et VI du titre IV du livre Ier ou aux directives territoriales d'aménagement précisant leurs modalités d'application.*
II. – La construction de bâtiments nouveaux mentionnée au 1° du I du présent article et les projets de constructions, aménagements, installations et travaux mentionnés aux 2° et 3° du même I ayant pour conséquence une réduction des surfaces situées dans les espaces autres qu'urbanisés et sur lesquelles est exercée une activité agricole ou qui sont à vocation agricole doivent être préalablement soumis pour avis par le représentant de l'État dans le département à la Commission départementale de la consommation des espaces agricoles prévue à l'article L. 112-1-1 du Code rural et de la pêche maritime. Cet avis est réputé favorable s'il n'est pas intervenu dans un délai d'un mois à compter de la saisine de la commission. (al. 1) Les constructions ou installations mentionnées au 4° du même I sont soumises pour avis conforme à cette même commission départementale. Cet avis est réputé favorable s'il n'est pas intervenu dans un délai d'un mois à compter de la saisine de la commission. (al. 2) ».

290. Art. R. 111-2 à R. 111-15 C. urb.

291. Art. R. 111-16 à R. 111-20 C. urb.

292. Art. R. 111-16 C. urb. Et, sur la distance à respecter par rapport à la ligne divisoire, v. *supra*, n° 202.

293. Art R. 111-21 à R. 111-24 C. urb. Il est ainsi prévu que « *[l]e projet peut être refusé ou n'être accepté que sous réserve de l'observation de prescriptions spéciales si les constructions, par leur*

• Les troubles anormaux de voisinage

286. Idée générale. Indépendamment des règles précises de voisinage que l'on trouve en législation et de la prohibition générale de l'abus de droit de propriété, la jurisprudence sanctionne de manière générale les troubles anormaux que cause une personne à un voisin, alors même que son comportement n'aurait rien de répréhensible. Ainsi que l'a relevé la Cour de cassation, « l'exercice même légitime du droit de propriété devient générateur de responsabilité quand le trouble qui en résulte pour autrui dépasse la mesure des obligations ordinaires du voisinage »[294]. Dit autrement, la faute n'est pas une condition de la responsabilité pour troubles anormaux de voisinage[295] ; alors qu'en principe, une personne engage sa responsabilité parce qu'elle a eu un comportement anormal, elle engage ici sa responsabilité, car la victime subit un trouble anormal.

La responsabilité pour troubles anormaux de voisinage doit être rapprochée de la **responsabilité sans faute de l'administration en raison de dommages de travaux publics**[296]. Lorsqu'un ouvrage public est à l'origine d'inconvénients anormaux et non de sujétions normales pour le voisinage, celui-ci a droit à indemnisation[297].

Lorsque les conditions d'aucun de ces mécanismes ne sont réunies, celui qui se plaint de la dépréciation n'a pas d'action en indemnisation qui lui soit reconnue, sans qu'on puisse voir ici une violation de l'article 1er du Protocole 1 Conv. EDH[298].

---

situation, leur architecture, leurs dimensions ou l'aspect extérieur des bâtiments ou ouvrages à édifier ou à modifier, sont de nature à porter atteinte au caractère ou à l'intérêt des lieux avoisinants, aux sites, aux paysages naturels ou urbains ainsi qu'à la conservation des perspectives monumentales » (art. R. 111-21 C. urb.).

294. Civ. 2e, 24 mars 1966, *Bull. civ.* II, n° 403. La théorie trouve des applications dès la seconde moitié du XIXe siècle (M. Planiol et G. Ripert, M. Picard, n° 460 s.). C'est là même un « principe » du droit français. V. notamment Civ. 3e, 30 juin 2004, *Bull. civ.* III, n° 140 : « [v]u le principe selon lequel nul ne doit causer à autrui un trouble excédant les inconvénients normaux de voisinage ».

295. Civ. 3e, 4 février 1971, *Bull. civ.* III, n° 78 : « le droit pour un propriétaire de jouir de sa chose de la manière la plus absolue, sauf usage prohibé par la loi ou les règlements, est limité par l'obligation qu'il a de ne causer à la propriété d'autrui aucun dommage dépassant les inconvénients normaux du voisinage », peu important la faute de l'auteur du trouble.

296. Y. Gaudemet, n° 1162 s.

297. CE, 31 janvier 1968, n° 344992, *Sté d'économie mixte pour l'aménagement de la Bretagne*, pub. *Rec. Lebon* : « il résulte de l'instruction que le café-restaurant exploité par le sieur X... avait, avant les travaux de comblement de l'anse du Vieux Saint-Marc, une clientèle de pêcheurs et de baigneurs qu'attirait la situation de l'établissement au bord de la mer ; (...) l'exécution des travaux dont s'agit a éloigné cette clientèle et a, par là-même, entraîné une réduction importante des recettes de l'établissement ; (...) le préjudice ainsi subi, qui ne résulte pas de modifications de la circulation générale, mais de la création d'une zone industrielle à l'égard de laquelle le sieur X... a la qualité non d'usager, mais de tiers, présente un caractère anormal et spécial ; (...) il ouvre droit à indemnité au profit de ce dernier ». En contrepoint, d'après CE, 24 juillet 1931, *Commune de Vic-Fezensac*, n° 99872, pub. *Rec. Lebon*, il est estimé que : « les inconvénients résultant dans l'espèce, pour le sieur Cazes, de la chute, sur la toiture de sa maison, des feuilles de platane de la place de Vic-Fezensac, n'ont pas excédé les sujétions normales résultant du voisinage de la voie publique, lesquelles d'ailleurs sont compensées par les avantages résultant dudit voisinage ».

298. V. à ce titre Cour EDH, 25 juin 2015, *Couturon c/ France*, Req. n° 24756/10. En l'espèce, le requérant se plaignait d'un défaut d'indemnisation de la perte de valeur de la partie non expropriée de son terrain résultant non de l'amputation d'une parcelle de celui-ci, mais de la construction d'une autoroute à proximité, consécutivement à l'expropriation. La Cour EDH, qui a examiné ce grief à l'aune de la norme suivant laquelle « *[t]oute personne physique ou morale a droit au respect de ses biens* » (art 1er Protocole 1 al. 1 *in limine* Conv. EDH), a estimé d'une part que « les faits dénoncés par

287. Fait générateur de responsabilité. Les conditions consistent en un *trouble* qui est *anormal* et causé par un *voisin*.

Le **trouble** est une nuisance et les nuisances sont diverses : les bruits d'un circuit de voiture, d'un parc d'attraction, d'une usine, des émanations de fumée, des odeurs, des constructions privant d'un panorama, etc. Peu importe à cet égard que le trouble soit, on l'a vu, le résultat d'une activité *licite* – ce qui est le cas chaque fois qu'elle a été autorisée par l'administration, les autorisations administratives étant données sous la réserve des droits des tiers[299]. Le trouble est caractérisé alors même qu'il n'existe qu'un *risque de trouble*[300], dès lors que ce risque est lui-même *certain*[301]. En revanche, s'il n'est pas expressément exigé par la jurisprudence que la

---

le requérant s'inscrivent dans le contexte de la mise en œuvre d'une politique d'aménagement du territoire [et] que ce type de politiques, où l'intérêt général de la communauté occupe une place prééminente, laisse à l'État une marge d'appréciation plus grande que lorsque sont en jeu des droits exclusivement civils » (§ 34) et que, d'autre part, « le requérant a eu à supporter une charge spéciale et exorbitante » (§ 38) pour conclure qu'« eu égard à la marge d'appréciation dont la France disposait en l'espèce, il ne saurait être soutenu qu'en rejetant la demande du requérant tendant à la réparation du préjudice résultant de la dépréciation de sa propriété suite à la construction de l'autoroute A 89, les juridictions internes ont omis de veiller au maintien d'un juste équilibre entre les exigences de l'intérêt général de la communauté et les impératifs de la sauvegarde des droits fondamentaux du requérant. » (§ 43). Comp. Cour EDH, 24 novembre 2005, *Ouzounoglou c/Grèce*, Req. n° 32730/03 et Cour EDH 9 février 2006, *Athanasiou et autres c. Grèce*, Req. n° 2531/02. La Cour EDH retient cette fois, dans des circonstances comparables, la violation de la règle suivant laquelle les Etats peuvent « *mettre en vigueur les lois qu'ils jugent nécessaires pour réglementer l'usage des biens conformément à l'intérêt général* (...) » (art 1er Protocole 1 al. 2 *in limine* Conv. EDH), estimant que le juste équilibre était ici rompu, compte tenu de la gravité des préjudices subis par les requérants.

299. V. notamment Civ. 25 août 1869, S. 1869, 1, p. 473 : « l'autorisation administrative en vertu de laquelle a été établie l'usine à zinc dont s'agit au procès n'a pu être accordée et n'a été accordée que sous la réserve des droits des tiers ».

300. Civ. 2e, 24 février 2005, *Bull. civ.* II, n° 50 : risque d'incendie lié à la présence de paille ; Civ. 3e, 24 avril 2013, *Bull. civ.* III, pourvoi n° 10-28344, *D.* 2013, p. 2136, obs. N. Reboul-Maupin : « ayant constaté (...) que la réalisation sur le terrain de Mme Y... du mur de soutènement pour stabiliser la carrière à ciel ouvert était la première étape des travaux à réaliser avant que Mme X... n'entreprenne les travaux sur sa propre propriété et que la maison de celle-ci s'effondrerait, en cas de fortes précipitations, si les travaux de confortement n'étaient pas réalisés sur le terrain voisin, la cour d'appel a pu en déduire qu'en ne procédant pas auxdits travaux, Mme Y..., dont l'attitude était à l'origine de la persistance du risque d'effondrement de la maison de Mme X... en cas de fortes pluies, causait à celle-ci un trouble anormal de voisinage ».

301. Civ. 2e, 11 septembre 2014, pourvoi n° 13-23049, *D.* 2015, p. 1873, obs. L. Neyret : la cour d'appel ne pouvait rejeter l'action intentée « sans rechercher, comme elle y était invitée, si le stockage de fourrage à moins de dix mètres de [l]'habitation [du demandeur] n'était pas de nature à entraîner une prolifération de rongeurs, et surtout à faire courir un risque d'incendie *particulièrement élevé*, excédant les inconvénients normaux de voisinage » (nous soulignons).

À ce sujet, le contentieux des antennes-relais soulève des difficultés, compte tenu des incertitudes de la science. D'un côté, s'agissant du contentieux de l'implantation des antennes, le Conseil d'État a jugé que lorsque les seuils d'émission prévus par décret n° 2002-775 du 3 mai 2002 *pris en application du 12° de l'article L. 32 du Code des postes et télécommunications et relatif aux valeurs limites d'exposition du public aux champs électromagnétiques émis par les équipements utilisés dans les réseaux de télécommunication ou par les installations radioélectriques* n'ont pas été dépassés, des circonstances locales particulières peuvent être invoquées, notamment par les autorités municipales, pour justifier un refus d'implantation, mais une telle décision doit alors être fondée sur la preuve d'éléments circonstanciés faisant apparaître, en l'état des connaissances scientifiques, des risques, même incertains, preuve qui, en l'occurrence, n'a pas été jugée rapportée (CE, 30 janvier 2012, n° 344992, *Orange France*, pub. *Rec. Lebon* : « en portant une telle appréciation, au regard seulement de risques incertains, sans rechercher si des éléments circonstanciés étaient de nature, en l'état des connaissances scientifiques et des pièces versées au dossier, à justifier qu'il soit fait opposition à la déclaration préalable victime se soit installée avant l'apparition du trouble, l'article L. 112-16 CCH prévoit que « *[l]es dommages causés aux occupants d'un bâtiment par des nuisances dues à des activités agricoles, industrielles, artisanales, commerciales ou aéronautiques, n'entraînent pas droit à réparation lorsque (la victime est entrée dans les lieux)* ***postérieurement*** *à l'existence des activités les occasionnant, dès lors que ces activités s'exercent en conformité avec les dispositions législatives ou réglementaires en vigueur et qu'elles se sont poursuivies dans les mêmes conditions* »[302].

Le trouble ne donnera lieu à indemnisation que s'il est **anormal**. Le droit ne s'intéresse pas aux désagréments normaux de voisinage, aux troubles qu'il est normal d'assumer. Seulement, lorsque les troubles franchissent le seuil de la normalité, le droit vole au secours de ceux qui les supportent. Le caractère « anormal » d'un trouble est relatif : le même trouble pourra être jugé normal ou anormal suivant le lieu ou le moment auquel il intervient : ainsi des nuisances sonores pourront être constitutives d'un trouble anormal seulement si elles ont lieu la nuit, une diminution d'ensoleillement pourra de même constituer un trouble anormal[303], mais pas toujours[304].

Le trouble anormal de voisinage est un trouble causé par un **voisin**. Peu importe que les fonds ne soient pas contigus ou même très rapprochés : sont voisins des fonds susceptibles de se troubler l'un et l'autre. C'est l'existence du trouble qui révèle la relation de voisinage. Ainsi, le bruit occasionné par un aéroport établit le rapport de voisinage entre celui-ci et le fonds troublé, peu importante la distance qui les sépare[305].

288. Personnes responsables. Au stade de l'**obligation à la dette**, tout voisin est susceptible de voir sa responsabilité engagée. On peut néanmoins en distinguer de deux types. En premier lieu, on trouve les « **voisins permanents** » : le propriétaire, même s'il n'occupe pas les lieux[306] et même s'il n'a pas effectué les travaux à

---

déposée en application de la législation sur l'urbanisme en vue de l'installation de l'antenne en cause, le tribunal administratif a commis une erreur de droit »).

D'un autre côté, s'agissant de l'indemnisation des victimes, certaines décisions des juges du fond ont indemnisé des voisins sur le fondement des troubles anormaux cependant que d'autres s'y sont refusés, estimant le risque incertain.

302. V., par ailleurs, Civ. 2e, 8 juin 1983, *Bull. civ.* II, n° 122 : en l'espèce, il était prévisible dans une station de ski en développement que la vue des propriétaires serait un jour modifiée par de nouvelles constructions.

303. Civ. 2e, 28 mars 2013, pourvoi n° 12-13917, construction ayant causé « une diminution de l'ensoleillement, et surtout une atteinte radicale à l'intimité de l'habitation de M. et Mme X... et du jardin ».

304. Civ. 3e, 5 septembre 2012, pourvoi n° 11-21771, *D.* 2012, p. 2135, obs. N. Reboul-Maupin : ombre sur une pelouse et non sur une habitation ; cour d'appel, qui a souverainement retenu que l'existence d'un trouble anormal de voisinage, dans le milieu urbain considéré.

305. V. aussi, CJCE, 18 mai 2006, *Land Oberösterreich c/ CEZ as*, aff. C 343/04, *RDI* 2006, p. 538, obs. F.-G. Trébulle : centrale nucléaire, terrains agricoles.

306. Civ. 3e, 17 avril 1996, *Bull. civ.* III, n° 108, *JCP* 1996, I, 3972, obs. H. Périnet-Marquet : « *la victime d'un trouble de voisinage trouvant son origine dans l'immeuble donné en location, peut en demander réparation au propriétaire* ». *Adde* Civ. 2e, 31 mai 2000, *Bull. civ.* II, n° 94 : « la cour d'appel a souverainement apprécié l'existence de troubles anormaux du voisinage émanant de l'immeuble donné en location par les consorts Y... et décidé à bon droit que, indépendamment de toute faute de leur part, les propriétaires étaient tenus d'en réparer les conséquences dommageables subies par un tiers ».

l'origine du trouble[307] et le locataire[308], par exemple. En second lieu, on trouve les « **voisins occasionnels** » : les locateurs d'ouvrage intervenant sur le fonds, soit matériellement, en qualité de constructeurs[309], soit intellectuellement, en qualité d'architectes[310], notamment. La distinction entre les voisins permanents et occasionnels est importante dans la mesure où la Cour de cassation considère que si les premiers sont responsables du seul fait de l'existence d'un trouble provenant de leur fonds, les seconds ne le sont que s'ils sont eux-mêmes les véritables « auteurs du trouble ». Dans ce dernier cas, les troubles subis doivent être « en relation de cause directe avec la réalisation des missions » confiés aux acteurs des travaux[311] : tel n'est pas le cas de l'entrepreneur principal qui n'a pas lui-même effectué les travaux mais qui les a confiés à un sous-traitant, seul responsable[312].

Au stade de la **contribution à la dette**, et en présence de coresponsables, la Cour de cassation établit une distinction ente les recours *avant* et *après paiement.*

---

307. Civ. 2e, 2 décembre 1982, *Bull. civ.* II, n° 160 : « (...) il est fait grief à l'arrêt, qui a condamné *in solidum* la SCI et la SARL à réparer lesdits dommages, d'avoir retenu la responsabilité de la SCI, alors que la responsabilité du propriétaire d'un immeuble ne pourrait être retenue sur le fondement des troubles anormaux de voisinage que dans l'hypothèse ou, celui-ci ayant conservé la maîtrise de l'immeuble, le dommage a été causé par son fait personnel ; (...) ainsi, la cour d'appel n'aurait pu retenir la responsabilité du propriétaire tout en constatant que l'entrepreneur était le gardien du chantier et que le dommage était dû exclusivement à son exploitation ; mais (...) l'arrêt relève que les travaux auxquels la SCI avait fait procéder sur son terrain, en vue d'y édifier un immeuble, avaient occasionné à la propriété de Vincent des dommages excédant les inconvénients ordinaires du voisinage ; (...) par ces seules constatations, la cour d'appel a, sans encourir la critique du moyen, légalement justifié sa décision ».

308. CA Paris 18 décembre 1991, *Jurisdata* n° 025134 : responsabilité *in solidum* du locataire et de son bailleur-copropriétaire d'un immeuble dont la destination est celle d'habitation bourgeoise, alors que l'exploitation du preneur devenue progressivement industrielle causait une gêne considérable aux autres copropriétaires ; CA Paris, 3 décembre 1993, *Jurisdata* n° 023201 : responsabilité *in solidum* du propriétaire et du locataire d'un fonds d'où émane le trouble de voisinage, à savoir des infiltrations d'hydrocarbures dans le sous-sol de l'immeuble voisin.

309. Sur cette question, v. Ph. Malinvaud, « Vers un nouveau régime prétorien de la responsabilité des constructeurs pour troubles anormaux de voisinage », *RDI* 2006, p. 251. Pour des applications, v. Civ. 3e, 11 mai 2000, *Bull. civ.* III, n° 106 : entrepreneur ; Civ. 3e, 30 juin 1998, *Bull. civ.* III, n° 144, *RDI* 1998, p. 647, obs. Ph. Malinvaud : sous-traitant ; Civ. 3e, 22 juin 2005, *Bull. civ.* III, n° 136, *RDI* 2005, p. 339, obs. Ph. Malinvaud : gestionnaire de projet contractuellement désigné comme seul porte-parole de la maîtrise d'œuvre.

310. Civ. 3e, 20 décembre 2006, *Bull. civ.* III, n° 254, *D.* 2007, p. 2494, obs. N. Reboul-Maupin, *JCP* 2007, I, 117, obs. H. Périnet-Marquet, *Dr. & patr.* août 2007, p. 91, obs. J.-B. Seube, *RDI* 2007, p. 170, obs. Ph. Malinvaud : « ayant retenu que la responsabilité, tant de l'architecte que de l'entrepreneur, était engagée (...) ».

311. Civ. 3e, 9 février 2011, *Bull. civ.* III, n° 21, *RDI* 2011, p. 227, obs. Ph. Malinvaud : « en statuant ainsi, par des motifs dont il ne résulte pas que les troubles subis étaient en relation de cause directe avec la réalisation des missions d'études de sol, de maîtrise d'œuvre, de contrôle technique respectivement confiées à la société Sol essais, à MM. Y..., Z... et A... et la société Sudetec, à la société Bureau Veritas, et avec l'exécution du lot "pieux forés" par la société Bachy, la cour d'appel n'a pas donné de base légale » en les condamnant.

312. Civ. 3e, 21 mai 2008, *Bull. civ.* III, n° 90, *RDI* 2008, p. 345, obs. P. Malinvaud, *RTD civ.* 2008, p. 496, obs. P. Jourdain : « ayant exactement retenu que le propriétaire de l'immeuble et les constructeurs à l'origine des nuisances sont responsables de plein droit des troubles anormaux du voisinage, ces constructeurs étant, pendant le chantier des voisins occasionnels des propriétaires lésés, et constaté que la société Quille, entrepreneur principal, qui n'avait pas réalisé les travaux, n'était pas l'auteur du trouble, la cour d'appel en a déduit à bon droit que la société Pascal ne pouvait agir à son encontre sur le fondement des troubles excédant les inconvénients normaux du voisinage ».

Le ***recours avant paiement***[313] est normalement[314] fondé sur les liens qui unissent le demandeur et le défendeur : c'est un *recours personnel*[315]. Par exemple, le recours du propriétaire contre son locataire exercé par un appel en garantie est fondé sur le contrat de bail qui les unit, cependant que le recours du propriétaire contre le sous-traitant est, en l'absence de liens contractuels les unissant, délictuel. Le ***recours après paiement*** peut prendre la forme d'un recours *subrogatoire* ou *personnel*, l'avantage du recours subrogatoire étant de permettre au *solvens* d'agir contre le coobligé sur le fondement de la théorie des troubles anormaux de voisinage et donc de ne pas avoir à rapporter la preuve d'une faute[316]. En matière de construction, le recours subrogatoire du maître de l'ouvrage lui permet de réclamer aux acteurs du chantier la totalité de ce qu'il a versé, et ce, même si ces derniers n'ont pas commis de faute[317], tant et si bien que « vis-à-vis du voisin, le maître de l'ouvrage n'est pas tenu avec les constructeurs, mais pour les constructeurs, qu'il est un simple garant pour le cas d'insolvabilité du constructeur »[318]. Le recours du maître de l'ouvrage n'est cependant que partiel s'il est établi qu'il a délibérément et consciemment accepté de courir le risque de troubles de voisinage en déchargeant de leur responsabilité les acteurs du chantier[319]. Quant aux recours des acteurs du

313. Qui peut prendre la forme d'un appel en garantie, avant que la décision de condamnation ne soit rendue.

314. V. les hésitations en jurisprudence relevées par M. Mignot, *in* « Construction, troubles de voisinage et obligation *in solidum* », *RDI* 2008, p. 408 s., n° 30.

315. Civ. 3e, 24 mars 1999, *Bull. civ.* III, n° 74 : « l'entrepreneur et le maître de l'ouvrage étant contractuellement liés, la cour d'appel a retenu, à bon droit, que c'était en vain que ce dernier invoquait, à l'appui de son action en garantie, une présomption de responsabilité à l'encontre de l'entrepreneur, au motif que celui-ci avait la garde du chantier » ; Civ. 3e, 21 juillet 1999, pourvoi n° 96-22734 : « l'entrepreneur et le maître de l'ouvrage étant contractuellement liés, la cour d'appel a retenu, à bon droit, qu'il ne pesait sur l'entrepreneur aucune présomption de responsabilité délictuelle ou quasi-délictuelle ».

316. Civ. 3e, 21 juillet 1999, B. 182, *RDI* 1999, p. 656, obs. Ph. Malinvaud, *RTD civ.* 2000, p. 121, obs. P. Jourdain : doit être cassée la décision de la cour d'appel qui déboute de son action récursoire contre l'entrepreneur général le maître de l'ouvrage assigné par des voisins en réparation de troubles anormaux du voisinage liés à la construction, au motif qu'agissant sur un autre fondement que celui de l'article 1792 C. civ., celui-ci doit démontrer l'existence d'une faute, alors qu'elle avait relevé que le maître de l'ouvrage était subrogé dans les droits et actions des voisins, victimes des troubles ; Civ. 3e, 24 septembre 2003, *Bull. civ.* III, n° 160, *RDI* 2003, p. 545, obs. L. Grynbaum et p. 582, obs. Ph. Malinvaud : « ayant relevé (...) que [le maître de l'ouvrage] avait effectué des paiements au profit des voisins victimes des désordres, la cour d'appel a retenu à bon droit qu'étant subrogée dans les droits de ces derniers à hauteur de ces paiements, cette société était bien fondée à recourir contre les constructeurs et leurs assureurs sur le fondement du principe prohibant les troubles anormaux du voisinage, qui ne requiert pas la preuve d'une faute ».

317. Civ. 3e, 22 juin 2005, *Bull. civ.* III, n° 136, *RDI* 2005, p. 339, obs. Ph. Malinvaud, *affaire du Georges V* : « ayant relevé que l'Hôtel George V avait exécuté le jugement et payé les dédommagements accordés aux voisins par le Tribunal, et retenu qu'il n'était pas démontré par les contrats, les correspondances échangées et le rapport des experts que le maître de l'ouvrage ait été pleinement informé des risques de troubles au voisinage, ait entendu décharger les entreprises de leurs responsabilités, et ait prescrit dans ces conditions la poursuite du chantier, la cour d'appel en a déduit à bon droit, sans dénaturation, que du fait de la subrogation dont elle était bénéficiaire dans les droits des victimes, la société George V était fondée à obtenir la garantie totale des locateurs d'ouvrage auteurs du trouble, dont la responsabilité vis-à-vis du maître de l'ouvrage n'exigeait pas la caractérisation d'une faute ».

318. Ph. Malinvaud, obs. préc. ss. Civ. 3e, 20 décembre 2006, in *RDI* 2007, p. 170.

319. Civ. 3e, 22 juin 2005, B. 136, *RDI* 2005, p. 339, obs. Ph. Malinvaud, *affaire du Georges V* : « ayant relevé que l'Hôtel George V avait exécuté le jugement et payé les dédommagements accordés aux voisins par le Tribunal, et retenu qu'il n'était pas démontré par les contrats, les correspondances

chantier entre eux, la Cour de cassation décide que la charge finale de la condamnation se répartit en fonction de la gravité de leurs fautes respectives[320] et qu'en l'absence de faute des intervenants, chacun supporte par parts égales la charge de la condamnation[321].

289. Personnes victimes. Le cercle des personnes victimes comprend le propriétaire de l'immeuble[322] qui subit les nuisances, mais aussi celui qui en jouit, tel le locataire ou tout occupant de l'immeuble[323]. Le préjudice réparé varie suivant la qualité de la victime : préjudice lié à la perte de valeur de l'immeuble que peut seul invoquer le propriétaire, préjudice lié au trouble dans les conditions d'existence que peut seul invoquer celui qui en jouit.

290. Mesures prononcées par le juge. Le juge doit réparer les conséquences préjudiciables subies par la victime et faire cesser le trouble. Des dommages-intérêts seront donc en premier lieu accordé à la victime du trouble anormal[324], sans qu'une mise en demeure ne soit requise[325]. Des mesures de nature à faire cesser le trouble

---

échangées et le rapport des experts que le maître de l'ouvrage ait été pleinement informé des risques de troubles au voisinage, ait entendu décharger les entreprises de leurs responsabilités, et ait prescrit dans ces conditions la poursuite du chantier, la cour d'appel en a déduit à bon droit, sans dénaturation, que du fait de la subrogation dont elle était bénéficiaire dans les droits des victimes, la société George V était fondée à obtenir la garantie totale des locateurs d'ouvrage auteurs du trouble, dont la responsabilité vis-à-vis du maître de l'ouvrage n'exigeait pas la caractérisation d'une faute ».

320. Civ. 3e, 26 avril 2006, *Bull. civ.* III, n° 100, *D.* 2006, p. 2368, obs. N. Reboul-Maupin : attendu (...) que dans les rapports entre le locateur d'ouvrage auteur du trouble anormal causé aux voisins et les autres professionnels dont la responsabilité peut être recherchée, la charge finale de la condamnation, formant contribution à la dette, se répartit en fonction de la gravité de leurs fautes respectives ; que l'entrepreneur principal ne peut exercer de recours subrogatoire contre les sous-traitants que pour la fraction de la dette dont il ne doit pas assumer la charge définitive ; que la cour d'appel a exactement retenu qu'il incombait à la société Bouygues d'établir la faute contractuelle éventuelle de ses sous-traitants ».

321. Civ. 3e, 20 décembre 2006, *Bull. civ.* III, n° 254, *D.* 2007, p. 2494, obs. N. Reboul-Maupin ; *JCP* 2007, I, 117, obs. H. Périnet-Marquet ; *Dr. & patr.* août 2007, p. 91, obs. J.-B. Seube, *RDI* 2007, p. 170, obs. Ph. Malinvaud : « dans l'exercice du recours du maître de l'ouvrage ou de son assureur au titre d'un trouble excédant les inconvénients normaux du voisinage, la contribution à la dette, en l'absence de faute, se répartit à parts égales entre les co-obligés ; (...) ayant retenu que la responsabilité, tant de l'architecte que de l'entrepreneur, était engagée, vis-à-vis de la société Mutuelles du Mans subrogée dans les droits des victimes en raison des troubles anormaux de voisinage dont ils étaient les auteurs, sans qu'aucune faute de leur part ne leur soit imputée, la cour d'appel en a déduit, à bon droit, que, dans leurs recours entre co-obligés, chacun supporterait par parts égales la charge de la condamnation ».

322. Civ. 2e, 28 juin 1995, *Bull. civ.* II, n° 222, *D.* 1996, p. 59, obs. A. Robert, *Rép. Defr.* 1995, p. 412, obs. J.-L. Aubert, *RDI* 1996, p. 175, obs. J.-L. Bergel, *RTD civ.* 1996, p. 179, obs. P. Jourdain. : « un propriétaire, même s'il ne réside pas sur son fonds, est recevable à demander qu'il soit mis fin aux troubles anormaux de voisinage provenant d'un fonds voisin ».

323. Civ. 2e, 17 mars 2005, *Bull. civ.* II, n° 73, *D.* 2005, p. 2357, obs. N. Reboul-Maupin, *RDI* 2005, p. 197, obs. F.-G. Trébulle : « le principe selon lequel nul ne doit causer à autrui un trouble de voisinage s'applique à tous les occupants d'un immeuble en copropriété quel que soit le titre de leur occupation ; Et (...) l'arrêt retient que Mme X... habitait le premier étage d'un immeuble en copropriété et que la vue de son logement était masqué par un arbre appartenant aux époux Y... ; (...) de ces constatations et énonciations, la cour d'appel a déduit à bon droit, sans avoir à mieux s'en expliquer, que l'action de Mme X... était recevable ».

324. V. notamment Civ. 3e, 28 janvier 1975, *Bull. civ.* III, n° 30 : « indemnité de dépréciation en raison des bruits de la carrière voisine ».

325. Civ. 2e, 25 novembre 1992, *Bull. civ.* II, n° 278 : « la réparation de troubles anormaux de voisinage n'est pas subordonnée à l'existence d'une mise en demeure préalable ».

seront en second lieu, le cas échéant, prononcées, telles l'installation d'un limitateur de niveau sonore dans un cirque[326], l'installation d'un dispositif de forage[327], etc. Le juge judiciaire peut également ordonner la cessation de l'activité jusqu'à ce que les mesures appropriées aient été prises[328]. Toutefois, en raison de la séparation des pouvoirs, le juge judiciaire ne peut interdire l'exercice d'une activité autorisée par l'administration, par exemple l'exploitation d'une installation classée (art. L. 511-1 s. C. envir.[329])[330], sauf temporairement, jusqu'à ce que soient respectées les contraintes fixées par l'administration[331]. De fait, ainsi que l'a décidé le Tribunal des conflits dans une décision du 23 mai 1927, « les tribunaux judiciaires ont compétence pour se prononcer, tant sur les dommages-intérêts à allouer aux tiers lésés par le fonctionnement d'un établissement dangereux, insalubre ou incommode, que sur les mesures propres à faire cesser le préjudice que cet établissement pourrait causer pour l'avenir, à condition que ces mesures ne contrarient point les

326. V. notamment Civ. 2e, 22 janvier 2009, pourvoi n° 08-10751, *affaire du cirque d'hiver* : nuisances sonores.
327. Civ. 2e, 12 novembre 1997, *Bull. civ.* II, n° 273 : « après avoir constaté (...) l'existence de troubles anormaux de voisinage, c'est dans l'exercice de son pouvoir souverain d'apprécier les mesures propres à faire cesser le trouble que la cour d'appel a donné injonction à la société d'installer un second dispositif de forage à 70 m de profondeur pour réenfouir les eaux dans leur gîte de prélèvement ».
328. Civ. 2e, 9 octobre 1996, *Bull. civ.* II, n° 231 : l'exploitant d'un circuit de karting devant se conformer aux normes réglementaires prescrites par le décret du 5 mai 1988, dans l'attente de cette mise en conformité, il est interdit, à peine d'astreinte, d'organiser toute épreuve, compétition ou manifestation, de caractère sportif ou non, comportant la participation de véhicules à moteur et en particulier de karts ; Civ. 1re, 13 juillet 2004, *Bull. civ.* I, n° 209 : « les tribunaux judiciaires ont compétence pour se prononcer tant sur les dommages-intérêts à allouer aux tiers lésés par le voisinage d'un établissement dangereux, insalubre ou incommode, que sur les mesures propres à faire cesser le préjudice qu'ils pourraient causer dans l'avenir, à la condition que ces mesures ne contrarieront point les prescriptions édictées par l'administration dans l'intérêt de la sûreté et de la salubrité publique ; qu'en ordonnant la suspension des activités de M. A..., sous peine d'une astreinte de 120 euros par jour de retard si, passé un délai d'un an à compter de la notification de l'arrêt, il n'avait pas mis en œuvre les mesures nécessaires pour faire cesser toutes nuisances olfactives entraînées par l'exploitation de la "maternité" et de l'établissement d'engraissage [de porcs], la cour d'appel n'a en rien outrepassé ses pouvoirs dans la mesure ou le moyen invoqué ne soutient pas que cette mesure contrarierait les prescriptions de l'administration ».
329. D'après l'article L. 511-1 C. envir., relèvent des dispositions applicables aux installations classées « *les usines, ateliers, dépôts, chantiers et, d'une manière générale, les installations exploitées ou détenues par toute personne physique ou morale, publique ou privée, qui peuvent présenter des dangers ou des inconvénients soit pour la commodité du voisinage, soit pour la santé, la sécurité, la salubrité publiques, soit pour l'agriculture, soit pour la protection de la nature, de l'environnement et des paysages, soit pour l'utilisation rationnelle de l'énergie, soit pour la conservation des sites et des monuments ainsi que des éléments du patrimoine archéologique* » (al. 1) ainsi que les « *exploitations de carrières au sens des articles L. 100-2 et L. 300-11 du Code minier* » (al. 2).
330. Civ. 1re, 15 mai 2001, *Bull. civ.* I, n° 135, *JCP* 2002, I, 126, obs. H. Périnet-Marquet : au sujet d'un élevage porcin, la Cour de cassation estime que la « compétence exclusive du préfet en matière d'installation classée ne faisait pas obstacle à la mise en jeu de la responsabilité de l'exploitant pour trouble de voisinage devant le juge judiciaire et donc à la constatation d'un trouble manifestement illicite par le juge des référés ».
331. Civ. 2e, 9 octobre 1996, *Bull. civ.* III, n° 231 : cessation d'une exploitation de karting dans l'attente de mise en conformité avec les normes réglementaires prescrites par le décret du 5 mai 1988 ; Civ. 2e, 20 octobre 1976, *Bull. civ.* III, n° 280 : cessation de l'exploitation d'une porcherie en raison de diverses nuisances, alors que les autorisations administratives ne sont accordées que sous réserve des droits des tiers et qu'un arrêté du 19 mai 1972 n'autorisait l'installation de la porcherie qu'en prescrivant qu'elle devrait être effectuée de manière à ne pas gêner le voisinage.

prescriptions édictées par l'Administration dans l'intérêt de la sûreté et de la salubrité publique »[332].

291. Causes d'exonération. La responsabilité pour troubles anormaux de voisinage ne reposant que sur le trouble anormal et non sur un comportement particulier du responsable, la seule cause d'exonération possible semble être le cas de **force majeure** ou la **faute de la victime**. S'il n'existe pas de jurisprudence significative à ce sujet[333], il semble que l'auteur du trouble doive démontrer que l'anormalité du trouble ne lui est pas imputable, qu'elle l'est soit à une cause étrangère, soit à la victime, qui aurait pu prendre des mesures raisonnables de nature à éviter le trouble.

2. Le pouvoir de disposer

292. Disposition matérielle et juridique. D'après l'article 537 al. 1 C. civ., « *[l]es particuliers ont la libre disposition des biens qui leur appartiennent, sous les modifications établies par les lois* ». Le droit de disposer ayant une double facette, il peut y être porté atteinte d'une double façon. D'un côté, le propriétaire pourrait être privé en tout ou partie de son droit de disposer *matériellement* de son bien, en le modifiant ou en le détruisant. D'un autre côté, le propriétaire pourrait être privé en tout ou partie de son droit de disposer *juridiquement* de son bien, en l'aliénant. Ces deux aspects de la libre disposition du bien connaissent des limites.

293. Limites au droit de disposition matérielle. Les limites au droit de disposer matériellement d'un bien sont peu fréquentes et doivent être justifiées, comme toute restriction au droit de disposer, par un **intérêt légitime**.

Il peut s'agir d'un ***intérêt privé***, comme celui du titulaire d'un droit réel ou personnel de jouissance conféré sur la chose. Ainsi le propriétaire ne peut empêcher le locataire ou l'usufruitier de jouir de la chose en la détruisant et la loi met même à sa charge, à certains égards, une obligation de conservation[334].

332. Trib. confl. 23 mai 1927, *S.*1927, 3, p. 94.

333. Civ. 3e, 10 décembre 2014, pourvoi n° 12-26361, à paraître au Bulletin, *RTD civ.* 2015, p. 177, obs. W. Dross, *D.* 2015, p. 1873, obs. L. Neyret : « (...) ayant relevé qu'un procès-verbal dressé le 3 février 2006 par un huissier de justice établissait la présence, sur le fonds de Mme X..., de grands pins maritimes penchant dangereusement vers la propriété de la SCI, que par réclamation amiable du 19 août 2005 et sommation du 16 mars 2006, celle-ci avait sollicité la coupe des arbres les plus proches de ses bâtiments et que, selon un constat établi le 26 février 2009, tous ces pins avaient été jetés à terre par la tempête du 23 janvier 2009, endommageant les bâtiments de la SCI, la cour d'appel, qui en a souverainement déduit que le risque dû à la présence de ces arbres mettant en danger la sécurité des biens et des personnes constituait un trouble anormal de voisinage, a pu retenir que la tempête, à l'origine directe et matérielle de la chute des arbres, ne présentait pas les caractères de la force majeure ».

334. Pour l'usufruit, v. art. 605 C. civ. : « *[l]'usufruitier n'est tenu qu'aux réparations d'entretien.* (al. 1) *Les grosses réparations demeurent à la charge du propriétaire, à moins qu'elles n'aient été occasionnées par le défaut de réparations d'entretien, depuis l'ouverture de l'usufruit ; auquel cas l'usufruitier en est aussi tenu.* (al. 2) ». Pour le bail, v. art. 1754 C. civ. : « *[l]es réparations locatives ou de menu entretien dont le locataire est tenu, s'il n'y a clause contraire, sont celles désignées comme telles par l'usage des lieux, et, entre autres, les réparations à faire : Aux âtres, contre-coeurs, chambranles et tablettes de cheminées ; Au recrépiment du bas des murailles des appartements et autres lieux d'habitation à la hauteur d'un mètre ; Aux pavés et carreaux des chambres, lorsqu'il y en a seulement quelques-uns de cassés ; Aux vitres, à moins qu'elles ne soient cassées par la grêle ou autres accidents extraordinaires et de force majeure, dont le locataire ne peut être tenu ; Aux portes, croisées, planches de cloison ou de fermeture de boutiques, gonds, targettes et serrures* ». Et l'article 1755 C. civ. précise qu'« *[a]ucune des réparations réputées locatives n'est à la charge des locataires quand elles ne sont occasionnées que par vétusté ou force majeure* » cependant que

Il peut également s'agir d'un ***intérêt public***, comme en témoignent les règles relatives aux monuments historiques[335]. Ainsi, un immeuble classé au titre des monuments historiques ne peut être détruit, déplacé, restauré, réparé ou modifié sans l'autorisation de l'administration[336]. Par ailleurs, lorsque la conservation d'un immeuble classé au titre des monuments historiques est gravement compromise par l'inexécution de travaux de réparation ou d'entretien, le propriétaire peut être mis en demeure de faire procéder auxdits travaux, la moitié des dépenses au moins devant être supportée par l'État[337]. En tout état de cause, l'administration peut toujours faire exécuter par ses soins et aux frais de l'État, avec le concours éventuel des intéressés, les travaux de réparation ou d'entretien indispensables à la conservation des monuments[338].

294. Limites au droit de disposition juridique. ***Limitation du choix du cocontractant***. Les droits de préemption et de préférence constituent des atteintes au droit de disposer en ce qu'ils limitent le choix du contractant et doivent donc faire l'objet d'un contrôle de *proportionnalité* et de *finalité*[339]. Sous ces réserves, la loi (droit de préemption) ou un acte juridique (droit de préférence) peut donner une priorité d'acquisition à une ou plusieurs personnes. S'agissant, en premier lieu, des droits de préemption, certains sont reconnus au profit de personnes privées cependant que d'autres le sont au profit de personnes publiques. Au profit de personnes privées, on trouve l'un des plus fameux à l'article 15 de la loi n° 89-462 du 6 juillet 1989 *tendant à améliorer les rapports locatifs* qui prévoit, en faveur du locataire qui

---

l'article 1756 C. civ. mentionne que « *[l]e curement des puits et celui des fosses d'aisances sont à la charge du bailleur s'il n'y a clause contraire* ».

335. C'est l'objet du Titre II du Livre VI du Code du patrimoine.

336. Art. L. 621-9 al. 1 C. patr. : « *[l]'immeuble classé au titre des monuments historiques ne peut être détruit ou déplacé, même en partie, ni être l'objet d'un travail de restauration, de réparation ou de modification quelconque, sans autorisation de l'autorité administrative* ».

337. Art. L. 621-12 al. 1 C. patr. : « *(...) lorsque la conservation d'un immeuble classé au titre des monuments historiques est gravement compromise par l'inexécution de travaux de réparation ou d'entretien, l'autorité administrative peut, après avis de la Commission nationale des monuments historiques, mettre en demeure le propriétaire de faire procéder auxdits travaux, en lui indiquant le délai dans lequel ceux-ci devront être entrepris et la part de dépense qui sera supportée par l'État, laquelle ne pourra être inférieure à 50 %. La mise en demeure précisera les modalités de versement de la part de l'État* ».

338. Art. L. 621-11 C. patr. : « *[l]'autorité administrative peut toujours faire exécuter par les soins de son administration et aux frais de l'État, avec le concours éventuel des intéressés, les travaux de réparation ou d'entretien qui sont jugés indispensables à la conservation des monuments classés au titre des monuments historiques n'appartenant pas à l'État* ».

339. V. notamment Civ. 3e, 23 septembre 2009, *Bull. civ.* III, n° 203. La Cour de cassation relève qu'un pacte de préférence, « librement convenu », « avait pour but, en fixant d'ores et déjà un prix, institué pour une durée de vingt ans, d'empêcher la spéculation sur le bien dans un contexte marqué par la rareté de l'offre et le « décrochage » des possibilités financières de la plupart des ménages par rapport à l'envolée des prix de l'immobilier, et que M. X. et Mme Y. avaient bénéficié en contrepartie de son acceptation de la possibilité d'accéder à un marché protégé de la spéculation immobilière » tant et si bien que « la cour d'appel a retenu à bon droit que les modalités stipulées, notamment quant à la durée de validité de la clause, n'étaient pas, au regard de la nature et de l'objet de l'opération réalisée, constitutives d'une atteinte au droit de propriété ». La Cour de cassation s'est ainsi livrée à un contrôle de finalité et de proportionnalité au sujet d'une espèce dans laquelle une commune avait réalisé une opération de lotissement sur un terrain dont elle disposait en vendant des parcelles à un prix relativement bas, en vue de contribuer à résoudre les difficultés de logement des ménages sur son territoire. Toutefois, afin d'éviter que des particuliers ne profitent d'une telle acquisition pour spéculer, un droit de préférence moyennant un prix fixé était stipulé en sa faveur dans l'acte de vente.

s'est vu notifier un congé pour vendre, un droit de préemption portant sur le logement[340]. Au profit de personnes publiques, le Titre I du Livre II du Code de l'urbanisme est tout entier consacré aux droits de préemptions reconnus en vue de répondre à des objectifs prédéfinis[341]. On trouve ainsi un droit de préemption urbain[342] et un droit de préemption dans une zone d'aménagement différé[343] soumis en partie à des règles communes[344], un droit de préemption sur les fonds artisanaux, les fonds de commerce, les baux commerciaux et les terrains faisant l'objet de projets d'aménagement commercial[345] et un droit de préemption sur les terrains en vue de créer ou d'aménager des jardins familiaux[346]. En dehors des dispositions du Code de l'urbanisme, on peut encore mentionner la faculté de l'État, sur toute vente publique d'œuvres d'art et sur toute vente de gré à gré d'œuvres d'art réalisée aux enchères, d'exercer un droit de préemption par l'effet duquel il se trouve substitué à l'adjudicataire ou à l'acheteur[347]. S'agissant, en second lieu, des droits de préférence, ils

---

340. Art. 15, II L. 1989 : « *[l]orsqu'il est fondé sur la décision de vendre le logement, le congé doit, à peine de nullité, indiquer le prix et les conditions de la vente projetée. Le congé vaut offre de vente au profit du locataire (...)* ».

341. Ainsi, d'après l'article L. 300-1 al. 1 C. urb., auquel renvoie l'article L. 210-1 C. urb., le droit de préemption peut avoir pour objet de mettre en œuvre « *un projet urbain, une politique locale de l'habitat, d'organiser le maintien, l'extension ou l'accueil des activités économiques, de favoriser le développement des loisirs et du tourisme, de réaliser des équipements collectifs ou des locaux de recherche ou d'enseignement supérieur, de lutter contre l'insalubrité et l'habitat indigne ou dangereux, de permettre le renouvellement urbain, de sauvegarder ou de mettre en valeur le patrimoine bâti ou non bâti et les espaces naturels* ». Et d'après l'article L. 210-2 C. urb., le droit de préemption peut avoir pour objet d'« *assurer le maintien dans les lieux des locataires* ».

342. Art. L. 211-1 s. C. urb. D'après l'article L. 211-1 al. 1 C. urb., « *[l]es communes dotées d'un plan d'occupation des sols rendu public ou d'un plan local d'urbanisme approuvé peuvent, par délibération, instituer un droit de préemption urbain sur tout ou partie des zones urbaines et des zones d'urbanisation future délimitées par ce plan, dans les périmètres de protection rapprochée de prélèvement d'eau destinée à l'alimentation des collectivités humaines définis en application de l'article L. 1321-2 du Code de la santé publique, dans les périmètres définis par un plan de prévention des risques technologiques en application du I de l'article L. 515-16 du Code de l'environnement, dans les zones soumises aux servitudes prévues au II de l'article L. 211-12 du même code, ainsi que sur tout ou partie de leur territoire couvert par un plan de sauvegarde et de mise en valeur rendu public ou approuvé en application de l'article L. 313-1 lorsqu'il n'a pas été créé de zone d'aménagement différé ou de périmètre provisoire de zone d'aménagement différé sur ces territoires* ».

343. Art. L. 212-1 s. C. urb. D'après l'article L. 212-2 al. 1 C. urb., « *[d]ans les zones d'aménagement différé, un droit de préemption, qui peut être exercé pendant une période de six ans renouvelable à compter de la publication de l'acte qui a créé la zone, sous réserve de ce qui est dit à l'article L. 212-2-1, est ouvert soit à une collectivité publique ou à un établissement public y ayant vocation, soit au concessionnaire d'une opération d'aménagement* ».

344. Art. L. 213-1 s. C. urb.

345. Art. L. 214-1 s. C. urb. D'après l'article L. 214-1 al. 1 C. urb., « *[l]e conseil municipal peut, par délibération motivée, délimiter un périmètre de sauvegarde du commerce et de l'artisanat de proximité, à l'intérieur duquel sont soumises au droit de préemption institué par le présent chapitre les aliénations à titre onéreux de fonds artisanaux, de fonds de commerce ou de baux commerciaux* ».

346. Art. L. 216-1 C. urb. : « *[c]onformément à l'article 1er, 2e alinéa, de la loi no 76-1022 du 10 novembre 1976, à la demande des organismes de jardins familiaux mentionnés aux articles 610 et 611 du Code rural et de la pêche maritime, les collectivités locales ou les établissements publics de coopération intercommunale compétents peuvent exercer leur droit de préemption, conformément aux dispositions du présent code, en vue de l'acquisition de terrains destinés à la création ou à l'aménagement de jardins familiaux* ».

347. Art. L. 123-1 C. patr. Aux termes de l'alinéa 1 de cette disposition, « *[l]'État peut exercer, sur toute vente publique d'œuvres d'art ou sur toute vente de gré à gré d'œuvres d'art réalisée dans les conditions prévues par l'article L. 321-9 du Code de commerce, un droit de préemption par l'effet duquel il se trouve subrogé à l'adjudicataire ou à l'acheteur* ».

relèvent de la liberté contractuelle. On en trouve dans des actes unilatéraux – testaments, par exemple – ou dans des contrats – vente, donation, par exemple – en vue d'assurer que le bien qui en forme l'assiette puisse être acquis en priorité à telle ou telle personne désignée, en vue de répondre à telle ou telle aspiration – maintenir le bien dans la famille, par exemple.

Techniquement, les droits de préemption et droits de préférence sont susceptibles d'être mis en œuvre à trois stades distincts, encore que l'on puisse distinguer deux hypothèses principales. Dans une première série d'hypothèses, le propriétaire informe le titulaire du droit de son intention de vendre. Il s'agit d'une **préemption ou préférence-priorité** en ce qu'elle joue ***ante rem venditam***. Une nouvelle distinction doit cependant être établie suivant le stade auquel le mécanisme d'information doit être mis en œuvre. D'une part, le mécanisme doit parfois être mis en œuvre dès que le bien est mis en vente : c'est le cas par exemple pour le droit de préemption du locataire issu de la loi de 1989. D'autre part, le mécanisme n'est parfois mis en œuvre que dès lors qu'un acquéreur a accepté l'offre du vendeur : c'est le cas par exemple pour le droit de préemption urbain issu du Code de l'urbanisme (la vente avec le tiers est alors conclue sous la condition suspensive de non-préemption). Dans une seconde série d'hypothèses, plus rare, le titulaire du droit se substitue à un acquéreur dans un contrat déjà formé. Il s'agit d'une **préemption ou préférence-retrait** en ce qu'elle joue *post rem venditam*. Le transfert *solo consensu* qui en résulte ne suffit donc pas à le sécuriser. C'est le cas notamment du droit de préemption reconnu à l'État en matière de ventes d'œuvres d'art[348].

295. Limites au droit de disposition juridique. ***Suppression du droit de disposer : l'inaliénabilité***[349]. La clause d'inaliénabilité interdit non seulement au

348. Souvent, le droit de préemption s'exerce suivant l'une ou l'autre des techniques suivant que la vente est de gré à gré ou sur adjudication. Ainsi, s'agissant du droit de préemption des indivisaires, l'article 815-14 C. civ. prévoit que « *[l]'indivisaire qui entend céder, à titre onéreux, à une personne étrangère à l'indivision, tout ou partie de ses droits dans les biens indivis ou dans un ou plusieurs de ces biens est tenu de notifier par acte extrajudiciaire aux autres indivisaires le prix et les conditions de la cession projetée ainsi que les nom, domicile et profession de la personne qui se propose d'acquérir* ». Et d'après l'article 815-15 C. civ., « *[s]'il y a lieu à l'adjudication de tout ou partie des droits d'un indivisaire dans les biens indivis ou dans un ou plusieurs de ces biens, l'avocat ou le notaire doit en informer les indivisaires par notification un mois avant la date prévue pour la vente. Chaque indivisaire peut se substituer à l'acquéreur dans un délai d'un mois à compter de l'adjudication, par déclaration au greffe ou auprès du notaire* ». On retrouve la même configuration avec le droit de préemption du preneur à bail rural et celui de la société d'aménagement foncier et d'établissement rural (SAFER) (art. L. 412-11 et L. 143-8 C. rur. et pêch. mar.), le droit de préemption urbain (art. L. 213-1 al. 3 C. urb.), ainsi que le droit de préemption des communes sur les cessions de fonds de commerce ou artisanaux et les cessions de baux commerciaux (art. R. 214-7 al. 2 C. urb.).

349. Sur la question, v. S. Milleville, *Les restrictions au droit de disposer*, th. Panthéon-Assas (Paris II), 2008 : l'auteur, au sein des restrictions au droit de disposer – catégorie qu'il définit comme « l'atteinte par l'effet d'une norme à caractère législatif au droit de disposer d'un bien » (n° 1143) et qu'il fonde sur l'article 537 C. civ., sachant que n'est envisagé que le droit de disposer juridiquement du bien et non matériellement (n°IV) –, distingue : l'inaliénabilité, d'une part, qui est une « restriction complète au droit de disposer » puisque le bien ne peut être ni aliéné ni saisi, de l'insaisissabilité, d'autre part, qui est une « restriction partielle au droit de disposer », qui « manifeste la privation d'un aspect particulier du droit de disposer, celui que les créanciers, au titre de leur droit de poursuite, mettent en œuvre, disposant ainsi par saisie, au nom de leur débiteur, d'un bien lui appartenant » (n° 1137) et qui laisse donc la faculté d'aliéner le bien.

propriétaire d'un bien de l'aliéner, mais aussi aux tiers de le saisir[350]. La jurisprudence décide que l'aliénation du bien stipulé inaliénable peut être annulée[351] à la demande de celui dans l'intérêt duquel la clause a été stipulée[352].

L'inaliénabilité peut trouver sa source dans la *loi* ou dans la *volonté*. **En législation**, l'article L. 626-14 al. 1 C. com. prévoit que « *[d]ans le jugement arrêtant le plan ou le modifiant, le tribunal peut décider que les biens qu'il estime indispensables à la continuation de l'entreprise ne pourront être aliénés, pour une durée qu'il fixe, sans son autorisation (...)* », étant précisé que la durée de l'inaliénabilité ne peut excéder celle du plan. Par ailleurs, l'article 1048 C. civ. prévoit qu'« *[u]ne libéralité peut être grevée d'une charge comportant l'obligation pour le donataire ou le légataire de conserver les biens ou droits qui en sont l'objet et de les transmettre, à son décès, à un second gratifié, désigné dans l'acte* ». En dehors des hypothèses spécialement prévues par le législateur, la **volonté** peut encore rendre un bien inaliénable. Certes, à l'origine, dans le silence des textes, la jurisprudence déclarait nulle les clauses d'inaliénabilité par crainte de voir ressusciter les travers de l'Ancien Droit. Néanmoins, depuis un arrêt rendu par la Cour de cassation le 20 avril 1858, la licéité d'une clause d'inaliénabilité insérée dans une libéralité est admise, dès lors qu'elle est « temporaire »[353], « dans l'intérêt du donateur »[354], et motivée par un « intérêt sérieux et légitime »[355]. Cette solution est aujourd'hui consacrée à l'article 900-1 du Code civil, aux termes duquel : « *[l]es clauses d'inaliénabilité affectant un bien donné ou légué ne*

350. Civ. 1re, 9 octobre 1985, *Bull. civ.* I, n° 252, *RTD civ.* 1986, p. 622, obs. J. Patarin : « l'inscription d'hypothèque judiciaire ne tient pas en échec une clause d'inaliénabilité en ce sens qu'elle ne permet pas la saisie tant que cette clause est en vigueur ».

351. Req. 16 janvier 1923, *DP* 1923, 1, p. 177 : « *la clause d'inaliénabilité temporaire (...) établie par le testament de Jean-Baptiste Calvet, dans l'intérêt de la légataire et pour des motifs de sage prévoyance, doit être considérée comme licite ; (...) il suit de là que c'est à bon droit que l'arrêt attaqué a déclaré nulle la cession consentie* »

352. Si la clause a été stipulée dans l'intérêt du légataire, seul ce dernier peut agir en nullité de l'acte accompli, non l'héritier légitime du testateur (Req. 23 mars 1903, *DP* 1903, 1, p. 337, note M. Planiol). Sur le fondement de la nullité, v. F. Terré et Ph. Simler, n° 135.

353. Elle ne doit donc pas être perpétuelle (Req. 20 mai 1879, *DP* 1879, 1, p. 431 : la clause d'inaliénabilité suivant laquelle les « biens ne pourraient être aliénés ni vendus sous aucun prétexte » est « illicite et nulle, comme entravant la libre circulation des biens » ; Civ. 1re, 16 février 1953, *D.* 1953, p. 282 : « l'interdiction d'aliéner "à toute personne que le vendeur ou à ses héritiers", sans engagement pour le vendeur lui-même d'acquérir, frappe en réalité l'immeuble vendu d'une indisponibilité illimitée dans le temps »).

354. Civ. 20 avril 1858, *DP* 1858, 1, 154 : « la propriété est le droit de jouir et de disposer des choses de la manière la plus absolue, pourvu qu'on n'en fasse pas un usage prohibé par les lois ou par les règlements ; (...) aucune loi ne défend au père de famille qui fait donation de ses biens à ses enfants, de s'en réserver l'usufruit, et, soit dans l'intérêt de son droit comme usufruitier, soit pour assurer l'exercice du droit de retour qui peut un jour lui appartenir, d'imposer à ses enfants la condition de ne pas aliéner ou hypothéquer, de son vivant, les biens donnés ; (...) cette interdiction temporaire, imposée dans l'intérêt du père donateur, ne peut être assimilée à une interdiction d'aliéner absolue et indéfinie qui aurait pour résultat de mettre pendant un long temps les biens hors de la circulation ».

355. Il peut s'agir de l'*intérêt du disposant* qui voudrait assurer le maintien du bien dans la famille (Civ. 1re, 20 novembre 1985, *Bull. civ.* I, n° 313, *Rép. Defr.* 1986, p. 47, obs. G. Champenois, *RTD civ.* 1986, p. 620, obs. J. Patarin : « ayant procédé à la recherche de l'intention de la donatrice, la cour d'appel a retenu, au vu des documents produits, que par la condition particulière imposée dans l'acte de donation sous peine de révocation, Mme de B... avait voulu que, de son vivant, l'immeuble qu'elle avait elle-même recueilli dans la succession de sa mère ne puisse quitter le patrimoine de la manche de sa famille par une aliénation ; (...) les juges du second degré ont pu en déduire que la clause, limitée dans le temps, était justifiée par un intérêt sérieux et légitime, et répondait, en conséquence, aux exigences de l'article 900-1 du Code civil »).

sont valables que si elles sont temporaires et justifiées par un intérêt sérieux et légitime (...) » (al. 1)[356]. Et au sujet des actes à titre onéreux, la Cour de cassation a clairement affirmé que « dès lors qu'elle est limitée dans le temps et qu'elle est justifiée par un intérêt sérieux et légitime, une clause d'inaliénabilité peut être stipulée dans un acte à titre onéreux »[357]. L'intérêt sérieux et légitime devrait être plus rigoureusement caractérisé dans les actes à titre onéreux que dans ceux à titre gratuit : celui qui acquiert un bien moyennant une contrepartie doit légitimement s'attendre à en tirer toutes les utilités et la limitation du droit de gage général de ses créanciers se comprend moins bien qu'à l'égard de celui qui a reçu un bien sans s'appauvrir. On pourra considérer qu'il y a un tel intérêt lorsqu'une personne ayant vendu pour un prix modique un immeuble à un membre de sa famille stipule une clause d'inaliénabilité pendant un certain temps en vue d'éviter toute spéculation. En tout état de cause, tant que la période d'inaliénabilité n'est pas échue, la *mainlevée* de la clause peut être obtenue si l'intérêt qui avait justifié la clause a disparu ou s'il advient qu'un intérêt plus important l'exige[358]. La règle est assortie d'une garantie importante à l'article 900-8 C. civ., puisqu'« *[e]st réputée non écrite toute clause par laquelle le disposant prive de la libéralité celui qui mettrait en cause la validité d'une clause d'inaliénabilité ou demanderait l'autorisation d'aliéner* ».

Il peut également s'agir de l'*intérêt du gratifié* que le disposant veut protéger en raison de son inexpérience (Req. 16 janvier 1923, *DP* 1923, 1, p. 177 : le testateur « n'a pas subordonné le legs par lui fait à sa nièce à des conditions restreignant pour celle-ci la liberté de se marier ; (...) il a seulement voulu que les biens légués soient incessibles et insaisissables jusqu'à ce que sa légataire ait atteint l'âge de trente ans ou ait contracté mariage avec l'approbation de ses grands-parents ou, à défaut de ceux-ci, d'un conseil de famille ; (...) suivant les constatations souveraines de l'arrêt attaqué, cette clause a été inspirée par un sentiment de bienveillant intérêt pour la légataire, en vue de la protéger contre les prodigalités auxquelles elle aurait pu se laisser entraîner sous l'influence de son père, dont le testateur connaissait si bien l'esprit de dissipation qu'il l'avait privé de tout droit de jouissance légale sur les biens légués » ; Req. 11 juillet 1877, *DP* 1878, 1, p. 62 : clause prévoyant que la légataire ne pouvait aliéner ses biens avant l'âge de vingt-cinq ans ; mais le contentieux ne portait pas sur le contrôle de la cause sérieuse et légitime) ou encore de l'*intérêt d'un tiers* (Req. 12 juillet 1865, *DP* 1865, 1, p. 475 : « la clause testamentaire dont s'agit au procès n'a interdit aux légataires la faculté d'aliéner que pendant la durée de l'existence de deux personnes à chacune desquelles le testateur avait légué une rente viagère, et (...) il est constaté par l'arrêt attaqué qu'elle a eu pour cause sérieuse et légitime le désir de mieux assurer le service de ces rentes viagères mises à la charge desdits légataires »).

356. Le double contrôle de proportionnalité et de finalité s'impose dans la mesure où la clause d'inaliénabilité porte atteinte au droit fondamental de propriété. Lorsque la clause ne remplit pas ces conditions, elle est nulle de nullité absolue et n'emporte la nullité du contrat que si elle constituait la condition *sine qua non* de l'engagement du disposant (art. 900 C. civ. : « *[d]ans toute disposition entre vifs ou testamentaire, les conditions impossibles, celles qui sont contraires aux lois ou aux mœurs, seront réputées non écrites* »).

357. Civ. 1re, 31 octobre 2007, *Bull. civ.* I, n° 337, *RDC* 2008, p. 248, obs. Y.-M. Laithier, *RTD civ.* 2008, p. 126, obs. Th. Revet. La généralité de la règle formulée tranche avec la particularité des faits de l'espèce : des fonds donnés et stipulés inaliénables avaient été remployés en vue de financer partiellement l'acquisition d'un immeuble. Sur demande d'un créancier, l'immeuble sera vendu, mais les juges décident que seule la partie du prix de vente correspondant à la portion acquise en remploi des deniers inaliénables pouvait être attribuée au créancier.

358. Art. 900-1 al. 1 *in fine* C. civ. : « *(...) le donataire ou le légataire peut être judiciairement autorisé à disposer du bien si l'intérêt qui avait justifié la clause a disparu ou s'il advient qu'un intérêt plus important l'exige* ».

Sous-section 2
Les démembrements du droit de propriété

296. Esprit général des démembrements : le caractère temporaire. Les démembrements de la propriété privent le propriétaire de la valeur d'usage de la chose[359]. C'est pourquoi un démembrement de la propriété ne peut être que temporaire : si la jouissance d'un bien était octroyée à perpétuité à un tiers, le droit de propriété aurait une valeur nulle. Au contraire, les démembrements étant temporaires, le propriétaire recouvre à terme toutes les utilités du bien, de *son* bien, ce qui confère une valeur d'échange certaine à la propriété, même démembrée.

Il convient de distinguer le démembrement de la scission du bien, comme c'est le cas lors de la création de volumes[360] dans un immeuble : il y a scission d'un bien en deux nouveaux biens, faisant l'objet chacun d'entre eux d'une pleine propriété et non d'un démembrement.

297. Limites de la notion de démembrement : l'absence de système de vases communicants. Si la notion de démembrement était parfaitement exacte[361], les pouvoirs perdus par le propriétaire seraient captés par le titulaire du droit réel démembré. Or tel n'est pas exactement le cas. Deux exemples permettent de s'en convaincre.

En premier lieu, en cas de constitution d'un usufruit, il est vrai que le propriétaire perd l'*usus* et le *fructus* qui profitent à l'usufruitier. Mais qu'est devenu, notamment, le pouvoir de détruire le bien ? Il n'appartient à personne : ni à l'usufruitier, chargé de conserver la jouissance du bien, ni au nu-propriétaire, tenu de laisser jouir l'usufruitier. Par où l'on voit que les pouvoirs du plein propriétaire sont supérieurs à ceux réunis du nu-propriétaire et de l'usufruitier.

En second lieu, en cas de constitution d'un droit d'usage, aucun des titulaires de droits sur le bien ne peut le détruire, ni même le louer : ni le propriétaire qui a reconnu un droit d'usage à telle personne, ni le titulaire du droit d'usage, tenu d'en user personnellement.

298. Éléments historiques. À Rome, les *jura in re*, c'est-à-dire des droits réels portant sur la chose d'autrui, sont dénommés « servitudes personnelles ». Elles se distinguent des « servitudes prédiales » (dites également « foncières » ou « réelles », bref, les servitudes que nous connaissons) en ce qu'elles sont des charges établies sur un bien au profit d'une autre personne que son propriétaire, et non au profit d'un autre bien.

Le droit romain connaît quatre servitudes personnelles. L'usufruit (*ususfructus*)[362] confère le droit de jouissance le plus complet à son titulaire, la servitude d'usage (*usus*) confère le droit d'user de tout type de bien, et la servitude d'habitation (*habitatio*) ainsi que la servitude d'usage d'un esclave ou d'un animal (*operae servi aut animalis*) confèrent respectivement le droit d'user d'une maison, d'un esclave ou d'un animal[363]. Si, en principe, seul l'usufruit permet de retirer les fruits

359. Sur la valeur d'usage, v. *supra*, n° 15.

360. V. *supra*, n° 106 et s.

361. Pour une critique profonde de la notion de démembrement, v. F. Zenati-Castaing et Th. Revet, n° 344.

362. Dig. L. 7, T. 1, 1 s.

363. Dig. L. 7, T. 8, 1 s.

de la chose, les autres servitudes personnelles permettent d'en retirer certains, pourvu que le titulaire de la servitude continue à en user personnellement[364].

S'agissant de l'usufruit en particulier, les droits de l'usufruitier et ceux du propriétaire sont conçus comme étant indépendants, tant et si bien qu'aucune obligation ne les lie ; ils sont simplement tenus de respecter leurs droits. Toutefois, l'édit du prêteur va astreindre l'usufruitier à prendre certains engagements envers le nu-propriétaire, créant un lien d'obligations entre deux personnes qui étaient jusqu'ici étrangères l'une à l'autre[365]. Ainsi, l'usufruitier va-t-il être tenu de donner caution (c'est-à-dire, promettre) de jouir en bon père de famille – raisonnablement, dirait-on aujourd'hui – et de restituer la chose à la fin de l'usufruit[366], en plus de garantir qu'il ne la perdra pas par sa négligence[367].

299. Plan. Si on laisse de côté le droit de jouissance spéciale qui a été récemment dégagé par la jurisprudence[368], le Code civil envisage trois types de démembrement qui consistent en autant de droits réels de **jouissance** qui permettent de capter la *valeur d'usage* de la chose : l'usufruit, le droit d'usage, et le droit d'habitation. Compte tenu de l'importance du premier, on envisagera l'usufruit d'une part (§ 1) et les droits d'usage et d'habitation d'autre part (§ 2).

300. APRDB. L'APRDB fait expressément aux « démembrements de la propriété » dans le Titre IV. On y trouve l'usufruit (art. 575 à 602), le droit d'usage et d'habitation (art. 603 à 606), les droits réels conférés par certains baux (art. 607), le droit réel de jouissance spéciale (art. 608 à 611) et les servitudes (art. 612 à 628).

Toutes ces institutions, en ce compris le droit réel de jouissance spéciale, sont connues du droit positif. Toutefois, les servitudes intéressant davantage les rapports entre les biens que les pouvoirs des sujets sur les biens – ce qui explique leur perpétuité –, elles ont été déjà envisagées[369]. Quant aux droits conférés par les baux réels – bail emphytéotique, bail à construction, etc...[370]– leur étude relève de matières spécifiques, ce qui explique d'ailleurs que l'APRDB ne leur consacre qu'un article tirant les conséquences de leur nature réelle : leur libre cessibilité et la possibilité de les hypothéquer.

364. Par exemple, s'agissant de l'*usus*, il est peu à peu admis que le titulaire de la servitude d'usage sur un logement puisse loger des membres de sa famille, des serviteurs et même des hôtes payants, pourvu que ces personnes ne logent pas à sa place mais à ses côtés (Ulpien, Dig. L. 7, T. 8, 2 s.) et que le titulaire de la même servitude sur un troupeau pourra « prendre un peu de lait pour son usage » (Ulpien, Dig. L. 7, T. 8, 12, 2, trad. H. Hulot). En réalité, tout dépend semble-t-il de la volonté de celui qui a conféré la servitude, le plus souvent par testament.

365. J.-Ph. Lévy et A. Castaldo, n° 268.

366. Ulpien, Dig., L. 7, T. 9, 1 : « [l]e prêteur a trouvé très juste que le légataire de l'usufruit d'une chose fût obligé de donner caution sur deux points, l'un qu'il jouira en bon père de famille, l'autre qu'à la fin de l'usufruit, il rendra au propriétaire ce qui lui restera de la chose » (trad. H. Hulot).

367. Paul, Dig., L. 7, T. 9, 2 : « [l]'usufruitier doit aussi garantir que la chose ne se perdra pas par sa négligence » (trad. H. Hulot).

368. V. *supra*, n° 235.

369. V. *supra*, n° 177.

370. V. *supra*, n° 111.

§ 1. L'usufruit

301. Premières vues. L'usufruit est prévu et réglementé aux articles 578 à 624 C. civ.[371]. L'article 578 C. civ. le définit comme « *(...) le droit de jouir des choses dont un autre a la propriété, comme le propriétaire lui-même, mais à la charge d'en conserver la substance* ». Cette définition appelle deux séries d'observations.

En premier lieu, l'usufruitier est tenu d'une **obligation de conservation**, ce qui s'explique par la vocation du nu-propriétaire à retrouver la jouissance du bien et partant la pleine propriété à l'expiration de l'usufruit.

En second lieu, l'usufruit est le **droit de jouissance le plus complet**[372]. C'est pourquoi l'article 578 C. civ. définit l'usufruit comme « *le droit de jouir des choses (...) comme le propriétaire lui-même* » : l'usufruitier peut en *user* et *faire sien les fruits*. Toutefois, les prérogatives de l'usufruitier restent encore limitées par l'obligation de conserver le bien : ainsi l'usufruitier peut-il habiter une maison ou la louer, mais ne peut la vendre ou la détruire. Le nu-propriétaire est privé de toute jouissance sur le bien, mais son droit a *une valeur (d'échange)*[373] puisqu'il a vocation à retrouver la pleine propriété.

302. Finalités de l'usufruit. Traditionnellement, l'usufruit est une technique destinée à assurer la **subsistance** du bénéficiaire. Il en va ainsi, dans les relations à titre gratuit, de l'usufruit attribué par la loi successorale au conjoint survivant[374] ou de l'usufruit que se réserve le donateur de la nue-propriété d'un bien. Il en va de même, dans les relations à titre onéreux, de l'usufruit que se réserve le vendeur de la nue-propriété, en vue, par exemple, d'être assuré de disposer d'un logement pour sa vie restante.

Aujourd'hui, l'usufruit constitue par ailleurs, que l'on y recourt dans des relations à titre gratuit ou à titre onéreux, un **outil de gestion du patrimoine et d'optimisation fiscale** permettant de maximiser les utilités du bien et de répartir au mieux la charge fiscale[375]. Par exemple, un propriétaire confère à un tiers un usufruit pour

371. L'usufruit est aujourd'hui régi par des dispositions du Code civil qui sont globalement les mêmes qu'en 1804.

372. Il faudrait toutefois aujourd'hui réserver le cas particulier de la fiducie (V. *infra*, n° 384 et s.).

373. Sur celle-ci, v. *supra*, n° 15.

374. Art. 757 C. civ. : « *[s]i l'époux prédécédé laisse des enfants ou descendants, le conjoint survivant recueille, à son choix, l'usufruit de la totalité des biens existants ou la propriété du quart des biens lorsque tous les enfants sont issus des deux époux et la propriété du quart en présence d'un ou plusieurs enfants qui ne sont pas issus des deux époux* ».

375. Ainsi, l'article 885 G CGI fixe le principe suivant lequel les biens ou droits grevés d'usufruit sont compris, au titre de l'impôt de solidarité sur la fortune (ISF), dans le patrimoine de l'usufruitier pour leur valeur en pleine propriété (« *[l]es biens ou droits grevés d'un usufruit, d'un droit d'habitation ou d'un droit d'usage accordé à titre personnel sont compris dans le patrimoine de l'usufruitier ou du titulaire du droit pour leur valeur en pleine propriété (...)* »). Ce principe s'explique essentiellement par le fait que l'ISF frappe la capacité contributive que confère la détention d'un ensemble de biens et qui résulte des revenus en espèces ou en nature procurés par ces biens. Or, en cas de démembrement, cette capacité contributive se trouve, en règle générale, non pas entre les mains du nu-propriétaire, mais entre celles de l'usufruitier qui bénéficie des revenus ou des avantages afférents aux biens dont la propriété est démembrée.

Le principe comporte toutefois des exceptions dans lesquelles, à condition que l'usufruit ainsi constitué ne soit ni vendu ni cédé à titre gratuit par son titulaire, les biens dont la propriété est démembrée sont compris respectivement dans les patrimoines de l'usufruitier et du nu-propriétaire suivant les règles fixées par l'article 669 du CGI (art. 885 G CGI : « *(...) [t]outefois, les biens grevés de l'usufruit ou* une durée déterminée : l'usufruitier en jouit en même temps qu'il supporte, s'il y est assujetti, l'impôt de solidarité sur la fortune et les impôts fonciers, alors que le nu-propriétaire, qui a vocation à recouvrer plus tard la peine propriété, a effectué une libéralité (constitution d'un usufruit à titre gratuit) ou une opération rémunératrice (constitution d'un usufruit à titre onéreux).

303. Évaluation de l'usufruit : valeur et prix. La **valeur** de la nue-propriété et celle de l'usufruit représentent toutes deux une fraction de la valeur de la pleine propriété du bien et dont la somme égale cette valeur, par un système de vases communicants. Soit un usufruit représentant 20 % de la valeur de la pleine propriété, la nue-propriété en représentera 80 %. Il existe plusieurs méthodes d'évaluation de la valeur de l'usufruit. En matière fiscale, la méthode repose sur un barème qui distingue suivant que l'usufruit n'est pas affecté d'un terme – usufruit viager – ou qu'il l'est[376]. En matière civile, d'autres méthodes sont retenues en pratique : la plus connue consiste à valoriser l'usufruit à partir de la somme des revenus actualisés que le bien est susceptible de procurer dans le futur.

Quoi qu'il en soit, lorsque la constitution ou la cession d'un usufruit se fait à titre onéreux, les parties sont libres de retenir un **prix** distinct de la valeur – valeur fiscale ou économique – en tenant compte de différents facteurs qui ne sont pas nécessairement pris en considération par les méthodes usuelles de valorisation : la rentabilité du bien, les obligations des parties, le choix de convenir d'un prix différent de celui du marché compte tenu des relations entre les parties, etc.

---

du droit d'usage ou d'habitation sont compris respectivement dans les patrimoines de l'usufruitier ou du nu-propriétaire suivant les proportions fixées par l'article 669 dans les cas énumérés ci-après, et à condition, pour l'usufruit, que le droit constitué ne soit ni vendu, ni cédé à titre gratuit par son titulaire : a. Lorsque la constitution de l'usufruit résulte de l'application des articles 767, 1094 ou 1098 C. civ. Les biens dont la propriété est démembrée en application d'autres dispositions, et notamment de l'article 1094-1 C. civ., ne peuvent faire l'objet de cette imposition répartie. b. Lorsque le démembrement de propriété résulte de la vente d'un bien dont le vendeur s'est réservé l'usufruit, le droit d'usage ou d'habitation et que l'acquéreur n'est pas l'une des personnes visées à l'article 751 ; c. Lorsque l'usufruit ou le droit d'usage ou d'habitation a été réservé par le donateur d'un bien ayant fait l'objet d'un don ou legs à l'État, aux départements, aux communes ou syndicats de communes et à leurs établissements publics, aux établissements publics nationaux à caractère administratif et aux associations reconnues d'utilité publique »).

376. Art. 669 CGI : « I – *Pour la liquidation des droits d'enregistrement et de la taxe de publicité foncière, la valeur de la nue-propriété et de l'usufruit est déterminée par une quotité de la valeur de la propriété entière, conformément au barème ci-après :*
Moins de 21 ans révolus : valeur de l'usufruit = 90 % ; valeur de la nue-propriété : 10 %
Moins de 31 ans révolus : valeur de l'usufruit = 80 % : valeur de la nue-propriété : 20 %
Moins de 41 ans révolus : valeur de l'usufruit = 70 % : valeur de la nue-propriété : 30 %
Moins de 51 ans révolus : valeur de l'usufruit = 60 % : valeur de la nue-propriété : 40 %
Moins de 61 ans révolus : valeur de l'usufruit = 50 % : valeur de la nue-propriété : 50 %
Moins de 71 ans révolus : valeur de l'usufruit = 40 % : valeur de la nue-propriété : 60 %
Moins de 81 ans révolus : valeur de l'usufruit = 30 % : valeur de la nue-propriété : 70 %
Moins de 91 ans révolus : valeur de l'usufruit = 20 % : valeur de la nue-propriété : 80 %
Plus de 91 ans révolus : valeur de l'usufruit = 10 % : valeur de la nue-propriété : 90 %
Pour déterminer la valeur de la nue-propriété, il n'est tenu compte que des usufruits ouverts au jour de la mutation de cette nue-propriété
II – *L'usufruit constitué pour une durée fixe est estimé à 23 % de la valeur de la propriété entière pour chaque période de dix ans de la durée de l'usufruit, sans fraction et sans égard à l'âge de l'usufruitier* ».

304. Assiette de l'usufruit. L'usufruit peut être constitué sur un bien ou un ensemble de biens, c'est-à-dire une universalité.

L'usufruit est susceptible de porter sur toute espèce de **biens** meubles ou immeubles[377]. Si, traditionnellement, il portait le plus souvent sur des immeubles[378], aujourd'hui, avec l'essor des richesses mobilières, de plus en plus d'usufruits sont constitués sur des meubles, notamment des meubles incorporels : droits sociaux[379], sommes d'argent[380], propriétés incorporelles[381], droits[382], etc. Les pouvoirs de l'usufruitier sont sensiblement plus importants lorsque le bien qui forme l'assiette de son droit est consomptible – c'est un quasi-usufruit[383] – puisqu'ils sont ceux d'un « propriétaire temporaire » : l'usufruitier peut disposer de la chose, à charge de restitution.

L'usufruit est également susceptible de porter sur une **universalité** *de fait* – un fonds de commerce[384], un portefeuille de valeurs mobilières[385] – ou *de droit*, c'est-à-dire tout ou partie d'un patrimoine, en présence d'un usufruit successoral sur

377. Art. 581 C. civ. « *[l'usufruit] peut être établi sur toute espèce de biens meubles ou immeubles* ».
378. V. notamment les articles 590 à 594 C. civ. qui envisagent l'usufruit des arbres et des bois.
379. Com. 31 mars 2004, *Bull. civ.* IV, n° 70 : actions.
380. M. Grimaldi, « L'emploi des deniers grevés d'usufruit », *Rép. Defr.* 1999, p. 193.
381. V. notamment art. L. 123-6 CPI : « *[p]endant la période prévue à l'article L. 123-1, le conjoint survivant, contre lequel n'existe pas un jugement passé en force de chose jugée de séparation de corps, bénéficie, quel que soit le régime matrimonial et indépendamment des droits qu'il tient des article 756 à 757-3 et 764 à 766 C. civ. sur les autres biens de la succession, de l'usufruit du droit d'exploitation dont l'auteur n'aura pas disposé. Toutefois, si l'auteur laisse des héritiers à réserve, cet usufruit est réduit au profit des héritiers, suivant les proportions et distinctions établies par l'article 913 C. civ. (al. 1) Ce droit s'éteint au cas où le conjoint contracte un nouveau mariage (al. 2)* ». *Adde* B. Laronze, *L'usufruit des droits de propriété intellectuelle*, préf. A. Lucas et F. Collart-Dutilleul, PUAM, 2006.
382. Req. 19 janvier 1857, *DP* 1859, 1, p. 279 : « un bail à ferme peut, comme toute autre nature de biens, être possédé à titre d'usufruit ; (...) le droit de l'usufruitier, dans ce cas, n'étant réglé par aucune disposition spéciale de la loi, il appartenait aux juges de rechercher, dans les dispositions du Code Napoléon sur des cas analogues, les règles pour en déterminer la nature et l'étendue ; (...) le bail à ferme ne saurait être assimilé aux choses qui se consomment par l'usage et qui peuvent être remplacées par l'usufruitier à la fin de l'usufruit ; (...) on ne saurait, dès lors, appliquer à l'usufruit d'un bail à ferme les règles tracées dans l'art. 587 C. nap. ; c'est le bail à ferme lui-même qui est l'objet de l'usufruit et non les produits obtenus par l'exploitation de ce bail ; (...) on doit attribuer à l'usufruitier tous les bénéfices obtenus par l'exploitation du bail à ferme pendant le cours de l'usufruit, et reconnaître qu'il ne doit restituer à la fin de l'usufruit que le droit au bail à ferme, si ce bail existe encore ». En l'espèce, un bail à ferme avait été transmis par voie successorale et s'était trouvé ainsi démembré ; l'usufruit porte sur le bail lui-même (et les utilités qu'il procure) et non sur les récoltes en sorte que le produit des récoltes n'a pas à être conservé déduction faite des fermages et impenses, pour être restitué au nu-propriétaire à la fin de l'usufruit. *Adde* Com. 25 avril 1974, *Bull. civ.* IV, n° 133 : usufruit d'un droit de sous-location (la Cour de cassation estime que « le jugement n'a méconnu ni qu'un usufruit puisse porter sur un droit personnel, ni que le régime fiscal applicable à la transmission d'un usufruit ne diffère pas suivant que celui-ci est établi sur un droit réel ou sur un droit personnel »).
383. Sur lequel, v. *infra*, n° 372 et s.
384. Com. 18 novembre 1968, *Bull. civ.* IV, n° 324 : « l'arrêt décide à bon droit que veuve Chataignoux, saisie de son usufruit et administrant les biens de ses enfants mineurs avait sur les marchandises se trouvant dans le fonds et destinées, par leur nature, à être vendues, un quasi-usufruit lui permettant les aliéner ».
385. Civ. 1re, 12 novembre 1998, *Baylet*, *Bull. civ.* I, n° 315, *D.* 1999. 167, note L. Aynès, *JCP* 1999, II, 10027, note S. Piedelièvre, *ibid.*, I, 120, obs. H. Périnet-Marquet, *RTD civ.* 1999, p. 422, obs. F. Zenati, *ibid.*, p. 674, obs. J. Patarin, *GAJC*, t. 1, n° 79 : « si l'usufruitier d'un portefeuille de valeurs mobilières, lesquelles ne sont pas consomptibles par le premier usage, est autorisé à gérer cette universalité en cédant des titres dans la mesure où ils sont remplacés, il n'en a pas moins la charge d'en conserver la substance et de le rendre, la circonstance que l'usufruitier ait été dispensé de donner caution étant indifférente à cet égard ».

tout ou partie d'une succession (usufruit universel ou à titre universel). La portée de l'usufruit varie singulièrement dans ces deux hypothèses. Lorsque l'usufruit porte sur une universalité de fait, c'est celle-ci qui forme l'assiette du droit et qui doit être conservée, en sorte que l'usufruitier dispose de pouvoirs élargis sur les biens qui la composent ; il peut notamment en disposer. Lorsque l'usufruit porte sur une universalité de droit, ce sont les biens qui la composent et non l'universalité elle-même qui forme l'assiette de l'usufruit ; on est alors en présence d'un usufruit classique[386].

305. Plan. S'il existe un droit commun de l'usufruit (A), il est également un droit spécial de l'usufruit qui diffère suivant la nature du bien qui en forme l'assiette (B).

A Droit commun de l'usufruit

306. Plan. On envisagera la constitution (1), le fonctionnement (2) et l'extinction de l'usufruit (3).

1. La constitution

307. Plan. *Quand* et *comment* un usufruit est-il constitué ? Il s'agit là de s'intéresser à ses sources (a) et à ses formalités de constitution (b).

a) Les sources

308. Loi et volonté. D'après l'article 579 C. civ., « *[l]'usufruit est établi par la loi, ou par la volonté de l'homme* ». *A contrario,* l'usufruit ne peut être établi par le juge si la loi ne lui a pas reconnu ce pouvoir[387].

309. Loi. Tantôt, la loi établit un usufruit *de plein droit* : c'est ainsi que les parents ont un droit de jouissance légal sur le patrimoine de leur enfant jusqu'à ses seize ans[388]. Par ailleurs, il ne faut pas oublier que l'usufruit, droit réel, s'acquiert également par la possession, immédiatement pour les meubles si le possesseur est de bonne foi[389], et au bout de dix ou trente ans pour les immeubles suivant que le possesseur est ou non de bonne foi et muni d'un juste titre[390]. À première vue, on comprend mal que celui qui entre en possession d'un bien ou qui le possède pendant un certain temps sans être titulaire du droit, le possède comme un usufruitier et non comme un propriétaire. C'est pourtant le cas lorsqu'une personne a entendu acquérir un usufruit de la part d'une personne qui n'était ni propriétaire, ni usufruitière : l'acquéreur n'a alors possédé que comme un usufruitier et non comme un propriétaire.

---

386. V. *infra*, n° 371.

387. Civ. 2e, 11 octobre 1989, *Bull. civ.* II, n° 177, *RTD civ.* 1991, p. 768, obs. F. Zenati : « la cour d'appel, après avoir rappelé qu'en vertu de l'article 579 C. civ. l'usufruit ne peut résulter que de la loi ou de la volonté de l'homme, en déduit exactement que Mme X... ne pouvait prétendre à l'usufruit d'un immeuble à titre de dommages-intérêts dans une procédure de séparation de corps dès lors que la possibilité d'un tel usufruit n'était prévue par aucun texte et que M. X... s'opposait à son attribution ».

388. Art. 382 C. civ. : « *[l]es père et mère ont, sous les distinctions qui suivent, l'administration et la jouissance des biens de leur enfant* ».

389. Art. 2276 al. 1 C. civ. : « *[e]n fait de meubles, la possession vaut titre* ». Sur cette disposition, v. *infra*, n° 743 et s.

390. Art. 2272 C. civ. : « *[l]e délai de prescription requis pour acquérir la propriété immobilière est de trente ans. (al. 1) Toutefois, celui qui acquiert de bonne foi et par juste titre un immeuble en prescrit la propriété par dix ans. (al. 2)* ». Et en cas de mauvaise foi du possesseur, V. *infra*, n° 729 et s.

C'est pourtant le cas lorsqu'une personne a entendu acquérir un usufruit de la part d'une personne qui n'était ni propriétaire, ni usufruitière : l'acquéreur n'a alors possédé que comme un usufruitier et non comme un propriétaire.

Tantôt, la loi *offre au juge la possibilité de constituer un usufruit*. Ainsi le juge du divorce peut accorder un usufruit à l'un des époux sur un bien appartenant à l'autre[391] au titre de la prestation compensatoire, ce qui ne le dispense d'ailleurs pas d'en fixer le montant[392]. Le juge a encore la faculté d'accorder à un époux commun en biens le pouvoir de gérer les biens propres de son conjoint hors d'état de manifester sa volonté ou mettant en péril les intérêts de la famille[393]. Toutefois, bien que le conjoint dessaisi ne conserve plus que les prérogatives d'un nu-propriétaire, l'époux investi par le juge ne fait pas pour autant siens les fruits, puisqu'il ne peut que les « *percevoir* » en vue de les employer aux charges du mariage, l'excédent profitant à la communauté.

310. Volonté. L'usufruit peut résulter d'un *accord de volonté* entre le propriétaire et un tiers ou de la *volonté unilatérale* du propriétaire ou de celle d'un tiers.

En premier lieu, le propriétaire d'un bien peut, d'**accord** avec un tiers, le démembrer ; l'usufruit est constitué au profit du tiers ou retenu par le propriétaire. L'usufruit peut alors être établi *purement et simplement* ou affecté d'une *modalité*, terme ou condition[394], au profit d'une ou plusieurs personnes, et dans ce dernier cas, *simultanément* – ce qui créée une indivision – ou *successivement*[395].

391. Art. 274 C. civ. : « *[l]e juge décide des modalités selon lesquelles s'exécutera la prestation compensatoire en capital parmi les formes suivantes : 1° Versement d'une somme d'argent, le prononcé du divorce pouvant être subordonné à la constitution des garanties prévues à l'article 277 ; 2° Attribution de biens en propriété ou d'un droit temporaire ou viager d'usage, d'habitation ou d'usufruit, le jugement opérant cession forcée en faveur du créancier. Toutefois, l'accord de l'époux débiteur est exigé pour l'attribution en propriété de biens qu'il a reçus par succession ou donation* ».

392. Civ. 1re, 19 septembre 2007, pourvoi n° 06-14230 : « [v]u les articles 274 et 275 C. civ., dans leur rédaction antérieure à la loi n° 2004-439 du 26 mai 2004 ; (...) il résulte de ces textes que, lorsque le juge alloue une prestation compensatoire sous forme d'un capital, il doit, quelles qu'en soient les modalités, en fixer le montant ; (...) l'arrêt attaqué a attribué à Mme X..., à titre de prestation compensatoire, l'usufruit viager de la part en propriété de M. Y... sur un immeuble commun, sans en fixer le montant ; (...) en statuant ainsi, la cour d'appel a violé les textes susvisés, par refus d'application ».

393. Art. 1429 C. civ. : « [s]i l'un des époux se trouve, d'une manière durable, hors d'état de manifester sa volonté, ou s'il met en péril les intérêts de la famille, soit en laissant dépérir ses propres, soit en dissipant ou détournant les revenus qu'il en retire, il peut, à la demande de son conjoint, être dessaisi des droits d'administration et de jouissance qui lui sont reconnus par l'article précédent. Les dispositions des articles 1445 à 1447 sont applicables à cette demande. (al. 1) À moins que la nomination d'un administrateur judiciaire n'apparaisse nécessaire, le jugement confère au conjoint demandeur le pouvoir d'administrer les propres de l'époux dessaisi, ainsi que d'en percevoir les fruits, qui devront être appliqués par lui aux charges du mariage et l'excédent employé au profit de la communauté. (al. 2) À compter de la demande, l'époux dessaisi ne peut disposer seul que de la nue-propriété de ses biens. (al. 3) Il pourra, par la suite, demander en justice à rentrer dans ses droits, s'il établit que les causes qui avaient justifié le dessaisissement n'existent plus (al. 4) ».

394. Art. 580 C. civ. : « *[l]'usufruit peut être établi, ou purement, ou à certain jour, ou à condition* ».

395. Civ. 1re, 25 octobre 1978, *Bull. civ.* I, n° 324 : « le propriétaire d'un immeuble grevé d'un usufruit conserve la faculté d'en disposer librement sous la seule condition de respecter le droit essentiellement temporaire ou viager de l'usufruitier » ; Civ. 1re, 4 avril 1991, *Bull. civ.* I, n° 128, *RTD civ.* 1992, p. 598, obs. F. Zenati : « le propriétaire d'un immeuble peut librement disposer de l'usufruit sous la seule condition de respecter le caractère essentiellement temporaire ou viager de l'usufruit ; qu'il peut, notamment, en donnant la nue-propriété, décider de se réserver l'usufruit sa vie durant et concéder sur l'immeuble un second usufruit, la jouissance du second usufruitier ne commençant qu'à la date où celle du premier aura pris fin ».

Le domaine de l'usufruit n'étant pas cantonné par la loi, sa constitution devrait être possible au profit d'une personne qui entend jouir d'un immeuble en vue d'y habiter ou d'y exercer une activité professionnelle, comme une alternative à un bail. Certes, le locataire a un droit au renouvellement, quoique différent suivant le bail en cause, alors que l'usufruitier n'a aucun droit de cette nature. Mais lorsque le droit offre plusieurs moyens d'accéder aux utilités d'une chose, le fait que l'un d'entre eux soit plus protecteur d'une des parties[396] ne doit pas empêcher de pouvoir utiliser les autres.

En second lieu, l'usufruit peut résulter de la **volonté unilatérale** du propriétaire ou de celle d'un tiers. D'une part, l'usufruit peut être constitué par le propriétaire par voie testamentaire, lorsque le *de cujus* a disposé de la nue-propriété et de l'usufruit de son bien au profit de personnes distinctes. D'autre part, l'usufruit peut résulter de la volonté du conjoint survivant, lequel a la faculté d'opter pour l'usufruit afin d'être rempli de ses droits successoraux[397].

311. APRDB. L'APRDB ne comprend pas d'innovations quant aux sources de l'usufruit, même si la présentation retenue diffère. Si l'article 576 énonce *quatre* et non plus *deux* sources, elles sont toutes connues du droit positif : « [l]'usufruit est établi par la loi, la convention, le testament et la prescription ».

b) Les formalités de constitution

312. Plan. En vue de préconstituer la preuve de l'état du bien à l'ouverture de l'usufruit, l'usufruitier doit dresser un inventaire (α) et, en vue de garantir le nu-propriétaire de ses éventuels manquements, donner caution de jouir raisonnablement (β).

On ajoutera que l'usufruit, lorsqu'il porte sur un immeuble, doit être publié en vue d'être opposable aux tiers au sens de la publicité foncière[398].

α) L'inventaire

313. Préalable à l'entrée en jouissance. L'usufruitier prend les choses en l'état[399], encore qu'il ne puisse entrer en jouissance si un inventaire a été préalablement dressé[400]. L'inventaire décrit les biens formant l'assiette de l'usufruit ainsi que

---

396. Si les statuts des baux d'habitation et des baux commerciaux sont certes en général plus favorables au locataire, l'usufruit offre en contrepoint les avantages d'un droit réel : libre cessibilité, possibilité de l'hypothéquer, etc.

397. Art. 757 C. civ. : « *[s]i l'époux prédécédé laisse des enfants ou descendants, le conjoint survivant recueille, à son choix, l'usufruit de la totalité des biens existants ou la propriété du quart des biens lorsque tous les enfants sont issus des deux époux et la propriété du quart en présence d'un ou plusieurs enfants qui ne sont pas issus des deux époux.* »

398. Art. 28 Décr. n° 52-22 du 4 janvier 1955 « *[s]ont obligatoirement publiés au service chargé de la publicité foncière de la situation des immeubles : 1° Tous actes, même assortis d'une condition suspensive, et toutes décisions judiciaires, portant ou constatant entre vifs : a) Mutation ou constitution de droits réels immobiliers autres que les privilèges et hypothèques, qui sont conservés suivant les modalités prévues au Code civil (...)* ». Et v. *infra*, n° 651 et s.

399. Civ. 1re, 26 novembre 1962, *Bull. civ.* I, n° 503, *RTD civ.* 1963, p. 383, obs. J.-D. Bredin. : l'usufruitier « n'a pas qualité pour intenter les actions ayant pour but de faire rentrer dans le patrimoine des héritiers des biens qui ne s'y trouvaient plus au moment de l'ouverture de l'usufruit » (action en résolution et en rescision de la vente de la nue-propriété de certains biens par le de cujus avant son décès).

400. Art. 600 C. civ. : « *[l]'usufruitier prend les choses dans l'état où elles sont, mais il ne peut entrer en jouissance qu'après avoir fait dresser, en présence du propriétaire, ou lui dûment appelé, un*

leur état, en vue d'éviter toute discussion lors de l'extinction de l'usufruit. Parce qu'il est de l'essence d'un inventaire d'être établi contradictoirement, lorsque la loi prévoit qu'il est établi par l'usufruitier, c'est en présence du propriétaire, à moins que, dûment appelé, il soit resté absent. L'obligation d'établir un inventaire ne souffre, en législation, d'aucune exception. Il reste que cette exigence est supplétive et que la convention des parties pourrait l'écarter purement et simplement ou en faire supporter la charge au nu-propriétaire.

314. Sanctions. La loi ne prévoit pas de sanction envers l'usufruitier qui n'a pas dressé inventaire. La jurisprudence considère que l'usufruitier peut toujours être contraint par le nu-propriétaire[401] à en dresser un, lequel pourrait par ailleurs, tant que cela n'est pas fait, refuser d'exécuter son obligation de délivrance[402]. En revanche, l'absence d'inventaire n'est pas sanctionnée par une déchéance de l'usufruit[403], mais par la possibilité offerte au nu-propriétaire de prouver par tous moyens quelle était la consistance des biens soumis à usufruit lors de l'entrée en jouissance de l'usufruitier[404].

β) La caution

315. Préalable à l'entrée en jouissance. L'usufruitier doit fournir caution de jouir raisonnablement[405]. La caution garantie les éventuelles dettes dont l'usufruitier pourrait se retrouver débiteur envers le nu-propriétaire à l'expiration de l'usufruit

---

inventaire des meubles et un état des immeubles sujets à l'usufruit ». Parce que c'est un devoir incombant à l'usufruitier, dresser un inventaire est à ses frais.

401. Civ. 10 janvier 1859, *DP* 1859, 1, p. 71 : l'inventaire, « destiné à servir de contrôle à l'exercice de l'usufruit et de garantie à la conservation de la propriété, en constatant non seulement l'état des fonds, mais aussi la consistance des objets réputés immeubles par destination, peut être exigé de l'usufruitier, même après sa mise en possession ; (...) le défaut d'opposition de la part du propriétaire à l'exercice de l'usufruit sans l'accomplissement préalable de la mesure dont s'agit, n'implique point nécessairement une renonciation au droit de l'exiger ; (...) en supposant l'impossibilité d'une description exacte des immeubles tels qu'ils étaient à l'ouverture de l'usufruit, la constatation de leur état actuel n'en a pas moins, pour l'avenir, sinon pour le passé, son utilité dans l'intérêt du propriétaire ».

402. F. Terré et Ph. Simler, n° 801.

403. Req. 17 juillet 1861, *DP* 1861, 1, p. 480 : « le défaut d'inventaire par l'usufruitier avant son entrée en jouissance ne saurait être considéré comme une cause nécessaire de déchéance dudit usufruit ».

404. CA Paris, 15 septembre 1993, RG, n° 91/15179, *D.* 1994, p. 162, obs. A. Robert : « le défaut d'inventaire par l'usufruitier avant son entrée en jouissance n'entraîne pas par lui-même la déchéance de l'usufruit mais permet seulement au nu-propriétaire de prouver par tous moyens quelle était la consistance des biens soumis à usufruit lors de l'entrée en jouissance de l'usufruitier ». Auparavant, les juges du fond paraissaient admettre la preuve par commune renommée (CA Pau, 28 mars 1887, *D.* 1887, 2, p. 166 : « l'usufruitier ne peut entrer en jouissance qu'après avoir fait dresser inventaire ; mais (...) aucune déchéance du droit de l'usufruitier n'est édicté comme sanction de cette disposition de la loi, et (...) si l'usufruitier a pris possession sans avoir fait inventaire, la seule conséquence à laquelle il sera exposé sera le droit des nus-propriétaires d'établir par tous les moyens possibles, titre, témoins, présomptions ou commune renommée, la consistance des choses soumises à l'usufruit ».

Ce mode de preuve était justifiée par l'analogie avec les anciens articles 1442 et 1504 C. civ. dans leur rédaction antérieure à la réforme des régimes matrimoniaux par la loi de 1965, qui admettaient la preuve par commune renommée à défaut d'inventaire dressé lorsque les époux étaient mariés sous la communauté. L'analogie n'est aujourd'hui plus permise, depuis que ce mode de preuve a disparu en ces matières.

405. Art. 601 C. civ. : « *[l'usufruitier] donne caution de jouir raisonnablement, s'il n'en est dispensé par l'acte constitutif de l'usufruit (...)* » ; *cependant les père et mère ayant l'usufruit légal du bien de leurs enfants, le vendeur ou le donateur, sous réserve d'usufruit, ne sont pas tenus de donner caution* ». D'après l'article 2318 C. civ., « *[c]elui qui ne peut pas trouver une caution est reçu à donner*

pour ne pas avoir exécuté correctement ses obligations, notamment son obligation de conservation. L'obligation de fournir caution est supplétive : la convention pourrait en dispenser l'usufruitier. Par ailleurs, la *loi*[406] prévoit que sont dispensés de fournir caution, d'une part, les père et mère, et eux seuls[407], qui ont l'usufruit légal du bien de leurs enfants, et, d'autre part, le vendeur ou le donateur sous réserve d'usufruit, sauf clause contraire[408]. En toute hypothèse, une dispense de fournir caution n'est jamais définitive, et le juge peut exiger de l'usufruitier qui commet un abus de jouissance ou qui éveille la suspicion qu'il en fournisse une[409].

316. Sanctions. Les sanctions encourues par l'usufruitier n'ayant pas fourni caution ne consistent pas en une déchéance de l'usufruit, qui eût été excessive. D'ailleurs, en cas de retard dans la fourniture de la caution, l'usufruitier n'est pas même privé du droit aux fruits[410]. Le Code civil se contente de prescrire des mesures conservatoires et de gestion. Ainsi les articles 602[411] et 603[412] C. civ. prévoient-ils que les immeubles sont donnés à ferme ou mis en séquestre, que les sommes comprises dans l'usufruit sont placées et que les denrées et les meubles qui dépérissent

---

à sa place un gage en nantissement suffisant ». Et V. Civ. 3 février 1897, *DP* 1897, 1, p. 601, note M. Planiol : l'usufruitier peut fournir une garantie équivalente, telle une hypothèque.

406. Art. 601 C. civ. : « *(...) les père et mère ayant l'usufruit légal du bien de leurs enfants, le vendeur ou le donateur, sous réserve d'usufruit, ne sont pas tenus de donner caution* ».

407. Civ. 1re, 1er juillet 1997, pourvoi n° 94-18646 : « le conjoint survivant, usufruitier dans la succession de son époux, est tenu de donner caution s'il n'en est dispensé par l'acte constitutif de l'usufruit ».

408. Une telle clause est par ailleurs si usuelle dans les testaments que les juges du fond pouvaient suppléer au silence du testateur par une interprétation de sa volonté (Req. 11 décembre 1900, *DP* 1901, 1, p. 62 : la « dispense peut être tacite, mais (...) il faut que les clauses dont on prétend la faire ressortir ne laissent aucun doute sur la volonté de déroger à la loi », ce qui n'est pas le cas d'une clause accordant une liberté d'administration au légataire des biens légués, sans obligation d'emploi ni obligation de rendre compte ; Civ. 1re, 4 décembre 1958, *Bull. civ.* I, n° 541 : « la dispense accordée par le testateur au légataire d'un usufruit de fournir caution peut être implicite et s'induire des dispositions testamentaires »).

409. Civ. 11 juillet 1888 et Req. 26 mars 1889, *DP* 1889, 1, p. 463 : « si la dispense de fournir caution et de faire emploi, concédée à l'usufruitier par le titre constitutif de son usufruit, a pour objet et doit avoir pour conséquence de lui assurer la libre jouissance des valeurs comprises dans ledit usufruit, suivant leur forme au moment où il vient à s'ouvrir, et sans que sa jouissance puisse, dès l'origine, être modifiée ou transformée par des mesures conservatoires prises dans l'intérêt du nu-propriétaire, ces mesures peuvent toutefois intervenir au cours de l'usufruit, s'il est établi que l'usufruitier met en péril, par ses actes personnels, les droits du nu-propriétaire » (deuxième espèce) ; Civ. 27 juillet 1897, *DP* 1900, 1, p. 581 : « la dispense de fournir caution et de faire emploi concédée à l'usufruitier par le titre constitutif de son usufruit, a pour objet et doit avoir pour conséquence de lui assurer la libre jouissance des valeurs comprises dans ledit usufruit, sans que sa jouissance puisse, dès l'origine, être modifiée ou transformée par des mesures conservatoires prises dans l'intérêt du nu-propriétaire ; (...) de telles mesures peuvent, il est vrai, intervenir au cours de l'usufruit, mais alors seulement qu'il est établi que l'usufruitier met en péril, par ses actes personnels, les droits du nu-propriétaire ».

410. Art. 604 C. civ. : « *[l]e retard de donner caution ne prive pas l'usufruitier des fruits auxquels il peut avoir droit ; ils lui sont dus du moment où l'usufruit a été ouvert* ».

411. « *Si l'usufruitier ne trouve pas de caution, les immeubles sont donnés à ferme ou mis en séquestre ;*
Les sommes comprises dans l'usufruit sont placées ;
Les denrées sont vendues et le prix en provenant est pareillement placé ;
Les intérêts de ces sommes et les prix des fermes appartiennent, dans ce cas, à l'usufruitier. »

412. « *À défaut d'une caution de la part de l'usufruitier, le propriétaire peut exiger que les meubles qui dépérissent par l'usage soient vendus, pour le prix en être placé comme celui des denrées ; et alors l'usufruitier jouit de l'intérêt pendant son usufruit : cependant l'usufruitier pourra demander, et les juges pourront ordonner, suivant les circonstances, qu'une partie des meubles nécessaires pour son usage lui soit délaissée, sous sa simple caution juratoire, et à la charge de les représenter à l'extinction de l'usufruit.* »

sont vendus, et le prix en résultant, placé. En contrepartie, les intérêts de ces sommes et les prix des fermes sont pour l'usufruitier. Par ailleurs, l'usufruitier pourra demander qu'une partie des meubles nécessaires pour son usage lui soit délaissée, sous sa simple caution juratoire[413], et à la charge de les représenter à l'extinction de l'usufruit.

2. Le fonctionnement

317. Coexistence de droits sur la même chose... Au cours de l'usufruit, l'usufruitier et le nu-propriétaire sont titulaires de droits réels distincts sur le *même bien*. Alors que l'usufruitier jouit du bien à charge d'en conserver la substance, le nu-propriétaire est dans une situation d'attente puisqu'il doit patienter jusqu'à la fin de l'usufruit pour entrer à son tour en jouissance, au moment où il en retrouvera la pleine propriété. Au cours de cette période d'attente, le nu-propriétaire n'a aucun pouvoir sur le bien si ce n'est celui de céder sa nue-propriété, son droit sur la chose[414].

318. ... dans l'indépendance et de manière exclusive. Au cours de l'usufruit, l'usufruitier et le nu-propriétaire sont titulaires sur le *même bien* de *droits réels distincts*.

On en tire deux conséquences. En premier lieu, le nu-propriétaire comme l'usufruitier jouissent *exclusivement* des utilités que leur droit leur confère sur le bien. Il n'y a pas d'indivision entre eux. En second lieu, s'agissant de la charge des réparations[415], l'usufruitier ne peut contraindre le nu-propriétaire à exécuter les grosses réparations qui sont à sa charge ni obtenir réparation en cas d'inertie de sa part[416], ce qui n'est pas une solution satisfaisante, notamment[417] lorsque l'usufruit d'un immeuble a été accordé au titre de la prestation compensatoire et que le nu-propriétaire s'en désintéresse. En contrepoint, le nu-propriétaire peut contraindre l'usufruitier à exécuter les réparations qui lui incombent[418], sachant d'ailleurs que le défaut

---

413. Il s'agit de la promesse faite par l'usufruitier, sous serment, de les conserver et de les rendre.

414. L'usufruitier a lui aussi, évidemment, le pouvoir de céder son usufruit.

415. Sur celles-ci, v. *infra*, n° 336 et s.

416. Req. 10 décembre 1900, *DP* 1909, 1, p. 209, note L. Guénée, *GAJC*, t. 1, n° 77 : « il résulte que la loi n'autorise pas l'usufruitier à agir contre le nu-propriétaire pour le contraindre à exécuter les grosses réparations nécessaires à la conservation de l'immeuble soumis à l'usufruit ; (...) cette solution résulte, d'ailleurs, de la nature même de l'usufruit qui n'impose au nu-propriétaire aucune obligation positive » ; Civ. 3e, 10 juillet 2002, pourvoi n° 00-22158 : « l'usufruitier ne peut agir contre le nu-propriétaire pour le contraindre à exécuter les grosses réparations nécessaires à la conservation de l'ensemble soumis à l'usufruit » ; Civ. 1re, 18 décembre 2013, *Bull. civ.* I, n° 243 : « l'usufruitier ne peut se prévaloir d'un trouble de jouissance causé par la carence du nu-propriétaire à effectuer les grosses réparations prévues par les articles 605 et 606 précités dès lors que, sauf clause contraire de l'acte constitutif de l'usufruit, le premier ne peut contraindre le second à effectuer de telles réparations ».

417. La loi n° 2014-366 *pour l'accès au logement et un urbanisme rénové* (ALUR) a prévu, pour certaines infractions, une nouvelle peine consistant en la confiscation au profit de l'État de l'usufruit de tout ou partie de leurs biens, quelle qu'en soit la nature, meubles ou immeubles, divis ou indivis, les personnes physiques coupables gardant la nue-propriété de leurs biens (art. 81). Cette peine vient sanctionner, en particulier, les infractions commises au sujet d'un bâtiment menaçant ruine (art. L. 511-1 s. CCH). Mais si le bien est déjà démembré et que l'état de dégradation est imputable au nu-propriétaire, la sanction apparaît « ubuesque » (H. Périnet-Marquet, obs. ss. Civ. 1re, 18 décembre 2013, in *JCP* 2014, I, 467).

418. Civ. 1re, 21 mars 1962, *Bull. civ.* I, n° 75 : « le nu-propriétaire peut, pendant la durée de l'usufruit, contraindre l'usufruitier à effectuer les réparations d'entretien tendant à la conservation de l'immeuble ou de la partie de l'immeuble grevée d'usufruit ».

d'entretien par l'usufruitier de l'immeuble pourra, s'il est suffisamment grave[419], constituer un abus de jouissance justifiant l'extinction anticipée de l'usufruit[420].

319. APRDB. L'APRDB revient sur l'indépendance des obligations de l'usufruitier et du nu-propriétaire en posant que « [l]a conservation des biens objets de l'usufruit est une obligation d'intérêt commun pour le propriétaire et l'usufruitier » (art. 577 al. 1) pour en tirer la conséquence que « [l]'usufruitier ou le nu-propriétaire peut demander au juge de contraindre l'autre à exécuter son obligation ou l'autoriser à faire réaliser les travaux nécessaires incombant à l'autre » (art. 580 al. 1). Cette nouveauté s'explique, suivant les rédacteurs, par la nécessité de maintenir les biens en l'état, spécialement les immeubles, en raison de leur rôle social ou urbanistique, ce qui revient *in fine* à servir l'intérêt général[421]. Il n'en demeure pas moins qu'elle mettra le nu-propriétaire dans l'embarras, qui, ne profitant pas des revenus de la chose, pourra se trouver impécunieux. Il pourra alors être contraint de vendre sa nue-propriété, ce qui n'est pas chose aisée.

320. Plan. On envisagera les pouvoirs (a) de l'usufruitier et du nu-propriétaire, ainsi que la répartition entre eux des charges relatives au bien (b).

a) *Les pouvoirs*

321. Plan. Il convient de distinguer les pouvoirs de l'usufruitier (α) de ceux du nu-propriétaire (β).

α) Les pouvoirs de l'usufruitier

322. Pouvoirs sur le bien – Plan. Les pouvoirs de l'usufruitier sont énoncés aux articles 582 à 599 C. civ. L'usufruitier a le pouvoir d'user et de faire sien les fruits du bien. Ces pouvoirs sont bien évidemment opposables au nu-propriétaire, tenu de les respecter ; c'est pourquoi l'article 599 C. civ. énonce que « *[l]e propriétaire ne peut, par son fait, ni de quelque manière que ce soit, nuire aux droits de l'usufruitier* »[422].

323. Pouvoirs sur le droit. Au-delà de ses pouvoirs sur le bien, l'usufruitier peut disposer de son droit et en obtenir la protection en justice.

Il peut, en premier lieu, en **disposer** : ainsi que le prévoit l'article 595 al. 1 C. civ., « *[l]'usufruitier peut jouir par lui-même (...), même vendre ou céder son droit à titre gratuit* ». Intransmissible à cause de mort, car d'une durée qui ne peut

419. CA Lyon, 25 octobre 2001, *Jurisdata* n° 157381 : l'inhabitation des locaux et le défaut d'entretien, en l'absence de la preuve de dépérissement de l'immeuble, ne sont pas des éléments suffisants pour justifier la déchéance de l'usufruit.

420. Ainsi qu'il est prévu à l'article 618 al. 1 C. civ. : « *[l]'usufruit peut aussi cesser par l'abus que l'usufruitier fait de sa jouissance, soit en commettant des dégradations sur le fonds, soit en le laissant dépérir faute d'entretien* ». Et v. Civ. 3e, 12 mars 1970, *Bull. civ.* III, n° 205 : « la cour d'appel, en décidant (...) que [l'usufruitière] était responsable de la ruine des immeubles soumis a son usufruit "même si [le nu-propriétaire] avait la charge de faire procéder en même temps qu'elle a des travaux confortatifs", a constaté qu'un défaut d'entretien, remontant à dix-neuf années et imputable à l'usufruitière, avait entrainé la détérioration du gros œuvre des immeubles ». *Adde* CA Montpellier, 13 février 1992, *Jurisdata* n° 034387 : déchéance pour occupation de l'immeuble pendant plus de vingt ans sans entretien ; CA Paris, 25 janvier 2007, *Jurisdata* n° 324390 : absence de déchéance pour non-paiement des charges de copropriété d'un usufruitier d'un grand âge et ayant agi sans malice.

421. C'est pourquoi, au-delà d'être « d'intérêt commun », l'obligation est « d'intérêt général ».

422. Civ. 1re, 28 novembre 1972, *Bull. civ.* I, n° 264 : un nu-propriétaire méconnaît les droits de l'usufruitier en défrichant et clôturant un domaine, l'empêchant de chasser.

excéder la vie de son titulaire, l'usufruit peut en revanche être cédé entre vifs. Il peut même à son tour être démembré, lorsque l'usufruitier reconnaît un droit d'usage ou un droit d'habitation à autrui...[423] Évidemment, la durée de l'usufruit initialement fixée n'est pas allongée par les éventuelles cessions successives : elle reste ce qu'elle a toujours été (*nemo plus juris...*). En particulier, si l'usufruit était viager, le droit de l'usufruitier cessionnaire cessera au jour du décès de l'usufruitier initial.

L'usufruitier peut, en second lieu, **agir en vue de faire respecter son droit**. Ainsi que l'estime la Cour de cassation, « l'usufruitier peut ester en justice, dans la mesure où il agit pour défendre ou protéger son droit de jouissance, et (...) ce droit lui permet d'exercer aussi bien une action personnelle que réelle »[424]. Au titre des *actions réelles*, il peut revendiquer son usufruit contre les tiers ou encore agir en déclaration d'usufruit contre le nu-propriétaire ; au titre des *actions personnelles*, il peut agir en responsabilité civile en vue d'obtenir réparation du préjudice découlant d'une atteinte portée à son droit[425].

• Le pouvoir d'user du bien

324. User du bien comme un propriétaire. L'usufruitier peut se servir du bien et de ses accessoires[426] comme un propriétaire : « *[i]l jouit des droits de servitude, de passage, et généralement de tous les droits dont le propriétaire peut jouir, et il en jouit comme le propriétaire lui-même* » (art. 597 C. civ.) et « *l'usufruit est le droit de jouir des choses dont un autre a la propriété, comme le propriétaire lui-même* (...) » (art. 578 C. civ.). Si le droit de jouissance de l'usufruitier est aligné par la loi sur le droit de jouissance du propriétaire, ces droits présentent des différences, qui tiennent à ce que la jouissance de l'usufruitier n'est pas totalement libre, en raison de l'**obligation de conservation** qui pèse sur lui[427]. On en trouve plusieurs illustrations.

En premier lieu, l'usufruitier doit **jouir raisonnablement** du bien[428]. En deuxième lieu, il ne doit **pas le détériorer ou détruire** encore qu'il n'ait pas à l'assurer[429]. D'un point de vue positif, l'usufruitier est tenu de prendre les mesures conservatoires qui s'imposent ; lorsque l'usufruit porte sur une créance, l'usufruitier est ainsi tenu de procéder à leur recouvrement. Il est par ailleurs tenu d'un devoir d'alerte[430] qui l'oblige à dénoncer au nu-propriétaire toutes usurpations ou autres

423. Civ. 3e, 7 avril 2004, *Bull. civ.* III, n° 86, *D.* 2004, p. 2469, obs. N. Reboul-Maupin, *JCP* 2004, I, 171, obs. H. Périnet-Marquet : ayant vendu la nue-propriété en viager et n'ayant consenti qu'un droit d'usage et d'habitation sur cette parcelle, le vendeur en avait nécessairement conservé l'usufruit, en sorte qu'il a un intérêt à agir en vue de demander, postérieurement à la vente, la fixation d'une astreinte pour obtenir l'exécution d'une décision condamnant le propriétaire voisin à édifier un mur entre les deux propriétés.

424. Civ. 3e, 7 avril 2004, *Bull. civ.* III, n° 85 : action de l'usufruitier contre des voisins pour faire libérer de toute emprise le terrain grevé d'usufruit et obstruer les ouvertures irrégulières donnant sur ce terrain.

425. Civ. 3e, 3 février 1993, pourvoi n° 91-11981 : action en réparation d'un dommage causé à un mur mitoyen.

426. V. notamment l'article 596 C. civ. qui prévoit que le droit de l'usufruitier s'étend « *à l'augmentation survenue par alluvion à l'objet dont il a l'usufruit* ».

427. D'après l'article 578 C. civ., qui définit l'usufruit, « *[l]'usufruit est le droit de jouir des choses dont un autre à la propriété, comme le propriétaire lui-même, mais à la charge d'en conserver la substance* ».

428. Art. 601 C. civ. : « *[l'usufruitier] donne caution de jouir raisonnablement, s'il n'en est dispensé par l'acte constitutif de l'usufruit ; cependant les père et mère ayant l'usufruit légal du bien de leurs enfants, le vendeur ou le donateur, sous réserve d'usufruit, ne sont pas tenus de donner caution* ».

429. Ce qui est au pouvoir du nu-propriétaire. V. F. Terré et Ph. Simler, n° 822.

430. Art. 614 C. civ. : « *[s]i, pendant la durée de l'usufruit, un tiers commet quelque usurpation sur le fonds, ou attente autrement aux droits du propriétaire, l'usufruitier est tenu de le dénoncer à celui-ci ;*

atteintes à la chose, sauf à engager sa responsabilité[431]. En tout état de cause, le Code civil prévoit en plusieurs endroits (art. 590[432], 591[433], 597[434]) que l'usufruitier doit se référer aux pratiques antérieures du propriétaire. En troisième lieu, la **portée de l'obligation de conservation dépend de la nature du bien**. Lorsque l'usufruit porte sur une chose qui se *détériore* par l'usage que l'on en fait – ce qui est souvent le cas –, l'usufruitier restituera, à la fin de l'usufruit, la chose dans l'état dans lequel elle se trouve, sans indemnité, sauf faute de sa part[435]. Mais lorsque l'usufruit porte sur une chose qui se *consomme* par l'usage qu'on en fait – c'est l'hypothèse des choses consomptibles –, l'usufruitier pourra la consommer et devra restituer, à la fin de l'usufruit, une chose identique ou la contre-valeur de celle-ci : c'est le quasi-usufruit[436]. En quatrième lieu, l'obligation de conservation du bien se manifeste par l'obligation d'en **respecter la destination**. Bien que cela ne soit pas expressément prévu par le Code civil, l'usufruitier ne peut pas donner à la chose une autre destination que celle qu'elle avait lors de l'ouverture de l'usufruit, sauf à commettre un abus de jouissance. Par exemple, il ne saurait donner à un terrain à usage agricole une destination commerciale[437].

L'APRDB met bien en exergue l'obligation de conservation à l'article 586 al. 1 : « [l]usufruitier jouit du bien d'une manière conforme à sa destination, sans pouvoir en altérer la substance ». En cas de manquement à cette obligation, le nu-propriétaire pourra demander à ce que l'usufruitier soit déchu de son droit[438] encore que les créanciers de ce dernier pourront s'y opposer en proposant de se substituer à l'usufruitier dans l'exécution de ses obligations et en fournissant des garanties[439]. Par ailleurs, et l'innovation est importante, le juge pourra, malgré le manquement de l'usufruitier ayant justifié l'extinction de son droit, assortir l'extinction de l'usufruit

---

faute de ce, il est responsable de tout le dommage qui peut en résulter pour le propriétaire, comme il le serait de dégradations commises par lui-même ».

431. « *Si, pendant la durée de l'usufruit, un tiers commet quelque usurpation sur le fonds, ou attente autrement aux droits du propriétaire, l'usufruitier est tenu de le dénoncer à celui-ci ; faute de ce, il est responsable de tout le dommage qui peut en résulter pour le propriétaire, comme il le serait de dégradations commises par lui-même.* »

432. « *Si l'usufruit comprend des bois taillis, l'usufruitier est tenu d'observer l'ordre et la quotité des coupes, conformément à l'aménagement ou à l'usage constant des propriétaires (...).* »

433. « *L'usufruitier profite encore, toujours en se conformant aux époques et à l'usage des anciens propriétaires, des parties de bois de haute futaie qui ont été mises en coupes réglées (...).* »

434. « *Il jouit des droits de servitude, de passage, et généralement de tous les droits dont le propriétaire peut jouir, et il en jouit comme le propriétaire lui-même.* »

435. Art. 589 C. civ. : « *[s]i l'usufruit comprend des choses qui, sans se consommer de suite, se détériorent peu à peu par l'usage, comme du linge, des meubles meublants, l'usufruitier a le droit de s'en servir pour l'usage auquel elles sont destinées, et n'est obligé de les rendre à la fin de l'usufruit que dans l'état où elles se trouvent, non détériorées par son dol ou par sa faute.* »

436. Art. 587 C. civ. : « *[s]i l'usufruit comprend des choses dont on ne peut faire usage sans les consommer, comme l'argent, les grains, les liqueurs, l'usufruitier a le droit de s'en servir, mais à la charge de rendre, à la fin de l'usufruit, soit des choses de même quantité et qualité soit leur valeur estimée à la date de la restitution* ». Et v. *infra*, n° 372 et s.

437. Civ. 3e, 4 juin 1975, *Bull. civ.* III, n° 194 : « la conclusion d'un bail commercial sur des lieux destinés à un autre usage constitue en elle-même une altération de la substance de la chose soumise à usufruit et peut caractériser un abus de jouissance de nature à entraîner la déchéance de l'usufruit ».

438. Art. 590 al. 1 : « *[l]e propriétaire peut demander que l'usufruitier soit déchu de son droit s'il ne respecte pas ses obligations* ».

439. Art. 590 al. 2 : « *[l]es créanciers de l'usufruitier peuvent intervenir à l'instance pour la conservation de leurs droits en proposant de se substituer à lui dans l'exécution de ses obligations et en fournissant toutes garanties* ».

de l'obligation pour le propriétaire de verser à l'usufruitier une prestation qui prendrait la forme d'un capital dont le montant serait fixé par lui, voire, si les circonstances le justifient, d'une rente due jusqu'à la date à laquelle l'usufruit aurait dû cesser[440]. L'idée est que si l'usufruitier a été déchu de son droit en raison d'imprudence ou d'incompétence, et non en raison d'une faute volontaire ou particulièrement grave, ses intérêts doivent être ménagés.

325. Construire. L'usufruitier peut-il construire et ainsi modifier le bien qui forme l'assiette de son droit ? Quid de la propriété des constructions édifiées ?

Il convient de répondre à la première question en contemplation de l'obligation de conservation qui pèse sur l'usufruitier et, à cet égard, de distinguer suivant que la construction affecte ou non irréversiblement le bien démembré. Dans ce dernier cas seulement la construction devrait pouvoir être réalisée sans l'autorisation du nu-propriétaire puisque l'usufruitier pourra restituer la chose dans l'état dans lequel elle lui a été remise[441].

Il convient de répondre à la seconde question[442] en contemplation du sort des constructions édifiées par un locataire en cours de bail. La Cour de cassation applique l'article 555 C. civ. en décidant que l'accession du propriétaire est différée à l'échéance du bail, le locataire en étant le propriétaire jusqu'à cette date[443]. Par analogie, la solution a été transposée aux constructions édifiées par l'usufruitier : l'accession opère au remembrement de la propriété, l'usufruitier étant propriétaire des constructions jusqu'à cette date[444] (ce qui explique que l'usufruitier ayant planté a le droit de détruire les plantations[445]).

---

440. Art. 590 al. 3 : « *[l]e juge peut assortir l'extinction de l'usufruit de l'obligation pour le propriétaire de verser à l'usufruitier une prestation. Elle prend la forme d'un capital dont le montant est fixé par le juge. Toutefois, si les circonstances le justifient, le juge peut fixer la prestation sous la forme d'une rente à verser jusqu'à la date à laquelle l'usufruit aurait dû cesser* ».

441. Rappr. F. Deboissy, « Le sort des constructions nouvelles édifiées par l'usufruitier : retour sur une controverse ancienne », in *Études offertes au Doyen Philippe Simler*, Dalloz, Litec, p. 745 s., spéc. n° 5 s.

442. F. Deboissy, « Le sort des constructions nouvelles édifiées par l'usufruitier : retour sur une controverse ancienne », in *Études offertes au Doyen Philippe Simler*, Dalloz, Litec, p. 745 s., spéc. n° 17 s.

443. Civ. 1re, 1er décembre 1964, *Bull. civ.* I, n° 535, *JCP* 1965, II, 14213, note P. Esmein, *RTD civ.* 1965. 373, obs. J.-D. Bredin, *GAJC*, t. 1, n° 72 : « si, en l'absence d'accord des parties, le sort des constructions élevées par le preneur est réglé à l'expiration du bail par l'article 555, alinéas 1 et 2 C. civ., le preneur reste propriétaire, pendant la durée de la location, des constructions qu'il a édifiées sur le terrain du bailleur ».

444. Civ. 3e, 19 septembre 2012, *Bull. civ.* III, n° 128, *D.* 2012, p. 2871, obs. Tadros, *Dr. & patr.* déc. 2012, p. 98, obs. J.-B. Seube, *Rép. Defr.* 2013, p. 14, obs. L. Tranchant, *RTD civ.* 2012, p. 751, obs. Th. Revet et 2013, p. 148, obs. W. Dross. Le litige était d'ordre fiscal. Un père avait donné à sa fille la nue-propriété de terrains dont il avait conservé l'usufruit. Le père ayant par la suite construit sur ces terrains des immeubles de rapport, l'administration fiscale y a vu une donation indirecte et réclamé en conséquence des droits d'enregistrements sur la valeur des travaux. La mère de l'enfant, agissant en sa qualité de représentant légal, a alors engagé une action en dégrèvement total des rappels de droits et pénalités. Les juges du fond font droit à sa demande et la Cour de cassation estime dans une formule quelque peu alambiquée que « la cour d'appel ayant retenu à bon droit qu'il n'existait aucun enrichissement pour la nue-propriétaire qui n'entrera en possession des constructions qu'à l'extinction de l'usufruit, l'accession n'a pas opéré immédiatement au profit du nu-propriétaire du sol ».

445. Civ. 3e, 11 octobre 1968, *Bull. civ.* III, n° 377 : « aucun grief ne peut être fait à l'usufruitier qui restitue le fonds dans l'état où il l'a trouvé et, par conséquent, une indemnité ne peut lui être réclamée par le nu-propriétaire du fait de l'abattage par de peupliers qu'il avait lui-même plantés ».

326. Conclure des baux. En principe, l'usufruitier peut conclure seul un bail[446], et prendre ainsi la qualité de bailleur[447]. Toutefois, ce pouvoir de conclure des baux n'est pas sans inconvénient pour le nu-propriétaire, qui devra supporter le bail qui serait en cours à l'extinction de l'usufruit, sachant que certains baux confèrent au locataire un droit au renouvellement. C'est la raison pour laquelle l'article 595 C. civ. prévoit un triple dispositif protecteur des intérêts du nu-propriétaire. En premier lieu, les baux que l'usufruitier seul a faits pour un temps qui excède neuf ans, ne sont, en cas de cessation de l'usufruit, obligatoires à l'égard du nu-propriétaire que pour la période de neuf années en cours[448]. En deuxième lieu, les baux de moins de neuf ans que l'usufruitier a passés seul ou renouvelés plus de trois ans avant leur expiration, et plus de deux ans avant la même époque s'il s'agit de maisons, sont sans effet, à moins que leur exécution n'ait commencé avant la cessation de l'usufruit[449]. En troisième lieu, l'usufruitier ne peut donner à bail[450], sans l'accord du nu-propriétaire, un fonds rural[451] ou un immeuble à usage commercial, industriel ou artisanal[452], à peine de nullité du bail[453] (en application du correctif général de la théorie

446. Art. 595 al. 1 C. civ. : « *[l]'usufruitier peut jouir par lui-même, donner à bail à un autre, même vendre ou céder son droit à titre gratuit* ». Ainsi, un usufruitier peut donner seul à bail un fonds de commerce (Civ. 1re, 25 novembre 1986, *Bull. civ.* I, n° 282). *A fortiori*, l'usufruitier peut conclure seul une convention d'occupation précaire (Civ. 3e, 4 juillet 1978, *Bull. civ.* III, n° 276).

447. Ainsi est-il tenu des obligations de tout bailleur (Civ. 3e, 22 juin 1977, *Bull. civ.* III, n° 277 : « la cour d'appel retient a bon droit que l'article 1733 C. civ., prévoyant une présomption de responsabilité du preneur en cas d'incendie, ne fait aucune distinction entre le bailleur proprietaire du bien loué et le bailleur seulement usufruitier de ce bien »).

448. Art. 595 al. 2 C. civ. : « *[l]es baux que l'usufruitier seul a faits pour un temps qui excède neuf ans ne sont, en cas de cessation de l'usufruit, obligatoires à l'égard du nu-propriétaire que pour le temps qui reste à courir, soit de la première période de neuf ans, si les parties s'y trouvent encore, soit de la seconde, et ainsi de suite de manière que le preneur n'ait que le droit d'achever la jouissance de la période de neuf ans où il se trouve* ». Exemple : soit un bail conclu le 1er janvier 1990 pour une période de 30 ans. L'usufruitier vient à décéder en 2005, c'est-à-dire au cours de la deuxième période de neuf ans en cours (qui s'étend du 1er janvier 1999 au 31 décembre 2007). Le bail ne sera opposable au nu-propriétaire que jusqu'au 31 décembre 2007.

449. Art. 595 al. 3 C. civ. : « *[l]es baux de neuf ans ou au-dessous que l'usufruitier seul a passés ou renouvelés plus de trois ans avant l'expiration du bail courant s'il s'agit de biens ruraux, et plus de deux ans avant la même époque s'il s'agit de maisons, sont sans effet, à moins que leur exécution n'ait commencé avant la cessation de l'usufruit* ».

450. Ou renouveler le bail : Civ. 3e, 24 mars 1999, *Bull. civ.* III, n° 78, *JCP* 1999, I, 175, obs. H. PÉRINET-MARQUET.

451. Sont visés tous les baux ruraux qu'ils soient ou non soumis au statut du fermage (Civ. 3e, 14 novembre 1972, *Bull. civ.* III, n° 603, *RTD civ.* 1973, p. 591, obs. J.-D. BREDIN : la règle « *s'applique à tous les baux de biens ruraux, qu'ils paraissent ou non soumis au statut du fermage à l'époque de la conclusion du contrat* »).

452. Art. 595 al. 4 C. civ. : « *[l]'usufruitier ne peut, sans le concours du nu-propriétaire, donner à bail un fonds rural ou un immeuble à usage commercial, industriel ou artisanal. À défaut d'accord du nu-propriétaire, l'usufruitier peut être autorisé par justice à passer seul cet acte* ». Les baux d'habitation, qui confèrent eux aussi un droit au renouvellement, n'étant pas visés, le locataire est assuré d'une stabilité qui peut être justifiée au regard de l'importance du logement.

453. Civ. 3e, 11 février 1975, *Bull. civ.* III, n° 53 : « après avoir rappelé qu'en vertu de l'article 595 précité, l'usufruitier ne peut, sans le concours du nu-propriétaire, donner à bail un fonds rural, les juges d'appel ont décidé à bon droit que l'infraction à cette règle impérative entraînait la nullité à l'égard du nu-propriétaire qui pouvait invoquer cette nullité sans attendre la fin de l'usufruit ».
Observations :
1°/ La nullité du bail est relative, de sorte que seul le nu-propriétaire peut agir, et l'action étant personnelle, elle ne peut avoir été transmise à l'acquéreur de l'immeuble (Civ. 3e, 14 novembre 2007, *Bull. civ.* III, n° 203, *Rép. Defr.* 2009, p. 158, obs. L. RUET : « la nullité d'un bail portant sur des locaux

de l'apparence, la nullité sera écartée si l'usufruitier s'est comporté comme le propriétaire apparent[454]). Toutefois, à défaut d'accord du nu-propriétaire, l'usufruitier peut être autorisé par justice à passer seul cet acte, sans condition particulière[455].

L'APRDB prévoit que la conclusion ou le renouvellement des baux soumis aux statuts des baux ruraux et commerciaux, ainsi que ceux constitutifs de droit réel, requiert, à peine de nullité, l'accord du propriétaire ou, à défaut, l'autorisation du

---

à usage commercial consenti par l'usufruitier sans le concours du nu-propriétaire est une nullité relative ne pouvant être invoquée que par le nu-propriétaire et que cette action en nullité, qui est une action personnelle, n'avait pu dès lors être transmise à M. Z... auquel Mme de Y... avait vendu l'immeuble après le décès de l'usufruitière »).

2°/ Le délai de prescription de l'action en nullité court à compter de la connaissance par le nu-propriétaire de l'existence du bail (Civ. 3e, 5 février 2003, *Bull. civ.* III, n° 27, *JCP* 2010, I, 336, obs. H. Périnet-Marquet, A*JDI* 2003, p. 434, note J. Plazy : « ayant relevé que ce n'était qu'à la mort de leur père en juin 1995 que les consorts X... étaient devenus propriétaires des terres en litige et avaient pu connaître les baux passés et qu'aucun document n'établissait que les loyers avaient été payés aux enfants de M. Robert X... après la mort de leur père, la cour d'appel en a exactement déduit que l'action en nullité introduite moins de cinq ans après qu'ils aient eu connaissance de l'existence de ces baux n'était donc pas prescrite »).

3°/ La confusion des qualités de nu-propriétaire et d'usufruitier au décès de l'usufruitier n'éteint pas le droit personnel de se prévaloir de la nullité d'un bail rural consenti par le seul usufruitier (Civ. 3e, 9 décembre 2009, *Bull. civ.* III, n° 271, *D.* 2010, p. 2183, obs. B. Mallet-Bricout).

4°/ C'est l'usufruitier et non le locataire qui a l'obligation de s'assurer du concours du nu-propriétaire pour consentir le bail, de sorte que le locataire peut agir en responsabilité contre l'usufruitier, alors même qu'il connaissait sa qualité (Civ. 3e, 16 avril 2008, *Bull. civ.* I, n° 74, *JCP* 2008, II, 10156, note A. Etienney, *Dr. & patr.* février 2009, p. 140, obs. J.-B. Seube, *RTD civ.* 2009, p. 140, obs. Th. Revet : « l'usufruitière avait seule l'obligation de s'assurer du concours du nu-propriétaire pour consentir le bail »).

454. V. notamment Civ. 3e, 21 janvier 1981, *Bull. civ.* III, n° 17 : « le bail consenti par le propriétaire apparent de la chose louée est opposable au véritable propriétaire, lorsque le locataire a traité de bonne foi, sous l'empire de l'erreur commune (...) ; pour déclarer le bail inopposable à Jean-Jacques Y... et prononcer, en conséquence, sa nullité, l'arrêt énonce que Jean-Jacques Y... n'a pas donné son accord et qu'il n'est pas démontré qu'il ait eu connaissance du bail litigieux, que l'article 595 C. civ. ne permet pas à l'usufruitier, sans le concours du nu-propriétaire, de donner à bail un fonds rural et qu'il importe peu que, vis-à-vis du contractant et des tiers, l'usufruitier ait agi comme seul propriétaire apparent ; qu'en statuant ainsi, alors qu'elle devait rechercher si, comme le soutenait Bouzin, Dame Y... s'était comportée à son égard en propriétaire apparent, la cour d'appel a violé le texte susvisé ». Toutefois, la seule ignorance de la qualité d'usufruitier du bailleur ne suffit pas à priver le nu-propriétaire de son action en nullité (Civ. 3e, 1er mars 1989, *Bull. civ.* III, n° 53 : « l'ignorance par le preneur de la qualité d'usufruitier de M. X... Lucien ne privait pas le nu-propriétaire du droit de contester la validité du bail ») ; l'ignorance doit être le fruit d'une « erreur commune » en vertu de la théorie de l'apparence.

455. Afin de ne pas laisser l'usufruitier à la merci d'un nu-propriétaire qui refuserait de donner son accord à la conclusion d'un bail requérant l'accord du nu-propriétaire, l'article 595 al. 4 C. civ. *in fine* prévoit qu'« *[à] défaut d'accord du nu-propriétaire, l'usufruitier peut être autorisé par justice à passer seul cet acte* ». Bien que cette disposition ne subordonne l'autorisation de justice à aucune condition particulière (Civ. 3e, 29 novembre 1995, *Bull. civ.* III, n° 246, *D.* 1997, p. 22, obs. A. Robert, *JCP* G 1996, I, 3921, obs. H. Périnet-Marquet, *RTD civ.* 1996, p. 941, obs. F. Zenati, *RDI* 1996, p. 177, obs. J.-L. Bergel : « l'article 595 C. civ. ne subordonnant l'autorisation de justice à aucune condition (...) »), il semble que des mesures doivent être prises afin que la conclusion du bail ne soit pas préjudiciable au propriétaire (Civ. 3e, 4 mars 1987, *Bull. civ.* III, n° 43 : la cour d'appel qui, pour refuser l'autorisation sollicitée par l'usufruitier en application de l'article 595 al. 4 C. civ., de louer des terres agricoles a souverainement retenu qu'une telle location était appelée à devenir préjudiciable au nu-propriétaire, a légalement justifié sa décision). Par exemple, une autorisation judiciaire peut être donnée à l'usufruitier d'un domaine agricole pour conclure un bail commercial sur une petite fraction du domaine, dans la mesure où ce bail, dicté par l'évolution économique, ne porte pas atteinte à la substance de la chose, le preneur s'engageant à remettre les lieux en l'état à l'expiration du bail (Civ. 3e, 2 février 2005, *Bull. civ.* III, n° 30, *JCP* 2005, I, 181, obs. H. Périnet-Marquet, *RTD civ.* 2005. 804, obs. Th. Revet).

juge[456]. Et si les autres baux peuvent être consentis par l'usufruitier seul, lors de l'extinction de l'usufruit, ils n'obligent le propriétaire, sauf accord de celui-ci, que pour la période en cours, dans la limite de six ans pour les baux immobiliers et de trois ans pour les baux mobiliers, ce qui est une nouveauté[457].

• Le pouvoir de faire siens les fruits du bien

327. Directives de principe. L'usufruitier fait siens les fruits du bien, qu'il s'agisse des fruits naturels, civils ou industriels[458]. Alors que les fruits naturels[459] ou industriels[460] s'acquièrent par leur *perception*[461], les fruits civils[462] s'acquièrent *au jour le jour*, indépendamment de la date de leur perception[463]. Ainsi qu'il a été vu, la règle particulière aux fruits civils s'explique par le fait qu'ils représentent l'entière jouissance de la chose à laquelle peut prétendre l'usufruitier pour le temps où il est titulaire de son droit[464]. Ainsi, les fruits naturels ou industriels profitent à celui-là seul qui les perçoit, sans égard à celui qui, par son travail, en est à l'origine, alors que les fruits civils bénéficient à celui-là même qui a souffert d'en concéder la jouissance à un tiers.

328. Pas de droit sur les produits. L'usufruitier, tenu de conserver la substance de la chose, ne saurait l'altérer en se servant de ses produits, ce qui rend la distinction des fruits et des produits particulièrement importante[465].

Afin de prévenir toute discussion à leur sujet, le Code civil, en premier lieu, décrit minutieusement la question de l'**usufruit des terrains boisés**, en opposant les *bois taillis* – petit bois destiné à une coupe régulière – aux *arbres de haute futaie* – bois destiné à croître avant d'être exploité. Les premiers, promis à être coupés jeunes, qui repoussent à court intervalle, sont considérés comme des *fruits* revenant à l'usufruitier à la condition que l'ordre et la quotité des coupes soient observés, conformément à l'aménagement ou à l'usage constants des

456. Art. 583 al. 1 : « *[l]a conclusion ou le renouvellement des baux soumis aux statuts des baux ruraux et commerciaux, ainsi que ceux constitutifs de droit réel, requiert, à peine de nullité, l'accord du propriétaire ou, à défaut, l'autorisation du juge* ».

457. Art. 583 al. 2 : « *[l]es autres baux peuvent être consentis par l'usufruitier seul. Lors de l'extinction de l'usufruit, ils n'obligent le propriétaire, sauf accord de celui-ci, que pour la période en cours, dans la limite de six ans pour les baux immobiliers et de trois ans pour les baux mobiliers* ».

458. Art. 582 C. civ. : « *[l]'usufruitier a le droit de jouir de toute espèce de fruits, soit naturels, soit industriels, soit civils, que peut produire l'objet dont il a l'usufruit* ».

459. Art. 583 al. 1 C. civ. : « *[l]es fruits naturels sont ceux qui sont le produit spontané de la terre. Le produit et le croît des animaux sont aussi des fruits naturels* ».

460. Art. 583 al. 2 C. civ. : « *[l]es fruits industriels d'un fonds sont ceux qu'on obtient par la culture* ».

461. Art. 585 C. civ. « *[l]es fruits naturels et industriels, pendants par branches ou par racines au moment où l'usufruit est ouvert, appartiennent à l'usufruitier.* (al. 1) *Ceux qui sont dans le même état au moment où finit l'usufruit appartiennent au propriétaire, sans récompense de part ni d'autre des labours et des semences, mais aussi sans préjudice de la portion des fruits qui pourrait être acquise au métayer, s'il en existait un au commencement ou à la cessation de l'usufruit* (al. 2) ».

462. Art. 584 C. civ. : « *[l]es fruits civils sont les loyers des maisons, les intérêts des sommes exigibles, les arrérages des rentes.* (al. 1) *Les prix des baux à ferme sont aussi rangés dans la classe des fruits civils.* (al. 2) »

463. Art. 586 C. civ. : « *[l]es fruits civils sont réputés s'acquérir jour par jour et appartiennent à l'usufruitier à proportion de la durée de son usufruit. Cette règle s'applique aux prix des baux à ferme comme aux loyers des maisons et autres fruits civils* ». Sur la non-application de l'article 586 C. civ. aux bénéfices sociaux distribuables, v. *supra*, n° 38.

464. V. *supra*, n° 38.

465. Sur laquelle, v. *supra*, n° 35.

propriétaires[466]. Les seconds, qui parviendront à leur taille naturelle avant d'être abattus, sont considérés comme des *produits*, de sorte que l'usufruitier ne peut s'en servir, sous réserve de deux exceptions principales[467] : il peut, d'une part, pour faire les réparations qui lui incombent, se servir des arbres arrachés ou brisés par accident, voire en abattre si le nu-propriétaire en constate la nécessité[468] et, d'autre part, disposer des seuls arbres de haute futaie « mis en coupe réglée »[469].

Le Code civil s'intéresse en deuxième lieu aux **mines, carrières** et **tourbières**. L'usufruitier en jouit si et seulement si elles étaient en exploitation lors de l'usufruit[470].

S'agissant en troisième lieu de l'usufruit portant sur un **animal** ou un **troupeau**, le Code civil opère une distinction. Lorsque l'usufruit ne porte que sur un animal, et que celui-ci vient à périr sans la faute de l'usufruitier, ce dernier n'est pas tenu d'en rendre un autre, ni d'en payer la valeur[471]. Lorsque l'usufruit porte sur un troupeau, et que celui-ci a entièrement péri sans la faute de l'usufruitier, ce dernier n'est tenu envers le propriétaire que des cuirs ou de leur valeur[472], alors que si celui-ci n'a péri

---

466. Art. 590 C. civ. : « *[s]i l'usufruit comprend des bois taillis, l'usufruitier est tenu d'observer l'ordre et la quotité des coupes, conformément à l'aménagement ou à l'usage constant des propriétaires ; sans indemnité toutefois en faveur de l'usufruitier ou de ses héritiers, pour les coupes ordinaires, soit de taillis, soit de baliveaux, soit de futaie, qu'il n'aurait pas faites pendant sa jouissance.* (al. 1) *Les arbres qu'on peut tirer d'une pépinière sans la dégrader ne font aussi partie de l'usufruit qu'à la charge par l'usufruitier de se conformer aux usages des lieux pour le remplacement.* (al. 2) ».

467. Par ailleurs, l'article 593 C. civ. prévoit que l'usufruitier peut prendre, d'une part, « *dans les bois, des échalas pour les vignes* » et, d'autre part, « *sur les arbres, des produits annuels ou périodiques ; le tout suivant l'usage du pays ou la coutume des propriétaires* » (mais il s'agit ici alors de fruits et non de produits, et v. Ch. DEMOLOMBE, *Cours de Code Napoléon*, vol. X, 1861, n° 416). Quant aux « *arbres fruitiers qui meurent, ceux-mêmes qui sont arrachés ou brisés par accident* », le Code civil indique qu'ils « *appartiennent à l'usufruitier, à charge de les remplacer par d'autres* » (art. 594 C. civ.).

468. Art. 592 C. civ. : « *[d]ans tous les autres cas, l'usufruitier ne peut toucher aux arbres de haute futaie : il peut seulement employer, pour faire les réparations dont il est tenu, les arbres arrachés ou brisés par accident ; il peut même, pour cet objet, en faire abattre s'il est nécessaire, mais à la charge d'en faire constater la nécessité avec le propriétaire* ».

469. Art. 591 C. civ. : « *[l]'usufruitier profite encore, toujours en se conformant aux époques et à l'usage des anciens propriétaires, des parties de bois de haute futaie qui ont été mises en coupes réglées, soit que ces coupes se fassent périodiquement sur une certaine étendue de terrain, soit qu'elles se fassent d'une certaine quantité d'arbres pris indistinctement sur toute la surface du domaine* ». Des arbres sont « mis en coupe réglée » lorsqu'ils font partie d'une forêt aménagée, c'est-à-dire une forêt dont tout ou partie des arbres sont coupés régulièrement. Le critère décisif reste l'intention du propriétaire de se procurer ou non des revenus réguliers : c'est seulement dans le premier cas que l'on peut parler de mise en coupe réglée (Req. 14 mars 1838, *S.* 1838, 1, p. 741 : pas de mise en coupe réglée lorsque l'ancien propriétaire avait pour usage de couper des arbres de haute futaie suivant une quantité indéterminée et qui dépendait essentiellement de ses besoins personnels). Si les peupliers entrent dans la catégorie des arbres de haute futaie lorsque la peupleraie n'a pas été aménagée en coupes réglées, l'usufruitier ne peut vendre les arbres (Civ. 3e, 3 décembre 1963, *Bull. civ.* III, n° 532).

470. Art. 598 C. civ. : « *[i]l jouit aussi, de la même manière que le propriétaire, des mines et carrières qui sont en exploitation à l'ouverture de l'usufruit ; et néanmoins, s'il s'agit d'une exploitation qui ne puisse être faite sans une concession, l'usufruitier ne pourra en jouir qu'après en avoir obtenu la permission du président de la République.* (al. 1). *Il n'a aucun droit aux mines et carrières non encore ouvertes, ni aux tourbières dont l'exploitation n'est point encore commencée, ni au trésor qui pourrait être découvert pendant la durée de l'usufruit* (al. 2) ». V. *infra*, n° 334.

471. Art. 615 C. civ. : « *[s]i l'usufruit n'est établi que sur un animal qui vient à périr sans la faute de l'usufruitier, celui-ci n'est pas tenu d'en rendre un autre, ni d'en payer l'estimation* ».

472. Art. 616 al. 1 C. civ. : « *[s]i le troupeau sur lequel un usufruit a été établi périt entièrement par accident ou par maladie et sans la faute de l'usufruitier, celui-ci n'est tenu envers le propriétaire que de lui rendre compte des cuirs, ou de leur valeur estimée à la date de la restitution* ».

qu'en partie, il est tenu de remplacer, jusqu'à concurrence du croît qui lui appartient, les têtes des animaux qui ont péri[473].

329. APRDB. Si l'APRDB prévoit que les fruits appartiennent à l'usufruitier et les produits au propriétaire[474], il réserve le cas particulier des produits procédant d'une exploitation commencée avant l'usufruit et poursuivie selon les mêmes modalités par l'usufruitier : en ce cas, les fruits appartiennent pour moitié au nu-propriétaire et pour moitié à l'usufruitier, le premier ne devant retrouver un bien stérile au dénouement de l'usufruit alors qu'il avait commencé l'exploitation[475].

β) Les pouvoirs du nu-propriétaire

330. Pouvoirs sur le droit. Comme l'usufruitier, le nu-propriétaire peut disposer de son droit et en obtenir la protection en justice.

Il peut, en premier lieu, **disposer librement de sa nue-propriété**. À cet égard, il peut notamment la vendre, la donner, l'apporter en société, l'hypothéquer, la nantir, sans que cela n'ait d'incidence sur les droits de l'usufruitier qui continue à jouir de la chose en toute indépendance[476]. Par ailleurs, en raison de sa vocation à recevoir la pleine propriété du bien, le nu-propriétaire peut léguer l'usufruit du bien à un tiers, la jouissance du second usufruitier ne commençant bien évidemment alors qu'à la date où le premier aura pris fin[477]. Lorsque c'est la **disposition de la pleine propriété** qui est envisagée, elle ne peut se faire que d'un commun accord du nu-propriétaire et de l'usufruitier, nul ne pouvant transmettre plus de droits qu'il n'en a ; le prix obtenu sera en principe ventilé et reviendra à proportion de la valeur de leur droit au nu-propriétaire et à l'usufruitier, sauf accord des parties pour que l'usufruit se reporte sur le prix de vente intégral, se muant en quasi-usufruit[478].

Le nu-propriétaire peut, en second lieu, **protéger son droit** en exerçant des actions *réelles* ou *personnelles*. Au titre des premières, il peut revendiquer son droit ou le protéger en exerçant par exemple une action négatoire de servitude ; au

473. Art. 616 al. 2 C. civ. : « *[s]i le troupeau ne périt pas entièrement, l'usufruitier est tenu de remplacer, jusqu'à concurrence du croît, les têtes des animaux qui ont péri* ».
474. Art. 584 al. 1 : « [l]es fruits appartiennent à l'usufruitier, les produits au propriétaire ».
475. Art. 584 al. 2 : « [t]outefois, appartiennent à l'usufruitier la moitié des produits procédant d'une exploitation commencée avant l'usufruit et poursuivie selon les mêmes modalités ».
476. Art. 621 al. 2 C. civ. : « *[l]a vente du bien grevé d'usufruit, sans l'accord de l'usufruitier, ne modifie pas le droit de ce dernier, qui continue à jouir de son usufruit sur le bien s'il n'y a pas expressément renoncé* ». Celui qui a acquis la nue-propriété ne sera investi de la pleine propriété qu'à l'extinction de l'usufruit, comme l'aurait été son auteur. La Cour de cassation a précisé que le bénéficiaire d'une promesse unilatérale de vente de la nue-propriété du bien, qui ne pouvait lever l'option que dans les quatre mois du décès de l'usufruitier, est en droit d'exiger la réalisation forcée de la vente de la pleine propriété : Civ. 3e, 28 janvier 2009, *Bull. civ.* III, n° 27, *D.* 2009, p. 2309, obs. B. Mallet-Bricout, *JCP* 2009, I, 127, obs. H. Périnet-Marquet, *RTD civ.* 2009, p. 346, obs. Th. Revet : « sauf stipulation d'une réserve d'usufruit, la promesse de vente de la nue-propriété d'un bien grevé d'usufruit a nécessairement pour objet, en cas d'extinction de l'usufruit, la pleine propriété de ce bien ».
477. Com. 30 mai 1995, *Bull. civ.* IV, n° 161 : « en léguant à son épouse l'usufruit de l'universalité de ses biens, M. Hubert de X... avait légué l'usufruit du domaine litigieux, dont Mme Marthe de X... se trouvait titulaire à cette époque, de telle sorte que le second usufruit de Mme Nicole de X... avait débuté le 6 mars 1989, date à laquelle le premier avait pris fin, et que la nue-propriété et l'usufruit du domaine n'ont jamais été réunis sur la tête de M. Hugues de X... ».
478. Art. 621 al. 1 C. civ. : « *[e]n cas de vente simultanée de l'usufruit et de la nue-propriété d'un bien, le prix se répartit entre l'usufruit et la nue-propriété selon la valeur respective de chacun de ces droits, sauf accord des parties pour reporter l'usufruit sur le prix* ».

titre des secondes, il pourra agir en responsabilité contre un tiers qui a causé un dommage à son bien.

331. Autoriser la conclusion de certains actes de gestion. L'accord du nu-propriétaire est parfois nécessaire pour certains actes de jouissance qu'entend passer l'usufruitier : c'est le cas notamment de la conclusion de certains baux[479].

332. Surveiller l'usufruitier. Le nu-propriétaire est investi d'un pouvoir de surveillance de l'usufruitier qui l'autorise à agir contre ce dernier, s'il n'exécutait pas ses obligations, notamment de conserver la chose. Ce droit d'action, qui peut s'exercer dès avant l'extinction de l'usufruit, s'explique par la nécessité de protéger la propriété que le nu-propriétaire a vocation à retrouver.

333. Conserver le bien. Le nu-propriétaire, plein propriétaire en devenir, peut effectuer des **actes de conservation** du bien, **juridiques** (en donnant congé au locataire titulaire d'un bail commercial dérogatoire afin d'éviter qu'il bénéficie d'un bail commercial de droit commun[480], en effectuant des actes interruptifs de prescription afin d'éviter qu'un tiers ne prescrive) ou **matériels** (en entretenant ou en réparant la chose). Si le nu-propriétaire ne peut être contraint d'effectuer les grosses réparations puisque la loi ne l'oblige qu'à indemniser l'usufruitier qui les aurait fait réaliser, il est néanmoins en son pouvoir de les effectuer.

334. Droit résiduel aux richesses de la chose[481]. Le nu-propriétaire a exceptionnellement le droit de profiter des utilités de la chose.

En premier lieu, s'agissant des **mines** (non nationalisées), des **carrières** et **tourbières**, le Code civil distingue suivant que l'exploitation avait ou non commencé au jour de l'usufruit. Si tel est le cas, l'usufruitier a droit aux produits[482] et à l'éventuelle redevance qui serait due par le concessionnaire de la mine[483] ; si tel n'est pas le cas, il ne peut commencer l'exploitation et donc faire siens les produits qui en résulteraient. Ils reviendraient au nu-propriétaire, le cas échéant tenu d'indemniser l'usufruitier pour les troubles de jouissance[484].

En second lieu, c'est le nu-propriétaire qui a droit au **trésor** qui est découvert dans le fonds au cours de l'usufruit. Si c'est lui l'inventeur, il aura droit à la totalité

479. V. *supra*, n° 326.

480. CA Aix-en-Provence, 3 décembre 1992, *RDI* 1993, p. 345, obs. J.-L. Bergel.

481. Art. 598 C. civ. : « *[l'usufruitier] jouit aussi, de la même manière que le propriétaire, des mines et carrières qui sont en exploitation à l'ouverture de l'usufruit ; et néanmoins, s'il s'agit d'une exploitation qui ne puisse être faite sans une concession, l'usufruitier ne pourra en jouir qu'après en avoir obtenu la permission du président de la République.* (al. 1) *Il n'a aucun droit aux mines et carrières non encore ouvertes, ni aux tourbières dont l'exploitation n'est point encore commencée, ni au trésor qui pourrait être découvert pendant la durée de l'usufruit.* (al. 2) ». V. *supra*, n° 328.

482. Civ. 1re, 2 décembre 1963, *Bull. civ.* I, n° 528 : qualité de l'usufruitier pour agir contre le locataire d'une carrière exploitée avant le démembrement.

483. F. Terré et Ph. Simler, n° 809.

484. Trib. Roanne, 24 juin 1952, *DP* 1855, 2, p. 347 : « il est constant en fait que les travaux d'exploitation de la mine amoindrissent les droits de l'usufruitier en nuisant à son exploitation ; (...) il paraît juste et raisonnable, du moment où il n'est pas en son pouvoir d'empêcher l'exploitation des concessionnaires, qui n'est pas son fait, de lui accorder une part dans l'indemnité payée par les concessionnaires, cette indemnité représentant tout à la fois la valeur du tréfonds et la valeur du préjudice causé par l'exploitation à la surface ; (...) eu égard aux circonstances, il paraît convenable de fixer les droits de l'usufruitier au tiers de la redevance » (conf. implic. par CA Lyon, 24 mai 1853, *DP* 1855, 2, p. 347). Et v. F. Terré et Ph. Simler, n° 809.

du trésor, si c'est un tiers, à la moitié (si le tiers est l'usufruitier, alors c'est avec lui que le nu-propriétaire se partagera le trésor)[485].

b) La répartition des charges

335. Plan. Les devoirs qui incombent à l'usufruitier et au nu-propriétaire consistent pour l'essentiel dans l'accomplissement des réparations (α) et dans l'assomption de dettes relatives au bien (β).

α) Les réparations

336. Ventilation. D'après l'article 605 C. civ., « *[l]'usufruitier n'est tenu qu'aux réparations d'entretien. Les grosses réparations demeurent à la charge du propriétaire, à moins qu'elles n'aient été occasionnées par le défaut de réparations d'entretien, depuis l'ouverture de l'usufruit ; auquel cas l'usufruitier en est aussi tenu* ». Ce texte, qui opère une ventilation de la charge des réparations entre l'usufruitier et le nu-propriétaire, appelle quelques observations.

En premier lieu, la **distinction** entre les **grosses réparations** et les **réparations d'entretien** est explicitée à l'article 606 C. civ. : « *[l]es grosses réparations sont celles des gros murs et des voûtes, le rétablissement des poutres et des couvertures entières. Celui des digues et des murs de soutènement et de clôture aussi en entier. Toutes les autres réparations sont d'entretien* »[486]. La question de savoir si la liste des grosses réparations est limitative donne lieu à des hésitations[487]. Si par un arrêt rendu en 2005, la troisième chambre civile de la Cour de cassation y a finalement répondu par la négative, considérant que « les réparations d'entretien sont celles qui sont utiles au maintien permanent en bon état de l'immeuble tandis que les grosses réparations intéressent l'immeuble dans sa structure et sa solidité générale »[488], la Chambre

---

485. V. *infra*, n° 640 et s.

486. Req. 25 juin 1877, *D.* 1878, 1, p. 362 : la réparation de gros murs est une grosse réparation au sens de l'art. 606 C. civ. et l'usufruitier ne peut être tenu d'y contribuer alors même qu'il s'agit d'un mur mitoyen avec la propriété voisine.

487. Sur celles-ci, v. J. Ghestin, « De l'effectivité normative d'un arrêt de la Cour de cassation – À propos de la définition des grosses réparations », *RTD civ.* 2015, p. 1.

488. Civ. 3e, 13 juillet 2005, *Bull. civ.* III, n° 155 : « ayant relevé, à bon droit, qu'au sens de l'article 606 du Code civil, les réparations d'entretien sont celles qui sont utiles au maintien permanent en bon état de l'immeuble tandis que les grosses réparations intéressent l'immeuble dans sa structure et sa solidité générale, et souverainement retenu, par motifs propres et adoptés, que les désordres étaient dus à des dispositions constructives inadéquates et que les travaux de remise en état de l'immeuble après les inondations, les travaux qui tendaient à empêcher ou à limiter le risque d'inondation, les travaux de mise en conformité de toitures et de réfection de l'installation électrique, la reprise de la fuite d'eau en cave, la réparation d'une canalisation détruite par le gel en raison d'un manque de calorifugeage et la remise en état de la couverture de l'appentis concernaient la structure et la préservation de l'immeuble, la cour d'appel en a exactement déduit que ces travaux étaient imputables au propriétaire dès lors que le contrat de bail mettait à la charge du locataire les réparations locatives ou d'entretien à l'exception des grosses réparations visées par l'article 606 du Code civil ». Et v. depuis, Civ. 3e, 25 mars 2014, pourvoi n° 12-28333 : « ayant à bon droit retenu que les dispositions de l'article 1720 du Code civil sur les réparations à la charge du bailleur n'étaient pas d'ordre public, et relevé que le bail mettait à la charge du bailleur les seules grosses réparations ainsi que le clos et le couvert selon l'usage et qu'il n'était donc tenu que des réparations concernant la solidité et la structure générale de l'immeuble, la cour d'appel, qui a constaté que les infiltrations présentes dans la cave étaient dues à un défaut d'étanchéité des parements extérieurs des maçonneries enterrées et à l'absence d'aération permanente, sans s'approprier les observations de l'expert sur la vétusté du gros œuvre comme cause des désordres, a pu en déduire, procédant à la recherche prétendument omise, que les travaux préconisés, soit la mise en

commerciale ne semble pas s'être ralliée à cette solution[489]. En tout état de cause, comme l'usufruitier, le nu-propriétaire est dispensé de rebâtir ce qui est « *tombé de vétusté ou ce qui a été détruit par cas fortuit* » (art. 607 C. civ.).

En deuxième lieu, la répartition légale des charges de réparation est **supplétive** de volonté. Une clause pourrait très bien mettre à la charge du nu-propriétaire toutes les réparations[490].

En troisième lieu, sauf clause spéciale, **l'usufruitier ne peut, au cours de l'usufruit, contraindre le nu-propriétaire à effectuer les grosses réparations**[491] ni obtenir réparation de son préjudice si ce dernier ne les effectue pas[492]. S'il y procède lui-même[493], il est en droit de réclamer au nu-propriétaire le montant de la plus-

---

place d'une cloison contre les maçonneries enterrées, qui ne touchaient ni à la structure de l'immeuble ni à sa solidité, ne constituaient pas des grosses réparations à la charge du bailleur ».
Adde, particulièrement révélateur, CA Paris 12 janvier 2006, RG n° 05/02714 : « le critère de répartition des frais à la charge respective du nu-propriétaire et de l'usufruitier est un critère purement économique qui sert de fondement à l'article 606 du nouveau Code de procédure civile, en ce que ce qui constitue le capital et son maintien en l'état est de la responsabilité et à la charge du nu-propriétaire et ce qui ressortit à l'utilisation dudit capital et à son maintien en bon état de fonctionnement est à la charge de l'usufruitier », en sorte que « le remplacement des ascenseurs et non leur simple entretien constitue un investissement en capital qui maintient la valeur de l'immeuble et qui en conséquence doit être financé par les propriétaires ou les nus-propriétaires ».

489. Com. 12 juin 2012, *Bull. civ.* IV, n° 123 : « l'arrêt retient que les travaux de démolition, de reconstruction d'une habitation d'une superficie supérieure, de construction d'une piscine et d'aménagement du terrain réalisés correspondent à des grosses réparations incombant aux nus-propriétaires ; (...) en statuant ainsi, alors que l'article 606 du Code civil énumère limitativement les grosses réparations et qu'il ressort des énonciations de sa décision que les travaux en cause constituent des améliorations, la cour d'appel a violé les textes susvisés ».

490. Civ. 1re, 23 janvier 2007, *Bull. civ.* I, n° 41, *JCP* 2007. I. 197, n° 11, obs. H. Périnet-Marquet : méconnaît l'article 1134 C. civ. la cour d'appel qui déboute l'usufruitier de sa demande tendant à voir condamner le donataire nu-propriétaire à exécuter certains travaux de réfection sur le bien donné alors que l'acte de donation comportait une clause dérogatoire à l'article 605 C. civ. aux termes de laquelle le donataire était tenu de faire aux biens donnés toutes les réparations grosses ou menues qui deviendraient nécessaires pendant la durée de l'usufruit.

491. Si toutefois le nu-propriétaire effectue, en cours d'usufruit, les grosses réparations, peut-il réclamer à l'usufruitier les intérêts des sommes par lui déboursées ? Afin d'éviter que les nus-propriétaires s'abstiennent de faire les grosses réparations, certains auteurs y répondent par l'affirmative et plaident pour une assimilation des grosses réparations aux « charges exceptionnelles » mentionnées à l'article 609 C. civ. dont les intérêts doivent être supportés par l'usufruitier (« *À l'égard des charges qui peuvent être imposées sur la propriété pendant la durée de l'usufruit, l'usufruitier et le propriétaire y contribuent ainsi qu'il suit : Le propriétaire est obligé de les payer, et l'usufruitier doit lui tenir compte des intérêts ; Si elles sont avancées par l'usufruitier, il a la répétition du capital à la fin de l'usufruit.* ») (M. Planiol et G. Ripert, M. Picard, n° 858).

492. Req. 10 décembre 1900, *DP* 1909, 1, p. 209, note L. Guénée, *GAJC*, t. 1, n° 77 : « il résulte que la loi n'autorise pas l'usufruitier à agir contre le nu-propriétaire pour le contraindre à exécuter les grosses réparations nécessaires à la conservation de l'immeuble soumis à l'usufruit ; (...) cette solution résulte, d'ailleurs, de la nature même de l'usufruit qui n'impose au nu-propriétaire aucune obligation positive » ; Civ. 3e, 30 janvier 1970, *Bull. civ.* III, n° 83 : les juges du fond « ont déduit, à bon droit, que l'article 605 C. civ. n'autorisait pas [l'usufruitier] à agir contre le nu-propriétaire pour le contraindre à exécuter les grosses réparations nécessaires à la conservation de l'immeuble soumis à l'usufruit » ; Civ. 3e, 10 juillet 2002, pourvoi n° 00-22158 : « l'usufruitier ne peut agir contre le nu-propriétaire pour le contraindre à exécuter les grosses réparations nécessaires à la conservation de l'ensemble soumis à l'usufruit ».

493. Il en va différemment des dépenses d'améliorations. En effet, d'après l'article 599 C. civ., « *(...) l'usufruitier ne peut, à la cessation de l'usufruit, réclamer aucune indemnité pour les améliorations qu'il prétendrait avoir faites, encore que la valeur de la chose en fût augmentée* ».

value qui en résulte à la cessation de l'usufruit[494]. En contrepoint, **le nu-propriétaire peut, pendant la durée de l'usufruit, contraindre l'usufruitier à effectuer les réparations d'entretien**. Cette différence de traitement s'explique par l'obligation principale de l'usufruitier qui est de conserver l'immeuble : l'absence d'entretien mettant en péril cette conservation, le nu-propriétaire peut contraindre l'usufruitier au cours de l'usufruit voire faire lui-même les travaux et en exiger le remboursement auprès de l'usufruitier, même si les travaux ont été entrepris sans l'accord préalable de ce dernier[495]. En tout état de cause, un défaut d'entretien prolongé ayant entraîné la détérioration du gros œuvre de l'immeuble justifie la déchéance de l'usufruit, même si le nu-propriétaire n'a pas non plus exécuté les travaux confortatifs qui lui incombaient[496].

En quatrième lieu, les **obligations de procéder aux réparations incombant à l'usufruitier et au nu-propriétaire** peuvent être **mises en perspective avec celles qui échoient au locataire et au bailleur** qui loue un bien à usage d'habitation, lesquelles sont énumérées – mais les listes ne sont qu'indicatives – aux articles 1754, 1755 et 1756 C. civ. En bonne logique, les « menues réparations » dont est tenu le locataire sont moindres que celle dont est tenu l'usufruitier dont le droit, plus puissant (c'est un droit réel). Par ailleurs, en raison des liens personnels qui unissent le locataire ou le bailleur, chacun peut exiger de l'autre qu'il exécute ses obligations en cours de bail. Lorsque l'usufruitier est également bailleur, la jurisprudence décide que l'article 605 C. civ. qui ne règle que les rapports entre l'usufruitier et le nu-propriétaire est inapplicable et que l'usufruitier, en qualité de bailleur, est tenu de toutes les réparations qui lui incombent *ès qualité*[497]. Et lorsqu'en plus, le nu-propriétaire est locataire, il ne saurait réclamer à l'usufruitier, pour les travaux effectués, que le remboursement de réparations qui ne sont ni des réparations locatives (qu'il supporte en tant que locataire) ni des grosses réparations (qu'il supporte en tant que nu-propriétaire)[498].

337. APRDB. La répartition des travaux qui échoient à chacun est peu ou prou celle qui existe en droit positif. Ainsi que le prévoit l'article 578, sauf convention contraire, le propriétaire est tenu « des travaux concernant la structure et la solidité générale de l'immeuble et notamment ses éléments porteurs, la réfection intégrale de sa couverture, la reconstruction des ouvrages de soutènement et de clôture ou les digues » et l'usufruitier, « des autres travaux rendus nécessaires par le maintien en état de l'immeuble, ainsi que des dépenses périodiques ». Mais l'usufruitier et le nu-

494. Civ. 17 juin 1911, *DP* 1911, 1, p. 457 : « l'usufruitier qui a procédé à une grosse réparation est fondé à réclamer au nu-propriétaire le montant de la plus-value en résultant lors de la cessation de l'usufruit ».

495. Civ. 1re, 21 mars 1962, *Bull. civ.* I, n° 175, *RTD civ.* 1962, p. 527, obs. H. Solus : « le nu-propriétaire peut, pendant la durée de l'usufruit, contraindre l'usufruitier à effectuer les réparations d'entretien tendant à la conservation de l'immeuble ou de la partie de l'immeuble grevée d'usufruit ».

496. Civ. 3e, 12 mars 1970, *Bull. civ.* III, n° 205 : ne se contredit pas l'arrêt qui prononce la déchéance de l'usufruit en constatant un défaut d'entretien remontant à 19 années et imputable à l'usufruitier avait entrainé la détérioration du gros œuvre des immeubles, même si, par ailleurs, le nu-propriétaire avait la charge de procéder en même temps qu'elle à des travaux confortatifs.

497. Civ. 3e, 28 juin 2006, *Bull. civ.* III, n° 165, *D.* 2007, p. 905, obs. N. Damas, *JCP* 2006, I, 178, obs. H. Périnet-Marquet, *RTD civ.* 2006, p. 788, obs. P.-Y. Gautier : « l'article 605 du Code civil ne règle que les rapports entre l'usufruitier et le nu-propriétaire et (...) l'usufruitier est tenu aux obligations du bailleur à l'égard des locataires de l'immeuble sur lequel porte son usufruit ».

498. Civ. 1re, 5 mai 1998, *Bull. civ.* I, n° 160 : le nu-propriétaire locataire supporte les obligations qui lui incombent en raison de cette double qualité.

propriétaire se voient reconnaître la possibilité de demander au juge, soit de contraindre l'autre à exécuter ses obligations, soit de faire réaliser eux-mêmes les travaux qui incombent à l'autre[499]. Par ailleurs, le nu-propriétaire peut récupérer une partie des sommes qu'il a dépensées pour les grosses réparations à raison du profit qu'en a tiré l'usufruitier en jouissant de la chose. Ainsi, le nu-propriétaire peut demander en fin d'usufruit le remboursement d'une fraction des dépenses qu'il a engagées, cette fraction étant calculée en fonction de la valeur de l'usufruit et du temps écoulé entre la dépense et la fin de l'usufruit[500]. En revanche, l'usufruitier reste intégralement et définitivement tenu des travaux dont il a la charge, les travaux d'entretien n'ayant profité qu'à lui, alors seul titulaire du droit de jouissance.

β) Les autres dettes relatives au bien

338. Avant et après le démembrement. Le Code civil, en bonne logique, invite à distinguer suivant que les dettes sont *antérieures* ou *postérieures* au démembrement.

339. Dettes antérieures au démembrement. L'**usufruitier à titre particulier**, qui exerce sa jouissance sur un bien, n'est aucunement tenu du passif qui incombait au propriétaire avant le démembrement, que la dette ait été contractée au sujet du bien, ou qu'elle ait été garantie par une sûreté réelle prise sur celui-ci. Le Code civil a estimé opportun de le préciser dans ce dernier cas : « *[l]'usufruitier à titre particulier n'est pas tenu des dettes auxquelles le fonds est hypothéqué (...)* » (art. 611 C. civ.[501]).

La solution est différente à l'égard de l'**usufruitier universel ou à titre universel**, qui exerce sa jouissance sur une universalité de droit[502]. S'agissant de la ***contribution à la dette***, l'usufruitier est tenu de *tout ou partie* des **intérêts** de la dette de son auteur – suivant que son usufruit est universel ou à titre universel –, le nu-propriétaire étant tenu pour le capital (art. 612 C. civ.[503]). Si l'usufruitier est tenu de

499. Art. 580 C. civ. : « *[l]'usufruitier ou le propriétaire peut demander au juge de contraindre l'autre à exécuter son obligation ou de l'autoriser à faire réaliser les travaux nécessaires incombant à l'autre. (al. 1) L'un ou l'autre peut, pour garantir le financement des travaux ou le remboursement des sommes exposées pour le compte de l'autre, être autorisé par le juge à consentir une sûreté réelle sur le bien. (al. 2)* ».

500. Art. 581 C. civ. : « *[s]auf convention contraire, le propriétaire peut, à la fin de l'usufruit, demander à l'usufruitier ou à ses ayants cause le remboursement d'une fraction des dépenses qu'il a faites au titre de l'article 578, calculée en fonction de la valeur de l'usufruit au regard de sa durée effective* ». Fiscalement, l'usufruit est évalué à 1 % de la propriété par an, de sorte que, si l'on retient ce barème fiscal, un usufruit de dix ans vaut donc 10 % de la propriété. Soit un nu-propriétaire qui fait refaire la toiture de l'immeuble pour un coût de 1 000 ; l'usufruit s'éteint dix ans plus tard. Le nu-propriétaire pourra réclamer à l'usufruitier ou à sa succession, 10 % de 1 000, soit 100.

501. L'article poursuit : « *s'il est forcé de les payer, il a son recours contre le propriétaire, sauf ce qui est dit à l'article 1020, au titre "Des donations entre vifs et des testaments"* ».

502. V. *supra*, n° 2.

503. D'après l'article 612 C. civ., « *[l]'usufruitier, ou universel, ou à titre universel, doit contribuer avec le propriétaire au paiement des dettes ainsi qu'il suit :* (al. 1) *On estime la valeur du fonds sujet à usufruit ; on fixe ensuite la contribution aux dettes à raison de cette valeur.* (al. 2) *Si l'usufruitier veut avancer la somme pour laquelle le fonds doit contribuer, le capital lui en est restitué à la fin de l'usufruit, sans aucun intérêt.* (al. 3) *Si l'usufruitier ne veut pas faire cette avance, le propriétaire a le choix, ou de payer cette somme, et, dans ce cas, l'usufruitier lui tient compte des intérêts pendant la durée de l'usufruit, ou de faire vendre jusqu'à due concurrence une portion des biens soumis à l'usufruit* (al. 4) ». Ainsi l'usufruitier du quart de la succession sera tenu du quart des intérêts.

supporter une partie du *passif*, c'est en sa qualité de successeur qui poursuit la personne de son auteur (du défunt, par exemple) et qui doit donc répondre des dettes de ce dernier. S'il n'est tenu de supporter que les *intérêts*, c'est que ne lui incombe que la charge de ce à quoi il a droit, et que les intérêts sont la charge de la jouissance. Cela étant, lorsque le créancier réclame le paiement du capital au nu-propriétaire, l'usufruitier peut décider d'avancer à ce dernier les sommes dues. Le Code civil distingue suivant que cette avance a ou non lieu, les solutions retenues s'expliquant toutes par l'idée que l'usufruitier ne peut prétendre qu'à une jouissance de l'*actif net*[504]. Une dette en capital n'est donc pas neutre pour l'usufruitier car elle menace l'assiette de son droit, le créancier impayé pouvant saisir les biens et priver par voie de conséquence l'usufruitier de sa jouissance. Aussi, si l'usufruitier avance le capital au nu-propriétaire, celui-ci lui sera restitué à l'extinction de l'usufruit, mais sans intérêts : il aura préféré jouir du bien que des sommes qu'il a avancées. S'il ne le fait pas, le nu-propriétaire qui aura acquitté le capital pourra soit faire vendre à due concurrence une partie des biens formant l'assiette de l'usufruit[505], soit réclamer des intérêts jusqu'à l'extinction de l'usufruit : il est normal dans ce dernier cas que l'usufruitier indemnise le nu-propriétaire de la perte de jouissance des sommes qu'il a déboursées pour éviter de faire vendre une partie des biens. S'agissant de l'***obligation à la dette***, qui intéresse les relations avec les tiers créancier, la jurisprudence décide que ces derniers ne peuvent poursuivre l'usufruitier que pour ce à quoi il doit contribuer, c'est-à-dire les intérêts échus après le démembrement[506], mais qu'ils peuvent réclamer à l'héritier en nue-propriété, la totalité de la dette, capital et intérêts compris, sauf son recours, pour les intérêts, contre l'usufruitier[507].

---

504. M. Grimaldi, *Successions*, Litec, 6e éd., 2001, no 601.
505. Si le bien était indivis, l'article 815-5 alinéa 2 C. civ., qui prévoit que « *[l]e juge ne peut, à la demande d'un nu-propriétaire, ordonner la vente de la pleine propriété d'un bien grevé d'usufruit contre la volonté de l'usufruitier* », ne fait pas obstacle au jeu de l'article 612 al. 4 C. civ. : si l'article 815-5 al. 2 C. civ. permet en principe à l'usufruitier de s'opposer à la licitation du bien, la licitation est toujours possible si elle est nécessaire au paiement du passif (Civ. 1re, 6 mars 2001, *Bull. civ.* I, no 64, *JCP* 2001, I, 358, obs. H. Périnet-Marquet, *RTD civ.* 2001, p. 937, obs. J. Patarin).
506. Civ. 1re, 16 février 1999, *Bull. civ.* I, no 58, *JCP* 2000, I, 211, obs. H. Périnet-Marquet, *RTD civ.* 1999, p. 449, obs. J. Patarin : « il résulte de la combinaison de l'article 724 avec les articles 608 et 612 du Code civil que l'usufruitier universel ou à titre universel, est tenu des dettes dans les proportions et de la manière indiquées par ces textes, peu important la nature de son titre ; que la cour d'appel a exactement décidé que M. D..., en sa qualité d'usufruitier universel, pouvait être poursuivi en paiement des dettes qui sont la charge des fruits et revenus et qu'il était donc tenu d'acquitter les arrérages de la rente viagère depuis le décès de son épouse et les intérêts dus sur les arrérages échus ». En revanche, l'usufruitier ne peut être tenu « ni pour une dette en capital, car une telle dette n'est pas une charge des fruits, ni pour une dette en arrérages ou intérêts échus avant le décès, car une telle dette est une charge de fruits qui, ayant été perçus avant l'ouverture de son droit, ne sont pas pour lui » (M. Grimaldi, Successions, no 595).
507. Civ. 1re, 8 avril 1970, *Bull. civ.* I, no 108 : « si l'usufruitier universel ou à titre universel est tenu de contribuer aux dettes dans les proportions et de la manière indiquée par ces textes et si le créancier a le droit de le poursuivre directement dans ces limites, ce créancier n'en conserve pas moins celui de poursuivre directement l'héritier comme il aurait pu poursuivre le défunt dont il est le continuateur, sauf tel recours que de droit de sa part » ; Civ. 1re, 11 février 1981, *Bull. civ.* I, no 54, *JCP* 1981, II, 19693, note Ph. Rémy, *RTD civ.* 1981, p. 884, obs. J. Patarin (même formule) ; Civ. 2e, 18 janvier 2005, *Bull. civ.* II, no 15 (même formule) ; Civ. 2e, 6 décembre 2006, pourvoi no 05-18941 (même formule). *Adde* Civ. 1re, 9 décembre 2003, *Bull. civ.* I, no 255, *D.* 2004, p. 2236, obs. V. Brémond, *JCP* 2004, I, 155, obs. R. Le Guidec : le caractère indivisible d'une dette successorale ne permet pas au créancier d'en réclamer la totalité à l'héritier à titre universel en usufruit du débiteur, car « le caractère indivisible de la dette ne porte pas atteinte à la divisibilité de l'obligation entre usufruitier et nu-

340. Dettes postérieures au démembrement. On distingue les charges ordinaires des charges extraordinaires.

L'usufruitier est tenu des **charges ordinaires**, périodiques ou non, qui constituent la contrepartie de son droit de jouissance. D'après l'article 608 C. civ., « *[l]'usufruitier est tenu, pendant sa jouissance, de toutes les charges annuelles de l'héritage, telles que les contributions et autres qui dans l'usage sont censées charges des fruits* ». C'est ainsi que l'usufruitier est tenu des charges fiscales de la chose (taxes foncières[508], taxe d'habitation[509], mais aussi impôt sur la fortune[510], sauf exceptions[511])[512]. Il n'en demeure pas moins, que cette disposition est supplétive[513] et que la clause contraire peut être efficacement stipulée *inter partes* – en vue de modifier la contribution de chacun à la dette –, encore qu'elle ne soit pas opposable à l'administration fiscale[514].

En contrepoint, les **charges extraordinaires** (article 609 al. 2 et 612 al. 4 C. civ.[515]) échoient au nu-propriétaire.

---

propriétaire, fondée sur la nature de ses droits ». Et pour une critique de cette solution, v. M. Grimaldi, *Successions*, Litec, 6e éd., 2001, n° 595.

508. CE, 17 janvier 1990, n° 107435 : « par un acte authentique en date du 26 décembre 1987, M. et Mme Henri Z... ont fait donation à leur fils, M. Jean-Marc Z..., d'un immeuble d'habitation sis sur le territoire de la commune des Salelles ; qu'il ressort de cet acte que la donation était grevée, pour un quart, d'une réserve d'usufruit et, pour les trois-quarts restants, d'un droit d'habitation à vie ; qu'il résulte des dispositions de l'article 1400 du Code général des impôts que toute propriété, bâtie ou non bâtie, doit être imposée au nom du propriétaire actuel, à l'exception des immeubles grevés d'usufruit ou loués soit par bail emphytéotique, soit par bail à construction ; qu'ainsi, et sans que puisse y faire obstacle aucune clause de l'acte susmentionné, M. Jean-Marc Z... était redevable de la taxe foncière afférente aux trois-quarts de l'immeuble, objet de la donation, à compter du 1er janvier 1988 ».

509. Com. 25 janvier 1965, *Bull. civ.* IV, n° 68 : « après avoir rappelé que la côte mobilière est un impôt basé sur la jouissance personnelle de locaux d'habitation, la cour d'appel, constatant que pendant la période susvisée, les consorts de Z... ont eu "la jouissance exclusive" du château de Serigny, énonce à bon droit que la charge exclusive du payement leur incombe ».

510. Art. 885 G al. 1 *in limine* CGI : « *les biens ou droits grevés d'un usufruit, d'un droit d'habitation ou d'un droit d'usage accordé à titre personnel sont compris dans le patrimoine de l'usufruitier ou du titulaire du droit pour leur valeur en pleine propriété* ».

511. V. Art. 885 G CGI : « *(...) Toutefois, les biens grevés de l'usufruit ou du droit d'usage ou d'habitation sont compris respectivement dans les patrimoines de l'usufruitier ou du nu-propriétaire suivant les proportions fixées par l'article 669 dans les cas énumérés ci-après, et à condition, pour l'usufruit, que le droit constitué ne soit ni vendu, ni cédé à titre gratuit par son titulaire : a. Lorsque la constitution de l'usufruit résulte de l'application des articles 767, 1094 ou 1098 C. civ. Les biens dont la propriété est démembrée en application d'autres dispositions, et notamment de l'article 1094-1 C. civ., ne peuvent faire l'objet de cette imposition répartie. b. Lorsque le démembrement de propriété résulte de la vente d'un bien dont le vendeur s'est réservé l'usufruit, le droit d'usage ou d'habitation et que l'acquéreur n'est pas l'une des personnes visées à l'article 751 ; c. Lorsque l'usufruit ou le droit d'usage ou d'habitation a été réservé par le donateur d'un bien ayant fait l'objet d'un don ou legs à l'État, aux départements, aux communes ou syndicats de communes et à leurs établissements publics, aux établissements publics nationaux à caractère administratif et aux associations reconnues d'utilité publique* ».

512. Et v. D. Grillet-Ponton, « Les aspects fiscaux de la relation entre usufruitier et nu-propriétaire », *D.* 1989, p. 250.

513. Civ. 1re, 3 juin 1997, *Bull. civ.* I, n° 189, *JCP* 1997, I, 4060, obs. H. Périnet-Marquet : taxe foncière.

514. CE, 17 janvier 1990, n° 107435, préc.

515. V. *supra*, n° 339.

3. L'extinction

341. Plan. On distinguera les *causes* (a) des *conséquences* (b) de l'extinction de l'usufruit.

a) *Les causes d'extinction*

342. Plan. Les causes d'extinction propres à l'usufruit – auxquelles il faut ajouter celles tirées du droit commun des contrats lorsque l'usufruit a une source conventionnelle – sont envisagées aux articles 617 s. C. civ. L'usufruit prend normalement fin par l'arrivée du terme (α), encore qu'il puisse s'éteindre pour d'autres causes (β).

Hors-série, on peut mentionner le cas particulier de la **conversion en rente viagère ou en capital de l'usufruit du conjoint survivant**. En premier lieu, l'usufruit du conjoint sur les biens du prédécédé, qu'il résulte de la loi, d'un testament ou d'une donation de biens à venir, donne ouverture à une faculté de conversion en ***rente viagère***, à la demande de l'un des héritiers nus-propriétaires ou du conjoint successible lui-même[516], sachant qu'à défaut d'accord entre les intéressés, la demande de conversion est soumise au juge[517]. En second lieu, les héritiers et le conjoint peuvent s'accorder pour convertir l'usufruit de ce dernier en ***capital***[518], le juge ne pouvant cette fois passer outre le désaccord des intéressés[519].

α) La cause d'extinction normale : l'arrivée du terme

343. Plan. Les règles diffèrent suivant que l'usufruitier est une personne physique ou morale.

• L'usufruitier personne physique

344. Double terme, double plafond – Plan. Si l'usufruit prend toujours fin à la mort de l'usufruitier, car il est nécessairement viager, il peut prendre fin de manière anticipée, lorsqu'il a été conclu pour une durée déterminée et que celle-ci est échue alors que l'usufruitier était toujours en vie.

---

516. Art. 759 C. civ. : « *[t]out usufruit appartenant au conjoint sur les biens du prédécédé, qu'il résulte de la loi, d'un testament ou d'une donation de biens à venir, donne ouverture à une faculté de conversion en rente viagère, à la demande de l'un des héritiers nus-propriétaires ou du conjoint successible lui-même.* »

517. Art. 760 C. civ. : « *[à] défaut d'accord entre les parties, la demande de conversion est soumise au juge. Elle peut être introduite jusqu'au partage définitif.* (al. 1) *S'il fait droit à la demande de conversion, le juge détermine le montant de la rente, les sûretés que devront fournir les cohéritiers débiteurs, ainsi que le type d'indexation propre à maintenir l'équivalence initiale de la rente à l'usufruit* (al. 2). *Toutefois, le juge ne peut ordonner contre la volonté du conjoint la conversion de l'usufruit portant sur le logement qu'il occupe à titre de résidence principale, ainsi que sur le mobilier le garnissant.* (al. 3) »

518. Art. 761 C. civ. : « *[p]ar accord entre les héritiers et le conjoint, il peut être procédé à la conversion de l'usufruit du conjoint en un capital* ».

519. Civ. 1re, 20 novembre 2001, *Bull. civ.* I, n° 287, *JCP* 2002, I, 178, obs. R. Le Guidec : « aucune disposition légale ne prévoit la faculté de conversion en capital de l'usufruit du conjoint survivant, fût-ce à la demande de celui-ci ; (...) c'est donc à bon droit, que la cour d'appel, ayant constaté l'absence d'accord des parties sur cette conversion, a, par ce seul motif, légalement justifié sa décision de dire n'y avoir lieu à homologation de l'état liquidatif ».

– Le terme maximal : la mort de l'usufruitier

345. Principe : intransmissibilité à cause de mort. L'usufruit est essentiellement viager, qu'il ait été ou non octroyé pour une durée déterminée ; il prend donc toujours fin au décès de l'usufruitier[520]. Cette règle est impérative : il n'est pas possible de prévoir un usufruit transmissible à cause de mort[521].

346. Cas particuliers : l'usufruit successif et l'usufruit simultané. Dans deux cas particuliers, qui constituent plus des tempéraments que des exceptions, l'usufruit ne s'éteint pas par le décès de l'usufruitier.

En premier lieu, il est possible de constituer un usufruit sur plusieurs têtes successivement, par le jeu d'une réversion : c'est l'**usufruit successif**[522]. Ainsi Paul peut-il très bien constituer un usufruit successivement sur la tête de Pierre puis de Jacques, l'usufruit de Jacques s'ouvrant lors du décès de Pierre s'il lui survit, sans qu'il n'y ait transmission de l'usufruit. L'usufruit ne prendra fin que par le décès de Jacques.

En second lieu, il est également permis de constituer un usufruit sur plusieurs têtes simultanément, ce qui a pour effet de créer une indivision en usufruit : c'est **l'usufruit simultané**[523]. Ainsi Paul peut-il très bien constituer un usufruit simultanément sur la tête de Pierre et de Jacques, Pierre et Jacques étant usufruitiers indivis. L'usufruit ne prendra alors fin que par le décès du dernier des usufruitiers, le droit du survivant se trouvant accru du droit du prédécédé.

– Le terme anticipé : l'usufruit à durée déterminée

347. Liberté. Une personne peut librement octroyer un usufruit pour une durée déterminée, que ce soit par un acte unilatéral – testament – ou par convention. L'usufruit prendra fin à l'échéance du premier des deux termes constitués par l'écoulement de la durée stipulée ou la survenance du décès de l'usufruitier.

Si la durée de l'usufruit est librement fixée, on observera que, s'agissant du cas très particulier du droit de jouissance légal des père et mère, celui-ci prend fin lorsque le mineur a atteint l'âge de seize ans ou a été émancipé[524].

---

520. Ch. Réunies, 16 juin 1933, *DH* 1933, p. 393 : « tout usufruit, fût-il constitué pour une durée fixe, s'éteint de plein droit par la mort de l'usufruitier ».

521. M. Planiol et G. Ripert, M. Picard, n° 862. Et v. Ch. réunies, 16 juin 1933, préc.

522. S. Durand, « De l'utilisation des usufruits successifs lors d'une acquisition en démembrement de propriété », *JCP* N 2000, p. 1839. D'un point de vue fiscal, l'article 1965 B CGI prévoit que « *[d]ans le cas d'usufruits successifs, l'usufruit éventuel venant à s'ouvrir, le nu-propriétaire a droit à la restitution d'une somme égale à ce qu'il aurait payé en moins si le droit acquitté par lui avait été calculé d'après l'âge de l'usufruitier éventuel* ». Le droit à restitution suppose donc que le premier usufruitier soit plus âgé que le second et que cette différence d'âge se traduise par une différence de tranche à l'article 669 CGI. Sur la question, v.G. Bonnet, « La fiscalité de l'usufruit successif », *Rép. Defr.* 2015, p. 185.

523. Civ. 1re, 21 décembre 1987, *Bull. civ.* I, n° 349 : « avoir relevé que par l'acte du 30 mai 1952, les deux donateurs s'étaient réservé l'usufruit de l'immeuble donné jusqu'au décès du survivant et constaté que cet acte ne contenait aucune clause prévoyant expressément que, par dérogation au droit commun de l'indivision, cet usufruit serait successif, la cour d'appel en a déduit à bon droit que l'usufruit que les époux s'étaient réservé sur un bien commun était lui-même indivis ».

524. Art. 384 C. civ. : « *[l]e droit de jouissance cesse : 1° Dès que l'enfant a seize ans accomplis, ou même plus tôt quand il contracte mariage ; 2° Par les causes qui mettent fin à l'autorité parentale, ou même plus spécialement par celles qui mettent fin à l'administration légale ; 3° Par les causes qui emportent l'extinction de tout usufruit* ».

• L'usufruitier personne morale

348. Trente ans au maximum. Les personnes morales étant susceptibles de « vivre » pour l'éternité, l'usufruit qui leur est consenti est nécessairement conclu pour une durée déterminée, laquelle ne peut être supérieure à trente ans (art. 619 C. civ.[525]), ce plafond étant impératif[526].

349. Cas particulier du bail dans le cadre d'une convention d'usufruit. En vue d'accroître le nombre de logements sociaux en France, la loi ENL n° 2006-872 du 13 juillet 2006 a codifié aux articles L. 253-1 à L. 253-8 CCH une nouvelle figure, le bail dans le cadre d'une convention d'usufruit. En vertu de ce mécanisme, l'acquéreur d'un immeuble bénéficie de diverses aides à l'acquisition lorsqu'il consent pour une durée d'au moins quinze ans un usufruit (représentant plus d'un tiers du montant de l'acquisition) à une personne morale en vue de consentir des baux à caractère social. Afin de ménager les intérêts du nu-propriétaire devenu plein propriétaire, il est prévu que les baux prennent fin à l'expiration de l'usufruit[527].

350. APRDB. L'APRDB distingue deux variétés d'usufruit (art. 592[528], 593[529] et 594[530]) : l'**usufruit viager**, constitué pour la vie de son titulaire et **l'usufruit à durée déterminée** (ex. : cinq ans) **ou déterminable** (ex. : durée de vie d'un tiers en état de dépendance, à l'entretien duquel l'usufruitier pourvoit). Il est apporté quelques nouveautés :

— d'une part, la durée de l'usufruit, quel qu'il soit, ne peut jamais dépasser trente ans (art. 592 al. 1),

— d'autre part, l'usufruit à durée déterminée – ou déterminable – ne s'éteint qu'à l'échéance de cette durée et non par le décès de l'usufruitier, en sorte qu'il se transmet à ses héritiers (art. 593 et 594)

— de troisième part, l'usufruit viager qui a été cédé s'éteint par la mort ou la dissolution de son titulaire, ce qui est de droit positif, mais non par la mort ou la dissolution du cessionnaire, ce qui est aujourd'hui discuté (art. 592 al. 2).

---

525. « *L'usufruit qui n'est pas accordé à des particuliers ne dure que trente ans.* »

526. Civ. 3e, 7 mars 2007, *Bull. civ.* III, n° 36 : deux sociétés avaient acquis, l'une, la nue-propriété, l'autre l'usufruit d'un immeuble. Il était stipulé dans l'acte de vente conclu avec la société ayant acquis l'usufruit qu'elle bénéficierait de l'usufruit jusqu'au décès de la survivante de quatre personnes physiques, l'une d'elles étant Madame X. Aux termes d'une convention intervenue quatre ans plus tard entre les deux sociétés, il a été précisé que le droit d'usufruit cesserait au décès de Madame X... Puis, près de quinze années plus tard, il a été stipulé que le droit d'usufruit serait différé au décès de la survivante de Madame X et de Madame Y. Vingt-cinq ans plus tard, la société ayant acquis la nue-propriété agit contre celle ayant acquis l'usufruit pour faire juger que l'usufruit constitué en 1957 s'était éteint trente ans plus tard. La Cour d'appel ne fit pas droit à cette demande, estimant que les conventions successives avaient eu pour effet de déroger à la règle instituée par l'article 619 C. civ., qui ne serait pas d'ordre public. Cassation : « *en statuant ainsi, alors que l'usufruit accordé à une personne morale ne peut excéder trente ans, la cour d'appel a violé le texte susvisé* ».

527. Art. L. 253-4 al. 1 CCH : « *[l]e bail conclu dans le cadre d'un usufruit prend fin de plein droit au plus tard à la date de l'extinction des droits d'usufruit sur le bien loué* ».

528. « *L'usufruit est constitué soit pour la vie de son titulaire, soit pour une durée déterminée ou déterminable, laquelle ne peut dépasser trente ans.* »

529. « *L'usufruit viager s'éteint par la mort de son titulaire personne physique ou la dissolution de son titulaire personne morale sans que sa durée ne puisse, dans ce dernier cas, excéder trente ans* (al. 1) *S'il est cédé, il ne s'éteint pas, sauf convention contraire, par la mort ou la dissolution du cessionnaire, mais par la mort ou la dissolution de son premier titulaire.* (al. 2) »

530. « *L'usufruit à durée déterminée ou déterminable s'éteint par l'expiration du temps pour lequel il a été établi.* »

351. Observation finale sur la durée de l'usufruit : décès de l'usufruitier ou de la tête usufruitière ? S'il est traditionnel de présenter la durée de l'usufruit comme dépendant de la vie de son *titulaire*, dans les cas où l'usufruit est constitué sur la tête d'une autre personne que celle de son titulaire, la durée de l'usufruit dépend de la vie de cette *autre personne*. On devrait en déduire que l'usufruit *consenti à* une personne morale mais *constitué sur* la tête d'une personne physique voit sa durée calculée en application des règles applicables aux usufruits consentis au profit de personnes physiques[531]. Réciproquement, l'usufruit *consenti à* une personne physique mais *constitué sur* la tête d'une personne morale devrait avoir une durée limitée à trente ans.

β) Les causes d'extinction anticipée

352. Plan. Il ressort des articles 617 et 618 C. civ. que les causes d'extinction anticipée consistent en la perte totale de la chose, la prescription, la consolidation, ainsi que l'abus de jouissance.

• La perte totale de la chose

353. Perte totale sans subrogation réelle. La perte de la chose s'entend de sa disparition matérielle (la chose est détruite) ou juridique (la chose est mise hors du commerce). Si la perte partielle de la chose n'empêche pas l'usufruit de subsister sur ce qui reste de la chose[532], la perte totale emporte l'extinction de l'usufruit, privé d'assiette. Ainsi l'usufruitier n'a pas même le droit de jouir des débris d'un immeuble détruit si son usufruit ne portait que sur le bâtiment[533] ou du cuir des animaux d'un troupeau décimé[534].

Il reste que, malgré le silence du Code civil, la disparition de la chose n'emporte pas celle de l'usufruit si, par l'effet de la subrogation réelle, celui-ci peut se reporter sur les dommages-intérêts dus par celui par la faute de qui le bien a péri, sur l'indemnité d'expropriation pour cause d'utilité publique[535], ou sur l'indemnité d'assurance, dès lors que celle-ci est destinée à bénéficier au moins en partie à l'usufruitier et non au seul nu-propriétaire.

• La prescription

354. Extinctive et acquisitive. L'usufruit s'éteint tant par la prescription extinctive (encore qu'il s'agisse plus exactement d'un non-usage prolongé, seules les actions étant susceptibles de prescription extinctive) que la prescription acquisitive.

---

531. V. toutefois, Civ. 3e, 7 mars 2007, *Bull. civ.* III, n° 36, préc.

532. Art. 623 C. civ. : « *[s]i une partie seulement de la chose soumise à l'usufruit est détruite, l'usufruit se conserve sur ce qui reste.* »

533. Art. 624 C. civ. : « *[s]i l'usufruit n'est établi que sur un bâtiment, et que ce bâtiment soit détruit par un incendie ou autre accident, ou qu'il s'écroule de vétusté, l'usufruitier n'aura le droit de jouir ni du sol ni des matériaux.* (al. 1) *Si l'usufruit était établi sur un domaine dont le bâtiment faisait partie, l'usufruitier jouirait du sol et des matériaux.* (al. 2) »

534. Art. 616 C. civ. : « *[s]i le troupeau sur lequel un usufruit a été établi périt entièrement par accident ou par maladie et sans la faute de l'usufruitier, celui-ci n'est tenu envers le propriétaire que de lui rendre compte des cuirs, ou de leur valeur estimée à la date de la restitution.* (al. 1) *Si le troupeau ne périt pas entièrement, l'usufruitier est tenu de remplacer, jusqu'à concurrence du croît, les têtes des animaux qui ont péri* (al. 2) ».

535. Art. L. 321-2 C. expr. : « *[l]e juge prononce des indemnités distinctes en faveur des parties qui les demandent à des titres différents.* (al. 1) *Toutefois, dans le cas d'usufruit, une seule indemnité est fixée, le nu-propriétaire et l'usufruitier exercent leurs droits sur le montant de l'indemnité au lieu de les exercer sur la chose* (...) (al. 2) (...) ».

En premier lieu, l'usufruit, comme la plupart des droits réels, à l'exception notable de la propriété, s'éteint par le **non-usage**[536] sans que le délai varie suivant que le bien est meuble ou immeuble : il est de trente ans[537] et commence à courir à compter du dernier acte de l'usufruitier.

En second lieu, l'usufruit, comme tous les droits réels, s'acquiert par **prescription acquisitive**, dont le délai cette fois varie suivant que le bien est meuble ou immeuble. En matière immobilière, la durée requise pour prescrire est de dix ou trente ans, conformément au droit commun de la prescription acquisitive[538]. En matière mobilière, elle est instantanée[539]. En pratique, la prescription acquisitive ne se conçoit guère qu'au profit de celui ayant acquis *a non domino* un usufruit, car celui qui possède un bien le possède en général en tant que propriétaire.

L'exercice prolongé par une personne des pouvoirs d'un usufruitier lui permettra donc parfois de prescrire avant que le délai de prescription extinctive ne soit échu (de manière instantanée en matière mobilière et à l'issue de dix ans en matière immobilière).

355. Comparaison des effets des deux modes de prescription. La prescription extinctive a pour effet de reconstituer la pleine propriété car le nu-propriétaire va devenir plein propriétaire, alors que la prescription acquisitive a pour effet de substituer un usufruitier à un autre puisque celui qui a prescrit va acquérir l'usufruit.

• La consolidation

356. Deux sources. D'après l'article 617 al. 4 C. civ., « *[l]'usufruit s'éteint (...) [p]ar la consolidation ou la réunion sur la même tête, des deux qualités d'usufruitier et de propriétaire* ». La consolidation[540] est la réunion des qualités de nu-propriétaire et d'usufruitier sur la tête[541] de l'une de ces deux personnes ou sur celle d'un tiers[542]. L'effet de la consolidation est tributaire de sa cause : si la consolidation trouve sa cause dans un acte juridique par la suite anéanti, le démembrement renaîtra. Par ailleurs, la consolidation n'éteint pas véritablement l'usufruit à l'égard des tiers : le nu-propriétaire qui se voit céder l'usufruit ou le tiers qui se voit céder la nue-propriété et l'usufruit demeurent tenus des obligations contractées par l'usufruitier[543].

536. Art. 617 al. 5 C. civ. : « *[l]'usufruit s'éteint : (...) par le non-usage du droit pendant trente ans* ».
537. Art. 2227 C. civ. : « (...) *Les actions réelles immobilières se prescrivent par trente ans à compter du jour où le titulaire d'un droit a connu ou aurait dû connaître les faits lui permettant de l'exercer.* »
538. Art. 2272 C. civ. : « *[l]e délai de prescription requis pour acquérir la propriété immobilière est de trente ans.* (al. 1) *Toutefois, celui qui acquiert de bonne foi et par juste titre un immeuble en prescrit la propriété par dix ans* (al. 2). »
539. Art. 2276 al. 1 C. civ. : « *[e]n fait de meubles, la possession vaut titre* ». Sur cette disposition, v. *infra*, n° 743 et s.
540. V. Vialatte, « L'effet extinctif de la réunion sur une même tête de qualités contraires et ses limites », *RTD civ.* 1978, p. 567 ; B. Losfeld, « La consolidation. Réflexions sur un mode particulier d'extinction de l'usufruit », *RTD civ.* 2007, p. 1.
541. Le mécanisme rappelle la confusion encore que celle-ci, qui désigne la réunion sur une même tête des qualités de créancier et de débiteur, serait impropre à désigner la réunion sur une même tête de la qualité de nu-propriétaire et de celle de titulaire d'un droit réel démembré, car ceux-ci ne sont ni créanciers ni débiteurs l'un de l'autre.
542. Qui se verrait céder successivement, dans n'importe quel ordre, l'usufruit et la nue-propriété.
543. Civ. 3e, 26 janvier 1972, *Bull. civ.* III, n° 69 : « vu l'article 617 du Code civil ; (...) en vertu de ce texte, l'extinction de l'usufruit par consolidation suppose la réunion sur la même tête des deux qualités d'usufruitier et de propriétaire ; (...) à cet égard, le cessionnaire de l'usufruit ne saurait être assimilé à l'usufruitier ; (...) l'arrêt attaqué, pour admettre l'action en nullité de bail intentée par la société Y de

357. Fiscalité. L'article 1133 CGI établit une règle fiscale importante : en principe, « *[s]ous réserve des dispositions de l'article 1020*[544]*, la réunion de l'usufruit à la nue-propriété ne donne ouverture à aucun impôt ou taxe lorsque cette réunion a lieu par l'expiration du temps fixé pour l'usufruit ou par le décès de l'usufruitier* ». Autrement dit, lorsque le nu-propriétaire recouvre la pleine propriété du bien à l'expiration de l'usufruit, aucun impôt ou taxe n'est dû alors même qu'il s'est enrichi. En raison notamment de cette règle fiscale très favorable au contribuable, l'usufruit est devenu un outil d'optimisation fiscale très apprécié, en sorte que de multiples montages ont vu le jour. Il reste qu'en application de la loi fiscale (art. 751 CGI[545]), est présumée fictive la vente avec réserve d'usufruit au profit d'un de ses héritiers présomptifs ou de l'un des descendants de ces derniers : le bien vendu sera réputé être en pleine propriété dans le patrimoine du « vendeur » lors du règlement de sa succession. La preuve contraire à la présomption résultera de l'existence d'une donation de deniers en vue de financer l'acquisition de la nue-propriété plus de trois mois avant le décès de l'usufruitier si ces deniers ont été effectivement employés à cette fin. En tout état de cause, la présomption ne s'applique pas lorsque le démembrement a été effectué à titre gratuit plus de trois mois avant le décès.

358. Cas particulier de la renonciation. L'usufruitier peut renoncer à son droit. Il peut y renoncer *unilatéralement* par un *abandon*[546], les droits du nu-propriétaire s'en trouvant accrus indépendamment de sa volonté, ou bien

courtage, retient que la cession à ladite société, par deux actes distincts, de la nue-propriété et de l'usufruit, par les deux titulaires respectifs, a éteint l'usufruit par consolidation ; (...) en statuant de la sorte, alors que les conditions de l'extinction de l'usufruit n'étaient pas réunies et que, du fait de la persistance de ce dernier, le cessionnaire de l'usufruit était tenu a garantie à l'égard du preneur, la cour d'appel a violé le texte susvisé ».

544. « *Les dispositions sujettes à publicité foncière des actes (...) relatifs aux opérations visées aux articles (...) 1133, (...) sont assujetties à une taxe de publicité foncière ou à un droit d'enregistrement de 0,70 % lorsqu'elles entrent dans les prévisions des 1º à 4º de l'article 677. Dans le cas contraire, et sauf exonération, ces dispositions sont soumises à une imposition fixe de 25 €. Celle-ci s'applique, dans tous les cas, aux dispositions sujettes à publicité foncière des actes relatifs aux transmissions de biens visés à l'article 1039.* »

545. « *Est réputé, au point de vue fiscal, faire partie, jusqu'à preuve contraire, de la succession de l'usufruitier, toute valeur mobilière, tout bien meuble ou immeuble appartenant, pour l'usufruit, au défunt et, pour la nue-propriété, à l'un de ses présomptifs héritiers ou descendants d'eux, même exclu par testament ou à ses donataires ou légataires institués, même par testament postérieur, ou à des personnes interposées, à moins qu'il y ait eu donation régulière et que cette donation, si elle n'est pas constatée dans un contrat de mariage, ait été consentie plus de trois mois avant le décès ou qu'il y ait eu démembrement de propriété effectué à titre gratuit, réalisé plus de trois mois avant le décès, constaté par acte authentique et pour lequel la valeur de la nue-propriété a été déterminée selon le barème prévu à l'article 669.* (al. 1) *La preuve contraire peut notamment résulter d'une donation des deniers constatée par un acte ayant date certaine, quel qu'en soit l'auteur, en vue de financer, plus de trois mois avant le décès, l'acquisition de tout ou partie de la nue-propriété d'un bien, sous réserve de justifier de l'origine des deniers dans l'acte en constatant l'emploi.* (al. 2) *Sont réputées personnes interposées les personnes désignées dans les articles 911, deuxième alinéa, et 1100 C. civ.* (al. 3) *Toutefois, si la nue-propriété provient à l'héritier, au donataire, au légataire ou à la personne interposée d'une vente ou d'une donation à lui consentie par le défunt, les droits de mutation acquittés par le nu-propriétaire et dont il est justifié sont imputés sur l'impôt de transmission par décès exigible à raison de l'incorporation des biens dans la succession* ».

546. Par application du droit commun, la renonciation n'est soumise à aucune forme et peut être expresse ou tacite, mais doit être certaine (Req. 2 février 1852, *DP* 1852, 1, p. 33 : « la renonciation de l'usufruitier n'est soumise à aucune forme sacramentelle, et (...) il suffit que cette renonciation soit positive et certaine ; (...) après avoir constaté la participation directe de l'usufruitier à la vente de l'objet soumis à l'usufruit, et au remploi de la somme provenant de cette vente, l'arrêt attaqué en tire la

conventionnellement (vente, donation, etc.) avec l'accord du cessionnaire, qui est soit le nu-propriétaire, soit un tiers qui se serait vu également céder la nue-propriété. Dans le cas particulier d'une vente simultanée de l'usufruit et de la nue-propriété d'un bien à un tiers[547] le prix se répartit entre les cédants proportionnellement à la valeur de leur droit ; une convention contraire serait nécessaire pour que l'usufruit se reporte sur l'entier prix de la vente et se mue en quasi-usufruit[548].

La renonciation, qu'elle soit unilatérale ou conventionnelle, emporte mutation d'un droit réel opposable aux tiers. C'est pourquoi, lorsque l'assiette de l'usufruit est immobilière, l'opposabilité de la renonciation est subordonnée à sa publicité[549].

En tout état de cause, les créanciers de l'usufruitier qui seraient victimes d'une fraude pourraient faire annuler la renonciation[550].

• L'abus de jouissance

359. Déchéance ou autres... L'abus de jouissance est envisagé à l'article 618 al. 1 C. civ. : « *[l]'usufruit peut (...) cesser par l'abus que l'usufruitier fait de sa jouissance, soit en commettant des dégradations sur le fonds, soit en le laissant dépérir faute d'entretien*[551] »[552]. L'institution, qui prive le titulaire d'un droit de celui-ci en raison de sa faute, constitue une déchéance.

L'effet extinctif suppose une appréciation de la gravité de l'abus de jouissance par le juge[553], qui dispose d'un éventail de possibilités : prononcer la déchéance de l'usufruit si le manquement le justifie[554], refuser de la prononcer si les manquements

conséquence que le demandeur a renoncé à son usufruit, en quoi il a souverainement interprété l'intention des parties et sainement appliqué l'art. 621 »).

547. Nul ne pouvant transmettre plus de droits qu'il n'en a, la vente réalisée par le nu-propriétaire seul ne peut porter que sur la nue-propriété, en sorte que l'usufruitier conserve son usufruit (art. 621 al. 2 C. civ. : « *[l]a vente du bien grevé d'usufruit, sans l'accord de l'usufruitier, ne modifie pas le droit de ce dernier, qui continue à jouir de son usufruit sur le bien s'il n'y a pas expressément renoncé* »).

548. Art. 621 al. 1 C. civ. : « *[e]n cas de vente simultanée de l'usufruit et de la nue-propriété d'un bien, le prix se répartit entre l'usufruit et la nue-propriété selon la valeur respective de chacun de ces droits, sauf accord des parties pour reporter l'usufruit sur le prix* ».

549. Art. 28 Décr. n° 55-22 du 4 janvier 1955 *portant réforme de la publicité foncière*. Sur ce texte, v. *infra*, n° 662 et s.

550. Art. 622 C. civ. : « *[l]es créanciers de l'usufruitier peuvent faire annuler la renonciation qu'il aurait faite à leur préjudice* » ; art. 1167 C. civ. : « *[les créanciers] peuvent aussi, en leur nom personnel, attaquer les actes faits par leur débiteur en fraude de leurs droits (...)* ».

551. En cas de défaut d'entretien de la part de l'usufruitier, l'abus de jouissance ne sera caractérisé que si l'immeuble dépérit. Et v. CA Lyon, 25 octobre 2001, RG n° 1999/05010 : l'inhabitation des locaux et leur défaut d'entretien, en l'absence de preuve d'un dépérissement de l'immeuble, ne sont pas des éléments suffisants pour caractériser un abus de jouissance.

552. CA Paris, 25 janvier 2007, RG n° 06/06871 : « il n'est pas démontré que ce soit par malice [que l'usufruitier] ait cessé petit à petit de payer ses charges de copropriété ; Que, certes, un usufruit peut cesser par l'abus que l'usufruitier fait de sa jouissance mais que l'article 618 C. civ. précise que cet abus consiste « soit en commettant des dégradations sur le fonds (ce qui n'est pas le cas), soit en le laissant dépérir faute d'entretien (ce qui n'est pas le cas non plus) ». V. toutefois M. PLANIOL et G. RIPERT, M. PICARD, n° 869, qui estiment qu'« il faut généraliser : il y a lieu à déchéance toutes les fois que l'usufruitier manque à ses obligations d'une manière assez grave pour compromettre les biens soumis à l'usufruit ».

553. Civ. 3e, 12 mars 1970, *Bull. civ.* III, n° 205 : « les juges d'appel, en sanctionnant "le changement dans la destination du bien grevé d'usufruit", n'ont fait qu'apprécier souverainement la gravité de la faute commise par [l'usufruitier] (...) ».

554. Civ. 3e, 4 juin 1975, *Bull. civ.* III, n° 194 : conclusion par l'usufruitier d'un bail commercial sur des lieux destinés à un autre usage ; Civ. 3e, 12 mars 1970, *Bull. civ.* III, n° 205 : défaut d'entretien

de l'usufruitier ne sont pas d'une gravité suffisante[555], ou bien prendre une mesure médiane : déchéance partielle – portant seulement sur certains biens formant l'assiette de l'usufruit[556] –, restitution de tous les biens formant l'assiette de l'usufruit moyennant le versement d'une rente[557], ou encore, fourniture de garanties[558].

En vue d'apprécier la mesure adéquate[559], le juge doit entendre les créanciers de l'usufruitier le souhaitant, en vue de s'assurer de la conservation de leurs droits. En effet, ceux-là mêmes peuvent offrir réparation des dégradations commises ainsi que des garanties pour l'avenir[560].

En tout état de cause, l'abus de jouissance étant une faute, l'usufruitier engage ses responsabilités envers le nu-propriétaire[561].

---

prolongé ayant entraîné la détérioration du gros œuvre de l'immeuble ; Civ. 3e, 4 juillet 1978, *Bull. civ.* III, n° 276 : obstination à maintenir dans les lieux des occupants d'un domaine rural dont le bail, conclu par l'usufruitier seul, a été annulé à la requête des nus-propriétaires.

555. Civ. 3e, 12 mars 1970, *Bull. civ.* III, n° 204, *RTD civ.* 1971, p. 174, obs. J.-D. Bredin : « la cour d'appel, sans méconnaître les règles de la preuve, ni violer les textes visés au moyen, a, en statuant comme elle l'a fait, usé du pouvoir d'appréciation dont elle dispose pour l'application de la sanction édictée par l'article 618 C. civ. ».

556. CA Pau, 26 novembre 1873, *DP* 1875, 2, p. 231 : « la déchéance n'est pas la sanction absolument nécessaire des actes abusifs commis, puisque, d'après l'art. 618 C. civ., les tribunaux sont autorisés à imposer au nu-propriétaire l'obligation de payer une somme déterminée pendant la vie de l'usufruitier ; (...) *a fortiori* les tribunaux peuvent ne prononcer qu'une déchéance partielle si les abus de jouissance ont porté seulement sur quelques-uns des objets grevés de l'usufruit » ; CA Pau, 11 mars 1893, *DP* 1893, 2, p. 430 : « en droit, (...) la déchéance, qui est la sanction des actes abusifs de l'usufruitier, n'est pas absolue et nécessaire ; (...) la loi a eu en vue de concilier les intérêts de celui-ci et ceux du nu-propriétaire dans le pouvoir donné aux tribunaux de recourir aux mesures qui permettent d'obtenir ce résultat ; (...) c'est ainsi qu'ils peuvent, notamment, ne prononcer qu'une déchéance partielle, lorsque c'est seulement sur quelques-uns des objets soumis à l'usufruit qu'a porté l'abus de jouissance ; (...) une interprétation différente du sens et de la portée de l'art. 618 (...), aboutirait à des rigueurs excessives, qui, sans nécessité, eu égard aux intérêts du nu propriétaire, auraient pour conséquence d'infliger à l'usufruitier une peine non proportionnée à la faute commise, et qui le frapperait en dehors des actes dont le nu propriétaire est en droit de se plaindre ».

557. Art. 618 al. 3 C. civ. : « *[l]es juges peuvent, suivant la gravité des circonstances, ou prononcer l'extinction absolue de l'usufruit, ou n'ordonner la rentrée du propriétaire dans la jouissance de l'objet qui en est grevé, que sous la charge de payer annuellement à l'usufruitier, ou à ses ayants cause, une somme déterminée, jusqu'à l'instant où l'usufruit aurait dû cesser* ».

558. Art. 602 C. civ. : « *[s]i l'usufruitier ne trouve pas de caution, les immeubles sont donnés à ferme ou mis en séquestre ;* (al. 1) *Les sommes comprises dans l'usufruit sont placées ;* (al. 2) *Les denrées sont vendues et le prix en provenant est pareillement placé ;* (al. 3) *Les intérêts de ces sommes et les prix des fermes appartiennent, dans ce cas, à l'usufruitier.* (al. 4) » ; art. 603 C. civ. : « *[à] défaut d'une caution de la part de l'usufruitier, le propriétaire peut exiger que les meubles qui dépérissent par l'usage soient vendus, pour le prix en être placé comme celui des denrées ; et alors l'usufruitier jouit de l'intérêt pendant son usufruit : cependant l'usufruitier pourra demander, et les juges pourront ordonner, suivant les circonstances, qu'une partie des meubles nécessaires pour son usage lui soit délaissée, sous sa simple caution juratoire, et à la charge de les représenter à l'extinction de l'usufruit* ».

559. Civ. 3e, 12 mars 1970, *Bull. civ.* III, n° 204, *RTD civ.* 1971, p. 174, obs. J.-D. Bredin : « *la cour d'appel, sans méconnaître les règles de la preuve, ni violer les textes visés au moyen, a, en statuant comme elle l'a fait, usé du pouvoir d'appréciation dont elle dispose pour l'application de la sanction édictée par l'article 618 C. civ.* ».

560. Art. 618 al. 2 C. civ. : « *[l]es créanciers de l'usufruitier peuvent intervenir dans les contestations pour la conservation de leurs droits ; ils peuvent offrir la réparation des dégradations commises et des garanties pour l'avenir.* »

561. Civ. 1re, 10 juillet 1963, *Bull. civ.* III, n° 383 : « le nu-propriétaire, qui a le droit de demander la cessation de l'usufruit contre l'usufruitier qui abuse de sa jouissance, peut, également, lorsque l'usufruitier méconnait ses obligations, le contraindre à réparer le dommage causé à la chose ».

b) Les conséquences de l'extinction

360. Plan. À l'extinction de l'usufruit, la pleine propriété se reconstitue sur la tête du nu-propriétaire. Celui-ci, qui retrouve l'usage du bien, a donc droit d'obtenir sa restitution (α). Au-delà, il se peut que le nu-propriétaire et l'usufruitier soient titulaires de créances réciproques, un compte de restitutions devant alors être établi (β).

α) La restitution du bien

361. Principe de restitution en nature. En principe, c'est le bien même qui a fait l'objet du démembrement qui est restitué : c'est la restitution en nature. Le bien doit être restitué dans l'état qui était le sien lors de la constitution de l'usufruit, ce qui explique l'intérêt de dresser un inventaire lors de la constitution de l'usufruit[562]. Toutefois, chaque fois que le bien s'est détérioré en raison de la vétusté ou de son usage normal – non fautif –, l'usufruitier n'est tenu d'aucune indemnité[563].

362. Restitution par équivalent lorsque la restitution en nature est impossible. Dans deux séries d'hypothèse, la restitution en nature est impossible.

En premier lieu, l'impossibilité de restituer en nature peut être la conséquence de la ***nature* du bien**. Ainsi, en présence d'un quasi-usufruit, portant par hypothèse sur un bien consomptible, la restitution en nature de celui-ci est impossible : elle se fait au choix de l'usufruitier d'un bien équivalent ou de sa valeur, estimée au jour de la restitution[564].

En second lieu, l'impossibilité de restituer en nature peut être la conséquence de la ***perte* du bien**. De deux choses l'une : soit la perte est *fortuite*, et l'usufruitier, ne supportant pas les risques, n'est pas tenu à restitution – sauf dans le cas particulier du quasi-usufruit –, soit la perte est due à la *faute* de l'usufruitier, et celui-ci est tenu d'en restituer l'équivalent[565].

β) L'établissement d'un compte de restitutions

363. Plan. Lorsqu'à l'échéance de l'usufruit, le nu-propriétaire et l'usufruitier ont des créances réciproques, un compte de restitution est établi.

• Les créances du nu-propriétaire

364. En cas de restitution en nature : détériorations, intérêts des grosses réparations. En premier lieu, l'usufruitier qui, par sa faute – abus de jouissance ou inexécution de l'obligation d'effectuer les réparations d'entretien –, a détérioré le bien, est tenu d'indemniser le nu-propriétaire. En second lieu, le nu-propriétaire

---

562. V. *supra*, n° 313.

563. Art. 589 C. civ. : « *[s]i l'usufruit comprend des choses qui, sans se consommer de suite, se détériorent peu à peu par l'usage, comme du linge, des meubles meublants, l'usufruitier a le droit de s'en servir pour l'usage auquel elles sont destinées, et n'est obligé de les rendre, à la fin de l'usufruit, que dans l'état où elles se trouvent, non détériorées par son dol ou par sa faute* ».

564. Art. 587 C. civ., réd. L. 17 mai 1960 : « *[s]i l'usufruit comprend des choses dont on ne peut faire usage sans les consommer, comme l'argent, les grains, les liqueurs, l'usufruitier a le droit de s'en servir, mais à la charge de rendre, à la fin de l'usufruit, soit des choses de même quantité et qualité soit leur valeur estimée à la date de la restitution* ».

565. Art. 1302 C. civ. : « *[l]orsque le corps certain et déterminé qui était l'objet de l'obligation, vient à périr, est mis hors du commerce, ou se perd de manière qu'on en ignore absolument l'existence, l'obligation est éteinte si la chose a péri ou a été perdue sans la faute du débiteur et avant qu'il fût en demeure (...)* ».

qui a effectué les grosses réparations en cours d'usufruit est créancier à l'échéance de l'usufruitier des intérêts des sommes déboursées[566].

365. En cas de restitution par équivalent. ***Renvoi.*** Lorsque le bien ne peut être restitué en nature, il doit l'être par son équivalent en valeur. Le « propriétaire » est alors *créancier* de cette valeur[567].

• Les créances de l'usufruitier

366. Absence de créances pour les améliorations (et constructions). La question de l'éventuelle indemnisation de l'usufruitier pour les **améliorations** qu'il aurait apportées au bien est réglée par l'article 599 al. 2 C. civ. : « *(...) l'usufruitier ne peut, à la cessation de l'usufruit, réclamer aucune indemnité pour les améliorations qu'il prétendrait avoir faites, encore que la valeur de la chose en fût augmentée* ». L'enrichissement du nu-propriétaire étant causé juridiquement par cette disposition, il est interdit à l'usufruitier de réclamer une indemnité à quel que titre que ce soit. Cette disposition est justifiée par le double souci, d'une part, d'éviter toutes contestations sur ce qu'est une amélioration et sur ce qu'elle n'est pas et, d'autre part, et surtout, d'imposer au nu-propriétaire des frais qu'il n'aurait pas lui-même engagé[568]. Cette dernière raison suffit à justifier la règle[569], car, autrement, les nus-propriétaires auraient à craindre que leurs usufruitiers engagent des dépenses d'autant plus élevées qu'ils n'en supporteraient pas la charge. Aussi a-t-on justement fait remarquer que « [l]'usufruitier qui entreprend des améliorations doit donc se dire qu'il dépense son argent sans espoir de recours et uniquement pour sa satisfaction personnelle, pendant le temps indéterminé que pourra durer sa jouissance »[570]. Il reste que l'article 599 al. 3 C. civ.[571] autorise l'usufruitier à récupérer les améliorations qu'il a apportées, pourvu que cela ne l'empêche pas de remettre les lieux en l'état.

La règle applicable aux améliorations l'est-elle également aux **constructions**[572] ? Bien entendu, les parties pourraient très bien avoir prévu de régler cette question lors de la constitution de l'usufruit ou même postérieurement. Mais que décider lorsque tel n'a pas été le cas ? D'un côté, dans le Code civil, le sort des constructions suit en général celui des améliorations (art. 861[573], 1437[574],

566. Art. 609 al. 2 C. civ. : « *[l]e propriétaire est obligé de les payer [les charges qui lui incombent], et l'usufruitier doit lui tenir compte des intérêts* ».

567. V. *supra*, n° 362.

568. M. Planiol et G. Ripert, M. Picard, n° 877, se référant au discours du tribun Gary au Corps législatif.

569. *Contra*, F. Terré et Ph. Simler, n° 856.

570. M. Planiol et G. Ripert, M. Picard, n° 877.

571. « *Il [l'usufruitier] peut cependant, ou ses héritiers, enlever les glaces, tableaux et autres ornements qu'il aurait fait placer, mais à la charge de rétablir les lieux dans leur premier état.* » Au-delà de ces quelques illustrations, sont en réalité visés les objets mobiliers qui améliorent le fonds, voire toutes les améliorations (F. Deboissy, « Le sort des constructions nouvelles édifiées par l'usufruitier : retour sur une controverse ancienne », in *Études offertes au Doyen Philippe Simler*, Dalloz, Litec, p. 745 s., spéc. n° 42).

572. F. Deboissy, « Le sort des constructions nouvelles édifiées par l'usufruitier : retour sur une controverse ancienne », in *Études offertes au Doyen Philippe Simler*, Dalloz, Litec, p. 745 s.

573. « *Lorsque le rapport se fait en nature et que l'état des objets donnés a été amélioré par le fait du donataire, il doit lui en être tenu compte, eu égard à ce dont leur valeur se trouve augmentée au temps du partage ou de l'aliénation.* (al. 1) *Il doit être pareillement tenu compte au donataire des dépenses nécessaires qu'il a faites pour la conservation du bien, encore qu'elles ne l'aient point amélioré.* (al. 2) ».

574. « *Toutes les fois qu'il est pris sur la communauté une somme, soit pour acquitter les dettes ou charges personnelles à l'un des époux, telles que le prix ou partie du prix d'un bien à lui propre ou le*

1634[575] et 2470[576] C. civ.), de sorte qu'en refusant toute indemnisation pour les améliorations, l'article 599 C. civ. la refuserait également pour les constructions[577]. Mais, d'un autre côté, l'usufruitier serait moins bien traité que ne l'est le possesseur de mauvaise foi qui bénéficie d'une indemnité sur le fondement de l'article 555 C. civ. lorsque le propriétaire décide de conserver la construction[578]. Aussi, certains ont préconisé une solution intermédiaire, en distinguant suivant que la construction constitue une dépense d'*amélioration* ou d'*acquisition*, les premières relevant de l'article 599 C. civ., les secondes, de l'article 555 C. civ.[579]. Reste que la Cour de cassation a préféré décider que l'article 599 C. civ. s'appliquait indistinctement aux améliorations et constructions : « suivant l'esprit de cette disposition, on doit considérer comme améliorations soit les constructions nouvelles s'ajoutant au fonds et en augmentant la valeur, soit les constructions ayant pour effet d'achever un bâtiment commencé, ou bien d'agrandir un édifice préexistant »[580]. L'usufruit devient ainsi notamment un outil de transmission à titre gratuit d'un bien amélioré : des parents propriétaires donnent la nue-propriété de leur bien aux enfants et, en qualité d'usufruitier, construisent sur le terrain qui reviendra amélioré aux enfants à l'extinction de l'usufruit.

367. Les grosses réparations. L'usufruitier qui a procédé à une grosse réparation est fondé à réclamer à l'extinction de l'usufruit une indemnité au nu-propriétaire (art. 609 C. civ.[581]). De fait, réparer, c'est conserver et non améliorer. D'après la jurisprudence, cette indemnité égale le montant de la plus-value résultant lors de la cessation de l'usufruit[582] et non celui de la dépense faite, comme c'est le cas pour les impenses nécessaires[583], ce qui est défavorable à l'usufruitier. Selon certains, la solution s'explique par le fait que le nu-propriétaire n'est jamais tenu d'effectuer les grosses réparations[584]. Et si l'usufruitier n'en est pas davantage tenu, il est

---

rachat des services fonciers, soit pour le recouvrement, la conservation ou l'amélioration de ses biens personnels, et généralement toutes les fois que l'un des deux époux a tiré un profit personnel des biens de la communauté, il en doit la récompense. »

575. « *Le vendeur est tenu de rembourser ou de faire rembourser à l'acquéreur, par celui qui l'évince, toutes les réparations et améliorations utiles qu'il aura faites au fonds.* »

576. « *Les détériorations qui procèdent du fait ou de la négligence du tiers détenteur, au préjudice des créanciers hypothécaires ou privilégiés, donnent lieu contre lui à une action en indemnité ; mais il ne peut répéter ses dépenses et améliorations que jusqu'à concurrence de la plus-value résultant de l'amélioration.* »

577. Ce à quoi certains ajoutent que l'usufruitier qui fait de nouvelles constructions excèdent son droit de jouissance et manque à son obligation de conserver la chose (F. Terré et Ph. Simler, n° 857).

578. V. *supra*, n° 164 et s.

579. Ch. Beudant, *Cours de droit civil français*, t. VI, *Les biens*, 2e éd. Par R. Beudant et P. Lerebours-Pigeonnière, n° 477 : « s'il s'agit d'une construction entièrement nouvelle élevée sur un terrain nu, on ne peut plus parler d'une simple amélioration ; la nature propre de la chose est modifiée » ; F. Deboissy, art. préc., n° 37 s.

580. Req. 4 novembre 1885, *DP* 1886, 1, p. 361. Et V. déjà Civ. 23 mars 1825, S. 1825, 1, p. 89 : les « changements et constructions (...), de leur nature, sont de véritables améliorations » (réunion de l'ancien hôtel Galiffet et d'une maison rue du Bac).

581. « *À l'égard des charges qui peuvent être imposées sur la propriété pendant la durée de l'usufruit, l'usufruitier et le propriétaire y contribuent ainsi qu'il suit : (...) Si elles sont avancées par l'usufruitier, il a la répétition du capital à la fin de l'usufruit.* »

582. Civ. 17 juin 1911, *DP* 1911, 1, p. 457 : « l'usufruitier qui a procédé à une grosse réparation est fondé à réclamer au nu-propriétaire le montant de la plus-value en résultant lors de la cessation de l'usufruit ».

583. V. *infra*, n° 529, au sujet de l'indivision.

584. F. Terré et Ph. Simler, n° 858.

néanmoins poussé à les effectuer, car il jouit de la chose est tendu de la conserver, en sorte qu'il y a quelque hypocrisie à ne pas l'indemniser au mieux.

B Droit spécial de l'usufruit

368. Diversité des biens, diversité des usufruits. La diversité des biens a rendu nécessaire l'aménagement de certaines règles de l'usufruit. Tant et si bien qu'au-delà de règles communes à tous les usufruits, il existe des règles spéciales à certains usufruits.

369. Usufruit des créances. Le droit d'*user* et de *faire siens les fruits* d'une créance[585] emporte deux conséquences principales : l'usufruitier a qualité pour *recevoir le paiement du capital de la créance*[586] – lors du paiement du capital de la créance, l'usufruit se muera en un quasi-usufruit portant sur une somme d'argent – et a *droit aux intérêts*[587]. Dans le cas particulier où l'usufruit porte sur une rente, l'usufruitier fait siens les arrérages – qualifiés de fruits civils par l'article 584 al. 1 C. civ.[588] – sans être tenu à aucune restitution[589].

---

585. A. Françon, « L'usufruit des créances », *RTD civ.* 1957, p. 1 ; R. Libchaber, « L'usufruit des créances existe-t-il ? », *RTD civ.* 1997, p. 615.
Observations liminaires :
1°/ C'est l'usufruit d'une créance monétaire qui est très généralement envisagé. Pour une – rare – illustration d'un usufruit portant sur une créance non monétaire, v. Req. 19 janvier 1857, *DP* 1859, 1, p. 279 : « un bail à ferme peut, comme toute autre nature de biens, être possédé à titre d'usufruit ; (...) le droit de l'usufruitier, dans ce cas, n'étant réglé par aucune disposition spéciale de la loi, il appartenait aux juges de rechercher, dans les dispositions du Code Napoléon sur des cas analogues, les règles pour en déterminer la nature et l'étendue ; (...) le bail à ferme ne saurait être assimilé aux choses qui se consomment par l'usage et qui peuvent être remplacées par l'usufruitier à la fin de l'usufruit ; (...) on ne saurait, dès lors, appliquer à l'usufruit d'un bail à ferme les règles tracées dans l'art. 587 C. nap. ; c'est le bail à ferme lui-même qui est l'objet de l'usufruit et non les produits obtenus par l'exploitation de ce bail ; (...) on doit attribuer à l'usufruitier tous les bénéfices obtenus par l'exploitation du bail à ferme pendant le cours de l'usufruit, et reconnaître qu'il ne doit restituer à la fin de l'usufruit que le droit au bail à ferme, si ce bail existe encore ». En l'espèce, un bail à ferme avait été transmis par voie successorale et s'était trouvé ainsi démembré ; l'usufruit porte sur le bail lui-même (et les utilités qu'il procure) et non sur les récoltes en sorte que le produit des récoltes n'a pas à être conservé déduction faite des fermages et impenses, pour être restitué au nu-propriétaire à la fin de l'usufruit. *Adde* Com. 25 avril 1974, *Bull. civ.* IV, n° 133 : usufruit d'un droit de sous-location (la Cour de cassation estime que « le jugement n'a méconnu ni qu'un usufruit puisse porter sur un droit personnel, ni que le régime fiscal applicable à la transmission d'un usufruit ne diffère pas suivant que celui-ci est établi sur un droit réel ou sur un droit personnel »).
2°/ Cette institution était connue du droit romain : l'usufruit de la créance pouvait, semble-t-il, être légué au débiteur, ce qui arrêtait le cours des intérêts et dispensait le débiteur de payer le capital avant l'échéance de l'usufruit (P. F. Girard, p. 390).

586. Civ. 1re, 4 octobre 1989, *Bull. civ.* I, n° 308, *RTD civ.* 1990, p. 687, obs. F. Zenati : « l'usufruitier a qualité pour agir en recouvrement de la créance sur laquelle porte son usufruit » ; Com. 12 juillet 1993, *Bull. civ.* IV, n° 292, *Rép. Defr.* 1993, p. 1464, obs. H. Hovasse, *RTD civ.* 1994, p. 381, obs. F. Zenati. : « l'usufruitier avait qualité pour percevoir la somme d'argent sur laquelle portaient ses droits et, à cette fin, remettre à l'encaissement le chèque destiné à son paiement ».

587. Par où l'on voit que l'intérêt principal de l'usufruit d'une créance est de procurer à l'usufruitier les fruits de la créance. D'ailleurs, « dans la pensée de ses concepteurs, l'usufruit porte en réalité davantage sur le capital prêté que sur la créance elle-même » (R. Libchaber, art. préc., n° 19).

588. « *Les fruits civils sont les loyers des maisons, les intérêts des sommes exigibles, les arrérages des rentes.* »

589. Art. 588 C. civ. : « *[l]'usufruit d'une rente viagère donne aussi à l'usufruitier, pendant la durée de son usufruit, le droit d'en percevoir les arrérages, sans être tenu à aucune restitution* ».

L'APRDB consacre ces règles (art. 600[590]) : l'usufruitier fait « siens les intérêts à titre de fruits » et, sur le capital remboursé au cours de son usufruit, il exerce, sauf convention contraire, un quasi-usufruit jusqu'à l'arrivée du terme prévu pour son droit.

370. Usufruit de droits sociaux. Le démembrement de droits sociaux est couramment pratiqué ; les questions les plus fréquentes concernent la répartition des dividendes et des droits de vote[591].

S'agissant de la **répartition des dividendes**, question qui intéresse le droit des biens, il faut distinguer suivant que ceux-ci sont prélevés sur les réserves ou non. ***Lorsqu'ils ne sont pas prélevés sur les réserves*** et qu'ils le sont notamment sur le produit de l'exercice, les dividendes participent de la nature des fruits[592] et échoient naturellement à l'usufruitier[593], encore que la question des modalités temporelles de leur acquisition a suscité un débat : s'acquièrent-ils au moment de l'apparition du bénéfice duquel ils sont extraits, au moment auquel l'assemblée générale décide de les distribuer, ou encore au moment de leur distribution ? La Cour de cassation, qui refuse de qualifier les dividendes de fruits civils[594] – ce qui a pour effet de rendre inapplicable l'article 586 C. civ.[595], – a considéré que les dividendes étaient acquis par l'usufruitier au *jour de la décision de l'assemblée générale* de les distribuer[596], peu important la date (antérieure) des

590. « *L'usufruitier d'une créance de somme d'argent fait siens les intérêts à titre de fruits. En cas de remboursement du capital au cours de son usufruit, il exerce, sauf convention contraire, son droit sur ce capital conformément à l'article 596 jusqu'à l'arrivée du terme prévu pour son droit* ».

591. Au-delà, la question de savoir qui du nu-propriétaire ou de l'usufruitier est associé est une question récurrente. Un arrêt rendu le 29 novembre 2006 par la Cour de cassation (Civ. 3e, 29 novembre 2006, *Bull. civ.* III, n° 236, *Rép. Defr.* 2007, p. 676, obs. P. Le Cannu, *RTD civ.* 2007, p. 153, obs. Th. Revet) a approuvé une cour d'appel d'avoir considéré que la cession de la nue-propriété de parts d'un associé s'étant réservé l'usufruit lui avait fait perdre la qualité d'associé « quelle que soit l'étendue du droit de vote accordé à l'usufruitier par les statuts ».

592. Com., 5 octobre 1999, *Bull. civ.* IV, n° 163 : « les sommes qui, faisant partie du bénéfice distribuable sont, soit en vertu des statuts, soit après décision de l'assemblée générale, réparties entre les actionnaires, participent de la nature des fruits ».

593. Art. 582 C. civ. : « *[l]'usufruitier a le droit de jouir de toute espèce de fruits, soit naturels, soit industriels, soit civils, que peut produire l'objet dont il a l'usufruit* ».

594. Avec raison, semble-t-il : ainsi qu'on l'a relevé, « si, comme le fruit civil, le dividende est monétaire, contrairement à cette espèce, il ne constitue pas la rétribution d'une concession d'utilité d'une chose. Le fruit-dividende est une fraction des sommes reçues par la personne morale en contrepartie du commerce des biens et des services qu'elle crée. Aucune rémunération de la jouissance d'un élément d'actif social n'est ici repérable : le dividende est une partie des sommes reçues en rémunération d'aliénations (ou d'actes assimilés, s'agissant des services). C'est précisément la raison pour laquelle le dividende ne s'acquiert pas au jour le jour : le temps n'est, en rien, un élément de sa cause » (Th. Revet, obs. ss. Com. 28 novembre 2006, in *RTD civ.* 2007, p. 149). Et v. *supra*, n° 38.

595. « *Les fruits civils sont réputés s'acquérir jour par jour et appartiennent à l'usufruitier, à proportion de la durée de son usufruit. Cette règle s'applique aux prix des baux à ferme, comme aux loyers des maisons et autres fruits civils.* »

596. Com. 23 octobre 1990, *Bull. civ.* IV, n° 247, *RTD civ.* 1991, p. 361, obs. F. Zenati : « c'est la décision de l'assemblée générale de distribuer tout ou partie des bénéfices réalisés au cours de l'exercice sous forme de dividendes qui confère à ceux-ci l'existence juridique, d'où il suit que la créance de dividendes n'existait pas à la date du décès et ne pouvait donc faire partie de l'actif successoral ». *Adde* Com. 5 octobre 1999, *Bull. civ.* IV, n° 163, *Rép. Defr.* 2000, p. 40, obs. P. Le Cannu, *Gaz. Pal.* 2000, p. 396, obs. D. Guével : « [l]es sommes qui, faisant partie du bénéfice distribuable sont, soit en vertu des statuts, soit après décision de l'assemblée générale, réparties entre les actionnaires, participent de la nature des fruits » ; Com. 28 novembre 2006, *Bull. civ.* IV, n° 235, *Rép. Defr.* 2007, p. 1545, obs. B. Thullier, *Dr. et patr.* juillet-août 2007, p. 85, obs. J.-B. Seube, *RTD civ.* 2007, p. 149, obs. Th. Revet : « si les sommes qui, faisant partie du bénéfice distribuable sont, après décision de l'Assemblée générale, réparties entre les associés, participent de la nature des fruits, ces dividendes

bénéfices duquel ils étaient extraits et la date (postérieure) de leur recouvrement. Elle en a déduit qu'avant la décision de l'assemblée générale, l'usufruitier des parts sociales n'ayant pas de droit sur les bénéfices, il ne consent aucune donation au nu-propriétaire en participant à l'assemblée générale qui décide de les affecter à un compte de réserve[597]. ***Lorsque les dividendes sont prélevés sur les réserves***, la Cour de cassation a décidé que le droit de jouissance de l'usufruitier de droits sociaux s'exerce, sauf convention contraire entre celui-ci et le nu-propriétaire, sous la forme d'un quasi-usufruit[598], ce qui signifie qu'au final c'est au nu-propriétaire qu'ils échoient : les réserves sont considérées comme étant du capital. Les dividendes ne sont plus appréhendés comme les fruits du bien qui forme l'assiette du droit de l'usufruitier, mais comme le bien même qui forme son assiette (ou ses produits), ce qui explique que l'on soit ainsi en présence, suivant la Cour de cassation, d'un quasi-usufruit.

S'agissant de la **répartition des droits de vote**, question qui relève surtout du droit des sociétés, il convient de distinguer. En principe, par application de l'article 1844 al. 3 C. civ.[599], le droit de vote appartient au nu-propriétaire, sauf en ce qui concerne les décisions portant sur l'affectation des bénéfices, pour lesquelles le droit de vote appartient à l'usufruitier. Dans les sociétés par actions autres que les SAS[600], l'article L. 225-110 al. 1 C. com. prévoit que « *[l]e droit de vote attaché à l'action appartient*

---

n'ont pas d'existence juridique avant l'approbation des comptes de l'exercice par l'Assemblée générale, la constatation par celle-ci de l'existence des sommes distribuables, et la détermination de la part qui est attribuée à chaque associé ». *Contra*, auparavant, Civ. 21 octobre 1931, *D.* 1933, 1, p. 100, note J. Carbonnier, *S.* 1933, 1, p. 137, note Battifol ; Civ. 7 juillet 1941, *D.* 1941, p. 370. Ainsi qu'on l'a relevé, « ce revirement doit être approuvé sans réserve. La solution antérieure procédait d'une confusion du bénéfice social, qui est un fruit à l'égard de la société, et des dividendes, qui ne sont des fruits que pour les associés » (F. Zenati, obs. préc. ss. Com. 23 octobre 1990).

597. Com. 10 février 2009, *Bull. civ.* IV, n° 19, *D.* 2009, p. 1512, note V. Barabé-Bouchard, *ibid.*, p. 2300, obs. B. Mallet-Bricout, *JCP* 2009, I, 127, obs. H. Périnet-Marquet, Dr. & patr. juin 2009, p. 80, obs. J.-B. Seube, *RTD civ.* 2009, p. 348, obs. Th. Revet : « les bénéfices réalisés par une société ne participent de la nature des fruits que lors de leur attribution sous forme de dividendes, lesquels n'ont pas d'existence juridique avant l'approbation des comptes de l'exercice par l'assemblée générale, la constatation par celle-ci de l'existence de sommes distribuables et la détermination de la part qui est attribuée à chaque associé ; qu'il s'ensuit qu'avant cette attribution, l'usufruitier des parts sociales n'a pas de droit sur les bénéfices et qu'en participant à l'assemblée générale qui décide de les affecter à un compte de réserve, il ne consent aucune donation au nu-propriétaire ».
Cette jurisprudence se justifie surtout par le fait que les bénéfices mis en réserve pourront par la suite être redistribués sous forme de dividendes, si l'on admet que ceux-ci reviennent à l'usufruitier (v. notamment R. Mortier et Y. Kreambrun, « Pourquoi les réserves distribuées sont à l'usufruitier et à lui seul ! », *JCP* N 2009, p. 1264), mais la question reste discutée.

598. Com. 27 mai 2015, pourvoi n° 14-16246, à paraître au *Bulletin*, *AJ fam.* 2015, p. 416, obs. Ch. Vernières, *Rép. Defr.* 2015, p. 744, obs. R. Gentilhomme, *RTD civ.* 2015, p. 658, obs. W. Dross : « dans le cas où la collectivité des associés décide de distribuer un dividende par prélèvement sur les réserves, le droit de jouissance de l'usufruitier de droits sociaux s'exerce, sauf convention contraire entre celui-ci et le nu-propriétaire, sous la forme d'un quasi-usufruit, sur le produit de cette distribution revenant aux parts sociales grevées d'usufruit, de sorte que l'usufruitier se trouve tenu, en application du premier des textes susvisés, d'une dette de restitution exigible au terme de l'usufruit et qui, prenant sa source dans la loi, est déductible de l'actif successoral lorsque l'usufruit s'éteint par la mort de l'usufruitier ».

599. « *Si une part est grevée d'un usufruit, le droit de vote appartient au nu-propriétaire, sauf pour les décisions concernant l'affectation des bénéfices, où il est réservé à l'usufruitier.* »

600. Art. L. 227-1 al. 3 C. com : « *[d]ans la mesure où elles sont compatibles avec les dispositions particulières prévues par le présent chapitre, les règles concernant les sociétés anonymes, à l'exception des articles L. 224-2, L. 225-17 à L. 225-126, L. 225-43 et du I de l'article L. 233-8, sont applicables à la société par actions simplifiée. Pour l'application de ces règles, les attributions du conseil d'administration ou de son président sont exercées par le président de la société par actions simplifiée ou celui ou ceux de ses dirigeants que les statuts désignent à cet effet* ».

à l'usufruitier dans les assemblées générales ordinaires[601] *et au nu-propriétaire dans les assemblées générales extraordinaires*[602] ». Ces dispositions n'étant pas d'ordre public, il est possible d'y déroger dans les statuts, mais dans une certaine mesure seulement. D'une part, en raison de la vocation aux fruits de l'usufruitier, la clause des statuts qui réserverait au nu-propriétaire le droit de vote aux assemblées tant ordinaires qu'extraordinaires ou spéciales serait nulle en ce qu'elle subordonne « à la seule volonté des nus-propriétaires le droit d'user de la chose grevée d'usufruit et d'en percevoir les fruits, alors que l'article 578 C. civ. attache à l'usufruit ces prérogatives essentielles »[603]. D'autre part, « les statuts peuvent déroger à la règle selon laquelle, si une part est grevée d'usufruit, le droit de vote appartient au nu-propriétaire, dès lors qu'ils ne dérogent pas au droit du nu-propriétaire de participer aux décisions collectives »[604] ; autrement dit, on peut priver le nu-propriétaire de son droit de vote, non du droit de participer aux assemblées (de fait, l'article 1844 al. 1 C. civ., qui prévoit que « *tout associé a le droit de participer aux décisions collectives* », est d'ordre public (al. 4)).

L'APRDB[605] prévoit que l'usufruitier a droit aux dividendes distribués à titre de revenus : l'usufruitier, qui les perçoit comme fruits, en acquiert alors la pleine propriété. Sur toute autre somme – dividendes distribués autrement qu'à titre de revenus, répartition du *boni* de liquidation – l'usufruitier exerce son droit d'usufruit, qui se mue en un quasi-usufruit : les sommes qui lui sont remises devront être restituées à l'extinction de son droit.

371. Usufruit d'une universalité. L'usufruit portant sur une universalité peut avoir en premier lieu pour assiette une **universalité de fait** : portefeuille de valeurs mobilières[606], fonds de commerce[607], troupeau[608], etc. L'usufruitier dispose du

601. En vue notamment de décider la distribution des bénéfices sociaux.

602. En vue notamment de décider la prorogation d'une société.

603. Com. 31 mars 2004, *Bull. civ.* IV, n° 70, *D.* 2004, p. 1167, obs. A. Lienhard, p. 2925, *Rép. Defr.* 2005, p. 896, obs. J. Honorat, *RTD civ.* 2004, p. 318, obs. Th. Revet, *RTD com.* 2004, p. 542, obs. P. Le Cannu.

604. Com. 22 février 2005, pourvoi n° 03-17421, *Rép. Defr.* 2005, p. 1792, D. Fiorina, *Dr. & patr.* mai 2005, p. 63, note A. Pietrancosta, et p. 102, obs. D. Poracchia, *Rev. sociétés* 2005, p. 353, note P. Le Cannu ; Com. 2 décembre 2008, pourvoi n° 08-13185, *D.* 2009, p. 12, obs. A. Lienhard et p. 780, note B. Dondero et p. 2300, obs. B. Mallet-Bricout, *Banque et droit* janvier-février 2009, p. 49, obs. M. Storck, *RTD civ.* 2009, p. 137, obs. Th. Revet, *Rev. sociétés* 2009, p. 83, obs. P. Le Cannu, *RDC* 2009, p. 1154, obs. F.-X. Lucas. V. déjà Com. 4 janvier 1994, *Bull. civ.* 1994, IV, n° 10, *Rép. Defr.* 1994, p. 556, P. Le Cannu : « si selon l'article 1844, alinéa 4, C. civ., il peut être dérogé à l'alinéa 3 du même article qui est relatif au droit de vote, et qu'il était donc possible aux statuts litigieux de prévoir une dérogation sur ce point, aucune dérogation n'est prévue concernant le droit des associés et donc du nu-propriétaire de participer aux décisions collectives tel qu'il est prévu à l'alinéa 1er dudit article ».

605. Art. 601 : « *[l]es dividendes distribués à titre de revenus appartiennent à l'usufruitier.* (al. 1) *Sauf convention contraire, l'usufruitier exerce son droit sur les autres sommes conformément à l'article 596* (al. 2) ».

606. Civ. 1re, 12 novembre 1998, *Baylet*, *Bull. civ.* I, n° 315, *D.* 1999. 167, note L. Aynès, *JCP* 1999, II, 10027, note S. Piedelièvre, *ibid.*, I, 120, obs. H. Périnet-Marquet, *RTD civ.* 1999, p. 422, obs. F. Zenati, *ibid.*, p. 674, obs. J. Patarin, *GAJC*, t. 1, n° 79 : « si l'usufruitier d'un portefeuille de valeurs mobilières, lesquelles ne sont pas consomptibles par le premier usage, est autorisé à gérer cette universalité en cédant des titres dans la mesure où ils sont remplacés, il n'en a pas moins la charge d'en conserver la substance et de le rendre, la circonstance que l'usufruitier ait été dispensé de donner caution étant indifférente à cet égard ».

607. Auquel cas l'usufruitier peut disposer des marchandises puisqu'il s'agit de la manière la plus naturelle de jouir du fonds. Il ne peut en revanche disposer du matériel car, ce faisant, il en altèrerait la substance.

608. D'après l'article 616 al. 1 C. civ., « *[s]i le troupeau sur lequel un usufruit a été établi périt entièrement par accident ou par maladie et sans la faute de l'usufruitier, celui-ci n'est tenu envers le*

pouvoir de disposer des éléments de l'universalité, à charge pour lui de les remplacer[609], en raison de son obligation de conservation[610]. Ce faisant, il n'altère pas la substance de l'universalité, il ne dispose pas d'elle. L'usufruit portant sur une universalité peut avoir en second lieu pour assiette une **universalité de droit**. C'est le cas notamment lorsque le conjoint survivant exerce un usufruit sur tout ou partie de la succession du défunt.

L'APRDB prévoit que « [s]auf s'il en est autrement convenu, lorsque l'usufruit porte sur des biens formant un ensemble, l'usufruitier peut disposer de chacun de ces éléments, sauf à les remplacer conformément à la destination de cet ensemble. (al. 1) Si son droit est en péril, l'usufruitier peut demander au juge de modifier la destination de l'ensemble (al. 2) » (art. 602). L'assiette de l'usufruit est donc formée de l'ensemble et non des éléments qui le composent, autorisant ainsi l'usufruitier à disposer desdits éléments. C'est ainsi que l'usufruitier pourra procéder à des arbitrages au sein d'un portefeuille de valeurs mobilières en vendant des titres et en en remployant le produit en vue d'en acquérir de nouveaux. Cette liberté doit néanmoins s'exercer dans le respect de la destination de l'ensemble. Ainsi un

---

propriétaire que de lui rendre compte des cuirs, ou de leur valeur estimée à la date de la restitution ». L'alinéa 2 ajoute : « *[s]i le troupeau ne périt pas entièrement, l'usufruitier est tenu de remplacer, jusqu'à concurrence du croît, les têtes des animaux qui ont péri* ».

609. C'est tout l'intérêt de la notion de portefeuille de valeurs mobilières. Si cette notion n'avait pas été dégagée, le droit de l'usufruitier aurait eu pour assiette les titres eux-mêmes. Or il eut été gênant pour lui de ne pouvoir aliéner seul les titres et d'avoir à requérir l'accord du nu-propriétaire, tant les arbitrages sont importants et réclament de la célérité. C'est la raison qui a conduit la Cour de cassation dans l'arrêt *Baylet* à considérer que l'usufruit ne portait, non pas sur les titres, mais sur un portefeuille, véritable universalité de fait, en sorte que l'usufruitier puisse disposer non pas du portefeuille, mais de ses éléments. Néanmoins, parce qu'il reste usufruitier et n'est pas quasi-usufruitier, et qu'il est à ce titre chargé de conserver la substance du bien, il ne peut disposer librement des fonds tirés de la vente des titres : il est tenu d'une **obligation de remploi** et d'une **obligation d'information** du nu-propriétaire de la valeur et de la composition du portefeuille (Civ. 1re, 3 décembre 2002, pourvoi n° 00-17870, *JCP* 2003, II, 10158, note S. Piédelièvre, *RTD civ.* 2003, p. 118, obs. Th. Revet : « il a été jugé dans le cadre du précédent pourvoi, d'une part, "que Mme Z..., nue-propriétaire indivise avec ses cohéritiers du portefeuille de valeurs mobilières dépendant de la succession de Jean X..., était fondée à demander à Mme X..., usufruitière de ce portefeuille, de lui en indiquer la consistance et la valeur, éléments nécessaires pour que la nue-propriété en soit partagée, d'autre part, que si l'usufruitier d'un portefeuille de valeurs mobilières, lesquelles ne sont pas consomptibles par le premier usage, est autorisé à gérer cette universalité en cédant des titres dans la mesure où ils sont remplacés, il n'en a pas moins la charge d'en conserver la substance et de le rendre » ; (...) en conformité avec cette décision, la cour de renvoi énonce à bon droit que pour déterminer la substance conservée et la valeur du bien à partager, il est nécessaire que l'usufruitière puisse donner tous les éléments nécessaires pour déterminer si les seules valeurs subsistantes au jour du partage, représentent bien toute la substance de l'universalité qu'elle était chargée de conserver ; (...) le moyen tendant à remettre en cause ce qui a déjà été jugé dans le cadre du présent litige ne peut être accueilli »). *Adde* Civ. 1re, 16 juin 2011, pourvoi n° 10-17898, *RTD civ.* p. 568 et p. 570, obs. Th. Revet : « l'usufruitier d'un portefeuille de valeurs mobilières a la charge d'en conserver la substance et de le rendre » et, en cas d'abus de jouissance qui découlerait de prélèvements faits par l'usufruitier ayant conduit à prononcer l'extinction de l'usufruit, l'usufruitier est tenu « de rendre la valeur qui aurait été celle du portefeuille en l'absence de ces prélèvements » et non le montant des dissipations commises.

In fine, la jurisprudence a donc concilié la liberté de l'usufruitier et la protection du nu-propriétaire.

610. A. Denizot, *L'universalité de fait*, LGDJ, préf. R. Libchaber, n° 542 s. : « l'obligation de conservation se mue en une obligation de remplacement en présence d'une universalité de fait » (n° 543). Une décision a rattaché cette faculté à l'existence d'un quasi-usufruit : Com. 18 novembre 1968, *Bull. civ.* IV, n° 324 (« l'arrêt décide à bon droit que veuve X, saisie de son usufruit et administrant les biens de ses enfants mineurs avait sur les marchandises se trouvant dans le fonds et destinées, par leur nature, à être vendues, un quasi-usufruit lui permettant de les aliéner »). Et v. *infra*, n° 371 et s.

portefeuille spéculatif devra comporter des titres spéculatifs, et un portefeuille « de bon père de famille », des titres « de bon père de famille ». En tout état de cause, si le droit de l'usufruitier venait à être menacé de péril, le juge pourrait admettre un changement de destination.

372. Quasi-usufruit – Généralités. Le quasi-usufruit est l'usufruit ayant pour assiette une **chose consomptible**[611]. Celle-ci étant destinée à être consommée, l'usufruitier se voit investi du pouvoir supplémentaire d'en **disposer**, à charge de la restituer en nature ou en valeur[612] à l'extinction de son droit. Ce n'est pas parce que les pouvoirs du quasi-usufruitier sont plus importants que ceux d'un usufruitier classique qu'il est pour autant un propriétaire. Il est en effet tenu d'une obligation de restitution, peu important qu'il restitue la chose même sur laquelle a porté son droit ou une chose équivalente.

Le quasi-usufruit peut être constitué tel quel *ab initio* en raison de la chose sur laquelle il porte, ou résulter d'une mutation d'un usufruit traditionnel en raison de la modification de son assiette, en général par l'effet d'une subrogation. Ainsi, l'usufruit d'une créance se mue en quasi-usufruit lors du paiement de celle-ci en cours d'usufruit, de même que l'usufruit d'un immeuble se mue en quasi-usufruit en cas d'expropriation de celui-ci[613]. Encore faut-il qu'il y ait subrogation ou une autre cause du maintien de l'assiette de l'usufruit. Ainsi, en cas de vente d'un commun accord du nu-propriétaire et de l'usufruitier du bien démembré, l'usufruit ne se reporte pas sur la somme d'argent qui en représente la contre-valeur et qui se trouverait subrogée à celui-ci[614] ; l'usufruitier a seulement droit à la partie du prix qui correspond à la valeur de son usufruit.

La reconnaissance à l'usufruitier de ce pouvoir de disposer de la chose étant extraordinaire, les frontières entre l'usufruit classique et le quasi-usufruit ont dû être précisées. Aux côtés du quasi-usufruit « par nature » qui porte sur des choses consomptibles et qui est seul prévu par la loi, on trouve un quasi-usufruit « par destination »[615] qui porte sur des choses destinées à être aliénées, telles les marchandises d'un fonds de commerce[616], et qui a été reconnu en jurisprudence. En revanche,

611. Art. 587 C. civ. : « *[s]i l'usufruit comprend des choses dont on ne peut faire usage sans les consommer, comme l'argent, les grains, les liqueurs, l'usufruitier a le droit de s'en servir, mais à la charge de rendre, à la fin de l'usufruit, soit des choses de même quantité et qualité soit leur valeur estimée à la date de la restitution* ».

612. La portée de cette restitution en valeur est très différente suivant que l'usufruit porte sur une somme d'argent ou non. Dans le premier cas, c'est le nominal qui sera restitué, le nu-propriétaire supportant l'érosion monétaire ; dans le second, c'est bien la valeur réévaluée de la chose (ex. : du blé) au jour de la restitution qui devra être restituée.

613. Art. L. 321-2 C. expr. : « *[l]e juge prononce des indemnités distinctes en faveur des parties qui les demandent à des titres différents.* (al. 1) *Toutefois, dans le cas d'usufruit, une seule indemnité est fixée, le nu-propriétaire et l'usufruitier exercent leurs droits sur le montant de l'indemnité au lieu de les exercer sur la chose. L'usufruitier, autre que le père ou la mère ayant l'usufruit légal, est tenu de donner caution.* (al. 2) (...) ».

614. Civ. 1re, 7 juin 1988, *Bull. civ.* I, n° 181 : « l'usufruit ne revêt la forme d'un quasi-usufruit que lorsqu'il porte sur les deniers qui existaient dans la succession au jour du décès et non lorsqu'il s'exerce sur d'autres biens qui ne sont pas consomptibles par le premier usage et que dans le cas de vente simultanée de la nue-propriété et de l'usufruit de tels biens, l'usufruitier ne peut prétendre qu'à la part du prix total correspondant à la valeur de son usufruit ».

615. Ph. Malaurie et L. Aynès, n° 813.

616. Com. 18 novembre 1968, *Bull. civ.* IV, n° 324 : « l'arrêt décide à bon droit que veuve X, saisie de son usufruit et administrant les biens de ses enfants mineurs avait sur les marchandises se trouvant dans le fonds et destinées, par leur nature, à être vendues, un quasi-usufruit lui permettant aliéner ».

l'usufruit portant sur des valeurs mobilières[617] ou sur un portefeuille de valeurs mobilières[618] ne constitue pas un quasi-usufruit, dans la mesure où il ne s'agit pas de choses consomptibles, ni par nature, ni par destination : de fait, on peut en jouir en touchant des dividendes ou en exerçant le droit de vote, sans les altérer. Toutefois, certains estiment qu'un quasi-usufruit pourrait être constitué sur une chose non consomptible, dès lors que les parties sont convenues de conférer à l'usufruitier le pouvoir de disposer de la chose : le montage est connu tout particulièrement en cas de donation de valeurs mobilières avec réserve de quasi-usufruit[619].

L'APRDB (art. 596 s.) consacre le quasi-usufruit : « [l]'usufruitier peut librement disposer des choses consomptibles, à charge de restituer au propriétaire, à la fin de l'usufruit, soit des choses de même quantité et qualité, soit leur valeur à la date de la restitution » (art. 596). À côté du quasi-usufruit objectif, *par nature*, qui porte sur des biens consomptibles, l'APRDB prévoit un quasi-usufruit subjectif, *par la volonté de l'homme*, qui porte sur des biens non consomptibles : « [l]'acte constitutif peut autoriser l'usufruitier à disposer de tout bien meuble non consomptible. Il détermine les conditions de la restitution. À défaut, l'usufruitier restitue soit des choses de même quantité et qualité, soit leur valeur à la date de la restitution » (art. 597). Ce quasi-usufruit ne pourra porter que sur des *meubles* – ce que le texte dit expressément – *fongibles* – ce que le texte dit implicitement lorsqu'il exige de l'usufruitier qu'il restitue, en nature ou en valeur, des choses de même quantité et qualité. Il est également prévu que le remploi des fonds puisse, d'une part, être imposé à l'usufruitier par l'acte constitutif ou par le juge à la demande du nu-propriétaire, afin que son droit soit conservé[620] et, d'autre part être décidé par l'usufruitier[621]. Dans la première hypothèse, la restitution portera sur les biens acquis en remploi ou sur leur valeur[622] et dans la seconde, sur la plus forte des deux sommes que représente la valeur actuelle du bien acquis en remploi ou de celui sur lequel le quasi-usufruit avait été constitué[623]. Le remploi doit être assumé par le nu-propriétaire qui l'a voulu, dans le premier cas, et ne saurait que lui profiter dans le second, où il l'a subi.

617. Civ. 1re, 4 avril 1991, *Bull. civ.* I, n° 129 : « les dispositions de l'article 587 C. civ. ne sont pas applicables à l'usufruit portant sur des titres au porteur, qui ne sont pas consomptibles par le premier usage » ; Com. 12 juillet 1993, *Bull. civ.* IV, n° 292, *Rép. Defr.* 1993, p. 1464, obs. H. Hovasse, *RTD civ.* 1994, p. 381, obs. F. Zenati : « les titres au porteur ne sont pas consomptibles par le premier usage, et (...) les droits de l'usufruitier doivent s'exercer sur des titres selon des modalités sauvegardant ceux du nu-propriétaire ».

618. Civ. 1re, 12 novembre 1998, *Baylet, Bull. civ.* I, n° 315, *D.* 1999. 167, note L. Aynès, *JCP* 1999, II, 10027, note S. Piedelièvre, *ibid.*, I, 120, obs. H. Périnet-Marquet, *RTD civ.* 1999, p. 422, obs. F. Zenati, *ibid.*, p. 674, obs. J. Patarin, *GAJC*, t. 1, n° 79 : « si l'usufruitier d'un portefeuille de valeurs mobilières, lesquelles ne sont pas consomptibles par le premier usage, est autorisé à gérer cette universalité en cédant des titres dans la mesure où ils sont remplacés, il n'en a pas moins la charge d'en conserver la substance et de le rendre, la circonstance que l'usufruitier ait été dispensé de donner caution étant indifférente à cet égard ».

619. M. Grimaldi et J.-F. Roux, « La donation de valeurs mobilières avec réserve de quasi-usufruit », *Rép. Defr.* 1994, p. 3.

620. Art. 598 *in limine* : « *[l]e remploi des fonds issus de l'aliénation peut être imposé par l'acte constitutif. Il peut l'être également par le juge, sur demande du propriétaire, pour la conservation de son droit* ».

621. Art. 599 *in limine* : « *[l]e remploi peut aussi être librement effectué par l'usufruitier* ».

622. Art. 598 *in fine* : « *[l]'usufruitier doit alors restituer les biens issus du remploi ou leur valeur estimée à la date de restitution* ».

623. Art. 599 *in fine* : « *[c]e dernier restitue alors la plus forte des deux sommes que représente la valeur actuelle du bien acquis en remploi ou de celui sur lequel le quasi-usufruit avait été constitué* ».

373. Quasi-usufruit – Cas particulier du quasi-usufruit portant sur une somme d'argent. La plupart des quasi-usufruits portent sur une somme d'argent[624], que celle-ci formait dès le début l'assiette de l'usufruit ou qu'elle ait pris la place par l'effet de la subrogation d'un autre bien qui en formait, à l'origine, l'assiette.

Lorsque le quasi-usufruit porte sur une somme d'argent, la question se pose du sort des prêts octroyés par le quasi-usufruitier. En présence d'un usufruit classique, la question des contrats de jouissance consentis par l'usufruitier n'est traitée qu'à l'égard du bail et non du prêt à usage[625] ; s'agissant du quasi-usufruit, le Code est muet. En raison du pouvoir de disposition du quasi-usufruitier, il convient d'emblée de lui reconnaître la faculté de conclure des contrats de jouissance. Aussi, c'est davantage la question de l'opposabilité au nu-propriétaire d'un prêt de somme d'argent consenti par le quasi-usufruitier à l'extinction de l'usufruit qui suscite des difficultés. À cet égard, il semble que le propriétaire ne puisse réclamer quoi que ce soit à l'emprunteur : le quasi-usufruitier avait la faculté de disposer des sommes faisant l'assiette de son droit et il l'a fait, en sorte que les sommes prêtées appartiennent à l'emprunteur[626]. Le nu-propriétaire ne pourrait alors prétendre au remboursement du prêt par l'emprunteur que dans les conditions fixées par ledit prêt.

Lorsque l'usufruit porte sur des sommes d'argent devant être employées, ce qui est le cas lorsque l'usufruitier ne fournit pas de caution[627], les sommes comprises dans l'usufruit sont placées[628], à moins que l'usufruitier n'ait été dispensé de fournir caution[629].

---

624. L'hypothèse est d'ailleurs la première à être envisagée à l'article 587 C. civ. : « *[s]i l'usufruit comprend des choses dont on ne peut faire usage sans les consommer, comme l'argent, les grains, les liqueurs, l'usufruitier a le droit de s'en servir, mais à la charge de rendre, à la fin de l'usufruit, soit des choses de même quantité et qualité soit leur valeur estimée à la date de la restitution* ».

625. V. *supra*, n° 326.

626. Civ. 1re, 5 décembre 2012, *Bull. civ.* I, n° 256, *D.* 2013, p. 482, obs. A. Tadros, *JCP* G 2013, 231, obs. Ch. Simler, *RTD civ.* 2013, p. 402, obs. W. Dross : « [v]u les articles 587 et 1122 C. civ. (...) le prêt était opposable aux héritiers, ayants cause universels, [du prêteur] quand bien même aurait-il porté sur des deniers dont elle n'avait que le quasi-usufruit ». En l'espèce, la situation était singulière notamment parce que les nus-propriétaires étaient également héritiers du quasi-usufruitier, ce qui explique le visa de l'article 1122 C. civ. Aussi bien l'opposabilité du prêt a été justifiée par des considérations contingentes, les héritiers (nus-propriétaires) étant liés par le contrat conclu par leur auteur (quasi-usufruitier). À l'échéance du prêt, si l'usufruit a pris fin, seuls l'ancien quasi-usufruitier ou ses héritiers, en leur qualité de partie au prêt sont titulaires de l'action contractuelle en remboursement.

627. Sur l'obligation qui incombe à l'usufruitier de fournir caution prévue à l'article 601 C. civ., v. *supra*, n° 315 et s.

628. Art. 602 C. civ. : « *[s]i l'usufruitier ne trouve pas de caution, les immeubles sont donnés à ferme ou mis en séquestre ; Les sommes comprises dans l'usufruit sont placées ; Les denrées sont vendues et le prix en provenant est pareillement placé ; Les intérêts de ces sommes et les prix des fermes appartiennent, dans ce cas, à l'usufruitier* ».

629. M. Planiol et G. Ripert, M. Picard, n° 828 : « [l]a dispense de fournir caution confère à l'usufruitier les mêmes droits que si la caution avait été réellement fournie ». Il reste que dans certains cas particuliers, l'obligation d'emploi subsiste malgré la dispense de fournir caution.

En premier lieu, la loi prévoit que « *[l]es enfants ou descendants pourront, nonobstant toute stipulation contraire du disposant, exiger, quant aux biens soumis à l'usufruit, (...) qu'il soit fait emploi des sommes (...)* » (art. 1094-3 C. civ.).

En second lieu, la jurisprudence décide que le nu-propriétaire dont les droits sont en péril peut demander au juge qu'il oblige l'usufruitier n'ayant pas fourni caution à employer les fonds (V. notamment Req. 26 mars 1889, *DP* 1889, 1, p. 463 : « en droit, (...) si la dispense de fournir caution et de faire emploi, concédée à l'usufruitier par le titre constitutif de son usufruit, a pour objet et doit avoir pour conséquence de lui assurer la libre jouissance des valeurs comprises dans ledit usufruit, suivant leur forme au moment où il vient à s'ouvrir, et sans que la jouissance puisse, dès l'origine être modifiée ou transformée par des mesures conservatoires prises dans l'intérêt du nu-propriétaire, ces mesures

L'emploi suppose l'accord du nu-propriétaire et, à défaut, du juge[630]. Il est ainsi exclu d'y voir un quasi-usufruit, du moins un quasi-usufruit classique[631]. D'ailleurs, *seuls* les « *intérêts* » des sommes placées « *appartiennent* » à l'usufruitier lorsqu'il ne fournit pas caution (art. 602 C. civ.).

§ 2. Les droits d'usage et d'habitation

374. Diminutifs de l'usufruit. Les droits d'usage et d'habitation sont des droits réels[632] qui constituent des diminutifs de l'usufruit[633].

En premier lieu, ils confèrent à leur titulaire un **droit de jouissance restreint** : le droit d'usage permet d'user de la chose et le droit d'habitation, diminutif du droit d'usage, ne permet que d'habiter la chose.

En second lieu, ils ont une **finalité alimentaire** qui participe de leur essence[634], et qui emporte des conséquences quant à leur *étendue* et à leurs *caractères*. D'une part, les droits d'usage et d'habitation ne permettent à leur titulaire de jouir de la chose qu'en vue de *satisfaire leurs besoins personnels*. D'autre part, ils sont *incessibles*[635] et *a priori insaisissables*[636]. En somme, le propriétaire est assuré que le titulaire du droit ne spéculera pas et restera toujours le même.

375. Plan. On envisagera les pouvoirs conférés par les droits d'usage et d'habitation (A), leur constitution (B), leur fonctionnement (C) et leur extinction (D).

A Les pouvoirs

376. Étendue des pouvoirs. Le droit d'usage, en premier lieu, permet à son titulaire, non seulement d'user de la chose, mais aussi de faire siens, dans une

toutefois peuvent intervenir au cours de l'usufruit, s'il est établi que l'usufruitier met en péril, par ses actes personnels, les droits du nu-propriétaire »).

630. G. Baudry-Lacantinerie et M. Chauveau, *Traité théorique et pratique de droit civil*, t. VI, n° 666 : « [l]es actes que rend nécessaires l'application de l'art. 602, (...) le placement des capitaux, sont laissés à l'initiative de l'usufruitier ; c'est lui qui cherche (...) un placement avantageux, mais il doit obtenir l'assentiment du nu-propriétaire ; si un désaccord s'élevait entre eux, les tribunaux y mettraient fin, détermineraient le mode d'emploi des capitaux » ; M. Grimaldi, « L'emploi des deniers grevés d'usufruit », *Rép. Defr.* 1999, p. 4. *Contra*, P. Sirinelli, « Le quasi-usufruit », *LPA*, 21 et 26 juillet 1993.

631. En effet, un usufruit de deniers n'est un quasi-usufruit qu'à la condition que l'usufruitier n'ait pas une obligation d'employer les fonds (M. Grimaldi, « L'emploi des deniers grevés d'usufruit », *Rép. Defr.* 1999, p. 4).

632. Civ. 3e, 23 juin 1981, pourvoi n° 80-11425 : il s'agit d'un « droit réel immobilier » relevant du mécanisme de la publicité foncière. *Adde* Com. 4 novembre 1987, pourvoi n° 86-14482 : « le droit d'usage et d'habitation rentre dans la catégorie des droits réels immobiliers, d'où il suit que le tribunal a retenu à juste titre qu'un tel droit, conféré par testament à Mme E..., constituait un legs particulier ».

633. C'est pourquoi l'usufruitier qui consent un droit d'usage et d'habitation conserve nécessairement l'usufruit (Civ. 3e, 7 avril 2004, *Bull. civ.* III, n° 86 : « n'ayant consenti qu'un droit d'usage et d'habitation sur cette parcelle, Mme X... en avait nécessairement conservé l'usufruit »).

634. Si l'usufruit avait traditionnellement une finalité alimentaire, tel n'est plus toujours le cas aujourd'hui ; on ne peut donc dire que la finalité alimentaire ne participe pas de son essence.

635. Art. 631 C. civ. : « *[l]'usager ne peut céder ni louer son droit à un autre* » ; art. 634 C. civ. : « *[l]e droit d'habitation ne peut être ni cédé ni loué* ».

636. Civ. 5 août 1878, *DP* 1879, 1, p. 75. Un doute existe néanmoins sur ce point depuis que l'article L. 112-2 CEPC n'énonce pas ces droits au titre des biens insaisissables.

certaine mesure, les fruits. L'idée générale est que le droit d'usage sert les intérêts personnels ou familiaux[637], non ceux de tiers[638]. C'est ce qu'exprime l'article 630 C. civ., au sujet des fruits : « *[c]elui qui a l'usage des fruits d'un fonds ne peut en exiger qu'autant qu'il lui en faut pour ses besoins et ceux de sa famille* » (al. 1) et « *[i]l peut en exiger pour les besoins même des enfants qui lui sont survenus depuis la concession de l'usage* » (al. 2).

Le droit d'habitation, en deuxième lieu, ne confère à son titulaire que le droit d'user de la chose en y habitant. Là encore, le droit d'habitation sert les intérêts personnels ou familiaux de son titulaire. C'est ce qui explique que l'article 632 C. civ. indique que « *[c]elui qui a un droit d'habitation dans une maison, peut y demeurer avec sa famille* »[639] et que l'article 633 C. civ. limite les pouvoirs du titulaire du droit d'habitation « *à ce qui est nécessaire pour l'habitation de celui à qui ce droit est concédé, et de sa famille* »[640].

Sur le modèle du droit d'habitation, est-il possible, en troisième lieu, de créer d'autres diminutifs du droit d'usage ? Peut-on créer un droit de pêche (user d'un plan d'eau en pêchant), un droit de chasse (user d'un terrain en chassant), un droit d'exercer une activité sportive (user d'une aire en exerçant une activité sportive), etc. ? Si le Code civil mentionnait déjà un droit d'usage « *des bois et forêts* » (art. 636 C. civ.[641]), depuis l'admission de la faculté de constituer un droit de jouissance spécial en jurisprudence, la réponse ne fait plus de doute[642].

637. Civ. 15 février 1926, *DP* 1927, 1, p. 8 : le droit d'usage d'un four permet de faire cuire le pain nécessaire à la consommation familiale. Il est par conséquent nécessaire de délimiter le cercle familial. V., à cet égard, Civ. 3e, 7 décembre 2005, *Bull. civ.* III, n° 239, *JCP* 2006, I, 127, obs. H. Périnet-Marquet : « si la rédaction de l'acte de vente indiquait que le droit était conféré personnellement à la venderesse et à elle seule à titre viager, elle n'emportait cependant pas dérogation à l'article 632 C. civ. dont il résulte que celui qui a un droit d'habitation peut y demeurer avec sa famille, la cour d'appel (...) a retenu à bon droit que les époux Y... ne pouvaient imputer à faute le fait pour Mme X... d'avoir hébergé, son fils, sa fille et son petit-fils ».

Bien qu'il ait pu être considéré par le passé que le concubin ne fasse pas partie de la famille (CA Besançon, 30 octobre 1956, *GP* 1956, 2, p. 425), la solution contraire serait peut-être aujourd'hui retenue. De fait, il n'est pas certain que la solution retenue par le passé soit conforme à la Conv. EDH, dont l'article 8 garantit le droit à une vie familiale.

En revanche, la Cour de cassation estime que la fratrie relève de la catégorie des tiers (Civ. 3e, 14 novembre 2007, *Bull. civ.* III, n° 211, *RTD civ.* 2008, p. 89, obs. J. Hauser : « ayant retenu à bon droit, par motifs adoptés, que le droit d'habitation est un droit attaché à la personne qui en bénéficie et réservé à cette dernière et à sa famille entendue strictement, que les collatéraux sont considérés sur ce point comme des tiers et qu'il est interdit au titulaire d'un droit d'habitation d'installer un tiers dans les lieux à quelque titre que ce soit (...) »).

638. Civ. 3e, 9 novembre 1988, *Bull. civ.* III, n° 158, *RTD civ.* 1990, p. 308, obs. F. Zenati : « à défaut de stipulation particulière dans l'acte du 22 juin 1979 sur l'étendue du droit conféré [droit d'usage et d'habitation], celui-ci se restreignait à ce qui était nécessaire pour l'habitation de celui à qui il était concédé et de sa famille ». Le titulaire du droit ne saurait mettre la maison à disposition d'une personne étrangère à la famille, sauf à commettre une faute (v. Civ. 3e, 6 janvier 1981, *Bull. civ.* I, n° 1 : « l'arrêt, qui retient (...) que Bertrand Z... ne conteste pas avoir logé dans la maison une personne étrangère à la famille, a pu décider qu'il avait commis une faute en ne respectant pas l'obligation d'utilisation personnelle ou familiale qui lui incombait »).

639. L'article poursuit : « *quand même il n'aurait pas été marié à l'époque où ce droit lui a été donné* ».

640. T. civ. Albi, 9 juillet 1949, *GP* 1949, 2, 206 : le titulaire du droit d'habitation n'a le droit de n'habiter, dans une maison, que les pièces nécessaires à ses besoins.

641. « *L'usage des bois et forêts est réglé par des lois particulières* ». Et v. M. Planiol et G. Ripert, M. Picard, n° 884 s.

642. V. *supra*, n° 235.

377. Charges corrélées aux pouvoirs. Comme l'usufruitier, le titulaire du droit d'usage ou d'habitation doit jouir raisonnablement de la chose[643] et supporter les charges usufructuaires proportionnellement à l'étendue de son droit[644].

378. Dispositions en principe supplétives. L'article 628 C. civ. prévoit que « *[l]es droits d'usage et d'habitation se règlent par le titre qui les a établis* », l'article 629 C. civ. précisant que « *[s]i le titre ne s'explique pas sur l'étendue de ces droits ils sont réglés* » par la loi, précisément par les articles 630 à 636 du Code civil. Il reste que, malgré la lettre de l'article 629 C. civ., la nature particulière des droits d'usage et d'habitation rend impératives certaines dispositions. Ainsi considère-t-on qu'en raison de la vocation personnelle ou familiale des droits d'usage et d'habitation[645], les articles 631[646] et 634[647] C. civ. interdisent impérativement toute faculté pour le titulaire la cession du droit ou la location du bien.

379. Cas particulier du droit légal du conjoint survivant. Le droit légal du conjoint survivant présente deux spécificités principales[648] : d'une part, le conjoint peut louer le logement qui n'est plus adapté à ses besoins afin de se procurer les ressources nécessaires à de nouvelles conditions d'hébergement adaptées, comme un hébergement en maison de retraite (al. 5[649]), d'autre part, le droit peut être conventionnellement converti en une rente viagère ou en un capital (art. 766 C. civ.[650]).

---

643. Art. 627 C. civ. : « *[l]'usager, et celui qui a un droit d'habitation, doivent jouir raisonnablement* ».

644. Art. 635 C. civ. : « *[s]i l'usager absorbe tous les fruits du fonds ou s'il occupe la totalité de la maison, il est assujetti aux frais de culture, aux réparations d'entretien et au paiement des contributions, comme l'usufruitier.* (al. 1) *S'il ne prend qu'une partie des fruits ou s'il n'occupe qu'une partie de la maison, il contribue au prorata de ce dont il jouit.* (al. 2) ».
S'agissant de l'assiette de l'impôt de solidarité sur la fortune, l'article 885 G CGI prévoit, en principe, que « [l]es biens ou droits grevés d'un usufruit, d'un droit d'habitation ou d'un droit d'usage accordé à titre personnel sont compris dans le patrimoine de l'usufruitier ou du titulaire du droit pour leur valeur en pleine propriété (...) ».

645. Pourtant, d'après la jurisprudence, ces dispositions n'interdisent pas, dans certaines circonstances, d'insérer une clause de substitution : les « dispositions prohibitives sont de droit étroit et ne doivent pas recevoir application dans le cas où la substitution, réalisée conformément à l'intention commune manifestée par les parties dans l'acte constitutif, a été rendue nécessaire pour la satisfaction des besoins mêmes que le droit réservé devait assurer » (Civ. 3e, 5 mars 1971, *Bull. civ.* III, no 174).

646. « *L'usager ne peut céder ni louer son droit à un autre.* »

647. « *Le droit d'habitation ne peut être ni cédé ni loué.* »

648. En outre, d'après l'article 764 al. 3 C. civ., les droits d'habitation et d'usage du mobilier s'exercent dans les conditions prévues aux articles 627, 631, 634 et 635 C. civ. De quoi l'on déduit que le conjoint survivant n'a pas à fournir de caution ni à faire d'états ou inventaires, exigences posées par l'article 626 C. civ. D'ailleurs, l'article 764 al. 4 C. civ. le prévoit expressément pour l'inventaire et l'état.

649. « *Par dérogation aux articles 631 et 634, lorsque la situation du conjoint fait que le logement grevé du droit d'habitation n'est plus adapté à ses besoins, le conjoint ou son représentant peut le louer à usage autre que commercial ou agricole afin de dégager les ressources nécessaires à de nouvelles conditions d'hébergement.* »

650. « *Le conjoint successible et les héritiers peuvent, par convention, convertir les droits d'habitation et d'usage en une rente viagère ou en capital.* (al. 1) *S'il est parmi les successibles parties à la convention un mineur ou un majeur protégé, la convention doit être autorisée par le juge des tutelles.* (al. 2) »

B La constitution

380. Sources : comme l'usufruit. D'après l'article 625 C. civ., « *[l]es droits d'usage et d'habitation s'établissent (...) de la même manière que l'usufruit* ». Les modes de constitution des droits d'usage et d'habitation sont donc par principe identiques à ceux de l'usufruit. Ils peuvent ainsi trouver leur source dans la *loi* ou dans la *volonté de l'homme*.

Ils prennent source, en premier lieu, dans la **loi**. D'une part, ***sur décision du juge***, un droit d'usage et d'habitation peut être accordé comme l'aurait été un usufruit, à titre de prestation compensatoire[651]. D'autre part, ***de plein droit***, un droit d'habitation du logement et d'usage du mobilier a été reconnu au profit du conjoint survivant à l'occasion de la loi n° 2001-1135 du 3 décembre 2001 *relative aux droits du conjoint survivant et des enfants adultérins et modernisant diverses dispositions de droit successoral*[652].

Les droits d'usage et d'habitation prennent source, en second lieu, dans la **volonté de l'homme**. D'une part, ils peuvent faire l'objet d'une ***convention*** en étant *constitués par le propriétaire au profit d'autrui* – le propriétaire d'un bien constitue au profit d'un tiers un droit d'usage ou d'habitation – ou *réservés par le propriétaire à son profit* – le vendeur, le cas échéant en complément d'une rente viagère[653], ou le donateur de la propriété d'un bien, peut se réserver un droit d'usage ou d'habitation[654]. Les droits d'usage et d'habitation peuvent être constitués par le

---

651. Art. 274 C. civ. : « *[l]e juge décide des modalités selon lesquelles s'exécutera la prestation compensatoire en capital parmi les formes suivantes : (...) 2° Attribution de biens en propriété ou d'un droit temporaire ou viager d'usage, d'habitation ou d'usufruit, le jugement opérant cession forcée en faveur du créancier. (...)* ». Pour une illustration, v. Civ. 3e, 12 juin 1991, *Bull. civ.* III, n° 173 : « pour débouter M. X... de sa demande tendant à limiter l'exercice du droit de Mme Y... à la seule occupation de la maison d'habitation et à lui refuser le droit d'exploiter le domaine rural qui l'entoure, l'arrêt retient qu'avant le prononcé du divorce Mme Y... jouissait de l'ensemble de la propriété et, notamment, des terres et que le jugement de divorce a tenu à préserver et à maintenir sa situation pécuniaire sans apporter de limitation à sa jouissance des bâtiments et des terres ; Qu'en statuant ainsi, alors que le jugement du 6 mai 1982 ne contient aucune disposition particulière sur l'étendue du droit conféré, la cour d'appel a violé [l'article 633 C. civ.] ».

652. Art. 764 C. civ. : « *[s]auf volonté contraire du défunt exprimée dans les conditions de l'article 971, le conjoint successible qui occupait effectivement, à l'époque du décès, à titre d'habitation principale, un logement appartenant aux époux ou dépendant totalement de la succession, a sur ce logement, jusqu'à son décès, un droit d'habitation et un droit d'usage sur le mobilier, compris dans la succession, le garnissant.* (al. 1) *La privation de ces droits d'habitation et d'usage exprimée par le défunt dans les conditions mentionnées au premier alinéa est sans incidence sur les droits d'usufruit que le conjoint recueille en vertu de la loi ou d'une libéralité, qui continuent à obéir à leurs règles propres* (al. 2) (...) ».

653. Civ. 1re, 19 juillet 1983, *Bull. civ.* I, n° 212 : « la cour d'appel ayant souverainement relevé que la réserve, au profit de Mme Z..., d'un droit d'usage et d'habitation, constituait une clause privant l'acquéreur de la jouissance immédiate des biens vendus et lui imposant des obligations dont la durée, l'étendue et le coût, indépendamment de l'âge de la venderesse et de l'état de l'immeuble, étaient indéterminés, elle en a justement déduit que l'action en rescision n'était pas recevable en raison du caractère aléatoire de la vente ».

654. La distinction avec le bail peut susciter des difficultés. V. notamment Civ. 3e, 18 mai 1994, *Bull. civ.* III, n° 106, *JCP* 1995, I, 3835, obs. H. Périnet-Marquet, *RTD civ.* 1995, p. 921, obs. F. Zenati : viole les articles 618 et 628 du Code civil, la cour d'appel qui, pour prononcer la résolution d'un contrat conférant un droit d'usage et d'habitation, retient que les abus de jouissance commis par l'usager constituent un manquement grave aux obligations contractuelles mises à sa charge, tout en reconnaissant que ce droit d'usage et d'habitation lui avait été « consenti jusqu'à son décès de manière irréversible ». *Adde* Soc. 25 mai 1976, *Bull. civ.* V, n° 322 : l'enjeu concernait le droit à l'allocation logement instituée notamment au profit des personnes âgées par la loi du 16 juillet 1971.

propriétaire ou l'usufruitier[655]. D'autre part, les droits d'usage et d'habitation peuvent être acquis par ***prescription***[656].

381. Formalités. S'agissant des formalités de constitution des droits d'usage et d'habitation, elles sont également identiques à celles qui concernent le droit d'usufruit. Le titulaire de droits d'usage et d'habitation doit fournir **caution** et faire dresser un **inventaire**[657] afin d'assurer la vocation du propriétaire à retrouver son bien. Par ailleurs, quelle que soit la source des droits d'usage et d'habitation, ceux-ci doivent être publiés aux fins d'opposabilité aux tiers[658].

C L'extinction

382. Application des règles de l'usufruit. ***Renvoi***. D'après l'article 625 C. civ., « *les droits d'usage et d'habitation (...) se perdent de la même manière que l'usufruit* ». Ainsi le titulaire de droits d'usage et d'habitation peut en être déchu en cas d'abus de jouissance[659], et en tout état de cause, le droit s'éteint par le décès de son titulaire[660]. Par ailleurs, en cas mésentente entre le propriétaire et le titulaire d'un

655. Civ. 3e, 7 avril 2004, *Bull. civ.* III, n° 86, *JCP* 2004, I, 171, obs. H. Périnet-Marquet, *D.* 2004, p. 2469, obs. N. Reboul-Maupin : « n'ayant consenti qu'un droit d'usage et d'habitation sur cette parcelle, Mme F. en avait nécessairement conservé l'usufruit et que, dès lors, comme tout usufruitier, elle pouvait jouir de tous les droits dont le propriétaire peut jouir ».

656. Civ. 1er décembre 1880, *DP* 1880, 1, p. 125 : droit d'usage d'une forêt.

657. Art. 626 C. civ. : « *[o]n ne peut en jouir, comme dans le cas de l'usufruit, sans donner préalablement caution et sans faire des états et inventaires* ».

658. Civ. 3e, 23 juin 1981, pourvoi n° 80-11425, *JCP* 1983, II, 19928, note J.-F. Pillebout : « l'arrêt, par recherche de la commune intention des parties, retient souverainement que la convention du 25 novembre 1970, qui accordait à dame Z... le droit de maintenir son logement dans trois pièces déterminées de l'immeuble et à user de dépendances, d'une partie du garage et du jardin, comportait la qualification de droit d'usage et d'habitation, et qu'elle conférait à dame Z... un droit réel immobilier qui, n'ayant été ni publié ni mentionné dans l'acte de vente de l'immeuble aux époux Y..., était inopposable à ces derniers ».

659. Civ. 3e, 16 juillet 1974, *Bull. civ.* III, n° 305 : « en donnant en location à des tiers pendant plusieurs années une partie de l'appartement sur lequel s'exerçait son droit d'habitation, Dame Y..., qui modifiait par cet abus de jouissance la destination des lieux que l'article 633 C. civ. limite à l'habitation du titulaire de ce droit réel et de sa famille, a violé tant les dispositions de l'article 634 du même code prohibant toute location que l'interdiction de sous-louer stipulée dans l'acte des 17-24 mai et 2 juin 1945 ; que les juges d'appel ont donc justement décidé qu'elle avait commis une faute en ne respectant pas l'obligation d'utilisation personnelle ou familiale qui lui incombait ; qu'en prononçant l'extinction de son droit d'habitation, ils ont souverainement apprécié les conséquences de cette faute, dont ils ont relevé le caractère de gravité et la persistance concrétisée par une inscription de Dame Y... au registre des logeurs en garni » *Adde* Civ. 3e, 12 juillet 1983, *Bull. civ.* III, n° 166 : « en prononçant l'extinction du droit d'usage et d'habitation, la cour d'appel a souverainement apprécié les conséquences des abus de jouissance commis par M. X... ». Toutefois, s'agissant en particulier de l'abandon des lieux, la Cour de cassation considère que celui-ci ne ne saurait à lui seul entraîner l'extinction des droits d'usage et d'habitation, laquelle suppose un abus de jouissance (Civ. 3e, 2 février 2011, *Bull. civ.* III, n° 19 : la cour d'appel juge à bon droit que « c'est l'abus de jouissance et non l'abandon des lieux par le titulaire du droit d'habitation qui peut entraîner l'extinction de son droit »).

660. Civ. 1re, 24 février 1987, *Bull. civ.* I, n° 66 : « le droit d'usage et d'habitation dont Mme Rolland Max Y... était titulaire s'est, sans contestation possible, éteint à son décès et que, dès lors, M. A... qui, en sa qualité de légataire universel, n'avait pas succédé à ce droit d'usage et d'habitation, ne pouvait pas s'en prévaloir pour exercer un droit de rétention sur l'immeuble qui en avait été l'objet ».
Et pour le droit d'usage et d'habitation du conjoint survivant, v. art. 764 al. 1 C. civ. : « *[s]auf volonté contraire du défunt exprimée dans les conditions de l'article 971, le conjoint successible qui occupait effectivement, à l'époque du décès, à titre d'habitation principale, un logement appartenant aux époux ou dépendant totalement de la succession, a sur ce logement,* ***jusqu'à son décès****, un droit d'habitation et un droit d'usage sur le mobilier, compris dans la succession, le garnissant* » (nous soulignons).

droit d'usage ou d'habitation, il est possible d'obtenir du juge qu'il convertisse ce droit en rente viagère[661].

383. APRDB. L'APRDB, s'il ne modifie pas le régime de ces droits, les confond en un seul : « le droit d'usage d'habitation », défini comme « celui qui confère à son bénéficiaire, dans la limite de ses besoins et de ceux de sa famille actuelle et future, l'usage personnel d'un fonds et la perception des fruits » (art. 603).

Pour son régime, il est toujours renvoyé à celui de l'usufruit. Ainsi l'article 604 prévoit-il qu'il « s'établit et se perd de la même manière que l'usufruit », et qu'il « doit être exercé par son titulaire dans le respect de la destination normale du bien » ; l'article 605 prévoit quant à lui que « [l]e bénéficiaire du droit d'usage et d'habitation est soumis aux obligations imposées à l'usufruitier par les articles 587 et 588 ». Les spécificités du droit d'usage et d'habitation subsistent : conformément à sa dimension personnelle, il ne « peut être ni cédé ni loué » (art. 604) et l'on retrouve exprimée à l'article 606 la corrélation entre l'étendue de la jouissance et celle des charges périodiques : « [s]i l'usager utilise la totalité du fonds, il est tenu des dépenses d'entretien et plus généralement des dépenses périodiques que l'article 578 met à la charge de l'usufruitier. (al. 1) S'il n'utilise qu'une partie du fonds, il y contribue au prorata de ce dont il jouit. (al. 2) ».

Sous-section 3
La fiducie

384. « Propriété fiduciaire ». À la différence de la propriété ordinaire, la « propriété fiduciaire » est une « propriété » finalisée et non libre, en ce qu'elle n'est mise en place que dans un but précis de *gestion* ou de *garantie*[662] ; le propriétaire fiduciaire n'est investi de sa qualité qu'en vue de gérer le bien d'autrui ou de bénéficier d'une garantie.

C'est ce qui explique que les **pouvoirs du fiduciaire** soient **limités à ce qui est nécessaire à la réalisation de cette finalité**. À cet égard, et en premier lieu, le fiduciaire voit ses **pouvoirs énumérés dans l'acte constitutif**[663], sachant que tous les pouvoirs qui ne lui sont pas accordés ne sont pas conservés par le fiduciant – sauf le cas particulier d'une clause qui accorderait au fiduciant le droit d'user de la chose[664] – ; autrement dit, tous les pouvoirs disponibles sur le bien appartiennent au fiduciaire. En second lieu, le propriétaire fiduciaire exerce tous ses pouvoirs ***dans l'intérêt du bénéficiaire* de la fiducie** (le fiduciant lui-même ou un tiers) et est par conséquent obligé de rendre compte[665].

---

661. Civ. 1re, 10 juin 1981, *Bull. civ.* I, n° 201 : « la cour d'appel, ayant constaté que la dégradation des relations entre les parties depuis l'ouverture du procès s'opposait a l'exécution en nature du droit d'habitation, a pu ordonner son exécution par l'équivalent en convertissant ce droit en une rente viagère ».

662. Il en va également ainsi des propriétés-sûretés non fiduciaires (réserve de propriété, cession Dailly, etc.).

663. Art. 2108, 6° C. civ. : « *[l]e contrat de fiducie détermine, à peine de nullité : (...) 6° La mission du ou des fiduciaires et l'étendue de leurs pouvoirs d'administration et de disposition* ».

664. Art. 2018-1 C. civ. : « *[l]orsque le contrat de fiducie prévoit que le constituant conserve l'usage ou la jouissance d'un fonds de commerce ou d'un immeuble à usage professionnel transféré dans le patrimoine fiduciaire, la convention conclue à cette fin n'est pas soumise aux chapitres IV et V du titre IV du livre Ier du Code de commerce, sauf stipulation contraire* ».

665. Art. 2022 C. civ. : « *[l]e contrat de fiducie définit les conditions dans lesquelles le fiduciaire rend compte de sa mission au constituant.* (al. 1) *Toutefois, lorsque pendant l'exécution du contrat le*

385. Les origines de la fiducie française : la « fiducie » à Rome et le trust[666]. Le droit romain distinguait deux sortes de «***fiducies***», la *fiduca cum amico* et la *fiduca cum creditore*. Toutes deux réalisaient un transfert temporaire de la propriété des biens du fiduciant au fiduciaire, dans l'intérêt du fiduciaire dans la *fiducia cum creditore* (qui est un instrument de garantie) et dans l'intérêt du fiduciant dans la *fiducia cum amico* (qui est un instrument de gestion).

Institution de *common law*, le ***trust*** réalise également un transfert de propriété temporaire de biens d'un *settlor* à un *trustee* à charge pour ce dernier de les gérer au profit du *settlor* ou d'un *tiers bénéficiaire*. À la différence de la fiducie, le *trust* ne remplit pas une fonction de garantie – ce qui explique que le *trustee* ne puisse être également le bénéficiaire du *trust* –, même si le *trustee* peut « conserver » des garanties. Mais la différence essentielle avec la fiducie romaine gît ailleurs : alors que les biens mis en *trust* sont logés dans un patrimoine distinct de celui du *trustee* – le *trustee* a le *legal ownership* alors que le *settlor* ou, le cas échéant, le tiers bénéficiaire, a le *beneficial ownership* –, les biens mis en fiducie à Rome l'étaient dans le patrimoine du fiduciaire. Autrement dit, le *trustee* est à la tête de deux patrimoines, celui comprenant ses biens et celui comprenant ceux du *settlor* mis en *trust*, alors que le fiduciaire romain n'était à la tête que d'un seul patrimoine, dans lequel on trouvait tant ses propres biens que ceux du fiduciant mis en fiducie. Au final, à la différence de la fiducie romaine, le trust constitue un patrimoine d'affectation.

Plusieurs conséquences peuvent être tirées des différences entre la fiducie et le *trust* : le *settlor* peut être *trustee* alors que le fiduciant ne peut être fiduciaire[667] et les biens mis en trust sont à l'abri des créanciers du *trustee* alors que les biens mis en fiducie ne le sont pas à l'égard des créanciers du fiduciant.

386. Les origines de la fiducie en droit français. Avant que ne soit adoptée la loi du 19 février 2007, le droit français connaissait de nombreux mécanismes fiduciaires opérant suivant une technique d'inspiration romaine : la cession de créances professionnelles (dite cession « Dailly »[668]) ou encore le gage-espèce[669], notamment. Par ailleurs, d'autres mécanismes fiduciaires relevant davantage de la technique du

constituant fait l'objet d'une mesure de tutelle, le fiduciaire rend compte de sa mission au tuteur à la demande de ce dernier au moins une fois par an, sans préjudice de la périodicité fixée par le contrat. Lorsque pendant l'exécution du contrat le constituant fait l'objet d'une mesure de curatelle, le fiduciaire rend compte de sa mission, dans les mêmes conditions, au constituant et à son curateur. (al. 2) *Le fiduciaire rend compte de sa mission au bénéficiaire et au tiers désigné en application de l'article 2017, à leur demande, selon la périodicité fixée par le contrat* (al. 3) ».

666. F. Barrière, *Rép. civ.*, V°*Fiducie*, 2008 ; Ch. Larroumet, « La loi du 19 février 2007 sur la fiducie, Propos critiques », *D.* 2007, p. 1350.

667. Cette différence permet de comprendre pourquoi le *settlor* peut être également *trustee* : le *settlor*, à la tête de deux patrimoines, continuera à gérer ses propres biens comme auparavant cependant qu'il gèrera les biens mis en *trust* dans l'intérêt d'un tiers bénéficiaire.

668. Art. L. 313-23 s. CMF. En dehors du canal de la cession Dailly, la Cour de cassation n'admet pas qu'une cession de créance à titre de garantie puisse être réalisée par la voie du droit commun (Com.19 décembre 2006, *Bull. civ.* IV, n° 250, *D.* 2007, p. 344, note Ch. Larroumet, *RTD civ.* 2007, p. 160, obs. P. Crocq : « en dehors des cas prévus par la loi, l'acte par lequel un débiteur cède et transporte à son créancier, à titre de garantie, tous ses droits sur des créances, constitue un nantissement de créance »).

669. Comp. art. 2341 C. civ. : « *[l]orsque le gage avec dépossession a pour objet des choses fongibles, le créancier doit les tenir séparées des choses de même nature qui lui appartiennent. À défaut, le constituant peut se prévaloir des dispositions du premier alinéa de l'article 2344.* (al. 1) *Si la convention dispense le créancier de cette obligation, il acquiert la propriété des choses gagées à charge de restituer la même quantité de choses équivalentes.* (al. 2) ».

patrimoine d'affectation avaient vu le jour : les anciens fonds communs de créances devenus les fonds ou sociétés de titrisation[670], les organismes de placement collectifs[671].

Si, dès la fin des années 1980, plusieurs avant-projets relatifs à la fiducie ont été élaborés et un projet de loi instituant la fiducie, déposé le 20 février 1992 à l'Assemblée nationale, il faudra attendre plusieurs années avant qu'elle ne soit introduite en droit français, en raison notamment de préoccupations fiscales.

387. Introduction de la fiducie en droit français par la loi n° 2007-211 du 19 février 2007 *instituant la fiducie*[672]. C'est par une loi du 19 février 2007, en partie intégrée au Code civil, que la fiducie est introduite en tant qu'institution autonome en droit français[673]. Aux termes de l'article 2011 C. civ., « *[l]a fiducie est l'opération par laquelle un ou plusieurs constituants transfèrent des biens, des droits ou des sûretés, ou un ensemble de biens, de droits ou de sûretés, présents ou futurs, à un ou plusieurs fiduciaires qui, les tenant séparés de leur patrimoine propre, agissent dans un but déterminé au profit d'un ou plusieurs bénéficiaires* »[674]. La fiducie française, qui créé « un patrimoine d'affectation »[675], trouve donc son inspiration dans la technique du trust de *common law*.

L'ordonnance n° 2009-112 du 30 janvier 2009 *portant diverses mesures relatives à la fiducie* a introduit des dispositions dans le Code civil relatives aux fiducies-sûretés, mobilières[676] et immobilières[677].

L'effectivité de la fiducie a été garantie par un dispositif en assurant la neutralité fiscale. D'une part, les droits de mutation ne sont dus ni lors de la mise en fiducie

670. Art. L. 214-42-1 s. CMF.

671. Art. 214-2 s. CMF.

672. R. Libchaber, « Les aspects civils de la fiducie dans la loi du 19 février 2007 », *Rép. Defr.* 2007, art. 38631 et 38639 ; P. Dupichot, « Opération fiducie sur le sol français », *JCP* G 2007, I, 121 ; F. Barrière, « La fiducie. Commentaire de la loi n° 2007-211 du 19 février 2007 », *Bull. Joly* 2007. 440 s. et 555 s. ; « La fiducie » (Dossier coord. par F. Barrière), *D.* 2007, p. 1346 ; « La fiducie, révolution juridique et pratique des affaires, » colloque du Magistère de juriste d'affaires-DJCE de l'Université Panthéon-Assas, 29 juin 2007, avant-propos de M. Germain, *JCP* E 2007, p. 2050 s.

673. Le régime de la fiducie a été précisé et retouché par plusieurs lois qui se sont rapidement succédé. Ainsi, une ordonnance du 18 décembre 2008 n° 2008-1345 *portant réforme du droit des entreprises en difficulté* a précisé l'incidence d'une procédure collective sur une fiducie-sûreté.

674. Une loi du 17 septembre 2009 *tendant à favoriser l'accès au crédit des petites et moyennes entreprises* avait proposé d'ajouter un second alinéa à l'article 2011, en indiquant que « le fiduciaire exerce la propriété fiduciaire des actifs figurant dans le patrimoine fiduciaire, au profit du ou des bénéficiaires, selon les stipulations du contrat de fiducie » (art. 16). Le but recherché était de permettre l'utilisation de la fiducie française dans le cadre de l'émission de sukuks (instrument financier islamique), la *Charia* exigeant que le porteur du *sukuk* ait un droit réel sur l'actif fiduciaire et participe au risque de l'activité. L'idée était donc de conférer un droit réel au bénéficiaire. Reste que l'article 16, dont l'objectif était de superposer deux propriétés, l'une au fiduciaire, l'autre au bénéficiaire, manquait de clarté et constituait une « contre-révolution » impliquant un retour aux « propriétés simultanées » de l'Ancien Droit (L. Aynès et P. Crocq, « la fiducie préservée des audaces du législateur », *D.* 2009, p. 2559, spéc. n° 6)... Cette disposition a été déclaré inconstitutionnelle par le Conseil constitutionnel dans une décision n° 2009-589 DC en date du 14 octobre 2009, qui y a vu un cavalier législatif.

675. D'après l'article 12, I de la loi qui la consacre, « *[l]es éléments d'actif et de passif transférés dans le cadre de l'opération mentionnée à l'article 2011 C. civ. forment un patrimoine d'affectation. Les opérations affectant ce dernier font l'objet d'une comptabilité autonome chez le fiduciaire* ». Par suite, « *[l]es opérations affectant ce dernier font l'objet d'une comptabilité autonome chez le fiduciaire* ».

676. Art. 2372-1 s. C. civ.

677. Art. 2488-1 s. C. civ. Sur quelques points, cette ordonnance a été à son tout modifiée par la loi n° 2009-526 du 12 mai 2009 *de simplification et de clarification du droit et d'allègement des procédures*.

des biens[678] ni lors de son dénouement, sauf si les biens reviennent à un tiers bénéficiaire. D'autre part, c'est le constituant qui est débiteur de l'imposition au titre des résultats d'exploitation des plus-values en cas de cession des biens mis en fiducie[679].

388. Architecture globale. Le Code civil comporte aujourd'hui trois corps de règles applicables à la fiducie : **un corps de règles générales** (art. 2011 s. C. civ.) qui forme le Titre XIV du Livre III C. civ., et deux **corps de règles spéciales applicables aux fiducies-sûretés** (art. 2372-1 à 2372-5 C. civ. pour les fiducies-sûretés mobilières ; art. 2488-1 à 2488-5 C. civ. pour les fiducies-sûretés immobilières).

389. Fonctions de la fiducie. La fiducie est susceptible de remplir **quatre fonctions principales**.

En premier lieu, la fiducie est un mécanisme de **conservation des actifs du constituant**. Cette conservation peut d'abord être recherchée ***dans l'intérêt du constituant lui-même*** : il s'agit de mettre certains actifs à l'abri de créanciers. Par exemple, un entrepreneur met en fiducie des biens non professionnels qu'il souhaite mettre à l'abri de ses créanciers professionnels[680] ou, inversement, il met en fiducie ses biens professionnels, qu'il sépare de ses biens non professionnels tenus à l'abri des créanciers professionnels[681], tout en continuant à gérer les biens professionnels par une convention de mise à disposition[682]. La conservation des actifs du constituant peut ensuite être recherchée ***dans l'intérêt de tiers bénéficiaires créanciers*** : il s'agit de faire sortir des actifs du patrimoine d'un constituant dont on se méfie et de les placer entre les mains d'un tiers de confiance. On en trouve des illustrations en pratique : l'ARJEL (Autorité de régulation des jeux en ligne), en vue de délivrer un agrément, prend en compte la constitution d'une fiducie par une entreprise de jeux en ligne qui place ainsi les avoirs des joueurs en fiducie[683] ; dans le cadre de la célèbre « affaire Petroplus », un fiduciaire avait reçu des stocks de plusieurs sites

678. Restent dues, lorsque la fiducie donne lieu à publicité, la taxe sur la publicité foncière et la contribution de sécurité immobilière.

679. V. notamment, au sujet des droits sociaux, art. 150-0 A CGI : « *I.-1. Sous réserve des dispositions propres aux bénéfices industriels et commerciaux, aux bénéfices non commerciaux et aux bénéfices agricoles ainsi que des articles 150 UB et 150 UC, les gains nets retirés des cessions à titre onéreux, effectuées directement, par personne interposée ou par l'intermédiaire d'une fiducie, de valeurs mobilières, de droits sociaux, de titres mentionnés au 1º de l'article 118 et aux 6º et 7º de l'article 120, de droits portant sur ces valeurs, droits ou titres ou de titres représentatifs des mêmes valeurs, droits ou titres, sont soumis à l'impôt sur le revenu* ».

680. Ainsi conçue, la fiducie se présente comme un mécanisme en concurrençant d'autres, tels la déclaration d'insaisissabilité (V. art. L. 526-1 C. com. : « *[p]ar dérogation aux articles 2284 et 2285 C. civ., une personne physique immatriculée à un registre de publicité légale à caractère professionnel ou exerçant une activité professionnelle agricole ou indépendante peut déclarer insaisissables ses droits sur l'immeuble où est fixée sa résidence principale ainsi que sur tout bien foncier bâti ou non bâti qu'elle n'a pas affecté à son usage professionnel (...)* »).

681. Ainsi conçue, la fiducie se présente comme un outil concurrençant le statut d'entrepreneur individuel à responsabilité limitée – EIRL – (art. L. 526-6 C. com. : « *[t]out entrepreneur individuel peut affecter à son activité professionnelle un patrimoine séparé de son patrimoine personnel, sans création d'une personne morale (...)* »).

682. Art. 2108-1 C. civ. : « *[d]ans le cas de vente d'un immeuble à construire conclue à terme conformément à l'article 1601-2, le privilège du vendeur ou celui du prêteur de deniers prend rang à la date de l'acte de vente si l'inscription est prise avant l'expiration d'un délai de deux mois à compter de la constatation par acte authentique de l'achèvement de l'immeuble* ».

683. Déc. nº 2011-124 du 8 décembre 2011, *JORF* nº 0290 du 15 décembre 2011 : « [c]onsidérant les garanties financières apportées par la société SPS Betting France dans le cadre de cette demande, en particulier la mise en place d'un contrat de fiducie garantissant les avoirs des joueurs (...) ».

de raffinage pour les commercialiser et en reverser le produit aux créanciers et salariés[684].

En deuxième lieu, la fiducie est un mécanisme de **gestion des actifs du constituant**. Le constituant met en fiducie des biens, généralement complexes, qu'il souhaite voir fructifier et plus généralement gérer par un fiduciaire. Par exemple[685], par une « fiducie-anticipation », une personne confie à un fiduciaire la gestion de certains de ses biens en prévision d'une altération future de ses facultés mentales[686] et par une « libéralité avec charge de constituer une fiducie-gestion », l'auteur d'une libéralité impose au gratifié de transférer ce qu'il a reçu à un fiduciaire chargé de le gérer[687].

En troisième lieu, la fiducie est un mécanisme de **sûreté**[688]. Le débiteur constituant transfert à un fiduciaire, qui est ou non son créancier[689], un ou plusieurs biens

---

684. Sur ces deux illustrations, et d'autres encore, v. S. CATOIRE et A. BERTIN, « Cas pratiques fiduciaires », *Dr. & patr.* 2013, n° 228, p. 34 s.

685. Les potentialités de la fiducie sont grandes. En matière de gestion immobilière, la fiducie permettrait au constituant de sortir de son patrimoine un immeuble en vue de le réhabiliter ou de le faire fructifier par un fiduciaire parce qu'il ne le veut ou le peut lui-même (M. BLANCK-DAP, « La fiducie comme mode d'organisation des opérations immobilières », *Dr. & patr.* 2012, n° 212, p. 44 s.). En matière financière, la fiducie peut constituer un outil pertinent au regard des contraintes posées par la finance islamique (F. BARRIÈRE, « Propriété, fiducie et sukuk », *JCP* E 2011, p. 1203 ; G. PARLÉANI, « Regards pragmatiques sur la finance islamique », *Rev. dr. bancaire et financier*, mars 2012, dossier 12). Par ailleurs, la fiducie peut également être conçue comme un outil d'organisation de l'actionnariat, en contemplation notamment des règles de franchissements de seuil (N. PICARROUGNE et E. DHENNEQUIN, « La fiducie comme outil d'organisation de l'actionnariat », *Dr. & patr.* 2012, n° 212, p. 66 s. ; S. PALLOTO et S. CATOIRE, « Fiducie-gestion et franchissement de seuil », *Option Finance*, n° 1204, 2013, p. 31 s.) et comme un moyen de sécuriser les pactes d'actionnaires, dans la mesure où l'on estime le fiduciaire plus enclin à exécuter le moment venu les engagements souscrits par un autre que ce dernier ne l'aurait fait (S. SCHILLER, « La fiducie : un excellent moyen de sécuriser les pactes d'actionnaires », *Dr. & patr.* 2012, n° 212, p. 71 s.). *Adde* S. SCHILLER et H. FABRE, « La protection de la société contre l'état de vulnérabilité de son dirigeant », *JCP* N 2012, p. 1393.

686. Une fois que le majeur fait l'objet d'une mesure de protection, il faut distinguer : si le majeur sous curatelle peut conclure un contrat de fiducie avec l'accord du curateur (art. 468 al. 2 C. civ. : « *[l]a personne en curatelle ne peut, sans l'assistance du curateur conclure un contrat de fiducie ni faire emploi de ses capitaux* »), le tuteur ne le peut, même autorisé (art. 509 C. civ. : « *[l]e tuteur ne peut, même avec une autorisation : (...) 5° Transférer dans un patrimoine fiduciaire les biens ou droits d'un majeur protégé* »). Sur la question, v. H. LETELLIER, « La fiducie, outil de protection des majeurs vulnérables », *Dr. & patr.* 2013, n° 228, p. 52 s. et, du même auteur, « Fiducie et Majeur vulnérable », *in Fiducie et famille, Dossier AJ fam.* avril 2015, p. 205 ; F. JULIENNE, « La fiducie, une technique d'avenir pour gérer le patrimoine des personnes protégées ? », in *Le patrimoine de la personne protégée*, (ss. dir. J.-M. PLAZY et G. RAOUL-CORMEIL), 2015, p. 205 (l'auteur envisage notamment la possibilité d'utiliser les revenus des biens en fiducie en vue de payer les frais d'hébergement dans un établissement spécialisé de la personne vulnérable, p. 208).
Et pour une mise en perspective de la fiducie et du mandat de protection future, v. 108e Congrès des notaires de France, Montpellier, 2012, n° 4089 ; H. FABRE, « La fiducie comme alternative au mandat de protection future ou comme outil de transmission », *Dr. & patr.* 2012, n° 228, p. 56 s., spéc. p. 59 s. *Adde* J. MASSIP, *Tutelle des mineurs et protection juridique des majeurs*, Defrénois, 2009, p. 483 ; Ch. DONNADIEU, « Quelques aspects de la gestion du patrimoine du majeur incapable », *JCP* N 2013, 1193.

687. V. notamment H. FABRE, « La fiducie comme alternative au mandat de protection future ou comme outil de transmission », *Dr. & patr.* 2012, n° 228, p. 56 s. ; V. 107e Congrès des notaires de France, Cannes, 2011, n° 4489 ; 108e Congrès des notaires de France, Montpellier, 2012, n° 4085.

688. R. DAMMANN, « L'utilisation de la fiducie comme technique », *Rev. proc. coll.* mai 2013, dossier 20 ; O. GOUT, « Les sûretés face aux procédures collectives », *JCP* N 2012, 1339 ; B. BÉDARIDE, « Plaidoyer pour l'utilisation urgente de la fiducie-sûreté pour refinancer l'immobilier d'entreprise », *Rev. dr. banc. et fin.* 2012, étude 2 ; L. GALLIEZ et F. POUZENC, « La fiducie-sûreté : mode d'emploi », *Dr. & patr.* sept 2011, p. 34.

689. Par exemple, le fiduciaire est le titulaire de sûretés consenties par un débiteur au profit de plusieurs créanciers ; le fiduciaire gère les sûretés et les réalise pour le compte des créanciers. Le recours à la fiducie-sûreté ainsi comprise constitue une alternative au mécanisme de l'article 2328-1 C. civ. qui

en garantie d'une créance, lesdits biens étant définitivement attribués au créancier si le constituant ne paye pas sa dette, ou rétrocédés à ce dernier dans le cas contraire. Il reste qu'en matière immobilière, la fiducie, si elle confère au créancier une sécurité supérieure à celle de l'hypothèque, est d'un coût de constitution supérieur[690].

En quatrième lieu, la fiducie est un mécanisme de **transmission à titre gratuit**. Le constituant-gratifiant transfert à un fiduciaire un ou plusieurs biens afin de les transférer à son tour à un bénéficiaire-gratifié. Il reste qu'en droit positif, l'article 2013 C. civ.[691] interdit expressément que la fiducie puisse constituer un outil de transmission à titre gratuit[692] : elle est nulle et donne lieu à des sanctions fiscales[693].

390. Nature de la fiducie[694]. La propriété fiduciaire n'est ni une propriété ordinaire[695], ni un démembrement de celle-ci.

En premier lieu, la propriété fiduciaire se distingue de la propriété ordinaire en ce que, d'une part, le fiduciaire n'a pas les *pouvoirs* que la loi accorde à un propriétaire ordinaire mais ceux que lui octroie la convention de fiducie[696] et que, d'autre

---

institue l'agent des sûretés en prévoyant que « *toute sûreté réelle peut être constituée, inscrite, gérée et réalisée pour le compte des créanciers de l'obligation garantie par une personne qu'ils désignent à cette fin dans l'acte qui constate cette obligation* ».

690. V. le tableau récapitulatif proposé par Y.-M. Ravet et M. Andreani, « La fiducie : sûreté d'élite ou produit de masse », *Dr. & patr.* 2013, n° 228, p. 38 s.

691. Le droit français connaît cependant de nombreux outils de transmission d'inspiration fiduciaire : legs avec charge (V. notamment Civ. 1re, 16 septembre 2010, pourvoi n° 09-68221 : « le mécanisme juridique admis par l'autorité administrative, consistant à autoriser l'organisme d'utilité publique auquel l'association gratifiée est affiliée à accepter le legs, à charge pour lui d'en affecter le montant à une œuvre ou une action de cette association, dans le respect de la volonté du testateur, ne constitue pas une interposition de personne prohibée au sens de l'article 911 ancien du Code civil »), mandat à effet posthume (art. 812 s. C. civ.), libéralité-graduelle (art. 1048 s. C. civ.). Sur ceux-ci, V. Ch. Vernières, *Les libéralités à trois personnes*, th. Paris II, 2012.

692. En faveur de la possibilité pour le constituant par ailleurs bénéficiaire d'une fiducie-gestion de céder à titre gratuit à un tiers ses droits dans l'opération (P. Berger, « La fiducie-gestion », *Actes prat. et strat. Patrimoniales* 2011, n° 26 s. ; H. Fabre, « La fiducie comme alternative au mandat de protection future ou comme outil de transmission », *Dr. & patr.* 2012, n° 228, p. 56 s., spéc. p. 60 s.). Par ailleurs, la combinaison d'une société civile et d'une fiducie-gestion permet d'éviter certains des inconvénients de la prohibition de la fiducie-libéralité : des biens sont apportés ou acquis par une société qui les place en fiducie avant que les parts sociales ne soient données (sur ce montage, V. S. Lerond et S. Nauleau, « Fiducie et société civile : des outils complémentaires », *Dr. & patr.* 2012, n° 212, p. 62 s.).

693. L'article 792 *bis* CGI prévoit l'application des droits de mutation à titre gratuit sur la valeur des biens, droits ou fruits transférés, liquidés selon le tarif applicable entre personnes non parentes mentionné au tableau III de l'article 777 (au taux de 60 %). Par ailleurs, il retient, pour l'application de ces dispositions fiscales, des critères de l'intention libérale : « l'intention libérale est notamment caractérisée lorsque la transmission est dénuée de contrepartie réelle ou lorsqu'un avantage en nature ou résultant d'une minoration du prix de cession est accordé à un tiers par le fiduciaire dans le cadre de la gestion du patrimoine fiduciaire (...) ».

694. M. Grimaldi, « La propriété fiduciaire », in *La fiducie dans tous ses états*, Journée nationale de l'Association Henri Capitant, t. XV, Dalloz, 2011, p. 5 s., selon qui la propriété fiduciaire n'est pas la propriété classique ; P. Crocq, « Propriété fiduciaire, propriété unitaire », in *La fiducie dans tous ses états*, préc., p. 9 s., selon qui la propriété fiduciaire est la propriété classique.

695. V. l'analyse du rapporteur de la loi devant le Sénat : « contrairement aux prévisions de l'article 544, la propriété des biens transférés ne serait pas absolue puisque le fiduciaire ne pourrait en jouir ou les transmettre que dans les conditions prévues par le contrat de fiducie. Au surplus, le fiduciaire ne pourrait exercer les prérogatives sur les biens qui lui ont été transmis que pendant une durée limitée, fixée à 99 ans par le septième alinéa de l'article 2064 C. civ. De ce point de vue, la propriété fiduciaire serait, en quelque sorte, une propriété altérée ou dégradée, seul le bénéficiaire obtenant, au terme du contrat de fiducie, la propriété pleine et entière des biens qui lui ont été transmis par le fiduciaire » (H. de Richemont, Rapp. Sénat, p. 36).

696. Art. 2108, 6° C. civ. : « *[l]e contrat de fiducie détermine, à peine de nullité : (...) 6° La mission du ou des fiduciaires et l'étendue de leurs pouvoirs d'administration et de disposition* ». Même si à

part, il ne profite pas des *richesses* du bien comme un propriétaire ordinaire, car si le propriétaire fiduciaire peut percevoir les fruits, il ne les fait pas siens et s'il peut disposer du bien, ce n'est pas à son profit[697]. En somme, le propriétaire fiduciaire n'est pas un propriétaire ordinaire car il n'en n'a ni les *pouvoirs*, ni la *richesse*[698] ; le fiduciaire n'est pas libre comme un propriétaire, car il agit dans l'intérêt du bénéficiaire, auquel il doit rendre compte[699].

En second lieu, la propriété fiduciaire n'est pas non plus un démembrement de la propriété, en ce sens que la mise en fiducie d'un bien ne donne pas lieu à un partage des pouvoirs entre le constituant et le fiduciaire. Le constituant est en principe totalement dessaisi – encore qu'il puisse lui être conventionnellement réservé le droit de jouir des biens mise en fiducie[700] – au profit du fiduciaire[701].

391. Domaine de la fiducie. Parce que la fiducie « doit être expresse » (art. 2012 al. 1 C. civ.), seule la fiducie expressément nommée comme telle obéit au régime de la fiducie prévu par le Code civil (art. 2011 s. C. civ.), à l'exception de tous les autres mécanismes qui ne sont que d'inspiration fiduciaire.

392. Plan. On envisagera les conditions (§ 1), les effets (§ 2) et le dénouement de la fiducie (§ 3).

§ 1. Les conditions

393. Sources – plan. La fiducie est **établie par la loi ou par contrat**[702] : seules les personnes éligibles et le législateur peuvent instaurer des fiducies, non le juge. Cela étant, les conditions de la fiducie posées par le Code civil sont de fond (A) et de forme (B).

---

l'égard des tiers qui n'auraient pas eu connaissance de la limitation de ses pouvoirs il est réputé les avoir tous (art. 2023 C. civ. : « *[d]ans ses rapports avec les tiers, le fiduciaire est réputé disposer des pouvoirs les plus étendus sur le patrimoine fiduciaire, à moins qu'il ne soit démontré que les tiers avaient connaissance de la limitation de ses pouvoirs.* »).

697. Si la propriété fiduciaire était considérée comme une propriété ordinaire, il serait impossible de reconnaître également la propriété au constituant : « il y a un droit, un seul, avec lequel le droit de propriété est inconciliable sur une même chose : c'est un autre droit de propriété. Deux droits de propriété ne peuvent pas coexister sur une chose. Deux ou plusieurs personnes peuvent être copropriétaires d'une chose, c'est-à-dire avoir sur cette chose une part du droit de propriété. Mais deux ou plusieurs personnes ne peuvent être en même temps propriétaires de la chose, c'est-à-dire avoir chacune sur elle un droit total de propriété » (De Vareilles-Sommières, « La définition et la notion juridique de la propriété », *RTD civ.* 1905, p. 443 s., spéc. n° 52).

698. Comp. M. Grimaldi, « La fiducie : réflexions sur l'institution et l'avant-projet de loi qui la consacre », *Rép. Defr.* 1991, p. 897 s., spéc. n° 12 s.

699. Art. 2022 C. civ. : « *[l]e contrat de fiducie définit les conditions dans lesquelles le fiduciaire rend compte de sa mission au constituant. (...)* ».

700. Art. 2018-1 C. civ. : « *[l]orsque le contrat de fiducie prévoit que le constituant conserve l'usage ou la jouissance d'un fonds de commerce ou d'un immeuble à usage professionnel transféré dans le patrimoine fiduciaire, la convention conclue à cette fin n'est pas soumise aux chapitres IV et V du titre IV du livre Ier du Code de commerce, sauf stipulation contraire* ».

701. En cela, la fiducie se distingue très nettement des situations de représentation parfaite ou imparfaite, encore que la personne représentée soit également exceptionnellement dessaisie lorsque ce n'est pas elle qui a donné pouvoir, mais un tiers : le *juge* (mandat judiciaire) ou *autrui* (mandat à effet posthume).

702. Art. 2012 al. 1 *in limine* C. civ. : « *[l]a fiducie est établie par la loi ou par contrat* ».

A Conditions de fond

394. Textes. Les conditions de fond sont énoncées aux articles 2013 à 2018 du Code civil, auxquelles s'ajoutent les exigences posées par les articles 2372-2 et 2488-2 du Code civil au sujet des fiducies-sûretés.

395. Parties. ***Deux ou trois***. Le contrat de fiducie est conclu entre le **constituant** et le **fiduciaire** dans l'intérêt d'un **bénéficiaire**, qui peut être le constituant, le fiduciaire, ou un tiers[703]. En revanche, le constituant et le fiduciaire sont toujours des personnes distinctes, le constituant ne pouvant créer un patrimoine fiduciaire au sein de son patrimoine personnel.

Par ailleurs, la loi prévoit que le constituant et le fiduciaire doivent tous deux être résidents d'un État de la Communauté européenne ou d'un État ou territoire ayant conclu avec la France une convention fiscale en vue d'éliminer les doubles impositions qui contient une clause d'assistance administrative en vue de lutter contre la fraude ou l'évasion fiscale[704].

396. Parties. ***Constituant***. Le constituant est celui qui transfert certains de ses actifs dans un patrimoine fiduciaire. Le cercle des constituants s'est élargi depuis l'introduction de la fiducie en droit français par la loi de 2007. Si, à l'origine, seules les personnes morales assujetties à l'impôt sur les sociétés pouvaient constituer une fiducie, cette restriction critiquable a été abrogée par la loi n° 2008-776 du 4 août 2008, *portant diverses mesures de modernisation de l'économie* : peuvent désormais être constituants **toutes personnes, morales ou physiques**.

L'ouverture de la fiducie aux personnes physiques est accompagnée de plusieurs règles protectrices. Elle est tantôt *encadrée* : la constitution d'une fiducie est un acte de disposition soumis à cogestion dans la communauté[705] et les biens d'un majeur en curatelle ne peuvent être mis en fiducie sans l'assistance du curateur[706]. Elle est tantôt *prohibée* : les biens d'un majeur en tutelle ne peuvent pas être mis en fiducie par le tuteur[707], pas plus que ceux d'un mineur[708].

Le constituant peut, à tout moment, désigner un **tiers protecteur** de ses intérêts. Ce dernier, bien que non partie au contrat, est chargé de veiller à la protection des

703. Art. 2016 C. civ. : « *[l]e constituant ou le fiduciaire peut être le bénéficiaire ou l'un des bénéficiaires du contrat de fiducie* ».

704. Art. 13 L. n° 2007-211 du 19 février 2007 *instituant la fiducie* : « *[l]e constituant et le fiduciaire doivent être résidents d'un État de la Communauté européenne ou d'un État ou territoire ayant conclu avec la France une convention fiscale en vue d'éliminer les doubles impositions qui contient une clause d'assistance administrative en vue de lutter contre la fraude ou l'évasion fiscale* ».

705. Art. 1424 al. 2 C. civ. : les époux « *ne peuvent, l'un sans l'autre, transférer un bien de la communauté dans un patrimoine fiduciaire* ».

706. Art. 468 al. 2 C. civ. : « *[l]a personne en curatelle ne peut, sans l'assistance du curateur conclure un contrat de fiducie ni faire emploi de ses capitaux* ».

707. Art. 509, 5° C. civ. : « *[l]e tuteur ne peut, même avec une autorisation : (...) 5° Transférer dans un patrimoine fiduciaire les biens ou droits d'un majeur protégé* ». Si la constitution d'une fiducie n'est pas possible, s'il s'agit de gérer des titres financiers, le tuteur pourra être autorisé par le conseil de famille ou, à défaut, le juge, à conclure un contrat pour la gestion des titres de la personne protégée (art. 500 al. 3 C. civ. : « *[l]e conseil de famille ou, à défaut, le juge peut autoriser le tuteur à conclure un contrat pour la gestion des valeurs mobilières et instruments financiers de la personne protégée. Il choisit le tiers contractant en considération de son expérience professionnelle et de sa solvabilité. Le contrat peut, à tout moment et nonobstant toute stipulation contraire, être résilié au nom de la personne protégée* »).

708. Art. 408-1 C. civ. : « *[l]es biens ou droits d'un mineur ne peuvent être transférés dans un patrimoine fiduciaire* ».

intérêts du constituant[709]. À cette fin, il exerce, d'une part, des pouvoirs propres, en exigeant une reddition des comptes[710] ou en sollicitant du juge qu'il remplace le fiduciaire[711] et, d'autre part, les pouvoirs que la loi accorde au constituant[712]. Le constituant peut renoncer à cette faculté (lors de la conclusion du contrat ou postérieurement au contrat), sauf lorsqu'il est une personne physique[713].

397. Parties. ***Fiduciaire***. Le fiduciaire[714] est celui qui se voit « transférer » des actifs du constituant aux fins de gestion ou à titre de sûreté, ce qui explique que le constituant ne puisse être fiduciaire. En raison de la nécessité de contrôler l'activité de fiduciaire, le cercle des fiduciaires est restreint. Ne peuvent avoir la qualité de fiduciaires que les établissements de crédit et entreprises assimilées, les entreprises d'investissement et les entreprises d'assurances et, depuis la loi du 4 août 2008, les avocats[715]. Ne peuvent ainsi être fiduciaires que des personnes qui sont soumises à des obligations particulières, notamment déontologiques, garanties par un contrôle administratif ou ordinal.

709. Art. 2017 al. 1 C. civ. : « *[s]auf stipulation contraire du contrat de fiducie, le constituant peut, à tout moment, désigner un tiers chargé de s'assurer de la préservation de ses intérêts dans le cadre de l'exécution du contrat et qui peut disposer des pouvoirs que la loi accorde au constituant* ».

710. Art. 2022 al. 3 C. civ. : « *[l]e fiduciaire rend compte de sa mission au bénéficiaire et au tiers désigné en application de l'article 2017, à leur demande, selon la périodicité fixée par le contrat* ».

711. Art. 2027 C. civ. : « *[e]n l'absence de stipulations contractuelles prévoyant les conditions de son remplacement, si le fiduciaire manque à ses devoirs ou met en péril les intérêts qui lui sont confiés ou encore s'il fait l'objet d'une procédure de sauvegarde ou de redressement judiciaire, le constituant, le bénéficiaire ou le tiers désigné en application de l'article 2017 peut (...) solliciter le remplacement du fiduciaire. La décision judiciaire faisant droit à la demande emporte de plein droit dessaisissement du fiduciaire originaire et transfert du patrimoine fiduciaire en faveur de son remplaçant* ».

712. Art. 2017 al. 1 C. civ. : le « *tiers chargé de s'assurer de la préservation de ses intérêts dans le cadre de l'exécution du contrat (...) peut disposer des pouvoirs que la loi accorde au constituant* ».

713. Art. 2017 al. 2 C. civ. : « *[l]orsque le constituant est une personne physique, il ne peut renoncer à cette faculté* ».

714. Au cas où plusieurs fiduciaires seraient nommés, ils seraient indivisaires et soumis en tant que tels, *mutadis mutandi*, aux règles de l'indivision.

715. L'avocat peut ainsi gérer le patrimoine d'autrui en qualité de fiduciaire. L'ordonnance n° 2009-112 du 30 janvier 2009 *portant diverses mesures relatives à la fiducie*, le décret n° 2009-1627 du 23 décembre 2009 *relatif à l'exercice de la fiducie par les avocats*, ainsi qu'une décision du Conseil national des barreaux du 4 avril 2009 portant réforme du règlement intérieur national de la profession d'avocat (laquelle introduit un article 6.2.1 intitulé « L'activité de fiduciaire ») ont précisé les modalités d'exercice de l'activité fiduciaire de l'avocat : l'avocat qui souhaite exercer en qualité de fiduciaire en informe par écrit, avant d'accomplir tout acte relatif à cette activité, le Conseil de l'Ordre dont il relève (art. 123 Décr. n° 91-1197 du 27 novembre 1991 *organisant la profession d'avocat*), une assurance spéciale doit être souscrite (art. 27 al. 4 L. n° 71-1130 du 31 décembre 1971 *portant réforme de certaines professions judiciaires et juridiques*), l'actif fiduciaire confié à l'avocat n'est pas déposé dans un compte CARPA, l'avocat ne peut exercer en qualité de fiduciaire une fonction incompatible avec sa qualité d'avocat au sens de l'article 111 du décret de 1991 (art. 6.2.1.1 RIN), les règles relatives au secret professionnel sont adaptées (art. 66-5 L. 1971 ; art. 6.2.1.4 RIN, qui prévoit que « *l'avocat exerçant une activité de fiducie reste soumis à son secret professionnel, mais doit prendre toutes dispositions permettant aux autorités judiciaires, administratives et ordinales d'effectuer les contrôles et vérifications prévus par la loi et les règlements en ce domaine sans qu'il soit porté atteinte au secret professionnel et à la confidentialité des correspondances attachés aux autres activités de son cabinet et à ceux qui y exercent* »), etc. L'article 2029 C. civ. prévoit que le contrat de fiducie prend fin en cas d'interdiction temporaire, de radiation ou d'omission du tableau de l'avocat fiduciaire.

398. Parties. ***Bénéficiaire***. Le bénéficiaire est celui dans l'intérêt de qui la fiducie est constituée ; il peut y en avoir plusieurs[716]. Ainsi que le prévoit la loi[717], ce peut être un **tiers** – en cas de conservation des actifs du constituant dans l'intérêt de ses créanciers –, le **constituant** – en cas de fiducie-gestion – et le **fiduciaire** – en cas de fiducie-sûreté[718].

En tout état de cause, le ou les bénéficiaires doi(ven)t être déterminé(s) ou déterminable(s)[719]. La fiducie consentie au profit d'un tiers bénéficiaire présente un double particularisme. D'une part, le fiduciaire est un intermédiaire dans la transmission d'un actif qui ne peut être réalisée à titre gratuit, la fiducie-libéralité étant nulle[720]. D'autre part, l'acceptation de ce dernier n'est pas requise, encore qu'elle emporte, une fois donnée, l'irrévocabilité du contrat[721].

399. Objet. L'objet de la fiducie est d'opérer un **transfert temporaire** pour une durée ne pouvant excéder quatre-vingt-dix-neuf ans[722], au profit du fiduciaire. L'objet doit être doublement déterminé : d'une part, quant à son *assiette* (art. 2018, 1° C. civ.), d'autre part, quant aux *pouvoirs* conférés au fiduciaire (art. 2018, 6° C. civ.).

En premier lieu, s'agissant de l'**assiette de la fiducie**, la loi mentionne expressément les « **biens, droits ou sûretés** » qui sont transférés au fiduciaire. Tous les biens et

716. Art. 2011 C. civ. : « *[l]a fiducie est l'opération par laquelle un ou plusieurs constituants transfèrent des biens, des droits ou des sûretés, ou un ensemble de biens, de droits ou de sûretés, présents ou futurs, à un ou plusieurs fiduciaires qui, les tenant séparés de leur patrimoine propre, agissent dans un but déterminé au profit d'un ou plusieurs bénéficiaires* ».

717. D'après l'article 2016 C. civ., si « *[l]e constituant ou le fiduciaire peut être le bénéficiaire ou l'un des bénéficiaires du contrat de fiducie* ».

718. La fiducie peut d'ailleurs être conclue entre un ou plusieurs constituants, avec un ou plusieurs fiduciaires, au profit d'un ou de plusieurs bénéficiaires. Plusieurs entreprises réunies en un pool et menant une action commune pourront ainsi constituer ensemble une fiducie.

719. Art. 2018, 5° C. civ. : « *[e]n l'absence de stipulations contractuelles prévoyant les conditions de son remplacement, si le fiduciaire manque à ses devoirs ou met en péril les intérêts qui lui sont confiés ou encore s'il fait l'objet d'une procédure de sauvegarde ou de redressement judiciaire, le constituant, le bénéficiaire ou le tiers désigné en application de l'article 2017 peut demander en justice la nomination d'un fiduciaire provisoire ou solliciter le remplacement du fiduciaire. La décision judiciaire faisant droit à la demande emporte de plein droit dessaisissement du fiduciaire originaire et transfert du patrimoine fiduciaire en faveur de son remplaçant* ». Lorsque le constituant est le bénéficiaire de la fiducie-gestion et que le patrimoine fiduciaire comporte des titres de sociétés cotées assortis du droit de vote, l'article L. 233-10, II, 5° prévoit que le constituant et le fiduciaire sont présumés avoir agi de concert, c'est-à-dire avoir « *conclu un accord en vue d'acquérir, de céder ou d'exercer des droits de vote, pour mettre en œuvre une politique commune vis-à-vis de la société ou pour obtenir le contrôle de cette société* ». La présomption repose sur l'idée que le fiduciaire suivra probablement les ordres du constituant (Cl. Witz, « Fiducie – Effets et extinction », Fasc. 10, 2012, n° 30). La présomption, simple, sera renversée si le fiduciaire agit sans concertation avec le constituant.

720. Art. 2013 C. civ. : « *[l]e contrat de fiducie est nul s'il procède d'une intention libérale au profit du bénéficiaire. Cette nullité est d'ordre public* ».

721. Art. 2028 C. civ. : « *[l]e contrat de fiducie peut être révoqué par le constituant tant qu'il n'a pas été accepté par le bénéficiaire. Après acceptation par le bénéficiaire, le contrat ne peut être modifié ou révoqué qu'avec son accord ou par décision de justice* ».

722. D'après l'article 2018, 2° C. civ. : « *[l]a durée du transfert (...) ne peut excéder quatre-vingt-dix-neuf ans à compter de la signature du contrat* ».
Quant au *moment* du transfert, l'article L. 632-1, 9° C. com. prévoit qu'est nul, lorsqu'il est intervenu depuis la date de cessation des paiements, tout transfert de biens ou de droits dans un patrimoine fiduciaire, à moins que ce transfert ne soit intervenu à titre de garantie d'une dette concomitamment contractée. Il en va de même de « *tout avenant à un contrat de fiducie affectant des droits ou biens déjà transférés dans un patrimoine fiduciaire à la garantie de dettes contractées antérieurement à cet avenant* » (art. L. 632-1, 10° C. com.).

droits sont *a priori* concernés, meubles comme immeubles[723], droits réels et droits personnels[724], droits réels principaux et accessoires – les sûretés sont à ce titre expressément mentionnées. La question de savoir si la fiducie peut porter sur une **dette** est délicate. Si l'article 12 de la loi de 2007 *instituant la fiducie* précise que « *[l]es éléments d'actif et de passif transférés (...) forment un patrimoine d'affectation* », plusieurs arguments peuvent être invoqués à l'encontre de l'admission d'une cession fiduciaire de dette : la cession de dette n'est pas reconnue en droit français, l'article 2011 C. civ. lui-même ne mentionne pas le transfert de dettes lorsqu'il envisage l'assiette de la fiducie, et l'article 12 de la loi de 2007 n'est qu'une disposition comptable. En définitive, on peut privilégier une voie médiane qui consisterait à ne pas admettre la cession de dette libératoire, mais à rendre possible une cession non libératoire, économique, dans le cadre d'une opération de *defeasance* : le fiduciaire se verrait alors transmettre un actif en même temps qu'une dette qu'il acquitterait grâce à l'actif[725].

En second lieu, s'agissant des **pouvoirs conférés au fiduciaire**, on a vu qu'ils étaient ceux qui lui étaient octroyés par la convention de fiducie[726] et qu'en principe le constituant était dépourvu de tous pouvoirs, sauf à ce que la convention lui en réserve[727].

400. Autres dispositions de la convention de fiducie. Si la convention de fiducie doit également prévoir les conditions dans lesquelles le fiduciaire rend compte de sa mission[728], on ne voit pas que ce soit à peine

723. La question de l'application d'éventuels droits de préemption ou de préférence n'a pas été réglé par le législateur. Lors du transfert du constituant au fiduciaire, ceux-ci ne devraient pas jouer : le transfert fiduciaire est temporaire, il n'est pas un transfert de propriété ordinaire, et le fiduciaire n'est pas un « acheteur ». En revanche, lors du transfert du fiduciaire à un éventuel tiers bénéficiaire, il n'existe plus de raison pour ne pas appliquer les mécanismes de préemption ou de préférence (Sur la question, V. notamment Cl. Witz, « Fiducie – Introduction et constitution », fasc. 10, 2012, n° 61).

724. D'après les travaux parlementaires, le terme « droits » pourrait englober, en particulier, des droits spécifiques tels que les droits « à polluer » issus du protocole de Kyoto (H. de Richemont, Rapp. Sénat, p. 45 ; X. de Roux, Rapp. AN, p. 33).

725. V. spéc. C. Witz, « Fiducie – Introduction et constitution », fasc. 10, 2012, n° 22 (généralités) et n° 26 (sur la defeasance). *Adde*, Sur la question, R. Libchaber, « Les aspects civils de la fiducie dans la loi du 19 février 2007 », *Rép. Defr.* 2007, p. 1094 s., spéc. n° 8 ; F. Barrière, Rép. civ., *V° Fiducie*, 2008, n° 33. Il convient évidemment de réserver également la possibilité de céder des dettes au travers de la cession d'une universalité de droit, tel un patrimoine fiduciaire (C. Witz, « Fiducie – Introduction et constitution », fasc. 10, 2012, n° 22).

726. Art. 2018, 6° C. civ. : « *[l]e contrat de fiducie détermine, à peine de nullité : (...) La mission du ou des fiduciaires et l'étendue de leurs pouvoirs d'administration et de disposition* ».

Même si à l'égard des tiers qui n'auraient pas eu connaissance de la limitation de ses pouvoirs il est réputé les avoir tous (art. 2023 C. civ. : « *[d]ans ses rapports avec les tiers, le fiduciaire est réputé disposer des pouvoirs les plus étendus sur le patrimoine fiduciaire, à moins qu'il ne soit démontré que les tiers avaient connaissance de la limitation de ses pouvoirs* »).

727. Art. 2018-1 C. civ. : « *[l]orsque le contrat de fiducie prévoit que le constituant conserve l'usage ou la jouissance d'un fonds de commerce ou d'un immeuble à usage professionnel transféré dans le patrimoine fiduciaire, la convention conclue à cette fin n'est pas soumise aux chapitres IV et V du titre IV du livre Ier du Code de commerce, sauf stipulation contraire* ».

728. Art. 2022 C. civ. : « *[l]e contrat de fiducie définit les conditions dans lesquelles le fiduciaire rend compte de sa mission au constituant.* (al. 1) *Toutefois, lorsque pendant l'exécution du contrat le constituant fait l'objet d'une mesure de tutelle, le fiduciaire rend compte de sa mission au tuteur à la demande de ce dernier au moins une fois par an, sans préjudice de la périodicité fixée par le contrat. Lorsque pendant l'exécution du contrat le constituant fait l'objet d'une mesure de curatelle, le fiduciaire rend compte de sa mission, dans les mêmes conditions, au constituant et à son curateur.* (al. 2) *Le fiduciaire rend compte de sa mission au bénéficiaire et au tiers désigné en application de l'article 2017 à leur demande, selon la périodicité fixée par le contrat.* (al. 3) ».

de nullité du contrat, car de tels éléments ne participent pas de l'objet du contrat[729].

En revanche, il eut été utile d'exiger que soit précisé le caractère gratuit ou onéreux de l'opération et que soit tranchée la question de savoir si, dans ce dernier cas, la rémunération devait être déterminée et pouvait ou non être révisée. À cet égard, la fiducie étant conclue avec un professionnel, il se peut que le juge la présume faite à titre onéreux[730]. Par ailleurs, à supposer la fiducie conclue à titre onéreux, le juge devrait disposer des pouvoirs qui lui permettent de fixer[731] et réviser[732] la rémunération dans un contrat d'entreprise, l'article 1129 C. civ. n'étant pas applicable au prix[733].

401. Cause. Le transfert fiduciaire peut avoir deux causes : la gestion de l'actif qui en forme l'assiette ou l'octroi d'une sûreté sur cet actif. En revanche, « *[l]e contrat de fiducie est nul s'il procède d'une intention libérale au profit du bénéficiaire (...)* » (art. 2013 C. civ.).

B Conditions de forme

402. Formalisme *ad validitatem*. *Exprès* et *écrit*. Bien que la loi se contente d'exiger que la fiducie soit **expresse**[734], un **écrit** est nécessaire, puisque le contrat de fiducie doit comporter certaines mentions[735] et être enregistré[736]. L'exigence d'un écrit enregistré, qui facilite les modalités de contrôle, est justifiée par les craintes que suscite la fiducie de la part des pouvoirs publics. Par ailleurs, lorsque la fiducie a pour assiette un actif commun ou indivis, le contrat doit être établi par acte notarié à peine de nullité[737].

---

729. F. Zenati-Castaing et Th. Revet, n° 267.

730. C'est le cas du mandat conclu avec un professionnel : « gratuit de sa nature, le mandat est présumé salarié lorsqu'il est conféré à une personne dont la profession habituelle consiste à s'occuper des affaires d'autrui » (Civ. 1re, 19 décembre 1989, *Bull. civ.* I, n° 399).

Pourtant, une telle solution ne s'impose pas avec évidence. De fait, une première version de la proposition de la loi avait prévu que le contrat pouvait mentionner la rémunération du fiduciaire et qu'en l'absence de mention, le fiduciaire exercerait sa mission gratuitement (H. de Richemont, Rapp. Sénat, p. 39). La commission des lois, estimant que cette disposition n'ouvrait qu'une faculté pour les parties et non une obligation, a estimé « préférable de ne rien préciser à cet égard afin de laisser aux parties la liberté la plus large » (H. de Richemont, Rapp. Sénat, p. 57).

731. Civ. 1re, 4 octobre 1989, *Bull. civ.* I, n° 301 : « la convention intervenue entre MM. Y... et X..., s'analysant, en l'espèce, en un louage d'ouvrage, la rémunération pouvait être fixée par les juges en fonction des éléments de la cause, à défaut d'accord certain des parties sur le montant exact des honoraires dus ».

732. Au départ, ce pouvoir de révision fut reconnu au sujet de la rémunération des seuls mandataires (Civ. 29 janvier 1867, *DP* 1867, 1, p. 53, S. 1867, 1, p. 245, *GAJC*, t. 2, n° 280 : « en droit, que le mandat est un contrat gratuit de sa nature, et que, dans le cas de convention contraire, il appartient aux tribunaux, à la différence du contrat de louage, de réduire le salaire convenu, lorsqu'il est hors de proportion avec le service rendu »). Il fut étendu par la suite à la révision des honoraires des professionnels libéraux (v. notamment Civ. 1re, 3 juin 1986, *Bull. civ.* I, n° 150 : « les tribunaux peuvent, quand une convention a été passée en vue de l'exécution de travaux donnant lieu à honoraires, réduire ces derniers lorsqu'ils paraissent exagérés, pourvu qu'ils n'aient pas été versés en connaissance du travail effectué et après service fait » (rémunération d'un expert-comptable).

733. Civ. 1re, 20 février 1996, *Bull. civ.* I, n° 91 : « l'article 1129 du Code civil n'est pas applicable à la détermination du prix ».

734. Art. 2012 al. 1 C. civ. : « *[l]a fiducie (...) doit être expresse* ».

735. Art. 2018 C. civ. sur lequel, v. *infra*, n° 403.

736. Art. 2019 al. 1 C. civ., sur lequel, v. *infra*, n° 405.

737. Art. 2012 al. 2 C. civ. : « *[s]i les biens, droits ou sûretés transférés dans le patrimoine fiduciaire dépendent de la communauté existant entre les époux ou d'une indivision, le contrat de fiducie est*

403. Formalisme *ad validitatem*. *Mentions*. À peine de nullité, le contrat de fiducie comporte plusieurs mentions énoncées à l'article 2018 C. civ.[738] Elles portent sur l'*actif* transféré au fiduciaire, c'est-à-dire les « *biens, droits ou sûretés transférés* », la *durée* de la fiducie, l'*identité* des parties à l'opération (constituant(s), fiduciaire(s) et bénéficiaire(s)) et enfin la mission ainsi que l'étendue des pouvoirs du (ou des) fiduciaire(s).

En présence d'une fiducie-sûreté, l'écrit doit en outre, toujours à peine de nullité, indiquer la « *dette garantie* » et la « *valeur estimée* » de l'actif transféré[739]. Que la créance garantie soit déterminée, il n'y a là rien que de très normal ; en revanche, l'exigence de l'évaluation du bien qui forme son assiette, inédite, aurait pour but de « garantir une parfaite connaissance par le constituant personne physique de la portée de son engagement »[740], alors pourtant que le constituant engage par principe tous ses biens[741]. Par ailleurs, la fiducie-sûreté peut être rechargeable si l'acte constitutif le prévoit expressément[742].

404. Formalisme *ad opposabilitatem*. Par principe, l'opposabilité du transfert fiduciaire n'est pas soumise à une publicité destinée à en assurer l'opposabilité aux tiers. Il existe cependant des cas particuliers.

En premier lieu, lorsque la fiducie a pour assiette un **droit réel immobilier**, le transfert du droit réel immobilier opéré par la fiducie est opposable aux tiers dans les conditions posées par le mécanisme de la publicité foncière[743].

En deuxième lieu, lorsque la fiducie a pour assiette une **créance**, le transfert de la créance opéré par la fiducie est opposable aux tiers, non pas dans les conditions

---

établi par acte notarié à peine de nullité ». La forme authentique étant justifiée par la dangerosité de l'acte, l'acte notarié devrait être requis chaque fois que le constituant est une personne physique.

738. « *Le contrat de fiducie détermine, à peine de nullité :*

1° Les biens, droits ou sûretés transférés. S'ils sont futurs, ils doivent être déterminables ;

2° La durée du transfert, qui ne peut excéder quatre-vingt-dix-neuf ans à compter de la signature du contrat ;

3° L'identité du ou des constituants ;

4° L'identité du ou des fiduciaires ;

5° L'identité du ou des bénéficiaires ou, à défaut, les règles permettant leur désignation ;

6° La mission du ou des fiduciaires et l'étendue de leurs pouvoirs d'administration et de disposition. »

739. Art. 2372-2 C. civ. pour la fiducie mobilière (« En cas de fiducie conclue à titre de garantie, le contrat mentionne à peine de nullité, outre les dispositions prévues à l'article 2018, la dette garantie et la valeur estimée du bien ou du droit transféré dans le patrimoine fiduciaire. ») et art. 2488-2 C. civ. pour la fiducie immobilière (« En cas de fiducie conclue à titre de garantie, le contrat mentionne à peine de nullité, outre les dispositions prévues à l'article 2018, la dette garantie et la valeur estimée de l'immeuble transféré dans le patrimoine fiduciaire. »).

740. Rapport au président de la République relatif à l'ordonnance n° 2009-112 du 30 janvier 2009 portant diverses mesures relatives à la fiducie.

741. M. Grimaldi et R. Dammann, « la fiducie sur ordonnances », D. 2009, p. 670, n° 10.

742. Art. 2372-5 C. civ. : « *[l]a propriété cédée en application de l'article 2372-1 peut être ultérieurement affectée à la garantie de dettes autres que celles mentionnées par l'acte constitutif pourvu que celui-ci le prévoie expressément.* (al. 1) *Le constituant peut l'offrir en garantie, non seulement au créancier originaire, mais aussi à un nouveau créancier, encore que le premier n'ait pas été payé. Lorsque le constituant est une personne physique, le patrimoine fiduciaire ne peut alors être affecté en garantie d'une nouvelle dette que dans la limite de sa valeur estimée au jour de la recharge.* (al. 2) À *peine de nullité, la convention de rechargement établie selon les dispositions de l'article 2372-2 est enregistrée sous la forme prévue à l'article 2019. La date d'enregistrement détermine, entre eux, le rang des créanciers.* (al. 3) *Les dispositions du présent article sont d'ordre public et toute clause contraire à celles-ci est réputée non écrite.* (al. 4) ».

743. Sur celles-ci, v. *infra*, n° 651.

contraignantes de l'article 1690 C. civ., mais dans celles posées pour la cession Dailly. Ainsi, si la cession ne devient opposable au débiteur de la créance cédée que par la notification qui lui en est faite par le cédant ou le fiduciaire, elle l'est aux autres tiers à la date du contrat de fiducie ou de l'avenant qui la constate[744].

En troisième lieu, lorsque la fiducie a pour assiette un **meuble corporel** relevant du champ d'application de l'article 2276 C. civ.[745] et que la fiducie est employée aux fins de sûreté, le créancier fiduciaire pourrait se voir opposer par un tiers-acquéreur de bonne foi le jeu de cette disposition.

405. Formalités de contrôle : enregistrement et déclaration d'existence. À peine de nullité, le contrat de fiducie et ses avenants sont enregistrés[746] dans le délai d'un mois à compter de leur date au service des impôts du siège du fiduciaire ou au service des impôts des non-résidents si le fiduciaire n'est pas domicilié en France[747]. L'enregistrement permet aux pouvoirs publics de contrôler les fiducies conclues en même temps qu'il assure une protection des tiers contre le risque d'antidate.

La fiducie fait l'objet d'une déclaration d'existence[748] par le fiduciaire dont les modalités ont été définies par décret[749] : la déclaration d'existence de la fiducie, signée par le fiduciaire, est déposée dans les quinze jours de sa constitution auprès du service des impôts des entreprises compétent ; elle comporte en substance la dénomination exacte de la fiducie, les nom et adresse du fiduciaire, les noms et adresses des constituants de la fiducie, l'objet de la fiducie, et la date d'effet de l'événement objet de la formalité[750].

744. Art. 2018-2 C. civ. : « *[l]a cession de créances réalisée dans le cadre d'une fiducie est opposable aux tiers à la date du contrat de fiducie ou de l'avenant qui la constate. Elle ne devient opposable au débiteur de la créance cédée que par la notification qui lui en est faite par le cédant ou le fiduciaire* ».
745. « *En fait de meubles, la possession vaut titre (...)* ». Sur cette disposition, v. *infra* n° 743 et s.
746. En l'absence de transfert de biens ou de droits réels immobiliers, un droit fixe de 125 euros sera ainsi perçu (art. 1133 al. 1 *quater* CGI). En présence d'un transfert de biens ou de droits réels immobiliers, la fiducie est soumise à la formalité fusionnée de l'enregistrement et de la publicité foncière, à peine de nullité également (al. 2). La taxe de publicité foncière, d'un montant de 0,70 % (art. 1020 CGI), ne sera pas due lors du retour dans le patrimoine du constituant des biens et droits immobiliers (art. 1133 al. 2 *quater* CGI).
747. Art. 2019 al. 1 C. civ. : « *[à] peine de nullité, le contrat de fiducie et ses avenants sont enregistrés dans le délai d'un mois à compter de leur date au service des impôts du siège du fiduciaire ou au service des impôts des non-résidents si le fiduciaire n'est pas domicilié en France* ». Par ailleurs, « *[l]a transmission des droits résultant du contrat de fiducie et, si le bénéficiaire n'est pas désigné dans le contrat de fiducie, sa désignation ultérieure doivent également, à peine de nullité, donner lieu à un acte écrit enregistré dans les mêmes conditions* » (al. 3) : art. 635, 1, 8° CGI : « *Doivent être enregistrés dans le délai d'un mois à compter de leur date : (...) Les actes constatant la formation, la modification ou l'extinction d'un contrat de fiducie, et le transfert de biens ou droits supplémentaires au fiduciaire dans les conditions prévues par l'article 2019 du Code civil* ».
748. Art. 238 *quater* L CGI : « *[l]a fiducie fait l'objet d'une déclaration d'existence par le fiduciaire dans des conditions et délais fixés par décret* ».
749. Décr. n° 2007-725 du 7 mai 2007 *relatif à la déclaration d'existence de la fiducie prévue à l'article 223 VH du Code général des impôts et modifiant l'annexe III à ce code.*
750. Art. 344 M CGIAN III : « *[l]a déclaration d'existence de la fiducie prévue à l'article 223 VH du Code général des impôts est déposée dans les quinze jours de sa création auprès du service des impôts des entreprises du siège ou du lieu du principal établissement du fiduciaire ou, en cas de pluralité de fiduciaires, de celui expressément désigné dans le contrat de fiducie pour agir pour le compte de la fiducie. Lorsque le fiduciaire n'est pas domicilié en France, la déclaration d'existence est déposée auprès du service des impôts des non-résidents.* (al. 1) *La déclaration d'existence est établie sur un formulaire homologué conformément aux articles 371 AL et 371 AM de l'annexe II au Code général*

406. Formalités de contrôle : registre national. Un registre national des fiducies prévu par la loi[751] a également été institué par décret[752]. Ce registre centralise les informations relatives aux contrats de fiducie conclus, en vue de faciliter les contrôles permettant la lutte contre l'évasion fiscale, le blanchiment des capitaux et le financement du terrorisme[753]. Le fichier n'a donc **pas pour but de porter les fiducies à la connaissance des tiers en général**. De fait, les informations sont destinées à des personnes limitativement énumérées : le juge d'instruction, le procureur de la République, les officiers de police judiciaire, certains agents des douanes, les agents du service TRACFIN et les agents habilités de la Direction générale des finances publiques chargés du contrôle et du recouvrement en matière fiscale[754]. Les informations portent sur l'identité des parties au contrat et, le cas échéant, sur celle des bénéficiaires, en même temps que sur les éléments permettant d'identifier le contrat conclu[755] ; elles sont conservées dix ans après l'extinction du contrat de fiducie[756]. Ni la loi ni le décret ne prévoyant de sanction en l'absence de respect de la formalité, il est probable que celle-ci consistera dans la mise en œuvre de la responsabilité du fiduciaire qui n'y a pas procédé[757].

---

des impôts. Elle comporte la dénomination exacte de la fiducie, les nom et adresse du fiduciaire ou, en cas de pluralité de fiduciaires, de celui expressément désigné dans le contrat de fiducie pour agir pour le compte de la fiducie, les noms et adresses des constituants de la fiducie, l'objet de la fiducie, et la date d'effet de l'événement objet de la formalité. (al. 2) *La déclaration est signée par le fiduciaire ou, en cas de pluralité de fiduciaires, par celui expressément désigné dans le contrat de fiducie pour agir pour le compte de la fiducie ou de son mandataire.* (al. 3) »

751. Art. 2020 C. civ. : « *[u]n registre national des fiducies est constitué selon des modalités précisées par décret en Conseil d'État* ».

752. Décr. nº 2010-219 du 2 mars 2010 *relatif au traitement automatisé de données à caractère personnel dénommé « Registre national des fiducies »*.

753. Art. 1 *D.* 2 mars 2010 : « *[u]n traitement automatisé de données à caractère personnel dénommé "Registre national des fiducies" est mis en œuvre par le ministre chargé du Budget (Direction générale des finances publiques).* (al. 1) *Ce traitement a pour finalité de centraliser les informations relatives aux contrats de fiducie nécessaires pour faciliter les contrôles permettant la lutte contre l'évasion fiscale, le blanchiment des capitaux et le financement du terrorisme.* (al. 2) ».

754. Art. 5 *D.* 2 mars 2010 : « *[s]ont destinataires des informations faisant l'objet du traitement, pour l'exercice des missions qui leur sont confiées, le juge d'instruction, le procureur de la République, les officiers de police judiciaire, les agents des douanes mentionnés à l'article 28-1 du Code de procédure pénale, les agents du service TRACFIN et les agents habilités de la Direction générale des finances publiques chargés du contrôle et du recouvrement en matière fiscale* ». Toutefois, « *[s]ont autorisés à accéder aux données mentionnées à l'article 2 les agents de la Direction générale des finances publiques chargés de la mise en œuvre du traitement individuellement désignés et spécialement habilités à cette fin* » (art. 4 D.).

755. Art. 2 *D.* 2 mars 2010 : « *[l]es informations traitées sont les suivantes : 1º Nom, prénoms, adresse, date et lieu de naissance des personnes physiques ayant la qualité de constituant, de fiduciaire et, le cas échéant, des personnes physiques désignées dans le contrat de fiducie comme bénéficiaires ; 2º Dénomination sociale, numéro SIREN et adresse du siège social ou de l'établissement des personnes morales ayant la qualité de constituant, de fiduciaire et, le cas échéant, des personnes morales désignées dans le contrat de fiducie comme bénéficiaires ; 3º Date et numéro de l'enregistrement du contrat de fiducie et de ses avenants et identification du service des impôts auprès duquel la formalité a été accomplie ; 4º Le cas échéant, date d'accomplissement des formalités de la publicité foncière, numéro de publication et identification du service auprès duquel les formalités ont été accomplies.* »

756. Art. 3 *D.* 2 mars 2010 : « *[l]es informations sont conservées dix ans après l'extinction du contrat de fiducie* ».

757. Certes, la loi ne prévoit pas qu'il incombe au fiduciaire d'effectuer ladite formalité. Néanmoins, cette tâche devrait lui incomber car il est par ailleurs chargé d'enregistrer la fiducie.

§ 2. Les effets

407. Plan. Les effets de la fiducie sont envisagés aux articles 2021 à 2027 C. civ. L'effet réel de la fiducie, qui consiste en la création d'un patrimoine fiduciaire (A), invite à envisager les rapports qui peuvent se nouer entre les différents intéressés (B).

A La création d'un patrimoine fiduciaire

408. Patrimoine d'affectation. La constitution d'une fiducie emporte création d'un patrimoine fiduciaire. Ce patrimoine fiduciaire coexiste aux côtés de ceux du constituant, du fiduciaire et, le cas échéant, du tiers bénéficiaire. C'est le fiduciaire qui en est à la tête. Il s'agit d'un patrimoine particulier en ce que, d'une part, son existence est temporaire, et que, d'autre part, il est affecté à un but particulier. Sa structure reste cependant identique à celle de tout autre patrimoine en ce qu'il comporte des éléments d'actif et de passif.

409. Actif. L'actif fiduciaire se compose des biens, droits et sûretés mis en fiducie[758], ainsi que ceux que le fiduciaire est chargé d'acquérir grâce à l'emploi des actifs fiduciaires, de même que les fruits produits par l'actif fiduciaire. En cas de disparition fortuite d'un élément d'actif, la diminution du patrimoine fiduciaire préjudiciera au fiduciaire ainsi qu'à celui qui a vocation à en retrouver la propriété.

410. Passif. Le passif fiduciaire se compose des dettes nées à l'occasion de la gestion de l'actif fiduciaire par le fiduciaire[759]. Il peut s'agir de dettes contractuelles, telle une dette de conservation ou d'amélioration de la chose, ou encore de dettes extracontractuelles, telle la dette de responsabilité du fiduciaire en raison du fait de la chose fiduciaire.

411. Corrélation entre l'actif et le passif. Par principe et fort logiquement, l'actif fiduciaire répond du passif fiduciaire : d'une part, seuls les créanciers fiduciaires[760] peuvent se payer sur l'actif fiduciaire[761] et, d'autre part, les créanciers fiduciaires ne peuvent en principe se payer que sur l'actif fiduciaire, non sur les patrimoines personnels du constituant et du bénéficiaire[762]. Si la première règle ne connaît que des *tempéraments*, la seconde rencontre de véritables *exceptions*.

Les **tempéraments** sont au nombre de deux : le patrimoine fiduciaire ne peut être saisi que par les titulaires de créances nées de la conservation ou de la gestion de ce patrimoine, sauf à ce que, en premier lieu, les créanciers du constituant titulaires d'une sûreté réelle publiée antérieurement à la conclusion du contrat de

758. V. *supra*, n° 399.

759. Art. 2025 al. 1 C. civ. : « *(...) le patrimoine fiduciaire ne peut être saisi que par les titulaires de créances nées de la conservation ou de la gestion de ce patrimoine* ».

760. Les créanciers personnels du fiduciaire sont sans droit sur le patrimoine fiduciaire : ainsi l'article 2024 C. civ. prévoit-il que « *[l]'ouverture d'une procédure de sauvegarde, de redressement judiciaire ou de liquidation judiciaire au profit du fiduciaire n'affecte pas le patrimoine fiduciaire* ».

761. Art. 2025 al. 1 C. civ. : « *(...) le patrimoine fiduciaire ne peut être saisi que par les titulaires de créances nées de la conservation ou de la gestion de ce patrimoine* ».

762. Art. 2025 al. 2 C. civ. implic. : « *[e]n cas d'insuffisance du patrimoine fiduciaire, le patrimoine du constituant constitue le gage commun de ces créanciers, sauf stipulation contraire du contrat de fiducie mettant tout ou partie du passif à la charge du fiduciaire* ».

fiducie invoquent leur **droit de suite** sur l'actif formant l'assiette de leur droit mis en fiducie et, en second lieu, les créanciers du constituant invoquent une **fraude**[763] à leurs droits[764].

Les **exceptions** sont, elles aussi, au nombre de deux. En premier lieu, les créanciers fiduciaires peuvent se faire payer sur le patrimoine personnel du fiduciaire lorsque celui-ci a commis une **faute**[765]. En second lieu, et de règle générale, les créanciers fiduciaires peuvent, en cas d'**insuffisance du patrimoine fiduciaire**, se faire payer sur le patrimoine du constituant[766], en sorte que le constituant ne bénéficierait en fin de compte, avec la fiducie, que d'un bénéfice de discussion[767]. Cette porosité du patrimoine fiduciaire et du patrimoine du constituant est contraire à l'esprit d'un patrimoine d'affectation et menaçante pour le constituant dont le patrimoine reste exposé. Le Code civil prévoit toutefois la possibilité de stipuler une clause qui mettrait « *tout ou partie du passif à la charge du fiduciaire* » (art. 2025 al. 2 C. civ.) ayant pour effet de libérer totalement ou partiellement le constituant[768], ou encore une clause qui limiterait « *l'obligation au passif fiduciaire au seul patrimoine fiduciaire* » encore qu'elle ne soit opposable « *qu'aux créanciers qui l'[auraient] expressément acceptée* » (art. 2025 al. 3 C. civ.)[769]. On peut toutefois émettre de sérieux doutes quant à la possibilité concrète qu'aura le constituant de faire accepter une telle clause par le fiduciaire et par les créanciers.

---

763. On pense à la fraude paulienne, au cas du débiteur qui irait placé son actif en fiducie afin d'éviter de voir saisi ses biens.

764. Art. 2025 al. 1 C. civ. : « *[s]ans préjudice des droits des créanciers du constituant titulaires d'un droit de suite attaché à une sûreté publiée antérieurement au contrat de fiducie et hors les cas de fraude aux droits des créanciers du constituant, le patrimoine fiduciaire ne peut être saisi que par les titulaires de créances nées de la conservation ou de la gestion de ce patrimoine* ».

765. Art. 2026 C. civ. : « *[l]e fiduciaire est responsable, sur son patrimoine propre, des fautes qu'il commet dans l'exercice de sa mission* ».

766. Art. 2025 al. 2 C. civ. : « *[e]n cas d'insuffisance du patrimoine fiduciaire, le patrimoine du constituant constitue le gage commun de ces créanciers, sauf stipulation contraire du contrat de fiducie mettant tout ou partie du passif à la charge du fiduciaire* ».

767. Aucune précision n'est cependant apportée à ce qu'il faut entendre par « insuffisance du patrimoine fiduciaire ». En droit des sociétés, l'article 1858 C. civ. relatif aux sociétés civiles prévoit que « *[l]es créanciers ne peuvent poursuivre le paiement des dettes sociales contre un associé qu'après avoir* ***préalablement*** *et* ***vainement*** *poursuivi la personne morale* » (nous soulignons) et l'article L. 221-1 al. 2 C. com. indique « *les créanciers de la société [en nom collectif] ne peuvent poursuivre le paiement des dettes sociales contre un associé, qu'après avoir* ***vainement mis en demeure*** *la société* ***par acte extrajudiciaire*** » (nous soulignons).

768. De fait, le constituant ne sera libéré que dans la mesure où le fiduciaire s'engage. Soit celui-ci prend tout le passif à sa charge et le constituant est libéré, soit il n'en prend qu'une partie (à hauteur de 100.000 euros par exemple) et le constituant sera tenu au-delà (pour la différence entre le montant de la dette et 100 000 euros).

769. Observations :

1°/ La convention qui limite le droit de gage des créanciers de la fiducie n'est pas choquante au regard de la jurisprudence qui admet déjà qu'un créancier puisse limiter son droit de gage (Civ. 1re, 15 février 1972, *Bull. civ.* I, n° 50 : limitation du droit de gage d'un créancier envers une caution aux seuls biens situés en Algérie). *Adde* M. Grimaldi, « Théorie du patrimoine et fiducie », *Rev. Lamy dr. civ.* 2010, n° 77, p. 73 s., spéc., n° 7.

2°/ La convention n'est opposable qu'au créancier l'ayant accepté, ce qui supposera en pratique que sa créance soit née postérieurement à ladite acceptation, car on imagine mal un créancier accepter après coup la limitation de son gage...

B Les rapports entre les intéressés

412. Plan. On envisagera les rapports entre le constituant, le fiduciaire et le bénéficiaire (1) puis les rapports entre le fiduciaire et les tiers (2).

1. Les rapports entre le constituant, le fiduciaire et le bénéficiaire

413. Répartition des pouvoirs. Le constituant est par principe sans pouvoir sur le patrimoine fiduciaire ; il n'a qu'une vocation à retrouver la propriété ordinaire de l'article 544 C. civ. sur l'actif fiduciaire s'il n'est pas transmis à un autre (en cas de réalisation d'une fiducie-sûreté ou d'une fiducie-gestion consentie au profit d'un tiers). À la différence du mandant, le constituant est en effet dessaisi de la gestion de la chose même si le fiduciaire peut laisser au constituant la détention de la chose en concluant un contrat lui octroyant un droit de jouissance de nature personnelle, tel un bail ou un prêt à usage[770].

Le **fiduciaire** gère le patrimoine fiduciaire dans la limite de la mission qui lui a été assignée et des pouvoirs qui lui ont été conférés, ainsi qu'il est mentionné au contrat[771]. Comme le mandataire, le fiduciaire est tenu d'un devoir de loyauté particulièrement prégnant[772], qui lui interdit notamment de se porter acquéreur du bien qu'il est chargé de vendre[773]. Comme le mandataire encore[774], le fiduciaire devrait pouvoir encore contracter avec des tiers pour exécuter sa mission, notamment avec ceux qu'il chargerait de l'exécuter. Afin d'assurer l'étanchéité des patrimoines, la loi fait obligation aux fiduciaires de tenir les biens, droits et sûretés recueillis, « *séparés de leur patrimoine propre* » (art. 2011 C. civ.). La règle trouve un prolongement dans la règle comptable énoncée à l'article 12 de la loi du 19 février 2007 qui fait obligation au fiduciaire d'établir une comptabilité propre à la gestion du patrimoine fiduciaire[775].

---

770. Art. 2018-1 C. civ. : « *[l]orsque le contrat de fiducie prévoit que le constituant conserve l'usage ou la jouissance d'un fonds de commerce ou d'un immeuble à usage professionnel transféré dans le patrimoine fiduciaire, la convention conclue à cette fin n'est pas soumise aux chapitres IV et V du titre IV du livre I*[er] *du Code de commerce, sauf stipulation contraire* ».

771. Art. 2018, 6° C. civ. : « *[l]e contrat de fiducie détermine, à peine de nullité : (...) La mission du ou des fiduciaires et l'étendue de leurs pouvoirs d'administration et de disposition* ».

772. Et ce, alors que la proposition Marini comportait une disposition suivant laquelle « le fiduciaire exerce ses prérogatives avec diligence et loyauté » (prop. art. 2070 C. civ.), laquelle n'a pas été reprise.

773. Art. 1596 C. civ. : « *[n]e peuvent se rendre adjudicataires, sous peine de nullité, ni par eux-mêmes, ni par personnes interposées (...) [l]es fiduciaires, des biens ou droits composant le patrimoine fiduciaire* ».

774. Art. 1994 C. civ. : « *[l]e mandataire répond de celui qu'il s'est substitué dans la gestion (...)* ».

775. Art. 12 : « *I. – Les éléments d'actif et de passif transférés dans le cadre de l'opération mentionnée à l'article 2011 C. civ. forment un patrimoine d'affectation. Les opérations affectant ce dernier font l'objet d'une comptabilité autonome chez le fiduciaire.*

II. – Les personnes mentionnées à l'article 2015 C. civ. établissent des comptes annuels conformément aux dispositions des articles L. 123-12 à L. 123-15 du Code de commerce.

III. – Le contrôle de la comptabilité autonome mentionnée au I est exercé par un ou plusieurs commissaires aux comptes nommés par le fiduciaire lorsque le ou les constituants sont eux-mêmes tenus de désigner un commissaire aux comptes. Le rapport du commissaire aux comptes est présenté au fiduciaire. Le commissaire aux comptes est délié du secret professionnel à l'égard des commissaires aux comptes des parties au contrat de fiducie.

IV. – Les dispositions des I et II sont précisées par un règlement du comité de la réglementation comptable ».

Le **bénéficiaire**, dans l'intérêt de qui la fiducie est constituée, sera le plus souvent le constituant (fiducie-gestion) ou le fiduciaire (fiducie-sûreté). Mais ce peut être également un tiers, si celui-ci est créancier du constituant[776]. Comme le constituant, il bénéficie d'un droit à la reddition des comptes de la part du fiduciaire[777], mais n'a pas la faculté de nommer un tiers protecteur. Bénéficiaire d'une stipulation pour autrui, il a un droit direct contre le fiduciaire-promettant qui lui permettra, suivant ce que lui reconnaît le contrat de fiducie, d'agir contre le fiduciaire, notamment pour obtenir ce à quoi il a droit – une rente, par exemple – si ce dernier ne s'exécute pas.

414. Droits et obligations des parties. À ***l'ouverture de la fiducie***, le constituant est tenu, comme toute personne qui transfère un bien, de le délivrer en le mettant à disposition du fiduciaire. ***Au cours de la fiducie***, le constituant est, si la fiducie est à titre onéreux[778], tenu de payer la rémunération du fiduciaire, lequel lui rend compte de sa gestion[779]. Par un pacte adjoint, il est par ailleurs possible de prévoir diverses obligations à la charge du constituant, dans l'hypothèse notamment où il aurait conservé la jouissance de la chose[780].

415. Sanctions. En cas d'inexécution par le fiduciaire de ses obligations, deux sanctions sont prévues spécialement par le Code civil[781].

En premier lieu, « *[l]e fiduciaire est* ***responsable****, sur son patrimoine propre, des fautes qu'il commet dans l'exercice de sa mission* » (art. 2026 C. civ.). La portée de cette disposition interroge : intéresse-t-elle les relations entre le constituant – ou le bénéficiaire – et le fiduciaire ou les rapports entre le fiduciaire et les tiers ? On

---

776. La fiducie-libéralité étant nulle... V. *supra*, n° 401.

777. Suivant des modalités légèrement différentes toutefois : alors que c'est « le contrat de fiducie » qui définit les conditions dans lesquelles le fiduciaire rend compte de sa mission au constituant (art. 2017 al. 1 C. civ.), le fiduciaire rend compte de sa mission au bénéficiaire « *à leur demande, selon la périodicité fixée par le contrat* » (art. 2017 al. 3 C. civ.). On comprend la distinction opérée « [d]ans la mesure où certains contrats de fiducie pourraient désigner plusieurs centaines ou plusieurs milliers de personnes comme bénéficiaires, [et où] il serait contraignant et coûteux d'imposer au fiduciaire un compte rendu périodique alors même que le bénéficiaire ne le requiert pas expressément » (H. de Richemont, Rapp. Sénat, p. 606).

778. V. *supra*, n° 400.

779. Art. 2022 al. 3 C. civ. : « *[l]e fiduciaire rend compte de sa mission au bénéficiaire et au tiers désigné en application de l'article 2017, à leur demande, selon la périodicité fixée par le contrat* ». Au cas où le constituant serait placé sous un régime de protection, la loi prévoit que le fiduciaire rend compte de sa mission au tuteur ou au constituant et à son curateur, à la demande de ces derniers au moins une fois par an, sans préjudice de la périodicité fixée par le contrat (art. 2022 al. 2 C. civ. : « *(...) lorsque pendant l'exécution du contrat le constituant fait l'objet d'une mesure de tutelle, le fiduciaire rend compte de sa mission au tuteur à la demande de ce dernier au moins une fois par an, sans préjudice de la périodicité fixée par le contrat. Lorsque pendant l'exécution du contrat le constituant fait l'objet d'une mesure de curatelle, le fiduciaire rend compte de sa mission, dans les mêmes conditions, au constituant et à son curateur* »).

780. V. notamment art. 2018-1 C. civ. : « *[l]orsque le contrat de fiducie prévoit que le constituant conserve l'usage ou la jouissance d'un fonds de commerce ou d'un immeuble à usage professionnel transféré dans le patrimoine fiduciaire, la convention conclue à cette fin n'est pas soumise aux chapitres IV et V du titre IV du livre Ier du Code de commerce, sauf stipulation contraire* ».

781. Pénalement, le fiduciaire qui détourne l'actif fiduciaire se rend coupable d'un abus de confiance (art. 314-1 al. 1 C. pén. : « *[l]'abus de confiance est le fait par une personne de détourner, au préjudice d'autrui, des fonds, des valeurs ou un bien quelconque qui lui ont été remis et qu'elle a acceptés à charge de les rendre, de les représenter ou d'en faire un usage déterminé* »). Par ailleurs, l'avocat fiduciaire s'expose à des sanctions disciplinaires (art. 183 s. Décr. n° 91-1197 du 27 novembre 1991).

pourrait distinguer suivant la faute du fiduciaire : si le fiduciaire a commis une faute détachable de ses fonctions, le tiers devra agir contre le fiduciaire sur son patrimoine propre alors que si la faute ne l'est pas, le tiers agira contre le constituant, lequel pourra se retourner contre le fiduciaire pour être indemnisé de ce que le patrimoine fiduciaire ou son patrimoine propre (appelé en seconde ligne) aura dû payer au tiers.

En second lieu, en l'absence de stipulations contractuelles, le constituant, le bénéficiaire et le tiers protecteur éventuellement désigné, peuvent demander en justice la **nomination d'un fiduciaire provisoire** ou solliciter le remplacement du fiduciaire dans trois hypothèses[782] : le ***fiduciaire manque à ses devoirs***, c'est-à-dire, en cas de faute[783], il ***met en péril les intérêts qui lui sont confiés***, sans qu'*a priori* l'on exige une faute de sa part[784], il ***fait l'objet d'une procédure de sauvegarde ou de redressement judiciaire***. Cette possibilité est essentielle, car la fiducie repose sur la confiance et doit cesser si, objectivement, celle-ci est perdue.

2. Les rapports entre le fiduciaire et les tiers

416. Devoir d'information. Le fiduciaire est tenu d'un devoir d'information à l'égard des tiers avec qui il est en relation et qui pourraient penser qu'il est un véritable propriétaire : lorsque le fiduciaire agit pour le compte de la fiducie, il doit en faire expressément mention[785] même si, compte tenu des actes envisagés et des biens sur lesquels ils portent, les tiers pourraient être informés par les mesures de publicité qui mentionnent la qualité du fiduciaire[786].

417. Présomption de pouvoirs. À l'égard des tiers, le fiduciaire est réputé avoir tous les pouvoirs sur le patrimoine fiduciaire et toute limitation de ses pouvoirs ne leur est opposable que s'ils en ont eu connaissance[787]. Cette présomption n'a de véritable intérêt que lorsque les pouvoirs du fiduciaire sont limités par rapport à

782. Art. 2027 C. civ. : « *[e]n l'absence de stipulations contractuelles prévoyant les conditions de son remplacement, si le fiduciaire manque à ses devoirs ou met en péril les intérêts qui lui sont confiés ou encore s'il fait l'objet d'une procédure de sauvegarde ou de redressement judiciaire, le constituant, le bénéficiaire ou le tiers désigné en application de l'article 2017 peut demander en justice la nomination d'un fiduciaire provisoire ou solliciter le remplacement du fiduciaire. La décision judiciaire faisant droit à la demande emporte de plein droit dessaisissement du fiduciaire originaire et transfert du patrimoine fiduciaire en faveur de son remplaçant* ».

783. Une certaine gravité sera probablement requise par le juge.

784. La gestion n'inspire tout simplement plus confiance au constituant. Et v. H. de Richemont, Rapp. Sénat, p. 65 : « [s]eraient ici notamment visés par cette disposition les choix opérés dans la gestion des biens et droits relevant du patrimoine fiduciaire qui, bien que non constitutifs d'une faute, pourraient être de nature à faire disparaître le patrimoine fiduciaire. Serait ainsi sanctionnée la perte de confiance du constituant ou du bénéficiaire dans les capacités de bonne gestion du fiduciaire ». *Adde* X. de Roux, Rapp. AN, p. 53.

785. Art. 2021 al. 1 C. civ. : « *[l]orsque le fiduciaire agit pour le compte de la fiducie, il doit en faire expressément mention* ».

786. Art. 2021 al. 2 C. civ. : « *(...) lorsque le patrimoine fiduciaire comprend des biens ou des droits dont la mutation est soumise à publicité, celle-ci doit mentionner le nom du fiduciaire ès qualités* ». Les travaux parlementaires (H. de Richemont, Rapp. Sénat, p. 59 ; X. de Roux, Rapp. AN, p. 46) mentionnent notamment l'aliénation des aéronefs (art. L. 6121-2 C. transp.) des navires (art. 101 C. dom. pub. fluv. et nav. int.). Il reste que l'obligation d'information est plus importante lorsqu'aucune mesure de publicité n'est prévue.

787. Art. 2023 C. civ. : « *[d]ans ses rapports avec les tiers, le fiduciaire est réputé disposer des pouvoirs les plus étendus sur le patrimoine fiduciaire, à moins qu'il ne soit démontré que les tiers avaient connaissance de la limitation de ses pouvoirs* ».

ceux d'un véritable propriétaire : interdiction d'aliéner, de ne pas procéder à des investissements particulièrement risqués, etc.

§ 3. L'extinction

418. Plan. L'extinction de la fiducie est envisagée aux articles 2028 à 2030 C. civ. ainsi que par les articles 2372-3 et 2372-4 et 2488-3 et 2488-4 C. civ. en ce qui concerne les fiducies-sûretés. On distinguera ainsi les règles communes à toutes les fiducies (A) de celles qui sont propres aux fiducies-sûreté (B).

A Règles communes

419. Plan. L'étude des causes d'extinction (1) précédera celle de leurs conséquences (2).

1. Causes d'extinction

420. Les causes d'extinction indépendantes de la volonté des parties. Les causes d'extinction de la fiducie indépendantes de la volonté des parties, qui participent de la logique de la caducité, sont tantôt *normales*, tantôt *accidentelles*.

S'agissant des premières, l'article 2029 al. 1 C. civ. énonce que le contrat de fiducie « *prend fin par le décès du constituant personne physique, par la survenance du terme ou par la réalisation du but poursuivi quand celle-ci a lieu avant le terme* ». On en tire que même si le but poursuivi par la fiducie n'a pas été réalisé, le contrat de fiducie prend fin à l'arrivée du **terme** stipulé ou au **décès du constituant** – sauf, dans ce dernier cas, en présence d'une fiducie-sûreté[788]. En revanche, dès lors que le **but** est **réalisé**, la fiducie, qui a perdu sa raison d'être, prend fin, même si le constituant personne physique est en vie et si le terme n'est pas échu.

S'agissant des secondes, l'article 2029 al. 2 C. civ. dispose que le contrat de fiducie « *prend fin lorsque le fiduciaire fait l'objet d'une liquidation judiciaire ou d'une dissolution ou disparaît par suite d'une cession ou d'une absorption et, s'il est avocat, en cas d'interdiction temporaire, de radiation ou d'omission du tableau* ». Par la force des choses, si **le fiduciaire disparaît** ou perd **la qualité qui le rendait éligible au statut de fiduciaire**, la fiducie prend fin.

421. Les causes d'extinction dépendantes de la volonté des parties. Les causes d'extinction de la fiducie dépendantes de la volonté des parties sont la *révocation du fiduciaire* et la *renonciation du fiduciaire*.

S'agissant de la **révocation du bénéficiaire**, en premier lieu, l'article 2028 C. civ. prévoit que « *[l]e contrat de fiducie peut être révoqué par le constituant tant qu'il n'a pas été accepté par le bénéficiaire* » (al. 1) et qu'« *après acceptation par le bénéficiaire, le contrat ne peut être modifié ou révoqué qu'avec son accord ou par décision de justice* » (al. 2). Cette disposition, qui ne vise *a priori* que les

788. Art. 2372-1 al. 2 C. civ. : « *[p]ar dérogation à l'article 2029, le décès du constituant personne physique ne met pas fin au contrat de fiducie constitué en application de la présente section* ».

fiducies à trois personnes, prévoit dans la logique des règles qui gouvernent la stipulation pour autrui que la fiducie peut être révoquée par le constituant, tant que le contrat de fiducie n'a pas été accepté par le bénéficiaire. En revanche, après acceptation par le bénéficiaire, le contrat ne peut être modifié ou révoqué que s'il en est d'accord ou si le juge l'autorise. Quant aux motifs qui pourraient amener le juge à autoriser la révocation de la fiducie contre le refus du bénéficiaire, il pourrait s'agir de la perte de confiance dans le fiduciaire pour des raisons objectives, ou encore, peut-être, du bouleversement du contexte économique[789], la fiducie pouvant être conclue pour une longue durée allant jusqu'à quatre-vingt-dix-neuf ans[790]. Qu'en est-il dans une fiducie à deux personnes, lorsque le constituant est le bénéficiaire ? Le contrat de fiducie peut-il être révoqué unilatéralement par le fiduciaire comme peut l'être le mandataire par le mandant[791] ? La question se pose dès lors que dans une fiducie à trois personnes, le fiduciaire peut être révoqué par le constituant seul avant acceptation du bénéficiaire et d'un commun accord avec ce dernier dès lors qu'il a accepté. Étendre cette faculté de révocation dans une fiducie à deux personnes ne paraît toutefois pas conforme à l'esprit de l'institution, qui est d'assurer au fiduciaire l'assurance d'une certaine stabilité[792].

S'agissant de la **renonciation du bénéficiaire**, en second lieu, l'article 2029 C. civ. mentionne que « *[l]orsque la totalité des bénéficiaires renonce à la fiducie, il prend également fin de plein droit, sauf stipulations du contrat prévoyant les conditions dans lesquelles il se poursuit. (...)* ». Si l'article vise la renonciation de la totalité des bénéficiaires de la fiducie, la renonciation doit également mettre fin par principe à la fiducie, lorsqu'il n'en existe qu'un seul. En cas de pluralité de bénéficiaires, la disposition réserve la possibilité d'insérer dans le contrat une clause assurant le maintien de la fiducie au profit des bénéficiaires subsistants. En revanche, la loi n'autorise pas le fiduciaire à renoncer à l'opération, comme le peut un mandataire[793].

2. Conséquences de l'extinction

422. Transmission de plein droit. Lorsque le contrat de fiducie prend fin et qu'aucun tiers-bénéficiaire n'a été désigné, « *les droits, biens ou sûretés présents dans le patrimoine fiduciaire* » font de plein droit retour au constituant et dans le cas particulier où la fiducie prend fin par le décès du constituant, « *le patrimoine*

789. C. Witz, *J.-Cl. civ.*, Fasc. 20 : « Fiducie – Effets et extinction », 2012, n° 70.

790. Les travaux parlementaires visent des hypothèses qui sont sans rapport avec la révocation : « les cas de modification ou de révocation du contrat par la justice constituent bien évidemment une exception à l'impossibilité prévue en cas d'acceptation du bénéficiaire. Ils concernent, pour les modifications, la désignation d'un nouveau fiduciaire et, pour les révocations, la nullité résultant de l'intention libérale du constituant, du non-respect des mentions obligatoires dans le contrat ou du défaut d'enregistrement dans les délais impartis » (X. de Roux, Rapp. AN, p. 54) ; il s'agit en réalité de cause de nullité de la fiducie...

791. Art. 2003 C. civ. : « *[l]e mandat finit : Par la révocation du mandataire (...)* ».

792. Le rapporteur de la loi au Sénat a cependant émis un avis contraire : « il doit être permis au bénéficiaire, dans le cadre d'une fiducie-gestion dans laquelle il est également constituant, de révoquer la fiducie pour avoir accès au patrimoine fiduciaire, par exemple pour faire face à un imprévu » (H. de Richemont, Rapp. Sénat, p. 66). Si une telle opinion devait être suivie, la fiducie se rapprocherait sensiblement du mandat, par essence révocable. Il conviendrait alors de tenir un tel droit à l'abri de l'action oblique des créanciers du constituant, sauf cette fois à ruiner l'économie de la fiducie.

793. Art. 2003 C. civ. : « *[l]e mandat finit : (...) Par la renonciation de celui-ci au mandat (...)* ».

fiduciaire » fait de plein droit retour à la succession (art. 2030 C. civ.[794]). Ainsi, quelles que soient les causes et les circonstances de l'extinction de la fiducie, le patrimoine fiduciaire se fond dans le patrimoine du bénéficiaire. Quid du passif existant ? Est-il transmis avec l'actif, auquel cas c'est en réalité le patrimoine fiduciaire qui est transmis, ou bien est-il apuré avant transmission, laquelle ne porte que sur l'actif net ? Il semble bien que c'est le patrimoine fiduciaire dans son ensemble qui doive revenir au constituant ou à sa succession, ainsi qu'en témoigne la référence au « patrimoine fiduciaire » faite par l'article 2030 C. civ.

B Règles propres aux fiducies-sûreté

423. Attribution ou vente. Il convient de distinguer suivant que le fiduciaire est ou non le créancier du constituant.

Lorsque le fiduciaire est le créancier du constituant et que sa créance a été payée, la fiducie prend fin et le débiteur-constituant recouvre la propriété des biens mis en fiducie. Mais lorsque sa créance n'a pas été payée à l'échéance, le créancier-fiduciaire acquiert définitivement la propriété du bien ou du droit cédé à titre de garantie : propriétaire fiduciaire jusqu'à cet instant, le créancier devient propriétaire ordinaire[795].

Lorsque le fiduciaire n'est pas le créancier du constituant, le créancier peut notamment exiger « *la remise du bien* » à titre de propriété ordinaire[796]. Exceptionnellement, si le contrat de fiducie le prévoit, la sûreté sera réalisée par la vente du bien ou du droit cédé, le prix étant employé au paiement du créancier[797]. Afin de préserver les intérêts du créancier, un expert désigné procédera en principe à une estimation de la valeur, toute clause contraire étant réputée non écrite[798].

424. Pas d'enrichissement du créancier. Une sûreté ne pouvant enrichir le créancier, le constituant reçoit, lorsque la valeur du bien attribué ou vendu excède

794. Art. 2030 C. civ. : « *[l]orsque le contrat de fiducie prend fin en l'absence de bénéficiaire, les droits, biens ou sûretés présents dans le patrimoine fiduciaire font de plein droit retour au constituant.* (al. 1) *Lorsqu'il prend fin par le décès du constituant, le patrimoine fiduciaire fait de plein droit retour à la succession* (al. 2) ».

795. Art. 2372-3 al. 1 C. civ. : « *[à] défaut de paiement de la dette garantie et sauf stipulation contraire du contrat de fiducie, le fiduciaire, lorsqu'il est le créancier, acquiert la libre disposition du bien ou du droit cédé à titre de garantie* » (meubles) ; art. 2488-3 al. 1 C. civ. : « *[à] défaut de paiement de la dette garantie et sauf stipulation contraire du contrat de fiducie, le fiduciaire, lorsqu'il est le créancier, acquiert la libre disposition du bien cédé à titre de garantie* » (immeubles).

796. Art. 2372-3 al. 2 C. civ. : « *[l]orsque le fiduciaire n'est pas le créancier, ce dernier peut exiger de lui la remise du bien, dont il peut alors librement disposer, ou, si le contrat de fiducie le prévoit, la vente du bien ou du droit cédé et la remise de tout ou partie du prix.* » (meubles) ; art. 2488-3 al. 2 C. civ. : « *[l]orsque le fiduciaire n'est pas le créancier, ce dernier peut exiger de lui la remise du bien, dont il peut alors librement disposer, ou, si la convention le prévoit, la vente du bien et la remise de tout ou partie du prix* » (immeubles).

797. Cette faculté, expressément prévue lorsque le fiduciaire est un tiers, vaut également lorsque le fiduciaire est le créancier qui réserve le jeu des clauses contractuelles prévoyant la réalisation de la sûreté.

798. Il n'y a pas que l'intérêt des parties qui soient en jeu, mais aussi celui des créanciers subséquents. Et v. art. 2372-3 al. 3 C. civ. : « *[l]a valeur du bien ou du droit cédé est déterminée par un expert désigné à l'amiable ou judiciairement, sauf si elle résulte d'une cotation officielle sur un marché organisé au sens du Code monétaire et financier ou si le bien est une somme d'argent. Toute clause contraire est réputée non écrite.* » (meubles) ; art. 2488-3 al. 3 C. civ. : « *[l]a valeur du bien est déterminée par un expert désigné à l'amiable ou judiciairement. Toute clause contraire est réputée non écrite* » (immeubles).

le montant de la dette garantie, une somme égale à la différence entre la valeur expertisée ou prix de vente et le montant de la dette, sous réserve du paiement préalable des dettes nées de la conservation ou de la gestion du patrimoine fiduciaire[799].

425. Incidence d'une procédure collective. L'ordonnance du 30 janvier 2009, prise sur habilitation de la loi n° 2008-776 du 4 août 2008 *de modernisation de l'économie*, a précisé les effets d'une procédure collective sur une fiducie-sûreté. L'idée générale est que la fiducie-sûreté est dotée de l'efficacité attendue d'une sûreté-propriété, sans pour autant que la sauvegarde et les chances de redressement de l'entreprise soient compromises. D'où la distinction opérée entre la situation du débiteur en sauvegarde ou en redressement et celle du débiteur en liquidation.

Lorsque le débiteur fait l'objet d'une **procédure de sauvegarde ou de redressement**, les dispositions relatives à la poursuite des contrats en cours, si elles ne concernent pas la fiducie, s'appliquent à la convention en exécution de laquelle le débiteur conserve l'usage ou la jouissance de biens ou droits transférés dans un patrimoine fiduciaire[800]. Ainsi, ***lorsque le débiteur constituant a conservé l'usage ou la jouissance des biens du patrimoine fiduciaire***, le fiduciaire ne pourra réaliser sa sûreté du seul fait de l'ouverture de la procédure, de l'arrêté du plan ou encore d'un défaut de paiement d'une créance née antérieurement au jugement d'ouverture[801] et ce, en raison de l'utilité présumée desdits biens à la poursuite de l'activité du débiteur. En revanche, ***lorsque le débiteur constituant n'a pas conservé l'usage ou la jouissance des biens du patrimoine fiduciaire*** – en présence d'une *fiducie-sûreté avec dépossession* – l'efficacité de la sûreté est préservée, en raison du droit de rétention effectif dont dispose le fiduciaire. Par ailleurs, en dépit de l'interdiction du paiement des créances antérieures, dans le cadre d'un « retour contre paiement »[802], le juge-commissaire peut autoriser le débiteur à payer les créances antérieures au jugement, pour obtenir le retour de biens et droits transférés à titre de

799. Art. 2372-4 C. civ. : « *[s]i le bénéficiaire de la fiducie a acquis la libre disposition du bien ou du droit cédé en application de l'article 2372-3, il verse au constituant, lorsque la valeur mentionnée au dernier alinéa de cet article excède le montant de la dette garantie, une somme égale à la différence entre cette valeur et le montant de la dette, sous réserve du paiement préalable des dettes nées de la conservation ou de la gestion du patrimoine fiduciaire.* (al. 1) *Sous la même réserve, si le fiduciaire procède à la vente du bien ou du droit cédé en application du contrat de fiducie, il restitue au constituant la part du produit de cette vente excédant, le cas échéant, la valeur de la dette garantie* (al. 2) » (meubles) ; art. 2488-4 C. civ. : « *Si le bénéficiaire de la fiducie a acquis la libre disposition du bien en application de l'article 2488-3, il verse au constituant, lorsque la valeur mentionnée au dernier alinéa de cet article excède le montant de la dette garantie, une somme égale à la différence entre cette valeur et le montant de la dette, sous réserve du paiement préalable des dettes nées de la conservation ou de la gestion du patrimoine fiduciaire.* (al. 1) *Sous la même réserve, si le fiduciaire procède à la vente du bien en application du contrat de fiducie, il restitue au constituant la part du produit de cette vente excédant, le cas échéant, la valeur de la dette garantie* (al. 2) » (immeubles).

800. Art. L. 622-13, VI C. com. : « *[l]es dispositions du présent article ne concernent pas (...) le contrat de fiducie, à l'exception de la convention en exécution de laquelle le débiteur conserve l'usage ou la jouissance de biens ou droits transférés dans un patrimoine fiduciaire* ».

801. Art. L. 622-23-1 C. com. : « *[l]orsque des biens ou droits présents dans un patrimoine fiduciaire font l'objet d'une convention en exécution de laquelle le débiteur constituant en conserve l'usage ou la jouissance, aucune cession ou aucun transfert de ces biens ou droits ne peut intervenir au profit du fiduciaire ou d'un tiers du seul fait de l'ouverture de la procédure, de l'arrêté du plan ou encore d'un défaut de paiement d'une créance née antérieurement au jugement d'ouverture. Cette interdiction est prévue à peine de nullité de la cession ou du transfert* ». La disposition est applicable au redressement, par renvoi de l'article L. 631-14 al. 1 C. com.

802. F. Perochon, « Les interdictions de paiement et le traitement des sûretés réelles », *D.* 2009, p. 651 s., n° 22.

garantie dans un patrimoine fiduciaire, lorsque ce retrait ou ce retour est justifié par la poursuite de l'activité[803]. En toute hypothèse, le fiduciaire, à la différence d'autres titulaires de sûretés réelles sans dépossession, n'a pas à intégrer un comité de créanciers qui pourrait imposer délais ou remises[804].

La fiducie-sûreté retrouve son efficacité en cas de **résolution du plan de sauvegarde et de redressement subséquent**. En effet, bien que l'article L. 631-14 C. com. aligne le régime du redressement sur celui de la sauvegarde (al. 1[805]), c'est sous réserve que le redressement ne soit pas ouvert après résolution du plan à la suite de sa mauvaise exécution (al. 4[806])[807] : la « neutralisation » de la fiducie « est à son tour neutralisée »[808].

En présence d'un **plan de cession**, les créanciers munis de sûretés réelles traditionnelles ne sont désintéressés que par une quote-part du prix de cession si les biens qui forment l'assiette de leur sûreté sont cédés. En revanche, les biens qui forment l'assiette d'une fiducie ne peuvent être cédés car ils « appartiennent » au fiduciaire et le contrat de mise à disposition ne peut être cédé sans son accord[809].

Lorsque le débiteur fait l'objet d'une **liquidation judiciaire**, le fiduciaire ne pourra plus se voir imposer le maintien de la convention en exécution de laquelle le débiteur conserve l'usage ou la jouissance de biens ou droits transférés dans un patrimoine fiduciaire[810], ce qui se comprend dès lors que le débiteur fait l'objet d'une liquidation. Le fiduciaire devra alors revendiquer le bien s'il n'en a pas la maîtrise matérielle. La fiducie-sûreté se révèle particulièrement efficace, là où les autres sûretés réelles le sont nettement moins, le pacte commissoire étant paralysé en cas d'ouverture d'une procédure collective[811].

---

803. Art. L. 622-7, II C. com. : « *(...) Le juge-commissaire peut aussi (...) autoriser [le débiteur] à payer des créances antérieures au jugement, pour retirer le gage ou une chose légitimement retenue ou encore pour obtenir le retour de biens et droits transférés à titre de garantie dans un patrimoine fiduciaire, lorsque ce retrait ou ce retour est justifié par la poursuite de l'activité (...)* ».

804. V. art. L. 626-30 s. C. com. Le fiduciaire est néanmoins consulté par ledit comité (art. L. 626-33 al. 1 C. com.).

805. « *Les articles L. 622-3 à L. 622-9, à l'exception de l'article L. 622-6-1, et L. 622-13 à L. 622-33 sont applicables à la procédure de redressement judiciaire, sous réserve des dispositions qui suivent.* »

806. « *Lorsque la procédure de redressement judiciaire a été ouverte en application du troisième alinéa de l'article L. 626-27 et que le débiteur a transféré des biens ou droits dans un patrimoine fiduciaire avant l'ouverture de la procédure de sauvegarde ayant donné lieu au plan résolu, la convention en exécution de laquelle celui-ci conserve l'usage ou la jouissance de ces biens ou droits n'est pas soumise aux dispositions de l'article L. 622-13 et les dispositions de l'article L. 622-23-1 ne sont pas applicables.* »

807. Et aussi, semble-t-il, en cas de cessation des paiements survenue au cours de l'exécution du plan (F. Perochon, « Les interdictions de paiement et le traitement des sûretés réelles », *D.* 2009, p. 651 s., n° 25).

808. F. Perochon, « Les interdictions de paiement et le traitement des sûretés réelles », *D.* 2009, p. 651 s., n° 25.

809. Art. L. 642-7 al. 6 C. com. « *[l]a convention en exécution de laquelle le débiteur constituant conserve l'usage ou la jouissance de biens ou droits transférés à titre de garantie dans un patrimoine fiduciaire ne peut être cédée au cessionnaire, sauf accord des bénéficiaires du contrat de fiducie* ».

810. Art. L. 641-11-1, VI C. com. : « *[l]es dispositions du présent article (...) sont également inapplicables au contrat de fiducie et à la convention en exécution de laquelle le débiteur constituant conserve l'usage ou la jouissance de biens ou droits transférés dans un patrimoine fiduciaire* ».

811. Art. L. 622-7 C. com. : le jugement ouvrant la procédure « *fait obstacle à la conclusion et à la réalisation d'un pacte commissoire* ».

Section 2
Les droits réels accessoires (sûretés réelles)

426. Premières vues. Tout créancier a un droit de gage général sur le patrimoine du débiteur (art. 2284 C. civ. : « *[q]uiconque s'est obligé personnellement, est tenu de remplir son engagement sur tous ses biens mobiliers et immobiliers, présents et à venir* »)[812], sur lequel tous les créanciers sont en concours. Lorsque le débiteur n'a pas les moyens de tous les désintéresser, ceux-ci sont payés au marc-le-franc, à proportion de leur créance. Le créancier qui voudrait être favorisé par rapport aux autres peut se faire reconnaître un **droit de préférence** ou un **droit exclusif** sur un ou plusieurs biens de son débiteur[813], en vue respectivement de *primer* les autres créanciers ou de les *exclure*. C'est l'objet des *droits réels accessoires* (« accessoires » à la créance), plus communément nommés *sûretés réelles* : le créancier se fera payer en priorité ou exclusivement sur le (ou les biens) qui forme(nt) l'assiette de son droit (art. 2285 C. civ.[814]).

427. Plan. On envisagera l'objet (§ 1) et les caractères (§ 2) des droits réels accessoires avant de discuter de leur nature « réelle » (§ 3).

§ 1. L'objet

428. Distinction. On distingue les droits réels accessoires suivant qu'ils confèrent à leur titulaire un *droit de préférence* ou un *droit exclusif* sur un ou plusieurs biens du constituant[815].

429. Droit de préférence. Traditionnellement, un droit réel accessoire offre au créancier un droit de préférence[816] par rapport aux autres créanciers. Ainsi, le créancier titulaire d'un privilège, d'un gage, d'un nantissement ou d'une hypothèque, peut, lors de la réalisation de la sûreté, se faire attribuer le bien ou percevoir le produit de sa vente sur saisie avant les créanciers chirographaires ou avant les autres créanciers qui auraient également une sûreté réelle sur le bien, mais qui seraient de rang inférieur. La mise en œuvre d'un droit de préférence ne fait pas sortir le créancier bénéficiaire du concours avec les autres créanciers : il participe à la procédure

812. Il dispose de moyens de protection de ce gage conférés à tout créancier comme l'action oblique (art. 1166 C. civ. : le créancier exerce l'action de son débiteur contre son propre débiteur afin de reconstituer son patrimoine) ou l'action paulienne (art. 1167 C. civ. : le créancier agit afin de voir déclaré inopposable un acte accompli par son débiteur).

813. Le créancier peut encore, en garantie de sa créance, se faire consentir un droit de gage général sur le patrimoine d'un tiers : c'est la technique des *sûretés personnelles* (ex. : le cautionnement).

814. « *Les biens du débiteur sont le gage commun de ses créanciers ; et le prix s'en distribue entre eux par contribution, à moins qu'il n'y ait entre les créanciers des causes légitimes de préférence* ». Si le texte ne fait référence qu'aux droits de « préférence », des droits « exclusifs » peuvent également être conférés aux créanciers (v. *infra*, n° 430 et s.).

815. Si le plus souvent celui qui constitue la sûreté réelle sur un ou plusieurs de ses biens est le débiteur de la créance garantie, tel n'est pas nécessairement le cas. Ainsi, une personne peut octroyer une sûreté réelle sur un ou plusieurs de ses biens au profit du créancier d'autrui.

816. J. Flour, *Cours de droit civil, Licence 3e année*, Les cours du droit, polycopié, 1962-1963, p. 19 : « le propre d'une sûreté réelle est le droit de préférence : élément sans lequel elle ne saurait exister ».

de distribution du prix. Toutefois, en faisant jouer son droit, le créancier bénéficiaire est payé en priorité.

Le droit de préférence est un trait distinctif des droits réels accessoires que l'on ne retrouve pas dans les droits réels principaux[817]. En ce sens, l'article 522 de l'APRDB circonscrit très clairement le domaine du droit de préférence aux droits réels accessoires[818].

430. Droit exclusif. ***Esprit général***. Aujourd'hui, nombre de créanciers ne se satisfont plus d'être préférés aux autres dans une procédure de distribution, à laquelle ils cherchent à échapper en se voyant octroyer un droit exclusif. L'octroi d'un droit exclusif à un créancier sur un ou plusieurs biens du constituant a pour effet de soustraire le bien ou les biens de l'assiette des droits des autres créanciers, bref, de leur droit de gage général.

Ce sont notamment les banquiers dispensateurs de crédit qui ont cherché à obtenir des sûretés conférant un droit exclusif pour deux raisons principales. D'une part, les sûretés traditionnelles auxquelles ils pouvaient prétendre leur conféraient un rang inférieur à celui reconnu aux créanciers publics. D'autre part, l'efficacité des sûretés traditionnelles était paralysée en cas d'ouverture d'une procédure collective. En contrepoint, les sûretés conférant un droit exclusif, en faisant, d'une certaine manière, sortir le bien du patrimoine du constituant, ont pour effet de le placer en dehors de l'assiette des droits des autres créanciers du constituant et à l'abri de la procédure collective dont ce dernier pourrait faire l'objet[819]. Parce que la reconnaissance d'un droit exclusif à une personne sur un bien rappelle inévitablement l'exclusivité de la propriété, les sûretés conférant un droit exclusif ont été rapidement baptisées « propriétés-sûretés »[820].

431. Droit exclusif. ***Typologie***. Au sein des « propriétés-sûretés », le droit français distingue la **propriété *retenue*** de la **propriété *cédée* à titre de garantie**. En

817. Certes, l'article 1141 C. civ. prévoit que « *[s]i la chose qu'on s'est obligé de donner ou de livrer à deux personnes successivement est purement mobilière, celle des deux qui en a été mise en possession réelle est préférée et en demeure propriétaire, encore que son titre soit postérieur en date, pourvu toutefois que la possession soit de bonne foi* ». Mais le terme « préféré » a ici un sens tout à fait particulier et n'est pas attaché au droit réel. De fait, dans l'hypothèse visée, les deux acquéreurs sont titulaire d'un droit réel identique et ce n'est pas même le premier en rang qui l'emporte puisque la règle commande d'attribuer la propriété au possesseur, peu important qu'il ait acquis son droit en second. En dehors de ce cas, en cas de conflit de droits réels incompatibles sur un bien, c'est, réserve faite du mécanisme de la publicité foncière, le premier en date qui a acquis son droit qui l'emporte. Là encore, que le premier en date soit préféré, c'est une règle qui n'a rien en commun avec le droit de préférence qu'une sûreté réelle confère. Comme l'avait relevé Dabin, « quand on dit, au cas de prétentions concurrentes à un même droit [réel] ou à deux droits [réels] distincts mais inconciliables, que l'un des prétendants est "préféré" à l'autre, il est clair qu'il ne s'agit plus d'un droit de préférence. On affirme le droit chez l'un et on le nie chez l'autre, voilà tout ».

818. « *Lorsque [le droit réel] est accessoire à une créance dont il garantit le paiement, il confère, outre un droit de suite, un droit de préférence sur le bien.* »

819. Ainsi, le bénéficiaire d'une clause de réserve de propriété peut récupérer son bien en cas de procédure collective du débiteur, pourvu qu'il respecte la procédure de revendication décrite aux articles L. 624-9 s. C. com. De même, le cessionnaire Dailly peut-il agir contre le débiteur cédé, nonobstant la suspension des poursuites et l'interdiction du paiement des créances antérieures v. notamment Com. 7 décembre 2004, *Bull. civ.* IV, n° 213, *D.* 2005, p. 230, note Ch. Larroumet, *JCP* E 2005, p. 639, obs. Ph. Pétel, *RTD com.* 2005, p. 155, obs. M. Cabrillac : « même si son exigibilité n'est pas encore déterminée, la créance peut être cédée et que, sortie du patrimoine du cédant, son paiement n'est pas affecté par l'ouverture de la procédure collective de ce dernier postérieurement à cette date »).

820. La dénomination est cependant critiquable (v. *infra*, n° 436).

premier lieu, « *[l]a propriété d'un bien peut être retenue en garantie par l'effet d'une clause de réserve de propriété qui suspend l'effet translatif d'un contrat jusqu'au complet paiement de l'obligation qui en constitue la contrepartie* » (art. 2367 al. 1 C. civ.). En second lieu, la propriété d'un bien peut être cédée à titre de garantie par l'effet d'un contrat de fiducie[821] ou d'un mécanisme spécial tel la cession d'une créance à titre de garantie par bordereau Dailly[822].

432. Cas particulier du droit de rétention. Le droit de rétention[823], droit réel[824], est le droit de retenir un bien que l'on a entre ses mains. Concrètement, il permet au créancier qui en est titulaire de ne pas restituer un bien qui lui a été remis par son débiteur et qui appartient à ce dernier[825]. Pour autant, le créancier ne se voit pas reconnaître de droit de préférence : il ne sera pas préféré aux autres sur le produit de la vente du bien. Ce n'est donc pas une sûreté, ce qui explique que le droit de rétention ne soit pas mentionné au titre des sûretés mobilières et immobilières dans le Code civil, même s'il trouve sa place dans le Livre IV.

§ 2. Les caractères

433. Caractère accessoire. Les sûretés réelles confèrent un droit accessoire à la créance garantie dans la mesure où la sûreté est au service de la créance. C'est pourquoi le droit réel accessoire se **transmet** et s'**éteint**[826] avec la créance qu'il garantit (art. 1692 C. civ.[827]).

434. Droit de suite ? Le droit du créancier titulaire d'une sûreté réelle ne s'éteint pas nécessairement lors de la transmission du bien grevé par le constituant à un tiers. Au contraire, le principe est que le bien se transmet, grevé de la

821. Art. 2372-1 C. civ. : « *[l]a propriété d'un bien mobilier ou d'un droit peut être cédée à titre de garantie d'une obligation en vertu d'un contrat de fiducie conclu en application des articles 2011 à 2030.* » ; art. 2488-1 C. civ. : « *[l]a propriété d'un bien immobilier peut être cédée à titre de garantie d'une obligation en vertu d'un contrat de fiducie conclu en application des articles 2011 à 2030* ».
822. Art. L. 313-23 s. CMF.
823. A. Aynès, *Le droit de rétention (Unité ou pluralité)*, th., préf. Ch. Larroumet, Economica, 2005.
824. Civ. 1re, 7 janvier 1992, *Bull. civ.* I, n° 4 : « le droit de rétention d'une chose, conséquence de sa détention, est un droit réel, opposable à tous, et même aux tiers non tenus de la dette ». *Adde* Com. 3 mai 2006, *Bull. civ.* IV, n° 106 : « le droit de rétention est un droit réel, opposable à tous, y compris aux tiers non tenus à la dette et peut être exercé pour toute créance qui a pris naissance à l'occasion de la chose retenue » ; Civ. 1re, 24 septembre 2009, *Bull. civ.* I, n° 178 : « le droit de rétention est un droit réel, opposable à tous, y compris aux tiers non tenus de la dette ».
825. Le droit de rétention ne peut être invoqué qu'autant que la *créance* présente un lien de connexité avec le *bien détenu*. Ainsi, un garagiste qui détient un véhicule qu'il a réparé et qui n'a pas été payé pour la réparation peut se prévaloir d'une créance connexe au bien détenu et invoquer un droit de rétention. En revanche, un garagiste qui détient un véhicule qu'il a réparé et qui a été payé ne peut se prévaloir d'une créance connexe contre le propriétaire du véhicule s'il était à un tout autre titre créancier de celui-ci par ailleurs.
826. Il convient néanmoins de réserver le cas des sûretés rechargeables – hypothèques rechargeables et fiducies-sûretés rechargeables –, lesquelles survivent à l'extinction des créances qu'elles garantissent, de sorte qu'elles peuvent garantir des créances contractées ultérieurement par le débiteur.
827. « *La vente ou cession d'une créance comprend les accessoires de la créance, tels que caution, privilège et hypothèque.* »

sûreté, au tiers-acquéreur[828]Ainsi, en cas de non-paiement de la créance par le débiteur, le créancier titulaire de la sûreté pourra la réaliser entre les mains du tiers[829] : le tiers-acquéreur s'expose donc à se voir déposséder de son bien par le créancier impayé. Toutefois, afin de ne pas paralyser le commerce des biens, le maintien de la sûreté est en principe subordonné à l'information préalable de l'existence de la sûreté par le tiers-acquéreur. Cette information est organisée par une mesure de publicité pour de nombreuses sûretés – sûretés immobilières, mais aussi hypothèques maritime, aérienne, fluviale, nantissements de fonds de commerce, de matériel et outillage, de film cinématographique, gage[830] etc.[831]. À

828. Cette situation étant évidemment gênante pour le tiers-acquéreur, le créancier titulaire de la sûreté est en général désintéressé lors de l'acquisition du bien grâce au produit de la vente, et le bien, ainsi débarrassé de la sûreté qui le grevait. C'est l'objet des procédures de purge. La purge permet de tenir en échec le droit de suite du créancier : elle consiste à reporter le droit de préférence du créancier hypothécaire sur le prix de vente de l'immeuble.

La **purge** est ***automatique*** pour certaines ventes, telles les ventes sur saisie (art. 2213 C. civ. : « *[l]a consignation du prix et le paiement des frais de la vente purgent de plein droit l'immeuble de toute hypothèque et de tout privilège du chef du débiteur à compter de la publication du titre de vente* »).

Lorsque la **purge** n'est ***pas automatique***, deux procédures coexistent. En premier lieu, la ***purge amiable*** repose sur un accord du débiteur et des créanciers inscrits suivant lequel le prix de la vente sera affecté au paiement de leurs créances, les créanciers exerçant leur droit de préférence sur le prix versé par l'acquéreur – en pratique, entre les mains du notaire. La procédure de purge amiable supposant l'accord de tous les créanciers, elle a peu de chances d'être mise en œuvre si le prix est insuffisant pour désintéresser tous les créanciers privilégiés. C'est pourquoi il existe, en second lieu, une autre procédure de purge, en matière immobilière, dite ***purge légale***. La purge légale obéit à une procédure complexe décrite aux art. 2478 s. C. civ. L'article 2479 C. civ. permet à l'acquéreur de déclarer qu'il est prêt à acquitter, sur-le-champ, les dettes et charges hypothécaires, jusqu'à concurrence seulement du prix, ou, s'il a reçu l'immeuble par donation, de la valeur qu'il a déclarée sans distinction des dettes exigibles ou non exigibles. Si les créanciers craignent une sous-évaluation, ils peuvent requérir une mise aux enchères (art. 2480 C. civ.). À défaut d'une telle demande de leur part, l'acquéreur pourra éteindre le droit de suite des créanciers hypothécaires en offrant de leur verser le prix de vente.

829. En pratique, le créancier saisira le bien. S'il s'agit d'un immeuble, l'acquéreur a le choix de *payer* ou de *délaisser*. S'il **paye**, il paye la dette d'autrui, ce qui explique qu'il soit subrogé dans les droits de son auteur et bénéficie de la sûreté du créancier qu'il a désintéressé (art. 1251, 2° C. civ. : « *La subrogation a lieu de plein droit : (...) 2° Au profit de l'acquéreur d'un immeuble, qui emploie le prix de son acquisition au paiement des créanciers auxquels cet héritage était hypothéqué* »). Le tiers-acquéreur se trouve titulaire d'un droit réel accessoire sur sa propre chose. Cela lui permet de tenir en échec les créanciers hypothécaires de rang subséquent qui pourraient être tentés de faire réaliser leur sûreté à leur tour.

S'il **délaisse**, un curateur sera nommé, de sorte à éviter au tiers-acquéreur d'être impliquée dans une procédure désagréable de saisie. L'éventuel reliquat subsistant est pour lui. En tout état de cause, il n'aura d'autres recours que celui qu'il pourra intenter contre son auteur sur le fondement de la garantie d'éviction.

830. Traditionnellement, les sûretés portant sur les biens meubles corporels ne faisant en général pas l'objet d'une mesure de publicité, elles ne pouvaient être opposés au tiers-acquéreur protégé par l'article 2276 al. 1 C. civ. (« *En fait de meubles, la possession vaut titre* »). Toutefois, la publicité désormais organisée, même imparfaite, du gage (art. 2337 al. 1 C. civ. : « *[l]e gage est opposable aux tiers par la publicité qui en est faite* »), empêche le tiers-acquéreur d'opposer l'article 2276 C. civ. au créancier (art. 2337 al. 3 C. civ. : « *[l]orsque le gage a été régulièrement publié, les ayants cause à titre particulier du constituant ne peuvent se prévaloir de l'article 2276* »).

831. Peu importante la connaissance qu'un tiers pouvait avoir de la sûreté réelle non publiée. V. notamment Civ. 3e, 17 juillet 1986, *Bull. civ.* III, n° 118, *Rép. Defr.* 1987, p. 1178, obs. L. Aynès : « la circonstance, à la supposer établie, que [les acquéreurs] aient eu une connaissance personnelle des prêts consentis par la banque et des sûretés les ayant garantis, ne pouvait suppléer à l'inscription, seul mode légal de publicité ».

défaut d'une telle mesure de publicité, la sûreté n'est pas maintenue[832], sauf exceptions[833].

Le maintien de la sûreté porté à la connaissance du tiers-acquéreur est, dit-on, l'expression d'un « droit de suite », qui permet au titulaire de la sûreté de *suivre* le bien en quelques mains qu'il se trouve. Ce n'est là pourtant que l'expression imagée de l'**opposabilité d'un droit aux tiers**[834] en sorte que la notion de « droit de suite » est dépourvue d'autonomie conceptuelle.

§ 3. La nature

435. Droits réels ? Si les droits réels constituent les instruments permettant de s'approprier les richesses[835], on peut douter alors que les sûretés réelles, les droits réels accessoires, soient véritablement des droits réels[836]. De fait, le titulaire de la sûreté ne profite pas des utilités de la chose puisqu'il ne peut en jouir, en disposer ou en tirer crédit[837]. Ce dont profite le titulaire de la sûreté réelle, c'est d'un *tour de*

832. Pour le privilège du vendeur de meubles, v. Civ. 19 février 1894, *DP* 1894, 1, p. 413, S. 1895, 1, p. 457, note A. Wahl, *GAJC*, t. 2, n° 303 : « le privilège du vendeur d'effets mobiliers non payés lui donne droit de se faire payer par préférence sur le prix en provenant, lorsqu'il peut les saisir en la possession de son débiteur ou en arrêter le prix entre les mains des tiers, mais ne l'autorise pas à poursuivre le recouvrement de sa créance contre les tiers acquéreurs de ces effets ».

833. Tel le privilège du bailleur d'immeuble sur les biens garnissant le local loué (art. 2332, 1° *in fine* C. civ. : « *[l]e propriétaire peut saisir les meubles qui garnissent sa maison ou sa ferme, lorsqu'ils ont été déplacés sans son consentement, et il conserve sur eux son privilège, pourvu qu'il ait fait la revendication, savoir, lorsqu'il s'agit du mobilier qui garnissait une ferme, dans le délai de quarante jours ; et dans celui de quinzaine, s'il s'agit des meubles garnissant une maison* »).

834. Ainsi qu'on l'a relevé, « il ne s'agit pas d'un droit distinct venant se greffer sur le droit réel ; c'est toujours le même aspect particulier du droit que l'on envisage : l'opposabilité du droit aux tiers » (J. Derrupé, *La nature juridique du droit du preneur à bail*, Dalloz, 1952, n° 183). Le constat vaut tant pour les droits réels accessoires que pour les droits réels principaux. En raison de leur opposabilité, les droits réels principaux doivent être respecter tous : le propriétaire peut opposer son droit en quelques mains que se trouve son bien en le revendiquant et l'usufruitier peut opposer son droit à tous les propriétaires successifs en exerçant une action confessoire.
Il reste que la portée de l'opposabilité est différente dans les deux cas : en présence d'un droit réel accessoire, « il ne s'agit pas, en effet, de chasser un intrus utilisant un bien de façon illégitime [comme c'est le cas en présence d'un droit réel principal] mais, au contraire, d'évincer un tiers qui a acquis ce bien de façon parfaitement régulière et qui, à aucun moment, n'a violé le droit du créancier » (Ch. Gijsbers, *Sûretés réelles et droit des biens*, th. Panthéon-Assas (Paris II), 2012, n° 147).

835. V. *supra*, n° 28.

836. Ch. Gijsbers, *Sûretés réelles et droit des biens*, th. Panthéon-Assas (Paris II), 2012.

837. Si le titulaire d'une sûreté réelle avec dépossession peut parfois percevoir les fruits du bien, c'est au fin d'imputation sur la dette garantie (art. 2345 C. civ. pour le créancier gagiste d'un meuble corporel : « *[s]auf convention contraire, lorsque le détenteur du bien gagé est le créancier de la dette garantie, il perçoit les fruits de ce bien et les impute sur les intérêts ou, à défaut, sur le capital de la dette* » ; art. 2389 C. civ. pour le créancier gagiste d'un immeuble « *[l]e créancier perçoit les fruits de l'immeuble affecté en garantie à charge de les imputer sur les intérêts, s'il en est dû, et subsidiairement sur le capital de la dette* »), en sorte qu'il n'est pas enrichi des fruits. Au-delà, « la dépossession, qui fait perdre au constituant une partie de ses prérogatives sur la chose donnée en gage, ne les confère pas pour autant au créancier nanti, qui dispose, en sa qualité de dépositaire de cette chose jusqu'à sa restitution, du seul pouvoir de la garder et conserver sans acquérir celui d'en user ni de l'administrer » (Com. 12 juillet 2005, *Bull. civ.* IV, n° 175, *JCP* 2005, I, 185, obs. Ph. Delebecque, *RDC* 2006, p. 464, obs. M. Grimaldi).

faveur, voire d'un droit exclusif sur le bien qu'il peut faire valoir à l'encontre des autres créanciers[838].

Si le créancier peut accaparer la valeur du bien ou le bien lui-même en cas de non-paiement de sa créance, c'est un droit qu'il tire de sa qualité de seul créancier et non de celle de créancier muni d'une sûreté réelle, même si cette dernière qualité lui facilite les choses. Précisément, le droit de faire saisir un bien ne découle pas de la sûreté mais de la créance constatée dans un titre exécutoire[839], bref, « du “régime patrimonial primaire” applicable à tout créancier »[840] ; quant aux modes originaux de réalisation de la sûreté que sont l'attribution judiciaire et le pacte commissoire, il n'y a là qu'une spécificité propre aux sûretés qui ne doit rien à leur analyse en un droit réel... Certes, le créancier titulaire d'une sûreté est plus riche que le créancier qui ne l'est pas : de fait, alors que la valeur marchande d'une créance est toujours inférieure à sa valeur nominale dans la mesure où le créancier supporte toujours le risque du crédit, c'est-à-dire celui de pas être payé par son débiteur, la sûreté réelle, en réduisant ce risque, réduit le delta entre la valeur marchande et la valeur nominale de la créance. C'est pourquoi une créance garantie par une sûreté réelle vaut plus qu'une créance qui ne l'est pas. Mais il faut observer que le constat serait le même en présence d'une sûreté personnelle : une créance assortie d'une sûreté personnelle a une valeur supérieure à celle d'une créance chirographaire alors pourtant qu'une sûreté personnelle ne confère à l'évidence pas un droit réel à son titulaire.

On pourrait ainsi être tenté de nier la qualification de droit réel aux sûretés réelles. D'ailleurs, l'analogie entre les sûretés réelles qui confèrent un droit de préférence et le pacte de préférence (dont il est acquis en jurisprudence qu'il ne confère pas un droit réel[841]) est tentante. Si celui-ci confère à son bénéficiaire le droit d'être préféré aux tiers en cas d'aliénation volontaire du bien projetée par le propriétaire, celles-là octroient à leur titulaire un droit d'être préféré en cas d'aliénation forcée du bien.

Il reste que les sûretés réelles ont, à la différence des droits personnels, une **assiette réelle : le droit réel principal grevé**[842] – et cela vaut également pour le

---

838. En d'autres termes, « les sûretés réelles, contrairement aux droits réels, ne s'obtiennent pas contre le constituant (qui ne transfère pas au créancier les utilités économiques de son bien) mais contre les tiers, sur le patrimoine desquels elles reportent le poids de l'insolvabilité du débiteur » (Ch. Gijsbers, *Sûretés réelles et droit des biens*, th. Panthéon-Assas (Paris II), 2012, n° 15). Comme le relève l'auteur, « lorsque j'acquiers un usufruit, une servitude ou la propriété elle-même, l'avantage que j'obtiens m'est procuré par l'aliénateur qui renonce à tout ou partie des utilités de la chose ; des tiers, je n'attends qu'un devoir d'inertie qui ne leur cause aucun préjudice. Au contraire, pour procurer au créancier un complet paiement en dépit de l'insolvabilité de son débiteur, n'est-il pas inéluctable que la sûreté “rogne” les droits acquis par les tiers, qu'elle “rabote” les prétentions concurrentes sur la richesse affectée en garantie ? » (*ibid.*, n° 9).

839. V. art. L. 111-1 et L. 111-2 C. proc. civ. exé.

840. Ph. Théry, *Sûretés et publicité foncière*, PUF, 2e éd., 1998, n° 6.

841. Civ. 3e, 16 mars 1994, *Bull. civ.* III, n° 58 : « pour déclarer le contrat de foretage bénéficiant à la société Morillon-Corvol inopposable à la SCI, l'arrêt retient que tout pacte de préférence constituant une restriction au droit de disposer, soumise à publicité obligatoire en application de l'article 28-2 du décret du 4 janvier 1955, le pacte consenti à la SCI était opposable aux tiers à compter du 10 mars 1989, date de la publication ; (...) en statuant ainsi, alors que le pacte de préférence, qui s'analyse en une promesse unilatérale conditionnelle, ne constitue pas une restriction au droit de disposer, la cour d'appel a violé [articles 28-2 et 37-1 du décret du 4 janvier 1955].

842. Si l'on est propriétaire ou usufruitier d'un immeuble, ce n'est pas l'immeuble mais la propriété ou l'usufruit de celui-ci que l'on hypothèque.

pacte de préférence. Dans cette mesure, on peut parler de « droit réel du second degré »[843]. Malgré les particularités indéniables de la sûreté réelle, qui « est accordée en réalité *contre les autres créanciers* qui sont obligés de la respecter », « [c]'est à raison de cette *opposabilité absolue* que la sûreté est assimilée à un *droit réel* et qu'elle ne peut être accordée que dans les cas prévus par la loi ou dans les conditions que celle-ci détermine »[844].

436. Cas particulier des « propriétés-sûretés ». La détermination de la nature des « propriétés-sûretés », qui confèrent un droit exclusif, est plus grave et riche d'enjeux, car elle soulève la question de savoir si de telles sûretés confèrent un véritable droit de propriété – un droit réel principal, donc – à leur titulaire. Pour plusieurs raisons, la propriété-sûreté n'est pas une véritable propriété.

En premier lieu, **le bien formant l'assiette d'une propriété-sûreté ne fait pas partie du droit de gage général des créanciers du créancier**[845]. Certes, s'agissant des risques de la chose normalement attachées à la qualité de propriétaire, dans l'arrêt *Mecarex*, la Cour de cassation avait estimé qu'ils étaient pour le créancier, en sa qualité de propriétaire[846]. Mais la solution a été rendue à une époque où les propriétés-sûretés n'avaient pas fait l'objet d'analyses juridiques aussi poussées qu'il en existe aujourd'hui et l'on sait aujourd'hui les conséquences anormales auxquelles elle aboutit pour le créancier, qui non seulement perdra sa *sûreté*, mais aussi sa *créance* contre le débiteur... La stipulation systématique aujourd'hui d'une clause de réserve de propriété mettant les risques à la charge de l'acquéreur montre bien que la jurisprudence *Mecarex* ne répond pas aux besoins du commerce et du crédit. Finalement, c'est l'existence d'un transfert de propriété dans la propriété réservée et d'une absence de transfert de propriété dans le transfert fiduciaire qu'il convient, au-delà des mots, de reconnaître[847]. C'est la raison pour laquelle, en cas de paiement du créancier, il n'y a pas dans une cession à titre de garantie, de « nouveau » transfert de propriété en sens contraire qui s'opère, avec les formalités habituellement requises[848].

---

843. M. Planiol, *Traité élémentaire de droit civil*, t. II, F. Pichon, Paris, 1902, n° 2429 : une sûreté réelle « n'est pas un démembrement de la propriété, donné pour la jouissance des choses, comme les droits d'usufruit, d'usage ou de servitude ; c'est un droit réel du second degré, si l'on peut ainsi parler, qui est établi sur le droit de propriété lui-même plutôt que sur la chose ».

844. G. Ripert et J. Boulanger, *Traité de droit civil d'après le Traité de Planiol*, t. III, *Sûretés réelles, publicité foncière, contrats civils, principaux contrats*, LGDJ, 1958, n° 11.

845. Comme on l'a souligné, « il est clair que la propriété-sûreté n'est pas un élément de richesse susceptible d'alimenter le crédit du créancier » (Ch. Gijsbers, *Sûretés réelles et droit des biens*, th. Panthéon-Assas (Paris II), 2012, n° 333).

846. Com. 20 novembre 1979, *Bull. civ.* IV, n° 300, *D.* 1980, p. 571, obs. B. Audit, *JCP* 1081, II, 19615, note J. Ghestin : « la cour d'appel a décidé que les risques nés de la perte d'une installation de nickelage, vendue et livrée par la société Neochrome à la société Mecarex mais non encore intégralement payée, perte due à l'incendie survenu dans les ateliers de celle-ci, étaient a la charge de l'acheteur, au motif que la clause des conditions générales de vente de la société Neochrome prévoyant : "tout matériel reste notre propriété jusqu'au règlement intégral par l'acheteur", instituait, non une condition suspensive, mais une condition résolutoire ; (...) en se déterminant ainsi la cour d'appel a dénaturé ladite clause, qui disposait de façon claire et précise que le transfert de propriété de l'installation serait suspendu jusqu'à parfait payement ».

847. C'est pourquoi les droits de préemption doivent être respectés en cas de vente moyennant une clause de réserve de propriété et ne sauraient jouer en cas d'aliénation fiduciaire.

848. En matière de cession Dailly, Civ. 1re, 19 septembre 2007, *Bull. civ.* I, n° 275, *RDC* 2008, p. 865, obs. A. Aynès ; *RTD civ.* 2008, p. 322 obs. Th. Revet. La Cour de cassation fait grief à une cour d'appel de n'avoir pas « recherché si la cession avait été effectuée à titre d'escompte ou à titre de garantie, alors

En deuxième lieu, **le créancier n'a pas les pouvoirs d'un propriétaire**. Le créancier n'accède à aucune des utilités de la chose pas plus qu'il n'y a vocation, dès lors que, payé, il perdra tous droits sur le bien. ***Lorsque la propriété est réservée***, l'acheteur peut exploiter le bien et même le revendre[849], le prix se reportant sur la créance détenue par l'acquéreur-revendeur contre le sous-acquéreur[850] ou sur les choses fongibles de l'acquéreur[851] alors que le vendeur ne « *peut strictement rien faire* »[852]. Si c'est en pratique la convention qui confère ces pouvoirs au débiteur, cette pratique n'est que le reflet de l'économie générale du mécanisme. Tant et si bien qu'il faudrait, en cas de silence de la convention admettre les mêmes prérogatives au débiteur[853]. À tout le moins, le débiteur serait un propriétaire tenu d'une obligation de conservation en vue de protéger le droit de son créancier, ce que la jurisprudence admet déjà[854]. ***Lorsque la propriété est cédée***, il faut distinguer. ***Si la cession n'est pas fiduciaire***, ce qui est notamment le cas de la cession Dailly, *avant la notification de la cession* au cédé, le cédant continue à encaisser les créances pour son compte, et, *après la notification de la cession*, si c'est bien le cessionnaire qui les encaisse, il en conserve le produit tant que sa créance contre le cédant n'est pas exigible. ***Si la cession est fiduciaire***, ce qui concerne toutes sortes de biens, c'est le contrat de fiducie qui détermine « *[l]*a mission du ou des fiduciaires et l'étendue de leurs pouvoirs d'administration et de disposition » (art. 2018,

---

que c'est seulement dans ce dernier cas que le cédant d'origine peut retrouver la propriété de la créance cédée sans formalité particulière, dans la mesure où la garantie prend fin lorsque son bénéficiaire n'a plus de créance à faire valoir ou lorsqu'il y renonce ». Comme on l'a relevé, « [l]e droit du propriétaire temporaire est voué à une extinction mécanique » (Th. Revet, obs. ss. l'arrêt). V. plus récemment, Com. 9 février 2010, *Bull. civ.* IV, n° 34, *RTD civ.* 2010, p. 360, obs. P. Crocq : « la cession de créance effectuée à titre de garantie prend fin sans formalité particulière ».

849. Son pouvoir de disposition est cependant limité par l'obligation de conservation qui pèse sur lui en raison de la faculté d'attribution offerte au créancier en cas de défaillance du débiteur.

850. Art. 2372 C. civ. : « *[l]e droit de propriété se reporte sur la créance du débiteur à l'égard du sous-acquéreur ou sur l'indemnité d'assurance subrogée au bien* ». *Adde* Com. 5 mars 1996, pourvoi n° 94-11557 : « pour décider que la créance de la société Power n'était pas soumise aux dispositions de l'article 40 de la loi du 25 janvier 1985, l'arrêt relève que c'est en fraude de son droit de propriété que les marchandises ont été vendues et retient que celle-ci disposait du droit d'en demander le paiement en vertu de la subrogation réelle ; (...) en statuant ainsi alors que, la revendication n'ayant pas rendu les marchandises indisponibles, la créance de la société Power était née régulièrement après le jugement d'ouverture de la procédure collective et relevait comme telle de l'article 40, alinéa 2, 5° de la loi du 25 janvier 1985, la cour d'appel a violé ledit article ».

851. Art. 2369 C. civ. : « *[l]a propriété réservée d'un bien fongible peut s'exercer, à concurrence de la créance restant due, sur des biens de même nature et de même qualité détenus par le débiteur ou pour son compte* ».

852. F. Perochon, *La réserve de propriété dans la vente de meubles corporels*, Litec, 1988, n° 106.

853. Ch. Gijsbers, *Sûretés réelles et droit des biens*, th. Panthéon-Assas (Paris II), 2012, n° 327 : l'auteur estime qu'il conviendrait d'« admettre que le débiteur a, en principe, le droit de tout faire sur le bien (l'utiliser, en jouir, le revendiquer entre les mains d'un tiers, etc.), sans attendre une habilitation contractuelle spécifique (prêt à usage, bail, mandat spécial, etc.) ».

854. Com. 19 octobre 1982, *Bull. civ.* IV, n° 321, *RTD civ.* 1984, p. 515, obs. J. Huet. La Cour de cassation approuve les juges du fond d'« avoir retenu à bon droit que la société Mecarex, débitrice d'une obligation de restitution du matériel en cas de non-paiement était tenue à une obligation de moyens, et non de résultat, la cour d'appel n'a pas renversé la charge de la preuve en considérant que c'est à la société Neochrome qu'il appartenait dès lors d'établir que la société Mecarex n'avait pas apporté à la conservation du matériel litigieux tous les soins d'un bon père de famille » : Com. 26 mai 2010, *Bull. civ.* IV, n° 101 : « en se déterminant ainsi, sans rechercher si M. X... qui, en qualité d'acheteur d'un bien dont la propriété était réservée, n'était tenu que d'une obligation de moyens, avait apporté à la conservation de la chose vendue tous les soins d'un bon père de famille, la cour d'appel n'a pas donné de base légale à sa décision ».

6° C. civ. .), et ce n'est qu'à défaut de paiement de la créance, et sauf stipulation contraire du contrat de fiducie, que le créancier fiduciaire « *acquiert la libre disposition du bien cédé à titre de garantie* » et en devient pleinement propriétaire[855].

En troisième lieu, **le créancier n'assume pas les charges de la propriété**. Il ne doit pas être considéré comme responsable du fait des dommages causés par la chose chaque fois que cette responsabilité est attachée à la qualité de propriétaire (responsabilité du fait des choses[856], responsabilité du fait des bâtiments en ruine[857], responsabilité pour la pollution causée par des navires[858]), ou encore être reconnu débiteur de la charge des grosses réparations, car le créancier n'a pas à assumer des charges qui viendraient diminuer la valeur de sa créance. Au demeurant, d'un point de vue fiscal, c'est bien le constituant qui est considéré comme le propriétaire et non le créancier[859].

Finalement, toutes ces « propriétés-sûretés », ne confèrent au créancier, négativement, que « le droit de ne rien faire qui ne soit explicitement autorisé »[860] et, positivement, qu'une vocation à la propriété en cas de défaillance du débiteur[861]. Elles ne confèrent donc pas, en elle-même, une propriété ordinaire.

855. Art. 2372-3 al. 1 C. civ. : « *[à] défaut de paiement de la dette garantie et sauf stipulation contraire du contrat de fiducie, le fiduciaire, lorsqu'il est le créancier, acquiert la libre disposition du bien ou du droit cédé à titre de garantie* » (meubles) ; art. 2488-3 al. 1 C. civ. : « *[à] défaut de paiement de la dette garantie et sauf stipulation contraire du contrat de fiducie, le fiduciaire, lorsqu'il est le créancier, acquiert la libre disposition du bien cédé à titre de garantie* » (immeubles).

856. Art. 1384 al. 1 C. civ. : « *[o]n est responsable non seulement du dommage que l'on cause par son propre fait, mais encore (...) des choses que l'on a sous sa garde* ». La responsabilité est attachée à la garde mais, d'après la jurisprudence, le propriétaire est présumé gardien.

857. Art. 1386 C. civ. : « *[l]e propriétaire d'un bâtiment est responsable du dommage causé par sa ruine, lorsqu'elle est arrivée par une suite du défaut d'entretien ou par le vice de sa construction* ».

858. Art. L. 218-1 al. 1 C. envir. : « *[t]out propriétaire d'un navire transportant une cargaison d'hydrocarbures en vrac est responsable des dommages par pollution résultant d'une fuite ou de rejets d'hydrocarbures de ce navire dans les conditions et limites déterminées par la convention internationale du 27 novembre 1992 sur la responsabilité civile pour les dommages dus à la pollution par les hydrocarbures* ».

859. S. Prigent, « Fiducie-sûreté : retour sur les choix fiscaux », *Rép. Defr.* 2010, p. 2105 s.

860. Ch. Gijsbers, *Sûretés réelles et droit des biens*, th. Panthéon-Assas (Paris II), 2012, n° 90.

861. M. Grimaldi, « La fiducie : réflexions sur l'institution et sur l'avant-projet qui la constate », 1re partie, *Rép. Defr.*, 1991, p. 895 s., n° 16 : la propriété fiduciaire « ne dure jamais que jusqu'à l'échéance du terme : si, en effet, le débiteur ne paie pas, le créancier ne conserve pas la propriété fiduciaire du bien, mais en acquiert, qui s'y substitue, la propriété ordinaire ».

Chapitre 2
Les sujets des droits réels (Les propriétés collectives)

437. Propriété individuelle v. propriété collective. Si l'on peut être seul propriétaire d'un bien, on peut également en être propriétaire à plusieurs. Et ceci vaut également pour les autres droits réels[1]. Trois types principaux[2] de propriété collective ont été identifiés en doctrine[3] : l'indivision, la communauté conjugale et la société.

Quelle qu'elle soit, la propriété collective n'efface pas totalement la propriété individuelle. Chaque communiste est en effet seul « propriétaire » d'une « **part** » qui représente ses intérêts dans la propriété collective[4] : droit social dans la société, part indivise dans l'indivision, et même, mais dans une moindre mesure puisqu'elle ne fera surface que lors de la dissolution, part dans la communauté. En premier lieu, la part est **source de richesses** : elle reflète l'appartenance pour partie des biens composant la propriété collective, donne vocation à qui accroîtra la masse des biens au cours du fonctionnement de la propriété collective (gains et salaires dans la communauté, par exemple) et confère, au terme de celle-ci, un droit à l'appropriation privative des biens auparavant collectifs (*boni* de liquidation d'une société, par exemple). En second lieu, la part est **source de pouvoirs et de devoirs** des

---

1. Par exemple, un usufruit peut avoir plusieurs titulaires. On raisonnera néanmoins sur la propriété collective, figure la plus courante.

2. Il y en a d'autres, telles la copropriété des immeubles bâtis (L. n° 65-557 du 10 juillet 1965 *fixant le statut de la copropriété des immeubles bâtis*) et la copropriété des brevets (art. L. 613-29 s. CPI). Sur les biens intellectuels, v. notamment N. Binctin, « Les propriétés collectives : l'exemple des biens intellectuels », in *Un ordre juridique nouveau ? Dialogues avec L. Josserand* (ss. dir. W. Dross et Th. Favario), Mare et Martin, 2015.

3. P. Catala, « L'indivision », *Rép. Defr.* 1979, art. 31874, spéc. n°s 1 à 22. Comp. F. Zenati-Castaing, « La propriété collective existe-t-elle ? », *Mélanges en l'honneur du professeur Gilles Goubeaux*, Dalloz, LGDJ, 2009, p. 589 s. : l'auteur distingue la propriété collective – telle la mitoyenneté, les sépultures, les souvenirs de famille, les œuvres de collaboration – qui consiste en un droit unique et collectif exercé indivisiblement par plusieurs personnes et, d'autre part, la propriété en commun ou « co-propriété » – telle l'indivision – qui consiste en une pluralité de droits de propriété distincts sur le même objet. Suivant l'auteur, dans une véritable propriété collective, il n'y a pas de droit individuel qui confère le droit de s'opposer à une décision, de partager et qui pourrait être cédé, transmis ou gagé. Pour une approche plus classique, V. R. Libchaber, « La recodification du droit des biens », *Le Code civil, 1804-2004, Livre du bicentenaire*, Dalloz-Litec, 2005, p. 297 s., n° 15 s., qui distingue les propriétés collectives dissimulées (société, communauté conjugale, mitoyenneté) de celles qui sont évidentes (comme l'indivision).

4. R. Libchaber, « La recodification du droit des biens », *Le Code civil, 1804-2004, Livre du bicentenaire*, Dalloz-Litec, 2005, p. 297 s., n° 19 : c'est « dans la quote-part, dans le rôle qu'on lui fait jouer, que se trouve la clef de compréhension intime de la propriété collective : sous toutes ses formes, elle a besoin elle besoin d'une quote-part qui représente les droits individuels, au moins par projection ; encore celle-ci n'est-elle pas la même chose suivant les situations, qui oscille entre une conception réifiée qui la constitue comme bien, et une autre plus fluctuante où elle n'est que l'ombre portée de droits abstraits ».

communistes : c'est elle qui permet à chacun d'utiliser la chose et qui explique que chacun soit tenu au passif, dans des conditions différentes suivant le type de propriété collective en cause.

438. L'indivision[5]. L'indivision est la situation de principe dans laquelle se trouve plusieurs personnes exerçant un *même droit réel* sur un *même bien*[6]. Elle est le plus souvent le résultat d'une situation fortuite[7] qui *rapproche* des personnes, telle l'ouverture d'une succession ou qui, au contraire, les *éloigne*, telle la dissolution d'une communauté conjugale par un divorce[8]. C'est ce qui explique qu'elle n'ait pas vocation à durer, ainsi qu'en témoigne, rassurant, l'article 815 C. civ. placé en tête de la réglementation du régime légal de l'indivision : « *[n]ul ne peut être contraint à demeurer dans l'indivision et le partage peut toujours être provoqué (...)* ».

La détermination des **pouvoirs** des indivisaires obéit à l'idée que chacun détient une fraction de la propriété des biens indivis. Par conséquent, chaque décision doit en principe être prise à l'unanimité[9], même si, pour fluidifier la gestion, le législateur, avec le temps, a apporté au principe des exceptions toujours plus nombreuses[10].

La question du **passif** invite à distinguer les *créanciers de l'indivision* des *créanciers des indivisaires*. Les premiers, qui sont les créanciers qui auraient pu agir sur les biens indivis avant qu'il y eût indivision (créanciers de la succession, de la société, de la communauté conjugale) et ceux dont la créance résulte de la conservation ou de la gestion des biens indivis, ont pour gage les biens indivis[11]. Les seconds, en contrepoint, n'ont de droits que sur le patrimoine personnel des indivisaires ; s'ils ne peuvent saisir leur part dans l'indivision[12], ils peuvent provoquer le partage au nom de leur débiteur ou intervenir dans le partage provoqué par lui[13]. Il existe ainsi, sous l'indivision, une corrélation entre l'actif et le passif.

5. V. *infra*, n° 444 et s.

6. Ainsi y a-t-il indivision entre propriétaires ou entre usufruitiers, mais non entre un nu-propriétaire et un usufruitier.

7. Mais pas toujours : il est possible d'acquérir délibérement un bien en indivision. C'est notamment le cas d'une acquisition réalisée ensemble par des époux mariés sous un régime séparatiste.

8. En revanche, en cas de dissolution d'une société, la « *personnalité morale de la société subsiste pour les besoins de la liquidation jusqu'à la publication de la clôture de celle-ci* » (art. 1844-8 al. 3 C. civ.) en sorte qu'il n'y a pas d'indivision, même si on applique les règles du partage, et notamment celles de l'attribution préférentielle (art. 1844-9 al. 2 C. civ. : « *[l]es règles concernant le partage des successions, y compris l'attribution préférentielle, s'appliquent aux partages entre associés* »).

9. Art. 815-3 al. 3 C. civ. : « *(...) le consentement de tous les indivisaires est requis pour effectuer tout acte qui ne ressortit pas à l'exploitation normale des biens indivis et pour effectuer tout acte de disposition autre que ceux visés au 3°* ».

10. Que l'on retrouve aux articles art. 815-2 s. C. civ. Et v. *infra*, n° 474 et s.

11. Art. 815-17 al. 1 C. civ. : « *[l]es créanciers qui auraient pu agir sur les biens indivis avant qu'il y eût indivision, et ceux dont la créance résulte de la conservation ou de la gestion des biens indivis, seront payés par prélèvement sur l'actif avant le partage. Ils peuvent en outre poursuivre la saisie et la vente des biens indivis* ».

12. Art. 815-17 al. 2 C. civ. : « *[l]es créanciers personnels d'un indivisaire ne peuvent saisir sa part dans les biens indivis, meubles ou immeubles* ».

13. Art. 815-17 al. 3 C. civ. : « *[les créanciers personnels] ont toutefois la faculté de provoquer le partage au nom de leur débiteur ou d'intervenir dans le partage provoqué par lui. Les coïndivisaires peuvent arrêter le cours de l'action en partage en acquittant l'obligation au nom et en l'acquit du débiteur. Ceux qui exerceront cette faculté se rembourseront par prélèvement sur les biens indivis.* » ;

En raison des contraintes que fait peser l'indivision sur les indivisaires, spécialement la règle de l'unanimité, tout indivisaire peut y échapper[14]. En premier lieu, chaque indivisaire peut ***aliéner sa part*** dans l'indivision. L'indivision se poursuit avec celui qui aura acquis la part, que ce soit un indivisaire ou un tiers, sachant que dans ce dernier cas, les coïndivisaires pourront préempter aux fins d'éviter qu'un étranger ne s'immisce contre leur gré dans l'indivision[15]. En second lieu, de façon plus énergique, tout indivisaire peut provoquer le ***partage*** de l'indivision, droit discrétionnaire dont chaque indivisaire est titulaire, même s'il peut y renoncer pour un temps en concluant une *convention d'indivision*[16] et si le juge, pour un temps toujours, décide de *sursoir au partage* afin de protéger l'actif indivis[17] ou de *maintenir l'indivision* en vue de protéger certains biens indivis ou les intérêts de certains indivisaires[18].

439. La communauté conjugale. La communauté conjugale est la situation dans laquelle se trouvent deux époux qui n'ont pas conclu de contrat de mariage ou qui ont déclaré se marier sous le régime de la communauté légale[19]. À la différence de l'indivision, la communauté conjugale n'a rien d'une situation fortuite, dans la double mesure où les époux ont choisi de se marier et de le faire sous ce régime matrimonial : la communauté est un projet. C'est pourquoi, à la différence de l'indivision, elle a vocation à *durer* – aussi longtemps que dure le mariage – et à *s'amplifier* – tous les biens acquis par les époux agissant seuls ou de concert au cours de leur mariage sont communs.

La détermination des **pouvoirs** des époux communs en biens est sous-tendue par l'idée d'une communauté d'intérêts entre des personnes qui s'entendent, ce qui justifie des règles de gestion plus souples que dans l'indivision. Le principe est donc celui, non pas de l'unanimité, mais de la gestion concurrente[20], encore qu'il y ait des exceptions[21].

---

art. 1873-15 al. 2 C. civ. : « *[les créanciers personnels] ne peuvent provoquer le partage que dans les cas où leur débiteur pourrait lui-même le provoquer. Dans les autres cas, ils peuvent poursuivre la saisie et la vente de la quote-part de leur débiteur dans l'indivision en suivant les formes prévues par le Code de procédure civile. Les dispositions de l'article 1873-12 sont alors applicables* ».

14. Art. 815 C. civ. : « *[n]ul ne peut être contraint à demeurer dans l'indivision et le partage peut toujours être provoqué, à moins qu'il n'y ait été sursis par jugement ou convention* ».

15. Art. 815-14 s. C. civ. Et v. *infra*, n° 469.

16. Art. 1873-1 C. civ. : « *[c]eux qui ont des droits à exercer sur des biens indivis, à titre de propriétaires, de nus-propriétaires ou d'usufruitiers peuvent passer des conventions relatives à l'exercice de ces droits* ». Et v. *infra*, n° 498 et s.

17. Art. 820 C. civ. : « *[à] la demande d'un indivisaire, le tribunal peut surseoir au partage pour deux années au plus si sa réalisation immédiate risque de porter atteinte à la valeur des biens indivis ou si l'un des indivisaires ne peut reprendre l'entreprise agricole, commerciale, industrielle, artisanale ou libérale dépendant de la succession qu'à l'expiration de ce délai. Ce sursis peut s'appliquer à l'ensemble des biens indivis ou à certains d'entre eux seulement.* (al. 1) *S'il y a lieu, la demande de sursis au partage peut porter sur des droits sociaux* (al. 2) ». Et v. *infra*, n° 544.

18. Art. 821 à 825 C. civ. Et v. *infra*, n° 545.

19. Art. 1400 C. civ. « *[l]a communauté, qui s'établit à défaut de contrat ou par la simple déclaration qu'on se marie sous le régime de la communauté, est soumise aux règles expliquées dans les trois sections qui suivent* ». Le régime légal peut néanmoins être complété et plus généralement modifié par la convention des parties.

20. Art. 1421 al. 1 C. civ. : « *[c]hacun des époux a le pouvoir d'administrer seul les biens communs et d'en disposer, sauf à répondre des fautes qu'il aurait commises dans sa gestion (...)* ».

21. Art. 1423 s. C. civ.

On peut mentionner ici le cas particulier des **droits sociaux non négociables acquis par des époux communs en biens**, qui intéresse tant le droit des sociétés que celui des régimes matrimoniaux[22].

Le ***droit des sociétés*** s'intéresse à l'attribution de la qualité d'associé et aux prérogatives afférentes, notamment le droit de percevoir les dividendes au cours de la communauté[23] ou de l'indivision post-communautaire[24] : il l'attribue à l'époux commun en biens qui a acquis les droits sociaux[25]. Toutefois, en présence de parts sociales non négociables, l'article 1832-2 C. civ. met à la charge de l'époux acquéreur une obligation d'information de son conjoint en vue de lui permettre d'acquérir la moitié des parts, lors de l'acquisition, ou postérieurement à celle-ci[26].

Le ***droit des régimes matrimoniaux*** s'intéresse à la nature des dividendes – en leur qualité de revenus[27], ce sont des biens communs – et à la cession des droits sociaux non négociables. À ce sujet, au cours de la communauté, la cession des droits sociaux non

---

22. J. Derrupé, « Droit des sociétés et régimes de communauté », *JCP* 1971, I, 2403 ; E. Naudin, « L'époux associé et le régime légal de la communauté réduite aux acquêts », *Mélanges en l'honneur du professeur Gérard Champenois*, LGDJ, 2012, p. 617. *Adde* J. Flour et G. Champenois, *Les régimes matrimoniaux*, Armand-Colin, 2e éd., 2001, n° 323. S'agissant des difficultés propres aux droits sociaux négociables, v. E. Naudin, « L'époux associé et le régime légal de la communauté réduite aux acquêts », art. préc., p. 629 s. Celles-ci tiennent pour l'essentiel à ce que « *[c]hacun des époux peut se faire ouvrir, sans le consentement de l'autre, tout compte de dépôt et tout compte de titres en son nom personnel* » (art. 221 al. 1 C. civ.) et qu'« *[à] l'égard du dépositaire, le déposant est toujours réputé, même après la dissolution du mariage, avoir la libre disposition des fonds et des titres en dépôt* » (art. 221 al. 2 C. civ.). Ce n'est donc plus tant les relations avec la société qui font difficulté que celles avec l'établissement teneur de compte.

23. Civ. 1re, 5 novembre 2014, pourvoi n° 13-25820, à paraître au *Bulletin* : « l'associé a seul qualité pour percevoir les dividendes » en sorte que le conjoint ne peut les percevoir que si l'époux associé a donné son accord.

24. Civ. 1re, 10 février 1998, *Bull. civ.* I, n° 47 : « après avoir retenu que la valeur patrimoniale des parts de la société civile professionnelle titulaire de la charge d'huissier de justice constituait un bien dépendant de la communauté conjugale, la cour d'appel en a justement déduit que les fruits et revenus de ce bien, perçus par le mari en sa qualité d'associé pendant l'indivision postcommunautaire ».

25. Civ. 1re, 4 juillet 2012, *Bull. civ.* I, n° 155 : « le mari, souscripteur des parts sociales acquises pendant la durée du mariage, avait seul la qualité d'associé ».

26. Art. 1832-2 C. civ. : « *[u]n époux ne peut, sous la sanction prévue à l'article 1427, employer des biens communs pour faire un apport à une société ou acquérir des parts sociales non négociables sans que son conjoint en ait été averti et sans qu'il en soit justifié dans l'acte.* (al. 1) *La qualité d'associé est reconnue à celui des époux qui fait l'apport ou réalise l'acquisition.* (al. 2) *La qualité d'associé est également reconnue, pour la moitié des parts souscrites ou acquises, au conjoint qui a notifié à la société son intention d'être personnellement associé. Lorsqu'il notifie son intention lors de l'apport ou de l'acquisition, l'acceptation ou l'agrément des associés vaut pour les deux époux. Si cette notification est postérieure à l'apport ou à l'acquisition, les clauses d'agrément prévues à cet effet par les statuts sont opposables au conjoint ; lors de la délibération sur l'agrément, l'époux associé ne participe pas au vote et ses parts ne sont pas prises en compte pour le calcul du quorum et de la majorité.* (al. 3) *Les dispositions du présent article ne sont applicables que dans les sociétés dont les parts ne sont pas négociables et seulement jusqu'à la dissolution de la communauté.* (al. 4) ». Ainsi que le décide la Cour de cassation, « en application de l'article 1832-2 du Code civil, l'époux d'un associé peut notifier à la société son intention d'être personnellement associé pour la moitié des parts souscrites ou acquises par son conjoint, aussi longtemps qu'un jugement de divorce passé en force de chose jugée n'est pas intervenu [et] la circonstance que le divorce entre les époux Z...-Y... a pris effet, dans leurs rapports en ce qui concerne leurs biens, le 27 avril 1998 [date de l'assignation en divorce], n'avait aucune incidence sur la qualité d'associée de Mme Y... et sur les droits qui y sont attachés [la notification de la volonté d'être associée était intervenue le 11 mai suivant] » (Civ. 3e, 14 mai 2013, *Bull. civ.* IV, n° 81).

27. À tout le moins s'ils ne sont pas prélevés sur les réserves, v. *supra*, n° 370.

négociables relève de la cogestion *par ordre de la loi*[28] alors qu'à la dissolution de celle-ci, au cours de l'indivision post-communautaire, l'époux associé peut, *suivant la jurisprudence*, les céder seul à titre onéreux[29] ou à titre gratuit[30], et pourra seul se les voir attribuer[31]. Les solutions sont claires, mais leur fondement suscite la discussion[32]. Plusieurs explications ont été avancées en doctrine pour les justifier, la plus célèbre étant celle qui distingue le « titre », qui exprime la *qualité d'associé*, revenant à l'époux qui a acquis les droits, de la « finance », qui exprime la *valeur des droits*, revenant à la communauté[33]. S'il est incontestable que seul l'époux qui a acquis les droits sociaux non négociables est associé, dire que leur valeur est commune n'apporte rien tant la formule est vague. Au demeurant, techniquement, seul un bien est susceptible d'être qualifié de commun ou de propre, non la valeur de celui-ci. Aussi, il conviendrait de reconnaître la qualité de biens communs aux droits sociaux non négociables acquis au cours du mariage, comme tout acquêt, ce qui expliquerait d'ailleurs qu'ils soient mentionnés à l'article 1424 C. civ. au rang des actes relevant de la cogestion. Par ailleurs si, au cours de l'indivision post-communautaire, l'ex-époux associé peut disposer seul des droits indivis[34], c'est en raison de la vocation que lui confère sa qualité d'associé à seul les recevoir[35] à l'occasion du partage auquel l'indivision est très

28. Art. 1424 al. 1 C. civ. : « *[l]es époux ne peuvent, l'un sans l'autre, aliéner ou grever de droits réels les immeubles, fonds de commerce et exploitations dépendant de la communauté, non plus que les droits sociaux non négociables et les meubles corporels dont l'aliénation est soumise à publicité. Ils ne peuvent, sans leur conjoint, percevoir les capitaux provenant de telles opérations* ».

29. Civ. 1re, 22 octobre 2014, *Bull. civ.* I, n° 176, *JCP* 2014, I, 1265, obs. Ph. Simler, *Rép. Defr.* 2015, p. 680, obs. G. Champenois : « à la dissolution de la communauté, la qualité d'associé attachée à des parts sociales non négociables dépendant de celle-ci ne tombe pas dans l'indivision qui n'en recueille que leur valeur, de sorte que le conjoint associé peut en disposer seul et que ces parts doivent être portées à l'actif de la communauté pour leur valeur au jour du partage ».

30. Civ. 1re, 12 juin 2014, *Bull. civ.* I, n° 108, *D.* 2014, p. 1908, obs. V. Brémond, *JCP* 2014, I, 1265, obs. Ph. Simler, *Rép. Defr.* 2015, p. 680, obs. G. Champenois : « à la dissolution de la communauté matrimoniale, la qualité d'associé attachée à des parts sociales non négociables dépendant de celle-ci ne tombe pas dans l'indivision post-communautaire qui n'en recueille que leur valeur, de sorte que le conjoint associé peut transmettre son titre sans recueillir l'accord de ses coïndivisaires ».

31. Civ. 1re, 4 juillet 2012, *Bull. civ.* I, n° 155 : « ayant constaté que le mari, souscripteur des parts sociales acquises pendant la durée du mariage, avait seul la qualité d'associé, la cour d'appel en a exactement déduit que ces parts n'étaient entrées en communauté que pour leur valeur patrimoniale et qu'elles ne pouvaient qu'être attribuées au titulaire des droits sociaux lors du partage ».

32. V. notamment, pour un état des lieux, E. Naudin, « L'époux associé et le régime légal de la communauté réduite aux acquêts », *Mélanges en l'honneur du professeur Gérard Champenois*, LGDJ, 2012, p. 617.

33. V., en jurisprudence, Civ. 1re, 4 juillet 2012, *Bull. civ.* I, n° 155 : « ayant constaté que le mari, souscripteur des parts sociales acquises pendant la durée du mariage, avait seul la qualité d'associé, la cour d'appel en a exactement déduit que ces parts n'étaient entrées en communauté que pour leur valeur patrimoniale ». V. déjà Civ. 1re, 9 juillet 1991, *Bull. civ.* I, n° 232 : « seul Joseph X... avait la qualité d'associé du GAEC, et que la succession de son épouse, Roselyne Z..., n'avait recueilli que la valeur des parts souscrites » et Civ. 1re, 22 décembre 1969, *Bull. civ.* I, n° 400 : « les juges d'appel après avoir à bon droit énoncé que les parts d'une société à responsabilité limitée appartenant à un époux A... sous le régime de la communauté légale n'entrent dans la communauté que pour leur valeur, ont pu décider que X... avait régulièrement disposé seul, après le décès de sa femme, des parts sociales litigieuses, la communauté ne pouvant faire valoir contre lui qu'un droit de créance ».

34. Civ. 1re, 12 juin 2014, *Bull. civ.* I, n° 108 : « à la dissolution de la communauté matrimoniale, la qualité d'associé attachée à des parts sociales non négociables dépendant de celle-ci ne tombe pas dans l'indivision post-communautaire qui n'en recueille que leur valeur, de sorte que le conjoint associé peut transmettre son titre sans recueillir l'accord de ses coïndivisaires ».

35. Civ. 1re, 4 juillet 2012, *Bull. civ.* I, n° 155 : « ayant constaté que le mari, souscripteur des parts sociales acquises pendant la durée du mariage, avait seul la qualité d'associé, la cour d'appel en a exactement déduit que ces parts n'étaient entrées en communauté que pour leur valeur patrimoniale et qu'elles ne pouvaient qu'être attribuées au titulaire des droits sociaux lors du partage ».

prochainement promise et qui sera réputée ne jamais avoir existé en raison de l'effet déclaratif du partage : pourquoi lui interdire de céder seul des droits qui de toute façon lui reviendront ?

La répartition du **passif** invite, sous la communauté, à distinguer deux séries de rapports : les rapports entre les époux et les créanciers, qui intéressent l'*obligation à la dette*, et les rapports entre les époux eux-mêmes, qui concernent la *contribution à la dette*. S'agissant, en premier lieu, de l'***obligation à la dette***, il convient de distinguer le sort des *créanciers personnels* des époux de celui des *créanciers de la communauté*. Les premiers, qui sont les créanciers de l'un des époux antérieurement au mariage et ceux dont la créance grève une succession ou une donation échue à l'un des époux au cours du mariage[36], n'ont en principe pour gage que les biens propres et les revenus de l'époux débiteur[37]. Les seconds, qui sont les créanciers dont la créance est née du chef d'un ou des époux au cours de la communauté[38], ont en principe pour gage les biens communs et les biens propres de celui des époux du chef de qui la dette est née[39]. La question, en second lieu, de la ***contribution à la dette***, qui intéresse les rapports entre époux une fois les créanciers désintéressés, conduit à distinguer deux séries de situations. Dans une première série de situations, une dette propre ou commune au stade de l'obligation a été respectivement acquittée à l'aide de l'actif commun ou de l'actif propre à un époux ou encore une dette propre à un époux a été acquittée par l'actif propre de l'autre : il y aura alors récompense due *à* ou *par* la communauté[40] ou créance entre époux[41]. Dans une seconde série de situations, une dette commune au stade de l'obligation ne l'est pas au stade la contribution. Certes, les dettes communes au stade de l'obligation le sont en principe au stade de la contribution. Mais il existe des exceptions justifiées par l'idée que la dette n'avait pas vocation à profiter à la communauté[42] : une récompense sera alors due *à* la communauté ayant acquitté la dette de la part de l'époux du chef de qui elle est née.

36. Art. 1410 C. civ. : « *[l]es dettes dont les époux étaient tenus au jour de la célébration de leur mariage, ou dont se trouvent grevées les successions et libéralités qui leur échoient durant le mariage, leur demeurent personnelles, tant en capitaux qu'en arrérages ou intérêts* ».

37. Art. 1411 al. 1 C. civ. : « *[l]es créanciers de l'un ou de l'autre époux, dans le cas de l'article précédent, ne peuvent poursuivre leur paiement que sur les biens propres et les revenus de leur débiteur* ».

38. Art 1409 C. civ. : « *[l]a communauté se compose passivement :*
– à titre définitif, des aliments dus par les époux et des dettes contractées par eux pour l'entretien du ménage et l'éducation des enfants, conformément à l'article 220 ;
– à titre définitif ou sauf récompense, selon les cas, des autres dettes nées pendant la communauté ».

39. Art. 1413 C. civ. : « *[l]e paiement des dettes dont chaque époux est tenu, pour quelque cause que ce soit, pendant la communauté, peut toujours être poursuivi sur les biens communs, à moins qu'il n'y ait eu fraude de l'époux débiteur et mauvaise foi du créancier, sauf la récompense due à la communauté s'il y a lieu* ».

40. Art. 1468 s. C. civ.

41. Art. 1478 s. C. civ.

42. Art. 1416 C. civ. : « *[l]a communauté qui a acquitté une dette pour laquelle elle pouvait être poursuivie en vertu des articles précédents a droit néanmoins à récompense, toutes les fois que cet engagement avait été contracté dans l'intérêt personnel de l'un des époux, ainsi pour l'acquisition, la conservation ou l'amélioration d'un bien propre* » ; art. 1417 C. civ. : « *[l]a communauté a droit à récompense, déduction faite, le cas échéant, du profit retiré par elle, quand elle a payé les amendes encourues par un époux, en raison d'infractions pénales, ou les réparations et dépens auxquels il avait été condamné pour des délits ou quasi-délits civils.* (al. 1) *Elle a pareillement droit à récompense si la dette qu'elle a acquittée avait été contractée par l'un des époux au mépris des devoirs que lui imposait le mariage.* (al. 2) ».

Il ne peut être mis fin à la communauté que par sa ***dissolution*** à la suite d'une des causes énumérées à l'article 1441 C. civ.[43] qui tiennent à une dissolution du mariage (décès ou absence déclarée de l'un des époux), à un relâchement de celui-ci (séparation de corps, séparation de biens judiciaire) ou encore à un changement de stratégie patrimoniale (changement de régime matrimonial). On ne met donc pas fin à une communauté de biens aussi facilement qu'on met fin à une indivision, ce qui se comprend aisément : il s'agit non seulement d'une situation qui, par essence, a été voulue, mais il est aussi question de protéger la famille (le conjoint et les enfants de celui qui voudrait y mettre fin). Par ailleurs, en raison de l'*intuitus personae* « absolu »[44] qui domine les relations conjugales et de l'association patrimoniale que créée le mariage entre les époux, il n'est évidemment pas possible à l'un d'entre eux de céder à un tiers sa « part » dans la communauté.

440. La société. La société est « *instituée par deux ou plusieurs personnes qui conviennent par un contrat d'affecter à une entreprise commune des biens ou leur industrie en vue de partager le bénéfice ou de profiter de l'économie qui pourra en résulter* » (art. 1832 al. 1 C. civ.). Elle est, comme le mariage, un projet qui n'a rien d'une situation fortuite. C'est pourquoi elle a vocation à durer, encore que la loi en limite la durée à quatre-vingt-dix-neuf ans[45], et son patrimoine, à s'accroître[46]. On n'envisagera ici que le droit commun des sociétés, tel que prévu par le Code civil, en soulignant que les règles spéciales aux différents types de sociétés y dérogent sur plusieurs aspects.

En société et, dans le souci d'une gestion dynamique et efficiente des affaires sociales, les **pouvoirs** sont aujourd'hui confiés à un ou plusieurs gérants, associés ou non, nommés par les statuts, par un acte distinct, ou encore une décision des associés[47]. Les pouvoirs du gérant sont définis par la loi et les statuts[48], sachant que les décisions qui excèdent les pouvoirs reconnus aux gérants sont prises à l'unanimité des associés, sauf dispositions statutaires contraires[49].

S'agissant du **passif**, les règles applicables dépendent du point de savoir si la société est ou non dotée de la personnalité morale. *Si la société est dotée de la personnalité morale*, les créanciers sociaux ont pour gage l'actif social, cependant que les créanciers personnels des associés sont, sur celui-ci, sans droits. Néanmoins, dans les sociétés à risque illimité, les créanciers sociaux voient leur gage étendu, après vaine

---

43. « *La communauté se dissout : 1° par la mort de l'un des époux ; 2° par l'absence déclarée ; 3° par le divorce ; 4° par la séparation de corps ; 5° par la séparation de biens ; 6° par le changement du régime matrimonial.* »

44. P. Catala, « L'indivision », *Rép. Defr.* 1979, art. 31874, spéc. n° 14.

45. Art. 1838 C. civ. : « *[l]a durée de la société ne peut excéder quatre-vingt-dix-neuf ans* ». Sur la question V. R. Libchaber, « Réflexions sur les engagements perpétuels et la durée des sociétés », *Rev. soc.* 1995, p. 437.

46. Encore que toutes les sociétés n'ont pas de patrimoine propre. La société, si elle a la personnalité morale, est titulaire d'un patrimoine propre qui comporte des biens qui appartiennent indirectement et collectivement à ses associés ; en contrepoint, si elle n'a pas la personnalité morale, les biens sont directement et collectivement appropriés par les associés.

47. Art. 1846 C. civ. : « *[l]a société est gérée par une ou plusieurs personnes, associées ou non, nommées soit par les statuts, soit par un acte distinct, soit par une décision des associés (...)* ».

48. Il faut distinguer deux séries de rapports : « *[d]ans les rapports entre associés, le gérant peut accomplir tous les actes de gestion que demande l'intérêt de la société (...). Le tout, à défaut de dispositions des statuts sur le mode d'administration.* » (art. 1848 C. civ.) et « *[d]ans les rapports avec les tiers, le gérant engage la société par les actes entrant dans l'objet social. (...). Les clauses statutaires limitant les pouvoirs des gérants sont inopposables aux tiers* » (art. 1849 C. civ.).

49. Art. 1852 C. civ. : « *[l]es décisions qui excèdent les pouvoirs reconnus aux gérants sont prises selon les dispositions statutaires ou, en l'absence de telles dispositions, à l'unanimité des associés* ».

poursuite de la personne morale[50], au patrimoine des associés tenus indéfiniment à proportion de leur part dans le capital social[51] ; en revanche les créanciers personnels des associés sont sans gage sur le patrimoine social. *Si la société n'est pas dotée de la personnalité morale*, ce qui est notamment le cas de la société en participation, seul l'associé qui a agi est engagé personnellement[52], sauf exceptions[53].

En considération, d'une part, de l'*affectio societatis* qui doit exister entre les associés et de l'obligation de contribuer aux pertes que chacun supporte[54] et, d'autre part, de l'importance de ne pas mettre fin à une société dont certains des associés souhaitent le maintien, la loi reconnaît aux associés le droit de quitter la société en **aliénant** leur **part** et ne retient que des causes limitées de **dissolution**. En premier lieu, le droit commun des sociétés ne reconnaît pas un principe de libre cessibilité des parts sociales en raison de l'*affectio societatis* présumé particulièrement fort. Aujourd'hui, si les parts sociales ne peuvent être cédées qu'avec l'agrément de tous les associés[55], les statuts peuvent toutefois assouplir cette exigence[56]. Et afin que l'associé ne soit pas prisonnier de ses titres en cas de refus d'agrément, une offre d'achat doit être faite au cédant, soit par un associé, soit par un tiers désigné à l'unanimité des autres associés ou suivant les modalités prévues par les statuts, à moins que la société procède au rachat des parts en vue de leur annulation[57]. En second lieu, la loi[58] énumère les causes communes de dissolution à toutes les sociétés : outre toutes les causes prévues par les statuts, il s'agit de l'arrivée du terme lorsque le contrat de société n'a pas été prorogé, de la réalisation ou l'extinction

50. Art. 1858 C. civ. : « *[l]es créanciers ne peuvent poursuivre le paiement des dettes sociales contre un associé qu'après avoir préalablement et vainement poursuivi la personne morale* ».

51. Art. 1857 C. civ. : « *[à] l'égard des tiers, les associés répondent indéfiniment des dettes sociales à proportion de leur part dans le capital social à la date de l'exigibilité ou au jour de la cessation des paiements.* (al. 1) *L'associé qui n'a apporté que son industrie est tenu comme celui dont la participation dans le capital social est la plus faible.* (al. 2) ».

52. Art. 1872 al. 1 C. civ. : « *[c]haque associé contracte en son nom personnel et est seul engagé à l'égard des tiers* ».

53. V. notamment art. 1872 al. 2 : « *(...) si les participants agissent en qualité d'associés au vu et au su des tiers, chacun d'eux est tenu à l'égard de ceux-ci des obligations nées des actes accomplis en cette qualité par l'un des autres, avec solidarité, si la société est commerciale, sans solidarité dans les autres cas* » et al. 3 : « *[i]l en est de même de l'associé qui, par son immixtion, a laissé croire au cocontractant qu'il entendait s'engager à son égard, ou dont il est prouvé que l'engagement a tourné à son profit* ».

54. Art. 1832 al. 3 C. civ. : « *[l]es associés s'engagent à contribuer aux pertes* ».

55. Art. 1861 al. 1 C. civ. : « *[l]es parts sociales ne peuvent être cédées qu'avec l'agrément de tous les associés* ».

56. Art. 1861 al. 2 C. civ. : « *[l]es statuts peuvent toutefois convenir que cet agrément sera obtenu à une majorité qu'ils déterminent, ou qu'il peut être accordé par les gérants. Ils peuvent aussi dispenser d'agrément les cessions consenties à des associés ou au conjoint de l'un d'eux. Sauf dispositions contraires des statuts, ne sont pas soumises à agrément les cessions consenties à des ascendants ou descendants du cédant* ».

57. Art. 1862 C. civ. : « *(...) Si aucun associé ne se porte acquéreur, la société peut faire acquérir les parts par un tiers désigné à l'unanimité des autres associés ou suivant les modalités prévues par les statuts. La société peut également procéder au rachat des parts en vue de leur annulation (...)* ».

58. Art. 1844-7 C. civ. : « *[l]a société prend fin : 1° Par l'expiration du temps pour lequel elle a été constituée, sauf prorogation effectuée conformément à l'article 1844-6 ; 2° Par la réalisation ou l'extinction de son objet ; 3° Par l'annulation du contrat de société ; 4° Par la dissolution anticipée décidée par les associés ; 5° Par la dissolution anticipée prononcée par le tribunal à la demande d'un associé pour justes motifs, notamment en cas d'inexécution de ses obligations par un associé, ou de mésentente entre associés paralysant le fonctionnement de la société ; 6° Par la dissolution anticipée prononcée par le tribunal dans le cas prévu à l'article 1844-5 ; 7° Par l'effet d'un jugement ordonnant la clôture de la liquidation judiciaire pour insuffisance d'actif ; 8° Pour toute autre cause prévue par les statuts* ».

de son objet, de l'annulation de la société, de la dissolution anticipée décidée – à la majorité – par les associés, de la liquidation judiciaire, de la réunion de toutes les parts sociales entre une seule main, et enfin, de la dissolution anticipée prononcée par le tribunal à la demande d'un associé pour justes motifs[59].

441. Synthèse. Les différents modes d'appropriation collective soulèvent des questions identiques concernant la **répartition des pouvoirs** – alors que l'unanimité est en principe nécessaire dans l'indivision et que la gestion concurrente est de principe dans la communauté conjugale, le pouvoir appartient au seul gérant dans la société –, la **charge du passif** – alors que la corrélation entre l'actif et le passif est de principe dans l'indivision et la communauté légale, le patrimoine personnel des associés peut devenir le gage des créanciers sociaux en cas d'insuffisance du patrimoine social –, et la **sortie d'un propriétaire** – très limitée dans la communauté légale en raison de l'ombre portée de la famille, elle l'est moins dans la société en raison notamment des risques qui lui sont inhérents, et encore moins dans l'indivision qui n'a pas vocation à durer.

442. Plan. En raison des particularités de la communauté conjugale et de la société qui constituent des matières à part entière, on insistera sur l'indivision (Section 1) et sur deux figures particulières, qui peuvent être vues, à certains égards, comme des indivisions spéciales : la copropriété des immeubles bâtis (Section 2) et la mitoyenneté (Section 3).

443. Hors-série : l'attribution d'immeuble en jouissance à temps partagé. La loi n° 86-18 du 6 janvier 1986 *relative aux sociétés d'attribution d'immeubles en jouissance à temps partagé*[60] réglemente l'activité des sociétés créées en vue d'attribuer des immeubles à usage principal d'habitation[61] « en jouissance par périodes » aux associés, lesquels n'ont aucun droit de propriété ou autre droit réel sur ceux-ci. L'associé se voit uniquement conféré un droit de jouissance, de nature personnelle et non réelle, par période, sur un immeuble[62]. Par exemple, il aura la faculté d'occuper un appartement à la montagne un mois par an. Ces sociétés ont pour objet d'une part « *la construction d'immeubles, l'acquisition d'immeubles ou de droits réels immobiliers, l'aménagement ou la restauration des immeubles acquis ou sur lesquels portent*

---

59. Ce n'est que pour de « *justes motifs* » – « *notamment en cas d'inexécution de ses obligations par un associé, ou de mésentente entre associés paralysant le fonctionnement de la société* », précise la loi – qu'un associé pourra obtenir du tribunal qu'il dissolve la société.

60. Auparavant, l'on recourait aux sociétés de construction-attribution régies aujourd'hui par les articles L. 212-1 s. CCH.

61. Sur l'imprécision de la formule, V. F. Collart-Dutilleul et M. Friant-Perrot, *Rep. immo. Dalloz*, V° *Jouissance d'immeuble à temps partagé*, 2008, n° 123 s.

62. L'organisation de la jouissance de l'immeuble par les associés est décrite par plusieurs documents importants prévus par la loi.

En premier lieu, un **état descriptif de division** « *délimite les diverses parties de l'immeuble social en distinguant celles qui sont communes de celles qui sont à usage privatif* » (art. 8 al. 1) lorsque l'immeuble est destiné à être divisé. Le nombre de parts attribué à chacun des associés dépend de trois facteurs : de la durée de la jouissance, de l'époque de la jouissance et du lot attribué (art. 8 al. 2). À cet égard, un « tableau d'affectation » des droits sociaux est annexé à l'état descriptif de division (art. 8 al. 4).

En second lieu, un **règlement de jouissance** « *précise la destination de l'immeuble et de ses diverses parties et organise les modalités de l'utilisation des équipements collectifs* » (art. 8 al. 5) : il fixe la quote-part des charges (art. 9 al. 5 et 6) ainsi, que, le cas échéant, les services mis à la disposition des associés en vue de permettre l'échange des périodes de jouissance, la vente des actions ou parts sociales ou la location du lot qui leur est attaché (art. 8 al. 6). Ce règlement remplit donc une double fonction qui est de préciser la destination de l'immeuble et d'organiser la jouissance des équipements collectifs de l'immeuble.

ces droits réels » (art. 1 al. 2) et, d'autre part, « *l'administration de ces immeubles, l'acquisition et la gestion de leurs éléments mobiliers conformes à la destination des immeubles* »[63] (art. 1 al. 3). Faute pour l'associé d'être titulaire d'un droit de propriété – ou de tout autre droit réel – sur l'immeuble, l'attribution d'immeuble en jouissance à temps partagé ne constitue pas une forme de propriété collective distincte du modèle sociétaire. À cet égard, la loi veille à ce que les intéressés ne soient pas dupés : « *[t]out document constatant l'acquisition de parts ou actions de sociétés régies par la présente loi devra faire apparaître clairement que cette acquisition confère seulement la qualité d'associé et non celle de propriétaire de l'immeuble* » (art. 33 al. 1) et dans toute publicité, « *le recours à toute expression incluant le terme "propriétaire" pour qualifier la qualité des associés est interdit* » (art. 33 al. 2).

Section 1
L'indivision

444. Premières vues. L'indivision désigne la situation dans laquelle plusieurs personnes exercent des droits réels ayant le même objet sur un ou plusieurs bien(s)[64]. Peu importe l'objet des droits réels, pourvu que ce soit le même : il peut s'agir de plusieurs droits de propriété, de plusieurs droits d'usufruit, etc.

445. Évolution législative[65]. **En 1804**, le Code civil ne comporte pas de régime général de l'indivision[66], celle-ci est perçue comme une situation accidentelle et provisoire qui ne mérite pas d'être organisée. C'est ce qui explique qu'une des rares dispositions qui lui est consacrée prévoie le droit de tout indivisaire à sortir de l'indivision : « *[n]ul ne peut être contraint à demeurer dans l'indivision et le partage peut toujours être provoqué* » (anc. art. 815 al. 1 C. civ.[67]). Par ailleurs, il n'existe pas en 1804 de régime conventionnel de l'indivision, même si l'article 815 al. 2 C. civ. prévoit alors qu'« *on peut (...) convenir de suspendre le partage pendant un temps limité (...)* ». Malgré le mutisme du code à cette époque les pouvoirs des indivisaires sur leurs droits indivis[68] – la « part indivise » –, il fut tôt admis que chaque indivisaire pouvait sur ceux-ci accomplir toutes sortes d'actes : vente, donation, hypothèque,

63. Il peut également s'étendre « *à la fourniture des services, au fonctionnement des équipements collectifs nécessaires au logement ou à l'immeuble et de ceux conformes à la destination de ce dernier, qui lui sont directement rattachés* ».

64. Comp. la définition donnée par l'APRDB : « [l]'indivision est la situation d'un bien ou d'un ensemble de biens sur lequel plusieurs personnes sont titulaires de droits de même nature, sans qu'aucune d'entre elles n'ait de droit exclusif sur une partie déterminée. (al. 1) L'indivision n'a pas la personnalité morale (al. 2) » (art. 569).

65. J. Gaudemet, *Étude sur le régime juridique de l'indivision en droit romain*, th. Strasbourg, 1934.

66. Il n'en traite qu'incidemment, essentiellement lorsque l'indivision est successorale.

67. L'alinéa 2 reconnaissait néanmoins l'efficacité des conventions de maintien dans l'indivision d'une durée maximale de cinq ans, avec faculté de renouvellement. Par ailleurs, avant même que ne soit adoptée la loi de 1976, le législateur avait reconnu, en 1938 et 1961, plusieurs hypothèses de maintien judiciaire dans l'indivision.

68. V. toutefois l'ancien article 2205 C. civ., qui énonçait que « la part indivise d'un cohéritier dans les immeubles d'une succession ne peut être mise en vente par ses créanciers personnels, avant le partage ou la licitation qu'ils peuvent provoquer s'ils le jugent convenable, ou dans lesquels ils ont le droit d'intervenir (...) ».

etc.[69]. Quant à la gestion des biens indivis, elle obéissait en principe[70] à la règle de l'unanimité[71], quelle que soit la nature des actes envisagés, d'administration ou de disposition. L'unanimité étant propice à créer une situation de paralysie en cas de divergence de vues des coïndivisaires, le juge en avait assoupli la rigueur à plusieurs égards : possibilité de nommer un administrateur judiciaire[72], reconnaissance à un indivisaire seul du pouvoir d'accomplir des actes conservatoires et corrélativement à en faire supporter le poids par l'indivision[73], admission de la gestion d'affaires en vue de valider les actes d'administration accomplis par un indivisaire seul[74].

La modernisation et l'assouplissement du régime de l'indivision seront l'œuvre de la **loi nº 76-1286 du 31 décembre 1976**, insérant de nouvelles dispositions aux articles 815 s. et 1873-1 s. C. civ. Le code distingue désormais le régime légal du régime conventionnel de l'indivision. S'agissant du *régime légal* (art. 815 s. C. civ.), la loi de 1976 assouplit la règle de l'unanimité en autorisant un indivisaire seul à accomplir des actes conservatoires[75], mais les actes d'administration et de disposition continuent à relever de l'unanimité[76]. Par ailleurs, un indivisaire peut sortir de l'indivision en se voyant attribuer sa part, et les coïndivisaires, y demeurer[77]. Quant au juge, il se voit reconnaître certains pouvoirs, notamment celui de prescrire des actes que l'urgence requiert, le cas échéant en nommant un indivisaire comme administrateur[78]. S'agissant du *régime conventionnel* (art. 1873-1 s. C. civ.), la loi de 1976 instaure un véritable régime *bis* de gestion de l'indivision, en sorte que la convention d'indivision n'apparaisse plus seulement comme un moyen de retarder le partage, mais également comme un moyen de gestion de l'indivision, inspiré des régimes matrimoniaux ou des sociétés[79].

---

69. Cette résurgence de la propriété individuelle à partir de la « quote-part » indivise pourrait laisser accroire que l'indivision, comme la société, donne lieu à l'émission de parts. Or rien de tel dans l'indivision. En réalité, la « quote-part » dont est titulaire chaque indivisaire est représentée par ses droits indivis.

70. V. toutefois l'ancien article 826 C. civ. autorisant la majorité des héritiers en indivision à payer les dettes de la succession en mettant en vente publique les meubles de la succession.

71. Civ. 3e, 25 juin 1975, *Bull. civ.* nº 221, *RTD civ.* 1976, p. 372, obs. Cl. Giverdon : le congé donné par des coïndivisaires à l'un d'entre eux suppose l'accord de tous, y compris de ce dernier... *Adde* Civ. 3e, 10 mai 1989, *Bull. civ.* III, nº 106 : « en cas d'indivision chacun des copropriétaires indivis ne peut mettre fin au bail qu'avec l'accord de tous, ou à défaut l'autorisation de justice ».

72. Com. 5 janvier 1976, *Bull. civ.* IV, nº 4 : « l'arrêt retient que les trois cohéritiers sont manifestement opposés sur les mesures à prendre en ce qui concerne la gestion et l'administration des biens dont ils sont copropriétaires indivis, (...) le grave désaccord entre eux et les sentiments d'animosité qu'ils manifestent rendent difficile pour tout autre qu'un mandataire de justice la gestion des 9 204 parts de la société RUSTIN et justifient qu'en outre, SCEMAMA contrôle la gestion des immeubles appartenant à Z... ; (...) l'arrêt déclare qu'il y avait et qu'il y a encore urgence à prendre ou faire prendre les mesures d'administration exigées par la situation de la société et des biens indivis, et que la mission confiée à SCEMAMA ne constitue qu'une simple mesure conservatoire prise dans l'intérêt même de Z... ».

73. Civ. 1re, 16 juillet 1968, *Bull. civ.* I, nº 216, *JCP* 1969, II, 15833, note M. Dagot : « les frais de conservation et de gestion de la chose indivise profitent à tous les indivisaires et ne peuvent être mis à la charge de l'un d'eux que s'ils sont la conséquence d'une faute de celui-ci qu'il en est de même pour les pertes provoquées par une cause extérieure ».

74. Civ. 10 avril 1854, *DP* 1854, 1, p. 183 : l'héritier qui gère la succession qu'il a appréhendée doit rendre compte de sa gestion à ses cohéritiers ; Civ. 1re, 12 décembre 1961, *Bull. civ.* nº 602 : bail consenti par un coïndivisaire sans le consentement de l'autre.

75. Anc. art. 815-2 C. civ.

76. Anc. art. 815-3 al. 1 C. civ.

77. Anc. art. 815 al. 3 C. civ.

78. Art. 815-6 C. civ.

79. En témoigne sa localisation dans le Code civil, juste après les dispositions relatives aux sociétés.

La **loi n° 2006-728 du 23 juin 2006** opère une nouvelle réforme d'ampleur de l'indivision. Pour l'essentiel, la loi nouvelle rompt avec le principe de l'unanimité, ou plus précisément, en réduit le domaine aux seuls actes de disposition, et encore, réserve des exceptions. L'avancée est considérable : un bien peut désormais être administré *sans*, voire *contre* l'avis d'un ou plusieurs de ses propriétaires coïndivisaires, dès lors que la décision a été prise à la majorité qualifiée des deux tiers. Quant au juge, il peut toujours nommer un indivisaire comme administrateur[80] et peut, depuis la réforme, en matière successorale, désigner un mandataire successoral dans certaines hypothèses[81].

Au terme de cette évolution, il ressort que l'indivision s'est institutionnalisée et relève d'un régime juridique détaillé. Le pas n'a cependant pas été franchi de lui conférer la personnalité morale, avec une personne – indivisaire ou non – à sa tête, comme dans une société[82]. C'est la raison pour laquelle l'indivision demeure une technique d'appropriation collective irréductible à d'autres figures.

446. Indivisions spéciales. Aux côtés du régime de droit commun de l'indivision, il existe des régimes spéciaux : mitoyenneté[83], copropriété des immeubles bâtis[84], des œuvres de collaboration[85], des brevets[86], des navires[87], mais aussi, indivision entre partenaires liés par un pacte civil de solidarité[88], etc. Leur étude ressortit en général à des matières spécialisées.

447. Valeur des règles relatives à l'indivision. La plupart des dispositions qui forment le régime légal de l'indivision[89] sont **en principe supplétives**. D'ailleurs, l'article 815-1 C. civ. indique que les indivisaires peuvent passer des conventions

80. Art. 815-6 al. 3 C. civ. : « *[l]e président du tribunal de grande instance (...) peut (...) désigner un indivisaire comme administrateur (...)* ».

81. Art. 813-1 s. C. civ.

82. Civ. 1re, 25 avril 2001, *Bull. civ.* I, n° 50, *RTD civ.* 2002, p. 130, obs. J. Patarin : congés délivrés par un indivisaire au nom de l'indivision au locataire de biens indivis ; Civ. 1re, 25 octobre 2005, *Bull. civ.* 388, *D.* 2006, p. 87, obs. P.-M. Le Corre ; *D.* 2006, p. 1382, obs. A. Danis-Fatome : « l'indivision existant entre les ex-époux ne constituant pas une personne morale ayant la personnalité juridique (...) » ; Civ. 3e, 3 octobre 2007, *Bull. civ.* 165, *JCP* 2008, I, 127, obs. H. Périnet-Marquet : délivrance d'une carte de membre de l'ACCA.

83. Art. 653 s. C. civ. Et v. *infra*, n° 587 et s.

84. L. 10 juillet 1965 *fixant le statut de la copropriété des immeubles bâtis*. Et v. *infra*, n° 553 et s.

85. Art. L. 113-3 CPI : « *[l]'œuvre de collaboration est la propriété commune des coauteurs.* (al. 1) *Les coauteurs doivent exercer leurs droits d'un commun accord.* (al. 2) *En cas de désaccord, il appartient à la juridiction civile de statuer.* (al. 3) *Lorsque la participation de chacun des coauteurs relève de genres différents, chacun peut, sauf convention contraire, exploiter séparément sa contribution personnelle, sans toutefois porter préjudice à l'exploitation de l'œuvre commune.* (al. 4) »

86. Art. L. 613-29 CPI : « *[l]a copropriété d'une demande de brevet ou d'un brevet est régie par les dispositions suivantes : a) Chacun des copropriétaires peut exploiter l'invention à son profit, sauf à indemniser équitablement les autres copropriétaires qui n'exploitent pas personnellement l'invention ou qui n'ont pas concédé de licences d'exploitation. À défaut d'accord amiable, cette indemnité est fixée par le tribunal de grande instance. b) Chacun des copropriétaires peut agir en contrefaçon à son seul profit. Le copropriétaire qui agit en contrefaçon doit notifier l'assignation délivrée aux autres copropriétaires ; il est sursis à statuer sur l'action tant qu'il n'est pas justifié de cette notification. c) Chacun des copropriétaires peut concéder à un tiers une licence d'exploitation non exclusive à son profit, sauf à indemniser équitablement les autres copropriétaires qui n'exploitent pas personnellement l'invention ou qui n'ont pas concédé de licence d'exploitation. À défaut d'accord amiable, cette indemnité est fixée par le tribunal de grande instance. (...)* ».

87. Art. L. 5114-30 s. C. transp.

88. Art. L. 515-5-1 s. C. civ.

89. Art. 815 à 815-18 C. civ.

relatives à l'exercice de leurs droits indivis[90]. Certaines dispositions du régime légal sont toutefois impératives, spécialement celles qui concernent le partage, les droits de préemption et de substitution des coïndivisaires et la situation des créanciers : on doit toujours pouvoir sortir d'une indivision, on doit toujours pouvoir faire échec à l'immixtion d'un étranger, et on ne saurait modifier les droits des tiers.

448. Plan. On envisagera successivement les faits générateurs de l'indivision (Sous-section 1), la composition de la masse indivise (Sous-section 2) et le régime de l'indivision (Sous-section 3).

Sous-section 1
Les faits générateurs de l'indivision

449. En principe, pas de spécificités. L'indivision se forme dès que plusieurs personnes acquièrent un droit réel ayant le même objet sur un ou plusieurs biens, peu important le mode d'acquisition. L'indivision peut ainsi résulter d'une acquisition dérivée entre vifs – à titre onéreux[91] ou à titre gratuit[92] –, d'une transmission successorale[93], d'une usucapion, etc.

90. Ces conventions sont réglementées aux articles 1873-1 s. C. civ. Sur celles-ci, v. *infra*, n° 498 et s.
91. C'est le cas en principe chaque fois qu'un bien est acquis *au nom de plusieurs personnes* (Civ. 1re, 19 mars 2014, *Bull. civ.* I, n° 46 : « les personnes qui ont acheté un bien en indivision en ont acquis la propriété, sans qu'il y ait lieu d'avoir égard à la façon dont cette acquisition a été financée »).
Le plus souvent, le bien sera acquis par deux époux mariés sous un régime séparatiste (art. 1542 al. 1 C. civ. : « *[a]près la dissolution du mariage par le décès de l'un des conjoints, le partage des biens indivis entre époux séparés de biens, pour tout ce qui concerne ses formes, le maintien de l'indivision et l'attribution préférentielle, la licitation des biens, les effets du partage, la garantie et les soultes, est soumis à toutes les règles qui sont établies au titre "Des successions" pour les partages entre cohéritiers* »). Lorsque le bien est acquis par des partenaires ayant conclu un PACS, il faut distinguer. Si ceux-ci sont en principe soumis à un régime séparatiste, ils peuvent avoir choisi de se soumettre à un régime dit « de l'indivision » qui se rapproche d'un régime communautaire (art. 515-5-1 s. C. civ. : « *[l]es partenaires peuvent, dans la convention initiale ou dans une convention modificative, choisir de soumettre au régime de l'indivision les biens qu'ils acquièrent, ensemble ou séparément, à compter de l'enregistrement de ces conventions. Ces biens sont alors réputés indivis par moitié, sans recours de l'un des partenaires contre l'autre au titre d'une contribution inégale* »). De fait, dans ce dernier cas, toute acquisition faite ensemble ou séparément est faite en indivision. En tout état de cause, en raison de la communauté de vie d'époux mariés sous un régime séparatiste ou de partenaires, une présomption d'indivision joue pour les biens dont la preuve de la propriété personnelle ne serait pas établie (art. 1538 al. 3 C. civ. : « *[l]es biens sur lesquels aucun des époux ne peut justifier d'une propriété exclusive sont réputés leur appartenir indivisément, à chacun pour moitié* » ; art. 515-5 al. 2 C. civ. : « *[c]hacun des partenaires peut prouver par tous les moyens, tant à l'égard de son partenaire que des tiers, qu'il a la propriété exclusive d'un bien. Les biens sur lesquels aucun des partenaires ne peut justifier d'une propriété exclusive sont réputés leur appartenir indivisément, à chacun pour moitié* »).
92. C'est le cas par exemple d'une donation faite au profit de plusieurs personnes (Civ. 1re, 26 janvier 1977, *Bull. civ.* I, n° 56 : « l'acte litigieux [par lequel des époux ont fait donation de leurs biens à leurs deux enfants] (...) ne créait, au profit des descendants gratifiés en tant que tels, qu'un droit indivis sur un bien qui restait à partager »).
93. Il y a très souvent une indivision en cas d'ouverture d'une succession *ab intestat*, mais c'est parfois également le cas en présence de legs universels ou à titre universels (v. par exemple, Civ. 1re, 5 mars 2002, *Bull. civ.* I, n° 81 : « la transmission d'une quote-part du patrimoine du défunt à son légataire à titre universel s'opérant de plein droit par le seul fait du décès du testateur, indépendamment de la délivrance qui ne porte que sur la possession, l'héritier réservataire se trouve en état d'indivision avec le bénéficiaire du legs jusqu'au partage »). Sur l'indivision et les successions en général, v. H. Capitant, « L'indivision héréditaire », *Rev. crit.* 1924, p. 19.

450. Cas particuliers. ***Les groupements***. L'indivision prend également naissance à la suite de la dissolution d'un groupement : d'une communauté conjugale[94] ou d'une société[95]. L'indivision apparaît alors comme la phase terminale d'un projet auquel il a été mis fin ; les règles de gestion des biens appropriés collectivement vont devenir plus contraignantes, l'indivision offrant dans ces hypothèses l'occasion de crispations[96].

451. Cas particuliers. ***La tontine***. La clause de tontine est la clause qui, stipulée dans un acte d'acquisition[97] au profit de plusieurs personnes[98], prévoit que le bien acquis appartiendra en totalité au survivant[99]. Dans un premier temps, la Cour de cassation estima que l'acquisition en tontine créait entre les coacquéreurs une indivision, chacun d'entre eux disposant de sa part indivise au profit de l'autre au cas où il

94. Lors de la dissolution d'une communauté conjugale, les biens jusqu'alors communs deviennent indivis dans l'attente du partage (art. 1476 C. civ.). Précisément, l'indivision prend naissance, en cas de séparation de biens en justice, en principe, au jour de la demande (art. 1445 al. 2 C. civ. : « *[l]e jugement qui prononce la séparation de biens remonte, quant à ses effets, au jour de la demande* » ; encore que d'après l'article 1442 al. 2 C. civ. : « *[l]es époux peuvent, l'un ou l'autre, demander, s'il y a lieu, que, dans leurs rapports mutuels, l'effet de la dissolution soit reporté à la date où ils ont cessé de cohabiter et de collaborer* ») et, en cas de divorce ou de séparation de corps, dans les rapports entre époux, en principe au jour de l'ordonnance de non-conciliation ou de l'homologation de la convention si le divorce se fait par consentement mutuel (art. 262-1 C. civ. : « *[l]e jugement de divorce prend effet dans les rapports entre les époux, en ce qui concerne leurs biens : – lorsqu'il est prononcé par consentement mutuel, à la date de l'homologation de la convention réglant l'ensemble des conséquences du divorce, à moins que celle-ci n'en dispose autrement ; – lorsqu'il est prononcé pour acceptation du principe de la rupture du mariage, pour altération définitive du lien conjugal ou pour faute, à la date de l'ordonnance de non-conciliation* »).

95. La dissolution d'une société entraîne sa liquidation, la personnalité morale de la société subsistant pour les besoins de la liquidation jusqu'à la publication de la clôture de celle-ci (art. 1844-8 al. 3 C. civ. : « *[l]a personnalité morale de la société subsiste pour les besoins de la liquidation jusqu'à la publication de la clôture de celle-ci* »). Au cours de cette période, les biens de la société continuent de lui appartenir, ce qui fait obstacle à la formation d'une indivision. Toutefois, à la publication de la clôture de la liquidation, la personne morale disparaît et l'actif social à partager devient indivis (art. 1844-9 al. 4 C. civ. : « *[t]ous les associés, ou certains d'entre eux seulement, peuvent aussi demeurer dans l'indivision pour tout ou partie des biens sociaux. Leurs rapports sont alors régis, à la clôture de la liquidation, en ce qui concerne ces biens, par les dispositions relatives à l'indivision* »).

96. Il n'est que de penser à la dissolution d'une communauté conjugale à la suite d'un divorce.

97. Il peut s'agir d'un acte d'acquisition à titre onéreux ou à titre gratuit : des époux (séparés de biens ou éventuellement communs en biens, si l'acquisition s'est faite au moyen de deniers propres, la tontine ne pouvant en effet faire échec à l'appréhension par la communauté d'un bien acquis au moyen de fonds communs) ou des concubins achètent un bien en tontine ; un père de famille donne un bien à ses enfants en y insérant une clause de tontine.

98. Si les acquisitions en tontine sont en général le fait de deux tontiniers, elles peuvent être le fait d'un plus grand nombre. On imagine d'ailleurs sans peine un acte à titre gratuit par lequel l'auteur de la libéralité transmet en tontine un bien à l'ensemble de ses enfants, quel qu'en soit le nombre. Par ailleurs, l'utilisation de la tontine en droit des sociétés constitue un bon exemple de l'utilisation de la tontine dans les relations multipartites.

99. Le recours à la tontine a longtemps été intéressant, spécialement entre concubins, pour des raisons d'ordre fiscal, aucun droit de mutation à titre gratuit n'étant exigible lors de son dénouement. En vue d'éviter que la tontine ne permette d'éluder arbitrairement le régime fiscal des actes à titre gratuit, le législateur lui tailla un régime sur mesure par une loi du 18 janvier 1980, dont les dispositions figurent aujourd'hui à l'article 754 A CGI. Le principe est que « *[l]es biens recueillis en vertu d'une clause insérée dans un contrat d'acquisition en commun selon laquelle la part du ou des premiers décédés reviendra aux survivants de telle sorte que le dernier vivant sera considéré comme seul propriétaire de la totalité des biens sont, au point de vue fiscal, réputés transmis à titre gratuit à chacun des bénéficiaires de l'accroissement* » (al. 1), ce qui ôte son intérêt à la tontine. Toutefois, il est immédiatement précisé que « *[c]ette disposition ne s'applique pas à l'habitation principale commune à deux acquéreurs lorsque celle-ci a une valeur globale inférieure à 76 000 euros, sauf si le bénéficiaire opte pour l'application des droits de mutation par décès* » (al. 2). Il reste donc un mince avantage.

viendrait à décéder le premier[100] ; ceci la conduisit à décider que la clause de tontine était nulle comme constituant un pacte sur succession future[101], c'est-à-dire un acte qui engage, non pas les tontiniers, mais leur succession. Soucieuse de valider une telle clause, la Cour de cassation considéra dans un second temps que la clause « conférait à chacun des acquéreurs la propriété de l'immeuble tout entier à partir du jour de son acquisition, sous condition de prédécès de son cocontractant »[102], de sorte que le prédécédé étant censé ne jamais avoir eu de droits sur le bien, il n'avait pu pactiser sur celui-ci de son vivant. D'évidence, la condition dont s'agit ne peut être *suspensive*, car alors l'immeuble serait vacant *pendente conditione* et le contrat, en définitive, nul. Mais elle ne saurait davantage être une condition *résolutoire*, en ce que le bien, *pendente conditione*, ne peut être simultanément la propriété exclusive de chacun des tontiniers. Aussi, le bien ne peut être que la propriété collective de l'ensemble des tontiniers : l'acquisition en tontine est donc profondément une acquisition en indivision devant par principe[103] être soumise à son régime. Pourtant, la Cour de cassation estime que « la clause d'accroissement est exclusive de l'indivision dès lors qu'il n'y aura jamais eu qu'un seul titulaire du droit de propriété et que, tant que la condition du prédécès de l'une des parties n'est pas réalisée, celles-ci n'ont que des droits concurrents, tel le droit de jouir indivisément du bien »[104] : il n'y aurait pas d'indivision en propriété, mais indivision en jouissance, ce qui laisse perplexe quant à l'identité du ou des propriétaire(s)...

100. Les droits du survivant sont alors accrus des droits du prémourant, d'où l'expression alors employée de « clause d'accroissement ».

101. Req. 24 janvier 1928 ; *DP* 1928, 1, p. 157, rapp. Célice ; *S.* 1929, 1, p. 137, note H. Vialleton ; *RTD civ.* 1928, p. 458, obs. R. Savatier : un acte notarié d'acquisition comportait une clause aux termes de laquelle quatre acquéreurs déclaraient « faire la présente acquisition indivisément et en commun, avec clause d'accroissement au profit des survivants, de telle façon que, lors des décès successifs des acquéreurs, les parts des prédécédés dans le bien commun devraient revenir aux survivants et que le dernier de ceux-ci serait propriétaire de la totalité ». La Cour de cassation énonce « qu'aux termes dudit acte, chacun des contractants dispose irrévocablement, pour le temps où il ne sera plus, de ses droits dans le domaine commun ; (...) une telle stipulation, quelle que soit la convention à laquelle on veuille la rattacher, a pour objet d'attribuer un droit privatif sur une succession non ouverte ; (...) elle est donc prohibée par la loi et ne peut produire aucun effet ; (...) la nullité de cette clause ne laissant subsister (...) que l'état d'indivision créé par l'achat du domaine fait en commun par les parties, le dispositif de l'arrêt attaqué qui a ordonné la liquidation et le partage des biens indivis se trouve justifié ».

102. Ch. mixte, 27 nov. 1970, *Bull. civ.* ch. mixte, n° 3, *JCP* G 1971, II, 16823, note H. Blin ; *D.* 1971, p. 7, chr. G. Morin et p. 81, concl. R. Lindon. V. déjà, Civ. 1re, 3 février 1959, *Bull. civ.* I, n° 66, *JCP* G 1960, II, 11823, note P. Voirin, *RTD civ.* 1960, p. 692, obs. R. Savatier : « loin de constituer (...) une clause d'accroissement accordant au survivant un droit privatif sur une partie de la succession du prémourant, le contrat litigieux, (...) conférait au survivant la propriété de l'immeuble tout entier à partir du jour de son acquisition sous condition suspensive de survie ; (...) dès lors, une telle convention ne pouvait tomber sous la prohibition des pactes sur succession future ».

103. L'article 815 C. civ., qui reconnaît à chacun des coïndivisaires le droit de provoquer le partage, est exclu (Civ. 1re, 27 mai 1986, *Bull. civ.* I, n° 140, *JCP* G 1987, II, 20763, note M. Dagot, *D.* 1987, p. 139, note G. Morin : « il résulte de la clause relative à la condition de survie dont la Cour d'appel a relevé la licéité, au demeurant non contestée, que, sauf en ce qui concerne le droit de jouissance, elle rendait jusqu'au décès du prémourant incompatibles entre eux les droits des parties à la propriété de l'immeuble litigieux puisque seul le survivant en était titulaire depuis la date d'acquisition de ce bien ; qu'il en résultait une absence d'indivision qui excluait le droit au partage, comme l'a retenu à bon droit la cour d'appel » ; Civ. 2e, 9 juin 2011, pourvoi n° 10-20511 : « M. X... s'était abstenu d'invoquer dès l'instance initiale la clause d'accroissement qui était pourtant de nature à faire obstacle dès cette époque au partage demandé par Gisèle Y... »).

104. Civ. 1re, 9 novembre 2011, *Bull. civ.* I, n° 199. En conséquence, l'indemnité d'occupation privative due par un tontinier l'est, non pas à l'indivision, mais à l'autre. Il n'en reste pas moins que l'article 815-9 C. civ. qui prévoit le principe d'une indemnité pour occupation privative est bien applicable à la tontine (Civ. 3e, 17 décembre 2013, pourvoi n° 12-15453, *Bull. civ.* III, n° 168, *RTD civ.* 2014, p. 407, obs. W. Dross : « [v]u l'article 815-9 C. civ., et les règles régissant la clause

Sous-section 2
La composition de la masse indivise

452. Plan. On envisagera la composition de la masse du point de vue de l'actif (§ 1) et du passif (§ 2).

§ 1. L'actif

453. Biens indivis. La masse indivise se compose évidemment des biens indivis eux-mêmes dont la valeur s'accroît ou diminue en fonction de l'évolution de la valeur de ceux-ci : les plus-values et moins-values profitent[105] et nuisent[106] à la masse indivise, l'indivisaire à qui est imputable la plus-value pouvant cependant prétendre à une rémunération[107]. C'est ce qui explique que les biens à partager sont évalués à la date de jouissance divise[108], c'est-à-dire à « *la date la plus proche possible du partage* »

---

d'accroissement ; (...) l'achat en commun d'un bien immobilier avec clause d'accroissement est exclusif de l'indivision ; (...) toutefois, il confère aux parties des droits concurrents de jouissance indivise sur le bien tant que la condition de prédécès d'un des acquéreurs ne s'est pas réalisée »).

105. Civ. 1re, 12 janvier 1994, *Bull. civ.* I, n° 10, *D.* 1994. 311 (2e esp.), note R. Cabrillac, *Rép. Defr.* 1994, p. 430, obs. L. Aynès, *RTD civ.* 1994, p. 642, obs. F. Zenati, *ibid.* 1996, p. 231, obs. B. Vareille : « l'avantage pécuniaire que peut procurer à M. X..., chirurgien-dentiste, la présentation d'un successeur à sa clientèle constitue une valeur patrimoniale qui doit être portée à l'actif de la communauté, et estimée au jour du partage » et « la valeur de ce droit de présentation faisant partie de la masse commune, l'indivision post-communautaire s'accroît de la plus-value de cet élément sous réserve de l'attribution à l'indivisaire gérant de la rémunération de son travail, conformément à l'article 815-12 C. civ. ». *Adde* Civ. 1re, 12 mai 1996, *Bull. civ.* I, n° 222, *JCP*, I, 3972, obs. H. Périnet-Marquet, *RDI* 1996, p. 535, obs. J.-L. Bergel, *RTD civ.* 1997, p. 713, obs. J. Patarin : « l'activité de l'époux, gérant d'un fonds de commerce durant l'indivision postcommunautaire, ne peut être assimilée à une dépense d'amélioration d'un bien indivis, dont le remboursement donnerait lieu à application de l'article 815-13 C. civ. ; (...) il en résulte que la plus-value de ce fonds, constatée au jour du partage, accroît à l'indivision, l'époux ayant droit à une rémunération de sa gérance, dont les juges du fond apprécient souverainement le montant » ; Civ. 1re, 2 mai 2001, *Bull. civ.* I, n° 110, *D.* 2002, p. 759, note W. Dross, *JCP* 2002, I, 103, obs. Ph. Simler, *Rép. Defr.* 2001, p. 1519, obs. G. Champenois : « la clientèle d'un époux exerçant une profession libérale, de même que les matériels et les locaux, l'ensemble formant un fonds d'exercice libéral, doivent être portés à l'actif de la communauté pour leur valeur patrimoniale estimée au jour du partage ; qu'il en résulte que l'indivision postcommunautaire s'accroît de la plus-value de cette clientèle sous réserve de l'attribution à l'indivisaire gérant de la rémunération de son travail conformément à l'article 815-12 C. civ. » ; Civ. 1re, 23 juin 2010, *Bull. civ.* I, n° 146 : « l'activité personnelle déployée par un indivisaire ayant contribué à améliorer un bien indivis ne peut être assimilée à une dépense d'amélioration, dont le remboursement donnerait lieu à application de l'article 815-13 C. civ., dans sa rédaction antérieure à celle issue de la loi du 23 juin 2006 ; qu'il en résulte que la plus-value de l'immeuble accroît à l'indivision, l'indivisaire pouvant seulement prétendre à la rémunération de son activité, conformément à l'article 815-12 du même code ».

Comp. Civ. 1re, 13 mars 2007, *Bull. civ.* I, n° 109, *RTD civ.* 2007, p. 801, obs. B. Vareille : « après avoir relevé que l'immeuble indivis avait été amélioré à la suite de travaux réalisés personnellement par M. G. à partir de matériaux acquis en commun, la cour d'appel a souverainement estimé que le montant de la plus-value apportée à l'immeuble indivis correspondait à la rémunération de l'activité de M. G., qu'elle a fixé à 9 200 € ».

106. Civ. 11 janvier 1937, *DH* 1937, p. 101 : « la moins-value soufferte par les biens de la succession pendant l'indivision (...) préjudicie à tous les héritiers indivisaires ».

107. Sur le fondement de l'article 815-12 C. civ. Sur lequel, v. *infra*, n° 528 et s.

108. Art. 829 al. 1 C. civ. : « *[e]n vue de leur répartition, les biens sont estimés à leur valeur à la date de la jouissance divise telle qu'elle est fixée par l'acte de partage, en tenant compte, s'il y a lieu, des charges les grevant* ».

(art. 829 al. 2 C. civ.). D'ailleurs, il est aujourd'hui prévu que « *chaque indivisaire a droit aux bénéfices provenant des biens indivis et supporte les pertes proportionnellement à ses droits dans l'indivision* » (art. 815-10 al. 4 C. civ.).

Deux sortes de biens appellent quelques observations complémentaires : les *créances* et les *biens non négociables*.

En premier lieu, les **créances** étant des biens – au moins les créances de somme d'argent[109] –, elles sont susceptibles de faire partie de la masse indivise. Toutefois, en présence d'une indivision successorale, l'article 1220 C. civ.[110] invite à se demander si les créances dont était titulaire le défunt tombent dans la masse indivise. En effet, d'après cette disposition, l'obligation susceptible de division – ce qu'est une créance de somme d'argent – se divise à l'égard des héritiers. Si la créance se *divise*, comment la tenir pour *indivise* ? En réalité, il semble bien que les créances soient indivises, ce qui explique non seulement qu'un indivisaire puisse en être alloti lors du partage, mais aussi que leur cession avant partage obéisse au principe de l'unanimité (sauf à ce que les droits du cessionnaire dépendent des résultats du partage[111]) et que les créanciers de l'indivision puisse la saisir. Néanmoins, en raison de la règle particulière de l'article 1120 C. civ., chaque indivisaire est autorisé à se faire payer auprès du débiteur la part qui lui revient, et seulement celle-ci[112].

En second lieu, le sort de certains **biens non négociables** pose des questions : offices ministériels, concessions donnant lieu à une autorisation administrative, parts sociales non négociables, etc. La plupart du temps, il s'agit de déterminer le sort de ces biens dans une indivision successorale ou postcommunautaire. La question a déjà été envisagée et, malgré les réserves qu'elle suscite[113], la distinction du *titre* et de la *finance* est fréquemment évoquée[114] : la valeur du bien – en ce compris

109. V. *supra*, n° 17.

110. Aux termes de cette disposition, « *[l]'obligation qui est susceptible de division doit être exécutée entre le créancier et le débiteur comme si elle était indivisible. La divisibilité n'a d'application qu'à l'égard de leurs héritiers, qui ne peuvent demander la dette ou qui ne sont tenus de la payer que pour les parts dont ils sont saisis ou dont ils sont tenus comme représentant le créancier ou le débiteur* ». La solution est différente si l'obligation est indivisible, auquel cas, d'après l'article 1224 C. civ., « *[c] haque héritier du créancier peut exiger en totalité l'exécution de l'obligation indivisible* ».

111. Req. 13 janvier 1909, *DP* 1911, 1, p. 435 : « une règle générale de droit et d'équité, qui est consacrée par les art. 829, 883, 1474 et 1872 C. civ. et qui s'impose à tous les prétendants (...) à une fraction d'une masse commune, veut qu'aucun d'eux ne puisse, avant que tout l'actif à distribuer ait été soumis aux règles ordinaires du partage, disposer définitivement et irrévocablement au regard des autres d'un bien faisant partie de cette masse ; (...) ceci exclut, même pour les créances faisant partie de l'actif de la communauté, l'application de l'art. 1220 C. civ., en ce sens que la division de ces créances s'opérerait de plein droit entre les ayants droit par la seule survenance de la fin de la communauté et les rendrait dès ce moment propriétaires incommutables de moitié d'elles ; (...) un tel résultat serait en opposition avec les art. 832 et 1474 C. civ., autant qu'avec l'art. 883 qui ne fait aucune distinction entre les divers effets héréditaires ; (...) il suit de là que celui auquel un des communistes a cédé une créance faisant partie de la masse à partager, ne peut s'en faire attribuer la propriété que si le résultat du partage l'attribue à son cédant ».

112. Civ. 1re, 11 octobre 1988, *Bull. civ.* I, n° 285 : « en condamnant les époux Y... à payer la totalité des mensualités de leur dette entre les mains de deux seulement des héritiers de Michel Z..., alors qu'il résultait des constatations de fait des premiers juges que les deux autres héritiers avaient renoncé à leur action, la cour d'appel a violé [l'article 1220 C. civ.] ».

113. V. *supra*, n° 439.

114. V. notamment Civ. 1re, 8 décembre 1987, *Bull. civ.* I, n° 333, *D.* 1989, p. 61, note Ph. Malaurie, *JCP* 1989, II, 21336, note Ph. Simler, *Rép. Defr.* 1988, p. 533, note G. Champenois : « ces concessions [concessions de parcs à huîtres] ont un caractère personnel et (...) seule, en l'espèce, la valeur patrimoniale des parcs à huîtres est tombée en communauté » ; Civ. 1re, 14 mars 2006, *Bull. civ.* I, n° 148 : « le caractère personnel des concessions accordées par l'Administration n'a pas pour effet d'empêcher de faire entrer en communauté la valeur patrimoniale des parcs à huîtres ».

ses fruits[115] – profite à l'indivision, mais les pouvoirs que le bien confère ne peuvent être exercés que par l'indivisaire qui a le titre[116].

454. Biens subrogés. L'article 815-10 al. 1 C. civ.[117], depuis la loi du 23 juin 2006[118], prévoit que la masse indivise se compose, par l'effet de la subrogation réelle, de deux séries de biens : d'une part, les « *créances et indemnités qui remplacent des biens indivis* » et, d'autre part, les « *biens acquis, avec le consentement de l'ensemble des indivisaires,*[119] *en emploi ou remploi des biens indivis* ». Ainsi, le prix de vente d'un immeuble indivis est subrogé à l'immeuble vendu[120], de même que l'immeuble acquis en remploi de l'immeuble initial[121]. La subrogation joue, dans tous ces cas, de plein droit[122].

115. Civ. 1re, 10 mai 2006, *Bull. civ.* I, n° 233 : revenus non commerciaux produits par une étude d'huissier.

116. S'agissant en particulier de parts sociales, la loi ou les statuts prévoient les règles applicables selon la forme de la société : art. 1870 et 1870-1 C. civ. pour les sociétés civiles, art. L. 223-13 C. com. pour les SARL, art L. 221-15 C. com. pour les SNC et SCS.

117. « *Sont de plein droit indivis, par l'effet d'une subrogation réelle, les créances et indemnités qui remplacent des biens indivis, ainsi que les biens acquis, avec le consentement de l'ensemble des indivisaires, en emploi ou remploi des biens indivis.* »

118. Mais le jeu de la subrogation réelle dans l'indivision était admis depuis Cass., ch. réun., 5 décembre 1907, *Chollet c/ Dumoulin*, *GAJC*, t. 1 n° 120 : « si l'adjudication sur licitation d'un immeuble dépendant d'une hérédité doit, au regard de l'adjudicataire, quand il est un tiers étranger à l'indivision, être considérée comme une vente, elle constitue, dans les relations des cohéritiers entre eux, une opération préliminaire du partage ; (...) la vente ainsi faite l'est en réalité pour le compte de la masse successorale, et la créance du prix entre dans l'actif à partager, pour y être soumise, comme l'aurait été l'immeuble même qu'elle remplace, aux règles ordinaires du partage, notamment en ce qui concerne, soit les prélèvements autorisés par l'article 830 du Code civil, au profit des cohéritiers à qui un rapport est dû en moins prenant, soit la formation et la composition des lots, à chacun desquels, suivant l'article 832, il convient d'attribuer, s'il se peut « la même quantité de meubles, d'immeubles, de droits ou de créances de même nature et valeur », ce qui exclut, même pour les créances héréditaires, l'application en cette matière de l'article 1220, d'après lequel elles se divisent entre les héritiers du créancier proportionnellement à leur part, lorsqu'il s'agit d'en poursuivre le payement contre les débiteurs ».

119. Certes, la loi exige le consentement de l'ensemble des indivisaires lorsque la subrogation a lieu par emploi ou remploi. Mais de nombreux actes n'ont pas à être passés à l'unanimité, ce pourquoi il faut lire la disposition comme n'exigeant que le consentement de l'ensemble des indivisaires *dont le consentement est requis pour effectuer l'acte envisagé*. Ainsi, en présence d'un acte dont la validité est subordonnée à la majorité des deux tiers, il suffira, pour qu'il y ait subrogation, que l'emploi ou le remploi soit effectué par le ou les indivisaires titulaires de cette majorité qualifiée. (v. Zenati-Castaing et Th. Revet, n° 389).

120. Civ. 1re, 31 mars 1992, *Bull. civ.* I, n° 96, *Rép. Defr.* 1992, p. 1121, obs. G. Champenois : « rien ne s'oppose à ce que, après l'assignation en divorce, tout ou partie d'un bien dépendant de l'indivision postcommunautaire soit aliéné avec le consentement des deux indivisaires, le prix de vente se substituant alors à la chose vendue ».

121. Civ. 1re, 9 janvier 1979, *Bull. civ.* I, n° 13 : « le partage ne peut porter que sur les biens qui figurent dans l'indivision ; (...) les modifications qui se produisent dans les éléments constitutifs de celle-ci, de l'accord de tous les indivisaires, profitent et nuisent à tous ceux-ci ; (...) pour décider que les immeubles acquis par Max et Cécile Y... dans la région parisienne avec les fonds provenant de la vente d'immeubles de la succession de Philippe Vigier ne faisaient pas partie de l'indivision successorale et que seul le prix perçu à l'occasion de cette vente devait être inclus dans cette indivision, la cour d'appel énonce qu'il n'y a pas de subrogation réelle légale dans une indivision successorale ; (...) en statuant ainsi, la cour d'appel a violé [l'article 815 C. civ.] ».

122. Comp., avant la réforme opérée par la loi du 23 juin 2006, Civ. 1re, 20 février 1996, *Bull. civ.* I, n° 95, *RTD civ.* 1996, p. 961, obs. J. Patarin : « les fruits et revenus des biens indivis, ainsi que les plus-values procurées à ceux-ci, sous réserve de l'attribution à l'indivisaire gérant de la rémunération de son travail, profitent à l'indivision, et (...) la masse indivise peut s'accroître des acquisitions réalisées à l'aide de deniers indivis ; (...) après avoir constaté que M. Maurice Y... n'avait aucun bien propre et

455. Fruits. L'article 815-10 al. 2 C. civ. énonce que « *[l]es fruits et les revenus des biens indivis accroissent à l'indivision (...)* ». L'indivisaire qui a fait fructifier un bien ne peut donc les faire siens ; ceux-ci sont pour l'indivision (*fructus augent hereditatem*)[123].

La nature particulière des fruits appelle deux observations. En premier lieu, en raison de leur autonomie par rapport au bien dont ils sont issus, le copartageant alloti du bien qui a donné lieu à des fruits ne peut invoquer l'effet déclaratif du partage pour réclamer leur bénéfice[124]. En second lieu, les fruits peuvent être attribués aux indivisaires à la suite d'un « *partage provisionnel* »[125], d'un « *accord établissant la jouissance divise* »[126] ou au titre d'une « *avance en capital* »[127] et, si tel n'a pas été le cas, nul ne peut les réclamer cinq années après la date de leur perception ou la date à laquelle ils auraient dû être perçus[128], là où les autres biens peuvent être revendiqués sans limite dans le temps.

§ 2. Le passif

456. Plan. Font partie du passif les créances des créanciers de l'indivision (B), non celles des créanciers personnels des indivisaires (B).

A L'inclusion des créances des créanciers de l'indivision

457. Identification[129]. Les créanciers de l'indivision[130], qui peuvent être des tiers ou des indivisaires, sont ceux dont la **créance avait pour gage les biens**

qu'il n'avait tenu, ni rendu, aucun compte de la gestion du patrimoine de l'indivision postcommunautaire Ménasse-Adout à laquelle il avait consacré toute son activité pendant 67 ans, la cour d'appel a souverainement estimé que les biens qu'il avait fait fructifier provenaient du patrimoine de cette indivision ; que les juges du fond ayant ensuite retenu, dans l'exercice de leur pouvoir souverain d'appréciation, et sans inverser la charge de la preuve, que toutes les opérations réalisées par le gérant, pendant l'indivision, au moyen de deniers indivis, avaient volontairement été faites pour le compte de l'indivision ».

123. Pour des applications : Civ. 1re, 10 mai 1984, *Bull. civ.* I, n° 152 (produit net de la gestion d'un laboratoire) ; Civ. 1re, 5 février 1991, *Bull. civ.* I, n° 54, *Rép. Defr.* 1991, p. 494, obs. G. Champenois, *RTD civ.* 1992, p. 615, obs. J. Patarin (indemnité d'occupation).

124. Civ. 1re, 10 mai 2007, *Bull. civ.* I, n° 179, *RTD civ.* 2007, p. 593, obs. Th. Revet : « l'effet déclaratif du partage ne s'applique pas aux fruits et revenus produits par les biens indivis avant le partage ».

125. Le partage provisionnel des fruits est de droit, ainsi que le précise l'article 815-11 C. civ. : « *[t]out indivisaire peut demander sa part annuelle dans les bénéfices, déduction faite des dépenses entraînées par les actes auxquels il a consenti ou qui lui sont opposables* » (al. 1) et « *[e]n cas de contestation, le président du tribunal de grande instance peut ordonner une répartition provisionnelle des bénéfices sous réserve d'un compte à établir lors de la liquidation définitive* » (al. 3).

126. Art. 815-10 al. 2 C. civ. : « *[l]es fruits et les revenus des biens indivis accroissent à l'indivision, à défaut de partage provisionnel ou de tout autre accord établissant la jouissance divise* ».

127. Art. 815-11 al. 4 C. civ. : « *[à] concurrence des fonds disponibles, [le président du tribunal de grande instance] peut semblablement ordonner une avance en capital sur les droits de l'indivisaire dans le partage à intervenir* ».

128. Art. 815-10 al. 3 C. civ. : « *[a]ucune recherche relative aux fruits et revenus ne sera (...) recevable plus de cinq ans après la date à laquelle ils ont été perçus ou auraient pu l'être* ».

129. Art. 815-17 al. 1 C. civ. : « *[l]es créanciers qui auraient pu agir sur les biens indivis avant qu'il y eût indivision, et ceux dont la créance résulte de la conservation ou de la gestion des biens indivis (...)* ».

130. L'indivision n'ayant pas la personnalité morale (v. notamment Civ. 3e, 25 avril 2001, *Bull. civ.* III, n° 50, *JCP* 2001, I, 358, obs. H. Périnet-Marquet, *RTD civ.* 2002, p. 130,

indivis avant qu'ils ne le deviennent (créances des créanciers successoraux ou de la communauté[131]) ou ceux dont la **créance résulte de la conservation ou de la gestion des biens indivis** (impôts locaux et charges de copropriété[132], primes d'assurance[133], etc.).

458. Obligation à la dette. Les créanciers de l'indivision agissant **avant partage** ont pour gage l'ensemble des actifs indivis[134] sur lesquels ils se font payer par prélèvement sur l'actif[135]. S'ils agissent **après partage**, faute d'actif indivis subsistant, ils diviseront leur poursuite entre les ex-indivisaires. Parce que les créanciers personnels des indivisaires sont sans droits sur les biens indivis – et sur la part indivise d'ailleurs aussi[136] –, les créanciers de l'indivision apparaissent donc comme des créanciers privilégiés. D'ailleurs, lorsqu'une procédure collective est ouverte contre un indivisaire, les droits du créancier de l'indivision ne sont en principe pas affectés : les règles particulières applicables à la saisie d'un immeuble qui exigent le respect de certaines formalités et qui confèrent au liquidateur, sans droit sur l'actif

---

obs. J. Patarin : « l'indivision n'a pas la personnalité juridique »), le créancier de l'indivision doit poursuivre les indivisaires. Comme il a néanmoins été jugé, « l'action introduite par un créancier de l'indivision contre un seul indivisaire est recevable », encore que « la décision rendue sur celle-ci [soit] inopposable aux autres indivisaires à défaut de mise en cause de ceux-ci » (Civ. 1re, 18 décembre 2013, *Bull. civ.* I, n° 248, *JCP* 2014, I, 751, obs. H. Périnet-Marquet, *RTD civ.* 2014, p. 405, obs. W. Dross).

131. On vise le passif du défunt une indivision successorale ou le passif des ex-époux dans une indivision post-communautaire (Civ. 1re, 27 janvier 1993, *Bull. civ.* I, n° 32 : « ayant relevé que la condamnation prononcée le 30 mai 1988 contre Mme Y... sanctionnait des actes commis en 1984 et 1985, durant le mariage, la cour d'appel en a justement déduit que "le fait générateur de la dette, et donc le droit à réparation", étaient nés antérieurement à la dissolution de la communauté et que la dette en découlant était commune, de sorte qu'elle pouvait être poursuivie sur un immeuble dépendant de l'indivision postcommunautaire, conformément à ce qu'édicte l'alinéa 1er de l'article 815-17 C. civ. »).
Et sur la combinaison des règles de l'indivision et des règles du régime de la communauté, v. F.-X. Testu et Ch. Vernières, *Droit patrimonial de la famille*, *Dalloz action* 2015-2016, n° 235-26.

132. Civ. 1re, 16 avril 2008, *Bull. civ.* I, n° 122, *JCP* 2008, I, 194, n° 7, obs. H. Périnet-Marquet : « les impôts locaux et les charges de copropriété qui ne sont pas relatives à l'occupation privative et personnelle d'un indivisaire doivent figurer au passif du compte de l'indivision et seront supportés par les coïndivisaires proportionnellement à leurs droits dans l'indivision ».

133. Civ. 1re, 20 janvier 2004, *Bull. civ.* I, n° 20 : « l'assurance-habitation, qui tend à la conservation de l'immeuble, incombait à l'indivision post-communautaire jusqu'au jour du partage ».

134. Lorsque le créancier de l'indivision est un créancier successoral, il n'est tenu de diviser ses poursuites contre chaque héritier (art. 1220 C. civ.) que s'il exerce ses droits sur leurs biens personnels (Req. 24 déc. 1912, *DP* 1915, 1, p. 45, *Frécon*). *Adde* Civ. 1re, 14 mars 1972, *Bull. civ.* I, n° 83 : « les créanciers, s'ils disposent du droit de poursuivre la totalité de la succession pour obtenir le paiement de leur créance, ne sont pas obligés d'user de cette garantie et peuvent, valablement, en poursuivre le recouvrement contre chacun des héritiers, au prorata de leurs droits respectifs » ; Civ. 1re, 16 juillet 1992, *Bull. civ.* I, n° 236 : « lorsqu'une dette successorale est divisible, les héritiers ne sont tenus de la payer qu'à concurrence de la part qu'ils recueillent dans la succession ».

135. Art. 815-17 al. 1 C. civ. : « *[l]es créanciers qui auraient pu agir sur les biens indivis avant qu'il y eût indivision, et ceux dont la créance résulte de la conservation ou de la gestion des biens indivis, seront payés par prélèvement sur l'actif avant le partage. Ils peuvent en outre poursuivre la saisie et la vente des biens indivis* ».

136. Art. 815-17 al. 2 C. civ. : « *[l]es créanciers personnels d'un indivisaire ne peuvent saisir sa part dans les biens indivis, meubles ou immeubles* ». *Adde* Civ. 1re, 20 octobre 1982, *Bull. civ.* I, n° 297 : si l'article 815-17 al. 2 C. civ. « interdit au créancier personnel d'un indivisaire de faire saisir et vendre la part de son débiteur, il ne porte pas atteinte au pouvoir de disposition de l'indivisaire sur sa quote-part, notamment au pouvoir de constituer une hypothèque ».

indivis, le droit exclusif de recevoir le paiement en vue de le distribuer[137], ne sont, entre autres[138], pas applicables[139].

Lorsque l'actif indivis est insuffisant pour désintéresser les créanciers de l'indivision, ceux-ci peuvent agir contre les indivisaires sur leurs biens personnels, cette fois en divisant leurs poursuites[140] et en subissant le concours des créanciers personnels de chacun d'entre eux.

459. Contribution à la dette. Ainsi que la loi le prévoit, « *chaque indivisaire (...) supporte les pertes proportionnellement à ses droits dans l'indivision* » (art. 815-10 al. 4 C. civ.). Toutefois, la Cour de cassation autorise les juridictions du fond à tenir compte de la faute d'un indivisaire en vue de le faire seul contribuer aux pertes[141].

B L'exclusion des créances des créanciers personnels des indivisaires

460. Identification. Les créanciers d'un indivisaire sont ceux dont la **créance n'avait pas pour gage les biens indivis avant qu'ils ne deviennent indivis** et ceux

137. V. les règles prévues à l'article L. 642-18 C. com.
138. Com. 7 février 2012, *Bull. civ.* IV, n° 31, *JCP* N 2012, 1170, note J.-P. Garçon : « les créanciers de l'indivision préexistante à l'ouverture de la procédure collective de l'un des indivisaires ne peuvent, indépendamment de la publicité foncière de l'inaliénabilité temporaire décidée par le tribunal arrêtant le plan de continuation de cet indivisaire, se voir opposer cette disposition du plan qui fait obstacle au droit de poursuite qu'ils tiennent de l'article 815-17, alinéa 1er, du Code civil » en sorte que l'inaliénabilité ne revêt « pas le caractère d'une insaisissabilité s'imposant aux créanciers de l'indivision » ; Civ. 1re, 13 décembre 2005, *Bull. civ.* I, n° 494 : « les créanciers de l'indivision préexistante à l'ouverture de la procédure collective de l'un des indivisaires, qui auraient pu agir sur les biens indivis avant qu'il y eût indivision, conservent leur droit de poursuivre la saisie de ces biens, malgré l'ouverture de cette procédure ; (...) dès lors, l'extinction de la créance, faute de déclaration au passif de l'indivisaire soumis à la procédure collective, est sans incidence sur le droit de poursuivre les biens indivis que le créancier de l'indivision tient de l'article 815-17, alinéa 1er, du Code civil » ; Com. 2 juin 2015, pourvoi n° 12-29405, à paraître au *Bulletin* : « [v]u l'article 815-17, alinéa 1er, du Code civil ; (...) l'indivisaire dont la créance résulte de la conservation ou de la gestion des biens indivis peut faire valoir les droits qu'il tient de ce texte après l'ouverture de la procédure collective de l'un des indivisaires, sans avoir à déclarer sa créance à celle-ci ».
139. Com. 18 février 2003, *Bull. civ.* IV, n° 21 : « [l]a banque, créancière de l'indivision qui préexistait à l'ouverture de la procédure collective de l'ex-époux, pouvait poursuivre la saisie et la vente de l'immeuble indivis avant tout partage, tandis que le partage auquel aurait été contraint le liquidateur pour déterminer le sort du bien serait demeuré sans effet sur les droits des créanciers de l'indivision ». *Adde* Civ. 2e, 16 mai 2013, *Bull. civ.* II, n° 96 : « la banque, créancière de l'indivision qui préexistait à l'ouverture de la procédure collective de l'ex-épouse, pouvait poursuivre la saisie et la vente de l'immeuble indivis pour être payée, avant le partage, par prélèvement sur l'actif ».
140. De fait, l'indivision ne crée pas de solidarité entre les indivisaires (Civ. 1re, 29 novembre 2005, *Bull. civ.* I, n° 460 : « la solidarité ne se présume point ; (...) même des dettes nées du fonctionnement de l'indivision ne sont solidaires entre indivisaires que par l'effet de la loi ou celui d'une stipulation expresse »).
141. Civ. 1re, 4 avril 1991, *Bull. civ.* I, n° 118, *Rép. Defr.* 1991, p. 869, obs. G. Champenois : « l'arrêt attaqué relève que M. X... s'est comporté, à l'égard des tiers, comme propriétaire exclusif du fonds, que l'ouverture du redressement judiciaire a été prononcé seulement contre ses héritiers et que Mme Y... avait vainement demandé en justice à participer à la gestion de ce fonds en faisant valoir, ce que la cour d'appel retient comme s'étant révélé exact, que X... menait ce fonds à sa perte par une gestion désastreuse ; que les juges du second degré ont, ainsi, caractérisé des faits imputables à X..., indivisaire gérant le bien indivis, dont celui-ci doit répondre ; qu'ils ont pu en déduire que Mme Y... se trouvait exonérée de son obligation de supporter les pertes nées, contre son gré et à son insu, pendant l'indivision postcommunautaire et après l'attribution dont il a bénéficié ».

dont la **créance ne résulte pas de la conservation ou de la gestion des biens indivis** ; en bref, ce sont les créances sans rapport avec l'actif indivis[142].

461. Absence de droits sur la quote-part et les biens indivis. Ainsi que le prévoit l'article 815-17 al. 2 C. civ., « *[l]es créanciers personnels d'un indivisaire ne peuvent saisir sa part dans les biens indivis, meubles ou immeubles* ». L'interdiction vaut d'ailleurs tant pour la *part* que pour les *biens indivis*[143].

462. Droit de provoquer le partage ou d'intervenir dans le partage. L'article 815-17 al. 3 C. civ. laisse néanmoins aux créanciers personnels « *la faculté de provoquer le partage au nom de leur débiteur ou d'intervenir dans le partage provoqué par lui* ».

Le droit de **provoquer** le partage est exercé au nom du débiteur, comme c'est le cas pour une action oblique[144], ce qui explique que la créance doive être certaine, liquide et exigible, et que l'indivisaire débiteur ait été négligent[145]. L'article 815-17 al. 3 C. civ. permet alors aux coïndivisaires d'« *arrêter le cours de l'action en partage en acquittant l'obligation au nom et en l'acquit du débiteur* ». Autrement dit, pour faire échec au partage, les coïndivisaires devront payer le créancier et pourront alors se faire rembourser « *par prélèvement sur les biens indivis* », comme des créanciers de l'indivision[146].

Les créanciers d'un indivisaire peuvent **intervenir** au partage provoqué par leur débiteur, sans qu'ils n'aient eu à faire préalablement opposition, c'est-à-dire à s'opposer à ce que le partage ait lieu en leur absence[147]. L'idée est d'éviter que le débiteur soit alloti de biens impossibles ou difficiles à saisir, ou qu'il soit procédé à un montage frauduleux permettant au débiteur de dissimuler son lot. En tout état de cause, le partage étant un contrat commutatif, il peut être anéanti au titre des nullités des actes accomplis au cours de la période suspecte, en cas d'ouverture d'une procédure collective[148].

---

142. La Cour de cassation a cependant assimilé à un créancier de l'indivision le créancier de *tous* les indivisaires. Civ. 1re, 6 novembre 2001, *Bull. civ.* I, n° 271, *JCP* 2002, I, 176, obs. H. Périnet-Marquet, *RTD civ.* 2002, p. 150, obs. R. Perrot : « si le créancier a tous les coïndivisaires comme codébiteurs solidaires, il n'est pas tenu de provoquer le partage du bien indivis sur lequel s'exerce la poursuite ; (...) c'est donc à bon droit que la cour d'appel a décidé que la banque était fondée à poursuivre la saisie immobilière ». *Adde* Civ. 1re, 20 novembre 1990, *Bull. civ.* I, n° 259, *RTD civ.* 1992, p. 147, obs. F. Zenati : le créancier hypothécaire, même créancier d'un seul des indivisaires, peut poursuivre la saisie et la vente de l'immeuble indivis avant le partage de l'indivision, dès lors que l'hypothèque a été consentie par tous les indivisaires.

143. Civ. 1re, 1er décembre 1999, *Bull. civ.* I, n° 331 : « après avoir constaté que les meubles litigieux constituaient la propriété indivise des deux conjoints, la cour d'appel a validé la saisie-vente pratiquée par la banque à l'encontre de l'épouse ; (...) en statuant ainsi, alors que les créanciers personnels de Mme Y... ne pouvaient saisir ces biens indivis, la cour d'appel a violé le texte susvisé ».

144. Art. 1166 C. civ. : « *(...) les créanciers peuvent exercer tous les droits et actions de leur débiteur, à l'exception de ceux qui sont exclusivement attachés à la personne* ».

145. Civ. 1re, 17 mai 1982, *Bull. civ.* I, n° 176 : cassation de l'arrêt ayant fait droit à l'action du créancier sans rechercher si sa créance était en péril ; Civ. 1re, 23 mai 2006, *Bull. civ.* I, n° 263 : le créancier peut exercer l'action en partage si la carence de son débiteur est de nature à compromettre ses droits, ce qui est le cas lorsque le débiteur a la volonté de ne pas l'honorer.

146. Sur la question de savoir si un prélèvement est immédiatement possible, v. F.-X. Testu et Ch. Vernières, « Droit patrimonial de la famille », *Dalloz action* 2015-2016, n° 253-36.

147. La condition est cependant requise par l'article 882 C. civ. (« *[l]es créanciers d'un copartageant, pour éviter que le partage ne soit fait en fraude de leurs droits, peuvent s'opposer à ce qu'il y soit procédé hors de leur présence : ils ont le droit d'y intervenir à leurs frais ; mais ils ne peuvent attaquer un partage consommé, à moins toutefois qu'il n'y ait été procédé sans eux et au préjudice d'une opposition qu'ils auraient formée* ») en présence d'un partage successoral.

148. Civ. 1re, 3 juin 2003, *Bull. civ.* I, n° 136, *RTD com.* 2004, p. 814, obs. A. Martin-Serf : « la cour d'appel, qui s'est fondée à titre principal exclusivement sur les dispositions de l'article 107-2 de la loi

Sous-section 3
Le régime de l'indivision

463. Plan. On distinguera le régime légal (§ 1) du régime conventionnel (§ 2).

§ 1. Le régime légal

464. Plan. On appréciera les pouvoirs des coïndivisaires (A) et ceux du juge (B).

A Les pouvoirs des coïndivisaires

465. Plan. Les pouvoirs des indivisaires s'apprécient différemment suivant que l'on envisage les pouvoirs de l'indivisaire sur la part indivise (1) ou sur les biens indivis (2).

1. Les pouvoirs sur la part indivise

466. Un droit réel comme les autres. La part indivise d'un indivisaire n'est pas tant un bien qu'un droit réel : elle désigne les droits indivis eux-mêmes. C'est la raison pour laquelle l'indivisaire fait de sa part indivise tout ce que peut faire le titulaire d'un droit réel sur celui-ci : il peut le céder entre vifs, le transmettre à cause de mort, l'hypothéquer, etc. Toutefois, lorsqu'un créancier personnel d'un indivisaire fait opposition au partage[149], les droits de ce dernier deviennent indisponibles : la cession de la part indivise n'est plus possible[150].

467. Hypothèque et indivision. Il convient de distinguer l'hypothèque de la part indivise dans un ou plusieurs immeubles indivis de celle de l'immeuble indivis.

L'***hypothèque de la part indivise*** dans un ou plusieurs immeubles indivis consiste en l'hypothèque du droit réel indivis. Concrètement, son efficacité est subordonnée au résultat du partage : l'hypothèque se reportera sur (la propriété de) l'immeuble – en entier – ou sur le prix de sa licitation si l'immeuble a été cédé avant le partage, chaque fois que l'indivisaire qui a consenti l'hypothèque a été alloti de l'immeuble ou du prix de sa licitation[151].

---

du 25 janvier 1985 devenu l'article L. 621-107-2 du Code de commerce, a exactement décidé que l'acte de partage de la communauté auquel ont procédé M. X... et Mme Y... à la suite de leur divorce pour faute s'analysait en un contrat commutatif ».

149. Art. 882 C. civ. : « *[l]es créanciers d'un copartageant, pour éviter que le partage ne soit fait en fraude de leurs droits, peuvent s'opposer à ce qu'il y soit procédé hors de leur présence : ils ont le droit d'y intervenir à leurs frais ; mais ils ne peuvent attaquer un partage consommé, à moins toutefois qu'il n'y ait été procédé sans eux et au préjudice d'une opposition qu'ils auraient formée* ».

150. Civ. 18 juillet 1899, *DP* 1900, 1, p. 17, *GAJC*, t. 1, n° 117 : « l'opposition à partage autorisée par l'art. 882 C. civ. met obstacle à ce que le copartageant débiteur puisse disposer de ses droits dans la succession au préjudice des opposants, et rendre ainsi illusoire la mesure conservatoire prise par ses créanciers ; ce principe doit, par identité de motifs, être appliqué à l'opposition formée par le créancier d'un associé au partage de l'actif d'une société en liquidation ».

151. Art. 2414 al. 3 C. civ. : « *[l]'hypothèque d'une quote-part dans un ou plusieurs immeubles indivis ne conserve son effet que dans la mesure où l'indivisaire qui l'a consentie est, lors du partage, alloti du ou de ces immeubles indivis ; elle le conserve alors dans toute la mesure de cet allotissement*

L'***hypothèque de l'immeuble indivis*** doit normalement être consentie par tous les propriétaires indivisaires. Si tel est bien le cas, son efficacité n'est pas tributaire des résultats du partage : le créancier pourra réaliser sa sûreté avant[152] ou après partage en quelques mains que se trouve le bien[153]. Si, au contraire, l'hypothèque n'est pas consentie par tous les indivisaires, son efficacité dépend des résultats du partage, comme en présence de l'hypothèque d'une part indivise[154].

468. Cession de la part indivise. Il convient là encore de distinguer la cession de la part indivise dans un ou plusieurs immeubles indivis de celle de biens indivis.

L'étendue de la ***cession de la part indivise*** réalisée par un indivisaire sur sa part est à géométrie variable. L'indivisaire peut céder seul[155] tout ou partie[156] de ses droits indivis, dans tous les biens de l'indivision ou dans certains d'entre eux[157]. Dans tous les cas, le cessionnaire devenu indivisaire bénéficie des droits attachés à la titularité d'un droit réel indivis : droit de demander le partage, droit de demander l'attribution préférentielle, etc. Chaque fois que la cession ne porte pas sur l'intégralité des droits de l'indivisaire dans tous les biens indivis, l'indivisaire conserve sa qualité, même si ses droits ont diminué, et une nouvelle indivision s'ouvre entre le tiers acquéreur et les coïndivisaires au sujet des biens indivis concernés par la cession.

Lorsque la cession intéresse une indivision successorale, le Code civil comporte des règles particulières relatives à sa portée. D'une part, toute cession, à titre gratuit ou onéreux, faite par un héritier de tout ou partie de ses droits dans la succession emporte acceptation pure et simple de sa part[158]. D'autre part, le cédant est garant, s'il ne l'a précisé, non pas de ce qui se trouve dans l'indivision, mais seulement de sa qualité d'héritier[159]. De troisième part, la cession a un effet rétroactif, le cessionnaire étant considéré comme indivisaire depuis l'origine, ce qui explique que le cédant lui doive les fruits perçus et le produit des biens vendus, sauf stipulation contraire[160], et que, réciproquement, le cessionnaire doive au cédant ce que dernier

---

sans être limitée à la quote-part qui appartenait à l'indivisaire qui l'a consentie ; lorsque l'immeuble est licité à un tiers, elle le conserve également si cet indivisaire est alloti du prix de la licitation ».

152. V. notamment Civ. 1re, 20 novembre 1990, *Bull. civ.* I, n° 259, *RTD civ.* 1992, p. 147, obs. F. Zenati : le créancier hypothécaire, fût-il créancier de l'un seulement des indivisaires, peut poursuivre la saisie et la vente de l'immeuble indivis avant le partage de l'indivision, dès lors que la constitution d'hypothèque a été consentie par tous les indivisaires.

153. Art. 2414 al. 2 *in limine* C. civ. : « *[l]'hypothèque d'un immeuble indivis conserve son effet quel que soit le résultat du partage si elle a été consentie par tous les indivisaires* ».

154. Art. 2414 al. 2 *in fine* C. civ. : l'hypothèque « *ne conserve son effet que dans la mesure où l'indivisaire qui l'a consentie est, lors du partage, alloti du ou de ces immeubles indivis ou, lorsque l'immeuble est licité à un tiers, si cet indivisaire est alloti du prix de la licitation* ».

155. Civ. 1re, 4 octobre 2005, *Bull. civ.* I, n° 359 : « si les actes d'administration et de disposition relatifs aux biens indivis requièrent le consentement de tous les indivisaires, chacun d'eux peut librement disposer de sa quote-part de droits sur un bien indivis ».

156. Par exemple, un quart des droits indivis qu'il détient sur tous les biens de l'indivision.

157. Civ. 1re, 16 avril 1991, *Bull. civ.* I, n° 137 : « tout indivisaire peut librement disposer, au profit d'un cohéritier, de sa quote-part sur un ou plusieurs biens indivis ».

158. Art. 783 al. 1 C. civ. : « *[t]oute cession, à titre gratuit ou onéreux, faite par un héritier de tout ou partie de ses droits dans la succession emporte acceptation pure et simple* ».

159. Art. 1696 C. civ. : « *[c]elui qui vend une succession sans en spécifier en détail les objets n'est tenu de garantir que sa qualité d'héritier* ».

160. Art. 1797 C. civ. « *[s]'il avait déjà profité des fruits de quelque fonds, ou reçu le montant de quelque créance appartenant à cette succession, ou vendu quelques effets de la succession, il est tenu de les rembourser à l'acquéreur, s'il ne les a expressément réservés lors de la vente* ».

a acquitté au titre des dettes et charges de l'indivision[161]. Lorsque la cession des droits indivis à titre onéreux[162] met fin à l'indivision, ce qui est le cas lorsqu'ils sont cédés au seul coïndivisaire que compte l'indivision – indivision à deux –, la cession vaut partage. Il faut en tirer les conséquences, notamment[163] quant à l'effet déclaratif de l'opération et à l'attribution du privilège du copartageant.

La ***cession de biens indivis*** requiert normalement le consentement de tous les indivisaires (art. 815-3 C. civ.[164]). Toutefois, la jurisprudence décide aujourd'hui, sans autres précisions, que « la vente d'un immeuble indivis faite par un seul des indivisaires est valable pour la portion indivise qui lui appartient »[165]. La sanction d'une telle vente n'est donc pas la nullité, qui serait excessive, dans la mesure où l'effet déclaratif du partage est susceptible de rendre propriétaire exclusif l'indivisaire qui a vendu seul le bien. Il reste, nous dit la Cour de cassation, que la vente n'est valable que « pour la portion indivise qui lui appartient », ce qui conduit semble-t-il à distinguer deux séries de rapports. *Dans les rapports entre les parties*, il y aurait réduction par conversion de la vente du bien en une vente de quote-part dans ce bien[166]. À *l'égard des autres indivisaires*, la vente serait inopposable[167] : pour eux, le cédant serait toujours indivisaire. Au final, la vente ne sera consolidée que si le partage attribue le bien au cédant.

469. Droit de préemption. En raison de la proximité qui existe entre les coïndivisaires – l'indivision est d'ailleurs, le plus souvent, familiale –, lorsque l'un d'entre eux veut « *céder, à titre onéreux*[168], *à une personne étrangère à l'indivision, tout ou partie de ses droits dans les biens indivis ou dans un ou plusieurs de ces biens* »[169],

161. Art. 1698 C. civ. : « *[l]'acquéreur doit de son côté rembourser au vendeur ce que celui-ci a payé pour les dettes et charges de la succession, et lui faire raison de tout ce dont il était créancier, s'il n'y a stipulation contraire* ».
162. Le partage est un acte à titre onéreux.
163. Il y en a d'autres. Ainsi, le bail commercial étant attribué au cessionnaire au titre du partage, les formalités prévues par le bail dans l'hypothèse de sa cession n'ont pas à être respectées (Civ. 3e, 13 octobre 2004, *Bull. civ.* III, n° 169 : « ayant relevé que tout acte mettant fin à une indivision est un partage et que par l'effet déclaratif du partage prévu à l'article 883 C. civ., celui qui reçoit le bien est censé en avoir été propriétaire depuis le jour de l'indivision, la cour d'appel a retenu, à bon droit que la cession de droits indivis intervenue en l'espèce entre les coïndivisaires avait le caractère prééminent d'un partage de sorte que les formalités prévues au bail en cas de cession n'avaient pas à être respectées »).
164. « (...) *le consentement de tous les indivisaires est requis pour effectuer tout acte qui ne ressortit pas à l'exploitation normale des biens indivis et pour effectuer tout acte de disposition autre que ceux visés au 3o [vendre les meubles indivis pour payer les dettes et charges de l'indivision]* ».
165. Civ. 3e, 12 mai 2010, *Bull. civ.* III, n° 95.
166. Il convient cependant de réserver le jeu de l'erreur sur la substance, voire de l'erreur-obstacle. Dans l'arrêt de 2010, c'est l'acheteur qui avait demandé à ce que la vente soit ainsi requalifiée.
167. En ce sens, v. Civ. 1re, 19 juin 1994, *Bull. civ.* I, n° 212 : « il résulte de ces textes que la cession d'un bien indivis qui n'a pas été consentie par tous les indivisaires n'est pas nulle ; qu'elle est simplement inopposable aux autres indivisaires et que son efficacité est subordonnée au résultat du partage ».
168. En premier lieu, ainsi que le laisse entendre l'article 815-14 C. civ., le droit de préemption ne joue pas en présence d'un acte à titre gratuit, par exemple une donation (Civ. 1re, 11 décembre 1984, *Bull. civ.* I, n° 331 : la « donation n'est pas soumise au droit de préemption prévu par les articles 815-14 et 815-16 C. civ. », *Rép. Defr.* 1986, p. 183, note A. Breton). En second lieu, et bien que l'article 815-14 C. civ. vise les actes à titre onéreux sans distinction, on considère que seule la vente donne lieu à l'exercice du droit de préemption, en raison de l'impossibilité pour les indivisaires d'offrir ce que le tiers intéressé se propose d'offrir au cédant. Ainsi le droit de préemption ne joue pas en cas d'échange (Civ. 1re, 21 mai 1997, *Bull. civ.* I, n° 164, *RTD civ.* 1997, p. 973, obs. J. Patarin) ou d'apport en société (CA Paris, 11 septembre 1997, *Rép. Defr.* 1998, p. 119, note Ph. Malaurie).
169. Art. 815-14 al. 1 C. civ., *in limine*.

les autres bénéficient, sauf cas particulier[170], d'un droit de préemption leur permettant d'acquérir ces droits et d'éviter ainsi l'intrusion de cette personne étrangère dans le cercle des indivisaires. En revanche, lorsque la cession est faite à un indivisaire, faute d'intrusion d'un étranger à craindre, il n'existe pas de droit de préemption[171].

Il s'agit d'une prérogative ancienne qui remonte à 1804, encore qu'elle ait évolué. Au départ, les rédacteurs du Code civil ne l'avait reconnue qu'à l'égard des seules indivisions successorales : c'était l'institution du *retrait successoral* (anc. art. 841 C. civ.) qui permettait aux héritiers, *post rem venditam*, de se substituer au cessionnaire moyennant remboursement du prix et des frais versés. Le retrait successoral présentait le double inconvénient de voir son domaine limité aux indivisions successorales et d'exposer le cessionnaire à une grave insécurité juridique, puisqu'il pouvait être mis en œuvre longtemps après la cession[172]. La loi de 1976 réformant l'indivision a non seulement élargi le champ d'application du droit de préemption à toute indivision, mais aussi établi une procédure distincte suivant la forme de la cession envisagée.

---

170. Le droit de préemption est écarté lorsque la cession au profit d'un tiers a pour objet une quote-part indivise portant sur une parcelle qui constitue un **accessoire indispensable d'un bien privatif** par ailleurs aliéné à ce tiers, et sans laquelle le bien privatif serait inutilisable. Civ. 1re, 12 février 1985, *Bull. civ.* I, n° 58 : « en statuant ainsi et en s'abstenant de rechercher, ainsi que l'y invitaient les conclusions de M. D... et de la société civile immobilière La Bonnelle si la parcelle cadastrée AI n° 255, servant de desserte aux parcelles divises qui l'entourent, n'avait pas le caractère d'accessoire indispensable de l'immeuble qu'elle dessert et ne se trouvait pas, ainsi dans une indivision forcée et perpétuelle, échappant aux dispositions des articles 815-14 et 815-16 C. civ., la cour d'appel n'a pas donné de base légale à sa décision » ; Civ. 1re, 28 février 2006, *Bull. civ.* I, n° 120, *JCP* 2006, I, 178, obs. H. Périnet-Marquet, *RDI* 2006, p. 298, obs. J.-L. Bergel « après avoir souverainement constaté que les parcelles litigieuses servaient de desserte aux parcelles cadastrées section AP, n° 80 et 84, l'arrêt relève qu'elles présentaient le caractère d'accessoire indispensable de l'immeuble vendu cadastré section AP, n° 80 et se trouvaient dans une indivision forcée et perpétuelle, c'est à juste titre que la cour d'appel, qui n'avait pas à rechercher si les parcelles litigieuses étaient, ou non, utiles à la desserte de la parcelle cadastrée section AP, n° 82, propriété divise de M. et Mme Bonnard, a décidé que les dispositions des articles 815-14 et 815,16 C. civ. étaient sans application » ; Civ. 3e, 27 mai 2010, *Bull. civ.* III, n° 107, *JCP* 2010, I, 1162, obs. H. Périnet-Marquet : « ayant (...) retenu à bon droit, d'une part, que l'immeuble était soumis au statut de la copropriété dès lors qu'il était réparti entre deux personnes disposant chacune d'une partie privative et d'une quote-part de parties communes et constaté que le lot n° 3 avait le caractère d'accessoire indispensable de l'immeuble qu'il desservait et se trouvait ainsi en indivision forcée et perpétuelle, d'autre part, que Mme Y... ne pouvait valablement contester la nature de partie commune de l'ensemble du lot n° 3, dont les droits en jouissance étaient attribués également aux lots n° 1 et 2, et n'en admettre l'existence que sur les voies d'accès ou de stationnement de la propriété, la cour d'appel, qui n'était pas tenue de procéder à une recherche sur le mandat de l'huissier de justice que ses constatations rendaient inopérante, en a exactement déduit que le droit de préemption prévu en matière d'indivision pure et simple était inapplicable en l'espèce ».

171. Civ. 3e, 24 novembre 2010, *Bull. civ.* III, n° 207 : « une cession entre coïndivisaires d'une partie des droits indivis portant sur un fonds de terre ou un bien rural ne constitue pas une aliénation à titre onéreux ouvrant droit de préemption au preneur en place ». En revanche, l'usufruitier étant bien un tiers à une indivision en nue-propriété, la cession envisagée à son profit par l'un des coïndivisaires donne lieu à un droit de préemption (Civ. 1re, 17 mai 1983, *Bull. civ.* I, n° 148, *D.* 1984, p. 83, note G. Morin, *JCP* 1984, II, 20311, note M. Dagot, *RTD civ.* 1984, p. 345, obs. J. Patarin : doit être cassée la décision qui après avoir dit que la cession de droits indivis à une usufruitière était faite à titre onéreux et à une personne étrangère à l'indivision, estime néanmoins que, le choix du cessionnaire ayant eu lieu en considération de sa qualité d'usufruitière, le droit de préemption de l'autre cohéritier ne pouvait s'appliquer, alors qu'il n'était pas allégué que ce dernier ne pouvait se substituer aux engagements pris par le cessionnaire envers ses cédants).

172. V. notamment Civ. 1re, 17 juin 1981, *Bull. civ.* I, n° 224 : admission d'une demande en retrait trente ans après la cession des droits indivis.

Lorsque la **cession se fait de gré à gré**[173], les coïndivisaires se voient reconnaître un droit de préemption qui joue ***ante rem venditam***. Dans un premier temps, le cédant *notifie* aux coïndivisaires, par acte extrajudiciaire, les conditions de la cession (étendue de la cession, prix) et l'identité de l'acquéreur (nom, domicile, profession)[174]. Dans un deuxième temps, les coïndivisaires disposent d'un *délai de réflexion* d'un mois pour faire connaître au cédant, par acte extrajudiciaire, qu'ils exercent le droit de préemption aux prix et conditions qui lui ont été notifiés[175]. Il reste la notification du projet n'ayant pas la valeur d'une offre, son auteur peut toujours renoncer au projet et rester dans l'indivision en cas de décision de préemption d'un coïndivisaire[176]. Dans un troisième temps, *en cas de préemption*, le préempteur[177] dispose d'un délai de deux mois à compter de la date d'envoi de sa réponse au vendeur pour réaliser l'acte de vente ; passé ce délai, la déclaration de préemption est nulle[178] de plein droit[179], quinze jours après une mise en demeure restée sans

173. Art. 815-14 C. civ. : « *[l]'indivisaire qui entend céder, à titre onéreux, à une personne étrangère à l'indivision, tout ou partie de ses droits dans les biens indivis ou dans un ou plusieurs de ces biens est tenu de notifier par acte extrajudiciaire aux autres indivisaires le prix et les conditions de la cession projetée ainsi que les nom, domicile et profession de la personne qui se propose d'acquérir.* (al. 1) *Tout indivisaire peut, dans le délai d'un mois qui suit cette notification, faire connaître au cédant, par acte extrajudiciaire, qu'il exerce un droit de préemption aux prix et conditions qui lui ont été notifiés.* (al. 2) *En cas de préemption, celui qui l'exerce dispose pour la réalisation de l'acte de vente d'un délai de deux mois à compter de la date d'envoi de sa réponse au vendeur. Passé ce délai, sa déclaration de préemption est nulle de plein droit, quinze jours après une mise en demeure restée sans effet, et sans préjudice des dommages-intérêts qui peuvent lui être demandés par le vendeur.* (al. 3) *Si plusieurs indivisaires exercent leur droit de préemption, ils sont réputés, sauf convention contraire, acquérir ensemble la portion mise en vente en proportion de leur part respective dans l'indivision.* (al. 4) *Lorsque des délais de paiement ont été consentis par le cédant, l'article 828 est applicable.* (al. 5) ».

174. Art. 815-14 al. 1 C. civ. Ces renseignements sont importants, car il se peut très bien que les coïndivisaires, bien qu'opposés à l'entrée dans l'indivision de l'acquéreur pressenti, ne le soit pas à l'égard d'autres tiers. C'est ce qui explique que la jurisprudence, quoique sévère, n'estime pas la condition remplie lorsque l'acte notifié aux coïndivisaires indiquait que les acquéreurs avaient la faculté de se substituer un tiers, fût-ce finalement une société civile dont ils seraient les seuls associés (Civ. 1re, 28 janvier 2009, *Bull. civ.* I, n° 18, *D.* 2009, p. 2300, obs. B. Mallet-Bricout, *JCP* 2009, I, 127, obs. H. Périnet-Marquet, *Rép. Defr.* 2009, p. 1622, obs. A. Chamoulaud-Trapiers : la Cour de cassation relève que « l'identité de l'acquéreur n'avait pas été notifiée à l'indivisaire bénéficiaire du droit de préemption »).

175. Art. 815-14 al. 2 C. civ.

176. Civ. 1re, 5 juin 1984, *Bull. civ.* I, n° 183, *JCP* 1985, II, 20469, note M. Dagot, *Rép. Defr.* 1986, p. 1162, note M. Vion, *RTD civ.* 1985, p. 428, obs. J. Patarin : « à défaut de disposition le précisant dans l'article 815-14 C. civ., qui a seulement pour but d'éviter l'intrusion d'un tiers étranger à l'indivision, la notification faite au titulaire du droit de préemption de l'intention de céder les droits indivis ne vaut pas offre de vente ; qu'il en résulte que l'indivisaire qui a fait cette notification peut renoncer à son projet de vente malgré la manifestation de volonté d'un autre indivisaire d'exercer le droit de préemption » ; Civ. 1re, 9 février 2011, *Bull. civ.* I, n° 25, *AJ fam.* 2011, n° 219, obs. Ch. Vernières, *JCP* 2011, I, 323, obs. H. Périnet-Marquet, *Rép. Defr.* 2011, p. 1339, note S. Becqué-Ickowicz, *RDC* 2011, p. 921, note Ch. Goldie-Génicon : « la cour d'appel a retenu, à bon droit, que la notification faite au titulaire du droit de préemption de l'intention de céder ses droits indivis ne vaut pas offre de vente et que l'indivisaire qui a fait cette notification peut renoncer à son projet malgré la manifestation de volonté d'un autre indivisaire d'exercer son droit de préemption ».

177. En cas de pluralité de préempteurs, ceux-ci sont réputés, sauf convention contraire, acquérir ensemble la portion mise en vente en proportion de leur part respective dans l'indivision (art. 815-14 al. 4 C. civ.).

178. Le choix de la nullité interpelle ; en réalité, la décision est simplement caduque.

179. La nullité ne peut être invoquée que par le cédant et non par le cessionnaire, qui ne doit pas être en mesure d'inférer dans les affaires de l'indivision (Civ. 1re, 12 décembre 2007, *Bull. civ.* I, n° 386, *JCP* 2008, I, 127, n° 14, obs. H. Périnet-Marquet : « la cour d'appel, qui a décidé, à bon droit, que seul le cédant peut se prévaloir de la nullité de la déclaration de préemption »).

effet, et sans préjudice des dommages-intérêts qui peuvent lui être demandés par le vendeur. Si l'acte de vente se réalise, le préempteur se trouve substitué dans les droits et obligations du tiers[180].

Lorsque la **cession se fait sur adjudication**[181], les coïndivisaires se voient reconnaître un droit de préemption qui joue ***post rem venditam***. Dans un premier temps, l'avocat ou le notaire doit *notifier* le projet d'adjudication aux indivisaires un mois avant la date prévue pour la vente. Là encore, le droit de préemption ayant essentiellement pour objet d'éviter l'intrusion d'un tiers, la décision de préemption ne sera prise qu'une fois l'identité de ce tiers connue, ce qui suppose que la vente sur adjudication au profit d'un tiers – préalablement informé du droit de préemption[182] – ait déjà eu lieu. Après donc que la *vente sur adjudication* a eu lieu dans un deuxième temps, chaque indivisaire pourra dans un troisième temps se *substituer* à l'acquéreur dans un délai d'un mois à compter de l'adjudication, par déclaration au greffe ou auprès du notaire.

Quelle que soit la forme dans laquelle la vente a eu lieu, de gré à gré ou sur adjudication, celle-ci est nulle si elle a été opérée au mépris des dispositions des articles 815-14 et 815-15 C. civ.[183]. L'action en nullité se prescrit par cinq ans – le délai

---

180. Ce qui explique :
1°/ Que le préempteur doive payer à l'agent immobilier sa commission, dont l'intervention lui a *indirectement* permis d'acquérir (Civ. 1re, 26 mars 1996, *Bull. civ.* I, n° 153, *JCP* 1997, I, 4010, obs. H. Périnet-Marquet, *Rép. Defr.* 1997, p. 92, note B. Gelot, *RTD civ.* 1997, p. 478, obs. J. Patarin : « la cour d'appel a relevé que M. Z..., informé du prix et des conditions de la cession ainsi que de l'existence et du montant de la commission prévue au profit de l'intermédiaire, avait, en connaissance de cause, décidé d'exercer son droit de préemption ; elle a énoncé, à bon droit, que l'intéressé s'était ainsi substitué à la société Dulac, acquéreur évincé, en tous ses droits et toutes ses obligations, notamment en son obligation contractuelle de payer une commission »).
2°/ Que le préempteur ne puisse prétendre acquérir sous condition suspensive de l'obtention d'un prêt si le tiers avait déclaré acquérir comptant (Civ. 1re, 18 janvier 2012, *Bull. civ.* I, n° 5 : « (...) la cour d'appel a relevé que dans les deux mois de sa décision d'user de son droit de préemption pas plus que dans les quinze jours suivant la mise en demeure qui lui avait été délivrée le 1er février 2007, M. Michel Y... n'avait soumis à son coïndivisaire un acte conforme aux conditions de la vente qui lui avait été notifiée, le projet d'acte sous seing privé présenté le 12 février 2007 stipulant une condition d'octroi d'un prêt qui n'était pas prévue dans l'offre initiale ; (...) ayant ainsi procédé à la recherche que la première branche du moyen lui reproche d'avoir omise, elle en a déduit à bon droit que la déclaration de préemption était nulle (...) »). En revanche, le recours à un prêt par le préempteur reste possible s'il n'a pas été érigé en condition de l'acquisition (Civ. 1re, 26 janvier 2011, pourvoi n° 09-66153 : « l'octroi d'un crédit [au coïndivisiaire] pour assurer le financement de l'acquisition des droits indivis litigieux n'avait pas été érigé en condition de celle-ci, de sorte que les conditions de l'offre d'achat originaire [faites par le tiers] n'en étaient pas affectées ») ou encore, semble-t-il, si le projet initial conclu avec le tiers ne prévoyait pas que le paiement dût être fait comptant (dans l'affaire ayant donné lieu à la décision du 18 janvier 2012, il semble qu'il était stipulé dans le projet conclu avec le tiers que le paiement devait être effectué comptant).

181. Art 815-15 C. civ. : « *[s]'il y a lieu à l'adjudication de tout ou partie des droits d'un indivisaire dans les biens indivis ou dans un ou plusieurs de ces biens, l'avocat ou le notaire doit en informer les indivisaires par notification un mois avant la date prévue pour la vente. Chaque indivisaire peut se substituer à l'acquéreur dans un délai d'un mois à compter de l'adjudication, par déclaration au greffe ou auprès du notaire.* (al. 1) *Le cahier des conditions de vente établi en vue de la vente doit faire mention des droits de substitution.* (al. 2) ».

182. Ainsi que le prévoit l'article 815-15 al. 2 C. civ., « *[l]e cahier des conditions de vente établi en vue de la vente doit faire mention des droits de substitution* ». Les candidats à l'acquisition sont ainsi informés du risque de préemption.

183. Art. 815-16 C. civ. : « *[e]st nulle toute cession ou toute licitation opérée au mépris des dispositions des articles 815-14 et 815-15. L'action en nullité se prescrit par cinq ans. Elle ne peut être exercée que par ceux à qui les notifications devaient être faites ou par leurs héritiers* ».

courant à compter du jour où le coïndivisaire du vendeur a eu connaissance de la vente[184] – et ne peut être exercée que par ceux à qui les notifications devaient être faites ou par leurs héritiers.

Il convient de mentionner le **cas particulier d'une cession d'une part indivise dans un bien démembré**[185] : les notifications prévues lors d'une cession amiable ou sur adjudication doivent être adressées à tout nu-propriétaire et à tout usufruitier. Un **ordre de priorité** est établi au bénéfice de celui qui entend préempter pour un droit de même nature que le droit dont il est titulaire : un usufruitier ou un nu-propriétaire ne peut préempter en cas de vente d'une part indivise en nue-propriété ou en usufruit que si, respectivement, aucun nu-propriétaire ou usufruitier ne s'en est porté acquéreur dans un premier temps.

2. Les pouvoirs sur les biens indivis

470. Plan. Les pouvoirs des indivisaires sur les biens méritent d'être envisagés à un double égard : la jouissance (a) et la gestion (b).

a) La jouissance des biens indivis

471. Tout indivisaire. Le principe est que « *[c]haque* ***indivisaire peut user et jouir*** *des biens indivis (...)* » (art. 815-9 al. 1 *in limine* C. civ.). Tout indivisaire peut donc user et jouir des biens indivis, sans avoir à recueillir l'autorisation des coïndivisaires[186].

À cet égard, lorsque la notification n'a pas respecté la forme prévue par l'art. 815-14 C. civ., l'irrégularité ne peut être couverte par le jeu de l'art. 114 CPC (pas de nullité sans grief) (Civ. 1re, 5 mars 2002, *Bull. civ.* I, n° 77, *JCP* 2002, I, 176, obs. H. Périnet-Marquet : « pour débouter Mlle X... (...), l'arrêt attaqué retient qu'une copie des deux actes de cession sous condition suspensive avait été remise par le notaire à l'administratrice légale sous contrôle judiciaire qui disposait ainsi de tous renseignements utiles pour l'exercice du droit de préemption, de sorte que, si cette notification ne respectait pas la forme prévue par l'article 815-14 du Code civil, l'irrégularité relevée ne pouvait justifier la demande d'annulation, dès lors qu'elle n'avait causé aucun grief ; Attendu, cependant, que l'article 114 du nouveau Code de procédure civile ne peut recevoir application concernant un acte extrajudiciaire »).

184. Étant précisé qu'en cas de publication de la vente, le coïndivisaire est réputé en avoir eu connaissance à la date de cette formalité. V. Civ. 1re, 5 mars 2014, *Bull. civ.* I, n° 29 : « l'action en nullité d'une cession de droits indivis opérée au mépris des dispositions de l'article 815-14 C. civ., se prescrit par cinq ans, aux termes de l'article 815-16 du même code ; que cette prescription court à compter du jour où le coïndivisaire du vendeur a eu connaissance de la vente ; qu'ayant, par motifs propres et adoptés, relevé que la vente était opposable aux tiers du fait de sa publication le 22 octobre 1984, ce dont il s'induit que les coïndivisaires auxquels le projet de cession n'avait pas été régulièrement notifié étaient réputés en avoir eu connaissance à cette date, c'est sans encourir la critique du moyen que la cour d'appel a décidé que l'action en nullité exercée par M. François X..., par assignation du 3 octobre 2008, était prescrite ».

185. Art. 815-18 al. 2 C. civ. : « *[l]es notifications prévues par les articles 815-14, 815-15 et 815-16 doivent être adressées à tout nu-propriétaire et à tout usufruitier. Mais un usufruitier ne peut acquérir une part en nue-propriété que si aucun nu-propriétaire ne s'en porte acquéreur ; un nu-propriétaire ne peut acquérir une part en usufruit que si aucun usufruitier ne s'en porte acquéreur* ».

186. Civ. 7 avril 1875, *DP* 1875, 1, p. 381, S. 1875, 1, p. 299 : aux droits indivis « sont attachés les attributs ordinaires de la propriété sous la seule réserve des droits communs et égaux qui appartiennent à l'autre copropriétaire ; que le droit pour chacun de jouir et d'user de la chose commune ne saurait dépendre du consentement de son communiste, pourvu que le mode de jouissance et d'usage n'en dénature pas la destination et ne cause ni dommage, ni trouble de possession à l'autre ayant droit ».
Et pour une illustration révélatrice de ce pouvoir en droit des sociétés, v. Com. 4 décembre 2007, *Bull. civ.* IV, n° 259 : « [v]u l'article 815-9 du Code civil, ensemble les articles L. 225-231 et L. 228-5 du Code de commerce ; (...) selon le premier de ces textes, chaque indivisaire peut user des biens indivis conformément à leur destination, dans la mesure compatible avec le droit des autres indivisaires ; (...) pour déclarer irrecevable la demande des consorts X..., l'arrêt retient que lorsque les actions d'une société

Ce pouvoir est néanmoins triplement limité, puisque si chaque indivisaire peut jouir des biens indivis, c'est « *conformément à leur destination, dans la mesure compatible avec le droit des autres indivisaires et avec l'effet des actes régulièrement passés au cours de l'indivision. À défaut d'accord entre les intéressés, l'exercice de ce droit est réglé, à titre provisoire, par le président du tribunal* » (art. 815-9 al. 1 *in fine* C. civ.). En premier lieu, un indivisaire ne peut jouir du bien que **conformément à sa destination** : l'affectation d'un bien, en particulier d'un immeuble, doit être respectée par chacun[187]. Ainsi un immeuble d'habitation ne saurait être transformé par un indivisaire en un immeuble destiné à permettre l'exercice d'une activité commerciale, ce qui empêcherait les autres d'y habiter. En deuxième lieu, un indivisaire ne peut jouir du bien que **dans la mesure compatible avec le droit des autres indivisaires** : chaque indivisaire a un droit égal à jouir du bien, en sorte qu'aucun d'entre eux ne saurait prétendre à une jouissance privative en excluant les autres. Si, *de facto*, un indivisaire peut jouir seul du bien[188], il ne peut l'exiger *de jure*. L'indivisaire qui ne respecte pas la destination de la chose indivise, et plus généralement les droits de ses coïndivisaires[189], peut être contraint à cesser ses agissements et s'expose à réparer le préjudice subi[190]. En troisième lieu, un indivisaire ne peut jouir du bien que **dans la mesure compatible**

---

font l'objet d'une indivision, le principe de l'indivisibilité des titres à l'égard de la société posé par l'article L. 228-5 du Code de commerce ne permet pas aux co-indivisaires d'agir séparément, l'expertise de gestion ne pouvant en ce cas être demandée que par l'unanimité des co-indivisaires et qu'en l'espèce, Mme Nicole Y... X... est propriétaire en propre de 2 330 actions et chacune des autres appelantes de deux actions de la SIAGAT ; (...) M. Amédée-Paul X..., en sa qualité d'héritier de Joseph-Amédée X..., est également partie à l'indivision successorale, mais ne s'est pas joint à la demande de Mmes Patricia, Florence et Virginie X... qui, par suite, ne peuvent se prévaloir du capital détenu par l'indivision successorale de leur ancien époux et père ; (...) ne possédant donc que 1,52 % du capital de la SIAGAT, elles n'atteignent pas le seuil de 5 % requis par l'article L. 225-231 du Code de commerce et que leur action est irrecevable de ce chef ; (...) en statuant ainsi, alors que la demande de désignation d'un expert sur le fondement de l'article L. 225-231 du Code de commerce peut être présentée par un ou plusieurs actionnaires détenant de manière indivise, au moins 5 % du capital, la cour d'appel a violé les textes susvisés ».

187. Civ. 1re, 5 novembre 2014, pourvoi n° 13-11304, à paraître au *Bulletin*, *Rép. Defr.* 2014, p. 8, obs. L. Tranchant : « ayant retenu (...), d'une part, que la SCI ne démontrait pas que le jardin et le poulailler diminuaient ou entravaient de quelque manière que ce soit son propre usage de la cour commune, notamment pour la circulation et le stationnement de ses chevaux et de ses véhicules ou encore pour l'entreposage du matériel nécessaire aux travaux de rénovation par elle entrepris, d'autre part, que Marie Y... était fondée à clôturer le poulailler afin de protéger ses volailles contre l'intrusion du chien de la SCI, la cour d'appel a estimé souverainement que Marie Y... n'avait pas porté atteinte aux droits égaux et concurrents de la SCI sur l'immeuble indivis et a, par ce seul motif, légalement justifié sa décision de rejeter la demande en paiement d'une indemnité d'occupation ».

188. Civ. 1re, 13 janvier 1998, *Bull. civ.* I, n° 12, *JCP* 1998, I, 171, obs. H. Périnet-Marquet : « il résulte de l'article 815-9 du Code civil, que chaque indivisaire peut user et jouir des biens indivis conformément à leur destination dans la mesure compatible avec les droits des autres indivisaires ; (...) ayant souverainement retenu (...) que l'occupation par Mlle X... de l'immeuble indivis n'excluait pas la même utilisation par ses coïndivisaires, la cour d'appel a, par ces seuls motifs, légalement justifié sa décision [de ne pas condamner Mlle X... au paiement d'une indemnité pour l'occupation de l'immeuble indivis] ».

189. Ce qui relève de l'appréciation souveraine des juges du fond. V. Civ. 1re, 5 novembre 2014, pourvoi n° 13-11304, à paraître au *Bulletin*, préc.

190. Civ. 1re, 12 mai 2010, *Bull. civ.* I, n° 116, *Rép. Defr.* 2010, p. 2387, obs. A. Chamoulaud-Trapiers, *JCP* 2010, I, 1162, obs. H. Périnet-Marquet, *RTD civ.* 2010, p. 587, obs. Th. Revet : « tout indivisaire est en droit de faire cesser les actes accomplis par un autre indivisaire, qui ne respectent pas la destination de l'immeuble ou qui portent atteinte à leurs droits égaux et concurrents sur la chose indivise et d'agir à cet effet, ainsi que pour obtenir réparation du préjudice consécutif auxdits actes, sans attendre le partage ».

avec l'effet des actes régulièrement passés au cours de l'indivision : tout indivisaire doit respecter les actes conclus valablement par les coïndivisaires. Ainsi un bail valablement passé au profit d'un tiers empêchera un indivisaire d'user du bien loué.

À défaut d'accord entre les coïndivisaires pour organiser l'utilisation commune d'un bien indivis, le président du tribunal la réglemente provisoirement, se prononçant en la forme des référés[191]. En général, le juge est libre des mesures à prendre et peut même attribuer un droit de jouissance privatif à l'un des coïndivisaires, moyennant indemnité[192]. Il peut en outre prendre deux mesures particulières. En premier lieu, il peut interdire, afin d'éviter leur dissipation, le déplacement des meubles corporels, sauf à spécifier ceux dont il attribue l'usage personnel[193]. En second lieu, en raison du contexte particulier en Guadeloupe, en Guyane, en Martinique, à La Réunion et à Saint-Martin, rendant difficile la mise sur le marché de logements vacants ou inoccupés faute d'accord des indivisaires, le juge peut, lorsqu'un immeuble indivis est vacant, autoriser un indivisaire à exécuter des travaux, accomplir des actes d'administration et des formalités de publicité, en vue de le donner à bail à titre d'habitation principale[194].

472. Indemnisation en cas de jouissance privative. ***Généralités***. Il se peut que les indivisaires soient empêchés[195], en droit ou en fait[196], de jouir d'un bien indivis car un coïndivisaire en jouit privativement[197]. En ce cas, ce dernier est, sauf

191. Civ. 1re, 20 mai 2001, *Bull. civ.* I, n° 99 : le juge se prononce en la forme des référés et non en référé, en sorte que les articles 808 et 809 CPC sont inapplicables.

192. En ce sens, v. F.-X. Testu et Ch. Vernières, *Droit patrimonial de la famille*, Dalloz action 2015-2016, n° 251-317.

193. Art. 815-7 C. civ. : « *[l]e président du tribunal peut (...) interdire le déplacement des meubles corporels sauf à spécifier ceux dont il attribue l'usage personnel à l'un ou à l'autre des ayants droit, à charge pour ceux-ci de donner caution s'il l'estime nécessaire* ».

194. Art. 815-7-1 C. civ. (L. n° 2009-594 du 27 mai 2009 pour le développement économique des outre-mer) : « *[e]n Guadeloupe, en Guyane, en Martinique, à La Réunion et à Saint-Martin, lorsqu'un immeuble indivis à usage d'habitation ou à usage mixte d'habitation et professionnel est vacant ou n'a pas fait l'objet d'une occupation effective depuis plus de deux années civiles, un indivisaire peut être autorisé en justice, dans les conditions prévues aux articles 813-1 à 813-9, à exécuter les travaux d'amélioration, de réhabilitation et de restauration de l'immeuble ainsi qu'à accomplir les actes d'administration et formalités de publicité, ayant pour seul objet de le donner à bail à titre d'habitation principale* ».

195. Civ. 1re, 8 juillet 2009, *Bull. civ.* I, n° 160 : « [l]a jouissance privative d'un bien indivis résulte de l'impossibilité de droit ou de fait pour les coïndivisaires d'user de la chose ». Mais aucune indemnité n'est donc due pour la seule raison qu'un indivisaire jouit, *de facto*, seul, du bien. V. Civ. 1re, 13 janvier 1998, *Bull. civ.* I, n° 12, préc. : « il résulte de l'article 815-9 du Code civil, que chaque indivisaire peut user et jouir des biens indivis conformément à leur destination dans la mesure compatible avec les droits des autres indivisaires ; (...) ayant souverainement retenu (...) que l'occupation par Mlle X... de l'immeuble indivis n'excluait pas la même utilisation par ses coïndivisaires, la cour d'appel a, par ces seuls motifs, légalement justifié sa décision [de ne pas condamner Mlle X... au paiement d'une indemnité pour l'occupation de l'immeuble indivis] ».

196. L'impossibilité *en droit* peut résulter d'une convention ou d'une décision de justice reconnaissant à un seul des indivisaires le droit de jouir d'un bien ; l'impossibilité *en fait* peut résulter quant à elle d'agissements d'un indivisaire qui empêcherait l'accès au bien, par exemple en conservant les clefs d'un immeuble.

197. Ce qui est le cas du bénéficiaire de l'attribution préférentielle dès lors que le partage n'a pas été réalisé, car ce n'est qu'à cet instant que s'opère l'attribution privative de propriété (Civ. 1re, 23 novembre 1982, *Bull. civ.* I, n° 337 : « le jugement qui prononce ou l'accord qui décide l'attribution préférentielle (...) ne confère pas à celui qui en bénéficie la propriété des biens qui en sont l'objet et (...) ce n'est qu'au terme du partage que se produit l'attribution privative de propriété »).

convention contraire[198], redevable d'une indemnité à l'indivision[199], peu important qu'il en jouisse effectivement[200].

L'indemnité étant un fruit de la chose indivise[201], elle est due à l'indivision[202] qu'elle accroît[203], obéit aux règles de prescription applicables aux fruits[204], et intègre

---

198. Civ. 1re, 7 juin 2006, *Bull. civ.* I, n° 284, *JCP* 2006, I, 193, obs. A. Tisserand-Martin : « si, en principe, une indemnité est due en raison de l'usage ou de la jouissance privative d'un bien indivis par un indivisaire, rien ne s'oppose à ce que les indivisaires dérogent conventionnellement à cette règle » ; Civ. 1re, 4 octobre 2005, *Bull. civ.* I, n° 358, *JCP* 2006, I, 127, obs. H. Périnet-Marquet : « l'indemnité due pour l'occupation d'un immeuble indivis doit revenir à l'indivision, rien ne s'oppose à ce que deux indivisaires concluent une convention d'indivision par laquelle l'un reconnaît devoir à l'autre la part revenant à ce dernier dans l'indemnité d'occupation » : l'indemnité n'est pas due à l'indivision, mais au coïndivisaire.

199. Art. 815-9 C. civ. : « *[c]haque indivisaire peut user et jouir des biens indivis conformément à leur destination, dans la mesure compatible avec le droit des autres indivisaires et avec l'effet des actes régulièrement passés au cours de l'indivision. À défaut d'accord entre les intéressés, l'exercice de ce droit est réglé, à titre provisoire, par le président du tribunal.* (al. 1) *L'indivisaire qui use ou jouit privativement de la chose indivise est, sauf convention contraire, redevable d'une indemnité.* (al. 2) ».

200. V. notamment Civ. 1re, 30 juin 2004, *Bull. civ.* I, n° 194 : « pour débouter M. X... de sa demande en paiement d'une indemnité pour l'occupation de l'appartement indivis par les consorts X... à compter du 16 octobre 1998, l'arrêt attaqué énonce que ceux-ci ne résident pas dans l'appartement indivis et que le fait qu'ils en détiendraient les clés ne suffit pas à leur conférer une jouissance privative et exclusive ; (...) en se déterminant ainsi, alors, d'une part, que M. X... soutenait qu'il n'avait jamais pu obtenir de ses fils les clés de l'appartement, d'autre part, que la détention de ces clés par les consorts X..., en ce qu'elle leur permettait d'avoir seuls la libre disposition du bien indivis, était constitutive d'une jouissance privative et exclusive, la cour d'appel n'a pas donné de base légale à sa décision au regard du texte susvisé ». *Adde* Civ. 1re, 9 juillet 2014, pourvoi n° 13-15948, *Bull. civ.* I, n° 234 : « pour débouter Mme Y... de sa demande tendant à mettre à la charge de M. X... une indemnité au titre de l'occupation de la villa du Lavandou, l'arrêt retient que celle-ci ne justifie pas de ce que M. X... a la jouissance privative et exclusive de ce bien ; (...) en statuant ainsi, sans rechercher si, comme le soutenait Mme Y..., l'ordonnance de non-conciliation n'attribuait pas la jouissance de ce bien au mari, la cour d'appel n'a pas donné de base légale à sa décision ».

201. Civ. 1re, 27 octobre 1993, *Bull. civ.* I, n° 301 : « l'indemnité d'occupation a pour objet de réparer le préjudice causé à l'indivision par la perte des fruits et revenus et de se substituer à ces derniers dont elle emprunte le caractère ».

202. Lorsqu'un bien est acquis en tontine, l'indemnité est due au cotitulaire du droit de jouissance de celui qui a eu la jouissance exclusive du bien (Civ. 3e, 17 décembre 2013, *Bull. civ.* III, n° 168, *RTD civ.* 2014, p. 407, obs. W. Dross : « [v]u l'article 815-9 C. civ., et les règles régissant la clause d'accroissement ; (...) l'achat en commun d'un bien immobilier avec clause d'accroissement est exclusif de l'indivision ; (...) toutefois, il confère aux parties des droits concurrents de jouissance indivise sur le bien tant que la condition de prédécès d'un des acquéreurs ne s'est pas réalisée » en sorte qu'« une indemnité d'occupation est due à la partie cotitulaire du droit de jouissance par celle qui a la jouissance exclusive du bien »).

203. Art. 815-10 al. 2 C. civ. : « *[l]es fruits et les revenus des biens indivis accroissent à l'indivision, à défaut de partage provisionnel ou de tout autre accord établissant la jouissance divise* ». Et v. Civ. 1re, 5 avril 1991, *Bull. civ.* I, n° 54, *Rép. Defr.* 1991, p. 494, obs. G. Champenois, *RTD civ.* 1992, p. 615, obs. J. Patarin : « l'indemnité litigieuse doit être assimilée à un revenu accroissant à l'indivision ».

204. Art. 815-10 al. 3 C. civ. : « *[a]ucune recherche relative aux fruits et revenus ne sera, toutefois, recevable plus de cinq ans après la date à laquelle ils ont été perçus ou auraient pu l'être* ». L'indivisaire ayant privativement occupé le bien peut néanmoins renoncer à se prévaloir de la prescription (v. Civ. 1re, 4 octobre 2005, *Bull. civ.* I, n° 358, *JCP* 2006, I, 127, obs. H. Périnet-Marquet : « si aucune recherche relative à l'indemnité due par un indivisaire, pour la jouissance privative d'un bien indivis, n'est recevable plus de cinq ans après la date à laquelle cette indemnité aurait pu être perçue, rien n'empêche les indivisaires de déroger conventionnellement [acte notarié de reconnaissance de dette] à cette règle, dès lors que la prescription quinquennale n'opère pas de plein droit, ne s'agissant pas d'un délai préfix »).

les bénéfices auxquels chaque indivisaire peut prétendre annuellement pour sa part[205]. L'indivisaire qui jouit privativement du bien étant le seul à profiter de la valeur d'usage de la chose, l'indemnité d'occupation due doit compenser cette privation de valeur, appréciée souverainement par les juges du fond[206].

473. Indemnisation en cas de jouissance privative. ***Cas particulier de l'occupation privative d'un bien par un époux en instance de divorce.*** Au cours d'une instance de divorce, l'époux commun en biens qui occupe privativement l'ancien logement des époux est-il redevable d'une indemnité d'occupation ? Il convient à ce titre de considérer *la date de prise d'effets du divorce quant aux biens* et la *date de cessation des devoirs entre époux.*

S'agissant de la **date de prise d'effets du divorce quant aux biens des époux**, l'article 262-1 C. civ.[207] opère une distinction[208]. Lorsqu'il est prononcé par

205. Civ. 1re, 5 avril 1991, *Bull. civ.* I, n° 54, *Rép. Defr.* 1991, p. 494, obs. G. Champenois, *RTD civ.* 1992, p. 615, obs. J. Patarin : « l'indemnité litigieuse doit être assimilée à un revenu accroissant à l'indivision, et (...) chaque indivisaire peut (...) solliciter sa part annuelle dans les bénéfices en résultant pour celle-ci ».

206. Civ. 1re, 30 juin 1987, *Bull. civ.* I, n° 213 : « la cour d'appel est souveraine pour déterminer la méthode de calcul en vue de la fixation de l'indemnité d'occupation ». En général, l'indemnité d'occupation est évaluée par rapport à la valeur locative du bien (Civ. 1re, 27 octobre 1992, *Bull. civ.* I, n° 265, *JCP* 1993, I, 3713, obs. F.-X. Testu, *RTD civ.* 1993, p. 630, obs. J. Patarin : « l'indemnité d'occupation mise par l'article 815-9 du Code civil à la charge de l'indivisaire qui jouit privativement d'un bien indivis doit être déterminée en ayant égard à la valeur locative des biens »). Mais les juges du fond ne sont pas tenus de se fonder sur la « seule valeur locative du bien » (Civ. 1re, 13 décembre 1994, *Bull. civ.* I, n° 369, *JCP* 1995, I, 3878, obs. H. Périnet-Marquet, *RTD civ.* 1995, p. 659, obs. J. Patarin). En tout état de cause, en raison de son objet, l'indemnité d'occupation ne saurait être cumulée avec une indemnité destinée à compenser la perte des fruits (Civ. 1re, 27 octobre 1993, *Bull. civ.* I, n° 301 : « l'indemnité d'occupation a pour objet de réparer le préjudice causé à l'indivision par la perte des fruits et revenus et de se substituer à ces derniers dont elle emprunte le caractère, de telle sorte [qu'on ne peut pas] ajouter à cette indemnité d'occupation une autre indemnité destinée à compenser la perte de ces fruits et revenus » ; Civ. 1re, 3 octobre 2006, *Bull. civ.* I, n° 426 : « une indemnité due au titre de l'occupation d'un bien indivis, qui a pour objet de réparer le préjudice causé à l'indivision par la perte des fruits et revenus et de se substituer à ces derniers dont elle emprunte le caractère, et une indemnité due au titre des fruits et revenus tirés d'un bien indivis, qui est destinée à compenser la perte de ces fruits et revenus, ne peuvent être cumulées »).
Les éventuelles indemnités dues à l'occupant privatif au titre de dépenses de conservation ne sauraient s'imputer sur l'indemnité d'occupation qu'il doit (Civ. 1re, 25 juin 1996, *Bull. civ.* I, n° 267, *JCP* I, 4010, obs. H. Périnet-Marquet : « les dépenses effectuées par un indivisaire pour la conservation d'un bien indivis, compensées par l'indemnité fixée selon l'article 815-13 C. civ., sont sans incidence sur l'évaluation de l'indemnité d'occupation, mise par l'article 815-9 du même code à la charge de cet indivisaire pour la jouissance privative de ce bien »).

207. « *Le jugement de divorce prend effet dans les rapports entre les époux, en ce qui concerne leurs biens :*
– lorsqu'il est prononcé par consentement mutuel, à la date de l'homologation de la convention réglant l'ensemble des conséquences du divorce, à moins que celle-ci n'en dispose autrement ;
– lorsqu'il est prononcé pour acceptation du principe de la rupture du mariage, pour altération définitive du lien conjugal ou pour faute, à la date de l'ordonnance de non-conciliation.
À la demande de l'un des époux, le juge peut fixer les effets du jugement à la date à laquelle ils ont cessé de cohabiter et de collaborer. Cette demande ne peut être formée qu'à l'occasion de l'action en divorce. La jouissance du logement conjugal par un seul des époux conserve un caractère gratuit jusqu'à l'ordonnance de non-conciliation, sauf décision contraire du juge ». Et v. Civ. 1re, 24 septembre 2014, *Bull. civ.* I, n° 152 : « un époux séparé de biens, qui jouit privativement d'un immeuble indivis, est redevable d'une indemnité d'occupation à compter de la date de l'assignation en divorce, qui fixe le point de départ des effets de la décision de divorce dans les rapports patrimoniaux des époux. »

208. On trouve des règles similaires en cas de séparation de biens judiciaire (art. 1441 et 1442 C. civ.).

consentement mutuel, le divorce prend effet à la date de l'homologation de la convention réglant l'ensemble des conséquences du divorce, à moins que celle-ci n'en dispose autrement, et lorsqu'il est prononcé pour acceptation du principe de la rupture du mariage, pour altération définitive du lien conjugal ou pour faute, à la date de l'ordonnance de non-conciliation (al. 1), encore qu'à la demande de l'un des époux, le juge peut fixer les effets du jugement à la date à laquelle ils ont cessé de cohabiter et de collaborer (al. 2 *in limine*[209])[210]. À compter de cette date, quelle qu'elle soit, le logement est donc réputé indivis.

S'agissant de la **date de cessation des devoirs entre époux**, en particulier du devoir de contribuer aux charges du mariage, l'article 260 C. civ.[211] retient le jour où la décision qui prononce le divorce est passée en force de chose jugée.

Il ressort de ces considérations, en somme, qu'*à compter de la date de prise d'effets du divorce quant aux biens des époux*, l'époux occupant privativement le logement indivis est – à moins que l'ordonnance de non-conciliation ne lui ait accordé un droit de jouissance gratuite (art. 255, 4° C. civ.[212]) – tenu de verser une indemnité à l'autre[213], sauf à ce qu'il démontre que *jusqu'à la date de cessation des devoirs entre époux*, l'occupation constituait un mode d'exécution pour l'autre de son obligation de contribuer aux charges du mariage[214]. En revanche, *à compter de la date de cessation des devoirs entre époux*, tant que le partage n'est pas réalisé, il

209. Il est par ailleurs précisé que « *[c]ette demande ne peut être formée qu'à l'occasion de l'action en divorce* ».

210. Si tel est le cas, et jusqu'à l'ordonnance de non-conciliation, d'après l'article 262-1 al. 2 *in fine* C. civ., « *[l]a jouissance du logement conjugal par un seul des époux conserve un caractère gratuit jusqu'à l'ordonnance de non-conciliation, sauf décision contraire du juge* ». Et v. Civ. 1re, 23 octobre 2013, *Bull. civ.* I, n° 207, *RTD civ.* 2014, p. 95, obs. J. Hauser.

211. « *La décision qui prononce le divorce dissout le mariage à la date à laquelle elle prend force de chose jugée.* »

212. D'après cette disposition, « *[l]e juge peut notamment (...) 4° Attribuer à l'un d'eux la jouissance du logement et du mobilier du ménage ou partager entre eux cette jouissance, en précisant son caractère gratuit ou non et, le cas échéant, en constatant l'accord des époux sur le montant d'une indemnité d'occupation* ». Et v. Civ. 1re, 19 avril 2005, *Bull. civ.* I, n° 189 : « il résulte des dispositions combinées des articles 262-1 et 815-9 C. civ. qu'à compter de la date de l'assignation en divorce, à laquelle le jugement de divorce prend effet dans les rapports patrimoniaux entre époux, en l'absence de dispositions contraires, une indemnité est due par le conjoint qui jouit privativement d'un bien indivis ; (...) la cour d'appel a souverainement estimé que les termes de l'ordonnance de non-conciliation ne permettaient pas de retenir que la jouissance du domicile conjugal avait été attribuée à M. X... à titre gratuit ».

213. En principe, peu importe que les enfants communs du couple aient occupé l'appartement avec l'occupant (Civ. 1re, 7 juin 2006, *Bull. civ.* I, n° 292, *RTD civ.* 2006, p. 542, obs. J. Hauser : « la cour d'appel a décidé à juste titre que ce caractère privatif, qui s'apprécie uniquement par rapport aux autres indivisaires, n'était pas remis en cause par le fait que les enfants du couple cohabitaient avec elle »). Toutefois, les juges doivent rechercher si l'occupation de l'appartement commun devenu indivis à la suite du divorce, par le père avec les enfants issus de l'union, ne constituent pas une « modalité d'exécution [par la mère] de son devoir de contribuer à l'entretien des enfants, de nature à exclure toute indemnité d'occupation ou à en réduire le montant » (Civ. 1re, 28 mai 2014, *Bull. civ.* I, n° 97, *JCP* 2014, I, 1129, obs. H. Périnet-Marquet, *RTD civ.* 2014, p. 634, obs. J. Hauser). Il convient alors éventuellement de compenser, en partie ou en totalité, l'indemnité due par l'époux qui occupe l'immeuble indivis avec les enfants avec ce que doit verser l'autre époux au titre de son obligation d'entretien desdits enfants.

214. Civ. 1re, 6 mars 1990, *Bull. civ.* I, n° 61 : « la cour d'appel relève qu'après l'abandon par la femme du domicile conjugal, le mari y est demeuré avec les cinq enfants issus de l'union, du 4 janvier 1967 au 31 octobre 1976, date à laquelle le bien a été mis en location, et retient, par une appréciation qui est souveraine, que cette occupation constituait une modalité d'exécution par la femme de son obligation de contribuer aux charges du mariage ».

est certain qu'une indemnité sera due sur le fondement de l'article 815-9 al. 2 C. civ. sauf à ce que, en présence d'enfants, l'occupation constitue un mode de contribution à leur entretien[215].

b) *La gestion des biens indivis*

474. Plan. Certains actes de gestion peuvent être accomplis par un *indivisaire seul* (α), d'autres à la *majorité des deux tiers* des droits indivis (β), d'autres encore ne peuvent être que décidés à *l'unanimité* (γ).

475. Cas particuliers : saisine successorale et mandataire représentant les copropriétaires d'une part sociale indivise. En premier lieu, lorsque l'indivision est successorale, l'institution de la saisine affecterait selon certains les règles de droit commun de la gestion des biens indivis, l'article 724 C. civ. indiquant que « [l]es héritiers désignés par la loi sont saisis de plein droit des biens, droits et actions du défunt ». L'indivisaire saisi pourrait ainsi accomplir seul, non seulement des actes conservatoires (ce qu'autorise le droit commun de l'indivision), mais aussi des actes d'administration (ce que ce droit commun n'autorise pas). Mais la question est discutée à ce dernier sujet[216]. En second lieu, l'article 1844 al. 2 C. civ. prévoit que « *[l]es copropriétaires d'une part sociale indivise sont représentés par un mandataire unique, choisi parmi les indivisaires ou en dehors d'eux* » – et qu'« *[e]n cas de désaccord, le mandataire sera désigné en justice à la demande du plus diligent* »[217]. Toutefois, parce que, les copropriétaires indivis de droits sociaux ont la qualité d'associé[218], ils ne sauraient être privés du **droit d'assister** aux assemblées générales.

215. Civ. 1re, 13 avril 1999, *Bull. civ.* I, n° 126 : « pour infirmer le jugement et décider que M. X..., qui occupait l'immeuble indivis avec les deux enfants issus du mariage sans contribution de leur mère à leur entretien, était redevable d'une indemnité à compter du 19 février 1993, la cour d'appel se borne à retenir que c'est à cette date que le jugement de divorce est devenu définitif et qu'a pris fin le devoir de secours entre époux ; (...) en statuant ainsi, par des motifs inopérants, sans rechercher, comme elle y était invitée, si l'occupation de l'immeuble par les enfants ne constituait pas, au moins pour partie, une modalité d'exécution par la mère de son devoir de contribuer à leur entretien, la cour d'appel n'a pas donné de base légale à sa décision ».

216. Sur celle-ci, v. M. Grimaldi, *Successions*, Litec, 6e éd., 2001, n° 424 et W. Dross, « La saisine successorale », *Rep. Defr.* 2004, p. 471, spéc. n° 22 : « [c]e n'est pas la saisine qui octroie le pouvoir d'administrer l'hérédité, mais à l'inverse l'absence de vérification du titre du successeur qui lui interdit de prétendre pouvoir exercer, avant qu'il n'y ait été procédé, les droits qu'il a dans l'indivision ».

217. *Adde* art. L. 225-110 al. 2 C. com. : « *[l]es copropriétaires d'actions indivises sont représentés aux assemblées générales par l'un d'eux ou par un mandataire unique. En cas de désaccord, le mandataire est désigné en justice à la demande du copropriétaire le plus diligent.* »). La Cour de cassation a précisé que le mandataire doit être désigné à l'unanimité, indépendamment des règles de l'indivision qui pourraient conduire à se contenter d'une majorité des deux tiers des droits indivis, à défaut de quoi il le sera en justice (Civ. 1re, 15 décembre 2010, *Bull. civ.* I, n° 268, *RTD civ.* 2011, p. 148, obs. Th. Revet : « en cas de désaccord entre les copropriétaires d'une part sociale indivise sur le choix du mandataire unique qui, selon l'article 1844 du Code civil doit les représenter, il ne peut être dérogé aux dispositions impératives de ce texte prévoyant la désignation du mandataire en justice »).

218. Com. 21 janvier 2014, *Bull. civ.* IV, n° 16, *Dr. soc.* avril 2014, 27, note R. Mortier, *D.* 2014, p. 1852, obs. B. Mallet-Bricout, *RTD civ.* 2014, p. 413, obs. W. Dross : doit être cassée la décision qui fait droit à la demande visant à ce qu'il soit interdit à un indivisaire de la nue-propriété de droits sociaux de participer aux assemblées de la société ou de s'y faire représenter, alors que le copropriétaire indivis de droits sociaux a la qualité d'associé et que tout associé a le droit de participer aux décisions collectives.

α) Les actes pouvant être accomplis par un indivisaire seul

476. Actes conservatoires. D'après l'article 815-2 al. 1 C. civ., « *[t]out indivisaire peut prendre les mesures nécessaires à la conservation des biens indivis même si elles ne présentent pas un caractère d'urgence* ». Il peut s'agir d'**actes matériels**, telle la réparation de la toiture d'un immeuble. Mais il peut s'agir également d'**actes juridiques**, comme la mise en demeure de payer des loyers[219], la demande par un nu-propriétaire indivis à l'usufruitier d'informations sur la consistance et la valeur d'un portefeuille de valeurs mobilières en vue du partage[220], l'action en expulsion d'occupants sans titre et le paiement d'une indemnité d'occupation[221], l'action en revendication[222], l'action possessoire[223] – aujourd'hui disparue[224] –, le commandement de payer visant une clause résolutoire pour défaut de paiement des loyers[225], etc. La jurisprudence a par ailleurs laissé entendre que le **remboursement d'un emprunt** souscrit en vue de l'acquisition d'un immeuble commun, devenu indivis à la dissolution de la communauté, pourrait être considéré comme une dépense de conservation[226]. Elle a également estimé que tout indivisaire

219. Civ. 3e, 30 octobre 1991, *Bull. civ.* III, n° 258 : « les mises en demeure de payer les fermages, qui constituent des actes conservatoires, peuvent être valablement faites par un seul indivisaire ». En revanche l'action en résolution d'un bail pour non-paiement des loyers n'est pas un acte conservatoire (Civ. 1re, 17 mars 1992, *Bull. civ.* I, n° 89 : « même si le commandement de payer (...) doit être considéré comme un acte conservatoire, l'action en constatation de la résolution de la location pour non-paiement de loyers, s'analyse en un acte d'administration »).

220. Civ. 1re, 12 novembre 1998, *Baylet*, *Bull. civ.* I, n° 315, *D.* 1999. 167, note L. Aynès, *JCP* 1999, II, 10027, note S. Piedelièvre, *ibid.*, I, 120, obs. H. Périnet-Marquet, *RTD civ.* 1999, p. 422, obs. F. Zenati, *ibid.*, p. 674, obs. J. Patarin, *GAJC*, t. 1, n° 79 : « si l'usufruitier d'un portefeuille de valeurs mobilières, lesquelles ne sont pas consomptibles par le premier usage, est autorisé à gérer cette universalité en cédant des titres dans la mesure où ils sont remplacés, il n'en a pas moins la charge d'en conserver la substance et de le rendre, la circonstance que l'usufruitier ait été dispensé de donner caution étant indifférente à cet égard ». *Adde* Civ. 1re, 3 décembre 2002, pourvoi n° 00-17870, *RTD civ.* 2003, p. 118, obs. Th. Revet : « la cour de renvoi énonce à bon droit que pour déterminer la substance conservée et la valeur du bien à partager, il est nécessaire que l'usufruitière puisse donner tous les éléments nécessaires pour déterminer si les seules valeurs subsistantes au jour du partage, représentent bien toute la substance de l'universalité qu'elle était chargée de conserver ».

221. Civ. 1re, 4 juillet 2012, *Bull. civ.* I, n° 153 : « l'action engagée par le mandataire-liquidateur tendant à l'expulsion d'occupants sans droit ni titre et au paiement d'une indemnité d'occupation, qui avait pour objet la conservation des droits des coïndivisaires, entrait dans la catégorie des actes conservatoires que tout indivisaire peut accomplir seul ».

222. Civ. 1re, 3 juillet 1984, *Bull. civ.* I, n° 216, *RTD civ.* 1987, p. 384, obs. Patarin : « l'action réelle mobilière tendant à revendiquer le droit d'exploitation des carrières (...) avait pour objet la conservation des droits des indivisaires tels qu'ils étaient définis par la convention du 11 février 1947 en a justement déduit qu'elle entrait dans la catégorie des actes conservatoires que tout indivisaire peut accomplir » ; Civ. 1re, 21 mai 1990, *Bull. civ.* I, n° 121 : « tout héritier est fondé, même avant partage et même sans le concours des autres indivisaires, à agir en cette qualité contre le tiers détenteur d'un bien qui aurait été soustrait à l'actif de la succession ».

223. Civ. 3e, 9 mars 1982, *Bull. civ.* III, n° 63 : un indivisaire seul peut agir par voie de complainte contre le tiers auquel il reproche d'avoir troublé la possession sur l'immeuble dont la jouissance est commune.

224. V. *infra*, n° 749.

225. Civ. 1re, 9 juillet 2014, *Bull. civ.* I, n° 131, *JCP* 2014, I, 1129, obs. H. Périnet-Marquet : « le commandement de payer visant la clause résolutoire constitue un acte conservatoire qui n'implique donc pas le consentement d'indivisaires titulaires d'au moins deux tiers des droits indivis ».

226. V. *infra*, n° 529.

pouvait critiquer les actes accomplis par ses coïndivisaires au mépris de ses propres droits[227] et exercer l'action de son auteur décédé à la suite d'une infraction[228].

Traditionnellement, la Cour de cassation considérait qu'« une mesure doit, pour présenter un caractère conservatoire, être nécessaire et urgente afin de soustraire le bien indivis à un péril imminent menaçant la conservation matérielle ou juridique de ce bien »[229]. La loi du 23 juin 2006 a élargi le domaine des actes conservatoires en **supprimant la condition d'urgence** : les mesures nécessaires à la conservation de la chose, « *même si elles ne présentent pas un caractère d'urgence* » sont des mesures conservatoires[230]. Il n'en demeure pas moins qu'une mesure de conservation suppose un bien menacé dans sa conservation, ce pourquoi l'existence d'un péril devrait continuer à être exigée.

Afin d'encourager les indivisaires à effectuer des mesures conservatoires, la loi comporte des dispositions favorisant le financement des actes conservatoires. *Si l'indivision est solvable*, la loi reconnaît à chaque indivisaire la libre disposition des fonds indivis en vue d'engager des dépenses conservatoires[231]. *Si l'indivision n'est pas solvable*, le coïndivisaire « *peut obliger ses coïndivisaires à faire avec lui les dépenses nécessaires* » (art. 815-2 al. 3 C. civ.). Si le bien indivis est grevé d'un usufruit, l'indivisaire en nue-propriété qui aurait engagé une dépense conservatoire pourra en obtenir remboursement auprès de l'usufruitier dans la mesure où il s'agit d'une charge usufructuaire[232].

477. Actes accomplis en vertu d'un mandat tacite fictif. En vertu de l'article 815-3 al. 4 C. civ., « *[s]i un indivisaire prend en main la gestion des biens indivis, au su des autres et néanmoins sans opposition de leur part, il est censé avoir reçu un mandat tacite, couvrant les actes d'administration mais non les actes de disposition ni la conclusion ou le renouvellement des baux* ». Le mandat tacite de l'indivisaire – seul un indivisaire peut y prétendre, non un tiers – dont s'agit suppose que 1°/ l'indivisaire ait accompli des actes de gestion des biens indivis, 2°/ au su des autres, 3°/ sans que ceux-ci ne lui aient conféré ce pouvoir, 4°/ mais sans pour autant qu'ils s'y soient opposés. Il s'agit d'un mandat tacite **fictif** dans la mesure où un tel mandat n'a pas été donné, même tacitement ; c'est ce qui ressort de la lettre du texte qui prévoit que « *l'indivisaire (...) est* ***censé*** *avoir reçu*

227. Civ. 3e, 15 juin 1994, *Bull. civ.* III, n° 124 : « tout indivisaire, pour assurer la protection de ses droits indivis, peut agir seul en justice à l'encontre d'un autre coïndivisaire ayant passé un acte sans son consentement et au mépris des dispositions de l'article 815-3 du Code civil ».

228. Crim. 9 octobre 1985, *Bull. crim.*, n° 305, *D.* 1987, p. 93, obs. A. Breton : l'action civile engagée par la victime d'une infraction, qui vient à décéder en cours d'instance, se transmet à ses héritiers ; chacun d'eux l'exerce dans son intégralité et est fondé à obtenir réparation du préjudice que l'infraction avait causé à son auteur. Cette action, de nature personnelle, est étrangère aux actes d'administration et de disposition relatifs aux biens indivis.

229. Civ. 3e, 9 octobre 1996, *Bull. civ.* III, n° 211 : action en bornage.

230. Art. 815-2 al. 1 C. civ.

231. Art. 815-2 al. 2 C. civ. : un indivisaire « *peut employer (...) les fonds de l'indivision détenus par lui et il est réputé en avoir la libre disposition à l'égard des tiers* ». S'il ne détient pas des fonds indivis, le président du tribunal de grande instance « *peut, notamment, autoriser un indivisaire à percevoir des débiteurs de l'indivision ou des dépositaires de fonds indivis une provision destinée à faire face aux besoins urgents, en prescrivant, au besoin, les conditions de l'emploi. Cette autorisation n'entraîne pas prise de qualité pour le conjoint survivant ou pour l'héritier.* » (art. 815-6 al. 2 C. civ.).

232. Art. 815-2 al. 4 C. civ. : « *[l]orsque des biens indivis sont grevés d'un usufruit, [les pouvoirs d'engager des dépenses conservatoires] sont opposables à l'usufruitier dans la mesure où celui-ci est tenu des réparations* ».

un mandat tacite »[233]. C'est pourquoi si un tel mandat confère au mandataire un **pouvoir général d'accomplir des actes d'administration**, **certains actes graves** sont **interdits** : la conclusion et le renouvellement de baux – quels qu'ils soient semble-t-il –, ainsi que la conclusion d'actes de disposition[234].

En contrepoint, si un **véritable**[235] **mandat tacite ou exprès**[236] a été donné à l'indivisaire voire à un tiers, les actes que ce dernier peut accomplir devrait dépendre de la question de savoir s'il a été donné à la majorité des deux tiers ou à l'unanimité. Il convient toutefois d'appliquer la règle de droit commun suivant laquelle le mandat doit être exprès chaque fois qu'il est question d'effectuer un acte de disposition[237].

478. Gestion d'affaires. Suivant l'article 815-4 al. 2 C. civ., « *[à] défaut de pouvoir légal, de mandat ou d'habilitation par justice, les actes faits par un indivisaire en représentation d'un autre ont effet à l'égard de celui-ci, suivant les règles de la gestion d'affaires* ». Lorsqu'un indivisaire a agi en représentation d'un autre, sans avoir reçu pouvoir – légal, conventionnel, ou judiciaire – de le faire, les actes qu'il a accomplis produiront des effets à l'égard de la personne représentée[238], suivant les règles de la gestion d'affaires. Cette disposition ne présente pas d'intérêt véritable en ce que les règles de la gestion d'affaire[239] trouveraient à s'appliquer en tout état de cause[240]. C'est ce qui explique que tout tiers, et pas seulement un indivisaire, doit pouvoir invoquer les règles de la gestion d'affaires lorsqu'il a géré les affaires d'un ou plusieurs indivisaires. C'est ce qui explique encore qu'il soit expressément fait renvoi aux règles de la gestion d'affaires, de quoi l'on tire que la gestion doit avoir été utile et avoir eu lieu en l'absence d'opposition des indivisaires. Mais surtout, la gestion aura dû être faite à l'insu des indivisaires, car dans le cas contraire, ce sont les règles du mandat tacite qui s'appliqueront.

233. Nous soulignons.

234. Il convient à ce titre de se demander si la vente de meubles indivis pour payer les dettes et charges de l'indivision, laquelle peut être décidée à la majorité des deux tiers des droits indivis, peut être couverte par un tel mandat. La difficulté tient à ce que l'article 815-3 C. civ. les distingue, au moins formellement, de la catégorie des actes d'administration.

235. Le juge devra néanmoins s'assurer de la volonté des mandants d'avoir conféré un mandat, alors qu'une telle recherche n'est pas nécessaire en présence d'un mandat de l'article 815-3 C. civ. (F.-X. Testu et Ch. Vernières, *Droit patrimonial de la famille*, Dalloz action 2015-2016, n° 252-92).

236. Sur ce dernier, v. *infra*, n° 483.

237. Art. 1988 al. 2 C. civ. : « *[s]'il s'agit d'aliéner ou hypothéquer, ou de quelque autre acte de propriété, le mandat doit être exprès* ».

238. Cette formule est de prime abord ambiguë dans la mesure où le gérant d'affaires peut avoir agi en représentation ou non du maître. Si l'article 815-4 al. 2 C. civ. semble n'évoquer que la première hypothèse, rien ne commande d'exclure la gestion d'affaires dans la seconde, cet article ne s'appliquant alors pas.

239. Art. 1372 s. C. civ.

240. Certes, l'indivisaire représentant peut également avoir agi dans son intérêt. Mais l'on admet aujourd'hui que les règles de la gestion d'affaire s'appliquent également lorsque le gérant n'a pas agi exclusivement dans l'intérêt du maître, et qu'il a également agi dans le sien. Ainsi, celui qui paye la dette d'autrui afin de préserver son droit de gage général sur le patrimoine de celui-ci peut invoquer les règles de la gestion d'affaires (Civ. 1re, 12 janvier 2012, *Bull. civ.* I, n° 4).

β) Les actes pouvant être accomplis par le ou les indivisaires représentant la majorité des deux tiers des droits indivis

479. Directives de principe. Les actes pouvant être accomplis à la majorité des deux tiers des droits indivis sont des actes qui, avant la réforme de 2006, devaient l'être à l'unanimité. Il s'agit d'actes qui ne consistent ni à conserver les biens indivis (actes qui peuvent être passés par un seul), ni à en altérer la substance (actes qui requièrent l'unanimité). Par ailleurs, la loi précise que, sauf le cas particulier de la vente des meubles indivis pour payer les dettes et charges de l'indivision, les actes pouvant être conclus à la majorité des deux tiers doivent participer de « ***l'exploitation normale*** » du bien[241]. À défaut, le consentement de l'unanimité des indivisaires serait requis[242].

La réforme opérée en 2006 est importante, tant d'un point de vue pratique que théorique. D'un point de vue *pratique*, la gestion de l'indivision est fluidifiée puisque tout désaccord ne supposera plus nécessairement de recourir au juge. D'un point de vue *théorique*, la gestion des biens indivis à la majorité qualifiée conduit à ce que le bien puisse être géré d'une manière qui ne sied pas à tous les indivisaires[243].

480. Énumération limitative. Les actes pouvant être accomplis à la majorité des deux tiers sont limitativement énumérés à l'article 815-3 C. civ. : « *[l]e ou les indivisaires titulaires d'au moins deux tiers des droits indivis peuvent, à cette majorité : 1º Effectuer les* ***actes d'administration*** *relatifs aux biens indivis ; 2º Donner à l'un ou plusieurs des indivisaires ou à un tiers un* ***mandat général d'administration*** *; 3º* ***Vendre les meubles indivis pour payer les dettes et charges de l'indivision*** *; 4º* ***Conclure et renouveler les baux autres que ceux portant sur un immeuble à usage agricole, commercial, industriel ou artisanal*** »[244]. Il s'agit de tous les actes d'administration et d'actes qui leur sont assimilés, à supposer qu'on n'y voit pas des actes d'administration.

481. Obligation d'information. D'après l'article 815-3 C. civ., il incombe aux indivisaires ayant pris les décisions qui pouvaient l'être à la majorité des deux tiers, d'« *informer les autres indivisaires* ». À défaut d'information de ceux-ci, les décisions prises sans leur consentement leur sont « *inopposables* ». Faute de précisions sur le moment auquel les indivisaires doivent être informés, il faut considérer que la décision leur est inopposable *tant* que l'information ne leur a pas été délivrée.

482. Actes d'administration. Depuis la loi du 23 juin 2006, les actes d'administration peuvent désormais être accomplis à la majorité des indivisaires détenant au moins les deux tiers des droits indivis, alors qu'ils devaient auparavant l'être à l'unanimité. Il devient donc désormais crucial de bien définir la notion d'acte d'administration, notamment en l'opposant à celle d'acte de disposition. Le décret nº 2008-1484 du 22 décembre 2008 *qui concerne les actes de gestion du patrimoine des personnes placées en curatelle ou tutelle* offre un éclairage important. En premier lieu, il retient

241. Nous soulignons.
242. Art. 815-3 al. 3 C. civ. : « *[l]e consentement de tous les indivisaires est requis pour effectuer tout acte qui ne ressortit pas à l'exploitation normale des biens indivis et pour effectuer tout acte de disposition autre que ceux visés au 3º* ».
243. Le phénomène est connu depuis longtemps dans le domaine voisin de la copropriété. V. *infra*, nº 553 et s.
244. Nous soulignons.

un **critère général fondé sur le caractère normal ou anormal de l'acte accompli**. D'après l'article 1 al. 1, « *[c]onstituent des actes d'administration les actes d'exploitation ou de mise en valeur du patrimoine de la personne protégée dénués de risque anormal* », et d'après l'article 2 al. 1, « *[c]onstituent des actes de disposition les actes qui engagent le patrimoine de la personne protégée, pour le présent ou l'avenir, par une modification importante de son contenu, une dépréciation significative de sa valeur en capital ou une altération durable des prérogatives de son titulaire* ». En second lieu, le décret comporte en annexe **deux tableaux qui viennent compléter ces directives relativement à certains actes**.

Liste des actes regardés comme actes d'administration ou comme actes de disposition

COLONNE 1 : ACTES D'ADMINISTRATION	COLONNE 2 : ACTES DE DISPOSITION
I. – Actes portant sur les immeubles : – convention de jouissance précaire (art. 426, al. 2, C. civ.) ; – conclusion et renouvellement d'un bail de neuf ans au plus en tant que bailleur (art. 595 et 1718 C. civ.) ou preneur ; – bornage amiable de la propriété de la personne protégée ; – travaux d'améliorations utiles, aménagements, réparations d'entretien des immeubles de la personne protégée ; – résiliation du bail d'habitation en tant que bailleur ; – prêt à usage et autre convention de jouissance ou d'occupation précaire ; – déclaration d'insaisissabilité des immeubles non professionnels de l'entrepreneur individuel (art. 1526-1 du Code de commerce) ; – mainlevée d'une inscription d'hypothèque en contrepartie d'un paiement.	I. – Actes portant sur les immeubles : – disposition des droits relatifs au logement de la personne protégée, par aliénation, résiliation ou conclusion d'un bail (art. 426, al. 3, C. civ.) ; – vente ou apport en société d'un immeuble (art. 505, al. 3, C. civ.) ; – achat par le tuteur des biens de la personne protégée, ou prise à bail ou à ferme de ces biens par le tuteur (art. 508, al. 1, C. civ.) ; – échange (art. 1707 C. civ.) ; – acquisition d'immeuble en emploi ou remploi de sommes d'argent judiciairement prescrit (art. 501 C. civ.) ; – acceptation par le vendeur d'une promesse d'acquisition (art. 1589 C. civ.) ; – acceptation par l'acquéreur d'une promesse de vente (art. 1589 C. civ.) ; – dation ; – tout acte grave, notamment la conclusion et le renouvellement du bail, relatif aux baux ruraux, commerciaux, industriels, artisanaux, professionnels et mixtes, grosses réparations sur l'immeuble ; – constitution de droits réels principaux (usufruit, usage, servitude...) et de droits réels accessoires (hypothèques...) et autres sûretés réelles ; – consentement à une hypothèque (art. 2413 C. civ.) ; – mainlevée d'une inscription d'hypothèque sans contrepartie d'un paiement.
II. — Actes portant sur les meubles corporels et incorporels : 1° Sommes d'argent : — ouverture d'un premier compte ou livret au nom ou pour le compte de la personne protégée (art. 427, al. 4, C. civ.) ; — emploi et remploi de sommes d'argent qui ne sont ni des	II. – Actes portant sur les meubles corporels et incorporels : 1° Sommes d'argent : – modification de tout compte ou livrets ouverts au nom de la personne protégée (art. 427, al. 1 et 2, C. civ.) ; – ouverture de tout nouveau compte ou livret au nom ou pour le compte de la personne protégée (art. 427, al. 1 et 2, C. civ.) ;

capitaux ni des excédents de revenus (art. 468 et 501 C. civ.) ; — emploi et remploi des sommes d'argent non judiciairement prescrits par le juge des tutelles ou le conseil de famille (art. 501 C. civ.) ; — perception des revenus ; — réception des capitaux ; — quittance d'un paiement ; — demande de délivrance d'une carte bancaire de retrait.	– ouverture de tout compte, y compris d'un compte de gestion du patrimoine, auprès de la Caisse des dépôts et consignations (art. 427, al. 3, et art. 501, al. 4, C. civ.) ; – lorsque la personne protégée a fait l'objet d'une interdiction d'émettre des chèques, fonctionnement de ses comptes sous la signature de la personne chargée de la mesure de protection et disposition par celle-ci de tous les moyens de paiement habituels (art. 427, al. 7, C. civ.) ; – emploi et remploi des capitaux et des excédents de revenus (art. 468 et 501 C. civ.) ; – à compter du 1er février 2009 : contrat de fiducie par une personne sous curatelle (art. 468, al. 2, C. civ.) ; – clôture d'un compte bancaire ; – ouverture d'un compte de gestion de patrimoine ; – demande de délivrance d'une carte bancaire de crédit.
2° Instruments financiers : — résiliation d'un contrat de gestion de valeurs mobilières et instruments financiers (art. 500, al. 3, C. civ.).	2° Instruments financiers (au sens de l'article L. 211-1 du Code monétaire et financier) : – conclusion d'un contrat de gestion de valeurs mobilières et instruments financiers (art. 500, al. 3, C. civ.) ; – vente ou apport en société d'instruments financiers non admis à la négociation sur un marché réglementé (art. 505, al. 3, C. civ.) ; – vente d'instruments financiers (art. 505, al. 4, C. civ.).
3° Autres meubles, corporels et incorporels : — louage-prêt-emprunt-vente-échange-dation et acquisition de meubles d'usage courant ou de faible valeur ; — perception des fruits ; — location d'un coffre-fort.	3° Autres meubles, corporels et incorporels : – aliénation des meubles meublant du logement ou résiliation ou conclusion d'un bail sur ces meubles (art. 426, al. 3, C. civ.) ; – vente ou apport d'un fonds de commerce en société (art. 505, al. 3, C. civ.) ; – louage-prêt-vente-échange-dation de meubles de valeur ou qui constituent, au regard de l'inventaire, une part importante du patrimoine du mineur ou du majeur protégé ; – vente-échange-dation d'un fonds de commerce ; – conclusion d'un contrat de location gérance sur un fonds de commerce.
III. — Actes relatifs aux groupements dotés de la personnalité morale :	III. – Actes relatifs aux groupements dotés de la personnalité morale : – candidature aux fonctions de gérant et d'administrateur ; – copropriété des immeubles bâtis : actes visés aux art. 25 à 28-1, 30, 35 et 38 de la loi n° 65-557 du 10 juillet 1965.

IV. — Actes relatifs aux groupements dénués de personnalité morale : — en cas d'indivision légale : vente d'un bien indivis pour payer les dettes de l'indivision (art. 815-3 [3°] C. civ.).	IV. – Actes relatifs aux groupements dénués de personnalité morale : – communauté conjugale : actes qu'un époux ne peut pas faire seul ; – indivision conventionnelle : actes que le gérant ou l'un des coindivisaires ne peut pas faire seul ; – en cas de démembrement du droit de propriété : vente-échange-dation du droit démembré, actes auxquels les titulaires des droits démembrés doivent consentir conjointement, grosses réparations non urgentes.
V. — Actes à titre gratuit : — inventaire (art. 503 C. civ.) ; — acceptation d'une succession à concurrence de l'actif net (art. 507-1 C. civ.) ; — acceptation d'un legs universel ou à titre universel à concurrence de l'actif net (art. 507-1 et 724-1 C. civ.) ; — acte de notoriété (art. 730-1 C. civ.) ; — action interrogatoire à l'encontre des héritiers taisants (art. 771, al. 2, C. civ.) ; — mandat aux fins de partage (art. 837 C. civ.) ; — acceptation de legs à titre particulier et de donation non grevés de charge ; — délivrance de legs ; — déclaration de succession ; — attestation de propriété.	V. – Actes à titre gratuit : – donation consentie par une personne protégée majeure (art. 470, al. 2 et 476, al. 1er C. civ.) ; – partage amiable (art. 507 C. civ.) ; – acceptation pure et simple d'une succession (art. 507-1, al. 1er, C. civ.) ; – révocation d'une renonciation à une succession ou à un legs universel ou à titre universel (art. 507-2 C. civ.) ; – acceptation pure et simple d'un legs universel ou à titre universel (art. 724-1 C. civ.) ; – révocation d'une renonciation à un legs (art. 724-1 C. civ.) ; – choix par le donataire de rapporter en nature le bien donné (art. 859 C. civ.) ; – renonciation à une succession (art. 507-1, al. 2, C. civ.) ; – renonciation à un legs (art. 724-1 C. civ.) ; – renonciation à une action en réduction des libéralités excessives après le décès du prémourant (art. 920 C. civ.) ; – acceptation de legs à titre particulier et de donations grevés de charges ; – renonciation à un legs universel grevé de charges ; – révocation d'une donation entre époux (art. 953 C. civ.) ; – consentement à exécution d'une donation entre époux.
VI. — Actions en justice : — toute action en justice relative à un droit patrimonial de la personne sous tutelle (art. 504, al. 2, C. civ.) ; — tout acte de procédure qui n'emporte pas perte du droit d'action.	VI. – Actions en justice : – toute action en justice relative à un droit extrapatrimonial de la personne sous tutelle (art. 475, al. 2, C. civ.) ; – toute action en justice relative à un droit patrimonial ou extrapatrimonial de la personne en curatelle (art. 468, al. 3, C. civ.) ; – action par la personne chargée de la protection en nullité, rescision ou réduction, selon le cas, des actes accomplis par la personne protégée (art. 465, al. 6, C. civ.) ; – tout acte de procédure qui n'emporte pas perte du droit d'action.

VII. — Assurances : — conclusion ou renouvellement d'un contrat d'assurance de biens ou de responsabilité civile.	VII. – Assurances : – demande d'avance sur contrat d'assurance (art. L. 132-21 du Code des assurances).
VIII. — Actes de poursuite et d'exécution : — mesures conservatoires (art. 26, loi n° 91-650 du 9 juillet 1991) ; — procédures d'exécution mobilière (art. 26, loi n° 91-650 du 9 juillet 1991).	VIII. – Actes de poursuite et d'exécution : – saisie immobilière (art. 2206, al. 1, C. civ. et 13 du décret n° 2006-236 du 27 juillet 2006).
IX. — Actes divers : — indivision légale : actes visés par l'article 815-3 (1° et 2°) C. civ. (acte d'administration des biens indivis et mandat général d'administration) ; — tout acte relatif à l'animal domestique de la personne protégée.	IX. – Actes divers : – transaction et compromis et clause compromissoire au nom de la personne protégée (art. 506 C. civ.) ; – changement ou modification du régime matrimonial (art. 1397 C. civ.) ; – souscription ou rachat d'un contrat d'assurance-vie et désignation ou substitution du bénéficiaire (art. L. 132-4-1 du Code des assurances et art. L. 223-7-1 du Code de la mutualité) ; – révocation du bénéfice non accepté d'un contrat d'assurance-vie (art. L. 132-9 du Code des assurances et art. L. 223-11 du Code de la mutualité) ; – confirmation de l'acte nul pour insanité d'esprit (art. 414-2 C. civ.) ; – confirmation d'un acte nul pour avoir été accompli par le tuteur ou le curateur seul (art. 465, al. 8, C. civ.) ; – convention d'honoraires proportionnels en toute ou partie à un résultat, indéterminés ou aléatoires.

Liste des actes regardés comme des actes d'administration ou de disposition sauf circonstances d'espèce

COLONNE 1 : ACTES D'ADMINISTRATION	COLONNE 2 : ACTES DE DISPOSITION
I. – Actes portant sur les meubles corporels et incorporels : 1° Sommes d'argent : – paiements des dettes y compris par prélèvement sur le capital ; – octroi de délai raisonnable en vue du recouvrement de créances.	I. – Actes portant sur les meubles corporels et incorporels : 1° Sommes d'argent : – prélèvement sur le capital à l'exclusion du paiement des dettes ; – emprunt de sommes d'argent ; – prêt consenti par la personne protégée.
2° Instruments financiers (au sens de l'art. L. 211-1 du code monétaire et financier) : – actes de gestion d'un portefeuille, y compris les cessions de titres à condition qu'elles soient suivies de leur remplacement ;	2° Instruments financiers (au sens de l'art. L. 211-1 du Code monétaire et financier) : – cession du portefeuille en pleine propriété ou en nue-propriété ; – acquisition et cession d'instruments financiers non inclus dans un portefeuille ;

– exercice du droit de vote dans les assemblées, sauf ce qui est dit à propos des ordres du jour particuliers ; – demandes d'attribution, de regroupement ou d'échanges de titres ; – vente des droits ou des titres formant rompus ; – souscription à une augmentation de capital, sauf ce qui est dit sur le placement de fonds ; – conversion d'obligations convertibles en actions admises à la négociation sur un marché réglementé.	– nantissement et mainlevée du nantissement d'instruments financiers.
3º Autres meubles, corporels et incorporels :	3º Autres meubles, corporels et incorporels : – cession de fruits ; – vente-échange-dation de droits incorporels ; – conclusion d'un contrat d'exploitation d'un droit ou d'un meuble incorporel.
II. – Actes relatifs aux groupements dotés de la personnalité morale : – engagement de conservation de parts ou d'actions.	II. – Actes relatifs aux groupements dotés de la personnalité morale : – tout apport en société non visé à l'annexe 1 ; – détermination du vote sur les ordres du jour suivants : Reprise des apports – Modification des statuts – prorogation et dissolution du groupement – fusion – scission – apport partiel d'actifs – agrément d'un associé – augmentation et réduction du capital – changement d'objet social – emprunt et constitution de sûreté – vente d'un élément d'actif immobilisé – aggravation des engagements des associés ; – maintien dans le groupement ; – cession et nantissement de titres.
III. – Actes relatifs à la vie professionnelle : – conclusion et rupture d'un contrat de travail en qualité d'employeur ; – conclusion et rupture d'un contrat de travail en qualité de salarié ; – adhésion à un contrat d'assurance de groupe en cas de vie dont les prestations sont liées à la cessation d'activité professionnelle ou adhésion à un contrat de prévoyance complémentaire (sauf en matière d'assurance-vie : art. L. 132-4-1 et L. 132-9 du Code des assurances et arts. L. 223-7-1 et L. 223-11 du Code de la mutualité) ;	III. – Actes relatifs à la vie professionnelle :

– adhésion à un contrat d'assurance afférent au risque décès dans le cadre d'un contrat collectif (art. L. 141-5 du Code des assurances et L. 233-6 du Code de la mutualité).	

483. Conclusion d'un mandat d'administration[245]. Logiquement, les indivisaires réunissant les deux tiers des droits indivis peuvent conférer un mandat à un indivisaire ou à un tiers en vue d'accomplir les **actes d'administration** qui requièrent la majorité des deux tiers des droits indivis. Dans la mesure où ces actes peuvent également être accomplis à la majorité des deux tiers, le mandataire devrait également pouvoir *vendre les meubles indivis pour payer les dettes et charges de l'indivision* et *conclure ou renouveler des baux autres que ceux portant sur un immeuble à usage agricole, commercial, industriel ou artisanal.* Rien n'interdit aux indivisaires de conférer à l'unanimité au mandataire le pouvoir d'accomplir des **actes de disposition** : la vente de certains biens, la conclusion et le renouvellement des baux commerciaux et ruraux, etc. Seulement, il s'agit d'un mandat de droit commun qui devra être *spécial* et *exprès*[246].

En tout état de cause, « *les actes valablement accomplis (...) en vertu d'un mandat des coïndivisaires (...) conservent leurs effets quelle que soit, lors du partage, l'attribution des biens qui en ont fait l'objet* » (art. 883 al. 3 C. civ.) : l'effet déclaratif du partage n'emportera pas anéantissement rétroactif des actes accomplis, alors même que les actes accomplis seraient de disposition. Par ailleurs, l'article 815-12 C. civ. prévoyant que « *[l]'indivisaire qui gère un ou plusieurs biens indivis (...) a droit à la rémunération de son activité dans les conditions fixées à l'amiable ou, à défaut, par décision de justice* », il est utile de préciser si le mandataire est ou non rémunéré[247].

484. Vente de meubles indivis pour payer les dettes et charges de l'indivision[248]. C'est suivant son *but* que la vente des meubles indivis est considérée comme un acte de disposition ou d'administration. Elle est en principe un acte de disposition, sauf si elle a pour *but* de payer les dettes et charges de l'indivision, auquel cas elle est un acte d'administration.

Si la vente des meubles indivis pour payer les dettes et charges de l'indivision n'est pas considéré comme un acte de disposition, ni même, *stricto sensu*, comme un acte d'administration, mais comme un acte d'exploitation normale des biens

245. Art. 815-3 C. civ. : « *[l]e ou les indivisaires titulaires d'au moins deux tiers des droits indivis peuvent, à cette majorité : 2° Donner à l'un ou plusieurs des indivisaires ou à un tiers un mandat général d'administration* ». Et sur le mandat tacite fictif, v. *supra*, n° 477.

246. Art. 1988 C. civ. : « *[l]e mandat conçu en termes généraux n'embrasse que les actes d'administration.* (al. 1) *S'il s'agit d'aliéner ou hypothéquer, ou de quelque autre acte de propriété, le mandat doit être exprès* (al. 2) ».

247. Suivant le droit commun du mandat, si l'article 1986 C. civ. prévoit que « *[l]e mandat est gratuit s'il n'y a convention contraire* », la jurisprudence décide qu'il est présumé être onéreux lorsque le mandataire est un professionnel : « gratuit de sa nature, le mandat est présumé salarié lorsqu'il est conféré à une personne dont la profession habituelle consiste à s'occuper des affaires d'autrui » (Civ. 1re, 19 décembre 1989, *Bull. civ.* I, n° 399).

248. Art. 815-3 C. civ. : « *[l]e ou les indivisaires titulaires d'au moins deux tiers des droits indivis peuvent, à cette majorité : (...) 3° Vendre les meubles indivis pour payer les dettes et charges de l'indivision (...)* ».

relevant de la majorité des deux tiers, c'est que le sort de ces biens est d'ores et déjà compromis en raison des dettes et charges de l'indivision et que les meubles sont des actifs facilement réalisables. Parce qu'il est *normal* de payer les dettes et charges, on conçoit volontiers que la majorité des deux tiers suffise. Tout au plus aurait-on pu subordonner cette faculté au défaut de liquidités[249] dans l'indivision.

485. Conclusion ou renouvellement des baux autres que ceux portant sur un immeuble à usage agricole, commercial, industriel ou artisanal[250]. Traditionnellement, la **conclusion** ou le **renouvellement** d'un **bail** requérait l'unanimité des coïndivisaires. Depuis la réforme de 2006, la conclusion et le renouvellement des baux ne requiert plus que la majorité des deux tiers des droits indivis. Par exception, certains baux, ceux portant sur des immeubles à usage agricole, commercial, artisanal et industriel, continuent à être soumis à la règle de l'unanimité, en raison du droit au renouvellement qu'ils confèrent au locataire[251] et dont les conséquences sont particulièrement graves pour les propriétaires[252].

S'agissant du **congé**, il semble qu'il faille distinguer suivant la nature du bail : le congé donné pour un bail dont la conclusion est possible à la majorité qualifiée pourra l'être à la même majorité, cependant que le bail qui doit être conclu à l'unanimité ne pourra prendre fin que par un congé donné à l'unanimité[253]. En revanche, une action en résolution pour défaut de paiement des loyers constitue un acte d'administration normale du bien pouvant être accompli à la majorité des deux tiers, quel que soit le type de bail conclu[254].

Le bail conclu en contravention des règles ci-dessus exposées est **inopposable** aux autres *coïndivisaires* et, si le bien a été depuis vendu, à l'*acquéreur*[255]. Le bail étant inopposable et non nul, le bailleur est tenu des garanties au cas où le preneur serait évincé[256]. Au cas où l'indivisaire ayant conclu le bail serait alloti du bien lors

249. Tant qu'il y en a, on peut « sauver les meubles »...

250. Art. 815-3 al. 1, 4° C. civ. : « *[l]e ou les indivisaires titulaires d'au moins deux tiers des droits indivis peuvent, à cette majorité : (...) 4° Conclure et renouveler les baux autres que ceux portant sur un immeuble à usage agricole, commercial, industriel ou artisanal* ».

251. Il existe pourtant des *baux dérogatoires*, spécialement en matière commerciale, qui ne confèrent pas une telle protection au locataire (art. L. 145-5 C. com.). Le texte ne distinguant pas, la prudence recommande de recueillir l'accord unanime des coïndivisaires. De fait, il ne s'agit jamais de baux ordinaires, et les baux dérogatoires peuvent d'ailleurs, dans certaines circonstances, devenir des baux commerciaux de droit commun (*ibid.*).

252. En revanche, la conclusion d'un bail d'habitation, qui pourtant confère également un droit au renouvellement au locataire – dans la mesure où le propriétaire ne peut donner congé que pour certaines causes (art. 15 L. n° 89-462 du 6 juillet 1989 *tendant à améliorer les rapports locatifs*) –, n'est pas interdite aux indivisaires représentant la majorité des deux tiers des droits indivis.

253. F.-X. Testu et Ch. Vernières, *Droit patrimonial de la famille*, Dalloz action 2015-2016, n° 252-45.

254. Civ. 3e, 29 juin 2011, *Bull. civ.* III, n° 113, *AJ fam.* 2011. 500, obs. Ch. Vernières, *JCP* 2011, I, 1298, obs. H. Périnet-Marquet : la cour d'appel « a justement retenu que les consorts Y..., titulaires des deux tiers des droits indivis étaient recevables à intenter une action, qui ressortit à l'exploitation normale des biens indivis, en résiliation du bail rural (...) » pour défaut de paiement des fermages.

255. Civ. 1re, 30 juin 2004, *Bull. civ.* I, n° 193 : « le bail consenti par un indivisaire sans le consentement des autres, même s'il a date certaine, est, en tant qu'il porte partiellement sur la chose d'autrui, inopposable à l'acquéreur du bien en ayant fait l'objet ».

256. Toutefois, la garantie due par le bailleur au locataire est subordonnée à la bonne foi de ce dernier (Civ. 3e, 12 avril 1995, *Bull. civ.* III, n° 109 : « M. X... fait grief à l'arrêt de rejeter sa demande de dommages-intérêts formée contre M. Gilbert Y..., alors, selon le moyen, qu'en cas de bail de la chose d'autrui, qui est licite, le bailleur doit garantie au preneur ; qu'à défaut, il engage sa responsabilité pour inexécution de son obligation de garantie, et qu'en refusant d'allouer une indemnité à M. X..., tout en constatant que M. Gilbert Y... n'avait pas satisfait aux obligations découlant du bail qu'il avait

du partage, le bail s'en trouverait consolidé[257], et si les coïndivisaires venaient à succéder à l'indivisaire ayant conclu le bail, ils ne pourraient se prévaloir de l'inopposabilité du bail, en ce qu'ils continuent sa personne[258].

γ) Les actes devant être accomplis à l'unanimité des indivisaires

486. Directives de principe. La règle traditionnelle de l'unanimité a été à première vue maintenue en tant que principe, encore qu'elle ne s'applique en réalité plus qu'aux actes de disposition. Ainsi, relèvent de l'unanimité les **actes de disposition** autres que la vente des meubles indivis pour payer les dettes et charges de l'indivision – si l'on n'y voit pas des actes d'administration – et tous les **actes qui ne ressortissent pas à l'exploitation normale des biens indivis**[259], auxquels on assimile la **conclusion de baux portant sur un immeuble à usage agricole, commercial, industriel ou artisanal**[260] – si on n'y voit pas des actes de disposition.

Parce que la règle de l'unanimité est cependant source de blocage, le juge pourra autoriser la conclusion d'actes qui y sont soumis, en cas de désaccord entre les indivisaires[261].

487. Actes de disposition[262]. À titre liminaire, il convient d'observer que chaque indivisaire peut évidemment disposer seul de ses droits indivis, c'est-à-dire de ses droits dans l'indivision[263], car il n'est pas question de disposer d'un bien indivis. Si les actes de disposition, qu'il s'agisse d'actes juridiques[264] ou

---

consenti, les juges du fond ont violé les articles 1137, 1147, 1709 et 1719 du Code civil ; Mais (...) ayant retenu que M. X... n'apportait aucun élément de nature à établir le pouvoir de M. Gilbert Y... à consentir un bail rural engageant les indivisaires, que M. X... connaissait parfaitement la situation familiale de la famille Y... et ne pouvait ignorer la situation inhérente à l'indivision au regard du bail rural dont il se prévalait, la cour d'appel a pu en déduire que M. X... n'était pas fondé à solliciter des dommages-intérêts »).

257. Civ. 1re, 27 octobre 1992, *Bull. civ.* I, n° 264, *RTD civ.* 1993, p. 614, obs. F. Zenati : « le bail d'un bien indivis consenti par un seul des indivisaires n'est pas nul ; (...) il est seulement inopposable aux autres indivisaires et que son efficacité est subordonnée au résultat du partage ».

258. Civ. 3e, 29 novembre 2000, *Bull. civ.* III, n° 175 : « ayant relevé que l'obligation souscrite par M. Y... s'était transmise à son décès à ses héritiers, dont font partie les consorts X... qui avaient accepté sa succession, la cour d'appel a retenu, à bon droit, qu'en application de l'article 1122 C. civ., le bail rural conclu avec M. Z... leur était opposable » ; Civ. 3e, 15 mai 2008, *Bull. civ.* III, n° 81 : « ayant exactement relevé que si un indivisaire, après avoir consenti seul des baux sur des biens indivis, décède en laissant pour héritiers ses coïndivisaires, ceux-ci sont tenus, s'ils acceptent purement et simplement la succession, de garantir les conventions passées par leur auteur, peu important qu'ils aient eu la volonté de ratifier cet acte ».

259. Art. 815-3 al. 3 C. civ. : « (...) *le consentement de tous les indivisaires est requis pour effectuer tout acte qui ne ressortit pas à l'exploitation normale des biens indivis et pour effectuer tout acte de disposition autre que ceux visés au 3°* ».

260. Art. 815-3 al. 2, 4° C. civ. « *[l]e ou les indivisaires titulaires d'au moins deux tiers des droits indivis peuvent, à cette majorité : (...) 4° Conclure et renouveler les baux* **autres** *que ceux portant sur un immeuble à usage agricole, commercial, industriel ou artisanal* ».

261. V. *infra*, n° 490 et s.

262. P. Jourdain, « Les actes de disposition sur la chose indivise », *RTD civ.* 1987, p. 498.

263. V. *supra*, n° 468.

264. C'est le cas de la vente (Civ. 1re, 14 mai 1991, *Bull. civ.* I, n° 154), de l'apport en société (Civ. 1re, 5 avril 2005, *Bull. civ.* I, n° 169, *RTD civ.* 2005, p. 801, obs. Th. Revet), de l'hypothèque (v. toutefois l'art. 2414 al. 2 C. civ. : « *[l]'hypothèque d'un immeuble indivis conserve son effet quel que soit le résultat du partage si elle a été consentie par tous les indivisaires. Dans le cas contraire, elle ne conserve son effet que dans la mesure où l'indivisaire qui l'a consentie est, lors du partage, alloti du ou de ces immeubles indivis ou, lorsque l'immeuble est licité à un tiers, si cet indivisaire est alloti du prix de la licitation* »), de la demande en dissolution de la société (Civ. 1re, 6 février 1980, *Bull. civ.* I,

matériels[265], ne peuvent être pris qu'à l'unanimité, c'est que ce sont des **actes graves par nature**.

488. Conclusion ou renouvellement d'un bail rural ou commercial. La conclusion et le renouvellement d'un bail rural ou commercial sont considérés comme des actes obérant durablement le bien indivis, ce qui justifie l'exigence d'unanimité. Au demeurant, le décret du 22 décembre 2008 *qui concerne les actes de gestion du patrimoine des personnes placées en curatelle ou tutelle* y voit des actes de disposition[266]. À ce titre, la conclusion ou le renouvellement d'un bail professionnel interroge dans la mesure où, non visé par l'article 815-3 C. civ. – il ne confère d'ailleurs pas de droit au renouvellement au locataire –, il l'est en tant qu'acte de disposition par le décret du 22 décembre 2008.

489. Actes (d'administration) ne ressortissant pas à l'exploitation normale des biens indivis. Lorsque le Code civil indique, après avoir énuméré les actes relevant de la majorité des deux tiers, que, « *(...) Toutefois, le consentement de tous les indivisaires est requis pour effectuer tout acte qui ne ressortit pas à l'exploitation normale des biens indivis et pour effectuer tout acte de disposition autre que [la vente des meubles indivis pour payer les dettes et charges de l'indivision] (...)* » (art. 815-5 C. civ.), il semble qu'il vise des **actes d'administration anormaux**, dans la mesure où les actes de disposition relèvent de la majorité qualifiée des deux tiers et les actes de disposition, de l'unanimité[267]. Ainsi, les actes d'administration « anormaux », ou plutôt « exceptionnels », ne peuvent être pris qu'à l'unanimité.

B Le rôle du juge

490. Plan. Le juge dispose de pouvoirs concernant la gestion des biens lorsqu'une **crise** affecte l'indivision et, aujourd'hui, lorsqu'il s'agit d'en **fluidifier la gestion**. On envisagera ainsi les cas où un indivisaire est hors d'état de manifester sa volonté (1), où il met en péril l'intérêt commun en refusant de consentir à un acte (2), où des mesures urgentes doivent être prises (3) et où la majorité des deux tiers demande à ce que soit autorisée l'aliénation de biens indivis (4).

On observera à titre liminaire que *« les actes valablement accomplis (...) en vertu d'une autorisation judiciaire, conservent leurs effets quelle que soit, lors du partage, l'attribution des biens qui en ont fait l'objet »* (art. 883 al. 3 C. civ.). Autrement dit, les actes accomplis sur autorisation du juge ne seront pas remis en cause, nonobstant l'effet déclaratif du partage.

---

n° 49). Et v. aujourd'hui le décret n° 2008-1484 du 22 décembre 2008 *qui concerne les actes de gestion du patrimoine des personnes placées en curatelle ou tutelle* (v. *supra*, n° 482).

265. Civ. 3e, 30 avril 1975, *Bull. civ.* n° 147 ; Civ. 3e, 9 mars 1994, *Bull. civ.* III, n° 48, *D.* 1994, p. 162, obs. J. Robert, *RDI* 1994, p. 410, obs. J.-L. Bergel, *JCP* 1994.I.3801, n° 5, obs. H. Périnet-Marquet, *RTD civ.* 1995, p. 654, obs. F. Zenati : construction édifiée sur un terrain indivis.

266. V. *supra*, n° 482.

267. Au demeurant, la notion d'actes ne ressortissant pas à l'exploitation normale des biens indivis était connue sous l'empire de la loi de 1976. Le recours à celle-ci permettait de limiter les pouvoirs de l'indivisaire titulaire d'un mandat général d'administration, lequel ne pouvait accomplir que les actes ressortissant à une exploitation normale des biens, sauf à détenir un mandat spécial l'autorisant à accomplir les actes participant d'une exploitation anormale.

1. Indivisaire hors d'état de manifester sa volonté

491. Représentation judiciaire[268]. Un indivisaire dont le consentement est requis mais qui est hors d'état de manifester sa volonté peut être représenté par un autre indivisaire autorisé en justice. Cette représentation ne pose en principe pas de difficulté en raison de la communauté d'intérêts existant entre les indivisaires, comparable à celle qui existe entre époux[269].

Le mécanisme de la représentation judiciaire autorise la conclusion d'un acte en passant outre, non pas le refus d'un indivisaire de le conclure, mais l'impossibilité pour lui de s'exprimer en raison de son incapacité, de son absence, etc. Peu importe l'acte dont s'agit : ce peut être un acte d'administration ou de disposition. Le juge ayant le pouvoir de déterminer les *conditions* et l'*étendue* de la représentation, il devrait pouvoir habiliter le représentant à passer un ou plusieurs actes, et en préciser éventuellement les conditions (en fixant, s'il s'agit de vendre un bien indivis, un prix plancher, par exemple).

En présence d'une indivision successorale, le juge peut également désigner « *toute personne qualifiée, physique ou morale, en qualité de mandataire successoral, à l'effet d'administrer provisoirement la succession en raison de l'inertie, de la carence ou de la faute d'un ou de plusieurs héritiers dans cette administration, de leur mésentente, d'une opposition d'intérêts entre eux ou de la complexité de la situation successorale* » (art. 813-1 C. civ.). L'institution du **mandataire successoral désigné en justice**[270] poursuit un tout autre but que celui de la représentation judiciaire d'un indivisaire hors d'état de manifester sa volonté. En effet, il s'agit de conférer à une « personne qualifiée » l'administration d'une succession, indivise ou non, en raison d'une situation de blocage et non d'autoriser un indivisaire – jamais un tiers – à en représenter un autre qui est dans l'impossibilité de s'exprimer.

2. Mise en péril de l'intérêt commun par un indivisaire

492. Premières vues[271]. Un indivisaire – voire plusieurs indivisaires – dont le consentement est requis mais qui refuse de le donner peut mettre en péril l'indivision. Si tel est le cas, la loi prévoit que le juge[272] peut autoriser un coïndivisaire à

268. Art. 815-4 al. 1 C. civ. : « *[s]i l'un des indivisaires se trouve hors d'état de manifester sa volonté, un autre peut se faire habiliter par justice à le représenter, d'une manière générale ou pour certains actes particuliers, les conditions et l'étendue de cette représentation étant fixées par le juge* ».

269. Laquelle a conduit à l'adoption d'une règle similaire. D'après l'article 219 C. civ., « *[s]i l'un des époux se trouve hors d'état de manifester sa volonté, l'autre peut se faire habiliter par justice à le représenter (...) dans l'exercice des pouvoirs résultant du régime matrimonial (...)* ».

270. Art. 813-1 s. C. civ.

271. Art. 815-5 C. civ. : « *[u]n indivisaire peut être autorisé par justice à passer seul un acte pour lequel le consentement d'un coïndivisaire serait nécessaire, si le refus de celui-ci met en péril l'intérêt commun.* (al. 1) *Le juge ne peut, à la demande d'un nu-propriétaire, ordonner la vente de la pleine propriété d'un bien grevé d'usufruit contre la volonté de l'usufruitier.* (al. 2). *L'acte passé dans les conditions fixées par l'autorisation de justice est opposable à l'indivisaire dont le consentement a fait défaut* ».

272. Civ. 1re, 15 février 2012, *Bull. civ.* I, n° 31 : si, lorsqu'il est saisi en application des art. 815-6, 815-7, 815-9 et 815-11 C. civ., le président du tribunal de grande instance statue en la forme des référés, il en est autrement lorsqu'il est saisi sur le fondement de l'art. 815-5 C. civ., ce texte ne désignant pas la juridiction compétente, ce qui doit conduire à faire application du droit commun. Ainsi, lorsque le président du tribunal de grande instance est saisi en référé sur le fondement de ce texte, sa décision est une ordonnance de référé qui n'est pas revêtue de l'autorité de la chose jugée au fond. Le juge ne peut être saisi par une ordonnance sur requête (Civ. 3e, 28 novembre 2012, *Bull. civ.* III, n° 177 : « l'autorisation d'agir ne pouvait résulter d'une ordonnance sur requête »).

passer l'acte – nécessairement plus grave qu'un acte conservatoire que chaque indivisaire peut passer seul nonobstant le refus qui lui est opposé.

493. Mécanisme. L'autorisation du juge est subordonnée au « **péril de l'intérêt commun** », souverainement apprécié par les juges du fond[273]. Si l'urgence de passer l'acte n'est pas une condition[274], la simple utilité qu'il y a à le conclure ne suffit pas[275].

Le plus souvent[276], l'autorisation judiciaire est donnée en vue d'autoriser l'aliénation de biens indivis pour acquitter les dettes de l'indivision[277], sachant qu'aujourd'hui les meubles indivis peuvent être vendus à la majorité des deux tiers des droits indivis pour payer les dettes et charges de l'indivision[278]. En tout état de cause, conformément à l'idée suivant laquelle nu-propriétaire et usufruitier ne sont pas en indivision, malgré une certaine communauté d'intérêts, le juge ne peut autoriser, à la demande d'un nu-propriétaire, la vente d'un bien indivis en pleine propriété contre la volonté de l'usufruitier[279].

Ainsi que le prévoit l'article 815-5 al. 3 C. civ., « *[l]'acte passé dans les conditions fixées par l'autorisation de justice est opposable à l'indivisaire dont le consentement a fait défaut* ». Si c'est la conclusion d'une vente qui a été autorisée, il n'y a pas partage, en sorte que le prix obtenu sera subrogé au bien vendu[280].

---

273. Civ. 3e, 10 mai 1983, *Bull. civ.* III, n° 113, *RTD civ.* 1984, p. 135, obs. J. Patarin : « la cour d'appel (...) a souverainement estimé que l'intérêt commun de l'indivision n'était pas mis en péril par le refus de Mme G... et de Mme X... de s'associer à la demande en résolution de la vente ».

274. Civ. 1re, 12 juillet 2001, pourvoi n° 99-14202, *Dr. fam.* 2001, n° 113, obs. B.B. : « la cour d'appel a violé [l'article 815-5 C. civ.] en subordonnant son application à une condition d'urgence qu'il ne prévoit pas ».

275. Comp. Civ. 1re, 29 novembre 1988, *Bull. civ.* I, n° 340, *JCP* 1989, II, 21364, note F.-X. Testu, *RTD civ.* 1989, p. 609, note J. Patarin, *RTD civ.* 1990, p. 110, note F. Zenati : autorisation de conclure une vente dans des « conditions particulièrement avantageuses ».

276. Mais pas seulement. V. notamment Civ. 1re, 3 mars 1992, *Bull. civ.* I, n° 71, *RTD civ.* 1993, p. 392, obs. J. Patarin : « (...) l'article L. 411-64 du Code rural permet au bailleur de refuser le renouvellement du bail au preneur ayant atteint l'âge de la retraite, tout en réservant à ce dernier la faculté de céder ce bail à un de ses enfants qui peut alors se prévaloir du droit à renouvellement ; (...) la cour d'appel a constaté que la seule issue ouverte à l'indivision existant entre M. X... et Mme Y... pour que demeure à son actif la valeur patrimoniale de l'exploitation commune, était le transfert de celle-ci au profit de l'enfant des intéressés ; (...) elle en a déduit, par une appréciation souveraine, que le refus de M. X... de souscrire à cette cession de bail, seule alternative possible au refus de renouvellement, mettait en péril l'intérêt commun des indivisaires et qu'il y avait donc lieu d'autoriser Mme Y... à réaliser cette opération, sans le concours de son coïndivisaire ».

277. Il peut également s'agir d'une dette personnelle, si les coïndivisaires et l'indivision peuvent être affectés (Civ. 1re, 14 février 1984, *Bull. civ.* I, n° 62, *RTD civ.* 1985, p. 189, obs. J. Patarin. : « les droits de succession, bien que constituant une dette personnelle de chaque héritier pour sa part, peuvent être poursuivis solidairement contre les divers héritiers et sur les biens de la succession » ; Civ. 1re, 6 novembre 1990, *Bull. civ.* I, n° 236, *RDI* 1991, p. 33, obs. J.-L. Bergel : « il importe peu que la dette dont le paiement est poursuivi soit personnelle à l'un des indivisaires dès lors que cette poursuite peut affecter le bien indivis et atteindre ainsi l'intérêt commun des indivisaires »).

278. Art. 815-1 al. 1, 3° C. civ. Sur ce texte, v. *supra*, n° 484.

279. Art. 815-5 al. 2 C. civ. : « *[l]e juge ne peut, à la demande d'un nu-propriétaire, ordonner la vente de la pleine propriété d'un bien grevé d'usufruit contre la volonté de l'usufruitier* ». Pour un rappel, v. Civ. 1re, 17 janvier 2006, *Bull. civ.* I, n° 23 : viole l'article 815-5, al. 2 C. civ., la décision qui ordonne la licitation en pleine propriété d'un bien démembré, sans l'accord de l'usufruitier, au motif que celui-ci ne l'occupe plus.

280. Civ. 1re, 30 juin 1992, *Bull. civ.* I, n° 208 : « la cession des biens indivis que l'arrêt attaqué a autorisée sur le fondement de l'article 815-5 C. civ., ne réalise pas un partage puisque le prix de vente va se substituer dans l'indivision au bien vendu ».

3. Mesures urgentes à prendre

494. Premières vues[281]. En cas d'urgence, le président du tribunal de grande instance[282], saisi par tout indivisaire, peut *prescrire* ou *autoriser* toutes les mesures que requiert l'intérêt commun des indivisaires[283].

495. Mécanisme. La mise en jeu du mécanisme est subordonnée à une seule condition, l'**urgence**. À cet égard, pourvu que la mesure soit prononcée dans « ***l'intérêt commun*** »[284] des indivisaires, le juge est libre de prendre ***toutes* mesures** urgentes, la loi n'en donnant que des exemples, comme en témoigne l'emploi de

---

281. Art. 815-6 C. civ. : « *[l]e président du tribunal de grande instance peut prescrire ou autoriser toutes les mesures urgentes que requiert l'intérêt commun. Il peut, notamment, autoriser un indivisaire à percevoir des débiteurs de l'indivision ou des dépositaires de fonds indivis une provision destinée à faire face aux besoins urgents, en prescrivant, au besoin, les conditions de l'emploi. Cette autorisation n'entraîne pas prise de qualité pour le conjoint survivant ou pour l'héritier.* (al. 1) *Il peut également soit désigner un indivisaire comme administrateur en l'obligeant s'il y a lieu à donner caution, soit nommer un séquestre. Les articles 1873-5 à 1873-9 du présent code s'appliquent en tant que de raison aux pouvoirs et aux obligations de l'administrateur, s'ils ne sont autrement définis par le juge.* (al. 2) » ; art. 815-7 C. civ. : « *[l]e président du tribunal peut aussi interdire le déplacement des meubles corporels sauf à spécifier ceux dont il attribue l'usage personnel à l'un ou à l'autre des ayants droit, à charge pour ceux-ci de donner caution s'il l'estime nécessaire* ».

282. S'il statue en la forme des référés (Civ. 1re, 3 février 2004, *Bull. civ.* I, n° 32 : « le président du tribunal de grande instance saisi sur le fondement de l'article 815-6 C. civ. statue en la forme des référés de sorte que ne sont pas applicables les articles 808 et 809 du nouveau Code de procédure civile »), *le juge des référés est incompétent* (Civ. 3e, 16 décembre 2009, *Bull. civ.* III, n° 285, *JCP* 2010, I, 336, obs. H. Périnet-Marquet : « la juridiction des référés ne peut faire application [de l'article 815-6 C. civ.] »).

Les pouvoirs conférés au *président du tribunal de grande instance* (le juge des référés étant incompétent : Civ. 3e, 16 décembre 2009, *Bull. civ.* III, n° 285, préc.) doivent être mis en perspective avec ceux qu'offrent l'article 815-5 C. civ. au *tribunal de grande instance* (Civ. 1re, 15 février 2012, *Bull. civ.* I, n° 31, préc. ; *adde* Civ. 1re, 17 janvier 2006, *Bull. civ.* I, n° 24 : « ayant relevé d'une part, que le tribunal de grande instance, en vertu de sa compétence générale d'attribution, peut être saisi d'une demande d'administration provisoire et, d'autre part, les nombreux litiges et procès opposant les parties entre elles et les difficultés les opposant au notaire, la cour d'appel, qui a souverainement retenu qu'il était nécessaire, pour la sauvegarde des intérêts communs de la succession mise en péril par les conflits opposant les parties sur sa consistance, sa gestion et la conduite à tenir face aux réclamations du Trésor public de nommer un administrateur provisoire de la succession, n'a pas excédé ses pouvoirs et, sans violer l'article 1 du premier protocole additionnel à la Convention européenne de sauvegarde des droits de l'homme et des libertés fondamentales, a légalement justifié sa décision »).

La jurisprudence estime que le pouvoir conféré au tribunal de grande instance par l'article 815-5 n'empêche pas le président du tribunal de grande instance, sur le fondement de l'article 815-6, de prendre les mêmes mesures, au titre des « mesures urgentes que requiert l'intérêt commun » : autorisation de conclure un bail rural (Civ. 1re, 19 octobre 2004, *Bull. civ.* I, n° 226, *JCP* 2005, I, 119, obs. Périnet-Marquet) ou de conclure une vente (Civ. 1re, 4 décembre 2013, *Bull. civ.* I, n° 236, *JCP* 2014, I, 467, obs. Périnet-Marquet). Les prérogatives du président du tribunal de grande instance sont donc subordonnées à l'urgence, à la différence de celles du tribunal (Civ. 1re, 12 juillet 2091, pourvoi n° 99-14202 : « la cour d'appel a violé [l'article 815-5 C. civ.] en subordonnant son application à une condition d'urgence qu'il ne prévoit pas ») ; en tout état de cause, la condition d'intérêt commun est évidemment commune aux deux dispositions.

283. On retrouve une disposition d'inspiration similaire dans le régime primaire des époux à l'article 220-1 C. civ. : « *[s]i l'un des époux manque gravement à ses devoirs et met ainsi en péril les intérêts de la famille, le juge aux affaires familiales peut prescrire toutes les mesures urgentes que requièrent ces intérêts* ».

284. Art. 815-6 al. 1 C. civ. : « *[l]e président du tribunal de grande instance peut prescrire ou autoriser toutes les mesures urgentes que requiert l'intérêt commun* ».

l'adverbe « *notamment* »[285]. À la différence des mesures visées à l'article 220-1 C. civ., aucune durée n'est ici prévue : elles peuvent donc être affectées d'un terme fixé librement par le juge ou encore durer autant que l'indivision[286].

La loi envisage, en premier lieu, l'autorisation donnée à un indivisaire de « *percevoir des débiteurs de l'indivision ou des dépositaires de fonds indivis une provision destinée à faire face aux besoins urgents, en prescrivant, au besoin, les conditions de l'emploi* »[287]. Cette disposition très importante permet au juge d'autoriser un indivisaire à appréhender les comptes en banque, sans pour autant que cela, si l'indivision est successorale, n'emporte pour l'indivisaire la prise de qualité d'héritier[288].

En deuxième lieu, le juge peut nommer un indivisaire comme administrateur de l'indivision[289]. Lorsqu'une mésentente a eu pour effet de créer un blocage dans l'indivision, le juge peut décider que l'un des indivisaires, ou un tiers[290], aura en main le pouvoir de gestion des biens de l'indivision[291]. Sauf réserves exprimées par le juge, l'administrateur provisoire a les pouvoirs d'un gérant de l'indivision, tels qu'ils sont définis aux articles 1873-5 s. C. civ.[292]. Il semblerait même que le juge puisse accorder à l'administrateur provisoire des pouvoirs supérieurs à ceux d'un gérant de l'indivision[293]. En tout état de cause, si la nomination de l'administrateur doit être motivée par l'urgence, tous les actes accomplis par ce dernier n'ont pas à l'être[294].

285. Art. 815-6 al. 2 C. civ. : le président du tribunal de grande instance « *peut, notamment, autoriser un indivisaire à (...)* ».

286. Civ. 3e, 29 octobre 1985, *Bull. civ.* III, n° 136 : « les mesures provisoires prescrites en cas d'urgence en application de l'article 815-6 du Code civil s'imposent jusqu'au terme prévu par la décision qui les ordonne ».

287. Art. 815-6 al. 2 *in limine* C. civ. : le président du tribunal de grande instance peut « *autoriser un indivisaire à percevoir des débiteurs de l'indivision ou des dépositaires de fonds indivis une provision destinée à faire face aux besoins urgents, en prescrivant, au besoin, les conditions de l'emploi (...)* ».

288. Art. 815-6 al. 2 *in fine* C. civ. : « *[c]ette autorisation n'entraîne pas prise de qualité pour le conjoint survivant ou pour l'héritier* ».

289. Art. 815-6 al. 3 *in limine* C. civ. : le juge peut « *soit désigner un indivisaire comme administrateur en l'obligeant s'il y a lieu à donner caution, soit nommer un séquestre* ».

290. Contrairement à ce que pourrait laisser accroire la lettre du texte, l'administrateur pourrait être exceptionnellement un tiers. V. Civ. 3e, 16 décembre 2009, *Bull. civ.* III, n° 285 : « ce texte prévoit à titre principal la désignation de l'un des indivisaires comme gérant de l'indivision, de sorte que le recours à un tiers doit rester exceptionnel ».

291. Son pouvoir ne saurait être plus important que celui détenu par l'unanimité des indivisaires. Ainsi, en cas de superposition de deux indivisions distinctes portant respectivement sur l'usufruit et sur la nue-propriété d'un bien, l'administrateur, pouvant être amené à prendre des décisions concernant tant les droits des nus-propriétaires que ceux des usufruitiers, ne peut être choisi parmi les coïndivisaires en usufruit (Civ. 1re, 6 février 2001, *Bull. civ.* I, n° 24, *D.* 2001, p. 2942, obs. B. Vareille, *JCP* 2001, I, 358, obs. H. Périnet-Marquet, *RTD civ.* 2001, p. 640, obs. J. Patarin).

292. Art. 815-6 al. 3 *in fine* C. civ. « *[l]es articles 1873-5 à 1873-9 du présent code s'appliquent en tant que de raison aux pouvoirs et aux obligations de l'administrateur, s'ils ne sont autrement définis par le juge* ».

293. Civ. 1re, 19 octobre 2004, *Bull. civ.* I, n° 226, *RDI* 2005, p. 208, obs. M. Bruschi : « l'article 815-5 C. civ. n'exclut pas la faculté pour le président du tribunal de grande instance saisi sur le fondement de l'article 815-6 de donner à l'administrateur qu'il désigne le pouvoir de conclure un bail rural, dès lors que les conditions prévues par ce texte sont remplies » et « lorsque le président du tribunal de grande instance saisi sur le fondement de l'article 815-6 C. civ. définit les pouvoirs de l'administrateur, les articles 1873-5 à 1873-9 du même code ne s'appliquent pas ».

294. Civ. 1re, 19 octobre 2004, *Bull. civ.* I, n° 226, préc. : « seule la désignation de l'administrateur, prescrite en application de l'article 815-6 C. civ. est soumise aux conditions prévues par ce texte, à l'exclusion des actes conclus par l'administrateur en vertu de ses pouvoirs et obligations ».

En troisième lieu, le président du tribunal de grande instance peut « *interdire le déplacement des meubles corporels sauf à spécifier ceux dont il attribue l'usage personnel à l'un ou à l'autre des ayants droit, à charge pour ceux-ci de donner caution s'il l'estime nécessaire* »[295]. Une telle mesure sera notamment prononcée lorsqu'il existe un risque de captation par un ou plusieurs indivisaires des meubles indivis, ou pour éviter plus généralement qu'un indivisaire jouisse d'un bien indivis à son profit exclusif sans que les autres n'aient donné leur accord et sans qu'il ne leur ait offert de garanties.

4. Autorisation de l'aliénation de biens indivis à la demande de la majorité des deux tiers

496. Premières vues[296]. Nonobstant l'absence de péril de l'intérêt commun, l'article 815-5-1 C. civ. permet au tribunal de grande instance, à la demande d'un ou des indivisaires titulaires d'au moins deux tiers des droits indivis, d'autoriser la vente d'un bien indivis. Ce dispositif, issu de la loi n° 2009-526 *de simplification et de clarification du droit et d'allègement des procédures* du 12 mai 2009[297], constitue une alternative au partage amiable lorsque les conditions n'en sont pas réunies[298].

---

295. Art. 815-7 C. civ. Là encore, cette mesure s'inspire de ce qui est prévu à l'article 220-1 al. 2 C. civ., aux termes duquel le juge aux affaires familiales peut « *interdire le déplacement des meubles, sauf à spécifier ceux dont il attribue l'usage personnel à l'un ou à l'autre des conjoints* ».

296. Art. 815-5-1 C. civ. : « *[s]auf en cas de démembrement de la propriété du bien ou si l'un des indivisaires se trouve dans l'un des cas prévus à l'article 836, l'aliénation d'un bien indivis peut être autorisée par le tribunal de grande instance, à la demande de l'un ou des indivisaires titulaires d'au moins deux tiers des droits indivis, suivant les conditions et modalités définies aux alinéas suivants.* (al. 1) *Le ou les indivisaires titulaires d'au moins deux tiers des droits indivis expriment devant un notaire, à cette majorité, leur intention de procéder à l'aliénation du bien indivis.* (al. 2) *Dans le délai d'un mois suivant son recueil, le notaire fait signifier cette intention aux autres indivisaires.* (al. 3) *Si l'un ou plusieurs des indivisaires s'opposent à l'aliénation du bien indivis ou ne se manifestent pas dans un délai de trois mois à compter de la signification, le notaire le constate par procès-verbal.* (al. 4) *Dans ce cas, le tribunal de grande instance peut autoriser l'aliénation du bien indivis si celle-ci ne porte pas une atteinte excessive aux droits des autres indivisaires.* (al. 5) *Cette aliénation s'effectue par licitation. Les sommes qui en sont retirées ne peuvent faire l'objet d'un remploi sauf pour payer les dettes et charges de l'indivision.* (al. 6) *L'aliénation effectuée dans les conditions fixées par l'autorisation du tribunal de grande instance est opposable à l'indivisaire dont le consentement a fait défaut, sauf si l'intention d'aliéner le bien du ou des indivisaires titulaires d'au moins deux tiers des droits indivis ne lui avait pas été signifiée selon les modalités prévues au troisième alinéa* (al. 7) ». Et v. notamment J. Lafond, « L'autorisation judiciaire de vendre un bien indivis (C. civ., art. 815-5-1 nouveau) », *JCP* N 2009, 1180, N. Pierre, « La vente d'un bien indivis contre la volonté d'un indivisaire », *LPA* 22 septembre 2009, n° 189, p. 3.

297. Il a été jugé applicable à toute indivision existante au jour de l'entrée en vigueur de la loi (Civ. 1re, 15 janvier 2014, *Bull. civ.* I, n° 3 : « après avoir rappelé, à bon droit, par motifs tant propres qu'adoptés, que, sauf si elle en dispose autrement, une loi nouvelle s'applique immédiatement aux situations juridiques non contractuelles en cours au moment de son entrée en vigueur, la cour d'appel en a exactement déduit qu'à défaut de dispositions contraires, l'article 815-5-1 du Code civil, dans sa rédaction issue de la loi n° 2009-526 du 12 mai 2009, était applicable aux effets à venir d'une indivision existante au jour de l'entrée en vigueur de cette loi »).

298. Comme l'a indiqué M. Etienne Blanc, rapporteur de la Commission des lois de l'Assemblée nationale, la procédure « vise à permettre à des indivisaires de sortir de l'indivision. (...). Il faut donc éviter que ce dispositif soit détourné de son objectif pour réaliser, par exemple, des opérations immobilières ».

497. Mécanisme. Les **conditions** de mise en œuvre du mécanisme concernent le *bien* dont l'aliénation est envisagée, les *indivisaires*[299] et les *conséquences de l'aliénation envisagée*[300]. En premier lieu, le bien ne doit pas faire l'objet d'un démembrement, situation dans laquelle d'autres règles sont applicables[301]. En deuxième lieu, l'aliénation, d'une part, ne peut être sollicitée que par le ou les indivisaires réunissant les deux tiers des droits indivis et, d'autre part, ne peut l'être lorsqu'un indivisaire est présumé absent, hors d'état de manifester sa volonté par suite d'éloignement ou encore placé sous un régime de protection[302]. En troisième lieu, l'aliénation ne sera autorisée que si elle ne porte « *pas une atteinte excessive aux droits des autres indivisaires* ». Seule cette limite rend acceptable l'atteinte au droit de propriété des coïndivisaires qui n'auront pas consenti à l'aliénation[303]. Les travaux préparatoires indiquent que tant des considérations matérielles (le bien assure la subsistance de certains indivisaires) que morales (le bien a une importance familiale[304]) pourraient justifier un refus d'autorisation du juge. Alors même que les conditions du mécanisme de l'article 815-5-1 C. civ. seraient remplies, un indivisaire pourrait tenir en échec le mécanisme en provoquant le partage et, le cas échéant, en sollicitant une attribution préférentielle[305].

La **procédure** est minutieusement exposée par la loi. Dans un premier temps, le ou les indivisaire(s) titulaire(s) d'au moins deux tiers des droits indivis *exprime(nt)* devant un notaire leur *intention* de procéder à l'aliénation du bien indivis[306]. Dans un deuxième temps, le notaire fait *signifier* cette intention aux autres indivisaires, dans le délai d'un mois où elle est recueillie[307] – à défaut de quoi l'aliénation leur est inopposable[308]. Dans un troisième temps, il est offert à ces derniers de s'opposer à l'aliénation du bien indivis : s'ils se *rallient* au projet d'aliénation, le processus

299. Art. 815-5-1 al. 1 C. civ. : « *[s]auf en cas de démembrement de la propriété du bien ou si l'un des indivisaires se trouve dans l'un des cas prévus à l'article 836, l'aliénation d'un bien indivis peut être autorisée par le tribunal de grande instance, à la demande de l'un ou des indivisaires titulaires d'au moins deux tiers des droits indivis, suivant les conditions et modalités définies aux alinéas suivants* ».

300. Art. 815-5-1 al. 5 C. civ. : « *(...) le tribunal de grande instance peut autoriser l'aliénation du bien indivis si celle-ci ne porte pas une atteinte excessive aux droits des autres indivisaires* (al. 5) ».

301. Lorsqu'un bien est démembré, il convient d'appliquer les dispositifs prévus aux articles 817 s. C. civ. V. *infra*, n° 533.

302. Si tel était le cas, le partage pourra être réalisé conformément à l'article 836 C. civ. (« *Si un indivisaire est présumé absent ou, par suite d'éloignement, se trouve hors d'état de manifester sa volonté, un partage amiable peut intervenir dans les conditions prévues à l'article 116.* (al. 1) *De même, si un indivisaire fait l'objet d'un régime de protection, un partage amiable peut intervenir dans les conditions prévues aux titres X et XI du livre Ier*. (al. 2) ».

303. À ce titre, il conviendra cependant de veiller à l'application de celle-ci par les tribunaux afin que ne soit pas constatée une atteinte excessive au droit de propriété, garanti par des normes de valeur supralégislative. V. *supra*, n° 230.

304. Rapp. B. SAUGEY au nom de la Commission des lois : Doc. Sénat n° 209, t. I.

305. Ce qui explique notamment que ce soit le tribunal de grande instance et non son président qui soit compétent (F.-X. TESTU et Ch. VERNIÈRES, *Droit patrimonial de la famille*, Dalloz action 2015-2016, n° 252-33).

306. Art. 815-5-1 al. 2 C. civ. : « *[l]e ou les indivisaires titulaires d'au moins deux tiers des droits indivis expriment devant un notaire, à cette majorité, leur intention de procéder à l'aliénation du bien indivis* ».

307. Art. 815-5-1 al. 3 C. civ. : « *[d]ans le délai d'un mois suivant son recueil, le notaire fait signifier cette intention aux autres indivisaires* ».

308. Art. 815-5-1 al. 7 C. civ. : « *[l]'aliénation effectuée dans les conditions fixées par l'autorisation du tribunal de grande instance est opposable à l'indivisaire dont le consentement a fait défaut, sauf si l'intention d'aliéner le bien du ou des indivisaires titulaires d'au moins deux tiers des droits indivis ne lui avait pas été signifiée selon les modalités prévues au troisième alinéa* ».

s'arrête ici, mais s'ils s'y *opposent* ou s'ils ne se manifestent pas dans un délai de trois mois à compter de la signification, le notaire le constate par procès-verbal[309]. Dans ce cas, et dans un quatrième temps, le tribunal de grande instance peut *autoriser l'aliénation* du bien indivis si celle-ci ne porte pas une atteinte excessive aux droits des autres indivisaires[310]. Lorsqu'elle est autorisée, l'aliénation se fera, dans un cinquième temps, par *licitation*[311]. Elle sera bien évidemment opposable aux indivisaires dont le consentement a fait défaut[312]. Les sommes qui seront retirées de la vente ne pourront faire l'objet d'un remploi sauf pour payer les dettes et charges de l'indivision[313]. Autrement dit, le produit de la vente doit être partagé entre tous les indivisaires ou servir à acquitter le passif de l'indivision ; en aucun cas le mécanisme ne saurait être utilisé pour réaliser un investissement.

§ 2. Le régime conventionnel

498. Intérêts – Plan. D'après l'article 1873-1 C. civ., « *[c]eux qui ont des droits à exercer sur des biens indivis, à titre de propriétaires, de nus-propriétaires ou d'usufruitiers, peuvent passer des conventions relatives à l'exercice de ces droits* ». La conclusion d'une convention d'indivision peut être motivée par deux considérations : d'une part, **demeurer dans l'indivision**[314], d'autre part, **organiser la gestion des biens d'une manière différente de ce que la loi prévoit**, en particulier lorsque l'indivision comporte un bien particulier, comme un fonds d'activité ou des droits sociaux[315].

On envisagera les conditions (A) puis les effets (B) de la convention d'indivision.

499. Même en cas de démembrement. La conclusion d'une convention d'indivision est possible, en cas de démembrement de la propriété des biens indivis, entre des personnes qui sont titulaires de droits distincts et qui ne sont donc pas indivisaires : « *[l]orsque les biens indivis sont grevés d'un usufruit, des conventions (...)*

309. Art. 815-5-1, al. 4 C. civ. : « *[s]i l'un ou plusieurs des indivisaires s'opposent à l'aliénation du bien indivis ou ne se manifestent pas dans un délai de trois mois à compter de la signification, le notaire le constate par procès-verbal* ». L'indivisaire silencieux est donc réputé s'opposer à la vente.

310. Art. 815-5-1 al. 5 C. civ. : « *(...) le tribunal de grande instance peut autoriser l'aliénation du bien indivis si celle-ci ne porte pas une atteinte excessive aux droits des autres indivisaires* ». La formule est susceptible de deux lectures : soit elle contraint le juge à autoriser l'aliénation si celle-ci ne porte pas une atteinte excessive aux droits des autres indivisaires, soit elle lui laisse, alors même que cette condition serait remplie, un pouvoir d'appréciation. Si la seconde lecture est plus conforme à la lettre du texte, la première l'est davantage à son esprit, car l'on voit mal pourquoi le juge disposerait d'un tel pouvoir d'appréciation.

311. Art. 815-5-1 al. 6 *in limine* C. civ. : « *[c]ette aliénation s'effectue par licitation* ».

312. Art. 815-5-1 al. 7 C. civ. : « *[l]'aliénation effectuée dans les conditions fixées par l'autorisation du tribunal de grande instance est opposable à l'indivisaire dont le consentement a fait défaut, sauf si l'intention d'aliéner le bien du ou des indivisaires titulaires d'au moins deux tiers des droits indivis ne lui avait pas été signifiée selon les modalités prévues au troisième alinéa* ».

313. Art. 815-5-1 al. 6 *in fine* C. civ. : « *[l]es sommes qui en sont retirées ne peuvent faire l'objet d'un remploi sauf pour payer les dettes et charges de l'indivision* ».

314. Art. 1873-2 al. 1 C. civ. : « *[l]es coïndivisaires, s'ils y consentent tous, peuvent convenir de demeurer dans l'indivision* ».

315. Ph. Davy, « L'indivision de parts sociales ou d'actions de sociétés (La force de la convention) », *Rép. Defr.* 2014, p. 1266.

peuvent être conclues, soit entre les nus-propriétaires, soit entre les usufruitiers, soit entre les uns et les autres. Il peut y avoir pareillement convention entre ceux qui sont en indivision pour la jouissance et celui qui est nu-propriétaire de tous les biens, de même qu'entre l'usufruitier universel et les nus-propriétaires » (art. 1873-16 C. civ.). Cette faculté est ouverte en raison de l'intérêt qu'il y a à associer tous les titulaires de droits, même distincts, sur un biens indivis.

A Les conditions

500. Trois séries de conditions. La convention obéit à des *conditions de fond*, de *forme* et de *publicité*.

La convention d'indivision obéit aux conditions de **fond** auxquelles sont soumises toutes les conventions[316]. Par ailleurs, le Code civil comporte des dispositions particulières relatives à la capacité. D'après l'article 1873-4 C. civ., « *[l]a convention tendant au maintien de l'indivision requiert la* ***capacité ou le pouvoir de disposer*** *des biens indivis* » (al. 1[317]). Le même article prévoit néanmoins qu'« *[e]lle peut (...) être conclue au nom d'un mineur, par son représentant légal seul ; mais, dans ce cas, le mineur devenu majeur peut y mettre fin, quelle qu'en soit la durée, dans l'année qui suit sa majorité* » (al. 2). Si la conclusion d'une convention d'indivision est assimilée à un acte de disposition, c'est parce qu'elle affecte le droit au partage et donc la disposition des biens indivis. Il reste que s'interdire de disposer d'un bien est moins grave qu'en disposer, ce qui explique des règles plus souples que celles qui gouvernent les actes de disposition, en présence d'un mineur dans l'indivision.

Sur la **forme**, la convention d'indivision est un acte solennel. Elle suppose, à peine de nullité, la confection d'un écrit comportant des mentions particulières : la désignation des biens indivis et l'indication des quotes-parts[318].

Quant à la **publicité**, en présence de créances et d'immeubles, il y a lieu d'effectuer respectivement les formalités prévues en cas de cession de créances[319] et les formalités de publicité foncière[320]. S'agissant de ces dernières, les conventions d'indivision immobilières sont obligatoirement publiées[321]. À défaut, le tiers qui, ayant publié son propre droit, a subi un préjudice en raison de l'absence de publication, pourra réclamer des dommages et intérêts[322].

---

316. Art. 1108 C. civ. : « *[q]uatre conditions sont essentielles pour la validité d'une convention : Le consentement de la partie qui s'oblige ; Sa capacité de contracter ; Un objet certain qui forme la matière de l'engagement ; Une cause licite dans l'obligation* ».

317. Nous soulignons.

318. Art. 1873-2 al. 2 *in limine* C. civ. : « *[à] peine de nullité, la convention doit être établie par un écrit comportant la désignation des biens indivis et l'indication des quotes-parts appartenant à chaque indivisaire* ».

319. Art. 1690 C. civ. : « *[l]e cessionnaire n'est saisi à l'égard des tiers que par la signification du transport faite au débiteur.* (al. 1) *Néanmoins, le cessionnaire peut être également saisi par l'acceptation du transport faite par le débiteur dans un acte authentique.* (al. 2) ».

320. Art. 1873-2 al. 2 *in fine* C. civ. : « *[s]i les biens indivis comprennent des créances, il y a lieu aux formalités de l'article 1690 ; s'ils comprennent des immeubles, aux formalités de la publicité foncière* ».

321. Art. 28, 6° Décr. 4 janvier 1955 « *[s]ont obligatoirement publiés au service chargé de la publicité foncière de la situation des immeubles : (...) 6° Les conventions d'indivision immobilière* ».

322. Art. 30, 4 *in limine* Décr. 4 janvier 1955 : « *[t]oute personne intéressée qui, ayant publié son propre droit, prouve qu'elle a subi un préjudice à raison soit du défaut de publication avant l'expiration du délai légal, soit de la publicité incomplète ou irrégulière d'un des actes visés aux 3° à 9° de l'article 28, peut demander des dommages et intérêts. (...)* ».

B Les effets

501. Plan. La convention d'indivision produit des effets dont on envisagera successivement le contenu (1) et la durée (2).

1. Contenu

502. Obstacle au partage ? Lorsqu'une convention d'indivision est conclue pour une durée déterminée, « *le partage ne peut être provoqué avant le terme qu'autant qu'il y en a de justes motifs* » (art. 1873-3 al. 1 C. civ.). Autrement dit, seuls de justes motifs pourraient justifier qu'il soit procédé au partage, avant même l'échéance du terme de la convention d'indivision. En contrepoint, lorsqu'une convention d'indivision est conclue pour une durée indéterminée, « *[l]e partage peut, en ce cas, être provoqué à tout moment* », encore que le droit au partage ne soit pas comme sous le régime légal, discrétionnaire[323], car la loi exige « *ce ne soit pas de mauvaise foi ou à contretemps* » (art. 1873-3 al. 2 C. civ.).

503. Application du régime légal. La convention d'indivision a pour seuls effets de *maintenir l'état d'indivision* et d'*organiser la gérance de l'indivision.* Quant au régime légal, il s'applique, « *[à] défaut d'accord particulier* », à « *l'exercice du droit d'usage et de jouissance, ainsi qu'à la répartition des bénéfices et des pertes* », tels qu'ils sont définis aux articles 815-9 et suivants du Code civil (art. 1873-11 al. 2 C. civ.). Par ailleurs, les droits de préemption et de substitution jouent, sans que ne soit réservée la possibilité d'une clause contraire[324].

504. Situation des créanciers personnels des indivisaires. Alors que les créanciers personnels des indivisaires ont en principe la faculté de provoquer le partage au nom de leur débiteur[325], ils ne le peuvent plus, faute d'avoir plus de droits qu'eux, lorsque la convention d'indivision l'interdit à l'indivisaire débiteur lui-même. Ainsi l'article 1873-15 al. 2 C. civ. prévoit que les créanciers personnels « *ne peuvent provoquer le partage que dans les cas où leur débiteur pourrait lui-même le provoquer* »[326].

505. Gérance de l'indivision. ***Désignation et révocation du gérant***. Les indivisaires ont la faculté de désigner ou de révoquer un ou plusieurs gérants de l'indivision suivant des modalités arrêtées à l'unanimité[327]. Si celles-ci ne le sont pas, elles dépendent de la qualité du gérant : s'il est indivisaire, l'unanimité sera requise[328] alors que s'il ne l'est pas, la majorité des indivisaires, en nombre et en parts,

323. F.-X. Testu et Ch. Vernières, *Droit patrimonial de la famille*, Dalloz action 2015-2016, n° 254-31.

324. Art. 1873-12 al. 1 C. civ. : « *[e]n cas d'aliénation de tout ou partie des droits d'un indivisaire dans les biens indivis, ou dans un ou plusieurs de ces biens, les coïndivisaires bénéficient des droits de préemption et de substitution prévus par les articles 815-14 à 815-16 et 815-18 du présent code* ».

325. Art. 815-17 al. 3 C. civ. Sur lequel, v. *supra*, n° 513 et s.

326. Toutefois, lorsqu'ils ne peuvent provoquer le partage, cette même disposition leur permet de « *poursuivre la saisie et la vente de la quote-part de leur débiteur dans l'indivision (...)* ».

327. Art. 1873-5 al. 1 C. civ. : « *[l]es coïndivisaires peuvent nommer un ou plusieurs gérants, choisis ou non parmi eux. Les modalités de désignation et de révocation du gérant peuvent être déterminées par une décision unanime des indivisaires* ».

328. Art. 1873-5 al. 2 C. civ. : « *[à] défaut d'un tel accord, le gérant pris parmi les indivisaires ne peut être révoqué de ses fonctions que par une décision unanime des autres indivisaires* ». Si l'indivision ne compte que deux indivisaires, dont le gérant, celui qui ne l'est pas pourra révoquer seul celui

suffira[329]. Quel qu'il soit, le gérant pourra en tout état de cause être révoqué à la demande d'un indivisaire lorsque par sa faute, il aura mis en péril l'indivision[330].

506. Gérance de l'indivision. ***Missions du gérant.*** Le gérant **administre l'indivision** en **représentant les indivisaires** dans la mesure de ses pouvoirs[331].

En tant qu'**administrateur** de l'indivision, le gérant exerce les pouvoirs « *attribués à chaque époux sur les biens communs* ». Il convient donc, pour déterminer ses pouvoirs, de se référer aux règles de pouvoirs sous la communauté légale[332]. Sauf exceptions, donc, le gérant peut administrer les biens indivis et en disposer[333]. Il reste que ce principe est peu efficient. D'un côté, comme c'est le cas sous la communauté, le gérant ne pourra « *aliéner ou grever de droits réels les immeubles, fonds de commerce et exploitations dépendant de la communauté, non plus que les droits sociaux non négociables et les meubles corporels dont l'aliénation est soumise à publicité* »[334] ; d'un autre, et c'est cette fois une règle propre à l'indivision, le gérant « *ne peut disposer des meubles corporels que pour les besoins d'une exploitation normale des biens indivis*[335]*, ou encore s'il s'agit de choses difficiles à conserver ou sujettes à dépérissement* »[336]. Et si une clause peut diminuer les pouvoirs du gérant, elle ne peut les étendre[337]. Les décisions qui ne pourraient être prise par le gérant car elles excéderaient ses pouvoirs « *sont prises à l'unanimité des indivisaires, sauf au gérant, s'il est lui-même indivisaire, à exercer les recours prévus par les articles 815-4,815-5 et 815-6* »[338] ou à ce que la convention d'indivision

qui l'est (Civ. 1re, 13 janvier 1993, *Bull. civ.* I, n° 12 : « la cour d'appel en a déduit à bon droit que l'article 1873-5 C. civ. (...) donnait au seul coïndivisaire du gérant le pouvoir de révoquer celui-ci »).

329. Art. 1873-5 al. 3 C. civ. : « *[l]e gérant, qui n'est pas indivisaire, peut être révoqué dans les conditions convenues entre ses mandants ou, à défaut, par une décision prise à la majorité des indivisaires en nombre et en parts. Dans tous les cas, la révocation peut être prononcée par le tribunal à la demande d'un indivisaire lorsque le gérant, par ses fautes de gestion, met en péril les intérêts de l'indivision* ».

330. Art. 1873-5 al. 5 C. civ. : « *[s]i le gérant révoqué est un indivisaire, la convention sera réputée conclue pour une durée indéterminée à compter de sa révocation* ».

331. Art. 1873-6 C. civ. : « *[l]e gérant représente les indivisaires dans la mesure de ses pouvoirs, soit pour les actes de la vie civile, soit en justice, tant en demandant qu'en défendant. Il est tenu d'indiquer, à titre purement énonciatif, le nom de tous les indivisaires dans le premier acte de procédure.* (al. 1) *Le gérant administre l'indivision et exerce, à cet effet, les pouvoirs attribués à chaque époux sur les biens communs. Il ne peut, toutefois, disposer des meubles corporels que pour les besoins d'une exploitation normale des biens indivis, ou encore s'il s'agit de choses difficiles à conserver ou sujettes à dépérissement. Toute clause extensive des pouvoirs du gérant est réputée non écrite* (al. 2) ».

332. Art. 1421 s. C. civ. D'ailleurs, en cas de pluralité de gérants, à défaut de convention contraire, chaque gérant dispose de la plénitude des pouvoirs confiés par la loi au gérant unique – il s'agit d'une gestion concurrente –, sauf le droit pour chacun de s'opposer à toute opération avant qu'elle ne soit conclue (art. 1873-9 C. civ. : « *[l]a convention d'indivision peut régler le mode d'administration en cas de pluralité de gérants. À défaut de stipulations spéciales, ceux-ci détiennent séparément les pouvoirs prévus à l'article 1873-6, sauf le droit pour chacun de s'opposer à toute opération avant qu'elle ne soit conclue* »).

333. V. l'article 1421 al. 1 C. civ., qui énonce le principe de la gestion concurrente sous la communauté.

334. Art. 1425 al. 1 C. civ.

335. Civ. 1re, 14 mai 1991, *Bull. civ.* I, n° 154 : « l'engagement du cheval dans une course "à réclamer", qui constitue une offre publique de vente, s'analyse en un acte de disposition dépassant l'exploitation normale d'un cheval de course ».

336. Art. 1873-6 al. 2 C. civ.

337. *Ibid.*

338. Art. 1873-8 al. 1 C. civ.

prévoit que les « *décisions seront prises autrement qu'à l'unanimité* », ce qui suppose que l'indivision ne compte pas d'incapables. En étant entendu qu'en tout état de cause, aucun immeuble indivis ne peut être aliéné sans l'accord de tous les indivisaires, si ce n'est en application des articles 815-4 et 815-5 C. civ.[339]

En tant que **représentant** des indivisaires – et non de l'indivision, dépourvue de la personnalité juridique –, le gérant les engage par les actes qui lui sont conférés par la loi en sa qualité d'administrateur. À ce titre, le gérant doit rendre compte de sa gestion aux indivisaires une fois par an et chaque indivisaire peut exiger la communication de tous les documents relatifs à la gestion[340].

507. Gérance de l'indivision. ***Missions du gérant. Cas particulier de la présence d'un incapable.*** Lorsque l'indivision compte un incapable, les pouvoirs du gérant ne sont en principe pas modifiés[341]. Toutefois, par exception, on applique l'article 504 al. 3 C. civ.[342] en vertu duquel les baux consentis par le tuteur ne confèrent au preneur, à l'encontre de la personne protégée devenue capable, aucun droit de renouvellement et aucun droit à se maintenir dans les lieux à l'expiration du bail, quand bien même il existerait des dispositions légales contraires[343]. S'il doit être pris une décision à l'unanimité pour un acte qui excéderait les pouvoirs du gérant, on appliquera les règles de protection des incapables[344] et la convention d'indivision ne pourra prévoir que les décisions devant être prises à l'unanimité pourront l'être à la majorité[345].

508. Gérance de l'indivision. ***Responsabilité du gérant.*** Le gérant est responsable comme un mandataire des fautes de gestion commises[346]. On lui applique donc les règles qui gouvernent la responsabilité du mandataire, en particulier celles qui veut que le mandataire bénévole voit sa responsabilité allégée par rapport au mandataire rémunéré[347].

509. Gérance de l'indivision. ***Rémunération du gérant.*** Le gérant a droit à une rémunération en raison du travail fourni, sauf convention contraire[348] : la rémunération n'a donc à être prévue ni dans son *principe* ni dans son *montant*. À défaut d'avoir été arrêtées dans la convention, les conditions de cette rémunération le

339. Art. 1873-8 al. 3 C. civ.
340. Art. 1873-11 al. 1 C. civ. : « *[c]haque indivisaire peut exiger la communication de tous les documents relatifs à la gestion. Le gérant doit, une fois par an, rendre compte de sa gestion aux indivisaires. À cette occasion, il indique par écrit les bénéfices réalisés et les pertes encourues ou prévisibles* ».
341. Art. 1873-7 al. 1 C. civ. : « *[l]e gérant exerce les pouvoirs qu'il tient de l'article précédent lors même qu'il existe un incapable parmi les indivisaires* ».
342. Et non pas de l'article 456 al. 3 C. civ. comme le prévoit l'article 1873-7 C. civ. En réalité, l'article 456 C. civ. auquel renvoie l'article 1873-7 C. civ. est devenu l'article 504 C. civ., légèrement modifié.
343. L'article poursuit en indiquant que ces dispositions ne sont pas applicables aux baux consentis avant l'ouverture de la tutelle et renouvelés par le tuteur.
344. Art. 1873-8 al. 2 C. civ. : « *[s]'il existe des incapables mineurs ou majeurs parmi les indivisaires, les décisions dont il est parlé à l'alinéa précédent donnent lieu à l'application des règles de protection prévues en leur faveur* ».
345. Art. 1873-8 al. 3 C. civ., préc.
346. Art. 1873-10 al. 2 C. civ. : « *[l]e gérant répond, comme un mandataire, des fautes qu'il commet dans sa gestion* ».
347. Art. 1992 al. 2 C. civ. : « *(...) la responsabilité relative aux fautes est appliquée moins rigoureusement à celui dont le mandat est gratuit qu'à celui qui reçoit un salaire* ».
348. Art. 1873-10 al. 1 *in limine* C. civ. : « *[l]e gérant a droit, sauf accord contraire, à la rémunération de son travail* ».

seront à l'unanimité des indivisaires[349] et, à défaut, seront déterminées par le président du tribunal de grande instance statuant à titre provisionnel. Lors des opérations de liquidation préalables au partage, le montant de la rémunération pourra être modifié, en cas de contestation[350].

510. Cas particulier d'un démembrement. En cas de démembrement, le Code civil comporte trois règles importantes.

En premier lieu, lorsque la convention passée entre usufruitiers et nus-propriétaires prévoit que des décisions seront prises à la majorité en nombre et en parts, sauf clause particulière, la loi prévoit arbitrairement, mais sûrement, que le droit de vote afférent aux parts est divisé par moitié entre l'usufruit et la nue-propriété[351].

En deuxième lieu, les tiers ne peuvent se prévaloir des pouvoirs que les seuls nus-propriétaires auraient conférés au gérant si ces pouvoirs sont tels qu'il prive l'usufruitier de tout ou partie de ses droits[352]. C'est une évidence, les nus-propriétaires ne pouvant, d'une manière ou d'une autre, disposer des pouvoirs que confère l'usufruit.

En troisième lieu, l'usufruitier ne peut être engagé par des dépenses qui excèdent ses obligations qu'avec son consentement[353]. C'est une autre évidence que l'on ne peut être tenu au-delà de ce à quoi l'on est obligé, si l'on n'y a pas consenti.

511. La transmission à cause de mort des droits indivis. Par principe, la transmission des droits indivis se fait de la même façon qu'il y ait eu ou non une convention d'indivision conclue[354]. Toutefois, si une convention l'a été, lorsque la part du défunt échoit à ses héritiers ou légataires, elle est réputée conclue pour une durée indéterminée à compter de l'ouverture de la succession[355]. On veut ainsi permettre aux uns et aux autres de mettre un terme à une convention à laquelle sont parties des personnes qui n'ont pas contracté ensemble.

Pour saper à la racine tous risques de différend, le Code civil prévoit la possibilité d'insérer une clause dans la convention d'indivision permettant soit à l'un des indivisaires survivants ou à plusieurs d'entre eux d'acquérir la part du prédécédé (c'est la **faculté d'acquisition**), soit au conjoint survivant ou à l'un des héritiers

349. À l'exclusion de l'intéressé, qui n'a pas, par délicatesse, à se prononcer sur le montant de sa rémunération...

350. Art. 1873-10 al. 1 *in fine* C. civ. : « *[l]es conditions en sont fixées par les indivisaires, à l'exclusion de l'intéressé, ou, à défaut par le président du tribunal de grande instance statuant à titre provisionnel* ».

351. Art. 1873-18 al. 1 C. civ. : « *[l]orsque la convention passée entre usufruitiers et nus-propriétaires prévoit que des décisions seront prises à la majorité en nombre et en parts, le droit de vote afférent aux parts est divisé par moitié entre l'usufruit et la nue-propriété, à moins que les parties n'en soient autrement convenues* ».

352. Art. 1873-17 C. civ. : « *[l]orsque les usufruitiers n'ont pas été parties à la convention, les tiers qui ont traité avec le gérant de l'indivision ne peuvent se prévaloir au préjudice des droits d'usufruit des pouvoirs qui lui auraient été conférés par les nus-propriétaires* ».

353. Art. 1873-18 al. 2 C. civ. : « *[t]oute dépense excédant les obligations de l'usufruitier, telles qu'elles sont définies par les articles 582 et suivants, ne l'engage qu'avec son consentement donné dans la convention elle-même ou par un acte ultérieur* ».

354. Art. 1873-14 al. 2 *in limine* C. civ. : « *[l]orsqu'il n'a pas été prévu de faculté d'acquisition ou d'attribution, ou que celle-ci est caduque, la quote-part du défunt échoit à ses héritiers ou légataires (...)* ». En particulier, les dispositions de l'attribution préférentielle sont applicables et priment sur toutes clauses de la convention d'indivision (art. 1873-13 al. 3 C. civ. : « *[l]es dispositions du présent article ne peuvent préjudicier à l'application des dispositions des articles 831 à 832-2.* »).

355. Art. 1873-14 al. 2 *in fine* C. civ. : « *(...) [e]n pareil cas, la convention d'indivision sera réputée conclue pour une durée indéterminée à compter de l'ouverture de la succession* ».

de l'indivisaire décédé de se la faire attribuer (c'est la **faculté d'attribution**)[356]. La mise en œuvre d'une de ces facultés suppose que le bénéficiaire ait procédé à une notification aux indivisaires survivants et aux héritiers du prédécédé dans le délai d'un mois à compter du jour où il aura été mis en demeure de prendre parti[357]. Si plusieurs indivisaires (clause d'acquisition) ou plusieurs héritiers (clause d'attribution) exercent simultanément leur faculté d'acquisition ou d'attribution, ils sont réputés, sauf convention contraire, acquérir ensemble la part du défunt à proportion de leurs droits respectifs dans l'indivision ou la succession[358].

2. Durée

512. Durée déterminée ou indéterminée[359]. Lorsque la convention est conclue pour une durée déterminée, celle-ci ne peut être supérieure à une durée de cinq années, renouvelable expressément[360] ou tacitement[361]. La convention peut également être conclue pour une durée indéterminée[362].

Dans deux séries de circonstances, la convention est réputée conclue pour une durée indéterminée alors qu'elle avait pourtant été conclue pour une durée déterminée : lorsqu'un indivisaire-gérant a été révoqué[363] et lorsqu'une part indivise est dévolue à une personne étrangère à l'indivision[364]. L'idée est que, dans le premier

356. Art. 1873-13 al. 1 C. civ. : « *[l]es indivisaires peuvent convenir qu'au décès de l'un d'eux, chacun des survivants pourra acquérir la quote-part du défunt, ou que le conjoint survivant, ou tout autre héritier désigné, pourra se la faire attribuer à charge d'en tenir compte à la succession d'après sa valeur à l'époque de l'acquisition ou de l'attribution* ».

357. Art. 1873-14 al. 1 C. civ. : « *[l]a faculté d'acquisition ou d'attribution est caduque si son bénéficiaire ne l'a pas exercée par une notification faite aux indivisaires survivants et aux héritiers du prédécédé dans le délai d'un mois à compter du jour où il aura été mis en demeure de prendre parti. Cette mise en demeure ne peut elle-même avoir lieu avant l'expiration du délai prévu au titre "Des successions" pour faire inventaire et délibérer* ».

358. Art. 1873-13 al. 2 C. civ. : « *[s]i plusieurs indivisaires ou plusieurs héritiers exercent simultanément leur faculté d'acquisition ou d'attribution, ils sont réputés, sauf convention contraire, acquérir ensemble la part du défunt à proportion de leurs droits respectifs dans l'indivision ou la succession* ».

359. Art. 1873-3 C. civ. : « *La convention peut être conclue pour une durée déterminée qui ne saurait être supérieure à cinq ans. Elle est renouvelable par une décision expresse des parties. Le partage ne peut être provoqué avant le terme convenu qu'autant qu'il y en a de justes motifs.* (al. 1) *La convention peut également être conclue pour une durée indéterminée. Le partage peut, en ce cas, être provoqué à tout moment, pourvu que ce ne soit pas de mauvaise foi ou à contretemps.* (al. 2) *Il peut être décidé que la convention à durée déterminée se renouvellera par tacite reconduction pour une durée déterminée ou indéterminée. À défaut d'un pareil accord, l'indivision sera régie par les articles 815 et suivants à l'expiration de la convention à durée déterminée* (al. 3) ».

360. Art. 1873-3 al. 1 C. civ. : la convention « *(...) est renouvelable par une décision expresse des parties (...)* ».

361. Art. 1873-3 al. 3 C. civ. : « *[i]l peut être décidé que la convention à durée déterminée se renouvellera par tacite reconduction pour une durée déterminée ou indéterminée. À défaut d'un pareil accord, l'indivision sera régie par les articles 815 et suivants à l'expiration de la convention à durée déterminée* ».

362. Art. 1873-3 al. 2 C. civ. : « *[l]a convention peut (...) être conclue pour une durée indéterminée. Le partage peut, en ce cas, être provoqué à tout moment, pourvu que ce ne soit pas de mauvaise foi ou à contretemps* ».

363. Art. 1873-5 al. 5 C. civ. : « *[s]i le gérant révoqué est un indivisaire, la convention sera réputée conclue pour une durée indéterminée à compter de sa révocation* ».

364. Art. 1873-12 al. 2 C. civ. : « *[l]a convention est réputée conclue pour une durée indéterminée lorsque, pour quelque cause que ce soit, une part indivise est dévolue à une personne étrangère à l'indivision.* » ; art. 1873-14 al. 2 C. civ. : « *[l]orsqu'il n'a pas été prévu de faculté d'acquisition ou d'attribution, ou que celle-ci est caduque, la quote-part du défunt échoit à ses héritiers ou légataires.*

cas, une mésentente dans l'indivision a dû s'installer pour qu'un indivisaire soit révoqué et que, dans le second, une mésentente risque de s'installer. Par conséquent, il apparaît opportun de pouvoir y mettre fin en provoquant le partage sans attendre, ce qui ne serait pas possible si la convention d'indivision était conclue pour une durée déterminée.

Sous-section 4
L'extinction de l'indivision : le partage

513. Plan. Les règles du partage ont été modifiées par la loi n° 2006-728 du 23 juin 2006 *portant réforme des successions et des libéralités*. On envisagera les conditions (§ 1) puis les effets (§ 2) du partage.

514. Distinction avec l'avance en capital. La loi, qui reconnaît à chaque indivisaire le droit d'obtenir annuellement une part dans les bénéfices de l'indivision[365], leur reconnaît également le droit d'obtenir une avance en capital[366]. Parce que cette avance en capital préfigure ce à quoi pourra prétendre l'indivisaire lors du partage, elle ne saurait excéder sa part à recevoir. En tout état de cause, il est prévu que cette avance ne sera possible qu'« *à concurrence des fonds disponibles* »[367] : il n'est pas question que l'indivision s'endette en vue de faire une avance à l'un des coïndivisaires. Il reste que la Cour de cassation considère que la notion de « *fonds* » ne se limite pas à des liquidités, mais s'entend également de la valeur des biens qu'il est possible de vendre[368]. Quoi qu'il en soit, l'indivision est amenée à souffrir de la dépréciation monétaire car, ne constituant pas un partage partiel, l'avance donne lieu à un remboursement au nominal[369], sauf indexation.

En pareil cas, la convention d'indivision sera réputée conclue pour une durée indéterminée à compter de l'ouverture de la succession ».

365. Art. 815-11 al. 1 C. civ. : « *[t]out indivisaire peut demander sa part annuelle dans les bénéfices, déduction faite des dépenses entraînées par les actes auxquels il a consenti ou qui lui sont opposables* ».

366. Art. 815-11 al. 4 C. civ. : « *[à] concurrence des fonds disponibles, il peut semblablement ordonner une avance en capital sur les droits de l'indivisaire dans le partage à intervenir* ».

367. Art. 815-11 al. 4 C. civ., préc.

368. Civ. 1re, 20 juin 2006, *Bull. civ.* I, n° 321 : « les fonds disponibles étaient constitués de liquidités et de nombreuses œuvres d'art aisément mobilisables ».

369. Civ. 1re, 1er mars 1988, *Bull. civ.* I, n° 58 : « les sommes d'argent qu'un indivisaire a reçues à titre d'avance en capital sur ses droits dans le partage à intervenir et dont l'allocation ne constitue pas un partage partiel ne peuvent, en l'absence de disposition légale, faire l'objet d'une réévaluation au jour du partage que si celle-ci a été prévue par l'accord des parties ». Toutefois, en présence d'une indivision successorale, l'avance en capital donne lieu à une « dette rapportable », en conséquence de quoi, par application de l'article 856 C. civ., l'intérêt légal sera dû (Civ. 1re, 29 novembre 1989, *Bull. civ.* I, n° 372, *RTD civ.* 1990, p. 539, note J. Patarin, *ibid.*, 1991, p. 145, obs. F. Zenati : « tout héritier doit rapporter à la succession les sommes dont il est débiteur » et « toute dette sujette à rapport née postérieurement à l'instauration de l'indivision, porte de plein droit intérêt à compter de la date de sa naissance »).

§ 1. Les conditions

515. Droit absolu de tout indivisaire. Le droit au partage est l'un des droits primordiaux de l'indivisaire : il lui permet de devenir propriétaire individuel d'une partie des biens dont il était propriétaire avec d'autres[370]. Si l'indivision se prolonge tant que le partage n'est pas provoqué et ainsi se perpétue indéfiniment, d'après l'article 815 C. civ., « *[n]ul ne peut être contraint à demeurer dans l'indivision et le partage peut toujours être provoqué (...)* »[371] : l'indivision est donc essentiellement provisoire, ce qui fait du droit au partage un droit imprescriptible[372], par ailleurs discrétionnaire, qui n'a pas à être justifié par un motif légitime ou sérieux[373].

370. Ce n'est que dans des circonstances exceptionnelles que le droit au partage peut être exclu. V. notamment Civ. 1re, 5 mai 2014, pourvoi n° 12-29548 : « la cour d'appel a exactement retenu que le droit au partage ne s'applique pas aux biens qui, par l'effet d'une convention, sont affectés à titre d'accessoires indispensables à l'usage commun de deux ou plusieurs fonds appartenant à des propriétaires différents ».

371. Un indivisaire ne saurait tenir le partage en échec en soutenant qu'il s'est comporté comme un propriétaire exclusif, pourvu toutefois qu'il n'ait pas usucapé le ou les biens indivis (art. 816 C. civ. : « *[l]e partage peut être demandé, même quand l'un des indivisaires a joui séparément de tout ou partie des biens indivis, s'il n'y a pas eu d'acte de partage ou une possession suffisante pour acquérir la prescription* »). La possession *ad usucucapionem* devra remplir toutes les qualités du droit commun (v. *infra*, n° 716 et s.) et en particulier ne pas être équivoque (v. par exemple, Civ. 1re, 10 décembre 1968, *Bull. civ.* I, n° 320 : indivision successorale). L'usucapion peut d'ailleurs porter sur tout l'actif indivis (Civ. 4 juillet 1853, *DP* 1853, 1, p. 298 : l'action en partage d'une succession est prescrite lorsque la succession s'est ouverte il y a plus de trente ans et que les biens héréditaires ont été, depuis la même époque, possédés exclusivement par l'héritier défendeur à l'action ou par ses successeurs, encore que l'époque précise de l'ouverture de la succession et du commencement de la possession invoquée à l'appui de la prescription, ne serait pas constatée). *Adde* Cons. const., 9 novembre 1999, déc. 99-419 DC, *Loi relative au pacte civil de solidarité* : « [c]onsidérant, en premier lieu, que, lorsque les biens acquis à titre onéreux par les partenaires d'un pacte civil de solidarité postérieurement à la conclusion de ce pacte entrent dans l'indivision dans les conditions prévues par l'article 515-5 nouveau du Code civil, chaque partenaire, qui a la qualité d'indivisaire, peut, à tout moment, provoquer le partage des biens indivis, nul ne pouvant être contraint, en application des dispositions de l'article 815 du Code civil, à demeurer dans l'indivision ; qu'en second lieu, il résulte des dispositions de l'article 815-17 du même code que les créanciers qui, avant l'indivision, auraient pu agir sur les biens indivis, ainsi que ceux dont la créance résulte de la conservation ou de la gestion de ces biens, peuvent poursuivre leur saisie et leur vente ; qu'en application du même article, les créanciers personnels d'un indivisaire ont la faculté de provoquer le partage au nom de leur débiteur ou d'intervenir dans le partage provoqué par celui-ci » (Considérant n° 87) et « [c]onsidérant que, sous réserve de cette interprétation, il n'est porté atteinte ni au droit de propriété des partenaires du pacte, ni à celui de leurs créanciers ; qu'en toute hypothèse, les partenaires, s'ils veulent éviter les effets juridiques attachés au régime de l'indivision et, en particulier, les difficultés de gestion auxquelles il peut conduire, pourront librement choisir, dans les conditions précédemment exposées, de soumettre à un autre régime l'ensemble des biens qu'ils viendraient à acquérir à titre onéreux après la conclusion du pacte » (Considérant n° 88).

372. Req. 13 décembre 1937, *S.* 1938, 1, p. 84 : « l'action en partage, tant que les biens héréditaires sont indivis, [est] imprescriptible ».

373. Civ. 26 décembre 1866, *DP* 1867, 1, p. 27 : la demande en licitation de l'immeuble indivis « constituait l'exercice d'un droit absolu que l'on ne pouvait dénier sans contrevenir à un principe d'ordre public ; (...) en subordonnant (...) le sort de la demande en licitation à une appréciation arbitraire des motifs qui avaient pu déterminer à la former, la cour impériale a méconnu le caractère absolu du droit exercé (...) et violé la disposition de l'art. 815 C. nap. ».

Nul ne peut s'y opposer : ni le testateur[374], ni le juge[375], ni les indivisaires – sous réserve de la conclusion d'une convention d'indivision prévoyant un maintien dans l'indivision d'au plus cinq années[376]. En cas d'obstruction d'un indivisaire qui resterait inerte ou serait défaillant, les autres indivisaires – partage amiable[377] – ou le notaire – partage judiciaire[378] – peuvent le mettre en demeure de se faire représenter ; s'il ne le fait pas dans les trois mois, ils peuvent demander au tribunal de nommer lui-même une personne le représentant[379].

516. Restrictions – plan. Le droit de demander le partage compte néanmoins des restrictions qui invitent à distinguer des conditions positives (A) de conditions négatives (B).

A Les conditions positives

517. Plan. Il est des conditions communes à tout partage (1) et d'autres qui dépendent de sa forme (2).

1. Les conditions communes à tout partage

518. Plan. Dans tout partage, l'indivision doit être liquidée (a). Cela étant, il existe quelques cas particuliers (b).

519. Existence d'une indivision. *In limine*, on observera qu'il n'y a pas de partage sans indivision. Un démembrement ne créant pas d'indivision entre les titulaires des droits démembrés, faute d'un concours entre des droits identiques, il n'existe pas d'indivision entre les titulaires des droits démembrés. Un partage n'est donc pas envisageable, l'article 815-5 al. 2 C. civ. ajoutant même que « *[l]e juge ne peut, à la*

374. Req. 25 novembre 1940, *DH* 1940, p. 209 : nullité de la clause d'un testament imposant aux successeurs universels l'obligation de maintenir dans l'indivision un immeuble de la succession aussi longtemps qu'ils ne seront pas d'accord pour le liciter. La question se pose néanmoins de savoir si le testateur pourrait imposer un maintien dans l'indivision pour cinq années. La Cour de cassation paraît refuser de donner effet à toute clause empêchant le partage (Civ. 1re, 5 janvier 1977, *Bull. civ.* I, nº 15 : il résulte de l'article 815 C. civ. « que nul ne peut être contraint à demeurer dans l'indivision, et que le partage peut toujours être provoqué nonobstant prohibitions contraires »).

375. Au motif par exemple que l'actif indivis est insuffisant pour couvrir le passif (Civ. 30 mai 1877, *DP* 1878, 1, p. 109).

376. Art. 1873-3 al. 1 C. civ. Sur ce texte, v. *supra*, nº 502.

377. Art. 837 C. civ. : « *[s]i un indivisaire est défaillant, sans qu'il soit néanmoins dans l'un des cas prévus à l'article 836, il peut, à la diligence d'un copartageant, être mis en demeure, par acte extrajudiciaire, de se faire représenter au partage amiable.* (al. 1) *Faute pour cet indivisaire d'avoir constitué mandataire dans les trois mois de la mise en demeure, un copartageant peut demander au juge de désigner toute personne qualifiée qui représentera le défaillant jusqu'à la réalisation complète du partage. Cette personne ne peut consentir au partage qu'avec l'autorisation du juge* (al. 2) ».

378. Art. 841-1 C. civ. : « [s]i le notaire commis pour établir l'état liquidatif se heurte à l'inertie d'un indivisaire, il peut le mettre en demeure, par acte extrajudiciaire, de se faire représenter. (al. 1) Faute pour l'indivisaire d'avoir constitué mandataire dans les trois mois de la mise en demeure, le notaire peut demander au juge de désigner toute personne qualifiée qui représentera le défaillant jusqu'à la réalisation complète des opérations (al. 2) ».

379. Il s'agit d'une innovation opérée par la réforme du 23 juin 2006. Les praticiens regrettent néanmoins les nombreuses incertitudes qui entourent les modalités de cette représentation, relatives aux personnes aptes à représenter, leurs pouvoirs, leur rémunération, leur responsabilité (H. Poivey-Leclercq, « Observations d'un praticien à propos de la réforme du partage », *Rép. Defr.* 2012, p. 1138 s., spéc. p. 1141).

demande d'un nu-propriétaire, ordonner la vente de la pleine propriété d'un bien grevé d'usufruit contre la volonté de l'usufruitier »[380]. Il n'en va différemment que lorsqu'un plein propriétaire d'une quotité d'une universalité est en concours avec un ou plusieurs nu(s)-propriétaire(s) et usufruitier(s) : il est alors possible de procéder à un partage[381].

a) *La liquidation de l'indivision*

520. Entrée en compte des créances et dettes de l'indivision. Aux fins de liquidation, l'indivision est considérée comme étant dotée fictivement[382] d'un patrimoine : on peut en être débiteur ou créancier. On liquide alors les créances et les dettes de l'indivision entrées en compte, ce qui appelle une double mise au point, quant aux *créances et dettes qui entrent en compte* et quant aux *conséquences de l'entrée en compte.*

Les **créances et dettes qui entrent en compte** sont les *seules créances de l'indivision* et *contre l'indivision* ; celles des indivisaires entre eux n'y entrent pas. Cela étant, *toutes* les créances devant entrer en compte y entrent effectivement, même si leur règlement peut être exigé immédiatement – à tout le moins en ce qui concerne les *créances contre l'indivision*[383] et les *créances de l'indivision relatives*

---

380. Cette précision, *a priori* inutile, s'explique en considération de la jurisprudence qui s'était formée antérieurement. En présence d'un usufruit de quote-part, la Cour de cassation avait considéré qu'il y avait une indivision en jouissance entre l'usufruitier de quote-part et le ou les propriétaires, nu(s)-propriétaire(s) à hauteur de cette quote-part et plein(s) propriétaire(s) pour le surplus. En raison de cette indivision, la Cour de cassation décidait alors que la licitation de la pleine propriété était possible lorsqu'elle apparaissait « nécessaire à la détermination de l'assiette de l'usufruit et comme seule protectrice de l'intérêt des parties » (Req. 20 juillet 1932, *DP* 1933, 1, p. 113).
La loi de 1976 prit acte de cette jurisprudence en énonçant à l'article 815-5 al. 2 C. civ. que « [l]e juge ne peut (...), sinon aux fins de partage, autoriser la vente de la pleine propriété d'un bien grevé d'usufruit, contre la volonté de l'usufruitier ». La Cour de cassation en déduisit que des nus-propriétaires pouvaient aux fins de partage obtenir la vente en pleine propriété des biens contre la volonté d'un usufruitier universel, auquel cas il n'y avait pourtant aucune indivision décelable (Civ. 1re, 11 mai 1982, *Bull. civ.* I, n° 168, *Rép. Defr.* 1982, p. 1156, obs. G. Champenois).
C'est pourquoi une loi 7 juillet 1987 vint modifier la lettre de cette disposition, qui énonçait désormais que « *[l]e juge ne peut, à la demande d'un nu-propriétaire, ordonner la vente de la pleine propriété d'un bien grevé d'usufruit contre la volonté de l'usufruitier* ». Il n'y a donc pas de partage possible en présence d'un usufruit universel – ou portant sur la totalité d'un bien –, faute d'indivision. Aussi le partage et la vente de la pleine propriété ne sont possibles qu'en présence d'un ou de plusieurs usufruit(s) de quotité, car l'on est alors bien en présence d'une indivision.

381. Civ. 1re, 22 janvier 2011, *Bull. civ.* I, n° 10 : il existe une indivision quant à la propriété des biens entre une épouse survivante qui détient des droits en pleine propriété sur une quote-part des biens de la communauté et un enfant qui détient des droits en nue-propriété sur le surplus, en conséquence de quoi le liquidateur judiciaire de l'épouse survivante est en droit de provoquer le partage. V. déjà Civ. 1re, 6 février 1996, *Bull. civ.* I, n° 64, *JCP* 1996, I, 3972, obs. H. Périnet-Marquet, *RTD civ.* 1996, p. 683, obs. J. Patarin, 1997, p. 172, obs. F. Zenati : lorsqu'une personne a une quote-part en pleine propriété sur un ensemble de biens et qu'une autre est nue-propriétaire du surplus, il existe une indivision entre les intéressés quant à la nue-propriété, en conséquence de quoi la seconde est en droit de provoquer le partage pour faire déterminer sa part en nue-propriété.

382. Faute d'avoir la personnalité juridique, l'indivision ne saurait être dotée d'un patrimoine.

383. Civ. 1re, 5 juin 1973, *Bull. civ.* I, n° 197 : « les dispositions de l'article 555, alinéa 3, du Code civil ne sont pas applicables aux réparations effectuées par un indivisaire à un immeuble indivis, (...) les juges d'appel ont pu décider "que Marcel X..., effectuant la dépense pour le compte de l'indivision, n'était nullement tenu d'attendre le partage pour réclamer la participation de ses coïndivisaires » ; Civ. 1re, 20 février 2001, *Bull. civ.* I, n° 41, *JCP* 2001, I, 358, obs. H. Périnet-Marquet, *RTD civ.* 2001, p. 642, obs. J. Patarin et p. 916, obs. Th. Revet : « il ressort [des articles 815-13 et 815-17 al. 1 C. civ.]

aux biens indivis[384] – sans qu'il n'y ait à attendre le jeu des opérations de liquidation[385].

S'agissant des **conséquences de l'entrée en compte**, elles tiennent pour l'essentiel à ce que leur paiement sera différé, sauf s'il a lieu de manière anticipée, comme il vient d'être vu. Bien entendu, on prendra en considération, si la créance entrée en compte était productive d'intérêts – ce qui n'est pas le cas des créances devant être évaluées au jour du partage, telles les créances relatives à l'amélioration ou à la détérioration d'un bien indivis[386] –, les intérêts produits par celle-ci.

521. Modalités de paiement des créances et dettes de l'indivision lors du partage. La liquidation des comptes peut faire apparaître, pour chaque indivisaire et pour l'indivision, une situation créditrice ou débitrice. L'**indivisaire créancier** se paiera par prélèvement sur la masse avant[387] partage[388] alors que l'**indivisaire débiteur** prendra moins dans le partage, puisqu'il sera alloti de sa dette, en moins-prenant[389], ce qui

l'indivisaire titulaire d'une créance résultant de la conservation des biens indivis peut poursuivre la saisie de certains de ces biens, sans être tenu d'attendre l'issue des opérations de partage ». ; Civ. 1re, 4 juillet 2007, *Bull. civ.* I, n° 254 : « un coïndivisaire qui est créancier de l'indivision peut être payé par prélèvement sur l'actif avant le partage » ; Civ. 1re, 26 juin 2013, *Bull. civ.* I, n° 136, *Rép. Defr.* 2014, p. 122, obs. A. Chamoulaud-Trapiers : « Mme Z... avait remboursé personnellement partie des échéances des emprunts, de sorte qu'elle était créancière personnelle de l'indivision pour avoir assuré des dépenses de conservation de l'immeuble indivis, et était, dès lors, fondée à faire valoir sa créance par prélèvement sur l'actif de l'indivision avant son partage ».

384. D'après l'article 865 C. civ., « *[s]auf lorsqu'elle est relative aux biens indivis, la créance n'est pas exigible avant la clôture des opérations de partage* ». Et v Civ. 1re, 15 avril 1980, *Bull. civ.* I, n° 109 ; *D.* 1981, p. 101, note A. Breton ; *RTD civ.* 1981, p. 173, note C. Giverdon : il résulte de l'article 815-9 C. civ. « que tout copropriétaire est en droit de faire cesser les actes accomplis par un autre indivisaire, qui ne respectent pas la destination de l'immeuble ou qui portent atteinte a ses droits égaux et concurrents sur la chose indivise et d'agir à cet effet, ainsi que pour obtenir réparation du préjudice consécutif auxdits actes, sans attendre le partage ».

385. Certains considèrent que « dès lors qu'un indivisaire demande paiement de sa créance sur la masse avant le partage du bien auquel cette créance se rapporte, on doit estimer que sa créance n'est pas entrée en compte (...) » (F.-X. Testu et Ch. Vernières, *Droit patrimonial de la famille*, Dalloz action 2015-2016, n° 251-387). Il est également possible de soutenir que la créance entrée en compte en sort lorsque l'on en demande le paiement.

386. V. *infra*, n° 529.

387. C'est pourquoi l'effet déclaratif du partage est sans effet sur les articles du compte : les frais de gestion et de conservation d'un bien indivis ne seront pas mis à la charge du seul attributaire du bien (Civ. 1re, 23 juin 1964, *Bull. civ.* I, n° 334 : « les frais de conservation et de gestion de la chose indivise profitent à tous les héritiers et ne peuvent être mis à la charge d'un indivisaire que s'ils ont été la conséquence d'une faute de celui-ci ») et les fruits produits par un bien indivis avant le partage ne pourront être réclamés par celui qui a reçu le bien dans son lot (Civ. 1re, 10 mai 2007, *Bull. civ.* I, n° 179, *RTD civ.* 2007, p. 592, obs. Th. Revet : « l'effet déclaratif du partage ne s'applique pas aux fruits et revenus produits par les biens indivis avant le partage »).

388. V. par exemple, Civ. 1re, 13 mars 2007, *Bull. civ.* I, n° 109, *RTD civ.*, 2007, p. 801, obs. B. Vareille : « s'agissant d'une créance sur l'indivision, l'indemnité due à M. X... devait être déduite de l'actif net à partager ».

389. Art. 864 C. civ. : « *[l]orsque la masse partageable comprend une créance à l'encontre de l'un des copartageants, exigible ou non, ce dernier en est alloti dans le partage à concurrence de ses droits dans la masse.* (al. 1) *À due concurrence, la dette s'éteint par confusion. Si son montant excède les droits du débiteur dans cette masse, il doit le paiement du solde sous les conditions et délais qui affectaient l'obligation* (al. 2) ».

a pour effet d'avantager les coïndivisaires sur les créanciers personnels de l'indivisaire débiteur de l'indivision[390].

522. Plan. Les opérations de liquidation[391] supposent de déterminer l'actif indivis (α) et le passif qui le grève (β), avant que ne soient composés les lots (γ).

α) La détermination de l'actif

523. Premières vues. L'actif est en général constitué des **biens indivis**, des **fruits** des biens indivis et des **créances de l'indivision**[392].

524. Les biens. En vue du partage, les biens indivis sont évalués[393], non pas au jour de la naissance de l'indivision, mais au jour de la date dite de « jouissance divise »[394], qui est la date est la plus proche possible du partage[395]. Ainsi, les plus-values et les moins-values profitent ou nuisent à l'indivision[396], sachant que si elles sont imputables à un indivisaire, une indemnité lui sera due *par l'indivision* ou sera due par lui *à l'indivision*.

La date de la jouissance divise est fixée par l'acte de partage, sauf pour le juge à la fixer à une date plus ancienne, s'il estime la solution plus favorable à la réalisation de l'égalité des copartageants[397]. Les biens sont pris dans l'état qui est le leur au jour de leur évaluation, soit au jour de la jouissance divise.

---

390. Les créanciers personnels ne pourront en effet être payés sur la part de leur débiteur qu'après que celui-ci aura « acquitté » sa dette envers l'indivision en moins-prenant. Tant et si bien que si la part du débiteur a été entièrement absorbé par sa dette, les créanciers personnels n'auront aucun droit sur l'actif indivis. Civ. 1re, 14 décembre 1983, *Bull. civ.* I, n° 300, *D.* 1984, p. 310, note A. Breton, *RTD civ.* 1985, p. 191, note J. Patarin : « lorsqu'un héritier est débiteur envers la succession de sommes supérieures à sa part héréditaire, il ne peut lui être fait dans le partage aucune attribution et (...) ses créanciers personnels, [agissant] par l'action oblique, ne sauraient avoir plus de droit que lui ».

391. A. Chamoulaud-Trapiers, « Liquidation d'indivision : du bon règlement du passif et des comptes », *Rép. Defr.* 2010, art. 39176.

392. Il convient toutefois de réserver, dans une indivision successorale, le cas des créances du défunt susceptibles de division (art. 1220 C. civ. : « *[l]'obligation qui est susceptible de division doit être exécutée entre le créancier et le débiteur comme si elle était indivisible. La divisibilité n'a d'application qu'à l'égard de leurs héritiers, qui ne peuvent demander la dette ou qui ne sont tenus de la payer que pour les parts dont ils sont saisis ou dont ils sont tenus comme représentant le créancier ou le débiteur* ») et qui ont fait l'objet d'un paiement divis. Et v. *supra*, n° 453.

393. Au moyen, le cas échéant, d'une expertise *in futurum* prononcée en application de l'article 145 CPC (« *S'il existe un motif légitime de conserver ou d'établir avant tout procès la preuve de faits dont pourrait dépendre la solution d'un litige, les mesures d'instruction légalement admissibles peuvent être ordonnées à la demande de tout intéressé, sur requête ou en référé* ») ainsi que le prévoit l'article 1362 CPC dans le cadre d'un partage judiciaire : « *[s]ans préjudice des dispositions de l'article 145, un expert peut être désigné en cours d'instance pour procéder à l'estimation des biens ou proposer la composition des lots à répartir* ».

394. Art. 829 al. 1 C. civ. : « *[e]n vue de leur répartition, les biens sont estimés à leur valeur à la date de la jouissance divise telle qu'elle est fixée par l'acte de partage, en tenant compte, s'il y a lieu, des charges les grevant* ».

395. Art. 829 al. 2 C. civ. : « *[c]ette date est la plus proche possible du partage* ».

396. Civ. 1re, 7 avril 1998, *Bull. civ.* I, n° 149, *Rép. Defr.* 1998, art. 36903, obs. G. Champenois, *RTD civ.* 1998, p. 713, obs. J. Patarin : « la plus-value acquise ou la moins-value soufferte par les biens de la succession, pendant le cours de l'indivision, profite ou préjudicie à tous les indivisaires, et (...) les lots sont composés en considération de la consistance et de la valeur de leurs éléments au jour du partage, de sorte que leur état au jour de l'ouverture de la succession ne doit être pris en considération ni pour procéder au partage ni pour apprécier si celui-ci est lésionnaire ».

397. Art. 829 al. 3 C. civ. : « *(...) le juge peut fixer la jouissance divise à une date plus ancienne si le choix de cette date apparaît plus favorable à la réalisation de l'égalité* ».

525. Les fruits : *fructus augent hereditatem*. Les fruits des biens indivis accroissent l'indivision jusqu'au jour de la jouissance divise[398]. Parce qu'ils sont le plus souvent le résultat de la force de travail, c'est l'indivisaire qui a géré le bien qui a perçu les fruits pour le compte de l'indivision et qui en est redevable[399] – précisément, il l'est des produits nets de sa gestion[400]. Toutefois, il reste toujours loisible aux indivisaires de réaliser un partage provisionnel des fruits[401] ou de passer une convention qui, par exemple, les octroierait à celui ou ceux des indivisaires qui aurai(en)t fait fructifier le bien. Par ailleurs, sans attendre le partage, tout indivisaire peut réclamer sa part annuelle dans les bénéfices[402].

526. Les créances de l'indivision. Bien que n'ayant pas la personnalité morale, l'indivision peut être fictivement considérée comme étant titulaire de créances, contre des indivisaires ou contre des tiers. Les créances contre les indivisaires auront le plus souvent pour cause des dégradations ou détériorations par eux, commis, sur les biens indivis[403]. Si les créances détenues contre un indivisaire entrent par principe en compte, l'indivision devrait pouvoir en réclamer le paiement à tout moment[404].

---

398. Article 815-10 al. 2 C. civ. : « *[l]es fruits et les revenus des biens indivis accroissent à l'indivision, à défaut de partage provisionnel ou de tout autre accord établissant la jouissance divise* ».
399. Art. 815-8 C. civ. : « *[q]uiconque perçoit des revenus ou expose des frais pour le compte de l'indivision doit en tenir un état qui est à la disposition des indivisaires* ».
400. Art. 815-12 *in limine* C. civ. : « *[l]'indivisaire qui gère un ou plusieurs biens indivis est redevable des produits nets de sa gestion (...)* ». Le texte visant les produits « nets », le gérant déduira du bénéfice brut tous les frais occasionnés en vue de le dégager. La Cour de cassation décide que l'indivisaire ne peut déduire l'impôt sur le revenu des bénéfices qu'il doit restituer (Civ. 1re, 10 mai 2006, *Bull. civ.* I, n° 233 : « chacun des copartageants doit supporter l'impôt sur le revenu sur la part lui revenant dans les bénéfices nets réalisés par le bien indivis » ; Civ. 1re, 23 juin 2010, *Bull. civ.* I, n° 145 : « l'impôt sur le revenu, que chacun des copartageants doit supporter sur la part lui revenant dans les bénéfices nets réalisés par un fonds de commerce indivis, constitue une dette personnelle et non une dette de l'indivision ; que, dès lors, si les bénéfices nets du fonds de commerce indivis perçus par le mari pendant la durée de l'indivision post-communautaire entraient dans l'actif de l'indivision, la fraction de l'impôt sur le revenu payé par ce dernier sur la part revenant à son épouse n'avait pas à être inscrite à son crédit au compte d'indivision »).
401. Art. 815-10 al. 2 C. civ. : « *[l]es fruits et les revenus des biens indivis accroissent à l'indivision, à défaut de partage provisionnel ou de tout autre accord établissant la jouissance divise* ».
402. Art. 815-11 al. 1 C. civ. : « *[t]out indivisaire peut demander sa part annuelle dans les bénéfices, déduction faite des dépenses entraînées par les actes auxquels il a consenti ou qui lui sont opposables* ».
403. Art. 815-13 al. 2 C. civ. : « *(...) l'indivisaire répond des dégradations et détériorations qui ont diminué la valeur des biens indivis par son fait ou par sa faute* ». Les créances couvrent la perte subie, mais aussi le gain manqué (Civ. 1re, 15 mai 2008, *Bull. civ.* I, n° 131 : « la faute commise par l'indivisaire gérant [qui s'était abstenu de demander le paiement de loyers] était d'abord préjudiciable à l'indivision successorale, qui aurait dû percevoir les loyers et a donc subi un manque à gagner et qui devait en conséquence bénéficier de l'indemnité devant correspondre aux loyers non perçus »).
404. Civ. 1re, 15 avril 1980, *Bull. civ.* I, n° 109 : « il résulte [de l'article 815-9 C. civ.] que tout copropriétaire est en droit de faire cesser les actes accomplis par un autre indivisaire, qui ne respectent pas la destination de l'immeuble ou qui portent atteinte à ses droits égaux et concurrents sur la chose indivise et d'agir à cet effet, ainsi que pour obtenir réparation du préjudice consécutif auxdits actes, sans attendre le partage ». *Adde*, dans le même sens, Civ. 1re, 12 mai 2010, *Bull. civ.* I, n° 116 : « il résulte [de l'article 815-9 C. civ.] que tout indivisaire est en droit de faire cesser les actes accomplis par un autre indivisaire, qui ne respectent pas la destination de l'immeuble ou qui portent atteinte à leurs droits égaux et concurrents sur la chose indivise et d'agir à cet effet, ainsi que pour obtenir réparation du préjudice consécutif auxdits actes, sans attendre le partage ».

β) La détermination du passif

527. Dettes de l'indivision. Avant de partager l'actif, les créanciers de l'indivision doivent être identifiés et désintéressés. On sait qu'il s'agit de *ceux dont la créance est née à l'occasion de la gestion ou de la conservation des biens de l'indivision* et de *ceux dont la créance était née avant l'indivision et qui auraient pu agir sur les biens indivis avant qu'il y eût indivision*[405]. Il peut s'agir de tiers ou d'indivisaires. S'agissant des dettes dont est tenu l'indivision envers un indivisaire, le Code civil distingue suivant que l'indivisaire a effectué une *dépense* ou a fourni un *travail*.

528. Règles particulières relatives à l'évaluation de la créance de l'indivisaire ayant fourni un travail[406]. L'indivisaire a droit à une rémunération chaque fois qu'il a fourni un travail[407] au profit de l'indivision[408], notamment en faisant fructifier un bien et en augmentant ainsi l'actif indivis.

La rémunération de l'indivisaire est liquidée, ainsi que le prévoit l'article 815-12 C. civ., comme il en a été convenu entre les indivisaires ou, à défaut, par le juge[409]. Les juges du fond disposent à cet égard d'un pouvoir souverain, qui n'est pas limité par les résultats de la gestion[410].

529. Règles particulières relatives à l'évaluation de la créance d'un indivisaire pour les dépenses d'amélioration et de conservation qu'il a faites[411]. Le Code civil, à l'article 815-13 prescrit une méthode d'évaluation originale de la créance que détient un indivisaire contre l'indivision pour avoir effectué une

405. V. *supra*, n° 457.

406. Art. 815-12 *in fine* C. civ. : l'indivisaire « *a droit à la rémunération de son activité dans les conditions fixées à l'amiable ou, à défaut, par décision de justice* ».

407. Civ. 1re, 18 décembre 1990, *Bull. civ.* I, n° 291, *RTD civ.* 1991, p. 576, note J. Patarin : « (...) la cour d'appel a relevé que M. X..., occupant et attributaire de l'immeuble indivis, s'est borné à utiliser celui-ci à usage d'habitation comme tout particulier, même s'il a assuré à sa guise et selon sa convenance l'achèvement du pavillon et la culture du jardin ; (...) elle en a déduit souverainement qu'il ne justifiait d'aucune activité de gestion ».

408. Logiquement, la Cour de cassation décide que « l'indemnité à laquelle a droit l'indivisaire qui gère seul un bien indivis cesse d'être due à compter de la date de la jouissance divise » (Civ. 1re, 7 juin 1988, *Bull. civ.* I, n° 178).

409. Civ. 1re, 11 juin 1996, *Bull. civ.* I, n° 248, *RTD civ.* 1999, p. 147, obs. F. Zenati : « à défaut de fixation amiable la rémunération due à un indivisaire pour avoir géré l'indivision n'est déterminée que par la décision de justice qui statue sur la demande ; que les intérêts de cette somme courent de plein droit à partir du jour où l'indivision est constituée débiteur et non pas de la demande en justice ».

410. Civ. 1re, 25 octobre 2005, *Bull. civ.* I, n° 386, *Dr. fam.* 2006, n° 16, note B. Beignier : « les juges du fond fixent souverainement, à défaut d'accord amiable, les conditions de cette rémunération qui n'est pas limitée par les résultats de la gestion, sauf à tenir compte, le cas échéant, de la responsabilité éventuelle du gérant pour ses actes de gestion ». Et v. déjà, Civ. 1re, 28 février 1984, *Bull. civ.* I, n° 75, *D.* 1984, p. 549, note A. Breton, *RTD civ.* 1985, p. 430, obs. J. Patarin : « le pouvoir souverain, dont disposent, à défaut d'accord amiable, en vertu de l'article 815.12 du Code civil, les juges du fond pour fixer les conditions de rémunération de l'indivisaire qui gère une indivision, n'est pas limité par les résultats de la gestion, sauf à tenir compte, le cas échéant, de la responsabilité éventuelle du gérant pour ses actes de gestion ».

411. Art. 815-13 al. 1 C. civ. : « *[l]orsqu'un indivisaire a amélioré à ses frais l'état d'un bien indivis, il doit lui en être tenu compte selon l'équité, eu égard à ce dont la valeur du bien se trouve augmentée au temps du partage ou de l'aliénation. Il doit lui être pareillement tenu compte des dépenses nécessaires qu'il a faites de ses deniers personnels pour la conservation desdits biens, encore qu'elles ne les aient point améliorés* ».

dépense d'amélioration ou de conservation[412]. Il doit dans tous les cas s'agir d'une véritable *dépense*, le seul déploiement d'une *activité* par un indivisaire donnant lieu à une rémunération de son travail, conformément aux prescriptions de l'article 815-12 C. civ.[413].

S'agissant des **dépenses d'amélioration**[414], l'indivisaire a en principe droit au **profit subsistant** – c'est-à-dire à la plus-value dont a bénéficié le bien et donc l'indivision[415] – évalué au temps du partage ou de l'aliénation : en l'absence de profit subsistant, l'indivisaire ne peut prétendre à aucune indemnisation[416]. Il est en revanche indifférent que les dépenses aient été engagées dans l'intérêt d'un seul ou de l'ensemble des indivisaires[417]. Il reste que le juge dispose d'une certaine latitude

412. Civ. 1re, 23 juin 1987, pourvoi n° 85-1882 : le texte « ne peut être appliqué à des travaux faits par un enfant sur un bien appartenant alors à ses parents et dont il n'est devenu propriétaire par indivis que plusieurs années après l'exécution de ces travaux ».
413. V. *supra*, n° 528. Et v. Civ. 1re, 23 juin 2010, *Bull. civ.* I, n° 146 : « l'activité personnelle déployée par un indivisaire ayant contribué à améliorer un bien indivis ne peut être assimilée à une dépense d'amélioration, dont le remboursement donnerait lieu à application de l'article 815-13 C. civ., (...) il en résulte que la plus-value de l'immeuble accroît à l'indivision, l'indivisaire pouvant seulement prétendre à la rémunération de son activité, conformément à l'article 815-12 du même code ». V. déjà Civ. 1re, 29 mai 1996, *Bull. civ.* I, n° 222, *JCP* N 1997. II. 702, note J. Piedelièvre, *JCP* 1996, I, 3968, obs. R. Le Guidec, I, 3972, obs. H. Périnet-Marquet, *RTD civ.* 1997, p. 713, obs. J. Patarin : « l'activité de l'époux, gérant d'un fonds de commerce durant l'indivision postcommunautaire, ne peut être assimilée à une dépense d'amélioration d'un bien indivis, dont le remboursement donnerait lieu à application de l'article 815-13 du Code civil ; qu'il en résulte que la plus-value de ce fonds, constatée au jour du partage, accroît à l'indivision, l'époux ayant droit à une rémunération de sa gérance, dont les juges du fond apprécient souverainement le montant ». Il reste que la rémunération de l'activité peut être évaluée au montant de la plus-value apportée à l'immeuble (Civ. 1re, 13 mars 2007, *Bull. civ.* I, n° 109, *JCP* 2007, I, 197, obs. H. Périnet-Marquet, *Rép. Defr.* 2008, p. 1093, note D. Fiorina, *RTD civ.* 2007, p. 801, obs. B. Vareille : le concubin indivisaire qui a amélioré l'immeuble indivis a droit à la rémunération de cette activité, souverainement estimée au montant de la plus-value apportée à l'immeuble). Comme on l'a relevé, « au gérant, la rémunération de sa gérance ; à l'indivision, toute la plus-value » (B. Vareille, obs. ss. Civ. 1re, 13 mars 2007, *Bull. civ.* I, n° 109).
414. La Cour assimile à ces dépenses le fait pour un indivisaire d'avoir mise à disposition du bien indivis, en vue de mieux l'exploiter, un bien lui appartenant personnellement (Civ. 1re, 17 décembre 1996, *Bull. civ.* I, n° 452, *RTD civ.* 1998, p. 451, obs. B. Vareille et p. 943, obs. F. Zenati : « l'indivisaire qui met à la disposition de l'indivision un bien dont il est propriétaire en vue de l'exploitation d'un bien indivis, peut prétendre à une indemnité sur le fondement de l'article 815-13 C. civ., et non aux fruits de ce bien ; (...) ayant constaté que M. X... avait mis à la disposition de l'indivision postcommunautaire la parcelle de terre lui appartenant en propre, la cour d'appel lui a alloué, à bon droit, une indemnité dont elle a déduit le montant des bénéfices annuels procurés par les biens indivis »).
415. Civ. 1re, 15 mai 2008, *Bull. civ.* I, n° 131, *JCP* 2008, I, 194, obs. H. Périnet-Marquet : « pour déclarer l'indivision successorale redevable envers M. Y... d'une somme de 30 523,42 euros au titre de dépenses d'amélioration de l'immeuble, l'arrêt attaqué (...) se fonde sur des factures représentant un montant total de 30 523,42 euros ; (...) en statuant ainsi, sans rechercher (...) si les travaux d'amélioration réalisés par M. Y... n'avaient pas entraîné une augmentation de la valeur de l'immeuble indivis, la cour d'appel a violé [l'article 815-13 al. 1 C. civ.] »
416. Civ. 1ère, 13 décembre 1994, *Bull. civ.* I, n° 369, *JCP* 1995, I, 3878, obs. H. Périnet-Marquet, *RTD civ.* 1995, p. 659, obs. J. Patarin, 1997. 168, obs. F. Zenati. : « c'est par une appréciation souveraine (...) que les juges du fond (...) ont estimé que M. X... ne justifiait pas de l'utilité des dépenses dont il demandait remboursement à l'indivision ; (...) ayant retenu (...) qu'en raison du procès opposant les indivisaires depuis plusieurs années, M. X... avait été imprudent d'engager, sans y être autorisé, les dépenses litigieuses, la cour d'appel, par cette appréciation souveraine, a légalement justifié sa décision excluant qu'il lui en soit tenu compte au cas où la valeur de l'immeuble s'en serait trouvée augmentée (...) ».
417. Il n'y a donc pas à distinguer selon que les dépenses ont été faites dans l'intérêt des indivisaires ou d'un seul (Civ. 1re, 18 décembre 1990, *Bull. civ.* I, n° 91, *RTD civ.* 1991, p. 576, obs. J. Patarin : « l'article 815-13 n'exclut pas les dépenses faites dans l'intérêt d'un seul des indivisaires, pourvu qu'elles aient

dans l'évaluation de la créance de l'indivisaire, dans la mesure où l'article 815-13 C. civ. lui enjoint de tenir compte de l'équité.

S'agissant des **dépenses nécessaires à la conservation**, l'indivisaire a droit, à la plus forte des deux sommes entre le profit subsistant[418] et la dépense faite[419]. Il doit s'agir de réelles dépenses de conservation[420] et non de simples dépenses d'entretien[421]. Par ailleurs, et surtout, il peut s'agir de dépenses de conservation classique, « matérielle », ou de dépenses de conservation « juridique », ce que sont non seulement le remboursement d'un emprunt ayant servi à l'acquisition du bien indivis[422] mais aussi, semble-t-il, le paiement même de l'acquisition d'un bien par des époux mariés sous un régime séparatiste[423] ; il y a chaque fois créance contre

---

amélioré l'immeuble » ; Civ. 1re, 29 novembre 1994, *Bull. civ.* I, n° 346 : « il résulte de [l'article 815-13 C. civ.] que lorsqu'un indivisaire a amélioré à ses frais l'état d'un bien indivis, il doit lui en être tenu compte selon l'équité, eu égard à ce dont la valeur du bien se trouve augmentée au temps du partage ; qu'il n'est pas fait de distinction selon que les dépenses ont été faites dans l'intérêt des indivisaires, ou d'un seul » ; Civ. 1re, 6 décembre 2005, *Bull. civ.* I, n° 479, *JCP* 2006, I, 127, obs. H. Périnet-Marquet : « aux termes de [l'article 815-13 C. civ.], lorsqu'un indivisaire a amélioré à ses frais l'état d'un bien indivis, il doit lui en être tenu compte selon l'équité, eu égard à ce dont la valeur du bien se trouve augmentée au temps du partage ; qu'il n'est pas fait de distinction, ni selon que les dépenses ont été faites dans l'intérêt des indivisaires ou d'un seul, ni selon que le bien est, ou n'est pas, attribué à cet indivisaire »).

418. Afin de calculer le profit subsistant, il conviendra d'évaluer ce que représentait la dépense d'entretien par rapport à la valeur du bien au jour de la dépense et d'appliquer cette fraction à la valeur du bien au jour de la liquidation.

419. Civ. 1re, 4 mars 1986, *Bull. civ.* I, n° 51, *JCP* 1986, II, 20701, note Ph. Simler, *RTD civ.* 1987, p. 386, obs. J. Patarin : « pour le remboursement des impenses nécessaires, il doit être tenu compte, selon l'équité, à l'indivisaire de la plus forte des deux sommes que représentent respectivement la dépense qu'il a faite et le profit subsistant ». *Adde* Civ. 1re, 11 mai 2012, *Bull. civ.* I, n° 106 : « pour le remboursement des impenses nécessaires à la conservation des biens indivis, il doit être tenu compte, selon l'équité, à l'indivisaire de la plus forte des deux sommes que représentent la dépense qu'il a faite et le profit subsistant ».

420. En aucun cas la modicité de la somme dépensée ne peut constituer un obstacle au jeu de l'article 815-13 C. civ. (Civ. 1re, 20 janvier 2004, *Bull. civ.* I, n° 20, *JCP* 2005, I, 128, obs. A. Tisserand-Martin : « il doit être tenu compte à l'indivisaire des dépenses nécessaires à la conservation du bien, quelle que soit leur importance »).

421. Civ. 1re, 28 mars 2006, *Bull. civ.* I, n° 186, *JCP* 2006. I. 178, n° 6, obs. H. Périnet-Marquet : « c'est dans l'exercice de son pouvoir souverain d'appréciation que la cour d'appel, par motifs adoptés, a jugé que les travaux réalisés par Mme Y... postérieurement au décès de son mari n'étaient que des travaux d'entretien, ce dont il s'induisait qu'ils ne constituaient pas des dépenses d'amélioration ni de conservation ouvrant droit à indemnité au titre de l'article 815-13 du Code civil ».

422. Civ. 1re, 7 juin 2006, *Bull. civ.* I, n° 284, *JCP* 2006, I, 193, obs. A. Tisserand-Martin : « les règlements d'échéances d'emprunts immobiliers effectués par un époux au moyen de ses deniers personnels au cours de l'indivision post-communautaire constituent des dépenses nécessaires à la conservation de l'immeuble indivis et donnent lieu à indemnité sur le fondement de l'article 815-13, alinéa 1er, du Code civil ». Et v. depuis, Civ. 1re, 11 mai 2012, *Bull. civ.* I, n° 106, *RTD civ.* 2012, p. 561, obs. B. Vareille : « les règlements des échéances des emprunts immobiliers effectués par le mari au cours de l'indivision donnaient lieu à une indemnité calculée selon les modalités prévues par [l'article 815-13 C. civ.] » ; Com. 10 février 2015, pourvoi n° 13-24659, à paraître au *Bulletin* : « le remboursement, après dissolution du régime matrimonial et de la société d'acquêts, des emprunts, même de celui que M. X... avait contracté seul, était à l'origine d'une dépense nécessaire pour la conservation du bien indivis, de sorte qu'il devait lui être compté, par application des dispositions de l'article 815-13, alinéa 1er, du Code civil ». V. sur la question, A. Chamoulaud-Trapiers, *Rép. Defr.* 2014, p. 120 s.

423. Civ. 1re, 26 septembre 2012, *Bull. civ.* I, n° 184 : « l'arrêt fixe la "créance" de M. X... envers Mme Y... au titre des sommes qu'il a payées pour financer partiellement l'acquisition de la part indivise de celle-ci dans l'immeuble situé à Saint-Pair sur Mer en considération du profit subsistant ; (...) en statuant ainsi, alors que ses deniers personnels ayant servi au financement de l'acquisition d'un immeuble indivis entre les époux, le mari ne pouvait prétendre qu'à une indemnité à l'encontre de

l'indivision et non créance contre le coïndivisaire[424], encore que la clause d'un contrat de mariage suivant laquelle les époux sont censés s'être acquittés de leurs charges du mariage pourrait constituer un obstacle à l'indemnisation[425], ce qui invite à prendre des précautions de rédaction[426]. Alors que dans la première situation, la qualification de dépense de conservation peut se recommander de l'idée que l'absence de remboursement de l'emprunt expose le bien indivis à sa saisie, cela n'est plus possible dans la seconde. Aussi l'identité de traitement entre les deux situations

l'indivision évaluée selon les modalités prévues par le texte susvisé, la cour d'appel a violé [l'article 815-3 C. civ.] par refus d'application ». V. déjà Civ. 1re, 14 octobre 2009, pourvoi n° 08-17943, *LPA* 2010, n° 248, p. 5, obs. A. Chamoulaud-Trapiers : « ayant relevé que les deniers personnels du mari avaient servi tant à l'acquisition du terrain indivis qu'à la construction réalisée sur ce terrain, elle-même indivise par voie d'accession, la cour d'appel n'avait pas à appliquer l'article 1543 du Code civil, dès lors que celui-ci devait être indemnisé selon les modalités prévues par l'article 815-13 du Code civil ».

424. Civ. 1re, 26 juin 2013, *Bull. civ.* I, n° 136 : « Mme Z... avait remboursé personnellement partie des échéances des emprunts, de sorte qu'elle était créancière personnelle de l'indivision pour avoir assuré des dépenses de conservation de l'immeuble indivis, et était, dès lors, fondée à faire valoir sa créance par prélèvement sur l'actif de l'indivision avant son partage ».

425. Civ. 1re, 15 mai 2013, *Bull. civ.* I, n° 94 : « après avoir relevé, par motifs adoptés, que l'immeuble indivis constituait le logement de la famille, la cour d'appel a pu décider que le paiement des dépenses afférentes à l'acquisition et à l'aménagement de ce bien participait de l'exécution par le mari de son obligation de contribuer aux charges du mariage ; (...) la portée de la présomption instituée par la clause de répartition de ces charges n'ayant pas été débattue devant les juges du fond, ceux-ci, qui, sans être tenus de suivre les parties dans le détail de leur argumentation, ont constaté que, pendant toute la durée de la vie commune, le mari avait disposé de revenus confortables tandis que ceux de son épouse, qui avait travaillé de manière épisodique, avaient été beaucoup plus faibles et irréguliers, ont souverainement estimé que les paiements effectués par le mari l'avaient été en proportion de ses facultés contributives » ; Civ. 1re, 25 septembre 2013, *Bull. civ.* I, n° 289 : « après avoir relevé que les époux étaient convenus en adoptant la séparation de biens qu'ils contribueraient aux charges du mariage dans la proportion de leurs facultés respectives et que chacun d'eux serait réputé avoir fourni au jour le jour sa part contributive en sorte qu'aucun compte ne serait fait entre eux à ce sujet et qu'ils n'auraient pas de recours l'un contre l'autre pour les dépenses de cette nature, les juges du fond ont souverainement estimé qu'il ressortait de la volonté des époux que cette présomption interdisait de prouver que l'un ou l'autre des conjoints ne s'était pas acquitté de son obligation ; [et] après avoir constaté (...) que l'immeuble indivis constituait le domicile conjugal, la cour d'appel en a exactement déduit que M. X... ne pouvait réclamer, au moment de la liquidation de leur régime matrimonial, le versement d'une indemnité compensatrice au titre d'un prétendu excès de contribution aux charges du mariage pour avoir financé seul l'acquisition de ce bien » ; Civ. 1re, 18 décembre 2013, *Bull. civ.* I, n° 249 : « la contribution aux charges du mariage, distincte, par son fondement et par son but, de l'obligation alimentaire, peut inclure des dépenses d'investissement ayant pour objet l'agrément et les loisirs du ménage ; (...) ayant relevé que l'activité stable de l'époux lui procurait des revenus très confortables lui permettant d'acquérir une résidence secondaire pour la famille, les juges du fond ont pu décider que le financement par le mari de l'acquisition d'un tel bien indivis participait de l'exécution de son obligation de contribuer aux charges du mariage » ; Civ. 1re, 1er avril 2015, pourvoi n° 14-14349, à paraître au *Bulletin* : « après avoir relevé que les époux étaient convenus, par une clause de leur contrat de mariage, que chacun d'entre eux serait réputé s'être acquitté jour par jour de sa part contributive aux charges du mariage, et en avoir déterminé la portée, la cour d'appel (...) a souverainement estimé qu'il ressortait de la volonté des époux que cette présomption interdisait de prouver que l'un ou l'autre des conjoints ne s'était pas acquitté de son obligation [et qu'] après avoir constaté que l'immeuble indivis constituait le domicile conjugal et retenu que les règlements relatifs à cette acquisition, opérés par le mari, participaient de l'exécution de son obligation de contribuer aux charges du mariage, elle en a justement déduit (...) que M. X... ne pouvait bénéficier d'une créance au titre du financement de l'acquisition de ce bien ».

426. G. Champenois et N. Couzighou-Suhas, « Contrat de mariage, charges du mariage et acquisitions indivises – Analyse et formules », *Rép. Defr.* 2015, p. 367.

se justifie probablement par le fait qu'économiquement, les deux opérations sont comparables. Par principe, la qualification de dépense de conservation relève du pouvoir souverain des juges du fond[427], encore que la Cour de cassation semble exercer un certain contrôle[428]. Là encore, l'indemnité due à l'indivisaire pour la dépense de conservation pourra être corrigée « *selon l'équité* »[429].

γ) La composition des lots

530. Égalité du partage. L'égalité est un principe directeur du partage. Elle ne signifie pas que tous les copartageants doivent recevoir une valeur identique, mais que chaque copartageant mérite de se voir attribuer une valeur *égale* à sa *vocation*, c'est-à-dire à sa part dans l'indivision[430] : ainsi, dans une indivision réunissant deux indivisaires dont l'un détient une quote-part de trois-quarts et l'autre d'un quart, ceux-ci auront respectivement droit à trois quarts et à un quart de l'actif indivis au partage.

Lorsque la composition de la masse indivise ne permet pas une composition des lots respectant cette égalité – par exemple, dans l'exemple cité plus haut, l'indivision comporte deux biens d'égale valeur –, l'inégalité est corrigée par une **soulte** : ceux qui n'ont pas reçu une valeur égalant leur vocation recevront de ceux qui ont reçu davantage que ceux à quoi leur vocation leur donnait droit, une somme d'argent[431]. Alors qu'en principe, sauf accord des copartageants, la soulte est

427. Civ. 1re, 10 mai 2006, *Bull. civ.* I, n° 228, *RTD civ.* 2006, p. 542, obs. J. Hauser : « la cour d'appel a souverainement estimé que les travaux litigieux étaient nécessaires à la conservation du bien ».

428. Civ. 1re, 20 janvier 2004, *Bull. civ.* I, n° 20, *JCP* 2005, I, 128, obs. A. Tisserand-Martin : « la cour d'appel a décidé à bon droit que les redevances de télésurveillance de l'immeuble ne constituaient pas des dépenses nécessaires à sa conservation ». En revanche, « [l]es impôts locaux et les charges de copropriété qui ne sont pas relatives à l'occupation privative et personnelle d'un indivisaire doivent figurer au passif du compte de l'indivision et seront supportés par les coïndivisaires proportionnellement à leurs droits dans l'indivision » (Civ. 1re, 16 avril 2008, *Bull. civ.* I, n° 122, *JCP* 2008, I, 194, obs. H. Périnet-Marquet) ; de même, « l'assurance-habitation, qui tend à la conservation de l'immeuble, incombait à l'indivision post-communautaire jusqu'au jour du partage en dépit de l'occupation privative » (Civ. 1re, 20 janvier 2004, *Bull. civ.* I, n° 20, *JCP* 2005, I, 128, obs. Tisserand-Martin ; dans le même sens, Civ. 1re, 5 mars 2008, *Bull. civ.* I, n° 65 : « l'assurance habitation (...) tend à la conservation de l'immeuble »).

429. Il convient d'abord de calculer le profit subsistant et ensuite de corriger éventuellement le montant de l'indemnité, en équité. Et v. Civ. 1re, 7 juin 1988, *Bull. civ.* I, n° 174 : « pour rejeter la demande de Mme Y... tendant à faire indexer sur le coût de la construction les sommes qu'elle a payées, au cours de l'indivision pour l'acquisition et la conservation de l'appartement indivis, l'arrêt énonce que l'équité commanderait d'appliquer la même indexation à l'indemnité d'occupation due par Mme Y... et que les indexations réciproques, qui se compenseraient, ne présenteraient pas d'intérêt réel et compliqueraient considérablement les calculs ; (... en se déterminant par de tels motifs et sans avoir recherché si les sommes avancées par Mme Y..., qui ont permis l'acquisition et la conservation de l'appartement indivis, ont réalisé, pour l'indivision, un profit subsistant au jour du partage, sauf à tenir compte de l'équité pour modérer, le cas échéant, le montant de l'indemnité, la cour d'appel a violé [l'article 815-13 C. civ.] ». *Adde* Civ. 1re, 24 septembre 2014, *Bull. civ.* I, n° 251, *JCP* 2015, I, 546, obs. H. Périnet-Marquet : « après avoir constaté que M. X... avait remboursé seul pendant l'indivision post-communautaire les emprunts contractés pour l'acquisition de l'immeuble, c'est dans l'exercice de son pouvoir souverain que la cour d'appel, faisant usage du pouvoir que lui confère l'article 815-13 C. civ., a fixé, selon l'équité, l'indemnité due de ce chef par l'indivision à M. X..., à une somme, supérieure à la dépense, mais inférieure au profit subsistant ».

430. Art. 826 al. 2 C. civ. : « *[c]haque copartageant reçoit des biens pour une valeur égale à celle de ses droits dans l'indivision* ».

431. Art. 826 al. 4 C. civ. : « *[s]i la consistance de la masse ne permet pas de former des lots d'égale valeur, leur inégalité se compense par une soulte* ».

immédiatement exigible[432], celui qui a obtenu un bien en raison d'une attribution préférentielle de droit peut exiger un délai de paiement de dix années au maximum, dans la limite de la moitié de la soulte[433]. Chaque fois le débiteur d'une soulte obtient des délais de paiement, le Code civil[434] prévoit que si, à la suite de l'évolution des circonstances économiques, la valeur des biens qui lui sont échus a augmenté ou diminué de plus du quart depuis le partage, les sommes restant dues augmentent ou diminuent dans la même proportion, sauf volonté contraire des parties. Les parties peuvent ainsi exclure ou aménager la révision, notamment en stipulant une clause d'indexation pour les biens – tels un fonds de commerce – dont il est délicat de déterminer si les variations de valeur sont imputables au propriétaire ou aux circonstances économiques[435]. On notera enfin que lorsque l'indivision est successorale, la soulte est une créance privilégiée[436].

531. Sanctions de l'égalité. La **lésion**[437] dans le partage, et plus généralement de tout acte mettant fin à une indivision[438], est sanctionnée par la loi. Traditionnellement, la lésion dans le partage l'était par la rescision de celui-ci, ce qui était source d'insécurité juridique, notamment pour les tiers qui avaient acquis des biens auprès d'indivisaires après le partage. C'est pourquoi la réforme de 2006 a substitué à la rescision une **action en complément de part** au profit des copartageants lésés. Lorsque l'un des copartageants a subi une lésion de plus du quart, un complément de sa part lui est fourni, par celui ou ceux à qui la lésion a profité, soit en numéraire, soit en nature[439]. Désormais, le partage déséquilibré n'est plus *anéanti* mais *rééquilibré*. La situation des tiers s'en trouve ainsi améliorée, car ils ne s'exposent plus à

432. Art. 828 C. civ., implic. : « *[l]orsque le débiteur d'une soulte a obtenu des délais de paiement (...)* ». Et dans le cas particulier d'une soulte due en raison d'une attribution préférentielle, v. art. 832-4 al. 2 *in limine* : « *[s]auf accord amiable entre les copartageants, la soulte éventuellement due est payable comptant* ».

433. Art. 832-4 al. 2 *in fine* C. civ. : « *dans les cas prévus aux articles 831-3 et 832, l'attributaire peut exiger de ses copartageants, pour le paiement d'une fraction de la soulte, égale au plus à la moitié, des délais ne pouvant excéder dix ans. Sauf convention contraire, les sommes restant dues portent intérêt au taux légal* ». Cette faveur est accordée à l'attributaire en vue de l'empêcher de renoncer à une attribution encouragée par la loi.

434. Art. 828 C. civ. : « *[l]orsque le débiteur d'une soulte a obtenu des délais de paiement et que, par suite des circonstances économiques, la valeur des biens qui lui sont échus a augmenté ou diminué de plus du quart depuis le partage, les sommes restant dues augmentent ou diminuent dans la même proportion, sauf exclusion de cette variation par les parties* ».

435. M. Grimaldi, « Le partage : état des lieux », *Rép. Defr.* 2012, p. 1123 s., spéc. n° 11.

436. La soulte est une créance garantie par le privilège du copartageant, à supposer que le débiteur soit alloti en immeubles, car le privilège est immobilier (art. 2374, 3° C. civ. : « *[l]es créanciers privilégiés sur les immeubles sont : (...) 3° Les cohéritiers, sur les immeubles de la succession, pour la garantie des partages faits entre eux, et des soultes ou retours de lots ; pour la garantie des indemnités dues en application de l'article 924, les immeubles donnés ou légués sont assimilés aux immeubles de la succession* »).

437. Pour apprécier s'il y a eu lésion, on estime les biens suivant leur valeur à l'époque du partage (art. 889 al. 1, *in fine* C. civ. : « *[p]our apprécier s'il y a eu lésion, on estime les objets suivant leur valeur à l'époque du partage* »).

438. Art. 890 al. 1 C. civ. : « *[l]'action en complément de part est admise contre tout acte, quelle que soit sa dénomination, dont l'objet est de faire cesser l'indivision entre copartageants* ».

439. Art. 889 al. 1 *in limine* C. civ. : « *[l]orsque l'un des copartageants établit avoir subi une lésion de plus du quart, le complément de sa part lui est fourni, au choix du défendeur, soit en numéraire, soit en nature* ».

l'action en revendication qui les menaçait en cas d'anéantissement du partage[440]. L'action en complément de part se prescrit par deux ans à compter du partage[441].

b) Cas particuliers

532. Partage en cas de pluralité d'indivisions entre les mêmes indivisaires. En cas de pluralité d'indivisions réunissant exclusivement les mêmes indivisaires, qu'elles portent ou non sur des mêmes biens, un partage unique peut intervenir, qu'il s'agisse d'un partage amiable[442] ou judiciaire[443].

533. Partage en cas d'indivision en jouissance et d'indivision en nue-propriété (art. 817 C. civ.[444], art. 818 C. civ.[445] et art. 819 C. civ.[446]). Lorsqu'il existe une **indivision en jouissance** – indivision entre usufruitiers ou entre usufruitier(s) et plein(s) propriétaire(s) –, chaque indivisaire peut demander le partage de l'usufruit par voie de ***cantonnement*** en devenant usufruitier *exclusif* d'un ou de plusieurs biens de la masse ou, lorsque cela est impossible – par exemple, la masse indivise ne comporte qu'un bien –, par voie de ***licitation*** de l'usufruit (art. 817 C. civ. *in limine*). La licitation pouvant s'avérer nuisible à chacun des intéressés – les nus-propriétaires se voient imposer un étranger comme usufruitier et les usufruitiers ne réalisent pas une opération économique optimale, car l'acquisition d'un usufruit n'est pas attractive –, l'article 817 C. civ. *in fine* prévoit que lorsqu'elle apparaît seule protectrice de l'intérêt de tous les titulaires de droits sur le bien indivis, la licitation peut porter sur la pleine propriété.

Réciproquement, lorsqu'il existe une **indivision en nue-propriété** – indivision entre nus-propriétaires ou entre nu(s)-propriétaire(s) et plein(s) propriétaire(s) –, chaque indivisaire peut demander le partage de la nue-propriété, suivant des modalités identiques à celles prévues par l'article 817 C. civ., en raison du renvoi opéré par l'article 818 C. civ. La licitation de la nue-propriété n'étant pas vraiment plus attractive que celle de l'usufruit, l'article 818 C. civ. prévoit la possibilité de liciter la pleine propriété, sauf à ce que l'usufruitier le refuse[447].

---

440. Dans la pratique, le notaire faisait intervenir tous les copartageants à l'acte de cession au profit d'un tiers du bien attribué à l'un d'entre eux, tant que l'action en rescision du partage n'était pas prescrite.

441. Art. 889 al. 2 C. civ. : « *[l]'action en complément de part se prescrit par deux ans à compter du partage* ».

Avant la réforme de 2006, l'action en rescision se prescrivait par cinq ans.

442. Art. 839 C. civ. : « *[l]orsque plusieurs indivisions existent exclusivement entre les mêmes personnes, qu'elles portent sur les mêmes biens ou sur des biens différents, un partage amiable unique peut intervenir* ».

443. Art. 840-1 C. civ. : « *[l]orsque plusieurs indivisions existent exclusivement entre les mêmes personnes, qu'elles portent sur les mêmes biens ou sur des biens différents, un partage unique peut intervenir* ».

444. « *Celui qui est en indivision pour la jouissance peut demander le partage de l'usufruit indivis par voie de cantonnement sur un bien ou, en cas d'impossibilité, par voie de licitation de l'usufruit. Lorsqu'elle apparaît seule protectrice de l'intérêt de tous les titulaires de droits sur le bien indivis, la licitation peut porter sur la pleine propriété.* »

445. « *La même faculté appartient à l'indivisaire en nue-propriété pour la nue-propriété indivise. En cas de licitation de la pleine propriété, le deuxième alinéa de l'article 815-5 est applicable.* »

446. « *Celui qui est pour partie plein propriétaire et qui se trouve en indivision avec des usufruitiers et des nus-propriétaires peut user des facultés prévues aux articles 817 et 818.* (al. 1) *Le deuxième alinéa de l'article 815-5 n'est pas applicable en cas de licitation en pleine propriété.* (al. 2) »

447. Conformément au principe énoncé à l'article 815-5 al. 2 C. civ. (« *Le juge ne peut, à la demande d'un nu-propriétaire, ordonner la vente de la pleine propriété d'un bien grevé d'usufruit contre la volonté de l'usufruitier* »). Les nus-propriétaires pourront alors, dans certaines circonstances, solliciter la conversion de l'usufruit (successoral) en rente viagère : « *[t]out usufruit appartenant au conjoint sur les biens du prédécédé, qu'il résulte de la loi, d'un testament ou d'une donation de biens à venir,*

Dans le cas particulier où un **plein propriétaire** est **en indivision avec des usufruitiers et des nus-propriétaires**, le premier pourrait lui aussi user des facultés reconnues aux articles 817 et 818 C. civ.[448] ; mais si la licitation de la pleine propriété est envisagée, l'usufruitier ne pourra cette fois s'y opposer[449].

En tout état de cause, le **prix de la licitation est alors réparti entre le nu-propriétaire et l'usufruitier**, chacun étant plein propriétaire d'une fraction du prix, sauf à ce que les parties s'accordent pour prévoir un report du démembrement sur le prix de vente, c'est-à-dire un quasi-usufruit[450].

2. Les conditions dépendant de la forme du partage

534. Plan. Il faut distinguer le partage amiable (a) du partage judiciaire (b).

a) Le partage amiable

535. Partage d'accord. Le partage est un contrat conclu entre tous les indivisaires – il s'agit de mettre fin à l'indivision d'un *commun accord* – qui est consensuel[451]. Toutefois, si l'indivision comporte des biens soumis à la publicité foncière, le partage doit être fait en la forme notariée[452], ce qui n'en fait pas pour autant un acte solennel[453].

Il reste que le partage est un contrat particulier qui obéit par conséquent à des règles particulières.

---

donne ouverture à une faculté de conversion en rente viagère, à la demande de l'un des héritiers nus-propriétaires ou du conjoint successible lui-même » (art. 759 C. civ.).

448. Art. 819 al. 1 C. civ. : « *[c]elui qui est pour partie plein propriétaire et qui se trouve en indivision avec des usufruitiers et des nus-propriétaires peut user des facultés prévues aux articles 817 et 818* ».

449. Art. 819 al. 2 C. civ. : « *[l]e deuxième alinéa de l'article 815-5 n'est pas applicable en cas de licitation en pleine propriété* ».

450. Art. 621 al. 1 C. civ. : « *[e]n cas de vente simultanée de l'usufruit et de la nue-propriété d'un bien, le prix se répartit entre l'usufruit et la nue-propriété selon la valeur respective de chacun de ces droits, sauf accord des parties pour reporter l'usufruit sur le prix* ».

451. Art. 835 al. 1 C. civ. : « *[s]i tous les indivisaires sont présents et capables, le partage peut intervenir dans la forme et selon les modalités choisies par les parties* ». Et v. Req. 21 janvier 1867, *DP* 1867, 1, p. 97 : « de droit commun, les conventions se forment légalement par le seul consentement des parties entre lesquelles elles interviennent, et (...) à l'exception de certains contrats, qu'à raison de leur importance, la loi, par des dispositions expresses ou spéciales, soumet à des formes solennelles, l'écriture n'est exigée que pour la preuve et non pour la validité d'une convention ; (...) l'exception au droit commun ne se présume pas, et (...) elle ne peut résulter que d'un texte clair et formel qu'en ce qui concerne le partage, on ne rencontre nulle part ; (...) le législateur, en (...) introduisant le mot *acte*, n'a manifestement voulu que trancher, dans le sens de la nécessité d'une convention pour opérer et parfaire le partage, la controverse qui, sous l'ancien droit, s'était élevée sur la validité du partage de fait, résultant uniquement d'une jouissance divise sans convention préalable ; (...) il n'était contesté par personne que la convention de partage pût avoir lieu verbalement, sauf à en faire la preuve par les voies ordinaires, et (...) il n'est pas admissible que le Code Napoléon, se montrant plus exigeant que ceux dont il consacrait l'opinion, ait entendu ajouter à la nécessité d'une convention la nécessité d'un acte écrit la constatant »).

452. Art. 835 al. 2 C. civ. : « *[l]orsque l'indivision porte sur des biens soumis à la publicité foncière, l'acte de partage est passé par acte notarié* ».

453. Civ. 1re, 24 octobre 2012, *Bull. civ.* I, n° 218 : « il résulte de l'article 835 du Code civil que le partage convenu entre les indivisaires présents et capables n'est assujetti à aucune règle de forme de sorte qu'il peut être conclu par acte sous seing privé et que, s'il porte sur des biens soumis à publicité foncière, il doit être passé par acte notarié, la cour d'appel en a exactement déduit que cette formalité a pour but d'assurer l'effectivité de la publicité obligatoire, mais que le défaut d'authenticité de l'acte n'affecte pas sa validité ».

536. Indivisaire défaillant. Si un indivisaire est défaillant, il convient de distinguer. Lorsqu'il est ***présumé absent ou, par suite d'éloignement, se trouve hors d'état de manifester sa volonté***, le partage amiable peut intervenir dans des conditions particulières[454]. Lorsqu'il ***fait l'objet d'un régime de protection***, un partage amiable peut encore intervenir dans les conditions posées par les dispositions du Code civil relatives aux mineurs et aux majeurs protégés[455]. Si l'indivisaire est encore défaillant ***pour une autre raison***, en somme, s'il est de mauvaise volonté, il peut être mis en demeure par un copartageant de se faire représenter au partage amiable, et s'il ne l'a pas fait dans les trois mois de la mise en demeure, un copartageant pourra demander au juge d'en désigner un, qui ne pourra toutefois consentir au partage qu'avec l'autorisation du juge[456].

537. Omission d'un indivisaire ou d'un bien indivis. En cas d'**omission d'un indivisaire**, le partage est **nul**[457]. Néanmoins, en vue de concilier les exigences de la sécurité juridique et l'intérêt de l'indivisaire omis, la loi permet à ce dernier de demander à recevoir sa part, en nature ou en valeur, sans annulation du partage[458]. Dans cette perspective, et afin de tenir compte de l'évolution de la valeur des biens partagés, depuis le partage, les biens sont réévalués comme s'il s'agissait d'un nouveau partage[459].

---

454. Art. 836 al. 1 C. civ. : « *[s]i un indivisaire est présumé absent ou, par suite d'éloignement, se trouve hors d'état de manifester sa volonté, un partage amiable peut intervenir dans les conditions prévues à l'article 116* ». D'après cette dernière disposition, « *[s]i le présumé absent est appelé à un partage, celui-ci peut être fait à l'amiable. En ce cas, le juge des tutelles autorise le partage, même partiel, et désigne, s'il y a lieu, un notaire pour y procéder, en présence du représentant du présumé absent ou de son remplaçant désigné conformément à l'article 115, si le représentant initial est lui-même intéressé au partage. L'état liquidatif est soumis à l'approbation du juge des tutelles. Le partage peut également être fait en justice conformément aux dispositions des articles 840 à 842. Tout autre partage est considéré comme provisionnel* ».

455. Art. 836 al. 2 C. civ. : « *(...) si un indivisaire fait l'objet d'un régime de protection, un partage amiable peut intervenir dans les conditions prévues aux titres X et XI du livre Ier* ».

456. Art. 837 C. civ. : « *(s)i un indivisaire est défaillant, sans qu'il soit néanmoins dans l'un des cas prévus à l'article 836, il peut, à la diligence d'un copartageant, être mis en demeure, par acte extrajudiciaire, de se faire représenter au partage amiable.* (al. 1) *Faute pour cet indivisaire d'avoir constitué mandataire dans les trois mois de la mise en demeure, un copartageant peut demander au juge de désigner toute personne qualifiée qui représentera le défaillant jusqu'à la réalisation complète du partage. Cette personne ne peut consentir au partage qu'avec l'autorisation du juge.* (al. 2) ». Le Code de procédure civile apporte des précisions à l'article 1358 : « *[l]a personne qualifiée désignée en application de l'article 837 du Code civil pour représenter l'héritier défaillant sollicite l'autorisation de consentir au partage amiable en transmettant le projet de partage, approuvé par le reste des copartageants, au juge qui l'a désignée.* (al. 1) *L'autorisation de consentir au partage est rendue en dernier ressort* (al. 2) ».

457. Art. 887-1 al. 1 C. civ. : « *[l]e partage peut être (...) annulé si un des cohéritiers y a été omis* ». C'est ce qu'avait admis la Cour de cassation bien avant que la loi du 23 juin 2006 ne codifie cette solution : « la présence et le concours de tous les indivisaires étant une condition substantielle de la validité du partage, l'exclusion de l'un des héritiers entraîne la nullité du partage entre toutes les parties » (Req. 21 mars 1922, *D.* 1923, 1, p. 60).

458. Art. 887-1 al. 2 C. civ. : « *[l]'héritier omis peut toutefois demander de recevoir sa part, soit en nature, soit en valeur, sans annulation du partage* ».

459. Art. 887-1 al. 3 C. civ. : « *[p]our déterminer cette part, les biens et droits sur lesquels a porté le partage déjà réalisé sont réévalués de la même manière que s'il s'agissait d'un nouveau partage* ».

En cas d'omission d'un bien indivis, il y a partage complémentaire relatif au bien omis[460]. L'action en partage complémentaire est imprescriptible[461].

538. Indivisaire incapable. Lorsqu'un indivisaire est mineur et soumis au régime de l'administration légale, *le* (administration légale sous contrôle judiciaire) ou *les* (administration légale pure et simple) parent(s) administrateur(s) ne peuvent représenter leur enfant qu'après y avoir été autorisé(s) par le juge des tutelles[462]. Lorsqu'un indivisaire est un mineur ou un majeur sous tutelle, le partage peut être fait à l'amiable sur autorisation du conseil de famille ou, à défaut, du juge, qui désigne, s'il y a lieu, un notaire pour y procéder[463]. Et lorsqu'un indivisaire est un majeur sous curatelle, il doit être assisté du curateur[464].

539. Indivisaire dont le consentement a été vicié. Un indivisaire ayant subi un vice du consentement, qu'il s'agisse d'une violence, d'un dol ou d'une erreur, peut demander la nullité du partage[465]. Un quadruple dispositif est instauré en vue de sécuriser les partages. En premier lieu, si la nullité du partage est recherchée sur le fondement de l'erreur, celle-ci devra avoir porté sur l'existence ou la quotité des droits des copartageants ou sur la propriété des biens compris dans la masse partageable, et sur aucun autre élément[466]. En deuxième lieu, si les conséquences du vice

---

460. Art. 892 C. civ. : « *[l]a simple omission d'un bien indivis donne lieu à un partage complémentaire portant sur ce bien* ». Et v. Civ. 1re, 30 septembre 2009, *Bull. civ.* I, n° 195, *Rép. Defr.* 2010, p. 862, obs. J. Massip, *RTD civ.* 2009, p. 707, obs. J. Hauser ; *RDC* 2010, p. 165, obs. S. Gaudemet : « si la convention définitive homologuée, ayant la même force exécutoire qu'une décision de justice, ne peut être remise en cause, un époux divorcé demeure recevable à présenter une demande ultérieure tendant au partage complémentaire de biens communs ou de dettes communes omis dans l'état liquidatif homologué ».

461. Civ. 1re, 20 novembre 2013, *Bull. civ.* I, n° 227 : « la cour d'appel, saisie, sur le fondement de l'article 892 du Code civil, d'une demande en partage complémentaire de biens communs omis par l'acte du 25 septembre 2001, en a justement déduit que cette action n'était pas soumise au délai prévu par l'article 889, alinéa 2, du Code civil, et qu'elle était imprescriptible ».

462. Sous l'administration légale pure et simple, v. art. 389-5 al. 3 C. civ. : « *[m]ême d'un commun accord, les parents ne peuvent ni vendre de gré à gré, ni apporter en société un immeuble ou un fonds de commerce appartenant au mineur, ni contracter d'emprunt en son nom, ni renoncer pour lui à un droit, sans l'autorisation du juge des tutelles. La même autorisation est requise pour le partage amiable, et l'état liquidatif doit être approuvé par le juge des tutelles* ». Sous l'administration légale sous contrôle judiciaire, v. art. 389-6 al. 1 C. civ. : « *[d]ans l'administration légale sous contrôle judiciaire, l'administrateur doit se pourvoir d'une autorisation du juge des tutelles pour accomplir les actes qu'un tuteur ne pourrait faire qu'avec une autorisation* ». Or, d'après l'article 507 C. civ., « *[l]e partage à l'égard d'une personne protégée peut être fait à l'amiable sur autorisation du conseil de famille ou, à défaut, du juge, qui désigne, s'il y a lieu, un notaire pour y procéder. (...)* (al. 1) *L'état liquidatif est soumis à l'approbation du conseil de famille ou, à défaut, du juge* (al. 2) (...) ».

463. Art. 507 C. civ., préc.

464. Art. 467 al. 1 C. civ. : « *[l]a personne en curatelle ne peut, sans l'assistance du curateur, faire aucun acte qui, en cas de tutelle, requerrait une autorisation du juge ou du conseil de famille* ».

465. Art. 887 C. civ. : « *[l]e partage peut être annulé pour cause de violence ou de dol.* (al. 1) *Il peut aussi être annulé pour cause d'erreur, si celle-ci a porté sur l'existence ou la quotité des droits des copartageants ou sur la propriété des biens compris dans la masse partageable* (al. 2) *(...)* ».

466. Art. 887 al. 2 C. civ., préc., note ci-dessus. Initialement, le Code civil ne mentionnait pas l'erreur comme cause de nullité du partage et l'omission d'un bien était sanctionnée par un partage complémentaire (anc. art. 887 al. 2 C. civ.). La jurisprudence avait admis néanmoins que l'erreur puisse donner lieu à la nullité du partage, dans des « cas spéciaux et très exceptionnels » (Civ. 26 octobre 1943, *GAJC*, t. 1, n° 118) qui sont ceux que l'article 887 C. civ. énonce désormais.

du consentement peuvent être réparées autrement que par l'annulation du partage, le tribunal peut, à la demande de l'une des parties, ordonner un partage complémentaire ou rectificatif[467]. En troisième lieu, l'omission d'un bien dans la masse donne toujours lieu à un partage complémentaire[468]. En quatrième lieu, et en vue de protéger les tiers, le copartageant qui a aliéné son lot en tout ou partie n'est plus recevable à intenter une action en nullité pour vice du consentement, si l'aliénation qu'il a faite est postérieure à la découverte du dol ou de l'erreur ou à la cessation de la violence ; il est alors présumé avoir renoncé à agir en nullité, en confirmant le partage[469].

b) Le partage judiciaire

540. Partage de désaccord. Le partage est fait en justice dans deux séries d'hypothèses, mentionnées par la loi : d'une part, **un des indivisaires refuse de consentir au partage amiable ou conteste la manière d'y procéder ou de le terminer** et, d'autre part, **le partage amiable n'a pas été autorisé ou approuvé en présence d'un absent, d'une personne hors d'état de manifester sa volonté ou d'un incapable**[470]. Le partage judiciaire présente la particularité que les **lots**, une fois composés, sont **tirés au sort, en cas de désaccord**[471]. En principe, le juge ne dispose d'aucun pouvoir permettant d'infléchir cette règle, notamment parce qu'il estimerait plus opportun que tel copartageant soit alloti de tels biens[472]. Toutefois, il faut toujours réserver le jeu des attributions préférentielles[473] et, de règle générale, la Cour

467. Art. 887 al. 3 C. civ. : « *[s]'il apparaît que les conséquences de la violence, du dol ou de l'erreur peuvent être réparées autrement que par l'annulation du partage, le tribunal peut, à la demande de l'une des parties, ordonner un partage complémentaire ou rectificatif* ».

468. Art. 892 C. civ. : « *[l]a simple omission d'un bien indivis donne lieu à un partage complémentaire portant sur ce bien* ». V. *supra*, n° 537.

469. Art. 888 C. civ. : « *[l]e copartageant qui a aliéné son lot en tout ou partie n'est plus recevable à intenter une action fondée sur le dol, l'erreur ou la violence, si l'aliénation qu'il a faite est postérieure à la découverte du dol ou de l'erreur ou à la cessation de la violence* ».

470. Art. 840 C. civ. : « *[l]e partage est fait en justice lorsque l'un des indivisaires refuse de consentir au partage amiable ou s'il s'élève des contestations sur la manière d'y procéder ou de le terminer ou lorsque le partage amiable n'a pas été autorisé ou approuvé dans l'un des cas prévus aux articles 836 et 837* ».

471. Art. 1375 CPC : « *[l]e tribunal statue sur les points de désaccord.* (al. 1) *Il homologue l'état liquidatif ou renvoie les parties devant le notaire pour établir l'acte constatant le partage.* (al. 2) *En cas d'homologation, il ordonne s'il y a lieu le tirage au sort des lots par la même décision, soit devant le juge commis, soit devant le notaire commis* (al. 3) ».

472. Civ. 1re, 20 juin 2012, *Bull. civ.* I, n° 139 : « à défaut d'entente entre les héritiers présents, majeurs et capables pour se consentir des attributions, les lots qui doivent être d'une valeur égale à la part de chaque souche copartageante, sont obligatoirement tirés au sort et il ne peut, en dehors des cas limitativement énumérés par la loi, être procédé au moyen d'attributions, même pour des motifs d'équité ou d'opportunité » ; Civ. 1re, 15 février 2012, pourvoi n° 10-25425 : « à défaut d'entente entre les héritiers majeurs et maîtres de leurs droits, les lots faits en vue d'un partage doivent être obligatoirement tirés au sort, et qu'en dehors des cas limitativement prévus par la loi, il ne peut être procédé au moyen d'attributions ».

473. L'article 834 al. 1 C. civ. prévoyant que l'attributaire ne devenant propriétaire exclusif qu'au jour du partage définitif, l'alinéa 2 lui offre la faculté de renoncer à l'attribution jusqu'à ce jour, mais si et seulement si la valeur du bien attribué a augmenté d'un quart sans que la prise de valeur ne lui soit imputable. Dans une telle hypothèse, l'attribution peut être devenue si lourde que son bénéficiaire préfère y renoncer. Il n'en demeure pas moins que si l'augmentation de la valeur est inférieure au quart, la renonciation n'est pas possible et pourrait conduire l'attributaire à faire vendre le bien pour payer la soulte qui pourrait lui incomber...

de cassation considère que la règle du tirage au sort doit être écartée lorsque l'application qui en est demandée est constitutive d'un abus de droit[474].

La procédure du partage judiciaire est minutieusement décrite par le Code de procédure civile[475], sachant qu'une passerelle vers le partage amiable est à tout moment possible, si les copartageants venaient à s'entendre[476]. À peine d'irrecevabilité de la demande, l'assignation en partage doit comporter deux séries de mentions, les unes relatives aux diligences entreprises en vue de parvenir à un partage amiable – par où l'on voit que le partage judiciaire est subsidiaire par rapport au partage amiable –, et les autres, à la description sommaire du patrimoine à partager et aux intentions du demandeur quant à la répartition des biens[477]. Au-delà, il convient de distinguer suivant que le partage est ou non particulièrement complexe.

Si le partage n'est pas particulièrement complexe (art. 1359 s. CPC), le tribunal ordonne le partage, s'il peut avoir lieu, ou la vente par licitation, si les conditions en sont réunies. S'il a ordonné le partage, le tribunal peut désigner un *notaire* chargé de dresser l'acte constatant le partage et un *expert* pour procéder à l'estimation des biens ou proposer la composition des lots à répartir. Lors du partage, et s'il y a lieu au tirage au sort des lots, celui-ci est réalisé devant le notaire désigné et, à défaut, devant le président du tribunal de grande instance ou son délégué[478].

Si le partage est particulièrement complexe (art. 1364 s. CPC), le *tribunal*, d'une part, désigne un *notaire*[479] – choisi par les copartageants et, faute d'accord,

474. Civ. 1re, 28 novembre 2007, *Bull. civ.* I, n° 376, *RTD civ.* 2008, p. 525, obs. M. Grimaldi : en l'espèce, la règle du tirage au sort pouvait conduire à la dévolution, à chacune des deux branches, du lot situé devant la propriété de l'autre, de sorte que la Cour de cassation considère que la cour d'appel a pu en écarter l'application constitutive d'un abus de droit caractérisé.

475. Du point de vue de la *compétence matérielle*, le tribunal compétent est en principe le tribunal de grande instance (art. L. 211-3 COJ). Néanmoins, le juge aux affaires familiales est compétent pour connaître du divorce, de la séparation de corps et de leurs conséquences, de la liquidation et du partage des intérêts patrimoniaux des époux, des personnes liées par un pacte civil de solidarité et des concubins, sauf en cas de décès ou de déclaration d'absence (art. L. 213-3 COJ). Et les demandes relatives notamment à la liquidation et au partage des intérêts patrimoniaux des époux, des personnes liées par un pacte civil de solidarité et des concubins relevant de la compétence du juge aux affaires familiales obéissent aux règles de la procédure en matière contentieuse applicable devant le tribunal de grande instance (art. 1136-1 CPC).
Du point de vue de la *compétence territoriale*, le tribunal compétent dépend de la nature de l'indivision. En principe, la juridiction compétente est celle du lieu de l'indivisaire ou de l'un des indivisaires contre lequel ou lesquels la demande est formée (art. 42 CPC). Toutefois, en présence d'une indivision successorale, le tribunal du lieu d'ouverture de la succession est compétent (art. 841 C. civ.). Et chaque fois que le juge aux affaires familiales est compétent, il existe des règles particulières suivant la situation familiale (art. 1070 CPC).

476. Art. 842 C. civ. : « *[à] tout moment, les copartageants peuvent abandonner les voies judiciaires et poursuivre le partage à l'amiable si les conditions prévues pour un partage de cette nature sont réunies* ».

477. Art. 1360 CPC : « *[à] peine d'irrecevabilité, l'assignation en partage contient un descriptif sommaire du patrimoine à partager et précise les intentions du demandeur quant à la répartition des biens ainsi que les diligences entreprises en vue de parvenir à un partage amiable* ».

478. Si un héritier est défaillant, le président du tribunal de grande instance ou son délégué peut, d'office, lorsque le tirage au sort a lieu devant lui ou sur transmission du procès-verbal dressé par le notaire, désigner un représentant à l'héritier défaillant (art. 1363 al. 2 CPC).

479. D'après la Cour de cassation, au cas où plusieurs notaires auraient été nommés pour procéder au partage et où l'un d'eux ferait obstruction, il en est rendu compte au juge qui peut la vaincre en validant la procédure effectuée sans le notaire récalcitrant : Civ. 1re, 24 octobre 2012, *Bull. civ.* I, n° 213 (« au cas où plusieurs notaires ont été judiciairement commis pour procéder au partage, ces mandataires de justice doivent procéder ensemble aux opérations et si l'un d'eux, en s'abstenant d'apporter son

par le tribunal – afin de procéder aux opérations de partage et non plus seulement pour dresser l'acte de partage et, d'autre part, commet un *juge* pour surveiller le bon déroulement des opérations. Le **notaire** est chargé de mener à bien le partage et, à cette fin, convoque les parties, desquelles il peut exiger la production de tout document utile à l'accomplissement de sa mission[480] ; il peut, si la valeur ou la consistance des biens le justifie, s'adjoindre un expert. Le notaire peut demander au juge commis de convoquer les parties pour tenter une conciliation entre elles ; à défaut de conciliation, le juge commis renvoie les parties devant le notaire, qui établit un procès-verbal reprenant les dires respectifs des parties ainsi qu'un projet d'état liquidatif. En tout état de cause, il rend compte au juge commis des difficultés rencontrées et peut solliciter de lui toute mesure de nature à en faciliter le déroulement. Dans le délai d'un an[481] suivant sa désignation, et sauf prorogation due à la complexité des opérations[482], le notaire dresse un état liquidatif qui établit les comptes entre copartageants, la masse partageable, les droits des parties et la composition des lots à répartir. Si un acte de partage amiable est établi, le notaire en informe le juge qui constate la clôture de la procédure. À défaut, en cas de désaccord des copartageants sur le projet d'état liquidatif dressé par le notaire, le **tribunal** statue sur les points de désaccord : soit il homologue l'état liquidatif et il ordonne s'il y a lieu le tirage au sort des lots devant le juge ou le notaire commis, soit il renvoie les parties devant le notaire pour établir l'acte constatant le partage. Le **juge commis** veille pour l'essentiel au bon déroulement des opérations. À cette fin, il peut, même d'office, adresser des injonctions aux parties ou au notaire commis, prononcer des astreintes et procéder au remplacement du notaire commis par le tribunal. En cas de désaccord des copartageants sur le projet d'état liquidatif dressé par le notaire, le juge commis peut entendre les parties ou leurs représentants et le notaire et tenter une conciliation et fait rapport au tribunal des points de désaccord subsistants.

Lorsque les biens indivis ne peuvent être facilement partagés ou attribués, ils sont *licités* (art. 1377 s. C. civ.), c'est-à-dire vendus par adjudication sur décision du tribunal, suivant une procédure distincte selon qu'il est question de meubles ou d'immeubles. Tous les indivisaires, à l'unanimité, peuvent décider que l'adjudication se déroulera entre eux, à défaut de quoi les tiers y seront admis.

---

concours à l'exécution de leur mission commune, rend impossible le partage, il doit en être rendu compte au juge qui peut passer outre à sa carence ; qu'en l'espèce, ayant constaté, par motif adopté, que le juge commissaire a été saisi de la contestation née de ce qu'en raison de l'inaction de Mme Y..., le procès-verbal de difficulté n'a été signé que par l'un des deux notaires désignés, la cour d'appel, en a exactement déduit que la validité de la procédure subséquente ne s'en trouve pas affectée l'intéressée ayant pu former toutes prétentions et faire valoir tous moyens devant le tribunal (...) »).

480. D'après l'article 841-1 C. civ., le notaire commis pour établir l'état liquidatif qui se heurte à l'inertie d'un indivisaire peut le mettre en demeure, par acte extrajudiciaire, de se faire représenter. L'article 1367 al. 2 CPC civile précise qu'à défaut de présentation de l'héritier ou de son mandataire à la date fixée dans la mise en demeure, le notaire dresse un procès-verbal et le transmet au juge commis afin que soit désigné un représentant à l'héritier défaillant.

481. Le délai est suspendu en cas de désignation d'un expert et jusqu'à la remise du rapport, en cas d'adjudication ordonnée en application de l'article 1377 CPC et jusqu'au jour de réalisation définitive de celle-ci, en cas de demande de désignation d'une personne qualifiée en application de l'article 841-1 C. civ. et jusqu'au jour de sa désignation, en cas de renvoi des parties devant le juge commis en application de l'article 1366 et jusqu'à l'accomplissement de l'opération en cause (art. 1369 C. civ.).

482. D'après l'article 1370 CPC, la prorogation, qui peut être accordée par le juge commis saisi sur demande du notaire ou sur requête d'un copartageant, ne peut excéder une année.

B Les conditions négatives

541. Plan. Le droit de provoquer le partage peut rencontrer des obstacles, qui trouvent leur source tant dans la volonté des indivisaires que dans la décision du juge de maintenir l'indivision[483]. Le droit de provoquer le partage est donc susceptible de rencontrer des obstacles conventionnels (1) ou judiciaires (2).

1. Les obstacles conventionnels

542. Convention d'indivision. Les indivisaires, en concluant une convention d'indivision, peuvent décider de demeurer dans l'indivision[484]. La convention est conclue pour une **durée déterminée** de cinq ans au plus, renouvelable expressément[485] ou tacitement[486], ou pour une **durée indéterminée**. Dans le premier cas, le partage ne peut être demandé avant terme, sauf « *justes motifs* »[487] ; dans le second, il peut l'être à tout moment, pourvu « *que ce ne soit pas de mauvaise foi ou à contretemps* »[488]. Ces limitations temporelles au droit des indivisaires de demander le partage s'imposent à leurs créanciers qui, lorsqu'ils désirent provoquer le partage, ne font qu'exercer une action oblique et ne sauraient avoir plus de droits que leur débiteur[489]. La convention d'indivision régit l'indivision tant qu'elle n'a pas pris fin ; lorsqu'elle prend fin, l'indivision obéit au régime légal.

483. Art. 815 C. civ. : « *(...) le partage peut toujours être provoqué, à moins qu'il n'y ait été sursis par jugement ou convention* ».
484. Art. 1873-2 al. 1 C. civ. : « *[l]es coïndivisaires, s'ils y consentent tous, peuvent convenir de demeurer dans l'indivision* ».
485. Art. 1873-3 al. 1 C. civ. : « *[l]a convention peut être conclue pour une durée déterminée qui ne saurait être supérieure à cinq ans. Elle est renouvelable par une décision expresse des parties. Le partage ne peut être provoqué avant le terme convenu qu'autant qu'il y en a de justes motifs* ».
486. Si et seulement si les parties ont inséré une clause de tacite reconduction dans la convention d'indivision (art. 1873-3 al. 3 *in limine* C. civ. : « *[i]l peut être décidé que la convention à durée déterminée se renouvellera par tacite reconduction pour une durée déterminée ou indéterminée* »). À défaut d'une telle clause, la reconduction tacite ne pourra avoir lieu et l'indivision sera soumise au régime légal (art. 1873-3 al. 3 *C. civ.*, *in fine* : « *[à]défaut d'un pareil accord, l'indivision sera régie par les articles 815 et suivants à l'expiration de la convention à durée déterminée* »).
487. Art. 1873-3 al. 1 C. civ., *in fine* : « *[l]e partage ne peut être provoqué avant le terme convenu qu'autant qu'il y en a de justes motifs* ». Néanmoins, un indivisaire est recevable, avant même que la convention d'indivision ne soit parvenue à son terme, à demander que les opérations de partage soient ouvertes à partir du jour où la convention d'indivision viendra à expiration (Civ. 1re, 31 mai 1983, *Bull. civ.* I, n° 164, *RTD civ.* 1984, p. 538, obs. J. Patarin : « après avoir relevé que l'objet de la demande dont le tribunal avait été saisi tendait à l'ouverture des opérations de partage seulement à partir du jour ou la convention d'indivision serait venue à expiration, la cour d'appel a justement estimé recevable l'action de Mme de X... qui justifiait d'un intérêt né et actuel à exercer pour cette date son droit au partage en sa qualité d'indivisaire »).
488. Art. 1873-3 al. 2 C. civ., *in fine* : « *[l]e partage peut, en ce cas, être provoqué à tout moment, pourvu que ce ne soit pas de mauvaise foi ou à contretemps* ».
489. Art. 815-17 al. 3 C. civ. : les créanciers personnels d'un indivisaire « *ont toutefois la faculté de provoquer le partage au nom de leur débiteur ou d'intervenir dans le partage provoqué par lui* ».

2. Les obstacles judiciaires

543. Plan. Le Code civil instaure trois obstacles judiciaires (art. 820 s. C. civ.) qui peuvent s'opposer à une demande de partage : le sursis au partage (a), le maintien dans l'indivision (b) et l'attribution éliminatoire (c)[490].

a) Le sursis au partage

544. Intérêt de tous les indivisaires ou de l'un d'eux[491]. À la demande d'un indivisaire, le juge peut surseoir, pour deux années au plus, à une demande de partage dans deux séries d'hypothèses : d'une part, ***son prononcé risque de porter atteinte à la valeur des biens indivis***, d'autre part, ***l'un des indivisaires ne peut reprendre l'entreprise agricole, commerciale, industrielle, artisanale ou libérale dépendant de la succession qu'à l'expiration de ce délai***.

Dans la première série d'hypothèses, qui concerne *tous les biens*, le sursis est prononcé *dans l'intérêt de tous les indivisaires*, en vue de préserver la valeur de la masse indivise. L'idée est que certains biens n'ont pas, au jour où le partage est demandé, une valeur satisfaisante, pour des raisons diverses : il existe un litige sur la propriété de ceux-ci, leur valeur a anormalement baissé et une hausse est prévisible, etc.[492]. Dans la seconde série d'hypothèses, qui concerne *seulement une entreprise dépendant d'une indivision successorale*, le sursis est prononcé, *dans l'intérêt de l'indivisaire qui souhaite reprendre cette entreprise*, s'il ne peut la reprendre pour le moment. L'idée est que la reprise d'une entreprise supposant un certain temps, qui dépend des circonstances – importance de l'entreprise, âge et qualification de l'indivisaire qui souhaite en prendre la tête, etc. –, il peut être nécessaire d'accorder un délai au candidat à la reprise.

---

490. Ces divers mécanismes montrent que l'indivision n'est plus vue en législation avec autant de défaveur qu'avant. Toutefois, *in globo*, la *sortie* de l'indivision demeure favorisée par rapport à son *maintien*. V., révélateur, Civ. 1re, 22 mai 2007, *Bull. civ.* I, n° 207 : « une demande d'attribution préférentielle doit être examinée préalablement à une demande de maintien dans l'indivision et indépendamment de celle-ci ».

491. Art. 820 C. civ. : « *[à] la demande d'un indivisaire, le tribunal peut surseoir au partage pour deux années au plus si sa réalisation immédiate risque de porter atteinte à la valeur des biens indivis ou si l'un des indivisaires ne peut reprendre l'entreprise agricole, commerciale, industrielle, artisanale ou libérale dépendant de la succession qu'à l'expiration de ce délai. Ce sursis peut s'appliquer à l'ensemble des biens indivis ou à certains d'entre eux seulement.* (al. 1) *S'il y a lieu, la demande de sursis au partage peut porter sur des droits sociaux* (al. 2) ».

492. Les juges du fond sont souverains pour décider ou non d'ordonner le sursis au partage (Civ. 1re, 8 janvier 1985, *Bull. civ.* I, n° 14 : « [l]a cour d'appel a, dans l'exercice de son pouvoir souverain d'appréciation, estimé qu'il n'y avait pas lieu de prolonger le maintien de l'indivision, eu égard d'une part, au sursis au partage déjà obtenu en fait, d'autre part, à la restriction par elle apportée à la faculté de baisse de mise à prix, de manière à éviter que la vente ne s'effectue dans des conditions désavantageuses »).

b) Le maintien dans l'indivision

545. Maintien d'un état[493]. *Certains indivisaires* peuvent demander à ce que *certains biens* soient maintenus en indivision[494] pour une durée de cinq ans renouvelable.

Deux séries de **biens** sont concernées : d'une part, l'**entreprise** agricole, commerciale, industrielle, artisanale ou libérale – le cas échéant, des droits sociaux, lorsque l'entreprise est exploitée sous forme sociale –, dont l'exploitation était assurée par le défunt ou par son conjoint, à défaut d'accord amiable[495] et, d'autre part, la **propriété**[496] **du local d'habitation ou à usage professionnel** qui, à l'époque du décès, était effectivement utilisé pour cette habitation ou à cet usage par le défunt ou son conjoint – ainsi que des objets mobiliers garnissant le local d'habitation ou

493. Art. 821 C. civ. : « *[à] défaut d'accord amiable, l'indivision de toute entreprise agricole, commerciale, industrielle, artisanale ou libérale, dont l'exploitation était assurée par le défunt ou par son conjoint, peut être maintenue dans les conditions fixées par le tribunal à la demande des personnes mentionnées à l'article 822.* (al. 1) *S'il y a lieu, la demande de maintien de l'indivision peut porter sur des droits sociaux.* (al. 2) *Le tribunal statue en fonction des intérêts en présence et des moyens d'existence que la famille peut tirer des biens indivis.* (al. 3) *Le maintien de l'indivision demeure possible lors même que l'entreprise comprend des éléments dont l'héritier ou le conjoint était déjà propriétaire ou copropriétaire avant l'ouverture de la succession.* (al. 4) » ; art. 821-1 C. civ. : « *[l]'indivision peut également être maintenue, à la demande des mêmes personnes et dans les conditions fixées par le tribunal, en ce qui concerne la propriété du local d'habitation ou à usage professionnel qui, à l'époque du décès, était effectivement utilisé pour cette habitation ou à cet usage par le défunt ou son conjoint. Il en est de même des objets mobiliers garnissant le local d'habitation ou servant à l'exercice de la profession.* » ; art. 822 C. civ. : « *Si le défunt laisse un ou plusieurs descendants mineurs, le maintien de l'indivision peut être demandé soit par le conjoint survivant, soit par tout héritier, soit par le représentant légal des mineurs.* (al. 1) *À défaut de descendants mineurs, le maintien de l'indivision ne peut être demandé que par le conjoint survivant et à la condition qu'il ait été, avant le décès, ou soit devenu du fait du décès, copropriétaire de l'entreprise ou des locaux d'habitation ou à usage professionnel.* (al. 2) *S'il s'agit d'un local d'habitation, le conjoint doit avoir résidé dans les lieux à l'époque du décès.* (al. 3) » ; art. 823 C. civ. : « *[l]e maintien dans l'indivision ne peut être prescrit pour une durée supérieure à cinq ans. Il peut être renouvelé, dans le cas prévu au premier alinéa de l'article 822, jusqu'à la majorité du plus jeune des descendants et, dans le cas prévu au deuxième alinéa du même article, jusqu'au décès du conjoint survivant* ».

494. Si le domaine de prédilection des demandes de maintien dans l'indivision concerne des indivisions successorales, celles-ci peuvent concerner toutes indivisions (v. par ex. l'art. 267 C. civ. : « *[à] défaut d'un règlement conventionnel par les époux, le juge, en prononçant le divorce, ordonne la liquidation et le partage de leurs intérêts patrimoniaux.* (al. 1) *Il statue sur les demandes de maintien dans l'indivision ou d'attribution préférentielle* (al. 2) (...) »).

495. Art. 821 C. civ. : « *[à] défaut d'accord amiable, l'indivision de toute entreprise agricole, commerciale, industrielle, artisanale ou libérale, dont l'exploitation était assurée par le défunt ou par son conjoint, peut être maintenue dans les conditions fixées par le tribunal à la demande des personnes mentionnées à l'article 822.* (a. 1) *S'il y a lieu, la demande de maintien de l'indivision peut porter sur des droits sociaux* (al. 2) (...) ».

L'article 821 al. 4 C. civ. prévoit que « *[l]e maintien de l'indivision demeure possible lors même que l'entreprise comprend des éléments dont l'héritier ou le conjoint était déjà propriétaire ou copropriétaire avant l'ouverture de la succession* ». Autrement dit, le fait que celui qui sollicite le maintien dans l'indivision de certains éléments de l'entreprise soit par exemple seul propriétaire d'autres éléments ne constitue pas un obstacle au maintien dans l'indivision. Peu importe donc au final que tout ce qui compose l'entreprise soit indivis.

496. Ce qui exclut le maintien dans l'indivision de tous autres droits, par exemple du droit au bail. Il reste à observer que des dispositions particulières remplissent une fonction analogue, quoiqu'en usant d'une technique différente, s'agissant des baux d'habitation (v. spéc. art. 1751 C. civ. et art. 14 L. n° 89-462 du 6 juillet 1989 *tendant à améliorer les rapports locatifs*).

servant à l'exercice de la profession –[497]. L'idée est d'éviter un partage survenant à contretemps : l'entreprise ne doit pas être dépecée, le local ou le matériel professionnel et le local d'habitation ou les meubles qui le garnissent doivent continuer à être utilisés comme avant. Celui qui fait une demande de maintien dans l'indivision ne cherche pas nécessairement à rester en indivision indéfiniment : ce sera souvent le prélude à une demande d'attribution préférentielle du bien concerné, lorsqu'il sera prêt. En tout état de cause, les demandes de maintien dans l'indivision peuvent évidemment être cumulées et il est d'ailleurs fréquent que celui qui sollicite le maintien dans l'indivision de l'entreprise sollicite également celui du local professionnel.

Quant à la détermination des **indivisaires** aptes à demander le maintien dans l'indivision, la loi établit une hiérarchie. En présence de descendants mineurs[498], le maintien dans l'indivision peut être demandé par le conjoint survivant ou tout autre héritier, ainsi que par le représentant légal des mineurs, au profit de ces derniers[499]. En l'absence de descendants mineurs, le maintien dans l'indivision ne peut être demandé que par le conjoint survivant qui était ou est devenu « copropriétaire »[500] de l'entreprise ou du local à usage d'habitation[501] ou à usage professionnel dont le maintien dans l'indivision est demandé, à son profit[502].

Le maintien dans l'indivision est facultatif pour le juge[503], qui statue en fonction des intérêts en présence[504]. Lorsque c'est une entreprise qui est maintenue dans l'indivision, le juge fixe les conditions de ce maintien, et désigne notamment l'indivisaire qui l'administrera. S'il ordonne le maintien dans l'indivision, ce sera pour une durée maximale de cinq années, sauf à renouvellement, jusqu'à la majorité du plus jeune descendant si le maintien dans l'indivision a été ordonné en présence d'enfants mineurs et jusqu'au décès du conjoint survivant si le maintien dans l'indivision a été ordonné en l'absence d'enfants mineurs[505].

497. Art. 821-1 C. civ. : « *[l]'indivision peut également être maintenue, à la demande des mêmes personnes et dans les conditions fixées par le tribunal, en ce qui concerne la propriété du local d'habitation ou à usage professionnel qui, à l'époque du décès, était effectivement utilisé pour cette habitation ou à cet usage par le défunt ou son conjoint. Il en est de même des objets mobiliers garnissant le local d'habitation ou servant à l'exercice de la profession* ».

498. Civ. 1re, 28 octobre 1969, *Bull. civ.* I, n° 321 : le maintien dans l'indivision ne peut avoir lieu au profit de mineurs ne venant à une succession qu'aux lieu et place de leur père qui aurait recueilli celle-ci.

499. Art. 822 al. 1 C. civ. : « *[s]i le défunt laisse un ou plusieurs descendants mineurs, le maintien de l'indivision peut être demandé soit par le conjoint survivant, soit par tout héritier, soit par le représentant légal des mineurs* ».

500. Ex. : le bien était commun ou indivis.

501. Art. 822 al. 3 C. civ. : « *[s]'il s'agit d'un local d'habitation, le conjoint doit avoir résidé dans les lieux à l'époque du décès* », car la raison d'être du maintien dans l'indivision est de maintenir le cadre de vie du conjoint.

502. Art. 822 al. 2 C. civ. : « *[à] défaut de descendants mineurs, le maintien de l'indivision ne peut être demandé que par le conjoint survivant et à la condition qu'il ait été, avant le décès, ou soit devenu du fait du décès, copropriétaire de l'entreprise ou des locaux d'habitation ou à usage professionnel* ».

503. Art. 821 C. civ. : « *[l]'indivision peut être maintenue* » (*adde* art. 821-1 C. civ. : « *[l]'indivision peut également être maintenue (...)* »).

504. Art. 821 al. 3 C. civ. : « *[l]e tribunal statue en fonction des intérêts en présence et des moyens d'existence que la famille peut tirer des biens indivis* ».

505. Art. 823 C. civ. : « *[l]e maintien dans l'indivision ne peut être prescrit pour une durée supérieure à cinq ans. Il peut être renouvelé, dans le cas prévu au premier alinéa de l'article 822, jusqu'à la majorité du plus jeune des descendants et, dans le cas prévu au deuxième alinéa du même article, jusqu'au décès du conjoint survivant* ».

c) *L'attribution éliminatoire*

546. Ménager la chèvre et le choux[506]. L'attribution éliminatoire est un mécanisme visant à concilier les intérêts de celui qui veut provoquer le partage pour sortir de l'indivision et de ceux qui veulent y demeurer[507] : celui qui réclame le partage se verra uniquement attribuer sa part, les autres restant dans l'indivision[508]. Le ou les indivisaire(s) sortant(s) sera (seront) « éliminé(s) » moyennant « attribution » de sa (leur) part. En définitive, l'effet d'une attribution éliminatoire est d'aboutir à un partage partiel[509].

En aucun cas l'attribution éliminatoire ne peut être utilisée comme une arme permettant à certains des indivisaires de rester entre eux tout en en éliminant un ou plusieurs autres[510]. Il s'agit d'un bouclier[511] à une demande en partage[512] global, ce pourquoi l'auteur de celle-ci qui se voit menacer d'une attribution éliminatoire

506. Art. 824 C. civ. : « *[s]i des indivisaires entendent demeurer dans l'indivision, le tribunal peut, à la demande de l'un ou de plusieurs d'entre eux, en fonction des intérêts en présence et sans préjudice de l'application des articles 831 à 832-3, attribuer sa part à celui qui a demandé le partage.* (al. 1) *S'il n'existe pas dans l'indivision une somme suffisante, le complément est versé par ceux des indivisaires qui ont concouru à la demande, sans préjudice de la possibilité pour les autres indivisaires d'y participer, s'ils en expriment la volonté. La part de chacun dans l'indivision est augmentée à proportion de son versement.* (al. 2) ». Et v. Civ. 1re, 3 décembre 2014, pourvoi n° 13-27627, à paraître au *Bulletin* : « l'attribution éliminatoire peut être demandée, sous les conditions prévues par la loi, lors du partage d'une indivision conventionnelle ».

507. C'est pourquoi le mécanisme de l'attribution éliminatoire suppose une indivision comportant au moins trois indivisaires (Civ. 1re, 1er octobre 1996, *Bull. civ.* I, n° 333 : « la cour d'appel a retenu, à bon droit, que l'attribution éliminatoire prévue par l'article 815, alinéa 3, du Code civil implique nécessairement un maintien partiel de l'indivision et, en conséquence, la présence d'au moins trois indivisaires »).

508. L'attribution éliminatoire suppose donc le maintien de l'indivision après son prononcé, de sorte qu'elle n'est possible que dans les indivisions de plus de deux personnes. Elle n'est donc pas possible entre époux (Civ. 1re, 1er octobre 1996, *Bull. civ.* I, n° 333, *D.* 1996, p. 393, obs. M. Grimaldi : « la cour d'appel a retenu, à bon droit, que l'attribution éliminatoire prévue par l'article 815, alinéa 3, du Code civil implique nécessairement un maintien partiel de l'indivision et, en conséquence, la présence d'au moins trois indivisaires ; que, s'agissant d'une indivision entre époux, la cour d'appel a justement décidé que les conditions d'application du texte précité n'étaient pas réunies et rejeté la demande d'attribution »).

509. En principe, pourtant, seul un partage amiable peut être partiel (art. 838 C. civ. : « *[l]e partage amiable peut être total ou partiel. Il est partiel lorsqu'il laisse subsister l'indivision à l'égard de certains biens ou de certaines personnes.* »).

510. Civ. 1re, 6 janvier 1987, *Bull. civ.* I, n° 5 : « les consorts Salines ne [peuvent] se prévaloir d'un texte qui ne peut être invoqué que par ceux contre lesquels est formée une demande en partage ».

511. L'attribution éliminatoire peut même être demandée postérieurement à une décision ayant ordonné un partage, « tant que la décision prescrivant la licitation des biens indivis n'[est] pas passée en force de chose jugée » (Civ. 1re, 10 juillet 1990, pourvoi n° 88-19616, *RDI* 1991, p. 186, obs. J.-L. Bergel, *RTD civ.* 1991, p. 576, obs. J. Patarin, *ibid.* 1992, p. 596, obs. F. Zenati). *Adde* Civ. 1re, 7 juin 1995, *Bull. civ.* I, n° 246, *JCP* 1996, I, 3921, obs. H. Périnet-Marquet, *RTD civ.* 1995, p. 943, obs. J. Patarin : le maintien dans l'indivision, « qui permet de maintenir l'indivision entre certains indivisaires, aboutit aussi à l'allotissement de certains autres, et donc à la réalisation d'un partage partiel ; que [sa mise en œuvre] n'est donc pas contraire aux dispositions d'une décision judiciaire antérieure, même passée en force de chose jugée, qui se borne à ordonner le partage des biens indivis, sans prescrire de licitation préalable ».

512. À laquelle on assimile :
1°/ l'opposition à une demande de maintien dans l'indivision (Civ. 1re, 8 octobre 1985, *inédit*, *RTD civ.* 1987, p. 576, obs. Patarin, *D.* 1986, p. 277, note A. Breton, *Rép. Defr.* 1986, art. 33873, obs. G. Champenois : « il peut être recouru à l'attribution [éliminatoire] lorsqu'un indivisaire s'oppose au maintien dans l'indivision »).

peut toujours y échapper en se désistant de sa demande en partage[513]. Lorsque l'attribution préférentielle et l'attribution éliminatoire sont simultanément demandées – en général, l'auteur d'une demande en partage qui se voit opposer une attribution éliminatoire répond en sollicitant une attribution préférentielle –, la demande d'attribution préférentielle doit être appréciée préalablement à la demande de maintien dans l'indivision avec attribution éliminatoire[514].

Les juges du fond statuent en fonction des intérêts en présence qu'ils apprécient souverainement[515], ceux qui demandent l'attribution éliminatoire n'ayant pas à justifier de leur volonté de demeurer dans l'indivision[516]. Si l'attribution éliminatoire est prononcée, le tribunal attribue à l'auteur de la demande en partage, devenu l'éliminé, sa part, en nature ou en valeur[517]. Une **attribution en nature** rend l'attributaire propriétaire exclusif du ou des bien(s) dont il est alloti. Si la valeur du ou des bien(s) attribué(s) ne correspond pas à la part devant échoir à l'attributaire, la différence devra, suivant l'hypothèse, lui être versée sous la forme d'un *complément* ou être par lui versée sous la forme d'une *soulte*. Une **attribution en valeur** rend comptable l'indivision de la somme dont l'attributaire est alloti ; s'il n'existe pas dans l'indivision une somme suffisante, le complément est versé par ceux des indivisaires qui ont concouru à la demande, sans préjudice de la possibilité pour les autres indivisaires d'y participer, s'ils en expriment la volonté, la part de chacun dans l'indivision étant alors augmentée à proportion de son versement[518].

2°/ la demande d'attribution préférentielle, qui n'est qu'une modalité du partage, dès lors que celle-ci porte sur des biens qui composent toute la masse indivise (Civ. 1re, 15 mai 2008, *Bull. civ.* I, n° 133, *RTD civ.* 2009, p. 151, obs. M. Grimaldi : « l'attribution éliminatoire suppose que l'attributaire ait demandé un partage global ; qu'en sollicitant l'attribution préférentielle, par voie de partage, de tous les biens dépendant de l'indivision et en s'opposant à la demande de maintien dans l'indivision de l'ensemble de ces biens formée par les consorts X..., M. Jean-Louis X... est devenu demandeur au partage).

513. Civ. 1re, 16 décembre 1986, *Bull. civ.* I, n° 303 : « l'existence d'une demande en partage étant la condition même de la demande de maintien dans l'indivision formée en application de l'[ancien] article 815, alinéa 3, C. civ., cette dernière demande devient sans objet du fait du désistement de l'instance en partage ».

514. Civ. 1re, 22 mai 2007, *Bull. civ.* I, n° 207, *Dr. & patr.* février 2008, p. 90, obs. J.-B. Seube. En l'espèce, un indivisaire qui avait demandé le partage s'étant vu opposer par ses coïndivisaires une demande de maintien dans l'indivision avec attribution éliminatoire, il avait sollicité l'attribution préférentielle de l'un des biens indivis. La Cour de cassation considère qu'« une demande d'attribution préférentielle doit être examinée préalablement à une demande de maintien dans l'indivision et indépendamment de celle-ci ».

515. Civ. 1re, 2 octobre 1979, *Bull. civ.* I, n° 232 : « c'est par une appréciation souveraine de la portée des éléments de preuve qui lui étaient soumis, ainsi que des intérêts en présence, que la cour d'appel, (...) en répondant aux conclusions de Robert et Brigitte X... de Cremiers, qui ne proposaient une attribution en argent à Pierre Y... de sa part dans les biens indivis qu'au moyen de la réalisation préalable d'une partie de la propriété, énonce qu'eu égard à la désignation de l'ensemble immobilier contenue dans les actes notariés produits et dans le rapport d'expertise ainsi qu'à l'importance des droits de Pierre Y..., il n'y a pas lieu d'admettre la demande en attribution éliminatoire, le domaine formant un tout dont la dépendance et des terres ne peuvent être détachées ».

516. Civ. 1re, 19 mars 2008, *Bull. civ.* I, n° 85, *AJ fam.* 2008, p. 156, obs. F. Bicheron : l'application du mécanisme de l'attribution éliminatoire « n'est pas subordonnée à la justification par les indivisaires, qui souhaitent maintenir entre eux l'indivision en allotissant le demandeur en partage, d'un intérêt à demeurer entre eux dans l'indivision ».

517. Notamment si l'indivision ne porte que sur un seul bien.

518. Art. 824 al. 2 C. civ. : « *[s]'il n'existe pas dans l'indivision une somme suffisante, le complément est versé par ceux des indivisaires qui ont concouru à la demande, sans préjudice de la possibilité*

§ 2. Les effets

547. Plan. Le partage rend divis les biens indivis : les indivisaires se voient attribuer des droits privatifs sur les biens dont ils sont allotis (A). Les copartageants sont, à ce titre, tenus mutuellement de la garantie des lots (B) et se voient reconnaître un privilège (C).

A L'attribution de droits privatifs

548. De l'indivision à la division. Le partage opère une répartition des biens entre les copartageants, lesquels deviennent propriétaires privatifs des biens dont ils ont été allotis. Il met fin à l'indivision, du moins s'il est total. Lorsqu'il n'est que partiel, l'indivision subsiste à l'égard de certains biens – les biens non partagés –, de certaines personnes – celles qui n'ont pas été partie au partage –, ou des deux.

549. Effet déclaratif. En raison de l'effet déclaratif[519] – et non translatif – du partage, chaque copartageant est censé être le propriétaire privatif des biens dont il a été alloti, et d'eux seuls, depuis l'ouverture de l'indivision. Dit autrement, par l'effet d'une fiction[520], les biens sont censés ne jamais avoir été indivis[521]. C'est pourquoi les actes accomplis par l'indivisaire sur les biens dont il a été alloti sont consolidés, cependant que ceux qu'il aurait passés, sans droits, sur les biens attribués à d'autres, sont censés l'avoir été sur la chose d'autrui et sont en général privés d'effets, sauf à avoir été autorisés au cours de l'indivision[522]. C'est ce qui explique le traitement réservé par le Code civil à l'hypothèque d'un bien indivis consenti par un indivisaire seul : « *[l]'hypothèque d'un immeuble indivis conserve son effet quel que soit le résultat du partage si elle a été consentie par tous les indivisaires. Dans le cas contraire, elle ne conserve son effet que dans la mesure où l'indivisaire qui l'a consentie est, lors du partage, alloti du ou de ces immeubles indivis ou, lorsque l'immeuble est licité à un tiers, si cet indivisaire est alloti du prix de la licitation* » (art. 2414 al. 2 C. civ.)[523].

---

pour les autres indivisaires d'y participer, s'ils en expriment la volonté. La part de chacun dans l'indivision est augmentée à proportion de son versement ».

519. Art. 883 al. 1 C. civ. : « *[c]haque cohéritier est censé avoir succédé seul et immédiatement à tous les effets compris dans son lot, ou à lui échus sur licitation, et n'avoir jamais eu la propriété des autres effets de la succession* ». La solution vaut également en cas de partage partiel (art. 883 al. 2 C. civ. : « *[i]l en est de même des biens qui lui sont advenus par tout autre acte ayant pour effet de faire cesser l'indivision. Il n'est pas distingué selon que l'acte fait cesser l'indivision en tout ou partie, à l'égard de certains biens ou de certains héritiers seulement* »).

520. Comme toute fiction, celle-ci est de droit strict. Ainsi l'effet déclaratif du partage n'empêche pas un tiers qui invoque un préjudice causé par ce bien au cours de l'indivision du droit d'agir à l'encontre des anciens indivisaires (Civ. 1re, 31 octobre 2007, *Bull. civ.* I, n° 338, *JCP* 2009. I. 109, n° 5, obs. Le Guidec, *RTD civ.* 2008, p. 131, obs. M. Grimaldi).

521. Il n'en a pas toujours été ainsi. Sous l'Ancien Droit, le partage avait un effet translatif. Chaque copartageant recevait donc sa part des autres copartageants, le cas échéant affectés par les actes conclus par ces derniers au cours de l'indivision.

522. Art. 883 al. 3 C. civ. : « *[l]es actes valablement accomplis soit en vertu d'un mandat des coïndivisaires, soit en vertu d'une autorisation judiciaire, conservent leurs effets quelle que soit, lors du partage, l'attribution des biens qui en ont fait l'objet* ».

523. V. *supra*, n° 467.

B La garantie des lots

550. Principe. L'attributaire d'un lot qui s'est vu attribuer une *créance* peut se heurter à l'insolvabilité du débiteur et celui qui s'est vu attribuer un *bien* peut se retrouver troublé dans sa jouissance du fait d'un tiers. Alors même que le partage n'a pas d'effet translatif entre les copartageants, ceux-ci sont tenus à garantie les uns envers les autres : « *[l]es cohéritiers demeurent respectivement garants, les uns envers les autres, des troubles et évictions seulement qui procèdent d'une cause antérieure au partage. Ils sont également garants de l'insolvabilité du débiteur d'une dette mise dans le lot d'un copartageant, révélée avant le partage* » (art. 884 al. 1 C. civ.). Le domaine de cette garantie d'éviction doit être précisé : les copartageants sont garants de leur propre fait, mais aussi de ceux des tiers, sachant que lorsqu'ils le sont en raison de leur fait, ils le sont encore pour les troubles postérieurs au partage. Ainsi un copartageant ne peut invoquer la liberté du commerce pour concurrencer un autre copartageant attributaire d'un fonds de commerce en en créant un autre à proximité et vider de sa substance le premier[524].

La garantie n'est pas due dans deux séries d'hypothèses : elle a été *écartée par une clause expresse de l'acte opérant le partage* – encore qu'il faille réserver la garantie du fait personnel, d'ordre public[525] – ou elle est *imputable à la faute d'un coïndivisaire*[526].

551. Mise en œuvre. Lorsque la garantie des lots est mise en œuvre, elle donne lieu à une **indemnisation** du copartageant lésé. Les autres copartageants doivent, proportionnellement à leur émolument, l'indemniser[527], sachant que si l'un des copartageants est insolvable, sa dette sera répartie entre tous les autres selon la même proportion[528]. Afin de sécuriser les opérations liées au partage, l'action en garantie fait l'objet d'un délai de prescription plus court que celui de droit commune

524. Com. 8 décembre 1966, *Bull. civ.* III, n° 476 : « la liberté du commerce retenue par la cour d'appel ne peut autoriser l'un des copartageants à vider le fonds de commerce attribué à l'autre, et dont la clientèle constitue un élément essentiel, d'une partie de sa substance, en exerçant une concurrence dans les circonstances de fait relevées par l'arrêt déféré et ce, même en l'absence de toute clause particulière d'interdiction dans le contrat liant les parties ».

525. V. en droit de la vente, art. 1628 C. civ., : « *[q]uoiqu'il soit dit que le vendeur ne sera soumis à aucune garantie, il demeure cependant tenu de celle qui résulte d'un fait qui lui est personnel : toute convention contraire est nulle* ».

526. Art. 884 al. 2 C. civ. : « *[l]a garantie n'a pas lieu si l'espèce d'éviction soufferte a été exceptée par une clause particulière et expresse de l'acte de partage ; elle cesse si c'est par sa faute que le cohéritier souffre l'éviction* ».

527. Art. 885 al. 1 C. civ. : « *[c]hacun des cohéritiers est personnellement obligé, à proportion de son émolument, d'indemniser le cohéritier évincé de la perte qu'il a subie, évaluée au jour de l'éviction* ». Le préjudice est évalué au jour où il a été subi, et non au jour du partage, en sorte que le garanti ne subit pas l'effet de la dépréciation monétaire. V., avant la réforme du 23 juin 2006, Civ. 1re, 9 juin 1970, *Bull. civ.* I, n° 196, *D.* 1970, p. 545, note A. Breton : « l'effet déclaratif du partage, s'il fixe la date à laquelle naît le droit de chaque copartageant sur son lot, ne détermine pas celle à laquelle il faut se placer pour évaluer l'indemnité de garantie » en sorte qu'« à bon droit la cour d'appel décide "que l'indemnité due doit être calculée d'après le préjudice réel que souffre l'héritier du fait de l'éviction, que ce préjudice est égal à la valeur du bien quand il lui a été enlevé, que la perte doit être appréciée, dès lors, eu égard à sa valeur au moment de l'éviction" ».

528. Art. 885 al. 2 C. civ. : « *[s]i l'un des cohéritiers se trouve insolvable, la portion dont il est tenu doit être également répartie entre le garanti et tous les cohéritiers solvables* ».

puisqu'il est de deux ans, le délai ne courant cependant qu'à compter de l'éviction ou de la découverte du trouble[529].

C Le privilège du copartageant

552. Privilège immobilier spécial. D'après l'article 2374, 3° C. civ., « *[l]es créanciers privilégiés sur les immeubles sont (...) [l]es cohéritiers, sur les immeubles de la succession, pour la garantie des partages faits entre eux, et des soultes ou retours de lots ; pour la garantie des indemnités dues en application de l'article 924, les immeubles donnés ou légués sont assimilés aux immeubles de la succession* ». Si cette disposition ne vise que les cohéritiers – comme de nombreuses dispositions relatives à l'indivision –, l'article 2381 C. civ.[530], relatif à l'inscription du privilège, vise les cohéritiers et les copartageants, en sorte que l'on doit admettre que le privilège est reconnu au profit de tout copartageant.

S'agissant des **créances garanties**, sont visées les sommes dues au titre de la garantie des copartageants, les soultes et indemnités de réduction, autrement dit, l'ensemble des créances dont peuvent être titulaires les copartageants en raison du partage.

S'agissant de l'**assiette du privilège**, sont concernés les immeubles successoraux et, par extension, les immeubles indivis. Lorsque le privilège garantit une indemnité de réduction, il a également pour assiette les immeubles donnés ou légués.

Le privilège doit être **inscrit** dans un délai de deux mois à dater de l'acte de partage ou de l'adjudication par licitation[531]. En raison de l'effet déclaratif du partage, le privilège inscrit dans le délai légal prend rang à la date de naissance de l'indivision, primant toute hypothèque inscrite au cours de celle-ci[532].

Section 2
La copropriété des immeubles bâtis

553. Idée générale. La copropriété des immeubles bâtis désigne une technique d'*appropriation* et de *gestion* collective d'un immeuble bâti.

529. Art. 886 C. civ. : « *[l]'action en garantie se prescrit par deux ans à compter de l'éviction ou de la découverte du trouble* ».

530. « *Le cohéritier ou copartageant conserve son privilège (...).* »

531. Art. 2381 C. civ. : « *[l]e cohéritier ou copartageant conserve son privilège sur les biens de chaque lot ou sur le bien licité pour les soulte et retour de lots ou pour le prix de la licitation, par l'inscription faite à sa diligence sur chacun des immeubles en la forme prévue aux articles 2426 et 2428, et dans un délai de deux mois à dater de l'acte de partage ou de l'adjudication par licitation ou de l'acte fixant l'indemnité prévue par l'article 924 du présent code ; le privilège prend rang à la date dudit acte ou adjudication* ».

532. Civ. 1re, 13 juillet 2004, *Bull. civ.* I, n° 206, *JCP* 2005, I, 135, obs. Ph. Delebecque, *ibid.*, I, 187, obs. R. Le Guidec, *Rép. Defr.* 2005, p. 342, obs. Ph. Théry, *ibid.*, p. 536, obs. S. Piedelièvre : « en vertu de l'effet déclaratif du partage, le privilège du copartageant inscrit dans le délai légal prend rang à la date du début de l'indivision et prime l'hypothèque, légale ou conventionnelle, inscrite au cours de celle-ci ».

L'**appropriation** collective[533] d'un immeuble bâti se conçoit de deux façons principales : suivant la première, dite *unitaire*, l'entier immeuble fait l'objet d'une appropriation collective par les copropriétaires, par le truchement ou non d'une personne morale ; suivant l'autre, dite *dualiste*, seules certaines parties de l'immeuble font l'objet d'une appropriation collective, celles qui sont à l'usage de tous (les parties communes) cependant que d'autres font l'objet d'une appropriation exclusive, celles qui sont à l'usage d'une seule personne (les parties privatives). C'est l'analyse dualiste qui est retenue par la loi n° 65-557 du 10 juillet 1965 *fixant le statut de la copropriété des immeubles bâtis*, encore que cette dualité soit masquée par le « lot de copropriété », assiette du droit du copropriétaire, qui appartient exclusivement à chaque copropriétaire.

La **gestion** collective d'un immeuble bâti est susceptible de relever de plusieurs modèles : elle peut être laissée à l'initiative individuelle de chacun, relever de la majorité, ou encore faire l'objet de décisions unanimes. À ce titre, la loi du 10 juillet 1965 invite à distinguer la gestion des parties privatives, laissée à leur seul propriétaire, de celle des parties communes, qui relève le plus souvent d'une logique majoritaire et se trouve exceptionnellement soumise à la règle de l'unanimité.

554. Évolution de la législation sur la copropriété[534]. Les rédacteurs du Code civil s'étaient si peu inquiétés de la copropriété d'un immeuble bâti qu'aucune disposition ne devait au départ lui être consacrée. Toutefois, lors des travaux préparatoires, certains tribunaux des villes qui connaissaient la « copropriété » déplorèrent ce silence, ce qui conduisit à adopter un **article 664** ainsi rédigé : « *[l]orsque les différents étages d'une maison appartiennent à divers propriétaires, si les titres de propriété ne règlent pas le mode des réparations et reconstructions, elles doivent être faites ainsi qu'il suit : Les gros murs et le toit sont à la charge de tous les propriétaires, chacun en proportion de la valeur de l'étage qui lui appartient ; Le propriétaire de chaque étage fait le plancher sur lequel il marche ; Le propriétaire du premier étage fait l'escalier qui y conduit, le propriétaire du second étage fait, à partir du premier, l'escalier qui conduit chez lui et ainsi de suite* ». Cette disposition, assez rudimentaire, se contentait uniquement de régler « *le mode des réparations et reconstructions* », sans trancher les questions fondamentales de l'appropriation et de la gestion de l'immeuble. Afin de combler ces lacunes, on prit l'habitude d'adopter des règlements de copropriété qui comportaient des dispositions relatives à la distinction des parties privatives des parties communes[535], à la répartition des charges communes, aux modalités d'administration des parties communes, entre autres. Compte tenu de l'existence de ces règlements de copropriété, on se satisfit de l'article 664 C. civ. pendant de longues années.

---

533. La copropriété peut résulter de la construction d'un immeuble destiné à appartenir à plusieurs, de la vente par le propriétaire d'un immeuble d'au moins un lot de celui-ci, du partage d'un immeuble entre plusieurs indivisaires, ou encore de la surélévation d'un immeuble appartenant à un seul, un tiers acquérant la propriété de la partie surélevée.

534. J. Foyer, « De l'article 664 C. civ. à la loi de 1965 », *AJDI* 2006, p. 526.

535. La Cour de cassation s'intéressa elle aussi à cette difficulté. Req. 22 avril 1860, *DP* 1861, 1, p. 444 : « si les propriétaires du rez-de-chaussée et ceux de l'étage supérieur d'une même maison ont chacun la propriété absolue de la partie de la maison qui lui appartient, cependant, le sol, sur lequel la maison est bâtie, est la propriété commune de tous, puisqu'il est nécessaire à tous les étages (...), que les parties de la maison qui sont nécessaires pour tous les étages appartiennent en commun aux propriétaires des divers étages de la maison ». Autrement dit, les parties de l'immeuble bâti nécessaires à tous sont « communes » aux propriétaires.

Ce n'est que par une **loi du 28 juin 1938** *tendant à régler le statut de la copropriété des immeubles divisés par appartement*[536] que l'article 664 C. civ. fut abrogé et qu'un régime légal détaillé fut adopté au sujet de la copropriété des immeubles bâtis. S'agissant de l'*appropriation de l'immeuble*, la loi de 1938 distingue deux cas, suivant que l'immeuble appartient à une société de construction dont les associés sont ceux qui jouissent de l'immeuble (art. 1 à 4) ou à plusieurs copropriétaires (art. 5 s.). Dans ce dernier cas, de loin le plus fréquent[537], la loi de 1938 opère une distinction entre *la propriété des parties affectées à l'usage exclusif de la copropriété des parties communes*, laissant entendre que coexistent deux droits ayant deux assiettes distinctes (art. 5 et 6). S'agissant de la *gestion de l'immeuble*, la loi établit différents organes : un syndicat « représentant légal de la collectivité », chargé de prendre les « mesures d'application collective concernant exclusivement la jouissance et l'administration des parties communes » (art. 9), et un syndic, « agent officiel du syndicat, chargé de le représenter en justice » (art. 7). Le règlement de copropriété (art. 8), facultatif, jouait un rôle très important, dans la mesure où il pouvait déroger à l'organisation légale. La mise en œuvre de la loi du 28 juin 1938 posa néanmoins de sérieuses difficultés, en raison notamment de l'unanimité exigée pour toutes dépenses d'amélioration de l'immeuble (installation d'un système de chauffage collectif, d'un ascenseur, etc.) et d'un système inéquitable de répartition des charges.

Le chapitre de la loi du 28 juin 1938 relatif aux copropriétés d'immeubles[538] fut finalement abrogé par la **loi nº 65-557 du 10 juillet 1965** ***fixant le statut de la copropriété des immeubles bâtis***, dont les dispositions furent complétées par **le décret nº 67-223 du 17 mars 1967** pris pour l'application de celle-ci. Si on laisse de côté le régime particulier des ensembles immobiliers, le champ d'application du nouveau dispositif est impératif[539], de même que nombre de ses dispositions[540]. S'agissant de l'*appropriation de l'immeuble*, la loi de 1965 s'applique aux immeubles ou aux groupes d'immeubles bâtis dont la propriété est répartie, entre plusieurs personnes, par « *lots comprenant chacun une partie privative et une quote-part de parties communes* ». Autrement dit, chaque copropriétaire est propriétaire exclusif d'une chose incorporelle, le lot de copropriété[541] (c'est lui que l'on cède, hypothèque, démembre, etc.), lequel se compose d'une partie privative et d'une quote-part de parties communes. La *gestion collective* de l'immeuble est assurée par un syndicat des copropriétaires[542] qui se voit doter de la personnalité morale, d'une assemblée générale et d'un

536. Sur celle-ci, V. *DP* 1939, 4, p. 73 et le commentaire de J. Chevallier.

537. De fait, la plupart des sociétés constituées avaient pour objet la construction de l'immeuble, à la suite de quoi elles disparaissaient pour laisser place à une copropriété classique, les associés se voyant attribuer les parties de l'immeuble auxquelles leurs parts leur donnaient droit.

538. Le chapitre relatif aux sociétés de construction resta en vigueur jusqu'à son abrogation par la loi nº 71-579 du 16 juillet 1971 *relative à diverses opérations de construction*, qui réglemente notamment les sociétés constituées en vue de l'attribution d'immeubles aux associés par fractions divises. Ses dispositions sont aujourd'hui codifiées aux articles L. 212-1 s. CCH.

539. V. *infra*, nº 555.

540. Art. 43 L. 1965 : « *[t]outes clauses contraires aux dispositions des articles 6 à 37, 41-1 à 42 et 46 et celles du décret prises pour leur application sont réputées non écrites. Lorsque le juge, en application de l'alinéa premier du présent article, répute non écrite une clause relative à la répartition des charges, il procède à leur nouvelle répartition* ».

541. F. Terré et Ph. Simler, nº 638 : c'est l'« objet véritable du droit de propriété ».

542. La Cour de cassation rappelle régulièrement que « les copropriétaires sont obligatoirement et de plein droit groupés en un syndicat dès lors que la propriété est répartie entre plusieurs personnes en lots comprenant chacun des parties privatives et une quote-part de parties communes » (Civ. 3e, 11 janvier 2012, *Bull. civ.* III, nº 7).

conseil syndical, organes délibératifs, ainsi que d'un syndic, organe exécutif. Un règlement de copropriété, qui devient obligatoire, en décrit le fonctionnement. La loi de 1965 prévoit par ailleurs un système plus équitable de répartition des charges et de nombreuses décisions peuvent n'être prises qu'à la majorité simple ou à des majorités qualifiées. Si la loi de 1965 a été, à plusieurs reprises, modifiée, elle reste le texte qui fixe le droit positif de la copropriété des immeubles bâtis.

555. Champ d'application de la loi de 1965. Le champ d'application de la loi de 1965 est défini à l'article 1er, qui distingue deux situations.

En premier lieu, la loi s'applique **à titre impératif** à « *tout immeuble bâti ou groupe d'immeubles bâtis dont la propriété est répartie, entre plusieurs personnes, par lots comprenant chacun une partie privative et une quote-part de parties communes* » (al. 1). Lorsqu'un ou plusieurs bâtiments sont érigés sur une parcelle indivise – considérée alors comme commune –, la loi s'applique impérativement dès lors que l'immeuble comporte des parties privatives et des parties communes, peu important que les copropriétaires aient créé des lots[543], contrairement à ce que pourrait laisser entendre cette disposition.

En second lieu, la loi ne s'applique qu'**à titre supplétif**, c'est-à-dire « *[à] défaut de convention contraire créant une organisation différente* », « *aux ensembles immobiliers qui, outre des terrains, des aménagements et des services communs, comportent des parcelles, bâties ou non, faisant l'objet de droits de propriété privatifs* » (al. 2)[544]. La situation visée par le législateur est celle où coexistent des parcelles privatives, bâties ou non, et des parcelles indivises[545], affectées à un usage

543. Civ. 3e, 29 mai 2002, *Bull. civ.* III, n° 113, *D.* 2003, p. 1331, obs. Cl. Giverdon « ayant relevé que la situation respective des époux X... et des consorts Z... résultait d'un état de division de l'immeuble et que leurs actes de vente respectifs indiquaient que la propriété du sol de l'immeuble était indivise, que chaque partie disposait d'une propriété d'étage dont elle avait la jouissance exclusive et s'engageait à contribuer pour moitié aux frais d'entretien et de réparation du bâtiment, notamment ceux de toiture, gouttières, canalisation extérieure, peinture extérieure, ainsi que de tous autres travaux pouvant avoir un caractère commun, la cour d'appel, d'une part, a légalement justifié sa décision en retenant que la division opérée avait créé des parties privatives par étages et des parties communes dont certaines caractérisées par leur extériorité aux parties privatives avaient été énumérées à titre indicatif et en a, d'autre part, exactement déduit que nonobstant l'absence d'établissement d'un règlement, le régime de la copropriété s'appliquait à l'immeuble ». *Adde* Civ. 3e, 15 novembre 1989, *Bull. civ.* III, n° 214 : à la suite d'une donation-partage et d'un état descriptif de division, un immeuble composé de trois corps de bâtiments s'est trouvé divisé en plusieurs lots appartenant à des personnes différentes, chaque copartageant ayant reçu la propriété de locaux, sachant qu'il existe des parties communes comme la cour et la terrasse ; la Cour de cassation juge que « le statut de la copropriété des immeubles bâtis s'applique de plein droit dès que sont remplies les seules conditions prévues par l'article 1er, alinéa 1er, de la loi du 10 juillet 1965 ».

544. D. Tomasin, « Les caractères de la notion d'ensemble immobilier », *Études offertes au professeur Philippe Malinvaud*, Litec, 2007, p. 597.

545. Le lien entre les parcelles indivises et privatives dans un ensemble immobilier est tel que :
1°/ Les parcelles indivises des ensembles immobiliers relèvent d'une indivision *forcée* et *perpétuelle*, dès lors qu'elles constituent des *accessoires indispensables* aux parcelles divises. V. notamment Civ. 1re, 12 février 1985, *Bull. civ.* I, n° 58 : lorsqu'un ensemble immobilier en indivision a fait l'objet d'un partage en plusieurs lots de propriété divise, il incombe de vérifier si la parcelle qui sert de passage aux parcelles divises l'entourant n'a pas « le caractère d'accessoire indispensable de l'immeuble qu'elle dessert » et ne se trouve pas ainsi « dans une indivision forcée et perpétuelle ». Ce n'est là d'ailleurs que l'expression d'une règle générale qui rayonne au-delà des ensembles immobiliers : au sujet d'une *cour commune*, la Cour de cassation a ainsi approuvé une cour d'appel d'avoir « exactement retenu que le droit au partage ne s'applique pas aux biens qui, par l'effet d'une convention, sont affectés à titre d'accessoires indispensables à l'usage commun de deux ou plusieurs fonds appartenant à des

commun – parking, piscine, etc. – et créant une communauté d'intérêts entre les propriétaires des parties privatives. La loi de 1965 ne s'applique pour régir l'ensemble qu'**à défaut d'organisation spéciale** de l'administration et de la conservation des installations communes de l'ensemble immobilier[546] – telle l'association syndicale libre de propriétaires[547], une association foncière urbaine[548] ou une union de syndicats[549], ou de toute autre organisation[550].

En définitive, le critère de distinction entre l'immeuble bâti ou le groupe d'immeubles bâtis et l'ensemble immobilier réside dans le **caractère *homogène* ou *hétérogène* de la structure foncière**[551] : dans le premier cas, le sol est indivis

propriétaires différents » (Civ. 1re, 8 avril 2009, pourvoi n° 07-21628). Et, au sujet des chemins et sentiers d'exploitation, qui sont ceux qui « *servent exclusivement à la communication entre divers fonds, ou à leur exploitation* », l'article L. 162-1 C. rur. et pêch. mar. prévoit qu'ils « *sont, en l'absence de titre, présumés appartenir aux propriétaires riverains, chacun en droit soi, mais l'usage en est commun à tous les intéressés* ». Autrement dit, sauf titre en établissant une indivision (auquel cas elle est forcée et perpétuelle en ce qu'elle est un accessoire indispensable aux parcelles limitrophes ; Civ. 1re, 28 février 2006, *Bull. civ.* I, n° 120), ils sont la propriété privative des riverains du chemin fractionné en tènements.

2°/ La cession de la parcelle privative emporte nécessairement celle des droits indivis accessoires (Civ. 3e, 21 mai 1969, *Bull. civ.* III, n° 405 : les juges ont justement déduit que l'acquéreur, « en devenant propriétaire de la parcelle 766 [partie privative], avait en même temps reçu, sur le passage litigieux [partie indivise], les droits d'un coïndivisaire »), le droit de préemption des coïndivisaires étant écarté en ce qui concerne la partie indivise en ce qu'elle a « le caractère d'accessoire indispensable de l'immeuble qu'elle dessert » et se trouve « dans une indivision forcée et perpétuelle » (Civ. 1re, 12 février 1985, *Bull. civ.* I, n° 58, préc.).

546. Ce qui suppose que le statut de la copropriété ait été écarté par un autre mode d'organisation. V. Civ. 3e, 19 septembre 2012, *Bull. civ.* II, n° 126 : pour qu'un ensemble immobilier ne soit pas régi par le statut de la copropriété, il faut, d'une part, qu'il existe une convention contraire prévoyant une organisation différente de celle du statut et, d'autre part, qu'une organisation gérant les éléments d'équipements communs de l'ensemble ait été effectivement créée ; Civ. 3e, 11 février 2009, *Bull. civ.* III, n° 34, *AJDI* 2009, p. 632, note D. Tomasin, *JCP* 2009, I, 127, obs. H. Périnet-Marquet : cassation de l'arrêt d'appel qui, après avoir constaté l'existence d'un ensemble immobilier et l'absence d'organisation formelle spécifique destinée à en assurer la gestion, décide néanmoins que le statut de la copropriété ne lui est pas applicable.

547. Ord. n° 2004-632 du 1er juillet 2004 *relative aux associations syndicales de propriétaires* et par son décret d'application, n° 2006-504 du 3 mai 2006.

548. Art. L. 322-1 s. C. urb.

549. Art. 29 L. 1965 et art. 63 à 63-4 Décr. 1967.

550. Civ. 3e, 28 novembre 2001, *Bull. civ.* III, n° 107 : « ayant relevé que le lotissement du Grand Gland était né de la division par lots de terrains sur lesquels les propriétaires avaient bâti leurs maisons, présentait une structure hétérogène et que l'organisation collective adoptée résultait du cahier des charges et du procès-verbal de l'assemblée des propriétaires en date du 8 février 1964 qui avait défini le statut applicable à cette entité, la cour d'appel a retenu, à bon droit, que cette organisation, voulue par les propriétaires, constituait un ensemble immobilier, était différente de celle fixant le statut de la copropriété des immeubles bâtis et échappait à ce statut ».

551. Civ. 3e, 17 février 1999, *Bull. civ.* III, n° 42, *D.* 2000, p. 133, obs. Cl. Giverdon, *JCP* N 1999, n° 46, p. 1639, obs. D. Sizaire : « ayant relevé que les modifications apportées par l'acte du 20 décembre 1988 à l'état descriptif de division initial avaient entraîné la création de nouveaux lots individualisant en superficie comme en hauteur des fractions d'immeubles autonomes les uns par rapport aux autres, et que notamment les lots nos 24-25-27-28 et 29 avaient pour base diverses parcelles et étaient formés d'espaces en tréfonds, la cour d'appel, qui en a déduit, abstraction faite de motifs surabondants, qu'il découlait de ce nouvel état descriptif une *hétérogénéité* du régime juridique des fractions de l'immeuble, a exactement retenu (...) que se trouvait ainsi constitué un ensemble immobilier pour lequel il était possible d'instituer une organisation différente de celle de l'article 1 de la loi du 10 juillet 1965 et qu'il appartenait à l'AFUL de régler les charges mises en recouvrement par l'ASL créée pour gérer cet ensemble immobilier auquel elle appartenait statutairement » (nous soulignons) ; Civ. 3e, 28 novembre

alors que dans le second, il fait pour partie l'objet de propriétés privatives et pour partie l'objet d'une propriété indivise.

Impératif ou supplétif, le **domaine la loi de 1965 est limité**. En premier lieu, la loi ne s'applique qu'en cas de répartition en propriété et non en jouissance d'un immeuble, ce qui est le cas lorsqu'une société est constituée en vue de l'attribution d'immeubles aux associés par fractions divises[552]. En second lieu, la loi ne s'applique pas à toutes les répartitions en propriété d'un immeuble ; spécialement, elle ne devrait pas s'appliquer en l'absence de parties communes, lorsque plusieurs personnes, sur une même parcelle, ont chacune la propriété privative d'un volume, les relations entre les volumes, nécessaires ne serait-ce que pour permettre à chacun des propriétaires d'accéder au sien, étant assurés par un jeu de servitudes[553] déterminé par un cahier des charges. La Cour de cassation ne s'est toutefois pas prononcée explicitement sur la faculté d'opter pour un tel système d'appropriation collective au lieu et place du statut de la copropriété établi par la loi de 1965.

556. Plan. On envisagera l'assiette des droits du copropriétaire (§ 1) puis la gestion de la copropriété (§ 2).

§ 1. L'assiette des droits du copropriétaire

557. Lot de copropriété. Le lot de copropriété forme l'assiette du droit du copropriétaire[554] : il se compose d'une **partie privative** et d'une **quote-part dans**

2001, *Bull. civ.* III, n° 138, *AJDI* 2002, p. 138, obs. Y. Rouquet : « ayant relevé que le lotissement du Grand Gland était né de la division par lots de terrains sur lesquels les propriétaires avaient bâti leurs maisons, présentait une structure *hétérogène* et que l'organisation collective adoptée résultait du cahier des charges et du procès-verbal de l'assemblée des propriétaires en date du 8 février 1964 qui avait défini le statut applicable à cette entité, la cour d'appel a retenu, à bon droit, que cette organisation, voulue par les propriétaires, constituait un ensemble immobilier, était différente de celle fixant le statut de la copropriété des immeubles bâtis et échappait à ce statut » (nous soulignons).

552. Art. L. 212-1 s. CCH.

553. Et pour d'autres propositions, V. Ph. Simler, « Copropriété et propriété en volumes : antinomie ou symbiose ? », *Mélanges Catala*, LexisNexis, 2001, p. 679 ; D. Sizaire, « la technique de la division en volumes et le statut de la copropriété des immeubles bâtis », *Rev. Administrer* mai 1998, p. 17.

554. F. Givord, « Essai sur la nature juridique de la copropriété par appartements », *Mélanges Voirin*, LGDJ, 1967, p. 262 ; F. Bayard-Jammes, *La nature juridique du droit du copropriétaire immobilier, Étude critique*, th. LGDJ, préf. D. Tomasin, 2003. Suivant d'autres auteurs, le droit du copropriétaire aurait pour objet l'immeuble, en sorte que les copropriétaires seraient fondamentalement des coïndivisaires sur la totalité de l'immeuble, chaque bénéficiaire disposant d'un droit de jouissance exclusif et perpétuel sur une partie de l'immeuble (P. Hébraud, « À propos d'une forme particulière de copropriété : la copropriété par appartements », *RTD civ.* 1938, p. 23 ; W. Dross, n° 214 s.). Cette thèse n'explique cependant pas qu'un lot ne puisse pas être composé d'un droit de jouissance exclusif sur une partie commune et d'une quote-part dans les parties communes, car manque l'existence d'une partie privative (Civ. 3e, 6 novembre 2002, *Bull. civ.* III, n° 215, *JCP* 2003, I, 172, obs. H. Périnet-Marquet : ne tire pas les conséquences de ses propres constatations la cour d'appel qui, pour déclarer le propriétaire d'un « lot » irrecevable en sa demande de remise en cause des tantièmes de copropriété, alors qu'elle avait constaté que le lot « consistant en un jardin, partie commune, était constitué pour sa partie privative d'un droit de jouissance exclusive sur le jardin et d'une quote-part de parties communes dans la propriété du sol »).

les parties communes[555] qui sont **indivisibles**[556]. Si la partie privative et les parties communes sont des choses corporelles identifiables physiquement, la quote-part dans les parties communes est une chose incorporelle que l'on exprime en tantièmes[557]. L'assiette du droit du copropriétaire varie en fonction des changements qui affectent les parties communes[558].

558. Parties privatives et parties communes. Les **parties communes** sont celles qui sont « *affectées à l'usage ou à l'utilité de tous les copropriétaires ou de plusieurs d'entre eux*[559] » (art. 3 al. 1) et qui font l'objet d'une « *propriété*

555. Un lot de copropriété ne peut être composé d'une seule partie privative, sans quote-part dans les parties communes (Civ. 3e, 29 novembre 1972, *Bull. civ.* III, n° 643, *RTD civ.* 1973, p. 589, obs. J.-D. Bredin : « après avoir constaté que les consorts X... sont propriétaires d'un local constituant une partie privative dans "le palais d'Etigny", à Bagnères-de-Luchon, immeuble en copropriété, et que le règlement de copropriété n'a fixé aucune quote-part des parties communes comme s'appliquant à ce local, l'arrêt attaqué retient qu'aucun millième de copropriété ne doit leur être attribué, puis les condamne à payer au syndic de la copropriété la somme de 1 760,50 francs pour charges communes ; (...) en statuant de la sorte, la cour d'appel a violé l'article 10, susvisé, de la loi du 10 juillet 1965 » ; Civ. 3e, 19 novembre 1985, *Bull. civ.* III, n° 146, *D.* 1986, p. 497, note F. Zenati : « après avoir retenu (...) que le droit d'affichage réservé par une clause du règlement de copropriété à X [créant un « lot de publicité »] ne lui conférait pas un droit de propriété sur une partie privative de l'immeuble mais seulement un droit d'usage des parties communes, l'arrêt en a exactement déduit (...) la nullité de cette clause ») et inversement, de quote-part dans les parties communes, sans partie privative (Civ. 3e, 19 janvier 1977, *Bull. civ.* III, n° 32 : « chaque lot constitutif d'une copropriété doit nécessairement comprendre, outre une quote-part des parties communes, une partie privative déterminée » ; Civ. 3e, 8 avril 1970, *Bull. civ.* III, n° 228 : « la copropriété d'un immeuble divisé par étages ou par appartements n'existe qu'entre les propriétaires de ces étages ou appartements », en conséquence de quoi il n'est pas possible de répartir les millièmes de copropriété d'un immeuble entre ses copropriétaires et ceux d'un immeuble voisin ayant un droit de passage sur les parties communes du premier).

556. Ils ne peuvent donc être cédés sans l'autre : « *[l]es parties communes et les droits qui leur sont accessoires ne peuvent faire l'objet, séparément des parties privatives, d'une action en partage ni d'une licitation forcée* » (art. 6 L. 1965).

557. Sauf à ce que le contraire soit exprimé dans les titres, la quote-part dans les parties communes d'un copropriétaire est « *proportionnelle à la valeur relative de chaque partie privative par rapport à l'ensemble des valeurs desdites parties* », cette valeur étant établie à partir « *de la consistance, de la superficie et de la situation des lots* » (art. 5 L. 1965). Autrement dit, en principe, le copropriétaire ayant dans l'immeuble une partie privative d'une valeur supérieure à celle d'un autre aura une quote-part supérieure dans les parties communes ; sa voix aura donc plus de poids lors des votes à l'assemblée générale.

558. Art. 6-1 L. 1965 : « *[e]n cas de modification dans les quotes-parts des parties communes afférentes aux lots, quelle qu'en soit la cause, les droits soumis ou admis à publicité dont les lots sont l'objet s'éteignent sur les quotes-parts qui en sont détachées et s'étendent à celles qui y sont rattachées.* (al. 1) *En cas de changement de l'emprise d'une copropriété résultant de l'aliénation volontaire ou forcée ou de l'acquisition de parties communes, les droits soumis ou admis à publicité, autres que les servitudes, dont les lots sont l'objet, s'éteignent sur le bien cédé et s'étendent au bien acquis.* (al. 2) *Toutefois, l'extension prévue à l'alinéa précédent, qui s'opère avec le rang attaché à la publicité primitive, n'a lieu que par la publication au fichier immobilier de la déclaration faite par le syndic ou un créancier que le bien acquis est libre de tout droit de même nature au jour de la mutation ou qu'il est devenu libre de ces mêmes droits. L'inexactitude de cette déclaration entraîne le rejet de la formalité de publicité.* (al. 3) ».

559. De fait, dans une même copropriété, certaines parties peuvent n'être communes qu'à certains copropriétaires seulement, les autres étant sans droits sur celles-ci. Une telle situation se rencontre en pratique lorsque la copropriété comporte plusieurs bâtiments desservant les différentes parties privatives : il n'y a guère de raisons de reconnaître au copropriétaire ayant sa partie privative dans un bâtiment A, un droit sur les parties communes d'un bâtiment B.

Par ailleurs, lorsque l'assemblée générale refuse à un copropriétaire le droit d'effectuer à ses frais « *des travaux affectant les parties communes ou l'aspect extérieur de l'immeuble* » (art. 25, b), L. 1965), tout *indivise*[560] *entre l'ensemble des copropriétaires ou certains d'entre eux seulement* » (art. 4) alors que les **parties privatives** sont celles « *réservées à l'usage exclusif d'un copropriétaire* » (art. 2 al. 1) et sont ainsi sa « *propriété exclusive* » (art. 2 al. 2)[561].

C'est en général le règlement de copropriété ou l'état descriptif de division qui décrit les parties communes et les parties privatives. Si la loi de 1965 n'impose pas que le **règlement de copropriété** délimite les parties communes et les parties privatives, on retrouve fréquemment une telle délimitation, le règlement devant obligatoirement indiquer la destination de ces parties[562]. En tout état de cause, **l'état descriptif de division**, le cas échéant incorporé au règlement de copropriété[563], nécessaire pour les besoins de la publicité foncière[564], comportera les

---

copropriétaire peut être autorisé par le tribunal de grande instance à exécuter des travaux d'amélioration tels que la transformation d'un ou de plusieurs éléments d'équipement existants, l'adjonction d'éléments nouveaux, l'aménagement de locaux affectés à l'usage commun ou la création de tels locaux. Le tribunal fixe alors les conditions dans lesquelles les autres copropriétaires pourront utiliser les installations ainsi réalisées et « *[l]orsqu'il est possible d'en réserver l'usage à ceux des copropriétaires qui les ont exécutées, les autres copropriétaires ne pourront être autorisés à les utiliser qu'en versant leur quote-part du coût de ces installations, évalué à la date où cette faculté est exercée* » (art. 30 L. 1965). Et v. Civ. 3e, 12 octobre 1988, *Bull. civ.* III, n° 139 : le coût de l'installation d'un ascenseur par des copropriétaires autorisés judiciairement à l'installer à leurs frais doit être réparti « entre les copropriétaires utilisateurs, qu'ils soient ou non constructeurs, cette dernière qualité, sans incidence sur l'avantage procuré à chacun d'eux, n'étant pas de nature à remettre en cause le rapport existant entre leurs millièmes respectifs d'ascenseur, d'après le barème définitivement adopté par l'assemblée générale, à défaut de contestation dans le délai légal ».

560. Il s'agit d'une indivision spéciale qui obéit aux règles spéciales de la loi de 1965. Il reste que la reconnaissance d'une propriété privative à tout copropriétaire conduit à voir dans la mise en copropriété d'un immeuble indivis un acte de partage (Civ. 1re, 19 janvier 1960, *Bull. civ.* I, n° 37, *D.* 1960, p. 477, note R. Savatier : les copropriétaires étant titulaires de droits privatifs, c'est à bon droit que les juges du fond admettent qu'il est possible de mettre fin à une indivision successorale par l'attribution personnelle à certains indivisaires d'un appartement dépendant d'un immeuble indivis ; Civ. 3e, 11 mars 1987, pourvoi n° 85-14990 : « à la suite d'un partage successoral, l'immeuble a été divisé en deux lots privatifs attribué à des propriétaires différents et (...) cette division a entraîné la création de parties communes dont implicitement mais nécessairement une quote-part a été attribuée à chacun des copropriétaires »).

561. La rédaction de la loi de 1965 est relativement curieuse dans la mesure où la *nature* privative ou commune d'une partie, résulte de son *affectation*, et non l'inverse.

562. Art. 8 al. 1 L. 1965 : « *[u]n règlement conventionnel de copropriété, incluant ou non l'état descriptif de division, détermine la destination des parties tant privatives que communes, ainsi que les conditions de leur jouissance (...)* ».

563. Art. 2 Décr. 1967 : « *[l]e règlement de copropriété peut également comporter : 1° L'état descriptif de division de l'immeuble, établi conformément aux dispositions des articles 71-1 à 71-13 du décret n° 55-1350 du 14 octobre 1955 modifié (...)* ». *Adde* art. 8 al. 1 L. 1965 : « *[u]n règlement conventionnel de copropriété, incluant ou non l'état descriptif de division (...)* ».

564. V. notamment art. 71 Décr. n° 55-1350 du 14 octobre 1955 *pour l'application du décret n° 55-22 du 4 janvier 1955 portant réforme de la publicité foncière* : « *A. – 1. L'état descriptif de division, prévu à l'article 7 du décret du 4 janvier 1955, peut être contenu soit dans un acte spécialement dressé à cet effet, soit dans un règlement de copropriété ou un cahier des charges concernant, en outre, l'organisation de la gestion collective, soit dans tout autre acte ou décision judiciaire. Un seul état descriptif doit être établi lorsque plusieurs bâtiments ou groupes de bâtiments pouvant faire l'objet de copropriétés particulières sont édifiés sur un sol dont la propriété est placée globalement sous le régime de l'indivision forcée. L'état descriptif doit identifier l'immeuble auquel il s'applique, conformément aux prescriptions du premier alinéa dudit article 7, opérer une division en lots et attribuer un numéro à chaque lot.*
Un tel lot est formé par toute fraction d'immeuble sur laquelle s'exercent ou peuvent s'exercer des droits réels concurrents, y compris la quote-part des parties communes, si elle existe et si elle est déterminée.

renseignements nécessaires à la délimitation des différentes parties et à l'identification des lots et donc des parties privatives[565].

Il reste que dans le silence ou la contradiction de ces titres, la loi de 1965 indique les *parties réputées communes* ainsi que les *droits réputés accessoires aux parties communes*. En premier lieu, sont réputées **parties communes**, certaines parties matérielles de l'immeuble : « *– le sol, les cours, les parcs et jardins, les voies d'accès ; – le gros œuvre des bâtiments, les éléments d'équipement commun, y compris les parties de canalisations y afférentes qui traversent des locaux privatifs ; – les coffres, gaines et têtes de cheminées ; – les locaux des services communs ; – les passages et corridors* » (art. 3 al. 2). En second lieu, sont réputés **droits accessoires à des parties communes**, certains droits pouvant être rattachés à des parties communes : « *– le droit de surélever un bâtiment affecté à l'usage commun ou comportant plusieurs locaux qui constituent des parties privatives différentes, ou d'en affouiller le sol ; – le droit d'édifier des bâtiments nouveaux dans des cours, parcs ou jardins constituant des parties communes ; – le droit d'affouiller de tels cours, parcs ou jardins ; – le droit de mitoyenneté afférent aux parties communes* »[566]. On s'aperçoit ainsi que **la plupart des éléments bâtis sont des parties communes**

Constitue une fraction au sens de l'article 7 du décret du 4 janvier 1955 :
a) Pour les bâtiments, chaque local principal (appartement, boutique, local à usage commercial, professionnel ou industriel, etc.), et chaque local secondaire (chambre de service, cave, garage, grenier, etc.) ;
b) Pour les terrains non bâtis, chaque portion de terrain sur laquelle est réservé un droit réel privatif ou chaque portion destinée à faire l'objet d'une inscription ou d'une mention en marge d'une inscription ; dans ce dernier cas, le surplus de l'immeuble constitue également une fraction.
Chaque fraction doit être identifiée par son emplacement, lui-même déterminé par la description de sa situation dans l'immeuble ou par référence à un plan ou croquis annexé à la minute de l'acte ou de la décision judiciaire. Lorsque la fraction dont s'agit est située dans un bâtiment, sa situation est définie par l'indication de l'escalier, de l'étage, de l'emplacement dans l'étage et par l'indication du bâtiment dont fait partie le local décrit quand l'immeuble comprend plusieurs bâtiments.
Les lots font l'objet d'un numérotage continu dans une série unique à partir de l'unité. Lorsque l'immeuble est constitué par plusieurs bâtiments ou corps de bâtiments, les lots peuvent faire l'objet d'un numérotage continu dans des séries successives affectées à chacun d'eux à partir de nombres séparés par des intervalles convenables.
Dans tout état descriptif de division établi après la suppression d'un état descriptif antérieur, le numérotage des lots ne doit reprendre aucun des numéros précédemment attribués.
2. L'état descriptif est résumé obligatoirement dans un tableau incorporé à l'acte lui-même ou annexé à celui-ci et comportant les colonnes suivantes dans la mesure de l'existence des éléments correspondants :
1. Numéro du lot, dans l'ordre croissant des numéros ;
2. Bâtiment ;
3. Escalier ;
4. Etage ;
5. Nature du lot ;
6. Quote-part des parties communes.
Ce tableau, qui doit figurer sur l'extrait ou l'expédition déposé à la conservation des hypothèques, est reproduit au fichier immobilier par le conservateur. (...) ».

565. Il reste que l'état descriptif de division est essentiellement un document technique, « dressé seulement pour les besoins de la publicité foncière », qui ne peut à lui seul modifier la situation de l'immeuble, à la différence du règlement de copropriété (Civ. 3e, 8 juillet 1992, *Bull. civ.* III, n° 241).

566. La liste des droits accessoires définis par l'art. 3 L. 1965 n'est pas limitative. V. Civ. 3e, 24 mai 2006, *Bull. civ.* III, n° 134, *Constr.-Urb.* 2006, n° 172, obs. D. Sizaire, *Loyers et copr.* 2006, n° 188, obs. Th. Vigneron : « ayant exactement retenu, par motifs propres et adoptés, que la liste des droits accessoires définis par l'article 3 de la loi du 10 juillet 1965 n'était pas limitative et relevé, interprétant souverainement les stipulations du règlement de copropriété, que la faculté de fermer la terrasse constituait un

(fondations, terrains, murs extérieurs et murs porteurs, dalles séparatives, toiture, etc.)[567], **les parties privatives ne représentant guère qu'un cube d'air**[568].

559. Nature des droits exercés sur les parties communes et les parties privatives : *droits de propriété exclusif et indivis*. Ainsi que le précisent les articles 2 et 4 L. 1965[569], les parties privatives font l'objet d'un droit de propriété exclusif et les parties communes, l'objet d'un droit indivis.

Il reste que sur les parties communes, un copropriétaire peut se voir reconnaître un droit privatif, dont la nature varie. En premier lieu, il[570] peut se voir reconnaître[571] un **droit réel de jouissance exclusive sur les parties communes**, c'est-à-dire le droit d'en *jouir seul*. Ce droit a pour assiette une partie commune et, en cela, il ne peut constituer la partie privative d'un lot[572] ; il peut s'agir d'un jardin ou d'une terrasse attenant à un appartement, d'un emplacement de

---

des droits accessoires visés à cet article, la cour d'appel en a déduit à bon droit que cette faculté ne pouvait être exercée par le copropriétaire que pendant une période de dix ans et que ce droit était devenu caduc ».

567. Ph. Simler, « Copropriété et propriété en volumes : antinomie et ou symbiose », *Mélanges Catala*, Litec, 2000, p. 679 ; ainsi, « les parties communes comprennent la quasi-totalité de la structure physique de l'immeuble » (F. Terré et Ph. Simler, n° 631).

568. Et ce qui s'y trouve : revêtements, cloisons, portes, etc., à l'exception des murs porteurs qui participent à la solidité de l'immeuble.

569. Art. 2 L. 1965 : « *[s]ont privatives les parties des bâtiments et des terrains réservées à l'usage exclusif d'un copropriétaire déterminé.* (al. 1) *Les parties privatives sont la propriété exclusive de chaque copropriétaire.* (al. 2) » ; art. 4 L. 1965 : « *[l]es parties communes sont l'objet d'une propriété indivise entre l'ensemble des copropriétaires ou certains d'entre eux seulement ; leur administration et leur jouissance sont organisées conformément aux dispositions de la présente loi* ».

570. D'après la Cour de cassation, un tel droit peut également être reconnu à un tiers à la copropriété. V Civ. 3e, 2 décembre 2009, *Bull. civ.* III, n° 266 : « la cour d'appel a exactement retenu que si le seul droit de jouissance exclusif sur un ou plusieurs emplacements de stationnement ne conférait pas la qualité de copropriétaire, son titulaire bénéficiait néanmoins d'un droit réel et perpétuel ». Dans une telle hypothèse, le titulaire du droit est tenu de payer des charges relatives à l'entretien et à la conservation de la partie commune sur laquelle il exerce son droit (« ayant relevé que selon les stipulations du règlement de copropriété les bénéficiaires de droit de jouissance exclusif sur les emplacements de stationnement n'étaient redevables que des frais d'entretien et de réparation de ces emplacements, la cour d'appel a retenu à bon droit, sans dénaturation, que la délibération n° 2 de l'assemblée générale du 4 juin 1998 mettant à la charge de ses bénéficiaires une quote-part des charges communes, alors qu'ils n'avaient pas la qualité de copropriétaires, devait être annulée », même arrêt) alors qu'il ne peut participer à l'assemblée générale les ayant votées, car il n'a pas la qualité de copropriétaire.

571. À la double majorité de l'article 26 L. 1965 ou à l'unanimité, c'est selon (art. 26 L. 1965 : « *[s] ont prises à la majorité des membres du syndicat représentant au moins les deux tiers des voix les décisions concernant (...) b) La modification, ou éventuellement l'établissement, du règlement de copropriété dans la mesure où il concerne la jouissance, l'usage et l'administration des parties communes ; (...) [L'assemblée générale] ne peut, sauf à l'unanimité des voix de tous les copropriétaires, décider l'aliénation des parties communes dont la conservation est nécessaire au respect de la destination de l'immeuble* »). Et v. Civ. 3e, 3 octobre 1978, *Bull. civ.* III, n° 298 : « s'agissant de concéder l'octroi de la jouissance exclusive d'une parcelle de terre, qui constituait une partie commune de la propriété, c'est à bon droit que la cour d'appel a déclaré que la décision en avait été régulièrement prise, dans les termes de l'article 26 a, de la loi du 10 juillet 1965 ».

572. Civ. 3e, 6 juin 2007, *Bull. civ.* III, n° 98, *D.* 2007, p. 2186, obs. P. Capoulade, *ibid.* p. 2356, note Ch. Atias, *RTD civ.* 2007, p. 591, obs. Th. Revet : « un droit de jouissance exclusif sur des parties communes n'est pas un droit de propriété et ne peut constituer la partie privative d'un lot » ; Civ. 3e, 16 janvier 2008, *Bull. civ.* III, n° 8, *D.* 2008, p. 2690, obs. Ch. Atias, *JCP* 2008, I, 194, n° 10, obs. H. Périnet-Marquet : « un droit de jouissance exclusive sur un jardin, partie commune, n'est pas un droit de propriété et ne peut constituer la partie privative d'un lot » (la Cour de cassation en tire que l'obligation légale d'indiquer la superficie ne concerne pas une partie commune à jouissance privative, qui n'est pas un droit de propriété et ne peut constituer la partie privative d'un lot) ; Civ. 3e, 22 septembre 2010,

parking dans la cour de l'immeuble, etc. Il n'est pas un droit de propriété[573] et ne permet donc pas à son titulaire de modifier la configuration des lieux ou leur destination, par exemple en construisant[574]. Le droit de jouissance exclusif a en principe un caractère perpétuel[575], mais rien n'interdit qu'il soit établi pour un temps seulement. En tout état de cause, le titulaire ne peut être privé de son droit sans son consentement, notamment par une décision d'assemblée générale, sous couvert de modifier « *la jouissance, l'usage et l'administration des parties communes* » (art. 26, b) L. 1965)[576]. Droit réel, il peut s'acquérir par usucapion[577], mais ne se perd pas par le non-usage[578], et peut être cédé, mais avec l'accord du syndicat des copropriétaires[579]. En deuxième lieu, le copropriétaire peut également se voir reconnaître, le cas échéant à titre précaire,[580] un **droit personnel de**

Bull. civ. III, nº 172 : « un droit de jouissance exclusif sur des parties communes n'est pas un droit de propriété et ne peut constituer la partie privative d'un lot ».

573. Civ. 3e, 19 décembre 1990, *Bull. civ.* III, nº 267 : « l'arrêt retient exactement que le droit de jouissance, affecté d'une quote-part des parties communes correspondant aux charges que son titulaire supporte pour la conservation et l'entretien de la cour, n'est pas assimilable à un droit de propriété et ne donne pas à son titulaire la possibilité de transformer en local clos privatif une cour rangée par le règlement de copropriété dans les parties communes ». Et v. les arrêt précités, note ci-dessus.

574. Civ. 3e, 4 mai 1995, *Bull. civ.* III, nº 113 : « ayant exactement retenu que, selon les stipulations du règlement de copropriété, la toiture-terrasse, divisée en zones de jouissance, ne perdait pas son caractère de partie commune, la cour d'appel en a justement déduit que ce droit de jouissance, même affecté d'une quote-part de parties communes correspondant aux charges que son titulaire supporte pour l'entretien et la conservation de la toiture-terrasse, ne pouvait être assimilé à un droit de propriété, ni conférer à son titulaire le droit d'édifier un ouvrage sans l'autorisation de l'assemblée générale » ; Civ. 3e, 20 mars 2002, *Bull. civ.* III, nº 70 : « ayant constaté que les travaux avaient été réalisés par les consorts X... par une emprise sur le jardin, partie commune dont ces copropriétaires n'avaient que la jouissance privative, emprise ayant permis un agrandissement de leurs parties privatives et relevé, à bon droit, que l'attribution d'un droit de jouissance privatif n'avait pas pour effet de modifier la nature juridique de l'élément de l'immeuble auquel ce droit s'appliquait et qu'un copropriétaire ne pouvait appréhender une partie commune à des fins personnelles qu'à la condition d'y avoir été autorisé par une décision explicite de l'assemblée générale des copropriétaires ne pouvant être prise qu'à la majorité de l'article 26 de la loi du 10 juillet 1965, ladite autorisation impliquant une modification du règlement de copropriété existant en tant qu'il dérogeait aux modalités de jouissance des parties communes initialement convenues ou la réalisation d'un acte de disposition sur les parties communes, la cour d'appel, qui a retenu que la résolution de l'assemblée générale des copropriétaires acceptant a posteriori de tels travaux moyennant le versement d'une indemnité, était soumise aux conditions de vote dudit article 26 ».

575. Civ. 3e, 4 mars 1992, *Bull. civ.* III, nº 73, *D.* 1992, p. 386, note Ch. Atias, *Rép. Defr.* 1992, p. 1140, obs. H. Souleau, *RTD civ.* 1993, p. 162, obs. F. Zenati : « la cour d'appel a légalement justifié sa décision, en retenant exactement, par motifs propres et adoptés, que le droit de jouissance exclusif et privatif sur une fraction de la cour, partie commune, attribué par le règlement de copropriété aux lots nº 2 et 3, dont il constituait l'accessoire, avait un caractère réel et perpétuel, que l'usage effectif de ce droit était sans incidence sur sa pérennité et que ce droit ne pouvait être remis en cause sans le consentement de son bénéficiaire ».

576. Civ. 3e, 4 mars 1992, *Bull. civ.* III, nº 73, préc.

577. Civ. 3e, 24 octobre 2007, *Bull. civ.* III, nº 183, *D.* 2008, obs. N. Reboul-Maupin, *JCP* G 2008, I, 127, obs. H. Périnet-Marquet ; Dr et patr. 2008, nº 172, p. 99, obs. J.-B. Seube, *RTD civ.* 2008, p. 693.

578. Civ. 3e, 4 mars 1992, *Bull. civ.* III, nº 73, préc.

579. Civ. 3e, 17 décembre 2013, *Bull. civ.* III, nº 166, *Rép. Defr.* 2014, p. 497, obs. L. Tranchant : « le droit de jouissance privatif d'une partie commune, attaché par le règlement de copropriété à un lot, ne peut être cédé en tout ou partie au propriétaire d'un autre lot qu'avec l'accord du syndicat des copropriétaires ».

580. À la double majorité de l'article 26 L. 1965 (préc.) ou à la la majorité simplifiée de l'article 24 L. 1965 (« *[l]es décisions de l'assemblée générale sont prises à la majorité des voix exprimées des copropriétaires présents ou représentés, s'il n'en est autrement ordonné par la loi* (...) »), c'est selon. Lorsqu'il s'agit de conférer un titre précaire, la majorité de l'article 24 est semble-t-il suffisante (Civ. 3e, 2 mars 2010, pourvoi nº 09-13090 : usage privatif de combles accordé qu'à titre précaire ; Civ.

jouissance d'une partie commune, notamment en vue d'utiliser un palier commun desservant plusieurs lots lui appartenant ou encore d'utiliser des combles. En troisième lieu, le bénéficiaire d'un droit réel de jouissance exclusif peut se voir reconnaître un **droit accessoire à une partie commune** – celle sur laquelle il exerce son droit – au sens de l'article 3 L. 1965[581], par exemple, le droit de construire une véranda sur une terrasse. Ce droit présente[582] une double singularité : d'une part, il doit en principe être exercée dans un délai de dix ans à compter de sa reconnaissance, sous peine d'être caduc et, d'autre part, avant même l'expiration de ce délai, le syndicat peut, statuant à la majorité prévue à l'article 25, s'opposer à l'exercice de ce droit, sauf à en indemniser le titulaire dans le cas où il comportait une contrepartie à sa charge.

560. Servitudes. Lorsqu'un immeuble est placé sous le régime de la copropriété, une servitude peut être constituée entre parties privatives[583], mais pas entre une partie commune et une partie privative[584].

3e, 17 avril 1991, pourvoi nº 89-15172 : autorisation donnée à un copropriétaire d'avancer la porte d'entrée de son appartement afin de réunir les trois lots, ainsi que les WC de l'étage, dont l'usage est exclusivement réservé à chacun de ces lots ; Civ. 3e, 3 octobre 1991, pourvoi nº 89-21712 : établissement d'une cloison incorporant le palier du quatrième étage, qualifiée de « droit de jouissance temporaire » devant prendre fin avec la vente des lots).

581. « *(...) Sont réputés droits accessoires aux parties communes dans le silence ou la contradiction des titres :*

– le droit de surélever un bâtiment affecté à l'usage commun ou comportant plusieurs locaux qui constituent des parties privatives différentes, ou d'en affouiller le sol ;

– le droit d'édifier des bâtiments nouveaux dans des cours, parcs ou jardins constituant des parties communes ;

– le droit d'affouiller de tels cours, parcs ou jardins ;

– le droit de mitoyenneté afférent aux parties communes ». Cette disposition intéresse essentiellement le droit de construire, notamment de surélever l'immeuble (v. S. Lelièvre, « L'appartenance du droit de construire en copropriété », AJDI 2001, p. 610).

582. Art. 37 L. 1965 : « *[t]oute convention par laquelle un propriétaire ou un tiers se réserve l'exercice de l'un des droits accessoires visés à l'article 3 autre que le droit de mitoyenneté devient caduque si ce droit n'a pas été exercé dans les dix années qui suivent ladite convention.* (al. 1) *Si la convention est antérieure à la promulgation de la présente loi, le délai de dix ans court de ladite promulgation.* (al. 2) *Avant l'expiration de ce délai, le syndicat peut, statuant à la majorité prévue à l'article 25, s'opposer à l'exercice de ce droit, sauf à en indemniser le titulaire dans le cas où ce dernier justifie que la réserve du droit comportait une contrepartie à sa charge.* (al. 3) *Toute convention postérieure à la promulgation de la présente loi, et comportant réserve de l'un des droits visés ci-dessus, doit indiquer, à peine de nullité, l'importance et la consistance des locaux à construire et les modifications que leur exécution entraînerait dans les droits et charges des copropriétaires* (al. 4) ».

583. Depuis Civ. 3e, 30 juin 2004, *Bull. civ.* III, nº 140, *D.* 2005, p. 2352, obs. B. Mallet-Bricout, *JCP* 2004, I, 171, obs. H. Périnet-Marquet, *RDI* 2004, p. 440, obs. J.-L. Bergel, *RTD civ.* 2004, p. 753, obs. Th. Revet : « la division d'un immeuble en lots de copropriété n'est pas incompatible avec l'établissement de servitudes entre les parties privatives de deux lots, ces héritages appartenant à des propriétaires distincts ». *Adde* Civ. 3e, 13 septembre 2005, pourvoi nº 04-15742 : servitude de passage de canalisation ; Civ. 3e, 1er juillet 2009, *Bull. civ.* III, nº 164 : servitudes de passage réciproques. *Contra*, auparavant : Civ. 3e, 10 janvier 1984, *Bull. civ.* III, nº 6, *D.* 1985, p. 335, note J.-L. Aubert ; Civ. 3e, 6 mars 1991, *Bull. civ.* III, nº 75, *D.* 1991, p. 355, note H. Souleau, *RTD civ.* 1991, p. 565, obs. F. Zenati.

584. Civ. 3e, 11 janvier 1989, *Bull. civ.* III, nº 11, *RTD civ.* 1990, p. 310, obs. F. Zenati : « la cour d'appel a exactement décidé qu'il y avait incompatibilité entre la division de l'immeuble en lots de copropriété et la création d'une servitude sur une partie commune au profit d'un lot privatif » ; Civ. 3e, 11 mars 2014, pourvoi nº 12-29734, *RTD civ.* 2014, p. 907 : « la cour d'appel a retenu, à bon droit,

§ 2. La gestion de la copropriété

561. Plan. Il s'agit ici d'envisager les acteurs de la copropriété (A) et les règles d'organisation de celle-ci (B).

A Les acteurs

562. Plan. La copropriété met en scène un syndicat des copropriétaires (1) représenté par des organes (2) et regroupant tous les copropriétaires (3).

1. Le syndicat des copropriétaires

563. Une personne. D'après l'article 14 al. 1 L. 1965, « *[l]a collectivité des copropriétaires est constituée en un syndicat qui a la personnalité civile* »[585] et est immatriculé sur un registre national, « *afin de faciliter la connaissance des pouvoirs publics sur l'état des copropriétés et la mise en œuvre des actions destinées à prévenir la survenance des dysfonctionnements* »[586]. Le syndicat peut être constitué en la forme coopérative, auquel cas il comporte en principe[587] un conseil syndical qui élit le syndic parmi ses membres[588].

564. Un patrimoine. Doté de la personnalité morale, le syndicat est ainsi à la tête d'un patrimoine. Si son *actif* ne comprend pas l'immeuble lui-même[589], y

---

que dans un immeuble en copropriété, des servitudes ne sont susceptibles de s'établir qu'entre des parties privatives ».

585. La loi prévoit également la possibilité de créer un syndicat secondaire dans les copropriétés comportant plusieurs bâtiments (art. 27 al. 1 L. 1965 : « *[l]orsque l'immeuble comporte plusieurs bâtiments, les copropriétaires dont les lots composent l'un ou plusieurs de ces bâtiments peuvent, réunis en assemblée spéciale, décider, aux conditions de majorité prévues à l'article 25, la constitution entre eux d'un syndicat, dit secondaire* ») et de faire adhérer le syndicat à une union de syndicats, notamment au sein d'un ensemble immobilier (art. 29 al. 1 L. 1965 : « *[u]n syndicat de copropriétaires peut être membre d'une union de syndicats, groupement doté de la personnalité civile, dont l'objet est d'assurer la création, la gestion et l'entretien d'éléments d'équipement communs ainsi que la gestion de services d'intérêt commun* »).

586. Art. L. 711-1 CCH : « *[a]fin de faciliter la connaissance des pouvoirs publics sur l'état des copropriétés et la mise en œuvre des actions destinées à prévenir la survenance des dysfonctionnements, il est institué un registre auquel sont immatriculés les syndicats de copropriétaires définis à l'article 14 de la loi n° 65-557 du 10 juillet 1965 fixant le statut de la copropriété des immeubles bâtis, qui administrent des immeubles à destination partielle ou totale d'habitation* ».

587. Il existe, pour les petites copropriétés, des dérogations possibles. V. art. 17-1-1 L. 1965 : « *[l]orsque le syndicat de copropriétaires comporte moins de dix lots à usage de logements, de bureaux ou de commerces et que son budget prévisionnel moyen sur une période de trois exercices consécutifs est inférieur à 15 000 €, le syndicat peut bénéficier des dérogations suivantes (...) [l]orsque l'assemblée générale de ce syndicat a décidé d'adopter la forme coopérative, elle peut également décider, par une délibération spéciale, à la majorité de l'article 25, de ne pas constituer de conseil syndical et de procéder directement à la désignation du syndic parmi ses membres (...)* ».

588. Art. 17-1 al. 1 L. 1965, *in limine* : « *[d]ans le cas où l'administration de la copropriété est confiée à un syndicat coopératif, la constitution d'un conseil syndical est obligatoire et le syndic est élu par les membres de ce conseil et choisi parmi ceux-ci. Il exerce de plein droit les fonctions de président du conseil syndical (...)* ».

589. Ce qui explique que l'article 16-1 al. 1 L. 1965 prévoit que « *[l]es sommes représentant le prix des parties communes cédées se divisent de plein droit entre les copropriétaires dans les lots desquels figuraient ces parties communes et proportionnellement à la quotité de ces parties afférentes à chaque lot* ».

figurent, principalement, les charges de copropriété – créances garanties par des sûretés légales[590] – et, le cas échéant, les parties communes ou parties privatives acquises[591], voire d'autres immeubles[592]. Au *passif*, on trouve les sommes dues aux prestataires, au personnel employé, ou encore les dettes dues au titre des dommages causés aux copropriétaires ou aux tiers en raison d'un vice de construction ou d'un défaut d'entretien des parties communes[593].

565. Missions. Le syndicat a pour mission principale de **conserver l'immeuble et d'administrer les parties communes[594], mais aussi d'établir et de modifier, s'il y a lieu, le règlement de copropriété**[595]. Plus généralement, le syndicat remplit toutes les missions qui concernent des difficultés sur lesquelles l'assemblée des copropriétaires est compétente pour délibérer. En vue d'exercer ses missions, le syndicat a qualité pour agir en justice, notamment en vue de la sauvegarde des droits afférents à l'immeuble[596].

566. Copropriétés en difficulté. Le syndicat étant une personne dotée d'un patrimoine, il se peut qu'il connaisse des difficultés lorsque son actif ne lui permet pas de faire face au passif. Si un syndicat ne peut faire l'objet des dispositions propres aux entreprises en difficulté prévues par le Livre VI du Code de commerce[597], la loi de

590. Le syndicat des copropriétaires bénéficie d'une *hypothèque légale* et de deux *privilèges spéciaux* dans le recouvrement des charges. S'agissant de l'**hypothèque légale** (art. 19 L. 1965), le syndicat peut l'inscrire après mise en demeure infructueuse de les lui payer (al. 1). Elle a pour assiette le lot (al. 1) et garantit toute créance dans la limite des cinq dernières années (al. 4). S'agissant des **privilèges**, le syndicat est titulaire d'un ***privilège mobilier spécial*** ayant pour assiette les meubles qui garnissent la partie privative du copropriétaire ou les loyers qu'il en retire si le bien est loué non meublé (art. 19 al. 5 L. 1965, art. 2332, 1° C. civ.) et d'un ***privilège immobilier spécial*** ayant pour assiette le lot (art. 19-1 L. 1965, art. 2374, 1° bis C. civ.), qui ne joue qu'en cas de vente du lot de copropriété (Civ. 3e, 15 février 2006, *Bull. civ.* III, n° 40, *JCP* 2006, I, 195, obs. Ph. Simler, *RTD civ.* 2006, p. 599, obs. P. Crocq : « le privilège immobilier bénéficiant au syndicat des copropriétaires pour le paiement des charges et travaux ne s'exerce qu'en cas de vente du lot de copropriété »). Ce dernier privilège permet au syndicat de primer le vendeur et le prêteur de deniers pour les seules charges de l'année en cours et des deux dernières années échues. Il est mis en œuvre par une opposition au paiement du prix de la part du syndic dans les conditions posés à l'article 20 L. 1965.

591. Sans que le droit de vente afférent aux parties privatives ne lui soit reconnu en application de ce même texte.

592. Aux termes de l'article 26, a) L. 1965, sont prises à la majorité des membres du syndicat représentant au moins les deux tiers des voix les décisions concernant les actes d'acquisition immobilière. Les immeubles acquis serviront en principe à la jouissance des copropriétaires : par exemple, le syndicat d'un immeuble acquiert un terrain limitrophe afin d'y construire un bien d'équipement tel une piscine.

593. Art. 14 al. 4 *in fine* L. 1965 : « *[i]l est responsable des dommages causés aux copropriétaires ou aux tiers par le vice de construction ou le défaut d'entretien des parties communes, sans préjudice de toutes actions récursoires* ».

594. Art. 14 al. 4 L. 1965 : « *[i]l a pour objet la conservation de l'immeuble et l'administration des parties communes. Il est responsable des dommages causés aux copropriétaires ou aux tiers par le vice de construction ou le défaut d'entretien des parties communes, sans préjudice de toutes actions récursoires* ».

595. Art. 14 al. 3 L. 1965 : « *[i]l établit, s'il y a lieu, et modifie le règlement de copropriété* ».

596. Art. 15 L. 1965 : « *[l]e syndicat a qualité pour agir en justice, tant en demandant qu'en défendant, même contre certains des copropriétaires ; il peut notamment agir, conjointement ou non avec un ou plusieurs de ces derniers, en vue de la sauvegarde des droits afférents à l'immeuble.* (al. 1) *Tout copropriétair peut néanmoins exercer seul les actions concernant la propriété ou la jouissance de son lot, à charge d'en informer le syndic.* (al. 2) ».

597. Art. 29-15 L. 1965 : « *[l]es procédures prévues au livre VI du Code de commerce ne sont pas applicables aux syndicats de copropriétaires* ».

1965[598] prévoit trois types de procédures particulières, en fonction de la gravité de la situation.

En premier lieu, *lorsqu'à clôture des comptes, les impayés atteignent 25 % des sommes exigibles en vertu des articles 14-1 et 14-2*, le juge, saisi en principe par le syndic, nomme un **mandataire *ad hoc***[599]. Celui-ci adresse au juge un rapport présentant l'analyse de la situation financière du syndicat des copropriétaires et de l'état de l'immeuble, les préconisations faites pour rétablir l'équilibre financier du syndicat et, le cas échéant, assurer la sécurité de l'immeuble, ainsi que le résultat des actions de médiation ou de négociation qu'il aura éventuellement menées avec les parties en cause. Lorsqu'il constate d'importantes difficultés financières ou de gestion, il saisit le juge aux fins de désignation d'un administrateur provisoire[600].

En deuxième lieu, lorsque *l'équilibre financier du syndicat des copropriétaires est gravement compromis ou si le syndicat est dans l'impossibilité de pourvoir à la conservation de l'immeuble*, le juge, saisi notamment par le syndic, peut désigner un **administrateur provisoire du syndicat** pour une durée de douze mois au moins[601]. Compte tenu de la gravité de la situation, la mission et les pouvoirs dévolus à ce dernier sont considérablement plus importants que ceux qui le sont à un mandataire *ad hoc*. De fait, l'administrateur provisoire apparaît comme le maître de la copropriété. Il prend les mesures nécessaires au rétablissement du fonctionnement normal de la copropriété : tous les pouvoirs du syndic – dont le mandat cesse de plein droit sans indemnité – et tout ou partie des pouvoirs de l'assemblée générale des copropriétaires et du conseil syndical lui sont en principe confiés[602]. S'agissant du passif, l'ordonnance désignant l'administrateur provisoire emporte suspension pour une durée de douze mois de l'exigibilité des créances antérieures, sauf

598. Ainsi que le décret de 1967, tel que modifié par le décret n° 2015-999 du 17 août 2015 relatif aux procédures judiciaires applicables aux copropriétés en difficulté.

599. Art. 29-1 A al. 1 L. 1965 : « *[l]orsqu'à la clôture des comptes les impayés atteignent 25 % des sommes exigibles en vertu des articles 14-1 et 14-2, le syndic en informe le conseil syndical et saisit sur requête le juge d'une demande de désignation d'un mandataire ad hoc. Pour les copropriétés de plus de deux cents lots, le pourcentage des impayés déclenchant la saisine est fixé à 15 %* ».

600. Art. 29-1 B L. 1965 : « *(...) Dans un délai de trois mois renouvelable une fois par décision du juge, le mandataire* ad hoc *adresse au juge un rapport présentant l'analyse de la situation financière du syndicat des copropriétaires et de l'état de l'immeuble, les préconisations faites pour rétablir l'équilibre financier du syndicat et, le cas échéant, assurer la sécurité de l'immeuble, ainsi que le résultat des actions de médiation ou de négociation qu'il aura éventuellement menées avec les parties en cause. Lorsqu'il constate d'importantes difficultés financières ou de gestion, il saisit le juge aux fins de désignation d'un administrateur provisoire en application de l'article 29-1 (...)* ».

601. Art. 29-1, I, al. 1 L. 1965 : « *[s]i l'équilibre financier du syndicat des copropriétaires est gravement compromis ou si le syndicat est dans l'impossibilité de pourvoir à la conservation de l'immeuble, le juge statuant comme en matière de référé ou sur requête peut désigner un administrateur provisoire du syndicat. Le juge ne peut être saisi à cette fin que par des copropriétaires représentant ensemble 15 p. 100 au moins des voix du syndicat, par le syndic, par le maire de la commune du lieu de situation de l'immeuble, par le président de l'établissement public de coopération intercommunale compétent en matière d'habitat, par le représentant de l'État dans le département, par le procureur de la République ou, si le syndicat a fait l'objet de la procédure prévue aux articles 29-1 A et 29-1 B, par le mandataire* ad hoc ».

602. Art. 29-1, I, al. 2 L. 1965 : « *[l]e juge charge l'administrateur provisoire de prendre les mesures nécessaires au rétablissement du fonctionnement normal de la copropriété. À cette fin, il lui confie tous les pouvoirs du syndic dont le mandat cesse de plein droit sans indemnité et tout ou partie des pouvoirs de l'assemblée générale des copropriétaires, à l'exception de ceux prévus aux a et b de l'article 26, et du conseil syndical. Le conseil syndical et l'assemblée générale, convoqués et présidés par l'administrateur provisoire, continuent à exercer ceux des autres pouvoirs qui ne seraient pas compris dans la mission de l'administrateur provisoire. L'administrateur provisoire exécute personnellement la mission qui lui est confiée. Il peut toutefois, lorsque le bon déroulement de la mission le requiert, se faire assister par un*

exceptions[603], et une procédure de déclaration des créances est instaurée, sanctionnée par leur inopposabilité[604]. L'administrateur établit un plan d'apurement des dettes soumis à l'homologation du juge[605] et dans lequel il peut proposer l'effacement des dettes du syndicat pour un montant correspondant aux créances irrécouvrables du syndicat sur les copropriétaires[606].

En troisième lieu, en cas d'*impossibilité d'assainir la situation*, l'administrateur provisoire peut proposer au représentant de l'État dans le département d'initier un **plan de sauvegarde** en application de l'article L. 615-1 CCH[607]. Si le juge déclare l'immeuble en état de carence, l'expropriation de l'immeuble sera poursuivie[608].

2. Les organes du syndicat des copropriétaires

567. Plan. Aux termes de l'article 17 al. 1 L. 1965, « *[l]es décisions du syndicat sont prises en assemblée générale des copropriétaires ; leur exécution est confiée à un syndic placé éventuellement sous le contrôle d'un conseil syndical* ». Le syndicat s'appuie ainsi sur une assemblée générale des copropriétaires, organe délibératif (a), un syndic, organe exécutif (b) et un conseil syndical, organe de conseil et de contrôle (c).

---

tiers désigné par le juge sur sa proposition et rétribué sur sa rémunération. Dans tous les cas, le syndic en place ne peut être désigné au titre d'administrateur provisoire de la copropriété ».

603. Art. 29-3, I al. 1 L. 1965 : « *[l]'ordonnance de désignation d'un administrateur provisoire prévue à l'article 29-1 emporte suspension de l'exigibilité des créances, autres que les créances publiques et sociales, ayant leur origine antérieurement à cette décision, pour une période de douze mois* ».

604. Art. 29-4 L. 1965 : « *I. — Dans un délai de deux mois à compter de sa nomination, l'administrateur provisoire procède à des mesures de publicité pour permettre aux créanciers de produire les éléments nécessaires à l'évaluation du montant de leurs créances. II. — À partir de la publication de l'ordonnance de désignation de l'administrateur provisoire, les créanciers du syndicat des copropriétaires déclarent leurs créances dans un délai fixé par décret en Conseil d'État. Après vérification des créances déclarées, l'administrateur provisoire établit et publie la liste des créances déclarées. Les créanciers disposent d'un délai de deux mois à compter de la publication de la liste pour contester son contenu auprès du président du tribunal de grande instance. III. — Les créances non déclarées régulièrement dans les délais prévus au II sont inopposables à la procédure* ».

605. Art. 29-5 L. 1965 : « I. — *L'administrateur provisoire établit un plan d'apurement des dettes. (al. 1) Ce plan, d'une durée maximale de cinq ans, comporte un échéancier des versements auprès des créanciers du syndicat des copropriétaires (al. 2) (...)* ». Ce plan est homologué par le juge sauf contestation des créanciers (même article).

606. Art. 29-7 L. 1965 : « *[l]'administrateur provisoire évalue, dans le cadre de l'élaboration du plan d'apurement soumis au juge, la somme des créances irrécouvrables du syndicat sur les copropriétaires.* (al. 1) *En l'absence d'actifs du syndicat des copropriétaires pouvant être cédés dans les conditions définies à l'article 29-6 ou si les cessions n'ont pas trouvé preneur, l'administrateur provisoire peut demander au juge d'effacer partiellement les dettes du syndicat pour un montant équivalant au montant des créances irrécouvrables.* (al. 2). *Le juge peut effacer tout ou partie des dettes. Le montant effacé est réparti entre les créanciers du syndicat proportionnellement au montant de leur créance et intégré par l'administrateur provisoire au plan d'apurement des dettes, qui est ensuite homologué par le juge dans les conditions prévues au II de l'article 29-5. Le jugement ordonne également mainlevée des éventuelles inscriptions hypothécaires relatives à ces dettes inscrites sur les locaux appartenant au syndicat des copropriétaires.* (al. 3) ».

607. Art. 29-10 al. 1 L. 1965 : « *[l]'administrateur provisoire peut proposer au représentant de l'État dans le département d'initier un plan de sauvegarde en application de l'article L. 615-1 du Code de la construction et de l'habitation* ».

608. Art. L. 615-7 al. 1 CCH : « *[l]orsque l'état de carence a été déclaré, l'expropriation de l'immeuble est poursuivie au profit de la commune, de l'établissement public de coopération intercommunale compétent en matière d'habitat, de l'opérateur mentionné à l'article L. 615-10, de l'organisme ayant vocation à assurer la gestion des parties communes expropriées, d'un organisme y ayant vocation, d'un concessionnaire d'une opération d'aménagement visé à l'article L. 300-4 du Code de l'urbanisme ou d'une société de construction dans laquelle l'État détient la majorité du capital* ».

a) L'assemblée générale des copropriétaires

568. Organe délibératif. C'est l'assemblée générale des copropriétaires qui prend les décisions du syndicat[609]. Elle regroupe tous les copropriétaires et se réunit au moins une fois par an[610] sur convocation, en principe, du syndic[611]. Elle vote[612] les délibérations dans les matières pour lesquelles le syndicat est compétent et qui sont fixées à l'ordre du jour[613].

569. Délibérations. Par principe, les délibérations de l'assemblée générale sont prises, en application de l'**article 24** de la loi, sans condition de *quorum*, à la **majorité des voix exprimées** des copropriétaires présents ou représentés[614]. La loi en donne des illustrations à l'article 24, II L. 1965, et dans les dispositions qui suivent : travaux de conservation de l'immeuble, de mise en conformité avec les normes de salubrité, travaux d'accessibilité aux personnes handicapées ou à mobilité réduite, travaux d'installation d'un réseau de communication électronique distribuant les services de télévision numérique, travaux d'installation de lignes de communication électronique à très haut débit en fibre optique, etc.

Exceptionnellement, lorsqu'un texte le prévoit, le vote se fait à la *majorité absolue*, à une *double majorité* ou à l'*unanimité*.

Le **vote à la majorité absolue**, c'est-à-dire à la **majorité des voix de la copropriété**, est requis pour les décisions visées à **l'article 25** et par d'autres **dispositions éparses** de la loi. Il s'agit de **décisions importantes pour le fonctionnement de la copropriété** : autorisation donnée à certains copropriétaires d'effectuer à leurs frais des travaux affectant les parties communes ou l'aspect extérieur de l'immeuble et conformes à la destination de celui-ci, désignation ou révocation du ou des syndics et des membres du conseil syndical, etc. Afin de remédier à l'absentéisme ou aux abus de minorité, l'article 25-1 L. 1965[615] prévoit par principe que lorsque le projet a

---

609. On en tire qu'aucune décision, même prise par tous les copropriétaires, ne peut valoir décision du syndicat si elle prise hors de la tenue d'une assemblée (F. Terré et Ph. Simler, n° 675).

610. Art. 7 al. 1 Décr. 1967 : « *[d]ans tout syndicat de copropriété, il est tenu, au moins une fois chaque année, une assemblée générale des copropriétaires* ».

611. Art. 7 al. 2 Décr. 1967 : « *[s]ous réserve des dispositions prévues aux articles 8 (alinéas 2 et 3), 47 et 50 du présent décret, l'assemblée générale est convoquée par le syndic* ». Si l'assemblée n'a pas été valablement convoquée, elle est nulle (v. par exemple, Civ. 3e, 9 septembre 2009, deux arrêts, *Bull. civ.* III, n° 184, *JCP* 2010, I, 336, obs. H. Périnet-Marquet : assemblée générale irrégulièrement convoquée par le syndic à la suite de l'annulation de la délibération désignant ce dernier).

612. Le vote s'effectue par quote-part et non par tête. L'article 22 L. 1965 prévoit dans son deuxième alinéa que chaque copropriétaire dispose d'un nombre de voix correspondant à sa quote-part dans les parties communes, à moins qu'un copropriétaire possède une quote-part des parties communes supérieure à la moitié, auquel cas le nombre de voix dont il dispose est réduit à la somme des voix des autres copropriétaires – l'idée est qu'un des copropriétaires ne doit pas pouvoir imposer sa volonté chaque fois que le vote se fait à la majorité des voix exprimées.

613. Art. 13 Décr. 1967 « *[l]'assemblée générale ne prend de décision valide que sur les questions inscrites à l'ordre du jour et dans la mesure où les notifications ont été faites conformément aux dispositions des articles 9 à 11-I. Elle peut, en outre, examiner sans effet décisoire toutes questions non inscrites à l'ordre du jour* ».

614. Art. 24, I L. 1965 : « *[l]es décisions de l'assemblée générale sont prises à la majorité des voix exprimées des copropriétaires présents ou représentés, s'il n'en est autrement ordonné par la loi* ».

615. « *Lorsque l'assemblée générale des copropriétaires n'a pas décidé à la majorité prévue à l'article précédent mais que le projet a recueilli au moins le tiers des voix de tous les copropriétaires composant le syndicat, la même assemblée peut décider à la majorité prévue à l'article 24 en procédant immédiatement à un second vote.* (al. 1) *Lorsque le projet n'a pas recueilli au moins le tiers des voix de tous les copropriétaires, une nouvelle assemblée générale, si elle est convoquée dans le délai*

recueilli au moins le tiers des voix de tous les copropriétaires composant le syndicat, sans recueillir la majorité absolue, la même assemblée peut prendre des décisions à la majorité de l'article 24, et que lorsque le projet n'a pas recueilli au moins le tiers des voix de tous les copropriétaires, une nouvelle assemblée générale, si elle est convoquée dans le délai maximal de trois mois, peut statuer à la majorité de l'article 24.

Le vote à la **majorité qualifiée**, c'est-à-dire à la **majorité des voix de la copropriété représentant au moins les deux tiers des voix** est requis pour les décisions visées à l'**article 26** et par d'autres **dispositions éparses** de la loi. Il s'agit de **décisions qui concernent** moins le fonctionnement de la copropriété que **la situation juridique et matérielle de l'immeuble lui-même** : établissement ou modification du règlement de copropriété dans la mesure où il concerne la jouissance, l'usage et l'administration des parties communes, la cession de parties communes non nécessaires à la préservation de la destination de l'immeuble, par exemple.

Le **vote à l'unanimité** des copropriétaires est exceptionnellement requis. Le droit de veto laissé à chaque copropriétaire se justifie en raison de **l'atteinte qu'est appelée à subir son droit ou de la modification de ses engagements financiers**. C'est le cas notamment pour modifier en principe la répartition les charges[616], aliéner des parties communes dont la conservation est nécessaire au respect de la destination de l'immeuble[617], souscrire un emprunt bancaire au nom du syndicat des copropriétaires pour le financement soit de travaux régulièrement votés concernant les parties communes ou de travaux d'intérêt collectif sur parties privatives[618].

570. Gestion d'affaires. Si l'article 18 L. 1965 prévoit que le syndic est chargé « *de faire procéder de sa propre initiative à l'exécution de tous travaux nécessaires à la sauvegarde de l'immeuble* », ceux-ci peuvent être effectués par un copropriétaire – voire un tiers –, sur le fondement des règles de la gestion

---

maximal de trois mois, peut statuer à la majorité de l'article 24. (al. 2) *Le présent article n'est pas applicable aux décisions mentionnées aux n et o de l'article 25* (al. 3) ».

616. Art. 11 L. 1965 : « *[s]ous réserve des dispositions de l'article 12 ci-dessous, la répartition des charges ne peut être modifiée qu'à l'unanimité des copropriétaires. Toutefois, lorsque des travaux ou des actes d'acquisition ou de disposition sont décidés par l'assemblée générale statuant à la majorité exigée par la loi, la modification de la répartition des charges ainsi rendue nécessaire peut être décidée par l'assemblée générale statuant à la même majorité.* (al. 1) *En cas d'aliénation séparée d'une ou plusieurs fractions d'un lot, la répartition des charges entre ces fractions est, lorsqu'elle n'est pas fixée par le règlement de copropriété, soumise à l'approbation de l'assemblée générale statuant à la majorité prévue à l'article 24.* (al. 2) *À défaut de décision de l'assemblée générale modifiant les bases de répartition des charges dans les cas prévus aux alinéas précédents, tout copropriétaire pourra saisir le tribunal de grande instance de la situation de l'immeuble à l'effet de faire procéder à la nouvelle répartition rendue nécessaire* (al. 3) ».

617. Art. 26 L. 1965 : « (...) *L'assemblée générale ne peut, à quelque majorité que ce soit, imposer à un copropriétaire une modification à la destination de ses parties privatives ou aux modalités de leur jouissance, telles qu'elles résultent du règlement de copropriété* (...) ». Par ailleurs, « (...) *[l]orsqu'en vertu d'une clause du règlement de copropriété la suppression du service de conciergerie porte atteinte à la destination de l'immeuble ou aux modalités de jouissance des parties privatives, la suppression du poste de concierge ou de gardien et l'aliénation du logement affecté au concierge ou au gardien lorsqu'il appartient au syndicat ne peuvent être décidées qu'à l'unanimité* (...) » (même article).

618. Art. 26-4 al. 1 L. 1965 : « *[l]'assemblée générale ne peut, sauf à l'unanimité des voix des copropriétaires, décider la souscription d'un emprunt bancaire au nom du syndicat des copropriétaires pour le financement soit de travaux régulièrement votés concernant les parties communes ou de travaux d'intérêt collectif sur parties privatives régulièrement votés, soit des actes d'acquisition conformes à l'objet du syndicat et régulièrement votés* ».

d'affaires[619]. Tout au plus le recours à la gestion d'affaires doit, semble-t-il, être justifié par l'urgence[620].

b) Le syndic

571. Organe exécutif. Le syndic est chargé d'exécuter les missions qui lui sont conférées par la loi et qui consistent pour l'essentiel à : 1°/**administrer et conserver l'immeuble** en assurant l'exécution des dispositions du règlement de copropriété et des délibérations de l'assemblée générale, à 2°/**assurer la gestion comptable et financière du syndicat** » et 3°/à **représenter le syndicat** dans les actes civils et en justice[621] (art. 18 L. 1965).

Il est nommé à la majorité absolue des voix[622] pour une durée allant en principe jusqu'à trois années[623]. Ce peut être toute personne, copropriétaire ou non, professionnelle ou non, mais dans ce dernier cas, ce doit être un copropriétaire[624].Le contrat conclu avec le syndic respecte un contrat-type défini par la voie réglementaire[625].

---

619. Civ. 3e, 24 mars 2015, pourvois nos 13-24001 et 14-10582 : la Cour de cassation tient pour erroné le motif des juges du fond tiré de l'inapplicabilité des règles de la gestion d'affaires en ce domaine.

620. Civ. 3e, 4 novembre 1993, pourvoi n° 91-18695 : les juges du fond doivent rechercher lorsque des travaux sur des parties communes ont été effectués par un copropriétaire « si, compte tenu de la nature et du siège des travaux, leur utilité n'impliquait pas qu'ils fussent exécutés avec une célérité exceptionnelle pour assurer la sauvegarde de l'immeuble, susceptible de conférer le caractère de la gestion d'affaires aux initiatives ».

621. Observations :

1°/ Le décret de 1967 reconnaît au syndic la qualité de mandataire (art. 29 al. 6 Décr. 1967 : « *[l]e contrat de mandat du syndic fixe sa durée et précise ses dates calendaires de prise d'effet et d'échéance, ainsi que les éléments de détermination de la rémunération du syndic. Il détermine les conditions d'exécution de la mission de ce dernier en conformité avec les dispositions des articles 14 et 18 de la loi du 10 juillet 1965. (...) La décision qui désigne le syndic et qui approuve le contrat de mandat est votée par l'assemblée générale à la majorité de l'article 25 de la loi du 10 juillet 1965* »).

2°/ Le syndic ne peut en principe agir en justice qu'avec l'autorisation de l'assemblée des copropriétaires (art. 55 Décr. 1967 : « *[l]e syndic ne peut intenter une action en justice au nom du syndicat sans y avoir été autorisé par une décision de l'assemblée générale (...)* ». Toutefois, « *[u]ne telle autorisation n'est pas nécessaire pour les actions en recouvrement de créance, la mise en œuvre des voies d'exécution forcée à l'exception de la saisie en vue de la vente d'un lot, les mesures conservatoires et les demandes qui relèvent des pouvoirs de juge des référés, ainsi que pour défendre aux actions intentées contre le syndicat. Elle n'est pas non plus nécessaire lorsque le président du tribunal de grande instance est saisi en application des premiers alinéas des articles 29-1A et 29-1 de la loi du 10 juillet 1965 ou du premier alinéa de l'article L. 615-6 du Code de la construction et de l'habitation (...)* »).

622. Art. 25, c) L. 1965 : « *[n]e sont adoptées qu'à la majorité des voix de tous les copropriétaires les décisions concernant : (...) c) La désignation ou la révocation du ou des syndics et des membres du conseil syndical (...)* ». Afin d'éviter une situation de blocage, faute d'obtention d'une telle majorité, « *le syndic est désigné par le président du tribunal de grande instance* » (art. 17 al. 3 L. 1965).

623. Art. 28 al. 2 Décr. 1967 : « *[e]n dehors de l'hypothèse prévue par l'article L. 443-15 du Code de la construction et de l'habitation, la durée des fonctions du syndic ne peut excéder trois années. Toutefois, pendant les délais prévus à l'article 1792-4-1 du Code civil, elle ne peut dépasser une année lorsque le syndic, son conjoint, le partenaire lié à lui par un pacte civil de solidarité, leurs commettants ou employeurs, leurs préposés, leurs parents ou alliés jusqu'au troisième degré inclus ont, directement ou indirectement, à quelque titre que ce soit, même par personne interposée, participé à la construction de l'immeuble* ».

624. Art. 17-2 L. 1965 : « *[t]out syndic non professionnel, bénévole ou coopératif, doit être copropriétaire d'un ou plusieurs lots ou fractions de lots dans la copropriété qu'il est amené à gérer* ».

625. Art. 18-1 A al. 3 L. 1965 : « *[l]e contrat de syndic respecte un contrat type défini par décret en Conseil d'État* ». À ce sujet, v. Décr. n° 2015-342 du 26 mars 2015 *définissant le contrat type de syndic*

En tant que mandataire du syndicat, il est révocable *ad nutum*[626] et il peut renoncer à son mandat[627]. En revanche, contrairement au droit commun du mandat[628], il lui est interdit de se substituer un tiers dans l'accomplissement de sa mission, encore que l'assemblée générale puisse autoriser une délégation de pouvoir pour une mission précise[629].

En cas d'empêchement ou de carence du syndic, un nouveau syndic ou un administrateur provisoire peut être nommé[630].

c) Le conseil syndical

572. Organe d'assistance, de contrôle et de conseil. Le conseil syndical « *assiste le syndic et contrôle sa gestion* » (art. 21 al. 1 L. 1965) et « *donne son avis au syndic ou à l'assemblée générale sur toutes questions concernant le syndicat* » (art. 21 al. 2 L. 1965). Il est ainsi investi de missions de *conseil* et de *contrôle* dont il rend compte de l'exécution chaque année à l'assemblée générale[631].

Dans sa **mission de conseil**, le conseil syndical est consulté lorsque le syndic, qui doit réaliser des travaux urgents, entend réclamer une provision aux copropriétaires[632] ou lorsqu'il souhaite conclure des contrats ou marchés d'un montant supérieur à celui arrêté par l'assemblée générale[633]. Par ailleurs, c'est lui qui effectue une mise en concurrence des syndics lorsque l'assemblée générale est appelée à se

---

de copropriété et les prestations particulières, prévus à l'article 18-1 A de la loi n° 65-557 du 10 juillet 1965 modifiée fixant le statut de la copropriété des immeubles bâtis.

626. Toutefois, il semblerait que le syndic révoqué sans avoir commis de manquement puisse prétendre à des dommages-intérêts (Civ. 3e, 27 avril 1988, *Bull. civ.* III, n° 80 : ne donne pas de base légale à sa décision la cour d'appel qui déboute le syndic de sa demande de dommages-intérêts pour rupture anticipée de son contrat à durée déterminée sans rechercher s'il avait commis un manquement à ses obligations, de nature à justifier sa révocation sans indemnité).

627. Art. 18, V. L. 1965 : « *(...) [l]e syndic ne peut renoncer à son mandat sans avoir respecté un délai de préavis de trois mois (...)* ».

628. Art. 1994 C. civ. : « *[l]e mandataire répond de celui qu'il s'est substitué dans la gestion : 1° quand il n'a pas reçu le pouvoir de se substituer quelqu'un ; 2° quand ce pouvoir lui a été conféré sans désignation d'une personne, et que celle dont il a fait choix était notoirement incapable ou insolvable.* (al. 1) *Dans tous les cas, le mandant peut agir directement contre la personne que le mandataire s'est substituée.* (al. 2) »

629. Art. 18, IV L. 1965 : « *[s]eul responsable de sa gestion, il ne peut se faire substituer. L'assemblée générale peut seule autoriser, à la majorité prévue par l'article 25, une délégation de pouvoir à une fin déterminée* ».

630. Art. 18, V L. 1965 : « *[e]n cas d'empêchement du syndic, pour quelque cause que ce soit, le président du conseil syndical peut convoquer une assemblée générale appelée à désigner un nouveau syndic. En cas de carence du syndic et à défaut de stipulation du règlement de copropriété, un administrateur provisoire peut être désigné par décision de justice (...)* ».

631. Art. 22 al. 2 Décr. 1967 : « *[l]e conseil syndical rend compte à l'assemblée, chaque année, de l'exécution de sa mission* ».

632. Art. 37 Décr. 1967 : « *[l]orsqu'en cas d'urgence le syndic fait procéder, de sa propre initiative, à l'exécution de travaux nécessaires à la sauvegarde de l'immeuble, il en informe les copropriétaires et convoque immédiatement une assemblée générale.* (al. 1) *Par dérogation aux dispositions de l'article 35 ci-dessus, il peut, dans ce cas, en vue de l'ouverture du chantier et de son premier approvisionnement, demander, sans délibération préalable de l'assemblée générale mais après avoir pris l'avis du conseil syndical, s'il en existe un, le versement d'une provision qui ne peut excéder le tiers du montant du devis estimatif des travaux.* (al. 2) (...) ».

633. Art. 21 al. 2 L. 1965 : « (...) *[l]'assemblée générale des copropriétaires, statuant à la majorité de l'article 25, arrête un montant des marchés et des contrats à partir duquel la consultation du conseil syndical est rendue obligatoire. À la même majorité, elle arrête un montant des marchés et des contrats autres que celui de syndic à partir duquel une mise en concurrence est rendue obligatoire* ».

prononcer sur la désignation d'un syndic[634]. Dans sa **mission de contrôle**, le conseil syndical contrôle la gestion du syndic, notamment la comptabilité et l'élaboration du budget prévisionnel dont il suit l'exécution, ainsi que les conditions dans lesquelles sont passés et exécutés les marchés[635]. En tout état de cause, le conseil syndical peut recevoir d'autres missions ou délégations de l'assemblée générale[636].

Le conseil syndical est un organe obligatoire de la copropriété, encore qu'une délibération de l'assemblée générale prise à la majorité de l'article 26 puisse en principe décider de ne pas en instituer[637]. La composition et le fonctionnement du conseil syndical sont déterminés par le règlement de copropriété ou par une délibération de l'assemblée générale[638]. Tout au plus la loi prévoit que les membres du conseil syndical sont désignés par l'assemblée générale parmi les copropriétaires ou des personnes assimilées[639], pour une durée de trois années au maximum[640]. À défaut de désignation par l'assemblée générale à la majorité requise, le juge peut désigner les membres du conseil syndical ou constater l'impossibilité d'instituer un conseil syndical[641].

3. Les copropriétaires

573. Propriétaire et membre du syndicat des copropriétaires. Tout copropriétaire est un *propriétaire* et un *membre* de plein droit du *syndicat des copropriétaires*. En sa qualité de **propriétaire**, il exerce son droit sur son lot qui lui confère un droit exclusif sur les parties privatives et un droit indivis sur les parties communes. En sa qualité de **membre du syndicat des copropriétaires**, il participe aux assemblées de copropriétaires[642].

---

634. Art. 21 al. 3 L. 1965 : « *[a]u cas où l'assemblée générale est appelée à se prononcer sur la désignation d'un syndic, celle-ci est précédée d'une mise en concurrence de plusieurs projets de contrat de syndic, faisant notamment état des frais afférents au compte bancaire séparé, effectuée par le conseil syndical, sans préjudice de la possibilité, pour les copropriétaires, de demander au syndic l'inscription à l'ordre du jour de l'assemblée générale de l'examen des projets de contrat de syndic qu'ils communiquent à cet effet* ».

635. Art. 26 al. 1 Décr. 1967 : « *[l]e conseil syndical contrôle la gestion du syndic, notamment la comptabilité du syndicat, la répartition des dépenses, les conditions dans lesquelles sont passés et exécutés les marchés et tous autres contrats, ainsi que l'élaboration du budget prévisionnel dont il suit l'exécution* ».

636. Art. 26 al. 2 Décr. 1967 : « *[i]l peut recevoir d'autres missions ou délégations de l'assemblée générale dans les conditions prévues à l'article 25 a de la loi du 10 juillet 1965 et à l'article 21 du présent décret* ».

637. Art. 21 L. 1965 : « (...) *[s]auf dans le cas des syndicats coopératifs, l'assemblée générale peut décider par une délibération spéciale, à la majorité prévue par l'article 26, de ne pas instituer de conseil syndical. La décision contraire est prise à la majorité des voix de tous les copropriétaires (...)* ».

638. Art. 22 al. 1 Décr. 1967 : « *[à] moins que le règlement de copropriété n'ait fixé les règles relatives à l'organisation et au fonctionnement du conseil syndical, ces règles sont fixées ou modifiées par l'assemblée générale à la majorité de l'article 24 de la loi du 10 juillet 1965* ».

639. Art. 21 L. 1965 : « *(...) les associés dans le cas prévu par le premier alinéa de l'article 23 de la présente loi, les accédants ou les acquéreurs à terme, leurs conjoints, les partenaires liés à eux par un pacte civil de solidarité, leurs représentants légaux, ou leurs usufruitiers* ».

640. Art. 22 al. 3 Décr. 1967 : « *[l]e mandat des membres du conseil syndical ne peut excéder trois années renouvelables* ».

641. Art. 21 L. 1965 : « (...) *[à] défaut de désignation par l'assemblée générale à la majorité requise, et sous réserve des dispositions de l'alinéa précédent, le juge, saisi par un ou plusieurs copropriétaires ou par le syndic, peut, avec l'acceptation des intéressés, désigner les membres du conseil syndical ; il peut également constater l'impossibilité d'instituer un conseil syndical* (...) ».

642. Il peut, en cas de carence des organes compétents, provoquer la réunion de l'assemblée de copropriétaires (art. 50 al. 1 Décr. 1967 : « *[d]ans l'hypothèse prévue à l'article 8 (3e alinéa) (...), le*

574. Droits sur le lot de copropriété. Le copropriétaire peut, sur son lot, réaliser tous les actes d'un propriétaire sur son bien. Il peut le céder, le démembrer, l'hypothéquer, et, en particulier, le diviser[643] ou le réunir avec un autre.

Si le copropriétaire se présente donc comme un propriétaire ordinaire à l'égard de son lot, certaines particularités méritent d'être soulignées. En premier lieu, des restrictions au droit de disposer du lot peuvent être imposées par le règlement de copropriété, dès lors qu'elles sont justifiées par la « *destination de l'immeuble* »[644] : ainsi, dans un immeuble de standing, une clause du règlement pourrait interdire à un copropriétaire de céder un lot accessoire – comme une chambre de service – au lot principal constitué d'un appartement, aux fins d'éviter la multiplication des résidents dans l'immeuble. En deuxième lieu, la cession d'un lot de copropriété, parce qu'elle intéresse les copropriétaires, donne lieu à une *notification de la mutation*[645] dont l'effet est de rendre le transfert de propriété opposable au syndicat[646] et à un *avis de mutation*[647] qui permet au syndic de faire opposition au versement du prix et vaut mise en œuvre du privilège du syndicat. En troisième lieu, le syndicat des copropriétaires bénéficie d'une *hypothèque légale* sur le lot de chaque copropriétaire, garantissant les sommes lui étant dues par ces derniers[648].

---

président du tribunal de grande instance, statuant en matière de référé, peut, à la requête de tout copropriétaire, habiliter un copropriétaire ou un mandataire de justice à l'effet de convoquer l'assemblée générale »).

643. Civ. 3ᵉ, 5 juillet 1989, *Bull. civ.* III, nº 154 : « la division d'un lot relève de la liberté du copropriétaire intéressé, sauf en ce qui concerne la modification de la répartition des charges (...) [;] le syndicat ne peut s'opposer à cette division que si elle porte atteinte à la destination de l'immeuble ».

644. Art. 8, I L. 1965 : « *(...) [l]e règlement de copropriété ne peut imposer aucune restriction aux droits des copropriétaires en dehors de celles qui seraient justifiées par la destination de l'immeuble, telle qu'elle est définie aux actes, par ses caractères ou sa situation* ».

645. Art. 6 al. 1 Décr. 1967 : « *[t]out transfert de propriété d'un lot ou d'une fraction de lot, toute constitution sur ces derniers d'un droit d'usufruit, de nue-propriété, d'usage ou d'habitation, tout transfert de l'un de ces droits est notifié, sans délai, au syndic, soit par les parties, soit par le notaire qui établit l'acte, soit par l'avocat qui a obtenu la décision judiciaire, acte ou décision qui, suivant le cas, réalise, atteste, constate ce transfert ou cette constitution (...)* ».

646. Civ. 3ᵉ, 6 novembre 1991, *Bull. civ.* III, nº 264 : ne donne pas de base légale à la décision des juges du fond déclarant irrecevable une action introduite par un copropriétaire à l'encontre de l'acquéreur d'un lot au motif que cet acquéreur n'a pas la qualité de copropriétaire en raison du défaut de publication de l'acte de vente, sans avoir recherché si cet acte avait été notifié au syndic.

647. Art. 20, I, L. 1965 : « *I. – Lors de la mutation à titre onéreux d'un lot, et si le vendeur n'a pas présenté au notaire un certificat du syndic ayant moins d'un mois de date, attestant qu'il est libre de toute obligation à l'égard du syndicat, avis de la mutation doit être donné par le notaire au syndic de l'immeuble par lettre recommandée avec avis de réception dans un délai de quinze jours à compter de la date du transfert de propriété. Avant l'expiration d'un délai de quinze jours à compter de la réception de cet avis, le syndic peut former au domicile élu, par acte extrajudiciaire, opposition au versement des fonds dans la limite ci-après pour obtenir le paiement des sommes restant dues par l'ancien propriétaire. Cette opposition contient élection de domicile dans le ressort du tribunal de grande instance de la situation de l'immeuble et, à peine de nullité, énonce le montant et les causes de la créance. Le notaire libère les fonds dès l'accord entre le syndic et le vendeur sur les sommes restant dues. À défaut d'accord, dans un délai de trois mois après la constitution par le syndic de l'opposition régulière, il verse les sommes retenues au syndicat, sauf contestation de l'opposition devant les tribunaux par une des parties. Les effets de l'opposition sont limités au montant ainsi énoncé.*

Tout paiement ou transfert amiable ou judiciaire du prix opéré en violation des dispositions de l'alinéa précédent est inopposable au syndic ayant régulièrement fait opposition. L'opposition régulière vaut au profit du syndicat mise en œuvre du privilège mentionné à l'article 19-1 ».

648. Art. 19 al. 1 L. 1965 : « *[l]es créances de toute nature du syndicat à l'encontre de chaque copropriétaire sont, qu'il s'agisse de provision ou de paiement définitif, garanties par une hypothèque légale sur son lot (...)* ».

575. Droits sur les parties privatives. Sur ses parties privatives, le copropriétaire exerce une « *propriété exclusive* »[649]. Il exerce donc par principe un droit de propriété classique, auquel le syndicat des copropriétaires ne saurait porter atteinte. Ainsi l'assemblée générale ne peut, à quelque majorité que ce soit, imposer à un copropriétaire une modification à la destination de ses parties privatives ou aux modalités de leur jouissance, telles qu'elles résultent du règlement de copropriété[650].

Il reste que l'appartenance du copropriétaire à une copropriété conduit à apporter au droit de chaque copropriétaire des restrictions particulières. C'est l'objet des articles 8, I al. 2 L. 1965 : « *[l]e règlement de copropriété ne peut imposer aucune restriction aux droits des copropriétaires en dehors de celles qui seraient justifiées par la destination de l'immeuble, telle qu'elle est définie aux actes, par ses caractères ou sa situation* » et 9 al. 1 L. 1965 : « *[c]haque copropriétaire (...) use et jouit librement des parties privatives et des parties communes sous la condition de ne porter atteinte ni aux droits des autres copropriétaires ni à la destination de l'immeuble* »[651]. Que chaque copropriétaire ne doive pas porter atteinte *aux droits des autres copropriétaires* ne pose pas de difficulté particulière : c'est là une exigence comportementale générale. Que chaque copropriétaire ne doive pas porter *atteinte à la destination de l'immeuble* retient davantage l'attention, chaque fois qu'un copropriétaire souhaite modifier l'affectation de son lot : modification d'un atelier en un logement, d'un logement en un commerce, de combles en chambre, etc. Dès lors que la modification respecte la destination de l'immeuble[652], peu importe *a priori*

649. Art. 2 al. 2 L. 1965 : « *[l]es parties privatives sont la propriété exclusive de chaque copropriétaire* ».

650. Art. 26 L. 1965 : « *[l]'assemblée générale ne peut, à quelque majorité que ce soit, imposer à un copropriétaire une modification à la destination de ses parties privatives ou aux modalités de leur jouissance, telles qu'elles résultent du règlement de copropriété* ». Et v. Civ. 3e, 26 mai 1994, pourvoi n° 92-16877 : une assemblée générale de copropriétaires, dans deux délibérations, avait, dans l'une, autorisé la division des lots existants en autant de lots principaux ou « secondaires » que de parties privatives distinctes comprises dans les lots existants, et, dans l'autre, réservé la cession des lots secondaires nouvellement créés aux seuls cas de cession connexe du lot principal, sauf cession à un autre copropriétaire possédant un lot principal, toute vente d'un « lot secondaire » au profit d'une personne ne possédant aucun lot principal dans l'immeuble étant, à peine de nullité, soumise à un droit de préférence créé au profit des propriétaires de lots principaux de l'immeuble et du syndicat. La Cour de cassation considère qu'« ayant relevé que la seconde résolution avait été seulement votée à la majorité, la cour d'appel (...) a légalement justifié sa décision en retenant, sans dénaturation du règlement de copropriété, d'une part, que cette délibération constituait une restriction au droit de chaque copropriétaire de disposer librement de son lot et que l'unanimité requise pour son adoption n'avait pas été réunie et, d'autre part, qu'en l'absence de restriction figurant dans le règlement de copropriété relative au droit pour tout copropriétaire de diviser son lot, cette division, autorisée par l'assemblée générale des copropriétaires, à la majorité requise, était régulière et devait être maintenue dès lors qu'elle ne portait pas atteinte à la destination de l'immeuble ».

651. L'article 9 al. 2 L. 1965 ajoute que « *(...) si les circonstances l'exigent et à condition que l'affectation, la consistance ou la jouissance des parties privatives comprises dans son lot n'en soient pas altérées de manière durable, aucun des copropriétaires ou de leurs ayants droit ne peut faire obstacle à l'exécution, même à l'intérieur de ses parties privatives, des travaux régulièrement et expressément décidés par l'assemblée générale en vertu des a et b du II de l'article 24, des f, g et o de l'article 25 et de l'article 30* ».

652. Pour des changements qui n'ont pas été jugés contraires à la destination de l'immeuble (souvent, les cassations le sont pour défaut de base légale, les juges du fond n'ayant pas caractérisé la contrariété à la destination de l'immeuble) : Civ. 3e, 10 décembre 1986, *Bull. civ.* III, n° 180 : transformation d'un grenier en habitation ; Civ. 3e, 24 octobre 1990, *Bull. civ.* III, n° 200 : transformation d'un sous-sol en habitation ; Civ. 3e, 25 janvier 1995, *Bull. civ.* III, n° 30 : transformation d'un garage en habitation ; Civ. 3e, 15 janvier 1997, pourvoi n° 95-10113 : transformation d'une cave en cuisine ; Civ. 3e, 7 avril

l'affectation du lot mentionnée dans le règlement de copropriété. Et si le copropriétaire souhaite modifier le règlement de copropriété en vue de prendre en compte la nouvelle affectation du lot, il n'est pas certain qu'une autorisation de l'assemblée générale soit requise, la destination de l'immeuble étant par hypothèse respectée[653]. Ce n'est qu'au cas où il serait porté atteinte à cette destination qu'une autorisation devrait être nécessaire, celle-ci devant l'être alors à l'unanimité[654]. Toutefois, la Cour de cassation a censuré la décision de juges du fond qui avait prononcé la nullité d'une délibération d'assemblée générale refusant de faire droit à une demande de modification de l'affectation d'un lot, pour s'être fondés sur le fait que celle-ci n'était « pas contraire à la destination de l'immeuble », « pas interdite par le règlement de copropriété » et ne portait « pas atteinte aux droits des autres copropriétaires », sans avoir relevé « en quoi la décision de l'assemblée générale était contraire aux intérêts collectifs des copropriétaires ou avait été prise dans le seul but de favoriser les intérêts personnels des copropriétaires majoritaires au détriment des copropriétaires minoritaires »[655]. N'est-ce pas là ajouter à la loi ?

2004, pourvoi n° 02-12811 : transformation d'un débarras en garage ; Civ. 3e, 11 décembre 2012, pourvoi n° 11-25339 : transformation d'une partie d'un local à usage de garage en local de vente et d'exposition avec occupation par la clientèle.

Et pour un changement de destination des parties privatives jugé contraire à la destination de l'immeuble, v. Civ. 3e, 15 mai 1991, pourvoi n° 89-21827 : « la cour d'appel a souverainement retenu que l'exploitation d'un commerce "night club bar américain restaurant", de nature différente de celle de café bar, précédemment exercée, génératrice de nuisances multiples pour les copropriétaires, était incompatible avec la destination essentiellement à usage d'habitation bourgeoise de l'immeuble et que la réalisation du projet de la société locataire apporterait à l'aspect extérieur de l'immeuble une modification incompatible avec la destination de celui-ci ».

653. Sur la question, v. F. Terré et Ph. Simler, n° 717. Bien entendu, si le changement d'affectation suppose des travaux affectant les parties communes, l'assemblée générale devra autoriser les travaux – mais non le changement d'affectation – à la majorité de l'article 25.

654. Il s'agit en effet de modifier un acte qui est pris à l'unanimité (art. 8 al. 1 L. 1965 : « *[u]n règlement conventionnel de copropriété (...) détermine la destination des parties tant privatives que communes (...)* »).

655. Civ. 3e, 17 décembre 2014, pourvoi n° 13-25134, à paraître au *Bulletin*, *JCP* 2015, I, 546, obs. H. Périnet-Marquet : les acquéreurs d'un lot à usage professionnel d'un immeuble en copropriété à destination principale d'habitation avait demandé l'autorisation de changer la destination de leur lot en un local à usage d'habitation. À la suite du refus d'une assemblée générale, ils ont assigné le syndicat des copropriétaires en annulation de cette décision. La Cour de cassation, au visa de l'article 1382 C. civ., souligne que « pour prononcer la nullité de la décision d'assemblée générale, l'arrêt retient que la modification de la destination du lot n'est pas contraire à la destination de l'immeuble, n'est pas interdite par le règlement de copropriété et ne porte pas atteinte aux droits des autres copropriétaires et en déduit que la décision de refus de l'assemblée générale est abusive, pour noter « [qu]'en statuant ainsi, sans relever en quoi la décision de l'assemblée générale était contraire aux intérêts collectifs des copropriétaires ou avait été prise dans le seul but de favoriser les intérêts personnels des copropriétaires majoritaires au détriment des copropriétaires minoritaires, la cour d'appel n'a pas donné de base légale à sa décision ».

Une solution antérieure paraissait plus conforme à l'esprit de la loi. V. Civ. 3e, 19 décembre 2012, *Bull. civ.* III, n° 127 : « M. et Mme X..., propriétaires de deux lots dans un immeuble en copropriété, ont souhaité transformer l'un d'eux, jusqu'alors à usage d'entrepôt, en appartement ; (...) l'assemblée générale des copropriétaires du 2 octobre 2006, ayant refusé de les y autoriser, M. et Mme X... ont assigné le syndicat des copropriétaires en annulation de cette délibération et autorisation d'exécuter les travaux ; (...) ayant relevé, appréciant souverainement les éléments de preuve produits, que le changement d'affectation du lot 20 était conforme à la destination de l'immeuble, à usage mixte de commerce et d'habitation, n'emportait pas de conséquence sur son harmonie ou sa tranquillité et qu'aucun élément ne permettait de dire que les travaux portaient atteinte aux droits des autres copropriétaires ou

576. Droits sur les parties communes. Le copropriétaire exerce sur les parties communes des droits indivis[656], même si ceux-ci échappent largement au droit de l'indivision – spécialement, le droit au partage est écarté –, l'administration et la jouissance des parties communes étant organisées conformément aux dispositions de la loi de 1965[657].

Comme il a été vu au sujet des parties privatives, chaque copropriétaire « *use et jouit librement des (...) parties communes* », « *sous la condition de ne porter atteinte ni aux droits des autres copropriétaires ni à la destination de l'immeuble* » (art. 9 al. 1 L. 1965). La référence au respect des droits des autres copropriétaires a ici encore plus de portée qu'elle n'en avait s'agissant des parties privatives car, par hypothèse, l'usage et la jouissance des parties communes est commun. Le règlement de copropriété, en déterminant précisément comment les copropriétaires peuvent user et jouir des parties communes détermine indirectement ce qui est susceptible de porter atteinte aux droits des autres copropriétaires.

Les copropriétaires ne peuvent évidemment disposer des parties communes[658], seule l'assemblée générale le pouvant, à des majorités qui varient suivant que l'acte procède d'une obligation légale ou réglementaire – majorité de l'article 25[659] –, que l'acte porte atteinte à la destination de l'immeuble – unanimité[660] – ou non – double majorité de l'article 26[661]. En tout état de cause, en cas d'aliénation des parties communes, les sommes perçues se divisent de plein droit entre les copropriétaires[662].

à la solidité de l'immeuble, la cour d'appel (...) a pu décider que le refus d'autoriser ces travaux était abusif ».

656. Art. 4 *in limine* L. 1965 « *[l]es parties communes sont l'objet d'une propriété indivise entre l'ensemble des copropriétaires ou certains d'entre eux seulement* ».

657. Art. 4 *in fine* L. 1965 : « *leur administration et leur jouissance sont organisées conformément aux dispositions de la présente loi* ».

658. Encore que la propriété des parties communes puisse faire l'objet d'une usucapion. Civ. 3e, 30 avril 2003, *Bull. civ.* III, n° 91, *D.* 2003, p. 2047, obs. B. Mallet-Bricout, *JCP* 2003, I, 172, obs. H. Périnet-Marquet, *RTD civ.* 2003, p. 523, obs. Th. Revet : « les actes de vente de biens immobiliers, constitués par des lots de copropriété qui sont nécessairement composés de parties privatives et de quotes-parts de parties communes, peuvent être le juste titre qui permet à l'ensemble des copropriétaires de prescrire, selon les modalités de l'article 2265 C. civ., sur les parties communes de la copropriété, les droits indivis de propriété qu'ils ont acquis accessoirement aux droits exclusifs qu'ils détiennent sur les parties privatives de leurs lots ».

659. Art. 25, d L. 1965 : « *[n]e sont adoptées qu'à la majorité des voix de tous les copropriétaires les décisions concernant : (...) d) Les conditions auxquelles sont réalisés les actes de disposition sur les parties communes ou sur des droits accessoires à ces parties communes, lorsque ces actes résultent d'obligations légales ou réglementaires telles que celles relatives à l'établissement de cours communes, d'autres servitudes ou à la cession de droits de mitoyenneté* ».

660. Art. 26 L. 1965 : « (...) *[l]'assemblée générale ne peut, à quelque majorité que ce soit, imposer à un copropriétaire une modification à la destination de ses parties privatives ou aux modalités de leur jouissance, telles qu'elles résultent du règlement de copropriété* ».

661. Art. 26 L. 1965 : « *[l'assemblée générale] ne peut, sauf à l'unanimité des voix de tous les copropriétaires, décider l'aliénation des parties communes dont la conservation est nécessaire au respect de la destination de l'immeuble* ».

662. Art. 16-1 L. 1965 : « *[l]es sommes représentant le prix des parties communes cédées se divisent de plein droit entre les copropriétaires dans les lots desquels figuraient ces parties communes et proportionnellement à la quotité de ces parties afférentes à chaque lot (...)* ».

577. Sanctions. Le syndicat ou tout copropriétaire[663] peut agir en vue de faire respecter les dispositions de la loi et du règlement de copropriété. Les actions personnelles se prescrivent par dix ans[664] à compter « *de la survenance des faits qui sont la cause génératrice de l'action* »[665] et les actions réelles, par trente ans à compter du jour où le titulaire d'un droit a connu ou aurait dû connaître les faits lui permettant de l'exercer[666]. En cas d'emprise sur une partie qui n'appartient pas privativement à l'auteur de l'emprise, la (ou les) victime(s) devrai(en)t pouvoir agir en revendication tant que la partie litigieuse n'a pas été usucapée ; la jurisprudence manque néanmoins de clarté[667].

---

663. Civ. 3e, 19 novembre 2004, *Bull. civ.* III, n° 200 : « chaque copropriétaire a le droit d'exiger le respect du règlement de copropriété ou la cessation d'une atteinte aux parties communes par un autre copropriétaire, sans être astreint à démontrer qu'il subit un préjudice personnel et distinct de celui dont souffre la collectivité des membres du syndicat » ; Civ. 3e, 22 mars 2000, *Bull. civ.* III, n° 64, *D.* 2001, p. 355, obs. Ch. Atias, *RDI* 2000, p. 248, obs. Cl. Giverdon : « la cour d'appel a relevé à bon droit que le règlement de copropriété ayant la nature d'un contrat, chaque copropriétaire avait le droit d'en exiger le respect par les autres et que l'action individuelle des consorts X... était recevable sans qu'ils soient astreints à démontrer qu'ils subissaient un préjudice personnel et spécial distinct de celui dont souffrait la collectivité des membres du syndicat, leur intérêt à agir trouvant sa source dans le respect du règlement de copropriété ».

664. Art. 42 al. 1 L. 1965 : « *[s]ans préjudice de l'application des textes spéciaux fixant des délais plus courts, les actions personnelles nées de l'application de la présente loi entre des copropriétaires, ou entre un copropriétaire et le syndicat, se prescrivent par un délai de dix ans* ». Au titre des délais plus courts, on peut mentionner en particulier le délai très court pour contester les décisions d'une assemblée générale : les actions en contestation « *doivent, à peine de déchéance, être introduites par les copropriétaires opposants ou défaillants, dans un délai de deux mois à compter de la notification desdites décisions qui leur est faite à la diligence du syndic, dans un délai de deux mois à compter de la tenue de l'assemblée générale (...)* » (art. 42 al. 2 L. 1965).

665. Civ. 3e, 12 juin 2002, *Bull. civ.* III, n° 137 : « le point de départ du délai de prescription de l'article 42 de la loi du 10 juillet 1965 se situe au moment de la survenance des faits qui sont la cause génératrice de l'action ».

666. Art. 2227 C. civ. : « *(...) les actions réelles immobilières se prescrivent par trente ans à compter du jour où le titulaire d'un droit a connu ou aurait dû connaître les faits lui permettant de l'exercer* ».

667. V. notamment Civ. 3e, 21 mars 2000, pourvoi n° 98-20201 : « ayant relevé que l'auteur de X avait fait réaliser de manière irrégulière, sans autorisation de l'assemblée générale des copropriétaires, en 1969, la construction d'ouvrages sur la terrasse, partie commune dont il avait la jouissance privative, et que le syndicat des copropriétaires, assigné par X en annulation de la décision de l'assemblée générale du 20 juillet 1993, ayant mis à la charge de cette copropriétaire les frais de démolition des ouvrages avant réfection de la terrasse, avait reconventionnellement demandé la démolition de ces constructions, la cour d'appel, qui a justement analysé une telle demande comme tendant à faire cesser une appropriation de la terrasse par un copropriétaire bénéficiant d'un simple droit de jouissance et à faire respecter le droit réel de l'ensemble des copropriétaires sur une partie commune, a exactement retenu que cette action, soumise au seul délai trentenaire, était recevable ». Civ. 3e, 16 décembre 2014, pourvoi n° 13-25024, *RTD civ.* 2015, p. 420, obs. W. Dross : « [v]u l'article 42 de la loi du 10 juillet 1965 ; (...) pour déclarer l'action prescrite, la cour d'appel retient que M. et Mme X... demandent à titre principal que soit ordonné le rétablissement du lot n° 224 comme étant un appartement à usage d'habitation avec reconstruction du mur séparatif, partie commune dépendant de la copropriété, et qu'une telle demande ne peut être considérée comme réelle puisqu'elle n'a pas pour objet de faire cesser une appropriation indue d'une partie commune mais, en ce qu'elle tend seulement à faire respecter le règlement de copropriété, constitue bien une action personnelle, soumise, en application de l'article 42, alinéa 1, de la loi du 10 juillet 1965, à une prescription décennale ayant pour point de départ le jour où a été commise la violation de ce règlement ; (...) en statuant ainsi, tout en relevant que cette transformation s'était effectuée en ménageant une ouverture, dont M. et Mme X... sollicitaient la suppression, dans un mur constituant une partie commune du bâtiment, la cour d'appel, qui n'a pas tiré les conséquences légales de ses propres constatations dont il résultait que l'action, en ce qu'elle tendait à mettre fin à un acte d'appropriation d'une partie commune, se prescrivait par trente ans, a violé le texte susvisé ».

B Les règles d'organisation

578. Plan. Les règles d'organisation de la copropriété découlent de la *loi* (1) du *règlement de copropriété* (2) et de l'*état descriptif de division* (3).

1. La loi

579. Valeur. Si le champ d'application de la loi de 1965 est, sous réserve du cas particulier des ensembles immobiliers[668], d'ordre public, il en va également ainsi de certaines dispositions de la loi de 1965 et du décret de 1967. C'est ce qui ressort de l'article 43 L. 1965 qui indique que « *[t]outes clauses contraires aux dispositions des articles 6 à 37, 41-1 à 42 et 46 et celles du décret prises pour leur application sont réputées non écrites* ». Ainsi ne sont que supplétives les règles relatives à la répartition des parties privatives et communes (art. 2 à 4 L. 1965), celles relatives à la détermination de la quote-part des parties communes afférente à chaque lot (art. 5) ou encore les règles relatives à la reconstruction de l'immeuble (art. 38 à 41). Sur tous ces points, les copropriétaires pourront déroger à l'ensemble de ces règles dans le règlement de copropriété.

2. Le règlement de copropriété

580. Élaboration. Un règlement de copropriété doit être adopté par les copropriétaires, à défaut de quoi il le sera par une décision de justice[669]. Le règlement de copropriété est en principe adopté par l'unanimité des copropriétaires[670],

---

« Rien de moins convaincant » a-t-on relevé, dès lors que si « l'article 2227 prévoit que les actions réelles immobilières se prescrivent par trente ans », « il s'agit uniquement de celles qui protègent les droits réels démembrés » (W. Dross, obs. préc.). L'action dont s'agissait en l'espèce ne pouvait donc « être qu'une revendication, laquelle bénéficie nécessairement de l'imprescriptibilité du droit qu'elle protège », tant et si bien que la « prescription en débat ne pouvait donc être ici qu'une prescription acquisitive et non pas extinctive, ce qui supposait que la possession du copropriétaire défendeur présente les caractères requis » (W. Dross, obs. préc.). En réalité, ce n'est pas l'action en cessation de l'empiétement – par la remise en état – qui se prescrit par trente ans que l'acquisition par usucapion qui se réalise au bout de trente ans et qui fait donc échec à toute revendication.

Il est même arrivé à la Cour de cassation de juger que « l'action en suppression d'un empiètement sur les parties communes, intervenue à l'occasion de travaux autorisés par une assemblée générale est une action personnelle soumise à la prescription décennale » (Civ. 3e, 19 juin 2013, *Bull. civ.* III, n° 180, *JCP* 2013, I, 1060, obs. H. Périnet-Marquet : en l'espèce, des copropriétaires ayant obtenu l'autorisation d'effectuer des travaux sur leur partie privative avaient empiété sur des parties communes lors de la réalisation de ces travaux).

Et pour une usucapion au profit du syndicat des copropriétaires, v. Civ. 3e, 8 octobre 2015, pourvoi n° 14-16071, à paraître au *Bulletin :* « aucune disposition ne s'oppose à ce qu'un syndicat de copropriétaires acquière par prescription la propriété d'un lot ».

668. V. *supra*, n° 555.

669. Art. 3 al. 1 Décr. 1967 : « *[l]es règlements, états et conventions énumérés aux articles qui précèdent peuvent faire l'objet d'un acte conventionnel ou résulter d'un acte judiciaire, suivant le cas, ayant pour objet de réaliser, constater ou ordonner la division de la propriété d'un immeuble dans les conditions fixées par l'article 1er de la loi du 10 juillet 1965* ». Pour une illustration, V. Civ. 3e, 15 octobre 1989, *Bull. civ.* III, n° 214 : « à défaut d'accord entre les parties, le règlement de copropriété peut résulter d'un acte judiciaire constatant la division de l'immeuble dans les conditions fixées par la loi du 10 juillet 1965 ».

670. Encore que « *[l]a modification, ou éventuellement l'établissement, du règlement de copropriété dans la mesure où il concerne la jouissance, l'usage et l'administration des parties communes* » peut être prise à la majorité des membres du syndicat représentant au moins les deux tiers des voix (art. 26 al. 1, b L. 1965).

ce pourquoi la loi affirme, un peu rapidement[671], qu'il a une nature conventionnelle[672].

581. Objet du règlement de copropriété. ***Dispositions obligatoires***. Dans le respect des dispositions impératives de la loi de 1965, le règlement de copropriété comporte un certain nombre de dispositions obligatoires.

En premier lieu, le règlement de copropriété détermine « ***la destination des parties tant privatives que communes****, ainsi que* ***les conditions de leur jouissance*** »[673]. Le règlement précise ainsi la destination des parties privatives principales – habitation, professionnelle, mixte, par exemple[674] – et accessoires – grenier, cave, notamment –, ainsi que des parties communes – tel local commun est destiné à abriter l'installation de chauffage, telle parcelle commune est un jardin, etc. Bien que la loi ne le précise pas expressément, le règlement de copropriété prévoit la **destination de l'immeuble**, qui permet notamment de déterminer ce que les copropriétaires peuvent et ce qu'ils ne peuvent pas faire[675].

La loi de 1965 indique que la destination de l'immeuble est déterminée par les « actes » – ce qui vise à l'évidence le règlement de copropriété –, et par les « caractères » ou la « situation » de l'immeuble[676] – s'agit-il d'un immeuble de standing, d'un immeuble situé dans une zone commerçante ou résidentielle ? Toute restriction aux droits des copropriétaires doit être prise à l'unanimité des copropriétaires[677] et justifiée par la destination de l'immeuble[678].

---

671. S'il avait véritablement une nature conventionnelle, il ne lierait que ceux qui y ont consenti et non les acquéreurs successifs – sauf à voir en ce cas une cession légale de contrat – et le mécanisme de l'exception d'inexécution jouerait.

672. Art. 8, I L. 1965 : « *[u]n règlement* ***conventionnel*** *de copropriété* (...) » (nous soulignons). Et v. Civ. 3e, 22 mars 2000, *Bull. civ.* III, n° 64, *JCP* 2000, I, 265, obs. H. Périnet-Marquet : « la cour d'appel a relevé à bon droit que le règlement de copropriété ayant la nature d'un contrat, chaque copropriétaire avait le droit d'en exiger le respect par les autres et que l'action individuelle des consorts X... était recevable sans qu'ils soient astreints à démontrer qu'ils subissaient un préjudice personnel et spécial distinct de celui dont souffrait la collectivité des membres du syndicat, leur intérêt à agir trouvant sa source dans le respect du règlement de copropriété ».

673. Art. 8, I, al. 1 L. 1965, préc. (nous soulignons).

674. La clause du règlement de copropriété imposant une « habitation bourgeoise » a donné lieu à un contentieux particulièrement important en raison de son imprécision. La jurisprudence estime aujourd'hui qu'une telle clause interdit l'exercice de toute activité professionnelle qui ne soit pas une activité libérale (Soc. 17 décembre 1964, *Bull. civ.* n° 859 : « les juges du fond ayant constaté que la convention locative existant entre [X] et [Y] prévoyait seulement une occupation bourgeoise sans exclusive nettement précisée ont pu admettre que la profession libérale exercée dans les lieux par le fils de la locataire n'était pas de nature à apporter un trouble quelconque dans l'immeuble et n'était pas incompatible avec une location à usage d'habitation bourgeoise »), c'est-à-dire d'une activité artisanale, commerciale ou industrielle. Il s'agit cependant, avant tout, d'une question d'interprétation du règlement.

675. V. *supra*, n° 574.

676. Art. 8, I al. 2 L. 1965 « *[l]e règlement de copropriété ne peut imposer aucune restriction aux droits des copropriétaires en dehors de celles qui seraient justifiées par la destination de l'immeuble, telle qu'elle est définie aux* ***actes****, par ses* ***caractères*** *ou sa* ***situation*** » (nous soulignons).

677. Civ. 3e, 26 mai 1994, pourvoi n° 92-16877 : « la cour d'appel (...) a légalement justifié sa décision en retenant (...) que [la] délibération constituait une restriction au droit de chaque copropriétaire de disposer librement de son lot et que l'unanimité requise pour son adoption n'avait pas été réunie ».

678. Civ. 3e, 10 mars 1981, *Bull. civ.* III, n° 52, *Rép. Defr.* 1981, p. 1638, obs. H. Souleau : « après avoir relevé qu'il s'agissait d'une copropriété d'importance réduite, que la destination de l'immeuble ne pouvait pas permettre une subdivision indéfinie des parties privatives et que l'absence de lots accessoires tels que chambres de service, garage ou débarras entraînerait un encombrement des parties communes et gênerait l'utilisation normale de l'immeuble, la cour d'appel a pu décider que l'article 6 du règlement de copropriété [interdisant l'aliénation d'une partie d'un lot, sauf décision de l'assemblée

En deuxième lieu, le règlement de copropriété énonce « *les règles relatives à* ***l'administration des parties communes*** »[679], encore que la plupart des règles en la matière soient impérativement fixées par la loi. Il s'agit donc pour l'essentiel de préciser les *modalités de mise en œuvre* de la loi.

En troisième lieu, le règlement de copropriété indique « *les* ***éléments pris en considération et la méthode de calcul permettant de fixer les quotes-parts de parties communes et la répartition des charges*** »[680] et fixe en particulier « ***la quote-part afférente à chaque lot dans chacune des catégories de charges*** »[681]. Évidemment, chaque copropriétaire supporte seul les charges afférentes à sa partie privative. Quant aux charges afférentes aux parties communes, chaque copropriétaire y contribue. À cet égard, la loi procède à une distinction entre les **charges générales** « *relatives à la conservation, à l'entretien et à l'administration des parties communes* »[682] et les **charges spéciales** « *entraînées par les services collectifs et les éléments d'équipement commun* »[683]. Alors que les premières sont proportionnelles aux « *valeurs des parties privatives (...) telles que ces valeurs résultent des dispositions de l'article 5*[684] »[685], c'est-à-dire en principe aux quotes-parts dans les parties communes, les secondes sont réparties « *en fonction de l'utilité que ces services et éléments présentent à l'égard de chaque lot* »[686]. De fait, l'on comprend qu'un propriétaire au rez-de-chaussée ne participe pas proportionnellement aux charges engendrées par le fonctionnement d'un ascenseur – « *élément d'équipement commun* » – dont il n'a pas ou très peu l'utilité, mais qu'il participe proportionnellement au nettoyage des parties communes ou aux frais de gardiennage – dépenses relatives « *à la conservation, à l'entretien et à l'administration des parties communes* ». Le règlement de copropriété dispose donc d'une marge de manœuvre dans la seule détermination du montant des charges spéciales « *entraînées par les services collectifs et les éléments d'équipement*

générale, et imposant la vente des chambres de service en même temps que celle des appartements] était compatible avec l'article 8, alinéa 2, de la loi du 10 juillet 1965 ». Et pour une clause interdisant la subdivision d'un lot, restriction jugée non conforme, v. Civ. 3e, 5 juillet 1989, *Bull. civ.* III, n° 154 : « la division d'un lot relève de la liberté du copropriétaire intéressé, sauf en ce qui concerne la modification de la répartition des charges et (...) le syndicat ne peut s'opposer à cette division que si elle porte atteinte à la destination de l'immeuble ».

679. Art. 8, I al. 1 L. 1965, préc. (nous soulignons).

680. Art. 10 al. 4 L. 1965 (nous soulignons). Cette exigence ne concerne toutefois que les règlements de copropriété publiés à compter du 31 décembre 2002.

681. Art. 10 al. 3 L. 1965 (nous soulignons). La modification des charges requiert l'accord unanime des copropriétaires à moins que cette modification soit la conséquence de travaux, d'actes d'acquisition ou de disposition décidés par l'assemblée générale statuant à la majorité exigée par la loi, auquel cas la nouvelle répartition des charges rendue nécessaire pourra être décidée par l'assemblée générale statuant à la même majorité (art. 11 al. 1 L. 1965). Parce qu'elle entraîne une modification du règlement de copropriété, elle doit être publiée (art. 4 Décr. 1967). À défaut d'accord unanime des copropriétaires en assemblée générale pour modifier la répartition des charges, tout copropriétaire pourra saisir le tribunal de grande instance de la situation de l'immeuble à l'effet de faire procéder à la nouvelle répartition rendue nécessaire (art. 11 al. 3 L. 1965).

682. Art. 10 al. 2 L. 1965.

683. Art. 10 al. 1 L. 1965.

684. D'après cette disposition, « *[d]ans le silence ou la contradiction des titres, la quote-part des parties communes afférente à chaque lot est proportionnelle à la valeur relative de chaque partie privative par rapport à l'ensemble des valeurs desdites parties, telles que ces valeurs résultent lors de l'établissement de la copropriété, de la consistance, de la superficie et de la situation des lots, sans égard à leur utilisation* ».

685. Art. 10 al. 1 L. 1965.

686. Art. 10 al. 2 L. 1965.

commun ». L'ensemble de ce dispositif est impératif et la loi[687] sanctionne la lésion dans la répartition des charges. Tout propriétaire, dans les cinq années de la publication du règlement de copropriété, ou le premier acquéreur à titre onéreux d'un lot, dans les deux années à compter de la première mutation à titre onéreux de ce lot intervenue depuis la publication du règlement de copropriété, peut demander au juge de réviser la répartition des charges si la part correspondant à son lot est supérieure de plus d'un quart, ou si la part correspondant à celle d'un autre copropriétaire est inférieure de plus d'un quart à celle qui résulterait d'une répartition conforme à la loi. Le tribunal procède alors à la nouvelle répartition des charges.

En quatrième lieu, le règlement de copropriété doit par ailleurs expressément prévoir la ***possibilité que le syndicat puisse revêtir la forme d'un syndicat coopératif***[688].

582. Objet du règlement de copropriété. *Dispositions facultatives*. Le règlement de copropriété peut également comporter d'autres dispositions, étant toujours précisé qu'il ne peut imposer aucune restriction aux droits des copropriétaires en dehors de celles qui seraient justifiées par la destination de l'immeuble[689]. Ainsi le règlement de copropriété peut comporter des dispositions relatives à l'identification des parties communes et privatives, un état descriptif de division qui ne ferait pas l'objet d'un document distinct[690], des conventions relatives à l'exercice de l'un des droits accessoires aux parties communes[691], des règles de fonctionnement du conseil syndical, etc.

583. Sanctions des dispositions non valables du règlement de copropriété. On considère en général que les dispositions non valables d'un règlement de copropriété sont *nulles* et non pas *inexistantes* : une action en nullité doit être intentée afin de les neutraliser[692]. Il reste que la prescription décennale des actions personnelles

687. Art. 12 L. 1965 : « *[d]ans les cinq ans de la publication du règlement de copropriété au fichier immobilier, chaque propriétaire peut poursuivre en justice la révision de la répartition des charges si la part correspondant à son lot est supérieure de plus d'un quart, ou si la part correspondant à celle d'un autre copropriétaire est inférieure de plus d'un quart, dans l'une ou l'autre des catégories de charges, à celle qui résulterait d'une répartition conforme aux dispositions de l'article 10. Si l'action est reconnue fondée, le tribunal procède à la nouvelle répartition des charges.* (al. 1) *Cette action peut également être exercée par le propriétaire d'un lot avant l'expiration d'un délai de deux ans à compter de la première mutation à titre onéreux de ce lot intervenue depuis la publication du règlement de copropriété au fichier immobilier.* (al. 2) ».

688. Art. 14 al. 2 L. 1965 : « *[l]e syndicat peut revêtir la forme d'un syndicat coopératif régi par les dispositions de la présente loi. Le règlement de copropriété doit expressément prévoir cette modalité de gestion* ».

689. Art. 8, I, al. 2 L. 1965 : « *[l]e règlement de copropriété ne peut imposer aucune restriction aux droits des copropriétaires en dehors de celles qui seraient justifiées par la destination de l'immeuble, telle qu'elle est définie aux actes, par ses caractères ou sa situation* ».

690. Art. 8, I, al. 1 L. 1965 : « *[u]n règlement conventionnel de copropriété, incluant ou non l'état descriptif de division (...)* » ; art. 2 Décr. 1967 : « *[l]e règlement de copropriété peut également comporter (...) (l)'état descriptif de division de l'immeuble, établi conformément aux dispositions des articles 71-1 à 71-13 du décret n° 55-1350 du 14 octobre 1955 modifié (...)* ».

691. Art. 2 Décr. 1967 : « *[l]e règlement de copropriété peut également comporter : (...) [l]a ou les conventions prévues à l'article 37 de la loi du 10 juillet 1965 et relatives à l'exercice de l'un des droits accessoires aux parties communes* ».

692. Civ. 3e, 21 juin 2006, *Bull. civ.* III, n° 159 : « les clauses du règlement de copropriété doivent recevoir application tant qu'elles n'ont pas été déclarées non écrites par le juge » ; Civ. 3e, 28 avril 2011, *Bull. civ.* III, n° 61 : « ayant relevé que la clause litigieuse du règlement de copropriété n'avait jamais été déclarée non écrite par une décision de justice exécutoire, la cour d'appel, qui n'était pas saisie d'une telle demande, en a exactement déduit qu'elle devait recevoir application »).

prévue à l'article 42 L. 1965 n'est pas applicable[693] et il semblerait même que l'action puisse être exercée à tout moment[694].

584. Opposabilité du règlement de copropriété. Le règlement de copropriété s'impose à tous les copropriétaires qui y ont consenti lors de son élaboration (les copropriétaires originaires), mais aussi à leurs ayants cause. Toutefois, la loi subordonne l'opposabilité du règlement de copropriété et de ses modificatifs aux ayants cause à titre particulier à leur **publication**[695]. L'effectivité de la publicité est garantie par une **mesure d'information individuelle** : toute cession ou constitution d'un droit réel portant sur un lot doit mentionner que l'acquéreur ou le bénéficiaire du droit a eu préalablement connaissance du règlement de copropriété et de ses modificatifs publiés[696]. Cette information individuelle permet même de rendre « opposable »[697] le règlement de copropriété qui n'aurait pas été publié puisqu'il est prévu qu'il s'impose, avec ses modificatifs, à l'acquéreur ou au bénéficiaire du droit s'il est expressément constaté dans l'acte lui conférant son titre, qu'il en a eu préalablement connaissance et qu'il a adhéré aux obligations qui en résultent[698].

3. L'état descriptif de division

585. Élaboration et objet de l'état descriptif de division. L'état descriptif de division, qui est compris dans le règlement de copropriété ou qui fait l'objet d'un

S'agissant en particulier de la date de prise d'effet de la décision réputant non écrite une clause, la Cour de cassation a clairement estimée, au sujet d'une clause relative à la répartition des charges, que la décision ne valait que pour l'avenir (Civ. 3e, 10 juillet 2013, *JCP* 2013, I, 1060, obs. H. Périnet-Marquet : « la décision réputée non écrite d'une telle clause ne peut valoir que pour l'avenir et ne peut prendre effet qu'à compter de la date où la décision a acquis l'autorité de la chose jugée » ; Civ. 3e, 21 janvier 2014, pourvoi n° 12-26689 : « la décision de réputer non écrite une clause de répartition des charges ne vaut que pour l'avenir et ne prend effet qu'à compter de la date à laquelle la décision a acquis l'autorité de la chose jugée ». V. auparavant, en faveur de la rétroactivité de la décision, Civ. 3e, 2 mars 2005, *Bull. civ.* III, n° 53, Civ. 3e, 20 décembre 2000, *Bull. civ.* III, n° 198 ; comp. Civ. 3e, 28 avril 2011, *Bull. civ.* III, n° 61 et 62).

693. Civ. 3e, 7 mai 2008, *Bull. civ.* III, n° 76, *JCP* 2008, I, 194, obs. H. Périnet-Marquet : « la prescription de l'article 42 n'est pas applicable à l'action tendant à faire déclarer une clause non-écrite en application de l'article 43 ».

694. Civ. 3e, 26 avril 1989, *Bull. civ.* III, n° 93 : « tout copropriétaire intéressé peut, à tout moment, faire constater l'absence de conformité des clauses du règlement de copropriété aux dispositions légales » ; Civ. 3e, 12 juin 1991, *Bull. civ.* III, n° 170 (même formule). *Adde* Civ. 3e, 9 mars 1988, *Bull. civ.* III, n° 58 : « une clause réputée non écrite étant censée n'avoir jamais existé, le syndicat des copropriétaires, comme tout copropriétaire intéressé, peut, à tout moment, faire constater l'absence de conformité des clauses du règlement de copropriété aux dispositions légales ».

695. Art. 13 L. 1965 : « *[l]e règlement de copropriété et les modifications qui peuvent lui être apportées ne sont opposables aux ayants cause à titre particulier des copropriétaires qu'à dater de leur publication au fichier immobilier* ».

696. Art. 4 al. 1 Décr. 1967 : « *[t]out acte conventionnel réalisant ou constatant le transfert de propriété d'un lot ou d'une fraction de lot, ou la constitution sur ces derniers d'un droit réel, doit mentionner expressément que l'acquéreur ou le titulaire du droit a eu préalablement connaissance, s'ils ont été publiés dans les conditions prévues par l'article 13 de la loi du 10 juillet 1965, du règlement de copropriété ainsi que des actes qui l'ont modifié* ».

697. C'est bien plus que de l'opposabilité puisque les dispositions du règlement s'appliquent directement au copropriétaire.

698. Art. 4 al. 3 Décr. 1967 : « *[l]e règlement de copropriété, l'état descriptif de division et les actes qui les ont modifiés, même s'ils n'ont pas été publiés au fichier immobilier, s'imposent à l'acquéreur ou au titulaire du droit s'il est expressément constaté aux actes visés au présent article qu'il en a eu préalablement connaissance et qu'il a adhéré aux obligations qui en résultent* ».

document distinct[699], **identifie l'immeuble**[700] auquel il s'applique et **opère une division en lots** en attribuant un numéro à chaque lot[701]. D'après l'analyse de la Cour de cassation, l'état descriptif de division est un simple document technique dépourvu de valeur contractuelle[702], qu'il soit ou non contenu dans le règlement de copropriété[703]. On en tire plusieurs conséquences, dont celle qu'il ne saurait constituer un juste titre permettant de bénéficier du délai d'usucapion abrégé[704].

586. Opposabilité de l'état descriptif de division. L'état descriptif de division doit être publié au Service de la publicité foncière. Comme c'est le cas pour le règlement de copropriété, il ne sera opposable aux ayants cause que s'il a été publié ou, à tout le moins, si ces derniers en ont eu connaissance. Par ailleurs, tout acte emportant transfert de propriété ou constitution de droit réel doit mentionner la connaissance qu'en a eu l'acquéreur[705].

---

699. Art 8, I, al. 1 L. 1965 : « *[u]n règlement conventionnel de copropriété, incluant ou non l'état descriptif de division (...)* ».
700. Dans l'idéal, l'état descriptif de division doit identifier les lots au moyen d'un plan.
701. V. à ce titre l'article 71 Décr. n° 55-1530 du 14 octobre 1955 *pour l'application du décret n° 55-22 du 4 janvier 1955 portant réforme de la publicité foncière.*
702. Civ. 3e, 8 juillet 1992, *Bull. civ.* III, n° 241 : « l'état descriptif de division dressé seulement pour les besoins de la publicité foncière n'ayant pas de caractère contractuel, la cour d'appel a, sans dénaturation, légalement justifié sa décision, en retenant que la SCI, en usant de la faculté que lui conférait le règlement de copropriété, de subdiviser le lot 4, ne pouvait, par l'établissement de cet état descriptif, priver l'ensemble des copropriétaires du bâtiment 4 du droit de jouissance privative et particulière sur une fraction du sol commun, délimité au plan annexé au règlement et que leur reconnaissait une stipulation de cet acte ». *Contra*, auparavant, Civ. 3e, 17 mars 1976, *Bull. civ.* III, n° 125 : « l'état descriptif qu'il soit ou non inclus dans le règlement de copropriété, ainsi que les actes qui le modifient, constituent, comme ledit règlement, des documents contractuels dont les modifications doivent être approuvées par l'assemblée générale des copropriétaires ».
703. Civ. 3e, 14 décembre 1999, pourvoi n° 96-12963 : « l'état descriptif de division qui, même inclus dans le règlement de copropriété, demeure un document établi pour les besoins de la publicité foncière, sans valeur contractuelle », en sorte qu'il ne peut « prévaloir sur les stipulations du règlement permettant l'utilisation à usage commercial ou professionnel des locaux situés au rez-de-chaussée et au 1er étage du bâtiment B1 bis ».
704. Civ. 3e, 30 avril 2002, *Bull. civ.* III, n° 89, *D.* 2002, p. 2510, obs. N. Reboul-Maupin, *JCP* 2003, I, 172, obs. H. Périnet-Marquet : « l'état descriptif de division d'un immeuble en copropriété ne confère aucun droit particulier au syndicat des copropriétaires de cet immeuble et ne constitue pas le juste titre requis pour se prévaloir de l'acquisition par usucapion d'une servitude de surplomb du fonds voisin ».
705. Art. 4 Décr. 1967. : « *[t]out acte conventionnel réalisant ou constatant le transfert de propriété d'un lot ou d'une fraction de lot, ou la constitution sur ces derniers d'un droit réel, doit mentionner expressément que l'acquéreur ou le titulaire du droit a eu préalablement connaissance, s'ils ont été publiés dans les conditions prévues par l'article 13 de la loi du 10 juillet 1965, du règlement de copropriété ainsi que des actes qui l'ont modifié.* (al. 1) *Il en est de même en ce qui concerne l'état descriptif de division et des actes qui l'ont modifié, lorsqu'ils existent et ont été publiés.* (al. 2) *Le règlement de copropriété, l'état descriptif de division et les actes qui les ont modifiés, même s'ils n'ont pas été publiés au fichier immobilier, s'imposent à l'acquéreur ou au titulaire du droit s'il est expressément constaté aux actes visés au présent article qu'il en a eu préalablement connaissance et qu'il a adhéré aux obligations qui en résultent* (al. 3) ».

Section 3
La mitoyenneté

587. Premières vues – Nature. Par principe, la clôture appartient privativement à celui qui l'a édifiée à ses frais, qu'elle l'ait été *sur son fonds* ou *sur la ligne séparative des deux fonds contiguës*[706]. En contrepoint, la clôture est mitoyenne, c'est-à-dire appartient en commun aux deux propriétaires des fonds contiguës qu'elle sépare, lorsque ceux-ci se sont accordés en ce sens lors de son édification ou lorsque l'un d'entre eux en a obtenu la cession forcée[707]. La mitoyenneté tire son utilité de l'*économie de moyens* qu'elle procure aux voisins qui n'ont besoin que d'*une* et non de *deux* clôtures et de l'*économie d'espace* qu'elle réalise, car deux clôtures stérilisent plus d'utilités du sol qu'une seule[708].

Si le Code civil traite de la mitoyenneté dans le chapitre consacré aux « *servitudes établies par la loi* », la mitoyenneté n'est pas une véritable servitude[709]. De fait, il n'y a pas une propriété au service de l'autre, mais une propriété en commun, celle de la clôture. En réalité, la mitoyenneté est une **propriété indivise**[710] **qui obéit à un régime particulier**[711].

706. Civ. 3e, 9 juillet 1984, *Bull. civ.* III, n° 136 : « après avoir relevé souverainement que les époux X... avaient pris l'initiative de faire construire un mur de clôture sans qu'ait été obtenu l'accord de M. Y..., propriétaire de la parcelle limitrophe, la cour d'appel en a justement déduit que ce mur demeurait privatif bien que son assise ait pu empiéter sur le terrain Cadet ». L'empiètement doit pouvoir cesser à la demande de la victime, qui conduira à la destruction en tout ou partie de la clôture.

707. V. *infra*, n° 591 et s.

708. Le gain est appréciable surtout lorsque la charge foncière est élevée, ce qui est le cas en général dans les villes.

709. V. Civ. 3e, 20 juillet 1989, *Bull. civ.* III, n° 173, *RTD civ.* 1990, p. 686, obs. F. Zenati : « [v]u les articles 656, 657 et 658 C. civ. ; (...) la mitoyenneté est un droit de propriété dont deux personnes jouissent en commun ; (...) selon l'arrêt attaqué (...), après avoir acquis de M. Y... une maison d'habitation, les époux X..., qui désiraient procéder à des travaux de transformation, se sont heurtés au propriétaire voisin qui a invoqué ses droits de mitoyenneté sur un mur séparatif et un couloir d'entrée ; que les époux X..., se plaignant du défaut de mention dans l'acte de vente de la convention portant que le mur et le couloir "seront communs et mitoyens", ont assigné en garantie d'éviction partielle M. Y... qui a lui-même appelé en cause les notaires rédacteurs de l'acte ; (...) pour exclure, à la charge du vendeur, l'obligation de rappeler dans l'acte de vente une situation qu'il qualifie de servitude par destination du père de famille, tout en relevant que l'acte de donation-partage, qui est à son origine, mentionne de manière expresse le caractère commun et mitoyen des parties d'immeuble en cause, l'arrêt retient que l'indivision forcée ou copropriété s'analyse en une forme particulière de mitoyenneté, laquelle constitue une servitude ; (...) en statuant ainsi, la cour d'appel a violé les textes susvisés ».

710. Civ. 3e, 20 juillet 1989, *Bull. civ.* III, n° 173, *RTD civ.* 1990, p. 686, obs. F. Zenati : « la mitoyenneté est un droit de propriété dont deux personnes jouissent en commun ». C'est ce qui explique notamment qu'elle ne se perd pas par le non-usage : Civ. 3e, 19 février 1985, *Bull. civ.* III, n° 37, RDI, 1985, p. 339, obs. J.-L. Bergel (« la mitoyenneté constitue un droit de propriété indivise, lequel ne se perd pas par le non usage »).

711. On retrouve également la mitoyenneté en droit spécial des biens. Ainsi, l'article 7 L. 10 juillet 1965 *fixant le statut de la copropriété des immeubles bâtis* indique que les cloisons ou murs, séparant les parties privatives et non compris dans le gros œuvre, sont présumés mitoyens entre les locaux qu'ils séparent. Par ailleurs, les articles L. 152-17 s. C. rur. et pêch. mar. intéressent la mitoyenneté avec les « servitudes d'appui » : tout propriétaire qui veut se servir, pour l'irrigation de ses propriétés, des eaux naturelles ou artificielles dont il a le droit de disposer, peut obtenir la faculté d'appuyer sur la propriété du riverain opposé les ouvrages d'art nécessaires à sa prise d'eau – à la charge d'une juste et préalable indemnité – en contrepartie de quoi le riverain sur les fonds duquel l'appui est réclamé peut toujours demander l'usage commun du barrage, en contribuant pour moitié aux frais d'établissement et

588. Aperçu historique. En droit romain, à l'origine, chaque propriétaire construisait son mur, et les propriétés n'étaient jamais véritablement contiguës puisqu'elles se trouvaient séparées par un espace non approprié, une zone tampon, l'*ambitus*. Cette perte d'espace étant une perte de richesses, l'idée germa que des voisins puissent être propriétaires de deux vrais fonds contiguës séparés par un seul mur qui, plutôt que de n'appartenir à personne, appartiendrait aux deux : c'est la découverte de la mitoyenneté.

Sous l'Ancien Droit, la mitoyenneté est analysée par les coutumes comme une propriété collective. Trois règles importantes sont dégagées : 1°/est présumé mitoyen le mur séparatif dont on ignore par qui et aux frais de qui il a été édifié, 2°/celui à qui appartient privativement un mur séparatif peut être contraint d'en céder la moitié indivise au voisin qui la réclame, 3°/dans les villes, plusieurs coutumes prévoient la possibilité pour un propriétaire de contraindre son voisin à construire à frais communs un mur séparatif[712]. *Présomption de mitoyenneté*[713], *cession forcée de la mitoyenneté*[714] et *mitoyenneté forcée*[715], on trouve dans les règles de l'Ancien Droit, trois idées-force du droit contemporain de la mitoyenneté.

589. Plan. Après avoir envisagé le régime de la mitoyenneté (§ 1), on insistera sur la question importante de sa preuve (§ 2).

§ 1. Le régime

590. Plan. On envisagera les conditions (A) puis les effets (B) de la mitoyenneté.

A Les conditions

591. Plan. L'établissement de la mitoyenneté est un **acte** essentiellement **volontaire**. La mitoyenneté peut être établie *ab initio*, avant construction de la clôture (1), ou acquise *a posteriori* après construction de la clôture (2).

1. La mitoyenneté établie *ab initio*

592. Distinction. Lorsque la clôture est mitoyenne depuis son édification, on dit que la mitoyenneté est établie *ab initio*. Cette situation recouvre deux hypothèses, suivant que la mitoyenneté résulte d'un accord entre voisins ou que l'un des voisins a contraint l'autre à édifier une clôture mitoyenne. Il y a donc une *mitoyenneté d'accord* et une *mitoyenneté forcée*.

593. Mitoyenneté d'accord. Si des voisins s'accordent sur le principe et les conditions de l'établissement d'une clôture séparative *en limite d'un fonds* appartenant à l'un des deux propriétaires ou *sur la ligne divisoire* qui sépare les deux

d'entretien –, mais alors aucune indemnité n'est respectivement due dans ce cas, et celle qui aurait été payée doit être rendue.

712. A.-M. PATAULT, n° 126.

713. V. *infra*, n° 607 et s.

714. V. *infra*, n° 596 et s.

715. V. *infra*, n° 594.

fonds, la mitoyenneté résultera de leur accord[716]. Indépendamment du statut mitoyen ou non de la clôture, c'est uniquement lorsque la clôture doit être édifiée sur la ligne divisoire qu'un commun accord[717] est exigé préalablement à sa construction, chaque propriétaire consentant à ce que la clôture soit édifiée sur une partie de son terrain[718].

594. Mitoyenneté forcée. En cas de désaccord des voisins sur le principe et les conditions de l'établissement d'une clôture séparative, dans les agglomérations urbaines, l'article 663 C. civ. prévoit que l'un d'entre eux peut, par sa seule volonté, contraindre l'autre à accepter la **construction** ou la **réparation** d'une clôture : « *[c] hacun peut contraindre son voisin, dans les villes et faubourgs, à contribuer aux constructions et réparations de la clôture faisant séparation de leurs maisons, cours et jardins assis ès dites villes et faubourgs* ». L'article poursuit en précisant que « *la hauteur de la clôture sera fixée suivant les règlements particuliers ou les usages constants et reconnus ; et, à défaut d'usages et de règlements, tout mur de séparation entre voisins, qui sera construit ou rétabli à l'avenir, doit avoir au moins trente-deux décimètres [dix pieds] de hauteur, compris le chaperon, dans les villes de cinquante mille âmes et au-dessus, et vingt-six décimètres [huit pieds] dans les autres* ».

En application de ce dispositif, un voisin peut, antérieurement à la construction ou à la réparation d'une clôture[719], contraindre l'autre à financer la construction ou les réparations[720]. Ce pouvoir ne sera reconnu que si les **deux fonds** sont **contiguës**[721] et **situés dans une ville ou un faubourg**, là où la promiscuité est la plus grande. La clôture devra respecter les dimensions prévues par la loi, à moins que d'autres dimensions ne soient prévues par des règles locales d'urbanisme, ce qui est souvent le cas.

716. Civ. 3e, 4 mars 1971, *Bull. civ.* III, n° 161 : en l'espèce, il était convenu qu'un mur de 0,50 mètre d'épaisseur serait édifié entièrement aux frais de Y... et resterait son entière propriété jusqu'au jour où Privat ou ses ayants droit désireraient en acquérir la mitoyenneté.

717. Voire peut-être un usage (Civ. 3e, 8 mars 1972, *Bull. civ.* III, n° 169 : la Cour de cassation relève qu'une cour d'appel s'est fondée sur un usage de la ville de Strasbourg justifiant l'empiétement de son mur édifié exactement à cheval sur la ligne divisoire de son fonds et de celui du voisin).

718. Lorsque spontanément un voisin construit une clôture sur la ligne divisoire sans recueillir l'accord de son voisin, la clôture constituera un empiètement sur le terrain d'autrui à proportion de son épaisseur débordant sur ledit terrain : la destruction devrait donc pouvoir être exigée de la part du propriétaire victime de l'empiétement.

719. Et non à acquérir la mitoyenneté d'un mur déjà construit en obtenant le remboursement de la moitié du prix d'un mur séparatif : il n'y a pas d'hypothèse d'acquisition forcée. Et v. *infra*, n° 599.

720. L'article 663 C. civ. trouve à s'appliquer alors même que la clôture existerait déjà sur le fonds d'un des voisins, dès lors que celui-ci n'est pas construit en limite, mais en retrait, de la ligne séparative. V. Civ. 3e, 19 mars 2008, *Bull. civ.* III, n° 57 : « selon l'arrêt attaqué (...) Mme X... a demandé que ses voisins, M. et Mme Y..., soient contraints de contribuer à l'édification d'une clôture séparant leur fonds ; (...) pour rejeter cette demande, l'arrêt retient qu'un mur ancien surmonté d'un grillage existe déjà sur le fonds appartenant aux époux Y..., en retrait d'environ cinquante centimètres de la limite séparative ; (...) en statuant ainsi, alors qu'il résultait de ses propres constatations qu'aucune clôture n'avait été construite en limite de propriété, la cour d'appel a violé [l'article 663 C. civ.] ».

721. Req. 1er juillet 1857, *DP* 1857, 1, p. 400 : « l'art. 663, qui a pour but la tranquillité publique et la sûreté réciproque entre voisins dans les villes et faubourgs, ne peut recevoir d'application que dans le cas de deux propriétés contiguës ».

2. La mitoyenneté acquise *a posteriori*

595. Plan. La mitoyenneté est acquise *a posteriori* lorsque la clôture, initialement privative, devient mitoyenne. L'acquisition peut résulter d'une cession forcée (a) ou de la prescription (b).

a) La cession forcée

596. Idée générale. D'après l'article 661 C. civ., « *[t]out propriétaire joignant un mur a la faculté de le rendre mitoyen en tout ou en partie, en remboursant au maître du mur la moitié de la dépense qu'il a coûté, ou la moitié de la dépense qu'a coûté la portion du mur qu'il veut rendre mitoyenne et la moitié de la valeur du sol sur lequel le mur est bâti. La dépense que le mur a coûté est estimée à la date de l'acquisition de sa mitoyenneté, compte tenu de l'état dans lequel il se trouve* ». Autrement dit, le propriétaire d'un mur peut être contraint de le rendre mitoyen au profit du voisin dont la propriété jouxte le mur et qui en fait la demande[722].

597. Conditions. La cession forcée de mitoyenneté suppose seulement[723] l'existence de **deux fonds contiguës**[724] séparés par un **mur**[725]. L'emplacement du mur est important : il doit être construit en limite du fonds de son propriétaire et jouxter le fonds de celui qui désire en acquérir la mitoyenneté. Si le mur est *construit en retrait* sur le terrain de son propriétaire, la cession forcée n'est pas possible car elle aurait pour effet de conférer au demandeur des droits sur la portion de terrain entre le mur et son propre terrain, ce qui n'est pas admissible[726]. Inversement, si

722. La cession forcée de mitoyenneté prévue par l'article 661 ne méconnaît pas les articles 2 et 17 de la Déclaration de 1789 (Cons. const., 12 nov. 2010, déc. QPC n° 2010-60, *RDI* 2011, p. 99, obs. L. Tranchant, *RTD civ.* 2011, p. 144, obs. Th. Revet).

723. Tout au plus la jurisprudence considère que l'acquisition de la mitoyenneté ne doit pas être incompatible avec une servitude préexistante (Civ. 3e, 10 juillet 1969, *Bull. civ.* III, n° 563 : servitude de vue ; Civ. 3e, 23 octobre 1985, *Bull. civ.* III, n° 130 : servitude de vue.).

724. Peu importe que le mur fasse partie d'un immeuble en copropriété dont le propriétaire voisin du terrain serait également copropriétaire (Civ. 3e, 25 avril 1972, *Bull. civ.* III, n° 258 : « la faculté d'acquérir la mitoyenneté du mur appartenait aux époux Y... bien qu'ils fussent copropriétaires de l'immeuble auquel ils ont accolé une construction élevée sur leur propre terrain ») ou en indivision dont le propriétaire voisin du terrain serait également coïndivisaire (Civ. 3e, 4 juin 1975, *Bull. civ.* III, n° 192 : « la faculté d'acquérir la mitoyenneté d'un mur par un propriétaire qui le joint étant absolue, la cour d'appel a estimé justement que l'existence d'un droit indivis de propriété ne fait pas obstacle a l'établissement d'une mitoyenneté entre le terrain sur lequel il porte et le terrain voisin appartenant a un coïndivisaire »).

725. Ne sont en effet concernés que les murs et non les autres clôtures : « *[l]e voisin dont l'héritage joint un fossé ou une haie non mitoyens ne peut contraindre le propriétaire de ce fossé ou de cette haie à lui céder la mitoyenneté* » (art. 668 al. 1 C. civ.).

726. L'article 661 C. civ. vise d'ailleurs la situation du « *propriétaire joignant un mur* ». En revanche, la jurisprudence considère que lorsque la ligne formée par la face extérieure du mur n'est que légèrement en biais par rapport à la limite de la parcelle, celui qui l'a construit avait la volonté de bâtir en bordure de son terrain et que le propriétaire du fonds voisin est en droit d'en acquérir la mitoyenneté, bien qu'à l'une de ses extrémités, il soit construit en retrait dès lors que ce retrait est insignifiant (Civ. 1re, 27 février 1957, *Bull. civ.* I, n° 107 : « l'acceptation implicite du mur comme limite [est] parfaitement conciliable non seulement avec l'attitude de Lorang, qui n'a jamais contesté contre le léger empiètement réalisé sur son terrain lors de la construction du mur, mais encore avec la volonté qu'avait Ehl de bâtir en bordure de terrain (...) en raison de l'étendue insignifiante du retrait qui, allant de 0 à 1 centimètre sur une longueur de mur de 1,80 mètre, offre un caractère involontaire d'autant plus évident qu'il est compensé sur le reste du mur du pignon, représentant une longueur de 7,36 mètres, par un empiètement progressif de 0 à 4 centimètres sur le fonds de Lorang »).

le *mur empiète* sur le terrain du voisin, la cession n'est pas possible, la jurisprudence décidant que tout « *empiétement, quel qu'en soit l'auteur, fait obstacle à l'acquisition de la mitoyenneté* »[727], que ce soit à la demande de l'auteur de l'empiétement[728] ou de la victime[729] : la construction qui empiète reste la propriété du constructeur[730], sans qu'il soit possible de demander son maintien par l'acquisition de sa mitoyenneté, la seule possibilité étant pour la victime d'en demander la destruction.

598. Effets. Le cédant contraint de céder la mitoyenneté de son mur est créancier, d'une part, de valeur de la moitié du coût du mur ou de la portion du mur

727. Civ. 3e, 19 février 2014, *Bull. civ.* III, n° 25, *JCP* 2014, I, 751, obs. H. Périnet-Marquet, *RTD civ.* 2014, p. 410, obs. W. Dross.

728. Civ. 3e, 19 septembre 2007, *Bull. civ.* III, n° 147, *JCP* 2008, I, 127, obs. H. Périnet-Marquet, *Rép. Defr.* 2008, p. 882, obs. Ch. Atias, *RDI* 2008, p. 204, obs. L. Tranchant : « un empiètement fait obstacle à l'acquisition de la mitoyenneté ». En l'espèce, une maison était adossée à une autre, chacune étant édifiée sur leur fonds respectif. Le propriétaire de l'une d'entre elles procéda à un exhaussement de telle sorte que la surélévation s'appuyait sur le sommet du mur de la maison voisine. Le propriétaire victime de l'empiétement demanda la destruction de la surélévation. Il se vit opposer par son voisin, d'une part, l'acquisition par prescription de la mitoyenneté du mur jusqu'à l'héberge (l'acquisition est en effet limitée à la partie du mur sur laquelle a lieu l'appui : Civ. 3e, 7 octobre 1980, *Bull. civ.* III, n° 150 : les juges du fond peuvent condamner un propriétaire à supprimer l'appui de l'extension d'un bâtiment sur le mur de son voisin dès lors que, même si l'appui pendant plus de trente ans d'un ancien bâtiment sur une surface du mur inférieure à celle de la nouvelle construction a fait acquérir à son propriétaire la mitoyenneté de la surface ainsi usucapée, ce dernier n'établit pas « qu'il ait acquis les droits de mitoyenneté sur le supplément de surface occupé par l'extension de sa construction », et « qu'il n'offre pas d'acquérir les droits ni d'en payer le prix ») et, d'autre part, la demande du bénéfice de la cession forcée de mitoyenneté au-delà de l'héberge (art. 661 C. civ.). La Cour de cassation estime qu'un « empiètement fait obstacle à l'acquisition de la mitoyenneté ». Comme on l'a relevé, « [e]n affirmant que l'empiétement (qui consiste à adosser un ouvrage au mur séparatif de son voisin, qualification qui elle-même, selon la configuration de l'édifice, pourra sans doute parfois prêter à discussion) fait obstacle à toute demande d'acquisition de la mitoyenneté, la Cour de cassation choisit *ex cathedra* de paralyser temporairement l'application de cette disposition pour interdire que la construction, d'irrégulière qu'elle était, puisse être régularisée. Autrement dit, elle refuse une régularisation par un moyen que la loi offre pourtant au propriétaire sans distinction. À quoi cela mène-t-il ? Une fois la remise en état effectuée (suppression de l'empiétement), rien ne pourra plus empêcher que les choses soient reprises dans l'ordre : obtention de la cession forcée de la mitoyenneté à laquelle le propriétaire du mur ne peut s'opposer, puis surélévation, cette fois-ci légitime (à condition toutefois de respecter les exigences de l'article 662), du bâtiment en appui. La solution prônée par la Cour de cassation apparaît sous ce jour tout à la fois antiéconomique et vexatoire car au final, le coût aura été considérable et la victime de l'empiétement se retrouvera dans une situation exactement identique à celle qu'aurait induit le maintien de la construction. » (W. Dross, obs. Civ. 3e, 19 février 2014, préc., *in RTD civ.* 2014, p. 410).

729. Civ. 3e, 19 février 2014, *Bull. civ.* III, n° 25, préc. : les victimes d'un empiètement avaient demandé à racheter la moitié des frais de construction d'un pilier édifié par leurs voisins empiétant de 19 centimètres sur leur propriété. Les juges du fond avaient fait droit à cette demande en considérant que si l'empiétement d'un propriétaire sur le fonds voisin fait obstacle à l'acquisition par celui-ci de la mitoyenneté, les auteurs de l'empiétement ne peuvent se prévaloir de cette règle pour faire obstacle à la demande faite par les victimes sur le fondement de l'article 661 C. civ. Cassation : « un empiétement, quel qu'en soit l'auteur, fait obstacle à l'acquisition de la mitoyenneté ». Une telle solution peut surprendre : « [n]'est-il pas infiniment plus sage de faire l'économie de cette démolition pour permettre au voisin d'acquérir la mitoyenneté du poteau dans les conditions de l'article 661, quand bien même celui-ci serait le résultat d'un empiètement ? » (W. Dross, obs. Civ. 3e, 19 février 2014, in *RTD civ.* 2014, p. 410).

D'ailleurs, telle n'a pas toujours été la solution retenue par la Cour de cassation. À l'origine, celle-ci décidait que lorsque le mur séparatif avait été construit en partie sur le sol du voisin, il avait, dès l'origine, vocation à la mitoyenneté : celui sur le sol duquel le mur empiétait pouvait en acquérir la mitoyenneté en remboursant au constructeur la moitié du coût de sa construction – actualisé au jour rendue mitoyenne – aux termes de l'article 661 *in fine* C. civ., « *[l]a dépense que le mur a coûté est estimée à la date de l'acquisition de sa mitoyenneté, compte tenu de l'état dans lequel il se trouve* » – et, d'autre part, de la moitié de la valeur du sol sur lequel le mur est bâti[731]. La cession peut n'être que partielle, compte tenu des besoins du demandeur[732]. Par ailleurs, la cession peut ne porter que sur l'exhaussement d'un mur déjà mitoyen auquel le demandeur n'a pas participé ; la créance du cédant est alors égale à la moitié de la dépense et non de la plus-value ; la dépense étant en générale supérieure à la plus-value[733], le législateur a voulu éviter que le propriétaire laisse faire son voisin puis lui réclame la mitoyenneté à bon prix[734]. Celui qui acquiert la mitoyenneté est en droit de faire supprimer tous les aménagements de la clôture incompatible avec la mitoyenneté, telle l'existence de fenêtres ou d'ouvertures[735].

Pour le reste, la cession forcée de mitoyenneté apparaît comme une vente immobilière, soumise en tant que telle à son régime (reconnaissance du privilège du

---

de l'acquisition de la mitoyenneté –, la valeur de la moitié du sol n'ayant pas à être remboursée puisqu'elle lui appartenait déjà (Civ. 3e, 11 mai 1982, inédit, sans numéro de pourvoi sur *Legifrance*, *RTD civ.* 1983, p. 560, obs. Giverdon : « après avoir exactement écarté l'application des articles 555 et 661 C. civ., l'arrêt retient à bon droit que celui sur le sol duquel le mur séparatif du fonds a été en partie construit par son voisin, ce dont il résulte que ce mur avait, dès l'origine, vocation a la mitoyenneté, peut en acquérir la mitoyenneté en remboursant au constructeur la moitié du coût de sa construction, actualisé au jour de l'acquisition de la mitoyenneté, la valeur de la moitié du sol n'ayant pas a être remboursée puisqu'elle lui appartient déjà »). Autrement dit, la jurisprudence admettait que le propriétaire victime d'un empiètement de son voisin qui avait fait construire le mur en empiétant pour partie sur son terrain pouvait contraindre l'auteur de l'empiètement à lui céder la mitoyenneté, s'il ne préférait obtenir la destruction du mur.

730. Civ. 3e, 30 janvier 2001, pourvoi n° 99-10788 : « si son assise empiète sur la parcelle limitrophe, sans l'accord de son propriétaire, le mur demeure privatif ».

731. Et pour l'acquisition de la mitoyenneté de l'exhaussement, v. art. 660 C. civ. : « *[l]e voisin qui n'a pas contribué à l'exhaussement peut en acquérir la mitoyenneté en payant la moitié de la dépense qu'il a coûté et la valeur de la moitié du sol fourni pour l'excédent d'épaisseur, s'il y en a. La dépense que l'exhaussement a coûté est estimée à la date de l'acquisition, compte tenu de l'état dans lequel se trouve la partie exhaussée du mur* ».

732. Art. 661 *in limine* C. civ. : « *[t]out propriétaire joignant un mur a la faculté de le rendre mitoyen en tout ou en partie, en remboursant au maître du mur la moitié de la dépense qu'il a coûté, ou la moitié de la dépense qu'a coûté la portion du mur qu'il veut rendre mitoyenne et la moitié de la valeur du sol sur lequel le mur est bâti* ». Et v. Req. 27 février 1939, *DH* 1939, p. 226 : « l'art. 661 C. civ. autorise tout propriétaire joignant un mur à n'en acquérir la mitoyenneté que pour partie, suivant les besoins de sa construction, en remboursant au maître du mur la moitié de la portion qu'il veut rendre mitoyenne ; (...) les jambes boutisses et étrières n'intéressant que les gros murs de deux immeubles voisins, ainsi reliés entre eux par leur intermédiaire et occupant toute la largeur du mur mitoyen, la cour de Paris, en constatant leur inutilité au regard des constructions légères élevées par la Dame Dewez, a pu exclure leur coût dispendieux du calcul du prix de la mitoyenneté et réduire ainsi la longueur du mur à acquérir ».

733. Civ. 22 décembre 1924, *DH* 1925, p. 101 : il résulte de l'article 660 C. civ. que « l'indemnité due par le copropriétaire du mur mitoyen qui veut user de la faculté légale d'acquérir la mitoyenneté de l'exhaussement opéré par le voisin doit s'apprécier uniquement à la date de cet exhaussement et (...) elle consiste dans le remboursement de la moitié de la dépense qu'il a occasionnée ».

734. A. Colin et H. Capitant, M. Julliot de la Morandière, n° 765.

735. Art. 675 C. civ. : « *[l]'un des voisins ne peut, sans le consentement de l'autre, pratiquer dans le mur mitoyen aucune fenêtre ou ouverture, en quelque manière que ce soit, même à verre dormant* ».

vendeur[736], publicité foncière). Toutefois, présentant le caractère d'une vente forcée, elle ne rend pas le cédant garant des vices cachés[737].

599. Absence d'« acquisition forcée ». L'article 661 C. civ. instaure un mécanisme de cession forcée de la mitoyenneté du mur qui appartient à autrui, et non un mécanisme d'acquisition forcée. En raison des graves atteintes à la liberté individuelle que pose la cession forcée, il serait inadmissible que sans le support d'un texte, la jurisprudence admette le principe de l'acquisition forcée, *a posteriori* ; ainsi décide-t-elle que « le constructeur d'un mur séparatif ne [peut] contraindre son voisin à en acquérir la mitoyenneté »[738]. Seule l'établissement forcé de la mitoyenneté *ab initio*, prévue par un texte[739], est reconnue[740].

b) L'acquisition résultant de la prescription

600. Droit commun. Ainsi que le prévoit l'article 666 al. 1 C. civ.[741], la mitoyenneté peut s'acquérir par prescription à la suite d'une possession de la clôture

736. Req. 10 avril 1889, *D.* 1889, 1, p. 321, implic. (en l'espèce, il n'y avait pas eu de cession de mitoyenneté, faute d'un contrat conclu, la prise de possession étant insuffisante).

737. Civ. 3e, 2 octobre 1980, *Bull. civ.* III, n° 143 : « attendu, d'une part, que les dispositions des articles 1641 et suivants C. civ. ne sont pas applicables au cas où le propriétaire joignant un mur use de la faculté de le rendre mitoyen, ouverte a son profit par l'article 661 du même code ; que la cession de mitoyenneté, étant imposée au propriétaire du mur par la seule manifestation de la volonté de son voisin, n'est régie que par les dispositions particulières des articles 653 et suivants du Code civil ». La motivation est cependant excessive, car la cession forcée de mitoyenneté n'obéit pas qu'aux seules règles des articles 653 s. C. civ.

738. Req. 25 juillet 1928, *DP* 1929, 1, p. 29, note M. Fréjaville : « l'article 663 est un texte exceptionnel ; dans le silence de cet article, un propriétaire ne saurait imposer au propriétaire d'un fonds contigu l'obligation de rembourser la moitié du prix d'un mur séparatif de leurs propriétés, mais déjà construit, c'est-à-dire le forcer à en acheter la propriété » ; Civ. 3e, 9 juillet 1984, *Bull. civ.* III, n° 136, *D.* 1985, p. 409, note H. Souleau : « après avoir relevé souverainement que les époux X... avaient pris l'initiative de faire construire un mur de clôture sans qu'ait été obtenu l'accord de M. Y..., propriétaire de la parcelle limitrophe, la cour d'appel en a justement déduit que ce mur demeurait privatif bien que son assise ait pu empiéter sur le terrain Cadet », en conséquence de quoi les époux X ne peuvent agir contre leur voisin, M. Y..., en remboursement de la moitié du coût de la construction d'un mur séparatif ; Civ. 3e, 25 octobre 1983, *Bull. civ.* III, n° 198 : « après avoir constaté que le mur litigieux était la propriété exclusive de la société et qu'il était destiné à la demeurer, l'arrêt retient exactement que le propriétaire d'un mur privatif ne peut contraindre son voisin, ni à acquérir la mitoyenneté de ce mur ni à participer aux frais de sa reconstruction » ; Civ. 3e, 30 juin 1992, *Bull. civ.* III, n° 235 : « le constructeur d'un mur séparatif ne pouvant contraindre son voisin à en acquérir la mitoyenneté, le Tribunal, qui a relevé que M. X... avait pris l'initiative de faire construire un mur de clôture sans qu'ait été obtenu l'accord du propriétaire de la parcelle limitrophe, tant sur le principe de la construction que sur l'acquisition de la mitoyenneté, et qui en a justement déduit qu'il ne pouvait prétendre au remboursement de la moitié du coût de la construction, a légalement justifié sa décision ».

739. V. *supra*, n° 596.

740. V. toutefois, lorsqu'un voisin appuie un bâtiment contre le mur privatif du voisin, Req. 9 mai 1939, *DH* 1939, p. 338, *JCP* 1939, II, 1240 : « par le seul fait qu'il appuyait sa construction sur le mur séparatif de l'immeuble voisin, Germonty pouvait être contraint à payer le montant de sa part de mitoyenneté, en vertu des dispositions de l'article 663 ». Mais v. Civ. 3e, 18 février 1987, *Bull. civ.* III, n° 32 : la juxtaposition d'un immeuble à un mur mitoyen ne suffit pas à caractériser une emprise de nature à justifier l'obligation d'acquérir la mitoyenneté. Et sur le droit d'appui qui profite au propriétaire mitoyen, v. *infra*, n° 603.

741. « *Toute clôture qui sépare des héritages est réputée mitoyenne, à moins qu'il n'y ait qu'un seul des héritages en état de clôture, ou s'il n'y a titre, prescription ou marque contraire.* »

qui appartient privativement au voisin[742]. La difficulté consiste le plus souvent à établir si les faits de possession ont eu pour objet de prescrire la mitoyenneté ou l'entière propriété de la clôture.

B Les effets

601. Plan. La mitoyenneté emporte des droits (1) et obligations (2) pour les propriétaires mitoyens.

1. Les droits

602. Distinction. Le propriétaire mitoyen d'une clôture est en droit de l'utiliser, le Code civil distinguant le cas des *murs* de celui des *haies et fossés*.

603. Droits sur les murs. Le propriétaire mitoyen dispose en premier lieu d'un **droit d'appui** sur le mur mitoyen[743], qu'il peut notamment exercer en adossant une construction[744]. C'est ce que prévoit l'article 657 C. civ., qui dispose que « *tout copropriétaire peut faire bâtir contre un mur mitoyen, et y faire placer des poutres ou solives dans toute l'épaisseur du mur, à cinquante-quatre millimètres près, sans préjudice du droit qu'a le voisin de faire réduire à l'ébauchoir la poutre jusqu'à la moitié du mur, dans le cas où il voudrait lui-même asseoir des poutres dans le même lieu, ou y adosser une cheminée* ». Ce texte, qui fait référence à une méthode de construction qui n'est guère utilisée aujourd'hui, permet à celui qui veut adosser une construction au mur mitoyen d'y introduire des poutres ou solives jusqu'à une certaine profondeur dans le mur, laquelle, en tout état de cause, devra être réduite pour ne pas dépasser la moitié de cette profondeur si le voisin veut faire de même. En tout état de cause, le droit de chaque propriétaire mitoyen est sérieusement limité par l'article 662 C. civ.[745] qui prévoit que dans le corps d'un mur mitoyen, aucun enfoncement, aucune application ou aucun appui d'un ouvrage ne peut être réalisé, à défaut d'avoir obtenu le consentement de l'autre, sans avoir fait régler par experts les moyens nécessaires pour que le nouvel ouvrage ne soit pas

742. Par exemple, le possesseur a adossé une construction sur la clôture du voisin (Civ. 3e, 7 octobre 1980, *Bull. civ.* III, n° 150 ; Civ. 3e, 12 octobre 1988 pourvoi n° 87-1123).

743. À distinguer de la « servitude d'appui », au nom trompeur. L'objet d'une telle servitude est de permettre au propriétaire riverain d'un cours d'eau privé d'appuyer un ouvrage nécessaire à la prise d'eau tel un barrage ou un moulin pourvu que l'autre propriétaire riverain soit indemnisé.

744. Ce qui ne serait pas possible sur un mur appartenant privativement au voisin, ce qui conduit à distinguer l'appui de la simple juxtaposition (Civ. 3e, 18 février 1987, *Bull. civ.* III, n° 32 : « pour condamner Mme X... à acquérir la mitoyenneté du mur pignon de l'immeuble des époux Y... et celle du mur clôturant leur jardin, l'arrêt retient que la seule juxtaposition des murs, séparés par un interstice de quelques centimètres dans lequel ont été glissées des plaques de polystyrène, constitue une emprise de mitoyenneté dès lors qu'elle procure aux murs nouveaux une isolation thermique et phonique ; (...) en statuant ainsi, sans relever autrement une atteinte au droit de propriété des époux Y..., la cour d'appel n'a pas donné de base légale à sa décision ». *Adde* Civ. 3e, 12 mars 2003, pourvoi n° 02-10623 : « ayant souverainement relevé, sans se contredire, que le chaînage du fonds X..., s'il touchait au mur du fonds Y..., et se trouvait à sa proximité, ne prenait pas appui sur lui, et qu'il n'existait aucun empiètement d'un ouvrage sur l'autre, la cour d'appel a pu retenir qu'il n'y avait pas lieu de faire exécuter des travaux sur cet équipement).

745. « *L'un des voisins ne peut pratiquer dans le corps d'un mur mitoyen aucun enfoncement, ni y appliquer ou appuyer aucun ouvrage sans le consentement de l'autre, ou sans avoir, à son refus, fait régler par experts les moyens nécessaires pour que le nouvel ouvrage ne soit pas nuisible aux droits de l'autre.* »

nuisible aux droits de l'autre[746]. En cas de construction réalisée sans l'observation des mesures imposées, les juges du fond décident souverainement d'ordonner ou non la démolition ou la modification des ouvrages faits dans le mur mitoyen ainsi que d'octroyer de dommages-intérêts[747]. En contrepoint, lorsqu'un propriétaire souhaite s'appuyer sur un mur qui n'est pas mitoyen, mais qui appartient privativement au voisin, une servitude *oneris ferendi*, qui consiste pour le propriétaire d'un fonds à laisser le propriétaire du fonds voisin appuyer une construction contre son propre mur, doit être établie.

Le propriétaire mitoyen d'un mur bénéficie en deuxième lieu d'un **droit d'exhaussement**[748], c'est-à-dire du droit de surélever le mur. À la différence du droit d'appui, le droit d'exhausser est admis beaucoup plus facilement : le consentement du voisin n'a pas à être recueilli, pas plus qu'une expertise n'a à être réalisée[749]. Seule une servitude, spécialement une servitude de vue[750], pourrait venir limiter ce

746. Civ. 3e, 4 janvier 1973, *Bull. civ.* III, n° 17 : « *vu l'article 662 C. civ. ; (...) l'arrêt attaqué a décidé que "le mur litigieux étant mitoyen, la construction du garage", dont les époux Y... réclamaient la démolition, "était parfaitement régulière en vertu de l'article 657 C. civ." ; (...) en statuant ainsi, sans rechercher si, avant d'appuyer sa construction contre le mur litigieux, A... avait sollicité et obtenu le consentement de ses voisins, et sans s'assurer que le nouvel ouvrage n'était pas nuisible aux droits du voisin, la cour d'appel n'a pas donné de base légale à sa décision* ».

747. Req. 20 novembre 1876, *DP* 1878, 1, p. 416 : « pour la sanction des dispositions de la loi en cette matière, le législateur s'en est rapporté à la sagesse des tribunaux ; (...) il leur appartient d'examiner, suivant les cas, s'il y a lieu d'ordonner les destruction des travaux irréguliers ou leur modification, et de prendre toutes mesures propres à réparer le dommage causé et à prévenir les dommages futurs » ; Civ. 3e, 19 juin 1973, *Bull. civ.* III, n° 426 : la cour d'appel dispose du « pouvoir souverain (...) pour apprécier si la démolition des ouvrages faits dans le mur mitoyen sans l'observation des mesures imposées par [les articles 662 et 675 C. civ.] [doit] être ou non ordonnée » ; Civ. 3e, 28 janvier 1987, *Bull. civ.* III, n° 14 : « ayant retenu, (...) que le contre-mur édifié par M. Y... et ses fondations étaient indépendants du mur mitoyen, ne le surchargeaient pas et le consolidaient même, la cour d'appel a souverainement retenu qu'il n'y avait pas lieu d'en ordonner la démolition pour reconstruire un nouvel ouvrage » ; Civ. 3e, 16 juin 2004, *Bull. civ.* III, n° 122 : « ayant relevé (...) que le technicien commis avait retenu que la construction était conforme aux règles de l'urbanisme, qu'il n'avait pas été pratiqué d'enfoncement dans le mur mitoyen sur lequel seul un contre-mur s'appuyait, que les travaux n'avaient pas affecté la solidité du mur mitoyen et que la construction, qui s'appuyait à ce mur sur une longueur de 90 cm seulement, ne causait aucune nuisance à Mme X..., la cour d'appel (...) en a souverainement déduit qu'il n'y avait pas lieu d'en ordonner la démolition ».

748. Art. 658 C. civ. : « *[t]out copropriétaire peut faire exhausser le mur mitoyen ; mais il doit payer seul la dépense de l'exhaussement et les réparations d'entretien au-dessus de la hauteur de la clôture commune ; il doit en outre payer seul les frais d'entretien de la partie commune du mur dus à l'exhaussement et rembourser au propriétaire voisin toutes les dépenses rendues nécessaires à ce dernier par l'exhaussement* ».

749. Req. 18 avril 1866, *DP* 1866, 1, p. 336 : « l'art. 658 C. nap. confère au copropriétaire du mur mitoyen un droit absolu dont l'exercice est indépendant du préjudice qu'il peut entraîner pour le voisin ; (...) la disposition de l'art. 662 du même code qui règle une hypothèse, différente, ne peut être arbitrairement étendue au cas prévu par l'art. 658 ; (...) dès lors, (...) le propriétaire qui veut exhausser le mur mitoyen n'est tenu que des obligations que les art. 658 et 659 lui imposent, mais (...) il n'est nullement obligé d'obtenir au préalable « le consentement du voisin, ou, à son refus, de faire déterminer par experts les moyens nécessaires pour que les nouveaux ouvrages ne soient pas nuisibles aux droits de l'autre copropriétaire (art. 662 C. nap.) ». *Adde* Civ. 1re, 1er mars 1961, *Bull. civ.* I, n° 135 : l'exhaussement n'a pas à être réalisé dans toute l'épaisseur du mur.

750. Civ. 3e, 3 juillet 1973, *Bull. civ.* III, n° 458 : « le propriétaire d'un fonds dominant, bénéficiaire d'une servitude, est en droit d'obtenir la démolition du mur édifié en deçà de la distance légale par rapport aux fenêtres par lesquelles s'exerce la servitude, pour maintenir, en faveur de son héritage, la plénitude du droit réel qui s'y rattache ».

droit. La partie exhaussée appartient privativement à celui qui l'a réalisée[751], à qui échoient les dépenses de réalisation et d'entretien de l'exhaussement, ainsi que toutes les autres dépenses causées par l'exhaussement[752]. L'article 660 C. civ. offre au voisin la possibilité d'acquérir la mitoyenneté en payant la moitié de la dépense qu'il a coûté[753] et, le cas échéant, la valeur de la moitié du sol fourni pour l'excédent d'épaisseur, s'il y en a. Enfin, au cas particulier où le mur mitoyen ne serait pas en état de supporter l'exhaussement, « (...) *celui qui veut l'exhausser doit le faire reconstruire en entier à ses frais, et l'excédent d'épaisseur doit se prendre de son côté* » (art. 659 C. civ.).

Un propriétaire d'un mur mitoyen peut, en troisième lieu, **s'opposer à la création par l'autre** d'une **fenêtre ou d'une ouverture**, même à verre dormant[754].

604. Droits sur les haies et fossés. Le propriétaire d'une haie ou d'un fossé mitoyen peut le détruire jusqu'à la limite de sa propriété, à charge de construire un mur sur cette limite[755], réputée être une meilleure clôture. Les produits de la haie mitoyenne appartiennent aux propriétaires par moitié[756], et lorsque les arbres qui se trouvent dans la haie meurent ou lorsqu'ils sont coupés ou arrachés, ils sont

751. Civ. 3e, 22 mars 2006, *Bull. civ.* III, n° 81 : « Mme X..., propriétaire d'un immeuble séparé de celui appartenant aux consorts B... par un mur mitoyen, a, en 1989, fait rehausser ce mur et édifier un garage dont la toiture recouvrait l'exhaussement ainsi réalisé ; qu'en 1994, les consorts B... ont construit un hangar prenant appui sur le mur qu'ils ont à leur tour fait rehausser, en "découpant" la partie de la toiture du garage de Mme X... qui le surplombait ; que Mme X... a assigné les consorts B... pour obtenir la démolition de ce second exhaussement et la remise en l'état du toit ; (...) pour débouter Mme X... de sa demande, l'arrêt retient que les documents techniques produits aux débats ne font pas apparaître que l'un ou l'autre des exhaussements serait dangereux pour la solidité du mur, que les dispositions de l'article 660 C. civ. permettent à un voisin qui n'a pas contribué à l'exhaussement d'un mur mitoyen d'acquérir la mitoyenneté de cette partie du mur, que les époux B... déclarent vouloir acquérir la mitoyenneté et qu'à raison de la solution retenue quant à la propriété de cet exhaussement, il ne peut être fait droit à la demande de démolition et de remise en état formulée par Mme X... sur le fondement de l'article 545 C. civ. ; (...) en statuant ainsi, alors qu'elle avait relevé que le fait de découper la toiture de l'immeuble de Mme X... et de construire un exhaussement sur l'exhaussement appartenant privativement à ces derniers portait atteinte à leur droit de propriété, la cour d'appel, qui n'a pas tiré les conséquences légales de ses propres constatations, a violé le texte susvisé ».

752. Civ. 3e, 9 octobre 1985, *Bull. civ.* III, n° 118 : « l'article 658 du Code civil (...) qui prévoit que le copropriétaire qui, voulant exhausser le mur mitoyen, doit rembourser au propriétaire voisin toutes les dépenses rendues nécessaires par l'exhaussement, autorise ce dernier à réclamer à l'auteur de l'exhaussement les travaux de surélévation des cheminées de son immeuble dès lors qu'il y a relation de cause à effet entre l'exhaussement et le mauvais fonctionnement des cheminées ».

753. V. *supra*, n° 598. La dépense que l'exhaussement a coûté étant estimée à la date de l'acquisition, compte tenu de l'état dans lequel se trouve la partie exhaussée du mur.

754. Art. 675 C. civ. : « *[l]'un des voisins ne peut, sans le consentement de l'autre, pratiquer dans le mur mitoyen aucune fenêtre ou ouverture, en quelque manière que ce soit, même à verre dormant* ».

755. Art. 668 C. civ. : « *[l]e voisin dont l'héritage joint un fossé ou une haie non mitoyens ne peut contraindre le propriétaire de ce fossé ou de cette haie à lui céder la mitoyenneté.* (al. 1) *Le copropriétaire d'une haie mitoyenne peut la détruire jusqu'à la limite de sa propriété, à la charge de construire un mur sur cette limite.* (al. 2) *La même règle est applicable au copropriétaire d'un fossé mitoyen qui ne sert qu'à la clôture* (al. 3) ».

756. Art. 669 C. civ. : « *[t]ant que dure la mitoyenneté de la haie, les produits en appartiennent aux propriétaires par moitié* ».

partagés par moitié[757]. Les fruits sont recueillis à frais communs et partagés aussi par moitié[758].

2. Les obligations

605. Entretien et réparation. La mitoyenneté crée des obligations à la charge des propriétaires mitoyens. La clôture mitoyenne « *doit être entretenue à frais communs* » (art. 667 C. civ.) et la « *réparation et la reconstruction du mur mitoyen sont à la charge de tous ceux qui y ont droit, et proportionnellement au droit de chacun* » (art. 665 C. civ.). Si les parties ne se sont pas accordées sur la répartition des charges des réparations, le copropriétaire qui fait exécuter seul des travaux sur le mur mitoyen ne peut obtenir le remboursement de la moitié de leur coût que s'il établit que ces travaux étaient urgents[759] et si la réparation ou la reconstruction ne lui est pas imputable – peu important dans ce cas que ce soit à la suite d'un fait fautif[760] ou non[761]. Il s'agit d'obligations réelles, attachées à la qualité de

757. Art. 670 C. civ. : « *[l]es arbres qui se trouvent dans la haie mitoyenne sont mitoyens comme la haie. Les arbres plantés sur la ligne séparative de deux héritages sont aussi réputés mitoyens. Lorsqu'ils meurent ou lorsqu'ils sont coupés ou arrachés, ces arbres sont partagés par moitié* (...). (al. 1) *Chaque propriétaire a le droit d'exiger que les arbres mitoyens soient arrachés.* (al. 2) ». Si chaque propriétaire a le droit d'exiger que les arbres mitoyens soient arrachés, c'est parce qu'ils peuvent nuire au fonds voisin, notamment par l'ombrage projeté. La jurisprudence a précisé que si, à défaut d'un usage local contraire, chaque propriétaire peut effectivement exiger l'arrachage des arbres mitoyens, il ne peut y procéder de son seul et propre chef. De même, s'il peut exiger de son voisin que l'on procède à l'élagage, la taille doit être effectuée en commun par les deux propriétaires (Civ. 3e, 25 janvier 1972, *Bull. civ.* III, n° 54). La Cour de cassation a précisé que « l'article 670 C. civ., et singulièrement son alinéa 2, ne concernait que les arbres mitoyens isolés se trouvant dans une haie ou plantés sur la ligne séparative » (Civ. 3e, 11 février 1976, *Bull. civ.* III, n° 65).

758. Art. 670 al. 1 C. civ. : « (...) *[l]es fruits sont recueillis à frais communs et partagés aussi par moitié, soit qu'ils tombent naturellement, soit que la chute en ait été provoquée, soit qu'ils aient été cueillis* (...) ». *Adde* Civ. 3e, 25 janvier 1972, *Bull. civ.* III, n° 54 : les branches et feuillages provenant de l'élagage d'arbres mitoyens constituent des fruits.

759. Civ. 3e, 14 juin 2006, *Bull. civ.* III, n° 152 : « ayant constaté que Mme X... n'établissait pas que la réalisation des travaux devait être entreprise d'urgence, et qu'elle n'apportait pas la preuve que Mme Y... avait donné son accord pour cette réalisation, le tribunal, qui n'était pas tenu de procéder à une recherche que ses constatations rendaient inopérante ».

760. Civ. 3e, 2 décembre 1975, *Bull. civ.* III, n° 356 : démolition et reconstruction du mur rendues nécessaires et réalisées par un voisin en raison par de travaux effectués imprudemment sur son immeuble.

761. Civ. 3e, 23 janvier 1991, *Bull. civ.* III, n° 37 : « le propriétaire d'un mur mitoyen devant supporter seul les frais de réparation de ce mur lorsque les réparations sont rendues nécessaires par son fait, la cour d'appel, qui a relevé que l'affaissement du mur litigieux procédait exclusivement de la poussée exercée par un arbre planté sur la propriété X..., a légalement justifié sa décision de ce chef » ; Civ. 3e, 28 septembre 2005, *Bull. civ.* III, n° 185 : « ayant exactement énoncé que le propriétaire d'un mur mitoyen devant supporter seul les frais de réparation de ce mur lorsque les réparations sont rendues nécessaires par son fait, retenu que M. X... ne pouvait demander à son voisin mitoyen de participer à des travaux de réparation d'un mur sur lequel il avait fait procéder à une ouverture et à la pose d'un portail, puis à leurs fermetures, avec la reconstruction de la partie du mur ouverte à son profit, et relevé que la facture déposée à l'audience ne mentionnait pas la construction d'un mur mitoyen, mais la fermeture de l'accès de M. X... sur le fonds de Mme Y..., accès ouvert à son initiative, le tribunal a légalement justifié sa décision de ce chef » ; Civ. 3e, 19 octobre 2005, *Bull. civ.* III, n° 200 : « ayant relevé que la configuration des lieux et l'ancienneté des remblais sur lesquels s'appuyaient les fondations démontraient que les caves faisaient partie d'un ensemble homogène, les poussées horizontales des voûtes s'équilibrant les unes les autres, et que la voûte de la cave de l'immeuble des époux X... avait été supprimée et remplacée par un plancher situé au-dessus des voûtes, ce qui avait eu pour effet de

propriétaire du fonds ; celui qui vient à céder sa propriété n'est donc plus tenu de ces obligations, lesquelles échoient au nouveau propriétaire.

606. Abandon. En vue d'échapper aux frais afférents à la mitoyenneté, l'article 667 C. civ.[762] reconnaît au propriétaire mitoyen le droit de renoncer à la mitoyenneté de la clôture et l'article 656 C. civ.[763] à celle d'un mur en particulier. L'abandon s'analyse en une renonciation qui, selon la jurisprudence, se prouve par tous moyens[764].

Toutefois, l'abandon n'est pas possible de la part de celui dont un bâtiment est soutenu par le mur mitoyen[765] ou de la part de celui dont les eaux s'écoulent habituellement dans le fossé mitoyen[766] : l'abandon aurait en effet pour conséquence que le propriétaire profite de la clôture ou le fossé sans en supporter les charges[767]. De

---

laisser la poussée horizontale de la voûte de l'immeuble de M. Y... s'exercer sur le seul mur mitoyen qui s'était effondré, la cour d'appel a pu en déduire que la cave de l'immeuble des époux X... avait été l'instrument du dommage et retenir que ceux-ci étaient responsables du sinistre ».

762. « *La clôture mitoyenne doit être entretenue à frais communs ; mais le voisin peut se soustraire à cette obligation en renonçant à la mitoyenneté.* (al. 1) *Cette faculté cesse si le fossé sert habituellement à l'écoulement des eaux* (al. 2) ».

763. « *(...) tout copropriétaire d'un mur mitoyen peut se dispenser de contribuer aux réparations et reconstructions en abandonnant le droit de mitoyenneté, pourvu que le mur mitoyen ne soutienne pas un bâtiment qui lui appartienne* ».

764. Civ. 3e, 4 octobre 1973, *Bull. civ.* III, n° 511 : « si la renonciation à un droit ne se présume pas, elle peut résulter de faits impliquant sans aucun doute la volonté de renoncer, et (...) les juges du fond peuvent avoir recours a une enquête ».

765. Art. 656 C. civ., cité *supra* : « *(...) tout copropriétaire d'un mur mitoyen peut se dispenser de contribuer aux réparations et reconstructions en abandonnant le droit de mitoyenneté, pourvu que le mur mitoyen ne soutienne pas un bâtiment qui lui appartienne* ». Civ. 3e, 20 décembre 1989, *Bull. civ.* III, n° 249, *Rép. Defr.* 1990, p. 751, obs. H. Souleau, *RTD civ.* 1991, p. 769, obs. F. Zenati : « la faculté d'abandon ne peut être exercée par l'un des propriétaires lorsqu'il retire du mur litigieux un avantage particulier ; (...) ayant constaté, par motifs propres et adoptés, que le mur mitoyen soutenait en partie la couverture de l'immeuble appartenant aux époux Z... [elle en a] exactement déduit que cette circonstance interdisait à ces derniers de faire abandon de la mitoyenneté et de se soustraire aux dépenses de réparations rendues nécessaires par l'arrêté de péril » ; Civ. 3e, 25 septembre 2002, *Bull. civ.* III, n° 182 : « (...) il résulte de l'article 656 C. civ. que la faculté d'abandon de mitoyenneté ne peut être exercée par l'un des propriétaires lorsqu'il retire du mur litigieux un avantage particulier ; (...) ayant relevé que le mur retenait une terre dont la stabilité avait été modifiée par les excavations effectuées pour procéder à la réalisation de l'immeuble "Résidence La Baronnie", que la disparition de cet ouvrage entraînerait un glissement de terrain sur la propriété située en contrebas que le nouveau mur en béton longeant le terrain de tennis ne serait pas en mesure de contenir étant donné sa faible hauteur et que la présence de ce mur ancien était dès lors indispensable au maintien de la plate-forme aménagée en terrain de tennis, la cour d'appel a exactement déduit de ses constatations que le syndicat des copropriétaires retirait du mur séparatif un avantage particulier et qu'il ne pouvait renoncer à son droit de propriété pour se soustraire à d'éventuelles réparations rendues nécessaires non seulement par la vétusté de l'ouvrage mais aussi par son fait en raison de la modification de l'état initial du sol ».
Cette règle ne joue pas lorsque le bâtiment est détruit, car il n'est plus utilisé par le propriétaire. Il reste que la Cour de cassation décide qu'en ce cas le mur demeure indivis : « la mitoyenneté supposant l'existence de deux immeubles contigus, lorsque l'un d'eux disparaît, les effets attachés par la loi à la mitoyenneté cessent, laissant seuls subsister ceux résultant de l'indivision » (Civ. 3e, 18 mai 1994, *Bull. civ.* III, n° 107).

766. Art. 667 al. 2 C. civ. : « *[c]ette faculté cesse si le fossé sert habituellement à l'écoulement des eaux* ».

767. Et v. Civ. 3e, 20 décembre 1989, *Bull. civ.* III, n° 249, *RTD civ.* 1991, p. 769, obs. F. Zenati : « la faculté d'abandon ne peut être exercée par l'un des propriétaires lorsqu'il retire du mur litigieux un avantage particulier ; qu'ayant constaté, par motifs propres et adoptés, que le mur mitoyen soutenait en partie la couverture de l'immeuble appartenant aux époux Z... et en ayant exactement déduit que

même, la jurisprudence décide que le propriétaire ne peut abandonner la mitoyenneté en vue d'échapper à des frais rendus nécessaires en raison de son fait, notamment de l'usage qu'il a fait du mur[768] ; l'abandon ne sera possible par lui qu'une fois qu'il aura acquitté ses obligations[769], ou par l'acquéreur de l'immeuble, non tenu par le fait du propriétaire précédent[770].

§ 2. La preuve

607. Preuve par tous moyens. La mitoyenneté, comme la propriété, se prouve par tous moyens[771]. Néanmoins, des présomptions générales viennent en faciliter la preuve, lesquelles peuvent se trouver confortées ou détruites par un *titre* ou des *marques de mitoyenneté* ou de non-mitoyenneté.

608. Présomptions. En premier lieu, la loi prévoit deux présomptions générales. D'une part, toute clôture qui sépare deux fonds est présumée mitoyenne (art. 666 C. civ.[772]) et, d'autre part, sont présumés mitoyens les murs séparant[773] cours et jardins[774] et enclos dans les champs[775], ainsi que ceux séparant des

cette circonstance interdisait à ces derniers de faire abandon de la mitoyenneté et de se soustraire aux dépenses de réparations rendues nécessaires par l'arrêté de péril, la cour d'appel a, par ces seuls motifs, légalement justifié sa décision ».

768. Civ. 3e, 23 novembre 1976, *Bull. civ.* III, n° 479 : dès lors que l'effondrement du mur mitoyen est, au moins en partie, la conséquence d'un défaut d'entretien par les deux propriétaires, la faculté d'abandon ne peut pas être exercée par l'un d'eux, pour se soustraire aux dépenses de réparation ou de reconstruction rendues nécessaires par son fait, la responsabilité du sinistre incombant pour moitié à chacun desdits propriétaires.

769. Civ. 1re, 4 novembre 1963, *Bull. civ.* I, n° 473 : « le droit d'abandon ne saurait être légitimement exercé que lorsque la démolition a été effectuée et que c'est seulement après qu'il a été pourvu, par qui de droit, au rétablissement du mur mitoyen en état que l'auteur de la démolition peut être dispensé, pour l'avenir, des charges de la mitoyenneté ; que les juges du fond, ayant constaté que les désordres survenus au mur mitoyen étaient uniquement dus au fait et à la négligence de Begaud, ont justement décidé que celui-ci n'avait pu valablement faire abandon de son droit de mitoyenneté ».

770. Civ. 1re, 11 juin 1960, *Bull. civ.* I, n° 323 : les acquéreurs « ne sauraient être recherchés comme ayant à répondre à une responsabilité quasi-délictuelle de leur vendeur à défaut de tout engagement pris par eux ».

771. Notamment par des présomptions de fait (Civ. 3e, 19 avril 1989, *Bull. civ.* III, n° 87 : les juges du fond doivent rechercher « si les présomptions simples [invoquées] n'établissaient pas le caractère mitoyen du mur »). Et v. *infra*, n° 608.

772. Art. 666 C. civ. : « *[t]oute clôture qui sépare des héritages est réputée mitoyenne, à moins qu'il n'y ait qu'un seul des héritages en état de clôture, ou s'il n'y a titre, prescription ou marque contraire* ».

773. Le mur qui ne suit pas la ligne séparative mais est « implanté d'une manière très irrégulière alternativement sur l'un et l'autre des deux fonds voisins », de sorte à se retrouver alternativement sur la propriété de l'un et de l'autre, n'est pas présumé mitoyen : Civ. 3e, 5 novembre 2003, *Bull. civ.* III, n° 191, *JCP* 2004, I, 125, obs. H. Périnet-Marquet, *Rép. Defr.* 2004, p. 1164, obs. Ch. Atias.

774. Les juges du fond apprécient souverainement les notions de cours et jardins (Civ. 3e, 12 février 1970, *Bull. civ.* III, n° 104 : terrains situés autour d'un immeuble à usage d'habitation et construction à usage de garage).

775. La présomption de mitoyenneté d'un mur séparatif suppose l'existence de bâtiment des deux côtés (Civ. 3e, 7 mars 1973, *Bull. civ.* III, n° 186 : « la présomption de mitoyenneté d'un mur séparatif n'a pas lieu lorsqu'il n'existe de bâtiment que d'un seul côté ») au jour de la construction (Req. 10 juillet 1865, *DP* 1865, 1, p. 483 : « d'après l'art. 653 C. nap., la présomption de mitoyenneté n'existe, dans

bâtiments[776] jusqu'à l'héberge, c'est-à-dire à hauteur du toit du bâtiment le moins haut (art. 653 C. civ.[777]). Ces deux présomptions ont un champ d'application différent : alors que l'article 653 C. civ. n'exige pas que les propriétés voisines soient entièrement clôturées par un mur, l'article 666 C. civ. dispose que les propriétés voisines doivent être « *en état de clôture* » pour que la clôture soit présumée mitoyenne. Seule cette dernière présomption s'applique uniquement lorsque les deux fonds se joignant sont entièrement clos. En somme, si deux terrains sont entièrement clos, le mur qui les sépare est bien présumé mitoyen, alors que si un seul des deux terrains est clos de tous côtés, il est présumé appartenir privativement au propriétaire de ce dernier terrain.

En dehors des présomptions légales, la mitoyenneté se prouvant par tous moyens[778], ont été présumées mitoyennes les clôtures érigées à frais communs[779] ou situées sur la ligne divisoire, en l'absence de marques de non-mitoyenneté[780].

609. Titre. Un titre est susceptible de renverser la présomption de mitoyenneté[781] ou, en tout état de cause, d'établir ou non la mitoyenneté. On peut assimiler au titre les marques cadastrales qui feraient apparaître que telle clôture est ou n'est

---

les villes et les campagnes, qu'entre les bâtiments jusqu'à l'héberge ; (...) il résulte de cette disposition que, s'il n'y a de bâtiments que d'un côté, la présomption légale de mitoyenneté ne peut être invoquée, par la raison que la circonstances de fait qui en sont la condition essentielle n'existent point » ; Req. 24 octobre 1951, *D.* 1951, p. 772 : la présomption est écartée s'il est prouvé qu'à l'époque de l'édification du mur il n'existait pas de bâtiments sur un des terrains).

776. Lequel doit être distingué du mur de soutènement. La destination d'un mur de soutènement n'étant pas de clore mais de soutenir, il ne peut en principe être considéré comme mitoyen et il est présumé appartenir à celui dont il soutient les terres et qui, de ce fait, en profite (Civ. 3e, 15 juin 1994, *Bull. civ.* III, n° 125). Néanmoins, il peut être partiellement mitoyen, pour la seule portion à l'usage commun des deux voisins (Civ. 3e, 4 janvier 1995, *Bull. civ.* III, n° 6, *Rép. Defr.* 1995, p. 1121, obs. Ch. Atias).

777. Art. 653 C. civ. : « *[d]ans les villes et les campagnes, tout mur servant de séparation entre bâtiments jusqu'à l'héberge, ou entre cours et jardins, et même entre enclos dans les champs, est présumé mitoyen s'il n'y a titre ou marque du contraire* ».

778. V. *supra*, n° 607.

779. Civ. 3e, 4 janvier 1973, *Bull. civ.* III, n° 17 : « à défaut de titre les juges du second degré, dans l'exercice de leur pouvoir souverain d'appréciation des éléments de preuve qui leur étaient soumis, ont retenu la présomption de mitoyenneté résultant de la construction "à frais communs" du mur, et ont relevé que les époux Y... n'apportaient aucune preuve, ni aucun indice pour renverser cette présomption ».

780. On vise l'hypothèse dans laquelle la clôture se situe à cheval sur la ligne divisoire sans que l'on ne sache qui l'a construit et quand. V., à ce sujet, Civ. 3e, 21 octobre 2006, pourvoi n° 05-15922 : « ayant constaté que les titres de propriété des parties ne fournissaient aucune indication quant à la propriété du mur, qu'il se trouvait à cheval sur les deux propriétés avec cependant, proportion des deux tiers de son épaisseur chez Mme X..., que les photographies y compris anciennes de sa partie supérieure, n'établissaient pas, conformément à l'article 654 du Code civil sa non-mitoyenneté, la cour d'appel a pu en déduire que le mur était mitoyen ». Peu importe donc que le mur construit sur la ligne séparative ne le soit en son milieu : « la mitoyenneté élargit en quelque sorte le trait » (M. Boudot, *Rép. civ.*, *V° Mitoyenneté*, 2008, n° 18).

781. Civ. 3e, 10 avril 1973, *Bull. civ.* III, n° 271 : « les juges du second degré ont homologué les conclusions de l'expert, lequel, faisant application des indications d'un acte authentique du 29 janvier 1849, concernant l'immeuble des consorts Bellone, qui se trouvait alors en nature de terre de labour, a trouvé que la propriété Y... s'étendait vers l'ouest jusqu'au mur d'enceinte de l'ancien moulin à vapeur" (situé sur la propriété voisine) ; que, dans l'exercice de son pouvoir souverain d'appréciation des éléments de preuve qui lui étaient soumis, la cour d'appel en a déduit "que ce titre laisse entendre que le mur est construit sur le terrain X..." et n'est pas mitoyen ».

pas mitoyenne. En tout état de cause, le titre n'a pas à être commun aux deux propriétaires voisins[782].

610. Marques. Les marques dont il est ici question ne sont pas des marques cadastrales, mais des marques physiques. Elles sont évoquées en des termes techniques aux articles 654 et 666 C. civ. au sujet des *murs* et *fossés*.

S'agissant des **murs** (art. 654 C. civ.), il y a marque de non-mitoyenneté « *lorsque la sommité du mur est droite et à plomb de son parement d'un côté, et présente de l'autre un plan incliné* » (al. 1) et « *lors encore qu'il n'y a que d'un côté ou un chaperon*[783] *ou des filets*[784] *et corbeaux de pierre*[785] *qui y auraient été mis en bâtissant le mur* » (al. 2). Le mur est alors « *censé appartenir exclusivement au propriétaire du côté duquel sont l'égout ou les corbeaux et filets de pierre* » (al. 3). Le mur ne présentant pas les mêmes utilités pour chacun des voisins, la mitoyenneté est écartée et le mur est censé appartenir au propriétaire du côté duquel sont les marques, car il est « naturel de présumer que celui-là est seul propriétaire de tout le mur qui, seul, en supporte les inconvénients [recevoir l'égout des eaux pluviales], ou en retire les avantages [droit de bâtir dans le mur] »[786].

S'agissant des **fossés** (art. 666 C. civ.) il y a marque de non-mitoyenneté « *lorsque la levée ou le rejet de la terre se trouve d'un côté seulement du fossé* » (al. 2) ; dans ce cas, le fossé « *est censé appartenir exclusivement à celui du côté duquel le rejet se trouve* » (al. 3). La mitoyenneté est écartée car l'on estime que celui qui a creusé un fossé a eu la courtoisie de rejeter la terre sur son propre terrain.

La **liste** n'est qu'**énonciative** et d'autres marques de non-mitoyenneté peuvent être prises en considération[787]. Par ailleurs, une marque de non-mitoyenneté ne saurait suffire à écarter définitivement la mitoyenneté, celle-ci pouvant être à son tour combattue par des marques matérielles contraires ou par un écrit[788].

---

782. Civ. 3e, 3 juillet 1973, *Bull. civ.* III, n° 459 : « l'article 653 C. civ. n'exige pas que les titres, dont il appartient aux juges du fait d'interpréter le sens et la portée, soient communs aux deux propriétaires voisins ».

783. Le chaperon est le couronnement du mur, lequel peut être à versant, à une ou deux pentes, ou bombé. Lorsqu'il n'y en a que d'un côté du mur, c'est de ce côté que s'écoule les eaux de pluie.

784. Le filet est une saillie qui surplombe le mur et qui est destinée à faire couler les eaux de pluie loin du mur.

785. Le corbeau est un élément saillant du mur, le plus souvent constitué d'une ou de plusieurs pierres, destiné à servir d'appui à des poutres en vue de supporter une construction.

786. Ch. DEMOLOMBE, *Cours de Code Napoléon*, vol. XI, 1872, n° 336.

787. Civ. 1re, 1er mars 1961, *Bull. civ.* I, n° 135 : les énonciations de l'article 654 C. civ. n'ont pas un caractère limitatif et les juges du fond sont souverains pour apprécier les signes caractéristiques de non-mitoyenneté d'un mur.

788. Civ. 1re, 6 février 1967, *Bull. civ.* I, n° 45 : « la cour d'appel, qui a répondu aux conclusions d'X... relatives à la construction du mur et à la situation des lieux à l'époque de cette construction et apprécié souverainement le sens et la portée de la convention passée le 12 octobre 1876 entre les auteurs des parties, relève que, si X... peut faire état de la marque prévue a l'article 654, alinéa 1, du Code civil, ce signe de non-mitoyenneté ne saurait suffire à combattre les marques matérielles contraires et les indications qui ressortent des actes écrits ».

Chapitre 3
L'acquisition des droits réels

611. Distinction entre l'acquisition dérivée et l'acquisition originaire. Par principe, l'acquisition d'un droit réel suppose toujours la *volonté d'acquérir*. Au-delà, elle se fait tantôt d'accord avec la volonté de celui qui renonce à son droit, tantôt indépendamment de celle-ci. Dans le premier cas, on parle d'**acquisition dérivée**, dans le second d'**acquisition originaire**. On retrouve la trace de cette distinction aux articles 711[1] et 712 C. civ.[2], aux termes desquels la propriété des biens s'acquiert respectivement par « *succession, par donation entre vifs ou testamentaire, et par l'effet des obligations* » (acquisition dérivée) et par « *accession ou incorporation et par prescription* » (acquisition originaire).

Suivant l'analyse classique[3], l'acquisition dérivée emporte le **transfert** d'un droit réel à l'acquéreur – qui emporte la création d'un lien d'auteur à un ayant cause –, alors que l'acquisition originaire emporte **création** d'un droit réel nouveau au profit de l'acquéreur.

612. Intérêts de la distinction. Distinguer les modes d'acquisition dérivée des modes d'acquisition originaire présente deux intérêts, qui concernent notamment la *preuve de la propriété* et *l'incidence de la perte de la qualité de propriétaire d'un des maillons de la chaîne de transmission*[4].

S'agissant, en premier lieu, de la **preuve de la propriété**[5]. Celui qui prétend être propriétaire au titre d'une ***acquisition originaire*** devra établir le fait qui lui a permis d'être propriétaire – la possession, l'occupation, etc. – alors que celui qui prétend être propriétaire au titre d'une ***acquisition dérivée*** devra établir non seulement le titre en vertu duquel il est propriétaire (acheteur, successeur, etc.) et, en cas de contestation, également celui en vertu duquel son auteur a acquis son droit, et ainsi de suite (en remontant la chaîne des acquisitions dérivées)... C'est la raison pour laquelle la preuve de la propriété (dérivée) est dite « diabolique » (*probatio diabolica*).

---

1. « *La propriété des biens s'acquiert et se transmet par succession, par donation entre vifs ou testamentaire, et par l'effet des obligations.* »
2. « *La propriété s'acquiert aussi par accession ou incorporation, et par prescription.* »
3. Pour une critique de cette approche classique, v. Ph. Chauviré, *L'acquisition dérivée de la propriété (Le transfert volontaire des biens)*, préf. Th. Revet, th., LGDJ, 2013. En substance, l'auteur défend l'idée que l'acquisition dérivée, comme l'acquisition originaire, n'emporte pas transfert de la propriété, mais création d'un nouveau rapport de propriété. Ce n'est pas la propriété qui est transférée, mais le bien qui en forme l'assiette. Par ailleurs, l'auteur envisage la seule acquisition dérivée de la propriété et non celle des droits réels sur la chose d'autrui car, selon lui, ce n'est jamais que la *propriété* de ces droits qui s'acquiert.
4. Ph. Chauviré, *L'acquisition dérivée de la propriété (Le transfert volontaire des biens)*, préf. Th. Revet, th., LGDJ, 2013, n° 137.
5. V. *infra*, n° 693.

S'agissant, en second lieu, de la **perte de la qualité de propriétaire d'un des maillons de la chaîne de transmission**. L'acquéreur à titre originaire ayant obtenu un droit nouveau, sa situation n'est pas dépendante de celle des propriétaires antérieurs. En contrepoint, l'acquéreur à titre dérivé ayant acquis le droit de son auteur, sa situation est dans la dépendance de celle des propriétaires antérieurs. De fait, la perte de la qualité de propriétaire d'un maillon antérieur de la chaîne (annulation ou résolution d'une vente, découverte d'un nouveau testament) entraînera en principe mécaniquement, par un effet domino, l'anéantissement des acquisitions successives. Il faut toutefois compter avec le jeu de la possession, dans la mesure où l'acquéreur d'un bien en est normalement le possesseur. Or, en matière mobilière, celui qui a acquis un bien *a non domino* en devient propriétaire par l'effet de la loi[6] et en matière immobilière, le possesseur de l'immeuble en deviendra au bout d'un certain temps propriétaire par usucapion, sachant qu'il pourra joindre à sa possession celle de ses auteurs[7].

613. Cas particulier du retrait litigieux. Le mécanisme du retrait litigieux autorise celui contre qui un droit litigieux a été cédé à se le faire attribuer en remboursant au cessionnaire le prix d'acquisition[8]. En général, la question du retrait se pose lorsqu'un créancier a cédé sa créance litigieuse à un tiers pour un montant inférieur à son montant nominal, ce dernier se chargeant d'en réclamer le montant nominal au débiteur : celui-ci pourra alors être quitte de sa dette en remboursant au cessionnaire ce que ce dernier a déboursé. Si le droit litigieux consiste le plus souvent en une créance de somme d'argent (droit personnel), il peut s'agir de tout type de droit, y compris un droit réel. S'agissant des droits réels, en particulier des droits réels immobiliers, la question s'est posée de savoir si celui qui agissait en revendication d'un immeuble cédé à un tiers pouvait exercer le retrait litigieux. La jurisprudence y a répondu par la négative[9], estimant que le droit au retrait ne peut être exercé que si le retrayant a la qualité de défendeur à l'instance en contestation du droit litigieux[10].

6. Art. 2276 al. 1 C. civ. : « *[e]n fait de meubles, la possession vaut titre* ». Sur cette fonction acquisitive, v. *infra*, n° 743.

7. Art. 2265 C. civ. : « *[p]our compléter la prescription, on peut joindre à sa possession celle de son auteur, de quelque manière qu'on lui ait succédé, soit à titre universel ou particulier, soit à titre lucratif ou onéreux* ». Et v. *infra*, n° 733.

8. Art. 1699 C. civ. : « *[c]elui contre lequel on a cédé un droit litigieux peut s'en faire tenir quitte par le cessionnaire, en lui remboursant le prix réel de la cession avec les frais et loyaux coûts, et avec les intérêts à compter du jour où le cessionnaire a payé le prix de la cession à lui faite* ». Et v. E. Savaux, Rép. civ., V° *Cession de droits litigieux*, 2003, n° 65 s.

9. Civ. 1re, 14 février 1966, *Bull. civ.* I, n° 112 : « l'arrêt constate que la revendication exercée par Henri Y..., fut-ce par voie d'exception, n'était pas de nature à rendre litigieux le droit de propriété des consorts Y... au sens de l'article 1699 du Code civil ; (...) dès lors, c'est à bon droit que la cour d'appel a dénié à Henri Y... le droit au retrait, celui-ci ne pouvant être exercé que si le retrayant à la qualité de défendeur à l'instance en contestation du droit litigieux » ; Civ. 3e, 19 novembre 2014, pourvoi n° 13-24372, à paraître au *Bulletin*, *RDC* 2015, p. 260, obs. R. Libchaber : les consorts X ayant revendiqué un terrain à l'encontre de Madame A, qui les avait, en cours d'instance, cédées à un tiers, ils avaient demandé à effectuer un retrait litigieux entre les mains de ce dernier, ce qui leur est refusé : « le retrait litigieux ne pouvant être exercé que par un défendeur à l'instance en contestation du droit litigieux, les consorts X... qui sont demandeurs à l'instance, ne sont pas recevables à exercer leur droit de retrait ».

10. En toute hypothèse, l'article 1701 C. civ. écarte le retrait litigieux, pour des raisons diverses, en présence d'une cession faite « à un cohéritier ou copropriétaire du droit cédé », « à un créancier en paiement de ce qui lui est dû » et « au possesseur de l'héritage sujet au droit litigieux ». Sur ces exclusions, v. E. Savaux, Rép. civ., V° *Cession de droits litigieux*, 2003, n° 79 s.

614. Plan. On envisagera successivement l'acquisition dérivée (Section 1) de l'acquisition originaire (Section 2).

Section 1
L'acquisition dérivée

615. Plan. L'acquisition dérivée peut être envisagée d'un double point de vue : son objet (§ 1) et sa réalisation (§ 2).

§ 1. L'objet

616. Acquisition universelle ou à titre universel et acquisition à titre particulier. Les modes d'acquisition dérivée sont envisagés à l'article 711 C. civ. qui envisage les acquisitions par « *succession, par donation entre vifs ou testamentaire, et par l'effet des obligations* ». Cet inventaire, qui ne brille pas par sa clarté, invite à opposer les acquisitions faites en qualité d'ayant cause à titre universel de celles faites en qualité d'ayant cause à titre particulier.

Dans la première série d'hypothèses, une personne acquiert **un patrimoine ou une quote-part de celui-ci** : c'est le cas des héritiers et légataires universels ou à titre universels, mais aussi les sociétés absorbantes. Ces personnes, si elles acquièrent les biens qui composent le patrimoine qu'elle reçoive, sont également tenues des dettes qui le grèvent.

Dans la seconde série d'hypothèses, une personne acquiert **un ou plusieurs biens particuliers** : c'est le cas des acquéreurs et légataires à titre particulier. Ces personnes n'acquièrent que des biens, sans être tenues des éventuelles dettes de leur auteur.

§ 2. La réalisation

617. Plan. Les modes d'acquisition dérivé intéressant d'autres matières que le droit des biens (notamment le droit des contrats, le droit des sociétés et le droit des successions et libéralités), on n'envisagera ici que l'acquisition dérivée faite par une personne en qualité d'ayant cause à titre particulier, en se limitant à la vente, qui en constitue le paradigme[11]. Pour le reste, tout au plus peut-on relever que le transfert de propriété par voie successorale se fait, en raison du principe de continuation de la personne du défunt, *de plano*, au jour du décès[12], l'exercice de l'option par l'héritier

11. Sur ces questions, v. notamment Ph. Chauviré, *L'acquisition dérivée de la propriété (Le transfert volontaire des biens)*, préf. Th. Revet, th., LGDJ, 2013 ; J. Dubarry, *Le transfert conventionnel de propriété (Essai sur le mécanisme translatif à la lumière des droits français et allemand)*, th., LGDJ, préf. B. Dauner-Lieb et R. Libchaber, 2014.

12. V. notamment Civ. 1re, 22 juillet 1987, *Bull. civ.* I, n° 258 : « [à] défaut de texte contraire, une déclaration ultérieure d'utilité publique ne saurait priver les héritiers des droits à eux acquis par le

venant confirmer ou infirmer ce transfert, rétroactivement[13]. Précisons enfin que si l'on raisonne en général sur l'acquisition dérivée de la propriété – ce que nous ferons –, tous les droits réels cessibles peuvent être cédés : c'est le droit, non le bien, qui fait l'objet du transfert[14].

On envisagera les modèles théoriques du transfert à titre particulier (A) avant d'apprécier les solutions retenues (B).

A Les modèles théoriques

618. Distinction. Plusieurs modèles sont en concours pour expliquer, d'une part, le *mécanisme du transfert de propriété* et, d'autre part, les *liens existants entre le transfert de propriété et le contrat qui en constitue le fait générateur*[15].

619. Mécanisme du transfert de propriété. Suivant un premier modèle, le transfert de propriété se fait *solo consensu*, **par le seul échange des consentements** des parties au contrat ayant pour objet de transférer la propriété (système du transfert *solo consensu*). Ainsi, dès lors que Paul et Pierre se sont accordés sur la vente d'un bien appartenant à l'un, la propriété est en principe transférée par là même à l'autre[16]. Suivant un second modèle, le transfert de propriété se fait **par un acte postérieur à la conclusion du contrat**. Ainsi, si l'on reprend l'exemple précédent, la propriété n'est pas transférée du seul fait de la conclusion du contrat, mais le sera par un acte postérieur.

620. Liens entre le transfert de propriété et le contrat à l'occasion duquel il a eu lieu. Suivant un premier modèle, le **transfert est *dépendant* du contrat qui en est le fait générateur**, en sorte que l'anéantissement du contrat emportera celui du transfert (système du transfert causaliste). Ainsi, si la vente conclue entre Paul et Pierre est annulée pour vice du consentement ou résolue pour défaut de paiement du prix, le transfert de propriété le sera lui aussi. Suivant un second modèle, le **transfert est *indépendant* du contrat qui en constitue le fait générateur**, en sorte que l'anéantissement du contrat n'emportera pas celui du transfert (système du transfert abstrait). Ainsi, si la vente conclue entre Paul et Pierre est annulée

---

fait même de ce décès » ; Civ. 1re, 28 janvier 1997, *Bull. civ.* I, n° 37 : « le légataire à titre universel devient propriétaire des biens légués, de plein droit et du seul fait du décès du testateur ».

Le transfert *de plano* est toutefois contesté par un auteur, pour lequel le transfert se ferait au jour où la succession est acceptée par l'héritier (Ph. Chauviré, *L'acquisition dérivée de la propriété (Le transfert volontaire des biens)*, préf. Th. Revet, th., LGDJ, 2013, n° 50 s.).

13. Art. 776 C. civ. : « *[l]'option exercée a un effet rétroactif au jour de l'ouverture de la succession* ».

14. « Il faut bien se pénétrer de l'idée que ces différents actes juridiques sont accomplis, non sur la chose mais sur le droit du propriétaire » (M. Planiol et G. Ripert, *Traité élémentaire de droit civil*, vol. I, LGDJ, 11e éd., 1928, n° 2337).

15. Sur la question, v. J. Dubarry, *Le transfert conventionnel de propriété (Essai sur le mécanisme translatif à la lumière des droits français et allemand)*, th., LGDJ, préf. B. Dauner-Lieb et R. Libchaber, 2014, n° 5.

16. Tout au plus observera-t-on que si la vente porte sur une chose de genre, le transfert de propriété sera subordonné à l'identification d'un corps certain à la suite de son individualisation. V notamment Civ. 30 juin 1925, *DP* 1927, 1, p. 29 : « la propriété de la chose vendue n'est transmise à l'acquéreur que quand cette chose est déterminée dans son individualité » ; Civ. 1re, 19 février 2002, pourvoi n° 99-12585 : « la cour d'appel a constaté que les végétaux commandés à l'EARL Z... Boissay avaient été livrés et réceptionnés par les Pépinières Y..., ce dont il résultait qu'il y avait eu individualisation des plants vendus et, par suite, transfert de la propriété et des risques ».

pour vice du consentement ou résolue pour défaut de paiement du prix, le transfert de propriété ne le sera pas.

621. Combinaison des modèles. Il ressort de l'exposé précédent quatre combinaisons possibles : le transfert de propriété peut se faire *solo consensu* et être *dépendant* du contrat à l'occasion duquel il a eu lieu ; il peut se faire *solo consensu* et être *indépendant* du contrat à l'occasion duquel il a eu lieu ; il peut résulter d'un *acte* postérieur à la conclusion du contrat et être *dépendant* de celui-ci ; il peut enfin résulter d'un *acte* postérieur à la conclusion du contrat et être *indépendant* de celui-ci. Cette présentation schématique ne doit pas occulter certaines subtilités : d'une part, le terme « acte » suppose parfois, mais parfois seulement, un accord de volontés, d'autre part, il existe des modèles intermédiaires[17] et, de troisième part, le choix d'un modèle peut différer suivant l'assiette mobilière ou immobilière de la propriété transférée.

B Les solutions retenues

622. Plan. Si le droit français retient le principe du transfert *solo consensu* et *causaliste* (2), c'est le fruit d'une évolution historique et peut-être de malentendus (1).

1. Évolution historique

623. Droit romain. Le droit romain distinguait, au sein des procédés permettant d'acquérir la propriété d'une chose en vertu d'un accord conclu avec son propriétaire, les **modes formalistes** qu'étaient la « **mancipation** » (*mancipatio*) et la « **cession judiciaire** » (*in iure cessio*), d'un **mode non formaliste**, la « **tradition** ». Quel que soit le procédé en cause, un *acte* spécial en vue de transférer la propriété était requis. Il s'agissait d'un acte *abstrait*, en ce sens que le transfert survivait à l'anéantissement du contrat[18], sauf peut-être s'agissant de la tradition[19].

La **mancipation**, mentionnée déjà dans la Loi des XII Tables, mais disparue sous Justinien, était un mode d'acquisition réservé aux citoyens romains qui concernait les *res mancipi* (dont une liste est rapidement arrêtée, et qui comprend notamment la terre, les esclaves et certaines bêtes[20]). Le transfert de propriété se réalisait au terme d'une mise en scène : en présence de témoins et de l'aliénateur, l'acquéreur tenait la chose qu'il désirait acquérir, prononçait des paroles rituelles et frappait la balance d'airain tenue par le porte-balance (*libripens*) avec un lingot lui-même en airain, qu'il remettait à l'aliénateur, « en signe du prix de la chose »[21]. Le lingot constituait

17. J. Dubarry, *Le transfert conventionnel de propriété (Essai sur le mécanisme translatif à la lumière des droits français et allemand)*, th., LGDJ, préf. B. Dauner-Lieb et R. Libchaber, 2014, n°s 5 et 6.

18. J.-Ph. Lévy et A. Castaldo, n° 386 ; P. Ourliac et J. de Malafosse, *Droit romain et Ancien Droit, t. 2, Les biens*, PUF, 1961, n° 149 et 151. L'aliénateur disposait alors de la *condictio* d'enrichissement sans cause, la cause du transfert ayant disparu.

19. J.-Ph. Lévy et A. Castaldo, n° 388 et n° 390.

20. Sur cette liste, v. J.-Ph. Lévy et A. Castaldo, n° 121 et n° 385. La mancipation avait pour effet de garantir :

1°/ L'acquéreur contre l'éviction, puisqu'en cas de revendication par le véritable propriétaire, l'acquéreur exerçant l'*actio auctoritatis* pouvait exiger du vendeur qu'il lui restitue le double du prix versé ;

2°/ La contenance, puisque en cas de contenance insuffisante, l'acquéreur exerçant cette fois l'*actio de modo agris*, pouvait exiger une indemnité de l'aliénateur du double de la valeur de la contenance manquante.

21. Gaïus, Inst., Commentaire premier, § 119.

la contrepartie de la chose aliénée, à une époque où il n'existait pas de monnaie fiduciaire. Puis, en raison de l'apparition de la monnaie fiduciaire et du développement de la vente à crédit, une pesée simulée succéda à la pesée véritable[22].

La **cession judiciaire**, connue également en droit classique, et qui tomba en désuétude avant même la mancipation[23], consistait en un procès fictif au cours duquel, devant le juge, l'acquéreur revendiquait la chose sans opposition de l'aliénateur ; il ne restait alors au juge qu'à ordonner la cession. La cession judiciaire permettait de transférer la propriété de toutes choses, *res mancipi* ou *res nec mancipi*. À la différence de la mancipation, le transfert de la propriété n'était pas subordonné au paiement d'un prix[24].

La **tradition** était le mode non formaliste de transfert de la propriété en droit romain. À l'origine ouverte aux citoyens romains pour les seules *res nec mancipi* et aux pérégrins pour toutes choses, la tradition a peu à peu supplanté la mancipation et la cession judiciaire, qui ont progressivement disparu[25]. Celle-ci consistait en la remise de la chose par l'aliénateur à l'acquéreur et se composait d'un *élément matériel* et d'un *élément moral*. Au titre de l'élément matériel, la chose devait être remise, même si d'inévitables tempéraments ont été admis[26] et, au titre de l'élément moral, la remise de la chose devait être justifiée par une « juste cause » (*justa causa*) en ce qu'elle devait être motivée par la volonté d'en transférer la propriété. L'existence de cet élément moral conduit à analyser la tradition en un acte juridique, distinct du contrat de vente lui-même : tant que la tradition n'a pas été effectuée, le vendeur reste propriétaire[27].

624. Ancien Droit. Sous l'Ancien Droit, le transfert de propriété était toujours subordonné à la tradition[28] : le pacte nul, à lui seul, n'emportait pas transfert de propriété[29]. Avec la redécouverte du droit romain, on se contentera d'une tradition

---

22. P. F. GIRARD, p. 310.
23. P. F. GIRARD, p. 316.
24. Elle n'offre pas à l'acquéreur déçu l'*actio auctoritatis* ou l'*actio de modo agris*.
25. La tradition reste le rouage essentiel de ce mode d'acquisition de la propriété, ainsi que le révèle une Constitution de DIOCLÉTIEN : « c'est par des traditions (...) que les propriétés des choses sont transférées, et non par des pactes nus » (C. 2, 3, 20).
26. La tradition peut ainsi :
– être « symbolique » (JUSTINIEN, Inst., L. 2, T. 1, 45) et s'effectuer, par exemple, par la remise des clefs de l'immeuble voire, sous le Bas-Empire, par celle des titres de propriété (J.-Ph. LÉVY et A. CASTALDO, n° 387) ;
– être « de longue main » et s'effectuer par la désignation du bout du bras, par exemple, par la désignation d'une terre au loin (JAVOLENUS, Dig. L. 46, T. 3, 79 : « [l]'argent que vous me devez, ou une autre chose quelconque, si je vous charge de le poser sous mes yeux, il arrive que vous êtes aussitôt libéré et que cet objet commence à être à moi. Car alors, parce que sa possession n'est retenue corporellement par aucun autre, par cela il paraît m'être acquis et en quelque sorte m'avoir été livré par tradition de longue main », trad. H. HULOT) ;
– être « de courte main » (JUSTINIEN, Inst., L. 2, T. 1, 44) et s'effectuer par l'interversion de titre, celui possédant jusqu'ici à titre précaire, *corpore alieno*, possédant désormais en qualité de propriétaire ;
– résulter d'un « constitut possessoire » qui désigne une situation inverse de la précédente. Celui possédant jusqu'ici à titre de propriétaire possédant désormais à titre précaire, *corpore alieno*. On en trouve une illustration dans l'hypothèse où le propriétaire d'une terre la donne, tout en restant possesseur, mais à titre de locataire.
27. Y. LOUSSOUARN, *Droit civil-Le transfert de propriété par l'effet des contrats*, Les Cours de droit 1969/1970, p. 20.
28. J.-Ph. LÉVY et A. CASTALDO, n° 391.
29. J.-Ph. LÉVY et A. CASTALDO, n° 391.

symbolique[30] suivant les modes empruntés à celui-ci. Toutefois, parmi les modes de tradition symbolique, vont apparaître des clauses dite de « dessaisine-saisine » dans les actes translatifs, aux termes desquelles le vendeur dit se *dessaisir* de la chose au profit du vendeur qui déclare s'en *saisir*. Cette clause, devenue systématique avec le temps, sera d'ailleurs considérée comme sous-entendue dans les actes dans lesquels on n'a pas pris la peine de la stipuler[31].

S'agissant en particulier des fiefs et des censives – tenures respectivement concédées à des vassaux et roturiers –, l'admission de leur aliénabilité[32] sera conditionnée par l'obtention d'une investiture seigneuriale[33]. Toutefois, sous l'influence romaniste, l'investiture va peu à peu disparaître et le mécanisme d'acquisition de la propriété de tous biens relèvera de la seule sphère privée.

2. Droit positif

625. Plan. En droit positif, le transfert est *solo consensu* (a) et causaliste (b).

a) Le transfert solo consensu

626. Principe du transfert *solo consensu*. *L'intention du législateur*. Les rédacteurs du Code civil n'ont certes peut-être pas voulu totalement gommer le mécanisme de la tradition, mais celle-ci a perdu toute autonomie et finalement toute raison d'exister. Comme le relève Portalis, « [p]ar la seule expression de notre volonté, nous acquérons pour nous-mêmes, et nous transportons à autrui toutes les choses qui peuvent être l'objet de nos conventions. Il s'opère par le contrat une sorte de tradition civile qui consomme le transport du droit, et qui nous donne action pour forcer la tradition réelle de la chose et le paiement du prix »[34]. Tant et si bien que la tradition réelle apparaît être un acte d'exécution et non de réalisation du transfert ; quant à la tradition civile, qui réalise le transfert, elle est opérée par le contrat, sans l'intercession d'une obligation[35].

627. Principe du transfert *solo consensu*. *Les textes*. Les textes illustrent la volonté d'instaurer un transfert *solo consensu* de la propriété en droit français[36], en même temps que l'on retrouve l'ombre portée de la tradition. Ainsi

30. Dans le détail, v. J.-Ph. Lévy et A. Castaldo, n° 392.

31. J. Domat, *Les loix civiles dans leur ordre naturel*, Paris, 1731, 1, 2, 2, 8, p. 34. ; Cl. Bufnoir, *Propriété et contrat*, LGDJ, 1924, rééd. 2005, p. 49 : « les anciennes clauses étant de style, il était de droit qu'elles devaient être consenties par l'aliénateur. C'était la pratique antérieure. Aujourd'hui, elles sont sous-entendues ».

32. Au départ, les terres faisaient l'objet de concessions personnelles en sorte qu'elles étaient incessibles.

33. Précisément, l'aliénateur se dessaisit au profit du seigneur qui ensaisine l'acquéreur au moyen d'un objet symbolique. L'opération s'achevait par le paiement de droits de mutation et la remise, en général, d'une lettre de saisine à l'acquéreur. V. J.-Ph. Lévy et A. Castaldo, n° 394.

34. P.-A. Fenet, *Recueil complet des travaux préparatoires du Code civil*, t. 14, Videcoq, 1836, p. 113. *Adde* J.-P. Chazal et S. Vincente, « Le transfert de propriété par l'effet des obligations dans le Code civil », *RTD civ.* 2000, p. 477, n° 30.

35. Dit autrement, l'échange des consentements *vaut* tradition civile de la chose, laquelle fera ensuite l'objet d'une tradition réelle par l'exécution de l'obligation de délivrance.

36. C'est pourquoi la jurisprudence estime que « sauf convention contraire, tous les fruits de l'immeuble appartiennent à l'acquéreur depuis le jour de la vente » (Civ. 3e, 26 mars 2014, *Bull. civ.* III, n° 45, *RDC* 2015, p. 51, obs. Ch. Quézel-Ambrunaz et J. Le Bourg ; au visa notamment de l'article 1614 C. civ. : « *[l]a chose doit être délivrée en l'état où elle se trouve au moment de la vente.* (al. 1) *Depuis ce jour, tous les fruits appartiennent à l'acquéreur.* (al. 2) »).

l'article 1138 C. civ., qui s'applique à tous les contrats translatifs, prévoit que « *[l]'obligation de livrer la chose est parfaite par le seul consentement des parties contractantes* » (al. 1) et qu'elle rend le créancier « *propriétaire (...) encore que la tradition n'en ait point été faite* » (al. 2). Si la lettre du texte laisse accroire que l'aliénateur est tenu de procéder à la livraison du bien, il n'en est cependant rien, car il échoit à l'acquéreur de prendre livraison. L'obligation « de livrer » désigne-t-elle alors l'obligation de *transférer la propriété* ou celle de *délivrer la chose* – c'est-à-dire de la tenir à disposition de l'acquéreur ? Cette dernière analyse est en général retenue, l'obligation de délivrer devenant exigible à la suite du transfert de propriété, opéré par le seul échange des consentements.

Il reste que c'est très certainement des textes spécifiques à la vente et encore plus aux donations que ressort l'absence d'exigence d'une véritable tradition en vue d'opérer un transfert de propriété. D'après l'article 1583 C. civ., la vente « *est parfaite entre les parties, et la propriété est acquise de droit à l'acheteur à l'égard du vendeur, dès qu'on est convenu de la chose et du prix, quoique la chose n'ait pas été livrée ni le prix payé* »). Quant à l'article 938 C. civ., il indique que « *[l]a donation dûment acceptée sera parfaite par le seul consentement des parties ; et la propriété des objets donnés sera transférée au donataire, sans qu'il soit besoin d'autre tradition* ».

Le débat a quelque peu été relancé au sujet de l'obligation de donner, dont fait mention l'article 1226 C. civ. : « *[t]out contrat a pour objet une chose qu'une partie s'oblige à donner, ou qu'une partie s'oblige à faire ou à ne pas faire* ». L'obligation de donner constituerait une obligation de transférer la propriété, par où ressurgirait l'exigence d'une tradition. La question de savoir si un contrat translatif met véritablement à la charge du cédant une obligation de donner où si le transfert de propriété est un effet non obligationnel du contrat est controversée[37]. Le débiteur n'ayant pas d'influence sur l'exécution ou l'inexécution du transfert de propriété, on peut cependant préférer y voir un effet non obligationnel du contrat qu'une véritable obligation[38].

---

37. V. notamment P. Bloch, « L'obligation de transférer la propriété dans la vente », *RTD civ.* 1988, p. 673 ; M. Fabre-Magnan, « Le mythe de l'obligation de donner », *RTD civ.* 1996, p. 85, J. Huet, « Des différentes obligations et, plus particulièrement, de l'obligation de donner, la mal nommée, la mal aimée », in *Mélanges Ghestin*, LGDJ, 2001. *Adde* Ph. Chauviré, *L'acquisition dérivée de la propriété (Le transfert volontaire des biens)*, préf. Th. Revet, th., LGDJ, 2013 ; J. Dubarry, *Le transfert conventionnel de propriété (Essai sur le mécanisme translatif à la lumière des droits français et allemand)*, th., LGDJ, préf. B. Dauner-Lieb et R. Libchaber, 2014.

38. En ce sens, W. Dross, n° 29. Tout au plus peut-on mentionner le cas particulier de la *vente de la chose d'autrui*. Ainsi que le Code civil le prévoit, « *[l]a vente de la chose d'autrui est nulle : elle peut donner lieu à des dommages-intérêts lorsque l'acheteur a ignoré que la chose fût à autrui* » (art. 1599 C. civ.). Certes, le contrat est nul, mais tant que sa nullité n'est pas prononcée, il est efficace et produit ses effets... ... à l'exception du transfert de propriété. Pour autant, cela ne révèle pas l'existence d'une obligation de transférer la propriété : si le transfert n'a pas eu lieu, ce n'est pas parce que le vendeur l'a empêché, mais parce qu'il était impossible qu'il eût lieu. Il reste que la vente de la chose d'autrui est possible lorsqu'elle a pour assiette une chose future (art. 1130 C. civ. : « *[l]es choses futures peuvent être l'objet d'une obligation* ») et sur toutes choses, pourvu que le transfert de propriété soit retardé (Civ. 1re, 28 mai 1991, pourvoi n° 89-18609 : « en décidant que la promesse de vente du 7 octobre 1986 était nulle comme constitutive d'une vente de la chose d'autrui, alors que cette vente était à terme et que M. Y..., lui-même propriétaire de 44 actions, était titulaire sur les 63 autres d'un droit de rachat qu'il avait régulièrement mis en œuvre, la cour d'appel a violé [l'article 1599 C. civ.] »). En définitive, que le transfert de propriété soit ou non retardé, la vente de la chose d'autrui devrait être sanctionnée par la résolution, en raison de l'impossibilité de réalisation du transfert du contrat, que cette impossibilité résulte ou non de l'inexécution d'une obligation du vendeur.

628. Exceptions au principe du transfert *solo consensu*. Le principe du transfert *solo consensu* comporte certaines exceptions, dont aucune pourtant ne révèle l'exigence d'une tradition ou l'existence d'une obligation de donner.

En premier lieu, lorsque la vente porte sur une **chose de genre**, c'est-à-dire d'un genre de choses[39], le transfert de propriété a lieu dès l'individualisation de celle-ci en un corps certain[40]. Pour autant, la vente est d'ores et déjà formée en sorte que l'acheteur, sauf stipulation particulière, ne peut se dédire en refusant de payer le prix ou en en demandant la restitution[41]. Si le transfert de propriété ne se fait pas *solo consensu*, il se produira *automatiquement*, dès lors que le vendeur aura individualisé la chose.

En second lieu, lorsque la vente porte sur une **chose future** qui doit être fabriquée par le vendeur, si le transfert ne se fait pas *solo consensu*, il se produira *automatiquement*, à des moments qui varient suivant la vente en cause. Pour ne prendre que le seul exemple de la vente d'immeuble à construire, deux modèles coexistent : 1°/si la vente est *à terme*[42], le transfert de propriété s'opère *automatiquement*, en une fois, par la constatation par acte authentique de l'achèvement de l'immeuble, encore qu'il produise ses effets rétroactivement au jour de la vente[43], 2°/si la vente est *en l'état futur d'achèvement*[44], le transfert de propriété se fait progressivement, au fur et à mesure de l'édification[45], mais encore une fois *automatiquement.*

629. Portée du principe du transfert *solo consensu*. Le transfert de propriété dans les contrats translatifs s'opérant *solo consensu*, la volonté des parties peut repousser le transfert de propriété à une date ultérieure[46], notamment en stipulant un terme suspensif[47] ou en rendant le transfert dépendant de l'exécution d'une

39. V. *supra*, n° 80.

40. Civ. 30 juin 1925, *DP* 1927, 1, p. 29 : « la propriété de la chose vendue n'est transmise à l'acquéreur que quand cette chose est déterminée dans son individualité » ; Civ. 1re, 19 février 2002, pourvoi n° 99-12585 : « la cour d'appel a constaté que les végétaux commandés à l'EARL Z... Boissay avaient été livrés et réceptionnés par les Pépinières Y..., ce dont il résultait qu'il y avait eu individualisation des plants vendus et, par suite, transfert de la propriété et des risques ».

41. Civ. 1re, 21 mars 2000, pourvoi n° 98-12961, *CCC* 2000, n° 108, note L. Leveneur : demande de restitution d'un acompte avant que ne soit installé un matériel électronique sur un navire ayant brûlé entre temps.

42. Art. 1601-2 *in limine* C. civ. : « *[l]a vente à terme est le contrat par lequel le vendeur s'engage à livrer l'immeuble à son achèvement, l'acheteur s'engage à en prendre livraison et à en payer le prix à la date de livraison* ».

43. Art. 1601-2 *in fine* C. civ. : « *[l]e transfert de propriété s'opère de plein droit par la constatation par acte authentique de l'achèvement de l'immeuble ; il produit ses effets rétroactivement au jour de la vente* ».

44. Art. 1601-3 al. *in limine* 1 C. civ. : « *La vente en l'état futur d'achèvement est le contrat par lequel le vendeur transfère immédiatement à l'acquéreur ses droits sur le sol ainsi que la propriété des constructions existantes.* »

45. Art. 1601-3 al. 1 *in fine* C. civ. : « *[l]es ouvrages à venir deviennent la propriété de l'acquéreur au fur et à mesure de leur exécution ; l'acquéreur est tenu d'en payer le prix à mesure de l'avancement des travaux* ».

46. Req. 26 juin 1935, *DH* 1935, p. 414 : « si la promesse synallagmatique de vente vaut vente et si une vente est parfaite entre les parties dès qu'elles se sont mises d'accord sur la chose et sur le prix, il appartient à celles-ci de convenir que la propriété de la chose vendue ne sera transférée à l'acheteur qu'après un certain délai, l'exécution de certaines conditions ou l'accomplissement de formalités prévues » (transfert de la propriété de parts subordonné après le dernier paiement) ; Civ. 1re, 24 janvier 1984, *Bull. civ.* I, n° 31 : « les parties contractantes peuvent librement déroger aux dispositions de l'article 1583 (...), qui n'est pas d'ordre public ».

47. Auquel cas le vendeur reste propriétaire avant l'arrivée du terme et supporte les obligations afférentes. Et v. Civ. 3e, 21 mai 2003, *Bull. civ.* III, n° 111 : « dans la vente à terme, la législation fiscale assujettissait le vendeur à la taxe foncière jusqu'au transfert de propriété intervenant à l'issue du paiement intégral du prix, que la clause contractuelle prévoyant que l'acquéreur acquittera à compter de l'entrée en jouissance, toutes taxes et impôts dont il pourrait être tenu personnellement ne saurait avoir

obligation particulière. La clause de réserve de propriété qui « *suspend l'effet translatif d'un contrat jusqu'au complet paiement de l'obligation qui en constitue la contrepartie* » (art. 2367 al. 1 C. civ.) et, en matière immobilière, la clause de réitération qui repousse le transfert au jour de la réitération de la promesse de vente par acte authentique, constituent des illustrations d'une dissociation du report de l'effet translatif. Mais, à nouveau, une fois l'obligation exécutée ou une fois le terme échu, le transfert de propriété se réalisera automatiquement.

b) *Le transfert causaliste*

630. Absence de discussion. Que le système retenu en France soit de nature causaliste, cela n'est pas discuté : en cas d'*annulation* ou de *résolution* d'un contrat translatif, les parties devront se restituer en nature ce qu'elles ont reçu l'une de l'autre, et donc l'acquéreur, la propriété qu'il a reçue de l'aliénateur. Ce n'est qu'exceptionnellement, si la restitution est *impossible* – par exemple, le bien meuble vendu a été revendu à un tiers de bonne foi pouvant se prévaloir de l'effet acquisitif de la possession[48] –, que le transfert ne sera pas anéanti mais consolidé.

Section 2
L'acquisition originaire

631. Plan. Deux principaux modes d'acquisition originaire sont évoqués par le Code civil : l'occupation, de laquelle on peut rapprocher d'autres techniques voisines (§ 1) et la possession (§ 2). Il faut y ajouter, non mentionnée par le code, l'apparence (§ 3).

Comme on l'a justement observé, les modes d'acquisition originaire ayant tous en commun de ne pas dépendre de la volonté du propriétaire de renoncer à sa propriété, ils sont une « entrave à la libre disposition des biens »[49] et sont à ce titre placés sous la « surveillance des juridictions en charge de la protection des droits fondamentaux »[50].

pour conséquence de mettre à la charge des acquéreurs une taxe qui n'est pas personnelle mais attachée à la qualité de propriétaire du bien grevé ».

48. Sur celui-ci, v. *infra*, n° 743 et s.

49. Ph. Chauviré, *L'acquisition dérivée de la propriété (Le transfert volontaire des biens)*, préf. Th. Revet, th., LGDJ, 2013, n° 177.

50. *Ibid.*, n° 173. V., s'agissant de la conformité de l'usucapion à la Conv. EDH : Cour EDH, 30 août 2007 (Grde ch.), *J.A. Pye Ltd et J.A. Pye Land Land c/ Royaume-Uni*, Req. n° 44302/02, *JCP* 2008, I, 127, obs. H. Périnet-Marquet, *RTD civ.* 2007, p. 727, obs. J.-P. Marguénaud, *RTD civ.* 2008, p. 507, obs. Th. Revet, *Dr. & patr.* 2008, n° 172, p. 92, obs. J.-B. Seube : la Cour EDH dit, par dix voix contre sept, que le mécanisme d'usucapion qu'elle avait eu à examiner ne violait pas l'article 1 du Protocole n° 1. Elle note qu'il n'y a pas « privation de bien » mais mesure visant « à réglementer l'usage » du bien (pt 66) avant de relever que « [l]a propriété présente cette caractéristique que son usage et sa mutation sont réglementés différemment d'un État à l'autre », que « [l]es dispositions applicables traduisent la politique sociale avec pour toile de fond la conception que l'on a dans un pays donné de l'importance et du rôle de la propriété » et qu'alors même que le « droit réel immobilier est enregistré, le législateur doit pouvoir accorder plus de poids à une possession de longue durée et non contestée qu'au fait formel de l'enregistrement ». En définitive, la Cour EDH admet que « l'extinction du droit de propriété dans le cas où l'application qui lui est faite de la loi a pour conséquence d'empêcher l'ancien propriétaire de recouvrer la possession de sa terre ne peut passer pour manifestement dépourvue de base raisonnable » et qu'il existe « un intérêt général à la fois au délai de prescription en soi et à l'extinction du droit de propriété au terme de ce délai » (pt 74).

632. Cas particulier des choses incorporelles. Le Code civil, qui ignore très largement les choses incorporelles, ne mentionne pas les modes d'acquisition des créations de l'activité humaine *par leur auteur*, qui ne peuvent être que des modes d'acquisition originaire. Par principe, c'est le créateur qui fait sienne sa création[51] encore que l'existence d'une contrat de travail peut parfois[52], mais pas toujours, avoir pour effet de l'attribuer[53] à autrui. En dehors de ces hypothèses, la question de l'appropriation de simples idées ne se pose pas dans la mesure où elles ne sont pas des biens[54].

§ 1. L'occupation et les techniques voisines

633. Premières vues. L'occupation est l'acquisition par l'entrée en possession d'une chose qui n'appartient à personne ; elle traduit « la conquête de l'homme sur les choses qui n'appartiennent à personne, soit qu'elles n'aient jamais eu de maître, soit qu'elles n'en aient plus »[55].

Il est vrai que ce mode d'acquisition n'est pas mentionné par les articles 711 et 712 C. civ. et que l'article 713 C. civ. indique que les biens qui n'ont pas de maître appartiennent à la commune sur le territoire de laquelle ils sont situés, à moins qu'elle n'y renonce, auquel cas ils appartiennent à l'État[56]. Toutefois, on interprète l'article 713

Et pour une appréciation de la conformité de l'usucapion à la Constitution, v. Com. 12 octobre 2011, *Bull. civ.* III, n° 70, *RDI* 2011, p. 500, obs. J.-L. BERGEL, *RTD civ.* 2011, p. 562, obs. Th. REVET : « la prescription acquisitive n'a ni pour objet ni pour effet de priver une personne de son droit de propriété ou d'en limiter l'exercice mais confère au possesseur, sous certaines conditions, et par l'écoulement du temps, un titre de propriété correspondant à la situation de fait qui n'a pas été contestée dans un certain délai ; (...) cette institution répond à un motif d'intérêt général de sécurité juridique en faisant correspondre le droit de propriété à une situation de fait durable, caractérisée par une possession continue et non interrompue, paisible, publique, non équivoque et à titre de propriétaire » (et dans le même sens, Civ. 3e, 7 juin 2011, *Bull. civ.* III, n° 106, *RTD civ.* 2011, p. 562, obs. Th. REVET).

51. Art. L. 111-1 al. 1 CPI pour l'œuvre de l'esprit : « *[l]'auteur d'une œuvre de l'esprit jouit sur cette œuvre, du seul fait de sa création, d'un droit de propriété incorporelle exclusif et opposable à tous* » ; art. L. 611-6 al. 1 CPI : « *le droit au titre de propriété industrielle mentionné à l'article L. 611-1 appartient à l'inventeur ou à son ayant cause* ».

52. Art. L. 611-7, 1° CPI : « *[s]i l'inventeur est un salarié, le droit au titre de propriété industrielle, à défaut de stipulation contractuelle plus favorable au salarié, est défini selon les dispositions ci-après : 1. Les inventions faites par le salarié dans l'exécution soit d'un contrat de travail comportant une mission inventive qui correspond à ses fonctions effectives, soit d'études et de recherches qui lui sont explicitement confiées, appartiennent à l'employeur (...)* ».

53. Art. L. 111-1 al. 3 CPI pour l'œuvre de l'esprit : « *[l]'existence ou la conclusion d'un contrat de louage d'ouvrage ou de service par l'auteur d'une œuvre de l'esprit n'emporte pas dérogation à la jouissance du droit reconnu par le premier alinéa [[l]'auteur d'une œuvre de l'esprit jouit sur cette œuvre, du seul fait de sa création, d'un droit de propriété incorporelle exclusif et opposable à tous »], sous réserve des exceptions prévues par le présent code. Sous les mêmes réserves, il n'est pas non plus dérogé à la jouissance de ce même droit lorsque l'auteur de l'œuvre de l'esprit est un agent de l'État, d'une collectivité territoriale, d'un établissement public à caractère administratif, d'une autorité administrative indépendante dotée de la personnalité morale ou de la Banque de France* ».

54. V. *supra*, n° 21, 62. Les idées sont en effet « de libre parcours », suivant la formule de DESBOIS (H. DESBOIS, *Le droit d'auteur en France*, Dalloz, 3e éd., 1978, n° 2).

55. R. BEUDANT, P. LEREBOURS-PIGEONNIÈRE, *Cours de droit civil français, Les biens*, t. IV, avec la collaboration de P. VOIRIN, Paris, Rousseau et Cie, 2e éd., 1938, n° 704.

56. « *Les biens qui n'ont pas de maître appartiennent à la commune sur le territoire de laquelle ils sont situés. Toutefois, la propriété est transférée de plein droit à l'État si la commune renonce à exercer ses droits.* »

C. civ. comme ne concernant que les immeubles, les codificateurs ayant rejeté un projet d'article qui prévoyait que « *la loi civile ne reconnaît pas le droit de simple occupation* »[57]. Aujourd'hui, l'occupation constitue d'ailleurs le mode privilégié d'appropriation (des parties) de choses communes[58], des choses abandonnées, des épaves et des trésors.

634. Aperçu historique. L'occupation comme mode d'acquisition des choses n'appartenant à personne est déjà reconnu à Rome[59]. Sous l'Ancien Droit, les produits de la chasse étaient en partie reversés au seigneur, sachant que dès la fin du Moyen Âge, les roturiers perdent le droit de chasser.

Au sujet des **choses abandonnées** (*res derelictae*), les Proculiens soutenaient que l'abandon valait tradition au profit de celui qui s'en emparerait le premier (*traditio incertis personis*)[60], tandis que les Sabiniens soutenaient que l'abandon emportait simplement la perte de la propriété, le premier s'en emparant devenant propriétaire par occupation. L'abandon de terres en raison de la pression fiscale au Bas-Empire conduisit le Pouvoir à les attribuer de manière forcée aux voisins[61], alors que sous l'Ancien Droit, les terres abandonnées revenaient en général au seigneur.

À l'égard des **épaves**, le droit romain était muet alors que l'Ancien Droit attribuait celles qui n'étaient pas réclamées aux seigneurs[62] ou au roi en fonction de leur origine : aux premiers, les épaves terrestres et des petits cours d'eau, au second, les épaves fluviales et maritimes[63].

Quant aux **trésors**, ils appartenaient, en droit romain, à l'inventeur, à moins qu'ils ne fussent trouvés sur le fonds d'autrui auquel cas les solutions évoluèrent

57. Le Tribunal de Paris fit notamment valoir que l'occupation devait être reconnue pour permettre l'appropriation des *res communes* et des *res nullius*. V. P.-A. Fenet, *Recueil complet des travaux préparatoires du Code civil*, t. V, Videcoq, 1836, p. 212 : « [e]st-ce qu'un particulier qui va puiser de l'eau à la rivière n'acquiert pas le domaine de l'eau qu'il y a puisée, et dont il a empli la cruche ? Les pierres, les coquillages qu'on ramasse sur le bord de la mer n'appartiennent-ils pas à celui qui s'en saisit ? On peut citer cent exemples pareils ».

58. M.-A. Chardeaux, *Les choses communes*, th., préf. G. Loiseau, LGDJ, 2006, n° 81 : nul ne songerait à avancer qu'« un particulier qui va puiser de l'eau à la rivière n'acquiert pas le domaine de l'eau qu'il y a puisée, et dont il a empli sa cruche » ou encore que « les pierres, les coquillages qu'on ramasse sur le bord de la mer n'appartiennent (...) pas à celui qui s'en saisit ».

59. Comme le synthétise Gaïus, « ce qui n'appartient à personne est acquis de droit naturel au premier occupant » (Dig., L. 41, T. 1, 3, trad. H. Hulot). Sont notamment visés :
– les « bêtes fauves, les oiseaux, les poissons et tous les autres animaux qui naissent dans la mer, au ciel et sur la terre », car « il est naturel que ce qui n'appartient à personne soit acquis au premier occupant » (Justinien, Inst. L. 2, T. 1, 12, trad. H. Hulot)
– le « butin fait sur les ennemis », qui « appartient par le droit des gens à ceux qui s'en emparent » (Justinien, Inst. L. 2, T. 1, 17, trad. H. Hulot)
– les « pierres précieuses qu'on trouve dans la mer », qui « appartiennent de droit naturel à ceux qui les trouvent » (Justinien, Inst. L. 2, T. 1, 18, trad. H. Hulot)
– une « chose que son propriétaire regarde comme abandonnée » appartient à « celui qui [la] prend » (Justinien, Inst. L. 2, T. 1, 47)
– et même une « île qui s'élève sur la mer », qui « appartient au premier occupant parce qu'on la regarde comme n'appartenant à personne » (Justinien, Inst. L. 2, T. 1, 22, trad. H. Hulot).

60. Ce qui posait des difficultés pour les choses dont le transfert de la propriété quiritaire supposait une mancipation – les *res mancipi*.

61. J.-Ph. Lévy et A. Castaldo, n° 371.

62. Une procédure fut instaurée, obligeant l'inventeur à remettre la chose trouvée au seigneur, lequel faisait publier la découverte, ladite publication ouvrant un délai de revendication. À l'échéance de ce délai, l'épave non réclamée lui revenait et l'inventeur ne recevait rien. L'inventeur était cependant obligé de déclarer sa découverte, sauf à être assimilé à un voleur. Les droits seigneuriaux sur les épaves ne seront supprimés que par les décrets des 13 et 20 avril 1791.

63. J.-Ph. Lévy et A. Castaldo, n° 371.

jusqu'à ce que soit retenu sous Justinien un partage par moitié entre l'inventeur et le propriétaire du fonds[64]. Sous l'Ancien Droit, le droit romain fut reçu dans les pays de droit écrit alors que dans les pays de droit coutumier, on considéra que le trésor devait revenir au seigneur – auquel tentera parfois de se substituer le roi[65] – avant que la moitié[66] ne fût reconnue au propriétaire du fonds, à compter du XVIe siècle[67].

635. Domaine de l'occupation, modes d'appropriation concurrents – Plan. Aujourd'hui, sous réserves d'aménagements particuliers à certaines choses, l'occupation résulte de la seule entrée en possession d'une chose et non d'une possession prolongée, faute d'intérêts contraires à ceux du possesseur qu'il conviendrait de protéger. L'occupation permet d'acquérir des choses n'ayant jamais été appropriées ainsi que des choses qui, l'ayant été, ont été par la suite abandonnées. En contrepoint, les choses perdues et les choses trouvées relèvent d'autres régimes d'appropriation. On distinguera donc les choses n'ayant jamais été appropriées (A) des choses l'ayant été (B).

A Les choses n'ayant jamais été appropriées

636. Les produits de la chasse et de la pêche. L'occupation est un mode d'acquisition des animaux sauvages[68] non captifs, mais non des animaux domestiques appropriés[69], même échappés[70]. Sous cette réserve, celui qui prend

64. JUSTINIEN, Inst., L. 2, T. 1, 39 : « [l]'empereur Adrien a voulu, conformément à l'équité naturelle, que les trésors appartinssent à ceux qui les trouveraient dans leurs propres fonds. il a ordonné la même chose par rapport aux trésors qu'on trouverait par hasard dans un lieu sacré ou consacré à la religion par la sépulture. Si on trouve un trésor dans le fonds d'autrui par hasard, et sans avoir fouillé exprès pour le trouver, la moitié appartient à celui qui le trouve, et l'autre moitié au propriétaire du fonds. Par conséquent, si le trésor est trouvé dans un fonds appartenant au prince, il doit être partagé entre le prince et celui qui l'a trouvé. Par la même raison, lorsqu'on trouve un trésor dans un fonds appartenant au fisc, au public, ou à une ville, il doit être partagé entre celui qui l'a trouvé et le fisc ou la ville » (trad. H. HULOT).

65. A.-M. PATAULT, n° 261.

66. Si l'inventeur est un tiers, le trésor est partagé entre le propriétaire, l'inventeur et le seigneur.

67. Les droits seigneuriaux ne seront à nouveau supprimés que par les décrets des 13 et 20 avril 1791.

68. En raison de l'effet conjugué de la force attractive de l'immeuble et de la nature sédentaire de ces animaux, l'article 564 C. civ. prévoit que « *[l]es pigeons, lapins, poissons, qui passent dans un autre colombier, garenne ou plan d'eau visé aux articles L. 431-6 et L. 431-7 du Code de l'environnement appartiennent au propriétaire de ces derniers, pourvu qu'ils n'y aient point été attirés par fraude et artifice* ». De même, d'après l'article L. 211-9 C. rur. et pêch. et mar., « *[l]e propriétaire d'un essaim a le droit de le réclamer et de s'en ressaisir, tant qu'il n'a pas cessé de le suivre ; autrement l'essaim appartient au propriétaire du terrain sur lequel il s'est fixé* ».

69. Celui qui prend possession d'un animal domestique approprié en acquiert la propriété non par l'effet de l'occupation, mais seulement par celui de la possession prolongée – le possesseur est de mauvaise foi –, comme pour n'importe quel bien (Civ. 1re, 15 janvier 1962, *Bull. civ.* I, n° 30 : chien). Le propriétaire peut donc le revendiquer, tant que le possesseur n'en a pas acquis la propriété par l'effet de sa possession. Le Code rural et de la pêche maritime (art. L. 211-1 s.) prévoit quelques règles particulières. Ainsi les volailles et autres animaux de basse-cour qui s'enfuient dans les propriétés voisines et qui ne cessent d'appartenir à leur maître ne peuvent être revendiqués au-delà d'un mois après la déclaration qui doit être faite à la mairie par les personnes chez lesquelles ces animaux se sont enfuis (art. L. 211-4, I C. rur. et pêch. mar.).

70. La distinction entre ces deux sortes d'animaux soulèvent parfois des difficultés. V. Soc. 4 novembre 1966, *Bull. civ.* V, n° 841 : faisans d'élevage (« en constatant qu'il s'agissait d'un gibier, étant par le bailleur détenteur du droit de chasse, nourri, garde, et faisant l'objet de soins spéciaux et particuliers, destinés à le protéger et à le retenir, à favoriser sa reproduction en vue d'en augmenter la quantité et en améliorer la qualité, la cour d'appel a admis, à bon droit, que ce gibier devait être considéré comme d'élevage, et que le droit de chasser du preneur ne pouvait porter sur lui »).

possession[71] de poissons ou de gibiers en devient propriétaire par occupation, peu important[72] qu'aient été respectées les règles spéciales relatives à la pêche ou à la chasse[73], dont l'objet principal est de réglementer le droit de chasser ou de pêcher[74] appartenant en principe au propriétaire du terrain[75].

B Les choses ayant déjà été appropriées

637. Plan. On peut distinguer trois séries de choses : les **choses abandonnées** (1), les **choses perdues** (2) et, indépendamment du point de savoir si elles ont été abandonnées ou perdues, les **choses trouvées** (3).

1. Les choses abandonnées

638. Abdication. Un propriétaire[76] abandonne sa chose en abdiquant[77] ses droits sur celle-ci, notamment en vue d'échapper aux obligations qui pèsent sur lui en cette

71. Il n'y a pas nécessairement prise de possession si l'animal capturé est parvenu à s'échapper (Civ. 17 décembre 1879, S. 1880, 1, p. 169 : « le gibier, *res nullius*, devient la propriété du premier occupant ; le jugement attaqué constate en fait, que le sanglier qui fait l'objet du litige, poursuivi simultanément par les chiens de Séguins-Pazzis et les chiens de Champigny, a été capturé par les gens de Pazzis : (...) en attribuant au fait seul de la poursuite simultanée le caractère légal de l'occupation pour en faire résulter une propriété commune, le jugement attaqué a faussement appliqué et par suite violé les art. 714 et 715 »).

72. Crim. 25 mars 1922, *DP* 1922, 1, p. 214 : la confiscation ne peut être prononcée que dans les cas où elle est ordonnée par un texte spécial, en conséquence de quoi le vagabond ne peut se voir confisqué les objets détenus.

73. Auxquelles renvoient l'article 715 C. civ. : il s'agit respectivement des articles L. 420-1 s. et L. 430-1 s. C. envir., sous réserve, cependant, du prononcé d'une peine de confiscation (art. 131-21 et art. R. 131-50 s. C. pén.).

74. Il faut également mentionner les règles des articles L. 411-1 s. C. envir. qui tendent à la préservation du patrimoine naturel et protègent notamment certaines espèces animales.

75. Pour le droit de pêcher, V. art. L. 435-4 C. envir. : « *[d]ans les cours d'eau et canaux autres que ceux prévus à l'article L. 435-1, les propriétaires riverains ont, chacun de leur côté, le droit de pêche jusqu'au milieu du cours d'eau ou du canal, sous réserve de droits contraires établis par possession ou titres.* (al. 1) *Dans les plans d'eau autres que ceux prévus à l'article L. 435-1, le droit de pêche appartient au propriétaire du fonds.* (al. 2) ». En présence d'un bail emphytéotique, seul l'emphytéote est titulaire des droit de chasse et de pêche (art. L. 451-11 C. rur. et pêch. mar.).

76. En réalité, tout titulaire d'un droit réel doit pouvoir abandonner son droit. L'article 622 du Code civil l'admet implicitement, en disposant que « *[l]es créanciers de l'usufruitier peuvent faire annuler la renonciation qu'il aurait faite à leur préjudice* ».

Par ailleurs, le Code général des collectivités territoriales prévoit une procédure d'abandon à l'initiative de la commune où se trouve situé l'immeuble lorsque celui-ci n'est manifestement plus entretenu, qui conduit à une expropriation (art. L. 2243-1 s. CGCT : procédure de déclaration en état d'abandon manifeste). Lorsque « *dans une commune, des immeubles, parties d'immeubles, voies privées assorties d'une servitude de passage public, installations et terrains sans occupant à titre habituel ne sont manifestement plus entretenus, le maire, à la demande du conseil municipal, engage la procédure de déclaration de la parcelle concernée en état d'abandon manifeste* » (art. 2243-1 al. 1 CGCT), étant entendu qu'il ne s'agit pas d'un abandon au sens technique, dans la double mesure où « *[l]a procédure tendant à la déclaration d'état d'abandon manifeste ne peut être poursuivie si, pendant le délai mentionné à l'alinéa précédent, les propriétaires ont mis fin à l'état d'abandon ou se sont engagés à effectuer les travaux propres à y mettre fin définis par convention avec le maire, dans un délai fixé par cette dernière* » (art. 2243-3 al. 2 CGCT) et où la procédure débouchera sur une expropriation (art. 2243-4 CGCT). Il reste que le Code général des collectivités territoriales, en ne s'intéressant ici qu'à une situation de fait particulière, ne prend pas parti sur la possibilité ou non d'un propriétaire de prendre un acte d'abandon efficace de sa propriété.

77. Cette abdication est essentielle, comme le révèle un arrêt rendu par la Chambre criminelle de la Cour de cassation le 25 octobre 2000 (*Bull. crim.* 318, *D.* 2001, p. 1052, note Th. Garé). En l'espèce,

qualité[78] – auquel cas on parle parfois de déguerpissement[79]. La chose abandonnée devient en principe alors une *res derelictae* soumise au régime d'une *res nullius*. Le déguerpissement a beaucoup perdu de son intérêt depuis que de nombreuses charges réelles grevant le droit de propriété ont été supprimées à la Révolution[80]. Mais certaines demeurent, ce qui explique que le droit de l'urbanisme et le droit de l'environnement connaissent dans certaines hypothèses des droits de délaissement[81] et que le droit civil prévoit la faculté de délaissement laissée à l'acquéreur d'un immeuble hypothéqué au profit des créanciers hypothécaires[82], la possibilité pour le propriétaire d'un fonds servant chargé d'exposer des frais en vue de l'usage ou de la conservation d'une servitude d'abandonner le fonds au profit du propriétaire du fond dominant[83] ou encore le droit du propriétaire mitoyen d'échapper aux frais d'entretien ou de reconstruction du mur ou de la clôture mitoyenne en renonçant à la mitoyenneté[84]. On peut encore mentionner, hors-série, la faculté reconnue aux héritiers de faire l'abandon de la propriété de la quotité disponible lorsqu'ils ne souhaitent pas faire exécuter une libéralité d'un usufruit ou d'une rente viagère excédant la quotité disponible[85]. Au-delà de ces cas prévus par la loi, la jurisprudence en a reconnu d'autres[86]. Il reste que, de règle générale, la faculté d'abandon est discutée

des fossoyeurs ayant pillé des sépultures étaient poursuivis, notamment pour vol. Pour leur défense, ceux-ci firent valoir qu'ils n'avaient appréhendé que des choses abandonnées et qu'il n'avait donc pas commis de vol. La Cour de cassation approuve cependant les juges du fond d'avoir déclaré les prévenus coupables de vols aggravés, au motif « qu'ils se sont appropriés, dans l'exercice de leurs fonctions de fossoyeurs, des débris d'or et de bijoux trouvés au cours de travaux de nettoyage de fosses communes et de concessions non renouvelées ainsi que dans des caveaux et cercueils, objets qu'ils savaient ne pas être abandonnés ». Ainsi, bien que non appropriées par les défunts, ces choses n'avaient toutefois pas été abandonnées, faute de volonté en ce sens. Comme l'avait relevé la cour d'appel, « que l'inhumation des défunts avec leurs bijoux et leurs prothèses dentaires démontre la volonté de leurs proches de ne pas les déposséder de ces objets dont ils étaient propriétaires ; qu'en l'absence de famille, aucun élément ne permet de présumer une renonciation des défunts à leur droit de propriété sur ces objets ; qu'en conséquence ceux-ci ne peuvent être considérés comme abandonnés, et sont dès lors toujours susceptibles d'être l'objet d'une soustraction frauduleuse au détriment des défunts, de leurs proches ou du domaine public ».

78. Sur les obligations réelles et ses variantes, v. *infra*, n° 751 et s.

79. Dans son *Traité du délaissement et déguerpissement par hypothèque*, Loyseau définit le déguerpissement comme « le délaissement de l'héritage fait à celui auquel il est redevable de quelque charge foncière, pour s'exempter de celle-ci » (n° 14).

80. M. Planiol et G. Ripert, M. Picard, n° 46.

81. V. *supra*, n° 260.

82. Art. 2467 C. civ. : « *[q]uant au délaissement par hypothèque, il peut être fait par tous les tiers détenteurs qui ne sont pas personnellement obligés à la dette, et qui ont la capacité d'aliéner.* »

83. Art. 699 C. civ. : « *[d]ans le cas même où le propriétaire du fonds assujetti est chargé par le titre de faire à ses frais les ouvrages nécessaires pour l'usage ou la conservation de la servitude, il peut toujours s'affranchir de la charge, en abandonnant le fonds assujetti au propriétaire du fonds auquel la servitude est due* ».

84. Art. 656 C. civ. : « *(...) tout copropriétaire d'un mur mitoyen peut se dispenser de contribuer aux réparations et reconstructions en abandonnant le droit de mitoyenneté, pourvu que le mur mitoyen ne soutienne pas un bâtiment qui lui appartienne* » ; art. 667 C. civ. : « *[l]a clôture mitoyenne doit être entretenue à frais communs ; mais le voisin peut se soustraire à cette obligation en renonçant à la mitoyenneté* ».

85. Art. 917 C. civ. : « *[s]i la disposition par acte entre vifs ou par testament est d'un usufruit ou d'une rente viagère dont la valeur excède la quotité disponible, les héritiers au profit desquels la loi fait une réserve, auront l'option, ou d'exécuter cette disposition, ou de faire l'abandon de la propriété de la quotité disponible* ».

86. Ainsi, si l'article 663 du Code civil prévoit que « *[c]hacun peut contraindre son voisin, dans les villes et faubourgs, à contribuer aux constructions et réparations de la clôture faisant séparation de*

en matière immobilière[87] et se trouve, en matière mobilière, de manière générale[88] et sur de nombreux points[89] réglementés par le droit des déchets[90]. Ainsi l'abandon est-il régi par des règles générales rassemblées dans la législation des déchets (qui figure dans le Titre IV du Code de l'environnement) ainsi que dans des législations spécifiques à telle ou telle chose. Il reste que ces dispositions n'ont pas pour objet de régir leur appropriation, mais leur traitement. À leur égard, l'occupation reste donc le mode normal de leur acquisition.

2. Les choses perdues

639. Les épaves. Les épaves désignent des choses perdues[91]. L'article 717 C. civ. énonce à leur égard que « *[l]es droits sur les effets jetés à la mer, sur les objets que la mer rejette, de quelque nature qu'ils puissent être, sur les plantes et herbages qui croissent sur les rivages de la mer, sont aussi réglés par des lois particulières.* (al. 1) *Il en est de même des choses perdues dont le maître ne se représente pas.* (al. 2) ». L'idée générale est que celui qui prend possession d'une épave n'en devient pas propriétaire par occupation, car celle-ci est encore appropriée. Quant aux lois particulières auxquelles il est renvoyé, elles conduisent à distinguer les épaves terrestres, fluviales ou maritimes.

---

leurs maisons, cours et jardins assis ès dites villes et faubourgs », il ne prévoit pas la faculté pour le propriétaire obligé d'abandonner son fonds pour se soustraire à ses obligations ; la jurisprudence l'a en revanche reconnue par le passé (Civ. 7 novembre 1864, *DP* 1864, 1, p. 474 : la Cour de cassation relève que la faculté d'abandon reconnue à l'article 656 C. civ. « est générale et absolue, s'appliquant aux murs mitoyens dans les villes et les campagnes » et que l'article 663 du Code civil contient « des dispositions semblables à celle de l'article 655 », en sorte que « qu'il s'agisse, comme dans ce dernier article, d'une reconstruction, [ou] qu'il s'agisse, comme dans l'art. 663, d'une première construction, la faculté de renoncer à la mitoyenneté persiste, la raison étant la même pour se dispenser de concourir à la confection d'un mur destiné à être mitoyen et pour renoncer à la mitoyenneté de ce mur, après qu'il aurait été construit »).

87. Elle serait même, selon certains, impossible (R. Libchaber, « La recodification du droit des biens », *Livre du bicentenaire* C. civ., Dalloz-Litec, 2005, p. 297 s., spéc. p. 309).

88. Il existe également des règles spéciales à tel ou tel bien. V. notamment, pour les navires abandonnés, les articles 5141-1 s. C. transp. : le propriétaire peut être déchu de ses droits après mise en demeure et le navire vendu, de même que la cargaison, sauf si elle est revendiquée ou enlevée ; et pour les véhicules, l'article L. 325-7 al. 1 C. route : « *[s]ont réputés abandonnés les véhicules laissés en fourrière à l'expiration d'un délai de trente jours à compter de la mise en demeure faite au propriétaire d'avoir à retirer son véhicule* ».

89. Le droit des déchets a pour objets principaux : « (...) *1° De prévenir ou réduire la production et la nocivité des déchets, notamment en agissant sur la fabrication et sur la distribution des produits ; 2° D'organiser le transport des déchets et de le limiter en distance et en volume ; 3° De valoriser les déchets par réemploi, recyclage ou toute autre action visant à obtenir à partir des déchets des matériaux réutilisables ou de l'énergie ; 4° D'assurer l'information du public sur les effets pour l'environnement et la santé publique des opérations de production et d'élimination des déchets, sous réserve des règles de confidentialité prévues par la loi, ainsi que sur les mesures destinées à en prévenir ou à en compenser les effets préjudiciables* (...) » (art. L. 541-1 C. envir.).

90. V. notamment art. L. 541-1 s. C. envir. D'après l'article L. 541-1, II C. envir. : « *[e]st un déchet au sens du présent chapitre tout résidu d'un processus de production, de transformation ou d'utilisation, toute substance, matériau, produit ou plus généralement tout bien meuble abandonné ou que son détenteur destine à l'abandon* ».

91. *Vocabulaire juridique de l'Association Henri Capitant* (ss. dir. G. Cornu), *V° Epave*, 1er sens : « Objet perdu ; tout objet mobilier égaré par son propriétaire ».

Les **épaves terrestres** sont envisagées implicitement par le Code civil à l'article 717 al. 2 qui se borne à renvoyer des règles particulières[92]. Or de telles règles n'existent pas, sauf à relever l'existence d'une réglementation administrative, *a priori* impropre à régir l'appropriation des épaves[93]. Si des règlements municipaux prévoient en général que l'inventeur remet le bien à un bureau des objets trouvés qui le conserve pendant un certain délai en vue de le remettre à celui qui l'aurait perdu et à l'expiration duquel il tient l'objet à disposition de l'inventeur pendant un nouveau délai, l'inventeur qui se verrait remettre le bien n'en deviendrait pas pour autant propriétaire et se trouverait exposer à une action en revendication de la part du véritable propriétaire. L'inventeur qui prend possession étant possesseur de mauvaise foi – il sait que le bien ne lui appartient pas –, il n'en deviendra propriétaire qu'au bout de trente années[94].

Les **épaves maritimes** sont envisagées par le Code civil à l'article 717 al. 1 C. civ. qui se contente encore de renvoyer à des règles particulières, que l'on trouve aujourd'hui dans le Code des transports et dans le décret nº 61-1547 du 26 décembre 1961 *fixant le régime des épaves maritimes*[95]. Suivant l'article

92. L'article 717 al. 2 C. civ. indique que les droits sur les choses perdues « *dont le maître ne se représente pas* » sont définis par des lois particulières.

93. Par ailleurs, il existe des règles spéciales en fonction de la nature du bien : V. notamment la loi du 31 mars 1896 relative à la vente des objets abandonnés ou laissés en gage par les voyageurs aux aubergistes ou hôteliers ou encore la loi du 31 décembre 1903 relative à la vente de certains objets abandonnés.

94. Certains auteurs estiment néanmoins qu'une telle règle brave la croyance populaire qui veut que l'inventeur qui se soit vu remettre la chose en soit devenu propriétaire et qu'il conviendrait au moins de le considérer comme devenu possesseur de bonne foi par l'effet d'un titre, ce qui aurait pour effet de ne l'exposer que pour une durée de trois ans à la revendication du propriétaire à compter de la perte (H. Simonnet, « Le statut juridique des objets perdus ou égarés et l'intervention administrative », *RTD civ.* 1922, p. 541, spéc. p. 558 s. ; M. Planiol et G. Ripert, M. Picard, nº 616) voire à lui conférer la propriété sur le fondement de l'apparence en étirant un peu cette théorie, ce qui aurait pour effet de tenir en échec toute revendication (Ph. Malaurie et L. Aynès, nº 598).
En tout état de cause, celui qui a acquis auprès d'un inventeur ne se trouve exposé à une action en revendication que pendant trois ans à compter du jour de la perte (art. 2276 al. 2 C. civ. : « (...) *celui qui a perdu ou auquel il a été volé une chose peut la revendiquer pendant trois ans à compter du jour de la perte ou du vol, contre celui dans les mains duquel il la trouve ; sauf à celui-ci son recours contre celui duquel il la tient.* »).

95. La législation des épaves maritimes s'applique aux épaves d'engins flottants – dont les navires –, de marchandises et cargaisons, d'aéronefs trouvés en mer ou sur le littoral maritime ; sont en revanche exclus les biens culturels maritimes, auxquels on applique les règles contenues dans le Code du patrimoine (art. L. 5142-1 al. 1 C. transp. : « *[l]es dispositions du présent chapitre s'appliquent aux épaves de navires ou autres engins maritimes flottants, aux marchandises et cargaisons et aux épaves d'aéronefs trouvés en mer ou sur le littoral maritime, à l'exclusion des épaves soumises au régime des biens culturels maritimes fixé par les dispositions du chapitre II du titre III du livre V du Code du patrimoine* ». Les biens culturels maritimes visés par le Code du patrimoine sont les « *gisements, épaves, vestiges, ou généralement tout bien présentant un intérêt préhistorique, archéologique ou historique qui sont situés dans le domaine public maritime ou au fond de la mer dans la zone contiguë* » (art. L. 532-1 s. C. patr.). Et d'après l'article 33 de la Convention des Nations unies sur la mer territoriale et la zone contiguë de 1958, la zone contigüe désigne une zone qui s'étend au-delà de la mer territoriale et qui ne peut dépasser vingt-quatre milles des lignes de base à partir desquelles est mesurée la largeur de la mer territoriale et où l'État côtier prévient et réprime les infractions à ses lois et règlements douaniers, fiscaux, sanitaires ou d'immigration sur son territoire ou dans sa mer territoriale (*adde* art. L. 532-12 C. patr. : « *[l]es articles L. 532-3 à L. 532-5 et L. 532-7 à L. 532-9 sont applicables aux biens culturels maritimes situés dans une zone contiguë comprise entre douze et vingt-quatre milles marins mesurés à partir des lignes de base de la mer territoriale, sous réserve d'accords de délimitation avec les Etats voisins.* »).
En substance, sont attribués à l'État les biens culturels maritimes dont le propriétaire n'est pas susceptible d'être retrouvé ou ne l'a pas été à l'issue d'un délai de trois ans à compter de la déclaration de leur

L. 5142-1 al. 2 C. transp., « *[l]'état d'épave résulte de la non-flottabilité, de l'absence d'équipage à bord* et *de l'inexistence de mesures de garde et de manœuvre, sauf si cet état résulte* d'un abandon *volontaire en vue de soustraire frauduleusement le navire, l'engin flottant, les marchandises et cargaisons ou l'aéronef à la réglementation douanière.* »[96]. D'après le décret du 26 décembre 1961, celui qui découvre une épave est tenu autant que cela est possible de la mettre en sûreté, notamment de la placer hors des atteintes de la mer, et doit, dans les quarante-huit heures de la découverte ou de l'arrivée au premier port si l'épave a été trouvée en mer, en faire la déclaration à l'administrateur des affaires maritimes (art. 2). Si le propriétaire de l'épave est inconnu, la découverte fait l'objet, par l'administrateur des affaires maritimes, d'une *publicité* sous forme d'affiches ou d'insertion dans la presse ; lorsqu'il est connu, *notification* est faite audit propriétaire (art. 4). En tout état de cause, le propriétaire dispose d'un délai de trois mois à compter de la date de publication ou de la notification de la découverte de l'épave pour revendiquer son bien (même art.). À l'expiration du délai de trois mois prévu ou en cas de déchéance de ses droits[97], si le propriétaire ne l'a pas revendiquée dans ce délai, l'administrateur des affaires maritimes, chef de quartier, fait procéder à sa mise en vente (art. 12). Le produit net de la vente est versé à l'établissement national des invalides de la marine, où il peut être réclamé pendant cinq ans par le propriétaire ; à l'expiration du délai de cinq ans, il est acquis au Trésor (art. 14).

Les ***épaves fluviales*** restent aujourd'hui encore[98] envisagées par l'ordonnance des eaux et forêts d'août 1669, pourvu qu'elles se trouvent dans le domaine public ; celles qui se situent dans le domaine privé n'obéissent pas à des règles particulières. Aux termes de l'article 16 de l'ordonnance, dans le mois de la publicité faite par l'administration de la découverte, le propriétaire doit revendiquer le bien à défaut de quoi il sera vendu, le produit de la vente pouvant être réclamé dans le mois de celle-ci.

3. Les choses trouvées

640. Trésors. Une chose trouvée est, en droit, un trésor. Précisément, il est défini au second alinéa de l'article 716 C. civ. comme « *toute chose cachée ou enfouie sur laquelle personne ne peut justifier sa propriété, et qui est découverte*

découverte (art. L. 532-2 C. patr.) ; l'inventeur, quant à lui, « *peut bénéficier d'une récompense* » dont la nature ou le montant est fixé par l'autorité administrative (art. L. 532-6 C. patr.). Lorsque le propriétaire du bien culturel maritime est identifié et que celui-ci se trouve dans le domaine public maritime, le bien lui revient normalement, sauf à ce que soit déclarée d'utilité publique son acquisition par l'État et que l'autorité judiciaire en transfère la propriété à ce dernier moyennant indemnité au cours d'une procédure d'expropriation particulière (art. L. 532-11 C. patr.). Sur l'ensemble de la question, v. Ch. Lavialle, « La loi du 1er décembre 1991 relative aux biens culturels maritimes », *JCP* G 1991, I, 3489.

96. Auquel cas on applique les règles relatives à l'abandon (art. L. 5141-1 s. C. transp.).

97. D'après l'article L. 5242-18 C. transp., « *[l]orsque le propriétaire de l'épave est inconnu ou lorsque, dûment mis en demeure, directement ou en la personne de son représentant, il refuse ou néglige de procéder aux opérations de sauvetage, de récupération, d'enlèvement, de destruction ou à celles destinées à supprimer les dangers que présente cette épave, l'État ou l'autorité portuaire mentionnée à l'article L. 5331-5, selon le cas peut intervenir d'office, aux frais et risques du propriétaire* ».

98. Civ. 1re, 17 février 1976, *Bull. civ.* I, n° 69 : « la cour d'appel retient à bon droit que les cours d'eaux navigables et flottables dont la propriété a été transférée à la nation avec le domaine de la couronne se trouvent intégrés au domaine public de l'État et que le régime des épaves issues de ces cours d'eaux n'a pas été aboli par le décret du 4 aout 1789 et reste en vigueur ».

par le pur effet du hasard » (al. 2). Le trésor est une chose qui a été appropriée et qui peut-être l'est toujours si elle n'a pas été abandonnée, mais personne ne peut rapporter la preuve que ladite chose lui appartient.

641. Caractères du trésor. Un trésor est une chose qui présente trois caractères. En premier lieu, bien que le code emploie l'expression de « chose », il ne peut s'agir que d'un **meuble**, car un immeuble appartiendrait au propriétaire du fonds sur lequel il a été trouvé[99]. En deuxième lieu, la chose doit avoir été **cachée ou enfouie**, peu important que ce soit sous terre ; la qualification de trésor est retenue même si le trésor est caché dans un meuble[100]. En troisième lieu, le trésor doit avoir été **découvert fortuitement**, ce qui n'est pas le cas lorsque le propriétaire a chargé une personne de diligenter des fouilles aux fins[101] de le trouver[102].

642. Attribution du trésor. Les règles d'attribution du trésor dépendent du point de savoir si le trésor constitue un trésor archéologique ou non.

En cas de découverte d'un **simple trésor**, les règles d'attribution du trésor dépendent de deux paramètres : le lieu où il a été découvert et la personne de l'inventeur : « *[l]a propriété d'un trésor appartient à celui qui le trouve dans son propre fonds ; si le trésor est trouvé dans le fonds d'autrui, il appartient pour moitié à celui qui l'a découvert, et pour l'autre moitié au propriétaire du fonds* » (art. 716 al. 1 C. civ.). En effet, dans ce second cas, les deux intéressés méritent récompense : l'un pour avoir effectué la découverte, l'autre pour l'avoir rendue possible[103].

En cas de découverte d'un **trésor archéologique**[104], c'est-à-dire un objet « *pouvant intéresser la préhistoire, l'histoire, l'art, l'archéologie ou la numismatique* » (art. L. 531-14 al. 1 C. patr.), l'inventeur doit faire une déclaration immédiate au maire de la commune, qui la transmet au préfet, lequel avise à son tour l'autorité administrative compétente en matière d'archéologie[105]. Les découvertes d'objets mobiliers sont confiées à l'État pendant le délai nécessaire à leur étude scientifique, qui ne peut excéder cinq ans, et au terme duquel leur propriété est réglée par

99. Req. 13 août 1881, *DP* 1882, 1, p. 55 : mosaïque antique, immeuble par nature ; CA Paris, 20 novembre 1877, *DP* 1878, 2, p. 197 : statue placée dans une niche murée, immeuble par destination.
100. Civ. 1re, 19 novembre 2002, *Bull. civ.* I, n° 279, *D.* 2003, p. 2049, obs. B. Mallet-Bricout, *JCP* 2003, 1, 172, obs. H. Périnet-Marquet : lingots d'or trouvés dans une cuisinière.
101. Lorsque la chose est découverte par un entrepreneur employé à une autre fin, il est bien question d'un trésor (Crim. 20 novembre 1990, *Bull. crim.* n° 395, *RTD civ.* 1991, p. 765, obs. F. Zenati : « l'inventeur d'un trésor s'entend de celui qui, par le seul effet du hasard, met le trésor à découvert, serait-il au service d'une entreprise, dès lors que les travaux ayant conduit à la découverte n'ont pas été effectués à cette fin »).
102. CA Paris, 9 novembre 1948, *JCP* G 1949, II, 4976, note J. Carbonnier : ouvriers chargés par le propriétaire de chercher des pièces d'or enfouies dans une cachette dissimulée dans un mur.
103. Au vrai, la disposition de l'article 716 C. civ. est favorable à l'inventeur car, si elle n'existait pas, le droit du propriétaire foncier lui donnerait droit à l'intégralité du trésor...
104. Les règles d'attribution du trésor sont similaires lorsque les fouilles ont été autorisées par l'État (art. L. 531-1 s. C. patr.) ou lorsque celui-ci y a procédé d'office (art. L. 531-9 s. C. patr.).
105. Art. L. 531-14 al. 1 C. patr. : « *[l]orsque, par suite de travaux ou d'un fait quelconque, des monuments, des ruines, substructions, mosaïques, éléments de canalisation antique, vestiges d'habitation ou de sépulture anciennes, des inscriptions ou généralement des objets pouvant intéresser la préhistoire, l'histoire, l'art, l'archéologie ou la numismatique sont mis au jour, l'inventeur de ces vestiges ou objets et le propriétaire de l'immeuble où ils ont été découverts sont tenus d'en faire la déclaration immédiate au maire de la commune, qui doit la transmettre sans délai au préfet. Celui-ci avise l'autorité administrative compétente en matière d'archéologie* ».

l'article 716 C. civ., sauf pour l'État à revendiquer l'objet mobilier moyennant une indemnité répartie entre l'inventeur et le propriétaire[106].

§ 2. La possession

643. Renvoi. La possession constitue un mode d'acquisition originaire des biens, les modalités d'acquisition variant suivant que le bien est un meuble ou un immeuble. Cette question sera envisagée à l'occasion de l'étude de la possession[107].

§ 3. L'apparence

644. Idée générale. Celui qui acquiert un bien auprès d'une personne qui n'en est pas propriétaire acquiert la chose d'autrui. Or la vente de la chose d'autrui est nulle entre les parties[108] et inopposable au véritable propriétaire qui peut toujours revendiquer sa chose. Toutefois, en application du correctif de l'apparence, celui qui a acquis un bien à titre onéreux[109] auprès d'un « propriétaire apparent » en devient, à certaines conditions et par l'effet de la loi, propriétaire. Par exemple, celui qui acquiert un bien auprès d'un héritier apparent, dont on découvrira plus tard qu'il ne l'était pas réellement en raison d'un testament l'exhérédant, en devient propriétaire[110].

106. Art. L. 531-16 C. patr. : « *[l]'autorité administrative statue sur les mesures définitives à prendre à l'égard des découvertes de caractère immobilier faites fortuitement. Elle peut, à cet effet, ouvrir pour ces vestiges une instance de classement conformément à la législation sur les monuments historiques.* (al. 1) *Les découvertes de caractère mobilier faites fortuitement sont confiées à l'État pendant le délai nécessaire à leur étude scientifique. Au terme de ce délai, qui ne peut excéder cinq ans, leur propriété demeure réglée par l'article 716 du Code civil. Toutefois, l'État peut revendiquer ces découvertes moyennant une indemnité fixée à l'amiable ou à dire d'experts. Le montant de l'indemnité est réparti entre l'inventeur et le propriétaire, suivant les règles du droit commun, les frais d'expertise étant imputés sur elle.* (al 2) *Dans un délai de deux mois à compter de la fixation de la valeur de l'objet, l'État peut renoncer à l'achat. Il reste tenu, en ce cas, des frais d'expertise.* (al. 3) ».

107. V. *infra*, n° 729 et s.

108. Art. 1599 C. civ. : « *[l]a vente de la chose d'autrui est nulle : elle peut donner lieu à des dommages-intérêts lorsque l'acheteur a ignoré que la chose fût à autrui* ».

109. Seul l'acquéreur à titre onéreux, non l'acquéreur à titre gratuit, mérite le sacrifice des intérêts du véritable propriétaire. Et v. Civ. 1re, 7 octobre 2015, pourvoi n° 14-16946, à paraître au *Bulletin :* « ayant acquis à titre gratuit les biens litigieux, les consorts X... n'étaient pas fondés à se prévaloir de la qualité de propriétaire apparent ».

110. Civ. 26 janvier 1897, *DP* 1900, 1, p. 33 : « les considérations d'ordre public et d'intérêt général, qui ont conduit à reconnaître la validité des ventes passées entre l'héritier apparent et les tiers de bonne foi, n'autorisent pas à la subordonner aux conditions dans lesquelles celui qui est regardé par tous comme le successeur du défunt, s'est emparé de la succession ni à celles dans lesquelles il en a été dépossédé ; (...) il importe peu, au point de vue des tiers, que l'héritier apparent semble tenir son titre de la loi ou de la volonté du défunt, qu'il soit entré sans contradiction en possession des biens héréditaires ou qu'une décision de justice, ayant acquis l'autorité de la chose jugée, l'en ait déclaré propriétaire ; (...) il n'importe pas davantage qu'un crime ait été commis par l'héritier apparent, ou par un tiers à son insu, comme dans l'espèce [fabrication d'un faux testament par un notaire], crime qui lui a permis de passer pour héritier, ni que le jugement, qui lui avait reconnu cette qualité, ait été rétracté ; (...) dès que l'erreur commune est invincible, ainsi que la bonne foi des tiers sont établies, les aliénations consenties par l'héritier apparent échappent à toute action en résolution dirigée par l'héritier véritable ».

645. Conditions. À l'origine, la mise en œuvre de la théorie de l'apparence était subordonnée à une double condition très stricte. L'erreur commise par celui qui s'en prévalait devait être *commune*, c'est-à-dire partagée par tous, et *invincible*, c'est-à-dire impossible à déceler, les deux caractères étant liés. Aujourd'hui, la Cour de cassation semble se contenter, au moins parfois, d'une **erreur *commune*** et simplement ***légitime***[111], ce qui suppose seulement qu'elle soit excusable. Si la possession de l'auteur ou encore une information erronée sur les registres de la publicité foncière peut participer au faisceau d'indices caractérisant l'erreur de celui qui invoque la théorie de l'apparence[112], il ne s'agit pas là d'éléments suffisants[113].

Sur le terrain probatoire, il semble que le caractère *commun* de l'erreur doive être prouvé par celui qui invoque la théorie de l'apparence[114] ; quant à son caractère *légitime*, il pourrait être présumé, en raison de la présomption de bonne foi et de diligence dont chacun doit bénéficier.

Si l'on met en perspective le mécanisme de l'apparence et le mécanisme de l'article 2276 al. 1 C. civ. (« *En fait de meubles, la possession vaut titre* »), on observe que ce dernier est cantonné aux meubles et fondé sur la possession et la bonne foi du possesseur, alors que le premier s'applique *a priori* à tous les biens – encore que l'on puisse se demander si l'application de l'article 2276 al. 1 C. civ. aux meubles corporels n'est pas de nature à chasser le mécanisme de l'apparence –, est indifférent à la possession de celui qui l'invoque, mais suppose en revanche de la part de l'*errans* une erreur commune et au moins légitime.

---

111. Civ. 3e, 22 mars 1968, *Bull. civ.* III, n° 123 : « le tribunal supérieur d'appel [de la Polynésie française] a pu (...) conclure que les acquéreurs ont traité avec celui qu'une erreur commune et légitime leur a imposé de considérer comme habilité à vendre les lots au nom de la société PUEA » ; Civ. 1re, 12 janvier 1988, *Bull. civ.* I, n° 7 : « [v]u l'article 544 du Code civil, (...) la société civile du Domaine de la Pérelle avait invoqué la qualité de propriétaire apparent d'X. son vendeur ; (...) en écartant ce moyen qu'elle a tenu pour un simple détail d'argumentation alors qu'elle devait rechercher si, en acquérant l'immeuble, la société du Domaine de la Pérelle était de bonne foi, c'est-à-dire avait acquis l'immeuble sous l'empire d'une erreur commune et légitime, dès lors que la cause de la nullité aurait été et devait nécessairement être ignorée de tous, la cour d'appel n'a pas donné de base légale à sa décision ».

112. Req. 19 mars 1946, *JCP* 1946, II, 3125, note E. Becqué : la croyance de nature à faire jouer l'apparence s'évinçait d'un acte régulier en apparence et régulièrement publié. V. toutefois, dans des circonstances particulières et s'agissant d'une simple action en bornage, Civ. 3e, 20 mai 2014, pourvoi n° 10-10293, *RTD civ.* 2014, p. 913, obs. W. Dross : « (...) ayant relevé que M. Alain X..., assigné en qualité de propriétaire des parcelles D 628 et D 661 et assisté d'un conseil, n'avait contesté cette qualité ni devant le tribunal, ni devant la cour d'appel, qu'il avait remis à l'expert ses titres de propriété et invoqué le bénéfice de la prescription acquisitive pour résister à l'action en démolition et que les consorts Y...-Z... n'avaient pas, dans ces conditions, à rechercher au bureau des hypothèques si une éventuelle mutation était intervenue, la cour d'appel, qui en a exactement déduit que victimes d'une erreur commune, les consorts Y...-Z... étaient fondés à invoquer la qualité de propriétaire apparent de M. Alain X..., a pu rejeter la demande d'annulation de la procédure née de l'action des consorts Y...-Z... tendant à la démolition d'un ouvrage empiétant sur leur fonds, déclarer cette procédure commune et son arrêt du 18 mars 2004, relatif au bornage, opposable à M. Yvan X... ».

113. Req. 4 août 1885, *D.* 1886, 1, p. 310, obs. C. Levillain : insuffisance d'une possession d'un héritier apparent à « justifier l'erreur » et à « dispenser de prendre des renseignements », faute de notoriété suffisante.

114. Req. 20 mai 1935, *DP* 1935, 1, p. 97, rapp. Pilon : les tiers de bonne foi peuvent valablement acquérir un immeuble successoral de l'héritier apparent, pourvu qu'ils aient traité sous l'influence de l'erreur commune qu'il doive prouver, même si leur bonne foi est présumée.

646. Effets. L'apparence est un mode originaire d'acquisition de la propriété par l'effet de la loi, et non d'un mode d'acquisition dérivée par l'effet d'un titre[115]. Celui qui acquiert en vertu de la théorie de l'apparence acquiert un droit nouveau par l'effet de la loi et non le droit du propriétaire véritable[116].

115. V. notamment H. Mazeaud, « La *maxime error communis facit jus* », *RTD civ.* 1924, p. 929. *Adde* M. Boudot, Rép. civ., V°*Apparence*,

116. Civ. 1re, 22 juillet 1986, *Bull. civ.* I, n° 214 : « les tiers de bonne foi qui agissent sous l'empire de l'erreur commune ne tiennent leur droit ni du propriétaire apparent, ni du propriétaire véritable, mais qu'ils en sont investis par l'effet de la loi ; (...) la nullité du titre du propriétaire apparent, serait-elle d'ordre public, est sans influence sur la validité de l'aliénation par lui consentie, dès lors que la cause de la nullité est demeurée et devait nécessairement être ignorée de tous » ; Civ. 1re, 9 janvier 1996, *Bull. civ.* I, n° 15, *JCP* 1997, I, 4010, obs. H. Périnet-Marquet : l'arrêt « a justement déduit (...) que M. X... était investi de son droit de propriété par l'effet de la loi ».

Chapitre 4
L'opposabilité des droits réels

647. Plan. Par principe, les droits réels sont opposables à tous, sans conditions particulières : c'est le principe de l'opposabilité *erga omnes* des droits réels (Section 1). Ce principe est néanmoins aménagé, voire écarté, dans le cas particulier d'un conflit opposant plusieurs personnes prétendant avoir un droit réel sur la même chose (Section 2).

Section 1
Le principe de l'opposabilité *erga omnes* des droits réels

648. Droits réels v. droits personnels. L'opposabilité d'un droit réel est le plus souvent invoquée par son titulaire en vue de tenir autrui à l'écart du bien. Le droit réel est en principe[1] en lui-même opposable *erga omnes*, c'est-à-dire à tous et sans conditions particulières. L'automaticité de l'opposabilité des droits réels se trouve justifiée par la *connaissance* que chacun doit avoir que ce qui ne lui appartient pas appartient à autrui, que le bien sur lequel il est sans droit fait l'objet du droit d'un tiers[2]. Peu importe que l'on ignore l'identité de son propriétaire ou que l'on sache si d'autres exercent des droits sur celui-ci[3].

En contrepoint, les personnes ne sont pas censées connaître les droits personnels liant des personnes. C'est la raison pour laquelle on ne saurait reprocher à qui que ce soit d'avoir porté atteinte à un tel droit que détenait une personne contre une autre (par exemple, un droit tiré d'un contrat), si elle ne le connaissait pas. On dit que les contrats ne sont opposables aux tiers que s'ils en ont eu préalablement connaissance[4].

---

1. Par exception, certaines publicités sont requises aux fins d'opposabilité du droit. V. *infra*, n° 651 et s. au sujet de la publicité foncière.
2. S. Ginossar, *Droit réel, propriété et créance. Élaboration d'un système rationnel des droits patrimoniaux*, LGDJ, 1960, n° 33. Certes, le bien peut avoir l'apparence d'une *res derelictae* ou encore l'auteur duquel on tient ses droits peut avoir eu l'apparence d'un propriétaire, de sorte que l'argument avancé par Ginossar n'est pas parfait. Il n'en demeure pas moins qu'il est globalement satisfaisant, que l'on ne saurait bâtir des principes sur des cas exceptionnels et qu'en tout état de cause, de tels cas sont eux-mêmes souvent appréhendés par des règles exceptionnelles, telle la théorie de l'apparence.
3. Ph. Chauviré, *L'acquisition dérivée de la propriété (Le transfert volontaire des biens)*, préf. Th. Revet, th., LGDJ, 2013, n° 450.
4. Com. 11 octobre 1971, *Bull. civ.* IV, n° 237 : « toute personne qui, avec connaissance, aide autrui à enfreindre les obligations contractuelles pesant sur lui, commet une faute délictuelle à l'égard de la victime de l'infraction ».

Ainsi ne pourra-t-on critiquer une entreprise pour avoir embauché un salarié tenu par une clause de non-concurrence envers son précédent employeur si elle l'ignorait.

Section 2
Le cas particulier de l'opposabilité des droits réels en présence d'un conflit de droits

649. Distinction. Il y a conflit de droits réels dans deux hypothèses distinctes. En premier lieu, **des personnes se sont vues octroyer du même auteur des droits réels *inconciliables* sur un même bien**. Par exemple, deux personnes ont acquis la propriété du même bien auprès de son propriétaire ou bien l'une a acquis l'usufruit et l'autre un droit d'usage sur le même bien auprès de son propriétaire. Si, en vertu du principe de l'opposabilité *erga omnes* des droits réels, il est *a priori* naturel de rendre opposable le droit réel consenti en premier pour cette seule raison qu'il est le premier à avoir été consenti – *prior tempore potior jure*[5] –, il existe des règles particulières au sujet des immeubles et de la plupart des meubles, en sorte que tel est finalement rarement le cas. En second lieu, il y a également conflit lorsque **des personnes se sont vues octroyer du même auteur des droits réels *conciliables* sur un même bien**. Par exemple, une personne s'est vue octroyer une sûreté réelle sur un bien et un autre, sa propriété, ou bien une personne s'est vue octroyer un usufruit et une autre, sa propriété. Encore une fois, si en vertu du principe de l'opposabilité *erga omnes* des droits réels, il peut paraître naturel de considérer tous les droits réels comme étant opposables, il existe des règles particulières au sujet des immeubles et de la plupart des meubles, en sorte que tel est finalement encore rarement le cas.

En tout état de cause, dans toutes ces hypothèses, le conflit n'existe véritablement que lorsqu'une personne entend opposer son droit à une autre qui refuse de le se voir opposer. La question est donc très précisément celle des *conditions* de l'opposabilité des droits réels.

650. Plan. Il convient de distinguer les conditions de l'opposabilité des droits réels immobiliers (§ 1) de celle de l'opposabilité des droits réels mobiliers (§ 2).

§ 1. Les droits réels immobiliers

651. Impératif de sécurité juridique : la publicité foncière. L'absence de correctif au principe de l'opposabilité *erga omnes* des droits réels serait source d'une grave insécurité juridique pour celui qui désire acquérir un droit réel sur un immeuble et qui n'a pas les moyens de savoir si son auteur est bien le titulaire du droit cédé ou si ce dernier n'a pas consenti à des tiers d'autres droits, telles des sûretés réelles. C'est la raison pour laquelle ont été mis en place en la matière,

5. Ainsi, en présence de deux ventes successives d'un même fonds de commerce à des acquéreurs distincts, le premier sera préféré au second, le transfert de propriété s'opérant « de plein droit dans les rapports entre les parties entre elles comme à l'égard des tiers » (Civ. 17 juillet 1930, *DP* 1932, 1, p. 112).

depuis fort longtemps, des systèmes de publicité des opérations immobilières, plus ou moins élaborés, en vue de trancher les conflits de droits.

Aujourd'hui, cette publicité est assurée en général par un des **registres de publicité foncière** tenus par le Service de publicité foncière et réglementés principalement par le décret n° 55-22 du 4 janvier 1955 *portant réforme de la publicité foncière*[6].

Toutefois, dans les départements du Bas-Rhin, du Haut-Rhin et de la Moselle, la publicité est assurée par un **Livre foncier** tenu par des bureaux fonciers et réglementé par la loi du 1er juin 1924 *mettant en vigueur la législation civile française dans les départements du Bas-Rhin, du Haut-Rhin et de la Moselle*[7]. Le mécanisme de la publicité sur le Livre foncier est sensiblement différent de celui de la publicité foncière sur le reste du territoire : pour l'essentiel, l'inscription d'un droit sur le Livre foncier « *emporte présomption de l'existence de ce droit en la personne du titulaire* »[8].

652. Publicité des actes. En droit français, **ce sont les *actes* qui constatent les constitutions et mutations de droits réels qui sont publiés, non les *droits réels eux-mêmes***. Or un acte peut être rétroactivement anéanti. Autrement dit, celui qui acquiert un droit réel sur un bien n'est jamais assuré que son auteur ne verra pas l'acte qui lui a conféré son titre, attaqué : celui qui entend acheter un immeuble auprès du dernier acquéreur de celui-ci n'est jamais à l'abri que le titre de ce dernier soit rétroactivement anéanti à la suite d'une action en nullité ou en résolution, par exemple. Il reste qu'il est très rare que celui qui apparaît comme le titulaire des droits sur l'immeuble se les voit un jour contestés, ce qui rend le système français viable.

En contrepoint, dans les systèmes où ce sont les *droits* qui sont enregistrés et non les *actes*, tel le système *Torrens*[9], celui dont le droit est enregistré est le titulaire du droit, pour cette seule raison qu'il est enregistré comme tel, et non en raison de la chaîne des acquisitions antérieures[10], en sorte qu'il est, à de rares exceptions qui varient suivant les législations, inattaquable.

En droit français, la seule garantie qu'offre donc la publicité foncière à celui qui entend se faire concéder un droit réel sur un immeuble est de ne pas se voir primer par un autre ayant cause du même auteur qui invoquerait un droit concurrent, pourvu qu'il ait publié son acquisition le premier. Même si elles restent rares[11], certaines difficultés existent en droit français, comme l'inscription intercalaire d'une

---

6. Ce décret comporte trois chapitres principaux, l'un général, qui instaure un fichier immobilier et deux autres, l'un consacré à la publicité des sûretés réelles immobilières (privilèges et hypothèques), l'autre à la publicité des autres droits réels immobiliers (deux autres chapitres sont consacrés, d'une part, à l'entrée en vigueur et aux dispositions transitoires et, d'autre part, à des dispositions diverses).

7. Art. 36 à 65. Le Livre foncier a été instauré alors que ces territoires avaient été annexés par l'empire allemand. Il y a été maintenu, adapté au droit français par la loi du 1er juin 1924 *mettant en vigueur la législation civile française dans les départements du Bas-Rhin, du Haut-Rhin et de la Moselle*.

8. Art. 41 L. 1er juin 1924 : « *[l]'inscription ou la prénotation d'un droit mentionné à l'article 38 emporte présomption de l'existence de ce droit en la personne du titulaire* ».

9. Du nom de l'anglais Robert Torrens qui l'institua en Australie dans la seconde moitié du XIXe siècle.

10. Le système *Torrens* ne commande donc pas de remonter la chaîne des acquisitions comme c'est le cas dans les systèmes de publicité foncière.

11. En raison notamment de l'informatisation qui résulte du système Télé@ctes qui a conduit à dématérialiser les relations entre les notaires et les bureaux de publicité foncière.

sûreté réelle[12] (ou la publication intercalaire d'une seconde vente) entre la délivrance d'un état hypothécaire hors formalité et le dépôt de la vente en vue de sa publication[13] : il existe en effet un regrettable « angle mort »[14].

653. Aperçu historique. Tant sous l'empire du droit romain que sous celui de l'Ancien Droit, les actes emportant transfert de propriété sont accomplis dans des formes qui en assurent une publicité, quoique très imparfaite[15], ne serait-ce que parce qu'elles n'empruntent pas en principe la forme d'une publication. Toutefois, sous l'Ancien Droit, dans les régions du nord de la France, dans les « pays » dits « de nantissement », le transfert de propriété est enregistré au greffe sur un registre public, après avoir été constaté par un officier de justice, à défaut de quoi il est inopposable aux tiers. Par ailleurs, en tous lieux, les donations sont soumises à la formalité de l'*insinuation*, c'est-à-dire à un enregistrement, conformément aux prescriptions de l'ordonnance de Villers-Cotterêts de 1539 ; la formalité, si elle est utile aux tiers, poursuit toutefois un autre but : celui de combattre, dans l'intérêt de la famille, les donations faites à des étrangers au détriment des héritiers, en les rendant publiques.

Sous l'empire du droit intermédiaire, une loi du 9 messidor an III organise la publicité des *hypothèques*, assurant aux créanciers la connaissance de l'état hypothécaire d'un immeuble, en vue de favoriser le crédit. Si les mutations et

12. D'après l'article 2427 al. 1 C. civ., « *[l]es créanciers privilégiés ou hypothécaires ne peuvent prendre utilement inscription sur le précédent propriétaire, à partir de la publication de la mutation opérée au profit d'un tiers* ». De quoi l'on déduit en général que le notaire commet une faute à remettre les fonds au vendeur avant d'avoir levé un état sur formalité (Civ. 1re, 27 mars 2003, *Bull. civ.* I, n° 129 : « en déclarant ainsi irrecevable le moyen de défense tiré par le notaire dans ses conclusions d'appel, de ce que l'inscription définitive de l'hypothèque prise par le CIC était irrégulière, le jugement rendu le 18 juillet 1990 n'ayant pas encore été régulièrement notifié, d'où il résultait que le délai d'appel n'avait pas commencé à courir, que l'inscription provisoire était devenue caduque et que le CIC ne bénéficiait, dès lors, d'aucune sûreté sur l'immeuble, en sorte que le préjudice invoqué était dépourvu de lien de causalité avec la faute commise par le notaire », la cour d'appel a violé les articles 122 CPC et 1382 C. civ.) ; v. toutefois Civ. 1re, 23 novembre 2004, *Bull. civ.* I, n° 285, *Rép. Defr.* 2005, p. 623, obs. J.-L. Aubert, *ibid.*, p. 1553, obs. F. Vauvillé : « après avoir constaté que le notaire avait pris soin de lever, avant la vente, un état hypothécaire afin de s'assurer de la situation de l'immeuble, la cour d'appel a exactement considéré qu'il ne pouvait lui être reproché de s'être dessaisi du prix de vente après avoir réglé l'unique créancier inscrit, aucun texte ne lui imposant de conserver le prix plus longtemps ». En l'espèce, Pierre X... avait obtenu l'autorisation d'inscrire une hypothèque judiciaire provisoire sur un immeuble appartenant à Mme Y... pour sûreté de sa créance évaluée à 200 000 francs, l'hypothèque ayant été publiée le 7 septembre 1992 et signifiée le 16 septembre 1992 à Mme Y... qui a vendu son bien suivant acte dressé le 2 octobre 1992 par un notaire qui avait levé, quelques jours avant la vente, un état hypothécaire, délivré le 23 septembre 1992 et certifié au 31 août 1992, lequel ne faisait apparaître qu'une inscription prise au profit du Comptoir des entrepreneurs (CDE) et ne faisait aucune mention de l'hypothèque judiciaire provisoire obtenue par Pierre X).

Il reste que la responsabilité du notaire ne sera engagée que s'il a causé un préjudice au créancier hypothécaire ou à l'acquéreur. Tel n'est pas le cas si le créancier hypothécaire est immédiatement désintéressé par l'assureur du notaire et que le tiers acquéreur n'est donc pas poursuivi. Dès lors, « le créancier hypothécaire n'ayant pas usé de la faculté d'exercer son droit de suite à l'encontre des acquéreurs, son préjudice n'[est] pas certain, de sorte que la compagnie d'assurance n'[est] pas juridiquement tenue de garantir la responsabilité civile professionnelle du notaire dont les conditions [ne sont pas] pas réunies », en sorte que l'assureur du notaire ne peut se faire remettre de quittance subrogative (Civ. 1re, 11 février 2010, pourvoi n° 08-21565).

13. La publication aux fins d'opposabilité de tout contrat préparatoire avec blocage des inscriptions permettrait *de lege ferenda* de remédier dans une très large mesure à ces difficultés.

14. J.-L. Aubert, obs. ss. Civ. 1re, 23 novembre 2004, *Bull. civ.* I, n° 285, *Rép. Defr.* 2005, p. 623.

15. V. *supra*, n° 623.

constitutions d'autres droits réels ne faisaient pas l'objet d'une telle publication, le cessionnaire de l'immeuble doit notifier la cession et déposer l'expédition de son contrat, dans le mois de sa date, au bureau de la conservation des hypothèques, à défaut de quoi les créanciers du vendeur sont toujours fondés à considérer celui-ci comme propriétaire de l'immeuble[16]. C'est cependant par une loi du 11 brumaire an VII qu'est organisée une véritable publicité des *transferts de propriété* et des *constitutions de droits réels susceptibles d'hypothèques*[17], en sus de celle des hypothèques. L'absence de publicité de ces actes est sanctionnée par leur inopposabilité.

Le Code civil adopté, la publicité des transferts onéreux de propriété est supprimée, seule la publicité des hypothèques et donations étant maintenue, ce qui se comprend difficilement. Aucune publicité de substitution n'est organisée, en sorte que les opérations immobilières sont, de règle générale, clandestines.

Ce n'est que par une loi du 23 mars 1885 que se trouve rétabli un système de publicité des transferts de propriété à titre onéreux et de constitution de droits réels[18] à peine d'inopposabilité. Le domaine des actes soumis à publicité est élargi par un décret-loi du 30 octobre 1935, incluant les transferts de propriété à cause de mort et les actes déclaratifs, tels le partage ; toutefois, le défaut de leur publicité n'est pas sanctionné par l'inopposabilité, soit que de tels actes n'emportent aucun changement de situation (ce qui est le cas des actes déclaratifs[19]) soit que le changement de situation ne puisse rationnellement être contesté (ce qui est le cas des transferts de propriété à cause de mort : comment considérer que le défunt soit resté propriétaire envers les tiers ?). C'est à cette époque que la double fonction de la publicité foncière est mise en lumière : d'une part, certaines publications sont exigées en vue de trancher un conflit entre ayants cause à titre particulier d'un même auteur en faisant primer le droit publié le premier, indépendamment de sa date d'acquisition et, d'autre part, d'autres publications le sont simplement en vue d'informer les tiers.

C'est dans ce contexte qu'est adopté le décret n° 55-22 du 4 janvier 1955 *portant réforme de la publicité foncière*, toujours en vigueur. Le système repose sur deux principes essentiels. En premier lieu, en vertu du ***principe de complétude***, tous les actes portant création ou transfert de droits réels doivent être publiés à peine d'inopposabilité entre ayants cause d'un même auteur aux fins d'opposabilité (art. 28 et 30 Décr. 4 janvier 1955[20]) et ce, « indépendamment de la volonté des parties » (art. 32 Décr. 4 janvier 1955[21]). En second lieu, en vertu du ***principe de l'effet relatif***, aucun

16. O. Deshayes et D. Nourissat, « La publication de la vente », in *La vente d'immeuble*, *Colloque de l'ARNU*, *JCP* N 2015, n° 11, p. 54 s., n° 8.

17. Échappent donc à la publicité les constitutions de droits réels non susceptibles d'hypothèques tels les droits d'usage ou d'habitation et les servitudes. Cette exclusion est due au fait que les lois révolutionnaires ont été prises dans l'intérêt des créanciers hypothécaires. Pourtant, la valeur de l'immeuble qui forme l'assiette de la sûreté dépend évidemment de la question de savoir si des droits réels ont été consentis par le constituant ; leur publicité est donc loin d'être indifférente au créancier hypothécaire.

18. En raison notamment de la pression exercée par le Crédit foncier créé en 1852, créancier hypothécaire important, qui souhaitait être certain de l'assiette des sûretés qu'il se voyait consentir.

19. Ce qui est le cas du partage. Il reste qu'il y a là une part de fiction : l'indivisaire est bien devenu seul propriétaire, de sorte qu'une propriété individuelle a succédé à une propriété plurale.

20. Sur ces dispositions et leur portée, v. *infra*, n° 661 et s.

21. « *Les notaires, huissiers, greffiers, commissaires à l'exécution du plan et autorités administratives sont tenus de faire publier, dans les délais fixés à l'article 33, et indépendamment de la volonté des parties, les actes ou décisions judiciaires visés à l'article 28, 1°, 2° et 4° à 9° dressés par eux ou avec leur concours.* (al. 1) *Les notaires sont tenus de faire publier les attestations visées à l'article 28, 3°, lorsqu'ils sont requis par les parties de les établir. Ils ont la même obligation lorsqu'ils sont requis*

acte ne peut être publié si le titre de celui de qui l'on tient son droit ne l'a pas été préalablement (art. 3 al. 1 Décr. 4 janvier 1955[22]). Ainsi, celui qui désire acquérir un immeuble ne pourra publier son acte si le titre de son auteur ne l'a pas été, ce qui doit inciter chacun à publier son titre s'il veut un jour pouvoir disposer de son bien sans difficulté[23].

654. Esprit général du système français. Le système français de publicité foncière a pour fonction principale de rendre opposable un droit réel qui a été constitué. Un tel système est efficace s'agissant des droits réels accessoires (les sûretés réelles) qui n'offrent d'intérêts que s'ils sont opposables aux autres créanciers ou aux ayants cause du constituant. Il l'est moins s'agissant des droits réels principaux, car il aboutit à créer deux vérités juridiques contraires lorsqu'un droit réel n'est pas publié. Il n'est que de penser à l'hypothèse dans laquelle un immeuble est cédé deux fois à deux acquéreurs. D'un côté, si le second en date publie l'acte le premier, il pourra, en vertu des règles de la publicité foncière, l'opposer au premier : à son égard, il est donc le propriétaire. D'un autre côté, en application du principe du transfert *solo consensu*, le premier acquéreur est censé avoir acquis valablement la propriété du bien, opposable *erga omnes*, sauf au second acquéreur ayant publié en premier...

655. Plan. Le système mis en place par le décret du 4 janvier 1955 se caractérise par la coexistence de *registres* et d'un *fichier immobilier* dans lesquels, sous le contrôle du Service de la publicité foncière, certains actes doivent ou peuvent être publiés.

---

d'établir un acte concernant la dévolution de tout ou partie d'une succession ; les successibles doivent, dans ce cas, fournir aux notaires tous renseignements et justifications utiles. (al. 2) ».

22. « *Aucun acte ou décision judiciaire sujet à publicité dans un service chargé de la publicité foncière ne peut être publié au fichier immobilier si le titre du disposant ou dernier titulaire n'a pas été préalablement publié, conformément aux dispositions du présent décret* ». Le principe est cependant écarté dans deux hypothèses (art. 3 al. 2 Décr. 4 janvier 1955) :

– Lorsque le droit de l'auteur a été acquis à titre originaire, notamment par prescription ou accession, modes d'acquisition non soumis à publicité. De fait, la publicité foncière a pour objet de résoudre des conflits entre ayants cause et un tel conflit ne peut être élevé ici, car l'auteur ne tient son titre de personne et est réputé être le premier propriétaire de l'immeuble. En ce cas, le document publié doit contenir une « *déclaration précisant le mode ou les conditions d'acquisition ou de consolidation du droit* » (art. 35 Décr. 14 octobre 1955) : ce peut être une décision judiciaire si un conflit a vu le jour ou, en l'absence de conflit, un acte de notoriété dressé en la forme authentique (sur la foi de témoignages, il est attesté que telle personne a possédé et usucapé). L'acte de notoriété doit établir des « actes matériels de possession » et ne pas se contenter de dire qu'il y a eu usucapion (Civ. 3e, 4 mai 2011, *Bull. civ.* III, n° 68, *JCP* 2011, I, 2317, obs. H. Périnet-Marquet : se prononçant au regard d'un « acte de prescription trentenaire », les juges du fond doivent « relever l'existence d'actes matériels de possession pour pouvoir retenir la prescription acquisitive » ; Civ. 3e, 12 décembre 2012, pourvoi n° 11-23854 : se prononçant en vertu d'un acte de « notoriété prescriptive », les juges du fond doivent caractériser des « actes de possession matérielle »). Ainsi, le possesseur souhaitant vendre son bien pourra publier son acte de notoriété, permettant à l'acquéreur de le faire ensuite.

– Lorsque le titre du disposant ou dernier titulaire est antérieur au 1er janvier 1956, date d'entrée en vigueur du décret du 4 janvier 1955 (art. 38 al. 1). Dans ce cas, le document déposé doit en principe « indiquer la nature du titre et contenir la déclaration que le titre ou la transmission par décès n'est pas postérieur au 1er janvier 1956 » (art. 35 *D.* 14 octobre 1955).

23. En outre, aux termes de l'article 30§ 4 Décr. 4 janvier 1955, « *[t]oute personne intéressée qui, ayant publié son propre droit, prouve qu'elle a subi un préjudice à raison soit du défaut de publication avant l'expiration du délai légal, soit de la publicité incomplète ou irrégulière d'un des actes visés aux 3° à 9° de l'article 28, peut demander des dommages et intérêts* ».

On envisagera l'organisation de la publicité foncière (A) et la publication des actes (B).

A L'organisation de la publicité foncière

656. Les Services de la publicité foncière. Pendant longtemps, l'organisation de la publicité foncière a relevé de la responsabilité des conservateurs des hypothèques[24], fonctionnaires relevant de l'administration des finances. Elle échoit depuis le 1er janvier 2013 aux Services de la publicité foncière qui les ont remplacé en reprenant leurs missions[25] et en endossant leur responsabilité[26].

Ils tiennent des **registres** et des **fichiers**, dont le plus important est le **registre des dépôts**[27], sur lequel ils inscrivent dans un ordre chronologique les remises qui leur seront faites d'actes, décisions judiciaires, bordereaux et, généralement, de documents déposés en vue de leur publication[28] : cette remise est cruciale, car **c'est au jour du dépôt que l'acte à publier prend rang et permet de trancher un conflit entre ayants cause d'un même auteur**.

Les Services de la publicité foncière ne sont pas juges de la validité des actes déposés aux fins de publication. Ils sont en principe seulement tenus de vérifier, d'une part, le *respect du principe de l'effet relatif* et, d'autre part, la *régularité formelle de l'acte à publier*. Le « refus de dépôt » est opposé en cas de grave irrégularité alors que le « rejet de la formalité » l'est pour de moins graves irrégularités, encore que le dépôt qui a été effectué alors qu'il aurait dû être refusé peut encore donner lieu à un rejet de la formalité[29]. La portée du « refus de dépôt » et celle du

24. Le corps des conservateurs des hypothèques remontait à un édit de Louis XV du 17 juin 1771.

25. Ordonnance n° 2010-638 du 10 juin 2010 *portant suppression du régime des conservateurs des hypothèques*.

26. D'après l'article 2450, I C. civ., « *[l]'État est responsable du préjudice résultant des fautes commises par chaque service chargé de la publicité foncière dans l'exécution de ses attributions* », notamment, du « *défaut de publication des actes et décisions judiciaires déposés dans les services chargés de la publicité foncière et des inscriptions requises, toutes les fois que ce défaut de publication ne résulte pas d'une décision de refus ou de rejet* » et de « *l'omission, dans les certificats délivrés par les services chargés de la publicité foncière, d'une ou plusieurs des inscriptions existantes, à moins dans ce dernier cas que l'erreur ne provienne de désignations insuffisantes ou inexactes qui ne pourraient leur être imputées* ». Et d'après l'article 2450, II, « *[l]'action en responsabilité de l'État pour les fautes commises par chaque service chargé de la publicité foncière est exercée devant le juge judiciaire et, sous peine de forclusion, dans le délai de dix ans suivant le jour où la faute a été commise* ».

27. V. *infra*, n° 657.

28. Art. 2453 al. 1 C. civ. : « *[l]es services chargés de la publicité foncière seront tenus d'avoir un registre sur lequel ils inscriront, jour par jour, et par ordre numérique, les remises qui leur seront faites d'actes, décisions judiciaires, bordereaux et, généralement, de documents déposés en vue de l'exécution d'une formalité de publicité* ».

29. Art. 74 Décr. 14 octobre 1955 : « *1. Lorsqu'il* ***refuse*** *le dépôt de documents, par application, notamment, des articles 2428 et 2430 du code civil, du 2 de l'article 34, du 2 de l'article 34-1 et de l'article 39 du décret n° 55-22 du 4 janvier 1955 modifié, du 1 de l'article 21, des articles 22, 31 et 33, du 2 de l'article 35, du 1 de l'article 38, des articles 54-1, 57-2, 57-3 et 57-4, du 1 de l'article 64, de l'article 67-3, du 1 du E de l'article 71 et du 2 de l'article 76 du présent décret, le conservateur notifie au déposant, dans le délai maximum de 15 jours à compter de la remise des documents, sa décision datée et signée indiquant les causes de refus relevées. Ce délai est fixé à 8 jours pour les commandements valant saisie et à 1 mois pour les formalités requises en vertu de l'article 2430 du Code civil.* (al. 1) *La décision de refus est notifiée par lettre recommandée avec demande d'avis de réception ou remise contre récépissé.* (al. 2) *La notification de la décision de refus du conservateur donne lieu à la restitution des documents déposés.* (al. 3)

« rejet de la formalité » diffèrent : le refus de dépôt oblige à réaliser un nouveau dépôt de sorte que l'acte prendra rang à la date du nouveau dépôt alors que le rejet de la formalité laisse la possibilité de procéder à une régularisation, de sorte que l'acte aura pris rang au jour du dépôt initial, une fois régularisé.

Le dépôt est effectué par le requérant, le plus souvent un notaire, qui remet au Service de la publicité foncière compétent la copie d'acte ou jugement à publier, ou le bordereau d'inscription hypothécaire accompagné de l'acte constitutif de l'hypothèque. Le service de la publicité foncière mentionne, sauf refus de dépôt, le dépôt sur le registre des dépôts et, sauf rejet de la formalité, procède à la formalité de publication ou d'inscription.

Toute personne intéressée peut prendre connaissance des actes mentionnés sur les registres de la publicité foncière et au fichier immobilier[30].

657. Les registres et le fichier immobilier. La publicité est effectuée dans des *registres*, un *fichier immobilier* facilitant les recherches.

Il existe **cinq registres**, dont le ***registre des dépôts***, où sont inscrits *tous* les actes à publier au fur et à mesure de leur dépôt[31], et quatre autres registres, recevant chacun un type d'actes : un ***registre des publications*** pour les actes ou décisions soumis à publicité en exécution des articles 28, 35 à 37 et 39 du décret du 4 janvier 1955 (mutations ou constitutions de droits réels autres que les hypothèques), un ***registre des saisies*** pour les copies de commandements valant saisie, un ***registre des inscriptions* pour *les bordereaux des inscriptions qui doivent produire effet pendant dix années au plus*** et un ***registre des inscriptions pour les bordereaux des inscriptions qui doivent produire effet pendant plus de dix années***[32].

---

*2. Le **rejet** d'une formalité, prévu notamment aux articles 2428 du Code civil, au 3 de l'article 34 et aux articles 39 et 40 du décret n° 55-22 du 4 janvier 1955 modifié, à l'article 16-1, au 4 de l'article 30, aux articles 31 et 33, au 2 de l'article 35, au 1 de l'article 38, aux 2 et 3 de l'article 55, au 2 de l'article 56, à l'article 57-2, au 1 de l'article 61, au 2 de l'article 64, au 1 de l'article 67, au 2 du E de l'article 71 et au 2 de l'article 76 du présent décret, est prononcé, et la régularisation intervient, selon les modalités fixées par le 3 de l'article 34 du présent décret.*

3. En dehors des cas prévus au 2, les règles du rejet peuvent être appliquées par le conservateur lorsqu'après l'acceptation du dépôt, il apparaît, au moment de l'annotation de la formalité, que le dépôt aurait dû être refusé. » (nous soulignons).

30. Art. 2449 C. civ. : « *[l]es services chargés de la publicité foncière sont tenus de délivrer, à tous ceux qui le requièrent, copie ou extrait des documents, autres que les bordereaux d'inscription, qui y sont déposés dans la limite des cinquante années précédant celle de la réquisition, et copie ou extrait des inscriptions subsistantes ou certificat qu'il n'existe aucun document ou inscription entrant dans le cadre de la réquisition.* (al. 1) *Ils sont également tenus de délivrer sur réquisition, dans un délai de dix jours, des copies ou extraits du fichier immobilier ou certificat qu'il n'existe aucune fiche entrant dans le cadre de la réquisition* (al. 2) ».

31. V. *supra*, n° 656.

32. Art. 77 Décr. 14 octobre 1955 : « *[l]e conservateur inscrit en tête de chacun des documents destinés aux archives le numéro et la date de son dépôt.*

Il classe ces documents, au fur et à mesure de leur dépôt, dans l'ordre de leur inscription au registre prévu à l'article 2453 du Code civil et les réunit en volumes, après avoir donné à chacun d'eux le numéro d'ordre correspondant à son classement. Celui-ci est effectué distinctement :

– pour les formules ou autres documents destinés à publier des actes ou décisions soumis à publicité en exécution des articles 28, 35 à 37 et 39 du décret du 4 janvier 1955, des volumes spéciaux pouvant être constitués, sur l'autorisation du directeur départemental de l'enregistrement, notamment, par les procès-verbaux ou arrêtés de remembrement ;

– pour les copies de commandements valant saisie ;

– pour les bordereaux des inscriptions qui doivent produire effet pendant dix années au plus ;

– pour les bordereaux des inscriptions qui doivent produire effet pendant plus de dix années.

Les registres étant tenus par **ordre chronologique**, les renseignements portant sur un même immeuble ne sont pas matériellement rassemblés : il n'est donc pas possible en pratique de retracer l'historique des actes ayant concerné tel immeuble.

Afin de résoudre cette difficulté, le décret du 4 janvier 1955 a créé le **fichier immobilier**[33]. En substance, chaque Service de publicité foncière tient, par commune relevant de son ressort, un fichier immobilier qui comporte plusieurs fiches rassemblant les informations figurant dans les différents registres[34]. Les ***fiches personnelles*** sont établies au nom de chaque titulaire d'un droit réel soumis à publicité, alors que les ***fiches d'immeubles urbains*** sont établies pour chaque immeuble urbain. Bien que la fiche d'immeuble urbain soit un simple document technique, elle assure une publicité réelle bien plus utile qu'une publicité personnelle. Il est en effet plus important de connaître la situation d'un immeuble – fait-il l'objet d'un démembrement, d'un bail de longue durée ou d'une sûreté ? – que de connaître la situation de la personne qui consent un droit réel sur un immeuble. Quant aux ***fiches parcellaires***, elles sont établies dans chaque commune à cadastre rénové et décrivent les parcelles cadastrales. Elles n'offrent de réel intérêt qu'à l'égard des immeubles ruraux qui, autrement, ne feraient pas l'objet d'un système de publicité réel : en présence d'un immeuble urbain, il est renvoyé à la fiche d'immeuble urbain.

B La publication des actes

658. Forme des actes susceptibles d'être publiés. Seul un **acte authentique** peut être publié[35]. C'est la raison pour laquelle, notamment, les ventes

Les documents classés provisoirement en attente en exécution du deuxième alinéa du 3 de l'article 34 du présent décret et des divers textes qui se réfèrent à cette disposition sont reclassés à leur ordre, lorsqu'ils prennent effet à la date de leur dépôt ».

33. Art. 1 Décr. 4 janvier 1955 : « *[i]l est tenu, pour chaque commune, par les services chargés de la publicité foncière, un fichier immobilier sur lequel, au fur et à mesure des dépôts, sont répertoriés, sous le nom de chaque propriétaire, et, par immeuble, des extraits des documents publiés, avec référence à leur classement dans les archives.* (al. 1) *Le fichier immobilier présente, telle qu'elle résulte des documents publiés, la situation juridique actuelle des immeubles* (al. 2) ».

34. Ceux-ci sont définis à l'article 2 Décr. 14 octobre 1955 : « *1. Sont considérés comme immeubles urbains tous immeubles situés dans des communes qui, avant l'entrée en vigueur de la loi du 10 juillet 1964, dépendaient du département de la Seine et dans les parties agglomérées, telles qu'elles résultent des tableaux de dénombrement de la population, des communes de plus de 10 000 habitants énumérés au tableau 3 annexé au décret n° 54-1088 du 30 octobre 1954 authentifiant les résultats du recensement du 10 mai 1954.*

Ne cesseront pas d'être considérés comme urbains les immeubles situés dans des communes qui comptent plus de 10 000 habitants d'après les résultats du recensement du 10 mai 1954 et dont la population tombera au-dessous de ce chiffre d'après un nouveau décret de dénombrement.

Les immeubles situés dans les communes comptant moins de 10 000 habitants d'après les résultats du recensement du 10 mai 1954 et dont la population atteindra ce chiffre, d'après un nouveau décret de dénombrement seront, à partir de l'entrée en vigueur de ce texte, considérés comme urbains.

2. Sont également considérés comme immeubles urbains, quelle que soit leur situation, les immeubles ou ensembles immobiliers qui font l'objet d'un lotissement, d'une division ou d'une copropriété dans le cadre, soit d'un cahier des charges établi par application des articles 89 bis ou 107 du Code de l'urbanisme et de l'habitation, soit d'un règlement de copropriété établi par application de la loi modifiée du 28 juin 1938 tendant à régler le statut des immeubles divisés par appartements.

3. Tous les autres immeubles sont considérés comme immeubles ruraux. »

35. Art. 710-1 al. 1 C. civ. : « *[t]out acte ou droit doit, pour donner lieu aux formalités de publicité foncière, résulter d'un acte reçu en la forme authentique par un notaire exerçant en France, d'une décision juridictionnelle ou d'un acte authentique émanant d'une autorité administrative.* » ; art. 4 al. 1

d'immeubles – contrats consensuels – sont systématiquement conclues par acte notarié. L'exigence d'authenticité est justifiée par deux raisons principales : la sécurité qu'elle procure et l'assurance que l'acte devant être publié sera déposé à cette fin par l'officier qui l'a dressé[36].

659. Fonctions de la publicité – Plan. La publicité foncière remplit *a minima* une fonction d'**information** sur l'historique de l'immeuble. Mais elle remplit, et c'est sa véritable raison d'être, à l'égard de certains actes, une fonction de **résolution des conflits entre ayants cause d'un même auteur**[37]. Plus énergiquement encore, la publicité est parfois exigée en vue de **faire produire à certains actes leurs effets**, vis-à-vis des tiers, mais aussi des parties : c'est le cas en particulier des commandements valant saisie, des cessions réalisées dans le cadre d'une expropriation pour cause d'utilité publique, des règlements de copropriété[38],

---

Décr. 4 janvier 1955 : « *[t]out acte sujet à publicité dans un service chargé de la publicité foncière doit être dressé en la forme authentique* ».
L'histoire a ici un « sens », celui d'une exigence toujours accrue : avant 1935, on pouvait publier un acte sous-seing privé ; en 1935, on ne le pouvait que s'il avait été déposé au rang des minutes du notaire avec reconnaissance d'écriture et des signatures ; aujourd'hui, seul un acte authentique peut être publié. En effet, depuis la loi du 28 mai 2011 de modernisation des professions judiciaires ou juridiques et certaines professions réglementées, « *[l]e dépôt au rang des minutes d'un notaire d'un acte sous seing privé, contresigné ou non, même avec reconnaissance d'écriture et de signature, ne peut donner lieu aux formalités de publicité foncière* » (art. 710-1 al. 2 in limine C. civ.). Des cas particuliers restent réservés : d'après l'article 710-1 al. 2 in fine C. civ. : « *(...) même lorsqu'ils ne sont pas dressés en la forme authentique, les procès-verbaux des délibérations des assemblées générales préalables ou consécutives à l'apport de biens ou droits immobiliers à une société ou par une société ainsi que les procès-verbaux d'abornement peuvent être publiés au bureau des hypothèques à la condition d'être annexés à un acte qui en constate le dépôt au rang des minutes d'un notaire* » et d'après l'article 4 al. 3 Décr. 4 janvier 1955, « *[l]es actes reçus par les officiers publics ou ministériels étrangers et les décisions rendues par les juridictions étrangères ne peuvent être publiés ou constituer le titre d'une inscription de privilège ou d'hypothèque que s'ils ont été légalisés par un fonctionnaire qualifié du ministère français des Affaires étrangères et déposés au rang des minutes d'un notaire français ou s'ils ont été rendus exécutoires en France. Ils doivent être accompagnés, s'ils sont rédigés en langue étrangère, d'une traduction en français, certifiée soit par le fonctionnaire susvisé, soit par un interprète habituellement commis par les tribunaux. Les expéditions, copies, extraits ou bordereaux déposés pour être conservés au service chargé de la publicité foncière doivent, en outre, porter toutes les mentions exigées par les articles 5 à 7 du présent décret et les articles 2428 et 2434 nouveaux du Code civil* ».

36. Il reste que les promesses synallagmatiques de vente ne sont en pratique que rarement publiées...

37. Et v. *infra*, n° 663.

38. D'après l'article 13 L. 10 juillet 1965 *fixant le statut de la copropriété des immeubles bâtis*, « *le règlement de copropriété et les modifications qui peuvent lui être apportées ne sont opposables aux ayants cause à titre particulier des copropriétaires qu'à dater de leur publication au fichier immobilier* ». Pour une illustration, v. Civ. 3e, 31 janvier 1996, *Bull. civ.* III, n° 29 : « pour déclarer la convention de gestion commune [approuvé en assemblée générale le 15 décembre 1982] opposable aux sociétés Natiobail et Locabail [ayant acquis leurs lots le 18 mai 1983], l'arrêt retient que si, dans leur acte d'acquisition, ces sociétés n'ont pas déclaré adhérer aux obligations de l'acte du 15 décembre 1982, l'opposabilité de cette convention résulte de sa publication au fichier immobilier, opérée le 14 mai 1984, et qu'elle doit être jugée effective depuis cette date ; (...) en statuant ainsi, alors que, sous réserve des dispositions de l'article 4, alinéa 3, du décret du 17 mars 1967, le règlement de copropriété et les actes qui l'ont modifié ne sont opposables aux acquéreurs de lots que s'ils ont été publiés au fichier immobilier antérieurement à l'acte d'acquisition, la cour d'appel a violé [l'article 13 de la loi du 10 juillet 1965, ensemble l'article 4, alinéa 3, du décret du 17 mars 1967 et l'article 35 (6°) du décret du 4 janvier 1955] ». Il convient néanmoins de tenir compte de l'article 4 al. 3 Décr. 17 mars 1967 *pris pour l'application de la loi n° 65-557 du 10 juillet 1965 fixant le statut de la copropriété des immeubles bâtis*, qui prévoit que le règlement de copropriété, même s'il n'a pas été publié au fichier immobilier, s'impose à l'acquéreur ou au titulaire du droit s'il est expressément constaté qu'il en a eu préalablement connaissance

etc.[39]. Leur étude ressortissant d'autres matières, on ne les envisagera pas ici. On distinguera donc la publicité des actes sanctionnée par leur inopposabilité à certains tiers (1), de la publicité des actes autrement sanctionnée (2).

1. La publicité des actes sanctionnée par leur inopposabilité à certains tiers

660. Plan. On peut distinguer les actes dont la publicité est obligatoire (a) de ceux dont elle n'est que facultative (b).

a) La publicité obligatoire

661. Actes concernés[40]. ***Généralités***. D'après l'article 30 § 1 al. 1 Décr. 4 janvier 1955, « *[l]es actes et décisions judiciaires soumis à publicité par application du 1° de l'article 28 sont, s'ils n'ont pas été publiés, inopposables aux tiers qui, sur le même immeuble, ont acquis, du même auteur, des droits concurrents en vertu d'actes ou de décisions soumis à la même obligation de publicité et publiés, ou ont fait*

---

et qu'il a adhéré aux obligations qui en résultent. Pour une illustration, v. Civ. 3e, 8 septembre 2009, pourvoi n° 08-15146 : une SCI avait acquis en 1999 plusieurs lots de copropriété, l'acte d'acquisition se référant à un cahier des charges et règlement de copropriété établi en 1950, à un état descriptif de division établi en 1960, à un état modificatif de 1967 et à un état descriptif complémentaire de 1980, tous ces actes ayant été publiés au bureau des hypothèques. Or une assemblée générale extraordinaire des copropriétaires réunis en 1998 avait approuvé les modifications aux tableaux de répartition des charges avec une nouvelle numérotation des lots, sans que « les modifications du règlement de copropriété votées lors de l'assemblée générale (...) [aient] été publiées au fichier immobilier ou expressément mentionnées dans l'acte d'achat de la SCI avec adhésion aux obligations qui en résultent ». Par conséquent, la SCI n'est pas débitrice des charges calculées suivant le nouveau mode de répartition.

39. Art. 35 Décr. 4 janvier 1955 : « *[s]ont publiés au service chargé de la publicité foncière de la situation des immeubles et produisent, vis-à-vis des parties et des tiers, les effets prévus par les dispositions spéciales qui les régissent :*
1° Le commandement valant saisie et les différents actes de procédure qui s'y rattachent ;
2° (Abrogé)
3° Les ordonnances, les cessions amiables en matière d'expropriation pour cause d'utilité publique et les accords visés à l'article 6 bis de l'ordonnance n° 58-997 du 23 octobre 1958 portant réforme des règles relatives à l'expropriation pour cause d'utilité publique, quel que soit le montant de l'indemnité ;
4° Les procès-verbaux de réorganisation foncière ou de remembrement, les actes d'échange d'immeubles ruraux, les certificats de non-opposition et les ordonnances d'homologation ;
5° Les arrêtés pris en vue du remembrement foncière ou de remembrement préalable à la reconstruction ; les projets de remembrement amiable approuvés ;
6° Les règlements de copropriété des immeubles ou ensembles immobiliers ;
7° Les décisions de classement et de déclassement des monuments historiques et des sites ;
8° Les actes ou décisions judiciaires dont la publication est prescrite par les dispositions législatives particulières.
Les actes, décisions et dispositions énoncés ci-dessus, et les extraits, expéditions, ou copies déposés au service chargé de la publicité foncière pour l'exécution de la formalité sont soumis aux règles générales édictées par le présent décret, notamment par les articles 4 à 7 et 32 à 34 concernant la forme des actes, l'identification des personnes et des biens, les délais et les modalités de la publicité. Toutefois, à titre transitoire, certaines modalités d'application pourront être fixées par décret en Conseil d'État ».

40. On n'envisagera pas l'inscription des privilèges et hypothèques, dont les règles figurent dans le Code civil (art. 2146 s. C. civ.) et dont l'étude ressortit au droit des sûretés. Tout au plus observera-t-on que : « *[s]ont inscrits au bureau des hypothèques de la situation des biens : 1° Les privilèges sur les immeubles, sous réserve des seules exceptions visées à l'article 2107 ; 2° Les hypothèques légales, judiciaires ou conventionnelles (...)* (art. 2146 C. civ.) » et que l'inscription joue un rôle crucial dans la mesure où tout l'intérêt d'une sûreté réelle réside dans la possibilité de pouvoir l'opposer aux autres créanciers du constituant.

inscrire des privilèges ou des hypothèques. Ils sont également inopposables, s'ils ont été publiés, lorsque les actes, décisions, privilèges ou hypothèques, invoqués par ces tiers, ont été antérieurement publiés ». Sont concernés, pour l'essentiel, les mutations ou constitutions de droits réels immobiliers autres que les privilèges et hypothèques ainsi que certains contrats qui déprécient la valeur du bien et que les tiers acquéreurs ont intérêt à connaître : les baux de plus de douze ans[41] et les quittances ou cessions d'une somme équivalente à trois années de loyers ou fermages non échus – l'acquéreur ne perçoit pas de loyers pendant une certaine période, ce qui lui est évidemment préjudiciable[42]. Il faut préciser que la publication des donations est encore expressément prévue par le Code civil[43].

---

41. Sont concernés les baux de plus de douze ans, à l'exclusion des baux spéciaux tels les baux d'habitation et les baux commerciaux, qui pourtant assurent au locataire une certaine stabilité dans les locaux par la reconnaissance d'un droit au renouvellement ou d'un mécanisme similaire. Cela étant, la transmission du bail à l'acquéreur de l'immeuble appelle des précisions. En principe, le bail ayant *date certaine* est légalement cédé à l'acquéreur d'un immeuble loué (art. 1743 al. 1 C. civ. : « *[s]i le bailleur vend la chose louée, l'acquéreur ne peut expulser le fermier, le métayer ou le locataire qui a un bail authentique ou dont la date est certaine* »). Des considérations morales ont néanmoins conduit la jurisprudence à décider que l'acquéreur de l'immeuble ne pouvait se prévaloir de l'absence de date certaine du bail si celui-ci avait eu connaissance du bail avant l'acquisition (Civ. 3e, 20 juillet 1989, *Bull. civ.* III, n° 169, *Rép. Defr.* 1990, p. 494, obs. G. Vermelle, *RTD civ.* 1990, p. 101, obs. Ph Rémy : « M. X... exploitait en vertu d'un bail verbal un commerce de librairie dans un immeuble qui a été acquis par la SCI du Morne Boissard ; (...) celle-ci a assigné M. X... aux fins d'expulsion ; (...) pour faire droit à cette demande, l'arrêt retient que M. X... ne disposait ni d'un bail authentique ni d'un bail sous seing privé enregistré et que la simple connaissance du bail verbal que la SCI a pu avoir n'était pas de nature à conférer à celui-ci date certaine ; (...) en statuant ainsi, sans rechercher si la connaissance que la SCI avait pu avoir de l'existence d'un bail verbal au profit de M. X... était ou non antérieure à la vente, la cour d'appel n'a pas donné de base légale à sa décision » ; Civ. 3e, 29 septembre 1999, *Bull. civ.* III, n° 188, *CCC* 2000, n° 19, note L. Leveneur, *RDI* 2000, p. 95, obs. F. Collart-Dutilleul : « la société Bataille Scalbert investissement, déclarée adjudicataire par décision de justice du 21 septembre 1995, d'un logement appartenant à la société Express secrétariat, a assigné en expulsion la locataire, Mme X... ; (...) pour annuler le bail, l'arrêt retient que le contrat n'a pas date certaine, qu'il n'est pas prouvé qu'il soit antérieur au commandement ayant déclenché les poursuites et qu'il est préjudiciable aux intérêts de l'adjudicataire ; (...) en statuant ainsi, sans rechercher, comme il le lui était demandé, si la société Bataille Scalbert investissement avait connaissance de ce bail avant l'adjudication, la cour d'appel n'a pas donné de base légale à sa décision »). Par exception, lorsque le bail est conclu pour plus de douze ans, il n'est opposable à l'acquéreur et ne le lie que si celui-ci a été publié : d'après l'article 30§ 3 Décr. 4 janvier 1955, « *[à] défaut de publicité, ne peuvent jamais être opposés aux tiers [...] les baux, pour une durée supérieure à douze ans* ». Toutefois, la jurisprudence interprète ce texte comme signifiant que « l'absence de publication [du bail de plus de douze ans dont l'acquéreur a eu connaissance] ne le rend[...] inopposable que pour la période excédant douze ans » (Civ. 3e, 7 mars 2007, *Bull. civ.* III, n° 33).

42. Art. 28§ 1 Décr. 4 janvier 1955 : « *[s]ont obligatoirement publiés au service chargé de la publicité foncière de la situation des immeubles :*
1° Tous actes, même assortis d'une condition suspensive, et toutes décisions judiciaires, portant ou constatant entre vifs : a) Mutation ou constitution de droits réels immobiliers autres que les privilèges et hypothèques, qui sont conservés suivant les modalités prévues au Code civil ; b) Bail pour une durée de plus de douze années, et, même pour un bail de moindre durée, quittance ou cession d'une somme équivalente à trois années de loyers ou fermages non échus ; c) Titre d'occupation du domaine public de l'État ou d'un de ses établissements publics constitutif d'un droit réel immobilier délivré en application des articles L. 34-1 à L. 34-9 du Code du domaine de l'État et de l'article 3 de la loi n° 94-631 du 25 juillet 1994 ainsi que cession, transmission ou retrait de ce titre ». *Adde* l'article 30§ 3 Décr. 4 janvier 1955 prévoit qu'« *[à] défaut de publicité, ne peuvent jamais être opposés aux tiers définis par le premier alinéa du 1 : Les baux, pour une durée supérieure à douze ans ; Les actes portant cession de loyers ou fermages non échus, pour une durée supérieure à trois ans* ».

43. Art. 939 C. civ. : « *[l]orsqu'il y aura donation de biens susceptibles d'hypothèques, la publication des actes contenant la donation et l'acceptation, ainsi que la notification de l'acceptation qui*

Mais il n'y a pas que ces actes qui relèvent de la publicité obligatoire aux fins d'opposabilité aux tiers. Ainsi, les *clauses d'inaliénabilité temporaire et toutes autres restrictions au droit de disposer* en relèvent également[44], de même que les *clauses susceptibles d'entraîner la résolution ou la révocation* d'actes soumis à publication en vertu de l'article 28,1° Décr. 4 janvier 1955[45].

662. Actes concernés. ***Cas particulier des actes et décisions judiciaires portant ou constatant entre vifs mutation ou constitution de droits réels immobiliers (art. 28, 1° (a) Décr. 4 janvier 1955).*** Tous les actes et décisions judiciaires portant ou constatant entre vifs mutation ou constitution de droits réels immobiliers sont visés par l'article 28, 1° (a) Décr. 4 janvier 1955. Sont donc concernés la vente, le contrat constituant un usufruit ou établissant une servitude[46], la décision de justice ordonnant le transfert de propriété, etc. En revanche, chaque fois que le droit réel ne trouve pas sa source dans un acte ou une décision, par exemple lorsqu'il a été acquis à titre originaire ou encore en présence d'une servitude légale, il n'y a pas lieu à publication.

La mesure de publicité s'impose alors même que l'acte serait assorti d'une condition, que celle-ci soit *résolutoire*, car l'acte a d'ores et déjà produit son effet translatif ou constitutif, ou *suspensive*, car l'acte produira en principe rétroactivement son effet translatif ou constitutif si la condition se réalise[47].

En raison de l'ensemble de ces considérations, les promesses synallagmatiques de vente valant vente[48] relèvent de la publicité obligatoire aux fins d'opposabilité,

---

aurait eu lieu par acte séparé, devra être faite aux bureaux des hypothèques dans l'arrondissement desquels les biens sont situés ».

44. Art. 28,2° Décr. 4 janvier 1955 : « *[s]ont obligatoirement publiés au service chargé de la publicité foncière de la situation des immeubles : (...) 2° Les actes entre vifs dressés distinctement pour constater des clauses d'inaliénabilité temporaire et toutes autres restrictions au droit de disposer, ainsi que des clauses susceptibles d'entraîner la résolution ou la révocation d'actes soumis à publicité en vertu du 1° ; de même, les décisions judiciaires constatant l'existence de telles clauses (...).* » ; art. 30§ 1 al. 3 Décr. 4 janvier 1955 : « *[l]es ayants cause à titre particulier du titulaire d'un droit visé au 1° de l'article 28, qui ont publié l'acte ou la décision judiciaire, constatant leur propre droit, ne peuvent se voir opposer les actes entre vifs dressés distinctement pour constater des clauses d'inaliénabilité temporaire et toutes autres restrictions au droit de disposer, ou les décisions judiciaires constatant de telles clauses, lorsque lesdits actes ou décisions ont été publiés postérieurement à la publicité donnée à leur propre droit* ».

45. Art. 28, 2° Décr. 4 janvier 1955 : « *[s]ont obligatoirement publiés au service chargé de la publicité foncière de la situation des immeubles : (...) 2° Les actes entre vifs dressés distinctement pour constater (...) des clauses susceptibles d'entraîner la résolution ou la révocation d'actes soumis à publicité en vertu du 1° ; de même, les décisions judiciaires constatant l'existence de telles clauses.* » ; art. 30§ 1 al. 4 Décr. 4 janvier 1955 : « *[l]a résolution ou la révocation, l'annulation ou la rescision d'un droit visé au 1° de l'article 28, lorsqu'elle produit un effet rétroactif, n'est opposable aux ayants cause à titre particulier du titulaire du droit anéanti que si la clause en vertu de laquelle elle est intervenue a été antérieurement publiée ou si la cause réside dans la loi* ».

46. Civ. 3e, 27 octobre 1993, *Bull. civ.* III, n° 132 : « les servitudes établies par le fait de l'homme ne sont opposables aux acquéreurs que si elles sont mentionnées dans leur titre de propriété ou si elles font l'objet de la publicité foncière ».

47. De fait, la réalisation de la condition produisant un effet rétroactif, il est impérieux pour les tiers de connaître l'acte affecté par une condition qui serait pendante. Le même article prévoit d'ailleurs la publication obligatoire de l'acte constatant l'accomplissement d'une condition suspensive.

48. Art. 1589 al. 1 C. civ. : « *[l]a promesse de vente vaut vente, lorsqu'il y a consentement réciproque des deux parties sur la chose et sur le prix* ».

alors même qu'elles sont assorties de termes et de conditions. La jurisprudence est en ce sens et en tire les conséquences[49].

Aux termes du décret du 4 janvier 1955, le délai pour déposer un acte emportant transfert de propriété est de trois mois[50]. Toutefois, en raison d'une part de l'exigence d'un enregistrement dans le délai d'un mois[51] et du mécanisme de la formalité fusionnée, le dépôt doit être effectué dans ce délai plus court.

663. Sanction de l'absence de publicité obligatoire. ***Cas général : inopposabilité de l'acte non publié en cas de conflit entre ayants cause.*** La sanction du défaut de publication tient aujourd'hui exclusivement[52] en l'inopposabilité partielle de l'acte non publié. L'article 30 § 1 Décr. 4 janvier 1955 précise que les actes relevant de la publicité obligatoire aux fins d'opposabilité sont, « *s'ils n'ont pas été publiés, inopposables aux tiers qui, sur le même immeuble, ont acquis, du même auteur, des droits concurrents en vertu d'actes ou de décisions soumis à la même obligation de publicité et publiés, ou ont fait inscrire des privilèges ou des hypothèques* »[53]. Ainsi, si un propriétaire vend deux fois son immeuble et que le premier acquéreur n'a pas publié son titre, ce dernier ne pourra l'opposer au second acquéreur qui aurait publié le sien. La publicité foncière apparaît ainsi comme une technique de résolution de conflits de droits : entre différents acquéreurs de droits réels d'un même auteur, sera préféré celui qui a publié et rendu son droit opposable à l'autre en premier.

La **notion de tiers** est entendue dans un sens particulier par l'article 30 § 1 qui ne vise que ceux « *qui, sur le même immeuble, ont acquis, du même auteur, des droits*

49. V. notamment Civ. 1re, 20 décembre 2012, *Bull. civ.* III, n° 273, *D.* 2013, p. 391, obs. M. Mekki : en l'espèce, un propriétaire avait conclu une première promesse synallagmatique, laquelle n'avait pas été publiée à la conservation des hypothèques, avant de conclure une seconde promesse, également non publiée, mais ayant donné lieu à une vente authentique, elle publiée. Le bénéficiaire de la première promesse obtint la condamnation *in solidum* du notaire et de l'acquéreur final devant les juges du fond, en raison de leur mauvaise foi, ces derniers ayant notamment été avertis de la volonté de réitérer la première promesse entre la conclusion de la seconde promesse et la conclusion de la vente authentique. Cassation : « la promesse synallagmatique de vente (...), n'ayant pas été publiée, [elle] était inopposable aux tiers en sorte que le notaire ne pouvait refuser d'instrumenter l'acte de vente requis » par celui ayant conclu la seconde promesse.

50. Art. 33 Décr. 4 janvier 1955 : « *[l]es délais d'accomplissement de la formalité sont fixés comme suit :*

A. – Pour les attestations notariées, quatre mois à dater du jour où le notaire a été requis.

La responsabilité des successibles peut être engagée, conformément au premier alinéa de l'article 30-4 si le notaire est requis plus de six mois après le décès, ou, dans les cas où un événement ultérieur modifie la dévolution de la succession, la masse héréditaire ou l'option des successibles, plus de six mois après cet événement.

B. – Pour les décisions judiciaires, trois mois du jour où elles sont devenues définitives, ce délai étant réduit à un mois pour les décisions prononçant la résolution, la révocation, la nullité ou la rescision d'un acte de nature à être publié.

C. – Pour les autres actes, trois mois de leur date.

Toutefois, le délai est réduit à deux mois pour les actes et décisions en vertu desquels peut être requise l'inscription des privilèges prévus aux articles 2379 et 2381 du Code civil.

Au cas où la publicité doit être opérée dans deux ou plusieurs services chargés de la publicité foncière, les délais ci-dessus prévus sont prorogés d'un mois pour chaque service en sus du premier. »

51. Art. 635 CGI : « *[d]oivent être enregistrés dans le délai d'un mois à compter de leur date : (...) 3° Les actes portant transmission de propriété ou d'usufruit de biens immeubles (...)* ».

52. Une loi du 6 avril 1998 a supprimé l'amende civile de 50 francs – ce qui est peu... – prévue à l'origine par le décret du 4 janvier 1955 en cas de défaut de publication.

53. L'article 30, 1 ne concerne pas les actes visés à l'article 35. La sanction de l'inopposabilité est précisée par des textes particuliers aux différents actes mentionnés.

concurrents en vertu d'actes ou de décisions soumis à la même obligation de publicité et publiés (...) ». Elle est donc restreinte : il s'agit d'une personne qui a acquis du même auteur (1) un droit concurrent (2) et publié (3)[54]. En premier lieu, **seul l'ayant cause à titre particulier en concours avec un autre ayant cause à titre particulier d'un auteur commun peut invoquer les règles de la publicité foncière**. Ce doit donc être, d'une part, un *ayant cause à titre particulier* qui reçoit de son auteur – tel un acheteur ou un donataire – et non un ayant cause universel qui continue la personne de son auteur[55]. D'autre part, l'application des règles de la publicité foncière suppose un conflit entre ayants cause à titre particulier *d'un même auteur*. C'est le cas en présence de conflits entre deux acquéreurs successifs d'un même bien, entre le bénéficiaire d'une hypothèque et l'acquéreur de l'immeuble, ou encore entre celui qui a acquis du défunt et celui qui a acquis d'un de ses héritiers[56]. En revanche, tel n'est pas le cas en présence de conflit survenant, en raison de l'absence de publication d'une servitude, entre celui ayant acquis un fonds servant et celui ayant acquis un fonds dominant : il s'agit d'un conflit opposant des ayants cause à titre particulier d'auteurs différents[57]. En deuxième lieu, **les droits des ayants cause à titre particuliers doivent être concurrents**, c'est-à-dire porter sur le même immeuble. Tantôt les droits seront incompatibles (le même immeuble est vendu deux fois), tantôt non (l'immeuble vendu a été hypothéqué ou fait l'objet d'une servitude). En troisième lieu, **les**

54. La Cour de cassation a également estimé que la publicité d'une vente par un indivisaire de ses droits indivis sans observer la procédure préemption (art. 815-14 s. C. civ.) constituait le point de départ de l'action en nullité offerte aux coïndivisaires, car à cette date, ils étaient réputés avoir eu connaissance de la vente (Civ. 1re, 5 mars 2014, *Bull. civ.* I, n° 29 : « l'action en nullité d'une cession de droits indivis opérée au mépris des dispositions de l'article 815-14 C. civ., se prescrit par cinq ans, aux termes de l'article 815-16 du même code ; que cette prescription court à compter du jour où le coïndivisaire du vendeur a eu connaissance de la vente ; qu'ayant, par motifs propres et adoptés, relevé que la vente était opposable aux tiers du fait de sa publication le 22 octobre 1984, ce dont il s'induit que les coïndivisaires auxquels le projet de cession n'avait pas été régulièrement notifié étaient réputés en avoir eu connaissance à cette date, c'est sans encourir la critique du moyen que la cour d'appel a décidé que l'action en nullité exercée par M. François X..., par assignation du 3 octobre 2008, était prescrite »).

55. Les créanciers chirographaires, qui ne sont titulaires d'aucun droit réel sur le bien, mais d'un simple droit de gage général non soumis à publicité, ne sont pas des ayants cause à titre particulier. Ils sont néanmoins assimilés à de tels ayants cause lorsqu'ils font délivrer un commandement de saisie : l'immeuble saisi devient indisponible et le commandement de saisie se trouve soumis à l'exigence de publicité. De fait, d'après l'article L. 321-5 C. proc. civ. exé., la saisie immobilière est « *opposable aux tiers à partir de sa publication au fichier immobilier* », en conséquence de quoi, les aliénations non publiées ou publiées postérieurement sont « *inopposables au créancier* », de même que les « *inscriptions du chef du saisi qui n'ont pas été prises antérieurement à la publication de la saisie* » : le créancier chirographaire bénéficie donc des dispositions de la publicité foncière.

56. Civ. 1re, 14 juin 1961, *Bull. civ.* I, n° 313 : « le conflit entre l'acquéreur d'un immeuble, qui tient ses droits d'un vendeur ultérieurement décédé, et un second acquéreur du même immeuble, tenant ses droits de l'héritier de ce vendeur, se règle par la priorité de transcription ». De fait, conformément à la tradition française, l'héritier continue la personne du défunt de sorte que le conflit oppose les ayants cause d'un « même » auteur.

57. Civ. 3e, 4 février 1987, *Bull. civ.* III, n° 20, *RDI* 1988, p. 333, obs. Ph. Simler : « l'arrêt, qui relève que les époux X... et les époux Z... sont les ayants cause à titre particulier respectivement, de M. A... et de Mme Y..., et qui constate que la convention du 7 juillet 1966 [établissant une servitude *non altius tollendi*] a fait naître à la fois une obligation pour M. A... et un droit pour Mme Y..., en déduit justement, (...) que les époux X... ne sont pas des tiers au sens de l'article 30-1 du décret du 4 janvier 1955, leurs droits ayant été acquis d'un auteur différent de celui des époux Z ». *Adde* M. -N. Jobard-Bachellier, « Servitude et grandeur de la publicité foncière en droit français (à propos de deux décisions récentes de la Cour de cassation) », *D.* 1988, p. 247.

règles de la publicité ne peuvent être invoquées que par celui qui a publié son droit. Il s'agit d'une incombance : celui qui n'a pas publié son droit est déchu du droit d'invoquer le défaut de publicité du droit de l'autre.

Le principe de résolution des conflits est simple : **le premier ayant publié son droit l'emporte sur l'autre**[58].

Un cas a toujours fait difficulté : celui où une personne publie son droit en connaissance de cause d'un droit antérieurement consenti à un tiers, mais non publié. À l'origine, la Cour de cassation avait estimé que « celui qui achète un immeuble qu'il savait vendu antérieurement à un tiers et qui fait transcrire son titre le premier ne commet aucune faute en profitant d'un avantage offert par la loi elle-même à l'acquéreur le plus diligent », tout en réservant le *concert frauduleux* entre le vendeur et le second acquéreur, ce dernier étant alors dans l'impossibilité de se prévaloir des règles de la publicité foncière[59]. Puis, étendant le champ de l'exception[60], la Cour de cassation finit par considérer que « l'acquisition d'un immeuble en connaissance de sa précédente cession à un tiers est constitutive d'une faute qui ne permet pas au second acquéreur d'invoquer à son profit les règles de la publicité

58. L'article 31 Décr. 4 janvier 1955 règle le cas dans lequel des publicités seraient requises le même jour. D'une part, au cas où plusieurs publicités sont requises le même jour relativement au même immeuble, « *celle qui est requise en vertu du titre dont la date est la plus ancienne est réputée d'un rang antérieur* » – mais si un des deux actes est une hypothèque, son « *inscription est réputée antérieure* » (art 31§ 1 et 2). D'autre part, au cas où plusieurs publicités sont requises le même jour relativement au même immeuble et que les actes à publier portent la même date, « *les formalités sont réputées du même rang* » (art. 31§ 3).

59. V. notamment, Req. 6 avril 1925 et Civ. 7 décembre 1925, *D.* 1926, 1, p. 185, 1re espèce, note R. Savatier : « d'après les dispositions des art. 1, 2 et 3 de la loi du 23 mars 1855, la transmission des droits immobiliers à l'égard des tiers n'a lieu que par la transmission du titre au bureau des hypothèques ; (...) il en résulte qu'entre deux acquéreurs successifs de bonne foi d'un même immeuble, c'est celui qui a le premier fait transcrire son contrat qui doit être préféré ; (...) toutefois (...) la fraude fait exception à toutes les règles et (...) si la transcription a été faite par suite d'un concert frauduleux entre le vendeur et l'acquéreur elle ne peut produire aucun effet » (première espèce : le concert frauduleux entre le vendeur et l'acquéreur résulte de ce que les seconds acquéreurs « s'empressèrent de faire transcrire l'acte dès le lendemain », « dans le but de dépouiller le premier acquéreur] du bénéfice de son contrat » alors pourtant que six mois s'étaient écoulés entre les deux ventes) ; « [v]u les articles 1er et 3 de la loi du 23 mars 1855 ; (...) d'après ces articles, (...) tous actes translatifs de propriété immobilière sont transcrits au bureau des hypothèques de la situation des biens et (...) jusqu'à la transcription, les droits résultant de ces actes ne peuvent être opposés aux tiers qui ont des droits sur l'immeuble et qui les ont conservés en se conformant aux lois ; (...) il en résulte qu'entre deux acquéreurs successifs du même immeuble, la préférence est due à celui qui, le premier, a fait transcrire son acte d'acquisition ; (...) il n'est fait exception à cette règle que s'il est établi que la seconde vente a été le résultat d'un concert frauduleux caractérisé par des manœuvres dolosives ayant pour but de dépouiller le premier acquéreur ; (...) celui qui achète un immeuble qu'il savait vendu antérieurement à un tiers et qui fait transcrire son titre le premier ne commet aucune fraude en profitant d'un avantage offert par la loi elle-même à l'acquéreur le plus diligent » (seconde espèce : absence de concert frauduleux retenu, la vente ayant eu lieu le 12 octobre 1919 et ayant été transcrite le 23 octobre). *Adde* Req. 8 décembre 1858, *DP* 1859, 1, p. 184 : « d'après les dispositions des art. 1, 2 et 3 de la loi du 23 mars 1855, la transmission de propriété à l'égard des tiers n'a lieu que par la transmission du titre au bureau des hypothèques ; (...) il en résulte qu'entre deux acquéreurs successifs et de bonne foi de la même propriété, c'est celui qui a fait le premier transcrire son contrat qui doit l'emporter sur l'autre ; mais (...) la fraude fait exception à toutes les règles ; (...) si la transcription a été faite par suite d'un concert frauduleux entre le vendeur et l'acquéreur, elle ne peut produire aucun effet ».

60. Sur cette évolution, v. H. Capitant, F. Terré et Y Lequette, *GAJC*, t. 2, n° 175, obs. ss. Civ. 3e, 30 janvier 1974, *Bull. civ.* III, n° 50, n° 2.

foncière »[61]. Elle est toutefois récemment revenue à la solution initiale dans plusieurs décisions[62] qui s'inscrivent dans un mouvement plus général tendant à reconnaître, de règle générale, une nature objective à la publicité foncière : la bonne ou mauvaise foi de celui qui publie son titre[63] n'est pas prise en compte – à l'exception,

61. Civ. 3e, 30 janvier 1974, *Bull. civ.* III, n° 50, *JCP* 1975, II, 18001, note M. Dagot, *Rép. Defr.* 1974, p. 637, note G. Goubeaux, *GAJC*, t. 2, n° 178 : « vu l'article 1382 du Code civil ; (...) l'acquisition d'un immeuble en connaissance de sa précédente cession à un tiers est constitutive d'une faute qui ne permet pas au second acquéreur d'invoquer à son profit les règles de la publicité foncière ; (...) par acte reçu par Faivre, notaire, X... a vendu à Vial un immeuble d'habitation ; (...) la vente a été régulièrement transcrite ; (...) Himatte, locataire dudit immeuble, prétendant être bénéficiaire d'une promesse de vente, que X... lui aurait antérieurement consentie, a assigné Vial et Raymond X..., en qualité d'héritier de son père décédé, et a demandé au tribunal de déclarer nulle la vente intervenue en fraude de ses droits, d'ordonner à son profit la réalisation de la promesse, de condamner Vial et X... au paiement de dommages et intérêts ; (...) la cour d'appel a notamment déclaré qu'il n'y avait pas lieu, en l'absence de manœuvres dolosives, de s'arrêter à une simple question de bonne ou de mauvaise foi et que Vial, pour sa part, malgré la connaissance qu'il aurait eue de la promesse, n'avait commis aucune faute en faisant transcrire son titre le premier et en profitant d'un avantage offert par la loi elle-même à l'acquéreur le plus diligent ; (...) en statuant ainsi, alors qu'il résultait de ses propres constatations que Vial connaissait l'existence d'une vente liant X... à Himatte, la cour d'appel a violé le texte susvisé ». V. déjà, Civ. 3e, 22 mars 1968, *Bull. civ.* III, n° 129, *D.* 1968, p. 412, note H. Mazeaud, *RTD civ.* 1968, p. 564, obs. J.-D. Bredin : la décision qui ne s'explique pas sur les motifs pour lesquels elle a refusé de déclarer inopposable au premier acquéreur la vente consentie postérieurement à un second acquéreur qui a fait transcrire son titre le premier, alors que la faute du second acquéreur qui connaissait l'existence de la première aliénation avait été caractérisée. Et sur la question, v. M. Gobert, « La publicité foncière française, cette mal-aimée », in *Études offertes à Jacques Flour*, Defrénois, 1979, p. 207 s., spéc. p. 224 s.

62. Civ. 3e, 12 janvier 2011, *Bull. civ.* III, n° 5, *D.* 2011, p. 851, note L. Aynes, *Rép. Defr.* 2011, p. 479, obs. C. Grimaldi, *RTD civ.* 2011, p. 158, obs. P. Crocq, et p. 369, obs. Th. Revet, *Gaz. Pal.* 9 févr. 2012, p. 11, obs. M. Mekki : « ayant retenu à bon droit qu'aux termes de l'article 30-1 du décret n° 55-22 du 4 janvier 1955, les actes et décisions judiciaires portant ou constatant entre vifs mutation ou constitution de droits réels immobiliers sont, s'ils n'ont pas été publiés, inopposables aux tiers qui, sur le même immeuble ont acquis du même auteur des droits concurrents en vertu d'actes ou de décisions soumis à la même obligation de publicité et publiés et constaté que Mme X..., dont les droits étaient nés d'une promesse de vente sous seing privé, ne pouvait justifier d'une publication, la cour d'appel, en rétractant l'arrêt du 24 septembre 2007, a légalement justifié sa décision » (le pourvoi reprochait aux juges du fond de ne pas avoir recherché si les seconds acquéreurs n'avaient pas signé leur acte en toute connaissance de l'existence de la première vente). V. déjà Civ. 3e, 10 février 2010, *Bull. civ.* III, n° 41, *Rép. Defr.* 2010, p. 1169, obs. S. Piédelièvre, *RDC* 2010, p. 895, obs. S. Pimont : « pour annuler les ventes intervenues entre M. Z... et M. X... et M. Y... et déclarer parfaite la vente entre M. Z... et la société Foch investissements, l'arrêt retient que M. X... avait parfaitement connaissance du compromis du 12 février 2002 et que M. Y... en était parfaitement informé et qu'ils ne pouvaient donc invoquer l'inopposabilité du compromis du 12 février 2002 ; (...) en statuant ainsi, tout en relevant que le "compromis" du 12 février 2002 n'avait pas été publié, ce dont il résultait que cet acte était inopposable aux tiers, la cour d'appel a violé le texte susvisé. V. depuis, Civ. 3e, 19 juin 2012, pourvoi n° 11-17105 : « ayant constaté que la promesse de vente qui avait été consentie le 23 septembre 1999 à M. Y... n'avait pas été réitérée par acte authentique ce dont il résultait que cette vente n'avait pas été publiée et était inopposable et que seule la vente consentie à la société civile immobilière Dif avait été publiée, la cour d'appel a exactement déduit, de ces seuls motifs que la demande de M. Y... ne pouvait être accueillie » (en l'espèce, la Cour de cassation note que l'acte constatant la seconde vente indiquait « que le notaire avait informé les parties de la signature antérieure d'un acte sous seing privé contenant promesse de vente au profit d'un tiers » ; et dans la même affaire, v. auparavant Civ. 3e, 15 décembre 2010, pourvoi n° 09-15891).

63. Civ. 3e, 17 juillet 1986, *Bull. civ.* III, n° 118, *Rép. Defr.* 1987, p. 1178, note L. Aynès : la Cour de cassation considère que le mécanisme d'inscription hypothécaire est le « seul mode légal de publicité », en conséquence de quoi le créancier qui n'a pas inscrit sa sûreté ne peut donc l'opposer à l'acquéreur, alors même que ce dernier en aurait eu connaissance lors de l'acquisition. Une solution comparable

semble-t-il, de l'opposabilité des servitudes[64]. Si, en principe, la connaissance qu'a une personne d'une précédente aliénation ne l'empêche donc plus de publier efficacement son aliénation, seconde en date, la question s'est posée de savoir si elle n'engageait pas sa responsabilité – le cas échéant avec le notaire ayant instrumenté – à l'égard du premier acquéreur. La Cour de cassation y a répondu par la négative[65].

avait été retenue en cas de défaut d'inscription d'un gage automobile dans les formes prescrites par l'ancien décret du 30 septembre 1953 (Civ. 1re, 3 juillet 1996, *Bull. civ.* I, n° 298, *Rép. Defr.* 1997, p. 398 et s. n° 44, obs. L. Aynès. V. aujourd'hui, les articles 2351 s. C. civ.).

C'est encore cette même conception de la publicité foncière qui est retenue en matière de baux. C'est le cas s'agissant des baux translatifs de droits réels : la cession d'un bail emphytéotique et d'un bail à construction est inopposable au tiers qui a inscrit une hypothèque sur les mêmes droits, la circonstance que ce tiers « ait eu personnellement connaissance de la cession ne pouvant suppléer au seul mode légal de publicité en la matière » (Civ. 2e, 11 juillet 2002, *Bull. civ.* III, n° 170, *Rép. Defr.* 2003, p. 782, note S. Piedelièvre). C'est le cas aussi s'agissant des baux de plus de douze années : un bail de plus de douze ans est inopposable à l'acquéreur qui seul a fait publier son titre, pour la période excédant les 12 ans, peu important la connaissance que ce dernier avait de l'existence du bail (Civ. 3e, 19 juillet 1995, *Bull. civ.* III, n° 205, *D.* 1996, p. 209, obs. Piedelièvre, *Rép. Defr.* 1995, p. 1465, obs. L. Aynès et 1996, p. 796, obs. Ch. Atias, *RTD civ.* 1997, p. 467, obs. P. Crocq).

64. En ce sens, très clairement : Civ. 3e, 2 juillet 2013, pourvoi n° 12-20681, *RTD civ.* 2013, p. 865, obs. W. Dross : « une servitude est opposable à l'acquéreur si elle a été publiée, ou si son acte d'acquisition en fait mention, ou encore s'il en connaissait l'existence au moment de l'acquisition ». V. déjà Civ. 3e, 16 septembre 2009, *Bull. civ.* III, n° 195, *D.* 2010, obs. N. Reboul-Maupin, p. 2681, obs. Ph. Delebecque, *JCP* 2010, I, p. 336, obs. H. Périnet-Marquet, *Rép. Defr.* 2010, p. 979, obs. Ch. Atias. Au sujet de l'opposabilité d'une servitude de passage pour les les canalisations d'eaux usées, la Cour de cassation décide qu'« une servitude est opposable à l'acquéreur de l'immeuble grevé si elle a été publiée, si son acte d'acquisition en fait mention, ou encore s'il en connaissait l'existence au moment de l'acquisition ».

Et v., alors même qu'il ne s'agit pas d'une servitude, Civ. 3e, 1er octobre 2014, pourvoi n° 13-18175, *RTD civ.* 2015, p. 166, obs. W. Dross : « par convention du 28 décembre 1987, M. X... a concédé à la société Électricité de France (EDF), aux droits de laquelle vient la société Électricité réseau distribution France (ERDF), le droit d'établir et de maintenir sur son fonds un poste de transformation électrique avec ses accessoires ; (...) M. et Mme Y..., devenus propriétaires de ce fonds par acte du 9 octobre 2002, ont clôturé le terrain et empêché les agents techniques d'EDF d'accéder à ces ouvrages ; (...) EDF les a assignés en rétablissement du passage et indemnisation du préjudice subi ; (...) M. et Mme Y..., ont soutenu que la convention de 1987, non publiée, ne leur était pas opposable et ont demandé la démolition de ces ouvrages, alléguant une voie de fait ; (...) ayant (...) constaté que le titre de M. et Mme Y... contenait une mention les informant de la présence sur le terrain de ce transformateur, destiné à desservir les propriétés voisines, la cour d'appel a pu déduire de ces seuls motifs, abstraction faite d'un motif erroné mais surabondant relatif à la nature administrative de la servitude et sans violer le principe de la contradiction que la demande de M. et Mme Y... en démolition de cet ouvrage devait être rejetée et qu''ils devaient laisser pénétrer sur leur fonds les agents d'ERDF ou accrédités par elle ». Il ne pouvait s'agir en l'espèce d'une servitude, car cette qualification est incompatible avec l'implantation d'un bâtiment (Civ. 3e, 24 mai 2000, *Bull. civ.* III, n° 116 : « une servitude ne peut être constituée par un droit exclusif interdisant au propriétaire du fonds servant toute jouissance de sa propriété », au sujet d'un cabinet d'aisances enclavé).

65. Civ. 1re, 20 décembre 2012, *Bull. civ.* III, n° 273, *D.* 2013, p. 391, obs. M. Mekki. En l'espèce, un propriétaire avait conclu une première promesse synallagmatique, laquelle n'avait pas été publiée à la conservation des hypothèques, avant de conclure une seconde promesse, également non publiée, mais ayant donné lieu à une vente authentique, elle publiée. Le bénéficiaire de la première promesse obtint la condamnation *in solidum* du notaire et de l'acquéreur final devant les juges du fond, en raison de leur mauvaise foi, ces derniers ayant notamment été avertis de la volonté de réitérer la première promesse entre la conclusion de la seconde promesse et la conclusion de la vente authentique. Cassation : « la promesse synallagmatique de vente (...), n'ayant pas été publiée, [elle] était inopposable aux tiers en sorte que le notaire ne pouvait refuser d'instrumenter l'acte de vente requis » par celui ayant conclu

On considère traditionnellement que le seul effet d'une publicité obligatoire aux fins d'opposabilité est de rendre l'acte publié opposable aux tiers entendus ainsi qu'ils le sont par l'article 30 § 1 Décr. 4 janvier 1955. Toutefois, si l'on met en perspective cette considération avec la règle suivant laquelle nul ne peut transmettre plus de droits qu'il n'en a (*nemo plus juris...*), on s'aperçoit alors que **la portée de la publicité varie suivant la situation en cause**. Si c'est le premier ayant cause en date qui publie en premier son droit, il pourra opposer le droit qu'il a valablement reçu au second ayant cause. *La règle d'opposabilité vient conforter une transmission.* Mais si c'est le second ayant cause qui publie en premier son droit, il pourra opposer au premier ayant cause et en définitive à tous les tiers, un droit qu'il n'avait cependant pas valablement reçu. *La règle de d'opposabilité constitue ici par ailleurs une règle de transmission*[66].

664. Sanctions du défaut de publicité. ***Cas particulier de l'inopposabilité de l'acte non publié indépendamment de tout conflit entre ayants cause***. On vise ici trois séries d'hypothèses[67]. En premier lieu, l'inopposabilité du **règlement de copropriété** aux acquéreurs d'un lot de copropriété non publié préalablement à l'acquisition n'a pas pour effet de trancher[68] un conflit entre ayants cause d'un même auteur. En deuxième lieu, une **restriction au droit de disposer**[69] insérée dans un acte *ad hoc* non publiée est inopposable à l'acquéreur du bien concerné, sans qu'il n'y ait encore à trancher un conflit entre ayants cause d'un même auteur, mais à résoudre un conflit entre les intérêts de l'acquéreur et ceux de celui à qui la restriction au droit de disposer profite. En troisième lieu, une **clause résolutoire**[70] qui aurait été stipulée dans un acte *ad hoc* – ce qui est excessivement rare – non publié sera inopposable au sous-acquéreur du bien concerné, sans qu'il n'y ait une fois de plus à trancher un conflit entre ayants cause d'un même auteur, mais à résoudre un conflit entre les intérêts du sous-acquéreur et du vendeur initial.

665. Sanctions du défaut de publicité. **Cas particulier des donations**. L'exigence de publication des donations est prévue à l'article 939 C. civ. L'absence de publication est assortie d'une sanction particulièrement énergique : l'**inopposabilité à tous les tiers** – dont, par exemple, les créanciers chirographaires – et non à ceux-là

---

la seconde promesse. Le notaire ne peut donc refuser d'instrumenter l'acte de vente requis par celui qui a pourtant conclu une promesse postérieure.

Cette solution apparaît difficilement conciliable avec celle retenue au sujet du pacte de préférence, qui ne relève pas de la publicité obligatoire (v. *supra*, n° 435), *aux termes de laquelle* : « *tenu de conseiller les parties et d'assurer l'efficacité des actes dressés, le notaire ayant connaissance d'un pacte de préférence doit, préalablement à l'authentification d'un acte de vente, veiller au respect des droits du bénéficiaire du pacte et, le cas échéant, refuser d'authentifier la vente conclue en violation de ce pacte* », sauf à engager sa responsabilité (Civ. 1re, 11 juillet 2006, *Bull. civ.* III, n° 389).

En somme, l'opposabilité d'un pacte de préférence, qui ne relève pas de la publicité obligatoire aux fins d'opposabilité, est assurée par la simple connaissance qu'en ont les tiers alors que l'opposabilité d'une promesse synallagmatique de vente, qui relève de la publicité obligatoire aux fins d'opposabilité, est subordonnée à sa publicité.

66. Et v. F. Danos, *Propriété, possession et opposabilité*, th., préf. L. Aynès, Economica, 2007, n° 368, au sujet de la publicité immobilière. *Adde* J. Dubarry, *Le transfert conventionnel de propriété (Essai sur le mécanisme translatif à la lumière des droits français et allemand)*, th., LGDJ, préf. B. Dauner-Lieb et R. Libchaber, 2014, n° 425 s.

67. S. Piédelièvre, *La publicité foncière*, Defrénois, 2014, n° 510 s.

68. Art. 13 L. 10 juillet 1965 ; v. *supra*, n° 584.

69. Art. 30§ 1 al. 3 Décr. 4 janvier 1955 ; v. *supra*, n° 661.

70. Art. 30§ 1 al. 4 Décr. 4 janvier 1955 ; v. *supra*, n° 661.

seuls qui auraient acquis un droit concurrent. C'est ce que prévoit expressément l'article 941 C. civ. : « *[l]e défaut de publication pourra être opposé par toutes personnes ayant intérêt, excepté toutefois celles qui sont chargées de faire faire la publication, ou leurs ayants cause, et le donateur* », auquel renvoie par ailleurs l'article 30 § 2 Décr. 4 janvier 1955[71].

b) La publicité facultative

666. Prénotation. Le décret du 4 janvier 1955 a été modifié par un décret du 7 janvier 1959 qui a introduit un système de publicité facultative aux fins d'opposabilité de trois séries d'actes (art. 37 § 2 Décr. 4 janvier 1955[72]) :

— **les demandes en justice tendant à obtenir la réitération ou la réalisation en la forme authentique d'actes sous seings privés soumis ou admis à publicité**,

— les **procès-verbaux notariés constatant le défaut ou le refus du cocontractant de procéder aux dites réitération ou réalisation**,

— les **déclarations, par acte notarié, de la volonté du bénéficiaire de l'acte d'exiger lesdites réitération ou réalisation**.

Il s'agit d'une **publicité provisoire**, d'une « prénotation », dans l'attente d'une publicité définitive qui n'est pas encore possible. La publicité provisoire est réalisée alors qu'il existe une difficulté dans le processus de conclusion du contrat projeté, notamment lorsqu'une des parties refuse de « réitérer » la promesse en la forme authentique. Le notaire est alors amené à dresser un procès-verbal de carence ou de difficulté et la victime, à faire une demande en justice en vue de la contraindre à réitérer. La victime prendra rang en procédant à la publicité provisoire des actes visés.

L'opposabilité aux tiers de la publication faite sur la base du § 2 de l'article 37 du décret de 1955 est subordonnée à deux conditions. D'une part, les actes soumis ou admis à publicité, quoique ces derniers n'aient pas été dressés en la forme authentique, doivent être annexés ou littéralement reproduits lors de l'inscription provisoire de l'un des actes faisant l'objet de la prénotation ; sont ici visés les promesses[73]. D'autre part, dans les trois ans de la publicité provisoire, l'acte authentique constatant le contrat projeté ou la décision judiciaire constatant la réitération

71. « *Le défaut de publicité des actes de donation visés à l'article 939 du Code civil demeure opposable dans les conditions fixées par l'article 941 du même code.* »

72. « *Peuvent être publiés dans les mêmes conditions les documents énumérés ci-après auxquels sont annexés ou dans lesquels sont littéralement reproduits des actes soumis ou admis à publicité, quoique ces derniers n'aient pas été dressés en la forme authentique : 1° Demande en justice tendant à obtenir la réitération ou la réalisation en la forme authentique desdits actes ; 2° Procès-verbal notarié constatant le défaut ou le refus du cocontractant ou promettant de procéder auxdites réitération ou réalisation ; 3° Déclaration, par acte notarié, de la volonté du bénéficiaire de l'acte d'exiger lesdites réitération ou réalisation. Les dispositions de l'article 30 sont applicables à compter du jour de la formalité, lorsque celle-ci est suivie, dans un délai de trois ans, de la publication d'un acte authentique ou d'une décision judiciaire constatant la réitération ou la réalisation. En cas d'instance judiciaire, ce délai peut être prorogé par la publication d'une ou plusieurs ordonnances successives rendues à cet effet par le président du tribunal saisi.* »

73. Ce qui exclut l'inscription provisoire en présence d'une convention verbale. V. Civ. 3e, 1er mars 1983, *Bull. civ.* III, n° 61 : « la publication d'une demande en justice tendant à la réitération d'une convention verbale, demande à laquelle n'est annexé et dans laquelle n'est reproduit aucun acte écrit ne permet pas à celui qui l'a faite de prendre rang en attendant que soit possible la publication d'un acte authentique ou d'un jugement ».

ou la réalisation de l'acte en cause doit être publié[74], à défaut de quoi la publication initiale serait caduque. En revanche, l'inscription définitive prise dans le délai de trois ans rétroagit au jour de l'inscription provisoire.

2. La publicité des actes autrement sanctionnée

667. Plan. Il convient à nouveau de distinguer les actes devant être publiés de ceux qui peuvent simplement l'être, entre la publicité obligatoire (a) de la publicité facultative (b).

a) La publicité obligatoire

668. Inadaptation de la sanction de l'inopposabilité. Certains actes relèvent de la publicité obligatoire sans pour autant que l'absence de publicité soit sanctionnée par leur inopposabilité, une telle sanction apparaissant inadaptée.

669. Attestations notariées constatant la transmission ou la constitution par décès de droits réels immobiliers (art. 28, 3° Décr. 4 janvier 1955[75]**).** D'après l'article 29 al. 1 Décr. 4 janvier 1955, toute transmission ou constitution par décès de droits réels immobiliers doit en principe[76] être constatée par une attestation notariée[77], laquelle doit être publiée en vertu de l'article 28, 3° dudit décret. Sont concernées toutes les transmissions à cause de mort, universelle ou à titre universelle[78], légale ou testamentaire.

La mise à l'écart de la sanction de l'inopposabilité s'explique par des considérations d'ordre théorique et pratique : d'une part, les successeurs universels ou à titre universel continuent la personne du défunt et, d'autre part, on conçoit mal que les tiers puissent être fondés à ignorer la transmission et à tenir le défunt comme étant toujours titulaire du droit[79].

670. Documents constatant un changement dans la situation du titulaire du droit réel immobilier (art. 28, 9° Décr. 4 janvier 1955[80]**).** Les documents

---

74. L'article 37§ 2 prévoit qu'en cas d'instance judiciaire, le délai de trois mois peut être prorogé par la publication d'une ou plusieurs ordonnances successives rendues à cet effet par le président du tribunal saisi.

75. « *Sont obligatoirement publiés au service chargé de la publicité foncière de la situation des immeubles : (...) 3° Les attestations notariées, établies en exécution de l'article 29 en vue de constater la transmission ou la constitution par décès de droits réels immobiliers.* »

76. Toutefois, si un acte de partage portant sur la totalité des immeubles héréditaires est dressé et publié rapidement, les tiers sont informés suffisamment rapidement et la publication d'une attestation notariée ne présente plus alors un grand intérêt. C'est pourquoi l'article 29 al. 4 Décr. 4 janvier 1955 prévoit qu'« *[i]l n'est pas établi d'attestation notariée si un acte de partage portant sur la totalité des immeubles héréditaires est dressé et publié dans les dix mois du décès* ».

77. « *Dans les délais fixés à l'article 33, toute transmission ou constitution par décès de droits réels immobiliers doit être constatée par une attestation notariée indiquant obligatoirement si les successibles ou légataires ont accepté et précisant, éventuellement, les modalités de cette acceptation.* »

78. Les legs à titre particulier relèvent de la publicité obligatoire aux fins d'opposabilité (art. 30 Décr. 4 janvier 1955).

79. Cette double raison explique pourquoi le legs à titre particulier doit être publié : le légataire ne continue pas la personne du défunt et en l'absence de publication du legs, il est concevable pour les tiers de tenir comme titulaires du droit les successeurs universels ou à titre universel.

80. « *Sont obligatoirement publiés au service chargé de la publicité foncière de la situation des immeubles : (...) 9° Les documents, dont la forme et le contenu seront fixés par décret, destinés à constater tout changement ou modification du nom ou des prénoms des personnes physiques, et les*

constatant tout changement du nom ou des prénoms des personnes physiques et de dénomination, de forme juridique ou de siège des personnes morales, au nom desquels a été effectuée une formalité de publicité doivent également être publiés.

La mise à l'écart de la sanction de l'inopposabilité se trouve encore justifiée par la force des choses : on ne voit pas que les modifications qui affectent l'état du titulaire du droit réel puissent être rendues inopposables aux tiers.

671. Actes consolidant un droit publié (art. 28, 4° a)[81] et b)[82], 6°[83], 8°[84] Décr. 4 janvier 1955). Les actes consolidant un droit relevant de la publicité obligatoire doivent être publiés. Rentrent dans cette catégorie les actes confirmatifs, les actes constatant l'accomplissement d'une condition suspensive, les actes interruptifs de prescription acquisitive et les renonciations à la prescription acquise, ou encore les conventions d'indivision immobilière, lesquelles restreignent le droit de réclamer le partage.

Lorsqu'un droit a déjà été publié et se trouve à ce titre opposable aux tiers, ceux-ci sont déjà informés, tant et si bien qu'il serait excessif que les actes consolidant le droit publié, certes utiles à connaître et à ce titre soumis à publicité obligatoire, le soient à peine d'inopposabilité.

672. Actes et décisions déclaratifs (art. 28, 4°, e)[85] Décr. 4 janvier 1955). La sanction du défaut de publicité d'un acte et d'une décision déclaratifs s'explique par le fait qu'ils ne modifient pas le statut du bien et ne remettent pas en cause un droit antérieurement publié, mais ne font que constater un état qui a toujours été le même. Ainsi le partage ne fait que constater le droit divis du copartageant qu'il tient du précédent titulaire du droit, par exemple du défunt ; de même, la décision donnant lieu à une action en revendication ne fait que constater le droit du revendiquant. Il reste que ces considérations reposent parfois sur des fictions : pour ne prendre que l'exemple du partage, le statut du bien a été modifié puisqu'indivis, il est devenu approprié privativement.

673. Demande en justice en vue d'obtenir l'anéantissement rétroactif d'un droit (art. 28, 4°, c)[86] Décr. 4 janvier 1955) et actes et décisions constatant ou

---

changements de dénomination, de forme juridique ou de siège des sociétés, associations, syndicats et autres personnes morales, lorsque ces changements intéressent des personnes physiques ou morales au nom desquelles une formalité de publicité a été faite depuis le 1er janvier 1956. »

81. « *Sont obligatoirement publiés au service chargé de la publicité foncière de la situation des immeubles : (...) 4° (...) a) Les actes confirmatifs de conventions entachées de causes de nullité ou rescision.* »

82. « *Sont obligatoirement publiés au service chargé de la publicité foncière de la situation des immeubles : (...) 4° (...) b) Les actes constatant l'accomplissement d'une condition suspensive.* »

83. « *Sont obligatoirement publiés au service chargé de la publicité foncière de la situation des immeubles : (...) 6° Les conventions d'indivision immobilière.* »

84. « *Sont obligatoirement publiés au service chargé de la publicité foncière de la situation des immeubles : (...) 8° Les actes qui interrompent la prescription acquisitive conformément aux articles 2244 et 2248 du Code civil, et les actes de renonciation à la prescription acquise.* »

85. « *Sont obligatoirement publiés au service chargé de la publicité foncière de la situation des immeubles : (...) 4° (...) e) Les actes et décisions déclaratifs.* »

86. « *Sont obligatoirement publiés au service chargé de la publicité foncière de la situation des immeubles : (...) 4° (...) c) Les demandes en justice tendant à obtenir, et les actes et décisions constatant, la résolution, la révocation, l'annulation ou la rescision d'une convention ou d'une disposition à cause de mort.* »

rejetant l'anéantissement rétroactif d'un droit (art. 28, 4°, c)[87] et d)[88] Décr. 4 janvier 1955). Les demandes en justice tendant à obtenir la résolution, la révocation, l'annulation ou la rescision d'une convention ou d'une disposition à cause de mort, ainsi que le résultat de ces actions, doivent être connues des tiers qui seront moins enclins à acquérir un droit de celui dont le titre risque d'être rétroactivement anéanti. S'agissant en particulier de la demande en justice, l'inopposabilité ne faisant pas sens[89], c'est une autre sanction qui a été retenue, l'irrecevabilité[90], appliquée avec une certaine retenue par la jurisprudence[91].

674. Publicités incombant à l'administration (art. 35, 3° à 5°[92] et 36[93], Décr. 4 janvier 1955). Le décret du 4 janvier 1955 prévoit un certain nombre de publicités

---

87. « *Sont obligatoirement publiés au service chargé de la publicité foncière de la situation des immeubles : (...) 4° (...) c) Les demandes en justice tendant à obtenir, et les actes et décisions constatant, la résolution, la révocation, l'annulation ou la rescision d'une convention ou d'une disposition à cause de mort.* »

88. « *Sont obligatoirement publiés au service chargé de la publicité foncière de la situation des immeubles : (...) 4° (...) d) Les décisions rejetant les demandes visées à l'alinéa précédent et les désistements d'action et d'instance.* »

89. Ce à quoi il faut ajouter qu'il ne faut pas préjuger du résultat de telles actions. Toute transmission est susceptible un jour ou l'autre d'être d'être contestée, ce qui ne dissuade pas pour autant d'acquérir des droits réels immobiliers.

90. Art. 30§ 5 Décr. 4 janvier 1955 : « *[l]es demandes tendant à faire prononcer la résolution, la révocation, l'annulation ou la rescision de droits résultant d'actes soumis à publicité ne sont pas recevables devant les tribunaux que si elles ont été elles-mêmes publiées conformément aux dispositions de l'article 28-4°, c, et s'il est justifié de cette publication par un certificat du service chargé de la publicité foncière ou la production d'une copie de la demande revêtue de la mention de publicité* ».

91. Ainsi la jurisprudence considère que :
1°/ L'irrecevabilité des demandes non publiées n'est pas d'ordre public et ne peut donc être soulevée d'office par le juge (Civ. 1re, 7 décembre 1965, *Bull. civ.* I, n° 678 : « en vertu de [l'article 30-5 Décr. 4 janvier 1955], les demandes tendant à faire prononcer la résolution, la révocation, l'annulation ou la rescision des droits résultant d'actes soumis à publicité, ne sont recevables devant les tribunaux que s'il est justifié qu'elles ont été elles-mêmes publiées, cette disposition ne comporte aucune déchéance ; (...) édictée principalement en vue de la protection d'intérêts particuliers, elle ne saurait, en conséquence, autoriser le juge a soulever d'office, l'exception d'irrecevabilité d'une demande non publiée que seules les parties ont qualité pour invoquer »).
2°/ La publication peut avoir lieu jusqu'à la clôture des débats, et même en cause d'appel (Civ. 1re, 16 janvier 1967, *Bull. civ.* I, n° 21 : « le décret du 4 janvier 1955 ne prévoit aucune forclusion »).

92. « *Sont publiés au service chargé de la publicité foncière de la situation des immeubles et produisent, vis-à-vis des parties et des tiers, les effets prévus par les dispositions spéciales qui les régissent : (...) 3° Les ordonnances, les cessions amiables en matière d'expropriation pour cause d'utilité publique et les accords visés à l'article 6 bis de l'ordonnance n° 58-997 du 23 octobre 1958 portant réforme des règles relatives à l'expropriation pour cause d'utilité publique, quel que soit le montant de l'indemnité ; 4° Les procès-verbaux de réorganisation foncière ou de remembrement, les actes d'échange d'immeubles ruraux, les certificats de non-opposition et les ordonnances d'homologation ; 5° Les arrêtés pris en vue du remembrement foncière ou de remembrement préalable à la reconstruction ; les projets de remembrement amiable approuvés* ».

93. « *Sont également publiés pour l'information des usagers, au service chargé de la publicité foncière de la situation des immeubles, par les soins de l'administration compétente, dans les conditions et limites, et sous réserve des exceptions fixées par décret en Conseil d'État : 1° Les procès-verbaux établis par le service du cadastre, pour constater les changements intervenus dans la désignation des rues et des numéros d'immeubles, les constructions et démolitions affectant des immeubles inscrits au fichier immobilier et situés dans la partie agglomérée d'une commune urbaine, ainsi que les modifications provenant de décisions administratives ou d'événements naturels ; 2° Les limitations administratives au droit de propriété, et les dérogations à ces limitations.* » Pour une liste indicative des décisions amenées à être publiées au titre de l'article 36, 2° Décr. 4 janvier 1975, v. art. 73 Décr. 14 octobre 1975.

qui doivent être effectuées par l'administration. Au titre de l'article 35, doivent notamment être publiés les ordonnances, les cessions amiables en matière d'expropriation pour cause d'utilité publique, et différents actes en matière de réorganisation foncière ou de remembrement. Au titre de l'article 36, doivent être publiés aux fins d'information des usagers, les procès-verbaux établis par le service du cadastre et les limitations administratives au droit de propriété concernant un immeuble en particulier, tel un arrêté de péril.

675. Sanction de l'absence de publicité obligatoire à d'autres fins que l'opposabilité. Depuis la suppression de l'amende civile[94], deux sanctions principales sont encourues : d'une part, l'impossibilité, en raison de l'**effet relatif**, de publier un acte postérieur[95] et, d'autre part, la mise en jeu de la **responsabilité civile** de celui qui s'est abstenu de publier un acte visé aux 3° à 9° de l'article 28 envers celui à qui le défaut de publication aura causé un préjudice[96].

b) La publicité facultative

676. La publicité facultative aux fins d'« information des usagers ». Les actes relevant de la publicité aux fins d'information des usagers sont énumérés à l'article 37§ 1 Décr. 4 janvier 1955[97]. Peuvent être publiées à ce titre les promesses unilatérales de vente, les promesses de bail de plus de douze ans, ainsi que les conventions relatives à l'exercice des servitudes légales[98].

La soumission au système de publicité aux fins d'information des usagers plutôt qu'aux fins d'opposabilité des promesses unilatérales de vente s'expliquent par leur absence d'effets réels, car elles ne font que conférer un droit de créance de nature personnelle, le droit de consentir à la vente. Parce qu'elles sont impuissantes à entraîner la mutation de droit réel, elles ne constituent pas un obstacle à ce que le promettant cède la propriété de son bien à un tiers sauf, bien entendu, les sanctions découlant de l'inobservation de la promesse envers son bénéficiaire.

L'intérêt d'une publicité qui ne rend pas opposable l'acte publié au tiers est *a priori* très limité[99]. Certes, le promettant qui méconnaît sa promesse en conférant un

94. Une loi du 6 avril 1998 a supprimé l'amende civile de 50 francs prévue à l'origine par le décret du 4 janvier 1955 en cas de défaut de publication.

95. Art. 4§ 1 Décr. 4 janvier 1955 : « *[a]ucun acte ou décision judiciaire sujet à publicité dans un service chargé de la publicité foncière ne peut être publié au fichier immobilier si le titre du disposant ou dernier titulaire n'a pas été préalablement publié, conformément aux dispositions du présent décret* ».

96. Art. 30§ 4 Décr. 4 janvier 1955 : « *[t]oute personne intéressée qui, ayant publié son propre droit, prouve qu'elle a subi un préjudice à raison soit du défaut de publication avant l'expiration du délai légal, soit de la publicité incomplète ou irrégulière d'un des actes visés aux 3° à 9° de l'article 28, peut demander des dommages et intérêts* ».

97. « *Peuvent être publiées au service chargé de la publicité foncière de la situation des immeubles qu'elles concernent, pour l'information des usagers :*
1° Les promesses unilatérales de vente et les promesses unilatérales de bail de plus de douze ans ;
2° Les conventions relatives à l'exercice des servitudes légales.
Les actes ou documents dont la publicité est prévue par le présent article et les extraits, expéditions ou copies déposés au service chargé de la publicité foncière pour l'exécution de la formalité sont soumis aux règles générales édictées par le présent décret, notamment par les articles 4 à 7 et 34 concernant la forme des actes, l'identification des personnes et des biens, et les modalités de la publicité. »

98. Si de telles servitudes découlent de la loi, les modalités de leur exercice peuvent être définies conventionnellement.

99. Civ. 3e, 22 février 1977, *Bull. civ.* III, n° 91, *D.* 1978, p. 165, note Ph. MALAURIE : le bénéficiaire d'une promesse unilatérale de vente ne peut opposer la mutation dont il se prévaut aux créanciers du

droit réel à un tiers engage sa responsabilité envers le bénéficiaire, de même que ce tiers, s'il est de mauvaise foi[100]. Mais la mauvaise foi du tiers n'est pas établie pour la seule raison que la promesse a été publiée[101]. Il reste que le notaire qui instrumente un acte lève systématiquement un état hypothécaire et qu'il ne manquera pas d'informer les parties de l'existence d'une promesse publiée, ce qui les rendrait de mauvaise foi si elles venaient à conclure l'acte envisagé.

677. Liste limitative ou énumérative ? La question est de savoir si d'autres actes que ceux prévus à l'article 37§ 1 peuvent être publiés aux fins d'information des usagers[102]. La jurisprudence n'a jamais pris réellement parti. Au fond, la question n'offre pas de véritable enjeu au vu de l'absence de réel intérêt qu'offre la publicité facultative.

§ 2. Les droits réels mobiliers

678. Meubles corporels – Droit commun : la possession. Le principe de l'opposabilité *erga omnes* des droits réels est tempéré en matière mobilière en cas de conflits entre ayants cause particuliers. En premier lieu, l'article 1141 C. civ.[103] prévoit qu'en cas d'aliénations successives de la même chose, le premier qui est mis en possession réelle de bonne foi est préféré à l'autre, nonobstant l'antériorité du titre de ce dernier[104]. En second lieu, l'article 2276 C. civ.[105] prévoit que le possesseur de bonne foi d'un meuble en est propriétaire. Alors que l'article 1141 C. civ. tranche un conflit de propriétés entre deux acquéreurs successifs ayant acquis du véritable propriétaire[106] (la logique est celle d'une acquisition dérivée), l'article 2276 al. 1 C. civ. tranche un conflit de propriétés entre le véritable propriétaire et l'acquéreur ayant

---

vendeur ayant pris des inscriptions d'hypothèques judiciaires sur l'immeuble postérieurement à la publication de la promesse, mais antérieurement à celle de la décision judiciaire constatant la réalisation de la vente.

100. Civ. 3e, 8 juillet 1975, *Bull. civ.* III, n° 249 : « le bénéficiaire d'une promesse unilatérale de vente est fondé à invoquer contre une personne même étrangère à cette promesse, soit la fraude à laquelle celle-ci se serait associée, soit seulement la faute dont elle se serait rendue coupable en acceptant d'acquérir un immeuble qu'elle savait faire l'objet de la promesse ».

101. Civ. 3e, 20 février 1979, pourvoi n° 77-14273 : implicitement, la Cour de cassation estime que celui qui conclut une vente n'a pas nécessairement connaissance d'une promesse unilatérale précédemment publiée au titre de l'article 37§ 1 Décr. 4 janvier 1955.

102. S. Piédelièvre, *La publicité foncière*, Defrénois, 2014, n° 288 s.

103. « *Si la chose qu'on s'est obligé de donner ou de livrer à deux personnes successivement est purement mobilière, celle des deux qui en a été mise en possession réelle est préférée et en demeure propriétaire, encore que son titre soit postérieur en date, pourvu toutefois que la possession soit de bonne foi.* »

104. Civ. 1re, 25 mars 1997, pourvoi n° 95-13132 : « ayant constaté que l'entreprise ATD avait commencé les travaux de démolition dès le 4 juin 1994, alors que le Port autonome de Rouen n'avait acquis le terrain que par acte notarié du 24 juin 1994, de telle sorte que la prise de possession de l'entreprise ATD était antérieure à celle du Port et de son ayant cause, la société Foll, la cour d'appel, en décidant que la société des Ciments Lafarge, acquéreur du broyeur à galets appartenant à ATD, pouvait opposer son droit de propriété au Port autonome de Rouen et à la société Le Foll, loin de violer l'article 1141 C. civ., en a fait, au contraire, une exacte application ».

105. « *En fait de meubles, la possession vaut titre.* » Sur cette disposition, v. *infra*, n° 743 et s.

106. Civ. 1re, 25 mars 1997, pourvoi n° 95-13132 : prise de possession d'un broyeur à galets par un acquéreur permettant d'opposer sa propriété à un autre ayant cause du même auteur.

acquis d'une personne non-propriétaire (la logique est celle d'une acquisition originaire).

Dans tous les cas, c'est la prise de possession qui justifie l'attribution de la qualité du propriétaire, ce qui peut paraître excessif[107]. Si l'on envisage en particulier la règle de l'article 2276 al. 1 C. civ., il eut été plus cohérent de faire produire des effets, non pas à la possession de l'acquéreur, mais à celle de l'aliénateur. De fait, parce que ce dernier avait la possession, il avait les apparences d'un propriétaire[108] auxquelles l'acquéreur a pu se fier, justifiant ainsi qu'on reconnaisse à ce dernier un titre de propriété. En contrepoint, la règle de l'article 1141 C. civ. paraît exiger la possession tant de l'aliénateur que de l'acquéreur, puisque le second doit avoir « *été mi[s] en possession* » par le premier.

679. Meubles corporels – Droit spécial : l'inscription. Les conflits entre ayants cause au sujet de certains meubles corporels relèvent parfois de règles particulières. C'est le cas des navires, bateaux et aéronefs. Ces meubles sont, comme les immeubles, *identifiables* en raison de leur immatriculation et dotés d'une *valeur importante*. En raison de leur mobilité, un système de publicité plus développé que la possession a été mis en place, et dont les effets sont d'ailleurs plus énergiques que ceux du système de la publicité foncière : l'inscription conditionne en effet l'opposabilité du droit à *tous* les tiers, et non pas seulement à l'ayant cause d'un même auteur[109].

680. Meubles incorporels : l'inscription. Le principe de l'opposabilité *erga omnes* des droits réels est encore tempéré en matière mobilière en cas de conflits entre ayants cause particuliers de nombreux meubles incorporels. La possession d'un meuble incorporel n'est pas aussi perceptible que celle d'un meuble corporel, ce qui explique que le législateur ait institué une technique de publicité différente : l'inscription sur un registre, dont la portée diffère suivant le meuble incorporel en cause. Tantôt, mais c'est exceptionnel, l'inscription est une **condition du *transfert de propriété*** : c'est le cas par exemple du transfert de la propriété des valeurs mobilières[110]. Tantôt, l'inscription est une **condition d'*opposabilité du transfert*** : c'est le

107. Et V. W. Dross, n° 34-3 : en l'absence d'organisation d'un système de publicité, « le seul fait d'être entré en possession le premier ne devrait donner aucune préférence, car on ne voit pas comment ce simple fait pourrait rendre la prétention du second acquéreur meilleure au point de l'emporter sur le droit du premier acquéreur ».

108. C'est d'ailleurs ce qui explique que le possesseur soit présumé être le propriétaire, en vertu de l'article 2276 al. 1 C. civ. pris dans sa fonction probatoire. V. *infra*, n° 726 et s.

109. Pour les aéronefs, art. L. 6121-2 C. transp. : « *la cession de propriété est constatée par écrit et ne produit d'effet à l'égard des tiers que par son inscription au registre français d'immatriculation* » ; pour les bateaux, art. L. 4121-2 C. transp. : « *[t]out acte ou jugement translatif, constitutif ou déclaratif de propriété ou de droits réels sur un bateau mentionné à l'article L. 4111-1 [dont le port en lourd est égal ou supérieur à vingt tonnes ou tout autre bateau dont le déplacement est égal ou supérieur à dix mètres cubes, circulant en France] est rendu public par une inscription faite à la requête de l'acquéreur ou du créancier, sur un registre tenu au greffe du tribunal de commerce du lieu de l'immatriculation. Il n'a d'effet à l'égard des tiers qu'à compter de cette inscription* » et pour les navires, le fichier est tenu par le bureau des douanes (art. 93 et 98 Décr. n° 67-967 du 27 octobre 1967 *relatif au statut des navires et autres bâtiments de mer*). Il en va différemment des automobiles : seule l'opposabilité du droit du créancier gagiste est subordonnée à déclaration à autorité administrative (art. 2351 C. civ. : « *[l]orsqu'il porte sur un véhicule terrestre à moteur ou une remorque immatriculés, le gage est opposable aux tiers par la déclaration qui en est faite à l'autorité administrative dans les conditions fixées par décret en Conseil d'État* »)

110. D'après l'article L. 228-1 al. 9 C. com., « *[e]n cas de cession de valeurs mobilières admises aux opérations d'un dépositaire central ou livrées dans un système de règlement et de livraison mentionné à l'article L. 330-1 du code monétaire et financier, le transfert de propriété s'effectue dans les conditions*

cas du transfert de la propriété des droits attachés à une marque ou à un brevet qui doivent, pour être opposables aux tiers, être inscrits respectivement sur le registre national des brevets et le registre national des marques, tous deux tenus par l'Institut national de la propriété industrielle (INPI)[111]. Parce que le transfert de propriété est indépendant de l'inscription, le cédant ne peut, si elle n'a pas eu lieu, agir en contrefaçon contre le cessionnaire[112]. Il reste que la portée de l'inscription est plus importante que ne l'est la publicité foncière, celle-ci n'étant en principe requise qu'aux fins d'opposabilité du droit publié aux seuls ayants cause de l'auteur titulaires de droits concurrents sur la chose alors que celle-là l'est aux fins d'opposabilité à *tous* les tiers.

---

prévues à l'article L. 211-17 de ce code. Dans les autres cas, le transfert de propriété résulte de l'inscription des valeurs mobilières au compte de l'acheteur, dans des conditions fixées par décret en Conseil d'État ». Et suivant l'article L. 211-17 CMF : « *[l]e transfert de propriété de titres financiers résulte de l'inscription de ces titres au compte-titres de l'acquéreur.* (al. 1). *Lorsque les titres financiers sont admis aux opérations d'un dépositaire central ou livrés dans un système de règlement et de livraison d'instruments financiers mentionné à l'article L. 330-1, le transfert de propriété résulte de l'inscription des titres au compte-titres de l'acquéreur, à la date et dans les conditions définies par le règlement général de l'Autorité des marchés financiers.* (al. 2) *Par dérogation aux alinéas précédents, lorsque le système de règlement et de livraison assure la livraison des titres financiers en prévoyant un dénouement irrévocable en continu, le transfert n'intervient au profit de l'acquéreur que lorsque celui-ci a réglé le prix. Tant que l'acquéreur n'a pas réglé le prix, l'intermédiaire qui a reçu les titres financiers en est le propriétaire. Le règlement général de l'Autorité des marchés financiers précise les modalités particulières de transfert de propriété applicables dans le cas prévu au présent alinéa.* (al. 3) ».
Par ailleurs, l'inscription remplit une fonction acquisitive en cas d'acquisition *a non domino*. C'est ainsi que « *[n]ul ne peut revendiquer pour quelque cause que ce soit un titre financier dont la propriété a été acquise de bonne foi par le titulaire du compte-titres dans lequel ces titres sont inscrits* » (art. L. 211-16 CMF). Autrement dit, l'acquéreur *a non domino* de titres et qui a procédé aux opérations d'inscription en est propriétaire.

111. Art. L. 613-9 al. 1 CPI : « *[t]ous les actes transmettant ou modifiant les droits attachés à une demande de brevet ou à un brevet doivent, pour être opposables aux tiers, être inscrits sur un registre, dit registre national des brevets, tenu par l'Institut national de la propriété industrielle* ». Toutefois, d'après l'article L. 613-9 al. 2 CPI, « *(...) avant son inscription, un acte est opposable aux tiers qui ont acquis des droits après la date de cet acte, mais qui avaient connaissance de celui-ci lors de l'acquisition de ces droits* ». Et en application de l'article L. 714-7 al. 1 CPI : « *[t]oute transmission ou modification des droits attachés à une marque enregistrée doit, pour être opposable aux tiers, être inscrite au registre national des marques* ».

112. En revanche, est irrecevable à agir en contrefaçon d'une marque le cessionnaire qui n'a pas inscrit la cession au Registre national des marques antérieurement à l'assignation (Com. 17 mai 1988, *Bull. civ.* IV, n° 168 : « la cession de la marque n'avait pas été inscrite au Registre national des marques (...) ; (...) la cour d'appel a fait une exacte application de l'article 14 de la loi du 31 décembre 1964 en décidant que la cession de la marque n'était pas opposable à la société Expansion »). Réciproquement, la saisie-contrefaçon pratiquée à la requête du précédent propriétaire de la marque est valable dès lors que la publication de l'acte de cession n'est intervenue que postérieurement à cette saisie (Com. 24 mai 1994, *Bull. civ.* IV, n° 188 : « pour prononcer la nullité du procès-verbal de saisie-contrefaçon dressé à la requête de M. X..., l'arrêt retient que M. X... avait perdu toute qualité pour agir en contrefaçon après l'acte de cession de la marque dont il était titulaire, "les parties à l'acte de cession n'ayant pas prévu de suspendre l'effet translatif de propriété jusqu'à la publication de celui-ci" ; (...) en statuant ainsi, alors qu'elle avait relevé que la publication de l'acte de cession n'avait eu lieu que postérieurement à la saisie-contrefaçon, ce dont il résultait qu'à l'égard des tiers M. X..., demeuré titulaire des marques litigieuses, était seul habilité à agir pour la protection de ce droit de propriété industrielle, la cour d'appel a violé le texte susvisé »).
Comme l'a bien résumé la cour d'appel de Paris, « l'inscription est nécessaire pour agir en contrefaçon à l'encontre des tiers mais est sans incidence sur la validité de la cession » (CA Paris, 21 janvier 2000, RG n° 1997/16686 et 1999/00790). Et, s'agissant d'une cession de brevet, v. Com. 18 décembre 2001, pourvoi n° 99-1183 : « l'inscription d'un acte transmettant les droits attachés à un brevet au registre national des brevets, n'est pas une condition de validité de l'acte mais a pour seul objet l'opposabilité de cette cession aux tiers ».

681. Cas particulier des sûretés mobilières. Traditionnellement, il n'existait pas de publicité des sûretés mobilières, en raison de la difficulté d'identifier les meubles, mobiles par nature, et souvent fongibles. Aussi, l'opposabilité des sûretés réelles mobilières[113] résultait de la dépossession du constituant au profit du créancier[114]. Or la dépossession présente l'inconvénient d'empêcher le constituant de jouir de son bien, alors que celui-ci peut lui être utile, notamment en vue de l'exercice de son activité professionnelle. C'est d'ailleurs pourquoi l'opposabilité du nantissement de fonds de commerce s'opère par sa publicité sur un registre spécial[115] sans dépossession[116]. La réforme des sûretés réalisée en 2006 a franchi un pas supplémentaire puisqu'il est désormais prévu que « *[l]e gage est opposable aux tiers par la publicité qui en est faite* » (art. 2337 al. 1 C. civ.). La publicité est organisée à partir d'un fichier qui mentionne l'identité du constituant et quelques éléments relatifs au bien lui-même[117]. Il reste que cette publicité est imparfaite : certes efficace lorsque le bien est acquis du constituant, l'ayant cause pouvant vérifier que celui de qui il acquiert son droit n'a pas gagé ledit bien, elle ne l'est plus lorsque le bien est acquis auprès d'un détenteur précaire à qui le bien a été confié par le constituant ou auprès d'un ayant cause du constituant, par un sous-acquéreur, car seul le nom du constituant figure sur le fichier. Aussi, lorsque l'article 2337 al. 3 C. civ. prévoit que « *[l]orsque le gage a été régulièrement publié, les ayants cause à titre particulier du constituant ne peuvent se prévaloir de l'article 2276* », seul peut être visé l'ayant cause du constituant, à qui seule la publicité est utile, et non les sous-acquéreurs[118].

113. Il est d'ailleurs une sûreté immobilière avec dépossession : le gage immobilier, autrefois appelé antichrèse (art. 2387 s. C. civ.).

114. Pour le gage, v. encore aujourd'hui l'article 2337 C. civ. : le gage est opposable par « *la dépossession entre les mains du créancier ou d'un tiers convenu du bien qui en fait l'objet* ».

115. Art. L. 142-3 al. 2 C. com. : « *[l]e privilège résultant du contrat de nantissement s'établit par le seul fait de l'inscription sur un registre public tenu au greffe du tribunal de commerce dans le ressort duquel le fonds est exploité* ».

116. On peut également faire état du gage automobile, l'article 2351 C. civ. indiquant que « *[l]orsqu'il porte sur un véhicule terrestre à moteur ou une remorque immatriculés, le gage est opposable aux tiers par la déclaration qui en est faite à l'autorité administrative dans les conditions fixées par décret en Conseil d'État* ». Des règles comparables régissent les warrants (art. 2134 al. 5 C. civ. : « *[l]'ordre de préférence entre les créanciers privilégiés ou hypothécaires et les porteurs de warrants, dans la mesure où ces derniers sont gagés sur des biens réputés immeubles, est déterminé par les dates auxquelles les titres respectifs ont été publiés, la publicité des warrants demeurant soumise aux lois spéciales qui les régissent.* » ; pour le warrant agricole, v. les articles L. 342-3 s. C. rur. et pêch. mar. et, pour une illustration, v. Civ. 1re, 27 février 1985, *Bull. civ.* I, n° 83 : « il résulte des articles 3 et 4 de la loi du 30 avril 1906 que le warrant agricole, en principe établi par le greffe du tribunal d'instance qui le transcrit aussitôt sur un registre spécial, peut également l'être par les parties elles-mêmes mais qu'il n'est alors opposable aux tiers qu'après transcription que ce registre »).

117. Décret n° 2006-1804 du 23 décembre 2006 *pris pour l'application de l'article 2338 du Code civil et relatif à la publicité du gage sans dépossession*. Le bien gagé fait l'objet de quelques éléments d'indication : « *indication des éléments permettant de l'identifier, notamment sa nature, son lieu de situation et, le cas échéant, sa marque ou son numéro de série, ou, lorsqu'il s'agit d'un ensemble de biens présents ou futurs, leur nature, qualité, et quantité* » (art. 2).

118. Mais cette règle est-elle alors utile, dès lors que l'article 2337 al. 1 C. civ. prévoit que « *[l]e gage est opposable aux tiers par la publicité qui en est faite* » ?

Chapitre 5
La reconnaissance judiciaire des droits réels

682. Plan. Les actions en justice ayant pour objet la reconnaissance ou la contestation d'un droit réel sont les actions pétitoires (Section 1). Leur succès est tributaire des preuves apportées par le demandeur (Section 2).

Section 1
L'action pétitoire

683. Plan. L'action pétitoire relève de la compétence exclusive du tribunal de grande instance[1]. Elle peut avoir pour objet la reconnaissance (§ 1) ou la contestation d'un droit réel (§ 2).

§ 1. L'action dont l'objet est de reconnaître l'existence d'un droit réel

684. Terminologie : action en revendication et action confessoire. On parle d'**action en revendication** lorsqu'il s'agit de faire reconnaître un droit de propriété ; on parle d'**action confessoire** lorsqu'il s'agit de faire reconnaître un droit réel démembré ou une servitude au profit d'un propriétaire[2]. L'action confessoire apparaît donc comme un diminutif d'une action en revendication[3] et obéit d'ailleurs à son régime[4].

---

1. Art. R. 211-4, 5° COJ : « *[l]e tribunal de grande instance a compétence exclusive dans les matières déterminées par les lois et règlements, au nombre desquelles figurent les matières suivantes : (...) Actions immobilières pétitoires (...)* ».
2. Parce qu'elle est une action pétitoire, elle est fermée au détenteur précaire : Civ. 3e, 2 mars 1983, *Bull. civ.* 1983, III, n° 67 : « un fermier est sans droit à se prévaloir de l'état d'enclave pour réclamer une servitude de passage au profit du fonds qui lui est donné à bail ».
3. Mais la terminologie n'est pas rigide. V. Civ. 3e, 4 décembre 2011, *Bull. civ.* III, n° 305 : la Cour de cassation se réfère à l'« action en revendication d'une servitude ».
4. Intenter une telle action constitue un acte conservatoire. V. notamment Civ. 3e, 4 décembre 2011, *Bull. civ.* III, n° 305 : « la cour d'appel, qui a relevé que l'action en revendication d'une servitude de passage intentée par Mme Y... ne pouvait que profiter aux autres indivisaires et constituait un acte tendant à la conservation du bien indivis, en a justement déduit que cette action entrait dans la catégorie des actes conservatoires que tout indivisaire peut accomplir seul ».

685. Domaine. Tous les droits sur les biens meubles ou immeubles, corporels ou incorporels, peuvent être revendiqués. Néanmoins, en raison du jeu des articles 1141[5] et 2276 al. 1 C. civ.[6], l'entrée en possession de bonne foi d'un meuble corporel fait échec à l'action en revendication[7]. C'est la *fonction acquisitive* de la possession des meubles corporels[8].

686. Absence de prescription extinctive de l'action. On ne perd pas le droit réel dont on est titulaire sur un bien au motif qu'on ne l'exerce pas. Et il est évidemment possible pour le titulaire du droit de s'opposer à son exercice par un tiers en exerçant l'action en revendication. L'action en revendication – ou l'action confessoire – est imprescriptible[9].

687. Prescription acquisitive du droit. Si le titulaire d'un droit réel ne peut perdre son droit au motif qu'il ne l'a pas exercé, un tiers peut l'acquérir par une possession prolongée ou même en raison de sa seule entrée en possession.

En matière immobilière, en vertu de l'article 2272 C. civ.[10] un droit réel s'acquiert par une possession de trente (mauvaise foi ou absence de juste titre) ou de dix années (bonne foi et juste titre). Tant que ces délais ne sont pas échus, le titulaire du droit peut le revendiquer et faire cesser la possession du tiers ; au-delà, cela n'est plus possible, le possesseur étant devenu le nouveau titulaire du droit.

En matière mobilière, il convient de distinguer suivant que le possesseur est ou non de bonne foi. ***Si le possesseur est de bonne foi***, les articles 2276[11] et 2277 C. civ.[12], il faut à nouveau distinguer[13]. *Si le propriétaire n'a pas été dépossédé du meuble à la suite d'un vol ou d'une perte*, il ne peut le revendiquer auprès du possesseur de bonne foi, devenu immédiatement propriétaire. Mais *si le propriétaire a été dépossédé du meuble à la suite d'un vol ou d'une perte*, il peut le revendiquer pendant trois années auprès de celui qui, de bonne foi, le tient entre ces mains, à moins que le possesseur actuel de la chose volée ou perdue l'ait achetée

5. « *Si la chose qu'on s'est obligé de donner ou de livrer à deux personnes successivement est purement mobilière, celle des deux qui en a été mise en possession réelle est préférée et en demeure propriétaire, encore que son titre soit postérieur en date, pourvu toutefois que la possession soit de bonne foi.* »

6. « *En fait de meubles, la possession vaut titre.* »

7. Req. 21 novembre 1927, *DP* 1928, 1, p. 172 : « la disposition du premier alinéa de l'ancien art. 2279 C. civ. [devenu l'article 2276 C. civ.] s'opposait à ce qu'[un revendiquant] fût admis à prouver (...) qu'il était propriétaire ».

8. V. *infra*, n° 743 et s.

9. Art. 2227 C. civ. : « *[l]e droit de propriété est imprescriptible. Sous cette réserve, les actions réelles immobilières se prescrivent par trente ans à compter du jour où le titulaire d'un droit a connu ou aurait dû connaître les faits lui permettant de l'exercer* ». Les actions immobilières auxquelles il est fait référence sont les actions autres que l'action en revendication.

10. « *Le délai de prescription requis pour acquérir la propriété immobilière est de trente ans.* (al. 1) *Toutefois, celui qui acquiert de bonne foi et par juste titre un immeuble en prescrit la propriété par dix ans.* (al. 2) »

11. « *En fait de meubles, la possession vaut titre.* (al. 1) *Néanmoins, celui qui a perdu ou auquel il a été volé une chose peut la revendiquer pendant trois ans à compter du jour de la perte ou du vol, contre celui dans les mains duquel il la trouve ; sauf à celui-ci son recours contre celui duquel il la tient.* (al. 2) ».

12. « *Si le possesseur actuel de la chose volée ou perdue l'a achetée dans une foire ou dans un marché, ou dans une vente publique, ou d'un marchand vendant des choses pareilles, le propriétaire originaire ne peut se la faire rendre qu'en remboursant au possesseur le prix qu'elle lui a coûté.* (al. 1) *Le bailleur qui revendique, en vertu de l'article 2332, les meubles déplacés sans son consentement et qui ont été achetés dans les mêmes conditions doit également rembourser à l'acheteur le prix qu'ils lui ont coûté.* (al. 2) »

13. Dans le détail, v. *infra*, n° 738 et s.

dans une foire ou dans un marché, ou dans une vente publique, ou d'un marchand vendant des choses pareilles[14], auquel cas le propriétaire originaire ne peut se la faire rendre qu'en remboursant au possesseur le prix qu'elle lui a coûté (la confiance qu'inspire normalement ces vendeurs mérite d'être prise en considération). Depuis la réforme du droit de la prescription opérée en 2008, ***si le possesseur n'est pas de bonne foi***, la loi ne prévoit pas la durée requise pour que le possesseur prescrive. Compte tenu de l'absence d'intention du législateur de revenir sur les solutions passées[15], il conviendrait de retenir ici la prescription trentenaire qui joue en matière immobilière dans de telles circonstances.

688. Effets de l'action. ***Effets entre les parties : restitution du bien, des produits et des fruits***. La revendication a pour principal effet de permettre au revendiquant d'obtenir la restitution de son bien[16], des produits et des fruits. Les produits, qui participent à la substance de la chose restituée, doivent en toute hypothèse être restitués. En revanche, les fruits, dont la restitution est moins impérative en ce qu'ils ne participent pas de la substance de la chose, obéissent à des règles distinctes suivant que le possesseur était ou n'était pas de bonne foi[17].

689. Effets de l'action. ***Effets entre les parties : compte de restitutions***. En raison des restitutions dues *au revendiquant par le possesseur* et *par le revendiquant au possesseur*, un compte de restitutions est établi.

D'un côté, ***des sommes peuvent être dues au revendiquant par le possesseur***. Le revendiquant a droit aux fruits, ainsi qu'il vient d'être vu[18] et, si le bien a été détérioré, il a droit à une indemnité envers le revendiquant, chaque fois que la détérioration lui est imputable. En revanche, ce droit cesse en cas de détérioration fortuite, sauf peut-être le cas où elle ne serait pas survenue si la chose avait été en possession du revendiquant au moment de la survenance du cas fortuit[19].

D'un autre côté, ***des sommes peuvent être dues par le revendiquant au possesseur***. Le revendiquant est tenu d'indemniser le possesseur, de bonne ou même de mauvaise foi, en raison des dépenses effectuées sur la chose (*impenses*), s'il s'agit de dépenses de *conservation* – réparation de la toiture – ou d'*amélioration* – installation d'un ascenseur – de la chose[20]. En revanche, il n'est pas tenu de l'indemniser pour les dépenses d'*administration* – ce qui couvre toutes les dépenses d'entretien – de la chose, lesquelles sont prélevées sur les fruits[21], et pour les dépenses

14. Il n'y a pas de raison d'exclure à cet égard, par principe, les sites de commerce en ligne. Il conviendrait cependant peut-être de distinguer les *sites de vente par des professionnels* (boutiques en ligne) des *sites de vente par des particuliers* (lieu privilégié d'écoulement des marchandises volées).

15. Avant la réforme de la prescription de 2008, on appliquait l'ancien article 2262 C. civ. qui prévoyait que « *[t]outes les actions, tant réelles que personnelles, sont prescrites par trente ans, sans que celui qui allègue cette prescription soit obligé d'en rapporter un titre, ou qu'on puisse lui opposer l'exception déduite de la mauvaise foi* ».

16. Plutôt que de rechercher à se voir restituer son bien, effet naturel de la revendication, le revendiquant peut préférer se contenter de dommages-intérêts. (Pour une illustration en cas d'empiétement, v. Civ. 3e, 10 novembre 1992, *Bull. civ.* III, n° 292 : empiètement de lotissements sur une propriété voisine (étant précisé que l'empiétement est à lui seul suffisant à caractériser la faute et le préjudice).

17. V. *infra*, n° 737.

18. V. *supra*, n° 688.

19. F. Terré et Ph. Simler, n° 526.

20. Art. 1381 C. civ. : « *[c]elui auquel la chose est restituée, doit tenir compte, même au possesseur de mauvaise foi, de toutes les dépenses nécessaires et utiles qui ont été faites pour la conservation de la chose* ».

21. Dès lors, de deux choses l'une : soit le possesseur est tenu de restituer les fruits, auxquels cas il déduit les dépenses d'administration, soit il n'en est pas tenu, et ne peut prétendre à aucune indemnisation.

somptuaires – dépenses de luxe[22]. Quant aux constructions et plantations nouvelles, qui pourraient être rattachées aux dépenses d'administration, elles obéissent à des règles particulières d'indemnisation[23].

De l'établissement du compte de restitution ressortira une créance au profit du revendiquant ou du possesseur. Dans ce dernier cas, la loi reconnaît aujourd'hui un droit de rétention au profit du possesseur[24].

690. Effets de l'action. ***Effets à l'égard des tiers.*** La décision reconnaissant au revendiquant un droit de propriété est dotée, conformément au droit commun[25], de l'**autorité** simplement **relative de la chose jugée**. Ainsi la propriété du revendiquant pourra par la suite être contestée par les tiers, même si le jugement peut constituer un sérieux indice de la réalité du droit du revendiquant.

Le jugement est en tout état de cause **opposable aux tiers**, tant que ceux-ci n'ont pas exercé avec succès un recours en tierce opposition. Dans cette mesure, les droits réels constitués par le défendeur qui a succombé à l'action en revendication sont dépourvus d'effet, en application de *nemo plus juris ad allium transferre potest quam ipse habet*[26], à moins que ces tiers n'en aient acquis la propriété par un mode d'acquisition originaire, par l'effet de la possession ou par le jeu de l'apparence.

§ 2. L'action dont l'objet est de nier l'existence d'un droit réel

691. Action négatoire. L'action négatoire permet au propriétaire de faire reconnaître l'absence de droit réel démembré ou de servitude pesant sur son fonds. Elle est en général invoquée en vue de s'opposer aux prétentions d'un tiers sur un bien dont on est propriétaire. Elle obéit aux mêmes règles que l'action en revendication.

Section 2
La preuve des droits réels

692. Charge de la preuve. La question de la charge de la preuve doit être envisagée dans la perspective d'un procès dans lequel deux personnes se disputent la titularité d'un droit réel sur le bien. Il appartient, conformément aux principes

22. Toutefois, le possesseur peut reprendre les améliorations somptuaires s'il ne s'ensuit pas de dégradations (art. 599 al. 3 C. civ., *a pari* : « *[l'usufruitier] peut cependant, ou ses héritiers, enlever les glaces, tableaux et autres ornements qu'il aurait fait placer, mais à la charge de rétablir les lieux dans leur premier état* »).

23. Art. 555 C. civ. Sur cette disposition, v. *supra*, n° 164 et s.

24. Art. 2286 C. civ. : « *[p]eut se prévaloir d'un droit de rétention sur la chose : (...) 3° Celui dont la créance impayée est née à l'occasion de la détention de la chose (...)* ».

25. Art. 1351 C. civ. : « *[l]'autorité de la chose jugée n'a lieu qu'à l'égard de ce qui a fait l'objet du jugement. Il faut que la chose demandée soit la même ; que la demande soit fondée sur la même cause ; que la demande soit entre les mêmes parties, et formée par elles et contre elles en la même qualité* ».

26. CA Nîmes 25 juillet 1887, *DP* 1889, 2, p. 79 : l'immeuble revendiqué par le propriétaire réel contre le propriétaire apparent doit lui revenir libre de toutes hypothèques du chef de ce dernier, spécialement l'hypothèque légale de sa femme.

régissant la charge de la preuve[27], à celui qui se prétend titulaire du droit d'établir la preuve de l'existence de son droit. Ceci vaut tant pour le demandeur qui exerce une action en revendication ou une action confessoire que pour le défendeur qui exerce l'action négatoire.

693. Modes de preuve. Le mode de preuve de l'existence d'un droit réel sur la chose d'autrui dépend de son fait générateur : contrat, testament, possession, etc. En effet, c'est ce fait générateur qui doit être prouvé par celui qui se prétend titulaire du droit revendiqué.

Quant aux modes de preuve de la propriété, ils appellent des développements particuliers en raison de la singularité de la propriété par rapport aux autres droits réels, même si l'identité de son fait générateur est également importante. De règle générale, il n'existe pas en droit français de titre établissant de façon incontestable le droit de propriété d'une personne sur un bien. Précisément, il convient de distinguer suivant que celui qui se prétend propriétaire l'est au titre d'une *acquisition originaire* ou *dérivée*[28]. Celui qui prétend être propriétaire au titre d'une **acquisition originaire** doit en établir le fait générateur : la possession, l'occupation, etc.[29]. Celui qui prétend être propriétaire au titre d'une **acquisition dérivée** doit établir non seulement le titre[30] en vertu duquel il est propriétaire (acheteur, successeur, etc.) mais aussi, en cas de contestation, celui en vertu duquel son auteur a acquis son droit, et ainsi de suite[31] : la preuve de la propriété est dite « diabolique » (*probatio diabolica*)[32]. C'est pourquoi elle est libre[33] et que les parties qui se disputent la propriété devront établir à leur profit « *les présomptions de propriété les meilleures et les plus caractérisées* »[34].

---

27. Art. 9 CPC : « *[i]l incombe à chaque partie de prouver conformément à la loi les faits nécessaires au succès de sa prétention* ».
28. V. *supra*, n° 612.
29. Il s'agissait de rapporter la preuve d'un fait juridique, lequel se prouve par tous moyens.
30. Il s'agit de rapporter la preuve d'un acte juridique, lequel se prouve conformément aux règles propres à celui-ci.
31. De fait, *nul ne peut transmettre plus de droits* et que *l'action en revendication est imprescriptible*. Ainsi, si une personne, C, rapporte la preuve de sa propriété à l'égard d'une autre, B, au moyen d'un titre par lequel ce dernier aurait transféré un droit de propriété au second, rien n'interdit à une autre personne, A, qui se prétend lui aussi propriétaire, de revendiquer le bien auprès de C en démontrant qu'il est le véritable propriétaire et que partant B a transmis un droit qu'il n'avait pas à C.
32. C'est ce qui explique la pratique notariale consistant, au-delà de la vérification de la régularité du titre translatif, à établir une *origine de propriété trentenaire*. L'origine de propriété consiste à établir la possession de celui qui transfère la propriété du bien ainsi que celle de ses propres auteurs, s'il y en a eu, au cours des trente précédentes années. Ce faisant, il sera établi que le vendeur était indiscutablement propriétaire du bien par usucapion – « preuve absolue » (M. Planiol et G. Ripert, M. Picard, n° 356) du droit de propriété. Et si celui-ci n'a pas possédé pendant trente années, il pourra ajouter à la durée de sa propre possession, celle ses auteurs : c'est ce que l'on appelle la jonction des possessions, prévue à l'article 2265 C. civ. (« *Pour compléter la prescription, on peut joindre à sa possession celle de son auteur, de quelque manière qu'on lui ait succédé, soit à titre universel ou particulier, soit à titre lucratif ou onéreux* »). Et v. *infra*, n° 733.
33. Civ. 3e, 20 juillet 1988, *Bull. civ.* III, n° 136 : « les modes de preuve de la propriété immobilière étant libres, la cour d'appel, devant laquelle aucun titre commun n'était invoqué, n'a violé aucun texte dès lors que la preuve d'un arrangement entre le demandeur initial et ses co-indivisaires, pour lui reconnaître la propriété exclusive du bien comprenant le canal, pouvait être faite par la production d'attestations ».
34. Retenant cette formule, v. notamment : Civ. 27 mars 1929, S. 1929, 1, p. 215 ; Civ. 3e, 10 mars 2010, pourvoi n° 09-11632 ; Civ. 3e, 8 novembre 2011, pourvoi n° 10-25487.

À cet égard, la possession du bien dont la propriété est revendiquée constitue une présomption non négligeable. Si, quelque soit le bien, la possession[35] constitue un indice de la propriété du possesseur, en matière mobilière (meubles corporels), la possession utile fait présumer la propriété (art. 2276 al. 1 C. civ.[36], dans sa *fonction probatoire*)[37]. Le rôle de la possession étant important, le débat pétitoire est souvent précédé, *in limine*, par un débat possessoire, l'une des parties contestant la possession de l'autre.

694. Cas particulier de la preuve d'une dissociation de la propriété du sol, du dessous et du dessus. L'article 552 C. civ. al. 1 énonce une **présomption de propriété** suivant laquelle « *[l]a propriété du sol emporte la propriété du dessus et du dessous* ». La jurisprudence considère que cette présomption ne peut être renversée que par la preuve contraire qui résulterait d'un titre ou d'une prescription acquisitive[38].

695. Rôle du juge. Sous peine de déni de justice, le juge, saisi d'un litige sur la propriété, doit statuer et reconnaître la titularité du droit à l'un d'entre eux : « lorsque deux personnes revendiquent, l'une contre l'autre, la propriété d'un immeuble, le juge, qui reconnaît que ce bien appartient nécessairement à l'un ou à l'autre de ces deux revendiquants, ne peut rejeter les deux revendications sous prétexte qu'aucune des parties n'a prouvé la supériorité de son droit »[39]. Les juges du fond apprécient souverainement les preuves qui leur sont soumises, en faisant droit à la demande de celui dont le **droit de propriété** apparaît **le plus probable**[40].

Au vu de l'ensemble des principes dégagés, lorsqu'aucune partie n'a pu établir une usucapion à son profit, plusieurs hypothèses peuvent se présenter au juge auquel il appartient, au moyen de présomptions, de déterminer celui dont la qualité de propriétaire est la plus probable. **Lorsqu'aucune des parties n'a de titre**, on donnera en général raison à celui qui possède utilement la chose[41] ou à celui des deux dont la possession est la mieux caractérisée ou qui est à même de fournir des

35. Civ. 1re, 21 juin 1961, *Bull. civ.* III, n° 330 : « c'est dans l'exercice du pouvoir souverain d'appréciation dont ils disposent en la matière que les juges d'appel ont tenu ces éléments pour insuffisants à caractériser un droit de propriété préférable à celui que faisait présumer la possession reconnue des consorts A..., dont les adversaires n'avaient pas invoqué la prescription acquisitive ».

36. « *En fait de meubles, la possession vaut titre.* »

37. V. *infra*, n° 724 et s.

38. Civ. 3e, 12 juillet 2000, *Bull. civ.* III, n° 144, *JCP* 2001, I, 305, obs. H. Périnet-Marquet : « la présomption de propriété du dessous au profit de M. X..., propriétaire du sol, n'était susceptible d'être combattue que par la preuve contraire résultant d'un titre ou de la prescription acquisitive » ; Civ. 3e, 13 mai 2015, pourvoi nos 13-27342 et 14-15678, à paraître au *Bulletin*, *D.* 2015, p. 1868, obs. N. Reboul-Maupin : « la présomption de propriété du dessous au profit des consorts X..., propriétaires du sol n'est susceptible d'être combattue que par la preuve contraire résultant d'un titre, quel qu'en soit le titulaire, ou de la prescription acquisitive » ; Civ. 3e, 10 juin 2015, pourvoi n° 14-15174, *D.* 2015, p. 1868, obs. N. Reboul-Maupin : une SCI renverse la présomption de l'article 552 C. civ. en démontrant avoir usucapé une crypte sous le terrain d'autrui.

39. Civ. 3e, 16 avril 1970, *Bull. civ.* III, n° 249 : cassation de l'arrêt ayant débouté chacun des prétendants au motif que ni l'un ni l'autre n'avait fait la preuve de son droit de propriété.

40. Civ. 1re, 21 juin 1961, *Bull. civ.* III, n° 330 : « c'est dans l'exercice du pouvoir souverain d'appréciation dont ils disposent en la matière que les juges d'appel ont tenu ces éléments pour insuffisants à caractériser un droit de propriété préférable à celui que faisait présumer la possession reconnue des consorts A..., dont les adversaires n'avaient pas invoqué la prescription acquisitive ».

41. Civ. 10 janvier 1860, *DP* 1860, 1, p. 74 : « la possession [d'immeubles] des héritiers Brémont (...) ne pouvait céder qu'à un titre de propriété ou à la prescription » et non à des « présomptions humaines ».

indices d'un droit de propriété[42]. **Lorsqu'une seule des parties peut se prévaloir d'un titre**, c'est elle qui en général l'emportera[43]. **Lorsque les deux parties se prévalent de titres contradictoires**, les juges du fond, s'ils ne peuvent établir la fausseté de l'un d'eux, se fondent sur des présomptions, notamment sur l'ancienneté des titres[44].

42. Req. 11 novembre 1861, *DP* 1862, 1, p. 94 : « l'arrêt attaqué, en l'absence de titre et de possession à titre de propriétaire au profit de l'une et de l'autre des parties, a pu, aux termes de l'art. 1353 C. nap., tirer des faits et actes constatés des présomptions graves, précises et concordantes que le chemin dont il s'agit n'appartenait pas à Mullier, mais était la propriété commune de Reuil » ; Civ. 16 avril 1860, *DP* 1860, 1, p. 251 : « en dehors des titres et de la preuve testimoniale, la loi admet une autre sorte de preuves, celle résultant des présomptions, pourvu qu'elles soient graves, précises et concordantes ; (...) des présomptions offrant ce caractère se présentent en foule dans la cause, et (...) ressortent notamment et principalement des énonciations du cadastre, du payement des impôts, de la reconnaissance des parties elles-mêmes, telle qu'elle s'induit de la déposition de plusieurs témoins (...), et surtout de la topographie des lieux et de la seule inspection du plan de l'expert ».

43. Civ. 22 juin 1864, *DP* 1864, 1, p. 412 : « aux termes de l'art. 711 C. nap. la propriété des biens s'acquiert et se transmet par l'effet des obligations ; (...) les contrats qui lui servent de titre et de preuve sont ceux qui sont passés entre l'acquéreur et le vendeur ; (...) le droit de propriété serait perpétuellement ébranlé si les contrats destinés à l'établir n'avaient de valeur qu'à l'égard des personnes qui y auraient parties ; puisque, de l'impossibilité de faire concourir les tiers à des contrats ne les concernant pas, résulterait l'impossibilité d'obtenir des titres protégeant la propriété contre les tiers ; (...) déclarer opposables aux tiers les titres réguliers de propriété, ce n'est aucunement prétendre qu'il peut résulter de ces titres une modification quelconque aux droits des tiers ; (...) ainsi la règle de l'art. 1165, qui ne donne effet aux conventions qu'entre les contractants, est ici sans application ; d'où il suit qu'en faisant prévaloir sur les titres produits [par le revendiquant] les faits de possession, tels qu'ils sont constatés dans l'espèce [qui n'a pas permis d'usucaper], et en rejetant ainsi la demande en revendication (...), l'arrêt a faussement appliqué l'art. 1165 C. nap. et violé tant ledit art. que l'art. 711 même code ».

44. Req. 6 janvier 1896, *DP* 1896, 1, p. 40 : en matière de revendication immobilière, lorsqu'il n'y a « en faveur d'aucune des parties en cause, ni prescription acquisitive, ni possession certaine, et que les titres représentés par chacune d'elles et émanés d'auteurs différents » leur attribuent la propriété litigieuse, les juges sont « en droit de se décider d'après les présomptions de fait prises des documents et circonstances de la cause », et notamment sur le fait que le titre invoqué par l'une est « plus ancien » que le titre de l'autre.

Titre II
Les pouvoirs indirects : les droits personnels

696. Rencontre des droits personnels et du droit des biens. Alors que les droits réels sont des *droits sur un bien*, les droits personnels sont ceux qu'une personne détient *contre une autre*. Entre les « droits contre une personne » et les « droits sur un bien », il y a une hétérogénéité qui empêche de les opposer – « contre une personne » ne s'oppose pas à « sur un bien ». C'est ce qui explique que les droits personnels intéressent à plusieurs égards le droit des biens : d'une part, les droits personnels peuvent constituer une technique concurrente des droits réels pour accéder aux utilités d'un bien et, d'autre part, les droits personnels offrent à leur titulaire un droit de gage général sur les biens du débiteur.

697. Technique concurrente d'accès aux utilités d'un bien. ***Principe***. Le droit réel permet à son titulaire de tirer profit, sans l'intermédiation de quiconque, des utilités d'un bien. Ainsi le propriétaire, mais aussi l'usufruitier et le titulaire d'un droit d'usage recueillent directement les utilités du bien dans les limites de ce que leur droit permet. Quant au droit personnel, il permet *parfois* (lorsqu'il porte sur un bien) à son titulaire – le créancier – de recueillir indirectement, par l'intermédiation d'autrui – le débiteur –, les utilités d'un bien. Ainsi le locataire et l'emprunteur recueillent indirectement, par l'intermédiaire du propriétaire, les utilités d'un bien dans les limites de ce que leur droit leur permet. Techniquement, une personne est titulaire de *pouvoirs indirects* sur un bien par le truchement de droits qu'il détient *contre une autre personne* – des droits personnels –, elle-même titulaire de pouvoirs directs *sur ledit bien* – de droits réels. Autrement dit, lorsque le titulaire d'un droit réel accède directement à ces utilités grâce à son droit réel, le titulaire d'un droit personnel n'y accède qu'indirectement[1], grâce au jeu cumulé de son droit personnel et du droit réel de celui contre qui il tient son droit.

Les droits personnels apparaissent donc comme un moyen concurrent des droits réels en vue d'accéder aux utilités du bien : le droit du locataire, celui de l'emprunteur sont des moyens concurrents du droit de l'usufruitier ou du titulaire d'un droit d'usage.

698. Technique concurrente d'accès aux utilités d'un bien. ***Durée***. La durée du droit personnel doit être mise en perspective avec la durée du droit réel.

1. Indirectement, puisqu'il n'est jamais question d'un droit adhérant directement au bien, mais d'un droit contre une personne obligeant cette dernière à procurer des utilités de son bien.

La **durée des droits réels** n'est pas la même pour tous. Le droit de propriété est perpétuel[2] et ne s'éteint d'ailleurs pas par le non-usage trentenaire[3]. En contrepoint, les démembrements de la propriété ne sont en principe pas perpétuels : l'usufruit consenti à une personne morale est de trente années au maximum[4] alors que celui qui l'est à une personne physique l'est pour une durée fixée librement, sachant toutefois qu'il prendra fin au plus tard au décès de l'usufruitier[5]. Les droits de l'emphytéote[6] et du preneur à bail à construction[7] sont de quatre-vingt-dix-neuf années au maximum et les droits accordés aux particuliers sur le domaine public ont une durée limitée à soixante-dix ans[8]. Si les servitudes sont

---

2. Cass. Ass. plén. 23 février 1972, *Bull. Ass. plén.*. n° 3, *affaire de l'étang Napoléon* : « l'arrêt a rejeté cette action aux motifs que l'étang ayant été, à la suite d'un phénomène naturel, incorporé au domaine public maritime, la propriété exclusive en a été transférée à l'État, et que la notion de propriété "potentielle" ne reposant sur aucune base juridique, le droit de l'ancien propriétaire n'a pu revivre lorsque l'étang a été de nouveau séparé de la mer ; (...) en statuant ainsi, alors que l'incorporation de l'étang au domaine public avait été la conséquence d'un phénomène naturel et qu'à la suite d'un phénomène inverse l'étang avait retrouvé son état primitif, la cour d'appel a violé le texte susvisé ».

3. Req. 12 juillet 1905, S. 1907, I, p. 273, note A. Wahl, *GAJC*, t. 1, n° 68 : « malgré la généralité des termes employés par l'article 2262 du Code civil, qui décide que toutes les actions, tant réelles que personnelles, sont prescrites par trente ans, ce texte ne s'applique pas à l'action en revendication intentée par le propriétaire dépossédé de son immeuble ; (...) la propriété ne se perdant pas par le non-usage, l'action en revendication, qui sanctionne et protège ce droit, peut être exercée aussi longtemps que le défendeur ne justifie pas être lui-même devenu propriétaire de l'immeuble revendiqué par le résultat d'une possession contraire, réunissant tous les caractères exigés pour la prescription acquisitive » (action exercée par le propriétaire sur un bien détenu par un détenteur précaire pendant plus de trente années) ; Cass. Ass. plén. 23 juin 1972, B. 3, *D.* 1972, p. 705, concl. Lindon, *KCP* 1973, II, 173331, note G. Goubeaux et Y. Jegouzo, préc. ; Civ. 3e, 7 janvier 2009, *Bull. civ.* III, n° 7, *D.* 2003, p. 2304, obs. N. Reboul-Maupin, *JCP* G 2009, I, 127, obs. H. Périnet-Marquet : chemin classé en voirie communale. Et, en matière mobilière, v. Civ. 1re, 2 juin 1993, *Bull. civ.* I, n° 197, *D.* 1993, p. 306, obs. A. Robert, *D.* 1994, p. 582, obs. B. Fauvarque-Cosson, *RTD civ.* 1994, p. 389, obs. F. Zenati : collection d'objets et de tableaux de valeur.

4. Art. 619 C. civ. : « *[l]'usufruit qui n'est pas accordé à des particuliers ne dure que trente ans* ».

5. Art. 617 C. civ. : « *[l]'usufruit s'éteint par la mort de l'usufruitier (...)* ».

6. Art. L. 451-1 al. 2 C. rur. et pêch. mar. : « *[c]e bail doit être consenti pour plus de dix-huit années et ne peut dépasser quatre-vingt-dix-neuf ans ; il ne peut se prolonger par tacite reconduction* ».

7. Art. L. 251-1 al. 3 CCH : « *[i]l est conclu pour une durée comprise entre dix-huit et quatre-vingt-dix-neuf ans. Il ne peut se prolonger par tacite reconduction* ». S'agissant d'autres baux, tels le bail à réhabilitation ou la concession immobilière, c'est une durée minimale qui est fixée par la loi : douze ans dans le bail à réhabilitation (art. L. 252-1 CCH) et vingt ans dans la concession immobilière (art. 48 L. 30 décembre 1967).

8. Art. L. 1311-5 al. 4 CGCT : « *[l]es collectivités territoriales peuvent délivrer sur leur domaine public des autorisations d'occupation temporaire constitutives de droits réels, en vue de l'accomplissement, pour leur compte, d'une mission de service public ou en vue de la réalisation d'une opération d'intérêt général relevant de leur compétence. Le titulaire de ce titre possède un droit réel sur les ouvrages, constructions et installations de caractère immobilier qu'il réalise pour l'exercice de cette activité.* (al. 1) *Ce droit réel confère à son titulaire, pour la durée de l'autorisation et dans les conditions et les limites précisées dans la présente section, les prérogatives et obligations du propriétaire.* (al. 2) *Le titre fixe la durée de l'autorisation, en fonction de la nature de l'activité et de celle des ouvrages autorisés, et compte tenu de l'importance de ces derniers, sans pouvoir excéder soixante-dix ans* (al. 3) ». Et v. art. L. 2122-6 al. 3 CGPPP : « *[l]e titulaire d'une autorisation d'occupation temporaire du domaine public de l'État a, sauf prescription contraire de son titre, un droit réel sur les ouvrages, constructions et installations de caractère immobilier qu'il réalise pour l'exercice d'une activité autorisée par ce titre.* (al. 1) *Ce droit réel confère à son titulaire, pour la durée de l'autorisation et dans les conditions et les limites précisées dans le présent paragraphe, les prérogatives et obligations du propriétaire.* (al. 2) *Le titre fixe la durée de l'autorisation, en fonction de la nature de*

perpétuelles[9] – même si elles s'éteignent par le non-usage trentenaire[10] –, c'est car elles ne sont pas tant des droits réels que des rapports entre biens[11].

La **durée des droits personnels** n'est, en général, pas prévue par la loi. En tout état de cause, la jurisprudence a dégagé un principe de prohibition des engagements perpétuels[12] qui interdit non seulement d'octroyer un droit personnel pour une durée indéterminée sans faculté de résiliation, mais aussi d'octroyer un droit personnel pour une durée déterminée, qui serait telle qu'elle porte excessivement atteinte à la liberté individuelle de celle[13] qui l'a concédé – cette durée étant laissée à l'attribution des tribunaux[14]. La sanction de la perpétuité d'un droit personnel octroyé en vue de se procurer les utilités d'un bien fait difficulté : est-ce la clause de durée ou l'entier contrat qui est affecté ? Si le contrat subsiste, sa durée est-elle réduite ou est-

---

l'activité et de celle des ouvrages autorisés, et compte tenu de l'importance de ces derniers, sans pouvoir excéder soixante-dix ans. (al. 3) »

9. Toutefois, les servitudes conventionnelles peuvent être conclues pour une durée limitée (Civ. 3e, 22 mars 1989, *Bull. civ.* III, n° 73, *RTD civ.* 1989, p. 592, obs. F. Zenati : « la stipulation d'une servitude temporaire est licite »).

10. Art. 706 C. civ. : « *[l]a servitude est éteinte par le non-usage pendant trente ans* ».

11. V. *supra*, n° 177 et s.

12. Principe induit de l'article 1709 C. civ. relatif au bail : « *[l]e louage des choses est un contrat par lequel l'une des parties s'oblige à faire jouir l'autre d'une chose pendant un certain temps, et moyennant un certain prix que celle-ci s'oblige de lui payer* ».

13. La question se pose de savoir si le grief de perpétuité peut être invoqué par une personne morale. Pour l'absence d'un principe de prohibition, v. J. Ghestin, « Existe-t-il en droit positif français un principe général de prohibition des contrats perpétuels ? », *in D'ici, d'ailleurs : harmonisation et dynamique du droit, Mél. D. Tallon*, avant-propos C. Jauffret-Spinosi et I. de Lamberterie, Société de législation comparée, 1999, p. 251 et s. et R. Libchaber, « Réflexions sur les engagements perpétuels et la durée des sociétés », *Rev. sociétés,* 1995, p. 437 et s. La Cour de cassation a eu à se prononcer dans un arrêt ancien. En l'espèce, les hospices de Lille, personne morale de droit public, s'étaient engagés à mettre à disposition du service médical et chirurgical de l'Institut Catholique de Lille deux pavillons de l'hôpital Saint-Eugénie en vue de mettre en place un établissement d'enseignement supérieur privé de médecine. Sur le fondement des articles 1709 et 1780 C. civ., les hospices de Lille avaient demandé à ce que soit prononcée la nullité de cet engagement qui faisait naître une « obligation perpétuelle de "faire" ». La Cour de cassation s'y refuse, estimant « qu'aucun texte de ces deux lois spéciales ne limite la durée d'une pareille convention » (Cass. civ., 25 juin 1907, *DP* 1907, 1, p. 337, spéc. p. 338, obs. H. Berthélémy). La portée de la décision est cependant discutée : s'agissait-il véritablement de droits personnels ? La qualité de personne morale de droit public a-t-elle eu quelque incidence ?

14. Illustrations :

1°/ Com. 3 novembre 1992, *Bull. civ.* IV, n° 339 : une convention, prévue pour une durée de 15 années, stipulait, en son article 6, qu'elle reprendrait "sa durée initiale pour la totalité de l'installation à partir de la date où la location initiale aura subi une augmentation égale ou supérieure à 25 % par suite d'une ou plusieurs augmentations de l'installation ou même d'un pourcentage inférieur dans le cas de remplacement du matériel par suite d'adjonction". Les juges du fond avaient déclaré nul le contrat litigieux pour contenir la clause précitée, car sauf à renoncer à toute modification de l'installation téléphonique pendant 15 ans, bien qu'il s'agisse d'un matériel en constante évolution technique, et à se priver ainsi de toute adaptation à ses besoins nécessairement fluctuants, ainsi que le démontre l'avenant signé le 1er avril 1986, la locataire se trouve tenue, par l'effet de l'article 6, à des obligations envers la société Telinor pour une durée pouvant se poursuivre indéfiniment. Le pourvoi est rejeté.

2°/ Civ. 3e, 27 mai 1998, *Bull. civ.* III, n° 110 : « le bail, dont le terme dépend de la volonté du preneur seul, étant perpétuel, la cour d'appel qui a relevé que M. X... s'était engagé à consentir un bail à la SCEA de la Roche jusqu'à la dissolution de celle-ci, dont la durée était fixée à 99 ans, avec faculté de prorogation ou de dissolution par anticipation, a pu en déduire que la promesse de bail consentie par M. X... à cette société constituait un bail perpétuel contraire aux dispositions de l'article 1709 C. civ. ».

3°/ Civ. 3e, 30 novembre 1983, *Bull. civ.* III, n° 249 : ne peut être considéré comme perpétuel le bail qui a pour terme le décès des locataires ou de leurs enfants.

il considéré comme ayant été conclu sans durée déterminée, pour une durée indéterminée[15] ?

699. Droit de gage général sur les biens du débiteur. De manière générale, tout titulaire d'un droit de créance (droit personnel) dispose d'un droit de gage général sur les biens de son débiteur qui lui permettra d'appréhender les biens de son débiteur si celui-ci n'exécute pas son obligation. Le créancier n'a pas de pouvoirs sur des biens déterminés de son débiteur, mais le droit d'exiger une prestation ou une abstention qui, si elle n'est pas exécutée, conférera au créancier un droit à indemnisation s'exerçant sur les biens du débiteur. C'est ce que prévoient deux dispositions du Code civil, les articles 2284 (« *Quiconque s'est obligé personnellement, est tenu de remplir son engagement sur tous ses biens mobiliers et immobiliers, présents et à venir* ») et 2285 (« *les biens du débiteur sont le gage commun de ses créanciers ; et le prix s'en distribue entre eux par contribution, à moins qu'il n'y ait entre les créanciers des causes légitimes de préférence*.

15. Civ. 3e, 19 février 1992, *Bull. civ.* III, n° 46 : un bail stipulait qu'il serait renouvelé à son expiration sur simple demande du preneur à chaque renouvellement. La Cour de cassation considère que viole l'article 1709 C. civ. la cour d'appel qui a rejeté la demande en suppression de cette clause dans le bail renouvelé.
Fort curieusement, la Cour de cassation a considéré qu'une action en nullité se prescrivait à compter de la conclusion du contrat ; si l'action est intentée tardivement, le contrat perpétuel subsistera, perpétuellement... V. Civ. 3e, 15 décembre 1999, *Bull. civ.* III, n° 242 : « ayant relevé que si le bail était entaché d'un vice de perpétuité [un bail conclu « pour une durée de 99 ans renouvelable au gré du preneur »], l'action en nullité du contrat souscrit en 1953 avait été engagée en 1991, la cour d'appel en a exactement déduit que le bail ne pouvant être considéré comme inexistant et l'action en nullité, même absolue, se prescrivant par trente ans, la demande de la commune de Cadeilhan-Trachère était irrecevable ».

Sous-partie II
Les pouvoirs de fait *(la possession)*

700. Plan. La possession consiste en l'exercice, en fait, d'un droit réel. On envisagera la notion (Titre I), le régime (Titre II) et la protection (Titre III) de la possession.

Titre I
La notion de possession

701. Premières vues. La possession est de l'ordre du fait, non du droit. Afin de la caractériser, il est donc indifférent que celui qui exerce – c'est-à-dire possède –, en fait, le droit réel, en soit le titulaire. Ainsi, le propriétaire et le voleur peuvent se comporter comme des propriétaires : ils sont tous possesseurs, mais seul le premier est titulaire du droit[1].

702. Objet de la possession : tous les droits réels, tous les biens. La possession est le plus souvent mise en perspective avec le droit de propriété. Pourtant, en définissant la possession comme « *la détention ou la jouissance d'une chose ou d'un droit* », l'article 2255 C. civ. laisse entendre que la possession ne concerne pas seulement la propriété mais aussi les autres droits réels pouvant porter sur la chose. Peu importe donc la *nature* du droit réel : propriété, usufruit[2], droit de jouissance privatif sur les parties communes[3], gage[4], etc. Peu importe également l'*assiette* du droit réel[5] : bien corporel ou bien incorporel[6], tel une

---

1. Sur le constat que le possesseur peut être le titulaire du droit, mais pas nécessairement, v. Ulpien, Dig. L. 43, T. 17, 1, 2 : « il se peut faire qu'une des parties soit en possession et ne soit pas propriétaire, ou qu'une des parties soit propriétaire et que soit pas en possession, ou enfin que la même personne soit en possession et propriétaire. » (trad. H. Hulot).

2. Civ. 1re, 13 février 1963, *Bull. civ.* I, n° 103 : « l'usufruit étant un droit réel, démembrement du droit de propriété, le possesseur d'un tel droit peut joindre à la sienne la possession à titre de propriétaire de son auteur ».

3. Civ. 3e, 24 octobre 2007, *Bull. civ.* III, n° 183 : « un droit de jouissance privatif sur des parties communes est un droit réel et perpétuel qui peut s'acquérir par usucapion ».

4. Com. 14 novembre 1989, *Bull. civ.* IV, n° 290 : « les dispositions de l'article 65 de la loi du 13 juillet 1967 ne dérogeant pas à celles prévues en faveur du possesseur de bonne foi par l'article 2279 C. civ. [devenu l'article 2276 C. civ.], c'est à bon droit que l'arrêt a retenu que le [créancier gagiste], possesseur de bonne foi, bénéficiait de la présomption édictée par l'article 2279 [devenu l'article 2276 C. civ.] (...) » ; Com. 28 novembre 1989, *Bull. civ.* IV, n° 300 : « en premier lieu, que c'est dans l'exercice de son pouvoir souverain que la cour d'appel a décidé que la possession [du créancier gagiste] était exempte de vice et que sa mise en possession, ainsi que la dépossession corrélative du débiteur, s'étaient manifestées de manière suffisamment apparente, par la remise à un tiers désigné, pour être connue de tous ; (...) en second lieu, que les juges du fond ont retenu, souverainement, que la preuve de la mauvaise foi [du créancier gagiste] n'était pas rapportée et en ont justement déduit que, présumée de bonne foi, celle-ci était fondée à invoquer le bénéfice de l'article 2279 C. civ. [devenu l'article 2276 C. civ.] ».

5. Il serait excessif d'affirmer que les droits sur les biens du domaine public ne peuvent faire l'objet d'une possession. En revanche, la possession d'un bien relevant du domaine public ne peut produire son effet principal qui est la prescription acquisitive : on le sait, le domaine public est à la fois inaliénable et imprescriptible (art. L. 3111-1 CGPPP : « *[l]es biens des personnes publiques mentionnées à l'article L. 1, qui relèvent du domaine public, sont inaliénables et imprescriptibles* »).

6. A. Pelissier, *Possession et meubles incorporels*, th., préf. M. Cabrillac, Dalloz, 2001 ; B. Parance, *La possession des biens incorporels*, th., préf. L. Aynès, LGDJ, 2008.

créance[7], même si les principales fonctions de la possession sont écartées à l'égard des meubles incorporels[8].

703. Sujet de la possession : toute personne, à l'exception du détenteur précaire, sauf interversion de titre. Toute personne est en principe susceptible de posséder un droit réel, qu'elle en soit ou non titulaire. On peut, à cet égard, apporter deux précisions.

En premier lieu, **il est possible de posséder personnellement ou par l'intermédiaire d'autrui**, comme le prévoit l'article 2255 C. civ. : « *[l]a possession est la détention ou la jouissance d'une chose ou d'un droit que nous tenons ou que nous exerçons par nous-mêmes, ou par un autre qui la tient ou qui l'exerce en notre nom* ». Ainsi, le propriétaire possède en raison des actes accomplis par son locataire[9], un occupant[10] un entrepreneur[11], un usufruitier[12], etc.[13]. Dans un autre registre, les actes de possession accomplis par les habitants d'une commune caractérisent la possession par celle-ci de biens communaux[14].

En second lieu, **il est traditionnel d'affirmer que le détenteur précaire ne peut avoir la qualité de possesseur**. Il n'existe pourtant pas d'antinomie entre la

7. Lorsque l'article 1240 C. civ. fait référence à la « *possession de la créance* » en indiquant que « *le paiement fait de bonne foi à celui qui est en possession de la créance est valable, encore que le possesseur en soit par la suite évincé* », il faut comprendre qu'il vise par ellipse la possession de la propriété de la créance.
8. Civ. 1re, 6 mai 1997, *Bull. civ.* I, n° 144 : « l'article 2279 C. civ. [devenu l'article 2276 C. civ.] [est] applicable aux seuls meubles corporels individualisés ». Ainsi l'article 2276 C. civ. ne s'applique pas à la possession d'un fonds de commerce (Civ. 1re, 2 mars 1960, *Bull. civ.* I, n° 141) et à la possession d'une licence de débit de boissons (Com. 7 mars 2006, *Bull. civ.* IV, n° 62, *D.* 2006, p. 2363, obs. B. Mallet-Bricout, *JCP* 2006, II, 10143, obs. G. Loiseau, *ibid.*, I, 178, obs. H. Périnet-Marquet, *Dr. & patr.* 2006, p. 103, obs. J-B. Seube, *RTD civ.* 2006, p. 348, obs. Th. Revet).
9. Civ. 3e, 24 janvier 1990, *Bull. civ.* III, n° 30, *D.* 1991, p. 20, obs. A. Robert, *Rép. Defr.* 1990, p. 1029, obs. H. Souleau : « le propriétaire d'un terrain peut invoquer les actes de possession accomplis en son nom par le fermier ».
10. Civ. 3e, 11 juin 1997, *Bull. civ.* III, n° 138, *D.* 1998, p. 57, obs. A. Robert, *Rép. Defr.* 1997, p. 1069, obs. Ch. Atias : « ayant relevé (...) que, par un arrêté du 23 septembre 1948, l'État avait autorisé l'occupation du terrain par un tiers en vertu d'un contrat d'amodiation pour une durée de 18 ans, que ce faisant il s'était comporté comme propriétaire du terrain et en avait disposé en cette qualité, percevant une redevance annuelle pendant de très nombreuses années, sans jamais être troublé dans sa possession et qu'ensuite la commune de Vaux-sur-Mer avait acquis le terrain, par un acte du 15 février 1968 (...), la cour d'appel (...) a légalement justifié sa décision, en retenant souverainement que l'État et son ayant-droit justifiaient d'une possession continue, paisible et publique, non équivoque en qualité de propriétaires successifs depuis 1948 ».
11. Civ. 3e, 8 décembre 1976, *Bull. civ.* III, n° 449 : le propriétaire d'un terrain peut ainsi prétendre avoir détenu les piliers édifiés par un entrepreneur qu'il avait chargé de la construction d'une galerie demeurée inachevée.
12. Civ. 3e, 21 mars 1984, *Bull. civ.* III, n° 78 : « le nu-propriétaire possède par l'intermédiaire de l'usufruitier ». Aussi l'usufruitier possède en son nom (pour ce qui est de l'usufruit) et au nom du nu-propriétaire (pour ce qui est de la nue-propriété).
13. Ainsi, le propriétaire d'un fonds enclavé qui verse une indemnité de servitude au propriétaire du fonds servant effectue des actes de possession pour le compte de ce dernier (Civ. 2e, 12 décembre 1984, *Bull. civ.* III, n° 216 : « l'arrêt (...) retient à bon droit qu'en passant sur le terrain en cause les époux A... n'exerçaient pas seulement un droit de passage mais qu'ils effectuaient des actes de possession pour le compte des bénéficiaires de la redevance agissant comme propriétaires du fonds servant »).
14. Civ. 3e, 1er juin 2005, *Bull. civ.* III, n° 122 : « la cour d'appel (...) a, à bon droit, tenu compte des actes de jouissance accomplis par les habitants de la commune pour caractériser la possession de celle-ci ».

possession, qui est une situation de fait, et la détention précaire, qui est une situation de droit. Et l'on ne voit pas pourquoi le détenteur précaire ne pourrait pas exercer des pouvoirs de fait correspondant à un droit réel que, ce faisant, il posséderait. Il est donc tout à fait *concevable* de donner à un détenteur la qualité de possesseur. C'est donc par le jeu d'une *exclusion* que l'on considère que le détenteur précaire ne peut en principe *posséder pour son compte* (ainsi ne peut-il invoquer la prescription acquisitive par l'effet de la possession, art. 2266[15] et 2267 C. civ.[16]). En revanche, le détenteur précaire *possède pour autrui*[17], ce qui explique que la loi lui ait finalement reconnu le bénéfice des actions possessoires – aujourd'hui disparues[18] – contre tous, à l'exception de celui de qui il tient ses droits[19]. Mieux, la détention n'ayant rien d'antinomique avec la possession, le détenteur *possède* exceptionnellement *pour son compte* lorsqu'il peut se prévaloir d'une **interversion de titre**[20]. Il y a interversion de titre lorsque le détenteur précaire, qui possédait pour le compte d'autrui, va posséder à un autre titre (par une *interversion* de son *titre*), pour son propre compte. La seule volonté du détenteur précaire est cependant impuissante à caractériser l'interversion de titre ; il convient de ménager les intérêts du titulaire du droit. À cet égard, l'article 2270 C. civ. énonce qu'« *[o]n ne peut pas prescrire contre son titre, en ce sens que l'on ne peut point se changer à soi-même la cause et le principe de sa possession* »[21]. En réalité, l'interversion de titre n'est reconnue que dans deux séries de circonstances (art. 2268 C. civ.). D'une part, il y a interversion « *par une cause venant d'un tiers* » (ou *possession avec titre*), lorsque le détenteur précaire acquiert *a non domino* et de bonne foi[22] la propriété du bien qu'il détenait : le détenteur acquiert un titre de propriétaire et possède en cette qualité[23], pour lui-même. D'autre part, il y a également interversion « *par la contradiction qu'elles ont opposée au droit du propriétaire* » (ou *possession sans titre*), lorsque le

15. « *Ceux qui possèdent pour autrui ne prescrivent jamais par quelque laps de temps que ce soit.* (al. 1) *Ainsi, le locataire, le dépositaire, l'usufruitier et tous autres qui détiennent précairement le bien ou le droit du propriétaire ne peuvent le prescrire* (al. 2) ».

16. « *Les héritiers de ceux qui tenaient le bien ou le droit à quelqu'un des titres désignés par l'article précédent ne peuvent non plus prescrire.* »

17. Alors même qu'il aurait perdu son titre de jouissance. Ainsi le locataire dont le bail a expiré et qui continue pendant plus de trente années à utiliser le bien autrefois loué ne saurait prescrire (Civ. 3e, 23 avril 2013, pourvoi n° 12-14348, *RTD civ.* 2013, p. 644, obs. W. Dross : une cour d'appel avait admis la prescription en raison de la possession prolongée ; cassation : « en statuant ainsi, sans constater que le titre de possession précaire des consorts X... s'était trouvé interverti par leur volonté claire de se comporter en propriétaire du passage litigieux, la cour d'appel n'a pas donné de base légale à sa décision »). La solution est critiquable et ne pourrait être justifiée par la simple tolérance du propriétaire, laquelle fait échec à la prescription (art. 2262 C. civ. : « *[l]es actes de pure faculté et ceux de simple tolérance ne peuvent fonder ni possession ni prescription* »).

18. V. *infra*, n° 749.

19. Art. 2278 al. 2 C. civ. : « *[l]a protection possessoire est pareillement accordée au détenteur contre tout autre que celui de qui il tient ses droits* ».

20. Les détenteurs précaires « *peuvent prescrire, si le titre de leur possession se trouve interverti, soit par une cause venant d'un tiers, soit par la contradiction qu'elles ont opposée au droit du propriétaire* » (art. 2268 C. civ.).

21. Qu'un locataire veuille se comporter en propriétaire est insuffisant à provoquer l'interversion ; on imagine sans peine l'insécurité qui résulterait de la solution inverse.

22. À défaut de quoi l'on tomberait dans le domaine de l'article 2270 C. civ.

23. Par exemple, le locataire cesse de régler les loyers.

détenteur précaire contredit le droit du propriétaire pour le compte de qui il possède[24], avec l'intention de se comporter en possesseur[25].

24. La jurisprudence exige un fait non équivoque ayant pu être connu du propriétaire (Req. 28 décembre 1857, *DP* 1858, 1, p. 113 : les lois des 28 août 1792 et 10 juillet 1793, qui ont réintégré les communes dans la propriété des terres vaines et vagues situées sur leur territoire, à la charge de les revendiquer dans un certain délai, à moins qu'elles ne s'en trouvent déjà en possession au moment de la promulgation de ces lois, n'ont pas eu pour effet de convertir la détention précaire que ces communes pouvaient avoir alors des terres sont il s'agit, en une possession *animo domini* ; en conséquence, une telle détention n'a pas eu pour effet de dispenser la commune de l'observation du délai de revendication établi par les lois de 1792 et 1793, comme le ferait une possession *animo domini*.).
La condition n'est pas remplie par cela seul que le locataire a cessé de payer les loyers (Civ. 3e, 27 septembre 2006, *Bull. civ.* III, n° 191, *JCP* 2007, I, 117, obs. H. Périnet-Marquet : en l'espèce, les locataires étaient restés dans les lieux pendant 44 ans sans payer de loyer et sans opposition du propriétaire ou est resté dans les lieux trente ans après le décès du bailleur n'ayant pas laissé d'héritiers (Civ. 3e, 26 novembre 2008, *Bull. civ.* III, n° 190, *JCP* 2009, I, 127, obs. H. Périnet-Marquet : « le fait que la succession de Mme X... soit restée vacante depuis son décès en 1965 n'a pu modifier le caractère précaire de la possession de M. Y... »).
La condition est remplie lorsque l'occupant fait savoir qu'il se considère comme propriétaire en publiant un acte de notoriété prescriptive du bien occupé (Civ. 3e, 17 octobre 2007, *Bull. civ.* III, n° 180, *D.* 2008, p. 2459, obs. B. Mallet-Bricout, *JCP* 2008, I, 127, obs. H. Périnet-Marquet : « l'interversion de titre n'était intervenue qu'au jour où M. Z... avait clairement fait connaître qu'il se considérait comme propriétaire, à savoir au jour de la publication de l'acte notarié en date du 3 décembre 1980 [intitulé "notoriété prescriptive"], soit le 27 novembre 1981 »).

25. Civ. 3e, 10 avril 2013, *Bull. civ.* III, n° 50, *JCP* 2013, I, 1060, obs. H. Périnet-Marquet, *RTD civ.* 2013, p. 636, obs. W. Dross : « ayant relevé qu'au cours de la procédure devant le président du tribunal civil de la Seine en 1925, l'association n'avait pas prétendu que le bail emphytéotique n'existait plus, (...) elle avait affirmé alternativement avoir la détention, la possession ou la jouissance de la cathédrale, et retenu souverainement que la position exprimée par l'association devant cette juridiction n'était pas révélatrice d'une intention claire et non équivoque de se comporter en propriétaire de la cathédrale et que l'acte du 12 avril 1927 entre l'administration religieuse des églises orthodoxes d'Europe occidentale et l'association n'avait pu avoir pour effet de transférer à celle-ci la propriété des biens litigieux, la cour, qui en a déduit que la possession de ces biens par l'association était entachée d'équivoque et que celle-ci ne pouvait se prévaloir d'une interversion de son titre, a, par ces seuls motifs, légalement justifié sa décision de ce chef ».

Titre II
Le régime de la possession

704. Plan. On envisagera les conditions (Chapitre 1) puis les effets (Chapitre 2) de la possession.

Chapitre 1
Les conditions

705. Plan. Toute possession suppose la réunion d'éléments constitutifs (Section 1), les possessions se distinguant par certaines qualités (Section 2).

Section 1
Les éléments constitutifs

706. Plan. La possession suppose la réunion de deux éléments constitutifs : un élément objectif, le *corpus* (§ 1), et un élément subjectif, l'*animus* (§ 2).

§ 1. Le corpus

707. Exercice de prérogatives. Le *corpus* constitue l'élément objectif de la possession : c'est l'exercice des prérogatives correspondant au droit possédé par l'accomplissement d'actes révélant une maîtrise sur le bien. Ainsi le *corpus* de la possession de celui qui entend posséder comme un propriétaire tient dans l'exercice des prérogatives d'un propriétaire, et le *corpus* de la possession de celui qui entend posséder comme un usufruitier tient dans l'exercice des prérogatives d'un usufruitier.

Tous les biens sont susceptibles de possession, même les biens incorporels[1]. En revanche, la possession doit se traduire par des **actes matériels**[2], l'accomplissement d'actes juridiques apparaissant, au vu de la jurisprudence, insuffisant[3].

---

1. V. *supra*, n° 702.
2. V. notamment Civ. 3e, 4 octobre 2000, *Bull. civ.* III, n° 158 : « si l'existence d'un acte notarié constatant une usucapion ne peut, par elle-même, établir celle-ci, il appartient au juge d'en apprécier la valeur probante quant à l'existence d'actes matériels de nature à caractériser la possession invoquée ». *Adde* Civ. 3e, 4 mai 2011, *Bull. civ.* III, n° 68 : en vue de constater une usucapion, les juges du fond doivent « relever l'existence d'actes matériels de possession ». D'un point de vue probatoire, l'éventuel acte de notoriété établissant la possession devra, afin d'être efficace, constater les actes matériels établissant l'usucapion (v. les arrêts préc.).
3. Civ. 3e, 27 avril 1983, *Bull. civ.* III, n° 98 : pour déclarer un immeuble acquis par la prescription, le paiement des impôts fonciers afférents à la parcelle concernée, sans relever des actes matériels de nature à caractériser la possession, est insuffisant ; Civ. 3e, 30 juin 1999, *Bull. civ.* III, n° 159, *JCP* 2000, I, 211, obs. H. Périnet-Marquet, *Rép. Defr.* 1999, p. 1054, obs. Ch. Atias : « l'existence d'un acte notarié constatant une usucapion et le paiement d'impôts ne pouvaient établir celle-ci, sans relever l'existence d'actes matériels de possession accomplis par les demandeurs pendant une durée de trente ans ». On ne voit pourtant pas pourquoi l'accomplissement d'actes juridiques – ce qui revient à

708. Exclusion des « *actes de pure faculté et ceux de simple tolérance* ». Ainsi que le prévoit l'article 2262 C. civ., « *[l]es actes de pure faculté et ceux de simple tolérance ne peuvent fonder ni possession ni prescription* ». Sont ici visés les actes qui ont été accomplis sur autorisation du titulaire du droit[4], non ceux qui l'ont été en dehors ou au-delà d'une telle autorisation. Ainsi, celui qui a ouvert des vues en vertu d'une simple tolérance accordée par le propriétaire voisin, révocable à première demande si ce dernier venait à construire sur sa parcelle, n'a commencé à posséder et prescrire qu'à compter de cette construction[5].

En définitive, le *corpus* de la possession sera caractérisé lorsque, en raison d'un ensemble d'actes accomplis, celui qui invoque la possession se sera comporté, en fait, comme le titulaire du droit sur la chose.

709. Acquisition et perte du *corpus*. L'entrée en possession se traduit par une prise de pouvoirs sur la chose qui peut se réaliser physiquement (appréhension de la chose) ou symboliquement (remise des clefs permettant d'accéder à la chose).

Celui qui perd le seul *corpus* perd la possession, comme c'est le cas à la suite de la perte ou du vol de la chose. Tel n'est pas le cas lorsque le possesseur se dessaisit du bien au profit d'un détenteur précaire, par exemple lorsqu'un propriétaire loue son bien : le possesseur possède alors *corpore alieno* et fait par ailleurs acte de possesseur en confiant la détention précaire de son bien à autrui.

§ 2. L'animus

710. Premières vues. L'*animus* constitue l'élément subjectif de la possession : c'est l'intention de se comporter comme le titulaire du droit exercé. Certes, l'on retrouve naturellement cette intention chez le titulaire du droit lui-même. Mais on peut la trouver également chez celui qui ne l'est pas : ainsi, le voleur a normalement l'intention de se comporter comme le propriétaire du bien volé et l'acquéreur d'un bien dont le titre a par la suite été rétroactivement anéanti aura normalement été animé entre la date d'acquisition et celle de l'anéantissement de l'intention de se comporter comme un propriétaire.

711. Controverse : Savigny v. Jhering. Le sens et la portée de l'*animus* ont fait l'objet d'une célèbre controverse outre-Rhin entre Savigny et Jhering.

Dans son *Traité de la possession en droit romain* (1803), Savigny (1779-1861) a défendu une thèse dite *subjective* suivant laquelle l'*animus* est l'élément qui permet de distinguer la possession de la détention. Si les possesseur et détenteurs exercent des prérogatives (*corpus*) sur le bien qui peuvent être identiques, ils ne le sont

exercer un droit –, autres que la simple revendication du bien, ne pourrait pas constituer le *corpus* de la possession.

4. Les juges du fond disposent d'un pouvoir souverain d'appréciation (Civ. 3e, 30 janvier 1973, *Bull. civ.* III, n° 88 : « les juges d'appel, souverains pour décider si les faits de possession invoqués devant eux constituaient des actes de pure tolérance (...) »).

5. Civ. 3e, 17 juin 1992, *Bull. civ.* III, n° 72 : « (...) ayant relevé que les consorts X... bénéficiaient, aux termes de l'acte du 10 mars 1950, d'une simple tolérance, révocable à première demande si Mme Y..., ou ses ayants-droit, venaient à faire construire, la cour d'appel a légalement justifié sa décision en retenant exactement que, conformément aux dispositions de l'article 2232 C. civ., la prescription acquisitive trentenaire, invoquée par les consorts X... (...) avait pour point de départ l'édification, en 1960, de l'immeuble des consorts Z... ».

pas animés d'une même intention : le possesseur a l'intention de le faire en qualité de propriétaire[6] alors que le détenteur n'a l'intention d'agir qu'en sa qualité de détenteur. Savigny opposait à cet égard l'« *animus domini* », caractéristique de la possession, à l'« *animus detinendi* », caractéristique de la détention. C'était pourtant là préjuger des intentions du détenteur précaire, qui pourrait très bien vouloir se comporter en véritable titulaire d'un droit réel.

Cela n'a pas échappé à Jhering (1818-1892) qui, dans plusieurs de ses écrits consacrés à la possession (*Du fondement de la protection possessoire* (1865) ; *Rôle et volonté dans la possession* (1891) ; *Possession, théorie simplifiée et mise à la portée de tout le monde* (1890)) a défendu une thèse dite *objective* en donnant un autre sens à l'*animus* et en lui conférant une bien moindre portée[7]. Réduisant l'*animus* à la seule intention d'exercer sur la chose un pouvoir de fait, Jhering considère que toute personne ayant en fait la maîtrise d'une chose en a normalement la possession[8]. Toutefois, en raison de son titre de détenteur précaire, il ne peut se prévaloir de la possession en vue d'invoquer le jeu de la prescription, la protection possessoire en matière immobilière devant en revanche lui être reconnue[9].

712. Définition retenue. L'apport essentiel de Jhering est d'avoir montré l'absence d'antinomie entre la possession et la détention précaire. Pour autant, la notion de possession qu'il retient est trop large, du moins pour le droit français[10], car elle revient à reconnaître la qualité de possesseur à tous les détenteurs précaires. En droit français ne se voient reconnaître la qualité de possesseur que ceux-là seuls qui veulent se comporter en titulaires d'un droit réel[11]. Partant, l'*animus* doit être défini comme l'**intention de se comporter comme le titulaire d'un droit réel sur la chose**.

713. Présomption. L'*animus*, à tout le moins l'*animus domino*, est présumé[12]. Sur le plan probatoire, celui qui allègue une possession n'est donc tenu de rapporter

6. F. Ch. DE SAVIGNY, *Traité de la possession en droit romain*, trad. H. STAEDLER, A. Durant et Pedone-Lauriel, 1879, § 9, p. 88 s. : « [p]our être considérée comme possession, toute détention doit être intentionnelle, c'est-à-dire que, pour être possesseur, il ne suffit pas de détenir la chose, il faut aussi *vouloir* la détenir. (...) l'*animus possidendi* n'est autre chose que l'intention d'exercer le droit de propriété (...) pour être considéré comme véritable possesseur d'une chose, il faut nécessairement que celui qui la détient se gère à son égard en propriétaire ; en d'autres termes, qu'il prétende en disposer en fait comme un propriétaire aurait la faculté légale de le faire en vertu de son droit (...) ».

7. Qu'il qualifie de « serpent marin de la science » (R. VON JHERING, *Études complémentaires de l'esprit du droit romain*, III, *Du rôle de la volonté dans la possession – Critique de la méthode juridique régnante*, trad. O. DE MEULENAERE, A. Marescq, 1891, XII, p. 212).

8. R. VON JHERING, *Études complémentaires de l'esprit du droit romain*, III, *Du rôle de la volonté dans la possession – Critique de la méthode juridique régnante*, trad. O. DE MEULENAERE, A. Marescq, 1891, XIV, p. 256 : « *[l]e but subjectif n'exerce aucune influence sur els rapports juridiques* » (en italique dans le texte).

9. R. VON JHERING, *Études complémentaires de l'esprit du droit romain*, III, *Du rôle de la volonté dans la possession – Critique de la méthode juridique régnante*, trad. O. DE MEULENAERE, A. Marescq, 1891, XII, p. 226 : « [l]a différence de la possession et de la détention n'est pas le résultat d'une différence générique dans la volonté de posséder, mais d'une disposition du droit qui a refusé dans certaines circonstances aux conditions légales de la possession leurs effets ordinaires ».

10. En droit allemand, « *la possession d'une chose est acquise par l'obtention du pouvoir de fait sur cette chose* » (art. 854§ 1 BGB). Il en va de même du droit suisse : « *lorsque le possesseur remet la chose à un tiers pour lui conférer soit un droit de servitude ou de gage, soit un droit personnel, tous deux en ont la possession* » (art. 920 C. civ.).

11. Le cas échéant, justifier d'une interversion de titre.

12. Art. 2256 C. civ. : « *[o]n est toujours présumé posséder pour soi, et à titre de propriétaire, s'il n'est prouvé qu'on a commencé à posséder pour un autre* ».

la preuve que du *corpus*[13]. En tout état de cause, le titulaire du droit réel ne cherchera pas tant à renverser la présomption d'*animus* qu'à établir un titre de détention précaire[14].

714. Cas particulier de la possession *solo animo*. Bien que la possession suppose en droit français la réunion du *corpus* et de l'*animus*, la jurisprudence a assoupli cette double exigence. De fait, en matière immobilière, elle estime que **la prescription acquisitive peut être invoquée par le possesseur qui, ayant à l'origine accompli des actes matériels, a cessé de le faire par la suite, dès lors qu'il avait l'intention de continuer à se comporter en possesseur**, désormais *animo solo* : « la possession légale utile pour prescrire ne peut s'établir à l'origine que par des actes matériels d'occupation réelle et se conserve tant que le cours n'en est pas interrompu ou suspendu »[15]. En somme, l'intention de posséder suffit à caractériser une possession et à autoriser une usucapion, sans que soient requis de sa part des actes matériels caractéristiques du *corpus*, pourvu que de tels actes matériels aient été effectués à l'origine. Même si le non-usage est « une façon d'exercer les prérogatives du droit de propriété »[16], la solution peut être critiquée, car aucune raison ne commande de privilégier les intérêts de celui qui n'accomplit pas d'actes de possession par rapport à ceux du propriétaire qui certes n'accomplit pas davantage de tels actes, mais qui n'a pas pour autant renoncé à son droit. La propriété, qui ne se perd pas par le non-usage, ne devrait s'acquérir que par son usage... Au-delà, on ne voit pas bien comment apprécier l'utilité d'une possession invisible et comment le

13. Civ. 1re, 21 décembre 1964, *Bull. civ.* I, n° 589 : « l'article 2230 C. civ. présumant la possession à titre de propriétaire, la cour d'appel n'avait pas à caractériser spécialement l'élément intentionnel de la possession des consorts A... et que, quand même on voudrait bien admettre que la compagnie a conservé son *animus domini* en payant les impôts, elle n'en aurait pas moins perdu la possession des terrains matériellement appréhendés par Joseph A... et ses successeurs ».

14. Civ. 1re, 7 février 1962, *Bull. civ.* I, n° 91 : « la présomption qui résulte de la possession implique, pour le demandeur en revendication qui prétend avoir remis à titre précaire les meubles au défendeur, la charge de justifier de la précarité de la possession, à défaut de quoi le défendeur à titre pour les conserver, sans être obligé de prouver l'existence de l'acte translatif qu'il invoque comme cause de sa possession, la preuve de cet acte serait-elle soumise à des règles particulières ; (...) il n'en est autrement et que le possesseur n'à la charge de prouver l'acte sur lequel il fonde sa possession que si ayant à l'origine détenu les meubles à titre précaire, il invoque l'interversion de son titre ».

15. Civ. 3e, 20 février 2013, *Bull. civ.* III, n° 27, *D.* 2013, p. 1531, note A. Tadros et p. 2125, obs. B. Mallet-Bricout, *JCP* 2013, I, 429, obs. H. Périnet-Marquet, *Dr. & patr.* juin 2013, p. 78, obs. J.-B. Seube, *RTD civ.* 2013, p. 412, obs. W. Dross : les juges du fond avaient rejeté la prétention de celui qui invoquait l'usucapion au motif qu'aucun fait matériel d'occupation effective n'avait été constaté au moment du transport sur les lieux et que les témoignages produits n'étaient pas suffisamment probants pour établir une possession de trente ans, seule pouvant être retenue avec suffisamment de certitude une période de 1934 à1948. Cassation : « en statuant ainsi, alors que la possession légale utile pour prescrire ne peut s'établir à l'origine que par des actes matériels d'occupation réelle et se conserve tant que le cours n'en est pas interrompu ou suspendu, la cour d'appel, qui n'a pas recherché si la possession des consorts X... ne s'était pas poursuivie au delà de 1948 par la seule intention, sans être interrompue avant l'expiration du délai de prescription par un acte ou un fait contraire, n'a pas donné de base légale à sa décision ». Et, retenant la même formule, v. déjà Civ. 27 mars 1929, *DH* 1929, p. 250 ; Civ. 3e, 17 avril 1969, *Bull. civ.* III, n° 303 ; Civ. 3e, 15 mars 1977, *Bull. civ.* III, n° 121, *Rép. Defr.* 1055, p. 1591, obs. H. Souleau, *RTD civ.* 1978, p. 384, obs. Cl. Giverdon.

16. F. Terré et Ph. Simler, n° 161. Au demeurant, l'argument peut être retourné, car, en ce cas, le propriétaire pourrait alors invoquer la possession à son profit.

propriétaire pourrait interrompre la prescription opérée par celui qui ne possède qu'en intention[17], sauf à accomplir lui-même des actes matériels...[18]

715. Nécessité du *corpus* et de l'*animus*. Sous réserve du cas exceptionnel qui vient d'être envisagé[19], seule la réunion du *corpus* et de l'*animus* sont nécessaires à l'établissement de la possession. En premier lieu, on ne peut devenir possesseur sans l'*animus*. Ainsi, relevait Paul, une personne endormie ne possède pas l'objet que l'on place entre ses mains[20]. En second lieu, on ne peut devenir possesseur sans le *corpus*. Certains le contestent, dans deux hypothèses principales : un détenteur précaire acquiert la propriété de la chose détenue (par exemple, le locataire devient propriétaire d'un bien qu'il louait : c'est la *traditio brevi manu*) et un propriétaire aliène sa chose en reconnaissant désormais posséder pour le compte de l'acquéreur (par exemple, le propriétaire devient locataire d'un bien qu'il a vendu : c'est le constitut possessoire[21]). Pourtant, dans chacune de ces situations, si le bien est resté matériellement entre les mêmes mains, le *corpus* a changé. À proprement parler d'ailleurs, le *corpus* ne se transfère pas, puisqu'il ne consiste qu'en l'exercice de prérogatives.

Section 2
Les qualités

716. Plan. La possession est susceptible de présenter certaines qualités : elle peut être continue (§ 1), paisible (§ 2), publique (§ 3), et non équivoque (§ 4). Lorsqu'elle les possède toutes, elle est dite **utile**, c'est-à-dire *utile aux fins d'usucapion* (art. 2261 C. civ.[22]). Il faut toutefois ajouter à ces exigences une autre qui a été posée par la jurisprudence, son caractère licite (§ 5).

17. V. A. Tadros, note préc., spéc. p. 1534. L'auteur s'interroge également sur la conformité de la solution au regard des règles-supra législatives, dès lors que la possession *animo solo* peut avoir pour effet de faire perdre au propriétaire son droit.
18. L'idée qui sous-tend cette jurisprudence est qu'il n'y a peut-être pas véritablement perte du *corpus* tant qu'un autre n'exerce pas à son tour des prérogatives sur le bien ; autrement dit, on ne perd pas la maîtrise d'une chose tant qu'autrui ne l'acquiert pas.
19. V. *supra*, n° 714.
20. Paul, Dig. L. 41, T. 2, 1, 3 : « [u]n furieux et un pupille ne peuvent commencer à posséder que par l'autorité de leur tuteur (ou curateur) ; parce que, quoiqu'ils puissent toucher les choses de leurs mains, ils n'ont point l'intention d'en être possesseurs. On peut les comparer à un homme endormi à qui on mettrait quelque chose dans la main » (trad. H. Hulot).
21. Historiquement, le constitut possessoire permettait de réaliser un transfert de propriété là où la tradition de la chose était nécessaire pour y parvenir. Le constitut possessoire ne permet pas, d'après la jurisprudence de la Cour de cassation, d'établir un don manuel : Civ. 1re, 10 octobre 2012, *Bull. civ.* I, n° 195, *RTD civ.* 2012, p. 760, obs. M. Grimaldi et 2013, p. 146, obs. W. Dross : « le don manuel n'a d'existence que par la tradition réelle que fait le donateur de la chose donnée, effectuée dans des conditions telles qu'elle assure la dépossession définitive et irrévocable de celui-ci », tel n'étant pas le cas lorsque les meubles prétendument donnés sont demeurés au domicile des donateurs, les donataires les laissant à leur disposition jusqu'à ce qu'il soit procédé à leur partage par une convention ultérieure.
22. *« Pour pouvoir prescrire, il faut une possession continue et non interrompue, paisible, publique, non équivoque, et à titre de propriétaire. »* La précision que la possession doit être « *à titre de propriétaire* » est trompeuse, car on peut posséder tous droits réels et non pas seulement la propriété.

§ 1. Le caractère continu

717. Absence d'interruption. La possession est continue lorsqu'elle n'est pas interrompue, peu important que les actes matériels qui la caractérisent n'aient été qu'intermittents[23]. Le possesseur qui possède seulement par moments ne mérite de pouvoir invoquer les avantages que la loi entend réserver à ceux qui possèdent avec constance. Sur le plan probatoire, l'article 2264 C. civ. précise que « *[l]e possesseur actuel qui prouve avoir possédé anciennement, est présumé avoir possédé dans le temps intermédiaire, sauf la preuve contraire* ». Autrement dit, la possession interrompue, puis reprise, est présumée, en l'absence de preuve contraire, s'être poursuivie dans le temps intermédiaire[24].

§ 2. Le caractère paisible

718. Sans violence. La possession est paisible lorsqu'elle est exempte de violences matérielles ou morales[25]. Il n'y a aucune raison de protéger les intérêts du possesseur violent et qui met le titulaire du droit dans l'impossibilité de posséder lui-même. L'article 2263 al. 1 C. civ. insiste en indiquant que « *[l]es actes de violence ne peuvent fonder non plus une possession capable d'opérer la prescription* ». Il est à ce titre possible qu'une possession, à l'origine violente, soit par la suite

23. Civ. 1re, 3 mai 1960, *Bull. civ.* I, n° 230 : « la possession est continue, lorsqu'elle a été exercée dans toutes les occasions, comme à tous les moments ou elle devait l'être, d'après la nature de la chose possédée, sans intervalles anormaux assez prolongés pour constituer des lacunes » (cassation de l'arrêt ayant refusé de reconnaître le caractère continu de la possession « sans préciser si les actes de possession invoqués par Millet, et dont l'arrêt reconnaît l'existence et la périodicité, avaient été accomplis à des intervalles anormaux assez prolongés pour constituer des lacunes, et rendre ainsi la possession discontinue »).

24. Civ. 3e, 6 mai 1970, *Bull. civ.* III, n° 323 : « la cour d'appel, qui est souveraine pour dire si la prescription invoquée s'appuie sur une possession continue, retient que, si "la preuve d'une possession (effective) par un tiers du terrain litigieux n'avait pas été établie", Rossi, possesseur au jour de l'assignation, "ayant prouvé qu'il possédait pendant plusieurs années dès avant 1914", a pu bénéficier de la présomption de continuité édictée par l'article 2234 C. civ. » ; Civ. 3e, 19 mai 2004, *Bull. civ.* III, n° 102, *JCP* 2004, I, 171, obs. H. Périnet-Marquet : un terrain avait été possédé de 1930 jusqu'en 1954 par le membre d'une famille puis, suite à une interruption de la possession, par un autre membre de la même famille, à compter d'une date inconnue jusqu'en 1986, date à laquelle la possession avait été troublée. La Cour de cassation approuve les juges du fond d'avoir retenu la prescription acquisitive dès lors que la possession est « présumée, en l'absence de preuve contraire, s'être poursuivie dans le temps intermédiaire ». Il était bien acquis en l'espèce que la possession avait été interrompue, de sorte que la « présomption » de possession intermédiaire, si elle en était véritablement une, aurait dû être renversée. Aussi, c'est davantage l'absence de possession par un tiers au cours de la période intermédiaire qui autorise l'application de l'article 2264 C. civ. tant est si bien que si présomption il y a, c'est que le bien n'a pas été possession d'un tiers au cours de la période intermédiaire.

25. Civ. 3e, 30 avril 1969, *Bull. civ.* III, n° 348 : cassation de la décision ayant refusé de caractériser une possession utile, « alors qu'il n'était ni démontré ni même allégué que [le possesseur] ait *acquis* ou *gardé* la possession des terres revendiquées, au moyen de voies de fait accompagnées de violences matérielles ou morales qui seules pouvaient rendre non paisible la possession invoquée pour la prescription » (nous soulignons) ; Civ. 3e, 15 février 1995, *Bull. civ.* III, n° 53, *Rép. Defr.* 1995, p. 1117, obs. Ch. Atias, *RDI* 1995, p. 284, obs. J.-L. Bergel : cassation de la décision ayant refusé de caractériser une possession utile, alors qu'il n'était pas établi que les demandeurs « avaient *conservé* la possession des terres qu'il revendiquait, au moyen de voies de fait accompagnées de violences matérielles ou morales » (nous soulignons).

devenue paisible : elle devient alors utile (art. 2263 al. 2 C. civ. : « *[l]a possession utile ne commence que lorsque la violence a cessé* »). Le vice de violence est relatif dans la mesure où la possession peut n'avoir été violente qu'à l'égard de certaines personnes, ce qui explique que celles-là seules puissent se prévaloir de ce vice[26].

§ 3. Le caractère public

719. Apparence. La possession est publique lorsqu'elle se manifeste par des actes de possession apparents. Cette exigence est de nature à mettre en mesure les intéressés de la contester et de l'empêcher de lui faire produire des effets, ce qui est impossible lorsque la possession est clandestine. À cet égard, la question de la possession d'un bien placé dans un coffre soulève fréquemment des difficultés : la jurisprudence décide qu'elle n'est pas clandestine[27]. Le vice de clandestinité est relatif dans la mesure où la possession peut n'avoir été cachée qu'à l'égard de certaines personnes, ce qui explique que celles-là seules puissent se prévaloir de ce vice[28].

§ 4. Le caractère non équivoque

720. Non douteuse[29]. La possession n'est pas équivoque si les actes accomplis par le possesseur au titre du *corpus* révèlent son *animus*. Autrement dit, la possession est équivoque si les actes du possesseur ne révèlent pas son intention de se conduire en propriétaire ou en titulaire du droit réel revendiqué[30]. C'est ce doute

26. Req. 26 août 1884, *DP* 1885, 1, p. 58 : le défendeur à l'action possessoire ne peut « se prévaloir d'actes émanés d'un tiers qui n'empêchaient pas la possession de son adversaire d'avoir, par rapport à lui, un caractère paisible ».

27. Civ. 1re, 11 juin 1991, *Bull. civ.* I, n° 199 : la « détention de titres au porteur, non susceptibles d'un usage commun, dans un coffre [que le possesseur] avait loué sans se dissimuler n'est pas de nature à vicier la possession ». *Adde* CA Paris, 3 octobre 1990, *Gaz. Pal.* 1991, 1, p. 113, note Frémont : œuvres d'art mises sous coffre.

28. Civ. 1re, 8 mars 2005, *Bull. civ.* I, n° 123, *JCP* 2005, I, 181, obs. H. Périnet-Marquet, *Dr. & patr.*, novembre 2005, p. 103, obs. J.-B. Seube : dissimulation à la police d'un don de somme d'argent ayant permis l'acquisition de bons anonymes dont la possession était en cause.

29. G. Nicolau, « L'équivoque entre vice et vertu », *RTD civ.* 1996, p. 57 s.

30. Civ. 1re, 13 juin 1963, *Bull. civ.* I, n° 317 : « la possession n'est équivoque que si les actes du possesseur ne révèlent pas son intention de se conduire en propriétaire. Ce vice est sans relation avec la mauvaise foi, l'équivoque supposant le doute dans l'esprit des tiers, mais non dans celui du possesseur ». Ainsi, ne peut invoquer une possession dépourvue d'équivoque celui qui accepte d'acquérir des véhicules automobiles sans se faire remettre les cartes grises correspondantes, accessoires indispensables, ou sans vérifier que le vendeur les détient (Civ. 1re, 14 mai 1996, *Bull. civ.* I, n° 199, *Rép. Defr.* 1996, p. 1067, obs. Ch. Atias, *JCP* 1996, I, 3972, obs. H. Périnet-Marquet, *RTD civ.* 1998, p. 408, obs. F. Zenati : « la cour d'appel, après avoir relevé que la carte grise constitue un accessoire indispensable du véhicule, a pu énoncer que, en acceptant d'acquérir les véhicules litigieux sans se faire remettre les cartes grises ou sans vérifier, à tout le moins, que la société Util Auto détenait ces documents, la société SISA avait une possession équivoque »), sauf en présence de la vente de véhicules automobiles entre professionnels, dès lors qu'un usage professionnel autorise la remise différée de cartes grises (Com. 24 avril 2007, *Bull. civ.* IV, n° 115, *JCP* 2007, I, 197, obs. H. Périnet-Marquet ; l'arrêt se prononce cependant sur la bonne foi de l'acquéreur : « dès lors que l'article R. 322-4 du Code de la route n'oblige pas le vendeur d'un véhicule à remettre la carte grise, revêtue de la mention "vendu, cédé ou revendu à", à l'acheteur concomitamment à la vente, la cour d'appel qui a relevé, d'un côté, qu'il était

qui empêche que l'on fasse produire à la possession ses effets. Le vice d'équivoque est celui des vices qui donne lieu au contentieux le plus important, spécialement en présence de situations où règnent une certaine promiscuité[31] : dans l'indivision[32] ou au sein d'un couple[33], notamment.

§5. Le caractère licite

721. Non prévu par les textes. Les actes de possession ne doivent pas être des actes contraires à la loi. Ainsi, celui qui exploite dans un lotissement un atelier avec des machines alors qu'il n'en n'a pas le droit ne peut acquérir par prescription le droit de continuer à le faire[34]. Il serait en effet curieux d'admettre qu'un individu puisse, parce qu'il a violé la loi pendant suffisamment de temps, acquérir le droit de le faire à jamais... La loi n'a pas à faire produire des effets aux actes qui lui sont contraires. Il convient néanmoins de faire le départ avec la situation dans laquelle la possession a pris naissance en raison d'un acte illicite, tel un vol : le vol s'est consommé par sa réalisation et la conservation de la chose n'en constitue qu'une suite[35].

---

d'usage entre professionnels, que le vendeur ne transmette que dans les quinze jours de la vente à l'acheteur, les documents administratifs afférents aux véhicules vendus, et, d'un autre, qu'il n'était pas exceptionnel que des loueurs de véhicules procèdent à leur revente, éventuellement à bref délai, a souverainement retenu que la société Debard, en faisant l'acquisition desdits véhicules auprès de la société LCS Com, sans que celle-ci lui ait remis les cartes grises et bien que ces documents, présentés lors de la vente à un préposé de la société Debard, eussent désigné comme propriétaire la société Fraikin, était de bonne foi lors de son acquisition ; qu'ainsi l'arrêt est justifié »).
Par ailleurs, celui qui occupe depuis de très nombreuses années en ayant succédé aux droits d'un emphytéote et qui invoque en même temps avoir la détention, la possession et la jouissance du bien litigieux peut convaincre les juges d'une possession équivoque (Civ. 3e, 10 avril 2013, *Bull. civ.* III, n° 50, *JCP* 2013, I, 1060, obs. H. Périnet-Marquet, *RTD civ.* 2013, p. 636, obs. W. Dross). *Adde* Civ. 3e, 5 juin 2013, *Bull. civ.* III, n° 74, *JCP* 2013, I, 1060, obs. H. Périnet-Marquet : « ayant constaté que l'occupation des terrains litigieux par les consorts Z... A... avait été autorisée dans la perspective d'un projet de lotissement et de cession de lots jamais réalisé et souverainement retenu, d'une part, que leur occupation était précaire et, d'autre part, qu'ils n'avaient pas manifesté la volonté non équivoque de se comporter comme propriétaires desdits terrains, la cour d'appel, qui a procédé à la recherche prétendument omise et qui en a déduit, sans inverser la charge de la preuve, que les consorts Z... A... ne démontraient pas l'existence d'une possession trentenaire à titre de propriétaire, a légalement justifié sa décision »).

31. Civ. 2e, 10 novembre 1998, B. 270 : cohabitation entre un locataire et le propriétaire faisant l'objet d'une saisie.

32. Civ. 3e, 6 juin 1974, *Bull. civ.* III, n° 235 : « si les actes de possession accomplis par un coïndivisaire sont en principe équivoques à l'égard des autres coïndivisaires, ils perdent ce caractère dès lors qu'ils démontrent l'intention manifeste de ce coïndivisaire de se comporter comme seul et unique propriétaire du bien indivis dont il établit avoir la possession exclusive » ; Civ. 1re, 17 avril 1985, *Bull. civ.* I, n° 120, *D.* 1986, p. 82, note A. Breton : « l'indivisaire ne peut prescrire les biens de l'hérédité à l'encontre de ses coïndivisaires que s'il justifie d'une possession non équivoque et que le vice d'équivoque peut être opposé a ses héritiers ».

33. Civ. 1re, 7 décembre 1977, *Bull. civ.* I, n° 469, *RTD civ.* 1978, p. 674, obs. Cl. Giverdon : la possession de concubins qui ont toujours vécu ensemble dans un immeuble est équivoque et ne peut permettre à l'un d'entre eux d'acquérir par prescription la propriété de cet immeuble.

34. L'exploitation dans un lotissement d'un atelier en contravention avec la législation ne permet pas d'acquérir par prescription le droit de faire fonctionner cette installation, prohibée par le cahier des charges (Civ. 3e, 13 novembre 1969, *Bull. civ.* III, n° 729 : la cour d'appel a pu considérer que « [n]ul ne peut prescrire en vertu d'une possession s'établissant sur des actes illicites ou irréguliers »).

35. Il reste que le recel constitue en lui-même une infraction pénale (art. L. 321-1 s. C. pén.)...

Chapitre 2
Les effets

722. Plan. La possession produit deux effets : un effet probatoire (Section 1) et un effet acquisitif (Section 2).

723. Observation liminaire : la preuve de la possession. La possession, fait juridique, peut se prouver par **tous moyens**. Elle peut notamment l'être par un **acte de notoriété**[1], souvent dressé en vue de sa publication, pour rendre opposable l'acquisition d'un bien immobilier. Ainsi celui qui se prétend propriétaire d'un terrain et qui ne peut faire état d'un titre pourra toujours faire établir qu'il est notoirement possesseur depuis trente ans, attestant de sa qualité de propriétaire. Précisément, l'acte de notoriété est un acte authentique dressé par le notaire et sous sa responsabilité[2] à partir des déclarations du possesseur et, évidemment, de tiers témoins, dont l'objet est d'établir la possession[3]. Il s'agit d'un acte qui rend vraisemblable la possession – à ce titre il *peut* être publié[4] – et donc, *in fine*, la propriété, sachant que le juge reste souverain pour apprécier la réalité de la possession et lui faire produire ses effets[5].

L'APRDB consacre l'acte de notoriété en prévoyant, après avoir énoncé que « [l]a possession se prouve par tout moyen », qu'elle « peut être constatée par un acte de notoriété contenant des témoignages et, le cas échéant, des indices attestant de son existence, de ses qualités et de sa durée » et que « [l']acte de notoriété ne fait foi de la possession que jusqu'à preuve contraire » (art. 546).

---

1. Le Code civil consacre aujourd'hui la pratique notariale qui consistait à établir des actes de notoriété en vue d'établir la qualité d'héritier (art. 730-1 s. C. civ.).
2. Civ. 3e, 22 juin 2014, pourvoi n° 12-26601 : « le notaire qui établit un acte de notoriété acquisitive qui se révèle ultérieurement erroné n'engage sa responsabilité de ce fait que lorsqu'il dispose d'éléments de nature à le faire douter de la véracité des énonciations dont on lui est demandé de faire état, sans avoir à rechercher les origines de propriété du bien en cause qui ne sont pas susceptibles de contredire la possession ainsi attestée ».
3. L'acte de notoriété doit établir des « actes matériels de possession » et ne pas se contenter de dire qu'il y a eu usucapion (Civ. 3e, 4 mai 2011, *Bull. civ.* III, n° 68, *JCP* 2011, I, 2317, obs. H. Périnet-Marquet : se prononçant au regard d'un « acte de prescription trentenaire », les juges du fond doivent « relever l'existence d'actes matériels de possession pour pouvoir retenir la prescription acquisitive » ; Civ. 3e, 12 décembre 2012, pourvoi n° 11-23854 : se prononçant en vertu d'un acte de « notoriété prescriptive », les juges du fond doivent caractériser des « actes de possession matérielle »).
4. Art. 35 Décr. 14 octobre 1955 : « *[s]i le droit du disposant ou dernier titulaire a été acquis sans titre et, notamment par prescription ou accession ou lorsque le droit de propriété s'est trouvé consolidé par le décès de l'usufruitier, dans ces cas, le document déposé doit contenir une déclaration précisant le mode ou les conditions d'acquisition ou de consolidation du droit* ».
5. Civ. 3e, 4 octobre 2000, *Bull. civ.* III, n° 158 : « si l'existence d'un acte notarié constatant une usucapion ne peut, par elle-même, établir celle-ci, il appartient au juge d'en apprécier la valeur probante quant à l'existence d'actes matériels de nature à caractériser la possession invoquée ».

Section 1
L'effet probatoire

724. Plan. L'effet probatoire de toute possession (§ 1) doit être distingué de l'effet probatoire de la possession utile et de bonne foi en matière mobilière (§ 2).

§ 1. L'effet probatoire de toute possession

725. Un indice de la propriété. Lorsque deux parties se disputent la propriété, le juge fera droit à la prétention de celui qui aura établi à son profit « les présomptions de propriété les meilleures et les plus caractérisées »[6]. À ce sujet, la possession du bien dont la propriété est revendiquée est un indice, mais seulement un indice[7], de la propriété du possesseur.

§ 2. L'effet probatoire la possession utile en matière mobilière : la présomption de titre

726. Sens de la règle « *En fait de meubles, la possession vaut titre* ». Le possesseur utile d'un meuble est présumé en être le propriétaire. C'est un des deux sens[8] que l'on donne à la formule « *[e]n fait de meubles, la possession vaut titre* », de l'article 2276 al. 1 C. civ.

Cette disposition accorde un avantage probatoire certain au possesseur qui défend à une action en revendication pour la simple raison que le commerce des meubles se fait le plus souvent sans que les parties ne prennent le soin de dresser un acte ou, lorsque tel est le cas, de le conserver.

Le revendiquant devra détruire le titre de propriété présumé du possesseur en établissant sa qualité de détenteur précaire[9] car c'est lui qui supporte le risques de

---

6. Retenant cette formule, v. notamment : Civ. 27 mars 1929, S. 1929, 1, p. 215 ; Civ. 3e, 10 mars 2010, pourvoi n° 09-11632 ; Civ. 3e, 8 novembre 2011, pourvoi n° 10-25487. Et v. *supra*, n° 695.

7. Civ. 1re, 21 juin 1961, *Bull. civ.* III, n° 330 : « c'est dans l'exercice du pouvoir souverain d'appréciation dont ils disposent en la matière que les juges d'appel ont tenu ces éléments pour insuffisants à caractériser un droit de propriété préférable à celui que faisait présumer la possession reconnue des consorts A..., dont les adversaires n'avaient pas invoqué la prescription acquisitive ».

8. L'autre étant de faire produire à la possession d'un meuble un effet acquisitif immédiat, v. *infra*, n° 743.

9. Civ. 1re, 8 décembre 1987, *Bull. civ.* I, n° 338 : « en estimant que, pour s'opposer aux effets de la possession des meubles litigieux par M. X..., Mme Y... devait établir, non pas qu'elle en avait été propriétaire, mais qu'en vertu d'une convention passée avec son locataire, la possession de celui-ci était précaire, la cour d'appel a légalement justifié sa décision » ; Civ. 1re, 22 mars 2012, *Bull. civ.* I, n° 69 : « la cour d'appel (...) a souverainement estimé que la production, à propos des œuvres litigieuses, d'écrits les désignant seulement comme prêtées à ou par la galerie A..., ainsi que l'attestation de l'ancien directeur de celle-ci exposant que lesdites œuvres étaient déposées auprès d'elle en vue de leurs commercialisations éventuelles, à des prix alors fixés avec le correspondant de l'artiste, sauf lorsqu'il demandait à les conserver pour sa collection personnelle, établissaient la détention précaire d'Aimé A..., laquelle, sauf interversion de titre non alléguée, mettait à néant la possession dont ses héritiers se prévalaient et partant, la présomption de propriété ou l'effet acquisitif que ses héritiers prétendaient en retirer ».

la preuve[10]. Toutefois, dans un cas particulier, lorsqu'ayant à l'origine détenu les meubles à titre précaire, il invoque l'interversion de son titre, le possesseur devra justifier de l'acte sur lequel il fonde sa possession[11].

727. Domaine et conditions de la règle « *En fait de meubles, la possession vaut titre* ». Le domaine de la règle de l'article 2276 C. civ. est limité aux **meubles corporels individualisés**[12]. En deuxième lieu, l'article 2276 C. civ. suppose une **possession qui ne soit pas viciée**[13], mais pas qu'elle soit de bonne foi – exiger la bonne foi du possesseur n'aurait aucun sens, car c'est justement celle-ci qui fait l'objet du litige[14]. Il faut à ce titre observer qu'une possession peut être viciée et néanmoins être tenue pour utile, lorsque le vice qui l'affecte est relatif[15] et que la possession n'est pas invoquée à l'encontre d'une personne pouvant se prévaloir du vice. Ainsi pourra se prévaloir d'une possession utile celui qui a violenté une personne en vue de lui soustraire un de ses biens, pourvu qu'il invoque sa possession à l'égard d'une autre personne que la victime. En troisième lieu, le mécanisme de l'article 2276 C. civ. est **subsidiaire** en ce qu'il ne joue pas lorsqu'un texte spécial édicte une présomption de propriété. Ainsi, dans les rapports entre époux séparés de biens, l'article 1538 al. 3 C. civ., qui dispose que « *[l]es biens sur lesquels aucun des époux ne peut justifier d'une propriété exclusive sont réputés leur appartenir indivisément, à chacun pour moitié* », tient en échec la présomption de l'article 2276 C. civ.[16]

728. Force probante de la règle « *En fait de meubles, la possession vaut titre* ». Le revendiquant à qui l'on oppose la règle de l'article 2276 C. civ. peut opposer que la possession du possesseur est viciée, que le possesseur est un détenteur précaire[17], ou encore que l'acte par lequel le possesseur prétend avoir acquis un

10. Civ. 1re, 20 octobre 1982, *Bull. civ.* I, n° 298, *RTD civ.* 1983, p. 559, obs. Cl. Giverdon : « la présomption qui résulte de la possession implique pour le demandeur en revendication, qui prétend avoir remis à titre précaire un meuble au défendeur, la charge de justifier de la précarité de la possession, à défaut de quoi le défendeur a titre pour le conserver, sans être obligé de prouver l'existence de l'acte translatif qu'il invoque comme cause de sa possession » ; Civ. 1re, 11 juin 1991, *Bull. civ.* I, n° 199 : « la détention de titres au porteur, non susceptibles d'un usage commun, dans un coffre qu'elle avait loué sans se dissimuler n'est pas de nature à vicier la possession de Mme Z..., qui, défenderesse à l'action en revendication exercée au nom de la succession, n'avait pas à prouver l'origine de ces meubles, sa seule possession valant titre ».

11. Civ. 1re, 7 février 1962, *Bull. civ.* I, n° 91 : « le possesseur n'a la charge de prouver l'acte sur lequel il fonde sa possession que si ayant à l'origine détenu les meubles à titre précaire, il invoque l'interversion de son titre ».

12. Civ. 1re, 6 mai 1997, *Bull. civ.* I, n° 144 : « l'article 2279 C. civ. [devenu l'article 2276 C. civ.] [est] applicable aux seuls meubles corporels individualisés ».

13. Civ. 1re, 13 juin 1963, *Bull. civ.* I, n° 317 : possession équivoque.

14. Civ. 1re, 8 décembre 1987, *Bull. civ.* I, n° 338 : « le moyen tiré du moment auquel doit exister la bonne foi du possesseur est inopérant, cette bonne foi n'ayant pas à être établie par le possesseur qui tient le meuble de son propriétaire ».

15. V. *supra*, n° 716 et s., l'étude des qualités de la possession.

16. Civ. 1re, 7 novembre 1995, *Bull. civ.* I, n° 395 et Civ. 1re, 27 novembre 2001, *Bull. civ.* I, n° 297 : « les règles de preuve de la propriété entre époux séparés de biens, édictées par l'article 1538 du Code civil, excluent l'application de l'article 2279 [devenu l'article 2276] du même code » ; Civ. 1re, 8 octobre 2014, *Bull. civ.* I, n° 163, *RTD civ.* 2015, p. 170, obs. W. Dross, *D.* 2015, p. 1868, obs. N. Reboul-Maupin : « les règles de preuve de la propriété entre époux séparés de biens édictées par [l'article 1538 C. civ.] excluent l'application de l'article 2276 ».

17. Civ. 1re, 24 octobre 2012, *Bull. civ.* I, n° 214, *D.* 2013, p. 351, obs. A. Tadros, *RTD civ.* 2013, p. 153, obs. W. Dross : « la présomption qui résulte de la possession implique pour le demandeur en revendication de prouver le titre précaire en vertu duquel le prétendu possesseur détient un meuble ou

droit sur le bien n'existe pas. En premier lieu, l'établissement d'une possession viciée résulte le plus souvent de la démonstration d'une équivoque. De fait, si l'équivoque est établie, c'est qu'il existe un doute sur le titre en vertu duquel les actes de possession sont accomplis, voire un doute sur l'existence de la possession elle-même. En deuxième lieu, la détention précaire s'établit conformément à la preuve des actes juridiques. Dans les relations entre concubins, il n'est pas courant d'établir un écrit lorsque l'un prête un bien à un autre ; il est donc normalement possible de rapporter la preuve du prêt par tous moyens en démontrant l'impossibilité morale d'avoir pu préconstituer un écrit[18]. En troisième lieu, bien que la possession suffise à protéger le possesseur en lui conférant une présomption de titre, il n'est pas rare qu'un possesseur entende justifier sa possession par l'existence d'un contrat lui ayant transféré un droit réel sur le bien ; par exemple, il allègue avoir reçu la propriété d'un bien en vertu d'un don manuel et non sa simple jouissance en vertu d'un prêt. Si une telle allégation n'a pas à être prouvée en raison de la possession, celui qui revendique le bien, en démontrant qu'elle est fausse parce qu'il n'y a pas eu transfert d'un droit réel, verra son action couronnée de succès[19].

Section 2
L'effet acquisitif

729. Plan. L'effet acquisitif de la possession dépend de plusieurs paramètres qui tiennent à la *qualité de la possession* – utile ou viciée –, à la *situation du*

le vice affectant sa possession, que ne suffit pas à caractériser le paiement du prix par le revendiquant, à défaut de quoi ce défendeur a titre pour le conserver ». Un concubin ayant financé seul l'acquisition d'un véhicule laissé à la possession de l'autre lui réclame une somme correspondant aux frais d'acquisition. Les juges du fond font droit à sa demande ; leur décision est cassée. Il est vrai que le propriétaire d'un bien n'est pas nécessairement celui qui l'a financé et que celui qui a été propriétaire a pu perdre sa qualité en aliénant son bien.

18. C'est là un élément qui est souverainement apprécié par les juges du fond. V. notamment Civ. 1re, 28 mai 1975, *Bull. civ.* I, n° 181 : « dans l'exercice de leur pouvoir souverain, les juges d'appel ont estimé que, dans les circonstances de la cause, l'état de concubinage ayant existé entre feu Francois Y... et Dame X... n'avait pas mis le premier dans l'impossibilité, lors d'une prétendue remise de fonds à la seconde, d'obtenir un écrit constatant l'existence du dépôt allégué ».

19. Civ. 1re, 19 octobre 1983, *Bull. civ.* I, n° 241 : « faisant une exacte application du principe selon lequel le possesseur qui prétend avoir reçu une chose en don bénéficie d'une présomption et qu'il appartient donc à celui qui revendique la chose de rapporter la preuve de l'absence d'un tel don ou de prouver que la possession dont se prévaut le détenteur de la chose ne réunit pas les conditions légales pour être efficace, les juges du second degré, ont, au vu des éléments de preuve qui leur était soumis, souverainement estimé que l'intention libérale [du revendiquant] faisait défaut » ; Civ. 1re, 17 janvier 1995, *Bull. civ.* I, n° 42 : « le possesseur qui prétend avoir reçu une chose en don manuel bénéficie d'une présomption, et il appartient à la partie adverse de rapporter la preuve de l'absence d'un tel don ou de prouver que la possession dont se prévaut le détenteur de la chose ne réunit pas les conditions légales pour être efficace » ; Civ. 1re, 30 mars 1999, *Bull. civ.* I, n° 112, *D.* 2000, p. 457, obs. D. Martin, *JCP* 2000, I, 278, obs. R. Le Guidec, Dr. fam. 1999, n° 53, note B. Beignier, *RTD civ.* 1999, p. 677, obs. J. Patarin : « le possesseur qui prétend avoir reçu une chose en don manuel bénéficie d'une présomption et (...) il appartient à la partie adverse de rapporter la preuve de l'absence d'un tel don, ou de prouver que la possession dont se prévaut le détenteur de la chose ne réunit pas les conditions pour être efficace ». C'est au jour du prétendu don qu'il convient de se placer « pour déterminer si les qualités de la possession permettaient de présumer l'existence dudit don manuel » (Civ. 1re, 4 avril 1984, *Bull. civ.* I, n° 130).

possesseur – de bonne ou de mauvaise foi –, ainsi qu'à la *nature du bien* – meuble ou immeuble. On peut distinguer l'effet acquisitif normal de toute possession utile (§ 1) avant d'envisager l'effet acquisitif abrégé de certaines possessions (§ 2).

§ 1. L'effet acquisitif normal de toute possession utile

730. Plan. La possession d'un bien permet de l'acquérir (A) avec ses fruits (B).

A L'acquisition du bien

731. Possession utile. Comme le prévoit l'article 2261 C. civ., « *[p]our pouvoir prescrire, il faut une possession continue et non interrompue, paisible, publique, non équivoque, et à titre de propriétaire* ». Dit autrement, la **possession prolongée** d'un droit réel en permet l'acquisition, pourvu qu'elle soit **utile**.

732. Durée de la possession : distinction fondée sur la nature des biens. La durée de la possession requise aux fins de prescription diffère suivant qu'il s'agit d'un immeuble ou d'un meuble.

Pour les **immeubles**, la durée est en principe fixée à **trente ans**, abrégée à **dix ans** lorsque la possession, en plus d'être utile, est de bonne foi (art. 2272 C. civ.[20]).

Pour les **meubles**, avant que ne soit réformé le droit de la prescription en 2008[21], la durée était celle de droit commun, soit **trente ans** (anc. art. 2262 C. civ.[22]), encore que l'entrée en possession d'un meuble de bonne foi avait un effet acquisitif **immédiat** (art. 2276 al. 1 C. civ., pris dans sa *fonction acquisitive*[23]). La difficulté ne concerne pas cette dernière règle, maintenue par la réforme de 17 juin 2008, mais la règle de principe aux termes de laquelle la possession trentenaire rend propriétaire tout possesseur d'un meuble, l'ancien article 2262 C. civ. ayant été abrogé. Il serait inopportun et contraire à l'intention du législateur d'étendre la règle d'exception de l'article 2276 al. 1 C. civ. à toute entrée en possession, même de mauvaise foi. Inversement, il serait également inopportun et ne rendrait certainement pas compte, encore une fois, de l'intention du législateur, d'estimer que la possession de mauvaise foi d'un meuble rend impossible toute usucapion. Aussi bien, à défaut d'intention du législateur d'avoir voulu modifier le régime d'usucapion des meubles, il convient de retenir que la possession de mauvaise foi d'un meuble produit un effet acquisitif au bout de trente années[24].

20. « *Le délai de prescription requis pour acquérir la propriété immobilière est de trente ans* (al. 1). *Toutefois, celui qui acquiert de bonne foi et par juste titre un immeuble en prescrit la propriété par dix ans.* (al. 2) ». V. *infra*, n° 739 et s.

21. Loi n° 2008-561 du 17 juin 2008 *portant réforme de la prescription en matière civile*.

22. « Toutes les actions, tant réelles que personnelles, sont prescrites par trente ans, sans que celui qui allègue cette prescription soit obligé d'en rapporter un titre, ou qu'on *puisse lui opposer l'exception déduite de la mauvaise foi.* »

23. V. *infra*, n° 743 et s.

24. V. *supra*, n° 687.

733. Jonction des possessions. En vue de profiter de l'usucapion, celui qui possède un bien[25] peut ajouter à la durée de sa possession, celle de ses auteurs[26]. C'est la règle de la « jonction des possessions », exprimée à l'article 2265 C. civ. : « *[p]our compléter la prescription, on peut joindre à sa possession celle de son auteur, de quelque manière qu'on lui ait succédé, soit à titre universel ou particulier, soit à titre lucratif ou onéreux* ». La règle est importante, dans la mesure où l'on a rarement possédé soi-même un immeuble pendant trente années.

Par exemple, un individu ayant acquis *a non domino*[27] un immeuble il y a cinq années – il l'a donc possédé pendant cette durée –, auprès d'une personne qui n'en était pas propriétaire, mais qui l'a elle-même possédé pendant au moins vingt-cinq années, pourra opposer l'usucapion à un tiers revendicateur, car il a pu ajouter la durée de la possession de son auteur à la sienne.

C'est la raison pour laquelle les notaires, en matière de vente immobilière, ont pour habitude de procéder à une **origine de propriété trentenaire**[28]. Il reste que l'établissement de l'origine de propriété ne met pas, dans l'absolu, l'acquéreur à l'abri de tous recours : d'une part, remonter la chaîne des titres sur trente ans (ce qui participe du droit) n'établit pas trente années de possession (ce qui est du fait) et, d'autre part, le notaire ne peut jamais garantir que la possession n'a pas été interrompue ou suspendue[29].

Cela étant, la jonction des possessions se fait différemment suivant que le possesseur actuel est un ayant cause universel ou un ayant cause à titre particulier. Dans le premier cas, le possesseur actuel *continue* la possession de son auteur car il en continue la personne ; en conséquence, sa possession profite des qualités et souffre des vices de celle de son auteur et il profite de la bonne ou mauvaise foi de ce dernier. Dans le second cas, le possesseur actuel débute une nouvelle possession, indépendante de celle de son auteur, qu'il pourra toutefois *ajouter* à la sienne en vue d'usucaper ; en conséquence, les qualités ou les vices de la possession, ainsi que la bonne ou mauvaise foi du possesseur s'apprécient indépendamment pour la possession de l'auteur et de l'ayant cause[30].

734. Interruption et suspension de la prescription. Par application de l'article 2259 C. civ.[31], les causes d'interruption ou de suspension prévues pour la prescription extinctive sont applicables à la prescription acquisitive. C'est ainsi que la demande en justice exercée par le propriétaire contre le possesseur en vue faire valoir sa qualité[32]

25. Et v. la précision apportée par Civ. 1re, 13 février 1963, *Bull. civ.* I, n° 103 : « l'usufruit étant un droit réel, démembrement du droit de propriété, le possesseur d'un tel droit peut joindre à la sienne la possession à titre de propriétaire de son auteur ».

26. En revanche, une personne ne peut ajouter à sa possession celle de ses ayants cause (Civ. 1re, 26 septembre 2012, pourvoi n° 11-13825, *RTD civ.* 2013, p. 143, obs. W. Dross : « l'immeuble litigieux, s'il avait été laissé en possession de Mme Z... après son divorce prononcé par jugement du 4 février 1967, avait été vendu le 2 mars 1979, ce dont il résultait que la possession était interrompue »). Le cumul des possessions joue à sens unique.

27. Par exemple, dans la chaîne des acquisitions successives, un titre soit annulé.

28. V. *supra*, n° 693.

29. Art. 2259 C. civ. : « *[s]ont applicables à la prescription acquisitive les articles 2221 et 2222, et les chapitres III et IV du titre XX du présent livre sous réserve des dispositions du présent chapitre* ».

30. Pour des illustrations, v. M. Planiol et G. Ripert, M. Picard, n° 718 s.

31. « *Sont applicables à la prescription acquisitive les articles 2221 et 2222, et les chapitres III et IV du titre XX du présent livre sous réserve des dispositions du présent chapitre.* »

32. Ce n'est pas le cas d'une action en bornage, qui a pour objet de faire délimiter le fonds (Civ. 3e, 10 octobre 1978, *Bull. civ.* III, n° 308 : « la cour d'appel relève que l'action intentée par Dame Da Costa

interrompt la prescription acquisitive[33]. L'article 2271 C. civ. prévoit au surplus une cause d'interruption propre à la prescription acquisitive : « *[l]a prescription acquisitive est interrompue lorsque le possesseur est privé pendant plus d'un an de la jouissance de la chose, soit par l'ancien propriétaire soit même par un tiers* ».

735. Renonciation à la prescription. Par application encore de l'article 2259 C. civ., les dispositions relatives à la renonciation prévues pour la prescription extinctive sont applicables à la prescription acquisitive. Ainsi que le prévoit l'article 2250 C. civ., « *[s]eule la prescription acquise est susceptible de renonciation* ». Ainsi, le possesseur ne peut renoncer, en cours de possession à prescrire ; il devra attendre que la prescription lui soit acquise.

La renonciation doit émaner d'une personne capable d'exercer ses droits[34] et être dépourvue de toute équivoque, encore qu'elle puisse être « *expresse ou tacite* » (art. 2251 al. 1 C. civ.). Afin de protéger le droit de gage général des créanciers du possesseur ayant usucapé, l'article 2253 C. civ.[35] permet aux premiers de se prévaloir de l'usucapion réalisée par leur débiteur-possesseur alors même que ce dernier y aurait renoncé[36].

736. Portée de l'acquisition : acquisition originaire. Celui qui acquiert par prescription se voit octroyer un droit nouveau. C'est un mode d'acquisition originaire, ce qui devrait avoir pour effet que le bien acquis le soit purgé des droits réels qui le grevaient[37], mais la question reste néanmoins discutée[38]. Il semblerait d'ailleurs que

---

devant le tribunal d'instance tendait à faire procéder au bornage de sa propriété d'après l'application des titres des parties et des documents de la cause ; (...) à bon droit elle a décidé que cette citation ne peut être considérée comme la citation en justice prévue par l'[ancien] article 2246 C. civ., pour interrompre la prescription »).

33. Art. 2241 al. 1 C. civ. : « *[l]a demande en justice, même en référé, interrompt le délai de prescription ainsi que le délai de forclusion* ».

34. Art. 2252 C. civ. : « *[c]elui qui ne peut exercer par lui-même ses droits ne peut renoncer seul à la prescription acquise* ».

35. « *Les créanciers, ou toute autre personne ayant intérêt à ce que la prescription soit acquise, peuvent l'opposer ou l'invoquer lors même que le débiteur y renonce.* »

36. Il s'agit là d'un diminutif de l'action oblique (art. 1166 C. civ.), ce qui explique que la Cour de cassation décide que l'article 2253 C. civ. ne peut être mis en œuvre que si la renonciation du possesseur a pour effet de créer ou d'augmenter l'insolvabilité du débiteur (Soc. 9 novembre 1950, *Bull. civ.* IV, n° 830).

37. V. dans des circonstances particulières, Civ. 2 juin 1934, *DP* 1935, 1, p. 65, note M. FRÉJAVILLE : « si un propriétaire peut, nonobstant l'hypothèque, et jusqu'à la transcription de la saisie, vendre, même sur pied, des arbres de haute futaie à couper à intervalles réguliers, zone par zone, selon un aménagement qui assure la conservation, par renouvellement incessant, de la forêt hypothéquée, le créancier hypothécaire est fondé à s'opposer à l'exécution du contrat par lequel ledit propriétaire conférerait à l'acheteur, le droit d'abattre, en une fois, ou dans des conditions de temps non réglées, soit la totalité des arbres de la forêt, soit une quantité d'arbres telle que l'opération, non assimilable à une récolte de fruits, aurait pour conséquence forcée la diminution de la valeur de l'immeuble hypothéqué ; *qu'en ce dernier cas, le droit du créancier hypothécaire ne pourrait être paralysé que par le jeu de l'art. 2279 C. civ.* [devenu l'article 2276 C. civ.], *si l'acheteur était déjà entré de bonne foi en possession des arbres coupés* » (nous soulignons). Comme on l'a relevé, « [c]e texte n'atteindrait pas son but si, pour se mettre à l'abri de toute revendication ou saisie, l'acquéreur devait rechercher si la chose dont il a acquis la possession n'a pas été, dans le passé, hypothéquée alors qu'elle était encore à l'état d'immeuble » (M. FRÉJAVILLE, note ss. l'arrêt).

38. F. ZENATI-CASTAING et Th. REVET, n° 466.

celui qui acquiert par prescription acquiert rétroactivement son droit : le possesseur est considéré comme étant propriétaire depuis le jour de l'entrée en possession[39].

B L'acquisition des fruits

737. Acquisition immédiate des fruits au profit du possesseur de bonne foi. Le possesseur de bonne foi[40], qui s'est cru véritable propriétaire alors qu'il ne l'était pas, n'est pas comptable des fruits[41], alors même qu'il doit restituer le bien. Il n'est comptable des fruits[42] que s'il est ou est devenu[43] de mauvaise foi. En ce cas, il n'est tenu de restituer que les fruits nets, car il peut déduire les frais nécessaires à la perception des fruits[44], peu important qu'ils aient été

39. C'est ce que l'on peut déduire d'un arrêt rendu par la Cour de cassation le 10 juillet 1996 ayant décidé que la vente conclue par le propriétaire d'un bien, alors possédé par un tiers quoiqu'usucapé après, était nulle comme portant sur la chose d'autrui (Civ. 3e, 10 juillet 1996, *Bull. civ.* III, n° 180, *D.* 1998, p. 509, note N. REBOUL, *Rép. Defr.* 1996, p. 1426, obs. Ch. ATIAS).

40. Art. 550 al. 1 C. civ. : « *[l]e possesseur est de bonne foi quand il possède comme propriétaire, en vertu d'un titre translatif de propriété dont il ignore les vices* ». Le titre, qui participe de la bonne foi du possesseur, doit être translatif de propriété – plus exactement, il doit s'agir d'un titre qui confère un droit de jouissance permettant de faire siens les fruits –, voire un titre putatif, qui n'existe que dans la croyance du possesseur – par exemple, le possesseur se croyait héritier (Civ. 1re, 5 décembre 1960, *Bull. civ.* I, n° 527 : « le simple possesseur ne fait les fruits siens que s'il possède comme propriétaire, soit en vertu d'un titre translatif de propriété dont il ignore les vices, soit en vertu d'un titre putatif »). La bonne foi, conformément au droit commun, est présumée (art. 2274 C. civ. : « *[l]a bonne foi est toujours présumée, et c'est à celui qui allègue la mauvaise foi à la prouver.* ») : Civ. 7 janvier 1861, *DP* 1861, 1, p. 384 (il résulte [des articles 549 et 550 C. nap.] que la mauvaise foi ne se présume pas, et que le possesseur de bonne foi fait les fruits siens »). Notion de fait, elle est appréciée souverainement par les juges du fond (Com. 5 mai 1970, *Bull. civ.* IV, n° 147 : « la cour d'appel a souverainement apprécié que la SICA provençale n'a pas été acquéreur de bonne foi des titres litigieux »).

41. Art. 549 C. civ. : « *[l]e simple possesseur ne fait les fruits siens que dans le cas où il possède de bonne foi. Dans le cas contraire, il est tenu de restituer les produits avec la chose au propriétaire qui la revendique ; si lesdits produits ne se retrouvent pas en nature, leur valeur est estimée à la date du remboursement* ».

42. Si les fruits ne peuvent être restitués en nature, ils le seront en valeur, évalués à la date du remboursement (art. 549 C. civ.).

43. Un possesseur de bonne foi devient de mauvaise foi lorsqu'il a connaissance des vices qui affectent sa qualité à posséder la chose (art. 550 al. 2 C. civ. : « *[i]l cesse d'être de bonne foi du moment où ces vices lui sont connus.* ») ou à compter de la demande en justice tendant à voir anéantir son titre (Civ. 3e, 27 novembre 2002, *Bull. civ.* III, n° 244 : « à compter de la demande en justice tendant à la résolution de la vente, le possesseur ne peut invoquer la bonne foi » ; Com. 28 avril 2004, *Bull. civ.* IV, n° 80 : « le possesseur, même de bonne foi, doit restituer les fruits au propriétaire qui revendique la chose à compter du jour de la demande [en nullité] » ; Civ. 1re, 21 juin 2005, *Bull. civ.* I, n° 272 : « ayant cessé d'être de bonne foi à compter de la demande en annulation du titre en vertu duquel elle avait joui privativement du bien dépendant de la succession, elle était, depuis cette demande, redevable envers l'indivision de l'indemnité prévue par l'article 815-9 C. civ. qui s'assimile à un revenu »), en conséquence du principe suivant lequel les droits des parties sont appréciés par le juge au jour de l'introduction de l'instance, afin de ne pas les faire pâtir des lenteurs de la justice (F. TERRÉ et Ph. SIMLER, n° 191).

44. Art. 548 C. civ. : « *[l]es fruits produits par la chose n'appartiennent au propriétaire qu'à la charge de rembourser les frais des labours, travaux et semences faits par des tiers et dont la valeur est estimée à la date du remboursement* ». Civ. 3e, 5 juillet 1978, *Bull. civ.* III, n° 281 : « le propriétaire d'une chose étant en règle générale, aux termes des articles 547 et 548 C. civ., propriétaire, par voie d'accession, des fruits naturels et civils, a charge de rembourser les frais des labours, travaux et semences faits par des tiers, l'article 549 édicte une exception à cette règle en disposant que le simple possesseur fait les fruits siens dans le cas où il possède de bonne foi ; (...) dès lors, en décidant que, bien

nécessaires[45]. La protection de l'acquéreur de bonne foi repose sur l'idée que celui qui se croit propriétaire consomme les fruits, tant et si bien que l'obliger à les restituer pourrait le ruiner, cependant que le véritable propriétaire a pu faire montre de négligence en tardant à agir contre le possesseur[46].

Lorsque les fruits doivent être restitués, la jurisprudence établit une distinction importante. Par principe, si celui qui a utilisé la chose à son profit est redevable d'une indemnité due en raison de l'usage qui en a été fait, dans le cas particulier où une telle demande a été formulée à la suite de l'anéantissement d'un contrat translatif, la Cour de cassation estime qu'aucune indemnité n'est due : « le vendeur n'est pas fondé, en raison de l'effet rétroactif de l'annulation de la vente, à obtenir une indemnité correspondant à la seule occupation de l'immeuble »[47].

§ 2. L'effet acquisitif abrégé de certaines possessions

738. Plan. Certaines possessions permettent une acquisition abrégée : en matière immobilière, le délai de prescription est raccourci lorsque le possesseur a acquis de bonne foi et grâce à un juste titre (A) et, en matière mobilière, la seule entrée en possession de bonne foi du meuble emporte acquisition de celui-ci, même s'il n'est pas certain qu'il s'agisse d'un mécanisme d'acquisition classique (B).

A Le raccourcissement du délai de prescription d'un immeuble

739. Dix ans. D'après l'article 2272 alinéa 2 C. civ., « *[c]elui qui acquiert de bonne foi et par juste titre un immeuble en prescrit la propriété par dix ans* ». Autrement dit, celui qui possède utilement une chose peut en devenir propriétaire au terme de **dix années** à la double condition qu'il soit entré en possession muni d'un **juste titre** et qu'il ait possédé de **bonne foi**. Dans l'arbitrage des intérêts en

que Vitu eût été possesseur de mauvaise foi, Le Blant ne pouvait exiger la restitution des fruits qu'à la charge de rembourser les frais faits par ce tiers pour parvenir à leur perception, la cour d'appel a exactement appliqué les textes susvisés, et (...) a légalement justifié sa décision ».

45. Civ. 3e, 12 février 2003, *Bull. civ.* III, n° 36, *JCP* 2003, I, 172, n° 4, obs. H. Périnet-Marquet : une promesse de vente portant sur un mazet à usage d'habitation avec diverses parcelles en nature de vigne est conclue sous condition suspensive de l'absence d'exercice d'un droit de préemption par la commune. Il était stipulé que l'acquéreur en aurait la jouissance immédiate. La commune ayant exercé son droit de préemption, les vendeurs ont renoncé à la cession et le bénéficiaire de la promesse les a assignés, sur le fondement de l'article 548 C. civ., en remboursement des travaux d'entretien des vignes s'élevant à 5 410,50 francs, concernant des travaux de pré-taillage sur ces 80 ares de vignes. La Cour de cassation censure la décision rendue au fond qui n'y avait pas fait droit au motif que ces travaux n'étaient pas nécessaires.

46. C'est pourquoi, en droit romain, le possesseur devait restituer les fruits perçus non consommés. Le Code civil a préféré ne pas distinguer entre fruits consommés et non consommés en considérant que le possesseur n'est jamais tenu à restitution. On notera que les fruits naturels et civils s'acquièrent par tous par la perception, alors que tel n'est le cas que des fruits naturels dans le régime de l'usufruit, les fruits civils étant acquis au jour le jour (art. 586 C. civ., sur lequel, v. *supra*, n° 38).

47. Cass. ch. mixte, 9 juillet 2004, *Bull. ch. mixte*, n° 2. La formule retenue ne justifie en rien la solution : c'est justement la rétroactivité de l'anéantissement qui rend légitime la demande d'indemnisation. Il en va d'ailleurs différemment des fruits effectivement perçus par le possesseur : « la restitution des fruits effectivement perçus [constitue] la conséquence légale de l'anéantissement du contrat de vente » (Civ. 3e, 29 juin 2005, *Bull. civ.* III, n° 148, au sujet de loyers perçus par l'acquéreur-possesseur).

présence du propriétaire et du possesseur, ces deux circonstances particulières conduisent à raccourcir le délai normal d'usucapion en faveur des intérêts de ce dernier.

740. Domaine : acquisition *a non domino*. Le délai de prescription abrégé ne profite qu'à l'acquéreur *a non domino*, non à l'acquéreur *a domino*. Ainsi, celui qui a acquis du véritable propriétaire un bien en vertu d'un contrat inefficace ne pourra invoquer le bénéfice de cette disposition[48].

741. Le juste titre. Non défini par le Code civil, le juste titre l'a été par la jurisprudence comme celui qui, considéré en lui-même, serait de nature à transférer la propriété à la partie qui invoque la prescription[49], étant entendu qu'il doit émaner de celui qui n'est pas le véritable propriétaire[50]. Ne constituent donc pas un juste titre les actes non translatifs, tels le bail, le prêt ou encore le partage d'une indivision du fait de son caractère déclaratif[51]. Peu importe la cause de nullité de l'acquisition, pourvu qu'il ne s'agisse pas d'un vice de forme de l'acte translatif[52].

---

48. Civ. 3e, 19 décembre 2001, *Bull. civ.* III, n° 159, *JCP* 2002, I, 176, obs. H. Périnet-Marquet : viole l'ancien article 2265 C. civ. (v. auj. l'art. 2272 al. 2 C. civ.) la cour d'appel qui déclare la prescription acquise sans relever, au besoin d'office, que le vendeur du bien n'était pas le véritable propriétaire. V. déjà Civ. 3e, 30 octobre 1972, *Bull. civ.* III, n° 575 : « la prescription acquisitive abrégée prévue par l'article 2265 C. civ. est fondée sur l'existence d'un juste titre, qui suppose un transfert de propriété consenti par celui qui n'est pas le véritable propriétaire » ; Civ. 3e, 13 décembre 2000, *Bull. civ.* III, n° 192 : « le "juste titre" sur lequel est fondée la prescription abrégée suppose un transfert de propriété consenti par celui qui n'est pas le véritable propriétaire » ; Civ. 3e, 27 mai 1998, *Bull. civ.* I, n° 113 : « la prescription de dix à vingt ans qui protège celui qui a juste titre et bonne foi contre l'absence de propriété de celui dont il tient son droit, était inapplicable à M. Y... qui avait acquis son bien du véritable propriétaire » ; CA Toulouse, 1er juillet 1985, *Jurisdata* n° 041494 : l'ancien article 2265 C. civ. (v. auj. l'art. 2272 al. 2 C. civ.) ne concerne pas les rapports d'auteur à ayant cause, en sorte que l'acquéreur ne peut l'invoquer contre son propre vendeur. Et v. récemment, Civ. 3e, 11 février 2015, pourvoi n° 13-24770, à paraître au *Bulletin*, *D.* 2015, p. 1869, obs. N. Reboul-Maupin : un « acte de partage, émanant du véritable propriétaire du bien et n'emportant pas transfert de propriété, ne constitu[e] pas un juste titre permettant une prescription abrégée ».
Contra, auparavant : Civ. 3e, 15 février 1968, *Bull. civ.* III, n° 60 : « le juste titre est un acte propre à conférer la propriété, abstraction faite de la qualité de l'aliénateur ». En l'espèce, un acte de donation-partage, consenti par une personne à ses trois filles, est considéré par la Cour de cassation comme un juste titre pouvant être invoqué par une des filles en vue d'usucaper deux des parcelles ayant fait l'objet de la donation : « la donation partage qui attribue à plusieurs donataires les mêmes parcelles constitue un juste titre pour chacun d'eux sans qu'il soit nécessaire qu'elle ait été réalisée par des actes distincts et successifs ».
49. Civ. 3e, 29 février 1968, *Bull. civ.* III, n° 83 : « le juste titre, (...) est celui qui, considéré en soi, serait de nature à transférer la propriété à la partie qui invoque la prescription ». *Adde*, reprenant la même formule : Civ. 3e, 30 avril 2002, *Bull. civ.* III, n° 89, *D.* 2002, p. 2510, obs. N. Reboul-Maupin, *JCP* 2002, I, 176, obs. H. Périnet-Marquet (l'état descriptif de division n'est pas un juste titre).
50. V. *supra*, n° 740.
51. Civ. 3e, 30 octobre 1972, *Bull. civ.* III, n° 575 : « la prescription acquisitive abrégée prévue par l'article 2265 C. civ. est fondée sur l'existence d'un juste titre, qui suppose un transfert de propriété consenti par celui qui n'est pas le véritable propriétaire ; (...) tel n'est pas le cas en l'espèce, ainsi que les juges du second degré le relèvent à bon droit en énonçant que "l'arrêt (du 18 février 1941) et l'arrêté préfectoral précités ne sont que des actes déclaratifs de droits mettant fin à l'indivision et réalisant le partage, qui ne peuvent servir de juste titre pour l'acquisition par prescription de dix à vingt ans" ». *Adde* Civ. 3e, 11 février 2015, pourvoi n° 13-24770, à paraître au *Bulletin* : un « acte de partage, émanant du véritable propriétaire du bien et n'emportant pas transfert de propriété, ne constitu[e] pas un juste titre permettant une prescription abrégée ».
52. Art. 2273 C. civ. : « *[l]e titre nul par défaut de forme ne peut servir de base à la prescription de dix ans* ».

742. Possession de bonne foi. Seul le possesseur de bonne foi peut se prévaloir du délai de prescription abrégé. La bonne foi, qui se présume conformément au droit commun[53] consiste en l'ignorance du possesseur dans la cause d'inefficacité du titre d'acquisition. Elle s'apprécie lors de l'acquisition[54] et non lors de l'entrée en possession ou au moment de son exercice. Ainsi, la connaissance que le possesseur a eu postérieurement à l'acte d'acquisition, lors de la prise de possession, des droits d'un tiers, est sans incidence sur l'appréciation de sa bonne foi[55].

B L'acquisition immédiate d'un meuble

743. Mode d'acquisition originaire. En énonçant qu'« *[e]n fait de meubles, la possession vaut titre* », l'article 2276 C. civ. énonce, outre une règle de preuve[56], une règle de conflit de droits. Lorsqu'une personne acquiert *a non domino* un meuble et que le véritable propriétaire revendique le bien entre les mains de l'acquéreur, il convient de dire qui de celui-ci ou de celui-là se voit reconnaître la qualité de propriétaire. Par application du principe suivant lequel *nul ne peut transmettre plus de droits qu'il n'en n'a*, il serait normal de reconnaître au véritable propriétaire la propriété du bien querellé. Néanmoins, l'article 2276 C. civ. énonce une exception à cette règle en attribuant la propriété à l'acquéreur *a non domino*[57]. Cette exception est justifiée par la nécessité de faciliter le commerce des meubles – qui est un commerce rapide – et de dispenser l'acquéreur de vérifier que celui qui le lui vend en est bien le propriétaire. C'est d'ailleurs pourquoi le mécanisme ne bénéficie qu'à l'acquéreur de bonne foi[58]. Techniquement, celui qui entre de bonne foi en possession d'un meuble en deviendrait immédiatement propriétaire, non par l'effet d'une acquisition dérivée – le cédant n'en étant pas le propriétaire –, mais par l'effet d'une **acquisition originaire** : la loi lui confère un titre légal de propriété. Il reste qu'il existe un **hiatus entre le fondement de la règle de l'article 2276 C. civ. et les conditions qu'elle pose**. On pourrait en effet penser que la possession du cédant suffise à la mise en œuvre du mécanisme : l'acquéreur, observant que le cédant est en possession du bien, est fondé à croire qu'il en est également le propriétaire et mérite à ce titre d'être protégé par la loi[59] ; la règle de l'article 2276 C. civ. serait une manifestation de la théorie de l'apparence. Pourtant, la jurisprudence subordonne la mise en œuvre du mécanisme, non pas tant à la possession du cédant,

53. Art. 2274 C. civ. : « *[l]a bonne foi est toujours présumée, et c'est à celui qui allègue la mauvaise foi à la prouver* ».

54. Art. 2275 C. civ. : « *[i]l suffit que la bonne foi ait existé au moment de l'acquisition* ».

55. Civ. 1re, 4 juillet 1962, *Bull. civ.* I, nº 341 : la « connaissance, postérieure à l'acquisition, devait rester sans incidence sur l'appréciation de la bonne foi des consorts X... au moment de la conclusion de la vente ».

56. V. *supra*, nº 726 et s.

57. Sous l'Ancien Droit, à l'origine, aucune action n'était jamais ouverte à l'encontre du tiers acquéreur qui avait acquis un meuble auprès de celui à qui le propriétaire l'avait volontairement confié (au titre d'un dépôt, d'un prêt, etc.) : « meubles confiés n'ont pas de suite ». Mais sous l'influence de la redécouverte du droit romain au XIIIe siècle, qui admettait indifféremment la revendication des immeubles et des meubles, peu important que le dessaisissement ait été volontaire ou involontaire, la revendication des meubles fut peu à peu admise comme celle des immeubles, et généralisée au XIVe siècle : on disait alors « meubles n'ont pas de suite *par hypothèque* ».

58. V. *infra*, nº 746.

59. Comme le notait Bufnoir, la règle a pour objet de « protéger celui qui a traité avec un possesseur en le croyant propriétaire » (*Propriété et contrat*, LGDJ, 1924, rééd. 2005, p. 362. Comp. W. Dross, « Le singulier destin de l'article 2279 C. civ. », *RTD civ.* 2006, p. 27.

qu'à celle de l'acquéreur[60]. C'est parce que l'acquéreur est possesseur qu'il en est propriétaire. Est-il exact alors de parler d'effet acquisitif immédiat ? On y vient.

744. Véritable acquisition ou fin de non-recevoir à l'exercice d'une action en revendication ? L'effet acquisitif immédiat que l'on tire de l'article 2276 C. civ. ne reflète pas exactement la réalité, pour deux raisons. La jurisprudence, d'une part, prive du bénéfice des dispositions de l'article 2276 C. civ. le possesseur qui a *perdu*[61] *volontairement*[62] la possession et, d'autre part, exige de l'acquéreur *a non domino* qu'il justifie d'une possession *utile*. Or ces deux conditions, l'une négative, l'autre positive, sont incompatibles avec l'effet acquisitif immédiat que l'on prête en général à l'article 2276 C. civ. C'est pourquoi l'on peut retenir une autre lecture de cette disposition, en considérant que l'article 2276 C. civ. ne fait qu'énoncer une fin de non-recevoir[63] à l'action du revendiquant, bénéficiant à celui qui est encore en possession – utile – lors de l'exercice de l'action.

745. Domaine de la fonction acquisitive de l'article 2276 C. civ. L'article 2276 C. civ. peut être invoqué par celui qui réclame un titre de propriété ou un autre droit réel[64] acquis auprès d'une personne qui était sans droits sur la chose. Au-delà, le champ d'application du mécanisme est triplement circonscrit.

60. Sur la question, v. notamment J. Dubarry, *Le transfert conventionnel de propriété (Essai sur le mécanisme translatif à la lumière des droits français et allemand)*, th., LGDJ, préf. B. Dauner-Lieb et R. Libchaber, 2014, n° 556 s.

61. Civ. 1re, 5 octobre 1972, *Bull. civ.* I, n° 197, *JCP* 1973, II, 17485, note A. Bénabent : le garagiste ayant acquis un véhicule automobile dont le propriétaire, victime d'un abus de confiance, avait été dépossédé, et qui, sur invitation des policiers, a restitué le véhicule et ainsi perdu la possession de la voiture, ne peut revendiquer le bénéfice des dispositions de l'art. 2276 C. civ. Sur cette décision, v. *infra*, n° 746.

62. Civ. 1re, 3 novembre 1981, *Bull. civ.* I, n° 324 : la perte de la possession matérielle d'un meuble ne fait pas perdre le bénéfice des dispositions de l'art. 2279 C. civ. [devenu l'article 2276 C. civ.] dès lors que les juges du fond estiment souverainement que la dépossession a été involontaire. *Adde* Civ. 1re, 5 octobre 1972, *Bull. civ.* I, n° 197, préc. Sur ces décisions, v. *infra*, n° 746.

63. Comp. F. Zenati-Castaing et Th. Revet, n° 200.

64. Ainsi le créancier gagiste ayant reçu les choses gagées *a non domino* peut opposer son gage au véritable propriétaire (Civ. 28 mars 1888, S. 1888, 1, p. 481, *D.* 1888, 1, p. 253, Civ. 19 juin 1928, *DP* 1929, 1, p. 45 : « [v]u les articles 2073 et 2079 C. civ. ; (...) le créancier gagiste a, sur les choses mobilières remises en gage, un droit réel qui lui permet d'invoquer la maxime de l'article 2079, alinéa 1er, C. civ., quand il est de bonne foi et que son nantissement est régulier » ; Com. 28 novembre 1989, *Bull. civ.* IV, n° 300, *D.* 1990, p. 387, obs. L. Aynès, *D.* 1991, p. 43, obs. F. Pérochon : acquéreur de produits agricoles vendus sous réserve de propriété ayant consenti un gage sur ces produits au profit d'une banque). Certes, depuis la réforme de 2006, le nouvel article 2335 C. civ. prévoit la nullité du gage de la chose d'autrui ; néanmoins, il est probable que seul le gagiste puisse en demander la nullité, que l'article 2276 C. civ. ne soit pas applicable ou que son application fasse débat (gage sans dépossession, débat élevé quant à sa bonne foi, etc.). De fait, bien que la vente de la chose d'autrui soit nulle (art. 1599 C. civ.), seul l'acquéreur peut en demander la nullité (Civ. 3e, 8 décembre 1999, *Bull. civ.* III, n° 241 : « en prononçant ainsi la nullité de la vente (...) à la demande des [revendiquants], alors que seul l'acheteur (...) avait qualité pour invoquer cette nullité, la cour d'appel a violé [l'article 1599 C. civ.] »).

En premier lieu, il ne s'applique qu'aux *meubles*[65] *corporels susceptibles de tradition*[66], *susceptibles d'aliénation*[67], *individualisés*[68], et pour lesquels *il n'existe pas de mesure de publicité*[69].

En deuxième lieu, il ne permet de pallier que le défaut de titre de l'auteur, et non les vices ou l'inefficacité d'un acte d'acquisition dérivée[70] ; il profite à l'acquéreur *a non domino*, non à l'acquéreur *a domino*. Ainsi, celui qui a acquis du véritable propriétaire un bien en vertu d'un contrat qui a été annulé, par exemple pour vice du consentement, ne pourra invoquer le bénéfice de cette disposition. En somme, il s'agit d'un mécanisme d'acquisition *subsidiaire*[71].

---

65. Com. 19 janvier 1960, *Bull. civ.* III, n° 30 : absence d'application aux immeubles par destination.

66. L'article 2276 C. civ. n'est pas applicable au fonds de commerce, « universalité mobilière de nature incorporelle » (Civ. 1re, 2 mars 1960, *Bull. civ.* I, n° 141), à une licence de débit de boissons (Com. 7 mars 2006, *Bull. civ.* IV, n° 62, *D.* 2006, p. 2897, note C. Kuhn, *ibid.* p. 2363, obs. B. Mallet-Bricout, *JCP* 2006, II, 10143, note G. Loiseau, *ibid.* I. 178, obs. H. Périnet-Marquet, *Rép. Defr.* 2007, p. 70, obs. Honorat, *Dr. & patr.* nov. 2006, p. 103, obs. J.-B. Seube, *RTD civ.* 2006, p. 348, obs. Th. Revet : « l'article 2279 du Code civil [devenu l'article 2276 C. civ.] ne s'applique qu'aux seuls meubles corporels individualisés ; (...) la licence d'exploitation d'un débit de boissons ayant la même nature de meuble incorporel que le fonds de commerce dont elle est l'un des éléments et ne se transmettant pas par simple tradition manuelle, c'est à bon droit que la cour d'appel a écarté pour ladite licence d'exploitation la présomption prévue par ce texte ») et aux droits incorporels d'auteur sur une œuvre artistique, telle une lithographie (CA Paris, 17 février 1988, *D.* 1989, p. 50, obs. Cl. Colombet). Pour une critique du cantonnement aux meubles corporels de l'article 2276 C. civ., v. notamment P. Berlioz, n° 208.

67. Échappent à l'ancien article 2279 C. civ. (devenu l'article 2276 C. civ.) les biens mobiliers communaux appartenant au domaine public, qui sont de ce fait inaliénables et imprescriptibles (Crim. 16 juin 1992, *D.* 1993, p. 35, obs. A. Robert ; Crim. 4 février 2004, *Bull. crim.* n° 34). Et v., au sujet des objets classés au titre des monuments historiques, l'article L. 622-17 al. 2 C. patr. (« *L'acquéreur ou sous-acquéreur de bonne foi, entre les mains duquel l'objet est revendiqué, a droit au remboursement de son prix d'acquisition. Si la revendication est exercée par l'autorité administrative, celle-ci aura recours contre le vendeur originaire pour le montant intégral de l'indemnité qu'il aura dû payer à l'acquéreur ou sous-acquéreur.* »). Et v., s'agissant des souvenirs de famille, TGI Paris, 29 juin 1988, *JCP* 1989, II, 21195, note E. Agostini.

68. Civ. 1re, 6 mai 1997, *Bull. civ.* I, n° 144 : le mécanisme est « applicable aux seuls meubles corporels individualisés » (absence d'application à des sommes virées vers un compte bancaire).

69. Civ. 3e, 4 juillet 1968, *Bull. civ.* n° 321 : « l'article 2279 C. civ. [devenu l'article 2276 C. civ.] est inapplicable aux meubles par anticipation ; qu'en effet, l'acquéreur de ceux-ci est en mesure de vérifier la qualité du vendeur en consultant les titres de la propriété immobilière dont ces biens font partie jusqu'à la vente ».

70. Req. 5 août 1878, S. 1880, 1, p. 294 : « l'action des légataires universels de la veuve Riquiez contre des personnes qui reconnaissaient tenir de celles-ci les meubles en litige, ne pouvait être repoussée en vertu de l'art. 2279 [devenu l'article 2276 C. civ.] ; (...) la première disposition de cet article a pour objet de protéger le possesseur d'un meuble contre une revendication intentée par un tiers, et non contre l'action de celui qui ayant été, par lui-même ou par son auteur, partie à l'acte qui est la cause de la possession, attaque cet acte ou soutient que le possesseur est tenu de lui restituer le meuble en vertu d'une obligation personnelle ; (...) le sort de l'action des légataires universels dépendait donc de la seule question de l'existence et de la validité du don manuel dont se prévalaient [les possesseurs] » ; Req. 10 avril 1922, *D.* 1923, 1, p. 176 : « il s'agissait (...), non d'une action en revendication, mais d'une action personnelle en nullité dirigée contre Dérivaud et autres ; (...) ceux-ci ne pouvaient donc opposer à cette action l'art. 2279, alin. 1er, C. civ. [devenu l'article 2276 C. civ.] » (conflit entre un créancier qui invoquait un gage sur des meubles qu'il possédait et d'autres créanciers qui soutenaient que le gage avait été consenti par un mandataire du débiteur sans pouvoir et qu'il était donc nul : l'article 2279 C. civ. [devenu l'article 2276 C. civ.] ne pouvait être opposé à cette action personnelle en nullité).

71. En revanche, la question se pose de savoir si l'article 2276 C. civ. autorise celui qui a acquis *a domino* à se prévaloir d'un droit de propriété vierge de tous autres droits réels. L'article 2337 C. civ.,

En troisième lieu, sa mise en œuvre suppose une *action du véritable propriétaire* du meuble qui en a perdu possession entre les mains d'un tiers, défendeur au procès en revendication[72].

746. Conditions de la fonction acquisitive de l'article 2276 C. civ. *Cas général*. À supposer l'article 2276 C. civ. applicable, son effet acquisitif est subordonné à la réunion de trois conditions.

En premier lieu, celui qui en réclame l'application doit être **en possession du bien** – peu important qu'il possède *corpore alieno*[73] – au jour où l'action en revendication est exercée, toute dépossession volontaire de sa part le privant de ce bénéfice[74].

En deuxième lieu, le possesseur doit avoir été **de bonne foi** – celle-ci étant présumée[75] –, lors de l'entrée[76] effective[77] en possession, ce qui signifie qu'il a dû

qui prévoit qu'en raison du système de publicité organisée, « *[l]orsque le gage a été régulièrement publié, les ayants cause à titre particulier du constituant ne peuvent se prévaloir de l'article 2276* » laisse à penser que l'article 2276 C. civ. permet normalement d'acquérir un bien vierge de sûretés.

72. Civ. 1re, 20 février 1996, *Bull. civ.* I, n° 96 : « l'article 2279 [devenu l'article 2276] C. civ., invoqué pour soutenir que M. X... aurait dû démontrer l'existence d'un simple contrat de dépôt, suppose que le propriétaire véritable revendique le meuble dont il a perdu possession entre les mains d'un tiers, défendeur au procès en revendication ».

73. Com. 11 mai 1993, *Bull. civ.* IV, n° 184 : un bien est vendu sous réserve de propriété à un acquéreur qui le revend à un crédit-bailleur qui à son tour le lui donne en location en vertu d'un crédit-bail. La Cour de cassation juge que l'acquéreur initiale possédait pour le compte du crédit-bailleur (possession *corpore alieno*) : « une possession (...) par le sous-acquéreur lui-même ou par autrui pour lui confère à celui-ci un titre faisant obstacle à toute revendication ».

74. Outre le fait que cette condition est contestable (v. *supra*, n° 743), elle fait difficulté chaque fois que le bien acquis a fait l'objet d'un abus de confiance de la part d'un détenteur précaire et d'une restitution à la demande des services de police.

Dans une première espèce (Civ. 1re, 5 octobre 1972, *JCP* 1973, II, 17485, *Bull. civ.* I, n° 197, note A. Bénabent), le propriétaire d'un véhicule en avait été dépossédé à la suite d'un abus de confiance. Un garagiste l'avait acquis mais l'avait remis au propriétaire sur l'invitation des policiers chargés de l'enquête, contraint à peine de se voir considéré comme receleur. La Cour de cassation considère toutefois que « que les juges d'appel ont à bon droit décidé que X..., ayant perdu la possession de la voiture, ne pouvait revendiquer le bénéfice des dispositions de l'article 2279 C. civ. [devenu l'article 2276 C. civ.] » et « qu'ils ont souverainement estimé que la dépossession n'avait pas été forcée ». Voilà qui est bien discutable : n'est-on pas contraint d'obtempérer aux injonctions de la police ? Dans une seconde espèce (Civ. 1re, 3 novembre 1981, *Bull. civ.* I n° 324), le propriétaire d'un tableau, M. X, avait chargé une personne de le vendre, ce dernier l'ayant lui-même remis à une autre personne aux mêmes fins, cette dernière s'étant volatilisée avec la toile. Passée de main en main, elle a finalement été acquise par un M. Y. Celui-ci ayant décidé de la mettre en vente un an plus tard, elle est confiée en dépôt-vente auprès de Mme Z. La police, ayant retrouvée la toile, la remet à la personne initialement chargée par M. X de le vendre. À la suite d'une demande de M. Y, le bien est placé sous séquestre. Ce dernier invoque par ailleurs le bénéfice de la règle de l'article 2276 C. civ. La Cour de cassation lui en octroie le bénéfice, sa dépossession ayant été *involontaire*.

75. Art. 2274 C. civ. : « *[l]a bonne foi est toujours présumée, et c'est à celui qui allègue la mauvaise foi à la prouver* ».

76. Peu importe que le possesseur ait, une fois entré en possession, découvert l'inefficacité de son titre d'acquisition : *mala fides superveniens non nocet*.

77. Civ. 1re, 27 novembre 2001, *Bull. civ.* I, n° 295, *D.* 2202, p. 2505, obs. B. Mallet-Bricout : « la bonne foi requise par le mode d'acquérir prévu à l'article 2279 [devenu l'article 2276] C. civ., laquelle n'affecte pas le consentement du bénéficiaire mais qualifie sa possession, s'apprécie lors de l'entrée effective en celle-ci ; qu'ainsi, les juges du fond ont relevé que M. Cadéac-d'Arbaud, qui s'était porté acquéreur le 11 décembre 1988, avait appris entre Noël et le Jour de l'An, par l'expert chargé d'établir l'authenticité de l'objet, qu'une ancienne propriétaire allait contester en justice l'aliénation qu'elle en avait consentie, et que sa mise en possession, pour raison de paiement différé, s'était faite seulement le

croire à ce moment précis en l'existence du droit de son auteur sur la chose aliénée[78]. Encore faut-il que la bonne foi de l'acquéreur ait été **légitime**, ce qu'elle ne sera pas, en matière mobilière, en présence d'une mesure de publicité rendant de mauvaise foi celui qui était à même d'en avoir connaissance – ce qui ne vaut pas pour le sous-acquéreur[79].

En troisième lieu, la **possession** alléguée doit être **utile**[80], condition qui ne fait pas vraiment sens : « la continuité et la publicité ne signifient rien, puisque l'acquisition est instantanée – elles ne se conçoivent donc que dans le cadre de la prescription ; la violence n'a pas d'objet, dans le cadre d'une acquisition ; et l'équivoque est sanctionnée à travers la notion de mauvaise foi : lorsqu'existe une incertitude, point n'est besoin d'en appeler à la théorie des vices de la possession et à la notion d'équivoque : l'incertitude est équivalente à la mauvaise foi »[81].

747. Conditions de la fonction acquisitive de l'article 2276 C. civ. ***Cas particulier du meuble perdu ou volé***. L'article 2276 C. civ., comporte, dans son second alinéa, une règle particulière à la revendication des meubles perdus et volés : « *[c] elui qui a perdu ou auquel il a été volé une chose peut la revendiquer pendant trois ans, à compter du jour de la perte ou du vol, contre celui dans les mains duquel il la trouve ; sauf à celui-ci son recours contre celui duquel il la tient* »[82]. Il ne semble

27 janvier 1989 ; qu'ils en ont exactement déduit qu'elle n'avait produit aucun effet acquisitif ; qu'ils ont, en outre, retenu que cette information rendait incertain l'effet translatif des aliénations intermédiaires ; qu'il était alors loisible à M. Cadéac-d'Arbaud de retenir le prix non encore payé et de refuser de retirer l'objet jusqu'à pleine clarification ; qu'en outre, après s'être acquitté et être entré en possession, il a préféré, en décembre 1994, pleinement conscient de l'incertitude persistante et malgré sa citation en référé aux fins de mise de la chose sous séquestre, la revendre aux enchères, entre la date de l'audience d'appel et celle du délibéré ».

78. Civ. 1re, 23 mars 1965, *Bull. civ.* I, n° 206 : « en matière d'application de l'article 2279 C. civ. [devenu l'article 2276 C. civ.] (...) la bonne foi (...) s'entend de la croyance pleine et entière où s'est trouvé le possesseur, au moment de son acquisition, des droits de son auteur à la propriété des biens qu'il lui a transmis ».

79. Com. 14 octobre 1997, *Bull. civ.* IV, n° 257, *JCP* 1998, I, 171, obs. H. Périnet-Marquet : « si la publicité prévue aux articles 1er et suivants du décret du 4 juillet 1972 permet l'identification des parties au contrat et des biens objets de l'opération par les créanciers ou ayants cause à titre onéreux du client de l'entreprise de crédit-bail, il n'en est pas de même pour le sous-acquéreur, possesseur de bonne foi du bien mobilier, dont le droit de propriété demeure opposable au crédit-bailleur en dépit de l'accomplissement des formalités de publicité ».

80. V. notamment Civ. 21 octobre 1929, *DP* 1931, 1, p. 56 : « la présomption de propriété édictée par l'art. 2279 C. civ. [devenu l'article 2276 C. civ.] au profit du possesseur de meubles corporels ne peut être invoquée que par celui dont la possession présente les qualités de régularité requises par la loi ; (...) en conséquence, si l'héritier, revendiquant certains meubles corporels ayant appartenu à son auteur, vient à établir que la possession du défendeur est entachée d'un vice, ledit défendeur, cessant d'être protégé par la disposition de l'art. 2279 [devenu l'article 2276 C. civ.], a la charge de prouver le fait juridique qui aurait fait passer les choses revendiquées du patrimoine du défunt, leur ancien propriétaire, dans son patrimoine personnel » ; Com. 28 novembre 1989, *Bull. civ.* IV, n° 300 : « c'est dans l'exercice de son pouvoir souverain que la cour d'appel a décidé que la possession de la banque était exempte de vice et que sa mise en possession, ainsi que la dépossession corrélative du débiteur, s'étaient manifestées de manière suffisamment apparente, par la remise à un tiers désigné, pour être connue de tous » ; Com. 11 mai 1993, *Bull. civ.* IV, n° 184 : « seule une possession exempte de vices par le sous-acquéreur lui-même ou par autrui pour lui confère à celui-ci un titre faisant obstacle à toute revendication » (mais l'arrêt concerne essentiellement la mauvaise foi de l'acquéreur).

81. F. Zenati-Castaing et Th. Revet, n° 230.

82. Cette règle, exceptionnelle, est d'interprétation stricte et ne s'applique pas en cas d'abus de confiance (Civ. 1re, 9 janvier 1996, *Bull. civ.* I, n° 22 : « M. Y..., victime d'un abus de confiance et non d'un vol, ne disposait pas de l'action prévue par l'article 2280 [devenu 2277] C. civ. ».

pas que cette disposition remette en cause l'effet acquisitif immédiat normal de l'article 2276 C. civ.[83] au profit du possesseur[84], car si tel était le cas, les actes accomplis sur la chose avant l'échéance du délai de trois ans ne seraient pas efficaces. Aussi, si effet acquisitif il y a eu, celui-ci peut se retrouver rétroactivement anéanti par une revendication faite dans le délai.

Le possesseur victime de l'action en revendication pourra le cas échéant agir contre celui de qui il tient ses droits, spécialement sur le fondement de la garantie d'éviction. Toutefois, exceptionnellement, la revendication exercée sur le fondement de l'article 2276 C. civ. est subordonné à la condition très rigoureuse du remboursement du possesseur, posée par l'article 2277 alinéa C. civ. : « *[s]i le possesseur actuel de la chose volée ou perdue l'a achetée dans une foire ou dans un marché, ou dans une vente publique, ou d'un marchand vendant des choses pareilles, le propriétaire originaire ne peut se la faire rendre qu'en remboursant au possesseur le prix qu'elle lui a coûté* ». Cette faveur faite au possesseur tient à la confiance particulière qu'il a pu avoir quant la régularité de la chaîne des approvisionnements en achetant un bien dans des « conditions irréprochables »[85]. Dans cette hypothèse, l'action en revendication n'a d'intérêt pour le propriétaire que si le bien est chargé d'une valeur affective, qu'il n'est pas fongible, ou que le prix payé par le possesseur est inférieur à sa valeur marchande. Si l'action en revendication est exercée et que le possesseur est effectivement remboursé, celui-ci ne peut alors prétendre pouvoir exercer un recours en garantie contre le marchand, sans objet[86]. Quant au revendiquant qui a dû indemniser le possesseur, il ne peut agir contre le marchand sur le fondement de la subrogation légale (pour avoir indemnisé le possesseur) ou sur le fondement de l'enrichissement sans cause (pour obtenir le paiement du bénéfice réalisé par le marchand lors de la revente du meuble, ce bénéfice puisant son origine dans l'exercice normal de sa profession), mais seulement, le cas échéant, sur le fondement de la responsabilité extracontractuelle pour faute du marchand qui aurait été de mauvaise foi ou négligent dans ses approvisionnements[87].

83. V. toutefois la discussion *supra*, n° 744.

84. En ce sens, et exposant les autres thèses doctrinales, v. Ph. Dutilleul-Francoeur, *La revendication*, th. Panthéon-Assas (Paris II), 2003, n° 295 s. L'auteur propose d'expliquer l'action en revendication du propriétaire du meuble volé ou perdu sur le fondement de la rescision, qui trouverait son origine en droit romain (n° 305).

85. F. Zenati-Castaing et Th. Revet, n° 201. C'est ce qui explique, en creux, qu'un « marché aux puces », « accessible à des vendeurs non commerçants et notoirement connu comme lieu d'écoulement de marchandises volées » ne rentre pas dans les prévisions de l'article 2277 C. civ. (CA Lyon, 8 novembre 2001, RG n° 1999/07220).

86. Civ. 1re, 26 novembre 1956, *Bull. civ.* I, n° 429 : la restitution de la chose revendiquée étant subordonnée au remboursement du prix par le propriétaire, « ce remboursement rend sans objet un recours en garantie, de ce chef, du possesseur contre le marchand ».

87. Civ. 11 février 1931, *GAJC*, t. 1, n° 88, *DP* 1931, 1, p. 129, note R. Savatier : « le propriétaire qui, pour se faire rendre une chose volée ou perdue, a dû rembourser au possesseur actuel le prix qu'elle lui a coûté, ne saurait puiser dans les art. 2279 [devenu l'article 2276 C. civ.], 2280 et 1251 C. civ. le principe d'une action en indemnité contre celui qui a cessé d'avoir la possession de la chose volée ou perdue ; (...) la seule action appartenant dans ce cas au propriétaire doit être fondée, par application de l'art. 1382 C. civ., sur l'existence d'une faute commise par le défendeur, et (...) elle ne peut être accueillie qu'alors que cette faute est préalablement constatée par le juge ».

Titre III
La protection de la possession

748. Protection de la possession. Comme le prévoit l'article 2278 C. civ., « *[l]a possession est protégée, sans avoir égard au fond du droit, contre le trouble qui l'affecte ou la menace.* (al. 1) *La protection possessoire est pareillement accordée au détenteur contre tout autre que celui de qui il tient ses droits*[1] (al. 2) ». Ainsi, celui qui possède utilement[2] ou même détient à titre précaire[3] un bien peut faire protéger sa possession, indépendamment de son droit.

---

1. Pour des applications aux actions possessoires, v. Civ. 3e, 8 février 2006, *Bull. civ.* III, n° 24, *D.* 2006, p. 2366, obs. N. Reboul-Maupin : « si l'inexécution d'une convention ne peut donner lieu à l'action possessoire, cette règle est sans application lorsqu'aucune relation contractuelle n'existe entre le demandeur et le défendeur à cette action » (bail) ; Civ. 3e, 18 février 2009, *Bull. civ.* III, n° 38, *JCP* 2009, I, 1201, obs. H. Périnet-Marquet : « en cas de vente d'un immeuble dont le propriétaire avait conventionnellement accordé la détention à un tiers, l'ayant cause acquéreur devient celui de qui le détenteur tient ses droits ». Par ailleurs, la protection possessoire ne jouait pas dans les rapports entre copropriétaires (Civ. 3e, 29 février 1968, *Bull. civ.* III, n° 80 : « après avoir exactement rappelé que l'inexécution d'une convention ne peut donner lieu à l'action possessoire, la cour d'appel relève qu'en l'espèce il s'agit essentiellement de faire respecter le règlement de copropriété de l'immeuble, quant aux autorisations que doit recueillir chaque copropriétaire pour modifier les parties communes, et constaté que l'existence du trouble est conditionnée par l'examen du titre, d'ou résultent les droits concurrents de chacun » ; Civ. 3e, 6 mars 1991, *Bull. civ.* III, n° 75, *D.* 1991, p. 355, note H. Souleau, *RDI* 1991, p. 187, obs. J.-L. Bergel, *RTD civ.* 1991, p. 565, obs. F. Zenati : « l'action possessoire ne peut être exercée entre propriétaires de lots dépendant d'un immeuble en copropriété »).
2. Cette exigence était posée au sujet des actions possessoires (Civ. 11 février 1857, *DP* 1857, 1, p. 55 : « pour autoriser l'action possessoire et produire, en se prolongeant, la prescription à l'effet d'acquérir la propriété, la possession doit réunir les conditions déterminées par l'art. 2229 C. civ. C. nap. ; (...) elle doit donc avoir été paisible, non équivoque et exercée à titre de propriétaire » ; Civ. 12 mars 1924, *DH* 1924, p. 334 : « sauf la différence de la durée, la possession, pour servir de base à l'action en complainte, doit présenter les mêmes caractères que pour opérer la prescription »). S'agissant de la réintégrande, une possession actuelle et matérielle suffit (Req. 14 mars 1876, *DP* 1878, 1, p. 68 : « s'il faut, pour la complainte, que la possession réunisse toutes les conditions prescrites par l'art. 23 C. pr. civ., il suffit, pour la réintégrande, que celui qui l'exerce justifie de sa possession actuelle et matérielle, au moment où il a été dépouillé, et de sa dépossession par violence et voie de fait »), en raison de la gravité de la situation (F. Terré et Ph. Simler, n° 203).
3. À l'origine, seul le possesseur bénéficiait des actions possessoires (encore que la jurisprudence ait admis que le détenteur précaire puisse exercer la réintégrande : Req. 22 janvier 1878, *DP* 1878, 1, p. 316 : le fermier, « dépossédé de son champ, et ne pouvant le reprendre par force, sans commettre lui-même une voie de fait ou un acte de violence, (...) était incontestablement autorisé, pour rentrer en jouissance, à former contre l'auteur de l'entreprise une action en réintégrande » ; Civ. 3e, 24 mai 1972, *Bull. civ.* III, n° 319 : la Cour de cassation approuve une cour d'appel d'avoir exactement rappelé que « la réintégrande ne requérait pas l'*animus domini* et pouvait être exercée entre deux tiers tous deux prétendument locataires »). En conséquence, le détenteur précaire devait en principe s'adresser au propriétaire, seul véritable possesseur, et donc seul à même de le faire cesser. Ce détour nécessaire a été supprimé par la loi n° 75-596 du 9 juillet 1975 (v. toutefois, en matière de servitude, Civ. 3e, 17 septembre 2013, pourvoi n° 12-20724, *RTD civ.* 2013, p. 868, obs. W. Dross : « ayant relevé, à

Cette protection était traditionnellement et spécifiquement assurée par des actions possessoires, encore qu'il était toujours possible d'agir par la voie du référé ; elle l'est désormais uniquement par la voie de l'action en référé.

749. Feues les actions possessoires. Jusqu'en 2015, le possesseur pouvait exercer une action possessoire[4] en cas de trouble possessoire[5] : l'article 2279 C. civ.

---

bon droit, que la protection possessoire de la servitude litigieuse, discontinue, supposait que celle-ci fût fondée sur un titre et retenu que M. Laurent Y... n'étant pas propriétaire du fonds au profit duquel était revendiquée cette protection possessoire ne pouvait se prévaloir d'un tel titre, la cour d'appel, qui en a exactement déduit que M. Laurent Y... n'avait pas qualité à agir, a légalement justifié sa décision ». Comme on l'a observé, « pourquoi devrait-on permettre au preneur d'agir au possessoire contre le tiers qui le trouble dans la jouissance du fonds dominant et lui refuser cette même action lorsqu'il se trouve empêché d'user paisiblement de la servitude qui l'accompagne ? » (W. Dross, obs. préc.)).

4. La matière était dominée par la primauté du procès pétitoire et son cumul avec le possessoire. En premier lieu, le procès possessoire était indépendant du procès pétitoire : « *[l]a protection possessoire et le fond du droit ne sont jamais cumulés* » (art. 1265 al. 1 CPC), en sorte que le juge du possessoire ne pouvait se prononcer sur le fond du litige en reconnaissant ou non l'existence d'un droit au profit de l'une ou l'autre des parties (Civ. 14 mars 1883, *DP* 1883, 1, p. 445 : il y a cumul du possessoire et du pétitoire et violation du principe du double degré de juridiction, lorsqu'une juridiction saisie en appel d'une action possessoire se fonde uniquement pour rejeter cette action sur le droit de propriété du défendeur sans avoir été saisie du pétitoire ; Civ. 12 mars 1913, *DP* 1913, 1, p. 192 : « si, pour déterminer le caractère légal de la possession, le juge du possessoire a le droit d'apprécier les titres produits par les parties, il ne peut, sans excéder les limites de sa compétence, baser sa décision sur des motifs exclusivement tirés du fond du droit ») de même qu'il ne pouvait protéger la possession d'une personne uniquement parce qu'elle était propriétaire (Civ. 22 mars 1899, *DP* 1905, 1, p. 245 : le jugement qui, dans le cadre d'une action possessoire, décide qu'une partie a droit à une servitude conventionnelle pour son pré, que l'enclave d'un autre pré constituait un titre légal en vertu duquel elle a pu prescrire un droit de passage et que les faits de passage ont été exercés en vertu de titres conventionnels et du titre légal, « statue au pétitoire » et porte ainsi atteinte au principe du non-cumul du possessoire et du pétitoire ; Civ. 14 juin 1898, *DP* 1904, 1, p. 199 : « le jugement attaqué constate qu'il ne résulte pas de l'enquête la preuve de faits de passage exercés par [le demandeur au possessoire] pour cause d'enclave, à travers la propriété [du défendeur], dans l'année qui a précédé le trouble ; (...) pour trouver la preuve de la possession invoquée par [le demandeur], il se fonde sur : 1° un jugement [en vertu duquel une porte avait été placée sur le fonds d'un tiers à la limite de la parcelle du défendeur] ; 2° l'impossibilité d'exercer le passage, sur les propriétés voisines, celles-ci étant affranchies de toute servitude ; (...) ces motifs sont exclusivement tirés du fond du droit » et violent le principe du non-cumul du possessoire et du pétitoire) ou inversement, refuser de le faire parce qu'elle ne l'était pas.

En deuxième lieu, celui qui intentait une action pétitoire était irrecevable à agir au possessoire (art. 1266 CPC) alors que celui qui intentait une action au possessoire était recevable à agir au pétitoire. En troisième lieu, celui qui défendait à une action possessoire ne pouvait agir au pétitoire tant qu'il n'avait pas mis fin au trouble alors que celui qui défendait à une action pétitoire pouvait agir au possessoire (art. 1267 CPC). V. Civ. 3e, 23 janvier 2013, *Bull. civ.* III, n° 9, *D.* 2013, p. 2125, obs. B. Mallet-Bricout, *JCP* 2013, I, 429, obs. H. Périnet-Marquet, *Dr. & patr.* 2013, p. 78, obs. J.-B. Seube, *RTD civ.* 2013, p. 506, obs. W. Dross. En l'espèce, les juges du fond avaient déclaré recevable une action pétitoire alors qu'une action possessoire était pendante, au motif que si la prohibition du cumul du possessoire et du pétitoire fait obstacle à ce que la chose jugée au possessoire ait autorité au pétitoire, il n'est pas nécessaire que l'action possessoire ait été jugée irrévocablement avant l'exercice d'une action pétitoire. Cassation : « en statuant ainsi, alors que l'interdiction faite au défendeur d'agir au pétitoire avant d'avoir mis un terme au trouble emporte l'impossibilité d'agir avant la fin de l'instance possessoire, la cour d'appel a violé les textes susvisés ». *Adde* Civ. 3e, 9 mars 2005, *Bull. civ.* III, n° 58 : l'appel formé par celui ayant été condamné au possessoire en première instance à faire cesser le trouble causé à la possession de la partie adverse constitue un trouble de droit rendant irrecevable son action pétitoire.

5. Civ. 11 janvier 1910, *DP* 1910, 1, p. 312 : « on doit considérer comme un trouble donnant ouverture à l'action possessoire, tout fait matériel ou tout acte juridique qui directement et par lui-même ou

prévoyait que « *[l]es actions possessoires sont ouvertes dans les conditions prévues par le Code de procédure civile à ceux qui possèdent ou détiennent paisiblement* ». Alors qu'elle était à l'origine de la compétence du tribunal d'instance, l'action possessoire relevait depuis 2005[6] de celle exclusive du tribunal de grande instance, en raison notamment de la difficulté à distinguer le contentieux possessoire du contentieux pétitoire[7].

Le Code de procédure civile régissait[8] les actions possessoires en en distinguant de trois sortes. La *complainte* était ouverte à celui qui subissait un trouble *actuel* et avait pour objet de le faire cesser, par exemple par l'obtention de la destruction d'un ouvrage[9]. La *dénonciation de nouvel œuvre* était ouverte à celui qui craignait un trouble *éventuel* et avait pour objet d'en empêcher la survenance[10]. L'action en réintégration était ouverte à celui qui avait été dépossédé[11] par une voie de fait ou à la suite d'une violence ; elle était le pendant de la revendication (d'un droit). Les actions possessoires étaient en principe ouvertes dans l'année du trouble à ceux qui, paisiblement, possédaient ou détenaient depuis au moins un an ; toutefois, compte tenu de sa gravité, l'exigence d'une possession d'une année était écartée pour l'action en réintégration (art. 1264 CPC).

La loi n° 2015-177 du 16 février 2015 *relative à la modernisation et à la simplification du droit et des procédures dans les domaines de la justice et des affaires intérieures* a abrogé expressément l'article 2279 du Code civil. En raison d'un souci exagéré – et dangereux pour l'accessibilité et l'intelligibilité du droit – de respecter un parallélisme des formes, les dispositions du Code de procédure civile, à valeur réglementaire, n'ont pas été expressément abrogées par la loi. Néanmoins, elles l'ont été implicitement, si l'on s'en tient à la *Circulaire du 19 février 2015* de présentation de la loi n° 2015-177 du 16 février 2015, « *[l]'abrogation de l'article 2279 du Code civil emporte implicitement et nécessairement abrogation des dispositions réglementaires d'application de cet article, soit des articles 1264 à 1267 du Code de procédure civile. En effet, la volonté expresse du législateur a été de supprimer les actions possessoires dont les articles 1264 à 1267 du Code de procédure civile se bornent à préciser les conditions d'exercice* ».

750. Action en référé. En présence d'un trouble manifestement illicite, la protection de la possession pouvait, même avant la suppression des actions

indirectement et par voie de conséquence constitue ou implique une prétention contraire à la possession d'autrui » ; Civ. 3e, 9 mars 2005, *Bull. civ.* III, n° 58 : « le trouble possessoire résultant de tout acte impliquant contradiction à la possession peut être de fait ou de droit et (...) le trouble de droit peut résulter d'un acte judiciaire ou extra-judiciaire par lequel son auteur contredit la possession ».

6. Depuis la loi n° 2005-47 du 26 janvier 2005 *relative aux compétences du tribunal d'instance, de la juridiction de proximité et du tribunal de grande instance*.

7. Y. Strickler, « La mort des actions possessoires », *Études offertes au Doyen Philippe Simler*, LexisNexis, 2006, p. 823 s.

8. Ses dispositions n'ont pas encore été expressément abrogées.

9. Cette action était notamment exercée pour faire cesser un passage sur le terrain, des travaux causant des inondations (troubles de fait) ou pour tenir en échec une sommation de déguerpir (trouble de droit). V. par ex. Civ. 16 janvier 1883, *DP* 1883, 1, p. 129 : l'adjudication de travaux pour la création d'un égout destiné à amener les eaux d'une ville dans un ruisseau peut constituer un trouble de droit autorisant le juge du possessoire à accueillir l'action en complainte par laquelle les riverains du ruisseau demandent à être maintenus en possession des eaux

10. Cette action était notamment exercée afin d'empêcher la poursuite de travaux qui auraient pu troubler la possession de celui qui l'exerce.

11. Req. 31 janvier 1871, S. 1871, 1, p. 7 : la *dépossession* consiste en « l'usurpation [d'un terrain] dans la possession duquel le demandeur n'est plus libre de rentrer sans rencontrer un obstacle ».

possessoires, être assurée par une action en référé[12], distincte[13]. De fait, ainsi que le prévoit très généralement l'article 808 CPC, « *[d]ans tous les cas d'urgence, le président du tribunal de grande instance peut ordonner en référé toutes les mesures qui ne se heurtent à aucune contestation sérieuse ou que justifie l'existence d'un différend* ». Et, même en cas de contestation sérieuse, le président du tribunal de grande instance peut « *prescrire en référé les mesures conservatoires ou de remise en état qui s'imposent, soit pour prévenir un dommage imminent, soit pour faire cesser un trouble manifestement illicite* ». On retrouve ici les fonctions de la dénonciation de nouvel œuvre (prévenir le dommage), de la complainte et de la réintégrande (faire cesser le dommage).

Depuis la suppression des actions possessoires, l'action en référé est désormais l'action apte à protéger la possession en tant que telle. Elle est une voie particulièrement efficace, dans la mesure notamment où l'ordonnance de référé est obtenue rapidement, où elle peut prescrire une remise en état, et se trouve être exécutoire à titre provisoire[14].

12. Civ. 3e, 22 mars 1995, *Bull. civ.* III, n° 90, *JCP* 1995, I, 3891, obs. H. PÉRINET-MARQUET, *RTD civ.* 1996, p. 427, obs. F. ZENATI : justifie sa décision d'accueillir une demande tendant au rétablissement dans la jouissance paisible d'un garage, la cour d'appel qui, statuant en référé, relève qu'elle était saisie en application de l'article 848 CPC et qu'elle ne se prononçait pas sur l'action possessoire et qui constate « l'existence d'un différend » sur l'accès au garage, ainsi que « l'urgence qui s'attachait à arrêter l'effet du trouble » que les demandeurs subissaient ; Cass. Ass. plén., 28 juin 1996, *Bull. Ass. plén.*. n° 6, *JCP* 1996. II. 22712, note G. MÉMETEAU, *ibid.* I, 3972, obs. H. PÉRINET-MARQUET, *Rép. Defr.* 1996, p. 1427, obs. Ch. ATIAS, *RTD civ.* 1997, p. 216, obs. G. NORMAND, *RDI* 1996, p. 536, obs. J.-L. BERGEL : une cour d'appel, statuant en référé, après avoir relevé qu'il appartenait à la juridiction du fond de statuer sur l'existence d'une servitude légale et sur l'assiette du passage et constaté que les obstacles empêchaient tout accès au fonds et que le propriétaire de celui-ci avait utilisé sans violence ni voie de fait une servitude de passage préalablement consentie par la commune, a pu en déduire l'existence d'un trouble manifestement illicite (la décision a suscité de nombreux commentaires, en ce qu'elle considère que la notion de « trouble manifestement illicite » est une notion de droit contrôlée par la Cour de cassation).

13. Civ. 3e, 15 mai 2008, *Bull. civ.* III, n° 80 : « en statuant ainsi, selon les règles des actions possessoires qui sont distinctes et différentes de celles du référé, la cour d'appel, qui a excédé ses pouvoirs, a violé » les règles de procédure civile.

14. Art. 489 CPC : « *[l]'ordonnance de référé est exécutoire à titre provisoire. Le juge peut toutefois subordonner l'exécution provisoire à la constitution d'une garantie dans les conditions prévues aux articles 517 à 522.* (al. 1) *En cas de nécessité, le juge peut ordonner que l'exécution aura lieu au seul vu de la minute* (al. 2) ».

Troisième partie
Les obligations relatives aux biens

751. Obligations personnelles, réelles et mixtes. Deux grands types d'obligations peuvent être distingués en droit français : les **obligations personnelles**, qui lient des personnes en raison de leur *identité*, et les **obligations réelles**, qui lient des personnes en raison de leur *qualité de titulaire d'un droit réel sur un bien*[1]. Dans les deux cas, ce sont toujours des personnes qui sont parties au rapport d'obligation. Néanmoins, en présence d'une obligation réelle, la qualité de *partie* est tributaire de celle de *titulaire d'un droit réel* sur la chose, ce qui explique que celui qui perd cette dernière qualité n'est plus partie à l'obligation afférente, au bénéfice ou au détriment de celui qui l'a prend. Il est à noter qu'une catégorie intermédiaire, celle des **obligations mixtes**, recouvre toutes les obligations qui lient une partie à titre personnel et l'autre à titre réel.

Le droit des biens s'intéresse essentiellement aux obligations qui sont accrochées à des droits réels, c'est-à-dire aux obligations réelles et mixtes[2].

---

1. C'est une approche quelque peu différente qui a été retenue par Ginossar. Suivant cet auteur, les obligations réelles constituent la face passive des droits réels et sont ainsi, aux droits réels, ce que sont les dettes aux créances (S. Ginossar, *Droit réel, propriété et créance – Élaboration d'un système rationnel des droits patrimoniaux*, LGDJ, Paris, 1960, n° 38 : « l'obligation réelle (...) est le droit réel, vu du côté passif »). L'obligation *propter rem* serait une variété d'obligation réelle. Si celle-ci oblige le plus souvent le titulaire du droit réel à une abstention, elle peut l'obliger exceptionnellement à une action : là gît l'obligation *propter rem*.
Un autre auteur a envisagé l'obligation réelle comme celle dont est tenue une personne envers une chose ou, si l'on préfère, son propriétaire (R. Libchaber, « La recodification du droit des biens », *Le Code civil, 1804-2004, Livre du bicentenaire*, Dalloz-Litec, 2005, p. 297 s., n° 56 s.).
En tout état de cause, l'obligation réelle se distingue de l'obligation *scripta in rem* qui est celle que supporte le propriétaire d'un bien grevé d'une sûreté de subir la saisie à défaut de paiement, qu'il en soit le constituant ou un tiers acquéreur.
2. Un auteur a proposé une autre terminologie en distinguant les obligations réelles « parfaites » et les obligations réelles « imparfaites » (J. Scapel, *La notion d'obligation réelle*, th. préf. P. Jourdain, PUAM, 2002). Alors que les obligations réelles parfaites lient activement et passivement un titulaire d'un droit réel principal, les obligations réelles imparfaites lient activement ou passivement un titulaire d'un droit réel principal, l'autre l'étant à titre personnel. Précisément, l'obligation réelle « doit être analysée comme une obligation personnelle, accessoire à un ou deux droits réels principaux, et qui se caractérise par un *intuitus rei* unilatéral si seul le créancier ou le débiteur de l'obligation est titulaire d'un droit réel, ou par un *intuitus rei* bilatéral, si le créancier et le débiteur sont tous deux titulaires d'un droit réel principal » (n° 224). Alors que l'obligation réelle parfaite « a pour fonction d'harmoniser l'exercice de deux droits réels principaux présentant un caractère concurrent » (n° 454), l'obligation réelle imparfaite « est dotée d'une fonction de protection d'un contractant titulaire, soit d'un droit réel principal, soit d'un droit personnel de jouissance, sur tout ou partie des utilités d'un bien » (n° 455). *Adde*, sur la question, R. Libchaber, « Restriction d'activité, servitude de non-concurrence et droit réel : un aperçu de la complexité des situations réelles », *D.* 2002, p. 434 ; du même auteur, « La recodification du droit des biens », *Le Code civil, 1804-2004, Livre du bicentenaire*, Dalloz-Litec, 2005, p. 297 s., n° 56 s.).

752. Sources des obligations réelles et mixtes. Comme toute obligation, les obligations réelles et mixtes prennent leur source dans la loi ou dans la volonté des parties. Ainsi, en matière de servitudes, les obligations qui lient le propriétaire du fonds servant et celui du fonds dominant prennent leur source dans la loi et dans la convention éventuellement conclue en vue de son exercice.

753. Obligations relatives aux biens en matière environnementale ? En raison de l'impossibilité technique de créer conventionnellement des servitudes environnementales en vue de préserver les qualités environnementales d'un terrain, faute de fonds dominant[3], le projet de loi *pour la reconquête de la biodiversité, de la nature et des paysages* prévoit la création d'obligations réelles environnementales. D'après le projet d'article L. 123-3 C. envir., « [i]l est permis aux propriétaires de biens immobiliers de contracter avec une collectivité publique, un établissement public ou une personne morale de droit privé agissant pour la protection de l'environnement en vue de faire naître à leur charge, ainsi qu'à la charge des propriétaires successifs du bien, les obligations réelles que bon leur semble, dès lors que de telles obligations ont pour finalité le maintien, la conservation, la gestion ou la restauration d'éléments de la biodiversité ou de fonctions écologiques dans un espace naturel, agricole ou forestier (...) »[4].

754. Plan. En raison des questions différentes qu'elles soulèvent, on distinguera les obligations réelles (Titre I) des obligations mixtes (Titre II).

3. Sur la question, v. G. J. Martin, « Note relative à l'introduction en droit français d'une servitude contractuelle ou d'une obligation réelle ayant pour objet la protection de l'environnement », *RJE* 2008, n° spéc., p. 33 ; M. Mekki et M. Boutonnet, « Environnement et *conservation easements* – Pour une transposition en droit français ? », *JCP* 2012, I, 1023.

4. Ainsi que le révèlent les débats parlementaires, la durée de ces obligations devrait être déterminée.

Sous-partie I
Les obligations réelles

755. Notion. Les obligations réelles sont **celles qui lient à titre réel, non seulement le créancier, mais aussi le débiteur**. L'obligation réelle est l'obligation dont est tenue le débiteur en sa qualité de titulaire d'un droit réel envers le créancier qui l'est également en sa qualité de titulaire d'un droit réel.

Tantôt les parties au rapport d'obligation réelle sont titulaires d'un droit réel sur la même chose – c'est l'hypothèse du démembrement – tantôt d'un droit réel sur deux choses distinctes – c'est l'hypothèse de la servitude.

756. Finalités. Ainsi qu'on l'a relevé, « le but de l'obligation réelle est d'assurer une meilleure exploitation de la chose dont les utilités sont partagées en créant entre leurs titulaires des obligations de faire »[1] et, pourrait-on ajouter, l'idée est la même lorsque l'obligation réelle lie deux personnes ayant un droit réel sur des biens différents. Précisément, l'obligation réelle a pour finalité d'assurer au mieux la coexistence des droits réels sur une même chose (en cas de démembrement) ou la maximisation des utilités procurés par un bien dans le respect de celles procurés par un autre bien (en cas de servitude).

757. Inventaire. La **législation** offre de nombreux exemples d'obligations réelles : tout copropriétaire supporte les charges de la copropriété[2] ; l'usufruitier est tenu à plusieurs obligations, dont celles d'effectuer les réparations d'entretien[3] ; le propriétaire peut être contraint par son voisin de participer aux frais de bornage[4], de

---

1. W. Dross, n° 131.
2. Art. 10 L. n° 65-557 du 10 juillet 1965 : « *[l]es copropriétaires sont tenus de participer aux charges entraînées par les services collectifs et les éléments d'équipement commun en fonction de l'utilité que ces services et éléments présentent à l'égard de chaque lot.* (al. 1) *Ils sont tenus de participer aux charges relatives à la conservation, à l'entretien et à l'administration des parties communes proportionnellement aux valeurs relatives des parties privatives comprises dans leurs lots, telles que ces valeurs résultent des dispositions de l'article 5.* (al. 2) *Le règlement de copropriété fixe la quote-part afférente à chaque lot dans chacune des catégories de charges. (al. 3) Tout règlement de copropriété publié à compter du 31 décembre 2002 indique les éléments pris en considération et la méthode de calcul permettant de fixer les quotes-parts de parties communes et la répartition des charges.* (al. 4) » Et v. CA Paris, 13 octobre 2010, RG n° 08/15860 : « c'est la qualité de titulaire de lot de copropriété qui soumet de plein droit le copropriétaire à l'obligation au paiement de ses charges ».
3. Art. 600 s. C. civ. Il s'agit notamment de l'obligation de procéder aux réparations d'entretien : « *[l]'usufruitier n'est tenu qu'aux réparations d'entretien* » (art. 605 al. 1 C. civ.).
4. Art. 646 C. civ. : « *[t]out propriétaire peut obliger son voisin au bornage de leurs propriétés contiguës. Le bornage se fait à frais communs* ».

contribuer aux constructions et réparations de la clôture[5] ou de réparer et reconstruire le mur mitoyen[6].

Il est par ailleurs possible, **conventionnellement**, de stipuler des obligations réelles. Ainsi en va-t-il de l'obligation souscrite par l'acquéreur d'un immeuble d'effectuer les réparations d'entretien au profit du vendeur qui s'est réservé un droit d'usage et d'habitation et dont l'exécution peut donc être imposée aux propriétaires successifs[7]. En matière de servitude, le propriétaire du fonds servant peut convenir avec le propriétaire du fonds dominant qu'il entretiendra (obligation positive) à ses frais les ouvrages permettant d'exercer la servitude[8]. On peut également rattacher aux obligations réelles les obligations de non-concurrence qui grèvent un fonds de commerce au profit d'un autre[9].

758. Intérêt de la qualification. Les obligations réelles étant attachées à un droit réel, la perte du droit emporte la libération de l'obligation. Ainsi le débiteur tenu d'entretenir un ouvrage utile à l'exercice de la servitude l'est en sa qualité de

5. Art. 663 C. civ. : « *[c]hacun peut contraindre son voisin, dans les villes et faubourgs, à contribuer aux constructions et réparations de la clôture faisant séparation de leurs maisons, cours et jardins assis ès dites villes et faubourgs : la hauteur de la clôture sera fixée suivant les règlements particuliers ou les usages constants et reconnus et, à défaut d'usages et de règlements, tout mur de séparation entre voisins, qui sera construit ou rétabli à l'avenir, doit avoir au moins trente-deux décimètres de hauteur, compris le chaperon, dans les villes de cinquante mille âmes et au-dessus, et vingt-six décimètres dans les autres* ».

6. Art. 655 C. civ. : « *[l]a réparation et la reconstruction du mur mitoyen sont à la charge de tous ceux qui y ont droit* ».

7. Civ. 3e, 14 octobre 1981, *Bull. civ.* III, n° 158 : « l'obligation souscrite par l'acquéreur d'un bien immobilier d'effectuer les réparations d'entretien qui deviendraient nécessaires à l'immeuble dont le vendeur s'est réservé un droit d'usage et d'habitation est une charge réelle dont l'exécution peut être imposée à tous les propriétaires successifs de l'immeuble ».

8. Art. 697 C. civ. : « *[c]elui auquel est due une servitude a droit de faire tous les ouvrages nécessaires pour en user et pour la conserver* » ; art. 698 C. civ. : « *[c]es ouvrages sont à ses frais, et non à ceux du propriétaire du fonds assujetti, à moins que le titre d'établissement de la servitude ne dise le contraire* ».

9. La cour d'appel de Lyon a ainsi décidé que, d'un point de vue *actif*, « stipulée dans l'intérêt des propriétaires du fonds de commerce, dont elle est destinée à garantir la valeur, une interdiction conventionnelle de concurrence convenue à l'occasion de la vente d'un fonds de commerce se transmet de plein droit, sauf clause contraire, aux acquéreurs successifs de ce fonds » (CA Lyon, 6 nov. 1998, RG n° 97/02902 : mentionné *in BICC* 1er octobre 1999, n° 1077). C'est également la solution retenue par la Cour de cassation : « la clause de non-concurrence souscrite par un membre d'une profession libérale au profit d'un confrère à l'occasion de la cession des éléments constitutifs de son cabinet, doit être, sauf clause contraire, présumée comprise parmi les droits transmis par le cessionnaire lorsqu'il vient, à son tour, à procéder à la même opération au profit d'un tiers » (Civ. 3e, 3 décembre 1996, *Bull. civ.* I, n° 436, *D.* 1997, p. 151, rapp. Y. Chartier, note Y. Serra, *RTD civ.* 1997, p. 421, obs. J. Mestre).
Toutefois, du point de vue *passif*, la jurisprudence est plus réticente à admettre la transmission : en l'absence d'un consentement exprès du cessionnaire du fonds, ce dernier n'est pas tenu par la dette de non-concurrence (Com. 1er avril 1997, *Bull. civ.* IV, n° 89 : cassation de l'arrêt ayant admis la transmission de la clause « alors que l'arrêt ne constate pas que la clause interdisant aux personnes exploitant les deux fonds de commerce voisins de se concurrencer entre elles était insérée dans l'acte de cession du fonds par les exploitants actuels et que ces derniers l'avaient expressément acceptée »). La dette de non-concurrence ne se transmettra donc effectivement à l'ayant droit que s'il l'a acceptée (dans l'hypothèse voisine d'une revente, v. Com. 18 juillet 1989, *Bull. civ.* IV, n° 222 qui admet la transmission de la clause de non-concurrence qui a été reproduite dans l'acte constituant le titre de l'ayant droit, celui-ci ayant « donc, personnellement, accepté de n'accomplir dans les locaux dont il se rendait acquéreur aucun acte susceptible de concurrencer » les activités du créancier de la clause de non-concurrence). Cela revient, sous cet angle, à nier la nature d'obligation réelle à l'obligation de non-concurrence.

propriétaire du fonds servant et le créancier, en sa qualité de propriétaire du fonds dominant. L'un comme l'autre viendraient-ils à perdre leur qualité de propriétaire – par transmission[10] ou par abandon[11] – qu'ils perdraient automatiquement[12] leur qualité de débiteur et de créancier de l'obligation réelle. Il reste que chaque fois que l'obligation réelle prend sa source dans une convention, la transmission de l'obligation ne sera possible que si celle-ci a été rendue opposable, notamment par la publicité qui en aura été faite[13].

10. Civ. 7 février 1949, *JCP* 1949, II, 5159, note E. Becqué : l'obligation imposée par l'article 702 C. civ. au propriétaire du fonds dominant de ne rien faire qui aggrave la servitude est une charge réelle pesant sur le fonds lui-même et suivant ce dernier en quelque main qu'il passe. Le propriétaire successeur à titre particulier de l'auteur du trouble peut donc être condamné à exécuter à ses frais des travaux de remise en état d'une canalisation.

11. Art. 699 C. civ. : « *[d]ans le cas même où le propriétaire du fonds assujetti est chargé par le titre de faire à ses frais les ouvrages nécessaires pour l'usage ou la conservation de la servitude, il peut toujours s'affranchir de la charge, en abandonnant le fonds assujetti au propriétaire du fonds auquel la servitude est due* » ; art. 656 C. civ. : « *(...) tout copropriétaire d'un mur mitoyen peut se dispenser de contribuer aux réparations et reconstructions en abandonnant le droit de mitoyenneté, pourvu que le mur mitoyen ne soutienne pas un bâtiment qui lui appartienne* » ; art. 667 al. 1 C. civ. : « *[l]a clôture mitoyenne doit être entretenue à frais communs ; mais le voisin peut se soustraire à cette obligation en renonçant à la mitoyenneté* ».

12. Encore que la décision unilatérale d'abandonner son droit ou que la transmission dudit droit doit, en matière immobilière, conformément aux règles de la publicité foncière, être publiée (art. 28 Décr. 4 janvier 1955).

13. Ainsi l'obligation d'entretien de l'ouvrage utile à la servitude qui pèse sur le propriétaire du fonds servant ne devrait se transmettre à l'acquéreur du fonds si une telle obligation a été publiée (W. Dross, n° 130-3).

Sous-partie II
Les obligations mixtes

759. Notion. Les obligations mixtes sont celles qui lient une personne à titre réel et l'autre à titre personnel. Elles sont donc de deux sortes : tantôt c'est la créance seulement qui est réelle, tantôt c'est uniquement la dette qui l'est.

Les **créances réelles** sont fréquentes et participent de l'idée que le titulaire d'un droit réel sur une chose doit bénéficier de certains droits, que ceux-ci lui aient été consenti ou qu'ils l'aient été à des auteurs précédents, en vue d'en jouir au mieux. La créance réelle sert l'*intérêt privé* du propriétaire d'un bien en lui permettant d'exiger d'autrui une prestation, telle une garantie, que ce dernier s'est engagé à fournir à tout propriétaire du bien en cause.

Les **dettes réelles**, qui sont des limitations au droit de propriété, sont exceptionnelles : elles concernent pour l'essentiel la responsabilité que doit assumer le propriétaire d'une chose pour les dommages qu'elle cause ainsi que les impôts ou les taxes qui frappent la propriété. La dette réelle sert l'*intérêt général* en faisant peser sur le titulaire d'un droit réel, le propriétaire en général, des contraintes en raison de son statut.

760. Inventaire. ***Créance réelle***. Les hypothèses de créance réelle sont nombreuses, en raison notamment de la jurisprudence qui s'est développée au sujet des chaînes de contrats.

Relevons toutefois d'abord qu'en **législation**, l'article 1646-1 al. 2 C. civ. prévoit que « *[l]es garanties [dont est tenu le vendeur d'immeuble à construire] bénéficient aux propriétaires successifs de l'immeuble* ». De même, l'article L. 121-10 al. 1 C. ass. prévoit-il qu'« *[e]n cas de décès de l'assuré ou d'aliénation de la chose assurée, l'assurance continue de plein droit au profit de l'héritier ou de l'acquéreur, à charge par celui-ci d'exécuter toutes les obligations dont l'assuré était tenu vis-à-vis de l'assureur en vertu du contrat* ». Tout au plus observera-t-on dans ce dernier cas que la transmission n'a pas tant pour objet une créance réelle qu'un contrat[1].

C'est cependant la **jurisprudence** qui a dégagé les créances réelles de la façon la plus spectaculaire, dans les chaînes translatives de contrats. La question s'est à ce titre posée de savoir si l'acquéreur d'une chose pouvait exercer les droits relatifs à la chose, spécialement les garanties que son auteur pouvait exercer contre le

---

1. J. Scapel, *La notion d'obligation réelle*, th, préf. P. Jourdain, PUAM, 2002, n° 446 : « l'extension de la qualification d'obligation réelle imparfaite à ces contrats [l'auteur envisage également le sort des contrats de travail en cas de modification de la situation juridique de l'employeur aujourd'hui prévue à l'article L. 1224-1 C. trav. : "*[l]orsque survient une modification dans la situation juridique de l'employeur, notamment par succession, vente, fusion, transformation du fonds, mise en société de l'entreprise, tous les contrats de travail en cours au jour de la modification subsistent entre le nouvel employeur et le personnel de l'entreprise.*"] est réalisée grâce à l'emploi d'une fiction juridique ».

fournisseur, le constructeur ou toute autre personne. Par exemple, A vend un bien à B qui le revend à C : il s'agit d'une chaîne de deux contrats, tous deux translatifs ; ou encore, A fait réparer un bien par B puis le revend à C : il s'agit d'une chaîne de deux contrats dont le premier est non translatif, à la différence du dernier. Aujourd'hui, la Cour de cassation admet que l'acquéreur de la chose exerce les droits attachés à la chose dont était titulaire son auteur contre un précédent auteur (première hypothèse)[2] ou contre l'entrepreneur (seconde hypothèse)[3], encore que dans certains cas, le cédant conserve son droit d'agir[4]. C'est l'action de l'auteur née du contrat par lui conclu avec le défendeur qui est transmise et non une action directe autonome

2. Civ. 1re, 9 octobre 1979, *Bull. civ.* I, n° 241 : « l'action directe dont dispose le sous-acquéreur contre le fabricant ou un vendeur intermédiaire, pour la garantie du vice caché affectant la chose vendue dès sa fabrication, est nécessairement de nature contractuelle ».

3. Cass. Ass. plén. 7 février 1986, *Bull. civ.* Ass. plén., n° 2 : « le maître de l'ouvrage comme le sous-acquéreur, jouit de tous les droits et actions attachés à la chose qui appartenait à son auteur ; qu'il dispose donc à cet effet contre le fabricant d'une action contractuelle directe fondée sur la non-conformité de la chose livrée ; que, dès lors, en relevant que la société P.C.A. avait livré des briques non conformes au contrat, en raison de leur mauvaise fabrication, la cour d'appel, qui a caractérisé un manquement contractuel dont la SCI Asnières Normandie, maître de l'ouvrage, pouvait lui demander réparation dans le délai de droit commun, a, par ce seul motif, légalement justifié sa décision ; qu'en aucune de ses cinq branches, le moyen ne peut donc être accueilli ».

4. Après des hésitations, la Cour de cassation a décidé, au sujet d'une garantie décennale, que « les acquéreurs successifs d'un immeuble sont recevables à agir contre les constructeurs sur le fondement de la garantie décennale qui accompagne, en tant qu'accessoire, l'immeuble, nonobstant la connaissance, par les acquéreurs, des vices de celui-ci lors de la signature de l'acte de vente et l'absence, dans ce dernier, de clause leur réservant un tel recours, à moins que le vendeur ne puisse invoquer un préjudice personnel lui conférant un intérêt direct et certain à agir » (Civ. 3e, 23 septembre 2009, *Bull. civ.* III, n° 202). Par la suite, la Cour de cassation a considéré que « sauf clause contraire, les acquéreurs successifs d'un immeuble ont qualité à agir, même pour les dommages nés antérieurement à la vente et ce nonobstant l'action en réparation intentée par le vendeur avant cette vente, contre les constructeurs sur le fondement de la responsabilité contractuelle de droit commun qui accompagne l'immeuble en tant qu'accessoire » (Civ. 3e, 10 juillet 2013, B. 102) et que « le vendeur d'un immeuble ne conserve un intérêt à agir, même pour les dommages nés antérieurement à la vente, et nonobstant l'action en réparation qu'il a intentée avant cette vente sur le fondement de la responsabilité contractuelle de droit commun, que si l'acte de vente prévoit expressément que ce vendeur s'est réservé le droit d'agir » (Civ. 3e, 5 novembre 2013, pourvoi n° 12-13923). Désormais, les acquéreurs successifs peuvent ainsi demander réparation des dommages affectant l'immeuble, qu'ils soient nés antérieurement ou postérieurement à la vente, que le vendeur ait ou non intenté une action visant à leur réparation avant la vente.

Bien que ce tableau jurisprudentiel manque de clarté, il semble bien qu'il faille distinguer deux types de préjudices : ceux qui consistent dans l'*altération de la jouissance du bien* d'une part, et ceux qui consistent dans l'*altération du bien lui-même* d'autre part. S'agissant des préjudices résultant de *l'altération de la jouissance du bien*, il est normal que le vendeur et l'acheteur soient tous deux indemnisés *prorata temporis*, car ils en ont tous deux soufferts. S'agissant en revanche des préjudices résultant de l'*altération du bien lui-même*, il est normal le propriétaire, c'est-à-dire l'acquéreur, en soit par principe seul indemnisé car c'est lui qui seul les subit. Toutefois, il se peut que compte tenu de l'altération du bien, le bien ait été vendu pour un prix diminué en conséquence, auquel cas ce devrait être au vendeur d'être indemnisé, en tout ou partie. C'est probablement en contemplation de ces considérations que la jurisprudence pose par principe que l'indemnisation est due par principe à l'acquéreur, tout en réservant le jeu d'une éventuelle clause contraire. Rappr. M. BACACHE, « Vente de l'immeuble et transmission des actions en justice : ordre ou désordre ? », *RDC* 2015, p. 766 s., spéc. n° 17 ; *adde* l'ensemble du dossier « Vente de l'immeuble et transmission des actions en justice : ordre ou désordre ? », *RDC* 2015, p. 765 s. avec les contributions de M. BACACHE, N. CAYROL, M. COTTET, M. FAURE-ABBAD, P. JOURDAIN, C. PELLETIER, M. POUMARÈDE, et P. PUIG).

qui est créée au profit du propriétaire qui intente l'action[5]. La créance est réelle, attachée à la chose. Reçoivent ainsi la qualification de créance réelle les garanties du constructeur[6], la garantie des vices[7], la garantie d'éviction[8], etc.[9].

761. Inventaire. ***Dette réelle***. Les hypothèses de dette réelle sont peu fréquentes. C'est le cas cependant des taxes et impôts dus en raison de la titularité d'un droit réel sur un bien (taxe foncière, ISF, etc.). On peut également y ranger l'obligation du propriétaire d'un bâtiment de réparer le dommage causé par sa ruine[10], encore que l'obligation d'indemnisation, si les conditions en sont réunies, soit

5. Ainsi, la Cour de cassation en déduit que l'auteur-défendeur peut opposer au sous-acquéreur-demandeur les clauses limitatives de garantie qu'il avait insérées dans son contrat avec son propre ayant cause : c'est que par application de la règle *nemo plus juris ad allium transfere potest quam ispe habet*, le revendeur n'a pu transmettre au sous-acquéreur plus de droits ou d'actions qu'il n'en avait lui-même. Cette solution a été maintenue alors même que le sous-acquéreur n'était pas un professionnel et que la clause qu'on lui opposait aurait été qualifiée d'abusive si elle avait été insérée dans le contrat qu'il avait signé (Civ. 1re, 7 juin 1995, *Bull. civ.* I, n° 249 : le fabricant de la chose vendue est en droit d'opposer au sous-acquéreur tous les moyens de défense qu'il peut opposer à son propre cocontractant ; Com. 22 mai 2002, *Bull. civ.* IV, n° 89 : « ayant retenu que l'action du sous-acquéreur était celle de son auteur, à savoir celle du vendeur intermédiaire contre son vendeur originaire, la cour d'appel a justement décidé que la société Alsthom ne pouvait opposer que la clause limitative de responsabilité figurant dans le contrat qu'elle avait conclu avec la société Technip, vendeur intermédiaire »). Par ailleurs, pour des raisons identiques, le vendeur initial ne saurait opposer au sous-acquéreur une clause insérée dans le contrat conclu entre ce dernier et son propre auteur (Civ. 3e, 16 novembre 2005, *Bull. civ.* III, n° 222 : « une clause de non-garantie opposable par un vendeur intermédiaire à son propre acquéreur ne peut faire obstacle à l'action directe de l'acquéreur final contre le vendeur originaire, dès lors qu'aucune clause de non-garantie n'a été stipulée lors de la première vente »).

6. Civ. 1re, 28 novembre 1967, *Bull. civ.* I, n° 348 : « l'obligation de garantie décennale assumée par les architectes et les entrepreneurs en vertu de ce texte, constitue une protection légale, attachée à la propriété de l'immeuble et peut être invoquée (...) par tous ceux qui succèdent à ce dernier, en tant qu'ayant cause, même à titre particulier, dans cette propriété ».

7. Civ. 1re, 19 janvier 1988, *Bull. civ.* I, n° 20 : « l'action en garantie des vices cachés se transmet, en principe, avec la chose vendue au sous-acquéreur ».

8. Civ. 3e, 28 mars 1990, *Bull. civ.* III, n° 93 : « l'obligation de garantie qui pèse sur le vendeur peut être invoquée aussi contre l'auteur de celui-ci si l'éviction trouve son origine dans le fait de ce dernier ».

9. En revanche, l'obligation de délivrance conforme, intimement liée aux stipulations contractuelles, paraît moins être liée à la chose. Il reste qu'elle pourrait, dans des circonstances exceptionnelles, profiter aux sous-acquéreurs. Cela paraît envisageable chaque fois que la chose n'est conforme ni aux stipulations du contrat conclu entre le vendeur et l'acquéreur initial, ni à celles du contrat conclu entre ce dernier et le sous-acquéreur. Ce n'est cependant que si le défaut de conformité est caché que l'action pourra être exercée par le sous-acquéreur (par exemple, une peinture d'intérieur a été délivrée au lieu d'une peinture d'extérieur ; des graines de roses rouges à la place de graines de roses blanches). V., d'ailleurs, Cass. Ass. plén. 7 février 1986, *Bull. civ. Ass. plén.*., n° 2 : « le maître de l'ouvrage comme le sous-acquéreur, jouit de tous les droits et actions attachés à la chose qui appartenait à son auteur ; qu'il dispose donc à cet effet contre le fabricant d'une action contractuelle directe fondée sur la non-conformité de la chose livrée ; que, dès lors, en relevant que la société P.C.A. avait livré des briques non conformes au contrat, en raison de leur mauvaise fabrication, la cour d'appel, qui a caractérisé un manquement contractuel dont la SCI Asnières Normandie, maître de l'ouvrage, pouvait lui demander réparation dans le délai de droit commun, a, par ce seul motif, légalement justifié sa décision ; qu'en aucune de ses cinq branches, le moyen ne peut donc être accueilli ».

10. Art. 1386 C. civ. : « *[l]e propriétaire d'un bâtiment est responsable du dommage causé par sa ruine, lorsqu'elle est arrivée par une suite du défaut d'entretien ou par le vice de sa construction* ». V. toutefois J. Scapel, *La notion d'obligation réelle*, th, préf. P. Jourdain, PUAM, 2002, n° 338, qui relève que « [l]a prise en compte de la qualité de propriétaire n'est que le mode de mise en œuvre retenu pour l'application de l'article 1386 du Code civil [et que] [l]e fait générateur de ce régime de responsabilité ne consiste pas dans le manquement à une obligation réelle imparfaite ».

personnelle à celui qui était propriétaire au moment du dommage et ne transmet pas à l'acquéreur de l'immeuble.

762. Intérêt de la qualification. À la suite d'Aubry et Rau, on relève fréquemment que les créances dont bénéficient les acquéreurs successifs d'une chose ne sont en réalité que les créances dont bénéficiaient les auteurs précédents et qui se sont transmises accessoirement à la chose, *intuitu rei*[11]. Il convient néanmoins de relever qu'un maillon intermédiaire de la chaîne ne perd pas la faculté d'exercer une action attachée à une chose sur laquelle il a perdu ses pouvoirs au profit d'un acquéreur ultérieur, quand l'action présente pour lui un intérêt direct et certain. Ainsi la jurisprudence considère que lorsqu'un acquéreur est assigné par le sous-acquéreur, il peut appeler en garantie son vendeur[12] ou encore que l'acquéreur peut agir contre son vendeur lorsqu'il a été contraint de revendre pour un prix défavorable un bien présentant des désordres à un sous-acquéreur[13]. L'explication réside peut-être dans le fait que l'acquéreur qui a revendu le bien *subit* (en étant assigné par le sous-acquéreur) ou *a subi* un préjudice (en subissant des troubles de jouissance ou en ayant dû revendre son bien) qui a été causé par un manquement de son auteur à ses obligations contractuelles. Il est donc normal qu'il puisse obtenir réparation de celui-ci auprès de son propre auteur.

763. Observation conclusive sur les obligations réelles et dettes réelles. La propriété et les autres droits réels doivent rester des pouvoirs et traduire l'asservissement des biens aux personnes. C'est la raison pour laquelle on ne saurait créer des obligations réelles ou des dettes réelles – au sein des obligations mixtes – qui portent une atteinte excessive, tant à la liberté individuelle qu'au droit de propriété, et qui ne poursuivent pas un but légitime. Ainsi on ne saurait admettre qu'une personne qui acquiert un bien puisse à titre réel être tenu – et après elle, ses ayants cause – de fournir un service à autrui, dans son intérêt privé. Ainsi l'article 698 C. civ., lu avec l'article 697 C. civ.[14], ne permet de mettre à la charge du propriétaire du fonds servant que les frais des ouvrages « nécessaires » à l'exercice de la servitude. De

11. Ch. Aubry et Ch. Rau, *Droit civil français*, t. II, 7 éd., par P. Esmein, § 176, n° 69 : « le successeur particulier jouit de tous les droits et actions que son auteur avait acquis dans l'intérêt direct de la chose à laquelle il a succédé, c'est-à-dire des droits et actions qui se sont identifiés avec cette chose, comme qualités actives, ou qui en sont devenus des accessoires ».

12. Civ. 1re, 19 janvier 1988, *Bull. civ.* I, n° 20 : « si l'action en garantie des vices cachés se transmet, en principe, avec la chose vendue au sous-acquéreur, le vendeur intermédiaire ne perd pas la faculté de l'exercer quand elle présente pour lui un intérêt direct et certain ; (...) il résulte des énonciations des juges du fond qu'en novembre 1981, M. Z... a vendu à M. X... un véhicule d'occasion qu'il avait acquis de M. Y... au mois de juin de la même année ; que M. Z..., assigné par M. X... en résolution de la vente pour vices cachés, a formé un recours en garantie contre M. Y... ; que pour déclarer irrecevable ce recours, l'arrêt attaqué retient que M. Z... ayant transmis à M. X..., avec le véhicule, la garantie contractuelle que lui devait M. Y..., n'en était plus titulaire et qu'il n'avait donc plus qualité pour agir en garantie contre son propre vendeur » ; Civ. 3e, 20 avril 1982, *Bull. civ.* III, n° 95 : « si l'action en garantie décennale se transmet en principe avec la propriété de l'immeuble aux acquéreurs, le maître de l'ouvrage ne perd pas la faculté de l'exercer quand elle présente pour lui un intérêt direct et certain (...) ; condamné (...) à réparer les vices de l'immeuble, [le maître de l'ouvrage] avait un intérêt certain et direct à exercer l'action en garantie décennale ». Rappr. Civ. 3e, 3 juillet 1996, *Bull. civ.* III, n° 167 : manque de base légale l'arrêt qui déclare irrecevable l'action d'un maître de l'ouvrage, qui n'est plus propriétaire, sans rechercher si en raison de ses engagements envers les acquéreurs, il n'avait pas conservé un intérêt à agir contre les locateurs d'ouvrage, les sous-traitants et les assureurs.

13. V. *supra*, n° 760.

14. Art. 697 C. civ. : « *[c]elui auquel est due une servitude a droit de faire tous les ouvrages nécessaires pour en user et pour la conserver* » ; art. 698 C. civ. : « *[l]es grosses réparations demeurent à la*

même, un vendeur d'un appartement ne pourrait exiger de l'acheteur qu'il s'engage en sa qualité de propriétaire à entretenir le jardin de sa maison ou à lui prodiguer des soins[15]. C'est là le domaine réservé des obligations personnelles, soumises à des règles particulières, notamment de durée. C'est là une condition *sine qua non* pour que les personnes ne soient pas asservies aux biens.

charge du propriétaire, à moins qu'elles n'aient été occasionnées par le défaut de réparations d'entretien, depuis l'ouverture de l'usufruit ; auquel cas l'usufruitier en est aussi tenu ».

15. W. Dross, obs. ss. Civ. 3e, 20 mai 2014, pourvoi n° 13-11801, in *RTD civ.* 2014, p. 684.

Index

C

D

E

F

T

U

V

Z

Table des matières

Manuels

Collection dirigée par Bernard AUDIT et Yves GAUDEMET

D. Amson : *Histoire constitutionnelle française, De la prise de la Bastille à Waterloo*, t. 1, 2010.
D. Amson : *Histoire constitutionnelle française, De la bataille de Waterloo à la mort de Louis XVIII*, t. 2, 2014.
Ph. Ardant et B. Mathieu : *Droit constitutionnel et institutions politiques*, 27e éd., 2015.
B. Basdevant-Gaudemet et J. Gaudemet : *Introduction historique au droit, XIIIe-XXe siècle*, 3e éd., 2010.
A. Batteur : *Droit des personnes, des familles et des majeurs protégés*, 8e éd., 2015.
N. Binctin : *Droit de la propriété intellectuelle*, 3e éd., 2014.
J.-B. Blaise et R. Desgorces : *Droit des affaires*, 8e éd., 2015.
R. Bonhomme : *Instruments de crédit et de paiement*, 11e éd., 2015.
S. Boussard et C. Le Berre, *Droit administratif des biens*, 2014.
M. Bouvier, M.-Ch. Esclassan et J.-P. Lassale : *Finances publiques*, 14e éd., 2015.
B. Brachet : *Le système fiscal français*, 7e éd., 1997.
Ph. Braud : *Sociologie politique*, 11e éd., 2014.
C. Broyelle : *Contentieux administratif*, 3e éd., 2015.
O. Cachard : *Droit du commerce international*, 2e éd., 2011.
D. Carreau et P. Juillard : *Droit international économique*, 4e éd., 1998.
M. Chagny et L. Perdrix : *Droit des assurances*, 3e éd., 2014.
J.-P. Chauchard, J.-Y. Kerbourc'h et C. Willmann : *Droit de la sécurité sociale*, 7e éd., 2015.
J.-Ph. Colson et P. Idoux : *Droit public économique*, 7e éd., 2014.
G. Cuniberti : *Grands systèmes de droit contemporains*, 3e éd., 2015.
I. Dauriac : *Droit des régimes matrimoniaux et du PACS*, 4e éd., 2015.
A. Decocq et G. Decocq : *Droit de la concurrence, Droit interne et droit de l'Union européenne*, 6e éd., 2014.
A. Decocq et G. Decocq : *Droit européen des affaires*, 2e éd., 2010.
B. Delaunay : *Droit public de la concurrence*, 2015.
E. Derieux : *Droit de la communication*, 4e éd., 2003.
E. Derieux et A. Granchet : *Droit des médias (Droit français, européen et international)*, 7e éd., 2015.
P. Deumier : *Introduction générale au droit*, 3e éd., 2015.
J.-Y. Faberon et J. Ziller : *Droit des collectivités d'Outre-Mer*, 3e éd., 2007.
B. Fages : *Droit des obligations*, 5e éd., 2015.
F. Favennec-Héry et P.-Y. Verkindt : *Droit du travail*, 5e éd., 2015.
N. Fricero et P. Julien : *Procédure civile*, 5e éd., 2014.
M. Fromont et H. Maurer : *Droit administratif allemand*, 1995.
Y. Gaudemet : *Droit administratif*, 21e éd., 2015.
O. Gohin et J.-G. Sorbara : *Institutions administratives*, 6e éd., 2012.
G. Goubeaux et P. Voirin : *Droit civil*, 2 vol., t. 1, 35e éd., 2015, t. 2, 28e éd., 2014.
F. Hamon et M. Troper : *Droit constitutionnel*, 36e éd., 2015.
J. Huet et E. Dreyer : *Droit de la communication numérique*, 2011.
J.-J. Israel : *Droit des libertés fondamentales*, 1998.
J.-C. Javillier, M. Moreau et J.-M. Olivier : *Droit du travail*, 7e éd., 1999.
P. Julien et G. Taormina : *Voies d'exécution et procédures de distribution*, 2e éd., 2010.
P. Kinder-Gest : *Droit Anglais*, vol. 1 : *Institutions politiques et judiciaires*, 3e éd., 1997.
J. Laroche : *Politique internationale*, 2e éd., 2000.
F. Leclerc : *Le droit des contrats spéciaux*, 2e éd., 2012.
D. Legeais : *Sûretés et garanties du crédit*, 10e éd., 2015.
J. Leroy : *Droit pénal général*, 5e éd., 2014.
J. Leroy : *Procédure pénale*, 4e éd., 2015.

G. Lyon-Caen et J. Tillhet-Pretnar : *Droit social,* 5e éd., 1995.
B. Mathieu et M. Verpeaux : *Contentieux constitutionnel des droits fondamentaux,* 2002.
J. Mestre, M.-È. Pancrazi, I. Arnaud-Grossi, L. Merland et N. Tagliarino-Vignal : *Droit commercial,* 29e éd., 2012.
M.-L. Moquet-Anger : *Droit hospitalier*, 3e éd., 2014.
M.-L. Niboyet et G. de Geouffre de la Pradelle : *Droit international privé*, 5e éd., 2015.
H. Oberdorff : *Droits de l'homme et libertés fondamentales*, 5e éd., 2015.
F. Pérochon : *Entreprises en difficulté,* 10e éd., 2014.
D. Poracchia, F. Rizzo, J.-M. Marmayou et F. Buy : *Droit du sport*, 4e éd., 2015.
J.-F. Renucci : *Droit européen des droits de l'homme,* 6e éd., 2015.
L. Richer : *Droit des contrats administratifs,* 9e éd., 2014.
J. Rideau : *Droit institutionnel de l'Union européenne,* 6e éd., 2010.
J.-J. Roche : *Relations internationales*, 7e éd., 2014.
J.-C. Soyer : *Droit pénal et procédure pénale*, 21e éd., 2012.
F. Stasiak : *Droit pénal des affaires,* 2e éd., 2009.
L. Trotabas et P. Isoart : *Droit public (droit constitutionnel, droit administratif, finances publiques, droit administratif spécial)*, 24e éd., 1998.
D. Vidal : *Droit des sociétés*, 7e éd., 2010.

Imprimé en France - JOUVE, 1, rue du Docteur Sauvé, 53100 MAYENNE
N° 2301330Z - Dépôt légal : janvier 2016